KB069146

불멸의 증거

鐵證如山

불멸의 증거

鐵證如山

지린성에서 새로 발굴한 일본의 침략서류 연구

좡옌庄嚴 주필

이범수李范洙 번역

學古房

吉林出版集团有限责任公司

서언(緖言)

중화민족은 평화를 사랑하고 평화를 갈망하며 평화를 수호하고자 노력하는 민족이다. 근대에 들어서면서부터 중화민족은 평화를 잃고 수많은 고난을 겪었다. 그중 일본군국주의의 침략이 빚어낸 재난은 가장 막심한 재난이라고 할 수 있다. 1931년, 일본군이 발동한 "9·18사변"으로부터 일본이 무조건 투항을 선포하기까지 장장 14년 동안 중국인민은 동북국토를 침탈당하고 그 후 8년의 피어린 항전을 거듭했다.

서류라는 유력한 증거가 있는 한 역사는 지울 수 없다. 『불멸의 증거-지린성에서 새로 발굴한 일본의 침략서류 연구』는 지린성서류관이 최근 새롭게 발굴, 정리해낸 89점의 일본침략군 서류로 일본이 저지른 중국 침략의 죄증(罪證)을 재차 세인 앞에 펼쳐보이게 된다. 일본침략군이 직접 작성한 이 서류들은 "위안부"강제징집, 731부대 "특별이송" 인원, 난징대학살, 인부 강제징집 및 학대, 중국군민에 대한 폭행, 중국동북부에 대한 식민 침략, 영미포로에 대한 신문 및 학대, 중국 동북항일연군(東北抗日聯軍)에 대한 진압 등에 관한 내용을 담고 있다. 그중 일부는 일본이 자행한 중국침략죄행의 가장 원시적 증거가 되고 있다. 또 일부는 이미 국내외에 널리 알려진 죄행의 새로운 보충증거가 된다. 한마디로 이 서류들은 일본의 중국침략서류를 발굴하는 작업에서 거둔 최신성과라고 할 수 있다.

지난 일을 잊지 않으면 현재와 미래의 스승으로 삼을 수 있다. 세계반파시즘전쟁승리와 중국인민항일전쟁승리 70주년이 다가오는 시점에 출간된 이 책은 우리에게 더욱 정확하고 객관적으로 역사를 바로보고 자각적으로 역사를 반성하게끔 촉구하고 있다. 역사를 거울삼아 지난 비극이 재연되지 않도록 함으로써 인류가 영원히 평화로운 햇살 아래 희망과 합작 그리고 공생을 도모하기를 바라 마지않는다.

편찬자

2014년 4월 19일

중문판 출판설명

『불멸의 증거-지린성에서 새로 발굴한 일본의 침략서류 연구』는 지린출판그룹이 출간한 새로 나온 책이다. 이 책은 편집진이 전문가들이 발굴 정리한 일본군국주의침략에 관한 최신서류를 엮어 공개하여 그 진실성과 자료가치를 인정받게 될 것이다.

독자들이 이 책을 활용하는 데 도움을 주고자 그 내용구조와 편집범례에 관해 약간의 설명을 하면 아래와 같다.

이 책은 다음과 같이 여덟 개 부분으로 구성되어 있다. 제1부분은 "일본침략군이 난징대학살을 자행한 사실에 관한 서류", 제2부분은 "일본침략군이 "위안부"를 강제징집한 사실을 반영한 서류", 제3부분은 "731부대 '특별이송' 인원에 관한 서류", 제4부분은 "일본침략군의 인부강제징집 및 학대에 관한 서류", 제5부분은 "일본침략군의 폭행에 관한 서류", 제6부분은 "중국 동북부에 대한 일본의 식민침략에 관한 서류", 제7부분은 "중국 동북항일연군에 대한 진압에 관한 서류", 제8부분은 "영미포로에 대한 신문 및 학대에 관한 서류"가 바로 그것이다.

매 부분은 다시 개술(概述), 서류해독, 서류영인 및 참고역문 네 개 소부분으로 나뉜다. 개술은 주로 매 부분의 내용요지를 밝히면서 주제개괄과 열독안내의 역할을 한다. 서류해독부분은 주로 대응하는 서류영인과 그에 상관되는 배경자료 및 출처를 간단히 밝힌다. 서류영인부분은 주로 주제와 대응하는 새로 발굴된 역사문헌과 서류의 영인사진으로 역사성, 객관성, 진실성을 지닌 원시자료들이다. 참고역문은 주로 대응하는 서류영인의 중문번역문으로 독자들이 진실한 서류자료를 찾아 열독하고 이해하는 데 도움이 될 것이다.

특별히 부언할 점은 다음과 같다. 첫째, 원본자료의 보관시일이 길었기에 필적이 흐려져 명확치 못한 부분들이 있었다. 연구자들은 정리과정 중 이 부분을 "참고역문"에서 □로 표시하였다. 비록 문구의 딱딱함과 열독의 어려움이 예상되나 역사서류로서의 원시상태와 진실성을 보장하기 위한 만부득이한 조치였음을 밝힌다. 둘째, "참고역문"의 일부 문자와 단락이 순서가 불분명하고 순번이 바뀐 것은 편찬자들의 역사자료의 원시성을 존중하는 입장에서 비롯된 것이다. 다시 말해서 원시서류의 모습 그대로 재현했다는 뜻이 된다. 셋째, 이 책에 수록된 원본 자료는 대부분 일본한자와 가타카나로 적혀 있는바 번역할 때 이해에 지장이 되지 않고 다의성이 걱정되지 않는 한 일본한자어휘를 그대로 차용했음을 밝힌다.

『불멸의 증거-지린성에서 새로 발굴한 일본의 침략서류 연구』는 일본군국주의의 중국침략 사료에 관한 발굴 및 연구의 최신성과로 일본군국주의가 중국을 침략하고 중국인민의 생명과 인권을 짓밟은 천인공노할 죄행의 인멸할 수 없는 증거들이다.

출판자

2014년 4월 20일

목차

역사서류로 과거의
진실을 밝힌다

지린성에서 새로 발굴한 일본의 침략서류 연구 총론

좡옌

지린성은 일제의 중국침략전쟁이 가져다준 재난을 가장 막중하게 받은 성(省)의 하나이다. 성도(省都) 장춘 또한 한때 위만주국의 "국도(國都)"여서 전쟁 직후 대량의 침략서류들을 남기게 되었다. 근래에 와서 지린성서류관은 상당수의 일본침략서류를 새로 발굴, 정리하였고 그중 89점의 서류를 중점적으로 연구하여 초보적인 성과를 거두었다. 그중 일부 성과는 목전까지 이루어진 일본침략연구의 공백을 보충하고 역사적 진실을 환원하게 될 것이다.

하나. 일본군 침략서류는 일본침략군이 스스로 남긴 죄증이다.

1945년 7월, 중・미・영 3국이 "포츠담(Potsdam) 공고"를 발표하고 8월 15일 일본천황이 무조건 투항을 선포하자 일본은 계획적으로 서류를 소각하는 국가적 행동을 개시했다. 당시 일본 관동군이 서류와 비밀자료를 거의 전부 소각해버렸으므로 오늘날에 와서 우리는 관동군의 체계적인 서류를 열람할 수가 없게 되었다. 지린성서류관이 새로 발굴한 일본침략서류는 일본이 투항할 당시 관동헌병사령부가 미처 소각하지 못한 서류로 일본침략군 스스로 남긴 죄증들이다.

새로 발굴한 일본의 중국침략 자료들은 관동헌병대가 남긴 것이다. 1945년 8월 관동헌병대는 투항 직전 대량의 서류를 소각했는데 미처 소각하지 못한 서류는 땅에 묻었다. 1953년 11월 11일, 관동헌병대사령부 옛터의 건설현장에서 땅에 묻힌 일련의 서류들을 우연히 발견하게 되었다. 당시 무순전범관리소에 수감된 신징(新京)헌병대 경계계(警戒系) 조장(曺長) 히로타 토시미츠(弘田利光)의 증언에 따르면 이 사료들은 바로 관동헌병대가 미처 소각하지 못한 그 서류들이었다. 지린성공안청은 곧 이 서류들을 접수하고 정리에 들어갔다. 그리고 1982년에는 지린성서류관에 보관하여 연구를 일임하였다. 근래에 와서 지린성서류관에서는 다시 인력을 동원하여 이 서류들에 대한 중점적인 연구와 번역에 착수하였다.

새로 발굴한 일본의 중국침략서류는 그 내용이 풍부하고 구조가 엄밀한 것이 특징이다. 주로 관동헌병대 기록군(記錄群, Fonds)에 속해 있던 이 서류들은 모두 일본어로 작성되어 있는데 원시성과 진실성의 특징을 갖고 있다. 서류는 주로 보고, 규정, 서한, 월보, 요보(要報), 통화기록, 민정조사, 동태관찰, 조사표 등 문건기록들이다. 그 밖에 일부 사진자료들이 있다. 서류 내용은 경제・정치・군사・교통 등 분야를 아우르고 있고 지역적으로는 화중*・화북**・동북・동남아 등 지역에 걸쳐 다루고 있다. 서류는 내용과 형식, 기록과 필치가 모두 규범적이고 엄밀하며 조리정연하다. 가령 "통신검열월보(通信檢閱月報)"와 같은 문서는 서한의 시간, 발신자, 수신자, 서한내용적요, 구체적 처리소견 등이 아주 완전하고 확실하다.

새로 발굴한 일본의 침략서류는 특별한 가치를 갖고 있다. 이 서류들은 일본이 중국을 침략하는 과정에 자체적으로 작성한 것으로 각종 침략행위를 진실하게 적고 있다. 그중 많은 서류는 1차적 자료로 직접적이고 독점적이며 여타의 자료로 대체할 수 없는 것들이다. 비교, 대조, 고증, 연구를 거쳐 이 서류들이 기재한 시간, 장소, 인물, 사건들을 연관시킨다면 일본의 중국 침략역사의 한 단락을 진실하게 재현할 수 있다. 특히 1937부터 1944년에 이르는 기간 기록한 "통신검열월보"만 217부나 된다. 여기에는 일본침략군의 동향, 군대시설, 군사공사상황, 인부를 강제징집하여 군사시설을 시공하는 내용이 있는가 하면 부녀자를 강간하고 아동을 학살한 죄행도 적혀 있다.

---

* 일본에서는 화중을 "중지(中支)" 혹은 "중지나(中支那)"라 칭하였다. 이하 같음.

** 일본에서는 화북을 "북지(北支)" 혹은 "북지나(北支那)"라 칭하였다. 이하 같음

둘. 89점의 서류는 일본이 발동한 중국침략전쟁의 불멸의 증거이다.

89점의 서류는 주로 일본침략군이 위안부 강제징집, 731부대 특별이송 인원, 난징대학살, 인부강제징집 및 학대, 중국군민에 대한 폭행, 중국동북부에 대한 식민침략, 영미포로에 대한 수감과 신문, 중국 동북항일연군에 대한 진압 등의 내용을 담고 있다. 연구에 의하면 이러한 서류는 일본이 중국을 침략한 죄행을 단죄하는데 원시적인 증거를 제공할 수 있으며 일부는 국내외에 널리 알려진 죄행에 새로운 증거를 보충제시하기도 한다.

1. "위안부"에 유관된 서류에서 "강제징집"의 새로운 증거가 포착되었다. "위안부"강제징집은 일본군국주의가 제2차세계대전 당시 중국을 포함한 피해국 인민에게 저지른 중대한 범죄행각이다. 상기 서류에서는 위안부에 관한 내용이 대량 발견된다. 구체적으로 통화기록 2건, 『난징헌병대관할구역 치안회복상황에 관한 조사보고(통첩)』 2건, 각지 헌병대가 상부에 보고한 통신검열월보와 군인범죄조사표가 21점으로 도합 25건이다. 서류는 난징, 샤관, 쥐룽, 전장, 진탄, 창저우, 단양, 우후, 닝궈 등 아홉 개 현과 시의 일본군 배치수와 위안부 배치비례 및 열흘 사이에 위안소를 이용한 인수집계를 적고 있다. 그리고 일본침략군이 위안부를 강제징집하고 학대, 유린한 악행들도 언급하고 있다. 이러한 위안부 상관서류들은 위안부 문제 연구에서 부족했던 사료를 대량 보충하고 있다.

일본침략군이 공금으로 위안부를 수매한 증거도 포착되었다. 2건의 위만주중앙은행의 통화기록은 일본군이 전문군비를 각 부대 계좌에 이체하여 위안부를 수매한 사실을 증명하고 있다. 위만주국 康德十一年(1944년) 十一月부터 十二年三月까지 선후로 53.2만 円을 위안부 수매에 썼으며 관동군 제4과 증명서를 소지해야만 수속이 가능하다는 기록도 보인다. 이는 일본군이 실시한 위안부 강제징집제도가 국가적인 행위였음을 충분히 증명하는 것이다.

조선인 위안부의 모습도 보인다. 6점의 서류가 조선인 위안부를 언급하고 있다. 예하면 우후

(蕪湖)의 109명 위안부 중 조선인이 36명 포함된다는 기록과 허이허(黑河) 모 부대 위안소에 20명의 위안부가 있는데 전부 조선인이라는 기록이 바로 그것이다. 둥닝(東寧)헌병대에서 꾸린 『사상반월보(思想半月報) 10월 前期』에 수록된 내용을 보면 昭和十七年(1942년) 十月 미싼(密山)현 싱카이(興凱)부대 위안소에서 한 일본인 여자가 조선인 위안부의 손목시계를 훔치고 그를 때려 부상을 입히기까지 했다는 기록이 있다.

일본침략군이 위안부를 강제징집했다는 증거가 확실하다. 일본은 1938년 국가총동원법을 반포하여 전쟁 발발 시 정부가 법에 따라 국민을 징용하여 국가를 위해 헌신케 한다고 규정하였다. 조선은 당시 일본의 식민지로 일본은 바로 국가총동원법을 근거로 삼아 조선인 여성을 위안부로 강제징집했던 것이다. 버이안(北安)지방검열부에서 꾸린 『우검월보(郵檢月報)』는 昭和十六年(1941년) 위만주국 허이허주둔군 일본군인 다케다 다케지로(武田武二郞)가 일본 아키다(秋田)시 오마치(大町) 시코구무라(四村)에 사는 上英子雄에게 보내는 편지 초록을 실었다. 편지는 허이허육군관사 한 귀퉁이에 위안소를 설립한 정황을 언급하고 있다. 그곳의 위안부는 전부 조선인으로 국가총동원법에 의해 강제로 끌려온 여인들이였다. 이러한 기록은 예전에 발굴한 서류에서는 찾아보기 힘든 내용들이다. 1938년 2월 28일, 일본침략군 화중파견헌병대가 작성한 『난징헌병대관할구역 치안회복상황에 관한 조사보고(통첩)』에는 단양(丹陽) 지구에서 2월 중순 위안부가 부족하여 당지에서 위안부를 모집한다는 내용이 적혀있다. 당시 단양 인구의 대부분은 귀향한 난민으로 그중에서 위안부를 모집한다는 것은 그 강제성이 뚜렷이 보일 수밖에 없다.

2. 특별이송 서류는 731부대가 생체실험을 자행한 직접적인 증거가 된다. 이른바 특별이송이란 731부대의 생체실험에 쓸 "마루타"를 공급한다는 은어이다. 1938년 1월 26일 관동헌병대사령부는 "특별이송에 관한 통첩"(關憲警第五八號)을 발부하였다. 그 내용을 보면 헌병대는 체포한 범인을 취조한 후 법적절차를 거치지 않고 직접 하얼빈의 헌병대에 이송할 수 있었다. 이러

한 이송을 통첩에서는 "특별이송"이라 지칭하고 있다. 당시 관동헌병대사령부 경무부장에 재임했던 사이토 미오(齋藤美夫)는 다음과 같이 증언한다. "이른바 '특별이송'이란 범인을 이시이 시로(石井四郎)의 세균부대에 보낸다는 뜻이다." 지린성서류관은 "특별이송"에 관한 서류 200여 점을 발견, "특별이송"에 관한 인수 277명을 집계해냈다. 이번에 공개한 서류에는 옌지(延吉)헌병대, 신징헌병대, 쑨우(孫吳)헌병대가 731부대에 "특별이송"한 이기수(李基洙), 리원강(李文剛), 왕궈차이(王國財), 쟝룽첸(姜榮泉)에 관한 내용을 담은 4점의 서류가 포함되어 있다. 일본이 패망하기 직전, 731부대가 거의 모든 서류를 소각하거나 이전하였기에 오늘날 우리는 생체실험 피해자에 관한 기록을 찾기가 몹시 어렵게 되었다. 세균실험에 관한 상세한 정황도 잘 알려지지 않고 있다. 그래서 일본우익세력은 이를 빌미로 일본침략군이 벌인 세균전 책임을 있는 힘을 다해 부인하고 있다. 하지만 이번에 발굴한 "특별이송"서류는 바로 일본침략군이 생체실험을 진행한 직접적인 증거로 되며 731부대의 죄행을 연구하는 데 새로운 단서를 제공하게 될 것이다.

"특별이송"서류는 731부대가 자행한 생체실험 사실을 증명하였다. 소련간첩 리원강, 왕궈차이를 "특별이송"할 것에 관한 신청과 지령 및 보고에서 각지 헌병대가 "특별이송"을 진행하는 표준절차를 알 수 있다. 즉 각지 헌병대가 관동헌병대에 신청하고 관동헌병대가 이에 동의하면 각지 헌병대는 "특별이송"을 마치고 다시 관동헌병대에 보고하게끔 되어 있다. 서류의 기재에 따르면 신징헌병대는 리원강, 왕궈차이를 "특별이송"할 때 신청으로부터 비준 그리고 이송을 마치기까지 단 9일의 시간이 걸렸을 뿐이다. "특별이송"된 자는 곧 사형판결을 받고 731부대의 생체실험 대상으로 충당된다.

"특별이송"서류에는 유일한 탈주자가 발견된다. 쑨우헌병대에서 작성한 『"특별이송" 중 "소련간첩"이 도주한 사건에 관한 보고』에는 쟝룽첸이 하얼빈헌병대에 "특별이송"되던 도중 허이허헌병대 오장 사사키(佐佐木)의 소홀로 인하여 탈주에 성공한 사례를 적고 있다. 이는 목전 서류로 발견된 유일한 "특별이송" 중의 탈주사례로 간주된다.

"특별이송"서류에는 조선인의 그림자가 보인다. 연길헌병대의 『"소련간첩" 이기수를 처리할 것에 관한 보고』에 따르면 이기수는 조선인으로 원적지는 조선 함경남도 신흥안군 동흥면이다. 이는 지금까지의 서류에서 처음으로 확정한 "특별이송"된 조선인이다.

3. 난징대학살 서류는 일본침략군의 학살만행에 대한 새로운 증거가 된다. 난징대학살은 일본군국주의가 저지른 막중한 전쟁범죄 중의 하나이다. 1937년 중국침략일본군은 난징과 그 주변지역에서 6주에 걸치는 대학살을 감행하였다. 30만에 달하는 중국인들이 이 살육에서 목숨을 잃었다. 이번에 공개된 서류에는 난징대학살에 관한 서류가 6점 포함되는데 보고서가 3건, 『우정 검열주보(郵政檢閱周報)』 2부, 『오사카매일신문(大阪每日新聞)』 1부가 그것이다. 이 서류들은 난징대학살이 자행된 후 1~2개월 내 난징, 상하이 그리고 그 주변지역의 치안회복상황과 일본군의 학살, 강간 등 폭행을 기록하고 있다. 이는 전 시기 국내외 사료연구의 성과를 실증하고 있다.

대학살 전 난징의 총인구가 100만이라는 증거도 발견되고 있다. 난징대학살이 발생한 지 두 달 후, 일본침략군 화중파견헌병대가 작성한 『난징헌병대관할구역 치안회복상황에 관한 조사보고(통첩)』에는 대학살을 감행하기 전 난징 인구가 100만이라고 분명히 기록하고 있다. 이 보고서는 현재 일본 우익세력이 주장하는 "학살 전 난징 인구는 30만이 채 안되었다."는 거짓말을 까밝혀놓은 셈이 된다.

당시의 일본 매체도 대학살의 비참한 광경을 보도하였었다. 1937년 12월 23일 자 『오사카매일신문(奈良版)』은 『난징총공격관전기(南京總攻擊觀戰記)』라는 보도를 실었다. 이 기사는 일본군이 사흘에 걸쳐 8.5만 명을 학살하였고 샤관 부두에서 가장 가까운 거리로부터 양쯔 강 하류까지 시체가 2,3리나 널린 참경을 적고 있다.

제3국의 신문들에서도 일본침략군의 폭행을 질책하는 기사를 싣고 있다. 일본침략군 중국주둔헌병대에서 꾸린『우정검열주보』2부에는 영국과 독일에서 중국으로 보내는 서한을 기록하고 있다. 서한에서는 당지 신문이 보도한 일본침략군의 만행을 옮기고 있다. "일본병사는 난징에서 부녀자 수만 명을 강간하였다. 심지어 12세 되는 소녀도 강간당했다. 강간당하고 피살된 자가 부지기수이다. 인간지옥이 따로 없다." "일본침략군이 난징에서 저지른 짐승보다 못한 만행은 천인공노할 일이 아닐 수 없다. 비구니를 포함한 14세 이상 되는 여자는 모두 그들의 유린대상이 되었다."

4. 일본침략군이 인부를 노역한 새로운 증거를 발견하였다. 20세기 90년대부터 중국 민간에서는 자체적으로 일본의 인부강제징집에 관해 조사하고 피해보상을 요구하고 있다. 하지만 일본 우익세력이 증거불충분을 내세우며 억지를 부리는 바람에 아직도 피해자들은 상응한 보상과 사과를 받지 못하고 있는 실정이다. 이번에 발굴한 서류는 12부의 보고, 1부의『통신검열월보(通信檢閱月報)』, 1부의 관리규정을 포함한 일본침략군의 인부강제징집에 관한 문서 14건을 공개하게 된다. 이 서류들은 일본침략군이 중국포로를 위주로 하는 "특수인부"에 대한 엄격한 관리, 잔혹한 학대, 인부들의 열악한 생존환경 등 실상과 인부들이 도주하거나 항거하였던 상황에 대해 기록하고 있어 높은 사료적 가치를 갖고 있다. 또한 노역에 시달렸던 인부 자신과 그 가족들이 일본정부에 피해보상을 요구하고 권익을 수호하는 데 증거를 제공하게 된다.

"특수인부(特殊工人)"라는 표현방식을 발견하였다.『관동군특수인부관리규정』에는 파견군이 관동군에 인도한 포로, 투항병을 부대 시공현장에 투입할 때의 관리사항을 담고 있다. 그중에는 "관동군은 화북주둔군이 인도한 포로와 투항병을 군수인부로 사용하며 특수인부라고 칭한다."고 명확하게 규정하고 있다.

"특수인부"는 주로 군사시공현장에 취로(就勞)하였다. 둥닝헌병대의『특수인부상황보고』에는 둥닝 요새에 취로한 특수인부 1900여 명을 기록하고 있다. 이 인부들은 전투에서 생포된 팔로군전사를 포함한 중국군인들이었다.

"특수인부"들은 잔혹한 노역과 박해에 시달렸다. 서류에는 이 "특수인부"들이 생활환경이 열악하여 사망하거나 탈주하는 현상이 빈번했다고 적고 있다. 둥닝에 수감 중인 "특수인부" 중 163명이 두 달 사이에 목숨을 잃었다. 그리고 선후로 8차에 걸쳐 53명이 탈출하였다. 이번에 발굴한 14건의 서류는 900여 명의 인부가 저항하거나 도주한 사실을 기록하고 있다. 헌병대는 도주한 인부를 다시 잡아들이면 지극히 혹독한 처벌을 가하였다. 昭和十六年(1941년)七月八日 오전 11시쯤, 딩우차이(丁五才) 등 8,9명의 "특수인부"가 탈주를 꾀하다가 발각되었다. 일본침략군은 주모자 딩우차이를 전염병환자라는 구실로 체포, 조사하고 나서 비밀리에 처형하였다.

5. "금지위반" 내용에 관한 서류는 일본군의 죄행을 덮을수록 더 드러내 보이고 있다. 이번에 발굴해낸 서류에는 "금지위반" 내용에 관한 것이 23점 포함되는데 22부의 우편검열월보와 순보, 그리고 1부의 『군사경찰요보(軍事警察要報)』가 바로 그것이다. 그중 15부는 일본인 사이에 통한 서한이다. 특히 『우정검열월보』 서류는 일본침략군이 우편물에서 발췌해낸 "금지위반" 내용으로 일본침략군이 자신의 침략행위에 대한 직접적인 기록이다.

일본침략군은 우편검열제도를 통해 폭행의 진실을 덮어 감추려고 꾀하였다. 일본침략군은 동북을 점령한 후 "간첩방지를 강화한다"는 명목으로 군사우편물 및 지방우편물에 대한 검열제도를 실시하였다. 즉 점령지역의 중외인사들, 구체적으로 말하면 위만주국에 주재한 각국 공사관과 일본주둔군 장병 및 그 가족의 편지, 전보, 전화에 대해 비밀적인 검열을 진행한 것이다. 일단 군사기밀을 누설한 것으로 의심되거나 일본침략군에 불리한 언론들 예하면 학살, 약탈, 방화 등을 다룬 편지, 전보 등은 발견 즉시 삭제, 몰수, 압수, 소각 등의 조치를 취하였다. 또 각지 헌병대에서 문제의 우편물을 발췌, 정리하여 『우정검열월보』를 작성한 후 관동헌병대사령부에 보고하였다. 관동헌병대사령부는 이에 기초하여 관동군사령관에게 보고서를 올렸고 관동헌병대와 파견군헌병대사령부가 상호 통보하였다. 그중 항일과 반만 정서를 고취한 편지, 시국에 대해 비판적이고 일본침략군 군기가 문란함을 표현한 편지, 일본침략군의 장비편성, 군사

작전, 군사연습 등에 관한 내용을 담은 우편물이 주요 검열대상이었다.

일본군 장병들은 편지에 스스로 저지른 죄행을 토설하였다. 1938년 6월 8일, 평탠 구도(工藤)부대에 소속된 기무라(木村鎮雄)는 石川縣 金澤市에 사는 아내 木村美代子에게 보내는 편지에서 이렇게 쓰고 있다. "동료들은 지리와 말투로 미루어 보아 강간대상이 전부 만주여인임을 판단하였다. 불철주야 강간하였다. 대부분 여인들은 한사람이 수백 명 남자한테 강간당하였다......" 1940년 무단장(牡丹江)철도국 둥닝특수(東寧特輸)의 우에다 마스오(植田益夫)는 京都中京區 王生溯田町 三六號 古川次郎에게 보내는 편지에서 다음과 같이 말하고 있다. "네댓칸의 방 넓이만큼 되는 거의 마른 강바닥에 열두세 구의 말라빠진 하천의 강바닥에 열두세 구의 인부시체가 마구 널려 있었다. 들개들이 그 시체를 뜯어먹고 있었다. 실로 참혹한 정경이었다."

일본침략군은 병사들의 전쟁혐오 정서를 엄격히 감독하고 외부유출을 봉쇄하였다. 이번에 공개한 "금지위반"내용에 관한 서류는 일부 일본침략군 군인의 전쟁혐오 정서와 향수병을 드러내 보이고 있다. 昭和十六年(1941년), 일본침략군 화북파견대 나가노(長野)부대 쿠라시게(藏重)부대 古泉正一이 新潟縣 中蒲原郡 亀田町 吉田常松에게 보낸 편지에서는 자신이 총검으로 중국인을 두부 베듯 하는 정경을 적고 있다. 또 사람을 죽이면서 느꼈던 공포심리도 묘사하고 있다. 이 편지는 삭제처분을 받았고 古泉正一의 가족들은 그의 절박한 심정을 전혀 모르게 되었다.

6. "개척단"에 관한 서류는 일본이 실행한 이민침략의 본질을 까밝혔다. 이번에 공개한 서류 중 이른바 "개척단"에 관한 서류가 10부 있는데 그중 6부의 사상대책월보(思想對策月報)와 반년보(半年報), 1부의 민정조사, 1부의 "개척단" 용지분배와 이민분포도, 1부의 이민현황일람표가 포함된다. 주로 "개척단"이 동북농민의 토지를 침탈하고 동북농민을 억압한 사실과 일본이민의 규모 등에 관한 내용을 기재하고 있다. 이는 일본이 중국 동북지역에 대해 이민을 실시한 침략본질을 까밝히고 있다.

일본의 중국 동북부에 대한 이민은 계획적이고 조직적인 국가행위이다. "9·18"사변 후 일본은 진일보 중국 동북에 이민을 실행할 침략정책을 연구, 제정하였다. 이른바 "백만호이민계획"이다. 일본은 이민을 통해 영구히 중국 동북지역을 통치할 계획을 세우고 있었던 것이다. 통화헌병대는 昭和十八年(1943년)三月三日 작성한『사상대책월보(2월)』에 이렇게 적고 있다. "만주척식회사는 제2차개척5개년계획에 근거하여 제13차 집단개척을 실시하였다. 강덕 십년(1943년), 훼이난(輝南)현에서 200호의 용지를 수매하였다.『제5차이민단 용지약도, 초우양툰(朝陽屯) 이민단부락배치도』는 상술 지역에 침입한 일본이민분포도를 상세히 그리고 있다.『집단이민현황일람표』 등 자료는 또 동북 "개척단"의 인수분포와 호수분포를 상세히 기록하고 있다.

서류들은 "개척단"이 "개척"을 구실로 침략을 진행한 사실을 증명하고 있다. 관동헌병대사령부의『토지수매로 인한 중국인 지주의 반발상황에 관한 통첩』은 궁주링(公主嶺) 싼루(山路)향에서 "개척단"을 동원하여 삼천 정보(町步) 가량의 토지를 매입할 방안과 조치를 기록하고 있다.

7. 영미포로에 관한 서류는 연합군 포로를 학대한 증거들을 제시하고 있다. 일본침략군은 "펑탠포로수용소"를 세우고 일본군이 태평양전장에서 체포한 영국, 미국 등 연합군 전쟁포로를 수감하고 있었다. 수감 당시 포로들은 "만주공작기계주식회사" 등 기업에서 일하였는데 비인간적인 학대를 받으면서 비참한 나날들을 보내고 있었다. 일본이 투항할 때 펑탠포로수용소는 모든 영미포로의 서류를 기밀문서로 분류하고 재빨리 소각하였다. 이번에 발굴한 영미포로에 관한 서류는 모두 3점이다. 주로 1944년 일본침략군이 미군의 B29폭격기를 격추하고 체포한 비행사의 명단과 신문기록, 그리고 펑탠포로수용소의 영미포로관리에 관한 기록 등이다. 이 서류들은 제2차세계대전 기간 일본군이 영미포로를 학대한 사실을 연구하는데 아주 소중한 역사적 가치를 지니고 있다.

체포된 미군병사들은 일본침략군의 신문을 받았다. 1944년, 일본침략군은 안산(鞍山) 부근에서 미군의 B29폭격기를 격추하였고 조종사를 포함한 11명을 체포하였다. 안산헌병대는『적 항공기 승무원을 포획한 상황에 관한 보고』에 체포한 11명의 미군병사 명단과 그들의 연령, 계급 등을 상세하게 기재하고 있다. 안산헌병대는 미군포로를 신문하고 40여 페이지의 신문기록도 남기고 있다.

영미포로를 강제노동에 참가시켰다.『평탠 지구의 노무동태관찰』에서는 영미포로, 일본인, 중국인의 노동효율을 비교하면서 만주공작기계주식회사에서 일하는 영미포로 500여명의 노동효율이 낮다고 평가하고 있다. 펑탠헌병대의『포로장교의 방첩에 불리한 수기를 발견하고 처리한 사건에 관한 보고』에서는 昭和十九年(1944년) 영국포로 포르네르·로버트(Forner·Robor) 대위가 펑탠포로수용소의 영미포로가 처한 실제상황을 기록했음을 적고 있다. 로버트 대위는 포로인수와 감금당하고 강제노동에 시달리며 기시를 받는 실제상황을 시 쓰는 방식으로 기록했고 미국 육군병사 윌리엄·웰터(Wheeling·Welter)가 대신 타자했다. 시는 간수에게 발각되었고 일본어로 번역되어 서류에 보관되어 있었다.

8. 중국 동북항일연군 "토벌"에 관한 서류에는 일본침략군이 항일연군장병을 잔혹하게 살해한 상세한 상황을 적고 있다. 이에 관한 서류는 모두 4점으로『사상대책월보』,『철도연선치안주보』,『특주보(特周報)』등 서류에 분포되어 있다. 서류는 항일명장 양징위(楊靖宇), 워이정민(魏拯民), 천한장(陳翰章), 조우상즈(趙尙志) 등을 살해한 상황을 기록하고 있었다. 관동헌병대의『사상대책월보』에는 위만주국 퉁화성, 지린성의 항일연군 분포지점, 인수 및 일본침략군과의 교전상황을 기록하고 있다. 또 동북항일연군 제1로군 총지휘 양징위를 사살했음을 언급하고 있다. 관동헌병대의 기록에는 昭和十七年(1942년)三月八日, 항일연군 제1로군 부총지휘 워이정민이 항연전사 11명과 함께 잠복하고 있을 때 일본침략군의 기습을 받은 상황과 그 희생지점을 적고 있다. 일본침략군 철도경호총대 총감부 경비과의『철도연선치안주보(제48호)』에는 昭和十五年(1940년)十二月八日 천한장부대가 경찰토벌대에 발각되어 교전 중 천한장이 희생된 상황을 기록하고 있다. 일본침략군은 생포된 전사들의 진술과 토벌대의 검증 결과를 토대

로 희생자들 속에 천한장이 있음을 확인하였다. 쟈무스(佳木斯)헌병대의 『특주보(제5호)』에는 조우상즈가 희생된 정황을 기재하고 있으며 그의 유체가 씽산(興山)진 경찰서에 보관되어 있다고 적고 있다.

셋. 일본 침략서류의 발굴과 활용이 갖는 현실적 의미와 역사적 가치

역사는 가장 훌륭한 교과서이며 서류는 진실한 역사기록이다. 일본이 중국을 침략하는 기간 작성된 서류는 일본침략군 자신의 침략행각을 진실하게 기록하였다. 우리가 이 소중한 서류들을 잘 보관하고 참답게 연구하면 역사의 진실을 재현하는데 이용할 수 있을뿐더러 세인들이 역사를 거울삼도록 깨우쳐 줄 수 있으며 새로운 미래를 열어 갈 수 있다.

1. 역사의 진실을 밝혀 일본우익의 억지논리를 까발려 놓아야 한다. 역사의 진실은 지워버릴 수가 없다. 근래에 와서 일본에서는 침략역사를 부인하고 군국주의를 위해 초혼하려는 요상한 논조가 일고 있다. 이른바 "침략정의미정론(侵略定義未定論)", "위안부필요론", "난징대학살허구론" 등 황당한 논조가 바로 그러한 것들이다. 일본우익이 이렇듯 거리낌 없이 흑백을 전도하는 중요한 원인은 대량의 서류가 이미 소각되어 증거를 찾기 어렵기 때문이다. 지린성에서 새로 발굴한 89점의 일본침략서류들은 역사의 진실을 천하에 알리게 될 것이며 의심할 나위 없는 증거로 일본우익의 거짓말을 까발려놓게 될 것이다. 현재, 일본침략서류의 발굴과 연구는 관동헌병대사령부 전부 서류의 2%밖에 되지 않는다. 이밖에 위만주중앙은행서류군은 아직 정리연구를 시작하지 않았다. 또 지린성도서관과 일부 사회연구기구에서 대량의 일본침략서류를 소장하고 있다. 그 서류들을 심층적으로 발굴해 내고 충분히 이용하기만 하면 객관적이면서도 진실하게 역사의 진실을 재현할 수 있다. 또한 많은 사람들이 역사의 진실을 깨달아 일본의 침략죄행을 비판하며 일본우익의 망언을 반격하는 데 일조할 수 있게 된다.

2. 역사를 존중하고 세계반파시즘전쟁승리의 성과와 전후 국제질서를 수호하여야 한다. 역

사를 존중하여야만 올바른 미래를 열어갈 수 있다. 제2차세계대전 기간 일본, 독일, 이탈리아 등 파시즘국가가 벌인 침략행위는 인류사회에 유례없는 재난을 가져왔다. 선후로 61개 국가와 지역의 20억이 넘는 인구가 전쟁에 휘말려들었다. 『카이로선언』, 『포츠담공고』와 같은 일련의 국제법 효력을 가진 문서를 기반으로 전후 국제질서를 확립하였으며 그 덕분에 오늘날까지 비교적 긴 평화를 유지해왔다. 하지만 일본군국주의의 망령은 아직 배회하고 있고 극우세력이 다시 준동하고 있다. 야스쿠니신사를 참배하고 역사교과서를 수정하며 댜오위다오(釣魚島) 문제를 빌어 "중국위협론(中國威脅論)"을 들먹이면서 군사대국의 야망을 실현코자 헌법개정을 위한 구실을 만들어가고 있다. 이러한 행위의 목적은 결국 일본이 발동한 침략의 역사를 부인하고 국제법의 권위에 도전하려는 것이며 『평화헌법』의 예속에서 벗어나 전후 형성된 국제질서를 파괴하려는 것이다. 이 89점의 서류는 일본파시즘군국주의의 본질을 제시하였고 일본이 역사인식에 있어서 뒤집기하려는 위험한 역주행을 객관적으로 비판하였다. 이 서류들에 대한 심층적인 발굴과 충분한 활용을 통해 평화를 사랑하는 모든 국가와 국민에게 경종을 울려주어야 한다. 일본파시즘군국주의에 경계심을 늦추지 말고 전후국제질서를 파괴하려는 움직임을 저지해야만 역사의 비극이 재연되지 않고 인류사회를 평화롭고 아름다운 내일로 발전시켜 나갈 수 있게 된다는 점을 분명히 일깨워 주어야 한다.

3. 역사를 아로새겨 고난과 역경 속에서 자강불식, 민족부흥의 새 힘을 얻어야 한다. 낙후하면 얻어맞게 된다. 발전해야만 자강을 도모할 수 있다. 120년 전, 갑오중일전쟁의 패배로 청조정부는 핍박에 의해 "마관조약"을 체결하였고 영토를 떼어주는 굴욕적인 아픔을 겪게 되었다. 83년 전, 일본이 발동한 "9・18"사변에 의해 중국 동북부의 128만 평방킬로미터의 국토가 함락되었다. 동북지역의 3000만 겨레들은 망국노로 전락하였고 동북은 일제의 꼭두각시가 된 위만주국의 암담한 통치시기에 들어섰다. 77년 전, 노구교사건(盧構橋事件)을 계기로 일본은 전면적인 중국침략전쟁을 발동하였고 중국인민은 피눈물 나는 8년 항전을 시작하였다. 이 89점의

일본침략서류는 중국인민이 겪은 고난의 역사를 기록하였을 뿐더러 다른 한 편으로는 불요불굴의 투쟁사를 그려주고 있다. 지난 일을 잊지 않으면 뒷일의 좋은 스승이 된다. 우리는 일본침략군 침략서류를 심층적으로 발굴하고 충분히 활용하여 중화민족의 정신적 재부로 승화시켜야 한다. 이는 세인을 깨우치고 후세를 교육하는 데 일조할 것이다. 또 역사의 고난 속에서 끊임없이 새 힘을 얻어 거안사위(居安思危)하면서 자강을 도모하여 민족부흥과 세계평화를 위해 진력해야 한다.

글쓴이는 지린성사회과학계연합회 주석이며, 국가사회과학기금 특별위탁프로젝트인『지린성서류관이 소장한 일본의 침략서류 정리연구』(14@ZH002)의 책임자이다.

제1부분

일본침략군이 난징대학살을 자행한 사실에 관한 서류

1937년 "7·7" 사변 이후 일본은 전면적인 중국침략전쟁을 발동하였다. 그해 12월 13일 난징을 함락한 일본침략군은 화중방면군 사령관 마쓰이 이와네(松井石根)의 지휘와 묵인하에 난징과 주변지역에서 무고한 평민과 무장해제한 중국군인에 대해 6주에 걸친 대규모적인 학살, 약탈, 강간, 방화 등 폭행을 감행하였다. 이것이 바로 전대미문의 참사인 난징대학살이다.

지린성서류관은 도합 6건의 난징대학살에 관한 사실자료를 정리 발굴해냈다. 그중 일본침략군이 난징대학살을 저지른 후 한두 달 내 난징, 상하이 및 그 주변지역의 "치안회복"상황에 대한 보고서 3건이 있다. 이 보고서에는 당시 인구가 급감한 현상, 일본침략군 "위안소"의 "위안부"설치상황, 난민귀향상황, 민심이 불안한 상황 및 민심에 영향 주는 주요사항 등을 기록하고 있다. 『오사카매일신문』의 종군기자가 쓴 『난징총공격관전기』라는 제목의 보도기사는 일본침략군이 사흘 내에 8.5만 명을 살해하여 샤관 부두에서 가장 가까운 저자거리부터 양쯔 강 하류까지 시체가 마구 널린 참상을 기술하고 있다. 이밖에 일본침략군의 『우정검열주보』는 영국과 독일에서 중국으로 보내는 2통의 서한을 발췌하였는데 일본침략군이 열두 살 난 어린애와 비구니를 포함한 부녀자 몇 만 명을 강간하고 나서 부지기수로 살해한 반인륜적인 죄행을 기록하고 있다.

1938년 2월 28일, 화중파견헌병대사령관 오오키 시게(大木繁)의 『난징헌병대 관할구역 내 치안회복상황조사보고(통첩)』에는 난징대학살 직전 난징의 인구가 100만이라고 분명히 기록하고 있다. 2부의 일본침략군 중국주둔헌병대 『우정검열주보』에는 영국과 독일에서 중국으로 보내는 서한에서 발췌한 당지신문의 기사를 싣고 있다. 서한 발신자의 정보원은 제3국가의 언론기구이므로 상당한 객관성과 신빙성을 가진다고 볼 수 있다.

여기에 수록된 난징대학살에 관한 사실적 서류들은 전부 일본침략군 스스로가 작성한 진실한 보고서이다. 이는 일본침략군이 난징에서 저지른 학살, 강간 등 반인륜적인 죄행을 폭로하고 실증하는데 있어서 상당히 높은 사료적 가치를 지닌다. 또 중국침략에 나선 일본침략군이 저지른 난징대학살의 만행을 단죄하는데 새로운 증거를 제공하고 있다.

1

서류해독

일본침략군 화중파견헌병대가 작성한『난징헌병대 관할구역 치안회복상황에 관한 조사보고(통첩)』

이 서류는 昭和十三年(1938년)二月十九日, 중국을 침략한 일본침략군 화중파견헌병대사령관 오오키 시게가 작성한『난징헌병대 관할구역 치안회복상황에 관한 조사보고(통첩)』이다. 보고서에는 2월 1일부터 10일까지 난징과 그 주변지역의 "치안회복"상황이 기록되어 있다. 대체로 일반상황, 경비보안기관의 배치상황, 자치위원회의 활동상황, 민심향배상황, 항일단체(분자) 및 중국 패잔병상황, 민심이 불안한 현상, 민심에 영향 주는 주요사항, 군대"위안시설"상황, "치안회복"을 저해하는 요소와 그 대책소견, 기타 주요참고사항 등 12개 항목이 들어있다. 그중 난민귀향상황에는 일본침략군이 난징을 함락하기 전과 후의 인구수 대비가 기록되어 있다.

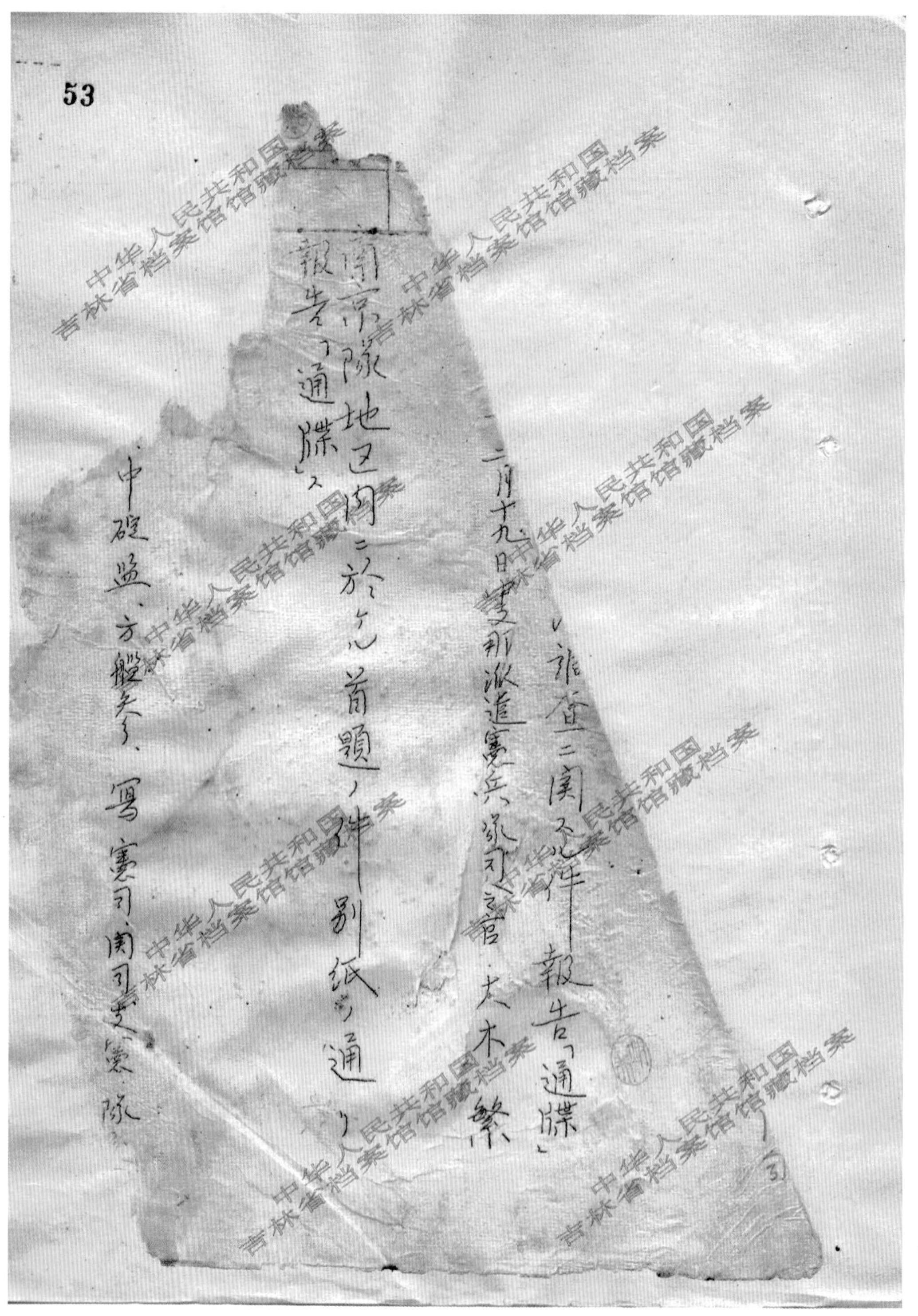

53

諜査ニ関スル件報告ノ通牒

二月十九日 支那派遣憲兵隊司令官 大木繁

南京隊地区内ニ於ケル首題ノ件別紙ノ通リ
報告ノ通牒ス

中碇監、方盤参、寫憲司、関司、支憲隊

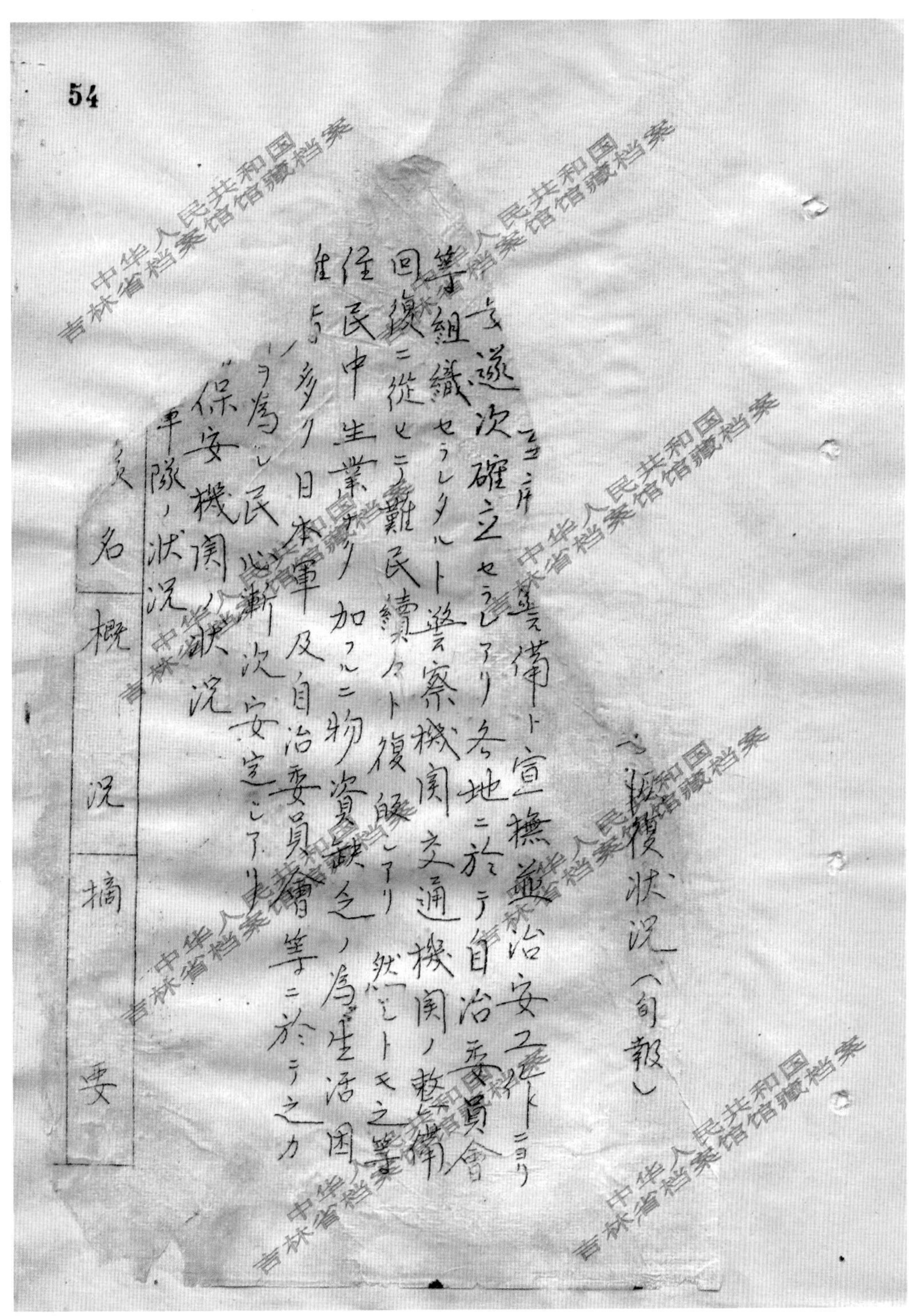

54

件名 | 概況摘要

恢復状況（旬報）

[illegible]備ト宣撫並治安工作トニヨリ逐次確立セラレアリ各地ニ於テ自治委員會等組織セラレタルト警察機関交通機関ノ整備回復ニ従ヒテ難民續々ト復帰シアリ然レトモ之等住民中生業ナキノ加フルニ物資缺乏ノ為生活困難ナル[illegible]多クハ日本軍及自治委員會等ニ於テ之カ[illegible]ヲ為シ民心漸次安定シアリ

保安機関ノ状況

軍隊ノ状況

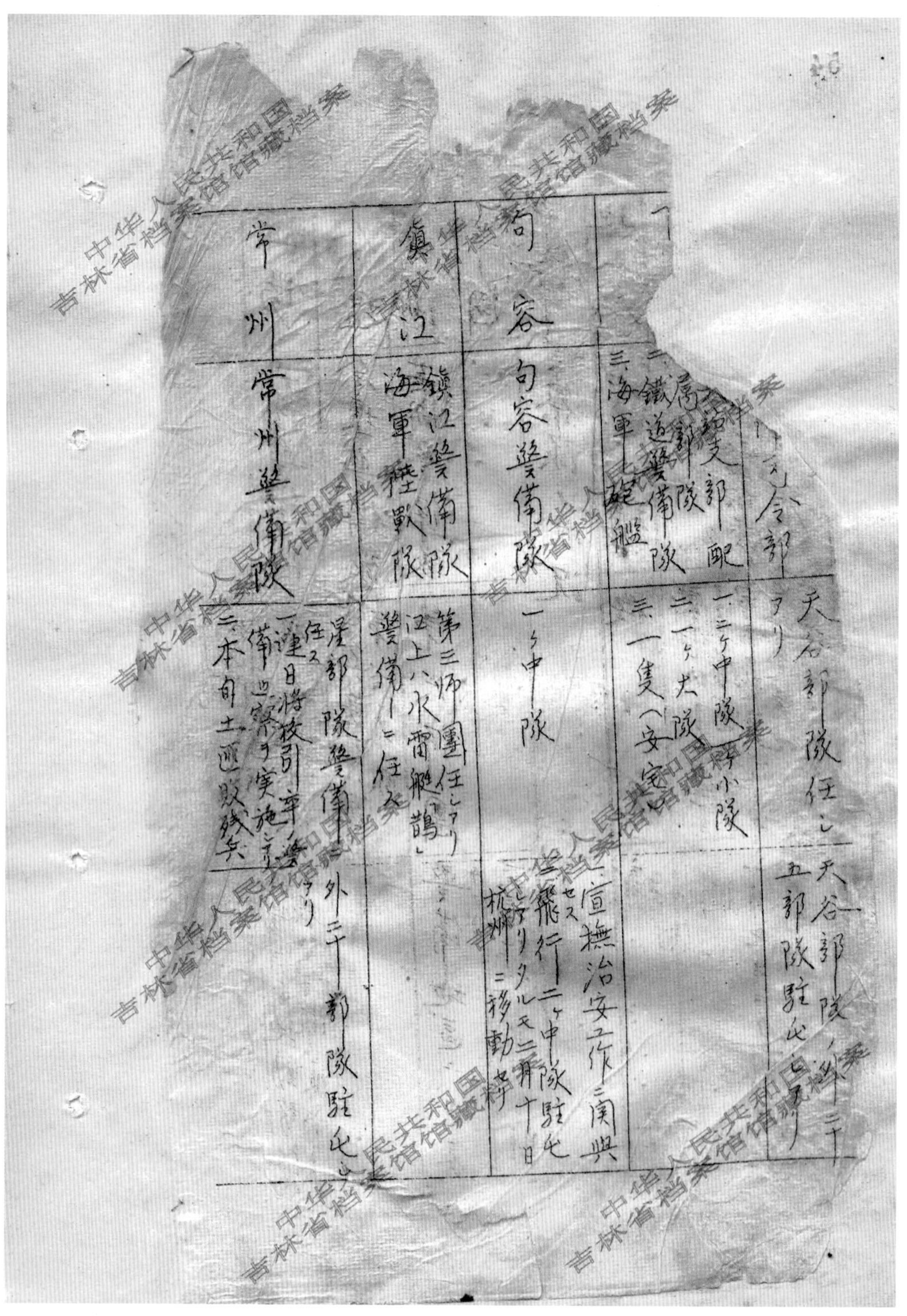

地名	部隊	兵力・任務	備考
一	司令部 支部配 二、鐵道警備隊 三、海軍砲艦	天谷部隊任ニアリ 一、二ヶ中隊ト小隊 二、一ヶ大隊 三、一隻（安宅）	天谷部隊ノ外ニ五部隊駐屯シアリ
句容	句容警備隊	一ヶ中隊	宣撫治安工作ニ関與セズ 飛行一ヶ中隊駐屯シアリタルモ二月十日杭州ニ移動セリ
鎮江	鎮江警備隊 海軍陸戰隊	第三師團任ニアリ 江上ハ水雷艇「鵲」警備ニ任ズ	
常州	常州警備隊	星部隊警備ニ任ズ 一、連日將校司令ノ警備巡察ヲ実施シアリ 二、本自土匪敗殘兵	外ニ一部隊駐屯シ

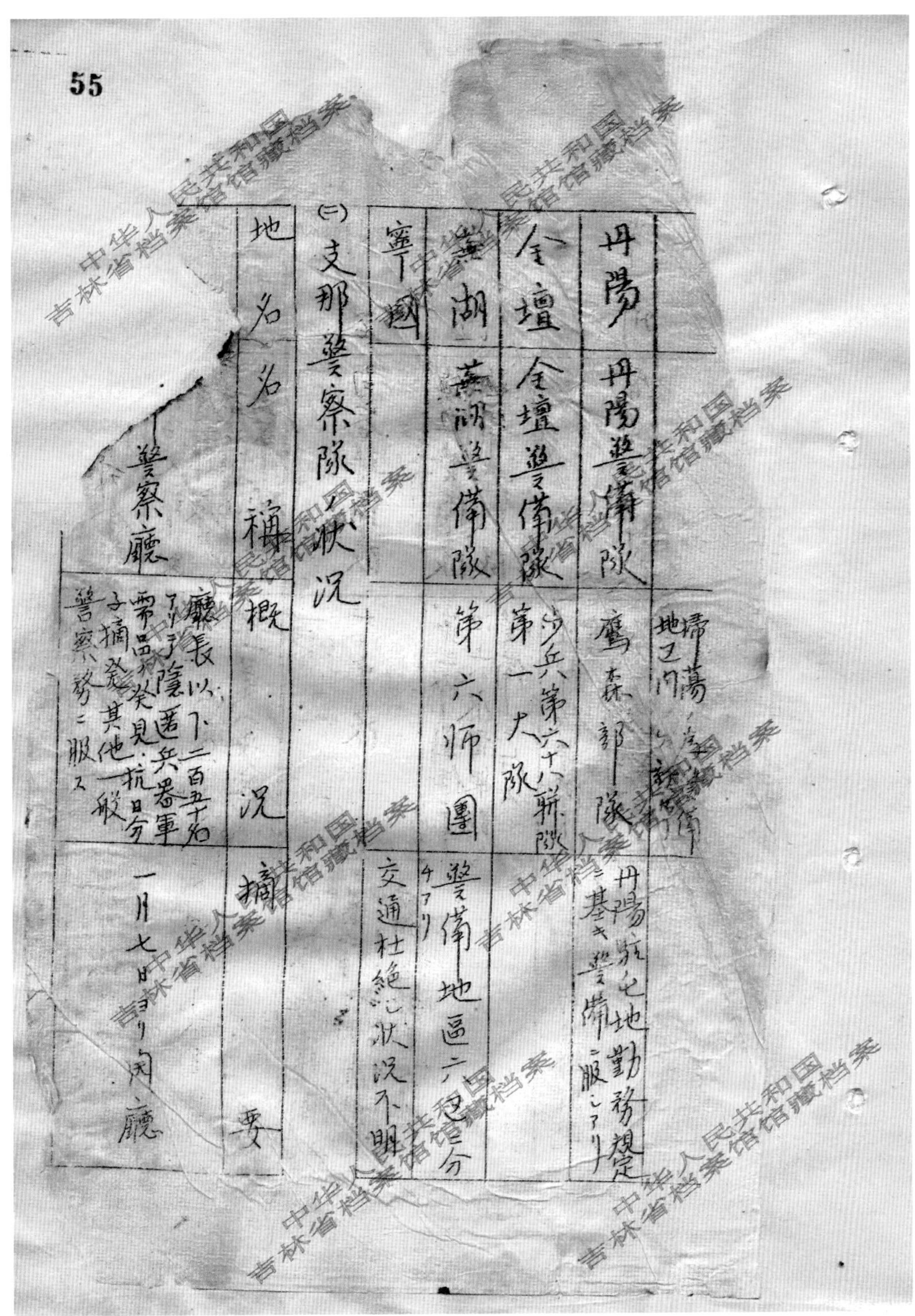

55

			掃蕩ノ[illegible]地ヱ門[illegible]
丹陽	丹陽警備隊	鷲森部隊	丹陽駐屯地勤務規定ニ基キ警備ニ服シアリ
金壇	金壇警備隊	歩兵第六十八聯隊第一大隊	
蕪湖	蕪湖警備隊	第六師團	警備地區ニ包含シアリ
寧國			交通杜絶シ状況不明

(二) 支那警察隊ノ状況

地名	名稱	概況	摘要
	警察廳	廳長以下二百五十名アリテ隠匿兵器軍需品ノ発見、抗日分子摘発其他一般警察事務ニ服ス	一月七日ヨリ開廳

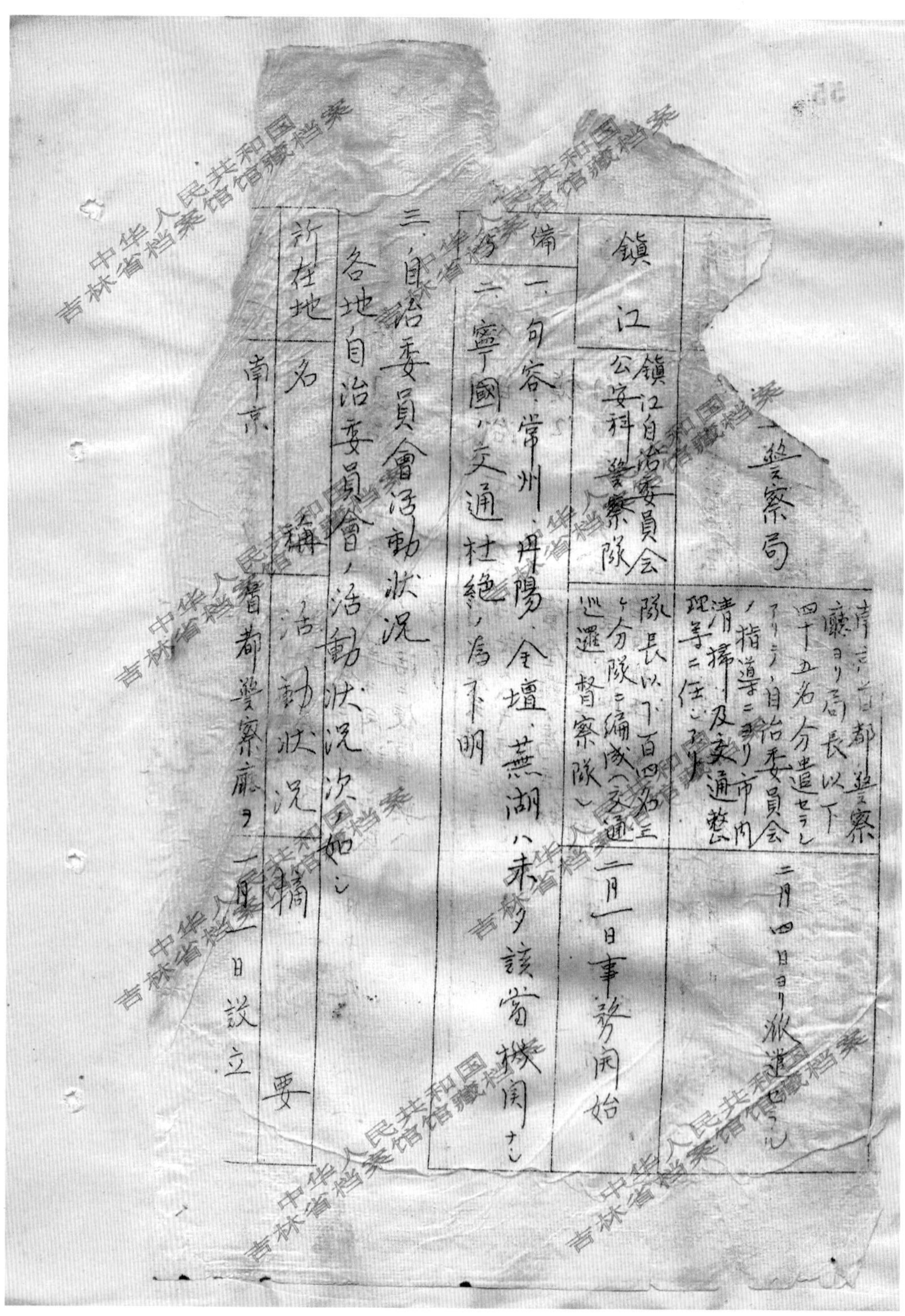

一、警察局

鎮江	鎮江自治委員会公安科警察隊	南京首都警察廳ヨリ局長以下四十五名分遣セラレアリテ、自治委員会ノ指導ニヨリ市内清掃及交通整理等ニ任シアリ	二月四日ヨリ派遣セラル
		隊長以下百四名ヲ三ケ分隊ニ編成（交通巡邏督察隊）	二月一日事務開始

備考 一、句容、常州、丹陽、金壇、蕪湖ハ未タ該當機関ナシ

二、寧國ハ交通杜絶ノ為不明

三、自治委員會活動状況

各地自治委員會ノ活動状況次ノ如シ

所在地	名稱	活動状況	摘要
南京	首都警察廳ヲ一月一日設立		

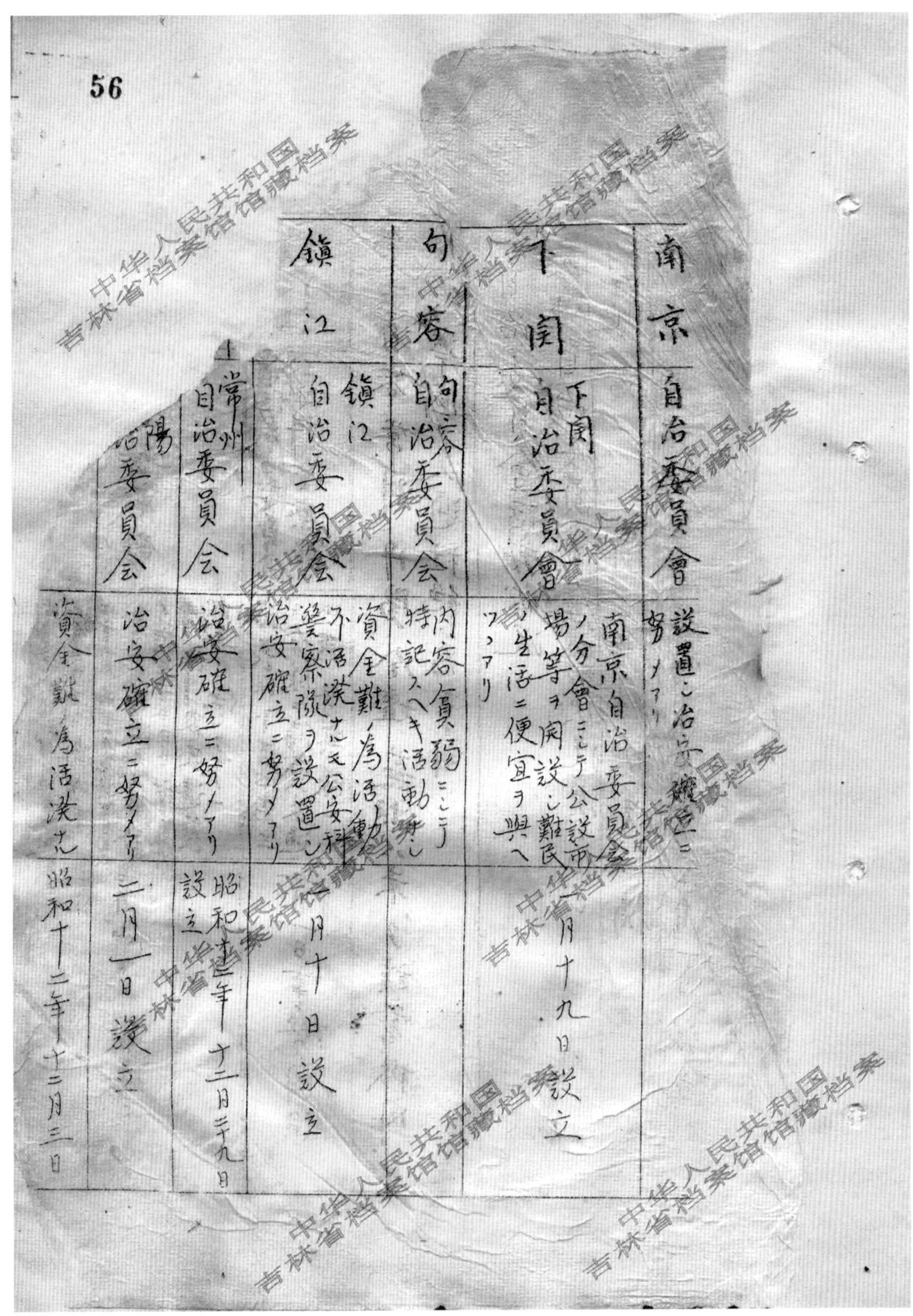

56

南京	南京自治委員會	設置シ治安確立ニ努メアリ	
下関	下関自治委員會	南京自治委員會ノ分會ニシテ公設市場等ヲ開設シ難民ノ生活ニ便宜ヲ與ヘツヽアリ	一月十九日設立
句容	句容自治委員会	内容貧弱ニシテ特記スヘキ活動無シ	
鎮江	鎮江自治委員會	資金難ノ為活動不活潑ナルモ公安科警察隊ヲ設置シ治安確立ニ努メアリ	一月十日設立
	常州自治委員会	治安確立ニ努メアリ	昭和十二年十二月二十九日設立
	丹陽自治委員会	治安確立ニ努メアリ	一月一日設立
		資金難ノ為活潑ナル	昭和十二年十二月三日

[illegible]會 [illegible]ニアラス

[illegible]委員会 治安確立ニ努メツヽアリ 二月五日設 不明

四、避難民復歸状況

各地ニ於ケル避難民復歸ノ状況次ノ如シ

地名	事変前ニ於ケル人口	復歸人口	難民区解放状況	摘要
南京	一、〇〇〇、〇〇〇人	三〇〇、〇〇〇人	南京市内一部ニ難民区設置アリシモ一月十日解放セリ	漸次復歸増加シアリ
下関	一三〇、〇〇〇	八〇、〇〇〇	三叉河及宝塔橋附近ニ難民区アルモ未タ解放シアラス	右同
句容	一三、〇〇〇	三、〇〇〇		右同

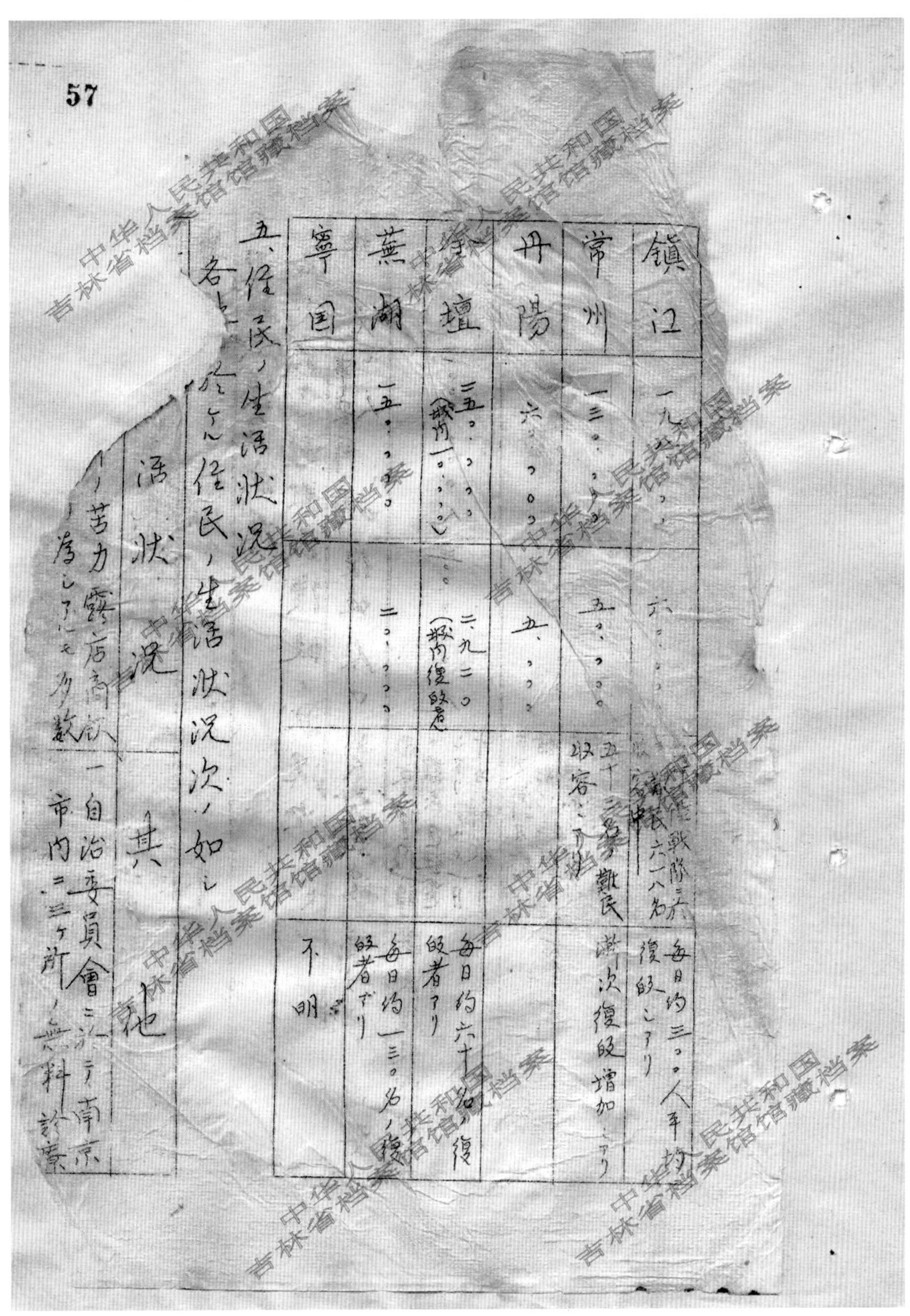

57

鎮江	一九〇〇〇	六〇〇〇	殘敵戰隊ニテ収容中ノ難民六一八名	每日約三〇〇人平均復歸シアリ
常州	一三〇〇〇	五〇〇〇	五十三名ノ難民収容シアリ	漸次復歸増加シアリ
丹陽	六〇〇〇	五〇〇〇		
金壇	三五〇〇〇（城内一〇〇〇〇）	二九二〇（城内復歸者）		每日約六十名復歸者アリ
蕪湖	一五〇〇〇	二〇〇〇〇		每日約一三〇名ノ復歸者アリ
寧国				不明

五、住民ノ生活状況

各地ニ於ケル住民ノ生活状況次ノ如シ

活状況	其他
ノ苦力露店商飲 層シアルモノ多数	一自治委員會ニ於テ南京 市内ニ三ヶ所ノ無料診療

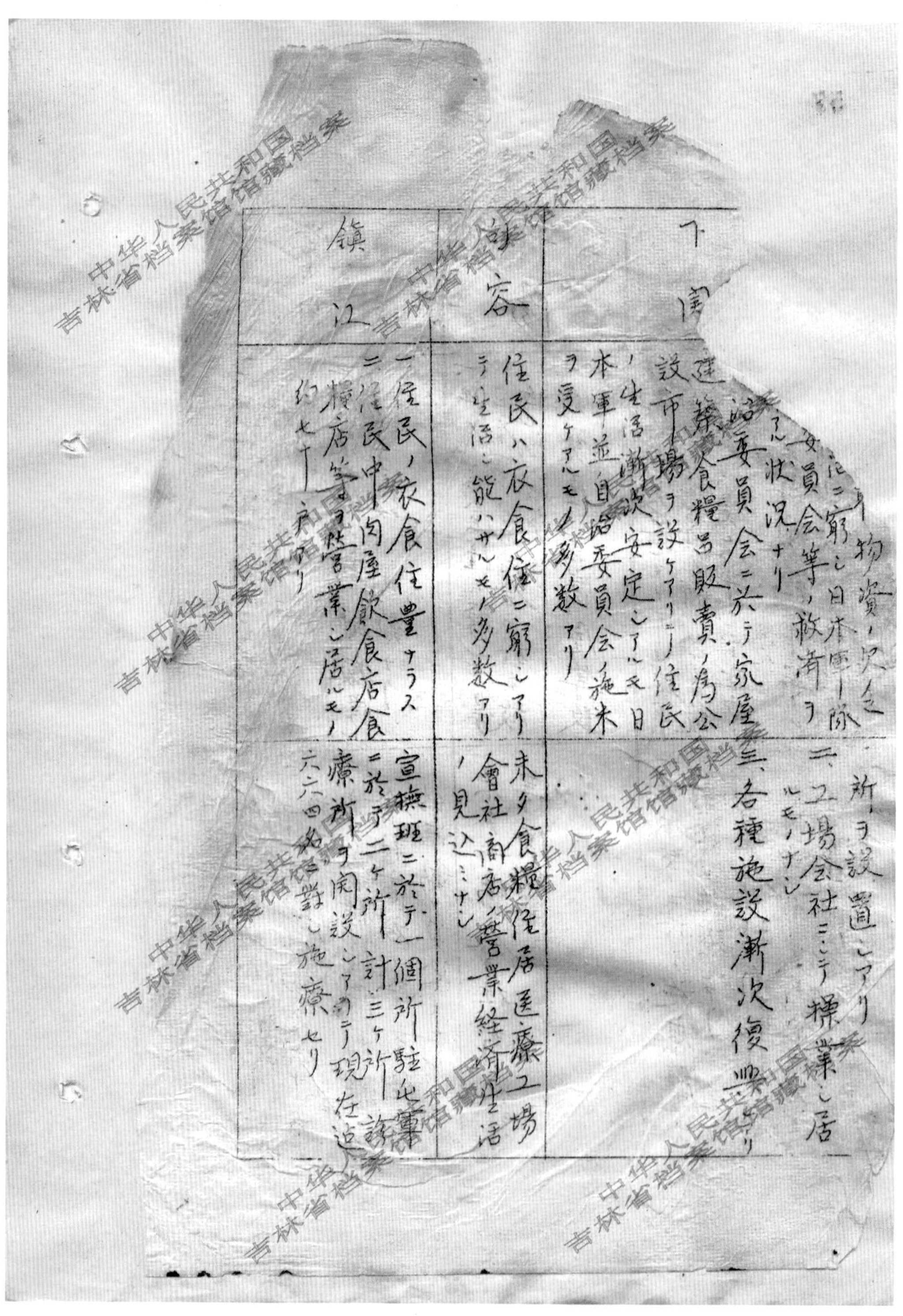
…物資ノ欠乏…所ヲ設置シアリ
…ニ窮シ日本軍ノ除…二工場会社ニシテ操業シ居
…委員会等ノ救済ヲ…ルモノハナシ
アル状況ナリ
治委員会ニ於テ家屋ニ、各種施設漸次復興シアリ

下寛	?容	鎮江
建築食糧品販賣ノ為公設市場ヲ設ケアリニノ住民ノ生活漸次安定シアルモ日本軍並自治委員会ノ施米ヲ受ケアルモノ多数アリ	住民ハ衣食住ニ窮シアリテ生活シ能ハサルモノ多数アリ	一、住民ノ衣食住豊ナラス 二、住民中肉屋飲食店食糧店等ヲ營業シ居ルモノ約七十戸アリ
	未タ食糧住居医療工場會社商店ノ營業経済生活ノ見込ミナシ	宣撫班ニ於テ一個所駐屯軍ニ於テ二ケ所計三ケ所ノ診療所ヲ開設シアリテ現在迄六六四名ニ對シ施療セリ

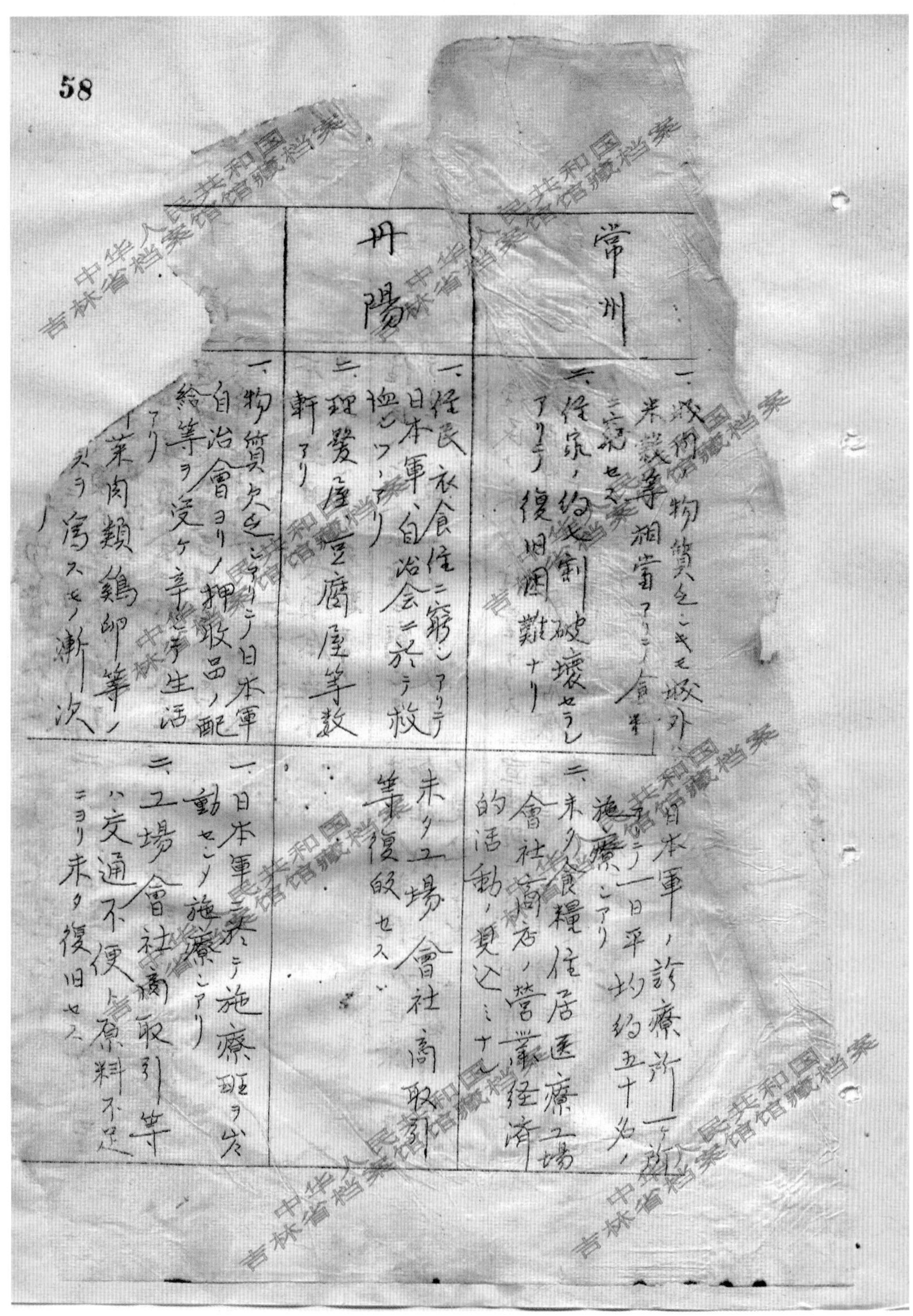

58

常州	一、戦禍ニ物質ハ乏シキモ城外ニ米穀等相当アリテ食糧ニ窮セス 二、住宅ハ約七割破壊セラレアリテ復旧困難ナリ	一、日本軍ノ診療所一ヶ所ニ於テ一日平均約五十名ノ施療ニアリ 二、未タ食糧住居医療工場会社商店ノ営業経済的活動ノ見込ミナシ
丹陽	一、住民衣食住ニ窮シアリテ日本軍、自治会ニ於テ救恤ニツトメアリ 二、理髪屋豆腐屋等数軒アリ	未タ工場会社商取引等復活セス
[illegible]	一、物資欠乏シアリテ日本軍自治会ヨリノ押収品ノ配給等ヲ受ケ辛シテ生活シアリ 一、野菜肉類鶏卵等ノ[illegible]高ク[illegible]漸次	一、日本軍ニ於テ施療班ヲ出動セシメ施療シアリ 二、工場会社商取引等ハ交通不便、原料不足ニヨリ未タ復旧セス

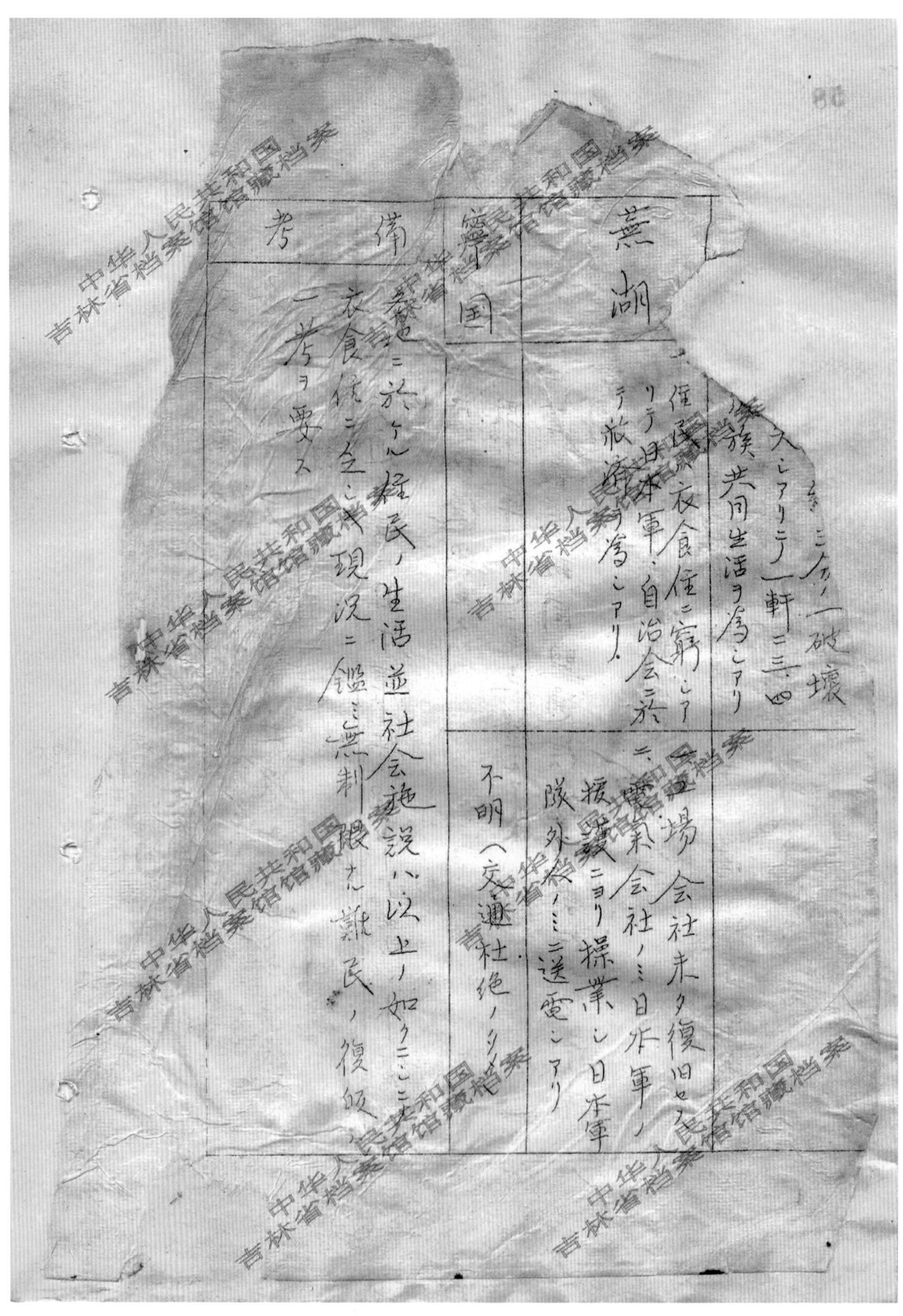

蕪湖	寧国	備考
三分ノ一破壊スシアリテ一軒ニ三、四家族共同生活ヲ為シアリ 一、住民ハ衣食住ニ窮シアリテ日本軍ハ自治会ニ於テ救済ヲ為シアリ。 二、工場会社未タ復旧セス電気会社ノミ日本軍ノ援護ニヨリ操業シ日本軍隊外[illegible]ノミニ送電シアリ	不明（交通杜絶ノタメ）	蕪湖ニ於ケル住民ノ生活並社会施設ハ以上ノ如クニシテ衣食住ニ乏シキ現況ニ鑑ミ無制限ナル難民ノ復帰ハ一考ヲ要ス

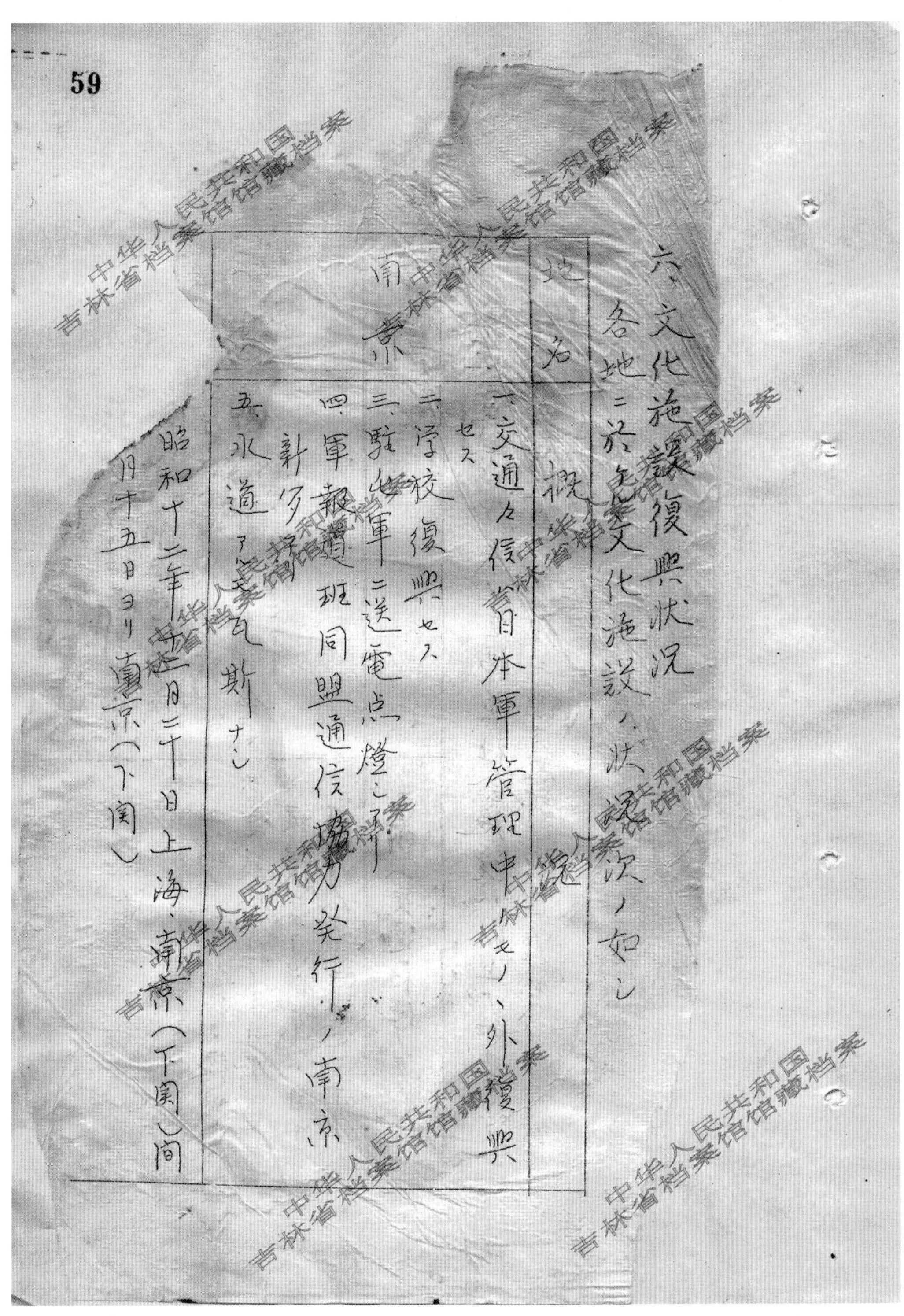

59

六、文化施設復興状況

各地ニ於ケル文化施設ノ状況次ノ如シ

地名	概況
南京	一、交通々信ハ日本軍管理中ナルモ外復興セス 二、学校復興セス 三、駐屯軍ニ送電点燈シアリ 四、軍報道班同盟通信協力発行ノ南京新報 五、水道瓦斯ナシ

昭和十二年十二月二十日上海、南京（下関）間

月十五日ヨリ南京（下関）

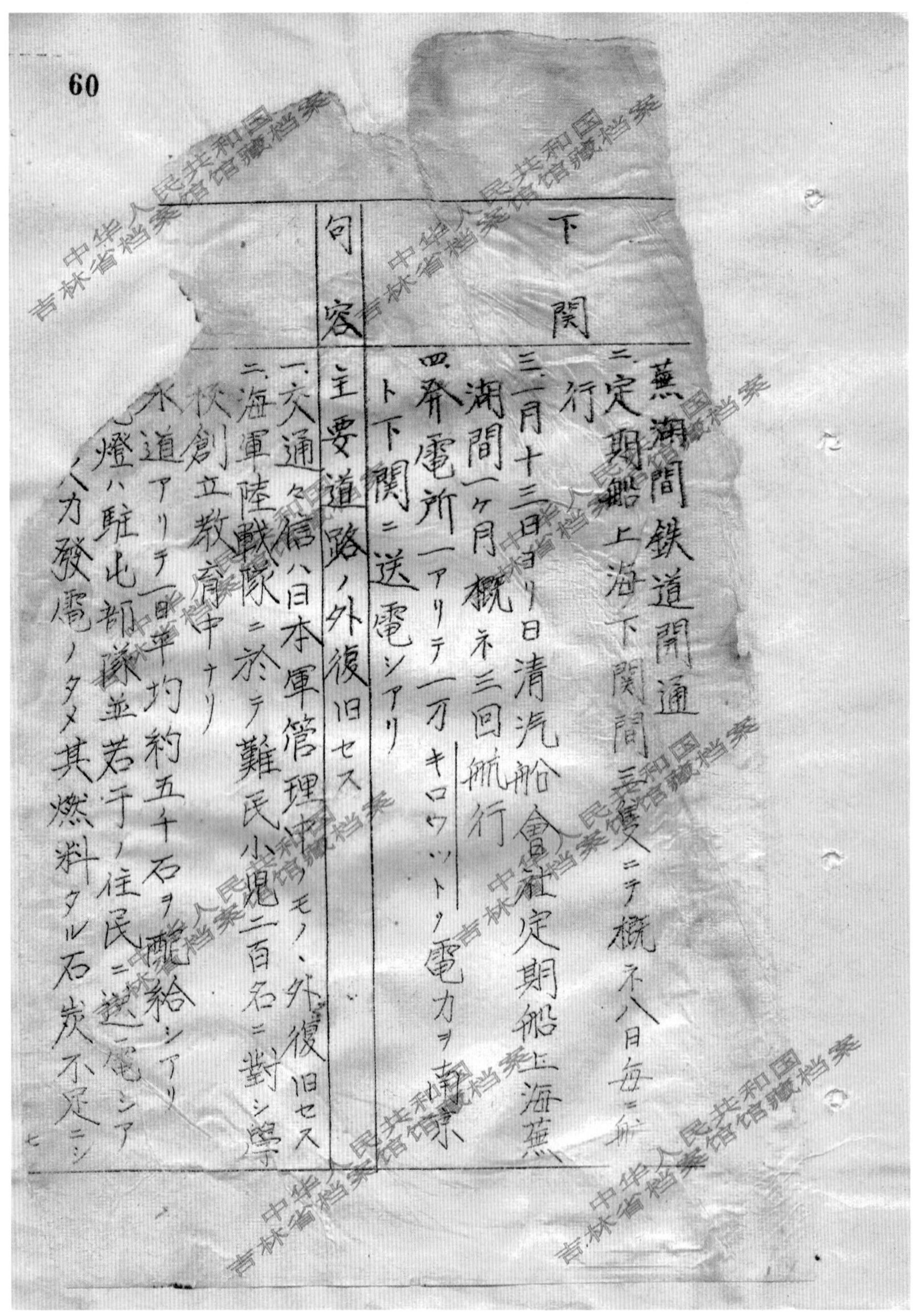
60

句容	下関
主要道路ノ外復旧セス 一.交通々信ハ日本軍管理中ノモノ、外復旧セス 二.海軍陸戦隊ニ於テ難民小児二百名ニ對シ學校創立教育中ナリ 水道アリテ一日平均約五十石ヲ配給シアリ 電燈ハ駐屯部隊並若干ノ住民ニ送電シア 人力發電ノタメ其燃料タル石炭不足ニシ	蕪湖間鉄道開通 二.定期船上海下関間三隻ニテ概ネ八日毎ニ航行 三.一月十三日ヨリ日清汽船會社定期船上海蕪湖間一ヶ月概ネ三回航行 四.発電所一アリテ一万キロワットノ電力ヲ南京ト下関ニ送電シアリ

七

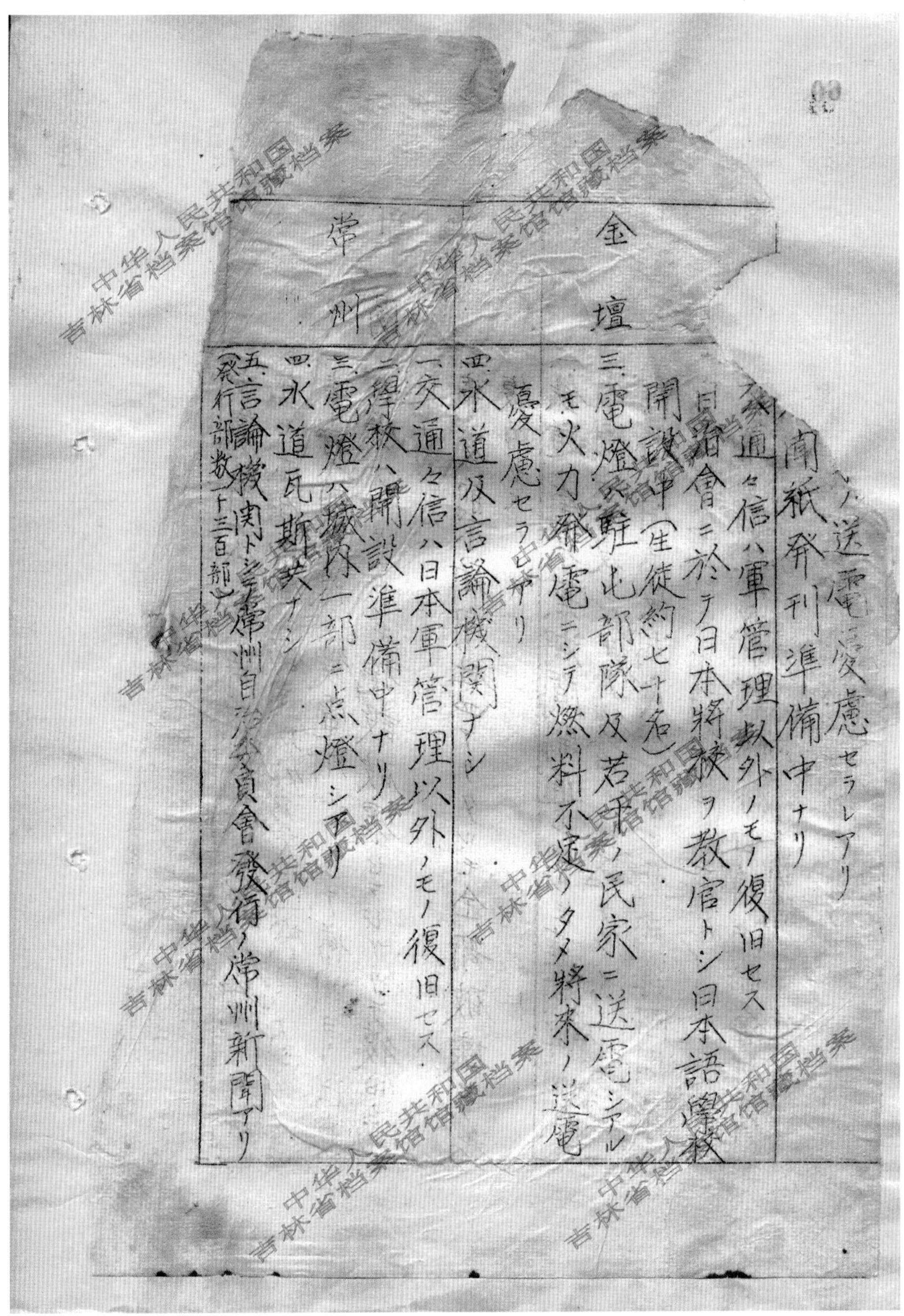

[illegible]ノ送電ヲ憂慮セラレアリ
新聞紙発刊準備中ナリ

金壇	三、電燈ハ駐屯部隊及若干ノ民家ニ送電シアルモ火力発電ニシテ燃料不足ノタメ将来ノ送電憂慮セラレアリ 四、水道及言論機関ナシ
常州	一、交通々信ハ日本軍管理以外ノモノ復旧セス 二、學校ハ開設準備中ナリ 三、電燈ハ部隊ノ一部ニ点燈シ居リ 四、水道瓦斯共ナシ 五、言論機関トシテ常州自治委員會發行ノ常州新聞アリ （發行部数一千三百部）

（上欄続き）交通々信ハ軍管理以外ノモノ復旧セス
日語學會ニ於テ日本将校ヲ教官トシ日本語學校開設中（生徒約七十名）

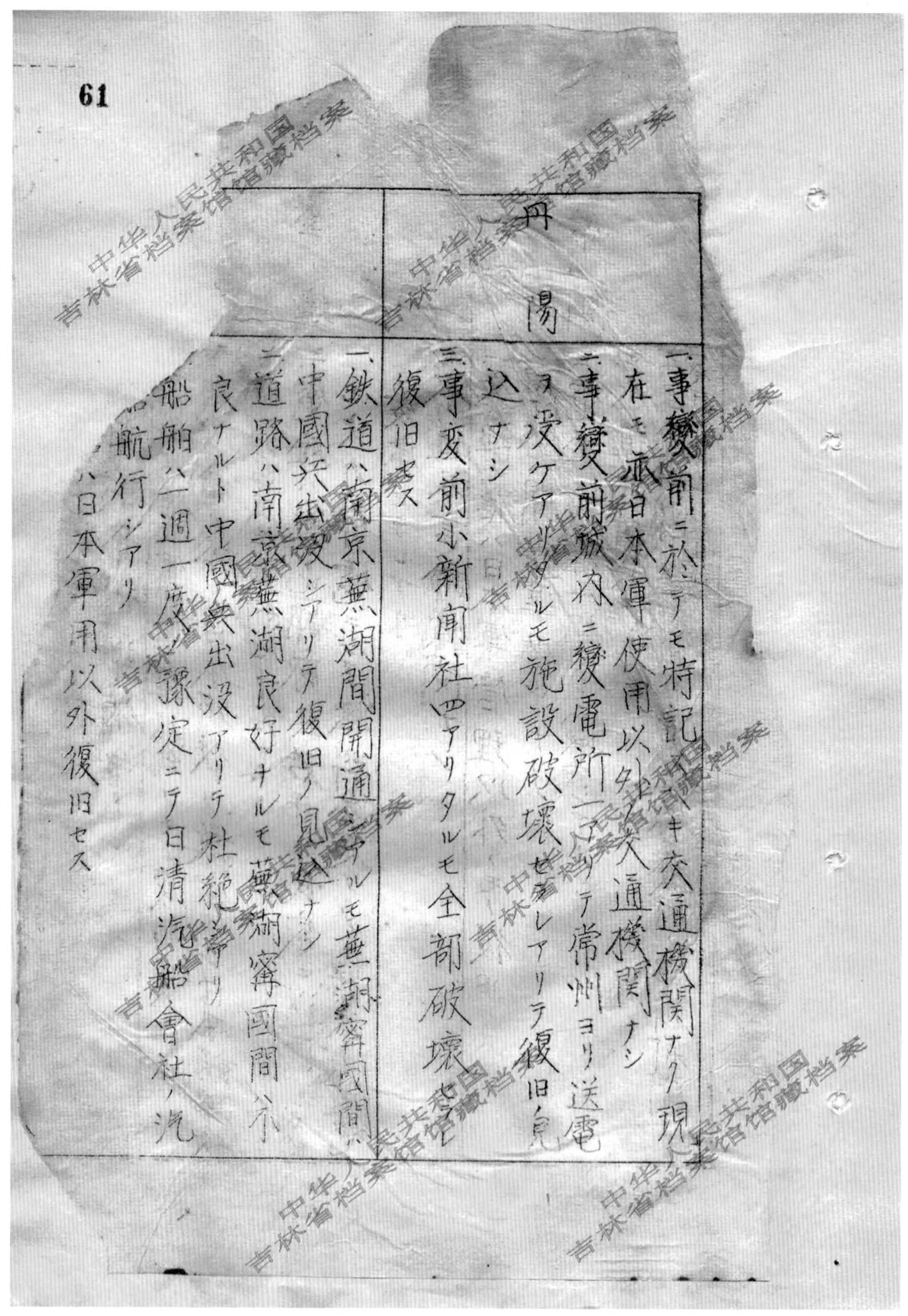

61

丹陽

一、事變前ニ於テモ特記スヘキ交通機関ナク現在モ亦日本軍使用以外ノ交通機関ナシ

二、事變前城内ニ變電所一アリテ常州ヨリ送電ヲ受ケアリタルモ施設破壊セラレアリテ復旧見込ナシ

三、事変前小新聞社四アリタルモ全部破壊セラレ復旧セス

一、鉄道ハ南京蕪湖間開通シアルモ蕪湖寧國間ハ中國兵出没シアリテ復旧ノ見込ナシ

二、道路ハ南京蕪湖良好ナルモ蕪湖寧國間ハ不良ナルト中國兵出没アリテ杜絶シアリ

三、船舶ハ一週一度ノ豫定ニテ日清汽船會社ノ汽船航行シアリ

[illegible]ハ日本軍用以外復旧セス

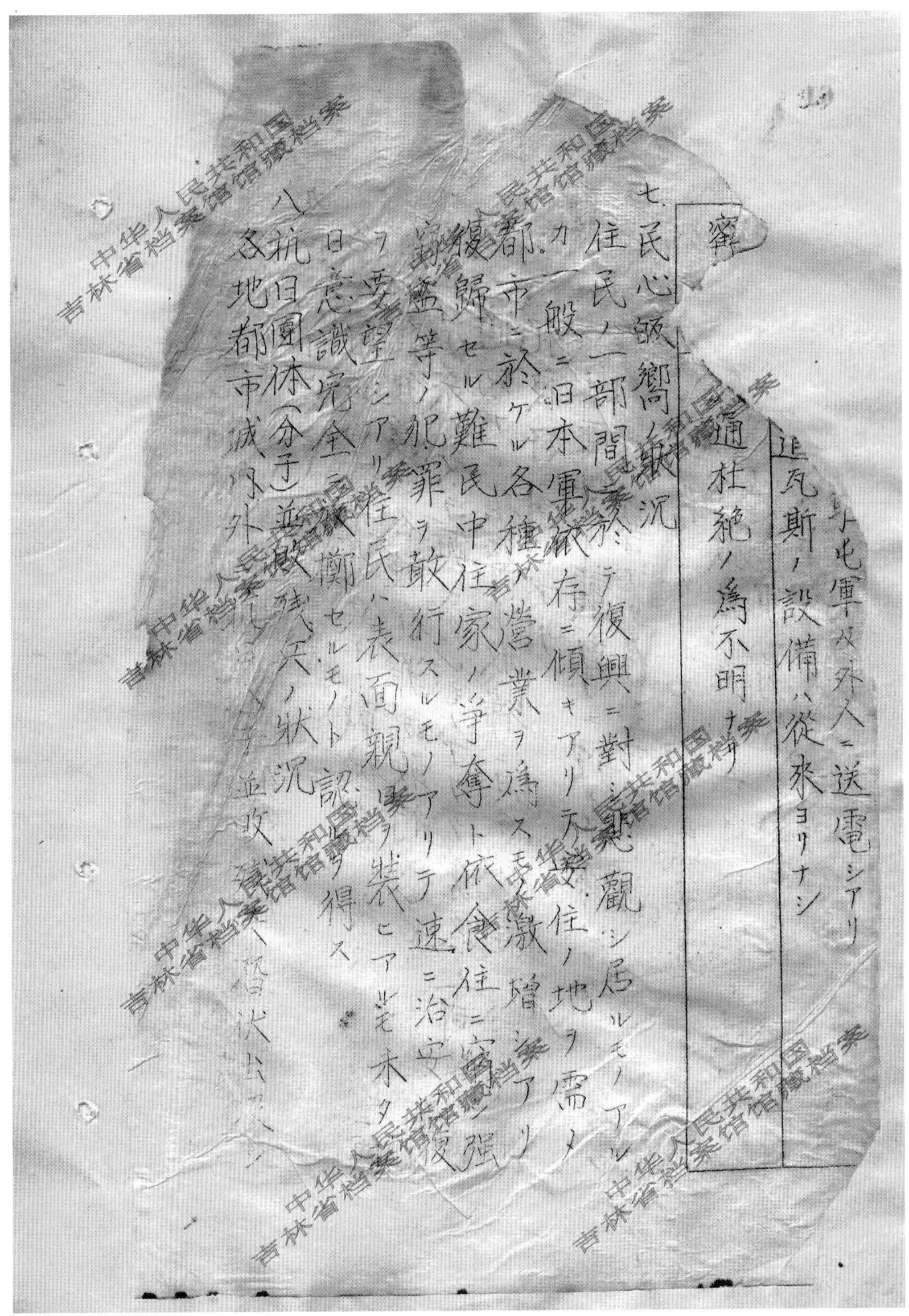

…屯軍及外人ニ送電シアリ

…瓦斯ノ設備ハ從來ヨリナシ

窮
…通杜絶ノ為不明ナリ

七、民心ノ嚮背ノ状況

住民ハ一部間ニ於テ復興ニ對シ楽観シ居ルモノアル

カ一般ニハ日本軍依存ニ傾キアリテ安住ノ地ヲ需メ

都市ニ於ケル各種ノ營業ヲ為スモノ漸増シアリ

復歸セル難民中住家ノ争奪ト依食住ニ窮シ強

窃盗等ノ犯罪ヲ敢行スルモノアリテ速ニ治安ノ復

ヲ要望シアリ住民ハ表面親日ヲ装ヒアルモ未タ

日意識完全ニ撤廢セルモノト認ムルヲ得ス

八、抗日團体（分子）並敗残兵ノ状況

各地都市城内外ニ[illegible]並敗残兵ハ潜伏シアルモノ

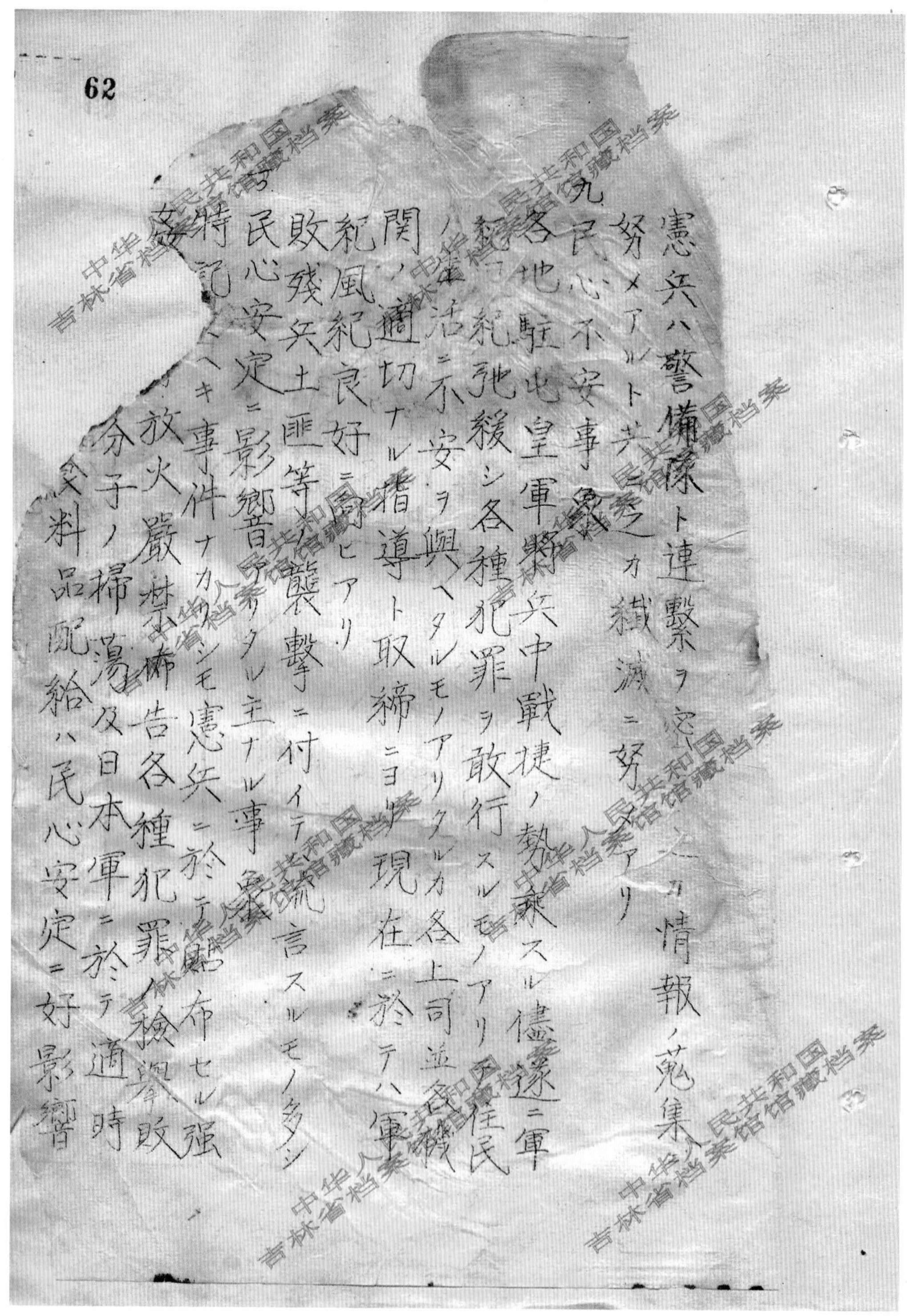

62

憲兵ハ警備隊ト連繫ヲ密ニシ之カ情報ノ蒐集ニ
努メアルト共ニ之カ殲滅ニ努メアリ
九、民心不安事象
各地駐屯皇軍将兵中戦捷ノ勢ニ乗スル儘ニ軍
紀風紀弛緩シ各種犯罪ヲ敢行スルモノアリテ在住民
ハ生活ニ不安ヲ與ヘタルモノアリタルカ各上司並各機
関ノ適切ナル指導ト取締ニヨリ現在ニ於テハ軍
紀風紀良好ニ向ヒアリ
敗残兵土匪等ノ襲撃ニ付イテ流言スルモノ多シ
民心安定ニ影響ヲ與ヘタル主ナル事象
特記スヘキ事件ナカリシモ憲兵ニ於テ貼布セル強
姦放火厳禁ノ布告各種犯罪ノ検挙取締
分子ノ掃蕩及日本軍ニ於テ適時
食料品配給ハ民心安定ニ好影響

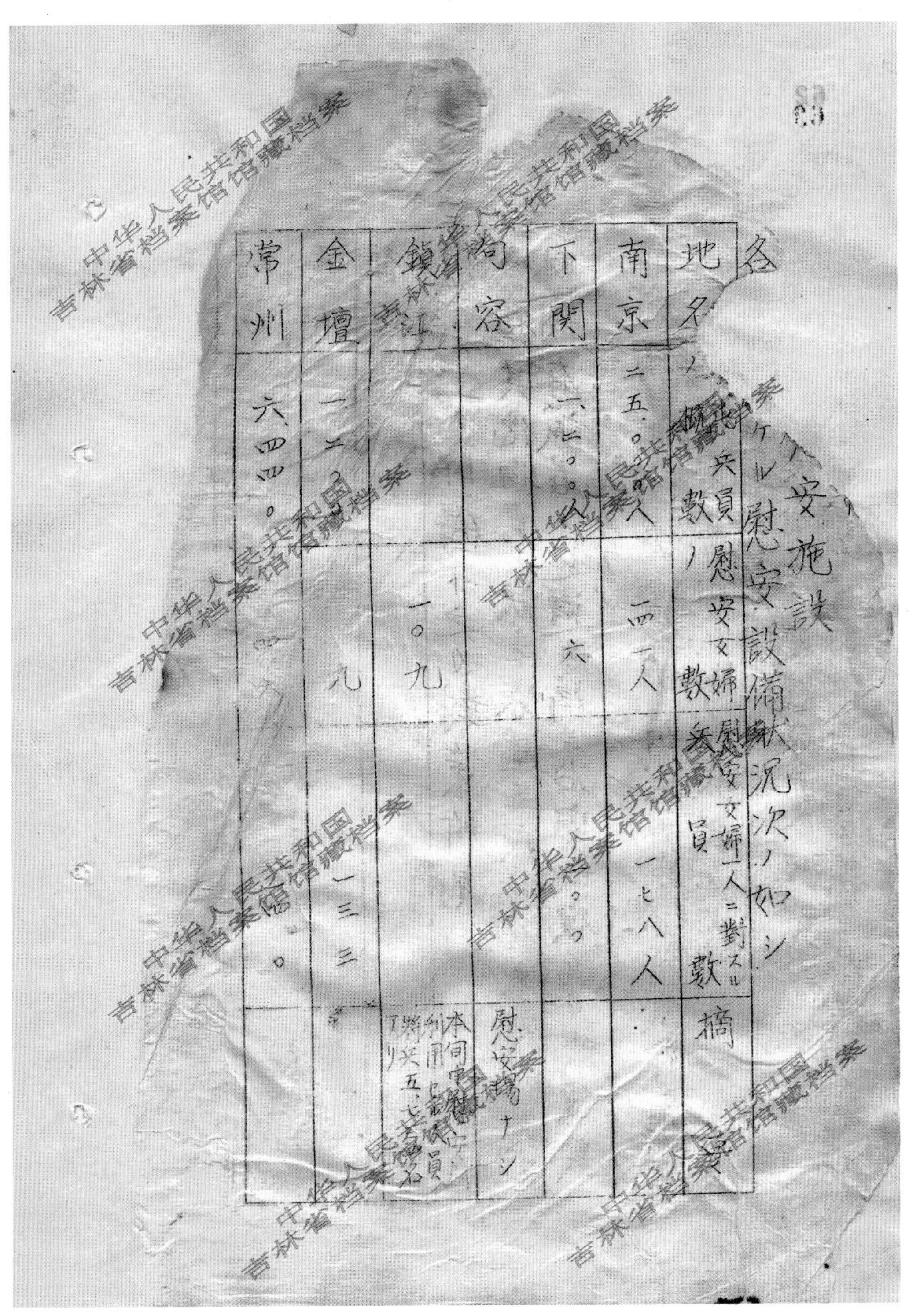

各地ニ於ケル慰安施設 慰安設備状況次ノ如シ

地名	概略兵員數	慰安婦數	慰安婦一人ニ對スル兵員數	摘要
南京	二五、〇〇〇人	一四一人	一七八人	
下関	一、六〇〇人	六	[illegible]	
句容				慰安場ナシ
鎮江		一〇九		本旬中慰安所利用將兵五、七[illegible]名アリ
金壇	一、二〇〇	九	一三三	
常州	六、四四〇	[illegible]	[illegible]	

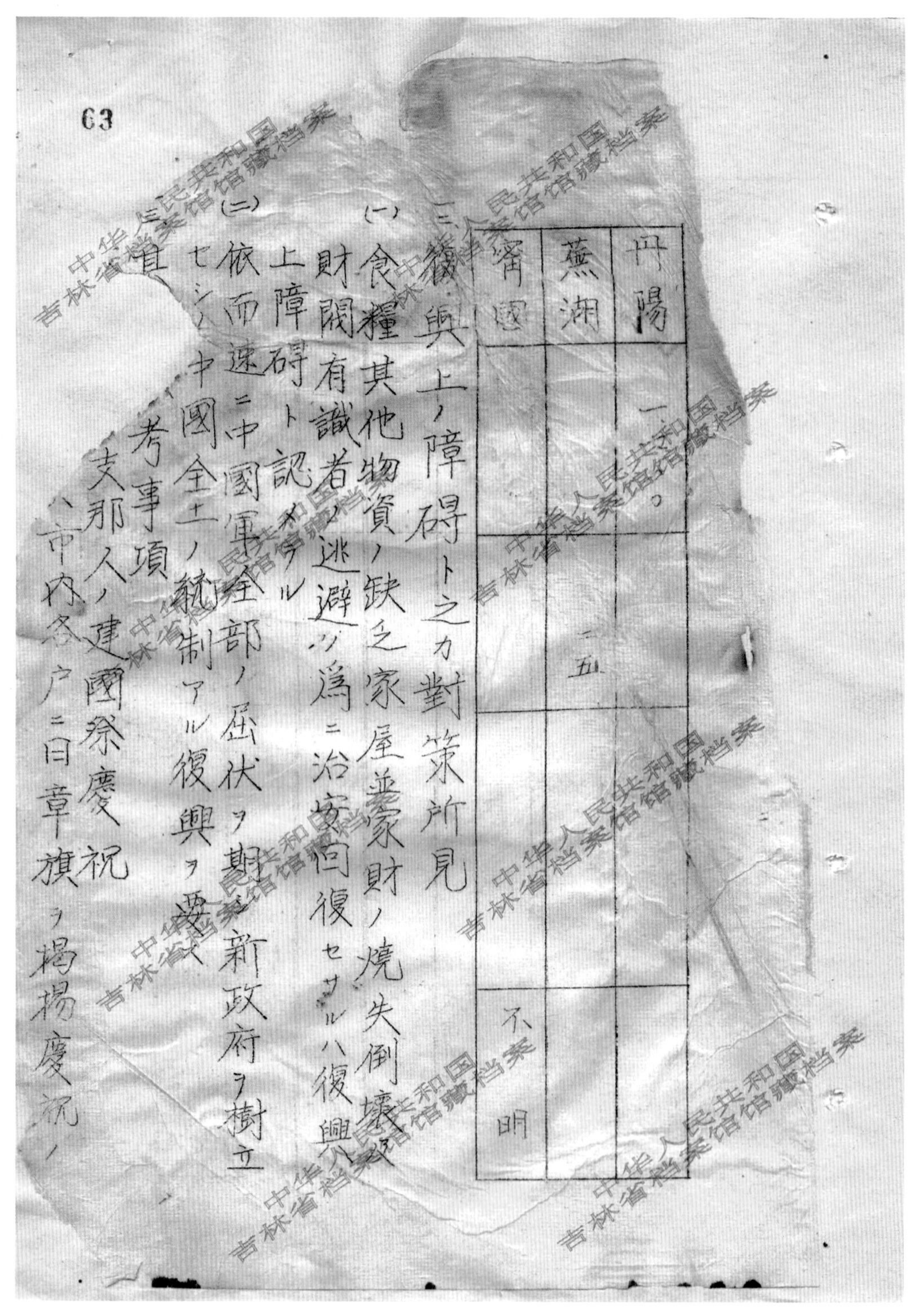

63

丹陽	一〇			
蕪湖		二五		
寧國				不明

三、復興上ノ障碍ト之カ對策所見

(一) 食糧其他物資ノ缺乏家屋並家財ノ焼失倒壊及財閥有識者ノ逃避ノ為ニ治安回復セサルハ復興上障碍ト認メアル

(二) 依而速ニ中國軍總部ノ屈伏ヲ期シ新政府ヲ樹立セシメ中國全土ノ統制アル復興ヲ要ス

四、宜

考事項

支那人ノ建國祭慶祝

ハ市内各戸ニ日章旗ヲ掲揚慶祝ノ

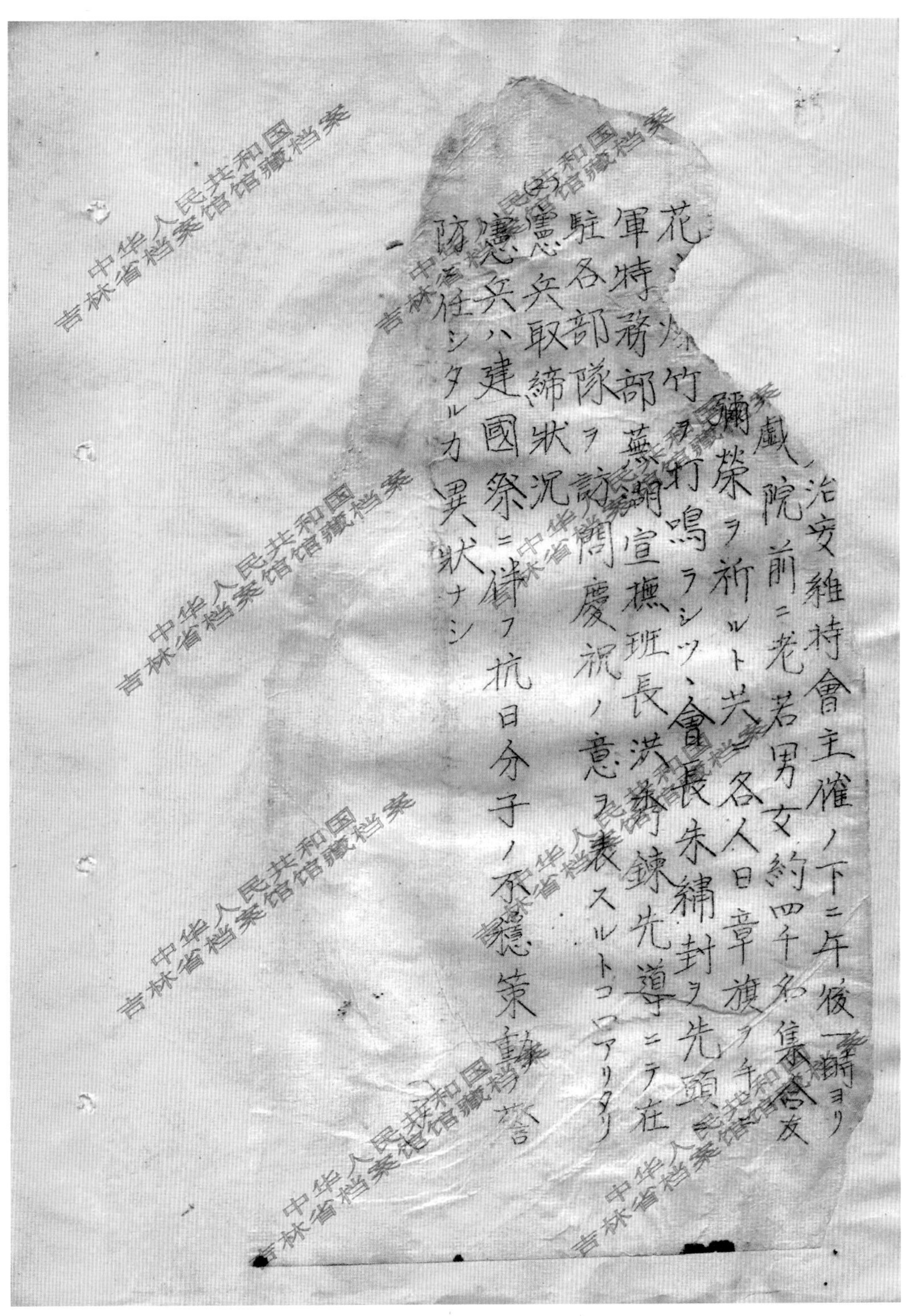

治安維持會主催ノ下ニ午後一時ヨリ
戯院前ニ老若男女約四千名集合友
彌榮ヲ祈ルト共ニ各人日章旗ヲ手ニ
花、爆竹ヲ打鳴ラシツヽ會長朱緯封ヲ先頭、
軍特務部蕪湖宣撫班長洪[illegible]鍊先導ニテ在
駐各部隊ヲ訪問慶祝ノ意ヲ表スルトコロアリタリ
(ヌ)憲兵取締狀況
憲兵ハ建國祭ニ伴フ抗日分子ノ不穩策動警
防任シタルカ異狀ナシ

치안회복상황에 관한 조사보고(통첩)

昭和十三年二月十九日 화중파견헌병대사령관 오오키 시게
난징대(南京隊) 지역 내 치안회복상황에 관한 조사보고
발송부서: 군참, 군특, 中碇監, 方艦参, 南, 杭機□□, 關司, 支憲, 隊下

치안회복상황(旬報)

一. 일반상황

경비, 선무 및 치안공작에 의해 □□의 질서는 점차 확보되고 있음. 각지 자치위원회 등 조직과 경찰기관, 교통기관의 회복운영에 따라 난민들이 끊이지 않고 계속 되돌아오고 있음. 하지만 돌아온 난민 중 무직업자들이 증가하는 추세. 물자결핍까지 겹쳐 생활이 곤궁한 자들이 증가하고 있음. 일본군과 자치위원회 등이 □□으로 하여 민심이 점차 안착되고 있음.

二. □□보안기관상황

(一) □□군대의 상황

지명	부대명	개황	적요
난징	□□사령부	아마야(天谷)부대가 책임짐.	아마야부대 이외 제25부대도 주둔하고 있음.
샤관 (下關)	1.□□站支部 소속부대 2.철도경비대 3.해군 포함	1.두 개 중대, 한 개 소대 2. 한 개 대대 3.一支(안택〈安宅〉)	
쥐룽 (句容)	쥐룽 경비대	한 개 중대	1.치안선무공작을 책임짐. 2.두 개 비행중대가 주둔하고 있음. 하지만 2월 10일 항주로 옮겨 감.

지명	부대명	개황	적요
전장(鎭江)	전장경비대, 해군육전대	제3사단이 담당. 강 위에는 어뢰정 가사사기(鵲)호가 경비를 책임짐.	
창저우(常州)	창저우경비대	호시(星)부대가 경비를 책임짐. 1. 며칠째 일본군 장교들이 부대를 이끌고 경비감찰을 실행함. 2.본 순 기간에 토비와 잔여 부대를 소탕함.	이외 아직 제20부대가 주둔하고 있음.
단양(丹陽)	단양경비대	다카모리(鷹森)부대	단양주둔지 근무규정에 따라 경비임무를 수행함.
진탄(金壇)	진탄경비대	보병 제68연대 제1대대	
우후(蕪湖)	우후경비대	제6사단	6개 경비지역으로 나눔.
닝궈(寧國)			교통이 두절됨. 상황불명.

(二) 중국경찰대의 상황

지명	명칭	개황	적요
□□	□□경찰청	청장 이하 250명은 은닉된 병기와 군수품에 대한 조사, 항일분자에 대한 수사 및 기타 일반 경찰업무를 맡음.	1월 7일부터 사무를 봄.
□□	□□경찰국	난징수도경찰청에서 국장 이하 병력 45명을 차출하여 치안위원회의 지도하에 시내 청소와 교통정리를 맡김.	2월 4일부터 파견.
전장	전장자치위원회 公安科 경찰대	대장 이하 104명을 세 개 분대로 편성.(교통, 순라, 독찰)	2월 1일부터 사무를 봄.
비고	1. 쥐룽, 창저우, 단양, 진탄, 우후에는 아직 상관 기관이 없음. 2. 닝궈는 교통두절로 상황불명.		

三. 자치위원회 활동상황

각지 자치위원회의 활동상황은 아래 표와 같음.

소재지	명칭	활동상황	적요
난징	난징자치위원회	수도경찰청을 설치하고 치안을 확보.	1월 1일부터 설립.
샤관	샤관자치위원회	난징자치위원회의 분회로 공설시장을 열어 난민들의 생활에 편의를 제공한다.	1월 19일 설립.
쥐룽	쥐룽자치위원회	업무가 적어 특별기재사항이 없음.	
전장	전장자치위원회	자금조달이 어려워 활동이 부진. 하지만 공안과(公安科)경찰대를 설치하여 치안확보에 진력함.	1월 10일 설립.
□□	창저우자치위원회	치안확보에 진력.	昭和十二年十二月 二十九日 설립.
□□	단양자치위원회	치안확보에 진력.	2월 1일 설립.
□□	진탄자치위원회	자금조달이 어려워 활동이 침체.	昭和十二年十二月 三日.
□□	우후자치위원회	치안확보에 진력.	2월 5일 설립.
닝궈			상황불명.

四. 난민귀향상황

각지 난민의 귀향상황은 아래 표와 같음.

지명	사변 전 인구수	귀향인수	난민방출 상황	적요
난징	1,000,000	300,000	난징시내에 일부 난민구역을 설치, 1월 10일 방출.	귀향인 숫자 점차 증가추세.
샤관	130,000	8,000	산차허(三叉河) 와 보우타쵸우(寶塔橋) 부근의 난민은 아직 방출하지 않음.	동상
쥐룽	13,000	300		동상
전장	198,000	60,000	해군육전대가 난민 618명을 수용함. 계속 수용 중.	하루에 평균 300명 정도 귀향.
창저우	130,000	50,000	난민 53명을 계속 수용 중.	귀향인 숫자가 점차 증가하는 추세.
단양	60,000	5,000		

지명	사변 전 인구수	귀향인수	난민방출 상황	적요
진탄	250,000 (성내 10,000)	2,920 (성 내 귀향자)		하루 평균 60명 정도가 귀향.
우후	150,000	20,000		하루 평균 130명 정도가 귀향.
닝궈				상황불명

五. 거주민의 생활상황

각지 거주민의 생활상황은 아래 표와 같음.

지명	활동상황	기타
□□	□□노동자들이 노천가게에서 일을 함. 하지만 대부분 □□ 물자가 결핍하고 생활이 곤궁함. 일본군대거나 자치위원회의 구제에 의해 생활함. 자치위원회가 가옥을 짓거나 식량을 판매하고자 공설시장을 개설. 거주민의 생활이 점차 안정되고 있지만 일본군과 자치위원회가 주는 쌀로 연명하는 사람이 태반임.	1. 자치위원회는 난징시내에 무료진료소 세 곳을 개설함. 2. 공장과 회사는 폐업상태. 3. 각종 시설이 점차 원상복구 됨.
쥐룽	거주민의 의식주가 미결. 생계를 유지하지 못하는 자가 태반임.	식량, 가옥, 의료, 공장, 회사, 상점 등 경제생활이 언제 정상으로 회복될지는 미상.
전쟝	1. 거주민의 의식주가 공급부족상태. 2. 정육점, 식품상점, 쌀가게 등이 70호 정도 다시 문을 열었음.	선무반 한 곳, 주둔군 두 곳에 진료소를 개설함. 현재까지 664명을 진찰・치료.
창저우	1. 성 내는 물자가 결핍하지만 성 외는 쌀과 곡물이 비교적 많음. 음식이 부족함이 없음. 2. 7할의 가옥이 파괴되고 원상복구가 어려움.	1. 일본군의 진료소 한 곳이 매일 평균 50명을 진찰, 치료. 2. 식량, 주택, 병원, 공장, 회사, 상점 등이 원상복귀가 불가능한 것으로 보임.
단양	1. 거주민의 의식주 공급이 부족함. 일본군과 자치회의 구제에 의거함. 2. 일부 이발소, 두부방 등이 영업을 재개함.	공장, 회사, 상업무역 등이 원상복귀하지 못함.
□□	1. 물자가 결핍함. 일본군, 자치회가 몰수한 물자를 민중에게 배급하여 힘들게 나날을 보냄. 2. □□채소, 육류, 달걀 등이 □□, 점차□□ □□삼분의 일이 파괴됨, 한 가옥에 3,4세대가 함께 거주함.	1. 일본군이 진료반을 출동하여 진찰 치료함. 2. 공장, 회사, 상업무역이 교통의 불편과 원자재의 부족으로 아직 회복이 안된 상태.

지명	활동상황	기타
우후	거주민의 의식주행이 곤란. 일본군과 자치위원회의 구제에 의거함.	1. 공장과 회사가 원상복귀 안된 상태. 2. 전기회사가 일본군의 원조로 운영이 회복됨. 하지만 일본군대와 외국인에 한해 전기를 공급함.
닝궈		상황불명(교통이 두절됨)
비고	현재 각지 거주민의 생활과 사회시설이 모두 상술(上述)한 바와 같음. 의식주가 극히 결핍함. 목전 상황으로 미루어보아 난민들이 무조건 귀향할 수 있도록 허가함이 마땅함.	

六. 문화시설 회복상황

각지 문화시설의 상황은 아래 표와 같음.

지명	개황
난징	1. 교통과 통신이 일본군의 관리범위 이외는 회복되지 않음. 2. 학교는 수업을 회복하지 않음. 3. 주둔군에 조명전기를 공급함. 4. 군 보도반인 동맹통신과 합작하여 발행하는 난징신문이 있음. 5. 수도공급은 되나 가스공급은 중단됨.
샤관	1. 昭和 12년 12월 20일, 상하이, 난징(샤관) 사이□□월 15일 난징(샤관)과 우후 사이 철도가 개통됨. 2. 정기선박, 상하이와 샤관 사이에 세척의 선박이 매일 운행함. 3. 1월 13일부터 닛신기선회사(日清汽船會社)가 정기선박을 개통하여 상하이와 우후 사이를 대략 한 달에 세 번 운행함. 4. 발전소 한 곳이 난징과 샤관에 만KW의 전기를 공급함.
쥐룽	주요 도로 이외는 회복되지 않은 상태.
□□	1. 교통과 통신이 일본군 공제범위 외는 회복되지 않음. 2. 해군육전대가 수용난민의 아이 200명에게 학교를 꾸려주어 교육 중. 3. 수도공급이 회복됨. 매일 평균 5000섬을 공급함. (5000섬≈1390㎥) 4. 조명 등을 위해 주로 주둔부대와 약간의 주민에게 전기공급을 함. 주로 화력발전이지만 연료인 석탄이 공급부족, □□걱정됨. 5. 신문발행의 회복이 준비 중.
진탄	1. 교통과 통신이 일본군 공제범위 외는 회복되지 않음. 2. 자치회가 일본어학교를 개설함. 일본군 장교가 교원을 맡음.(학생이 약 70명 정도) 3. 조명전기를 주둔군과 약간의 주민에게 공급함. 화력발전에 사용할 석탄이 부족하여 차후의

지명	개황
	전기공급이 심히 걱정됨. 4. 수도공급이 안됨. 언론기관이 없음.
창저우	1. 교통과 통신이 일본군 공제범위 외는 회복되지 않음. 2. 학교개설을 준비 중. 3. 조명전기는 성 내 일부에만 한해 공급함. 4. 수도와 가스 모두 공급중단 상태. 5. 언론기관으로서 창저우자치위원회가 발행하는 창저우신문이 있음(발행량은 1300부)
단양	1. 사변 전에도 특별히 언급할 만한 교통시설이 없었음. 현재 일본군이 사용하는 시설 외에는 기타 교통시설이 없음. 2. 사변 전 성 내에 발전소 하나가 있어 창저우에 전기공급을 담당했으나 시설이 이미 파괴된 상태. 목전 회복이 불가능한 것으로 보임. 3. 사변 전 3개의 작은 신문사가 있었지만 전부 파괴되고 아직 회복되지 않았음.
□□	1. 철도가 이미 난징과 우후 사이에 개통됨. 하지만 우후와 닝궈 사이에 중국군대가 출몰함으로 하여 회복이 잠시 불가능함. 2. 난징과 우후 사이의 철도상태가 양호함. 하지만 우후와 닝궈 사이의 철도는 상태가 좋지 아니함. 가끔 중국군대가 출몰. 도로가 막힘.
닝궈	교통이 두절, 상황불명.

七. 민심향배상황

주민 중 일부분이 부흥에 비관적 정서를 갖고 있고 일부는 일본군에 의탁하여 안거할 곳을 기대하고 있음. 도시의 각종 영업이 급증. 귀향한 난민 중 서로 가옥을 쟁탈하는 자가 있는가 하면 의식주가 결핍하여 도둑질하는 자도 있음. 신속한 치안회복이 요청됨. 주민들은 비록 겉으로 친일하는 척하지만 항일의식을 완전히 포기한 것 같지는 않음.

八. 항일단체(분자) 및 패잔병 상황

각지의 도시 안팎에 아직도 항일분자와 패잔병들이 잠복해 있거나 출몰함. 헌병과 경비대가 밀접히 배합하여 상관정보를 수집하면서 섬멸에 진력.

九. 민심이 불안한 현상

각 주둔지의 황군장병들이 아직도 승전의 흥분 속에 빠져있으며 이로 하여 군기가 문란해지고 있음. 심지어 범죄를 저지르는 자들도 있어 주민의 생활이 불안한 상태. 상급과 각 기관에서 적당한 지도와 관리를 진행하여 군기가 점차 좋아지고 있음.

패잔병과 토비들의 습격에 관해 유언비어가 난무.

十. 민심 온정에 관한 주요사항

특기할 만한 사항은 없음. 하지만 헌병이 고시를 내붙여 강간, 절도, 방화 등을 엄금하고 있으며 각종 범죄행위를 적발할 수 있도록 하고 있음. 일본군이 패잔병과 토비를 소탕함과 아울러 주민들에게 음식물을 나누어 주어 민심온정에 유리한 영향을 주고 있음.

十一. 각지 위안시설상황*

十二. 부흥의 장애와 그 대책

(一) 식량과 기타 물자의 결핍, 가옥의 파괴와 재산의 산실, 자산가와 유지인사의 도망 등이 치안회복과 전면적 부흥에 장애가 된다고 판단됨.

(二) 하루빨리 중국군대의 항복을 받아내기 위해 새로운 정권을 부식하여 중국경내의 부흥을 통괄토록 해야 함.

(三) 기타□□고사항

(1) □□중국인의 건국경축

□□시내의 가가호호가 일장기를 내걸고 □□을(를) 경축하고 있음.

□□치안유지회의 소집하에 오후 한시부터 □□극장 앞에 남녀노소 약 4000명이 집합하여 □□의 번영을 기원하고 있음. 매 사람마다 일장기를 들고 폭죽을 터트리며 경축하고 있음. 회장 주슈펑(朱秀封)의 인솔하에 일본군 특무부 우후선무반 반장 홍슈랜(洪秀練)을 선두로 각 주둔군을 찾아가 경축의 뜻을 전하고 있음.

(2) 헌병관리상태

헌병이 건국절 경축행사에서 항일분자의 파괴를 경계하였지만 아직 특별상황은 발생하지 않음.

---

* 이 부분은 생략함. 상세한 내용은 "위안부" 유관서류를 참조 바람.

2

서류해독

일본침략군 화중파견대의『난징헌병대관할구역 치안회복상황에 관한 조사보고(통첩)』

이 서류는 昭和十三年(1938년)二月二十八日 일본침략군 화중파견헌병대사령관 오오키 시게가 작성한『난징헌병대 관할구역 치안회복상황에 관한 조사보고(통첩)』이다. 보고서에는 昭和十三年二月十一日부터 二十日까지의 난징과 그 주변 각 현시의 "치안회복"상황이 적혀 있는 바 일반상황, 경비보안기관의 배치상황 자치위원회의 활동상황, 난민귀향상황, 주민생활상황, 언론기관의 설치상황, 민심향배상황, 민심불안현상, 민심안정에 영향 주는 주요사건, 일본침략군 "위안소"의 설치상황 그리고 "치안회복"을 저애하는 요소 및 그 대처방안 등 열두 개 내용이 포함된다. 하지만 각종 수치가 그 전시기에 비해 변화가 있다. 특히 난민의 귀향상황에서 기재한 일본침략군이 난징대학살을 자행하기 전 난징인구가 100만으로부터 학살이 끝난 뒤인 1938년 2월 말에 귀향한 인구가 겨우 33.5만인 점이 뚜렷이 대비되면서 주목된다.

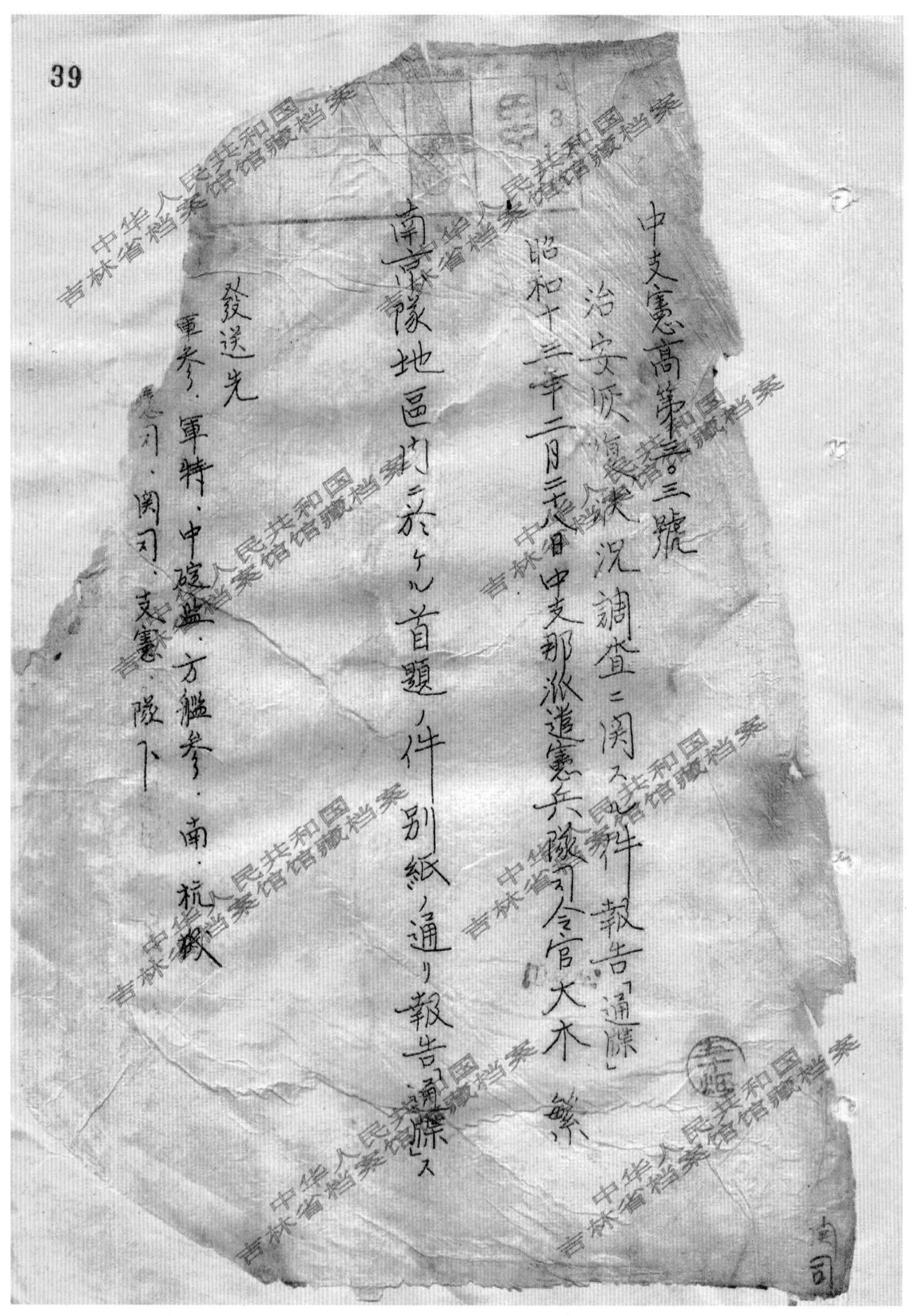
39

中支憲高第三三號

治安状況調査ニ関スル件報告「通牒」

昭和十三年二月二十八日 中支那派遣憲兵隊司令官 大木繁

南京憲兵隊地區内ニ於ケル首題ノ件別紙ノ通リ報告「通牒」ス

發送先

軍参・軍特・中碇監・方艦参・南・杭州

參司・関司・支憲・隊下

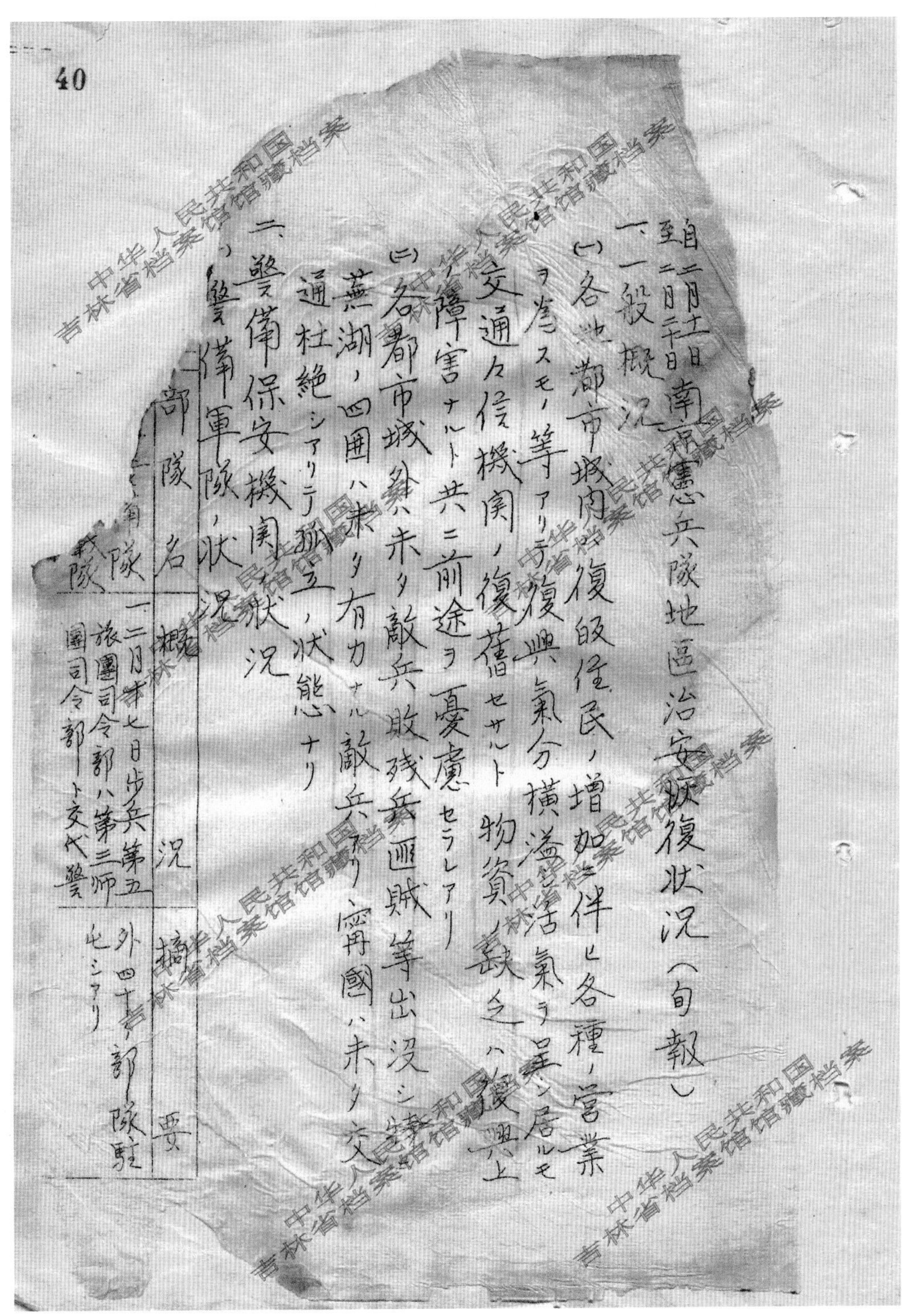

40

自二月十一日
至二月二十日 南京憲兵隊地區治安恢復狀況（旬報）

一、一般概況

(一) 各地都市城内復歸住民ノ増加ニ伴ヒ各種ノ営業ヲ営スモノ等アリテ復興氣分横溢活氣ヲ呈シ居ルモ交通及信機関ノ復舊セサルト物資ノ缺乏ハ復興上ノ障害ナルト共ニ前途ヲ憂慮セラレアリ

(二) 各郡市城外ハ未タ敵兵敗残兵匪賊等出没シ[illegible]蕪湖ノ四囲ハ未タ有力ナル敵兵アリ、寧國ハ未タ交通杜絶シアリテ孤立ノ状態ナリ

二、警備保安機関ノ状況

(一) 警備軍隊ノ状況

部隊名	概況	摘要
[illegible]隊	二月十七日歩兵第五旅團司令部ハ第三师團司令部ト交代警	外四十ケ部隊駐屯シアリ

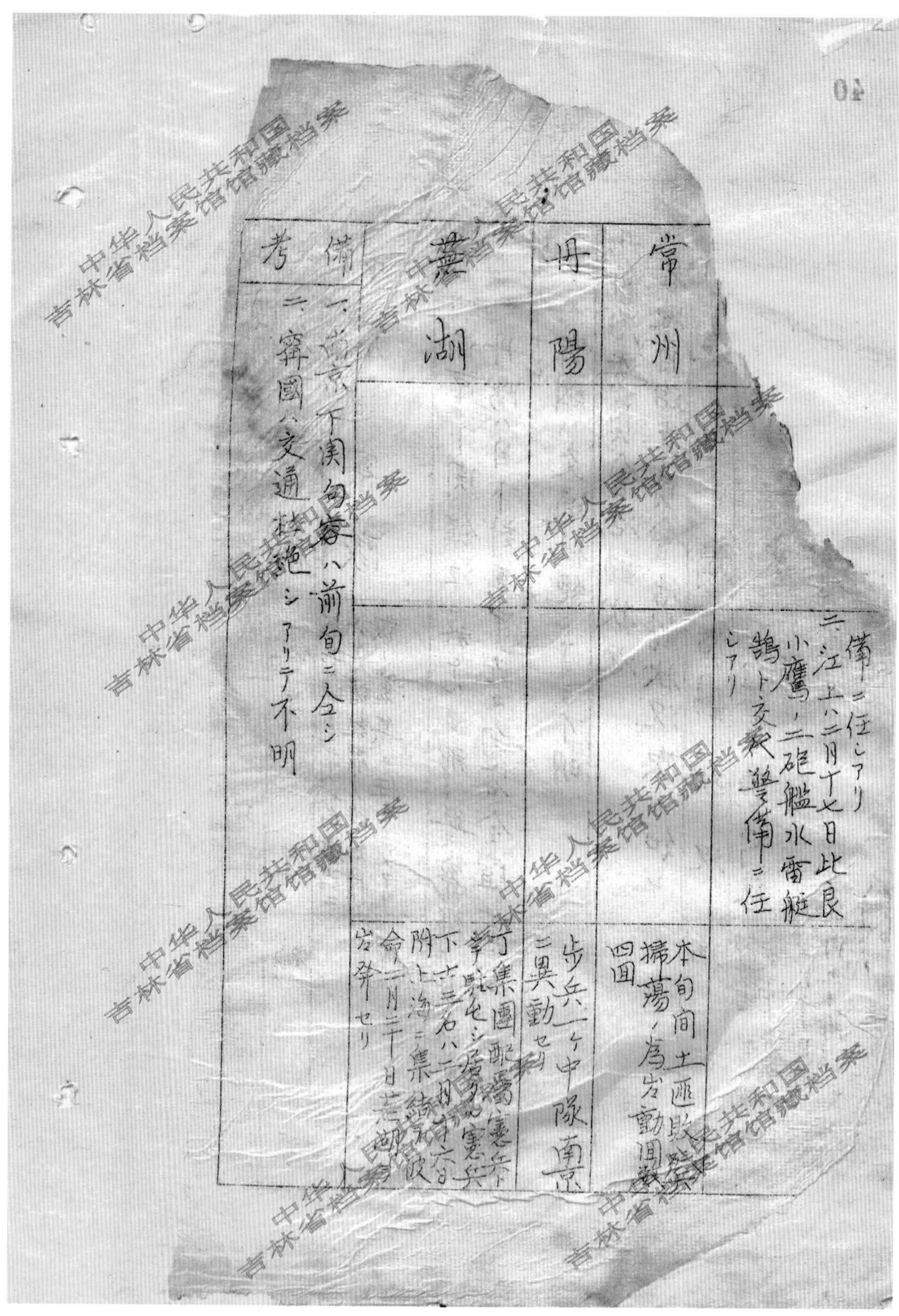

常州	丹陽	蕪湖	備考
			一、南京下関旬容ハ前旬ニ仝シ 二、寧國ハ交通杜絶シアリテ不明
備ニ任シアリ 二、江上ハ二月十七日比良小鷹ノ二砲艦水雷艇鵲ト交代警備ニ任シアリ			
本旬間土匪賊討伐掃蕩ノ為出動回数四回	歩兵一ケ中隊南京ニ異動セリ	丁集團配屬憲兵常駐セシ居タル憲兵下士官三名ハ二月廿六日附上海ニ集結スベキ命ニ依リ二月二十日蕪湖出発セリ	

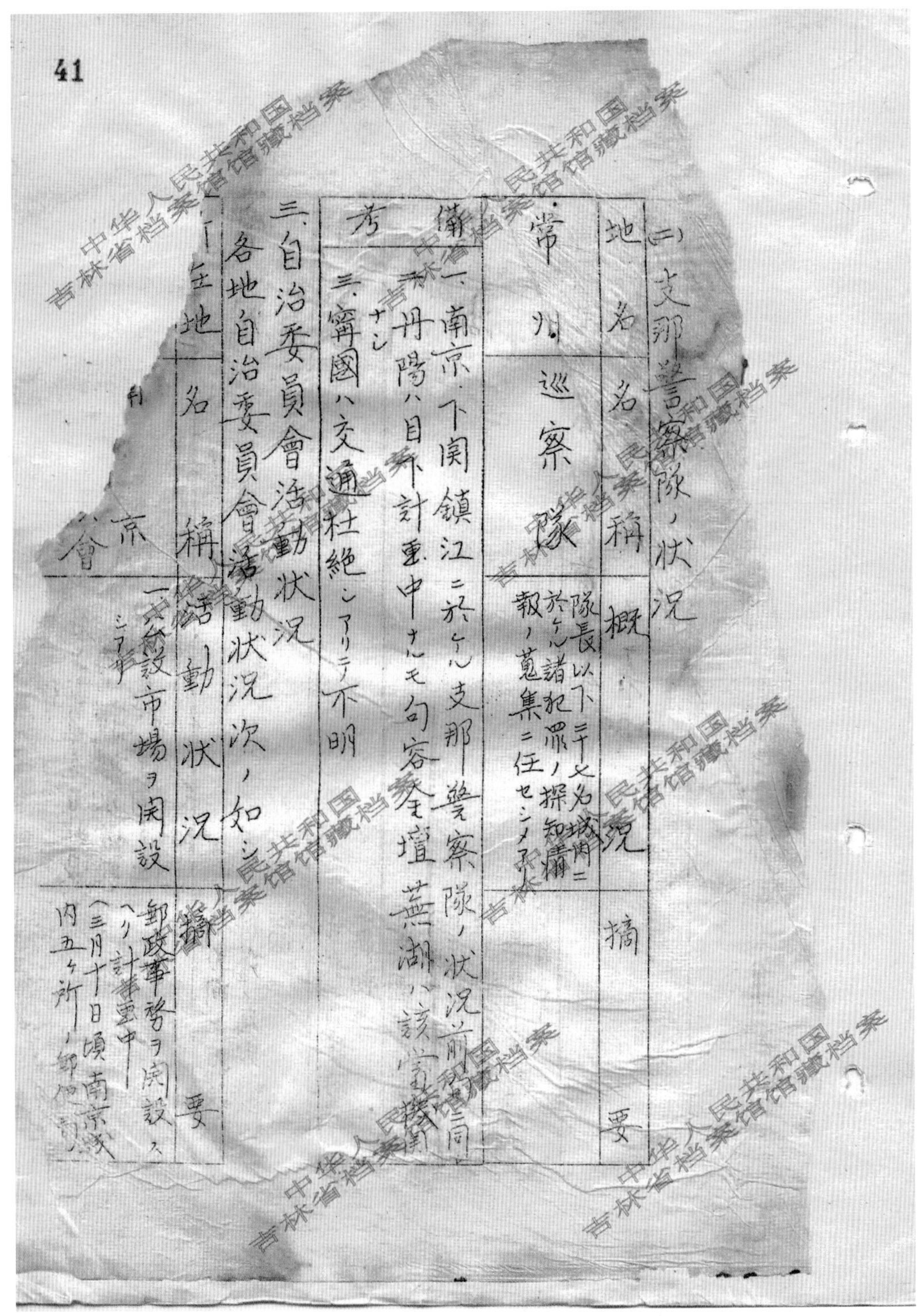

41

(二) 支那警察隊ノ状況

地名	名稱	概況	摘要
常州	巡察隊	隊長以下二十七名城内ニ於ケル諸犯罪ノ探知情報ノ蒐集ニ任セシメアリ	

備考
一、南京、下関、鎮江ニ於ケル支那警察隊ノ状況前報ニ同シ
二、丹陽ハ目下計畫中ナルモ句容金壇蕪湖ハ該當機関ナシ
三、寧國ハ交通杜絶シアリテ不明

三、自治委員會活動状況
各地自治委員會活動状況次ノ如シ

所在地名	名稱	活動状況	摘要
南京	自治會	一、六ヶ所ニ公設市場ヲ開設シアリ	郵政事務ヲ開設スヘク計畫中（三月十日頃南京城内五ヶ所ノ郵便局ハ

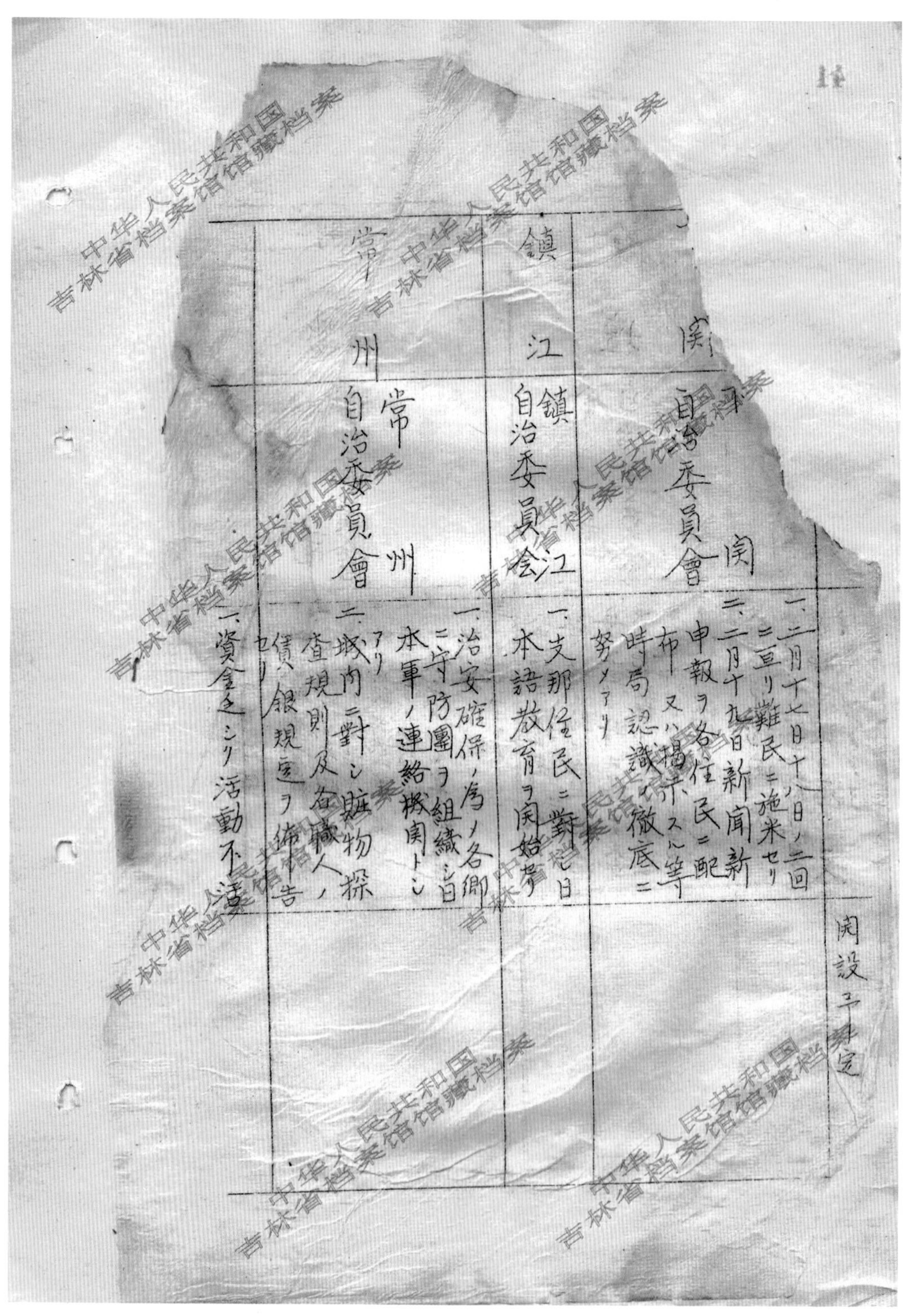

開設ニ予定	関	関自治委員會	一、二月十七日十八日ノ二回ニ亘リ難民ニ施米セリ 二、二月十九日新聞新申報ヲ各住民ニ配布又ハ掲示スル等時局認識ノ徹底ニ努メアリ
	鎮江	鎮江自治委員会	一、支那住民ニ對シ日本語教育ヲ開始ス
	常州	常州自治委員會	一、治安確保ノ為メ各郷ニ守防團ヲ組織シ日本軍ノ連絡機関トシアリ 二、城内ニ對シ贓物探査規則及各職人ノ賃銀規定ヲ佈告セリ 一、資金乏シク活動不活

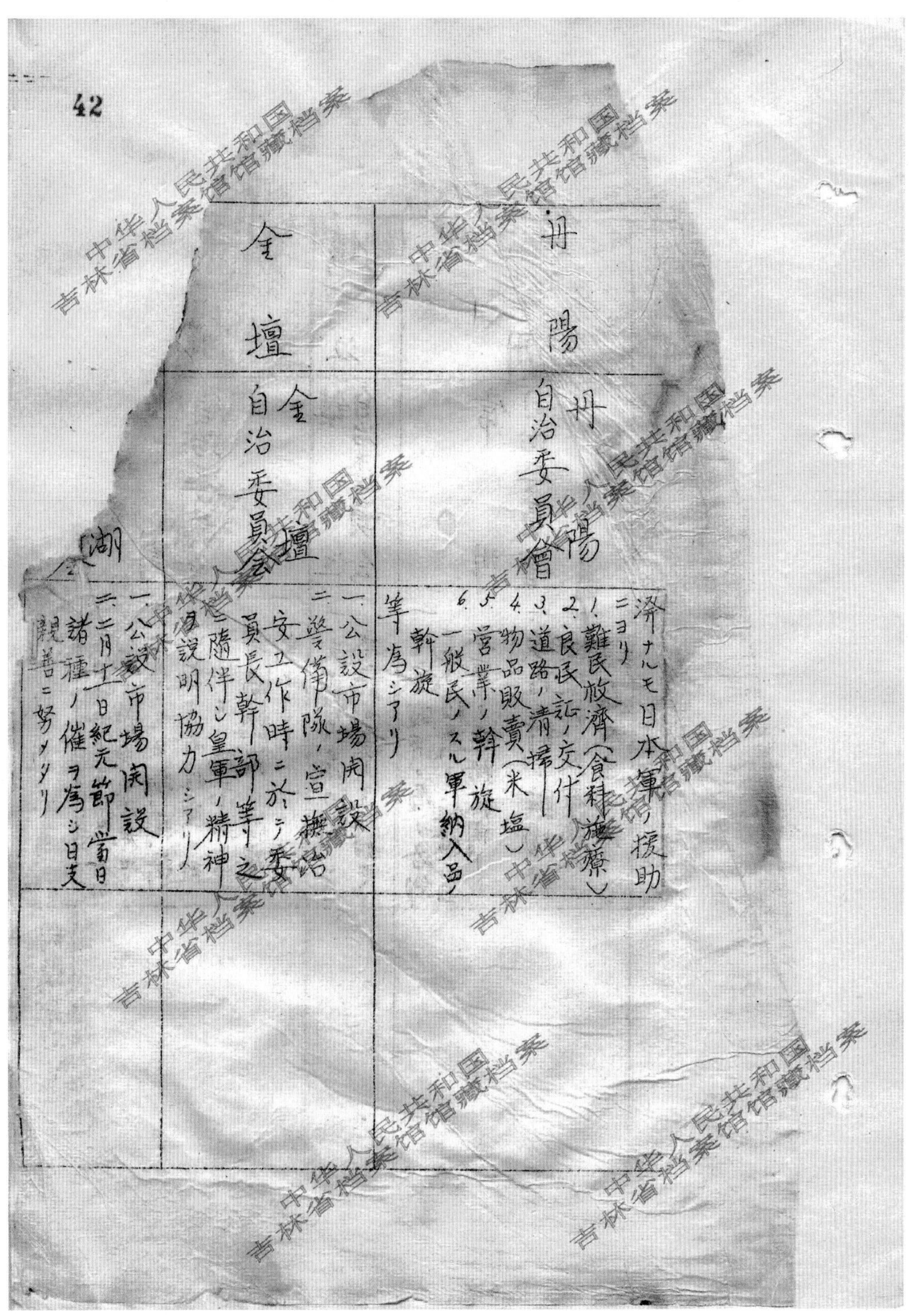

42

丹陽	丹陽自治委員會	済ナルモ日本軍ノ援助ニヨリ 1. 難民救済（食料施療） 2. 良民証ノ交付 3. 道路ノ清掃 4. 物品販売（米塩） 5. 営業ノ斡旋 6. 一般民ノスル軍納入品ノ斡旋 等為シアリ
金壇	金壇自治委員会	一 公設市場開設 二 警備隊ノ宣撫工作時ニ於テ委員長幹部等之ニ随伴シ皇軍ノ精神ヲ説明協力シアリ
湖		一 公設市場開設 二 二月十一日紀元節当日諸種ノ催ヲ為シ日支親善ニ努メタリ

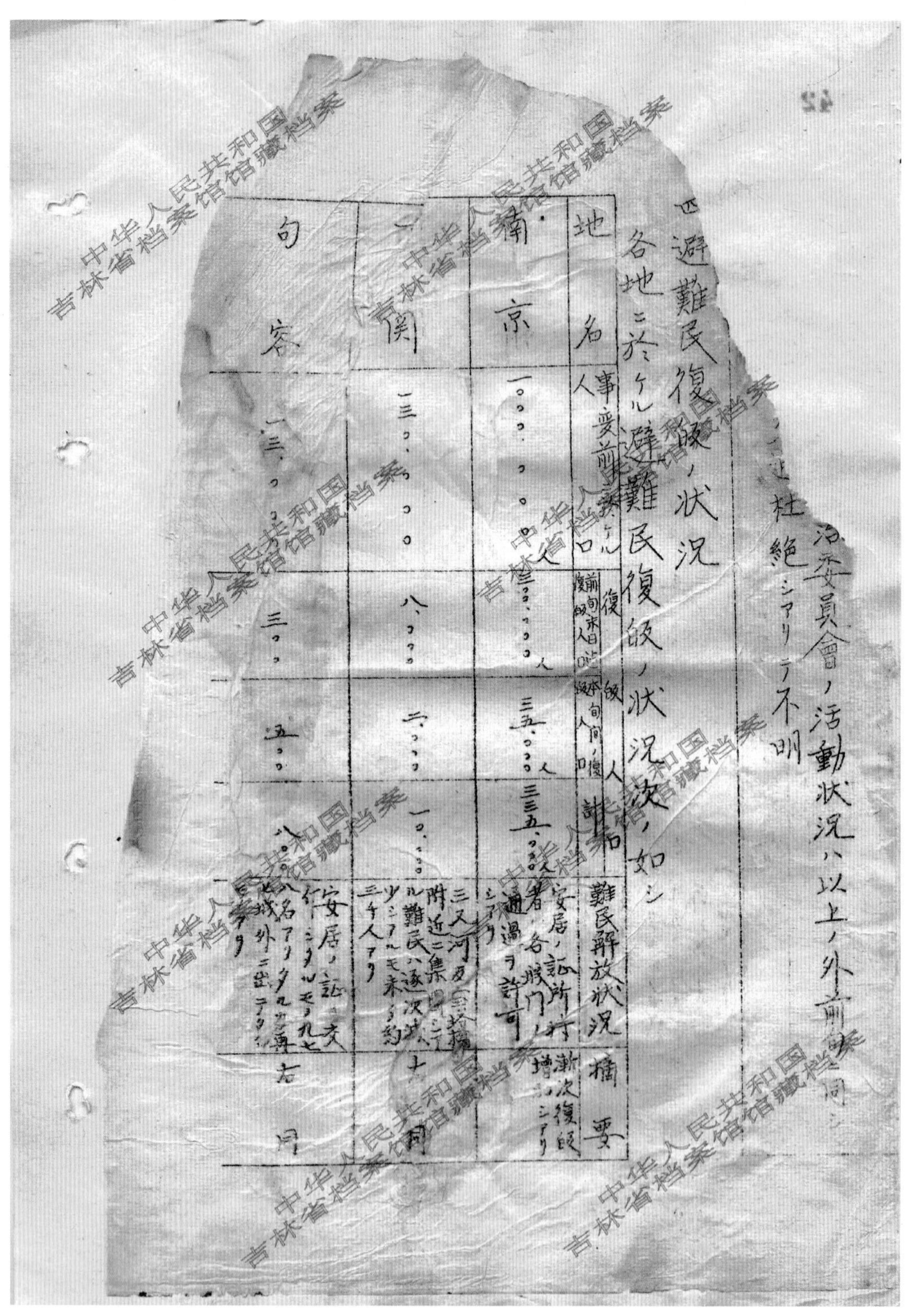

[illegible]治安委員會ノ活動状況ハ以上ノ外前[illegible]同シ
[illegible]ハ杜絶シアリテ不明

四 避難民復歸ノ状況

各地ニ於ケル避難民復歸ノ状況次ノ如シ

地名	事変前ニ於ケル人口	復歸人口 前旬末日迄ノ復歸人口	復歸人口 本旬間ノ復歸人口	計	難民解放状況	摘要
南京	一〇〇〇、〇〇〇人	三〇〇、〇〇〇人	三五、〇〇〇人	三三五、〇〇〇人	安居ノ証所持者ノ各城門ノ通過ヲ許可シアリ	漸次復歸増加シアリ
下関	一三〇、〇〇〇	八、〇〇〇	二、〇〇〇	一〇、〇〇〇	三叉河及[illegible]附近ニ集結シアル難民ハ逐次減少シアルモ未タ約三千人アリ	同
句容	一三、〇〇〇	三〇〇	五〇〇	八〇〇	安居ノ証ヲ交付シタルモノ九七八名アリタルカ其ノ城外ニ出テタルモノ[illegible]アリ	同

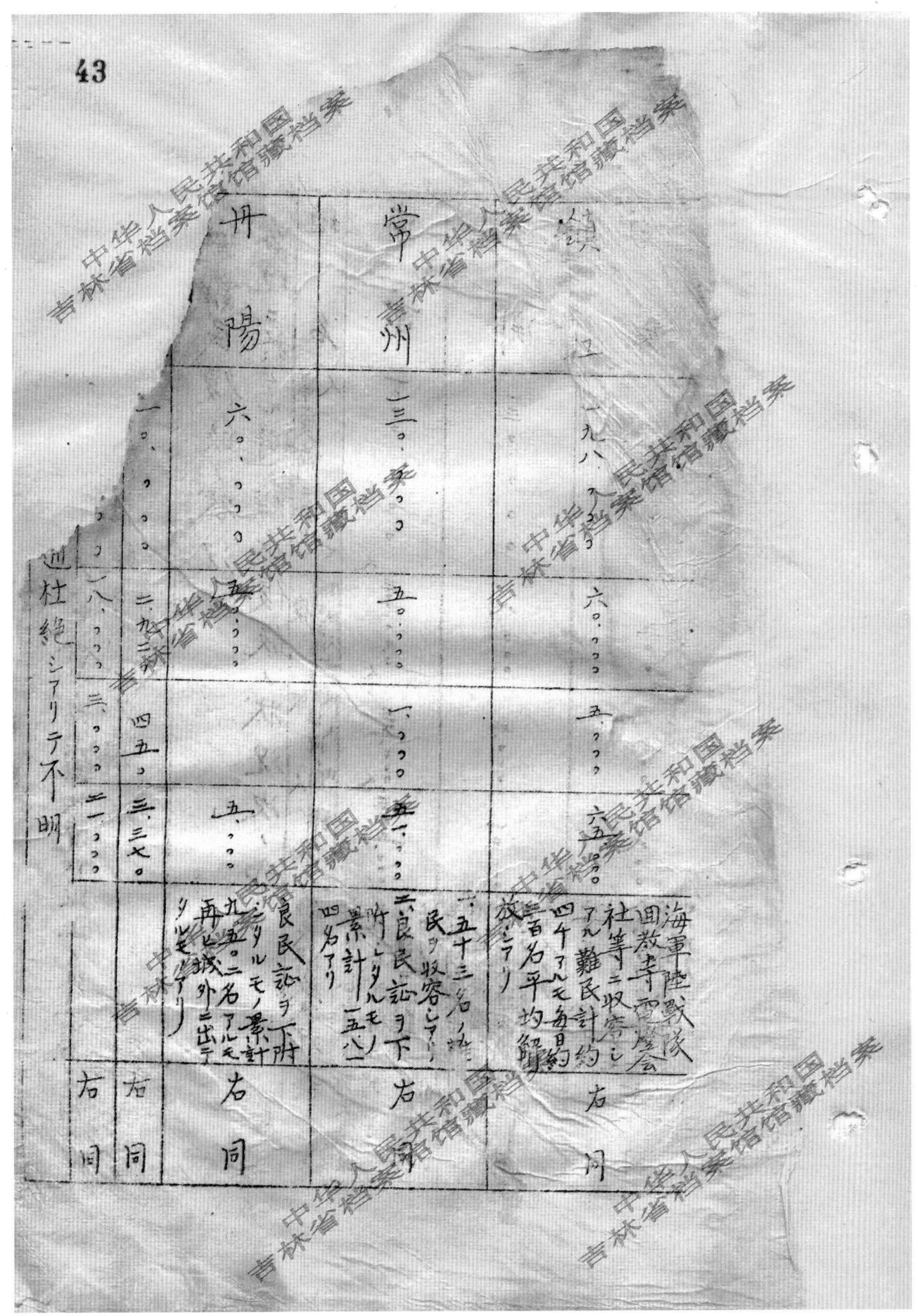

43

鎮江	常州	丹陽			
一九八、〇〇〇	一三〇、〇〇〇	六〇、〇〇〇	一〇、〇〇〇	…〇〇	迴杜絶シアリテ不明
六〇、〇〇〇	五〇、〇〇〇	五〇、〇〇〇	二、九二〇	一八、〇〇〇	
五、〇〇〇	一、〇〇〇		四五〇	三、〇〇〇	
六五、〇〇〇	五一、〇〇〇	五、〇〇〇	三、三七〇	二一、〇〇〇	
海軍陸戰隊回教寺西慶会社等ニ收容シアル難民計約四千アルモ毎日約三百名平均歸[illegible]シアリ	一、五十三名ノ難民ヲ收容シアリ 二、良民証ヲ下附シタルモノ累計一五八一四名アリ	良民証ヲ下附シタルモノ累計九五〇二名アルモ再ヒ城外ニ出テタルモノアリ			
右同	右同	右同	右同	右同	右同

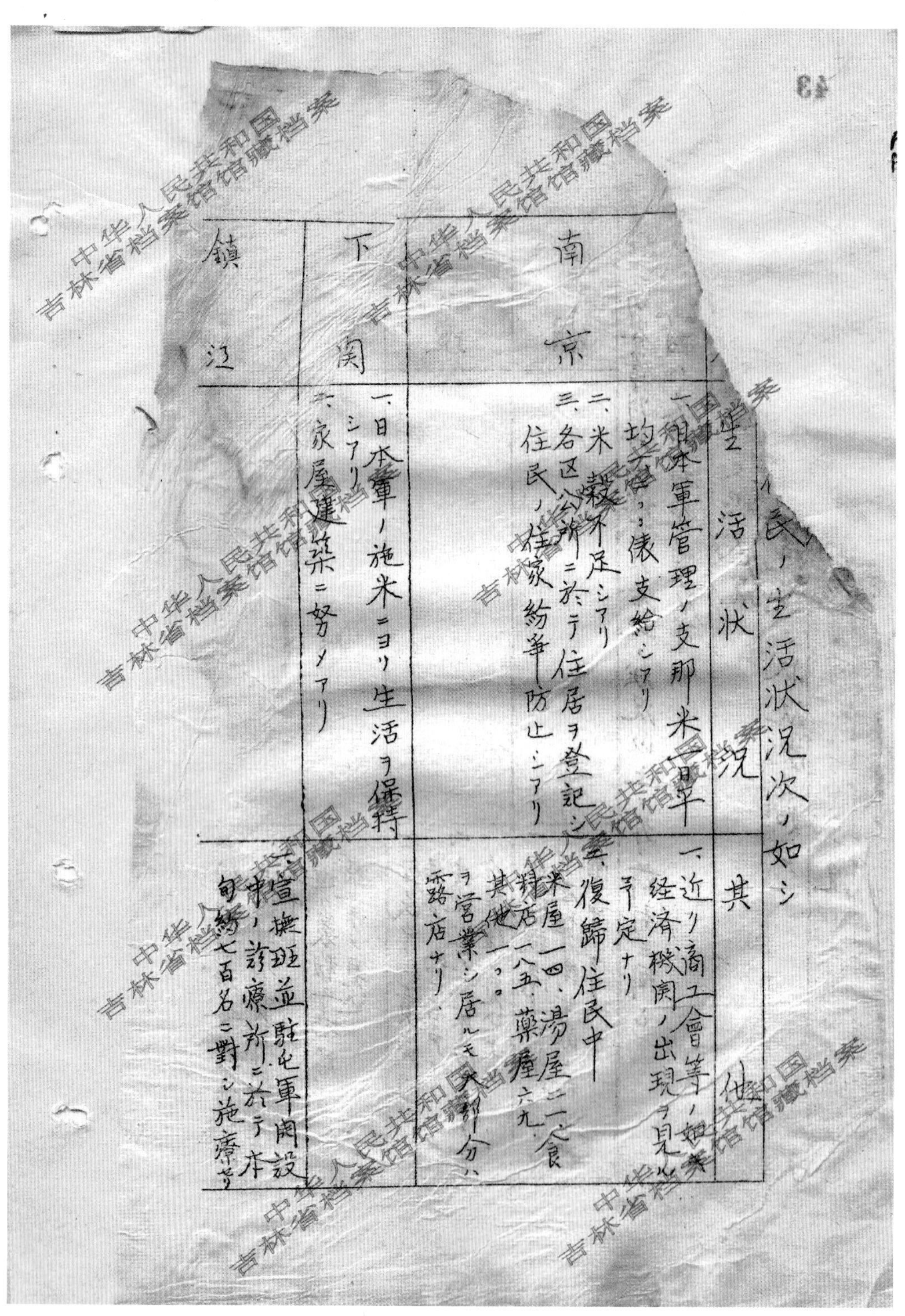

43

住民ノ生活状況次ノ如シ

	生活状況	其他
南京	一、日本軍管理ノ支那米ヲ日平均[illegible]ニ俵支給シアリ 二、米穀不足シアリ 三、各区公所ニ於テ住居ヲ登記シ住民ノ住家紛争防止シアリ	一、近ク商工會等ノ如キ経済機関ノ出現ヲ見ル予定ナリ 二、復歸住民中米屋一四、湯屋二一、食料店一八五、薬屋六九、其他一〇〇ヲ営業シ居ルモ大部分ハ露店ナリ、
下関	一、日本軍ノ施米ニヨリ生活ヲ保持シアリ 二、家屋建築ニ努メアリ	
鎮江		一、宣撫班並駐屯軍開設中ノ診療所ニ於テ本旬約七百名ニ對シ施療セリ

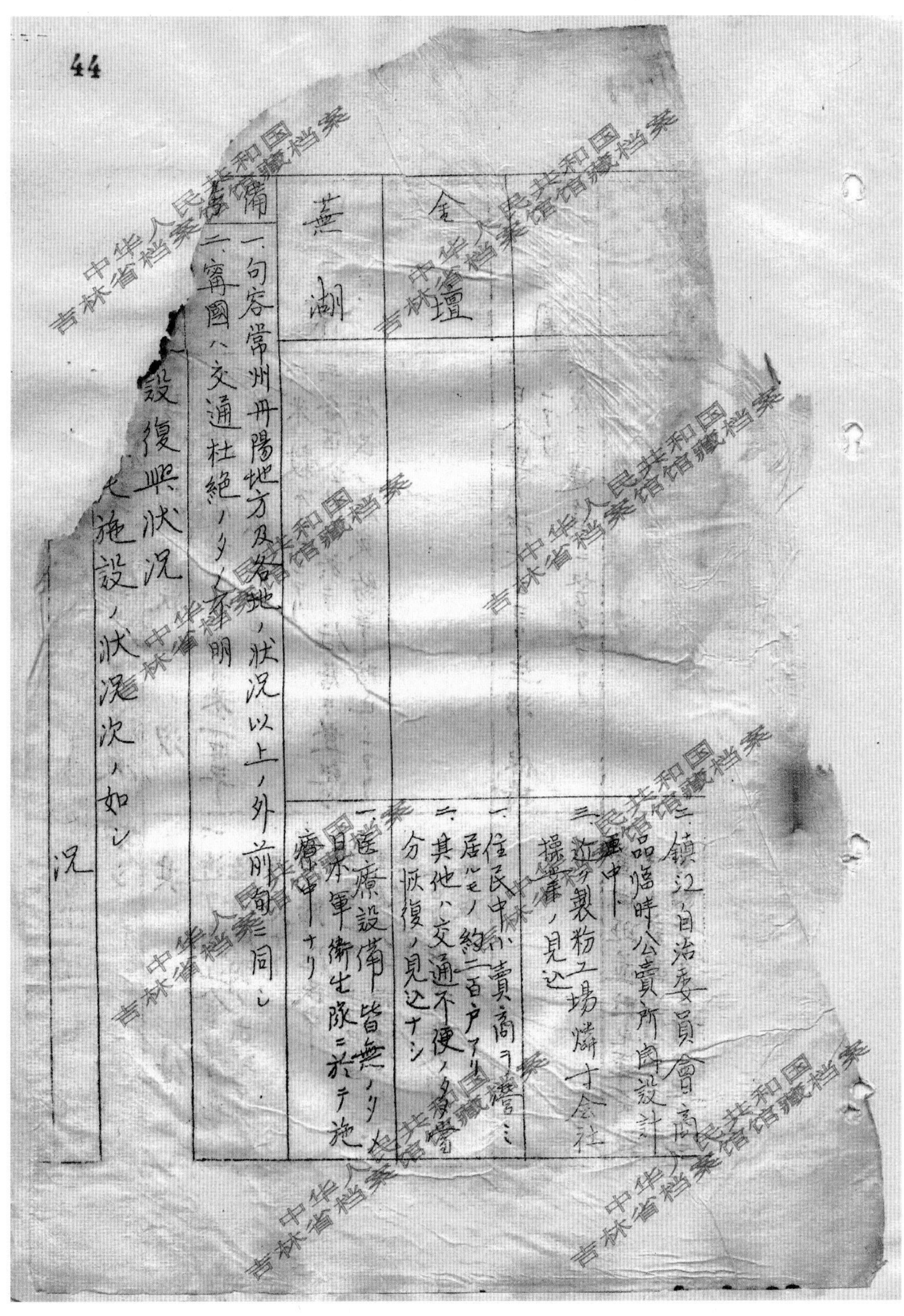

44

二、鎮江自治委員會ニ商品臨時公賣所開設計畫中ナリ
三、近ク製粉工場燐寸会社操業ノ見込

金壇
一、住民中ニハ賣商ヲ營ミ居ルモノ約二百戸アリ
二、其他ハ交通不便ノタメ當分恢復ノ見込ナシ

蕪湖
一、医療設備皆無ノタメ日本軍衛生隊ニ於テ施療中ナリ

備考
一、句容常州丹陽地方及各地ノ状況以上ノ外前項ニ同シ
二、寧國ハ交通杜絶ノタメ不明

設復興状況
施設ノ状況次ノ如シ
況

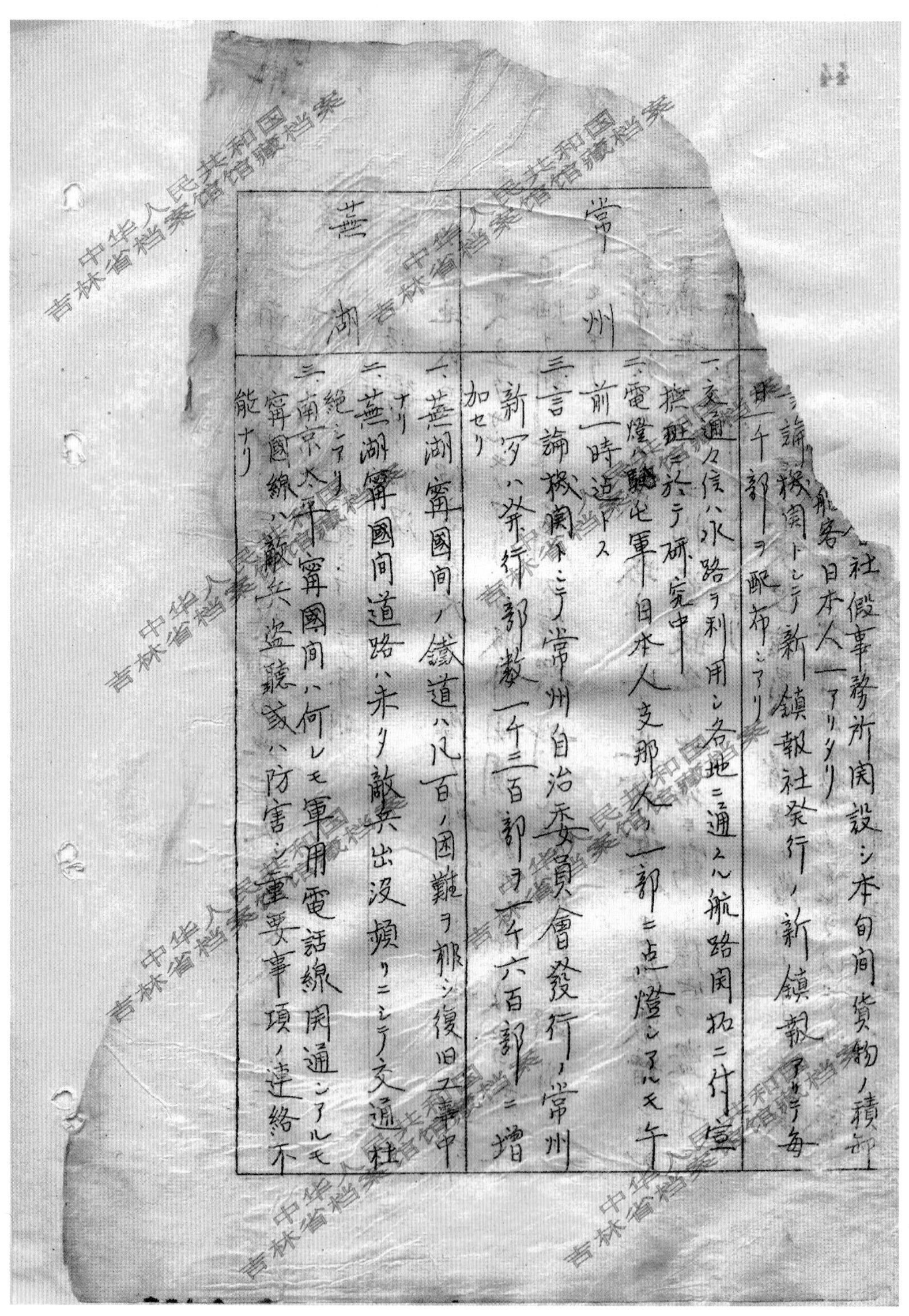
…社假事務所開設シ本旬間貨物ノ積卸
船客日本人一アリタリ
ヲ言論機關トシテ新鎮報社發行ノ新鎮報アリテ毎
日一千部ヲ配布シアリ

常州	一、交通々信ハ水路ヲ利用シ各地ニ通スル航路開拓ニ付宣撫班ニ於テ研究中 二、電燈ハ駐屯軍日本人支那人一部ニ点燈シアルモ午前一時迄トス 三、言論機關トシテノ常州自治委員會發行ノ常州新旬ハ發行部數一千三百部ヲ一千六百部ニ増加セリ
蕪湖	一、蕪湖寧國間ノ鐵道ハ凡百ノ困難ヲ排シ復旧工事中ナリ 二、蕪湖寧國間道路ハ未タ敵兵出没頻リニシテ交通杜絶シアリ 三、南京太平寧國間ハ何レモ軍用電話線開通シアルモ寧國線ハ敵兵盗聴或ハ防害シ重要事項ノ連絡不能ナリ

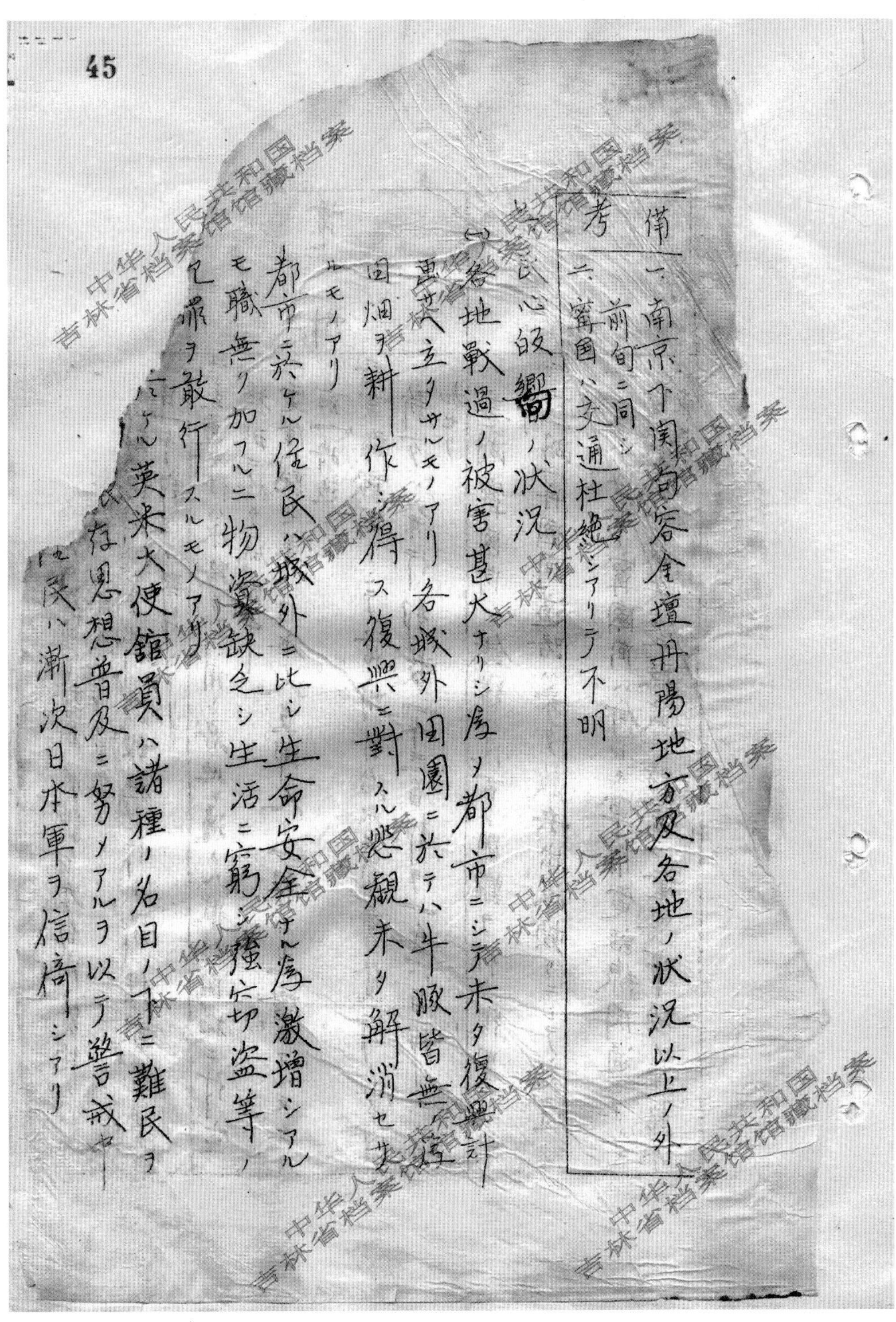

45

備考
一、南京下関句容金壇丹陽地方及各地ノ状況以上ノ外
二、前旬ニ同シ
三、寧国ハ交通杜絶シアリテ不明

(二)民心歸嚮ノ状況
(イ)各地戰禍ノ被害甚大ナリシ爲メ都市ニシテ未タ復興計畫ノ立タサルモノアリ各城外田園ニ於テハ牛豚皆無ニシテ田畑ヲ耕作シ得ス復興ニ對スル悲觀未タ解消セサルモノアリ
(ロ)都市ニ於ケル住民ハ城外ニ比シ生命安全ナル爲激増シアルモ職無ク加フルニ物資缺乏シ生活ニ窮シ強窃盗等ノ犯罪ヲ敢行スルモノアリ
[illegible]ニ於ケル英米大使館員ハ諸種ノ名目ノ下ニ難民ヲ[illegible]思想普及ニ努メアルヲ以テ警戒中
[illegible]民ハ漸次日本軍ヲ信倚シアリ

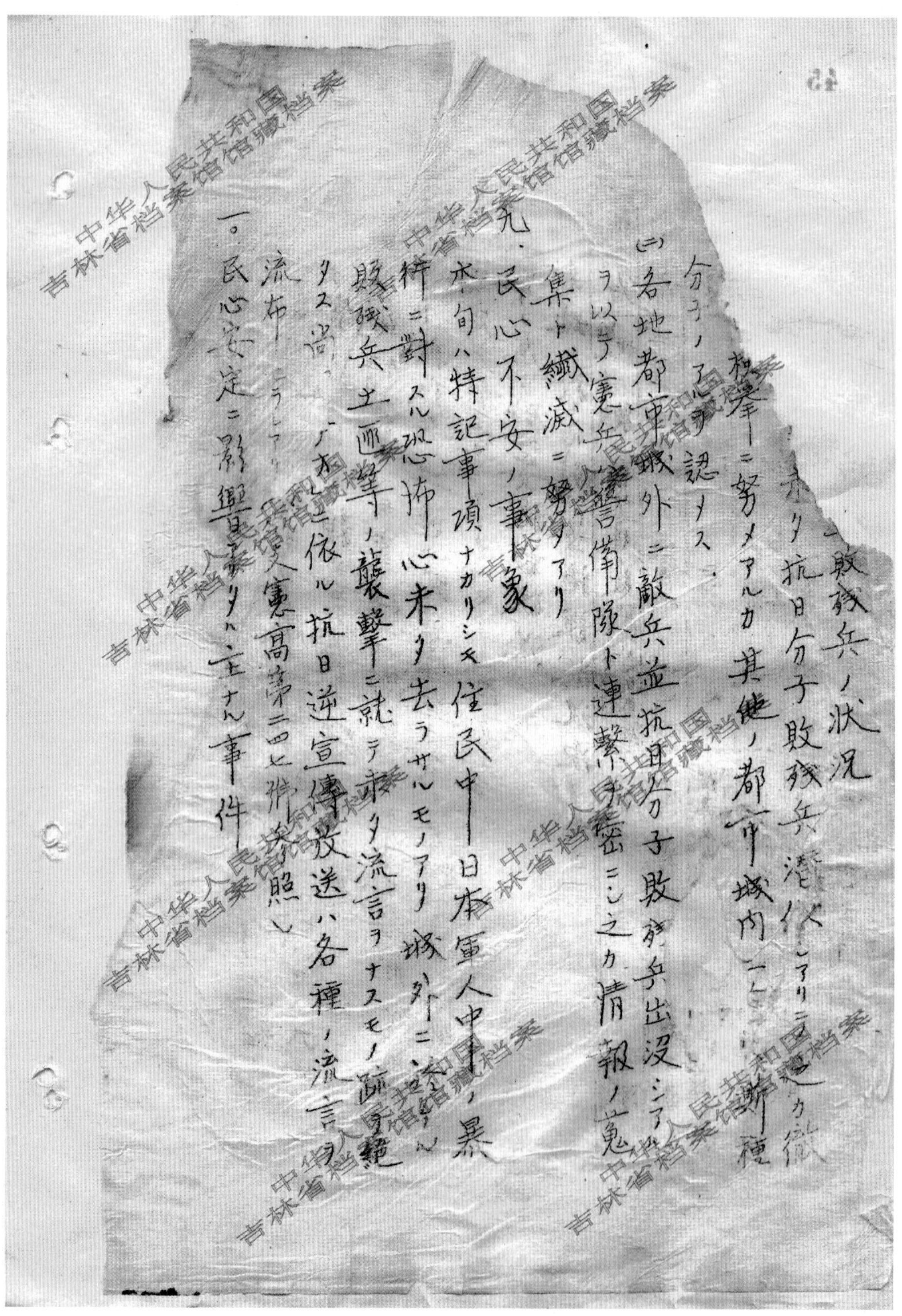

(一)敗残兵ノ状況
未タ抗日分子敗残兵潜伏シアリ之カ殲
掃撃ニ努メアルカ其他ノ都市城内ニ於テハ斯種
分子ノ存在ヲ認メス。
(二)各地都市城外ニ敵兵並抗日分子敗残兵出没シアル
ヲ以テ憲兵警備隊ト連繫ヲ密ニシ之カ情報ノ蒐
集ト殲滅ニ努メアリ
九、民心不安ノ事象
本旬ハ特記事項ナカリシモ住民中ニハ日本軍人中ノ暴
行ニ對スル恐怖心未タ去ラサルモノアリ城外ニ於ケル
敗残兵土匪等ノ襲撃ニ就テ誇大ナ流言ヲナスモノ跡ヲ絶
タス尚ホ之ニ依ル抗日逆宣傳放送ハ各種ノ流言ヲ
流布シアリ（憲高第二四七號参照）
一〇、民心安定ニ影響アリタル主ナル事件

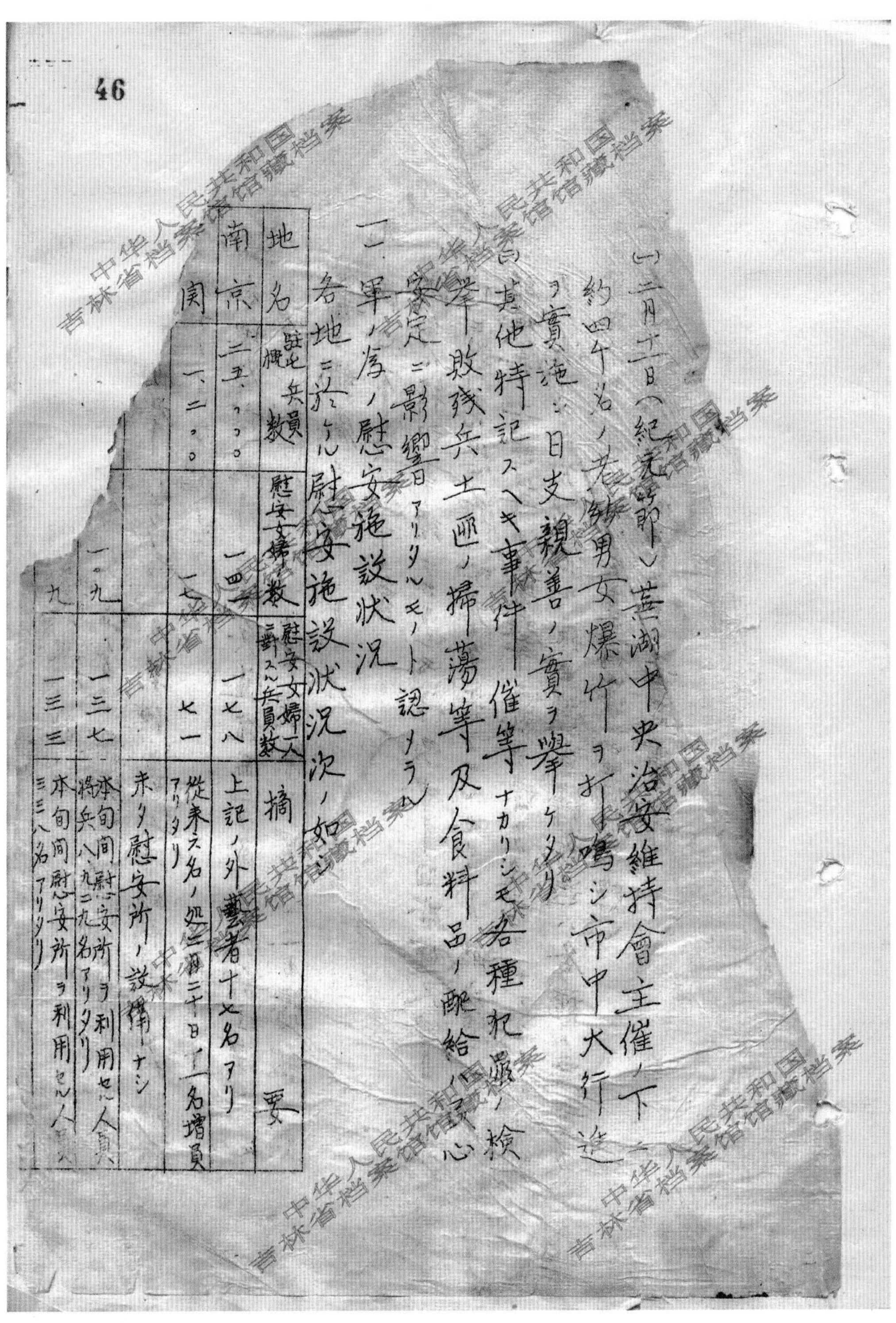

46

(一) 二月十二日（紀元節）蕪湖中央治安維持會主催ノ下ニ約四千名ノ老幼男女爆竹ヲ打チ鳴シ市中大行進ヲ實施シ日支親善ノ實ヲ擧ケタリ

(二) 其他特記スヘキ事件ノ催等ナカリシモ各種犯罪ノ檢擧敗殘兵士匪ノ掃蕩等及食料品ノ配給ハ民心安定ニ影響アリタルモノト認メラル

二、軍ノ爲ノ慰安施設狀況

各地ニ於ケル慰安施設狀況次ノ如シ

地名	駐屯兵員概数	慰安婦女数	慰安婦女一人ニ對スル兵員数	摘要
南京	二五、〇〇〇	一四一	一七八	上記ノ外藝者十七名アリ
関	一、二〇〇	一七	七一	従来ス名ノ処二月二十日ニ一名増員アリタリ
				未タ慰安所ノ設備ナシ
		一〇九	一二七	本旬間慰安所ヲ利用セル人員將兵八、九二九名アリタリ
		九	一三三	本旬間慰安所ヲ利用セル人[illegible]三三八名アリタリ

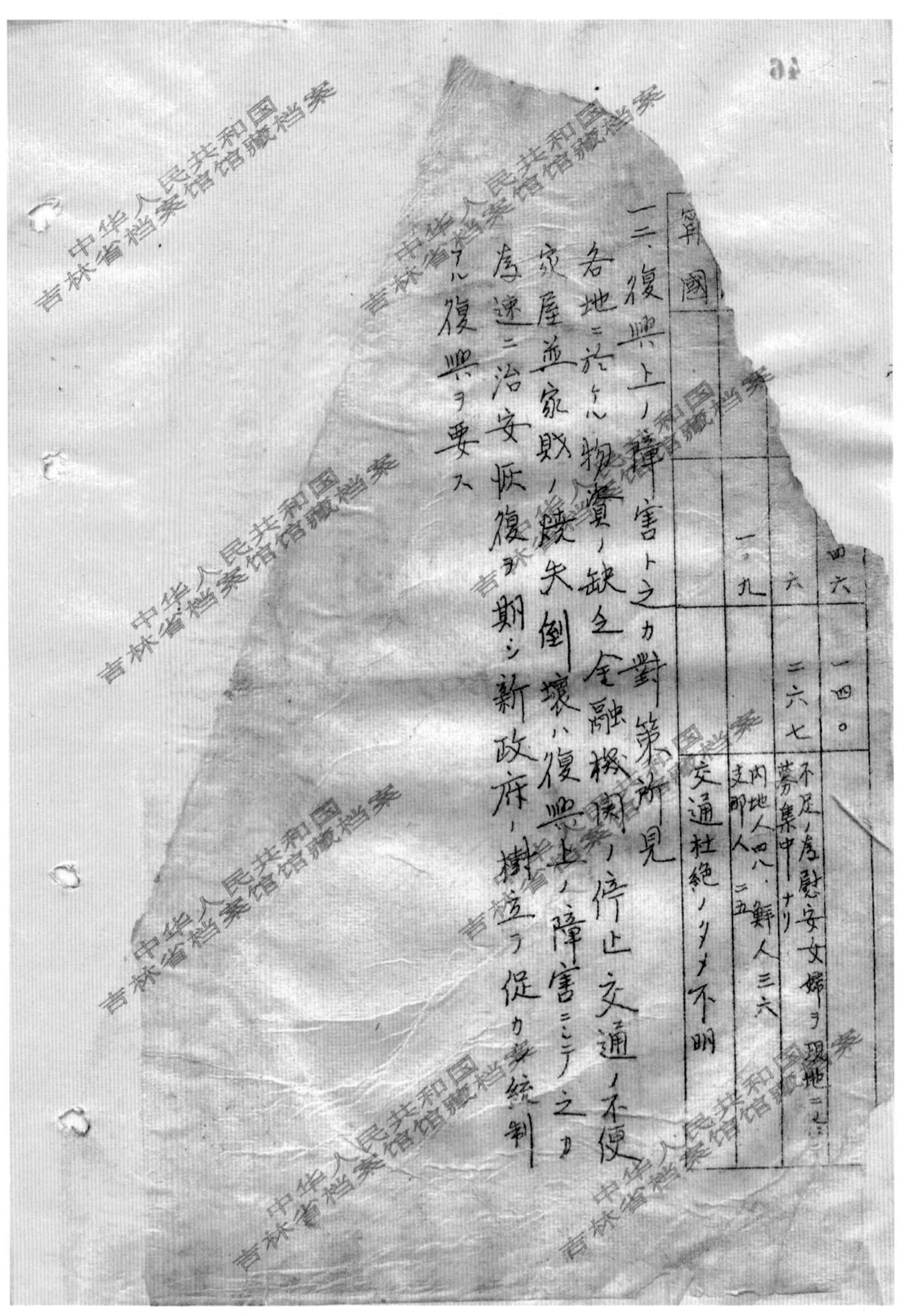

四六	一四〇	不足ノ為慰安婦ヲ現地ニ於テ
六	二六七	募集中ナリ
一九		内地人四八、鮮人三六、支那人二五
寧國		交通杜絶ノタメ不明

一二、復興上ノ障害ト之カ對策所見

各地ニ於ケル物資ノ缺乏金融機關ノ停止交通ノ不便家屋並家財ノ焼失倒壊ハ復興上ノ障害ニシテ之カ為速ニ治安恢復ヲ期シ新政府ノ樹立ヲ促カシ統制アル復興ヲ要ス

치안회복상황에 관한 조사보고(통첩)

昭和十三年二月二十八日 화중파견헌병사령관 오오키 시게

난징헌병대관할구역 치안회복상황에 관한 조사보고(통첩)

발송부서: 군참, 군특, 中碇監, 方艦參, 南, 杭機, □□憲司, 關司, 支憲, 隊下

2월 11일부터 2월 20일까지 난징헌병대구역 치안회복상황(순보)

一. 일반상황

(一)각 도시 내에서는 귀향난민의 증가와 더불어 각종 영업이 회복되고 부흥의 분위기가 형성되고 있음. 하지만 교통과 통신이 회복되지 않고 물자가 결핍한 상황은 의연히 부흥의 장애로 나서고 있음. 심히 걱정됨.

(二) 각 도시 외곽에는 적군의 패잔병과 토비들이 출몰. 특히 우후 주변에 전투력이 막강한 적군이 산재. 닝궈는 의연히 교통두절로 고립상태.

二. 경비보안기관의 상황

(一)경비군대의 상황

지명	부대명칭	개황	적요
□□	□□경비대 □□전대	1. 2월 17일, 보병 제5여단사령부와 제3사단사령부가 윤번으로 경비를 책임짐. 2. 장상(江上)은 2월 17일부터 히라 고다카(比良小鷹)와 2포함 어뢰정 "鵠"호가 윤번으로 경비를 책임짐.	그 외 40개 부대가 주둔함.
창저우			본 순에 토비와 패잔병 숙청을 위해 4차 출동함.
단양			한 개 보병 중대가 난징으로 파견됨.

지명	부대명칭	개황	적요
우후			주둔헌병 하사 3명이 정집단(丁集團)배속헌병 신분으로 2월 16일 상하이에 집결하라는 명령을 받음. 2월 20일 우후에서 출발함.
비고	1. 난징, 샤관, 쥐룽 지역의 상황은 전 순과 같음. 2. 닝궈는 교통두절로 상황불명.		

(二) 중국경찰대의 상황

지명	부대명칭	개황	적요
창저우	순찰대	대장 이하 27명, 성내에서 각종 범죄정보를 수집함.	
비고	1. 난징, 샤관 , 전장의 중국경찰대 상황이 전 순과 같음. 2. 단양은 목전 계획 제정 중. 쥐룽, 진탄, 우후에는 상응한 기구가 없음. 3. 닝궈는 교통두절로 상황불명.		

三. 자치위원회의 활동상황

각지 자치위원회 활동상황은 아래 표와 같음.

소재지	명칭	활동상황	적요
□□	난징자치위원회	1. 공설시장을 개설함.	우편업무를 개업해야 함. 목전 계획 중에 있음.(3월 20일 좌우로 난징 성내에 5개 우편국이 개설될 것으로 전망)
샤관	샤관자치위원회	1. 2월 17일, 18일 두 차 난민에게 쌀을 나눠 줌. 2. 2월 19일 시국에 대한 인식을 제고키 위한 목적으로 각 주민에게 신신보(新申報)와 같은 신문 혹은 고시를 배포함.	
전쟝	전쟝자치위원회	1. 중국주민에게 일본어교육을 실시함.	

소재지	명칭	활동상황	적요
창저우	창저우자치위원회	1. 치안을 확보하기 위해 각 향에서 수방단(守防團)을 조직하여 일본군의 연락기관으로 삼음. 2. 성 내에 포고를 붙여 장물사출에 관한 규정과 각종 고용노동의 임금에 관한 규정을 공표함.	
단양	단양자치위원회	1. 자금부족으로 활동이 부진함. 하지만 일본군의 원조로 다음과 같은 활동을 전개함. 1)난민구제(식재료, 치료) 2)양민증을 발급. 3)도로청소 4)물품판매(쌀, 소금) 5)영업을 알선함. 6)일반 민중에게 군납품 일거리를 알선해줌.	
진탄	진탄자치위원회	1. 공설시장을 개설. 2. 경비대가 선무공작을 진행할 시, 위원장과 간부들을 동행시켜 황군의 의도와 정신을 설명토록 협조케 함.	
□□	□□자치위원회	1. 공설시장을 개설. 2. 2월 11일, 기원절(紀元節) 당일 각종 기념활동을 진행, 일중친선의 분위기를 조성함.	

□□자치위원회의 활동상황은 상술상황 외 전 순과 같음. □□은 교통두절로 상황불명.

四. 난민귀향상황

각지 난민의 귀향상황은 아래 표와 같음.

지명	사변 전 인구	귀향인구			난민방출상황	적요
		전 순 말일 전 귀향인구	본 순 기간 귀향인구	합계		
난징	1,000,000	300,000	35,000	335,000	안거증(安居證)을 소지한 자에 한해 각 성문 통과를 허가함.	귀향자가 점차 증가 추세
샤관	130,000	8,000	2,000	10,000	싼차허와 보우타쵸우 부근에 모인 난민이 점차 감소 추세, 하지만 아직도 3,000인 정도 있음.	동상
쥐룽	130,000	300	500	800	거안증을 발급받은 사람이 978명, 하지만 아직도 다시 성 밖으로 나가려는 자가 있음.	동상
전장	198,000	60,000	5,000	65,000	해군육전대가 이슬람사원과 전등회사 등에 수용한 난민이 약 4,000명 정도 됨. 하지만 하루 평균 300명 정도 방출.	동상
창저우	13,000	50,000	1,000	51,000	1. 난민 53명을 수용함. 2. 양민증을 발급받은 자가 도합 15,814명	동상
단양	60,000	50,000		5,000	양민증을 발급받은 자가 도합 9,502명, 하지만 아직도 성 밖으로 나가는 자가 있음.	동상
진탄	10,000	2,920	450	3,370		동상
우후	□□00	18,000	3,000	21,000		동상
닝궈는 교통두절로 상황불명						

□□주민생활상황

지명	생활상황	기타
난징	1. 매일 1,200루(簍)의 일본군 관리하의 중국쌀을 배급함. 2. 식량이 부족함. 3. 주민의 가옥쟁탈을 방지하고자 각 구(區)의 관공서에서 가옥등기를 진행함.	1. 부근에 상공회와 유사한 경제기구를 설립할 계획 2. 귀향한 주민 중 쌀가게 14곳, 목욕탕 21집, 곡물상점 185집, 약국 69집, 기타 영업 100집가량 영업을 시작함. 하지만 대부분 노천영업
샤관	1. 일본군이 쌀을 배급하여 생활을 영위함. 2. 가옥을 짓는 중	
전장		1. 선무반과 주둔군이 개설한 진료소가 본 순에 700명가량 치료해 줌. 2. 전장자치위원회 상품임시공매소를 개설할 계획임. 3. 부근에 제분소와 성냥회사를 조업할 가능성이 보임.
진탄		1. 주민 중 영세상인 200호 가량 있음. 2. 기타는 교통이 불편하므로 당분간 회복이 어려워 보임.
우후		1. 의료설비가 없음으로 일본군 위생대가 치료를 진행
비고	1. 쥐룽, 창저우, 단양 및 각 지방은 상술 외 전 순과 같음. 2. 닝궈는 교통두절로 상황불명	

□□시설회복상황

□□시설상황은 다음과 같음.

지명	□□상황
□□	□□회사 임시사무소를 개설하여 본 순 기간 화물의 집산□□, □□일본인 선객 한 명 있음. 언론기구로 신진보사(新鎭報社)가 발행하는 신진보를 매일 1천부 배포함.
창저우	1. 교통과 통신이 수로를 이용함. 선무반이 각지로 통할 항로를 개척하고자 연구 중 2. 전등은 주둔군과 부분적인 일본인, 중국인만 사용, 다만 오전 한시까지만 전기를 공급함. 3. 언론기관으로 창저우자치위원회가 발행하는 창저우신창(常州新窓)이 있음. 발행부수는 1,300부로부터 1,600부로 증가
우후	1. 우후, 닝궈 사이의 철도가 각종 어려움을 극복하면서 복구공사 중 2. 우후와 닝궈 사이의 철도 구간에 적군이 빈번히 출몰하여 교통이 두절됨. 3. 난징, 타이핑, 닝궈 사이에 이미 군용전화선이 개통됨. 하지만 닝궈선은 의연히 적병이 도청하거나 파괴함으로 하여 중요사항의 연락이 아니 됨.
비고	1. 난징, 샤관, 쥐룽, 진탄, 단양 지역의 각지 상황은 상술 외 전 순과 같음. 2. 닝궈는 교통두절로 상황불명.

七. 민심향배상황

(一) 각 전투지역은 피해가 심각함. 그래서 일부 도시는 부흥계획을 세우지 아니함. 각 성 밖의 논밭에는 우마가 없어 경작이 불가능. 생산과 생활의 회복가능성에 대한 비관정서가 넘침.

도시주민은 성 밖보다 생명안전을 보장받으므로 도시인구가 급증. 하지만 일거리가 없고 물자가 결핍하여 생활이 곤궁하며 일부는 절도와 같은 범죄를 저지르고 있음.

□□의 영미대사관원은 각종 구실로 난민들□□□□ □□사상을 보급. 경계 중 □□난민들은 점차 일본군□□을 신뢰.

八. □□패잔병의 상황

(一) □□에 아직 항일분자와 패잔병들이 잠복해 있음. 현재 □□가 체포에 진력. 기타 도시 내에도 항일분자들이 잠복해 있을 것으로 사료됨.

(二) 각 도시 외곽에 의연히 적군과 항일분자들이 출몰. 헌병이 경비대와 밀접히 배합하여 상관 정보를 수집하고 일거에 소탕할 계획을 세우고 있음.

九. 민심이 불안한 상황과 조짐

본 순에는 특별상황이 없음. 하지만 주민들 속에 일본군의 폭행에 대한 공포심리가 아직도 가셔지지 않고 있음. 성 외의 패잔병과 토비들이 습격한다는 따위의 유언비어가 아직 사라지지 않고 있음. 라디오방송으로 항일을 촉구하는 역선전이 유언비어가 무성케 하는 원인으로 보임. (支憲高第二四七號를 참조 바람)

十. 민심안정에 영향주는 주요사건

(一) 2월 11일(기원절)에 우후 중앙치안유지회의 주최하에 남녀노소 약 4000명이 폭죽을 터트리고 가두행진을 하면서 일중친선을 선전함.

(二) 기타 특기사항이 없음. 하지만 우리 隊는 각종 범죄활동에 대한 유력한 검거, 패잔병과 토비에 대한 소탕, 식품의 배급 등이 민심안정에 영향 주는 요소라고 생각함.

十一. 일본군을 위해 설치한 각지 위안시설상황

(역자 주: 이 부분은 생략함. 상세한 내용은 "위안부" 부분의 서류를 참조 바람.)

十二. 부흥의 장애와 그 대책

각지 물자의 결핍, 금융기구의 휴업, 교통의 불편, 가옥의 도괴와 재산의 산실 등이 부흥의 방해가 됨. 때문에 신속히 치안을 회복하려면 하루빨리 새 정부를 수립하여 복구를 통괄케 해야 함.

3

서류해독

일본침략군 화중파견헌병대의 『상하이헌병대 관할구역 치안회복상황에 관한 보고(통첩)』

이 서류는 昭和十三年(1938년)二月十九日, 일본침략군 화중파견헌병대사령관 오오키 시게가 작성한 『상하이헌병대 관할구역 치안회복상황에 관한 조사보고(통첩)』이다. 서류는 昭和十三年二月一日부터 十日까지 상하이를 중심으로 한 강남지역의 "치안회복"상황을 기록하고 있다. 보고서의 종목설치는 난징헌병대가 작성한 2부의 보고서와 기본적으로 일치한다. 이는 일본침략군이 상하이를 중심으로 한 강남지역을 점령한 후의 실상을 보여주고 있다.

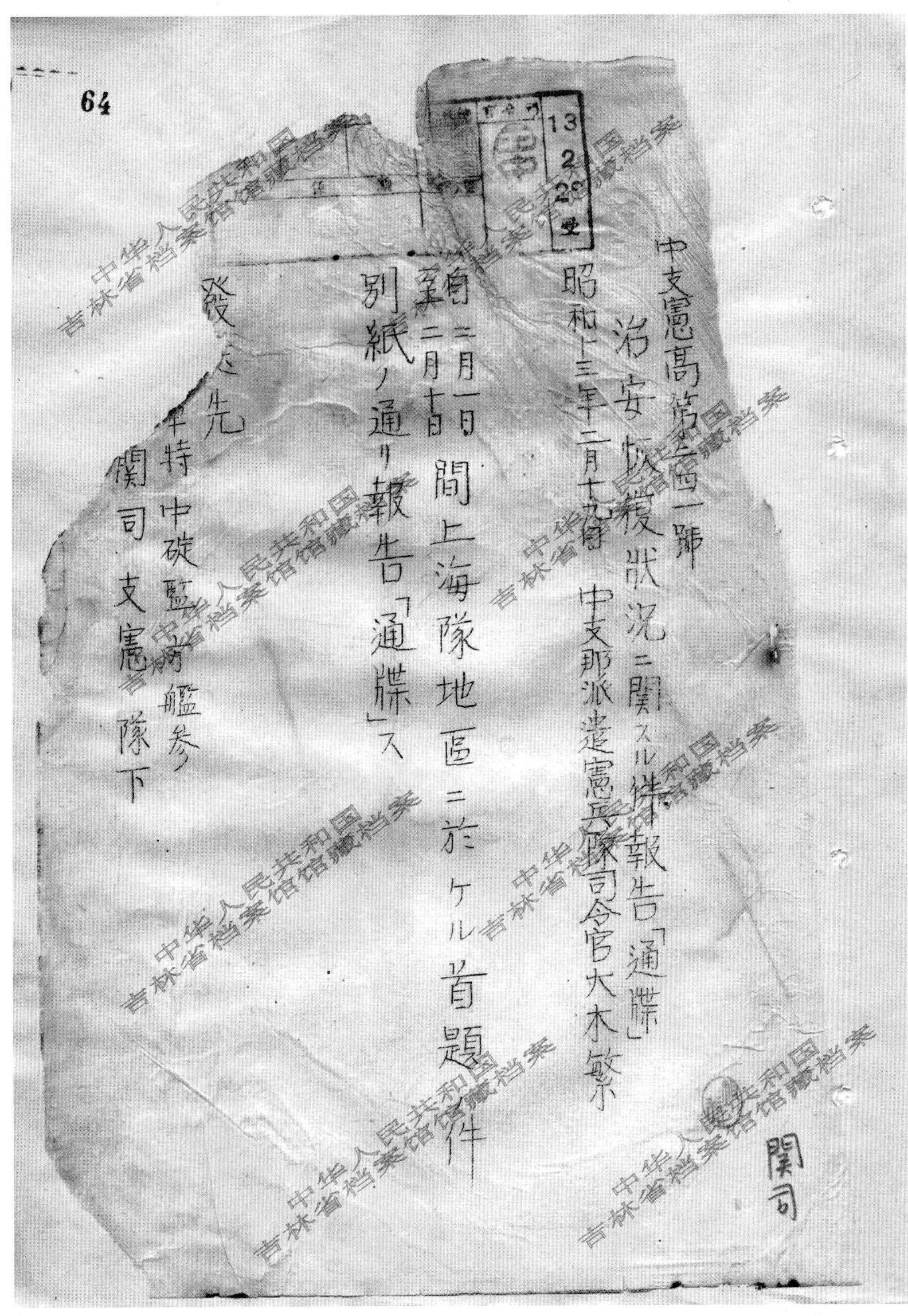

64

13 2 20 受

中支憲高第二四一號

治安恢復狀況ニ關スル件報告「通牒」

昭和十三年二月十九日 中支那派遣憲兵隊司令官 大木繁

自二月一日至二月十日間上海隊地區ニ於ケル首題ノ件

別紙ノ通リ報告「通牒」ス

發送先

中特 中碇監 旗艦参

關司 支憲隊下

關司

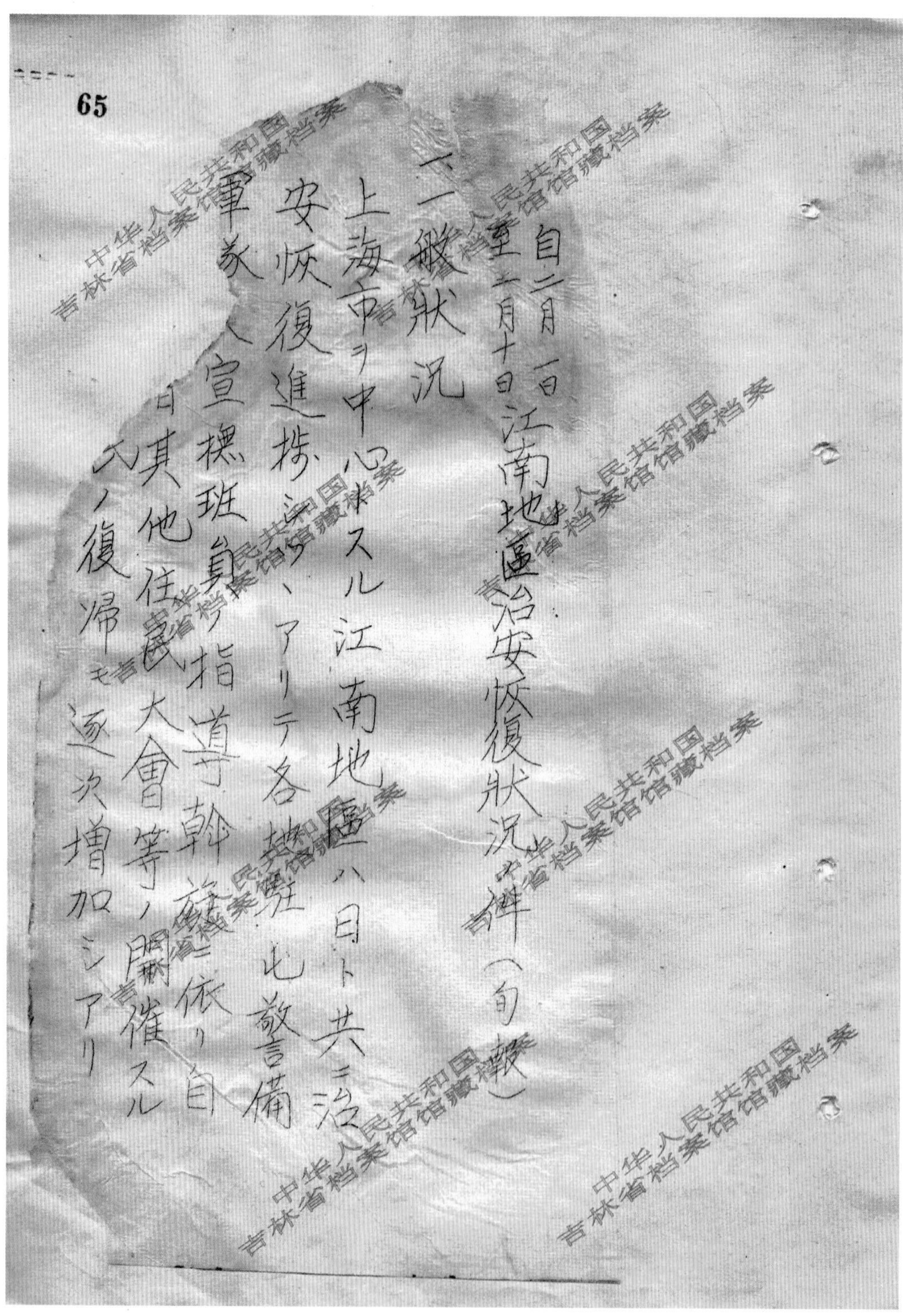
65

自二月一日
至二月十日 江南地區治安恢復狀況ノ件（旬報）

一、一般狀況

上海市ヲ中心トスル江南地區ハ日ト共ニ治安恢復進捗シツヽアリテ各地駐屯ノ警備軍隊ノ宣撫班員ノ指導斡旋ニ依リ自治其他住民大會等ノ開催スル人ノ復歸モ逐次增加シアリ

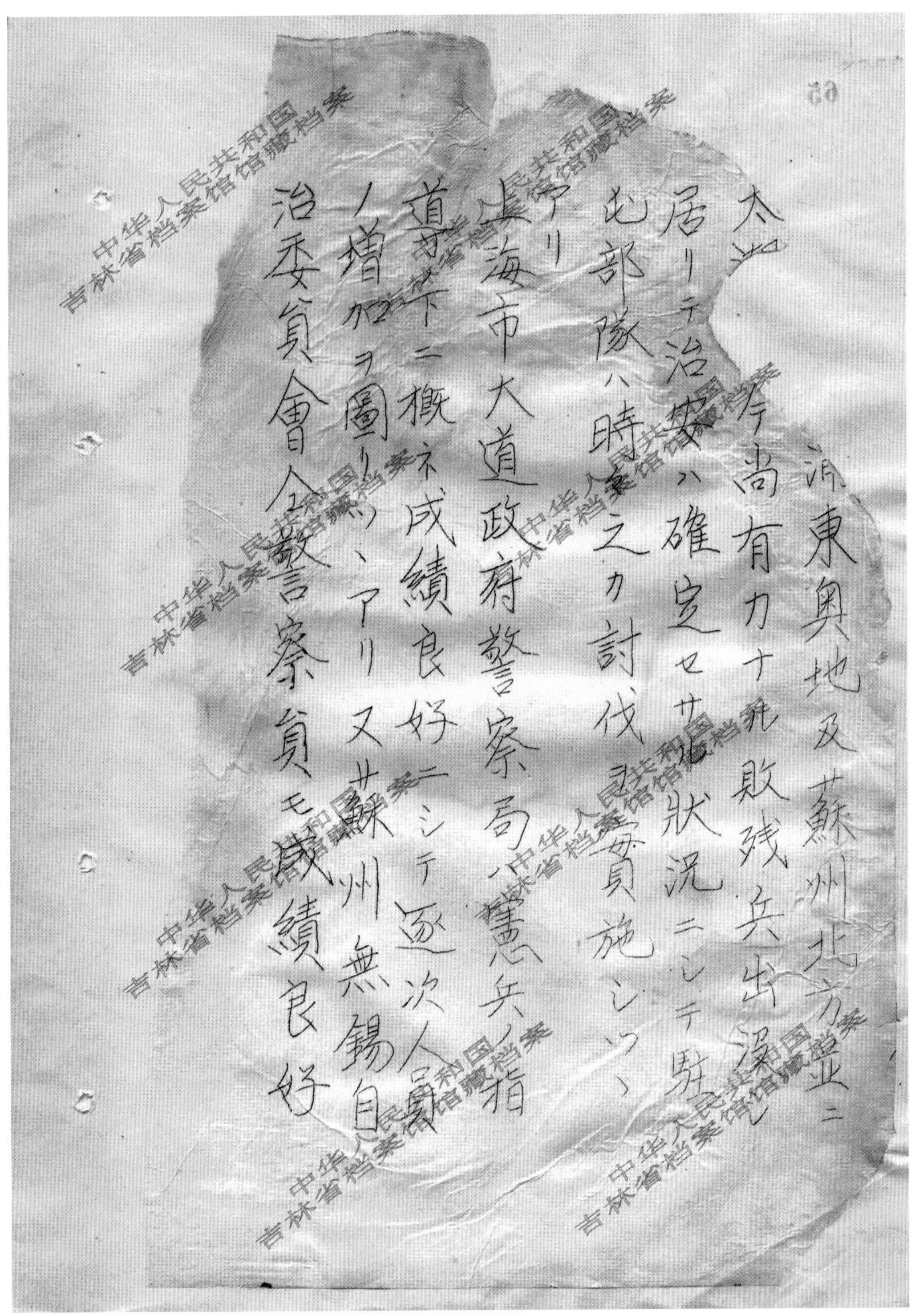
浙東奥地及蘇州北方並ニ
太湖[illegible]今尚有力ナル敗残兵出没シ
居リテ治安ハ確定セサル状況ニシテ駐
屯部隊ハ時々之カ討伐ヲ実施シツツ
アリ
上海市大道政府警察局ハ憲兵ノ指
導ノ下ニ概ネ成績良好ニシテ逐次人員
ノ増加ヲ図リツツアリ又蘇州無錫自
治委員会警察員モ成績良好

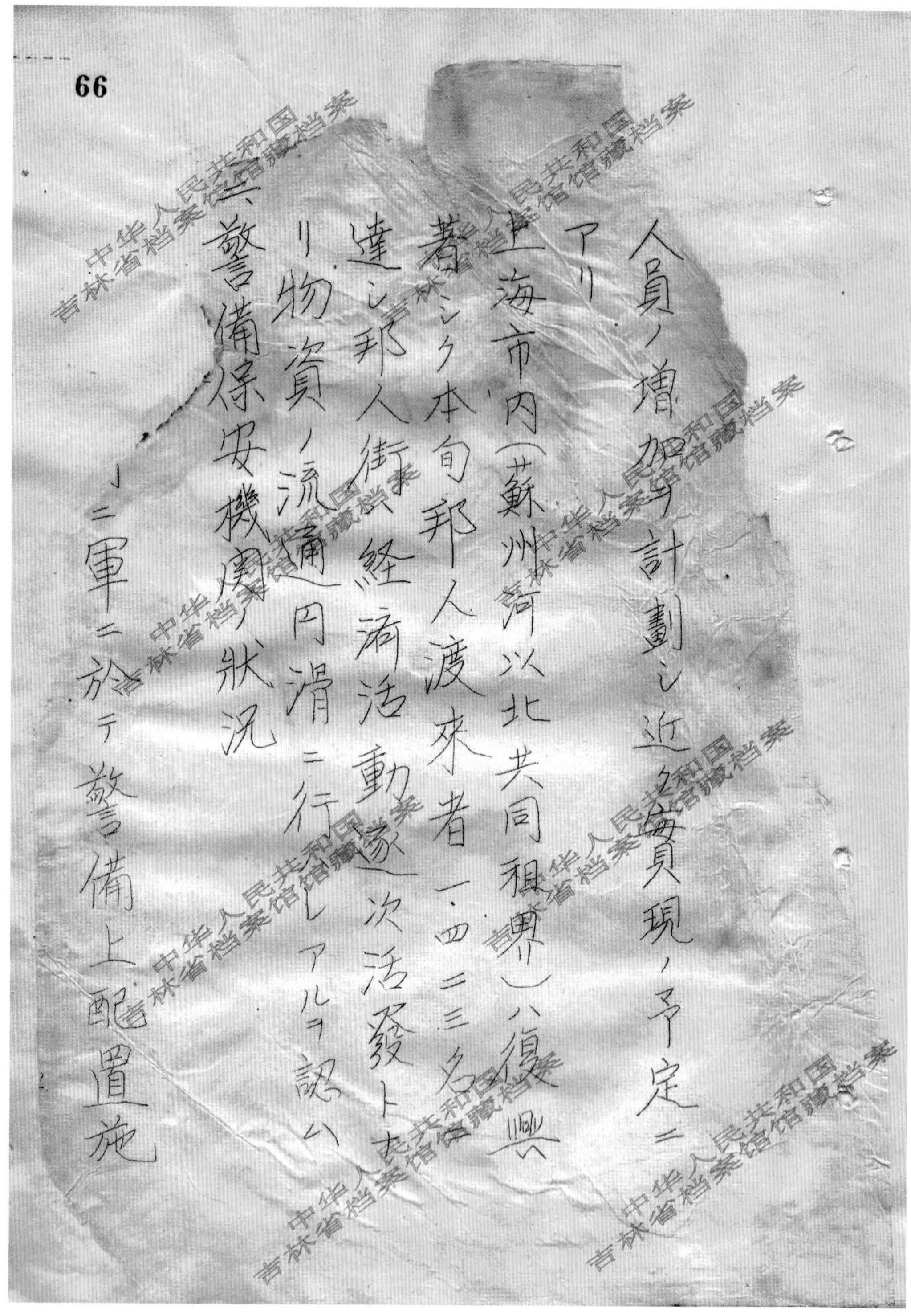

66

人員ノ増加ヲ計劃シ近ク實現ノ予定ニ
アリ
上海市内（蘇州河以北共同租界）ハ復興
著シク本旬邦人渡来者一・四二三名ニ
達シ邦人街ハ経済活動漸次活發トナ
リ物資ノ流通円滑ニ行ハレアルヲ認ム
六、警備保安機関ノ状況
1 ニ軍ニ於テ警備上配置施

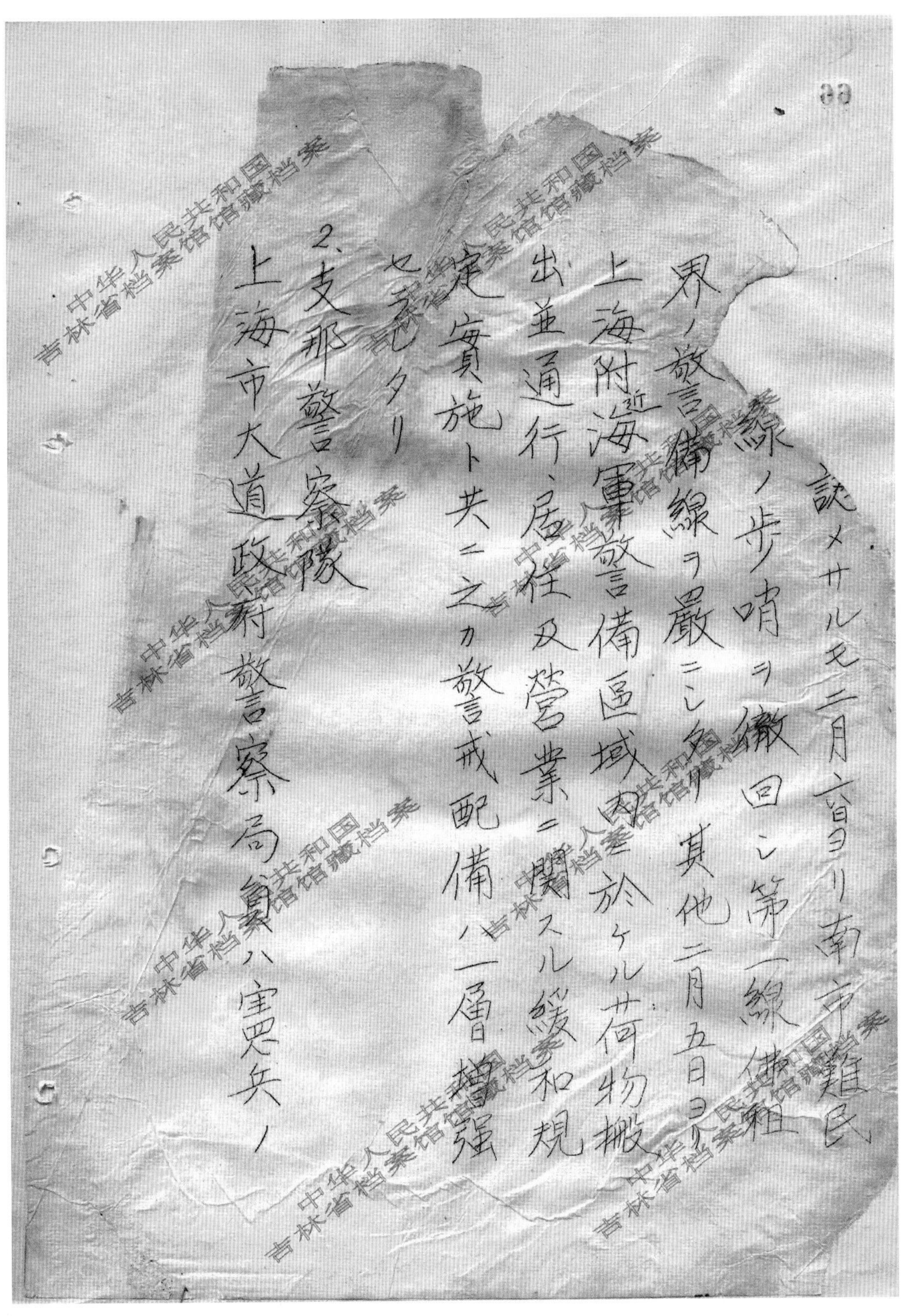

99

認メサルモ二月六日ヨリ南市難民線ノ歩哨ヲ撤回シ第一線佛租界ノ警備線ヲ嚴ニシ居リ其他二月五日ヨリ上海附近海軍警備區域内ニ於ケル荷物搬出並通行、居住及營業ニ關スル緩和規定實施ト共ニ之カ警戒配備ハ一層増強セラレタリ

2、支那警察隊

上海市大道政府警察局員ハ憲兵ノ

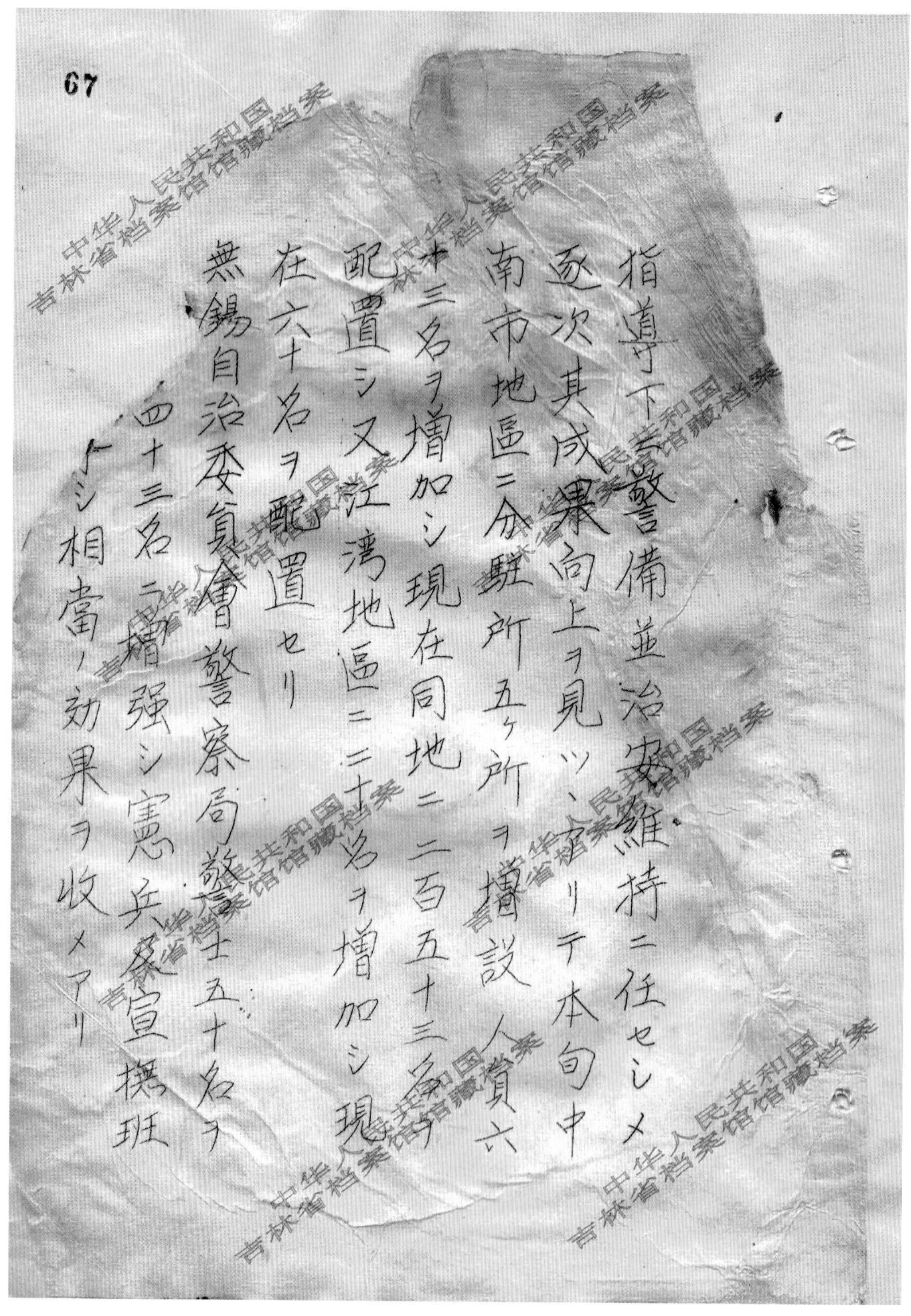
67

指導下ニ警備並治安維持ニ任セシメ
逐次其成果向上ヲ見ツヽアリテ本旬中
南市地區ニ分駐所五ヶ所ヲ増設人員六
十三名ヲ増加シ現在同地ニ二百五十三名ヲ
配置シ又江湾地區ニ二十名ヲ増加シ現
在六十名ヲ配置セリ
無錫自治委員會警察局警士五十名ヲ
四十三名ニ増強シ憲兵系宣撫班
トシ相當ノ効果ヲ收メアリ

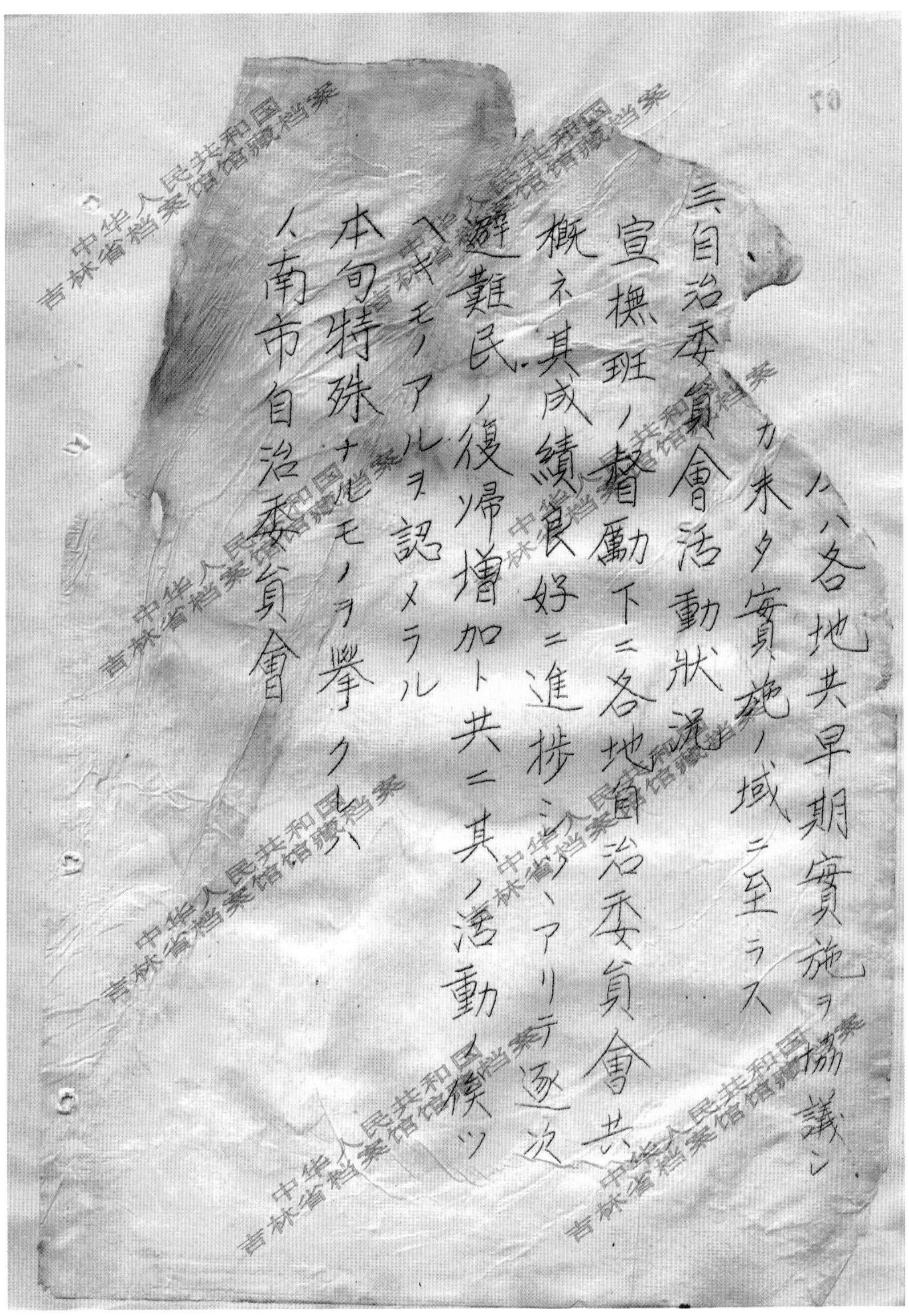

ハ各地共早期實施ヲ協議シ
カ未タ實施ノ域ニ至ラス
三、自治委員會活動狀況
宣撫班ノ督勵下ニ各地自治委員會共
概ネ其成績良好ニ進捗シツヽアリテ逐次
避難民ノ復帰増加ト共ニ其ノ活動ノ俟ツ
ベキモノアルヲ認メラル
本旬特殊ナルモノヲ擧クレハ
イ、南市自治委員會

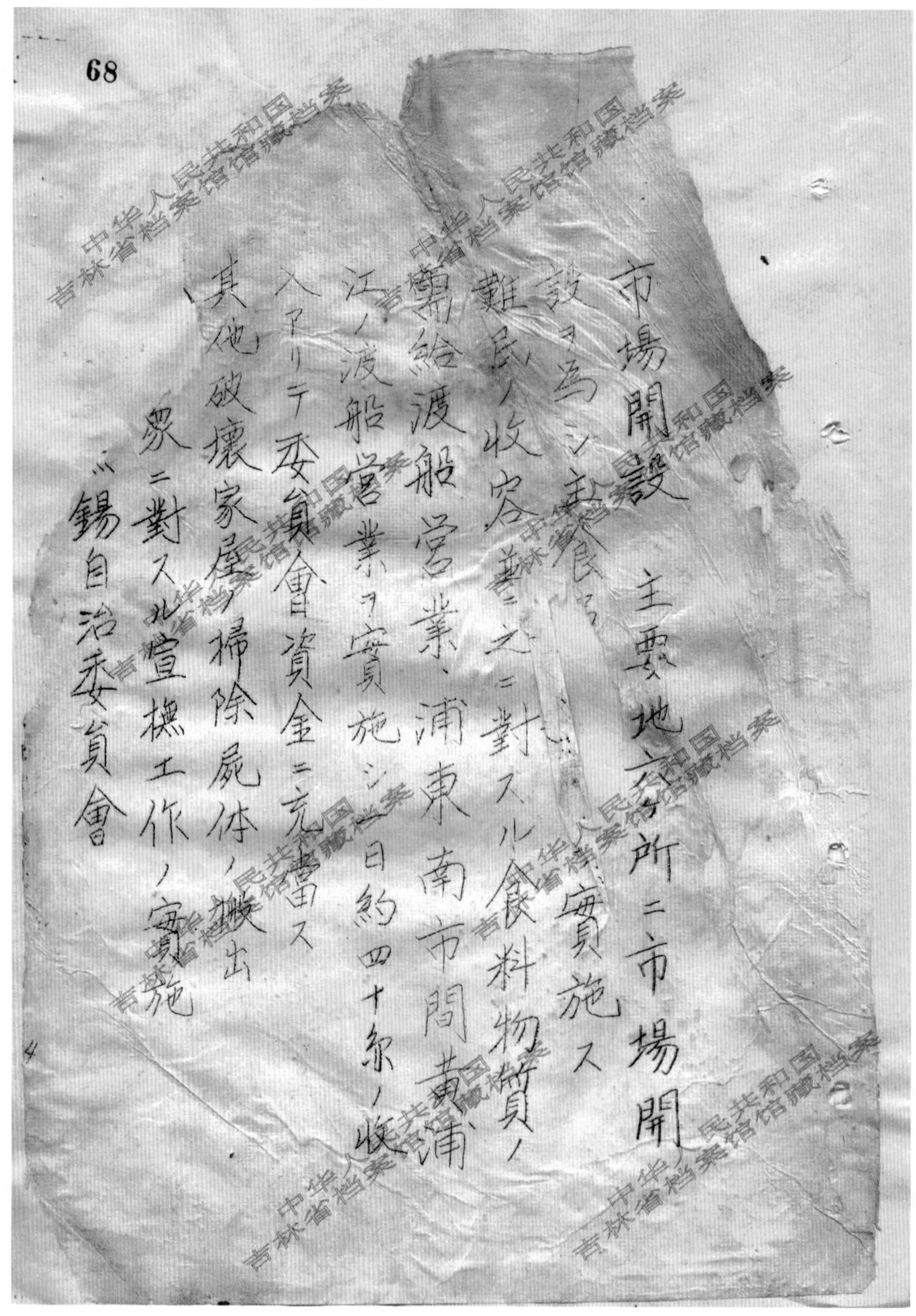

68

市場開設　主要地方所ニ市場開
設ヲ為シ主食[illegible]實施ス
難民ノ收容並ニ之ニ對スル食料物質ノ
配給渡船營業、浦東南市間黄浦
江ノ渡船營業ヲ實施シ一日約四十衆ノ收
入アリテ委員會資金ニ充當ス
其他破壊家屋ノ掃除屍体ノ搬出
衆ニ對スル宣撫工作ノ實施
錫自治委員會

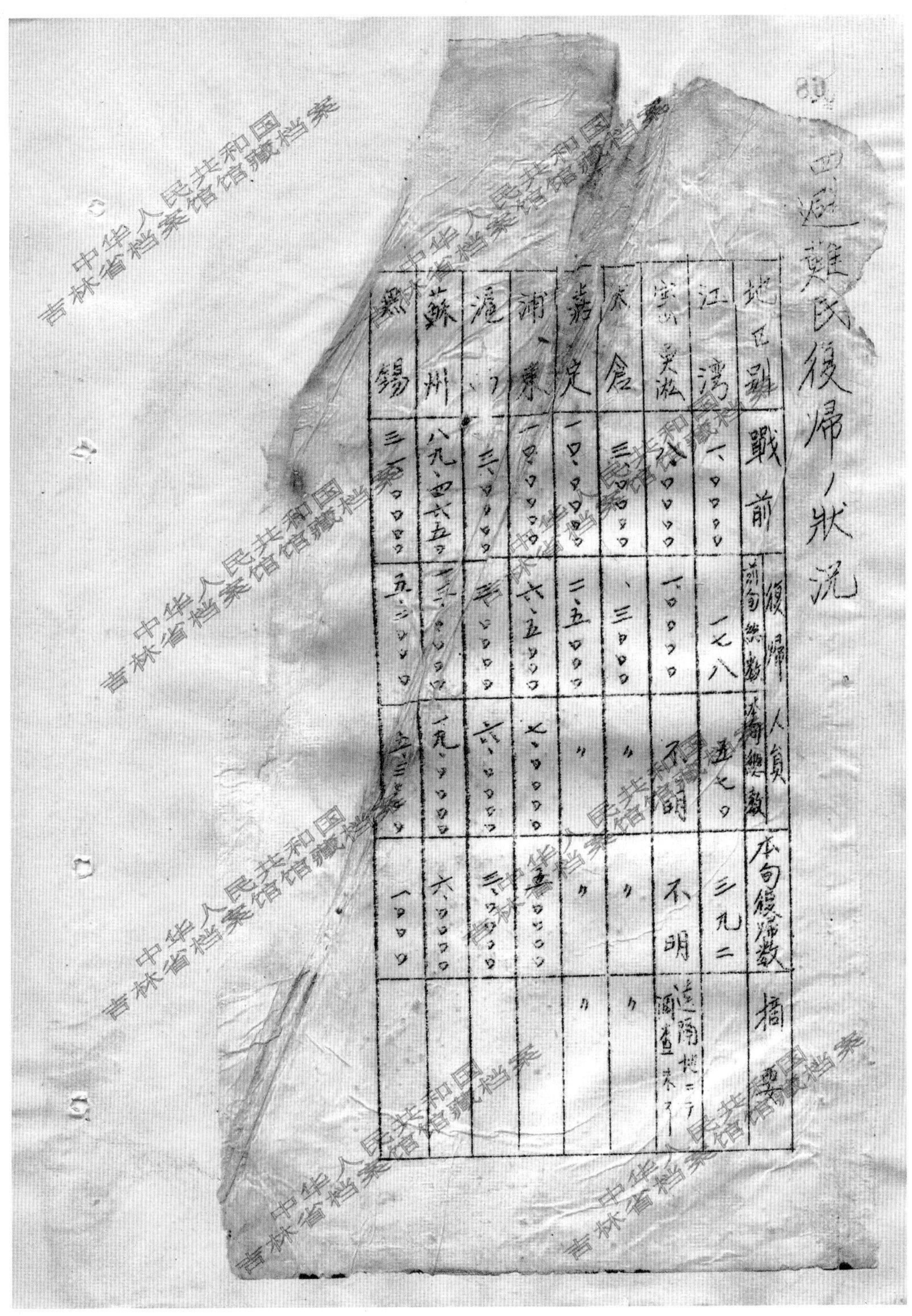

避難民復帰ノ状況

地区別	戦前	復帰人員 前旬総数	本旬増加総数	本旬復帰数	摘要
江湾	一六〇〇〇	一七八	五七〇	三九二	
宝山 呉淞	八〇〇〇〇	一〇〇〇〇	不明	不明	道隔地ニテ調査未ス
太倉	三〇〇〇〇〇	、三〇〇	〃	〃	〃
嘉定	一〇〇〇〇〇	二五〇〇〇	〃	〃	〃
浦東	一〇〇〇〇〇	六五〇〇〇	七〇〇〇〇	五〇〇〇〇	
滬〃	三〇〇〇〇〇	三〇〇〇〇	六〇〇〇〇	三〇〇〇〇	
蘇州	八九、四六五〇	一〇〇〇〇	一九〇〇〇〇	六〇〇〇〇	
無錫	三〇〇〇〇〇	五二〇〇〇	五三〇〇〇	一〇〇〇	

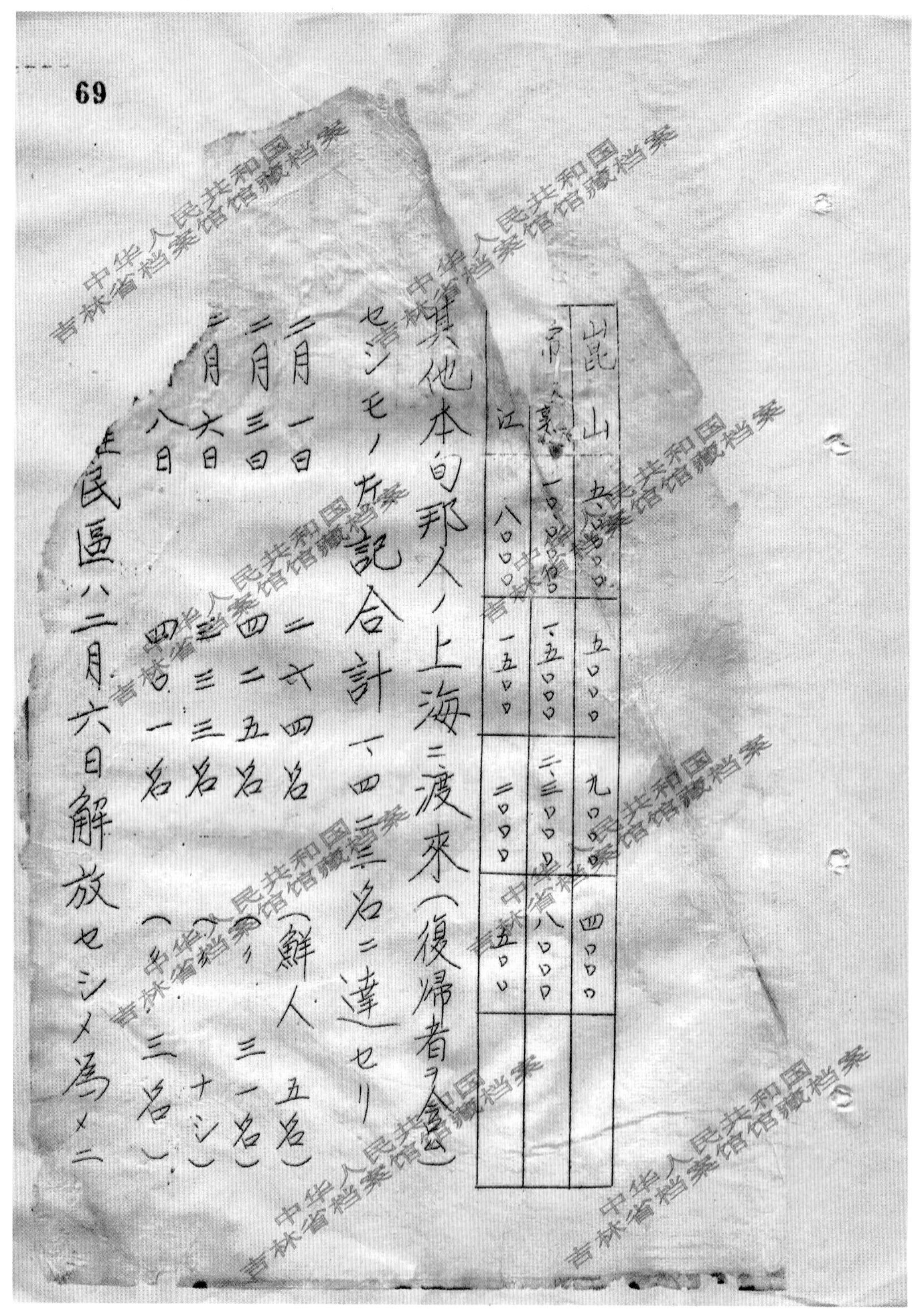
69

崑山	六〇〇〇	五〇〇	九〇〇	四〇〇
南京	一〇、〇〇〇	一五〇〇	二三〇〇	八〇〇
江	八〇〇〇	一五〇〇	二〇〇〇	五〇〇

其他本邦人ノ上海ニ渡來（復帰者ヲ含ム）
セシモノ左記合計一〇四二名ニ達セリ
二月一日　二六四名（鮮人　五名）
二月三日　四二五名（〃　三一名）
二月六日　三三三名（〃　ナシ）
月八日　四〇一名（〃　三名）
民區ハ二月六日解放セシメ為メニ

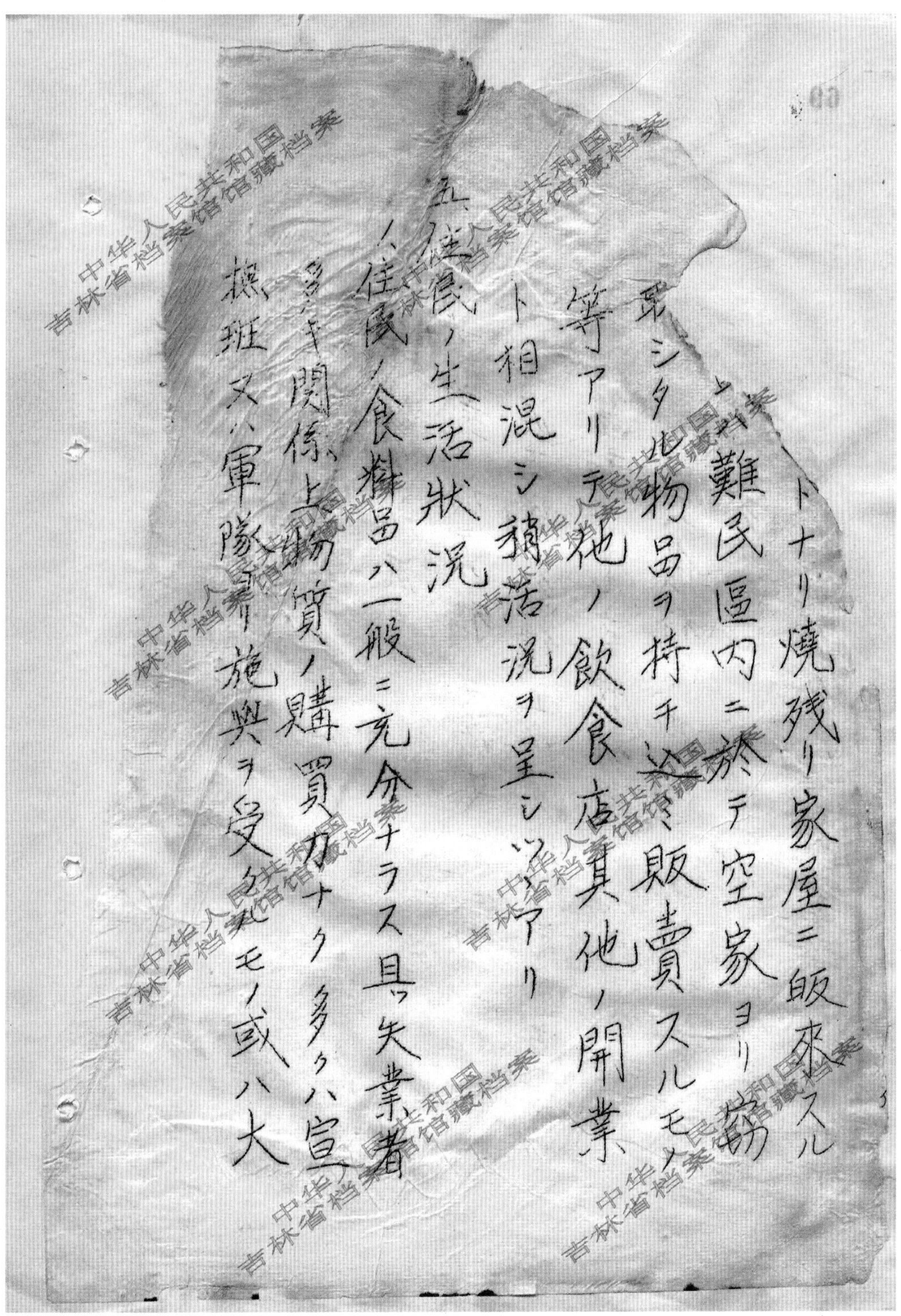

トナリ焼残リ家屋ニ販來スル
上難民區内ニ於テ空家ヨリ窃
取シタル物品ヲ持チ込ミ販賣スルモノ
等アリテ他ノ飲食店其他ノ開業
ト相混シ賑活況ヲ呈シツツアリ
五、住民ノ生活状況
イ、住民ノ食料品ハ一般ニ充分ナラス且ツ失業者
多キ関係上物質ノ購買力ナク多クハ宣
撫班又ハ軍隊等ノ施與ヲ受クルモノ或ハ大

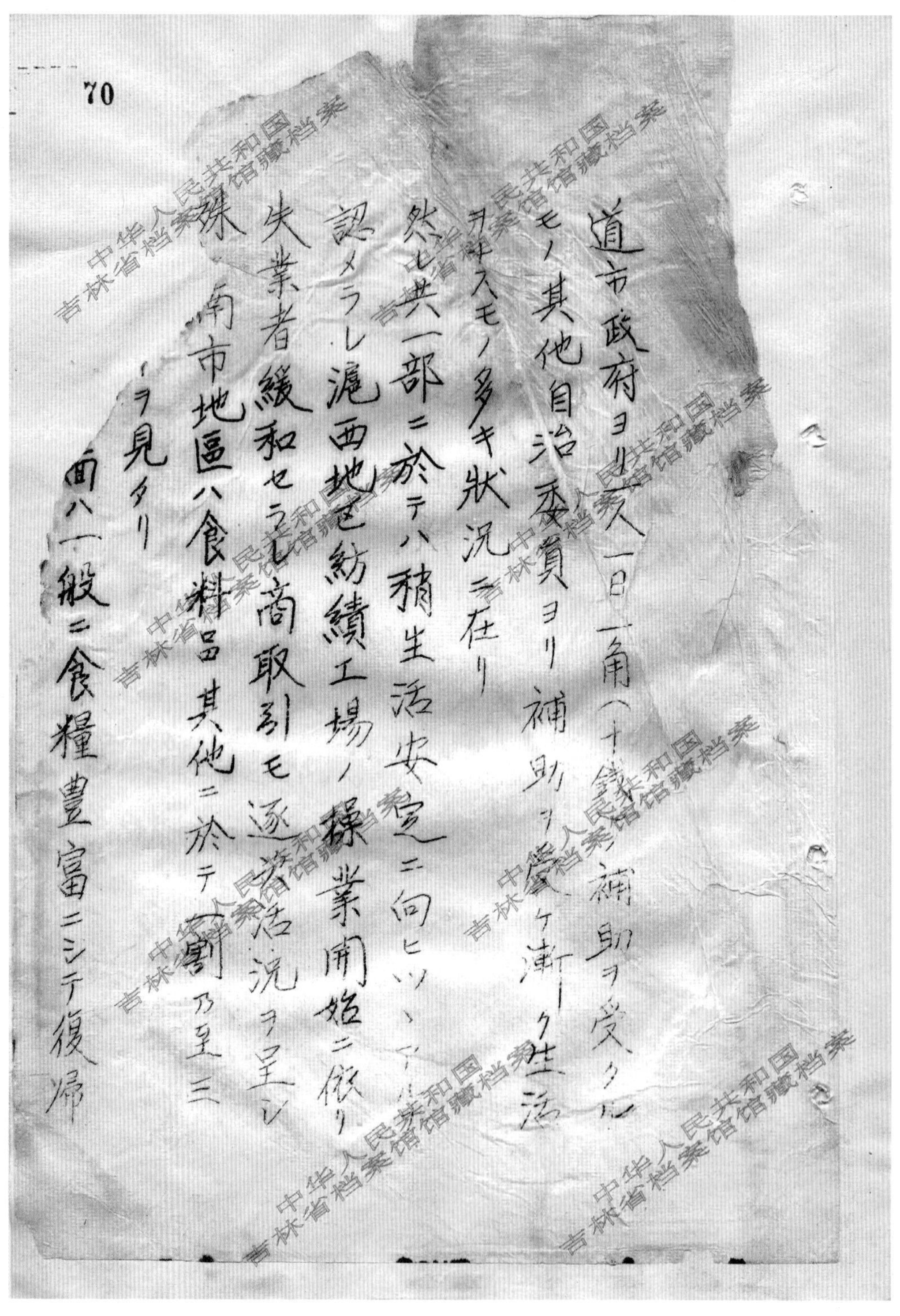
70

道市政府ヨリ一人一日一角（十銭）ノ補助ヲ受クル
モノ其他自治委員ヨリ補助ヲ受ケ漸ク生活
ヲ持スモノ多キ状況ニ在リ
然レ共一部ニ於テハ稍生活安定ニ向ヒツヽアル
認メラレ滬西地区紡績工場ノ操業開始ニ依リ
失業者緩和セラレ商取引モ逐次活況ヲ呈シ
殊ニ南市地區ハ食料品其他ニ於テ一割乃至三
割ヲ見タリ
面ハ一般ニ食糧豊富ニシテ復帰

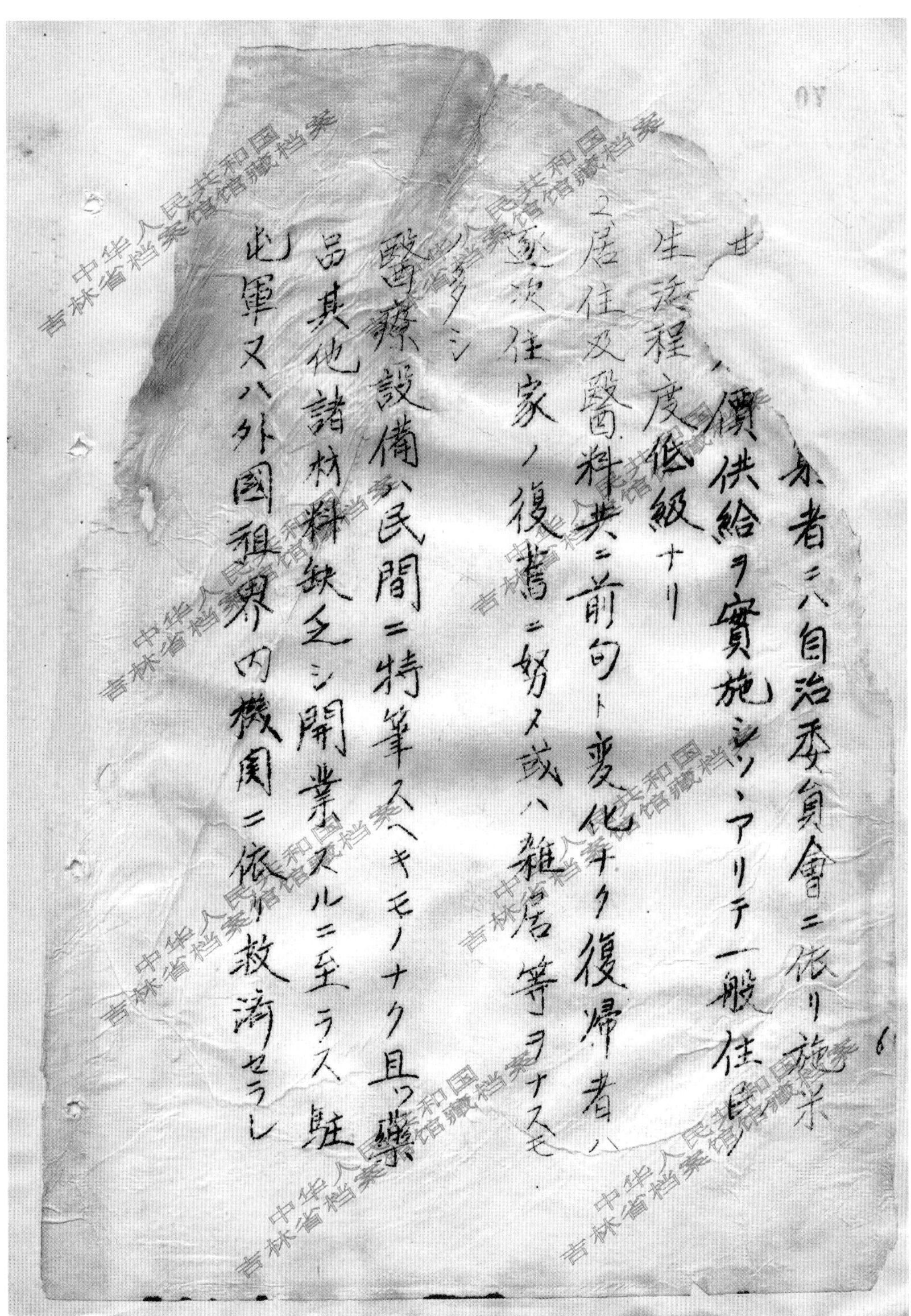

廿

来者ニハ自治委員會ニ依リ施米

價供給ヲ實施シツヽアリテ一般住民ノ

生活程度低級ナリ

之居住及醫料共ニ前句ト変化ナク復帰者ハ

逐次住家ノ復舊ニ努メ或ハ雜居等ヲナスモ

ノ多シ

醫療設備ハ民間ニ特筆スヘキモノナク且ツ藥

品其他諸材料缺乏シ開業スルニ至ラス駐

屯軍又ハ外國租界内機関ニ依リ救濟セラレ

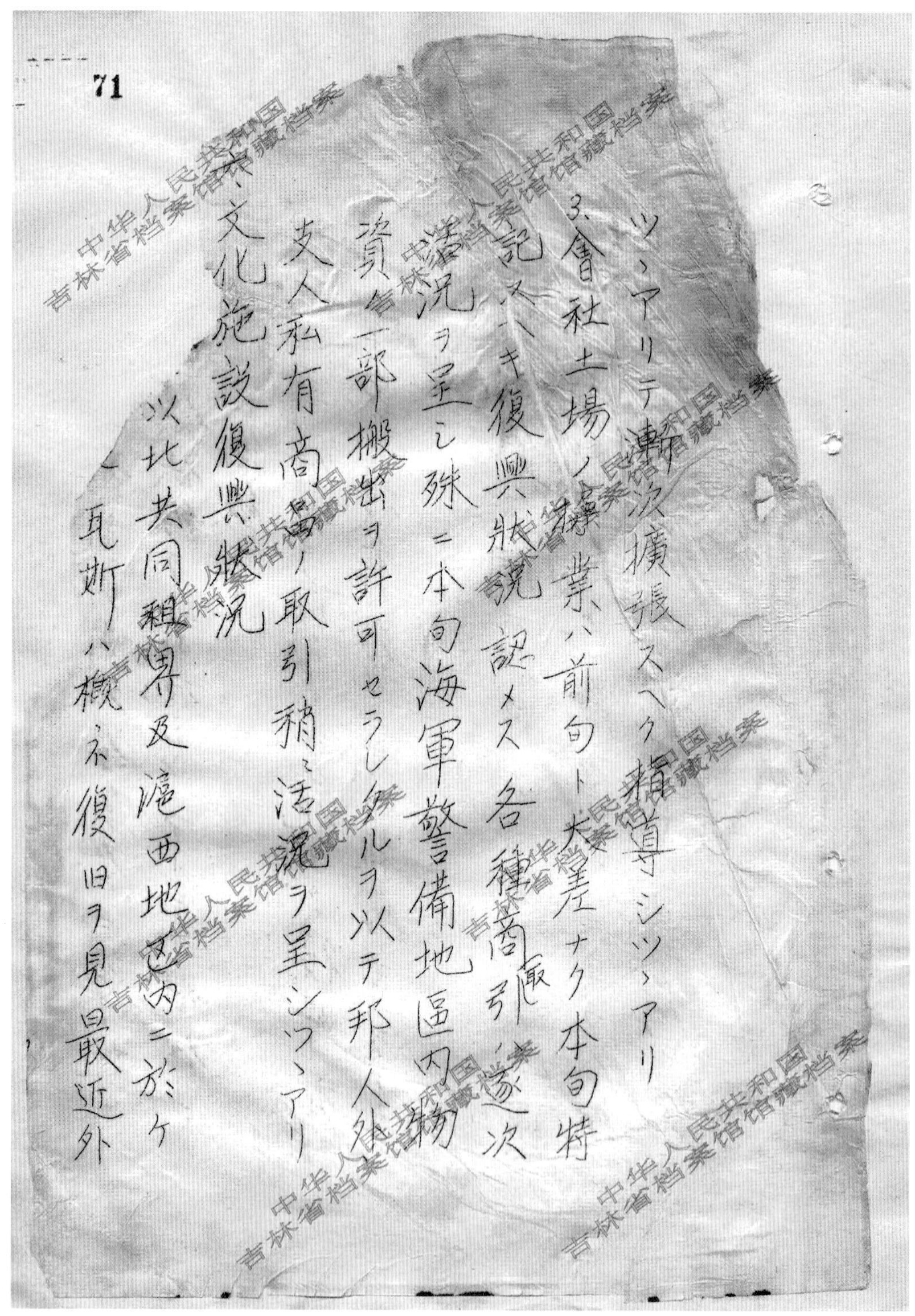

71

ツヽアリテ漸次擴張スヘク指導シツヽアリ
3、會社工場ノ操業ハ前旬ト大差ナク本旬特
記スヘキ復興状況認メス 各種商取引ハ逐次
活況ヲ呈シ殊ニ本旬海軍警備地區内物
資ノ一部搬出ヲ許可セラレタルヲ以テ邦人外
支人私有商品ノ取引稍ゝ活況ヲ呈シツヽアリ
4、文化施設復興状況
以北共同租界及滬西地區内ニ於ケ
ル瓦斯ハ概ネ復旧ヲ見最近外

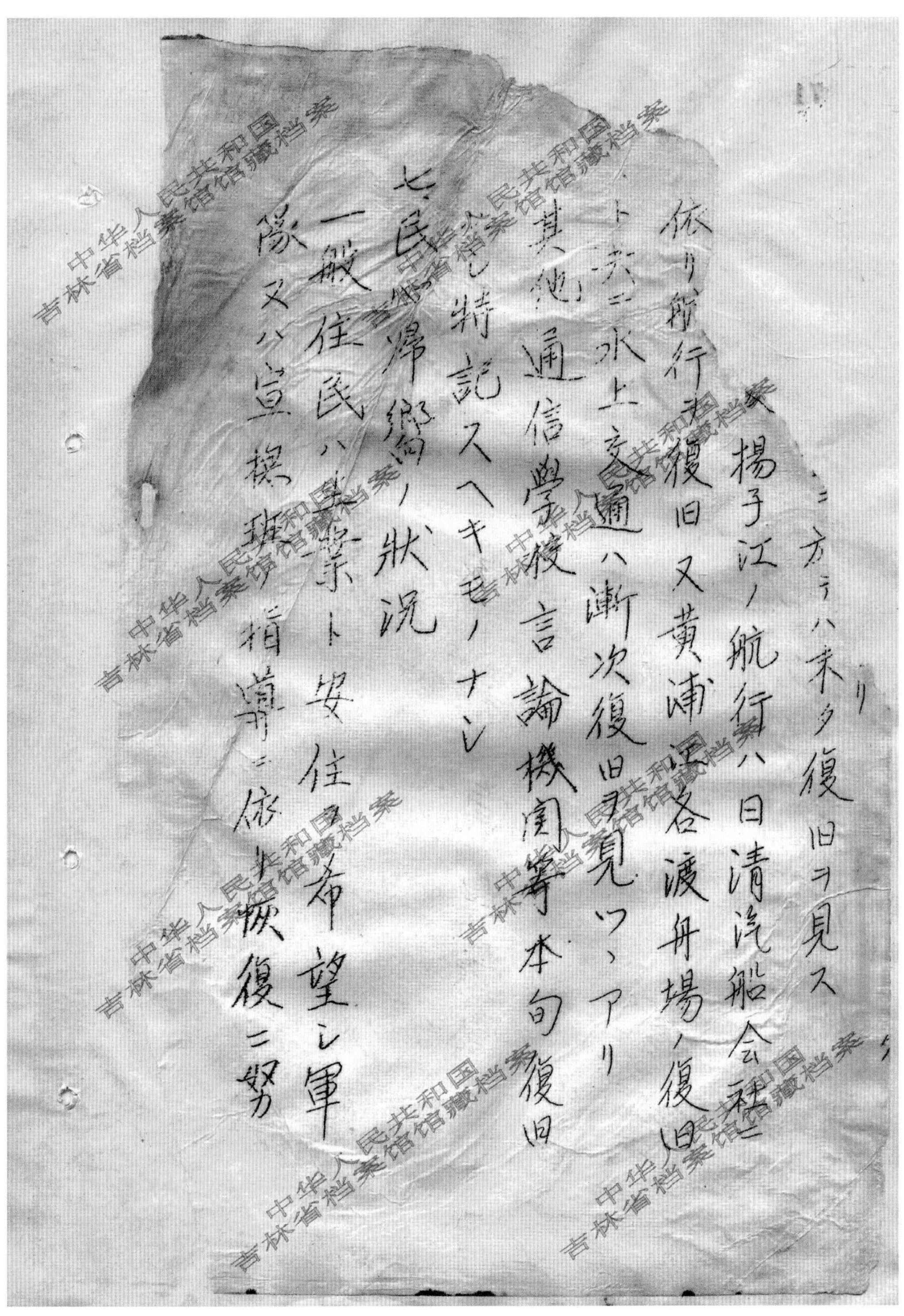

ニ方テハ未ダ復旧ヲ見ス
一、揚子江ノ航行ハ日清汽船会社ニ
依リ航行ヲ復旧又黄浦江各渡舟場ノ復旧
ト共ニ水上交通ハ漸次復旧ヲ見ツヽアリ
其他ノ通信、学校、言論機関等本旬復旧
ナシ特記スヘキモノナシ
七、民ノ帰郷ノ状況
一般住民ハ生業ト安住ヲ希望シ軍
隊又ハ宣撫班ノ指導等ニ依リ恢復ニ努

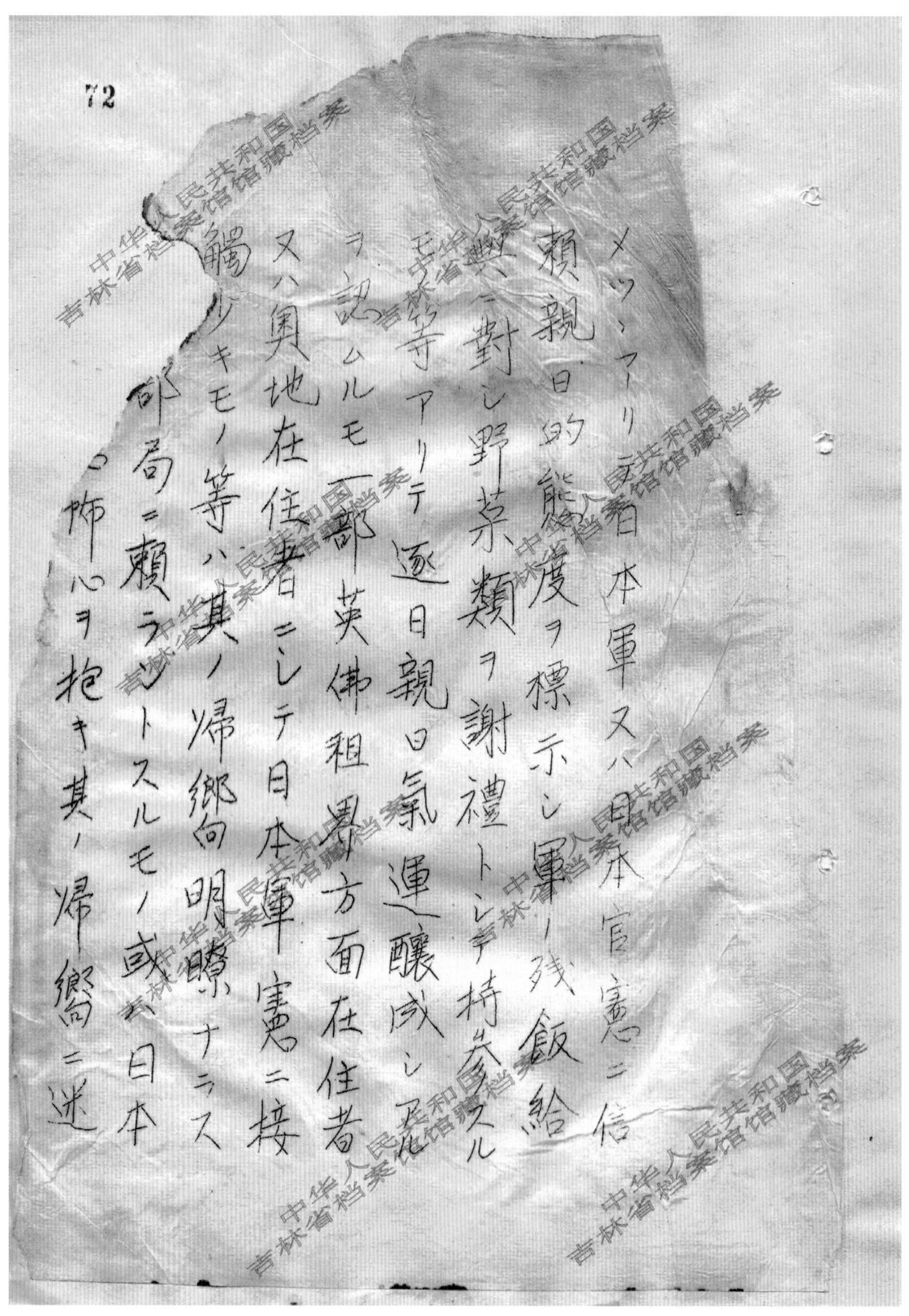

72

メツヽアリ或者日本軍又ハ日本官憲ニ信
頼親日的態度ヲ標示シ軍ノ残飯給
與ニ對シ野菜類ヲ謝禮トシテ持參スル
モノ等アリテ逐日親日氣運釀成シ居
ヲ認ムルモ一部英佛租界方面在住者
又ハ奥地在住者ニシテ日本軍憲ニ接
觸少キモノ等ハ其ノ帰嚮明瞭ナラス
邸高ニ頼ラントスルモノ或ハ日本
ニ怖心ヲ抱キ其ノ帰嚮ニ迷

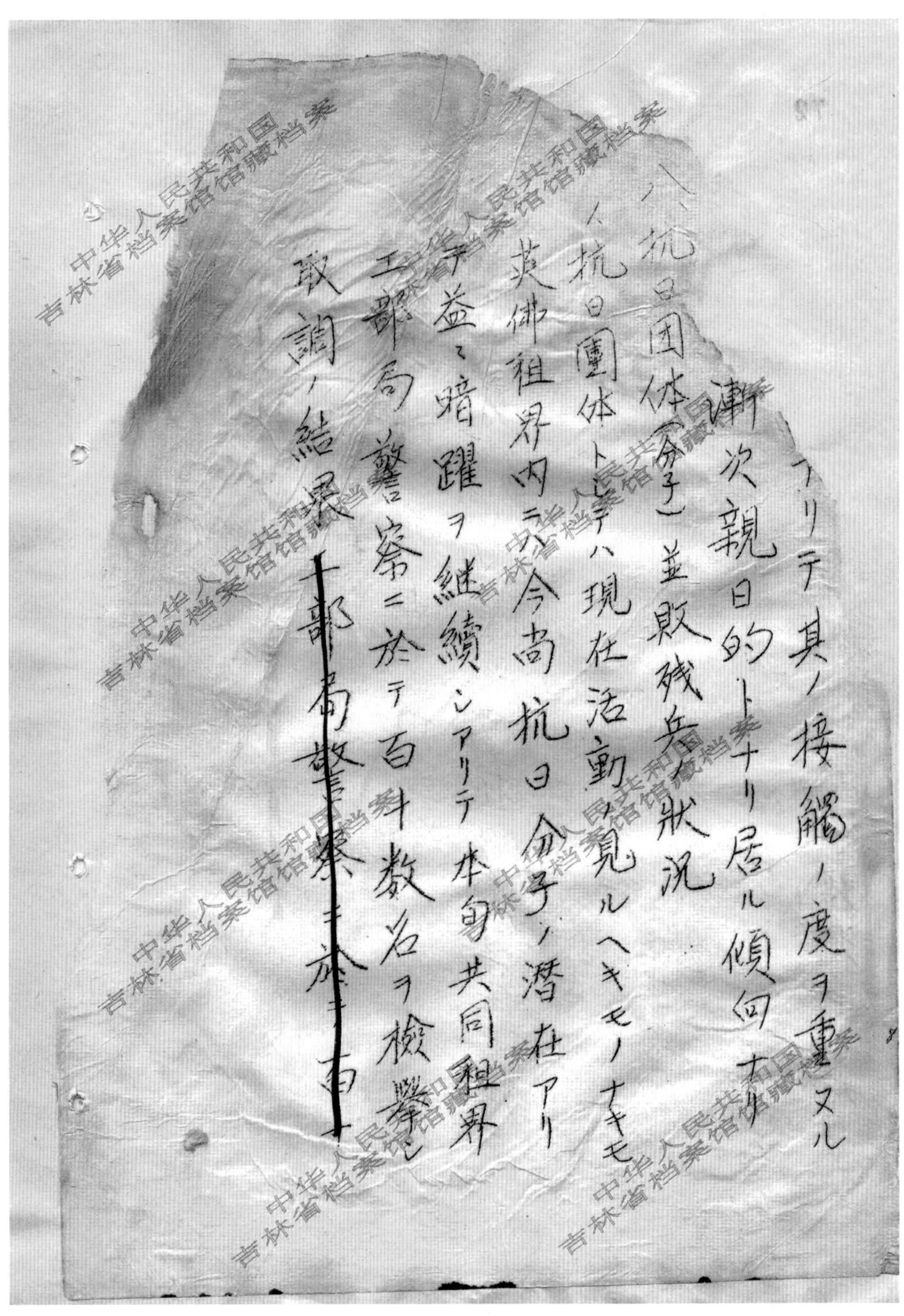

アリテ其ノ接觸ノ度ヲ重ヌル
漸次親日的トナリ居ル傾向アリ
八、抗日団体（分子）並敗残兵ノ状況
一、抗日團体トシテハ現在活動見ルヘキモノナキモ
英佛租界内ニハ今尚抗日分子ノ潜在アリ
テ益々暗躍ヲ継續シアリテ本旬共同租界
工部局警察ニ於テ百数名ヲ検擧シ
取調ノ結果
~~工部局警察ニ於テ百十~~

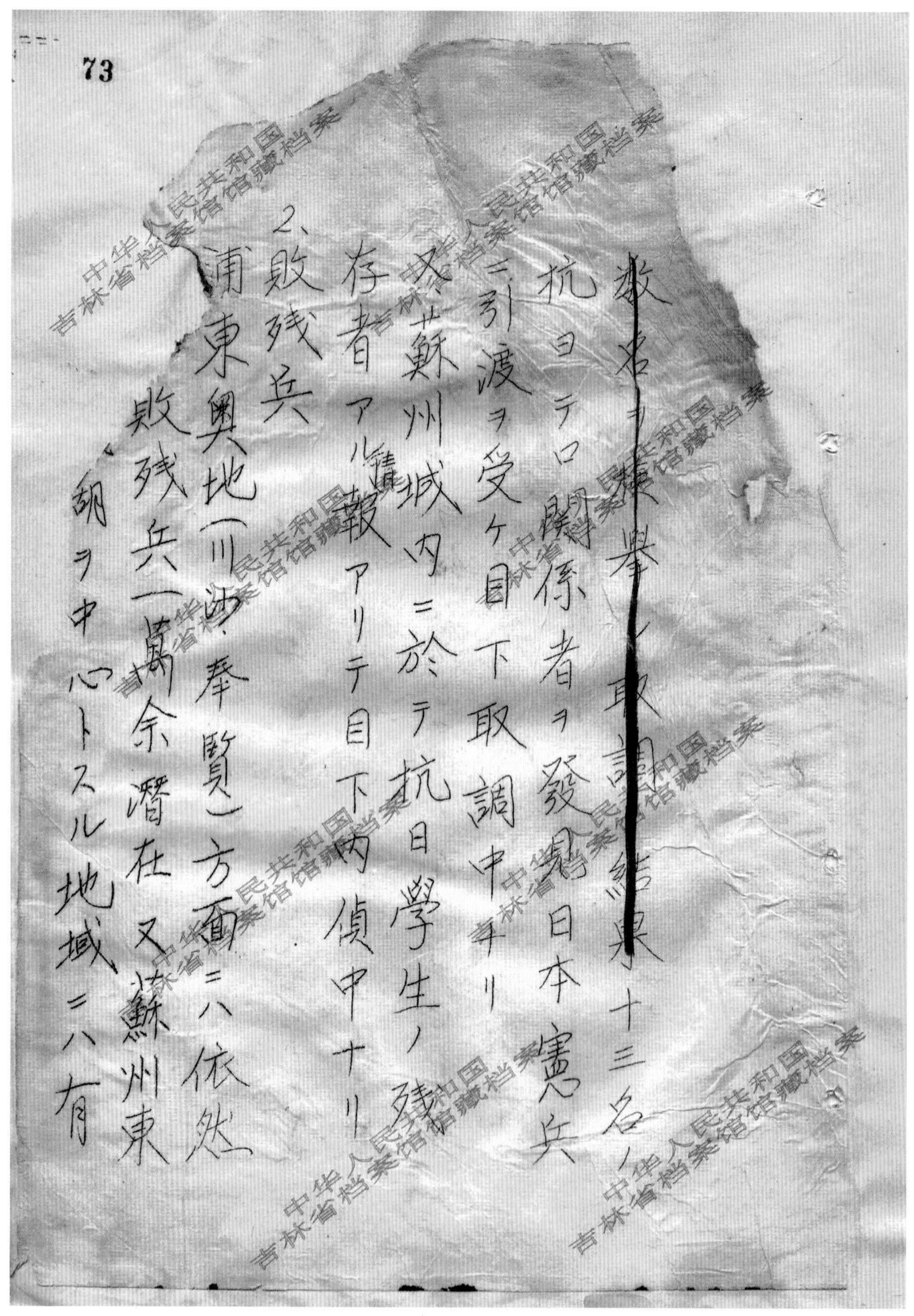
73

數名ヲ檢擧シ取調結果十三名ノ
抗日テロ關係者ヲ發見シ日本憲兵
ニ引渡ヲ受ケ目下取調中ナリ
尚蘇州城内ニ於テ抗日學生ノ殘
存者アル情報アリテ目下内偵中ナリ

2、敗殘兵
浦東奥地（川沙、奉賢）方面ニハ依然
敗殘兵一萬余潜在シ又蘇州東
湖ヲ中心トスル地域ニハ有

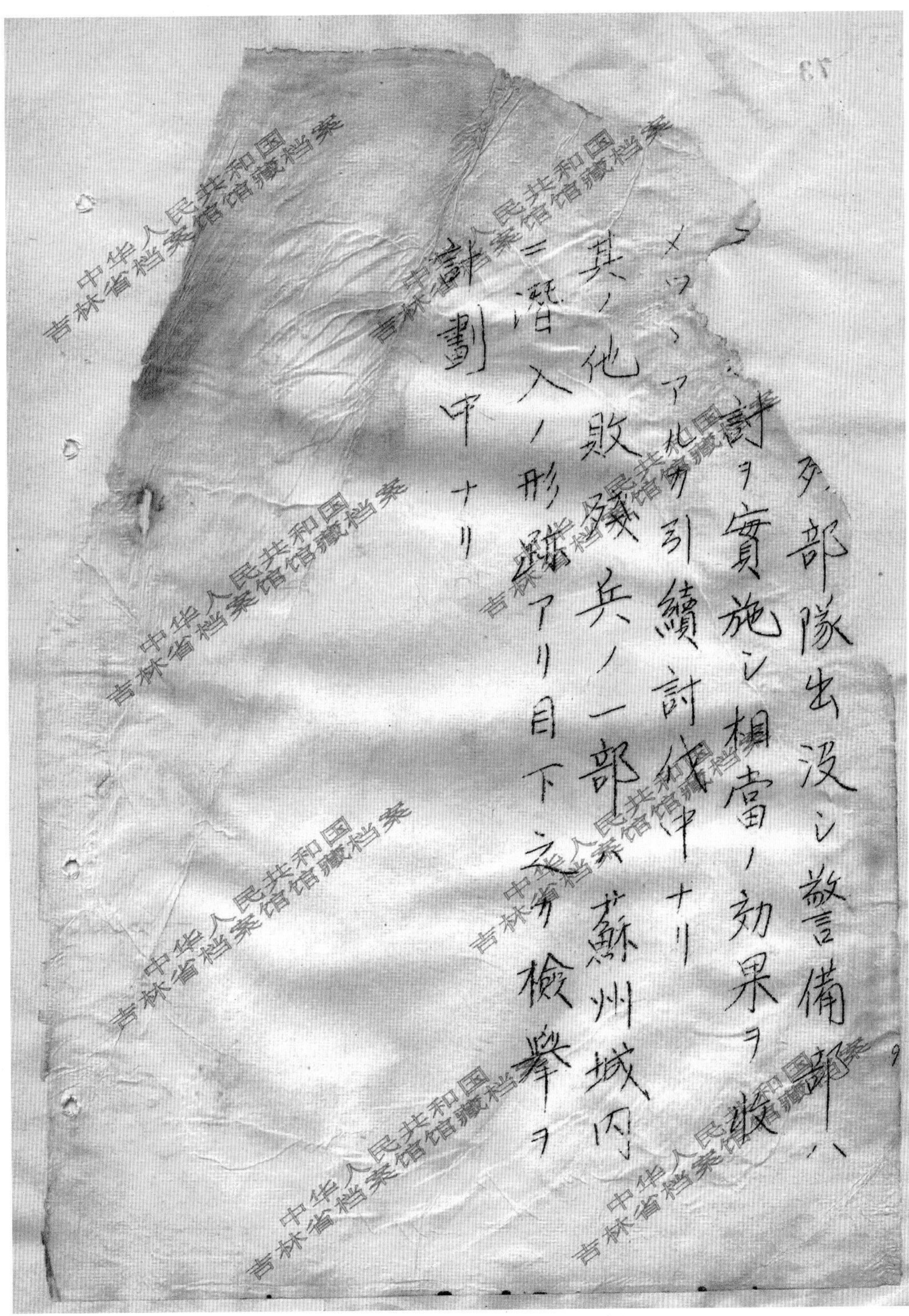

タ部隊出没シ警備部隊ハ
シ討ヲ實施シ相當ノ効果ヲ收
メツヽアルモ引續討伐中ナリ
其ノ他敗殘兵ノ一部ハ蘇州城内
ニ潜入ノ形跡アリ目下之カ檢擧ヲ
計劃中ナリ

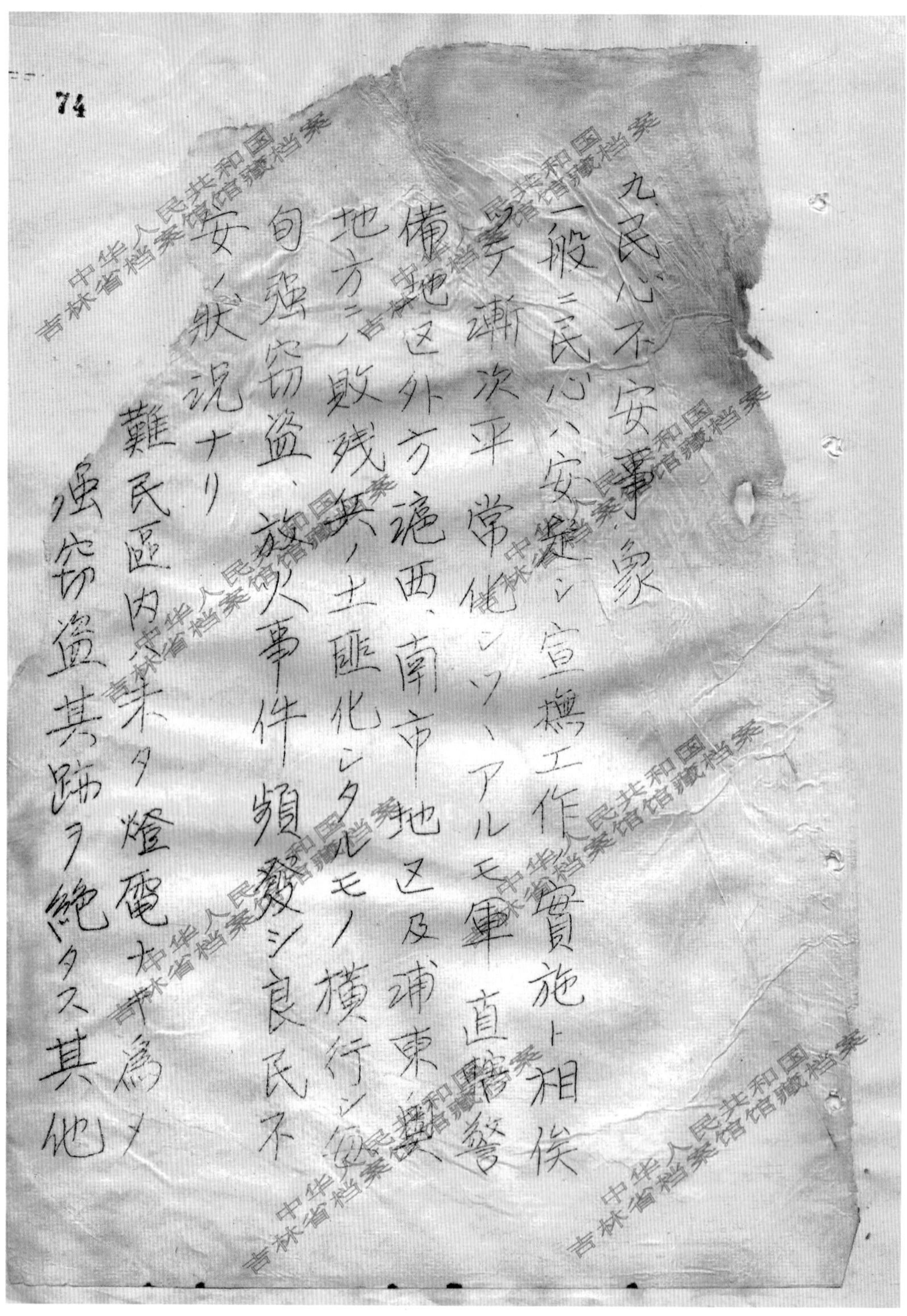
74

九、民心不安事象
一般ニ民心ハ安定シ宣撫工作ノ實施ト相俟
ツテ漸次平常化シツヽアルモ軍直轄警
備地区外方滬西、南市地区及浦東奥、
地方ニハ敗残兵ノ土匪化シタルモノ横行シ[illegible]
句強窃盗、放火事件頻發シ良民不
安ノ状況ナリ
難民區内ハ未タ燈電ナキ為メ
強窃盗其跡ヲ絶タス其他

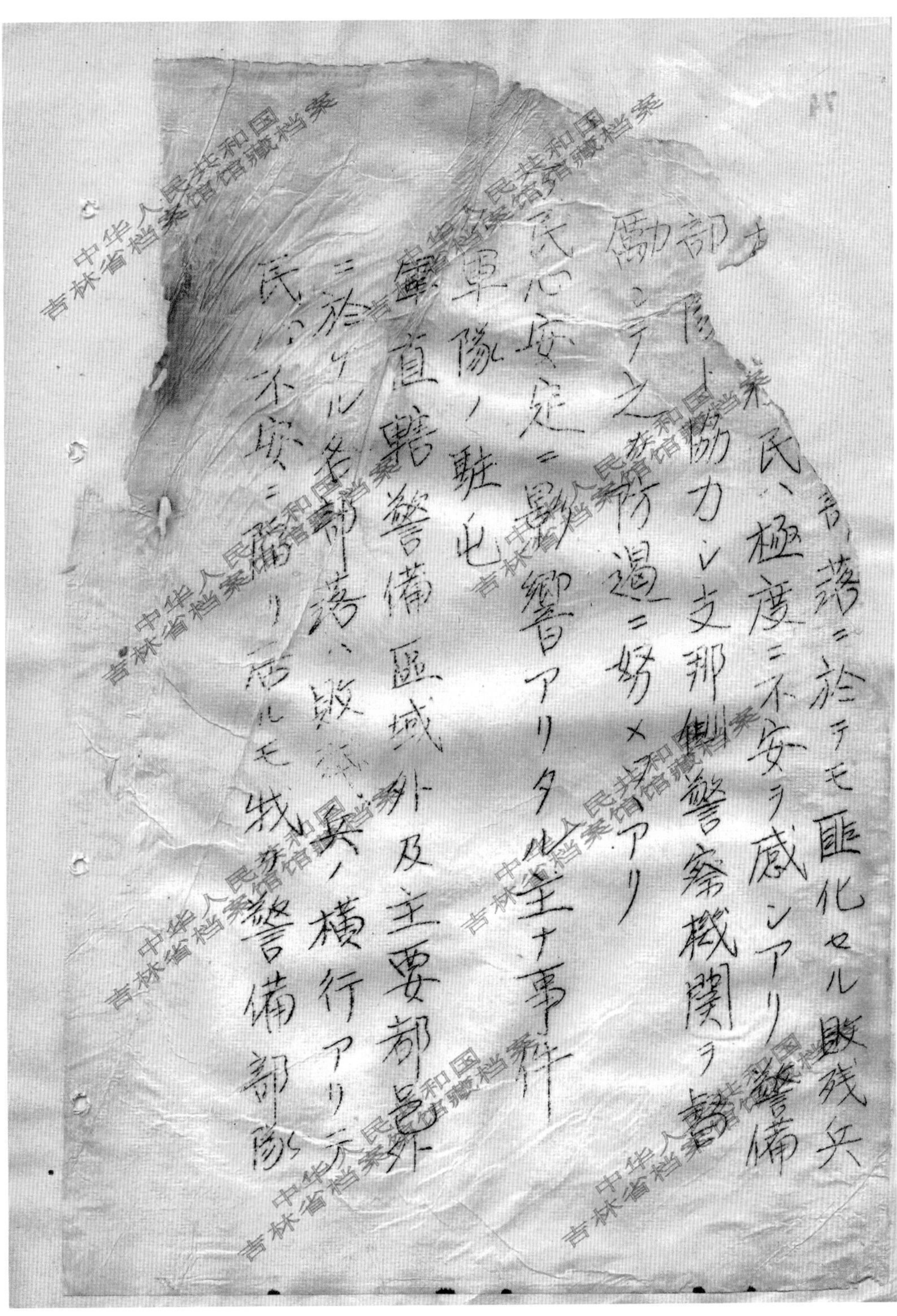

部落ニ於テモ匪化セル敗残兵
ま 民ハ極度ニ不安ヲ感シアリ警備
部隊ト協力シ支那側警察機関ヲ督
励シテ之ガ防遏ニ努メアリ
民心安定ニ影響アリタル些ナ事件
軍隊ノ駐屯
鐵道警備區域外及主要都邑外
ニ於ケル各部落ハ敗残兵ノ横行アリテ
民ハ不安ニ陥リ居ルモ我警備部隊

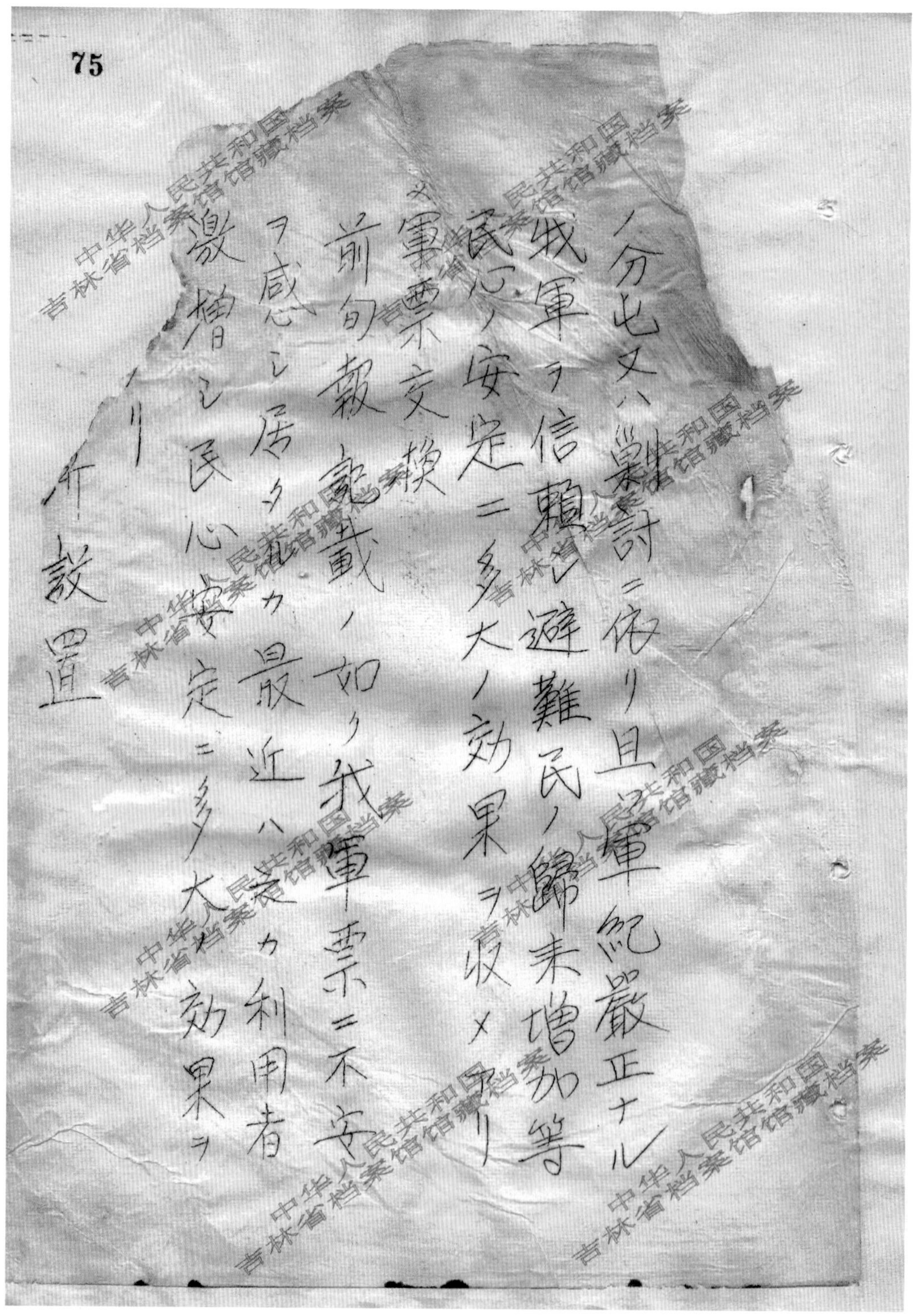
75

ノ分化又ハ剿討ニ依リ且軍紀嚴正ナル
我軍ヲ信頼シ避難民ノ歸來増加等
民心ノ安定ニ多大ノ効果ヲ收メアリ
又軍票交換
前旬報記載ノ如ク我軍票ニ不安
ヲ感シ居タルカ最近ハ之カ利用者
激増シ民心ノ安定ニ多大ノ効果ヲ
アリ
所設置

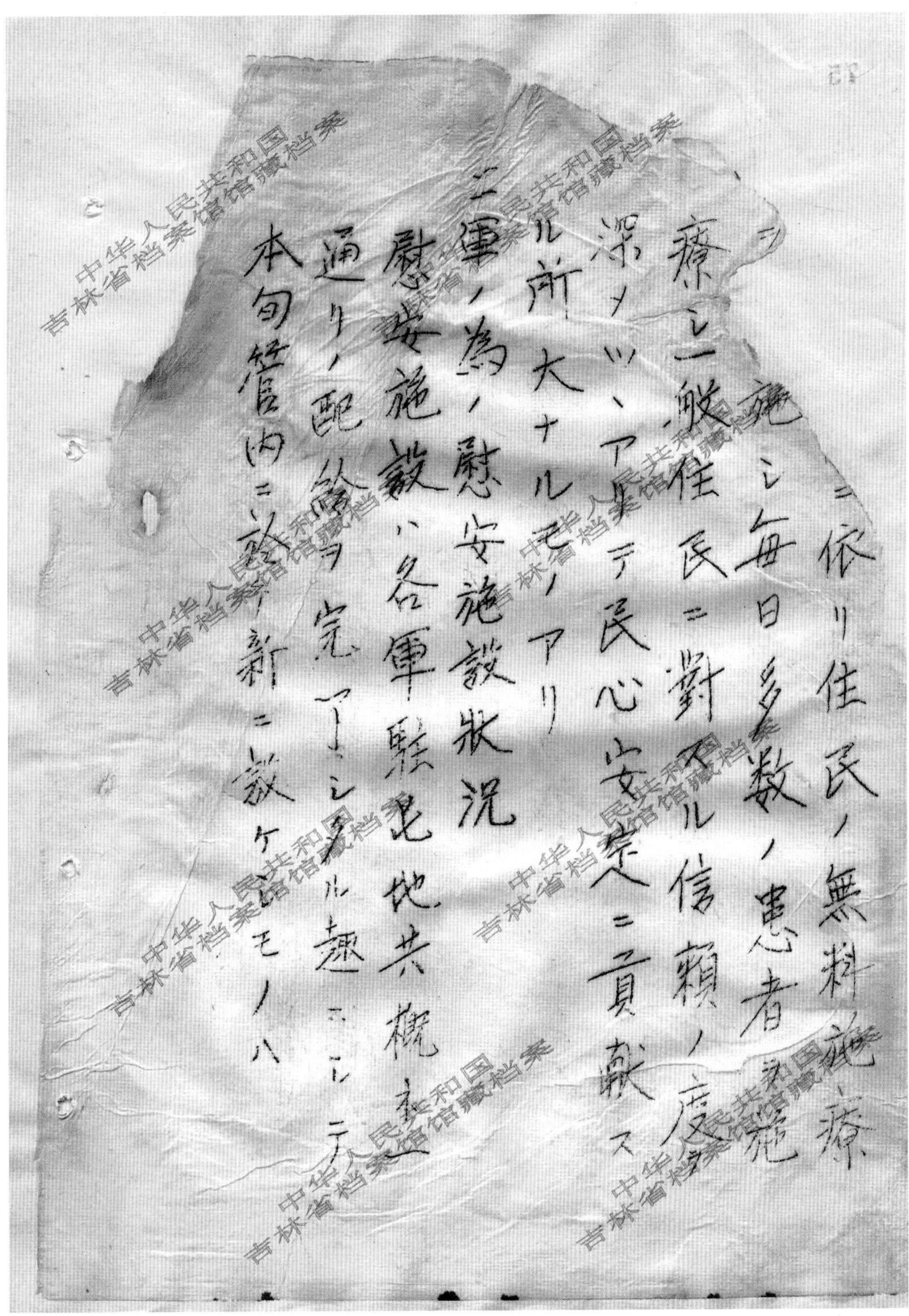

ニ依リ住民ノ無料施療ヲ
施シ毎日多数ノ患者ヲ診
療シ一般住民ニ対スル信頼ノ度ヲ
深メツツアリテ民心安定ニ貢献ス
ル所大ナルモノアリ
二　軍ノ為ノ慰安施設状況
慰安施設ハ各軍駐屯地共概ネ
通リノ配給ヲ完了シアル趣ニシテ
本旬管内ニ於テ新ニ設ケタルモノハ

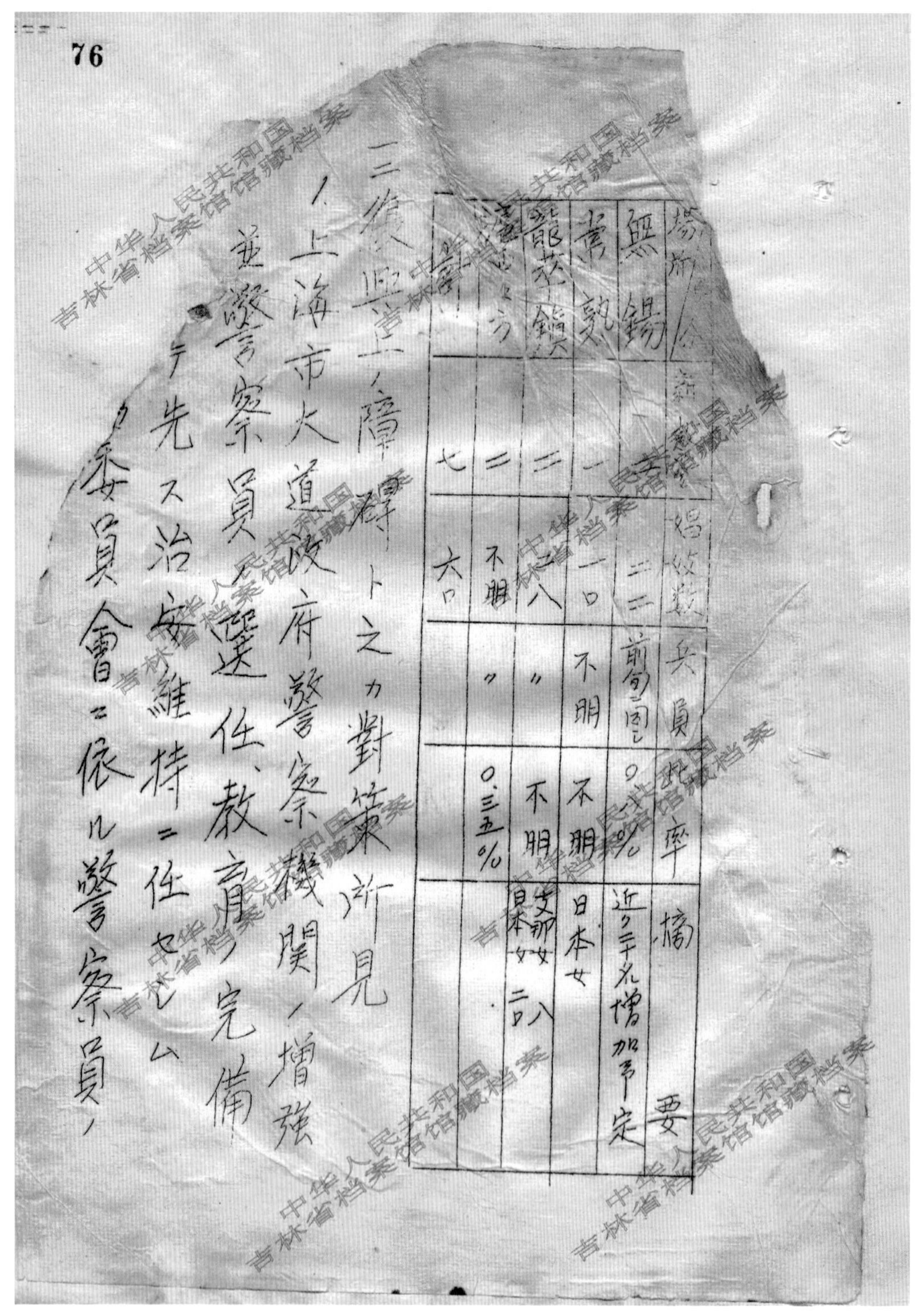

76

場所	[illegible]	娼妓数	兵員	比率	摘要
無錫	一	二二	前回同シ	〇.[illegible]%	近ク二千名増加予定
常熟	一	一口	不明	不明	日本女
龍華鎮	二	二八	〃	不明	支那女 二八 日本女 二口
[illegible]方	二	不明	〃	〇.三五%	
計	七	六口			

一三、復興上ノ障碍ト之カ對策所見

1、上海市大道政府警察機關ノ増強
並警察員ノ選任、教育ノ完備
ニ先ツ治安維持ニ任セシム
ル委員會ニ依ル警察員ノ

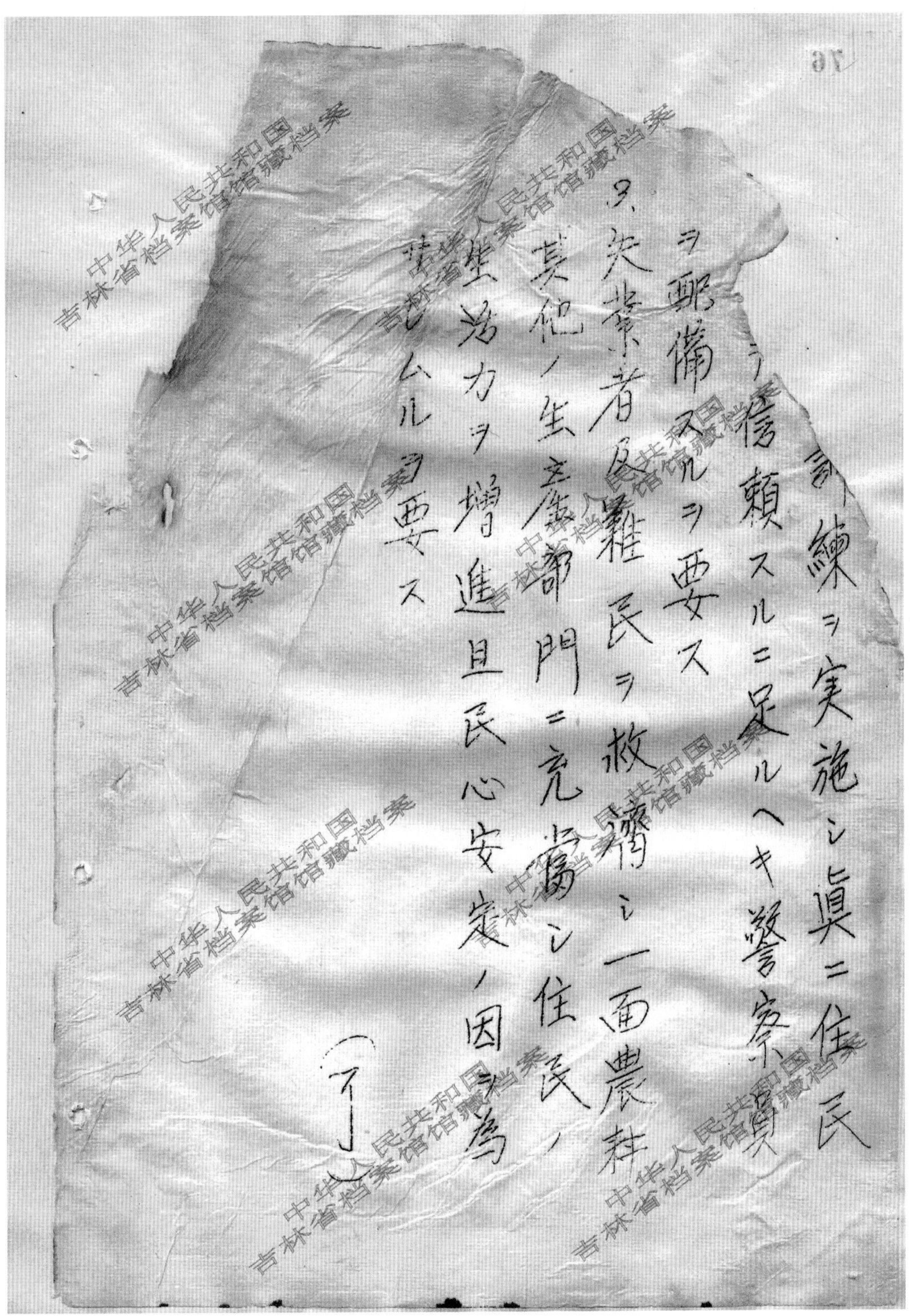

76

訓練ヲ実施シ真ニ住民
ヲ信頼スルニ足ルヘキ警察員
ヲ配備スルヲ要ス
又失業者及難民ヲ救済シ一面農耕
其他ノ生産部門ニ充当シ住民ノ
生活力ヲ増進且民心安定ノ因ト為
サシムルヲ要ス

(了)

中支憲高第二四一號

치안회복상황에 관한 보고(통첩)

昭和十三年二月十九日 화중파견헌병대사령관 오오키 시게

2월 1일부터 2월 10일 사이 상하이헌병대 관할구역 치안회복상황에 관한 보고(통첩)

발송부서: □□, 군특, 中碇監, 方艦參, □□, 關司, 支憲, 隊下

2월 1일부터 2월 10일까지 강남지역 치안회복상황 건 (순보)

一. 일반상황

상하이를 중심으로 하는 강남지역은 치안상황이 점차 호전되고 있음. 각지 주둔경비군대, 선무반원의 지도와 알선하에, 자치□□ 및 기타 거주민대회 등의 소집□□, □□의 귀향인수가 점차 증가 추세.

□□푸둥(浦東) 시내 및 수저우(蘇州) 북부와 타이후(太湖)□□ 아직 전투력이 강한 패잔병이 출몰, 치안이 아직 확고하지 못함. 주둔군부대가 수시로 토벌을 진행함.

상하이시 다도우정부(大道政府)경찰국은 헌병의 지도하에 성적이 총적으로 양호한 편임. 인원이 점차 증가하는 추세. 또한 수저우와 우시(無錫)의 자치위원회 및 경찰도 성적이 양호태세, 빠른 시일 내에 인원 증가계획이 실행될 것임.

상하이 시내(蘇州河 이북 공동조계지)에는 부흥이 뚜렷함. 본 순에 일본인 입경자(入境者)가 1,423명, 일본인 거주지의 경제활동이 점차 활발해지고 있으며 물자유통도 원활한 편임.

二. 경비보안기관의 상황

1. □□군, 경비배치는 □□지는 않지만 2월 6일부터 난스(南市) 난민□□, □□선의 보초를 철수하고 제1선 프랑스조계지의 경비를 강화함. 기타는 2월 5일부터 상하이 부근의 해군경비구역 내에서 화물반출, 통행, 거주, 영업에 관한 규정을 완화함. 동시에 상응한 경계배치를 한층 강화함.

2. 중국경찰대

상하이시 대도정부경찰국 인원은 헌병의 지도하에 경비와 치안유지 임무를 책임지고 있음. 성과가 점차 향상되고 있음. 본 순에 난스지역에 5개 경찰분주소를 증설하고 인원 62명을 증가하였음. 현재 당지에 이미 253명을 배치하고 쟝완(江灣) 지구에 20명을 증가하여 60명을 배치함.

우시자치위원회 경찰국□□ 경사 50명, 현재 □□43명으로 증가함. □□헌병 및 선무반 □□, 상당한 효과를 거둠.

□□각지 협의를 앞당겨 실시함, □□아직 실시한 지역에 도달하지 못하였음.

三. 자치위원회 활동상황

선무반의 독촉에 각지 자치위원회는 대부분 양호한 성적을 거둠. 난민의 귀향 인수가 증가함에 따라 활동도 강화하고 있음.

본 순의 특수사항을 예로 들면 다음과 같음.

1. 난스자치위원회

시장을 개설함: 6개의 주요 지역에 시장을 개설하고 주류식품을 판매함. 난민수용, 식자재를 공급하는 나룻배의 영업, 푸둥과 난스 사이를 오가는 황푸강의 나룻배가 영업을 전개함. 하루에 40貫 정도의 수입이 생겨 자치위원회의 활동경비로 삼음.

기타: 파손된 가옥의 청소와 시체 처리.

□□민중에 대한 선무공작을 실시함.

2. 우시자치위원회

四. 난민귀향상황

단장(湛江)	창수(常熟)	쿤산(昆山)	우시	수저우	□□	푸둥	쟈딩(嘉定)	무창(木倉)	보우산(寶山) 우숭(吳淞)	장완	지역	
8,000	100,000	50,000	310,000	894,650	30,000	100,000	100,000	30,000	80,000	10,000	전투 전	
1,500	15,000	5,000	52,000	130,000	30,000	65,000	25,000	3,000	10,000	178	상순 총수	귀향 인원
2,000	23,000	9,000	53,000	190,000	60,000	70,000	〃	〃	불명	570	본 순 총수	
5,000	8,000	4,000	1,000	60,000	20,000	50,000	〃	〃	불명	392	본 순 귀향수	
									벽지에는 조사표가 있음		적요	

본 순 내에 일본 국내에서 상하이에 입경한 인원수(되돌아 온 자를 포함)는 다음과 같음. 총 1,423명.

2월 1일　264명　(조선인 5명)

2월 3일　425명　(조선인 31명)

2월 6일　333명　(조선인 없음)

2월 8일　401명　(조선인 3명)

난민구역이 2월 6일에 방출함으로 하여 □□ 불탄 집에 돌아가 □□, 또 일부는 빈집에서 물품을 훔쳐 난민구역 내에서 판매함. 음식점 혹은 기타 가게들이 잇따라 개업함. 시장이 활약적임.

五. 주민의 생활상황

1. 주민의 음식물이 늘 부족하고 실업자가 태반임. 따라서 구매력을 갖추지 못함.

다수인은 선무반 혹은 군대의 구제에 의하거나 대도시정부가 주는 매인 매일 십전의 보조금을 수령함. 자치위원회에서 주는 보조금에 의해 생활을 영위하는 자들도 많음.

하지만 일부 사람들은 생활이 안정을 되찾기 시작함. 후시(沪西) 지역의 방직공장도 조업을 시작함. 실업인 숫자가 완화되는 추세. 상업무역도 점차 활발히 진행됨. 특히 난스구역의 식료품은 기타 거래의 1할에서 심지어 3할을 차지함.

□□ 방면에는 식량이 풍부한 편임. 귀향자에게는 자치위원회에서 쌀을 배급하거나 기타 □□ 가격으로 공급함. 일반 주민은 생활수준이 몹시 낮음.

2. 거주 및 의료는 전 순과 다를 바 없음. 귀향자 중 가옥을 보수하거나 기타 가정과 함께 잡거하는 자가 점차 많아지고 있음.

민간차원의 의료설비는 기록할 만한 것이 없음. 약품과 기타 재료가 결핍하여 개원이 불가능함. 주로 주둔군 혹은 외국 조계지 내 진료기구의 구제의 의해 진찰, 치료하고 있음. 점차 규모를 확대하도록 지도하고 있음.

3. 회사와 공장의 조업재개는 전 순과 큰 차이가 없음. 본 순에 특기할 만한 부흥상황은 없음. 각종 상업무역이 점차 활성화되고 있음. 특히 본 순에 해군경비구역 내 일부 물자가 반출허가를 받음. 일본인, 외국인, 중국인의 개인상품거래가 점차 활약상을 보임.

六. 문화시설 복구상황

□□이북 공동조계지 및 후시지역 내 □□, 가스공급이 대체적으로 회복됨. 최근 대외 □□

□□□ 아직 회복되지 않음.

□□와 양쯔 강은 닛신기선회사에서 항행을 회복함. 황푸 강의 여러 나룻배도 운행을 회복하였고 수상교통이 점차 회복 추세.

기타 통신학교와 여론기구는 본 순에 회복하지 않았음. 특기사항 없음.

七. 민심향배상황

일반 주민은 일자리를 찾아 안주하기를 희망함. 군대 혹은 선무반의 지도하에 회복에 진력 중. 무직업자들은 일본군 혹은 일본관헌에 신뢰와 친선적인 태도를 표함. 일본군이 주는 잔반을 받아먹고 채소를 들고 와서 사례하는 자도 있음. 비록 친일적인 분위기가 형성되고 있기는 하나 일부 영국과 프랑스 조계지에 거주하는 사람 혹은 오지에 거주하여 일본군, 일본관헌과 접촉이 없는 사람들의 마음은 알 수 없음. □□국에 의심을 품거나 일본□□에 공포심리를 가진 자들, 인심의 향배에서 동요하는 □□. 접촉이 많아지면서 점차 친일적인 경향으로 나감.

八. 항일단체(분자)와 패잔병의 상황

1. 항일단체는 공개적으로 저항을 하는 낌새가 없음. 하지만 영국, 프랑스 조계지 내에는 의연히 항일분자들이 잠복해 있음. 또한 암암리에 활동을 다그치고 있음. 본 순에 공동조계지 공부국 경찰서에서 백십여 명을 검거하였음. 취조 결과 13명의 항일테러분자를 발견하고 일본헌병에 인도하였음. 목전 취조 중에 있음.

2. 패잔병

푸둥 시내 (촨사〈川沙〉, 펑샌〈奉賢〉)에는 의연히 패잔병 만여 명이 숨어 있음. 수저우, 동□□□호를 중심으로 □□패잔병 부대가 의연히 출몰하고 있음. 경비부대가 토벌을 진행하고 있으며 현저한 효과를 거두고 있음. 계속 토벌 중.

기타 부분적인 패잔병들이 수저우 시내에 잠입한 행적이 보임. 목전 검거계획을 작성 중.

九. 민심이 불안한 현상

보통 민중은 민심이 안정되었음. 선무공작의 실시와 더불어 점차 안정된 모습을 보임. 하지만 일본군 직할경비구역 이외의 자방, 예하면 후시, 난스 지역 및 푸둥 중심지대에는 의연히 패잔병이 토비로 전락한 상황이 존재함. 매 순마다 강탈, 절도, 방화 사건이 빈번하게 발생하여 민심이 불안함.

□□난민구역에 아직 조명전등이 없음. 강탈과 절도가 근절되지 않음. 기타 □□부락에 토비로 전락한 패잔병이 있어 주민들이 불안에 떨고 있음. 경비부대와 협력하는 중국 측 경찰기관을 독려하여 방비조치를 강화하고 있음.

十. 민심안정에 영향 주는 주요사건

1. 군대주둔

군직할경비구역과 주요도시 외의 각 부락에 패잔병이 횡행하고 있어 민심이 불안한 상태. 하지만 아군의 경비부대가 주둔하거나 숙청에 나섰고 군기가 바로잡힌 아군에 대해 신뢰하는 분위기, 난민의 귀향인원수가 증가하고 있음. 민심을 안정시키는 면에서 큰 효과를 거둠.

2. 군표교환

전 순 순보에 기재하다시피 주민들은 아군의 군표를 신뢰하지 않았지만 최근에는 사용자가 급증하는 추세. 민심안정에 유리함.

□□소의 설치

□□가 주민들에게 무료치료를 실시. 매일 많은 환자를 치료해 줌. 일반 주민들의 신뢰도를 증가함. 민심안정에 유익함.

十一. 일본군 전용위안시설 상황(역자 주: 이 부분은 생략함. 상세한 내용은 "위안부"부분의 서류를 참조 바람.)

十二. 부흥의 장애 및 그 대책

1. 상하이시 대도정부 경찰기관의 증강과 경찰관의 선임, 교육의 완비□□, 잠시 그들이 치안유지임무를 맡도록 함.

2. 자치위원회가 경찰관의 □□훈련을 실시함. 주민들의 신뢰를 받을 수 있는 경찰을 배치해야 함.

3. 실업자와 난민을 구제해야 함. 그들을 농촌 혹은 기타 생산부문의 인력으로 보충하는 한편 자체의 생활자립능력을 제고시킴으로써 민심안정의 □□요소로 되게 해야 함.

4

서류해독

『오사카매일신문(奈良版)』의 『난징총공격관전기(南京總攻擊觀戰記)』라는 보도

이 서류는 昭和十二年(1937년) 12월 23일 자 『오사카매일신문(奈良版)』이다. 『오사카매일신문(奈良版)』 본사 특파기자 고우모토(光本)가 난징에 침입한 일본침략군이 사흘에 걸쳐 8.5만 명을 학살한 사실을 보도하고 있다. 특히 일본침략군 스케가와(助川)부대와 해군의 "소탕"을 겪은 후 샤관 부두에서 가장 가까운 거리로부터 양쯔 강 하류까지 시체가 2,3리나 널린 참경을 적고 있다. 이는 일본침략군이 난징에서 대학살을 감행한 죄행에 대한 유력한 증거이다.

南京總攻撃觀戰記 ③

光本本社特派員

想ひは遠き故郷へ 祝杯に顧る苦闘

倒れた戰友を悼み精進を誓ふ

廢墟の敵都に愈よ迎へる正月

日本大使館へ行つてみると館内はさすがに荒してゐないが自動車などは盗んで逃げてゐる、たゞこゝで意外にも日の丸を振つて出て來た五十足らずの人のよささうな支那人があつた、聞くと永く日本領事館警察の支那語教師をしてゐたといふ孫叔榮氏で日軍の來るのを隨分まつたとよろこんでその下女とともに兵士を歡待した

次に中正路西方に足を進めたがこゝには十万人近い避難民がぼつぼつ歸りかけてなかには敗殘兵も多いといふので兵士は一人々々調べるために廣場々々に集めてゐる、さらに下關に向つた、こゝは支那軍が揚子江から對岸へあるひは上流へ逃げたところで船着場に近い街上は逃げたときに

棄てた小銃

彈藥が山のように積まれ路上は彈丸と手榴彈で歩けない、家のなかも同樣で特に目につくのは軍服が町一帶に脱ぎすてられてある、皆奴等は平服になつて逃げてゐるとがわかる、助川部隊と海軍で掃蕩した敗殘の死體はこの町から揚子江下流へ二三里續いてゐるその數は約三万と報告されてゐる、かくして城内の掃蕩も十四日午後五時一まづ終つたので〇〇本部では南京總攻撃以來の敵の死體計算を始めたその結果大體城外攻撃三日間に倒した數はなんと七万、城内掃蕩で一万五千、ほかに生捕りにしていまなほ留置にこまつてゐるものが各部隊を合して一万二千人である

分捕兵器は

？小銃は十五六万挺でちよつと數へ切れない、軍用自動車四十台、オートバイ七十台、軍用機四、大小大砲三十余門、彈藥もまたその數が判らないほど多い、そこで各部隊は十六日から城外掃蕩を續行しつゝ分捕物の大整理に着手することになつた、これに先だつて十五日はいよ〳〵わが〇〇部隊晴れの入城である、午後二時半中山門西側城内には中山門突破の大野部隊恒廣部隊が堵列を終つた、一番乘りの四方部隊はこの突擊で死んだ戰友も榮ある入城に参列させようと生き殘つた戰友が一人々々その遺骨を首にかけて整列してゐるのが目をひく、やがて壯重なラッパの音につれて中山門頭に入城する行進隊が進んで來た、馬上颯爽たる先頭の〇〇部隊長はまだ雨外套に黑い毛皮の襟をつけた間に合せの外套である、めつきりふえた白髮の顔は感慨にたへないまなざしで、中山城門を入つて出迎の友軍と靜かに

擧手答禮し

なそのあとに中澤部隊長以下何れも戰闘幾旬の勞苦あり〳〵武者姿の幕僚と各部隊長が續く、まことに歷史的な豪華入城だ、このあとを進む入城代表部隊は片桐部隊西浦部隊である、劍光城頭に輝き威風堂堂たゞ感激に盡きる〇〇の行進は國民政府に入りて終り同政府本館三階の大廣間で〇〇部隊長以下万歲を三唱して祝杯があげられた、同部隊長は

一國の首都を占領し、そしていまその政府のあとにわれ〳〵が乘りこんだことはまことに光榮だ、たゞ南京城外の地下に眠る忠勇なる戰死部下を想ふと感に堪へないものがある、靜かにその冥福を祈るとともに

銃後各位に

はいふべき言葉もないがたゞ出征以來熱誠な御後援をつゞけられる各位にさらに護國の鬼と化した戰病死者の遺族をお願したい、わが皇國はこの戰ひを如何に結ぶかの大きな問題とともに今後の時局はいよ〳〵重大化せんとするものがある、われ〳〵は戰死英靈犠牲を想ふとき一層本務に精進したい

と悲痛な面持で語つた

各部隊の兵

士は幾旬の戰を休めた、しかしなは城外掃蕩をつゞけていよ〳〵この正月は陷落南京城内で迎へるとになつた、支那民家や軍官學校に腰を下した勇士達は「もう故郷は正月準備になア、これから戰爭はどうなるだらうか？」と想ひは遠い故國の空である、兵士達はいづれも家郷を案じ戰爭の將來と國家の將來をおもふ話題ばかりだ、正月を南京で迎へ、さて今度はどこへ行くのだらう【完】

난징총공격관전기之三
고우모토 본사 특파원
그리움은 멀리 고향으로 날아가고, 잔을 들어 악전고투 떠올리네.
전우를 추모하며 멸적을 다짐하다.
폐허로 된 적도(敵都)에서 맞이한 새해

일본대사관에 당도하니 관내는 쓸쓸하기 짝이 없었다. 사람들은 자동차를 훔쳐 뿔뿔이 도주하였다. 하지만 우연히 중국인 50여 명이 친절하게 일장기를 흔들고 있는 모습을 발견하였다. 알고 보니 일본영사관 경찰의 중국어강사로 지낸 적 있는 쑨수룽(孫叔榮)씨였다. 일본군의 도래를 맞이하고자 이미 그곳에서 꽤 오래 기다린 모양이었다. 그는 기쁜 마음으로 하녀와 함께 병사들을 환대하였다.

다음 기자는 중정로 서쪽으로 발길을 돌렸다. 그곳에는 10만여 명의 난민들이 삼삼오오 돌아오고 있었다. 듣기로는 그중에 많은 패잔병(역자 주: 즉 저항을 포기한 병사)들이 섞여있다고 했다. 그들을 일일이 사출하려고 아군 병사들이 광장에 집결해 있었다.

그다음 기자는 샤관에 이르렀다. 여기는 중국군이 양쯔 강으로부터 대안 혹은 상류로 도망치는 길목이었다. 부두와 가까운 거리에는 중국군이 도망치면서 버린 소총과 탄약이 산처럼 쌓여있었다. 길에는 탄환과 수류탄이 널려있어 발걸음을 내딛기도 어려웠다. 집 안도 마찬가지였다. 가장 눈에 띄는 것은 중국군 군복이 길에 도처에 널려 있는 모습이었다. 녀석들은 사복을 하고 도주한 모양이었다. 스케가와부대와 해군이 소탕한 적들의 시체가 샤관 거리에서 양쯔 강 하류까지 2,3리나 널려있었다. 보고에 의하면 그 수가 3만여 명에 달한다고 한다. 이러한 도시 내 소탕은 십사일 오후 5시에 일단락 짓게 되었다. ○○본부는 난징총공격이 시작된 이래 생긴 적군의 시체를 집계하였다. 결과 대체적으로 성 밖의 공격이 진행된 삼일 동안 7만여 명을 사살하였고 성 안의 소탕에서 1.5만여 명을 소멸하였다. 그리고 사로잡아 아직 처리하기 어려운 적군의 각 부대가 약 1.2만 명으로 집계되었다.

노획한 무기들은 대체로 소총 15,6만 자루로 그 구체적 숫자는 집계가 실로 어려워 보인다. 그리고 군용트럭 40대, 오토바이 70대, 군용기 4대, 크고 작은 대포 30여 문을 노획하였다. 탄환은 기수부지였다. 각 부대는 16일부터 성 밖의 소탕을 계속하였고 동시에 노획한 전리품을 정리하였다. 15일, 아군의 ○○부대는 씩씩하게 입성하였다. 오후 2시 반 중산문 서쪽 성에서 성문을 돌파한 오오노(大野)부대의 쯔네히로(恒廣)대는 장사진을 치고 있었다. 제일 먼저 입성한 사방대(四方隊)는 이번 돌격에서 전사한 전우도 이 영광의 입성대오에 가담시키려고 하였다. 전사한 전우의 유골을 목에 건 병사들의 대오가 유표하게 눈에 띄었다. 얼마 후 장엄한 군호소리 속에서 말을 타고 위풍당당하게 대오의 앞장에 선 ○○부대장의 모습이 보였다. 그는 비옷을 입고 그 위에 검은 털깃외투를 덧입고 있었는데 평소보다 흰머리가 훨씬 많아보였다. 그는 감개무량한 눈빛으로 중산문을 지나 마중 나온 우군을 향해 묵묵히 거수경례로 답례하였다. 그 뒤를 이어 나카자와(中澤)부대장이 먼 길에 지친 부하와 각 부대장을 이끌고 입성하였다. 실로 역사적 의미를 가진 성대한 입성의식이 아닐 수 없었다. 그다음 입성한 대표적 부대인 가다기리(片桐)부대의 니시우라(西浦)대는 번쩍번쩍 빛나는 패검을 차고 위엄 있게 또 조금은 격앙된 모습으로 다가왔다. 대오는 국민정부청사에 진입하자 행진을 멈추었다. 국민정부 본부의 삼층 대청에서 ○○부대장이 선두로 만세를 외치고 나서 잔을 들어 축사를 하였다. 그는 침통한 표정으로 다음과 같이 말하였다. "우리는 한 나라의 수도를 점령하고 그 정부를 내쫓아 정권을 장악하였다. 이는 실로 대단히 영광스런 일이 아닐 수 없다. 하지만 난징성 밖에서 전사한 용맹한 부하들을 생각하면 슬픔을 금할 수가 없다. 우리 모두 그들이 고이 잠들기를 기도하자! 줄곧 적후에서 싸워온 여러분, 본관은 말로 다 표현할 수가 없다. 다만 출정 이래 우리에게 뜨거운 후원을 해준 여러분, 특히는 나라를 위해 목숨을 바친 희생자 유족들의 지속적인 지지를 바랄 뿐이다. 이는 황국이 이 전쟁을 어떻게 계속 진행해 나갈 것인지와 직결된다. 왜냐면 금후의 시국은 더 어려워질 수 있기 때문이다. 우리는 전사한 영령들을 추모하면서 최선을 다할 것을 다짐하게 된다."

각 부대의 병사들은 달포가량의 악전고투에 지친 몸을 쉬고 있다. 하지만 성 밖의 소탕은 계속되고 있다. 아마 그들은 폐허로 된 난징 시내에서 새해를 맞이하게 될 것이다. 중국인 민가와 사관학교에 주둔한 병사들은 고향의 설맞이 장면을 그리면서 전쟁의 추세와 국가의 미래를 담론하고 있다. 내일, 그들은 또 어느 곳을 향해 진격할 것인가?

5

서류해독

일본침략군 중국주둔헌병대『우정검열주보』

이 서류는 昭和十三年(1938년)一月二十九日 라이(賴)모씨(수신자의 형님)가 영국 런던에서 후난(湖南)성 닝썅(寧鄕)현 청밴ㅅ죠(城邊石橋)의 라이원린(賴文麟)에게 보낸 편지의 초록이다. 그중 제7항에는 이렇게 쓰고 있다. "어제 신문에서 일본병사가 난징에서 부녀자 수만 명을 강간하였다고 보도했다. 심지어 열두 살 난 소녀도 강간당하였다고 한다. 강간당한 후 살해된 여자가 부지기수라고 한다. 실로 참혹하기 그지없다." 서류에서 알 수 있다시피 편지의 난징대학살에 관한 내용은 영국의 신문에서 읽은 것이다.

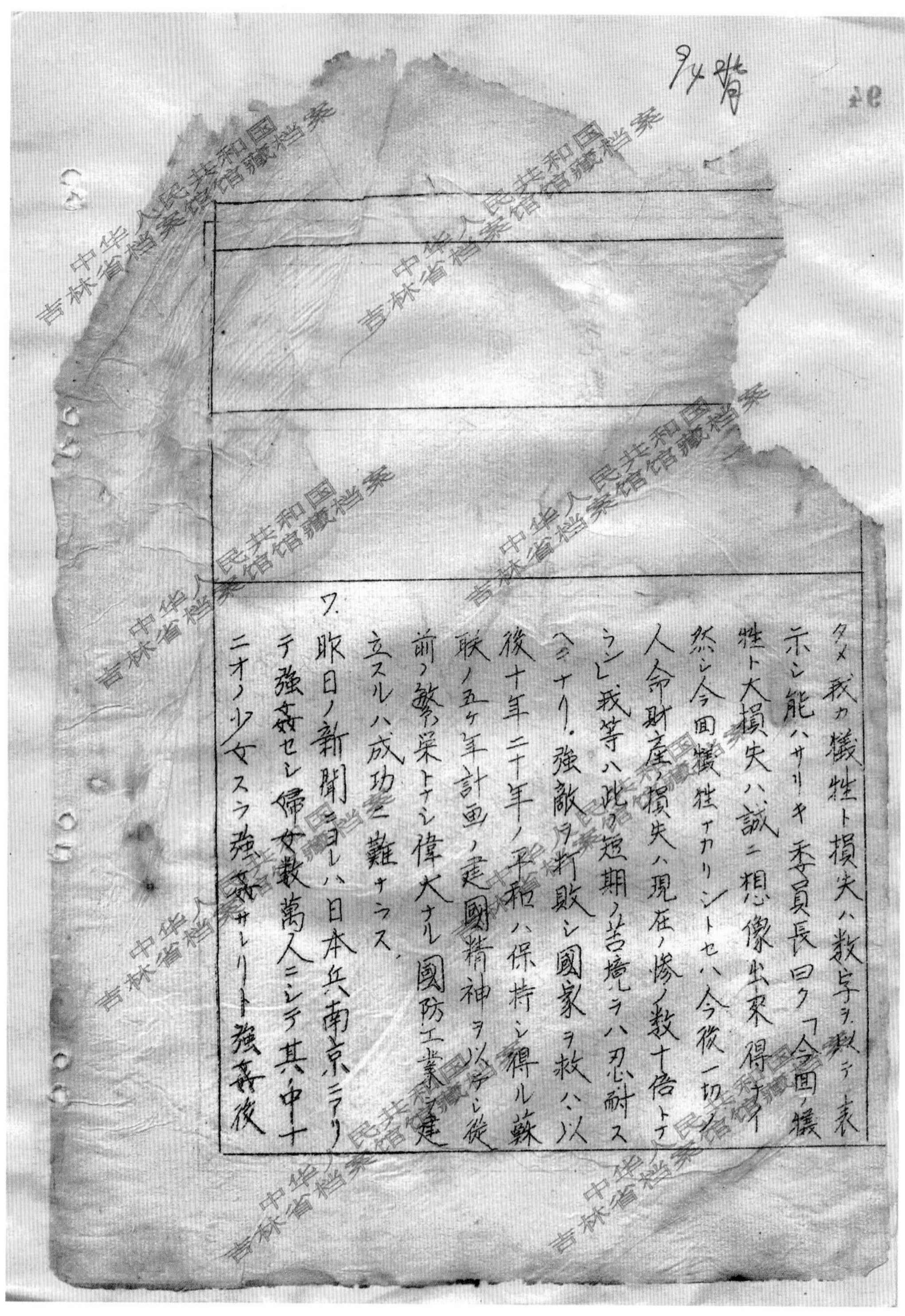

94背

タメ我カ犠牲ト損失ハ数字ヲ以テ表
示シ能ハサリキ委員長曰ク「今回ノ犠
牲ト大損失ハ誠ニ想像出来得ナイ
然シ今回犠牲ナカリシトセハ今後一切ノ
人命財産ノ損失ハ現在ノ惨ノ数十倍トナ
ランシ我等ハ此ノ短期ノ苦境ヲハ忍耐ス
ヘキナリ。強敵ヲ打敗シ國家ヲ救ハ以
後十年二十年ノ平和ハ保持シ得ル蘇
聯ノ五ケ年計画ノ建國精神ヲ以テシ從
前ノ繁栄トナシ偉大ナル國防工業ヲ建
立スルハ成功ニ難ナラス、

ワ.
昨日ノ新聞ニヨレハ日本兵南京ニアリ
テ強姦セシ婦女数萬人ニシテ其ノ中十
ニオノ少女スラ強姦サレリト強姦後

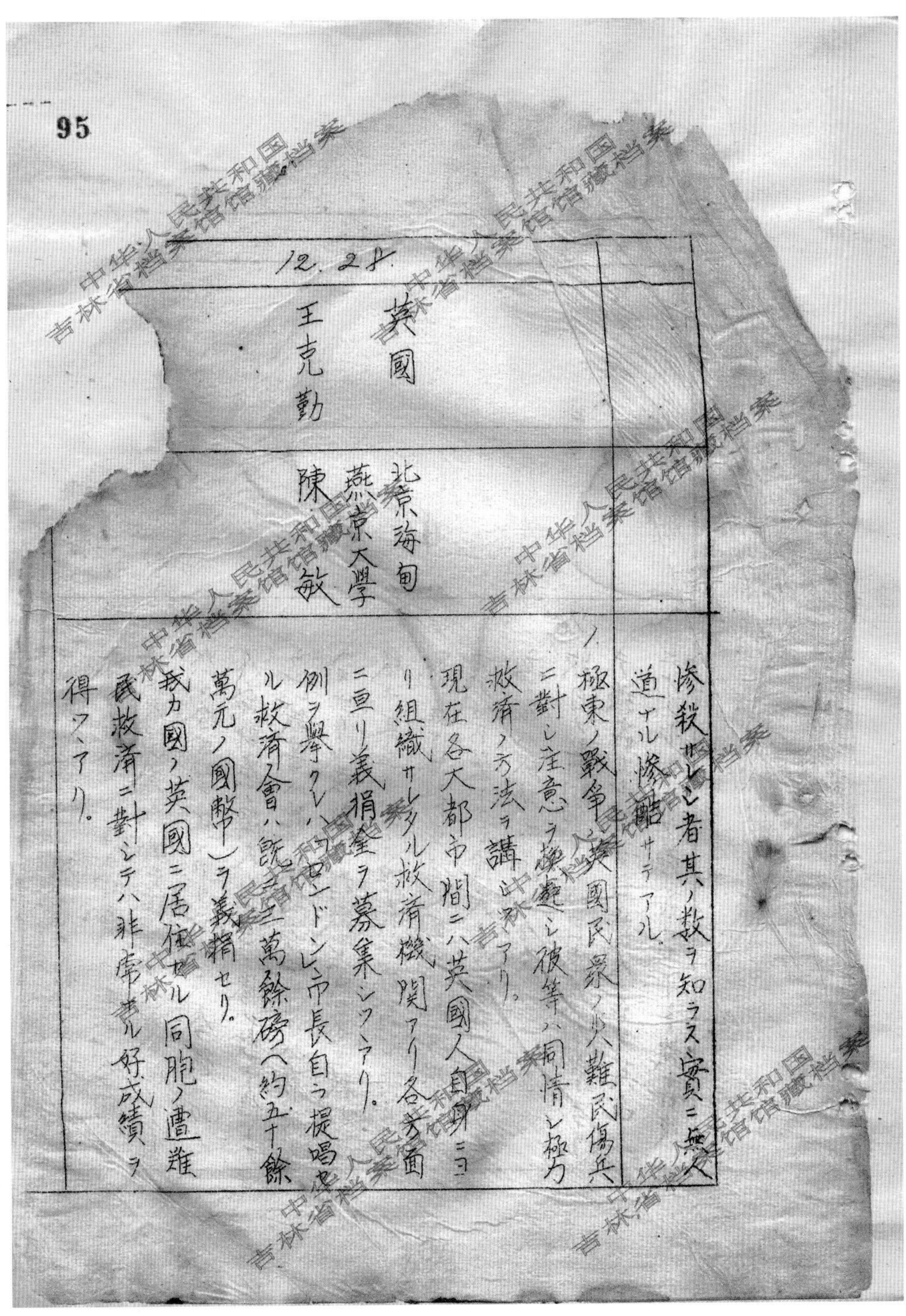

95

12.28

英國
王克勤

北京海甸
燕京大學
陳敏

惨殺サレシ者其ノ数ヲ知ラズ實ニ無人道ナル惨酷サデアル。
ノ極東ノ戰爭ハ英國民衆ノ以ハ難民傷兵ニ對シ注意ヲ喚起シ彼等ハ同情シ極力救濟ノ方法ヲ講シツヽアリ。
現在各大都市間ニハ英國人自身ニヨリ組織サレタル救濟機関アリ各方面ニ亘リ義捐金ヲ募集シツヽアリ。
例ヲ擧グレハ「ロンドン」市長自ラ提唱セル救濟會ハ既ニ三萬餘磅（約五十餘萬元ノ國幣）ヲ義捐セリ。
我カ國ノ英國ニ居住セル同胞ノ遭難民救濟ニ對シテハ非常ナル好成績ヲ得ツヽアリ。

발신자: 영국 런던 賴(형)

수신자: 후난(湖南)성 닝썅(寧鄕)현 청볜스쵸(城邊石橋) 라이원린(賴文麟)

내 용: (역자 주: 1, 2, 3, 4, 5, 6은 생략함) 7. 어제 신문에서 일본병사가 난징에서 부녀자 수만 명을 강간하였다고 보도했다. 심지어 열두 살 난 소녀도 강간당하였다고 한다. 강간당한 후 살해된 여자가 부지기수라고 한다. 실로 참혹하기 그지없다.

6

서류해독

일본침략군1중국주둔헌병대『우정검열주보』

이 서류는 昭和十三年(1938년) 一月一日, 독일 로텔슈타인(음역, 지금의 독일 바덴 뷔르템베르크〈Baden-W rttemberg〉)의 즈(智)라는 사람이 탠진(天津) 영국조계지 牛津大道 二十七號의 왠(袁)모씨에게 보내는 편지의 초록이다. 편지는 일본침략군이 난징에서 저지른 짐승만도 못한 만행을 언급하면서 비구니를 포함한 열네 살 넘은 부녀자는 전부 그들에게 성폭행당했다고 적고 있다. 서류에는 이 기사는 영국목사가 난징에서 발송한 편지에 근거하여 영국신문이 실은 것이라고 명시돼 있다. "목사는 일본침략군 사령관에게 수차 권고하였으나 아무런 소용이 없었다. 그것은 분명 인도주의적 차원에서 한 권고였다." 서류는 일본침략군이 난징에서 저지른 반인륜적인 죄행을 고발하는 부인할 수 없는 증거들이다.

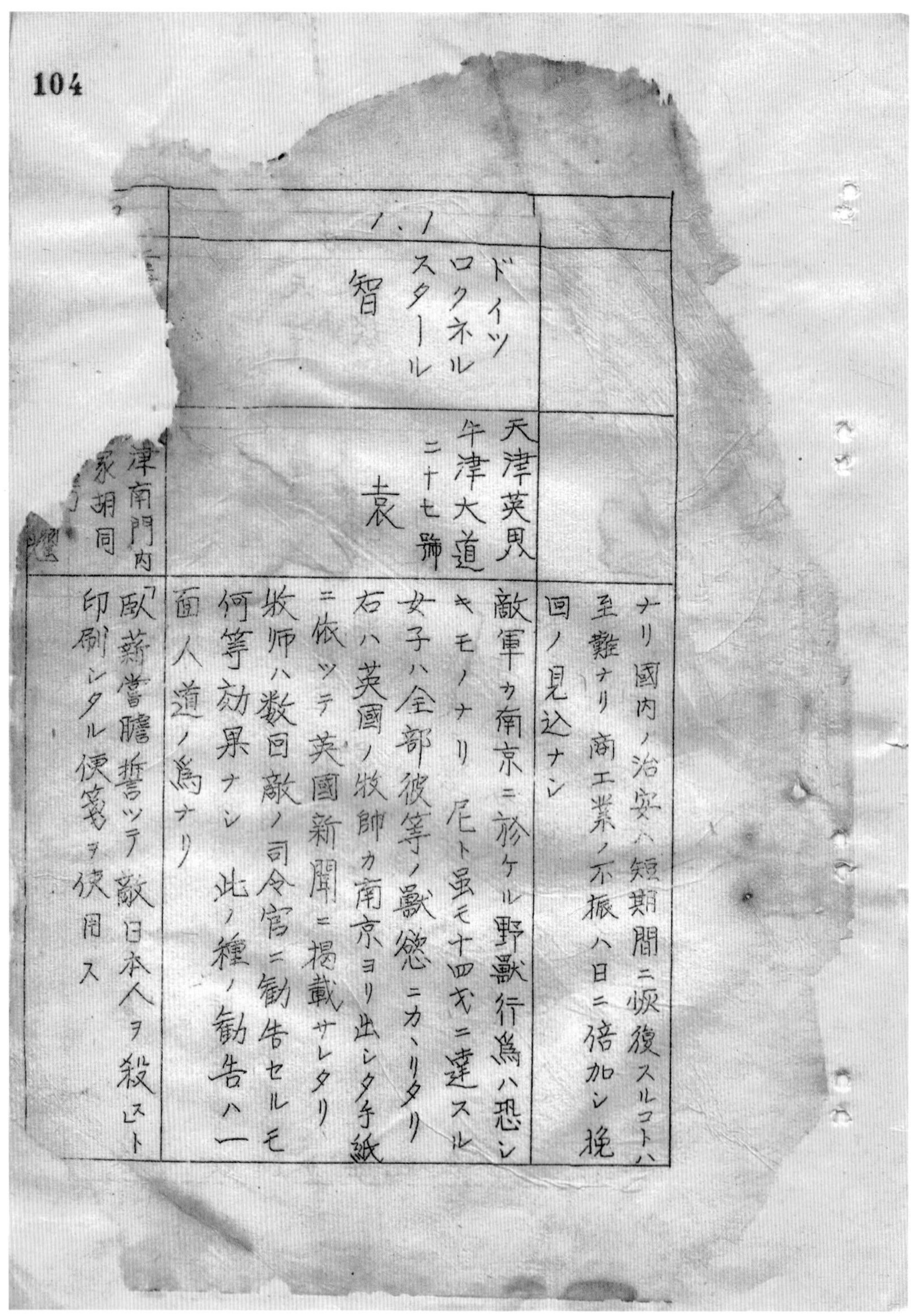

104

ノ、ノ

ドイツ
ロクネル
スタール
智

天津英界
牛津大道
二十七號
袁

津南門内
家胡同

ナリ國内ノ治安ハ短期間ニ恢復スルコトハ
至難ナリ商工業ノ不振ハ日ニ倍加シ挽
回ノ見込ナシ

敵軍カ南京ニ於ケル野獸行爲ハ恐シ
キモノナリ 尼ト雖モ十四才ニ達スル
女子ハ全部彼等ノ獸慾ニカヽリタリ
右ハ英國ノ牧師カ南京ヨリ出シタ手紙
ニ依ツテ英國新聞ニ掲載サレタリ
牧师ハ数回敵ノ司令官ニ勧告セルモ
何等効果ナシ 此ノ種ノ勧告ハ一
面人道ノ爲ナリ

「臥薪嘗膽誓ツテ敵日本人ヲ殺ス」ト
印刷シタル便箋ヲ使用ス

참고역문

발신자: 독일 로텔슈타인(바덴 뷔르템베르크) 智

수신자: 탠진 영국조계지 牛津大道 二十七號의 袁모

내 용: 적군은 난징에서 짐승만도 못한 만행을 저질렀다. 비구니를 포함한 열네 살 넘은 부녀자는 전부 그들에게 유린당했다. 이 기사는 영국신문이 실은 영국목사가 난징에서 발송한 편지의 내용이다. 목사는 적군(역자 주: 일본군) 사령관에게 수차 권고하였으나 아무런 소용이 없었다. 그것은 분명 인도주의적 차원에서 한 권고였다.

제2부분

일본침략군이 "위안부"를 강제징집한 사실을 반영한 서류

제2차세계대전 기간, 일본침략군이 실시한 "위안부"제도는 아시아 및 구미(歐美) 여러 나라의 여성들을 참혹하게 유린하고 그들에게 커다란 치욕과 아픔을 안겨주었다. 일본침략군이 "위안부"를 강제징집한 사실에 관한 서류는 총 25건으로 지린성서류관이 소장한 관동헌병대의 기록군(記錄群, Fonds)과 위만주중앙은행의 기록군에서 발굴해낸 것이다. 그중 2건의 통화기록은 일본침략군이 각 부대 계좌에 이체하여 "위안부"를 수매한 전문군비내역을 증명하고 있다. 2건의 『난징헌병대관할구역 치안회복상황에 관한 조사보고(통첩)』는 난징과 그 주변지역인 샤관, 쥐룽, 전쟝, 진탄, 창저우, 단양, 우후, 닝궈 등 8개 현과 시의 일본침략군 배치수와 "위안부"배치비례 및 열흘 사이 "위안소"를 이용한 인수집계를 적고 있다. 21점의 각지 헌병대가 상부에 보고한 "통신검열월보"와 "군인범죄조사표"는 "위안부"를 강제징집, 유린, 노역한 악행을 기재하고 있다.

이 책에 수록한 "위안부" 강제징집에 관한 서류는 그 가치가 상당히 높다. 처음으로 일본군이 "위안부"를 수매한 자금내역에 관한 사료를 발견한 것이다. 그리고 "위안부"를 강제징집한 사례에 관한 서류, 조선인"위안부"에 관한 사료를 발견하였고 일본침략군이 보편적으로 "위안부"제도를 실시한 사실을 입증하였다. 서류에는 둥닝, 허이허, 난징 등 20여 곳에 군대"위안소"가 설립되어 있었고 인도네시아의 자바섬에도 "위안소"가 있었다고 기록하고 있다.

이 서류들은 "위안부"문제 연구에 있어서 존재했던 사료적 공백을 보충하였고 일본 우익이 극력 부인하는 "위안부"강제징집과 그것이 정부행위가 아니라는 억지주장에 일격을 가할 증거들이다.

7

서류해독

일본침략군 화중파견헌병대의『난징헌병대관할구역 치안회복상황에 관한 조사보고(통첩)』

이 서류는 昭和十三年(1938년)二月十九日, 화중파견헌병대사령관 오오키 시게가 작성한『난징헌병대관할구역 치안회복상황에 관한 조사보고(통첩)』이다. 보고서는 昭和十三年二月一日부터 十日까지 난징, 샤관, 쥐룽, 전쟝, 진탄, 창저우, 단양, 우후, 닝궈 등 지역의 일본침략군 배치수, “위안부”인수, “위안부”와 병사의 비례, 위안부 구성, 열흘 사이 “위안소”를 이용한 사람 숫자를 적고 있다. 서류는 일본군이 침략부대를 위해 일정비례로 “위안부”를 배치했던 사실을 기록하고 있다. 난징에 주둔한 일본침략군은 2.5만 명으로 “위안부” 141명을 감안할 때 평균 한 명의 “위안부”가 병사 178명을 상대했음을 짐작할 수 있다.

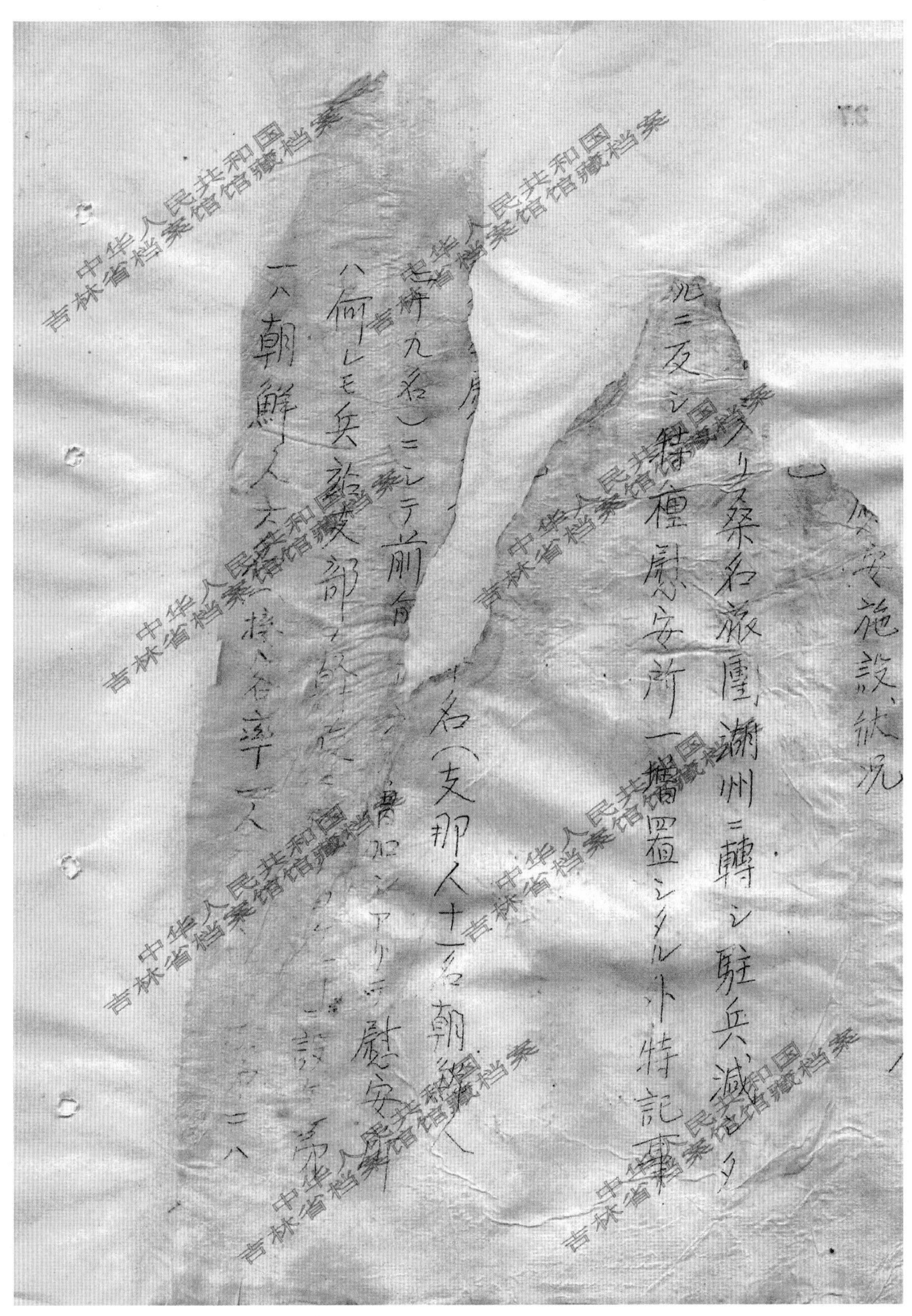

慰安施設ノ状況

一）

[illegible]ヨリ三名旅團湖州ニ轉シ駐兵減少タ

ルニ反シ特種慰安所一ヶ所設置シタルハ特記事[illegible]

[illegible]名（支那人十一名朝鮮人

[illegible]増加シアリテ慰安所

[illegible]設ケ[illegible]

[illegible]鮮九名）ニシテ前者[illegible]

ハ何レモ兵站部ノ[illegible]

一ハ朝鮮人大[illegible]楼ハ各[illegible]一人[illegible]二ハ

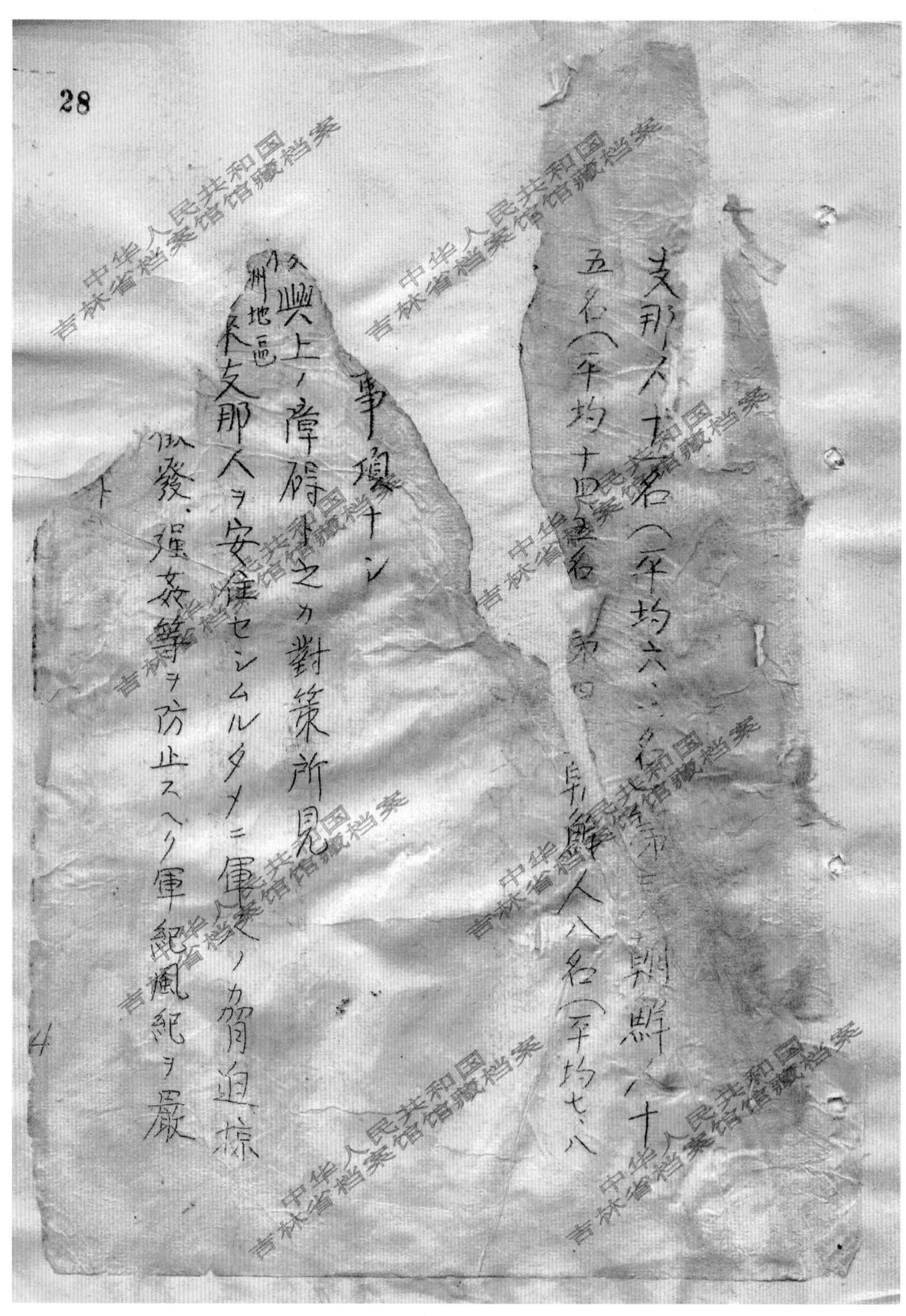
28

支那人[illegible]名（平均六、、名[illegible]）朝鮮人八十

五名（平均十四[illegible]名

[illegible]

朝鮮人八名（平均七、八

事項ナシ

興上ノ障碍[illegible]之カ對策所見

滿洲地區

支那人ヲ安住センムルタメニ軍隊ノカ脅迫掠

奪・強姦等ヲ防止スヘク軍紀風紀ヲ嚴

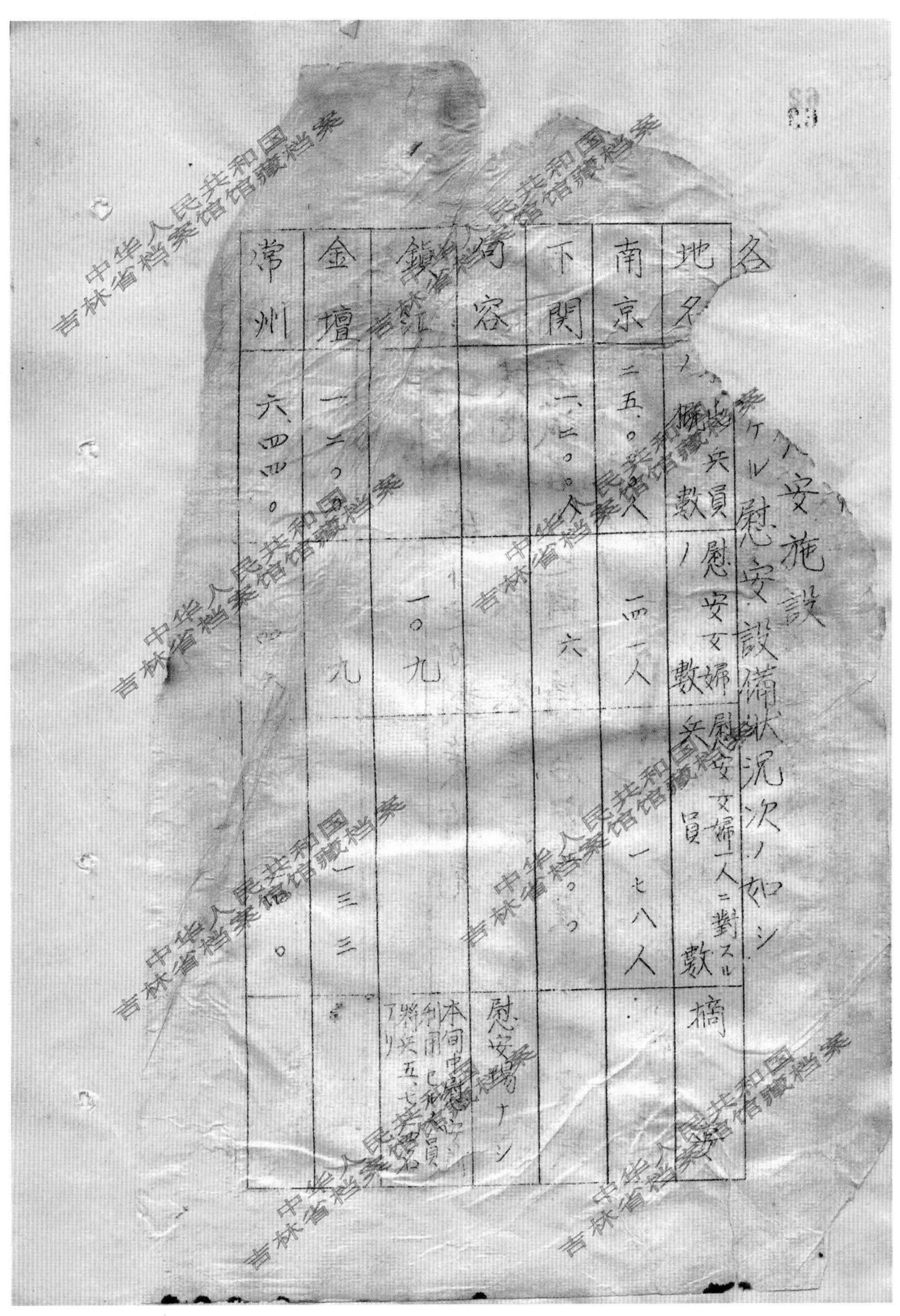

各[illegible]安施設
ケル慰安設備状況次ノ如シ

地名	兵員数	慰安婦数	慰安婦一人ニ對スル兵員数	摘要
南京	二五、〇〇〇人	一四一人	一七八人	
下関	一、二〇〇人	六	二〇〇	
句容				慰安場ナシ
鎮江		一〇九		本句中隊慰安所利用セル兵員照兵五七名アリ
金壇	一二〇〇	九	一三三	
常州	六、四四〇	[illegible]	[illegible]〇	

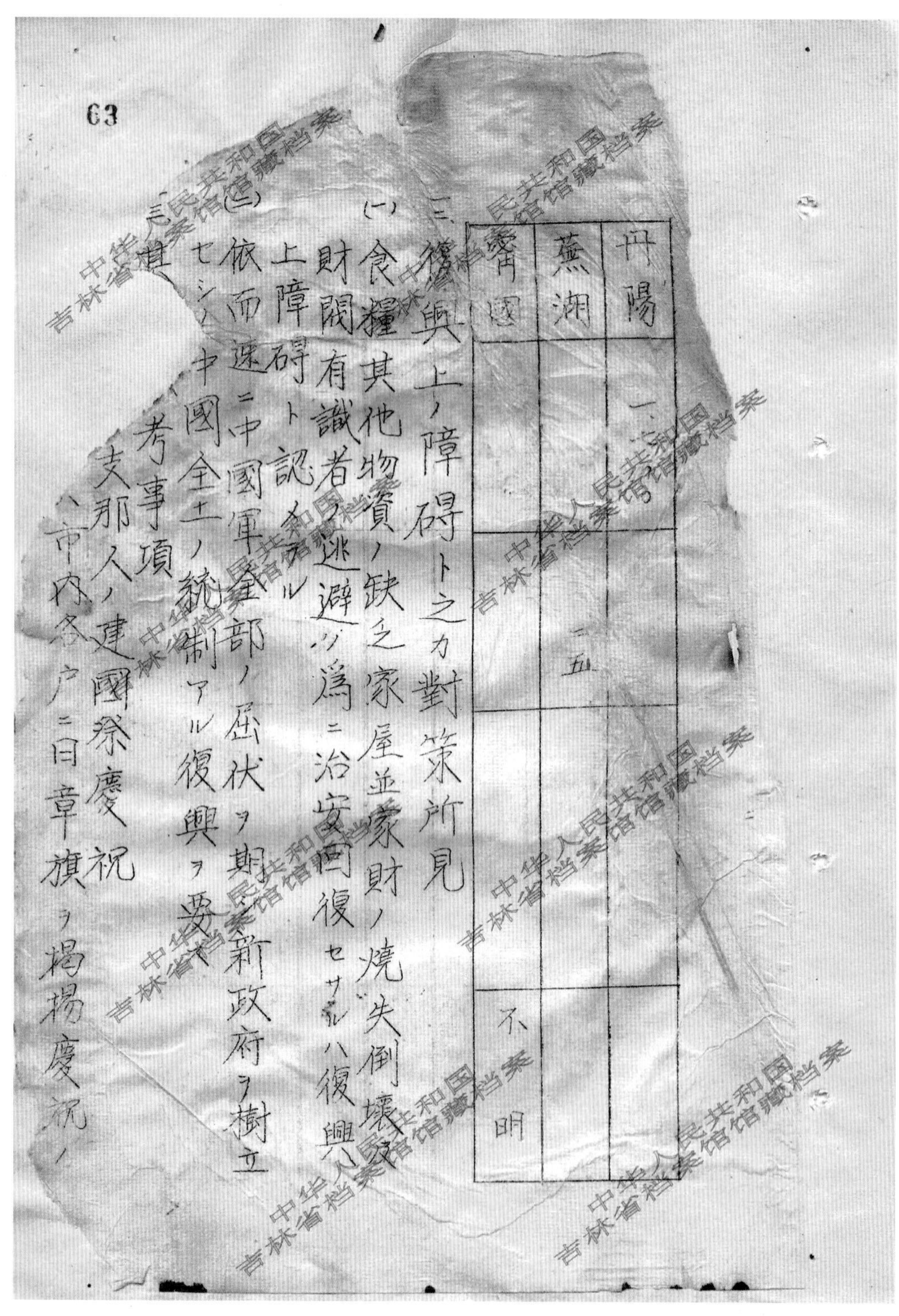

63

丹陽	一、六〇〇			
蕪湖		二五		
寧國				不明

三、復興上ノ障碍ト之カ對策所見

(一)食糧其他物資ノ缺乏家屋並家財ノ燒失倒壊及財閥有識者ノ逃避ノ爲ニ治安回復セサルハ復興上障碍ト認メアル

(二)依而速ニ中國軍全部ノ屈伏ヲ期シ新政府ヲ樹立セシメ中國全土ノ統制アル復興ヲ要ス

三、其ノ他参考事項

支那人ノ建國祭慶祝

ハ市内各戸ニ日章旗ヲ掲揚慶祝ノ

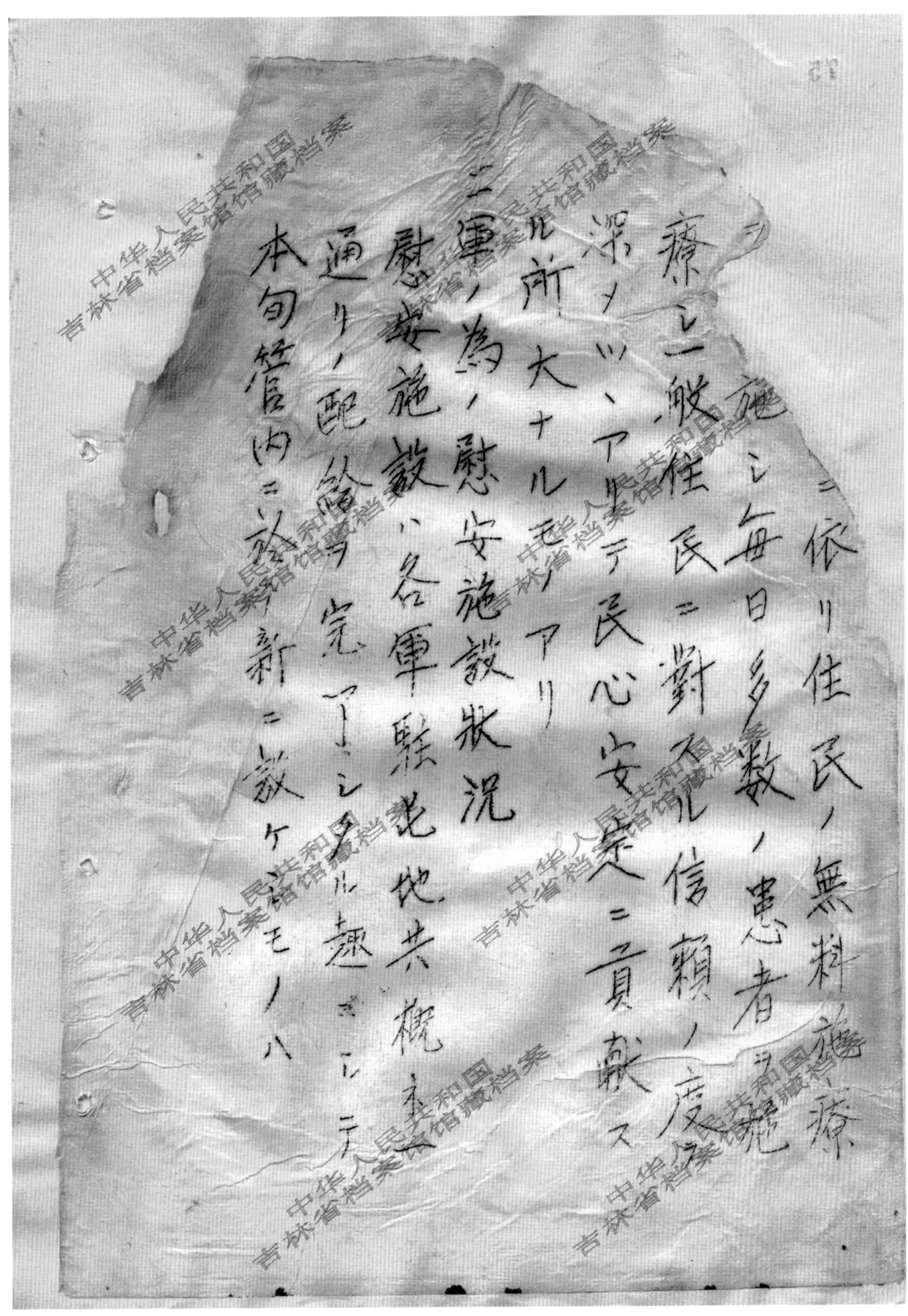

ニ依リ住民ノ無料施療
施シ毎日多数ノ患者ヲ施
療シ一般住民ニ對スル信頼ノ度ヲ
深メツヽアリテ民心安定ニ貢献ス
ル所大ナルモノアリ
二、軍ノ為ノ慰安施設状況
慰安施設ハ各軍駐屯地共概ネ
通リノ配給ヲ完了シアル趣ニシテ
本旬管内ニ於テ新ニ設ケタルモノハ

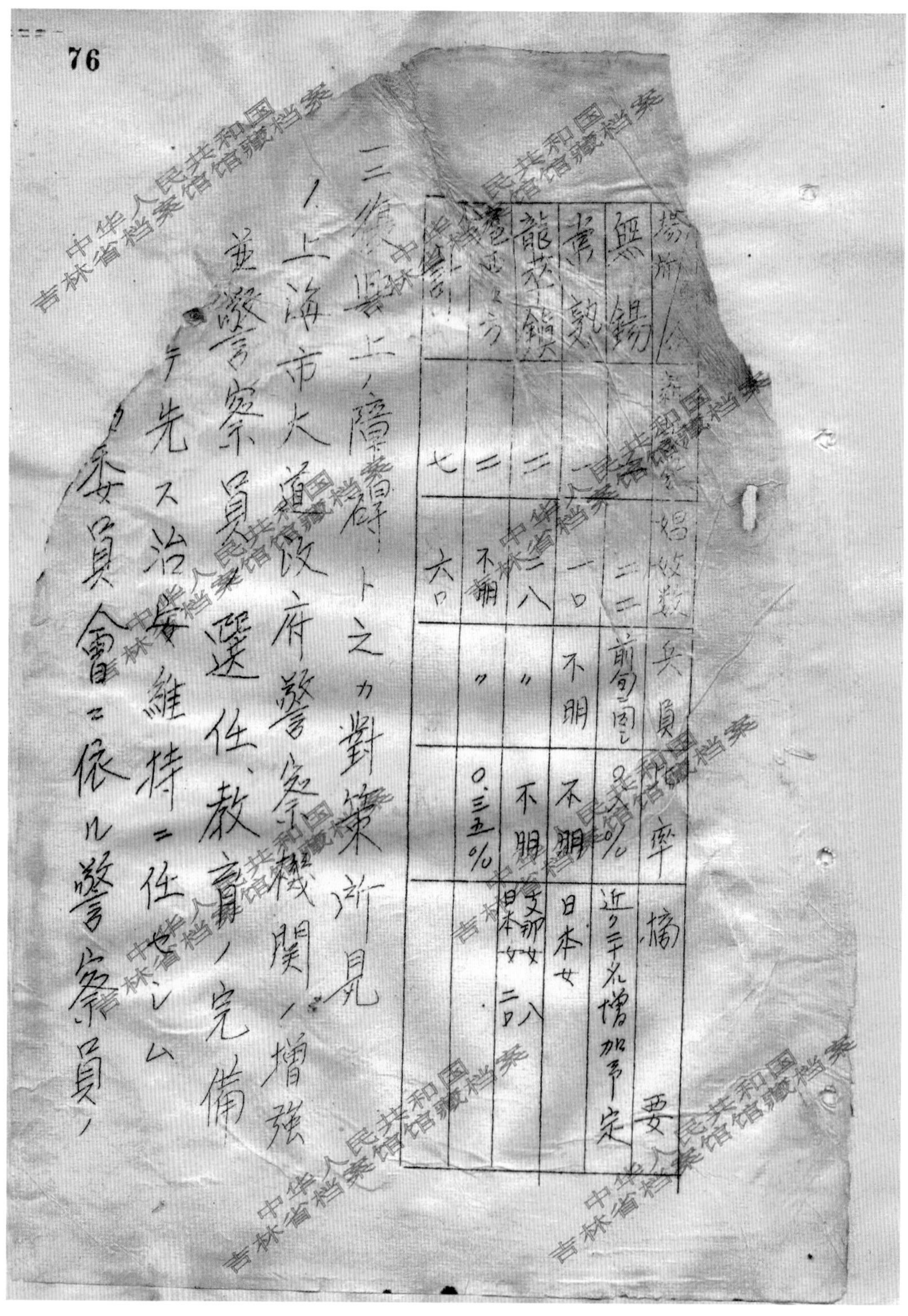

76

場所	慰安所数	娼妓数	兵員	率	摘要
無錫	二	二二	前同	〇.八%	近ク二千名増加予定
常熟	一	一〇	不明	不明	日本女
龍華鎮	二	二八	〃	不明	支那女 八 日本女 二〇
[illegible]方	二	不明	〃	〇.三五%	
計	七	六〇			

三、衛生上ノ障碍ト之カ対策所見

イ 上海市大道政府警察機関ノ増強並ニ警察員ノ選任、教育ノ完備ヲ先ス治安維持ニ任セシム

ロ 委員会ニ依ル警察員ノ

□□위안소의 시설상황

□□구와나(桑名)여단이 호주에 전이했을 때 주둔병이 감소했음. □□특종위안소 한곳을 증설했음.

□□위안소는 일전의 기초 위에서 40명을 증가.(중국인 11명, 조선인 29명) 위안소는 병참지부의 알선으로 설치한 것임. 제1은 조선인 6명(일인당 한 명), 제2는 중국인 11명(평균 6,7명), 제3은 조선인 15명(평균 14,5명), 제4는 조선인 8명(평균 7,8명)

(역자 주: 이상은 번역을 생략함. 상세한 내용은 난징대학살 상관서류를 참조바람)

각지 위안시설 상황

	우후	단양	창저우	진탄	전장	쥐룽	샤관	난징	지명
		1,700	6,440	1,200			1,200	25,000	駐屯兵員概數
25			46	9	109		6	141	위안부수
			140	133			200	178	위안부한 명 당 상대수
불명					본 순 중 위안소를 이용한 병사가 5,734명	위안소 없음.			적요

군대 내의 위안시설 상황

각 주둔지 내에 거의 전부 위안시설을 배치했음. 본 순 내 새로운 위안시설을 증설할 계획.

합계	후시	룽쥐이(龍萃)진	창수	우시	장소
7	2	2	1	2	신설수
60	불명	28	10	22	娼妓수
	불명	불명	불명	상순과 같음.	병사
	0.35%	불명	불명	0.8%	비율
		중국여자 8명과 일본여자 20명	일본여자	근자에 20명을 증가할 계획	적요

8

서류해독

일본침략군 화중파견헌병대가 작성한 『난징헌병대관할구역 치안회복상황에 관한 조사보고(통첩)』

이 서류는 昭和十三年(1938년)二月十九日, 화중파견헌병대사령관 오오키 시게가 작성한 『난징헌병대관할구역 치안회복상황에 관한 조사보고(통첩)』이다. 보고는 12개의 내용을 포함하는데 그중 제11항은 도표의 형식으로 남경헌병대 관할구역 내 각 시와 현의 군대 위안시설 상황을 종합하고 있다. 도표 중의 항목은 二月十九日의 도표와 기본상 일치한다. 도표에서 볼 수 있다시피 우후 위안소의 인수(人數)는 열흘 내에 84명 증가되었고 109명 위안부 중 중국인 위안부가 25명, 조선인 위안부가 36명으로 총수의 절반 이상이 된다. 전장에서 2월 중순 일본침략군이 위안소에 출입한 인수는 8929명으로 상순의 5734명보다 3195명이 증가하였다. 서류의 기재에 따르면 단양에서 2월 중순 위안부 한 명이 상대한 병사는 267명으로 "위안부"가 부족하여 당지에서 모집하려고 하였다. 강제 징집의 수단이 백일하(白日下)에 드러나고 있다.

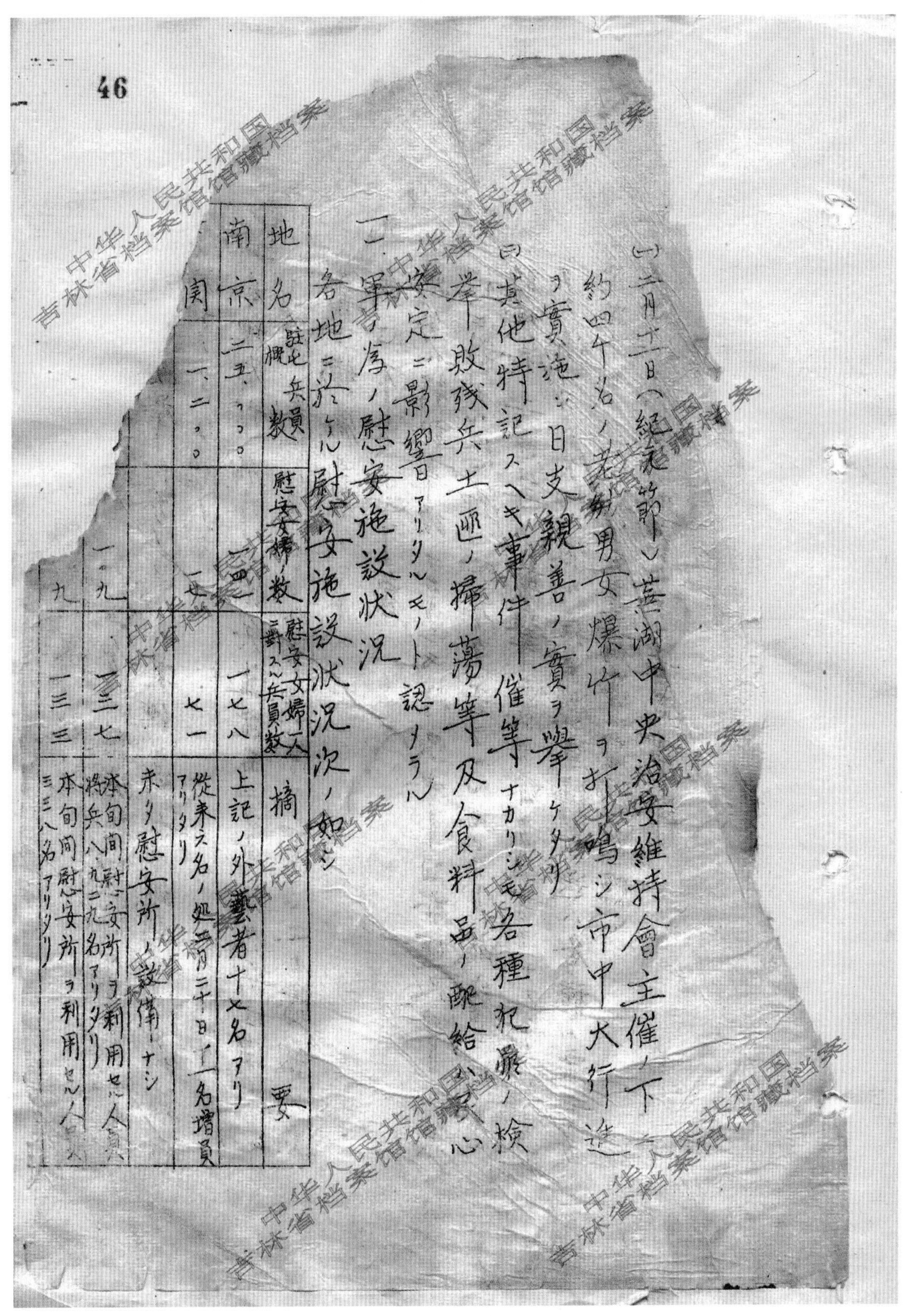
46

(一)二月十二日（紀元節）ニ蕪湖中央治安維持會主催ノ下ニ約四千名ノ老幼男女爆竹ヲ打鳴シ市中大行進ヲ實施シ日支親善ノ實ヲ擧ケタリ

(二)其他特記スヘキ事件催等ナカリシモ各種犯罪ノ検擧敗残兵士匪ノ掃蕩等及食料品ノ配給ハ民心安定ニ影響アリタルモノト認メラル

二、軍隊ノ慰安施設状況

各地ニ於ケル慰安施設状況次ノ如シ

地名	駐屯兵員概数	慰安女婦数	慰安女婦一人ニ對スル兵員数	摘要
南京	二五、〇〇〇	一四一	一七八	上記ノ外藝者十七名アリ
関	一、二〇〇	一七	七一	從來[illegible]名ノ処二月二十日[illegible]一名増員アリタリ
				未タ慰安所ノ設備ナシ
		一〇九	三七	本旬間慰安所ヲ利用セル人員將兵八九二九名アリタリ
		九	一三三	本旬間慰安所ヲ利用セル人員三三八名アリタリ

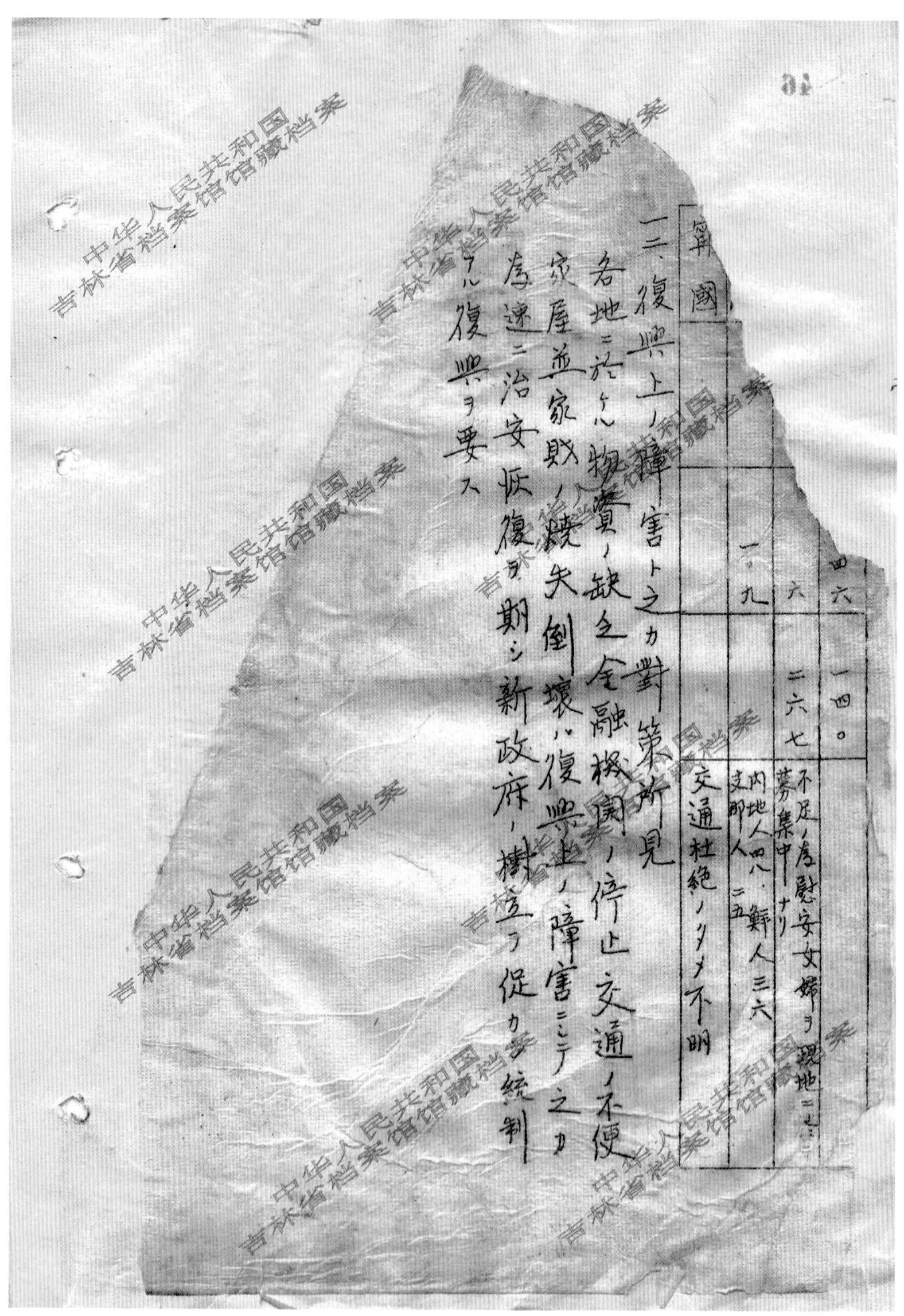

	四六	一四〇	不足ノ為慰安女婦ヲ現地ニ於テ募集中ナリ
	六	二六七	内地人四八、鮮人三六 支那人二五
寧國	一、九		交通杜絶ノタメ不明

一二、復興上ノ障害ト之カ對策所見
各地ニ於ケル物資ノ缺乏金融機関ノ停止交通ノ不便家屋並家財ノ焼失倒壊ハ復興上ノ障害ニシテ之カ為速ニ治安恢復ヲ期シ新政府ノ樹立ヲ促カシ統制アル復興ヲ要ス

2월 11일부터 2월 20일까지 남경헌병대구역 치안회복상황(순보)

十一. 군대의 위안시설상황

닝궈	우후	단양	창저우	진탄	전쟝	쥐룽	사관	난징	지명
		□□	□□	□□	□□		1,200	25,000	주둔병원 개수
	109	6	46	9	109		17	141	위안부한 명 당 상대수
		267	140	133	137		71	178	
교통 두절로 상황 불명	일본인 48명, 조선인 36명, 중국인 25명	인수부족으로 당지에서 모집		본 순기간 위안소를 이용한 장병이 338명	본 순기간 위안소를 이용한 장병이 8,929명	위안소를 설치하지 않음	원래 6명, 2월 20일부터 11명 증가	상술 외 17명의 藝人이 있음.	적요

9

일본침략군 중국주둔헌병대『통신검열월보(二月)』

이 서류는 카이펑(開封)주둔군 제840야전국 와타나베(渡辺)대의 토무라 에이유우(戸村英雄)가 昭和十六年(1941년)二月一日, 東京 本所區 眞砂町 三六淸如寮 요시다 야스(吉田保)에게 보내는 편지의 초록이다. 서류는 군대가 관리하는 위안소와 위안부가 부대를 따라 이동하는 특이한 생활상을 기록하고 있다. 편지는 "삭제"처분을 받았다. 즉 편지 중의 위안부에 관한 내용은 공백으로 처리되었던 것이다.

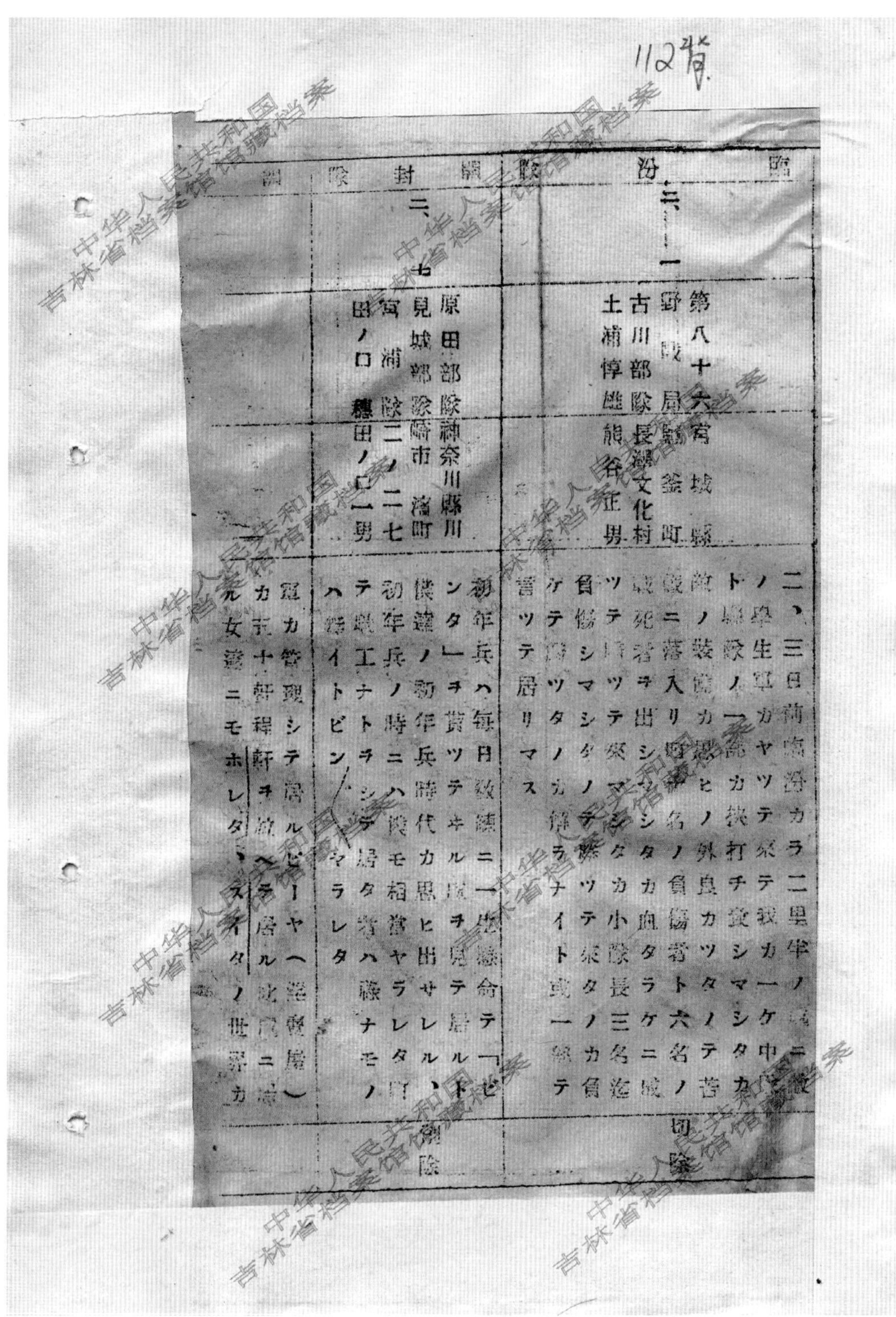

112背

臨汾陸　開封隊調

六、一

第八十六　宮城縣
野戰局　鹽釜町
古川部隊　長瀞文化村
土浦惇雄　熊谷正男

二、三日前臨汾カラ二里半ノ所ニ殘
ノ學生軍カヤツテ來テ我カ一ケ中カ
ト歸隊ノ一部カ挾打チ致シマシタカ
敵ノ裝備カ思ヒノ外良カツタノテ苦
戰ニ落入リ四名ノ負傷者ト六名ノ
戰死者ヲ出シマシタカ血タラケニ成
ツテ歸ツテ來マシタ小隊長三名迄
負傷シマシタノテ歸ツテ來タノカ負
ケテ歸ツタノカ歸ラナイト或一線テ
言ツテ居リマス

切除

二、七

原田部隊　神奈川縣川
見城部隊　崎市濱町
宮浦隊　二ノ二七
田ノ口穗　田ノ口一男

初年兵ハ毎日教練ニ一生懸命テ「ビ
ンタ」ヲ貰ツテ居ル所ヲ見テ居ルト
僕達ノ初年兵時代カ思ヒ出サレル、
初年兵ノ時ニハ殴モ相當ヤラレタ門
テ與エナトヲシテ居タ者ハ藤ナモノ
ハ將イトビンタラレタ
露カ管理シテ居ル「ピー屋」（慰安所）
カ未十軒程軒ヲ並ヘテ居ル此門ニ待
ル女達ニモホレタ、スイタノ世界カ

削除

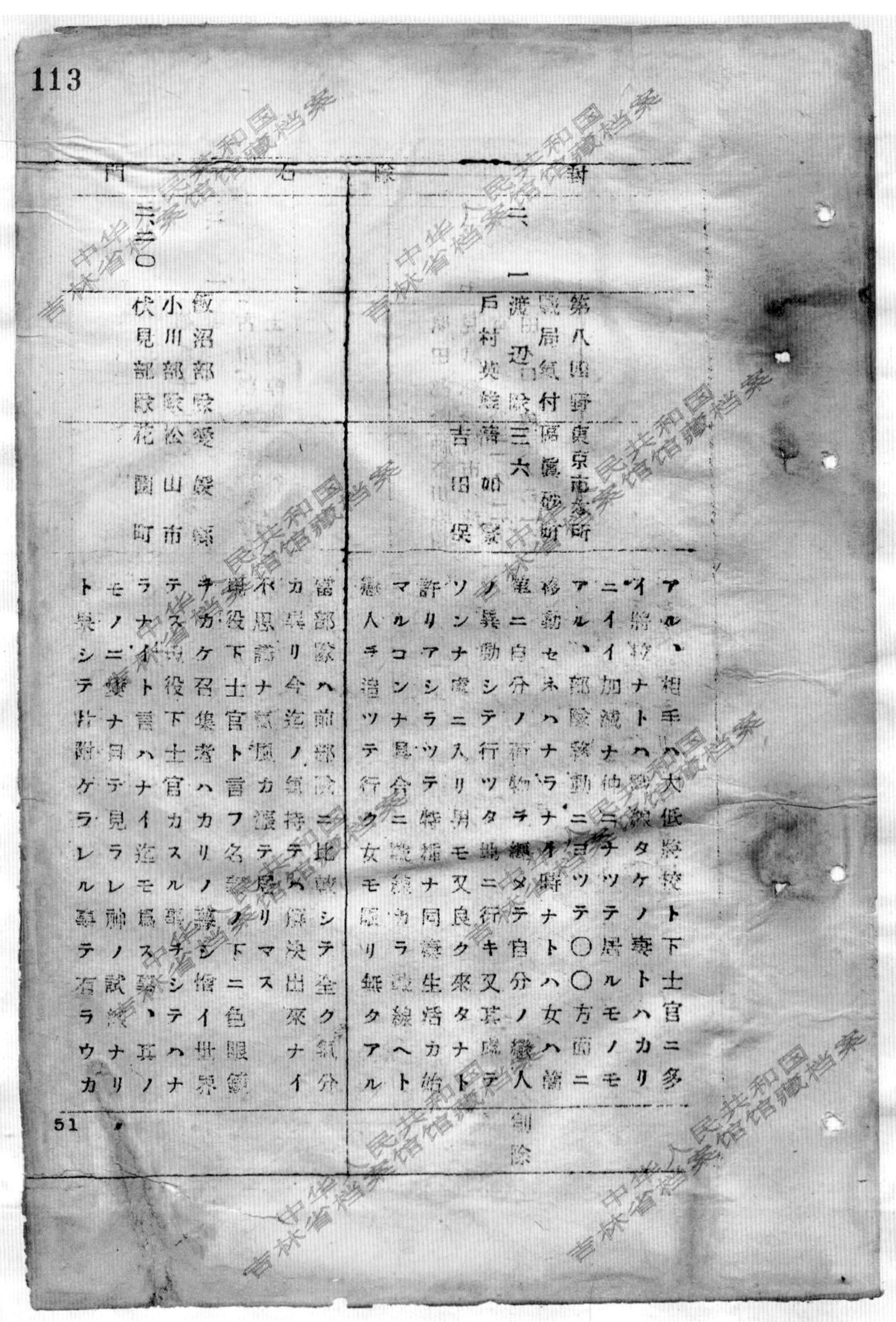
113

門	右	隊	對
三六二〇		三、一	
飯沼部隊 小川部隊 伏見部隊		第八國野戰局氣付 渡辺隊三六 戶村炭鑛	
愛媛縣 松山市 花園町		東京市本所 區綠町 錦町一家 吉田保	

アル、相手ハ大低將校ト下士官ニ多イ將校ナトハ戰線タケノ事トハカリニイイ加減ナ仲ヨチツテ居ルモノモアル、部隊移動ニヨツテ〇〇方面ニ移動セネハナラナイ時ナトハ女ハ衛兵ニ自分ノ荷物チ纏メテ自分ノ戀人ノ異動シテ行ツタ隊ニ行キ又其處デソンナ處ニ入リ男モ又良ク來タナト許リアシラツテ特福ナ同様生活カ始マルコンナ風合ニ戰線カラ戰線ヘト戀人チ追ツテ行ク女モ限リ無タアル

當部隊ハ前部隊ニ比較シテ全ク氣分カ異リ今迄ノ氣持テハ解決出來ナイ不思議ナ氣風カ漲テ居リマス現役下士官ト言フ名譽ノ下ニ色眼鏡チカケ召集者ハカリノ蔑シ侮イ世界テス現役下士官カスル事チシテヘナラナイト言ハナイ迄モ馬ス事、其ノモノニ變ナ目テ見ラレ神ノ試練ナリト果シテ片附ケラレル事テ有ラウカ

51

削除

발신자: 제84야전국 와타나베(渡辺)대가 토무라 에이유우에게 전달

수신자: 東京本所區眞砂町三六淸如寮 吉田保

내 용: 군대 관리하의 P옥(매음옥)에는 약 50여 개의 방이 있다. 거기에 거주하는 여인들도 자기만의 작은 세계가 있다. 상대는 모두 장교 아니면 하사관들이다. 일부 장교는 그들의 “전시 아내”와 아무런 책임과 의무도 지지 않는 임시관계를 형성하고 있다. 부대의 이동에 따라, 예하면 반드시 ○○방향으로 전이해야만 할 때면 여인네들은 간단한 행장만 챙긴 채 연인과 함께 움직인다. 그곳에 도착하면 역시 그전의 장소와 비슷한 곳에 거주한다. 남자도 자주 출입하고 나면 자연스럽게 동거가 시작되는 것이다. 이렇게 한 전선에서 다른 한 전선으로 따라다니는 여인들이 퍽 많다.

처 분: 삭제

10

서류해독

일본침략군 주둔헌병대『통신검열월보(二月)』

이 서류는 카이펑주둔군 하라다(原田)부대, 겐죠우(見城)부대, 하기하라(萩原)부대 본부 기다호리 (北堀考治)가 昭和十六年(1941년)에 埼玉縣 比企郡 宮前村 大字初尾 고바야시에게 보낸 편지 초록이다. 내용을 보면 한 젊은 일본침략군 군인이 줄곧 동정(童貞)을 지키고 있었지만 결국 부대에서 자포자기하고 전지"위안소"에 찾아가 조선"위안부"와 즐기다가 화류병이 걸린 사실을 적고 있다. 편지는 "삭제"처분, 즉 "위안부"에 관한 내용을 빼버리는 처분을 받았다.

109

汾 除		開 封	
三、一五		三、一九	
篠塚部隊 小松部隊 藤村隊 棋田熊司		原田部隊 見城部隊 萩原部隊 本部 北堀考治	
大阪市天王寺區東上村二〇番地 淺井忠一郎		埼玉縣比企郡宮前村大字初尾 小林キクノ	
モ三回モ正月ヲシテ変仮テモ孝仮テモ仮ト名ノ村クモノカ上ルノカ余程良イ方テスタマニ飯カ上ルト皆ノ喜フ専淺間シイモノテス去年カラ何回モ話シテ居マシタ時期ハ既ニ過来シテ居ルノテス而シ其中ニ列スル事カ出来得ルヤ否ヤ實際疑問ナノテス		故郷カラノ便リモナク俺ノ胸ハ?頭ハ何時シカ曲リ出シテ来タ出征以来二年一滴モ口ニシナカッタ酒モ今年カラ五合ヤ六合ハ呑ム又自暴自棄ニナリ朝鮮ノ女郎路地テ言フ「ピーヤ」ニモ行ク様ニナッタ紀元節ニ始メテ行ッタ其ノ時ノ気持?俺ハ童貞ヲ守リ無病テ居ル心算テ居ッタカ一度遊ンタオ陰テ下ノ病ニモ罹ッタカ醫務室ノ手當ヲ受ケタノテ早ク直ッタ今ノ内地ハ新聞雑誌テハ非常ニ困難又不自由ノ様ニ思フカソレハ東京ノ一部位テ埼玉辺ノ人間ハトウシテ居ルカ、トレホト呑気カ、熱シ易ク	
切除			

47

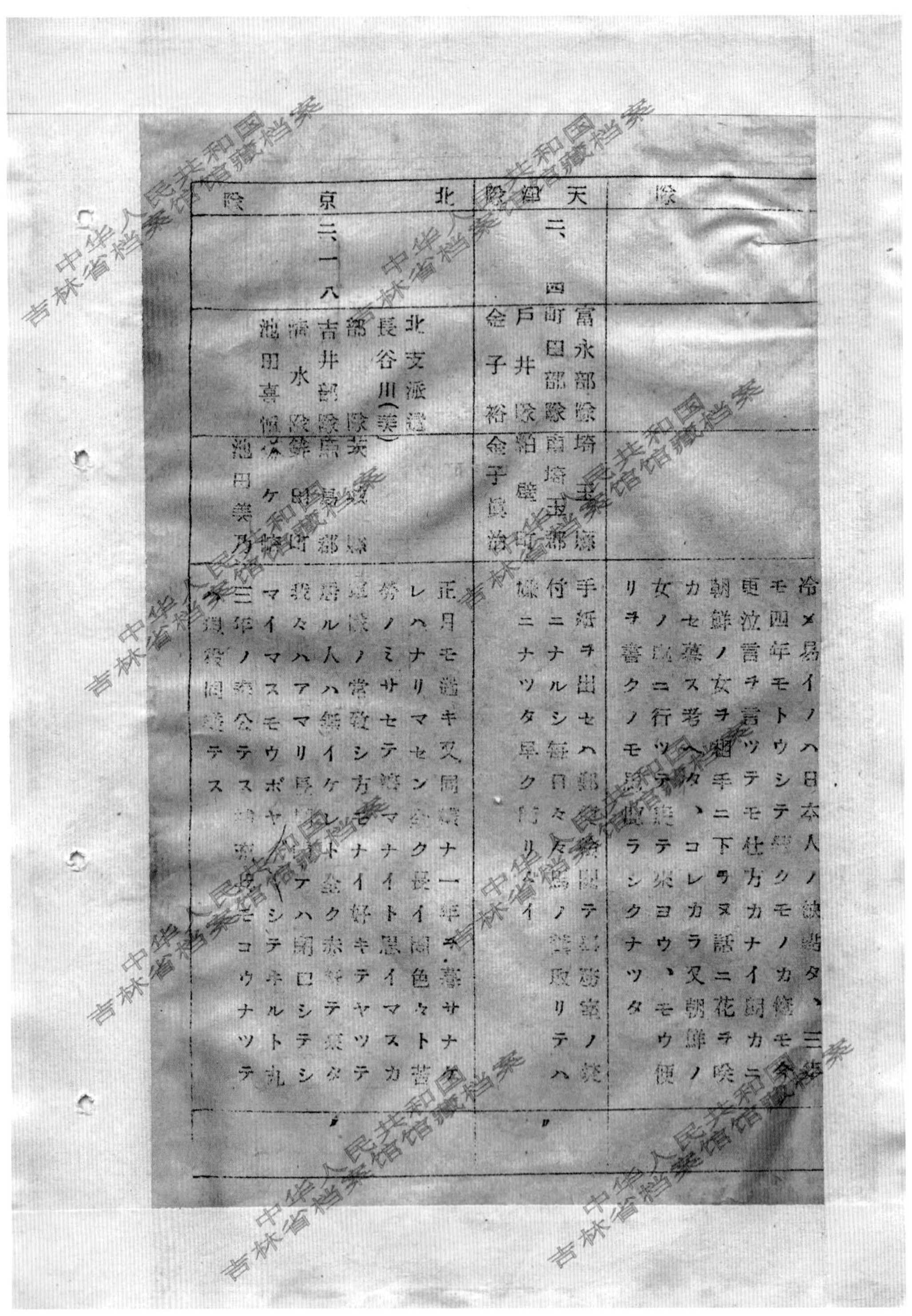

北京隊	天津隊	隊
二一、八	二、四	
北支派遣 長谷川(美)部隊 吉井部隊 清水隊 池田喜[illegible]	富永部隊 町田部隊 戸井隊 金子裕	
茨城縣 [illegible]島郡 鉾田町 [illegible]ケ崎 池田美乃	埼玉縣 南埼玉郡 [illegible]町 金子良治	
正月モ過キ又[illegible]ナ一年ヲ暮サナケレハナリマセン[illegible]ク長イ間色々ト苦勞ノミサセテ[illegible]マナイト思イマスカ[illegible]ノ常識シ方モナイ好キテヤツテ居ル人ハ無イケレト全ク赤[illegible]テ来タ我々ハアマリ長[illegible]アハ開口シテシマイマスモウボヤ[illegible]シテキルトテ丸三年ノ[illegible]公テス[illegible]コウナツテ[illegible]役[illegible]テス	手紙ヲ出セハ郵[illegible]閲テ[illegible]室ノ[illegible]付ニナルシ毎日々々[illegible]ノ[illegible]取リテハ嫌ニナツタ早ク[illegible]リタイ	冷メ易イノハ日本人ノ缺點タ、三[illegible]モ四年モトウシテ[illegible]クモノカ[illegible]モ[illegible]更泣言ヲ言ツテモ仕方カナイ[illegible]カニ朝鮮ノ女ヲ相手ニ下ラヌ話ニ花ヲ咲カセ暮ス考ヘタ、コレカラ又朝鮮ノ女ノ[illegible]ニ行ツテ[illegible]テ来ヨウ、モウ便リヲ書クノモ[illegible]ラシクナツタ

발신자: 하라다(原田)부대, 겐죠우(見城)부대, 하기하라(萩原)부대 본부 기다호리

수신자: 埼玉縣 比企郡 宮前村 大字初尾 고바야시

내 용: 고향의 소식을 듣지 못하니 안절부절 못하고 있습니다. 언제부터인가 성격이 많이 변해버렸습니다. 출정 이래 2년 동안 술 한 방울 못하던 것이 올해부터는 한두 근 마시게 되었습니다. 또 자포자기의 심정으로 조선여인이 있는 P옥(위안소)에 출입하게 되었습니다. 기원절날 처음 갔었지요. 그때의 심정을 어떻게 말로 표현했으면 좋을지 모르겠습니다. 동정을 지키고 싶었고 병이 옮을까 걱정도 되었습니다. 그런데 공교롭게도 이번에 병에 걸리고 말았네요. 하지만 의무실의 치료를 거쳐 완치되었습니다. 지금 내지의 신문, 잡지에서는 이런 얘기는 엄격히 제한한다고 합니다만 아마 도쿄의 부분지역에서만 제한하겠지요. 埼玉縣 일대에서는 많이 자유롭겠지요? 이런 변덕스런 성격은 아마 일본인의 결점이 아닐까 싶습니다. 아직도 3,4년은 더 버텨야 합니다. 저는 지금 울며 하소연하고 싶어도 할 곳이 없습니다. 주변 사람들과 다시는 조선여인에게 가지 않겠다고 말했지만 또 가서 자고 왔습니다. 지금 편지 쓰는 이 시간에도 자신이 참 바보스럽다는 생각이 듭니다.

처 분: 切除 (역자 주: 삭제. 아래도 같음)

11

서류해독

『응소(應召)군인비행조사표』

이 서류는 昭和二十年(1944년)一月에 작성한 『응소(應召)군인비행조사표』의 "위안부"에 관한 내용이다. 둥닝28부대와 청즈거우(城子溝)402부대 병사 稻垣秋男, 栗林米藏, 安信正利가 담을 넘어 "위안소"에 갔다가 통보처리 된 사건을 다루고 있다. 일본침략군 병사는 "위안소" 출입에 관한 엄격한 규정을 준수해야 했다. 하지만 상술 병사들이 통보처리 된 것은 "위안소"출입이 금지되어서가 아니라 규정시간을 어겼기 때문이었다.

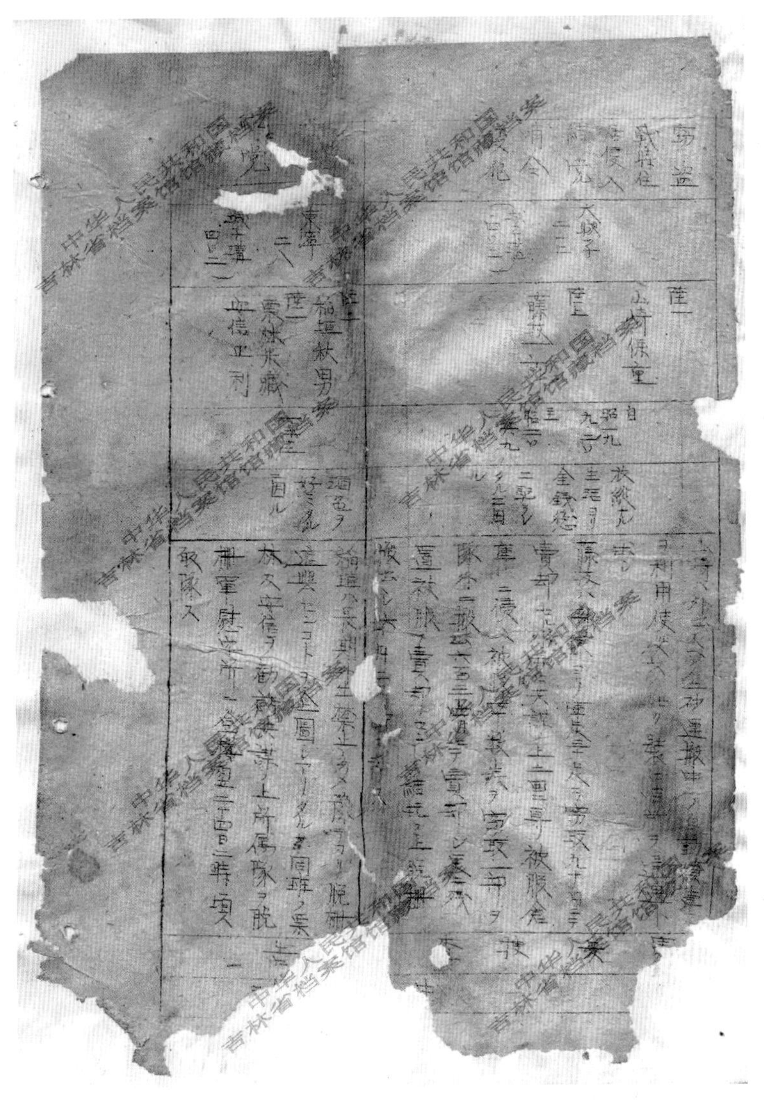

참고역문

둥닝二八(청즈거우 四○二)부대 육군상사 稻垣秋男, 육군일등병 栗林米藏, 安信正利: 稻垣은 장시간의 외출을 금한다는 규정이 있으므로 담을 넘어 놀러 나가려고 획책함. 또 한반의 栗林과 安信을 유혹, 함께 부대를 이탈하여 부대 위안소에 가서 놀았음. 이튿날, 즉 二十四日 2시에 귀대.

처분원인: 주색에 빠짐.

처분: □□告

12

서류해독

『현역군인군속범죄조사표』

이 서류는 昭和十九年(1944년) 작성된 『현역군인군속범죄조사표』중 "위안부"에 관한 내용이다. 二月二十五日 바맨퉁(八面通)五四八부대 육군상사 佐藤登米見, 신징八○○부대 육군일등병 藤井久雄이 귀대 도중 공문서를 휴대하고 군대"위안소"에 가서 놀았기에 헌병대에 의해 통보처리된 사건이다.

참고역문

(2월 25일) 바맨퉁五四八(신징八○○) 육군상사 佐藤登米兒, 육군일등병 藤井久雄: 파견대에서 복무하는 사이 원 부대와 연락하라는 명령을 받고 귀대하던 도중 공문서를 휴대했음에도 불구하고 기차 시간을 기다리는 사이 샤청즈(下城子)군대 위안소에 가서 놀았음.

처분: 통보

13

서류해독

『응소(應召)군인비행조사표』

이 서류는 昭和十九年(1944년) 작성된 『응소(應召)군인비행조사표』중 "위안부"에 관한 내용이다. 二月十九日 핑양(平陽)二六〇八부대 예비육군상사 森本直市가 만취하여 핑양 第二軍"위안소"에 가서 "위안부"와 언쟁하다가 상대를 구타한 사건이다. 森本直市는 통보처리되었다.

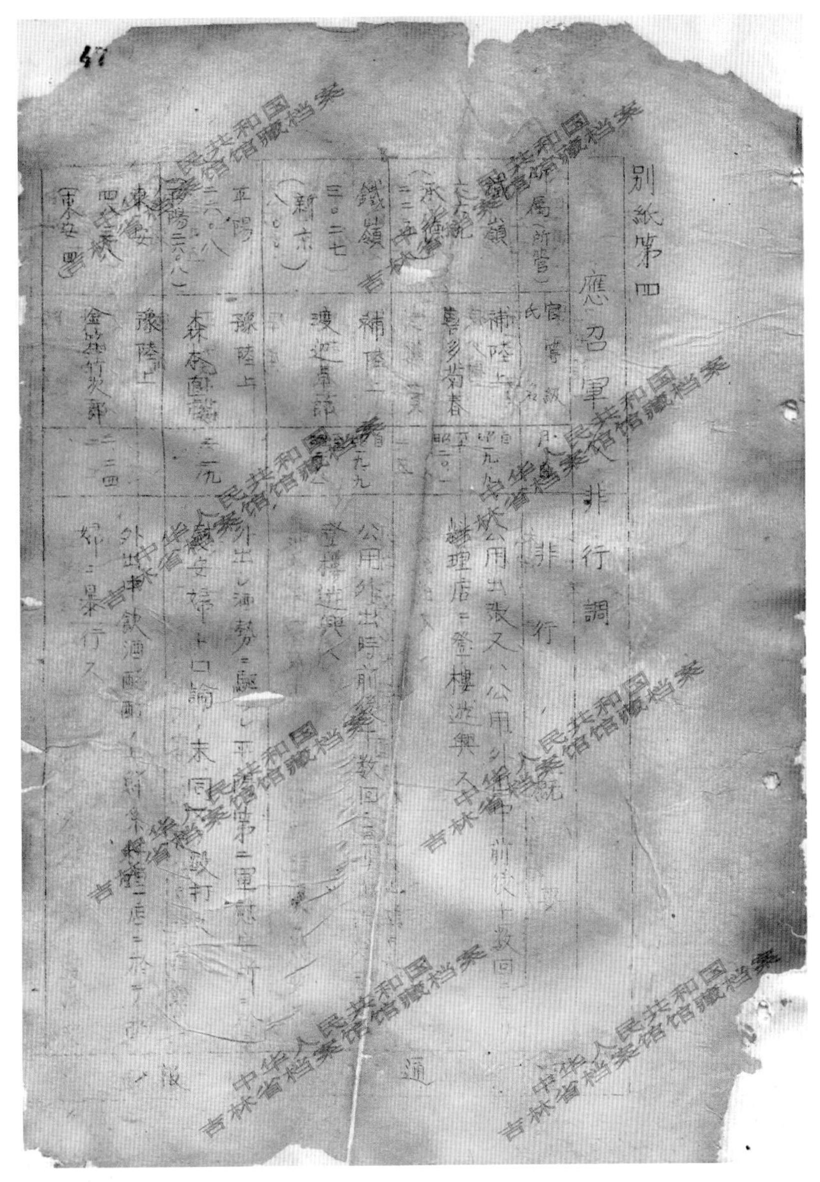

別紙第四　應召軍人非行調

所屬(所管)	官等級 氏名	月日	非行	處分
平陽二六〇八	豫陸上 森本直市	二、一九	外出シ酒勢ヲ驅リ平壤第二軍慰安所ニ至リ慰安婦ト口論ノ末同人ヲ毆打	通

참고역문

(二月十九日) 핑양(平陽)二六〇八부대 예비육군상사 森本直市를 처분함: 외출 후 술기운을 빌어 핑양第二軍"위안소"에 가서 "위안부"와 언쟁하다가 상대를 구타.

처분: 통보

14

서류해독

『응소(應召)군인비행조사표』

이 서류는 昭和十九年(1944년) 작성된 『응소(應召)군인비행조사표』중 "위안부"에 관한 내용이다. 二月二十五日 바맨퉁八三九三부대(신징八○○부대) 예비육군 鈴木淸榮이 공무외출 도중 비밀자료를 휴대하고 샤청즈군대"위안소"에 가서 놀았기에 통보처리된 사건이다.

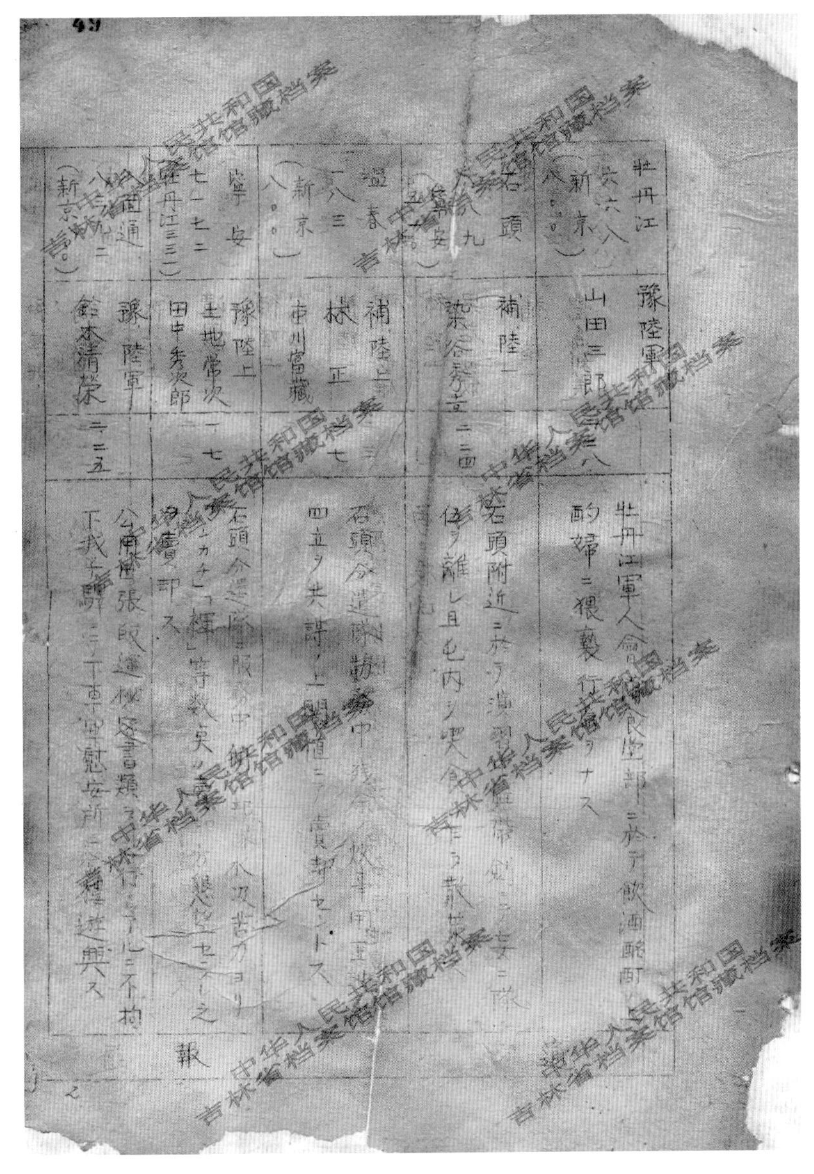

牡丹江（六六八 新京八〇〇）	豫陸軍 山田三郎 二・一八	牡丹江軍人會館食堂部ニ於テ飲酒酩酊シ酌婦ニ猥褻行為ヲナス
石頭（一五九 寧安）	補陸一 染谷秀吉 二・二四	石頭附近ニ於テ演習[illegible]
温春（一八三 新京八〇〇）	補陸上 林正一 二・一七	石頭分遣隊勤務中[illegible]
寧安（七一七二 牡丹江三三）	豫陸上 田中秀次郎 一・一七	石頭分遣隊服務中[illegible]
八面通（八三九二 新京八〇〇）	豫陸軍 鈴木清榮 二・二五	公用出張ノ途秘密書類ヲ携行シアルニ不拘下城子驛ニテ下車軍慰安所ニ遊興ス

報

참고역문

(二月二十五日) 바맨퉁八三九三부대(신징八〇〇부대) 예비육군 鈴木清榮: 공무외출 도중 공문서를 휴대했음에도 불구고 샤청즈 기차역에서 내려 군대"위안소"에 가서 놀았음.

처분: 통보

15

서류해독

『응소(應召)군인비행조사표』

이 서류는 昭和十九年(1944년) 작성된『응소(應召)군인비행조사표』중 "위안부"에 관한 내용이다. 二月二十二日, 다두촨(大肚川)일본침략군七六三부대(청즈거우四○二부대) 병사 久田俊逸과 田代一重이 공무외출 도중 외출연장증을 취득하여 군대"위안소"에 가서 놀았기에 통보처리된 사건이다.

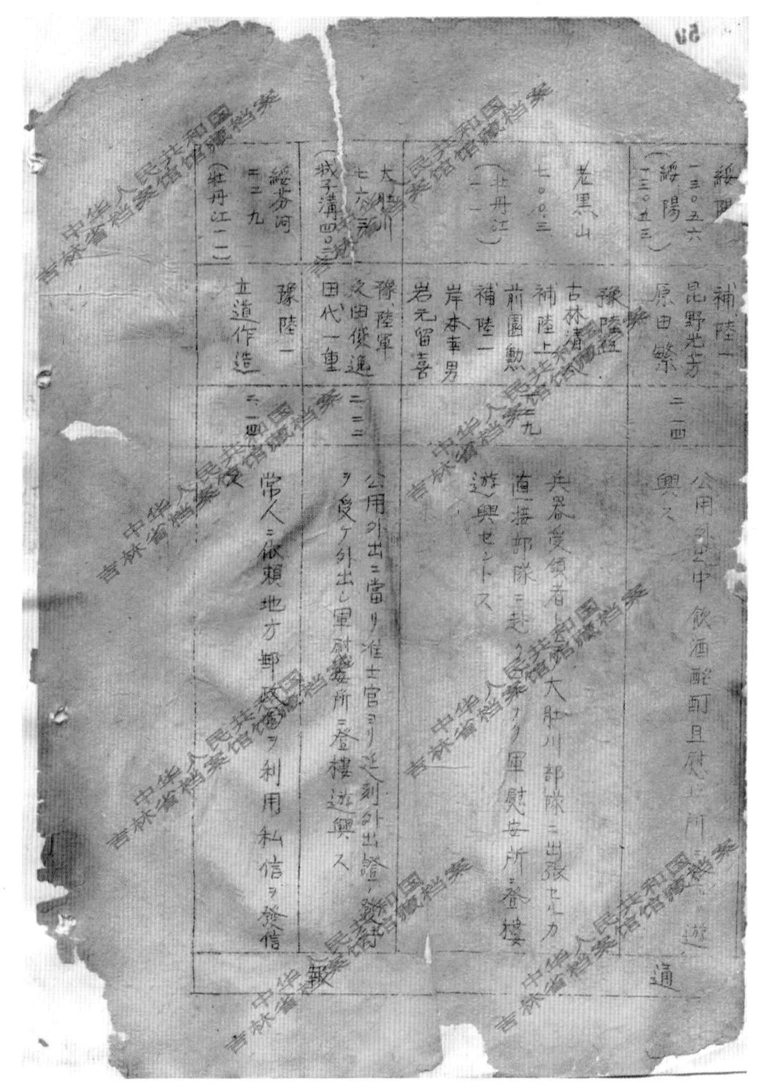

綏陽 一三〇五六 (綏陽 一三〇五三)	補陸一 昆野光方 原田繁	二一四	公用外出中飲酒酩酊且慰安所ニ遊興ス	通
老黒山 七〇〇三 (牡丹江 一一一)	豫陸衽 古林清 補陸上 前園勲 補陸一 岸本幸男 岩元留喜	二一九	兵器受領者トシテ大肚川部隊ニ出張セルカ直接部隊ニ赴カス軍慰安所ニ登楼遊興セントス	
大肚川 七六三 (拉子溝四〇二)	豫陸軍 久田俊逸 田代一重	二二二	公用外出ニ当リ准士官ヨリ延刻外出證ノ發行ヲ受ケ外出シ軍慰安所ニ登楼遊興ス	報
綏芬河 二二九 (牡丹江一二)	豫陸一 土道作造	二一四	常人ニ依頼地方郵政ヲ利用私信ヲ發信ス	

참고역문

(二月二十二日), 다두촨(大肚川)七六三부대(청즈거우四○二부대) 예비육군병사 久田俊逸과 田代一重을 처분함: 공무외출하는 기회에 준사관의 외출연장을 허가받고 군대위안소에 가서 놀았음.

처분: 통보

16

서류해독

『응소(應召)군인비행조사표』

이 서류는 昭和十九年(1944년) 작성된 『응소(應召)군인비행조사표』중 “위안부”에 관한 내용이다. 二月二十七日, 로허이산(老黑山)일본침략군七〇〇三(무단쟝四一一)부대 예비역 육군중위 宮崎豊이 술에 취해 “위안소”에서 칼을 뽑아들고 “위안부”를 폭행했고 결국 통보처리 되었다.

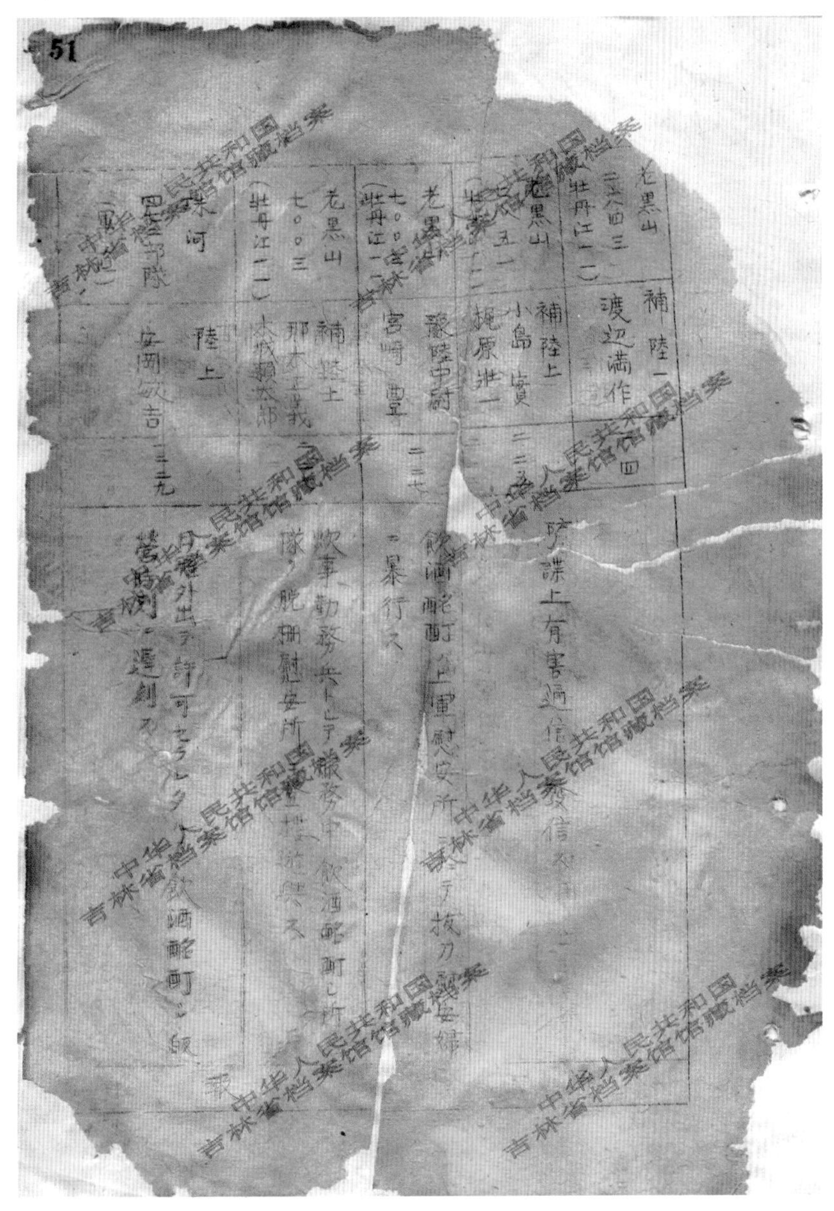

참고역문

(二月二十七日), 로허이산일본군七〇〇三(무단쟝四一一)부대 예비육군중위 宮崎豊이 술에 취해 "위안소"에서 칼을 뽑아들고 "위안부"를 폭행.

처분: 통보

17

서류해독

『응소(應召)군인비행조사표』

이 서류는 昭和十九年(1944년) 작성된 『응소(應召)군인비행조사표』중 "위안부"에 관한 내용이다. 二月十七日, 맨두허(免渡河)에 주둔한 일본침략군 四八一(하이라얼 八四〇)부대 육군병사 鶴岡義德이 하이라얼(海拉尔)시 "위안소"에서 놀다가 "위안부" 손목시계를 훔친 사실이 적발되어 통보처리 되었다.

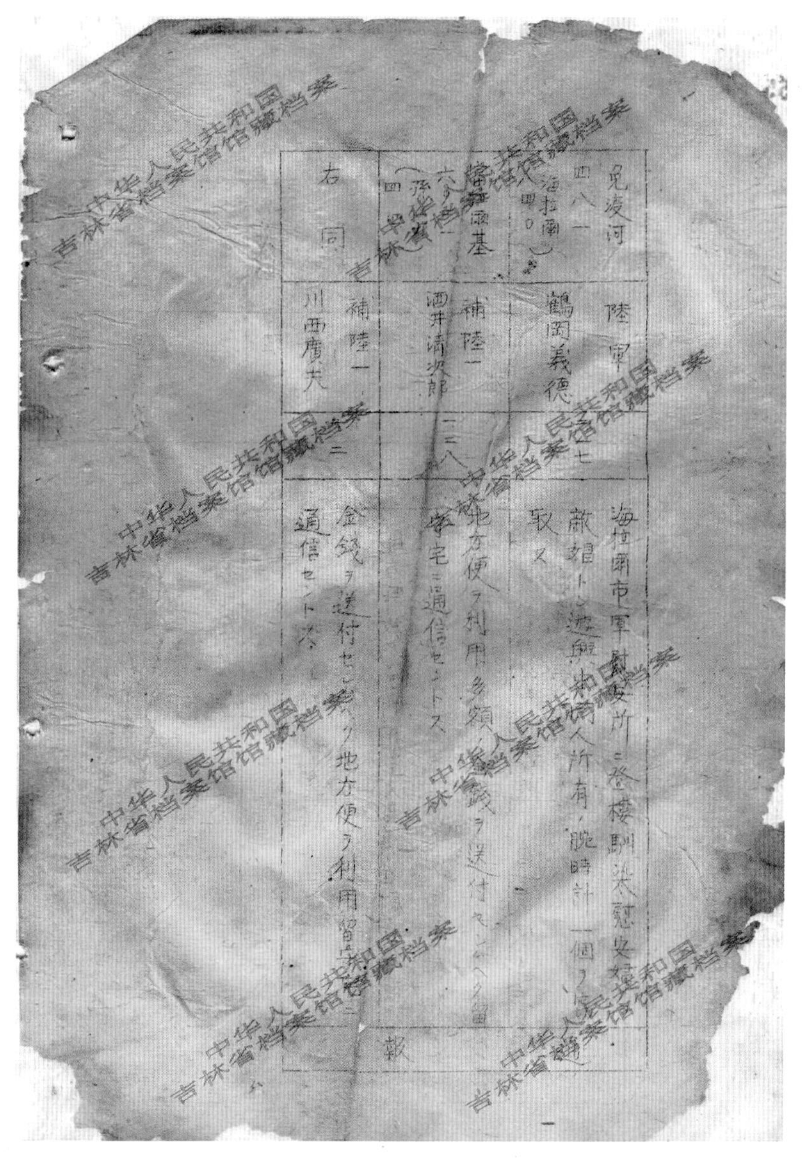

免渡河 四八一 (海拉爾 八四〇)	陸軍 鶴岡義德	二七	海拉爾市軍慰安所ニ登楼馴染慰安婦ヲ敵娼トシ遊興中同人所有ノ腕時計一個ヲ窃取ス [illegible]
[illegible]	補陸一 酒井清次郎	二三八	地方便ヲ利用多額ノ金銭ヲ送付セントシ又自宅ニ通信セントス
右同	補陸一 川西廣夫	二	金銭ヲ送付セントシ地方便ヲ利用留守宅ニ通信セントス

참고역문

(二月十七日) 맨두허 四八一(하이라얼 八四〇)부대 육군병사 鶴岡義德: 하이라얼시 "위안소"에서 잘 아는 사이였던 위안부를 敵娼으로 분장시켜 놀다가 "위안부"의 손목시계를 훔친 사실이 적발되어 통보처리 되었다.

처분: 통보

18

서류해독

"위안부" 매수자금문제에 관한 통화기록

이 서류는 위만주중앙은행 자금부 외자과의 "위안부" 수매자금문제에 관한 통화기록이다. 일본침략군 "위안부"수매자금에 관한 서류를 발견하기는 이것이 처음이다. 서류에는 유관 자금이 "'위안부'를 수매하기 위한 자금"임을 분명히 지적하고 있다. 1944년 11월부터 1945년 3월까지 4차에 걸쳐 "위안부"를 수매한 자금이 53.2만 엔이라고 기재되어 있다. 위만주중앙은행은 일본이 위만주국을 침략, 수탈하는 수단이자 도구였다. 위만주중앙은행에서 "위안부"수매자금을 이체하고 관동군 제4과의 허가를 받은 것은 일본침략군이 "위안부"제도를 실시한 것이 결국 일본의 국가적 행위였음을 적나라하게 보여주고 있다.

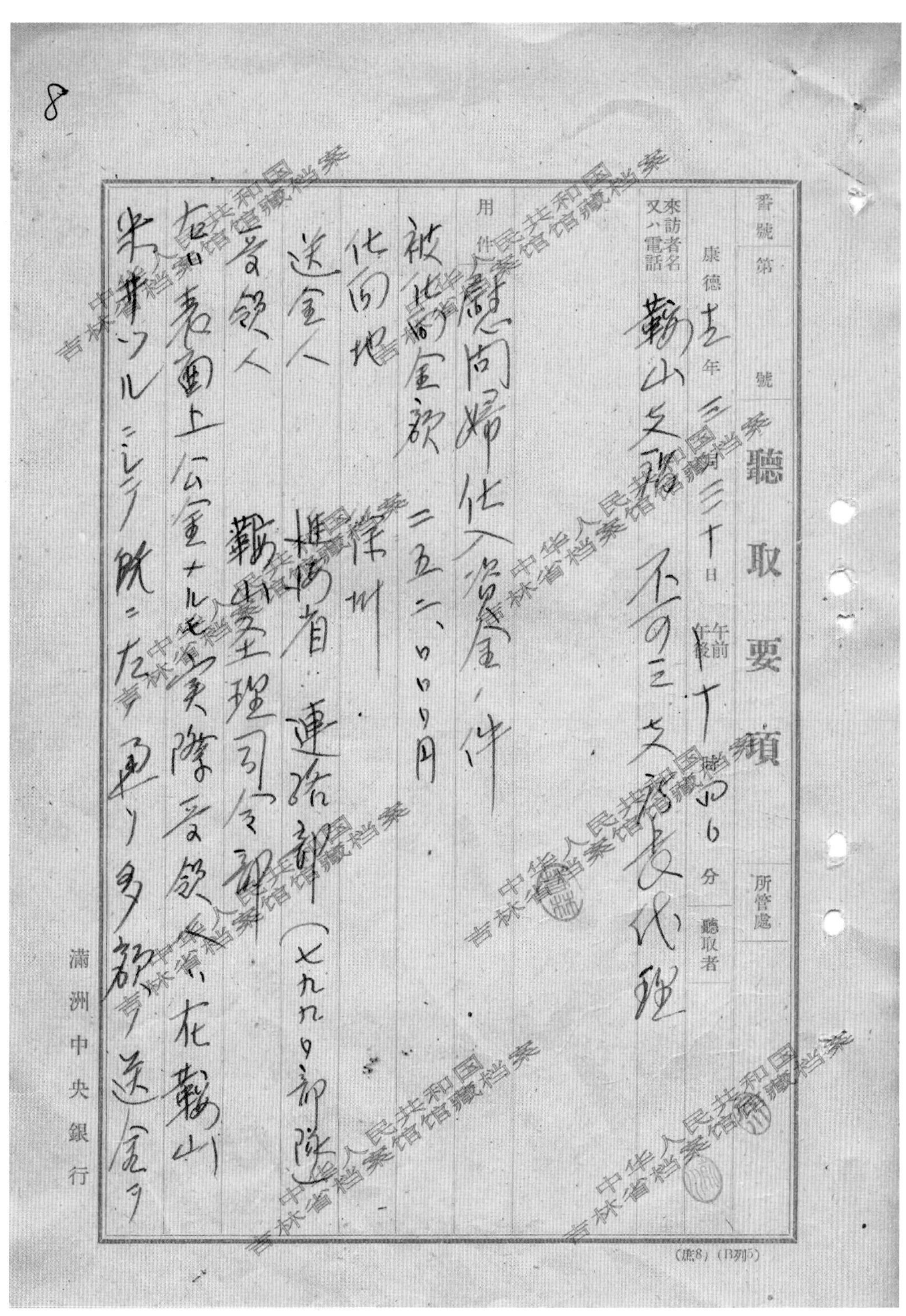

8

聽取要項

番號 第　號

康德 十一年 三月 三十日 午前/午後 十時〇〇分

所管處

聽取者

來訪者名又ハ電話：鞍山支店 不の三 支店長代理

用件：慰問婦仕入資金ノ件

被仕向金額 二五二、〇〇〇円

仕向地 徐州

送金人 淮海省 連絡部（七九九〇部隊）

受領人 鞍山警理司令部

名義上公金ナルモ實際受領人ハ在鞍山米井ツルニシテ既ニ左通リ多額ノ送金ヲ

滿洲中央銀行

（庶8）（B列5）

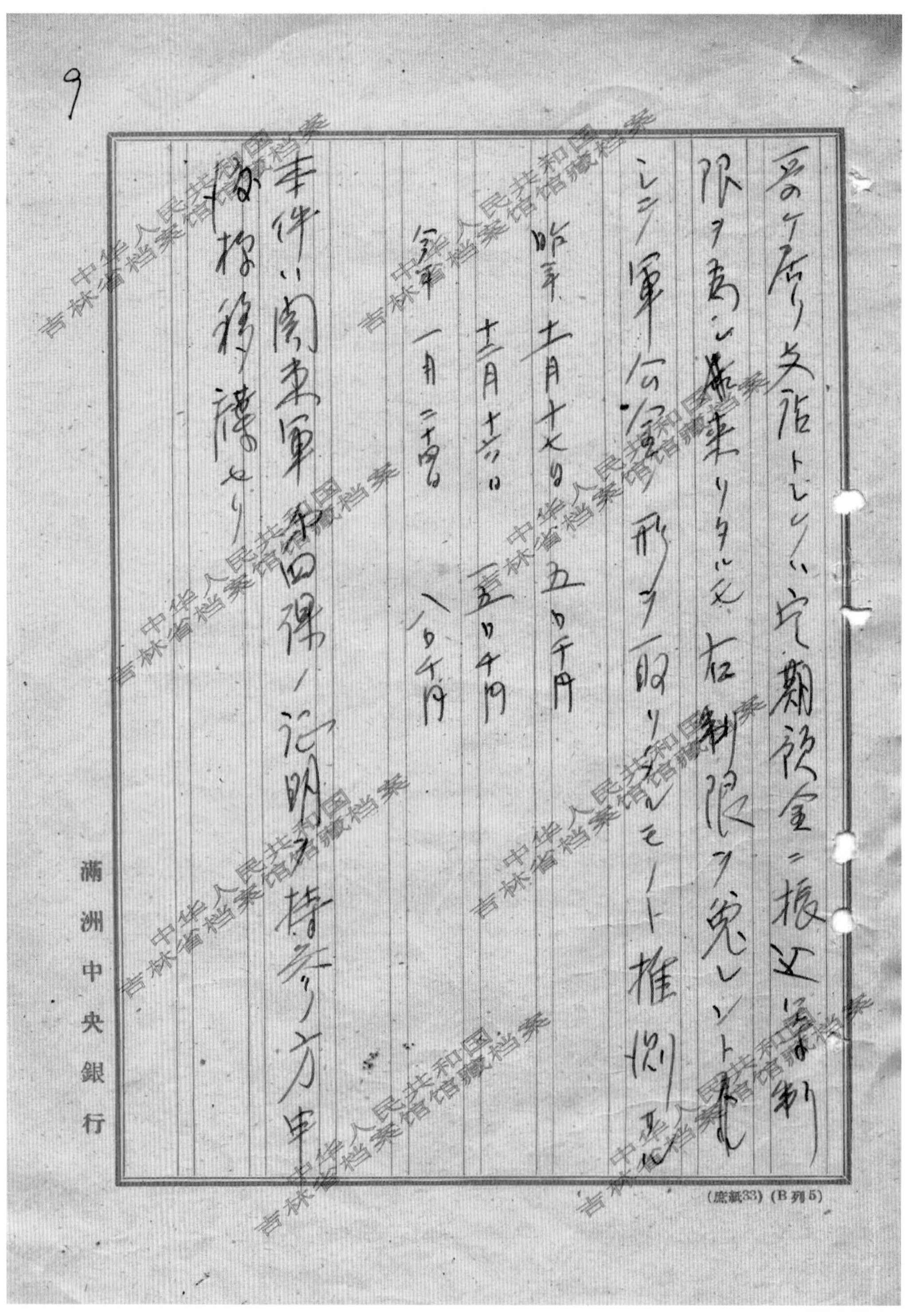

9

受ケ居リ支店トシテハ定期預金ニ振込当制
限ヲ為シ来リタルモ右制限ヲ免レントシ
テ軍公金ノ形ヲ取リタルモノト推測ス

昨年十一月十七日　五万千円
十二月十六日　五万千円
今年一月二十四日　八万千円

本件ハ関東軍和田課ノ証明ヲ持参シ方申
出ニ依リ便宜ヲ講セリ

滿洲中央銀行

(底紙33) (B列5)

시간: 康德十二年(1945년)三月三十日 오전 10시 40분

내방자: 안산지점 不可三 대리지점장

제명: 위안부수매자금 건

본문:

발송금액: 252,000엔

발송지: 쉬저우(徐州)

송금인: 화이하이(淮海)성 연락부(7990부대)

수령인: 안산경리사령부

상술 금액은 겉으로는 공금의 형식으로 되어 있지만 실제수령인은 안산의 米井鶴임. 아래 밝힌 바와 같이 거액송금의 형식으로 지점의 정기계좌에 저금할 필요 있음. 비록 저금제한은 있지만 군용공금의 명목으로 제한을 해제할 수 있을 것으로 사료됨.

작년 11월 17일 50,000엔

12월 26일 150,000엔

올해 1월 24일 80,000엔

이 건은 관동군 제4과의 증명이 있어야만 수속이 가능함.

19

서류해독

위만중앙은행 자금부 외자과의 통화답신기록

이 서류는 위만주중앙은행 자금부 외자과가 부대 명의의 "위안부"수매자금 25.2만 엔에 관해 전화를 걸어온 안산지점에 답신한 기록이다. 외자과는 이 자금이 우선 경제부의 승낙을 받아야만 수리할 수 있다고 답하였다.

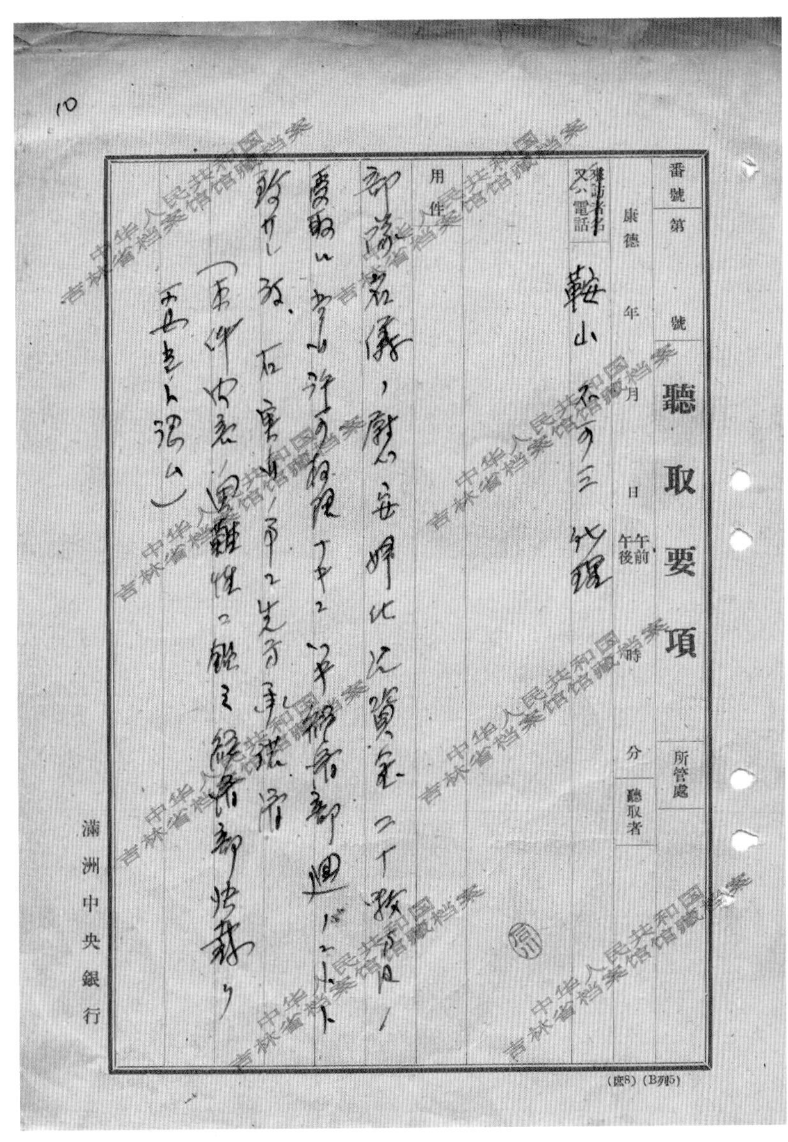

番號 第 號

聽取要項

所管處

康德 年 月 日 午前 午後 時 分

聽取者

來訪者又ハ電話

用件

滿洲中央銀行

(底8) (B列5)

참고역문

통화인: 안산 불가삼 대리

부대명의의 위안부이체자금 이십수만 엔의 수령 건에 관하여 답함. 본 은행은 허가권한이 없어서 경제부에 알아보아 대방의 인가를 받아야만 수속을 밟을 수 있음. (본건의 내용상 어려움이 있으므로 경제부의 재가를 받아야 함)

20

서류해독

일본자바헌병대본부 『군인범죄조사표』

이 서류는 일본침략군자바헌병대본부가 작성한 『일본군인범죄조사표』에 기록된 자카르타조선소 일본침략군임원의 기율(紀律)위반 사건이다. 昭和十八年(1943년)十二月三日, 자카르타조선소의 일본침략군임원이 만취 후 당지 매춘부를 강제로 여염집에 끌고 가려다가 거절당하자 칼을 뽑아 담장을 파손하였다. 헌병에게 훈계 받고 반성문을 써 바쳤다.

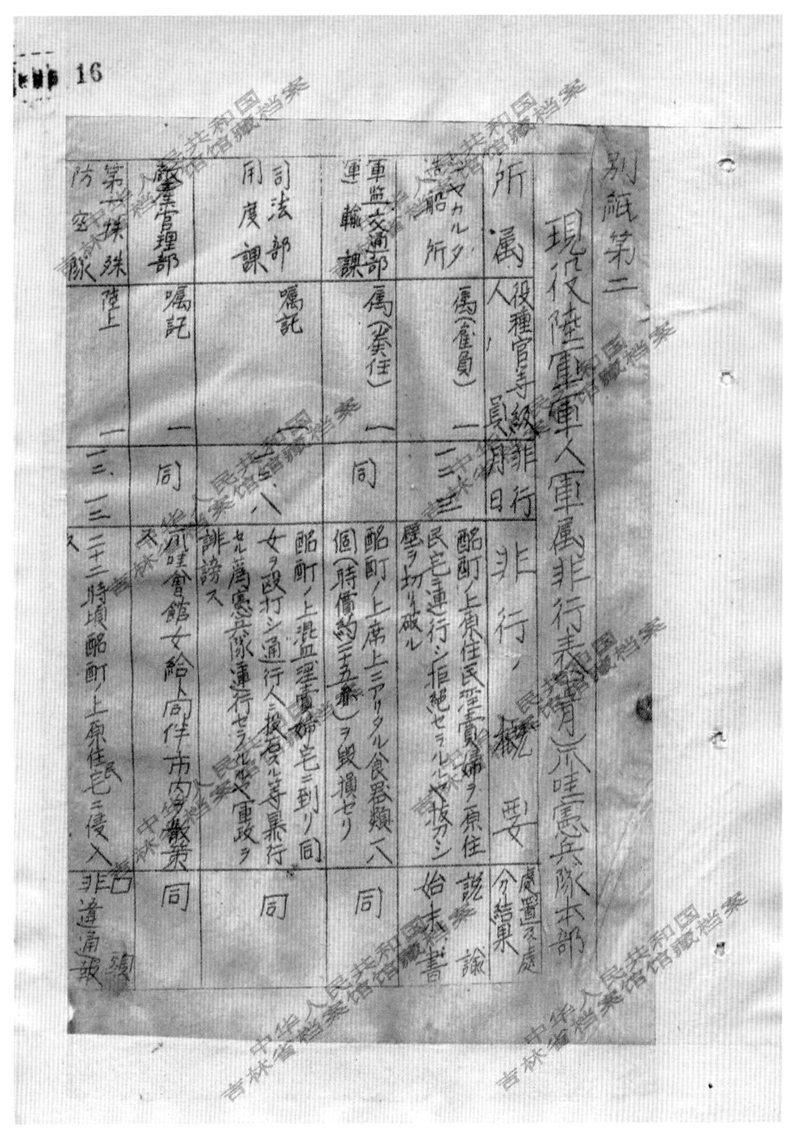

16

别紙第二

現役陸軍軍人軍属非行表(十二月) 爪哇憲兵隊本部

所属	役種官等級 人員	非行月日	非行ノ概要	処置又ハ処分結果
ジャカルタ造船所	属(雇員) 一	一二、三	酩酊ノ上原住民淫売婦ヲ原住民宅ニ連行シ拒絶セラルルヤ抜刀シ壁ヲ切リ破ル	説諭 始末書
軍監交通部運輸課	属(奏任) 一	同	酩酊ノ上席上ニアリタル食器類八個(時価約三十五銭)ヲ毀損セリ	同
司法部用度課	嘱託 一	一二、八	酩酊ノ上混血淫売婦宅ニ到リ同女ヲ殴打シ通行人ニ投石スル等暴行セル為憲兵隊連行セラルルヤ憲兵ヲ誹謗ス	同
敵産管理部	嘱託 一	同	不... 爪哇會館女給ト同伴市内ヲ散策	同
第十六特殊防空隊	陸上 一	一二、一三	二十三時頃酩酊ノ上原住民宅ニ侵入	非違通報

참고역문

자카르타조선소의 일본군임원이 十二月三日 만취 후 당지 창녀를 강제로 여염집에 끌고 가려다가 거절당하자 칼을 뽑아 담장을 파손.

처분: 헌병에게 훈계 받고 반성문을 써 바침.

21

서류해독

일본침략군자바헌병대군사경찰관계『군인군속범죄표(1월)』

이 서류는 昭和十九年(1944년)三月五日, 일본침략군자바헌병대가 작성한『군인군속범죄표(1월)』의 "위안부"에 관한 내용이다. 一月二十五日, 일본육군일등병 沖野孝次가 외출 금지된 상황에서 "위안소"에 가 놀다가 출항시간을 놓친 사건을 기록하고 있다. 沖野孝次는 수사를 받았고 헌병 堅부대의 군법회의장관에게 보고하여 처리하였다.

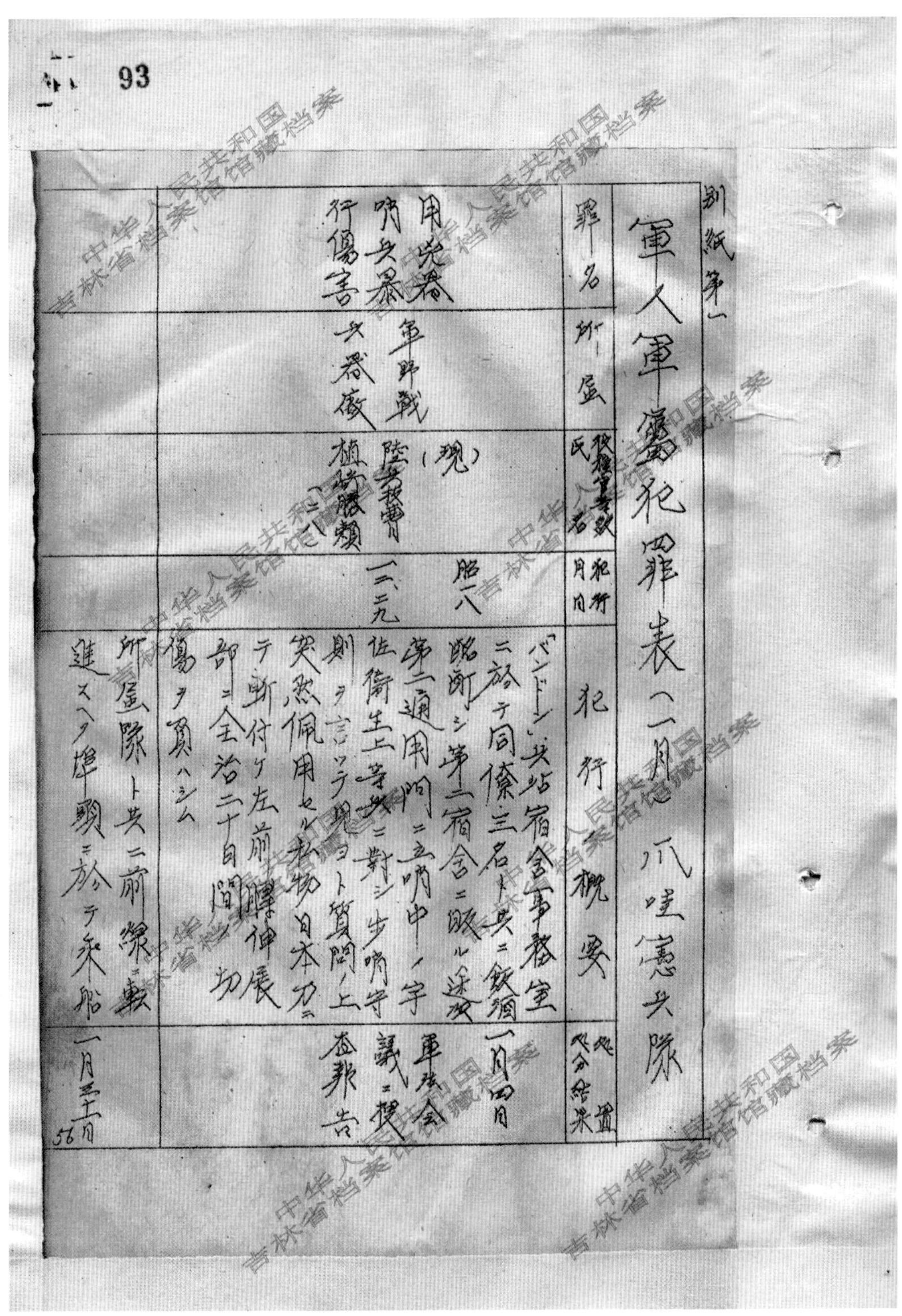

93

別紙第一

軍人軍屬犯罪表（一月份）爪哇憲兵隊

罪名	所属	階級 氏名	犯行月日	犯行概要	處置区分 結果
用兵器暴行傷害	軍野戦兵器廠	（現）陸軍技手 植松勝頼 二八	昭一八 一二、二九	「バンドン」兵站宿舎事務室ニ於テ同僚三名ト共ニ飲酒酩酊シ第二宿舎ニ帰ル途次第二通用門ニ立哨中ノ守備隊衛生上等兵ニ対シ歩哨守則ヲ言ッテ見ヨト質問ノ上突然佩用セル私物日本刀ニテ斬付ケ左前膊伸展部ニ全治二十日間ノ切傷ヲ負ハシム 所属隊ト共ニ前線ニ転進スヘク埠頭ニ於テ乗船	一月四日 軍法会議ニ提起並報告 一月三十日

56

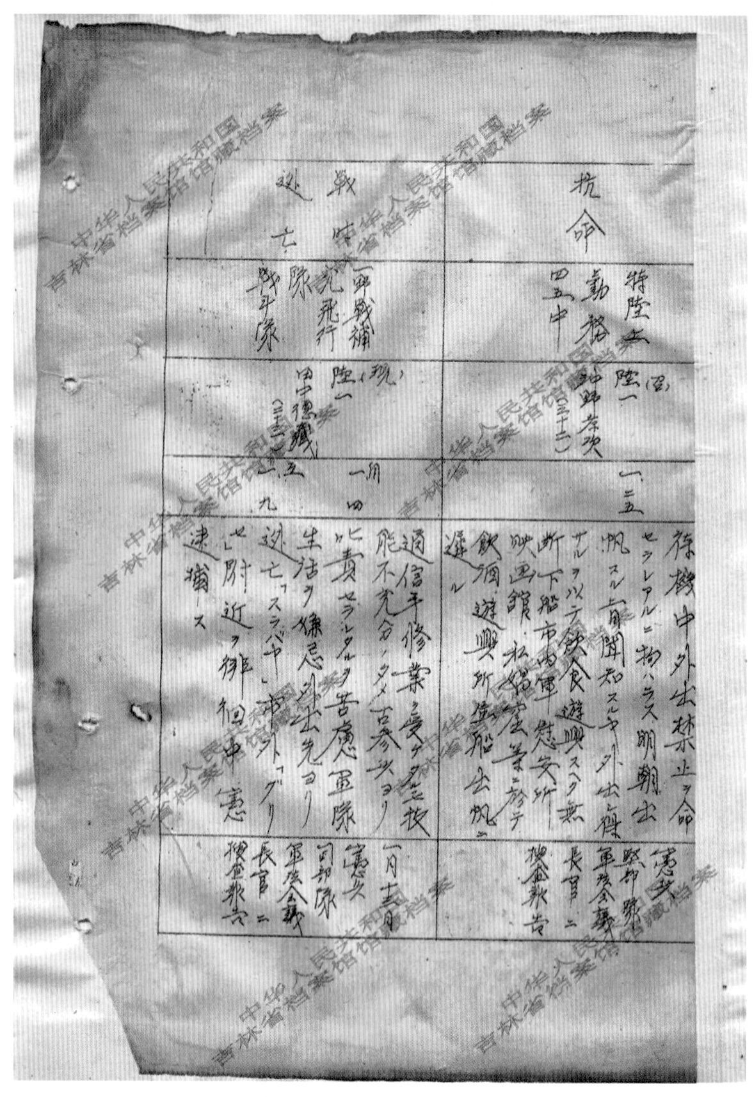

抗命	特陸七 勤務 四五中	陸一(召) 沖野孝次 (二十二)	一 二五	部隊中外出禁止ヲ命セラレアルニ拘ハラス明朝出帆スル旨聞知スルヤ外出ヲ得サルヲ以テ飲食遊興スヘク無断下船市内軍慰安所映画館私娼窟等ニ於テ飲酒遊興ノ所出帆ニ遅ル	憲兵 堅部隊 軍法会議 長官ニ 捜査報告
戦時逃亡	一野戦補充飛行隊 戦斗隊	陸一(現) 田中徳蔵 (二二)	一月四 一九	通信手修業ヲ受ケタルモ技能不充分ノタメ古参兵ヨリ叱責セラレタルヲ苦慮シ軍隊生活ヲ嫌忌シ外出先ヨリ逃亡スルモ市外ヲ(?)付近ヲ徘徊中憲兵ニ逮捕ス	一月十三日 憲兵 司部隊 軍法会議 長官ニ 捜査報告

참고역문

(一月二十五日) 육군일등병 沖野孝次는 소속부대가 전선으로 출발 전에 부두에서 출항을 기다리던 중 외출을 금하였음에도 불구하고 먹고 놀기 위해 무단적으로 하선. "내일 아침 출항, 외출을 금함"이라는 고시를 무시하고 시내의 군위안소, 영화관, 유곽 등에서 놀다가 출항시간을 놓침.

처분: 수사 후, 헌병 堅부대의 군법회의장관에게 보고

22

서류해독

일본침략군자바헌병대본부 『헌병월보(1월)』

이 서류는 昭和十九年(1944년)三月五日 일본침략군 자바헌병대본부에서 작성한 『헌병월보(1월)』의 "위안부"에 관한 내용이다. 제3선박사의 군속이 허가를 받지 않고 군대"위안소"에서 놀다가 훈육을 받은 사례이다. 몇 글자 밖에 안 되지만 1944년 일본침략군이 인도네시아의 자바섬에 "위안소"를 차렸음을 밝히고 있다.

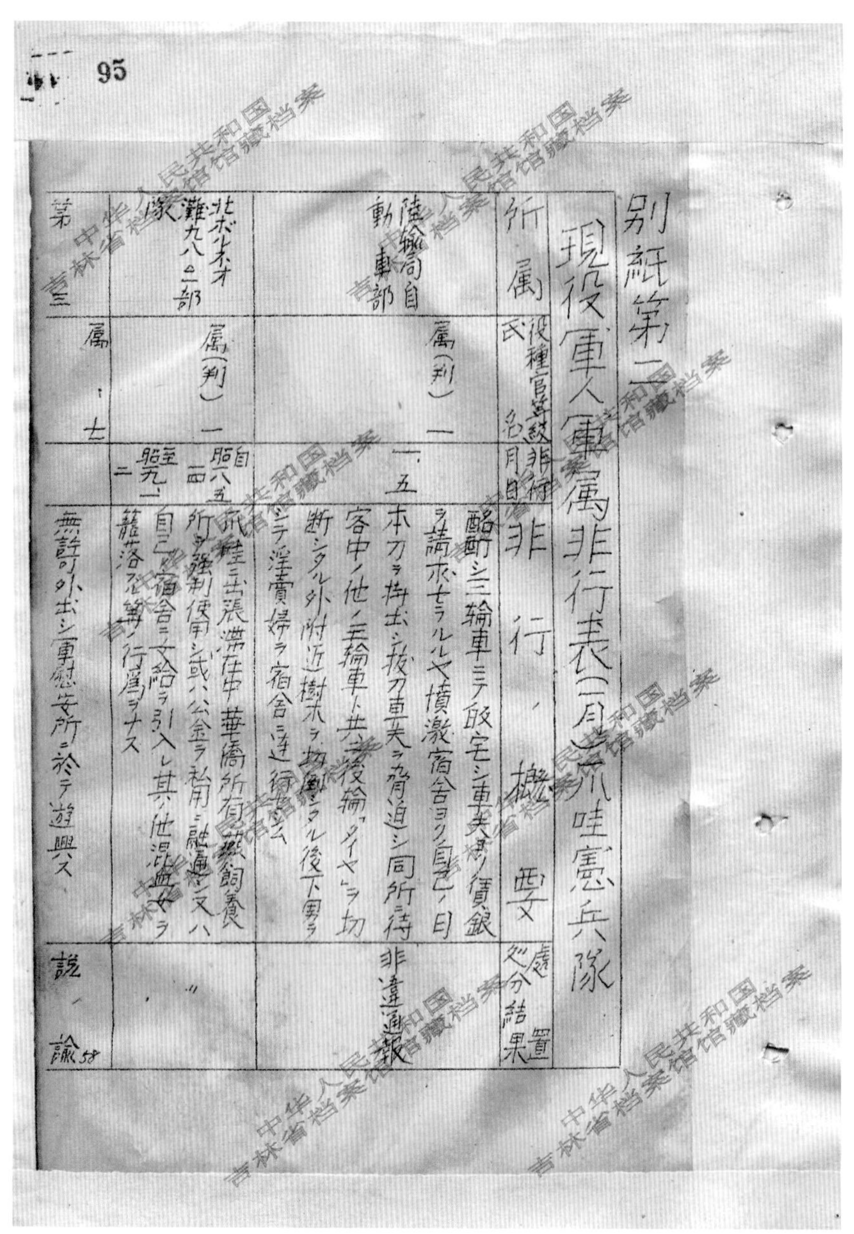

95

別紙第二

現役軍人軍属非行表（二月）爪哇憲兵隊

所属	役種官等級 氏名	非行月日	非行ノ概要	処置 処分結果
陸輸司自動車部	属（判） 一	一、五	酩酊シ三輪車ニテ皈宅シ車夫ヨリ賃銀ヲ請求セラルルヤ憤激宿舎ヨリ自己ノ日本刀ヲ持出シ抜刀車夫ヲ脅迫シ同所待客中ノ他ノ三輪車ト共ニ後輪「タイヤ」ヲ切断シタル外附近樹木ヲ切倒シタル後下男ヲシテ淫売婦ヲ宿舎ニ連行シ…	非違通報
北ボルネオ灘九八三部隊	属（判） 一	自昭一八、五 二四 至昭一九、一 二	爪哇ニ出張滞在中華僑所有ノ豚飼養所ヲ強制使用シ或ハ公金ヲ私用ニ融通シ又ハ自己ノ宿舎ニ女給ヲ引入レ其ノ他淫酒ニ耽リ放縦ナル行為ヲナス	〃
第三	属 ・ 士		無許可外出シ軍慰安所ニ於テ遊興ス	説諭

58

참고역문

제3선박사의 군속이 허가를 거치지 않고 군대“위안소”에서 놀았음.

처분: 훈육

23

서류해독

일본침략군자바헌병대본부『헌병월보(1월)』

이 서류는 昭和十九年(1944년)三月五日 자바헌병대가 작성한『헌병월보(1월)』의 "위안부"에 관한 내용이다. 一月十三일, 日慈철도공장 일본침략군임원이 음주 후 군대"위안소"에 가서 "위안부"를 구타하고 집기를 파손, 통보처리 되었다.

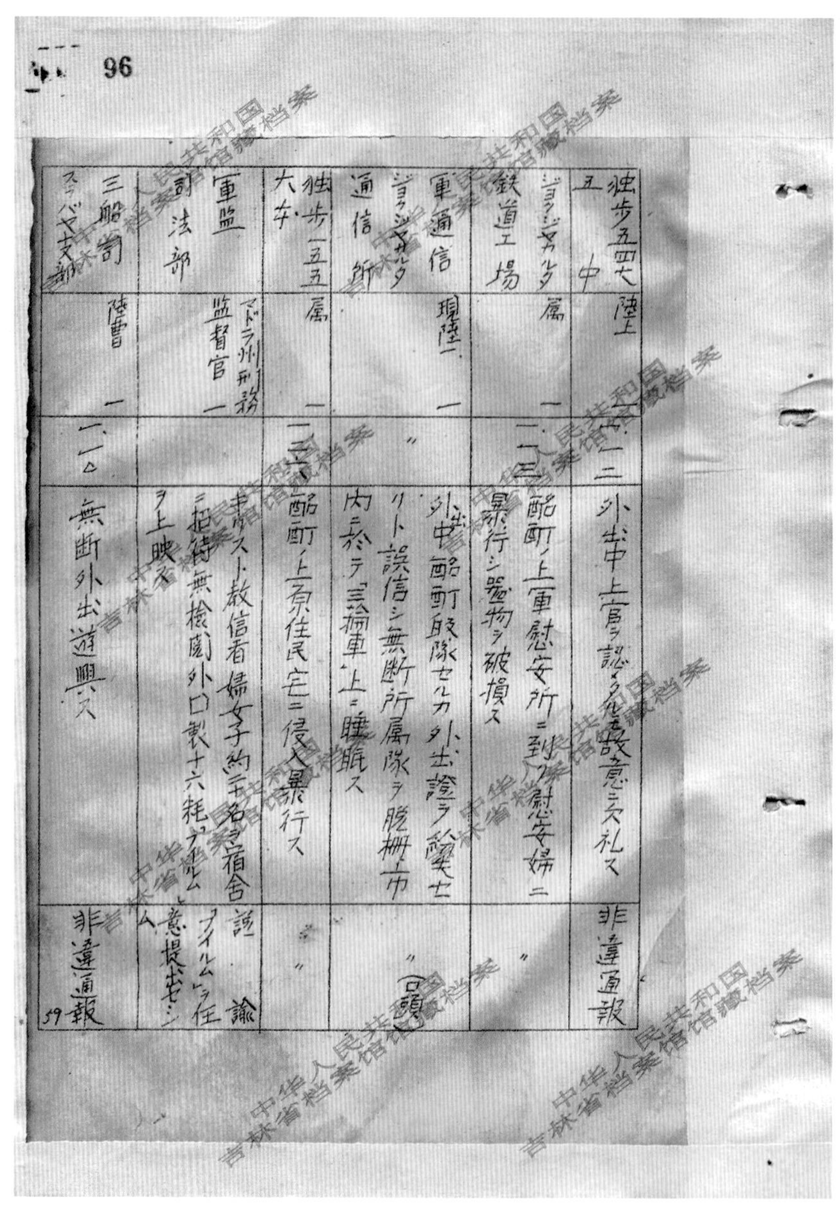

96

独歩五四七 五中	陸上	一	一、二	外出中上官ヲ認メ乍ラ故意ニ欠礼ス	非違通報
ジョグジャ 鉄道工場	ジョグジャ属	一	一、一三	酩酊ノ上軍慰安所ニ到リ慰安婦ニ暴行シ器物ヲ破損ス	〃
軍通信 ジョグジャ 通信所	理陸一	一	〃	外出中酩酊脱隊セルガ外出證ヲ紛失セリト誤信シ無断所属隊ヲ脱柵市内ニ於テ三輪車上ニ睡眠ス	〃 口頭
独歩一五五 大安	属	一	一、三	酩酊ノ上原住民宅ニ侵入暴行ス	〃
軍監 司法部	マドラ州刑務 監督官	一		基督教信者婦女子約〇名ヲ宿舎ニ招待無検閲外国製十六粍フイルムヲ任意提出セシメ之ヲ上映ス	説諭
三船司 スラバヤ支部	陸曹	一	一、一〇	無断外出遊興ス	非違通報

59

참고역문

(一月十三日) 日惹철도공장 일본군임원이 음주 후 군대"위안소"에 가서 "위안부"를 구타하고 집기를 파손.

처분: 통보

24

서류해독

일본침략군자바헌병대본부『헌병월보(1월)』

이 서류는 昭和十九年(1944년)三月五日 자바헌병대가 작성한『헌병월보(1월)』의 "위안부"에 관한 내용이다. 一月二十二日, 南燃자바분공장 일본침략군임원이 공무외출 중 "위안소"에 가서 놀고 통보처분을 받았다.

97

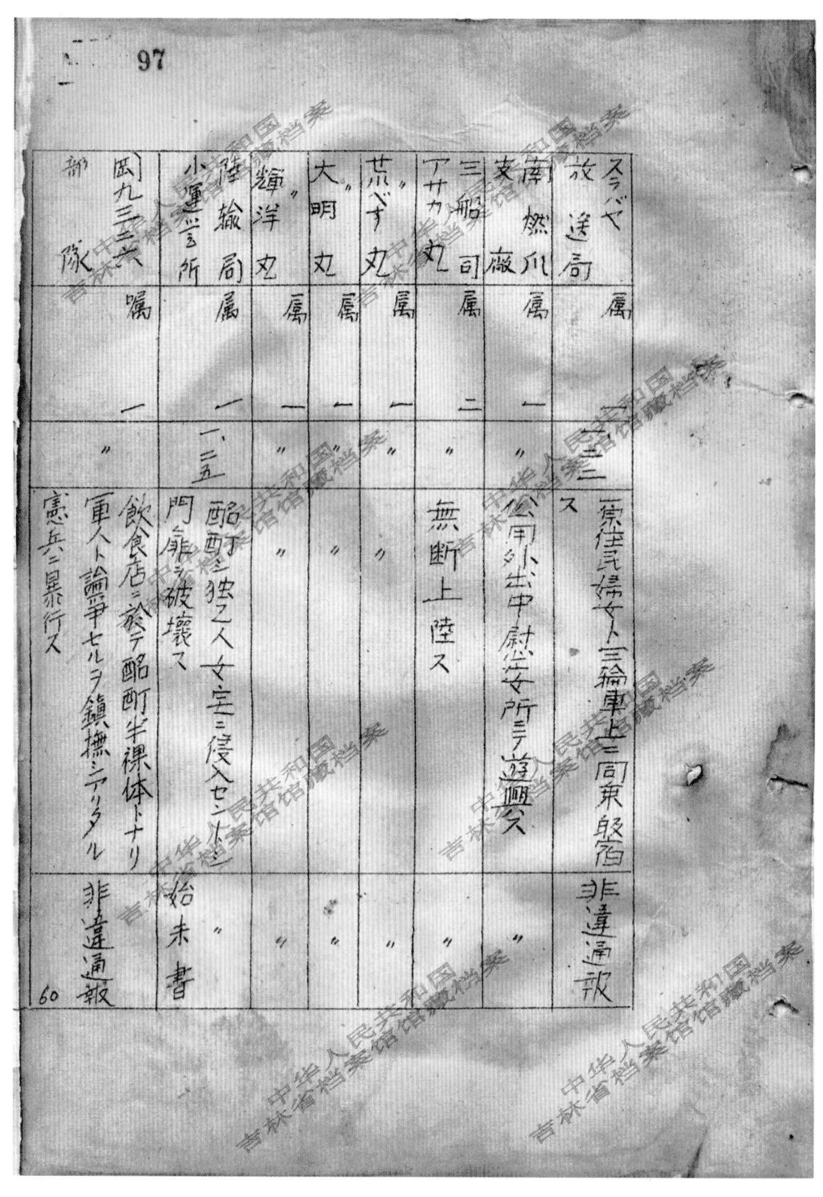

所属	人数	日付	事項	処置
スラバヤ放送局 属	一	一、二三	原住民婦女ト三輪車上ニ同乗[illegible]ス	非違通報
南燃川支廠 属	一	〃	公用外出中慰安所ニテ遊興ス	〃
三船司 アサカ丸 属	二	〃	無断上陸ス	〃
荒べす丸 属	一	〃	〃	〃
大明丸 属	一	〃	〃	〃
輝洋丸 属	一	〃	〃	〃
陸輸局小運送所 属	一	一、三五	酩酊独之人女室ニ侵入セントシ門扉ヲ破壊ス	始末書
岡九三六部隊 属	一	〃	飲食店ニ於テ酩酊半裸体トナリ軍人ト論争セルヲ鎮撫シテアリタル憲兵ニ暴行ス	非違通報

60

참고역문

(一月二十二日) 南燃자바분공장 일본군임원 한 명이 공무외출 중 군대"위안소"에 가서 놀았음.

처분: 통보

25

서류해독

일본침략군자바헌병대본부『헌병월보(1월)』

이 서류는 昭和十九年(1944년)三月五日 자바헌병대가 작성한『헌병월보(1월)』의 "위안부"에 관한 내용이다. 一月二十七日, 자바주둔 二七비행연대의 일본침략군 육군사병이 음주 후 "위안소"에 가서 "위안부"를 구타하여 통보처분을 받았다.

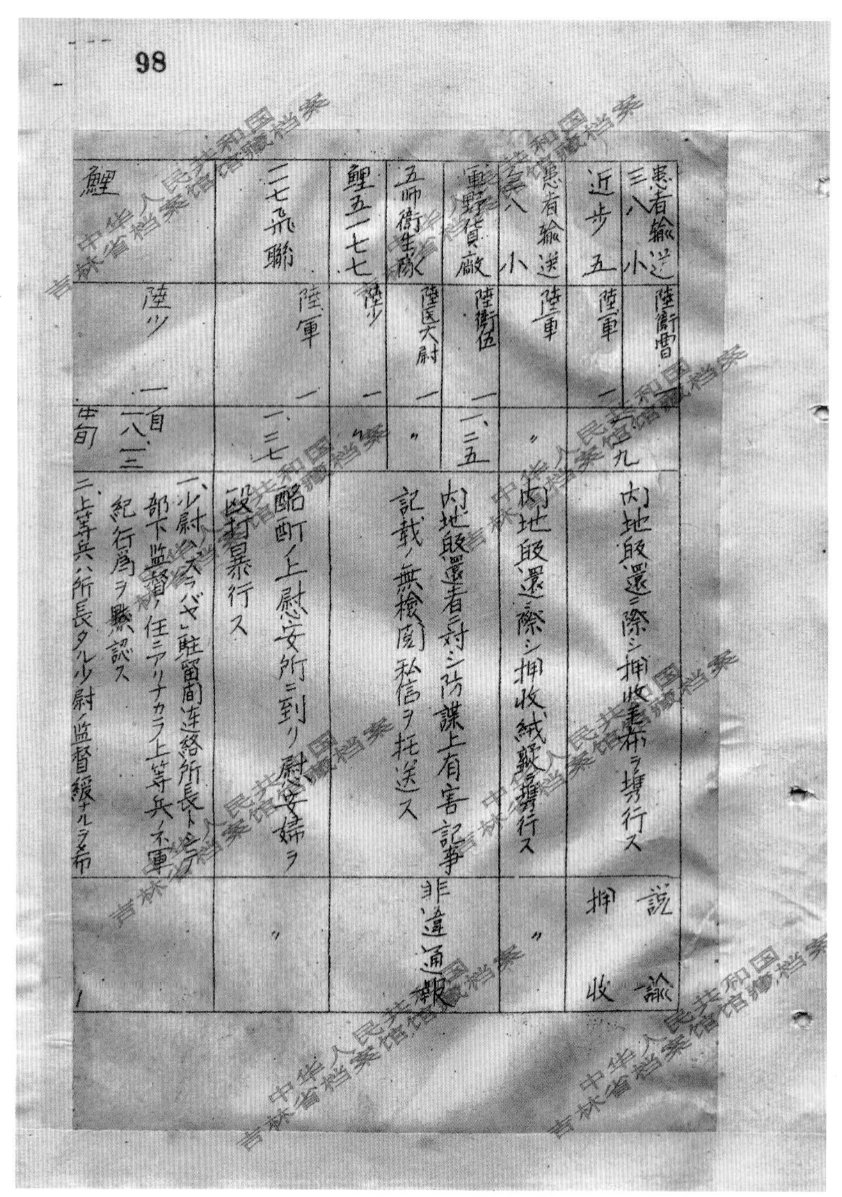

98

部隊	身分	人数	日付	内容	処置
患者輸送三八小	陸衛曹	一	一、一九	内地還送ニ際シ押收毛布ヲ携行ス	説諭 押收
近歩五	陸軍	一			
患者輸送三八小	陸軍	一	〃	内地還送ニ際シ押收絨緞ヲ携行ス	〃
野戦貨廠	陸衛伍	一	一、二五	内地還送者ニ対シ防諜上有害記事記載ノ無検閲私信ヲ托送ス	非違通報
五師衛生隊	陸医大尉	一	〃		
鯉五一七七	陸少	一	〃		
二七飛聯	陸軍	一	一、二七	酩酊ノ上慰安所ニ到リ慰安婦ヲ殴打暴行ス	〃
鯉	陸少	一	自一、八 至一、三一	一、少尉ハスラバヤニ駐留間連絡所長トシテ部下監督ノ任ニアリナカラ上等兵ノ不軍紀行為ヲ黙認ス 二、上等兵ハ所長タル少尉ノ監督緩ナルヲ奇	

참고역문

(一月二十七日) 자바주둔 二七비행연대의 한 일본육군사병이 음주 후 "위안소"에 가서 "위안부"를 구타.

처분: 통보

26

서류해독

일본침략군자바헌병대본부 『헌병월보(1월)』

이 서류는 昭和十九年(1944년)三月五日 자바헌병대가 작성한 『헌병월보(1월)』의 "위안부"에 관한 내용이다. 一月五日, 獨步一五七六부대 본부 육군 일등병보가 사사로이 외출하여 "위안소"에 가서 놀았기에 훈육을 받고 통보처리 되었다.

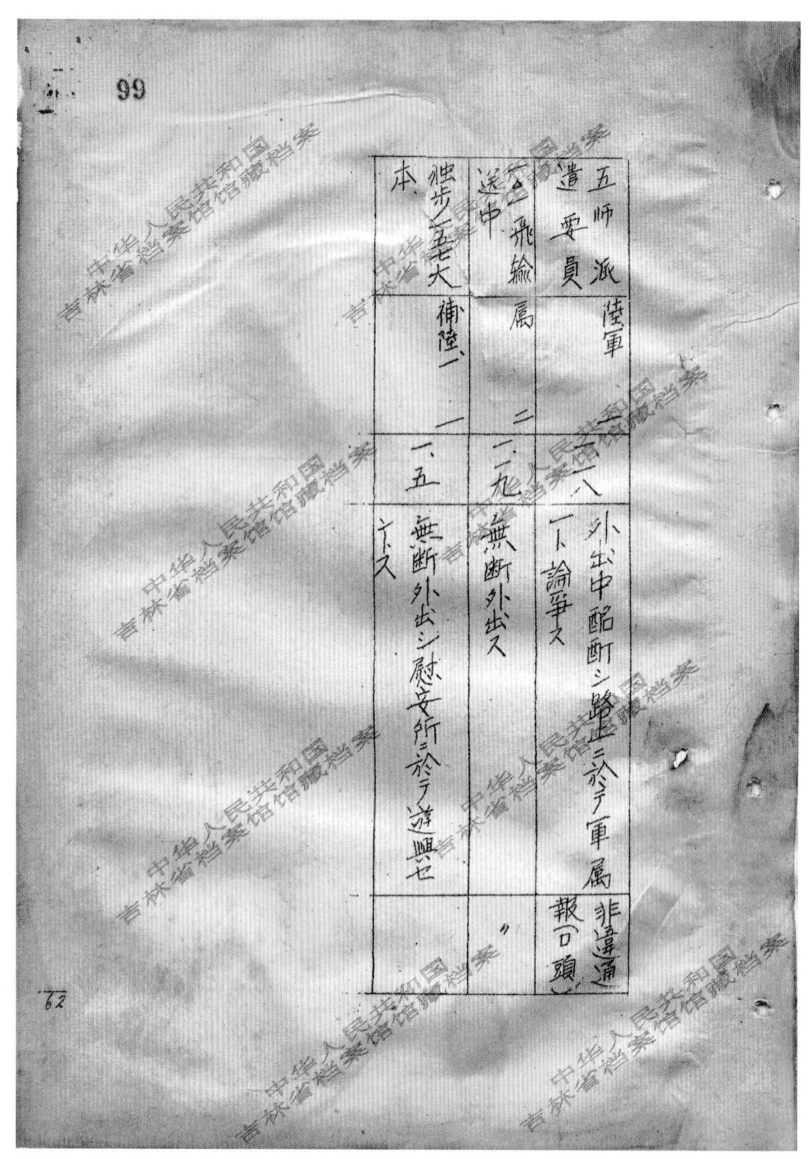
99

五師派遣要員	陸軍	一	一、八	外出中酩酊シ路上ニ於テ軍属ト論争ス	非違通報（口頭）
一〇二飛輸送中	属	二	一、一九	無断外出ス	〃
独歩一五七六大本	補陸一	一	一、五	無断外出シ慰安所ニ於テ遊興セントス	

62

참고역문

(一月五日), 獨步一五七六부대 본부 육군 일등병보가 사사로이 외출하여 "위안소"에 가서 놀았음.

처분: 통보, 훈육

27

서류해독

관동헌병대 『우검월보』

이 서류는 협화회 동안(東安)성 본부 □□應善이 산장(三江)성 쉬이빈(綏濱)가 만주제국 협화회 청년단통감부 선위타이(申玉泰)에게 보낸 편지의 초록이다. 편지에는 “특수위안부”가 많아 우려를 자아내고 있다고 적고 있다. 편지는 이 내용을 삭제한 후 정상적으로 발송되었다.

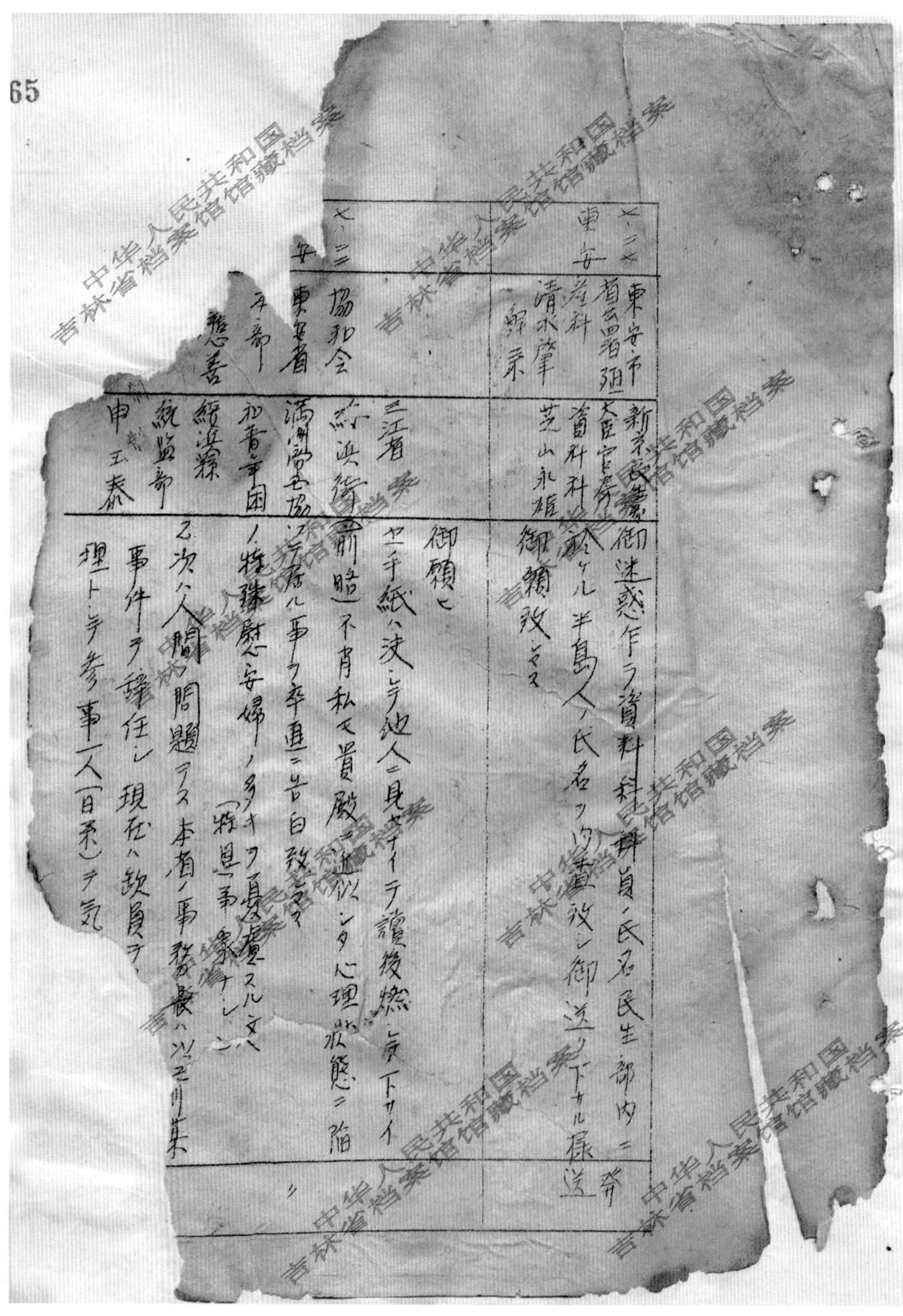
65

七・二六
東安
東安市 首都署殖 警科 清水肇 與希
新京民生部大臣官房 首科科員 芝山永雄
御迷惑作ラ資料科科員ノ氏名民生部内ニ於ケル半島人ノ氏名ヲ調査致シ御送リ下サル様送 御願致シマス
斉

七・二二
安
協和会 東安省 本部 慈善
三江省 綏浜縣 統監部 申玉泰
御願ヒ
此ノ手紙ハ決シテ他人ニ見セナイテ讀後燃シテ下サイ
綏浜縣前略）不肖私ハ貴殿ニ逝從シタ心理状態ニ陥
満洲帝国協和会ニ居ル事ヲ率直ニ告白致シマス
和青年団ノ特殊慰安婦ノ多ナヲ最モ憂慮スル文ハ
（将来ノ事ナレバ）
乙次ハ人間問題デス 本省ノ事務長ハ以前川某
事件デ辞任シ現在ハ欠員デ
理トシテ参事一人（日系）デ気
ノ

발신자: 협화회 둥안(東安)성본부 □□應善

수신자: 산쟝성 쉬이빈가 만주제국협화회 청년단통감부 선위타이

내용: (7월 20일) 부탁합니다만, 이 편지는 절대 다른 사람이 보면 안 됩니다. 읽고 나서 즉시 소각해 버리세요. (前略) 저도 최근 당신과 같은 심정입니다. 직언을 양해해 주십시오.

1. 특수위안부가 많아 걱정입니다. (현재 특이사항이 발생하지는 않았습니다.)

2. 일손이 부족한 문제입니다. 본 성의 사무장이 전에 사유로 사직했습니다. 현재 임원이 부족 □□. □□리에 참사 한 사람(일본인)이 있고 □□

처분: 삭제 후 발송

28

서류해독

버이안지방검열부 『우검월보』

이 서류는 昭和十六年(1941년) 허이허주둔 일본침략군 병사 다케다 다케지로(武田武二郎)가 일본 아키다시 大町四村에 사는 上英子雄에게 보내는 편지 발췌문을 실었다. 편지에는 허이허육군관사 한 귀퉁이에 "위안소"를 설립한 정황을 언급하고 있다. 서류에는 "위안소"는 "일본군 장병들이 귀중한 정력을 배설"하는 곳으로 20명 "위안부"는 전부 조선인이며"국가총동원법"에 의해 강제로 끌려온 것이라고 적고 있다. 이 편지는 나중에 압수되었다. "국가총동원법"은 1938년 일본정부가 반포한 것으로 전쟁 발발 시 국방의 목적으로 인력과 물력을 통괄운용하기 위해 제정한 법안이다. 이 법안에는 정부가 전시체제하에 국가총동원법에 따라 제국신민을 징용한다는 내용이 있다. 조선은 당시 일본의 식민지로 일본은 바로 "국가총동원법"을 근거로 삼아 조선인 부녀를 "위안부"로 강제징집했던 것이다.

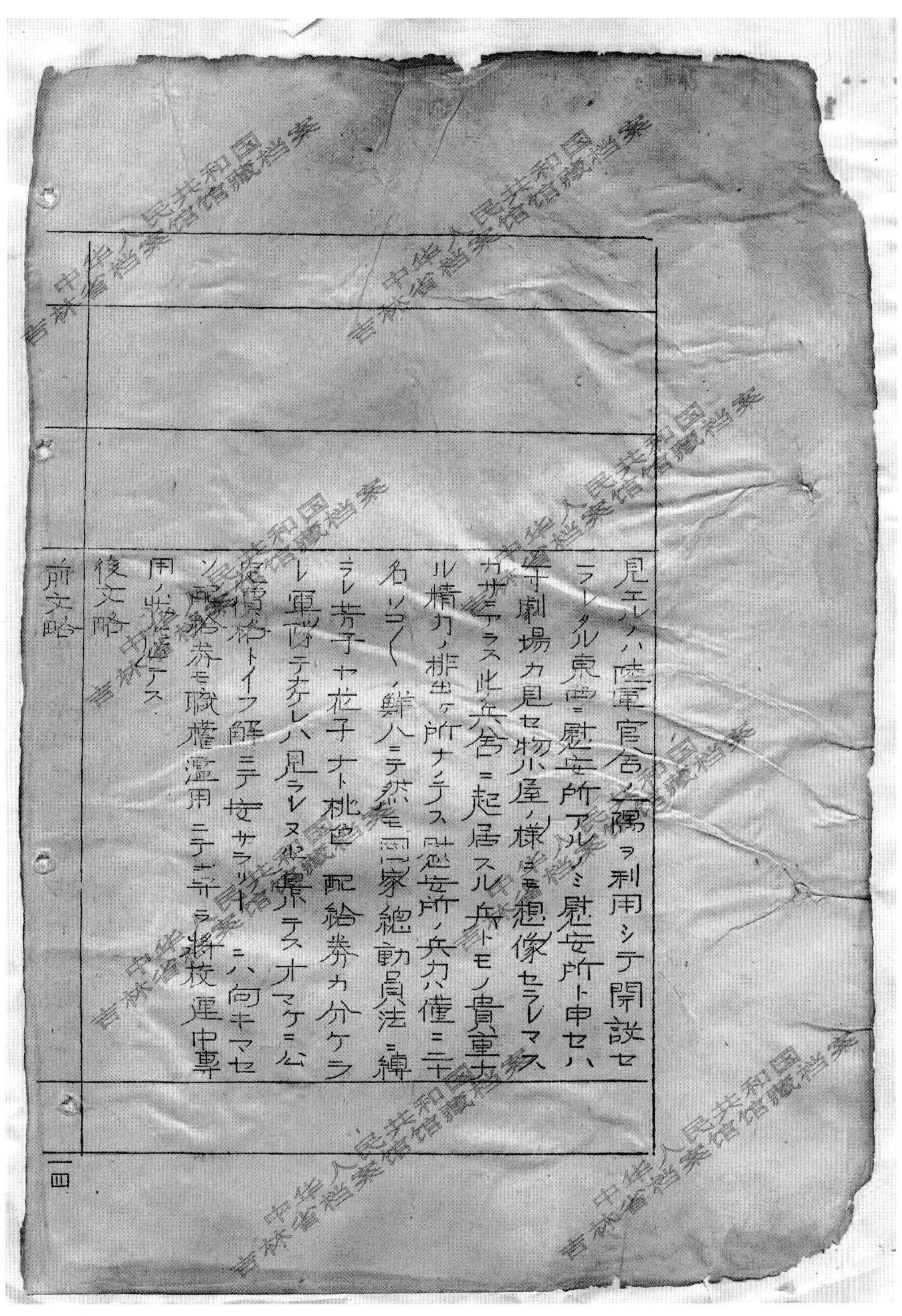

見エルハ陸軍官舎ノ一隅ヲ利用シテ開設セ
ラレタル東寧ニ慰安所アルノミ慰安所ト申セハ
寸劇場カ見セ物小屋ノ様ニモ想像セラレマス
カサニテラス此兵舎ニ起居スル兵トモノ貴重ナ
ル精力ノ排出ケ所ナノテス此慰安所ノ兵力ハ僅ニ三十
名ソコ／＼ノ鮮人ニテ然モ国家総動員法ニ縛
ラレ芳子ヤ花子ナト桃色配給券カ分ケラ
レ軍隊テナケレハ見ラレヌ光景テスオマケニ公
ニ定價格トイフ解ニテ安サラリーニハ向キマセ
ン配給券モ職権濫用ニテ之ヲ将校連中専
用ノ状態ナルテス

後文略

前文略

一四

발신자: 허이허 다케다 다케지로(武田武二郎)

수신자: 아키다시 大町四村

내용: 북만 허이허市街 北方四里 싼선푸(山神府) 병영의 가와무라, 井上, 綿引 등 제씨가 흉에 겨워 전역 후의 생활을 담론하고 있었다. 일망무제(一望無際)의 광야에 마을 하나 보이지 않고 각 병과의 병영이 우뚝 솟아 국위를 자랑하고 있었다. 다만 육군관사 한 귀퉁이에 동서방향으로 세운 위안소만 보일 뿐이다. 이른바 위안소라 함은 한치 면적의 소극장 같기도 하고 구경거리(見せ物) 같기도 한 구체적 모양을 형언하기 어려운 곳이다. 하지만 그곳은 병영의 병사들에게 몹시 중요한 심심풀이 장소이기도 하다. 위안소의 인원수는 20명뿐인데 전부 조선인이다. 그녀들은 국가총동원법에 의해 여기로 온 것이다. 요시코, 하나코 따위의 변성명이 적힌 배급권을 분배받았다. 군대가 아니면 이런 정경을 구경도 못하였을 것이다. 할인 후의 공정가격이므로 (비현역)임원은 상대하지 않는다. 배급권도 직권남용으로 장교들이 죄다 장악하고 있다.

처분: 압수

29

서류해독

지닝(鷄寧)임시헌병대『사상대책월보』

이 서류는 지닝임시헌병대『사상대책월보』의 "위안부"에 관한 내용이다. 5월 21일 둥안성 버리(勃利)가에서 조선인 두 명이 군인과 군속만 접대하는데 불만을 품고 군대"위안소"에 와서 야료(惹鬧)를 부렸다.

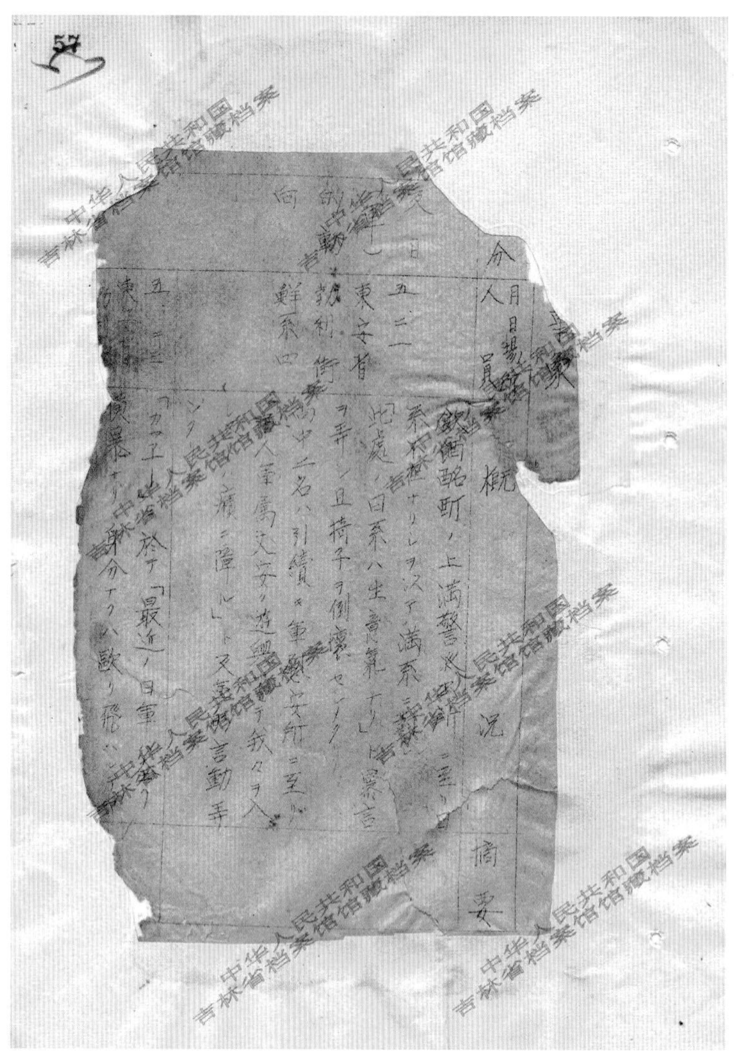

참고역문

동안성 벌리가에서 조선인 4명이 만취하여 만경파출소에 난입하였다. 그들은 일본인이 없는 것을 보고 만주인을 향해 망언을 퍼부었다. "여기 일본인들은 너무 건방지단 말이야!" 그리고는 걸상을 부수었다. 그중 두 명은 또 군대위안소에 찾아가 군대를 모욕하는 언사를 하였다. "여기는 군인과 군속만 싼값에 놀게 하고 우린 들여보내지도 않잖아. 이거 화가 나서 참을 수가 있나?"

30

서류해독

지닝(鷄寧)임시헌병대 『사상대책월보』

이 서류는 지닝임시헌병대 『사상대책월보』의 "위안부"에 관한 내용이다. 5월 2일 무단 장성쉬이양(綏陽)가 군대특수"위안소" 부근의 전선주에 백지에 쓴 "위안부"모집광고가 나붙었다.

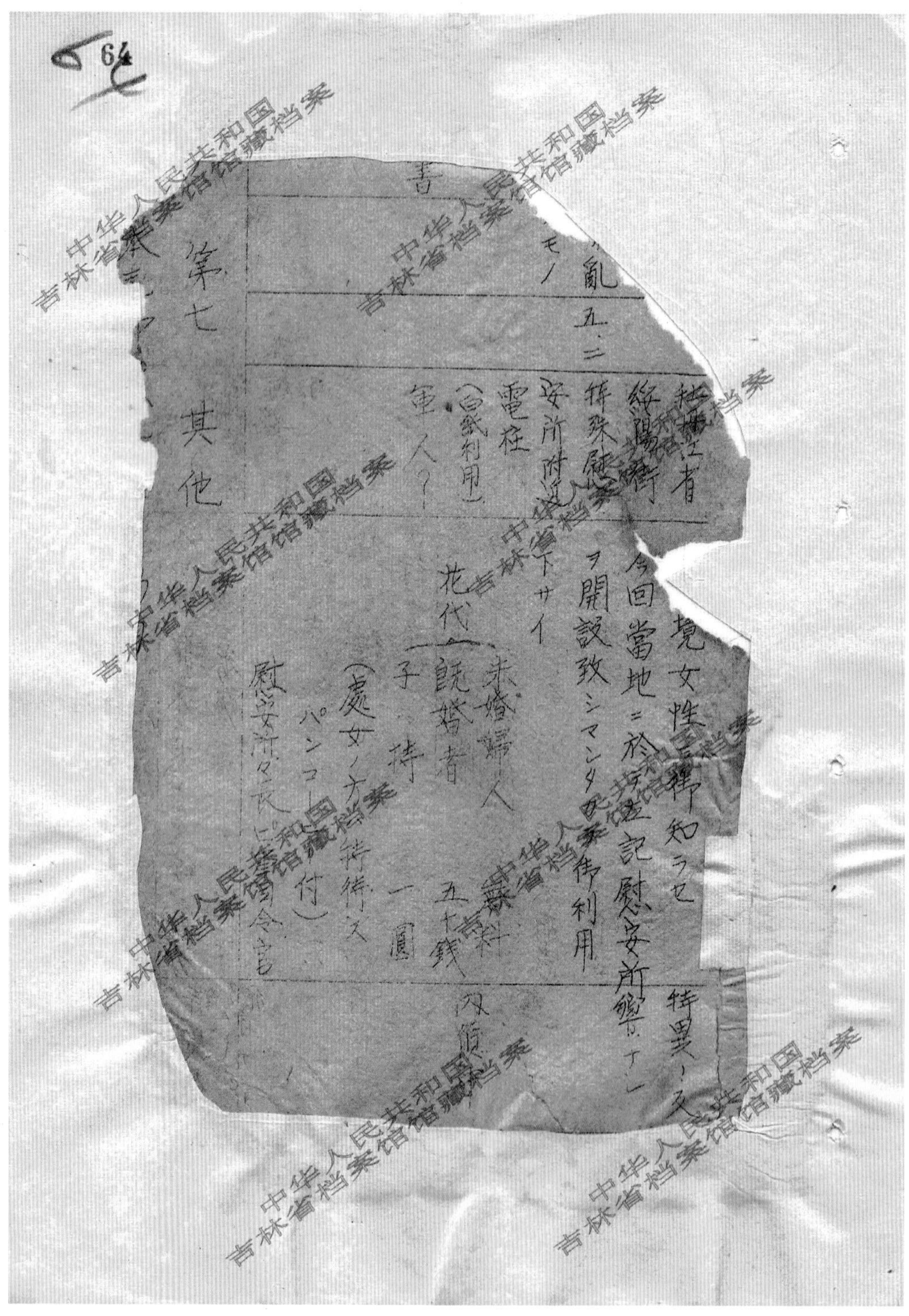
64

書

モノ

亂 五.二

秘[illegible]者
境女性ニ御知ラセ
特異ノ[illegible]

綏陽街
今回當地ニ於テ左記慰安所[illegible]

特殊慰安
ヲ開設致シマシタ[illegible]宣傳利用

安所附近[illegible]下サイ

電柱

(白紙利用)

軍人?

花代
未婚婦人 無料
既婚者 五十銭 以[illegible]
子持 一圓
(處女ノ方特待ス
パンコ[illegible]付)

慰安所々長 [illegible]司令官

第七 其他

(5월 2일) 무단장 쉬이양가 특수위안소 부근의 전선주에 백지에 적은 다음과 같은 글이 붙어 있었다.(군인의 소행인 것으로 추측)

국경여성에게 알림. 요즘 당지에 위안소를 설립하니 널리 이용 바람.
화대　미혼—무료
기혼—오십전
아이 딸림—일원
(처녀는 우대함. 빵과 커피를 제공함)
위안소 소장 P군사령관

31

서류해독

둥닝헌병대『사상반월보(10월 전기)』

이 서류는 昭和十七年(1942년)十月十八日 둥닝헌병대가 관동헌병대사령부에 올린『사상반월보(10월전기)』이다. 이 보고서의 제1항에는 10월 8일 미산현 싱카이부대"위안소"에서 한 일본여인이 조선인"위안부"의 손목시계를 훔치고 상대를 구타하여 상처를 입힌 내용이 적혀 있다.

22

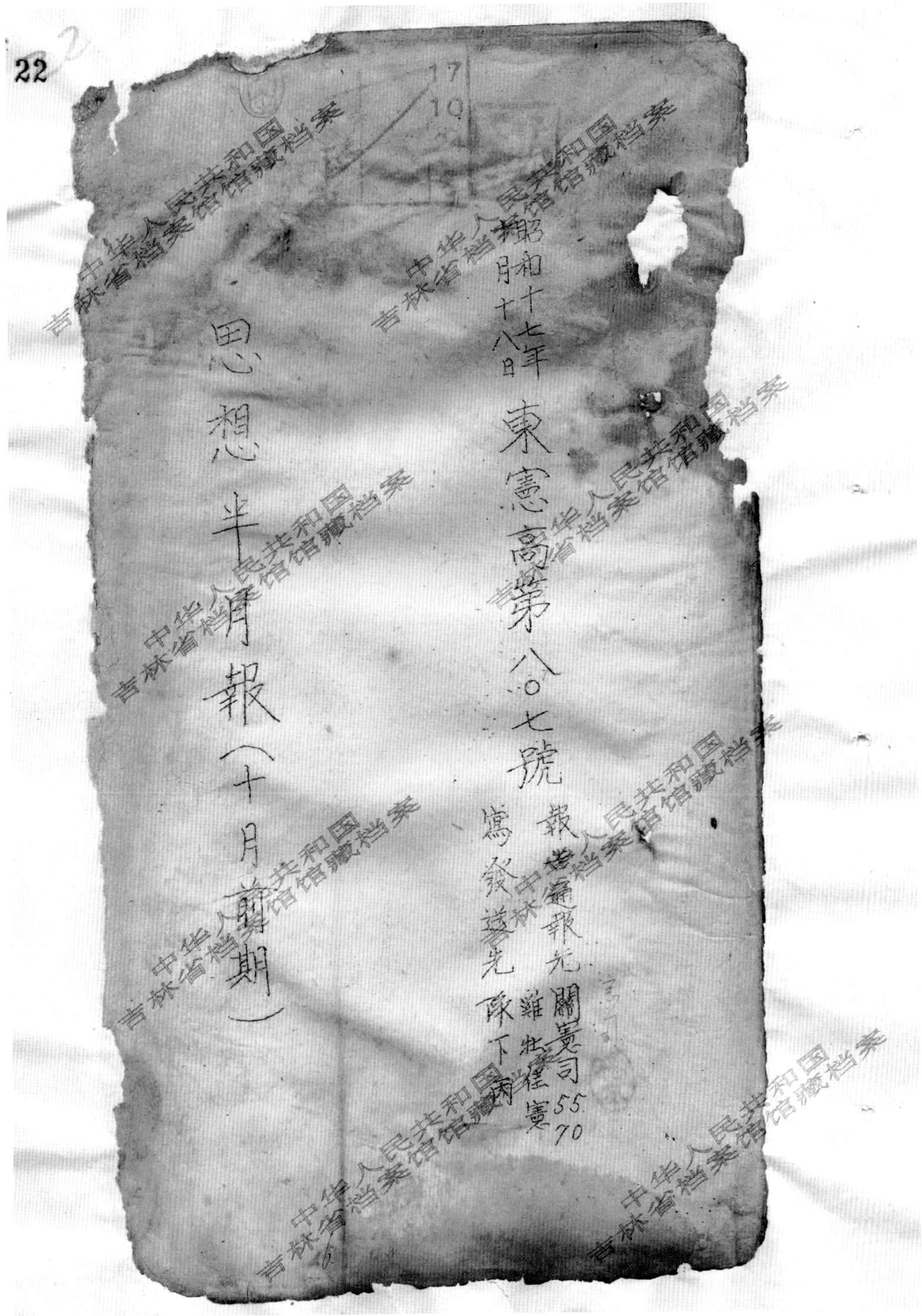

昭和十七年十月十八日 東憲高第八〇七號

報告(通報)先 關憲司 55 70

羅 牡 桂 憲

寫發送先 隊下

思想半月報(十月前期)

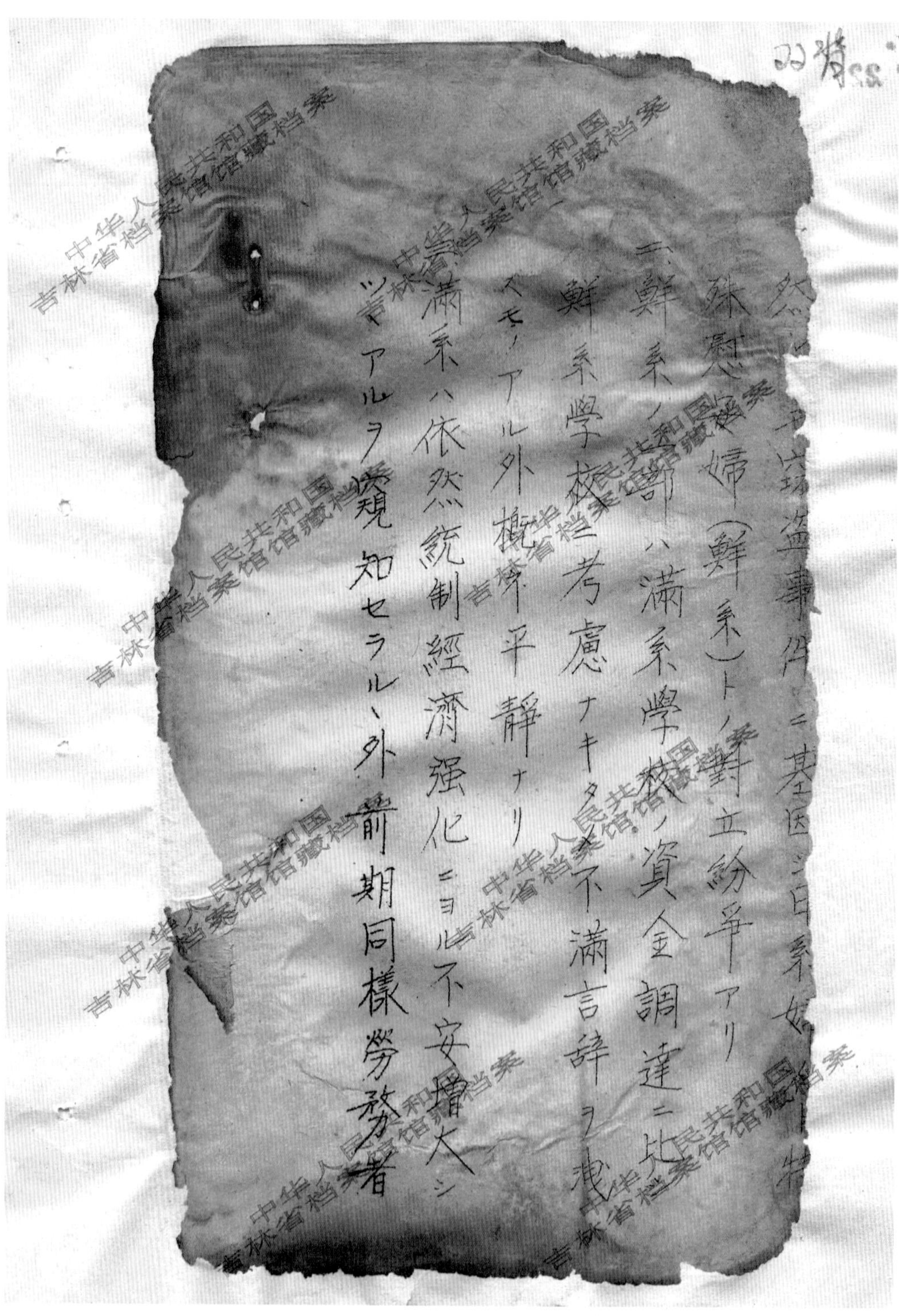
然[illegible]窃盗事件ニ基因シ日系妓[illegible]特
殊慰安婦（鮮系）トノ對立紛爭アリ
二、鮮系ノ一部ハ滿系學校ノ資金調達ニ比
鮮系學校經考慮ナキタメ不滿言辞ヲ洩
スモノアル外概ネ平靜ナリ
三、滿系ハ依然統制經濟強化ニヨル不安増大シ
ツヽアルヲ窺知セラルヽ外前期同様勞務者

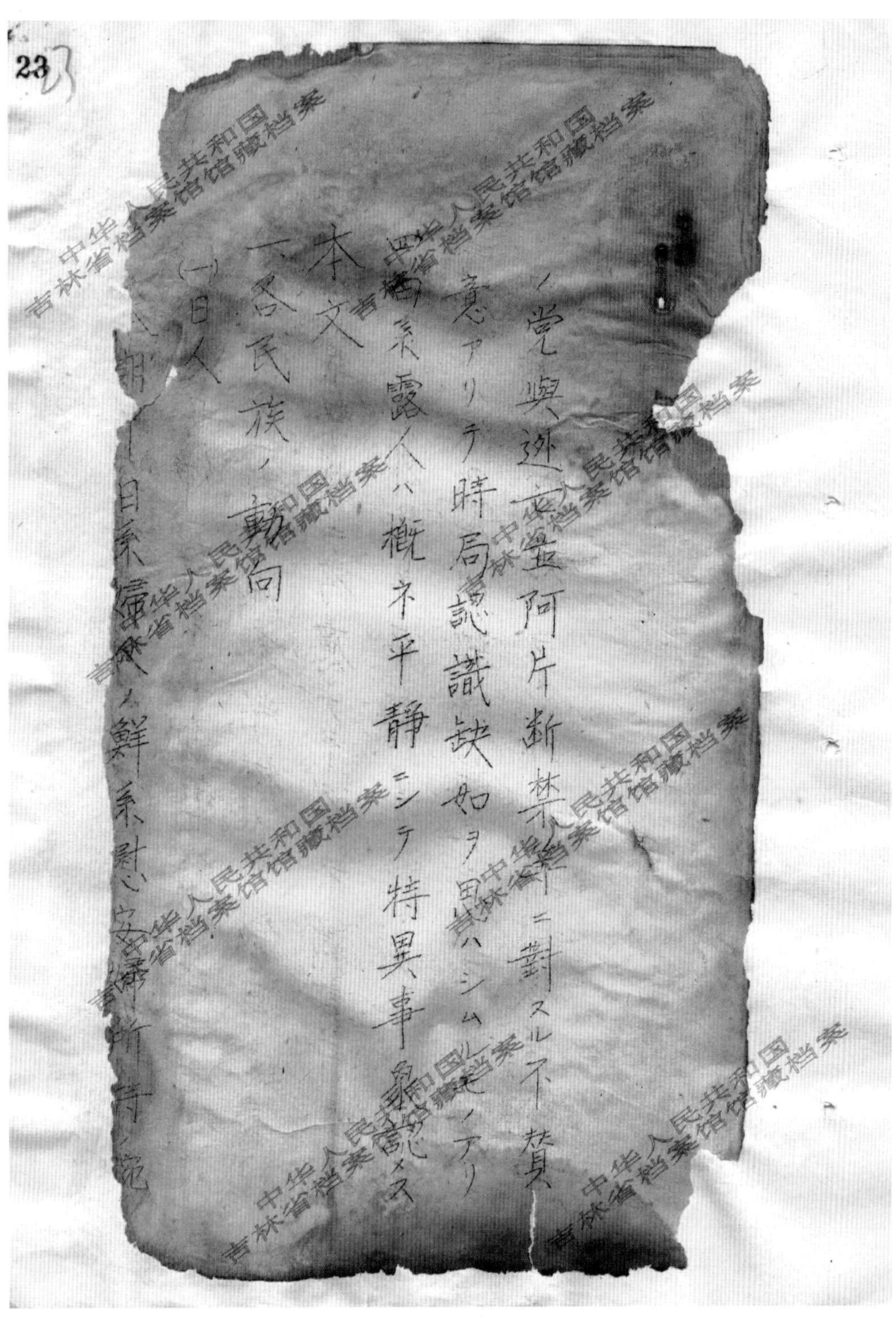
23

ノ党與逃亡並阿片断禁弊ニ對スル不賛

意アリテ時局認識缺如ヲ思ハシムルモノアリ

四、白系露人ハ概ネ平靜ニシテ特異事象ヲ認メス

本文

一、各民族ノ動向

(一)日人

朝日系官吏ノ鮮系慰安婦所有ノ說

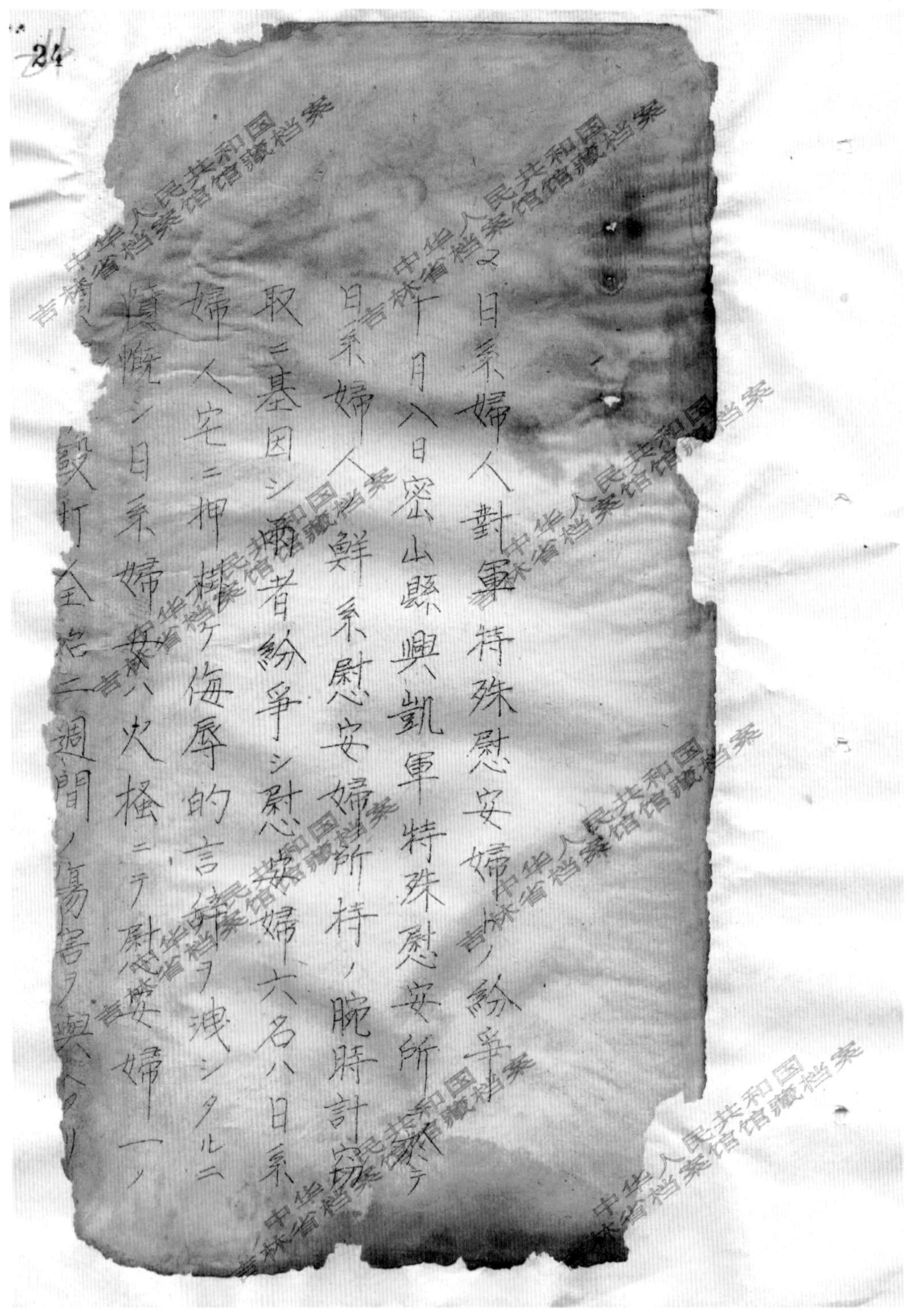
24

又日系婦人對軍特殊慰安婦ノ紛争
十月八日密山縣興凱軍特殊慰安所ニ於テ
日系婦人ト鮮系慰安婦所持ノ腕時計窃
取ニ基因シ両者紛争シ慰安婦六名ハ日系
婦人宅ニ押掛ケ侮辱的言辞ヲ洩シタルニ
憤慨シ日系婦人ハ火棒ニテ慰安婦一ノ
殴打全治二週間ノ傷害ヲ與ヘタリ

昭和十七年十月十八日

東憲高第八〇七號

보고, 통보부서: 관헌사, 55. 70, 지닝헌병대, 무단쟝헌병, 쟈무스헌병대

발송: 隊下丙

사상반월보(10월전기)

요지

一. 절도사건으로 일본여인과 특수위안부 사이에 분쟁이 있었음.

二. 부분적 조선인들이 "만계"학교의 자금배당에서 "선계"학교를 고려하지 않은 점에 불만을 품고 있음. 그 밖에 이상 없음.

三. 만주인들은 경제통제를 강화하여, 그리고 잇따라 발생하는 인부의 단체도주 및 아편금지 때문에 불만을 품고 있음. 하지만 시국에 대한 인식은 부족함.

四. 벨로루시는 기본적으로 조용한 편임. 이상상황 없음.

본문

一. 각 민족의 동향

(一)일본인

1.(생략)

2. 일본여인과 군대특수위안부의 분쟁.

10월 8일, 미싼현 싱카이군대 특수위안소에서 일본여인이 조선인위안부의 손목시계를 훔쳐 두 당사자 사이 분쟁이 있었음. 위안부 6명이 일본여인의 집에 몰려가 그녀를 향해 모욕적인 언사를 함. 분노한 일본여인이 부삽으로 그중의 위안부 한 명을 구타하여 상처를 입힘. 2주일 치료함.

제3부분

731부대 “특별이송”인원에 관한 서류

이른바 "특별이송"이란 일본침략군이 중국을 침략하는 기간에 관동헌병대 군경기관에서 체포한 첩자와 항일분자들을 법정의 심판을 거치지 않고 731부대에 이송하여 생체실험을 진행하는 것을 뜻한다. 이는 반인륜적인 죄행을 덮어 감추고자 사용한 지극히 은밀하고 기만성을 지닌 은어이다. 연구에 따르면 "특별이송"된 인원은 각지 헌병대에서 하얼빈헌병대에 보낸 뒤 731부대의 생체실험대상으로 되었다. 이번에 수록된 4건의 서류는 주로 앤지헌병대, 신징헌병대, 쑨우헌병대가 731부대에 "특별이송"한 이기수, 리원강, 왕궈차이, 장륭첸에 관한 신청, 지령, 보고 등을 담고 있다.

731부대의 "특별이송"에 관한 서류는 일본침략군731부대가 생체실험을 자행한 유력한 증거가 된다. "특별이송"된 자는 곧 사형판결을 받은 것이나 다름없으며 731부대의 생체실험 대상으로 충당된다. "특별이송"서류에는 조선인 이기수가 "특별이송"된 기록이 발견된다. 이는 외국인을 "특별이송"한 보기 드문 사례이다. 장륭첸은 하얼빈헌병대본부로 "특별이송"되던 도중 탈출에 성공하여 지금까지 발견한 서류기재에서 731부대의 마수를 벗어난 유일한 생존자로 되었다.

일본이 투항하기 직전 731부대는 전부의 서류를 소각하거나 이전하였다. 따라서 아직 생체실험의 피해자에 관한 기록을 찾아볼 수 없다. 하지만 "특별이송"서류는 일본침략군이 생체세균실험을 감행한 직접적인 증거가 되어 731부대죄행을 연구하는 데 새로운 단서를 제공하게 된다.

32

서류해독

얜지헌병대의 『"소련간첩" 이기수의 처리에 관한 보고』

이 서류는 얜지헌병대 대장 阿部起吉가 관동헌병대 사령부에 올린 『"소련간첩" 이기수의 처리에 관한 보고』이다. 보고서에는 "소련간첩" 이기수의 경력과 체포정황 및 얜지헌병대가 이미 이기수를 하얼빈헌병대에 "이송"한 상황을 기록하고 있다. 이기수는 조선인으로 원적지는 조선 함경남도 신흥안군 동흥면이며 중국 동북항일연군 제1로군 제2방면군 전사였다. 이는 이번 서류에서 발견한 "특별이송"된 첫 외국인으로 주목된다.

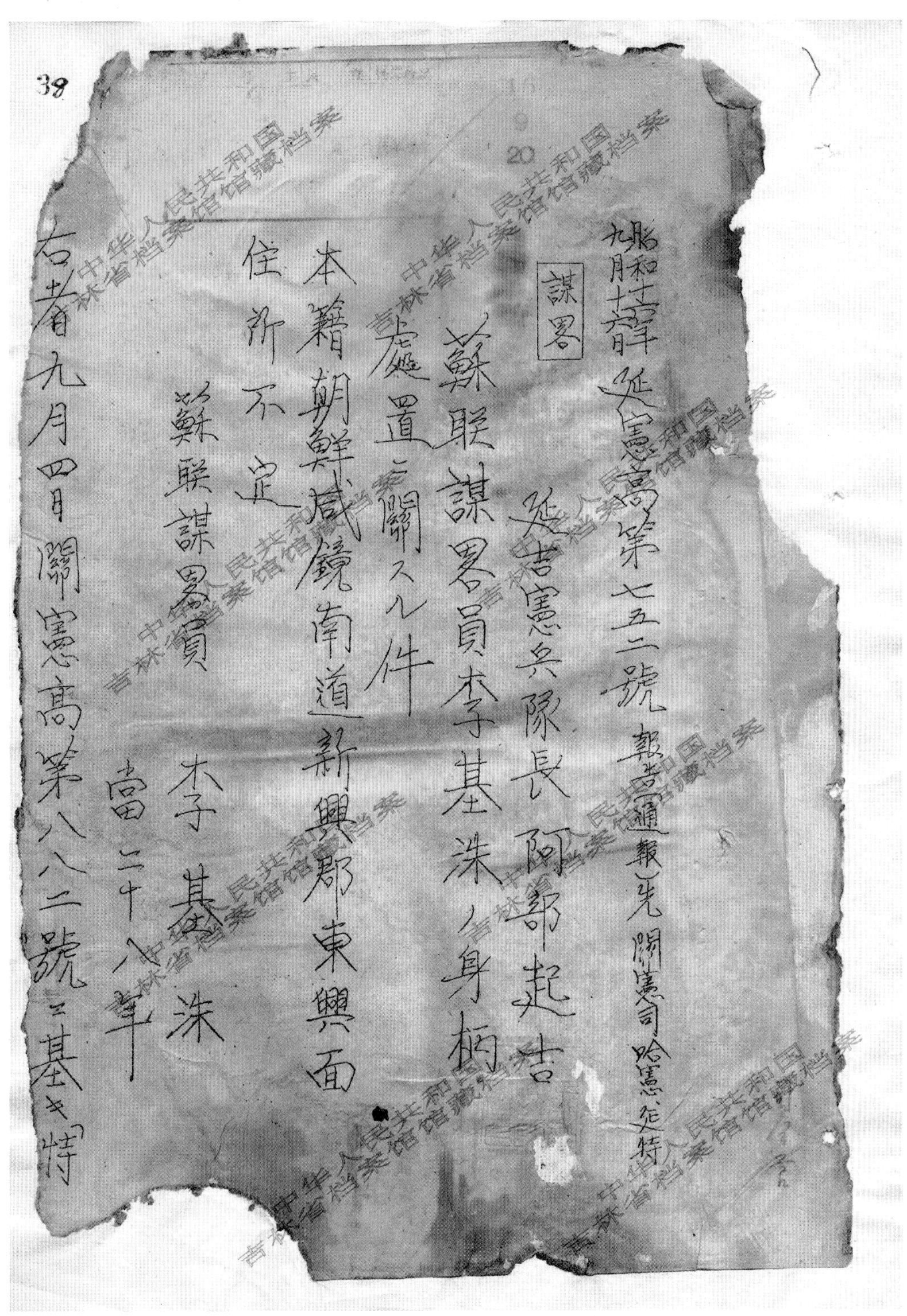

38

昭和十六年九月二十四日 延憲高第七五二號 報告(通報)先 關憲司 哈憲 延特

謀略

延吉憲兵隊長 阿部起吉

蘇聯謀略員李基洙ノ身柄處置ニ關スル件

本籍 朝鮮咸鏡南道新興郡東興面

住所不定

蘇聯謀略員 李基洙

當二十八年

右者九月四日關憲高第八八二號ニ基キ特

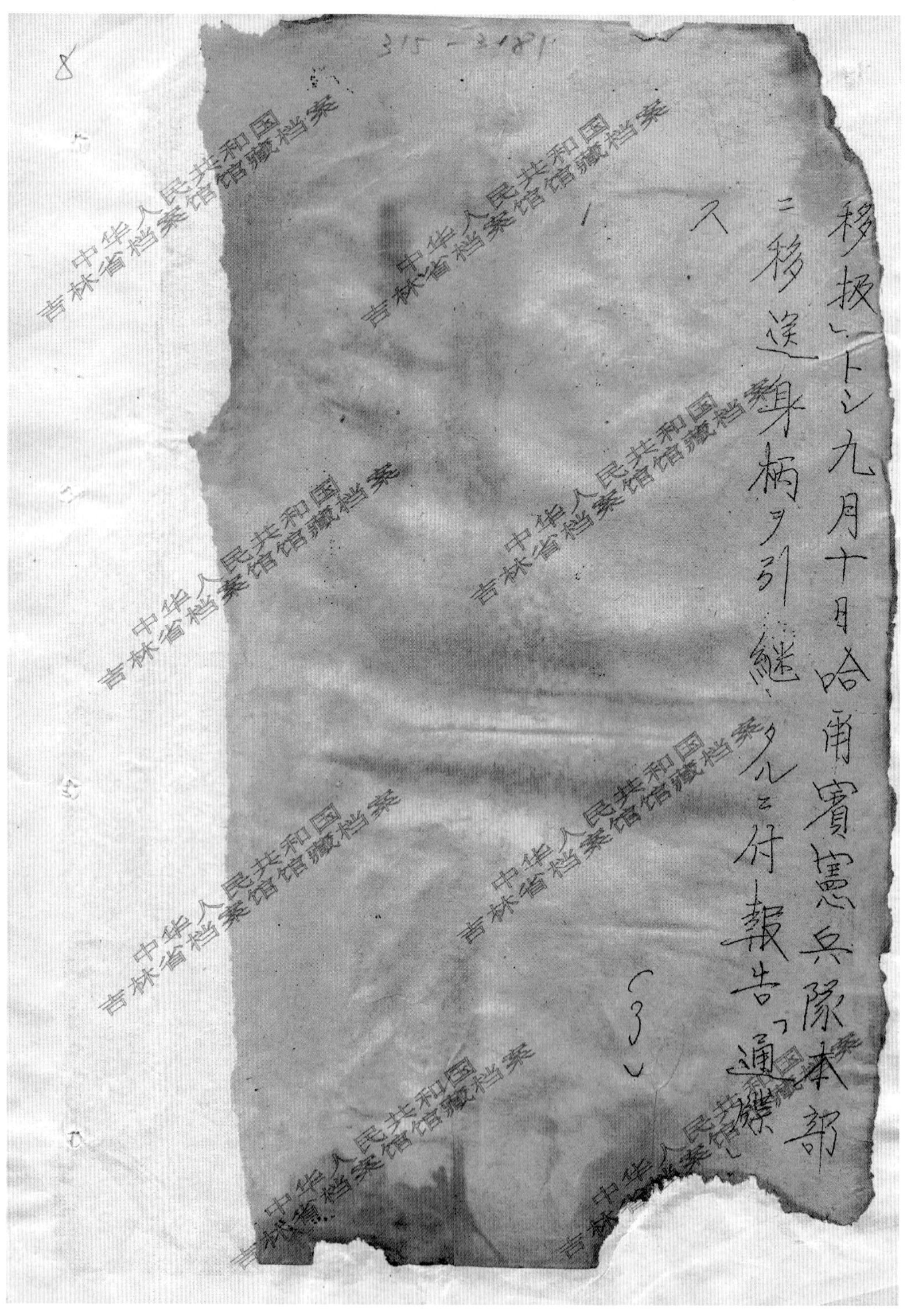

8

315-2181

移扱ヒトシ九月十日哈爾賓憲兵隊本部
ニ移送身柄ヲ引継タルニ付報告ヿ通牒
ス

(3)

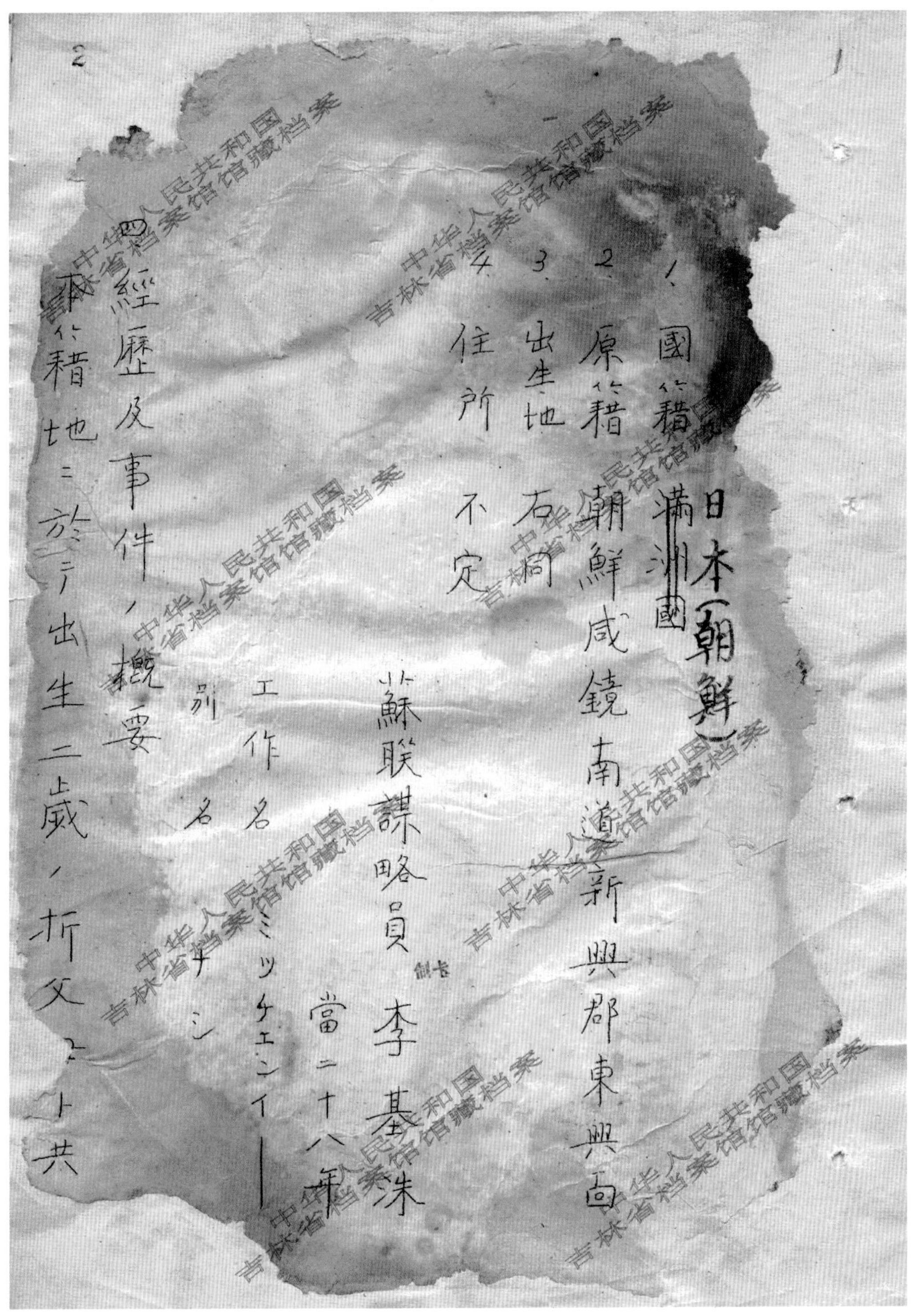

2

一、國籍 満洲國 日本（朝鮮）

二、原籍 朝鮮咸鏡南道新興郡東興面

三、出生地 右同

四、住所 不定

蘇聯諜略員 李基洙 當二十八年

工作名 ミッチエンイー

別名 ナシ

四、經歴及事件ノ概要

本籍地ニ於テ出生二歳ノ折父ト共

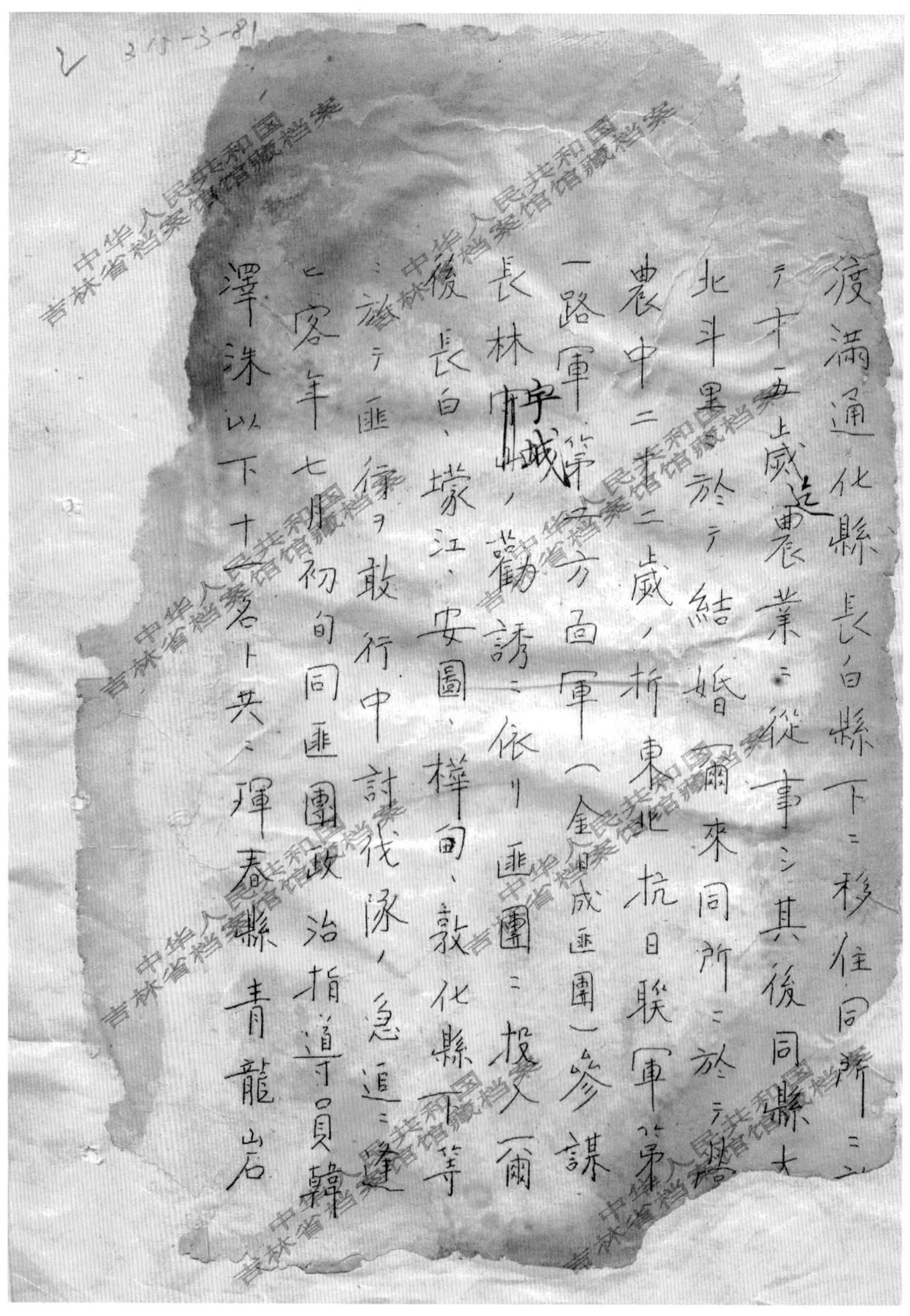
2 318-3-81

渡満通化縣長白縣下ニ移住同所ニ
テ十五歳迄農業ニ從事シ其後同縣大
北斗里ニ於テ結婚爾來同所ニ於テ營
農中二十二歳ノ折東北抗日聯軍第
一路軍第二方面軍（金日成匪團）參謀
長林宇城ノ勸誘ニ依リ匪團ニ投入爾
後長白、濛江、安圖、樺甸、敦化縣下等
ニ於テ匪行ヲ敢行中討伐隊ノ急追ニ逢
ヒ客年七月初旬同匪團政治指導員韓
澤洙以下十一名ト共ニ琿春縣青龍山居

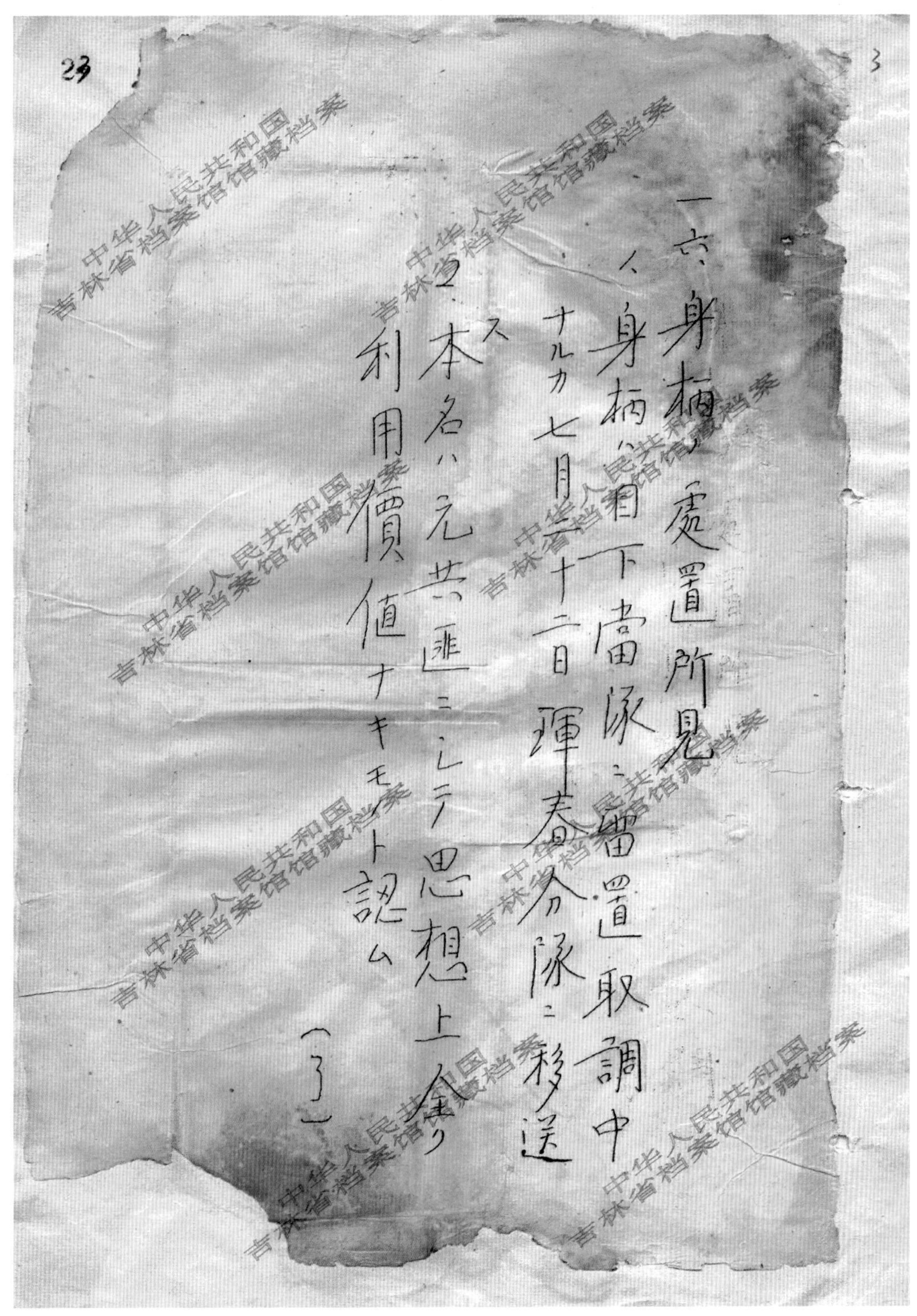
23 3

一六、身柄ノ處置所見
一、身柄ハ目下當隊ニ留置取調中ナルカ七月二十二日琿春分隊ニ移送ス
二、本名ハ元共匪ニシテ思想上全ク利用價値ナキモノト認ム
（了）

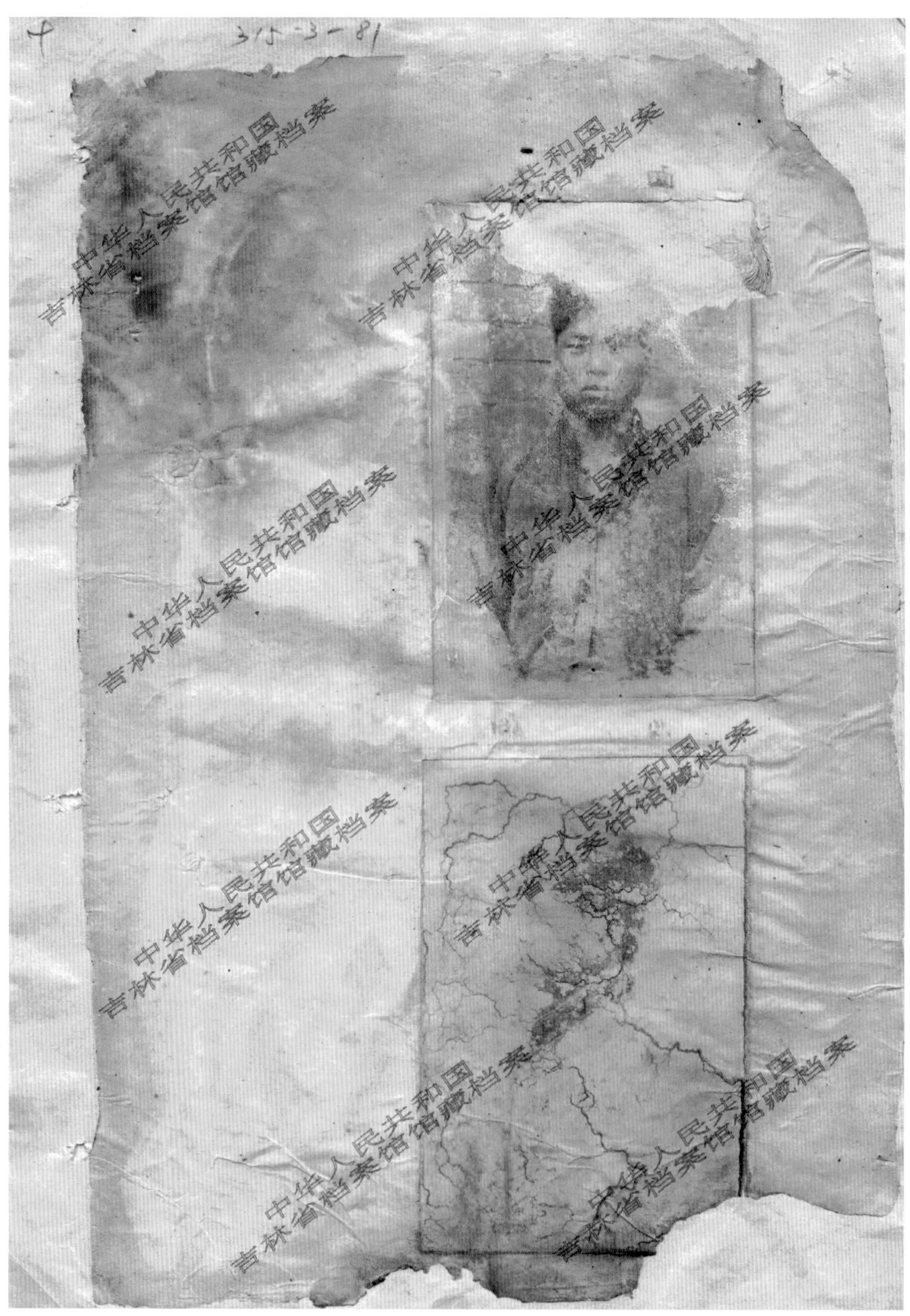

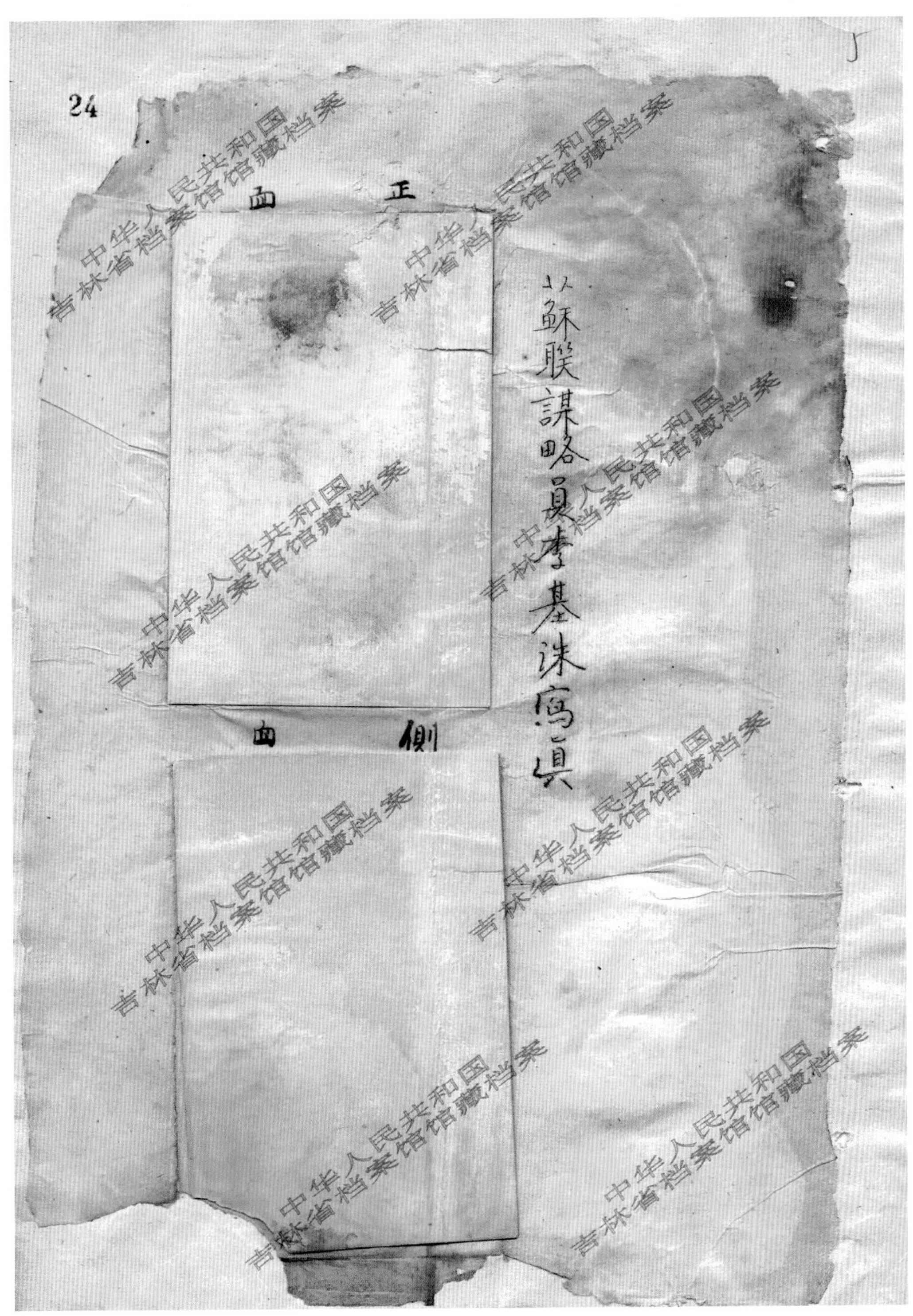
24

正面

側面

ソ 蘇聯諜略員李基洙寫眞

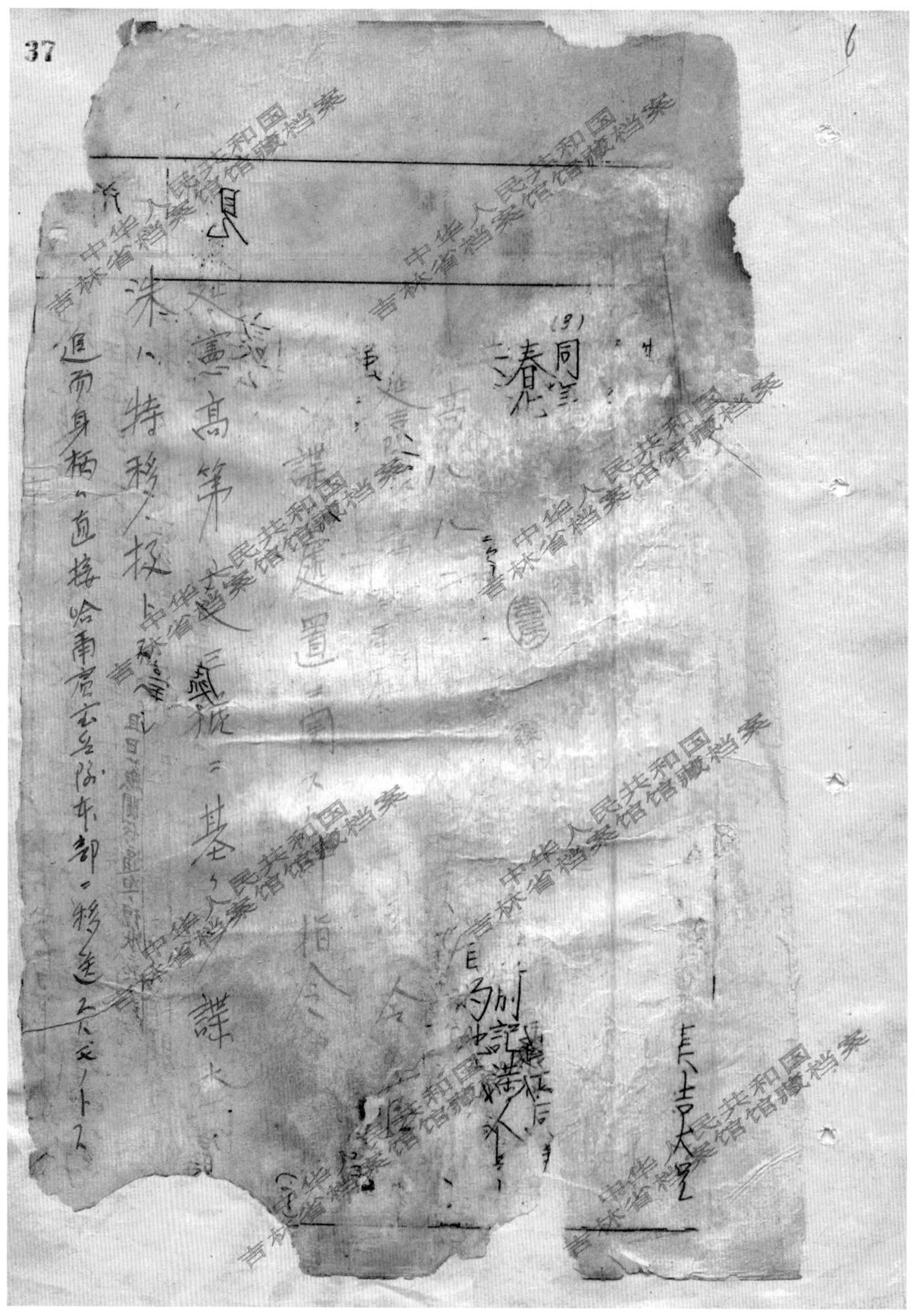

昭和十六年(1941년)九月十六日　延憲高第七五二號

보고(통보)부서　관헌사 하헌 연특

앤지헌병대장 阿部起吉

諜略

　소련모략원 이기수의 신병처리에 관한 건

원적　조선 함경남도 신흥안군 동흥면

거주지 불정

　소련모략자 이기수 28세

9월 4일 延憲高第八八二號에 근거하여 상기 인원을 "특별이송" 처리하였음. 9월 10일 하얼빈헌병대본부로 이송완료. 이에 특히 보고함과 아울러 통첩.

(完)

1. 국　적　일본 (조선)
2. 원　적　조선 함경남도 신흥안군 동흥면
3. 출생지　동상
4. 주　소　불정

소련간첩 이기수 28세

공작명　미즈치엔이 (음역)

별명　없음

四. 경력 및 사건의 개요

원적지에서 출생하여 두 살 때 부모와 함께 중국 동북 퉁화현 창바이현으로 이주. 그곳에서 15세까지 농업에 종사. 그후 창바이현 다버이더우(大北斗)리에서 결혼, 계속 농업에 종사. 22세 때 동북항일연군 제1로군 제2방면군(김일성비적단)의 참모장 린위청(林宇城)의 권유로 비적단에 가입. 그 후 창바이, 멍쟝, 안투, 화댄, 둔화 등지에서 비적행위 감행 시 토벌대와 조우. 작년 7월 상순, 비적단 정치지도원 한택수(韓澤洙) 이하 11명과 함께 훈춘현 청룡암에 감.

(이하 생략)

一六. 처리소견

1. 해당자는 현재 본 대에 유치하여 취조 중. 7월 22일 훈춘분대에 이송.
2. 해당자는 원래 공산비적이므로 사상적으로 전혀 이용가치가 없음.
(完)

소련간첩을 처리할 데 관한 지령

延憲高第六七三號에 의해 소련간첩 이기수를 특별이송해야 함.

추후 당사자를 직접 하얼빈헌병대 본부에 이송할 계획.

33

서류해독

“소련간첩” 리원강, 왕궈차이를 “특별이송”할 데 관한 신청, 지령 및 보고

昭和十六年(1941년)九月十一日, 신징헌병대는 新憲高第五一八號로 관동헌병대에 “소련간첩” 리원강, 왕궈차이를 “특별이송”할 신청서를 제출하였다. 그해 9월 30일, 관동헌병대는 “특별이송” 지령을 하달하였다. 9월 19일 신징헌병대는 新憲高第六〇三號호로 관동헌병대에 두 사람을 하얼빈헌병대에 이송했음을 보고하였다. “소련간첩” 리원강, 왕궈차이 두 사람의 “특별이송”에 관한 신청, 지령 및 보고는 각지 헌병대가 “특별이송” 하는 표준절차를 보여주고 있다. 즉 각지 헌병대에서 관동헌병대에 신청을 제출하고 관동헌병대에서 동의지령을 하달하면 각지 헌병대에서 “특별이송”을 마치고 다시 관동헌병대에 보고하는 것이다 서류기재에 따르면 신징헌병대는 리원강, 왕궈차이를 “특별이송”할 때 신청부터 비준, 그리고 “이송”완료까지 단 9일의 시간만 걸렸을 뿐이다.

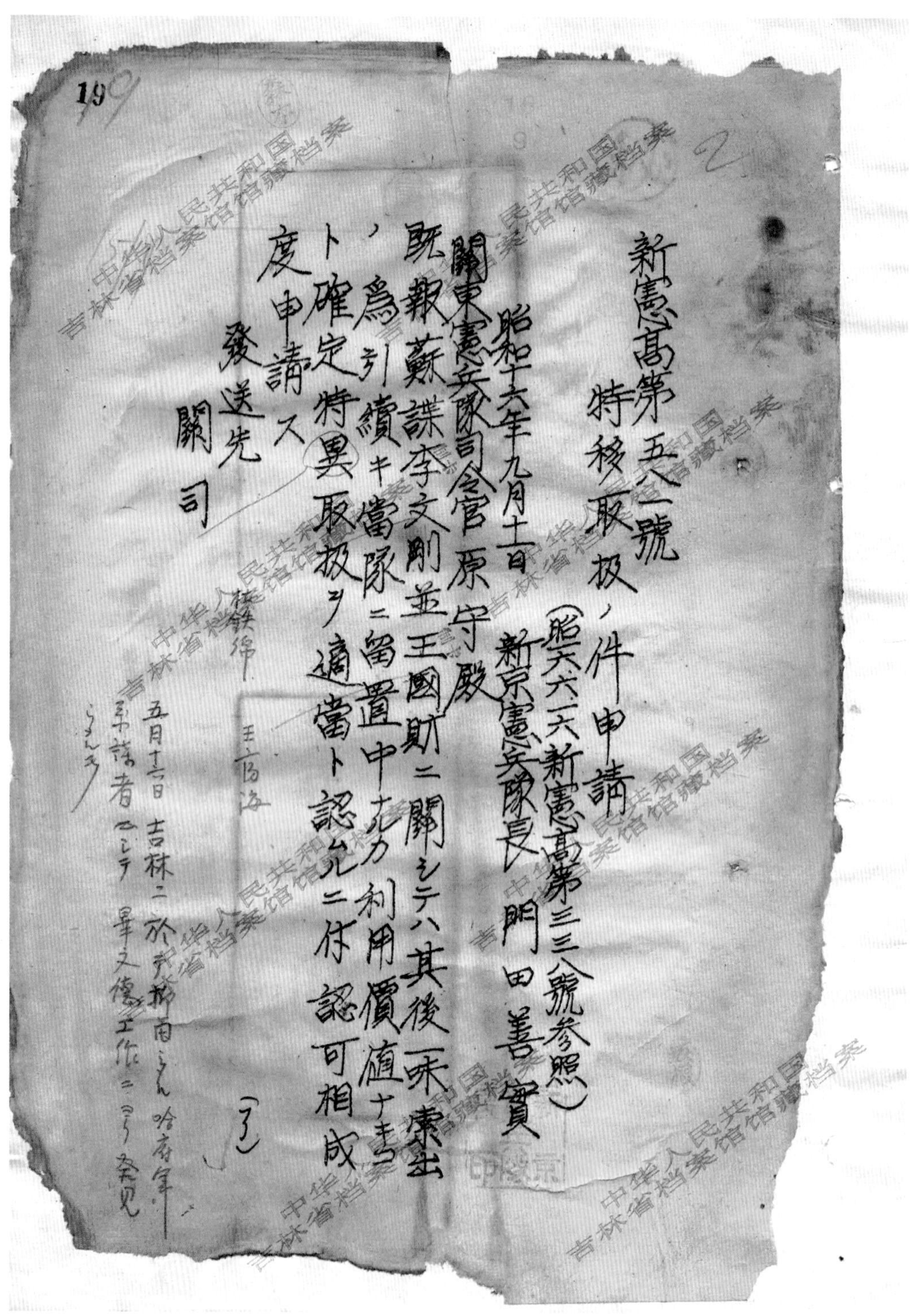
新憲高第五八二號

特移扱ノ件申請

(昭一六、六、一六新憲高第三三八號參照)

昭和十六年九月十日

新京憲兵隊長 門田善實

關東憲兵隊司令官 原守殿

既報蘇諜李文剛並王國財ニ關シテハ其後一味[illegible]ノ為引續キ當隊ニ留置中ナルカ利用價値ナキモノト確定特異取扱ヲ適當ト認ムルニ付認可相成度申請ス

發送先 關司

李鉄錦

王高海

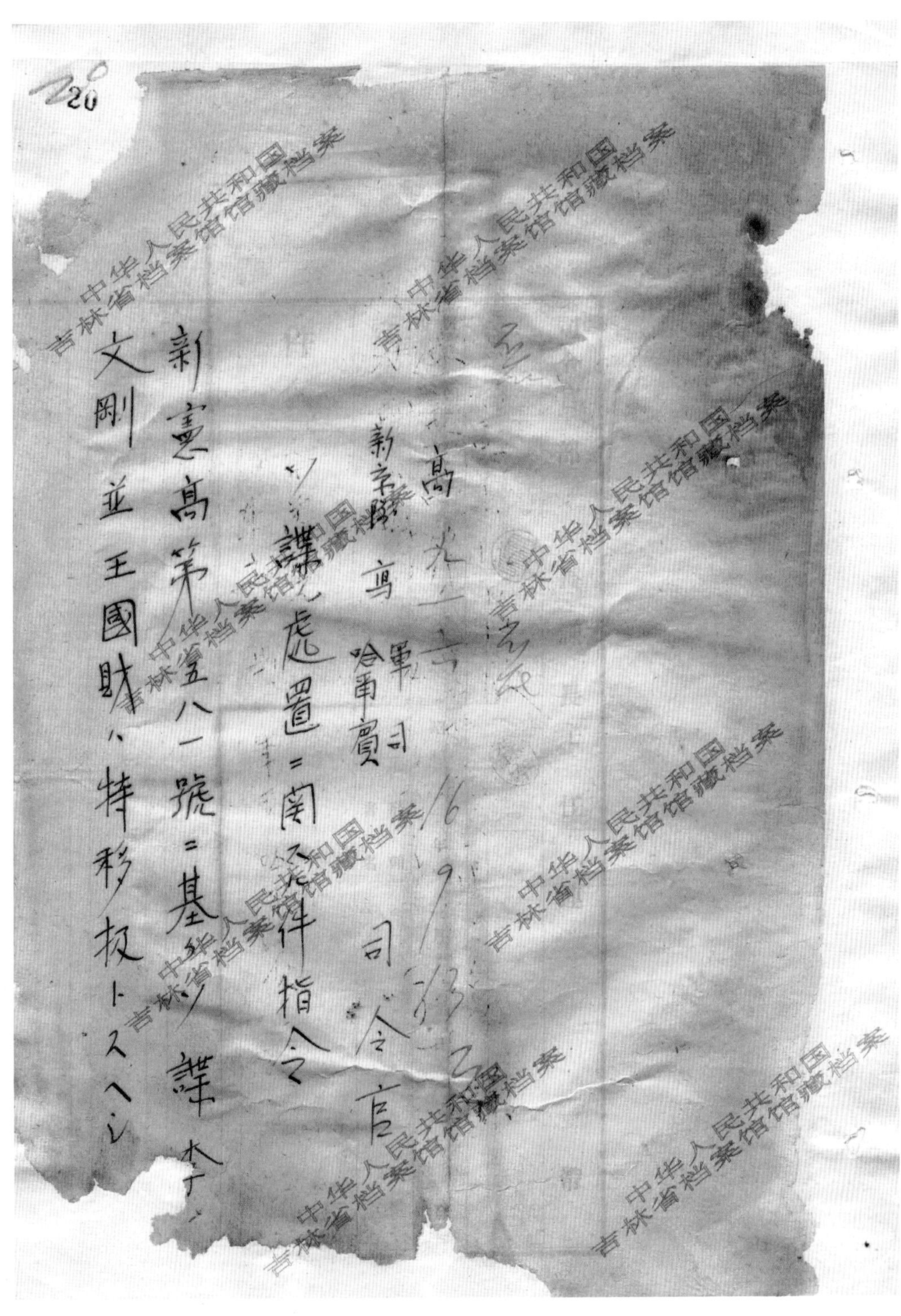

20

高第二二六　16/9/13

新京隊長
哈爾賓隊長　　司令官

諜者處置ニ関スル件指令

新憲高第五八一號ニ基ク諜者李
文剛並王國財ハ特移扱トスヘシ

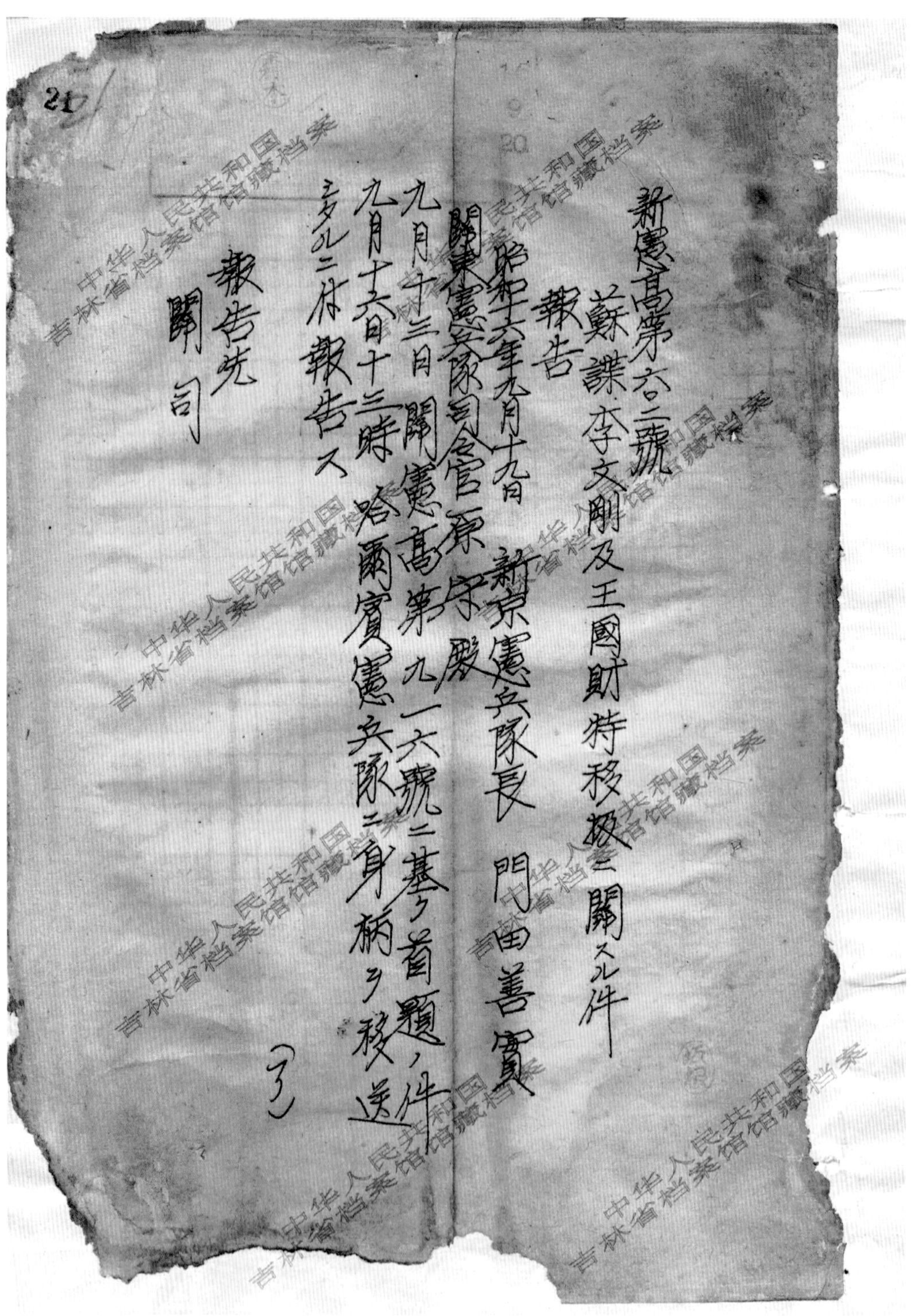
新憲高第六〇二號
蘇諜李文剛及王國財特移扱ニ關スル件
報告
昭和十六年九月十四日 新京憲兵隊長 門田善實
關東憲兵隊司令官 原守殿
九月十三日關憲高第九一六號ニ基ク首題ノ件
九月十六日十三時哈爾賓憲兵隊ニ身柄ヲ移送
シタルニ付報告ス
報告先
關司
(了)

(一) 新憲高第五一八號

특별이송을 취급할 건에 관한 신청

(昭一六, 六, 一六新憲高第三三八號를 참조)

昭和十六年(1941년)九月十一日 신징헌병대장 門田善實

관동헌병대사령관 原守각하:

이미 보고한 리원강과 왕궈차이의 패당을 색출하고자 본대에 유치하였지만 이용가치가 더 없다는 점을 확정 지음. 특별이송이 적당하다고 판단되어 처리를 신청하니 비준을 바람.

(完)

발송부서 關司

5월 16일 지린에 구금한 哈府군대계통의 간첩으로 간주하고 있었음. "비문더(畢文德)공작"(다른 소련간첩사건)과 연관되어 발견함.

(二) "소련간첩"에 관한 처리지령

□□高九一六號 昭和十六年(1941년)九月十三日

신징대 발송 군사, 하얼빈 발행자명 사령관

新憲高第五一八號에 근거하여 "소련간첩" 리원강, 왕궈차이를 특별이송해야 함.

(三) "소련간첩" 리원강, 왕궈차이를 특별이송할 데 관한 보고

新憲高第六〇二號

昭和十六年(1941년)九月十九日 신징헌병대장 門田善實

관동헌병대사령관 原守각하:

9월 13일 關憲高第九一六號 지령에 의해 표제안건의 상술인원을 9월 16일 13시에 하얼빈헌병대 본부에 이송하였음. 이에 보고함.

(完)

보고부서 關司

34

서류해독

쑨우헌병대의 『"소련간첩" 쟝룽췐을 체포할 데 관한 보고』

이 서류는 昭和十八年(1943년)十一月十八日, 쑨우헌병대에서 관동헌병대사령부에 올린 『"소련간첩" 쟝룽췐을 체포할 데 관한 보고』이다. 서류에는 쟝룽췐이 소련식 생활을 동경하여 비법으로 "소련"에 입국, "소련간첩"으로 포섭된 후 허이허에 돌아왔다가 "소련간첩"죄로 허이허헌병분대에 체포된 사건이 기록되어 있다.

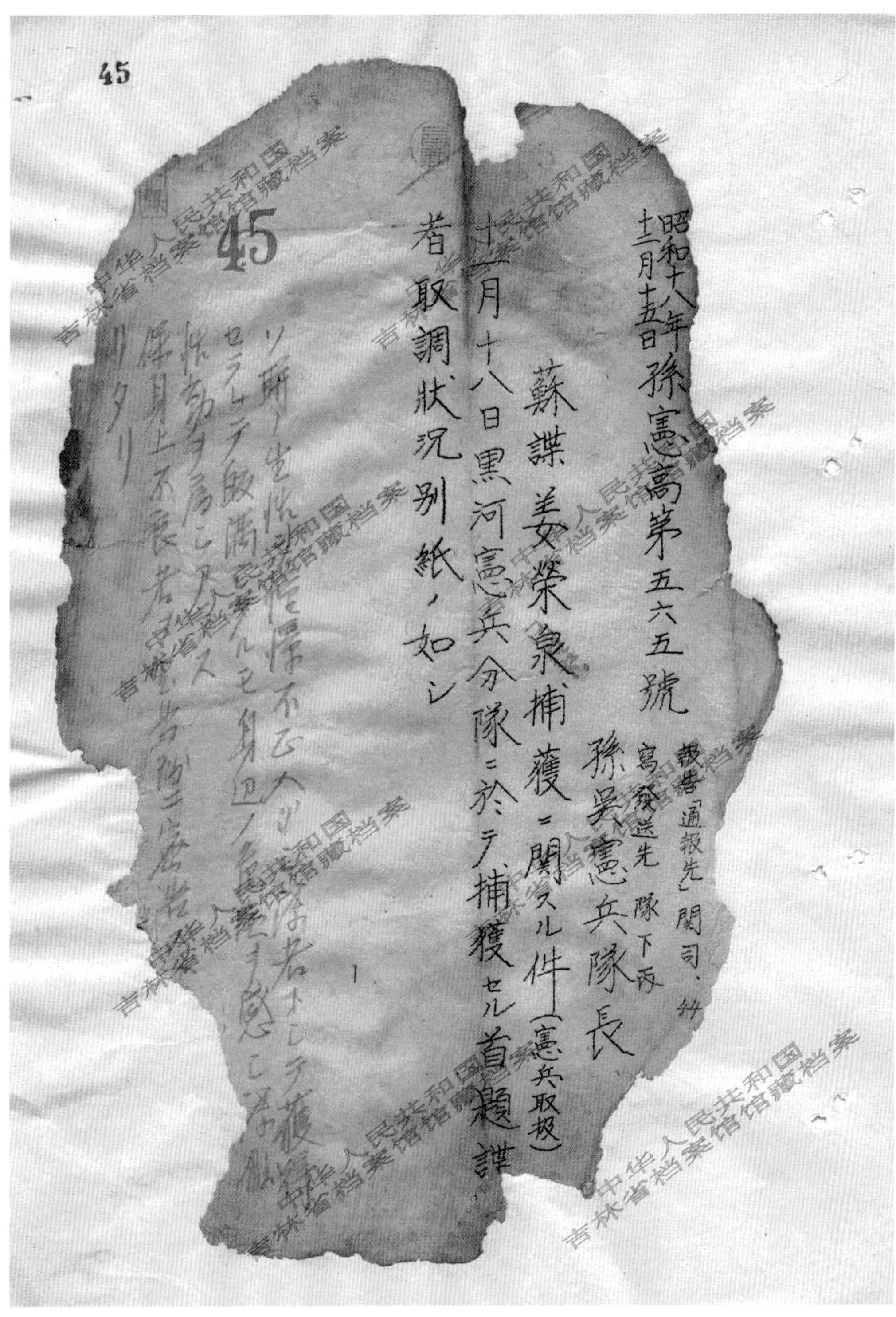

45

昭和十八年十二月十五日 孫憲高第五六五號

報告「通報先」関司、外

寫發送先 隊下丙

孫吳憲兵隊長

蘇諜姜榮泉捕獲ニ関スル件（憲兵取扱）

十二月十八日黒河憲兵分隊ニ於テ捕獲セル首題諜者取調状況別紙ノ如シ

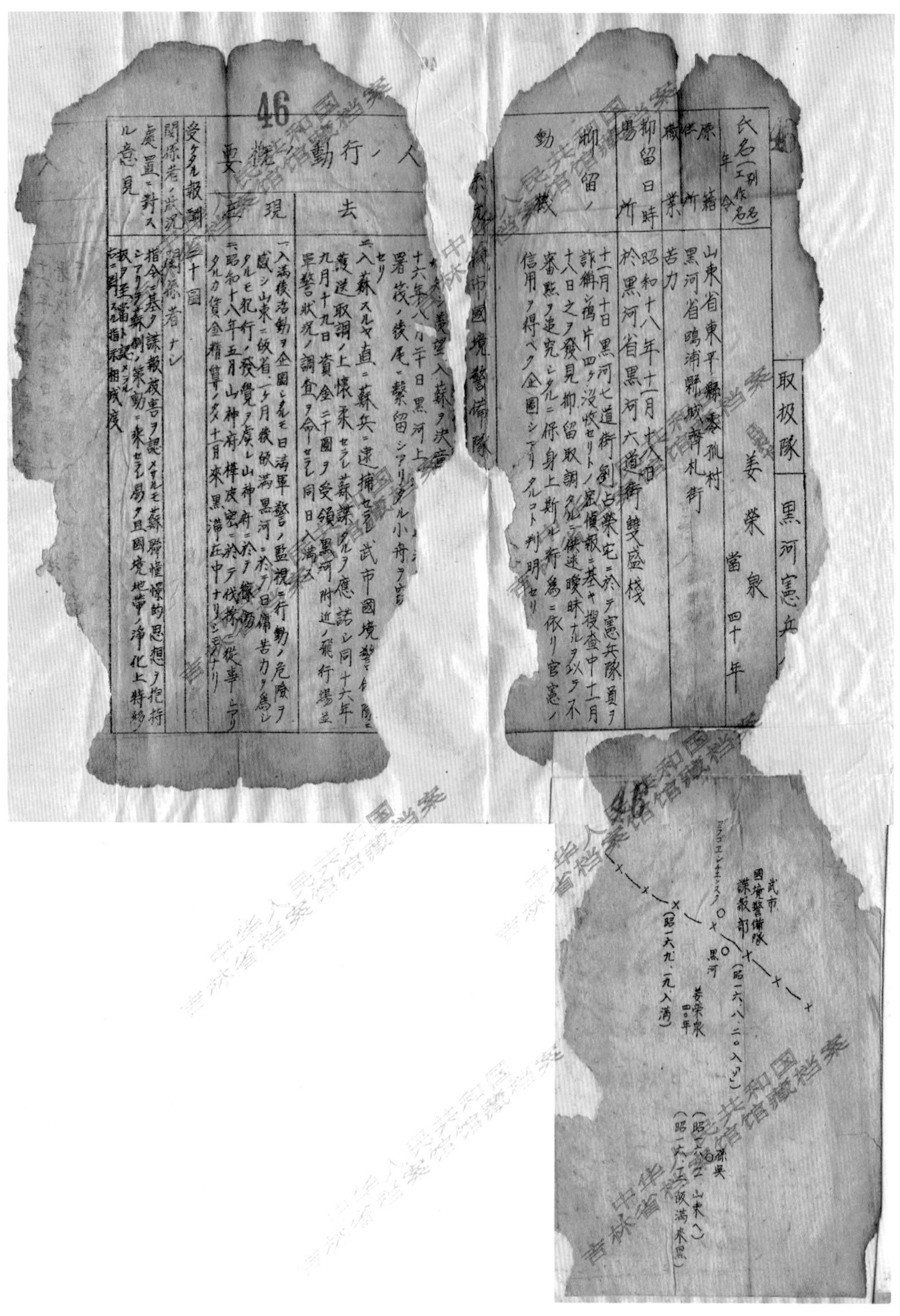

46

取扱隊	黒河憲兵隊
氏名（別名・工作名）年令	姜榮泉 當四十年
原籍	山東省東平縣零孤村
住所	黒河省鷗浦縣城[illegible]札街
職業	苦力
抑留日時場所	昭和十八年十一月十八日於黒河省黒河六道街雙盛棧
抑留ノ動機	十一月十日黒河七道街劉占榮宅ニ於テ憲兵隊員ヲ詐稱シ鴉片四ケ没收セリトノ密偵報ニ基キ捜査中十一月十八日之ヲ發見抑留取調タルニ供述曖昧ナルヲ以テ不審點ヲ追究シタルニ係身上斯ル行爲ニ依リ官憲ノ信用ヲ得ベク企圖シアリタルコト判明セリ
[illegible]	[illegible]武市國境警備隊

人ノ行動ノ概要	
過去	[illegible]ノ要望ニ入蘇ヲ決意十六年八月二十日黒河上[illegible]署筏ノ後尾ニ繋留シアリタル小舟ヲ[illegible]セリ 二、入蘇スルヤ直ニ蘇兵ニ逮捕セラレ武市國境警[illegible]護送取調ノ上懐柔セラレ蘇諜タルヲ應諾シ同十六年九月十九日資金二十圓ヲ受領黒河附近ノ飛行場並軍警状況ノ調査ヲ命セラレ同日入満ス
現在	一、入満後活動ヲ企圖シタルモ日満軍警ノ監視ニ行動ノ危險ヲ感シ山東ニ飯省一ケ月後飯満黒河ニ於テ日傭苦力ヲ爲シタルモ犯行ノ發覺ヲ虞レ山神府ニ於テ稼働 二、昭和十八年五月山神府樺皮窯ニ於テ伐採ニ從事シアリタルカ資金精算ノ為十一月來黒滞在中ナリシモノナリ
受ケタル報酬	二十圓
関係者ノ状況	関係者ナシ
處置ニ対スル意見	指令ニ基ク諜報侵害ヲ認メサルモ蘇聯憧憬的思想ヲ抱持シアリテ蘇側ノ策動ニ乘セラレ易ク且國境地帯ノ浄化上特[illegible]

46

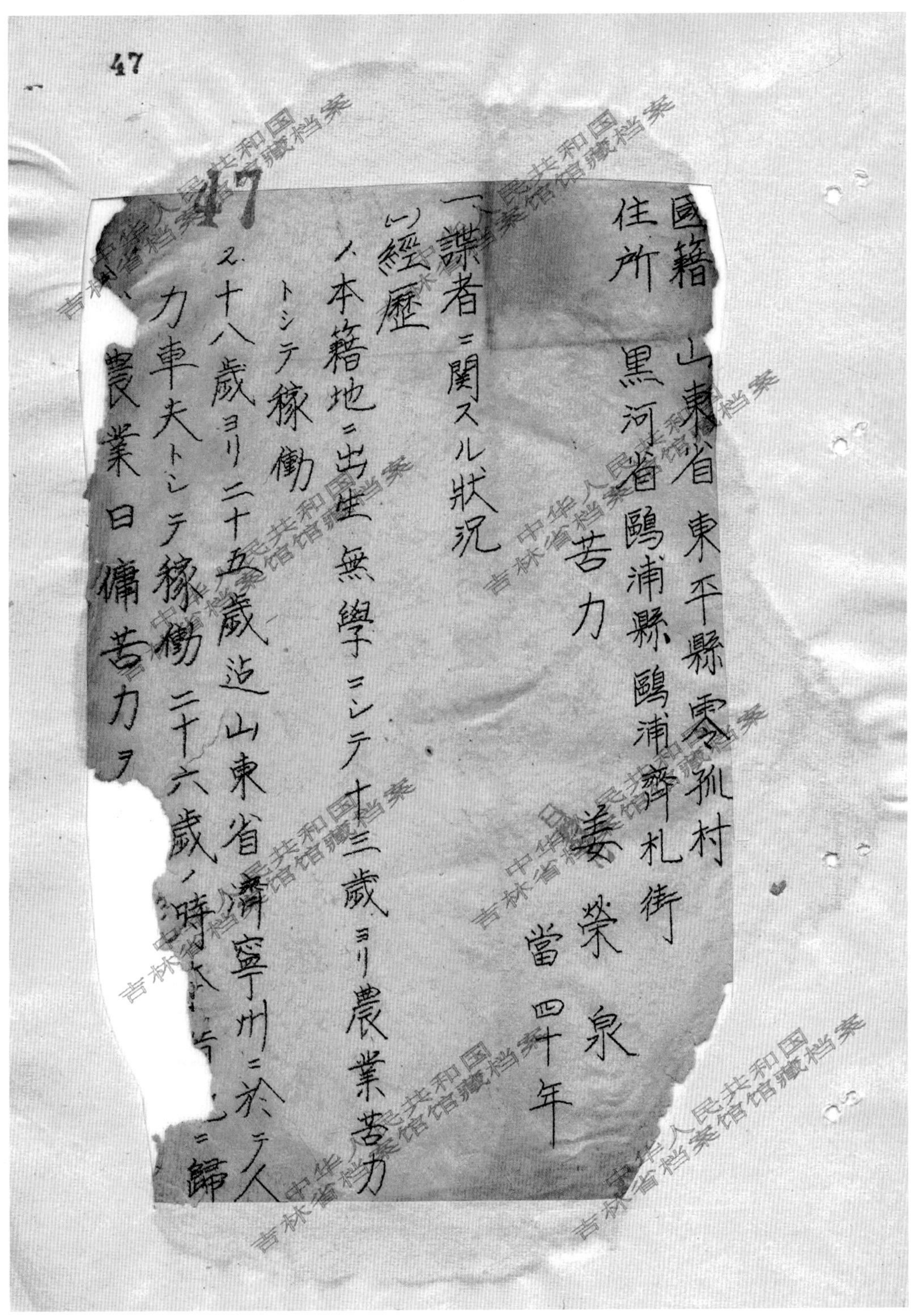

47

國籍 山東省 東平縣 零孤村

住所 黒河省 鷗浦縣 鷗浦齊札街

苦力 姜 榮泉 當四十年

一、諜者ニ関スル状況

(一) 經歴

ハ本籍地ニ出生 無學ニシテ十三歳ヨリ農業苦力

トシテ稼働

シ十八歳ヨリ二十五歳迄山東省濟寧州ニ於テ人

力車夫トシテ稼働 二十六歳ノ時[illegible]ニ歸

[illegible]農業日傭苦力ヲ

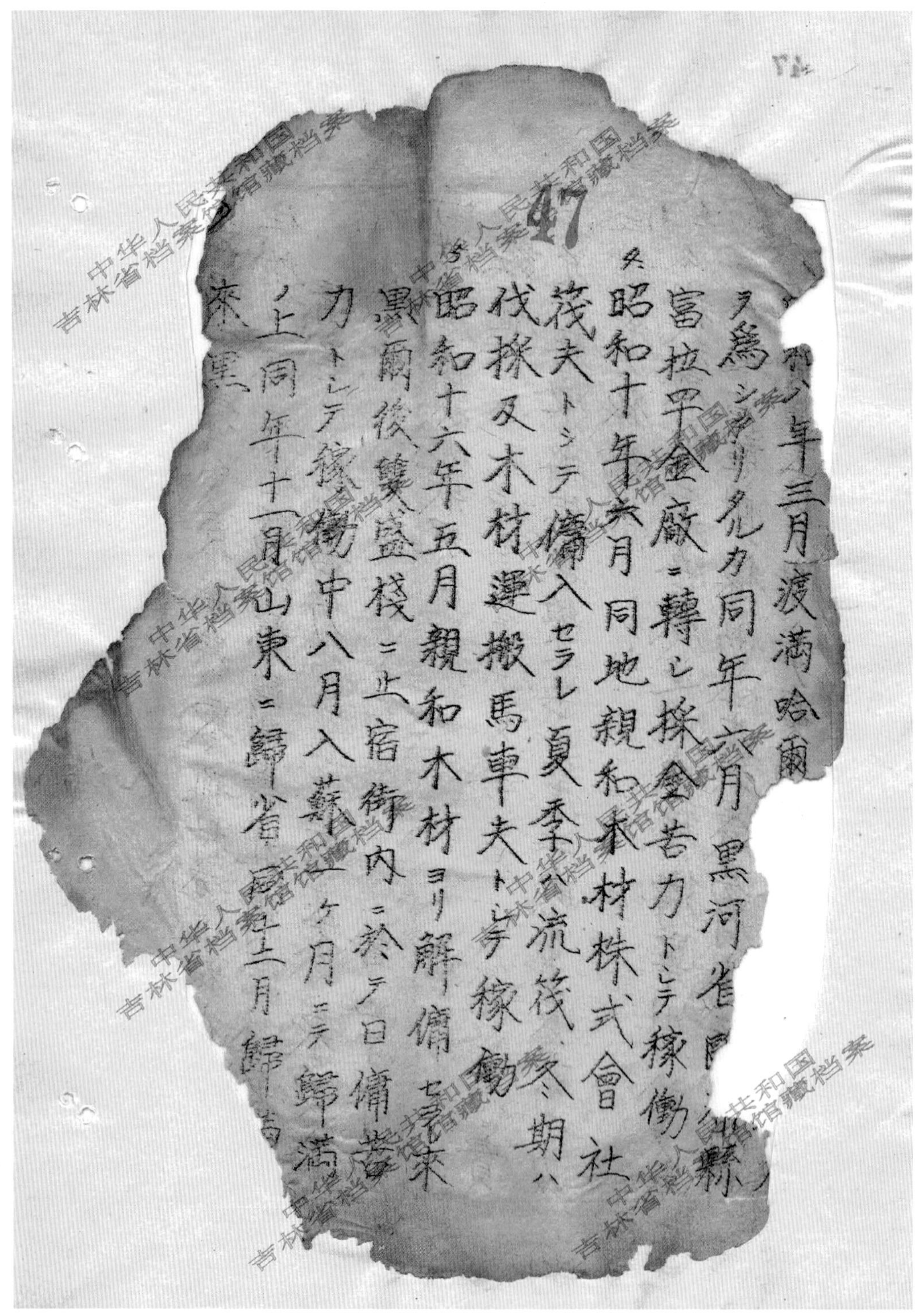
和八年三月渡満哈爾
ヲ為シアリタルカ同年六月黒河省[illegible]縣
富拉罕金廠ニ轉シ採金苦力トシテ稼働
又昭和十年六月同地親和木材株式會社
筏夫トシテ傭入セラレ夏季ハ流筏冬期ハ
伐採及木材運搬馬車夫トシテ稼働
昭和十六年五月親和木材ヨリ解傭セラレ來
黒爾後雙盛棧ニ止宿街内ニ於テ日傭苦
力トシテ稼働中八月入蘇一ヶ月ニテ歸満
ノ上同年十一月山東ニ歸省[illegible]二月歸[illegible]
來黒ヘ

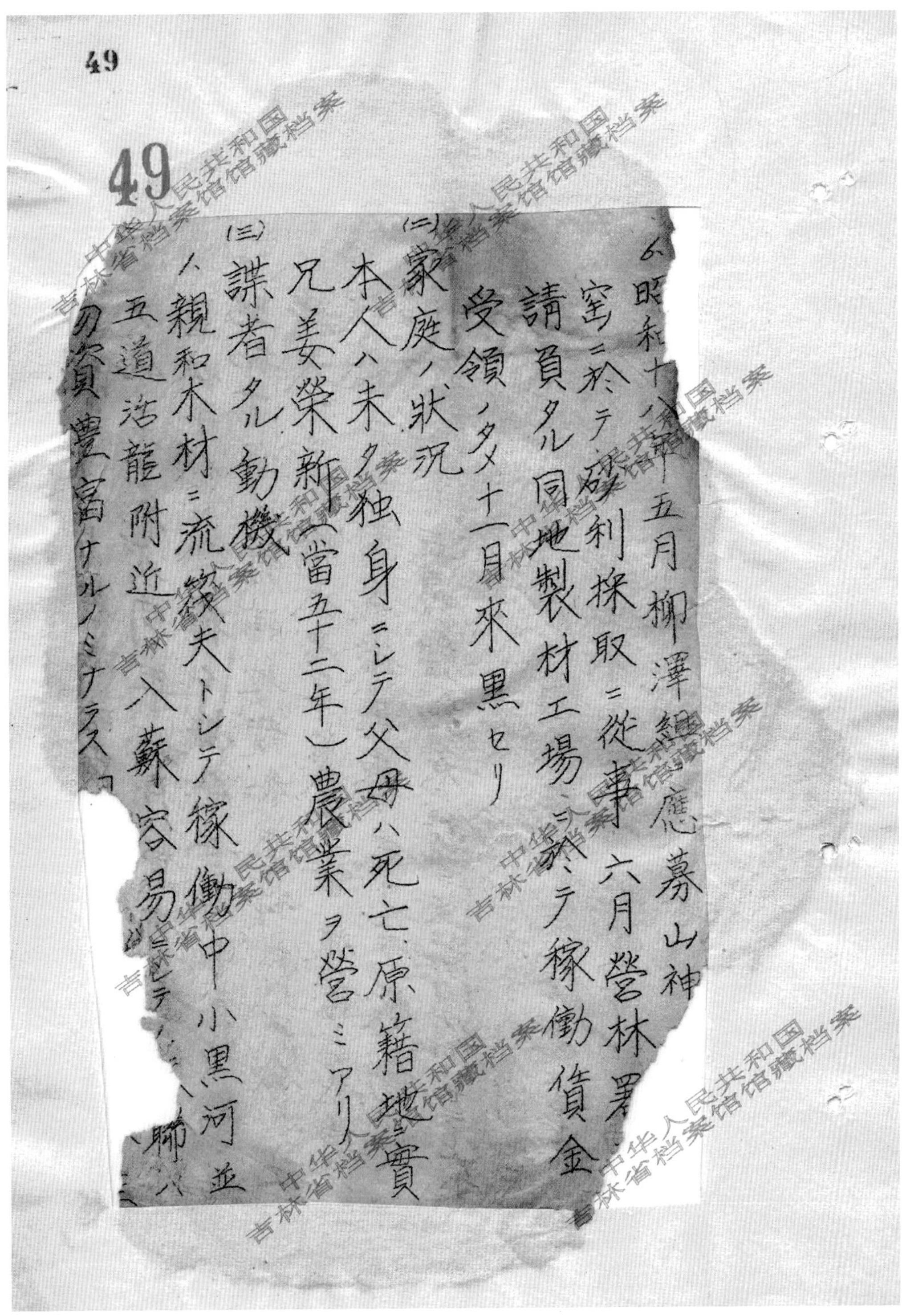
49

49

六、昭和十八年五月柳澤組ノ應募山神
窰ニ於テ砂利採取ニ從事六月營林署
請負タル同地製材工場ニ於テ稼働賃金
受領ノタメ十一月來黒セリ
(二)家庭ノ状況
本人ハ未タ独身ニシテ父母ハ死亡、原籍地實
兄姜榮新(當五十二年)農業ヲ營ミアリ
(三)諜者タル動機
ハ親和木材ニ流筏夫トシテ稼働中小黒河並
五道溝龍附近ニ入蘇容易ニシテ[illegible]聯ハ
[illegible]資豊富ナルノミナラス[illegible]

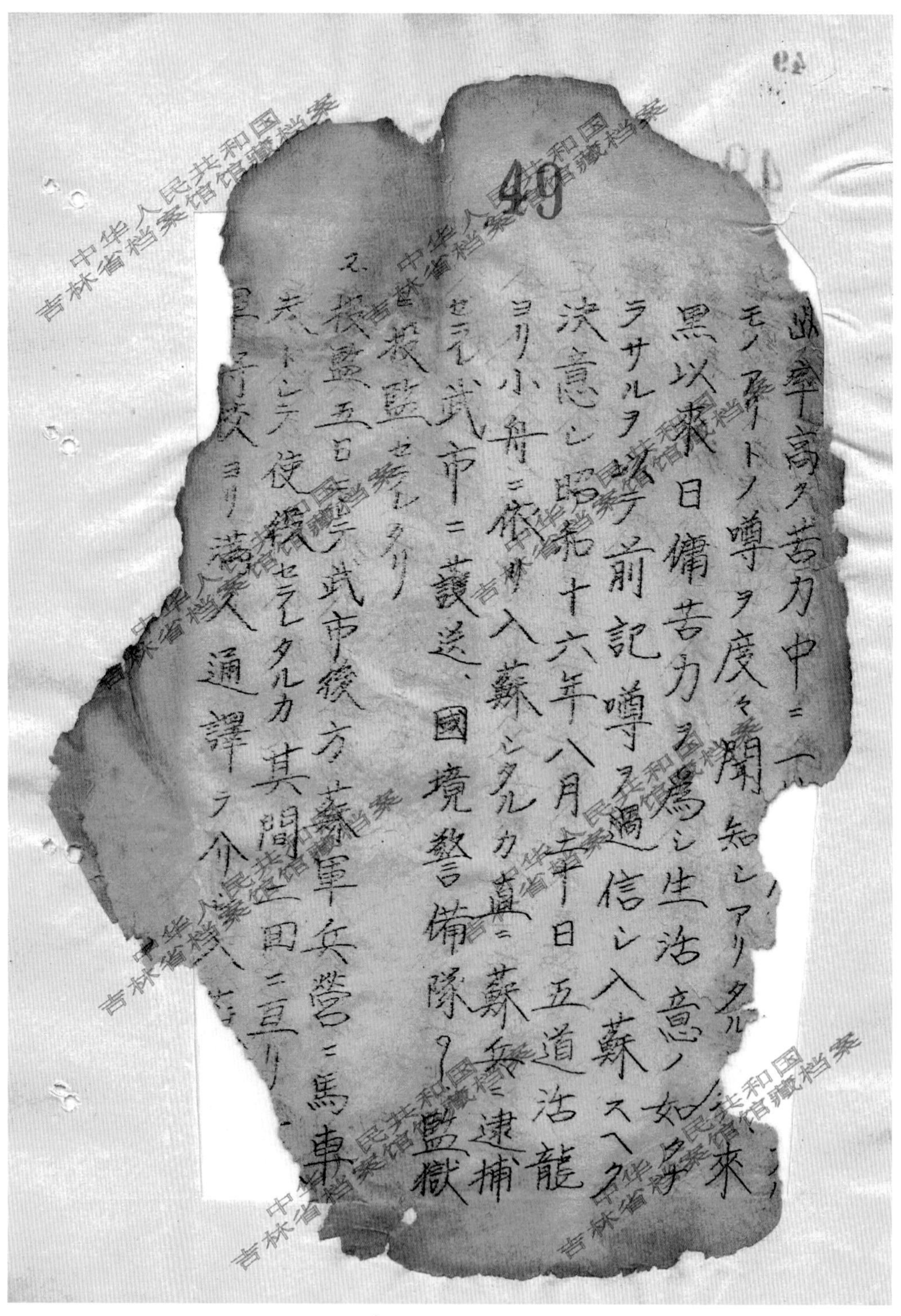
49

此等高久苦力中ニ一…
モノアリトノ噂ヲ度々聞知シアリタル…來
黒以來日傭苦力ヲ為シ生活意ノ如クナ
ラサルヲ以テ前記噂ヲ過信シ入蘇スヘク
決意シ昭和十六年八月二十日五道溝龍
ヨリ小舟ニ依リ入蘇シタルカ直ニ蘇兵ニ逮捕
セラレ武市ニ護送、國境警備隊ノ監獄
ニ投監セラレタリ
ス 投監五日ニシテ武市後方蘇軍兵營ニ馬車
夫トシテ使役セラレタルカ其間三回ニ亘リ
星子及ヨリ満人通譯ヲ介シ…

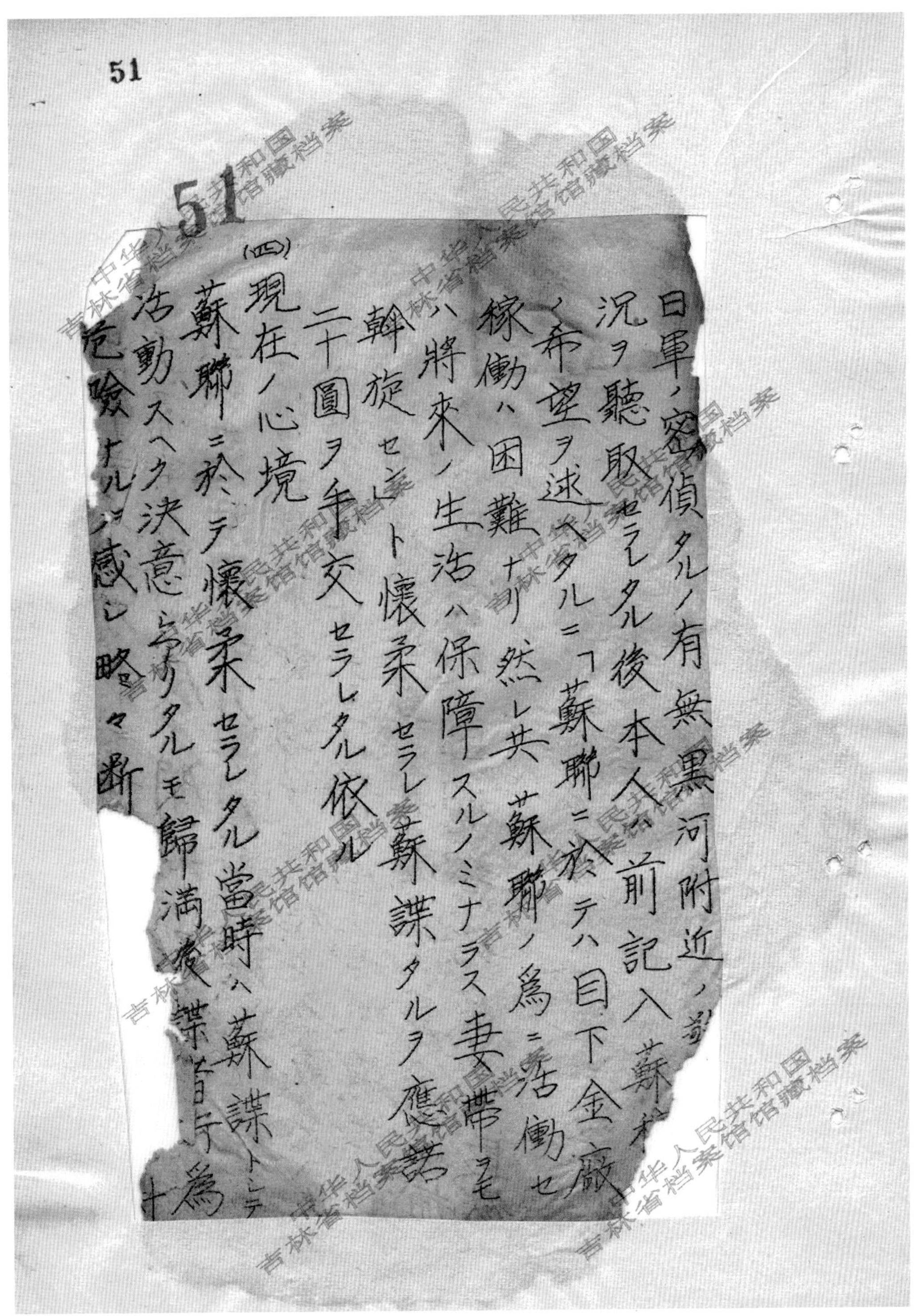

51

日軍ノ密偵タルノ有無黒河附近ノ對
況ヲ聽取セラレタル後本人ハ前記入蘇
ノ希望ヲ述ヘタルニ「蘇聯ニ於テハ目下金廠
稼働ハ困難ナリ然レ共蘇聯ノ為ニ活働セ
ハ將來ノ生活ハ保障スルノミナラス妻帶ヲモ
斡旋セン」ト懷柔セラレ蘇諜タルヲ應諾
二十圓ヲ手交セラレタル依ル
（四）現在ノ心境
蘇聯ニ於テ懷柔セラレタル當時ハ蘇諜トシテ
活動スヘク決意シアリタルモ歸滿後諜者ノ為
危險ナルヲ感シ暫々斷

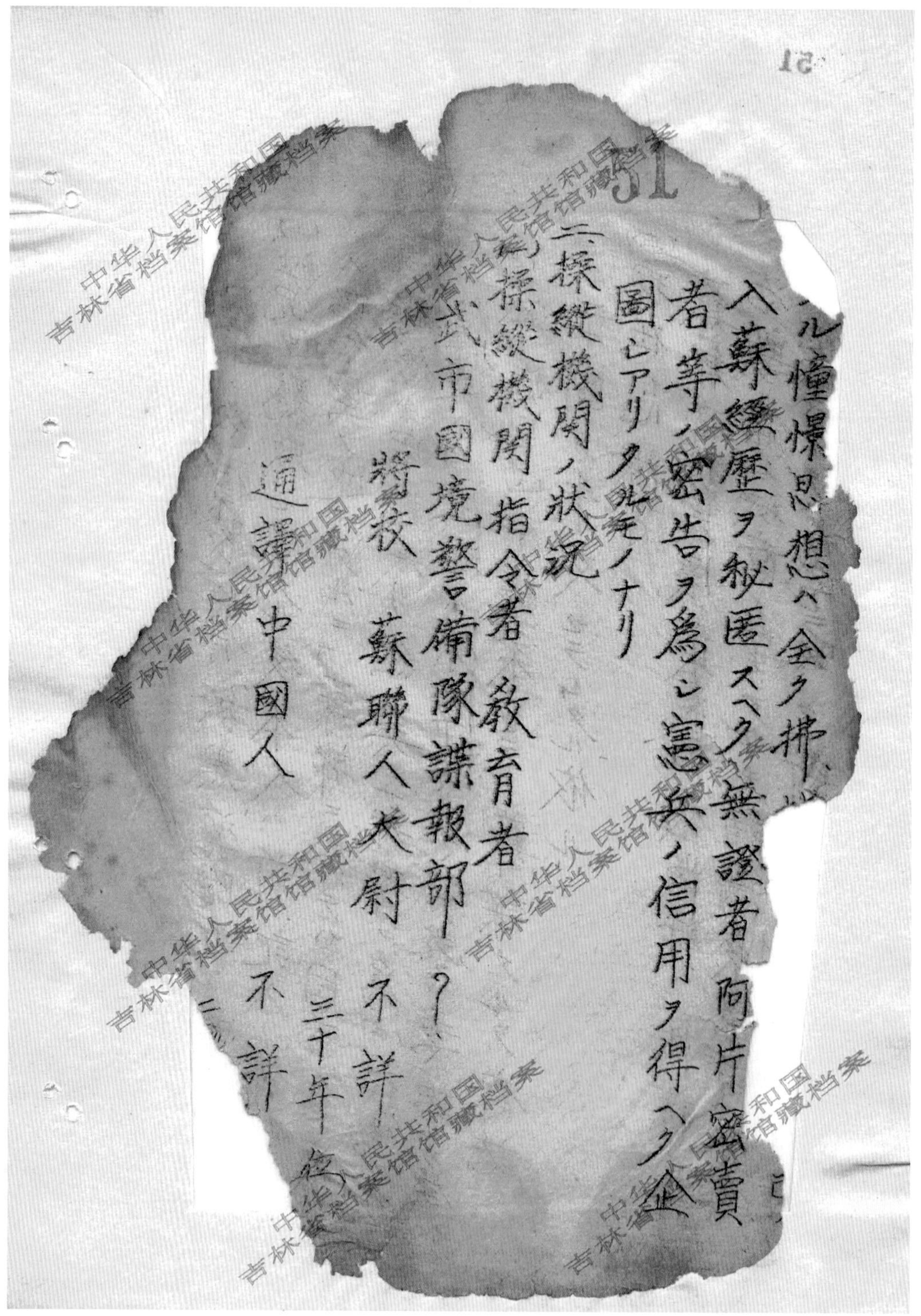

51

ル憧憬思想ハ全ク拂

入蘇經歴ヲ秘匿スヘク無證者向片密賣

者等ノ密告ヲ為シ憲兵ノ信用ヲ得ヘク企

圖シアリタルモノナリ

二、採纖機關ノ状況

(イ)採纖機關　指令者　教育者

武市國境警備隊諜報部？

將校　蘇聯人大尉　不詳　三十年位

通譯　中國人　不詳

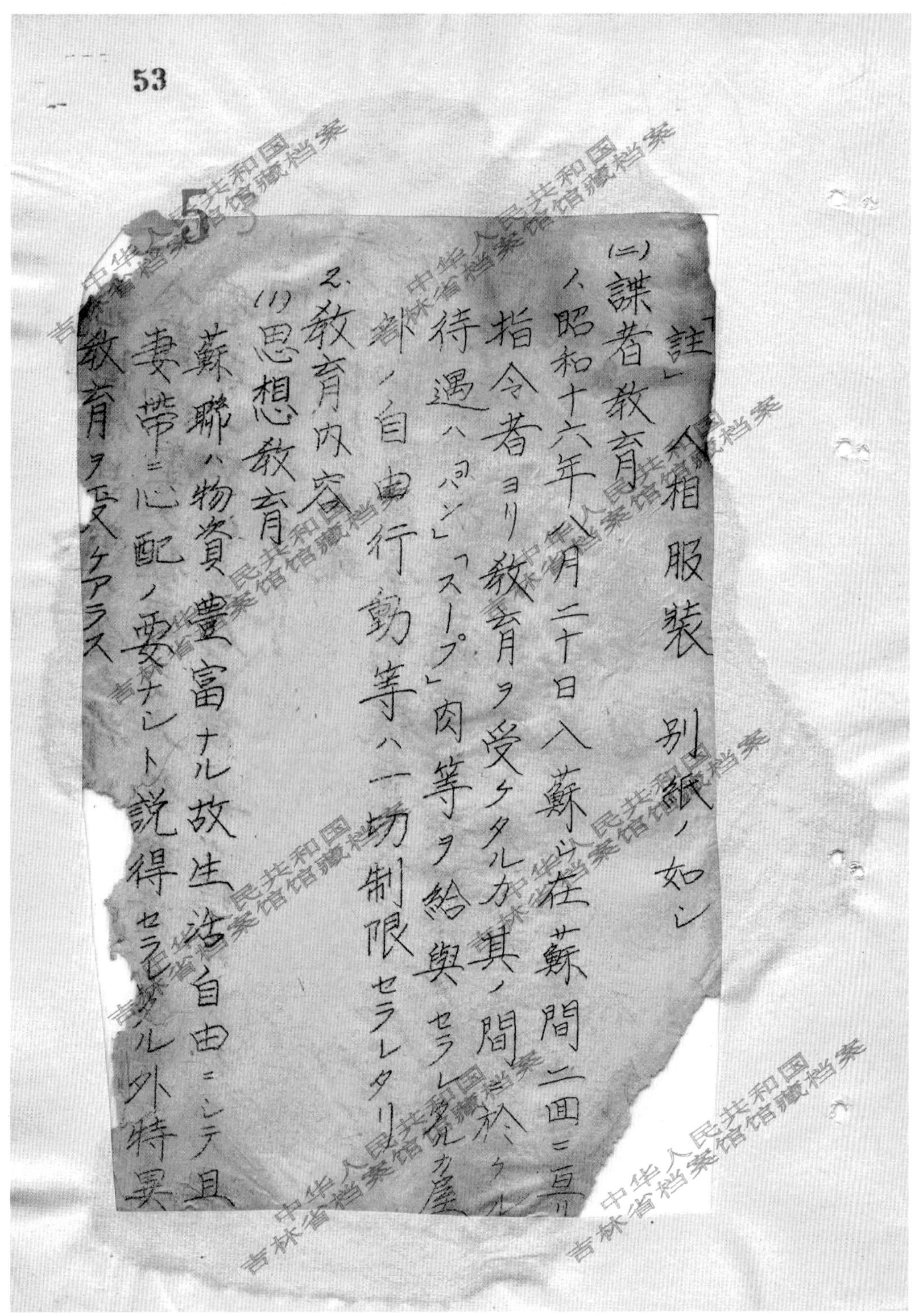

53

5

「註」相服装 別紙ノ如シ

(二) 諜者教育

イ、昭和十六年十月二十日入蘇以在蘇間二回ニ亘リ指令者ヨリ教育ヲ受ケタルカ其ノ間ニ於ケル待遇ハ「パン」「スープ」肉等ヲ給與セラレ寛カ屋外ノ自由行動等ハ一切制限セラレタリ

ロ、教育内容

(1) 思想教育

蘇聯ハ物資豊富ナル故生活自由ニシテ且妻帯ニ心配ノ要ナシト説得セラレタル外特異教育ヲ受ケアラス

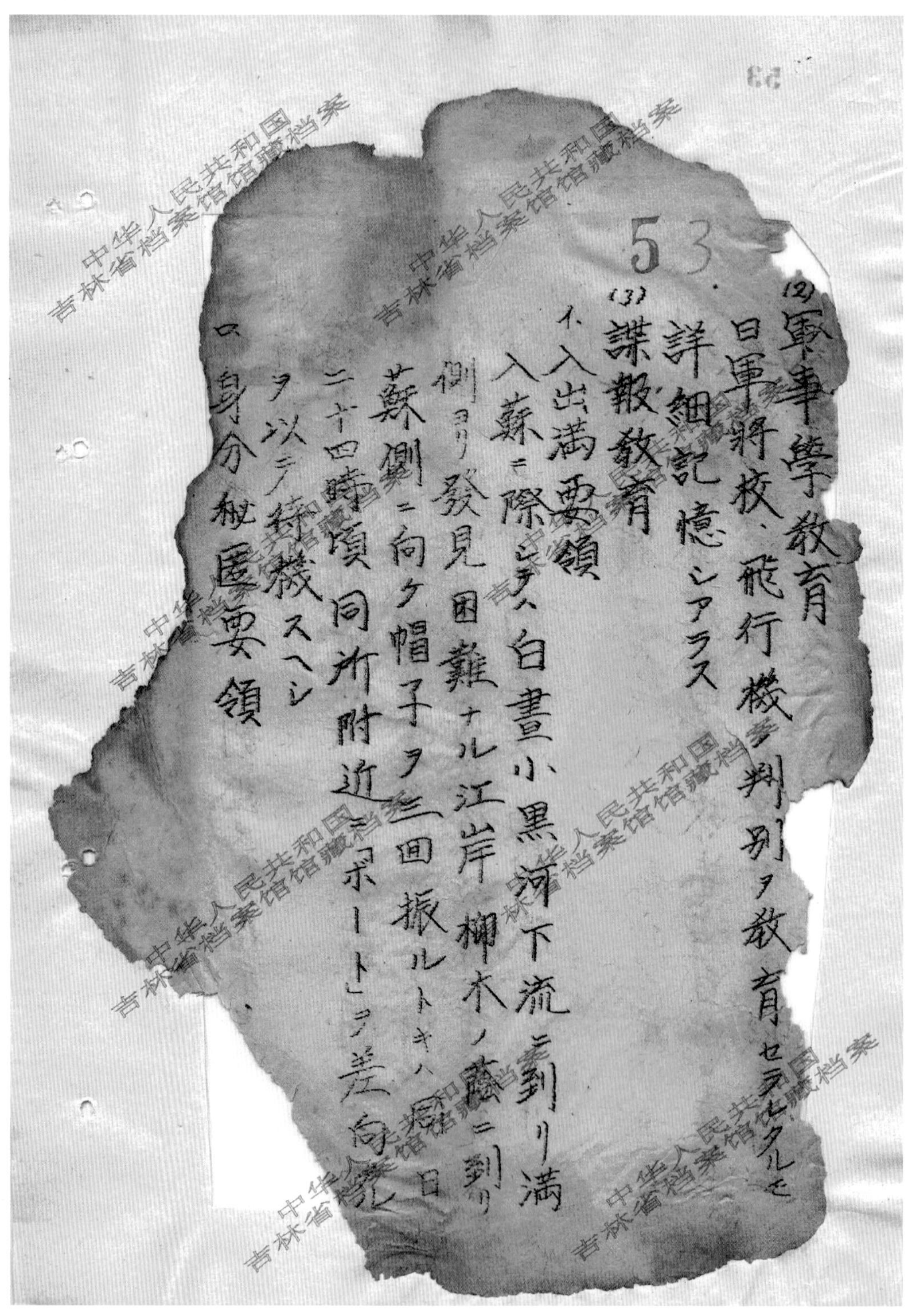

(2) 軍事學教育
日軍將校、飛行機ノ判別ヲ教育セラレタルモ
詳細記憶シアラス
(3) 諜報教育
イ 入出満要領
入蘇ニ際シテハ白晝小黒河下流ニ到リ満
側ヨリ發見困難ナル江岸柳木ノ蔭ニ到リ
蘇側ニ向ケ帽子ヲ三回振ルトキハ翌日
二十四時頃同所附近ニ「ボート」ヲ差向ケ
ヲ以テ待機スヘシ
ロ 身分秘匿要領

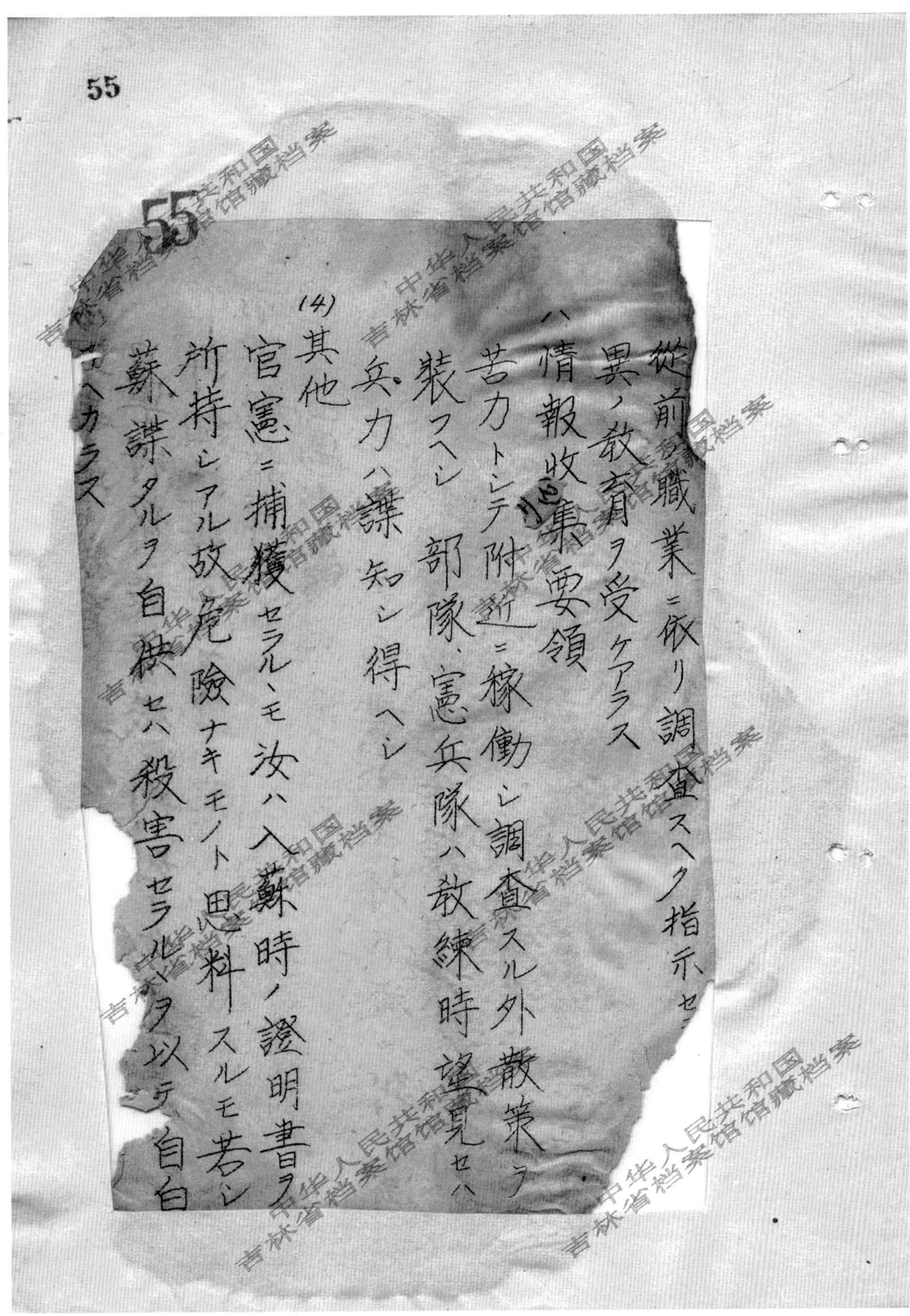

55

従前ノ職業ニ依リ調査スヘク指示セ
異ノ教育ヲ受ケアラス
ハ情報収集要領
苦力トシテ附近ニ稼働シ調査スル外散策ヲ
装フヘシ 部隊、憲兵隊ハ教練時望見セハ
兵力ハ諜知シ得ヘシ
(4) 其他
官憲ニ捕獲セラルヽモ汝ハ入蘇時ノ證明書ヲ
所持シアル故危険ナキモノト思料スルモ若シ
蘇諜タルヲ自供セハ殺害セラルヽヲ以テ自白
スヘカラス

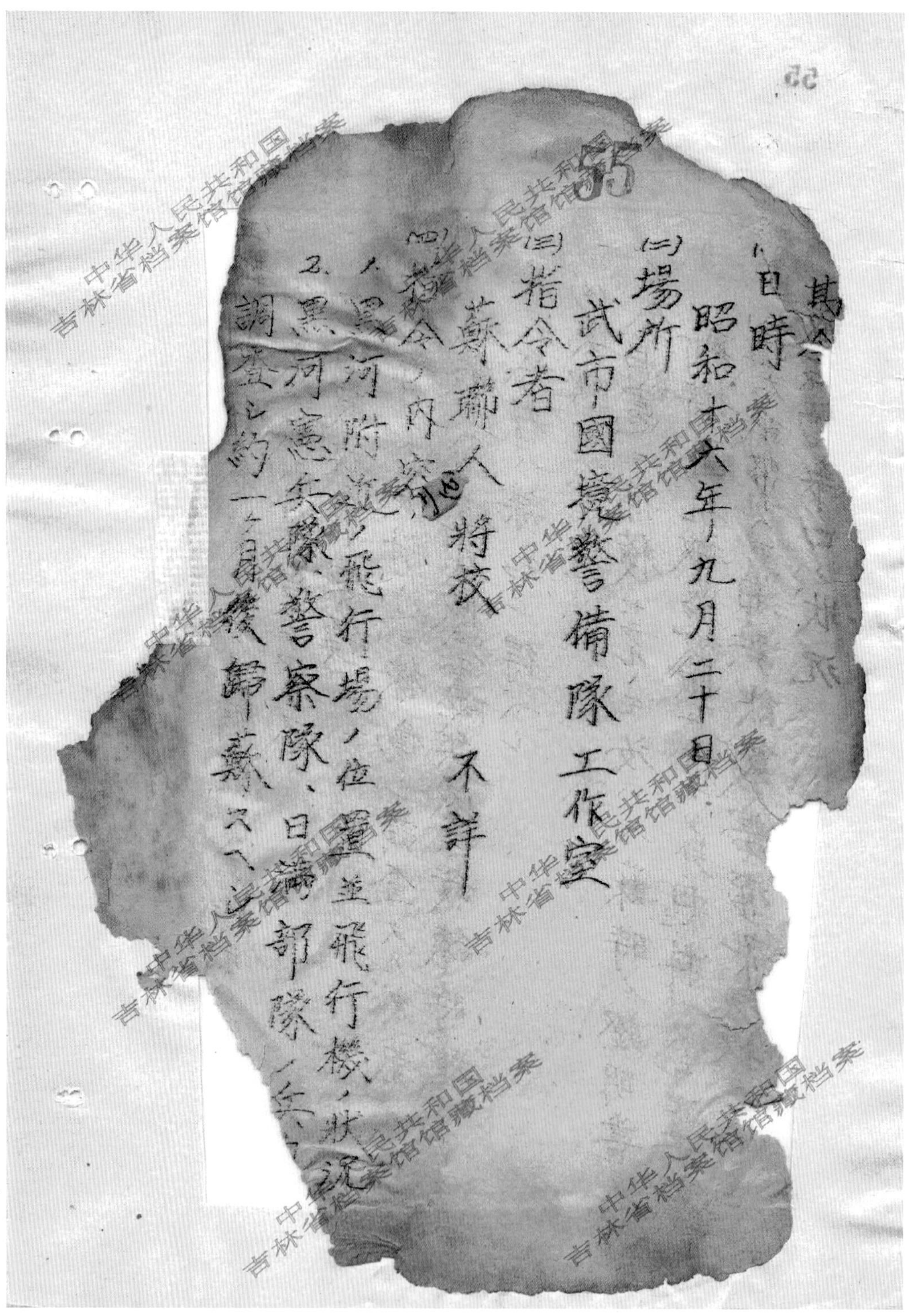

55

(一)日時
昭和十八年ノ九月二十日
(二)場所
武市國境警備隊工作室
(三)指令者
蘇聯人將校　不詳
(四)指令ノ内容
1. 黒河附近ノ飛行場ノ位置並飛行機ノ狀況
2. 黒河憲兵隊、警察隊、日滿部隊ノ兵
調査シ約一ヶ月後歸蘇スヘシ

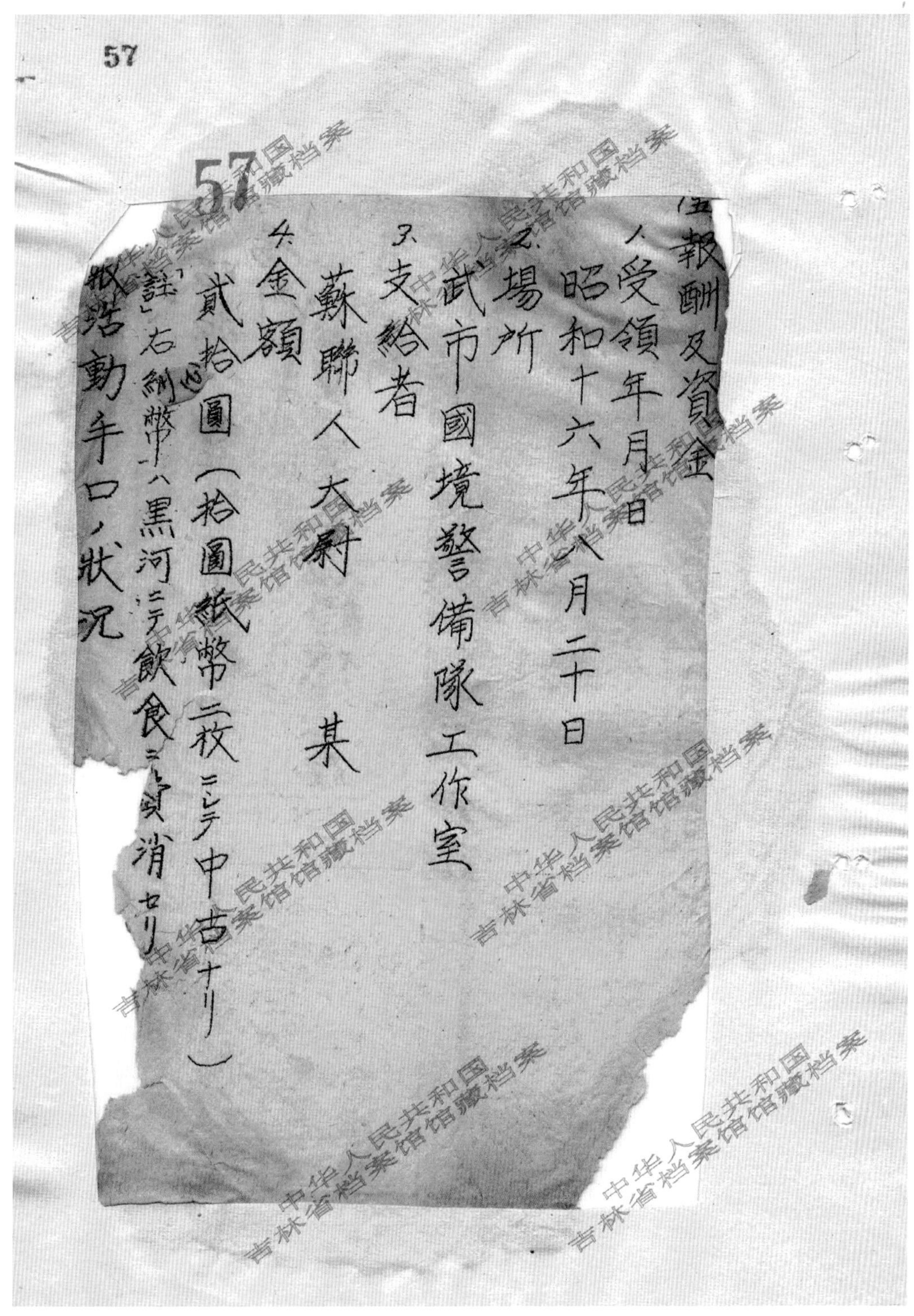
57

57

(五)報酬及資金

1. 受領年月日

昭和十六年八月二十日

2. 場所

武市國境警備隊工作室

3. 支給者

蘇聯人大尉　某

4. 金額

貳拾圓（拾圓紙幣二枚ニシテ中古ナリ）

「註」右紙幣ハ黒河ニテ飲食ニ費消セリ

報活動手口ノ状況

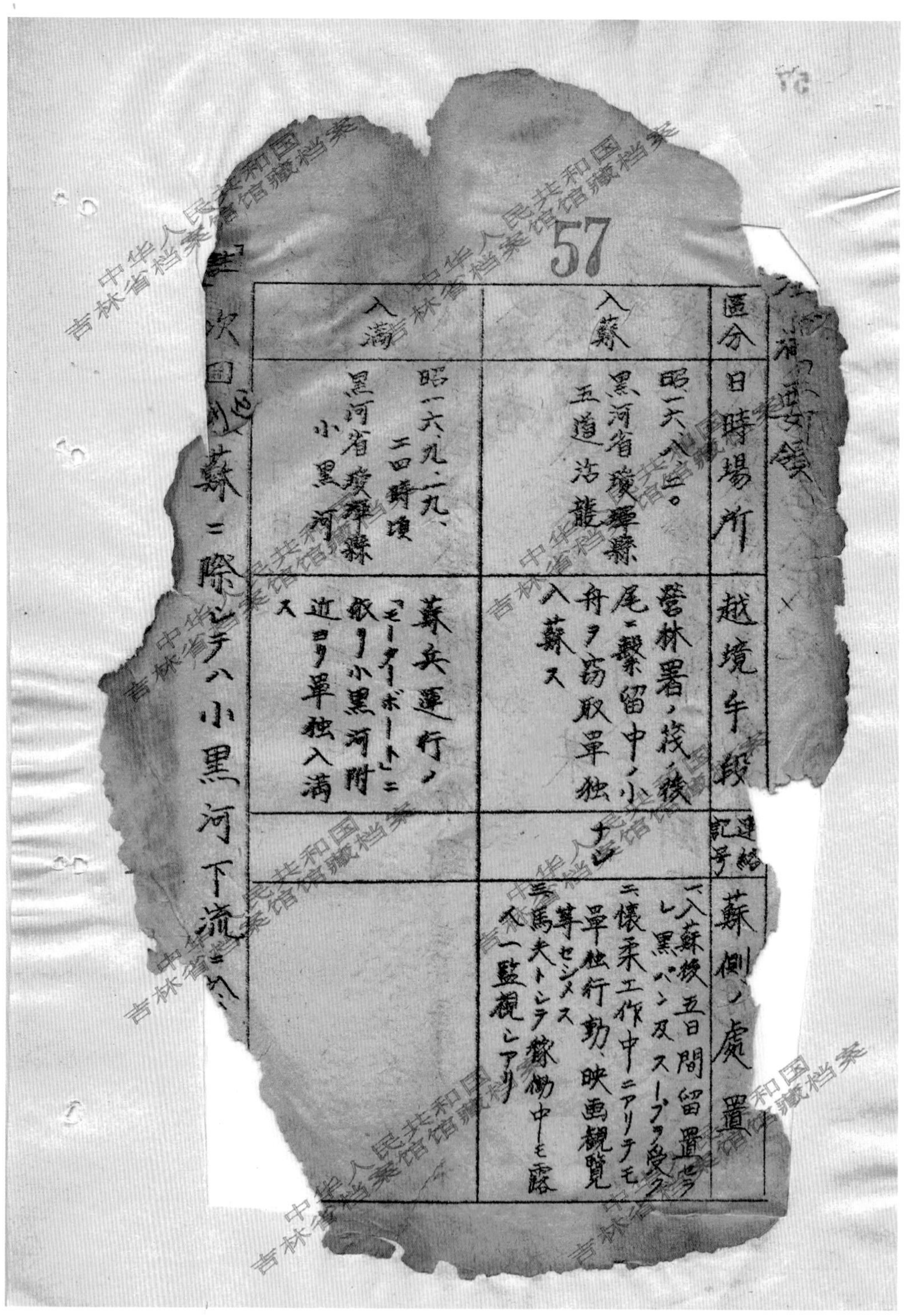

57

……ノ要領

區分	日時場所	越境手段	連絡記号	蘇側ノ處置
入蘇	昭一六、八、三。 黒河省璦琿縣 五道沽龍	營林署ノ筏ノ筏尾ニ繋留中ノ小舟ヲ窃取単独ナシ入蘇ス		一、入蘇後五日間留置セラレ黒パン及スープヲ受ク 二、懐柔工作中ニアリテモ単独行動、映画観覧等セシメス 三、馬夫トシテ雑役中モ露人ノ監視シアリ
入満	昭一六、九、一九、 二四時頃 黒河省璦琿縣 小黒河	蘇兵運行ノ「モーターボート」ニ依リ小黒河附近ヨリ単独入満ス		

次回入蘇ニ際シテハ小黒河下流ニ於テ……

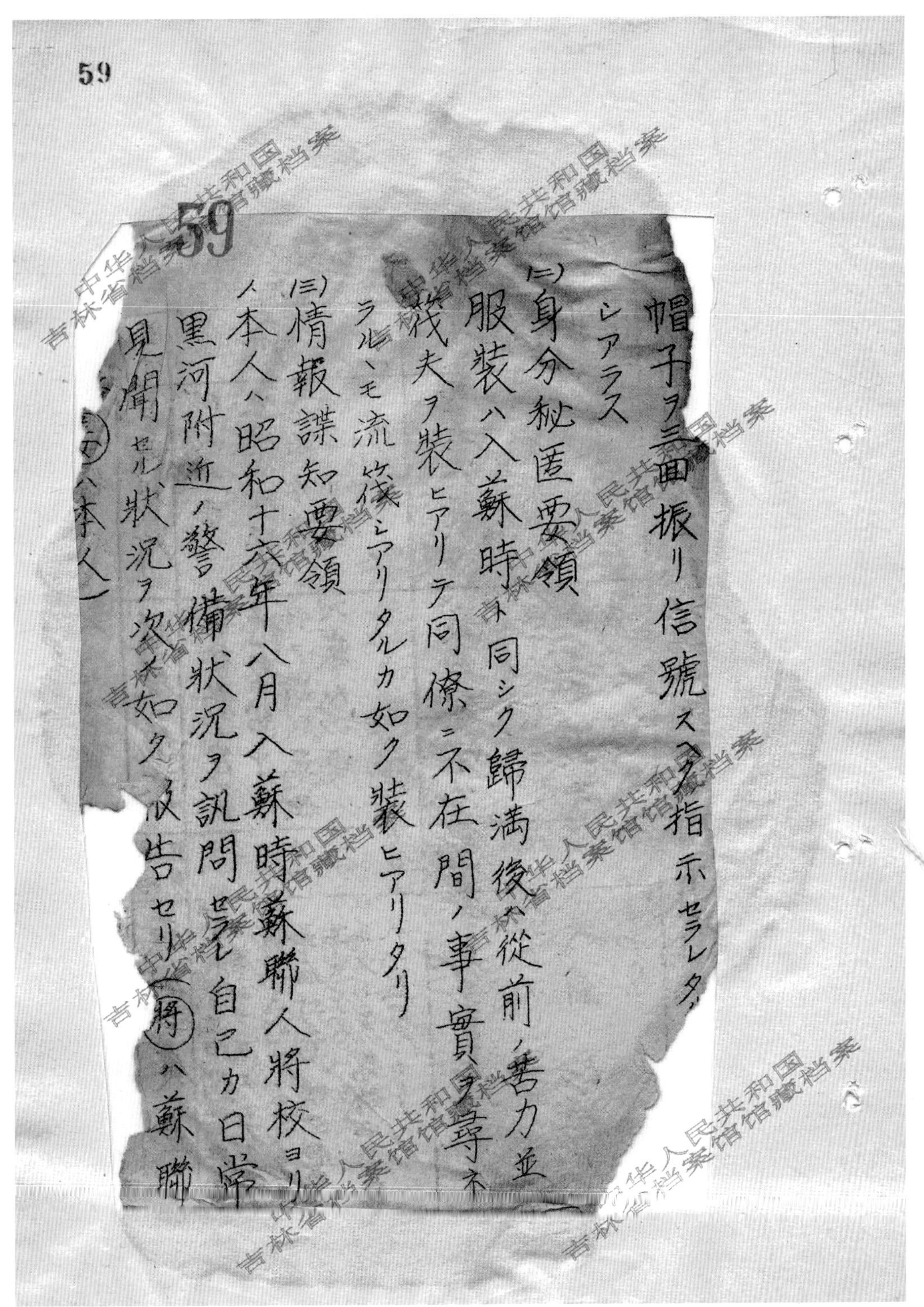

59

59

帽子ヲ三回振リ信號スヘク指示セラレタルモ
レアラス
(二)身分秘匿要領
服裝ハ入蘇時ト同シク歸滿後ハ從前ノ苦力並
筏夫ヲ裝ヒアリテ同僚ニ不在間ノ事實ヲ尋ネ
ラルヽモ流筏從ヒアリタルカ如ク裝ヒアリタリ
(三)情報諜知要領
本人ハ昭和十六年八月入蘇時蘇聯人將校ヨリ
黒河附近ノ警備狀況ヲ訊問セラレ自己カ日常
見聞セル狀況ヲ次ノ如ク報告セリ(將)ハ蘇聯
(本)ハ本人

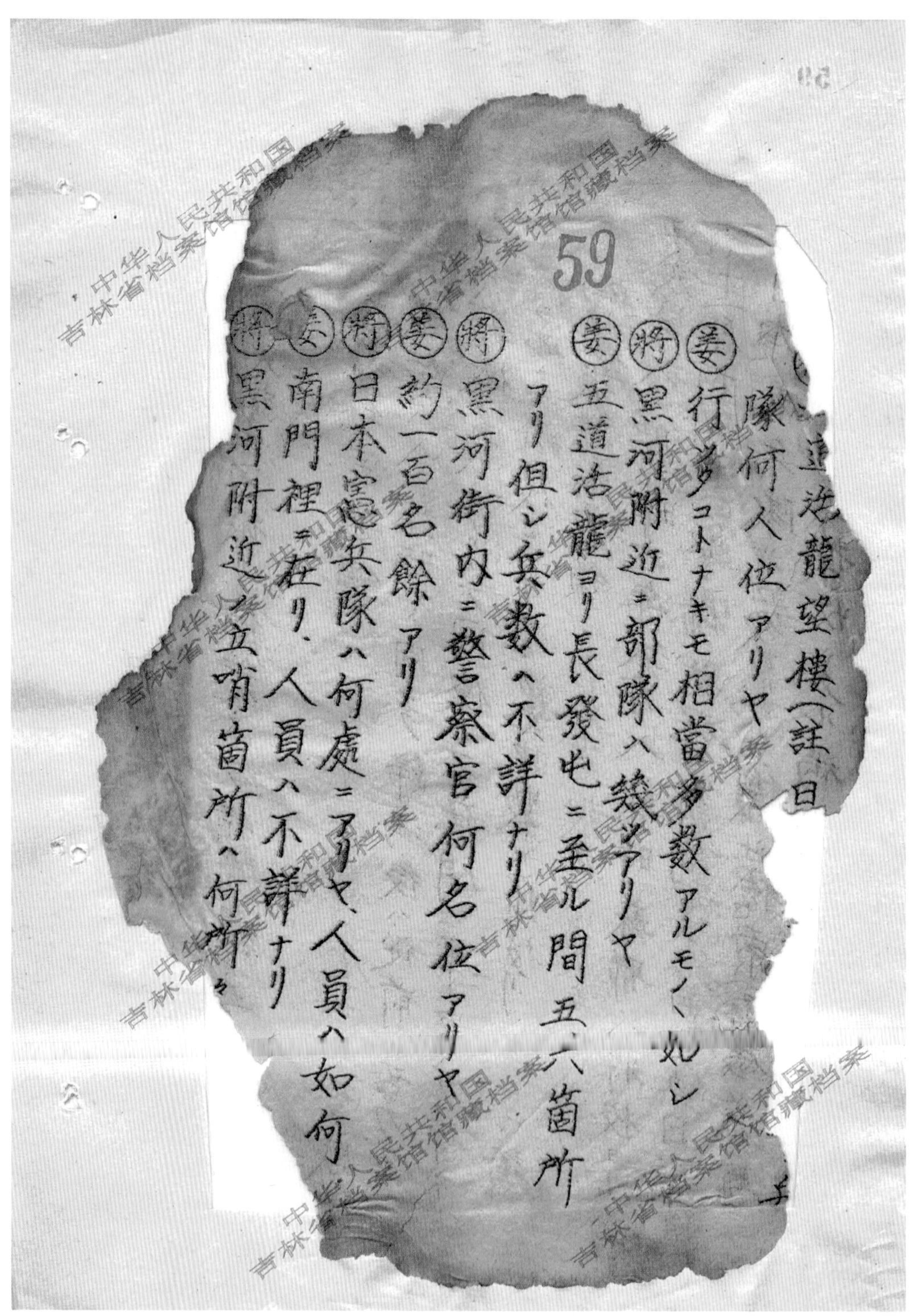

59

道洁龍望樓（註、日

隊何人位アリヤ

姜 行ダコトナキモ相當多数アルモノ、如シ

將 黒河附近ニ部隊ハ幾ツアリヤ

姜 五道浩龍ヨリ長發屯ニ至ル間五、六箇所

アリ但シ兵数ハ不詳ナリ

將 黒河街内ニ警察官何名位アリヤ

姜 約一百名餘アリ

將 日本憲兵隊ハ何處ニアリヤ、人員ハ如何

姜 南門裡ニ在リ、人員ハ不詳ナリ

將 黒河附近ニ立哨箇所ハ何所々

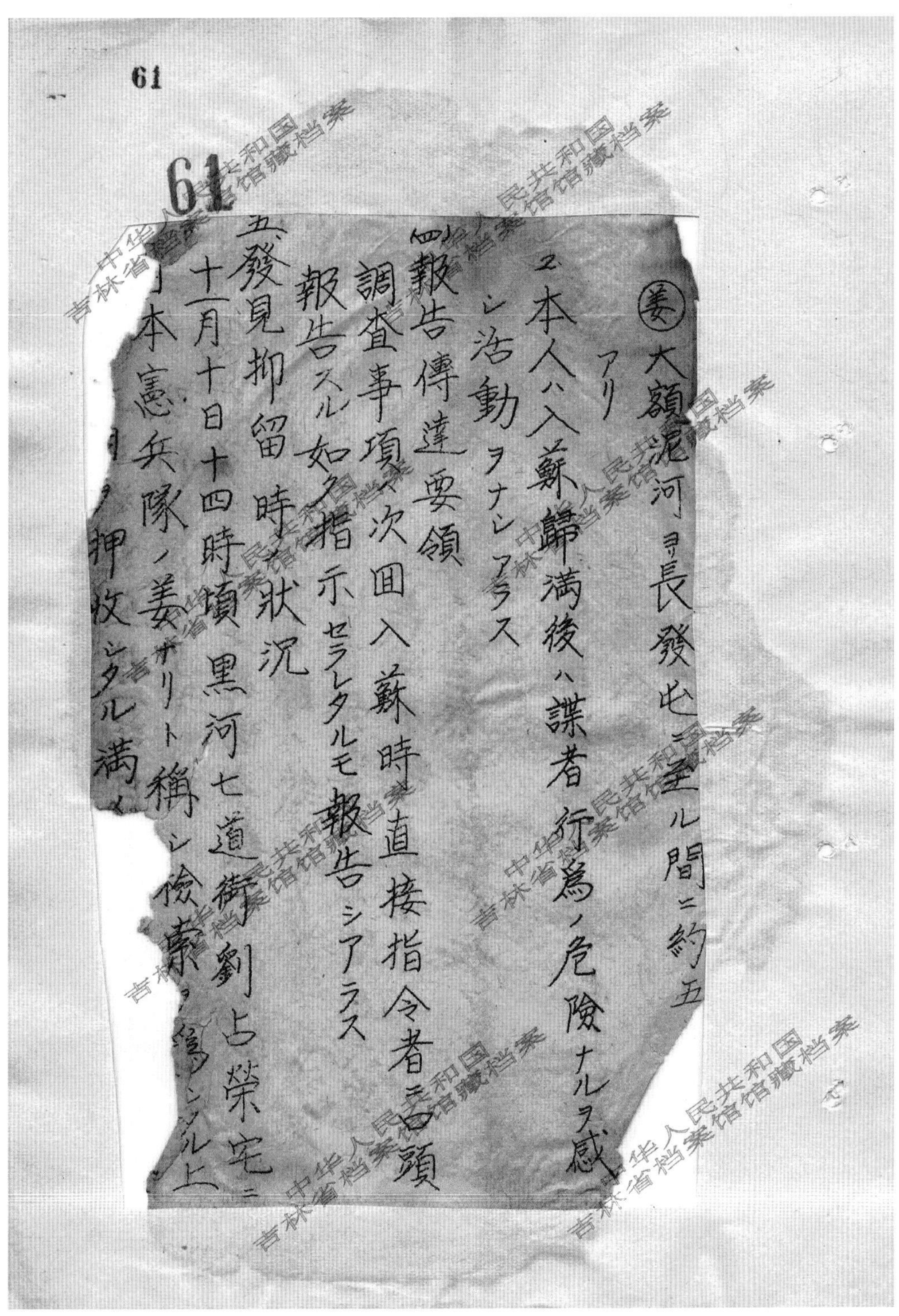

61

61

(姜)大額泥河ヨリ長發屯ニ至ル間ニ約五
アリ
又本人ハ入蘇歸滿後ハ諜者行為ノ危険ナルヲ感
シ活動ヲナシアラス
(四)報告傳達要領
調査事項ハ次回入蘇時直接指令者ニ口頭
報告スル如ク指示セラレタルモ報告シアラス
五、發見抑留時ノ状況
十一月十日十四時頃黒河七道街劉占榮宅ニ
日本憲兵隊ノ姜ナリト稱シ檢索ヲ[illegible]シタル上
日…ヲ押收シタル満

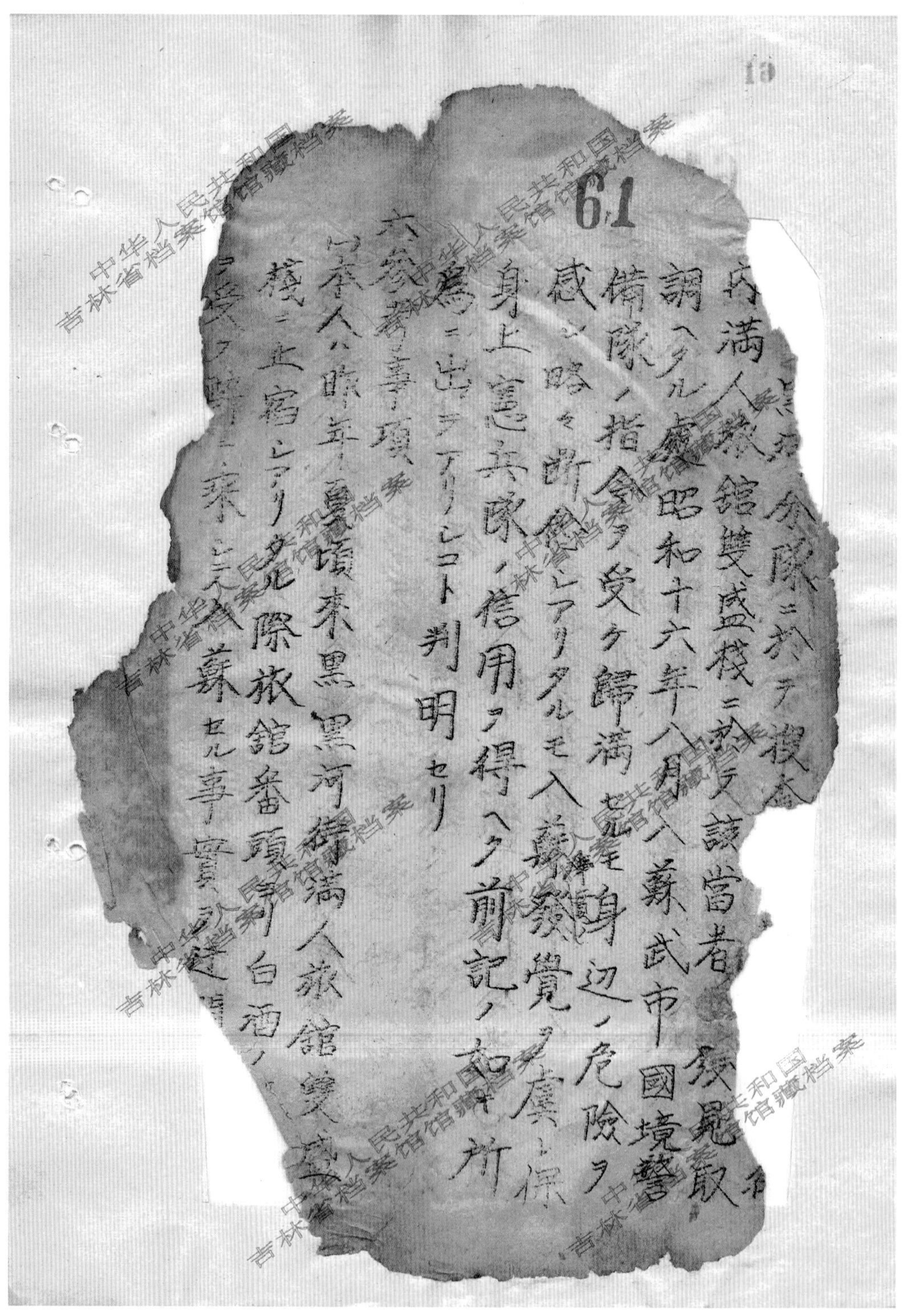

61

…分隊ニ於テ捜査…
内満人旅館雙盛棧ニ於テ該當者ヲ發見取
調ヘタル處昭和十六年八月八蘇武市國境警
備隊ノ指令ヲ受ケ歸満セルモ自身辺ノ危険ヲ
感シ略々斷念シアリタルモ入蘇發覺ヲ虞レ保
身上憲兵隊ノ信用ヲ得ヘク前記ノ如キ所
為ニ出テアリシコト判明セリ
六、參考事項
本人ハ昨年八月頃來黒黒河街満人旅館雙盛
棧ニ止宿シアリタル際旅館番頭ヲ白酒ノ…
ヲ與ヘ酔ヒニ乘シ二人入蘇セル事實ヲ漏…

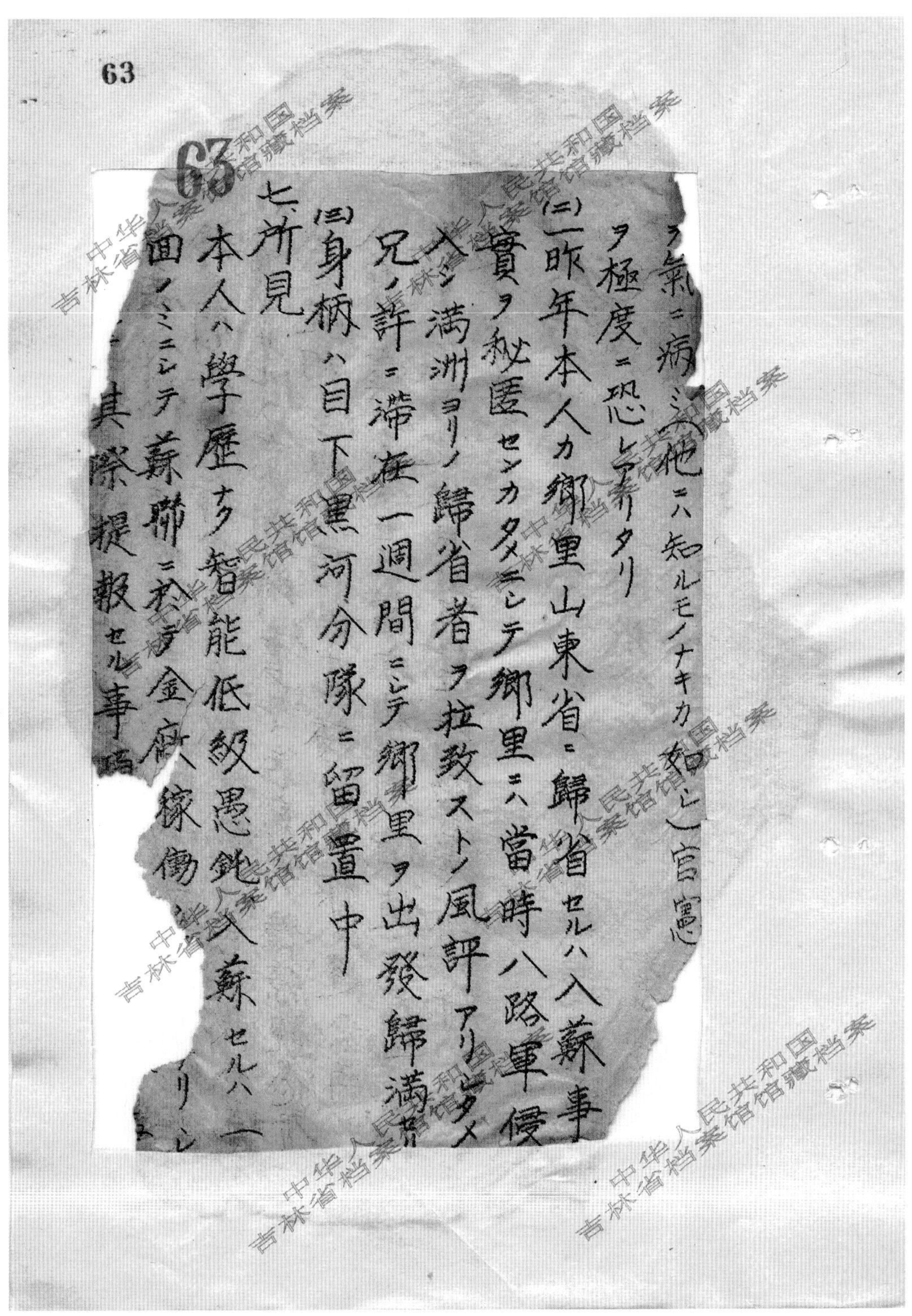

63

ヲ氣ニ病ミ他ニハ知ルモノナキカ如シ）官憲
ヲ極度ニ恐レ居リタリ
(二)昨年本人カ郷里山東省ニ歸省セルハ入蘇事
實ヲ秘匿センカタメニシテ郷里ニハ當時八路軍侵
入シ満洲ヨリノ歸省者ヲ拉致ストノ風評アリシタメ
兄ノ許ニ滞在一週間ニシテ郷里ヲ出發歸満
(三)身柄ハ目下黒河分隊ニ留置中
七、所見
本人ハ學歴ナク智能低級愚鈍ニシテ入蘇セルハ一
面ノミニシテ蘇聯ニ於テ金廠ニ稼働[illegible]アリシ[illegible]
[illegible]其ノ際提報セル事項[illegible]

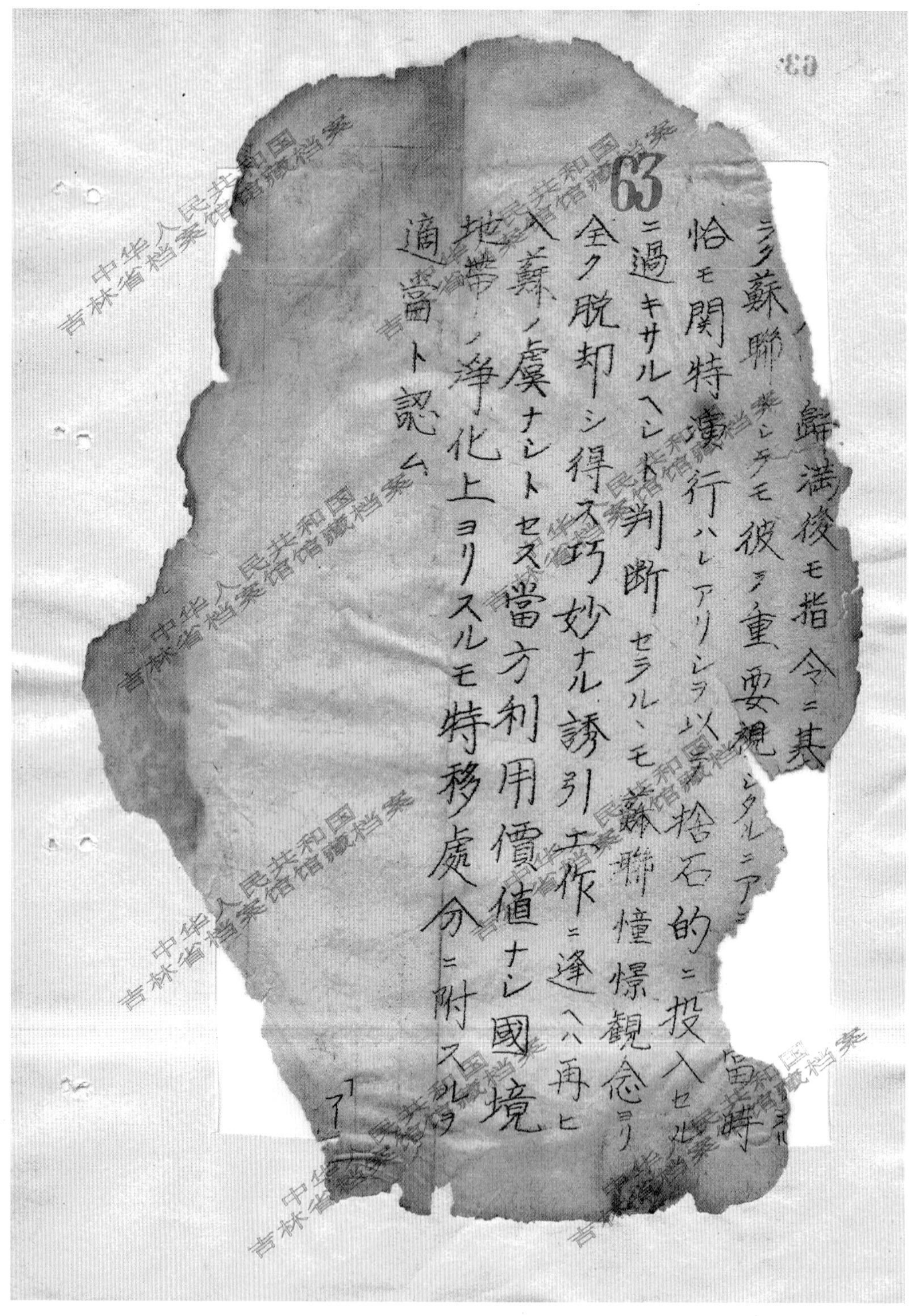

63

ノ歸滿後モ指令ニ基
ラヌ蘇聯ニ探レテモ彼ヲ重要視シタルニア
ラ
當時
ニル
恰モ関特演行ハレアリシヲ以テ捨石的ニ投入セル
ニ過キサルヘシト判断セラル、モ蘇聯憧憬観念ヨリ
全ク脱却シ得ス巧妙ナル誘引工作ニ逢遇ヘハ再ヒ
入蘇ノ虞ナシトセス當方利用價値ナシ國境
地帯ノ浄化上ヨリスルモ特移處分ニ附スルヲ
適當ト認ム

ア

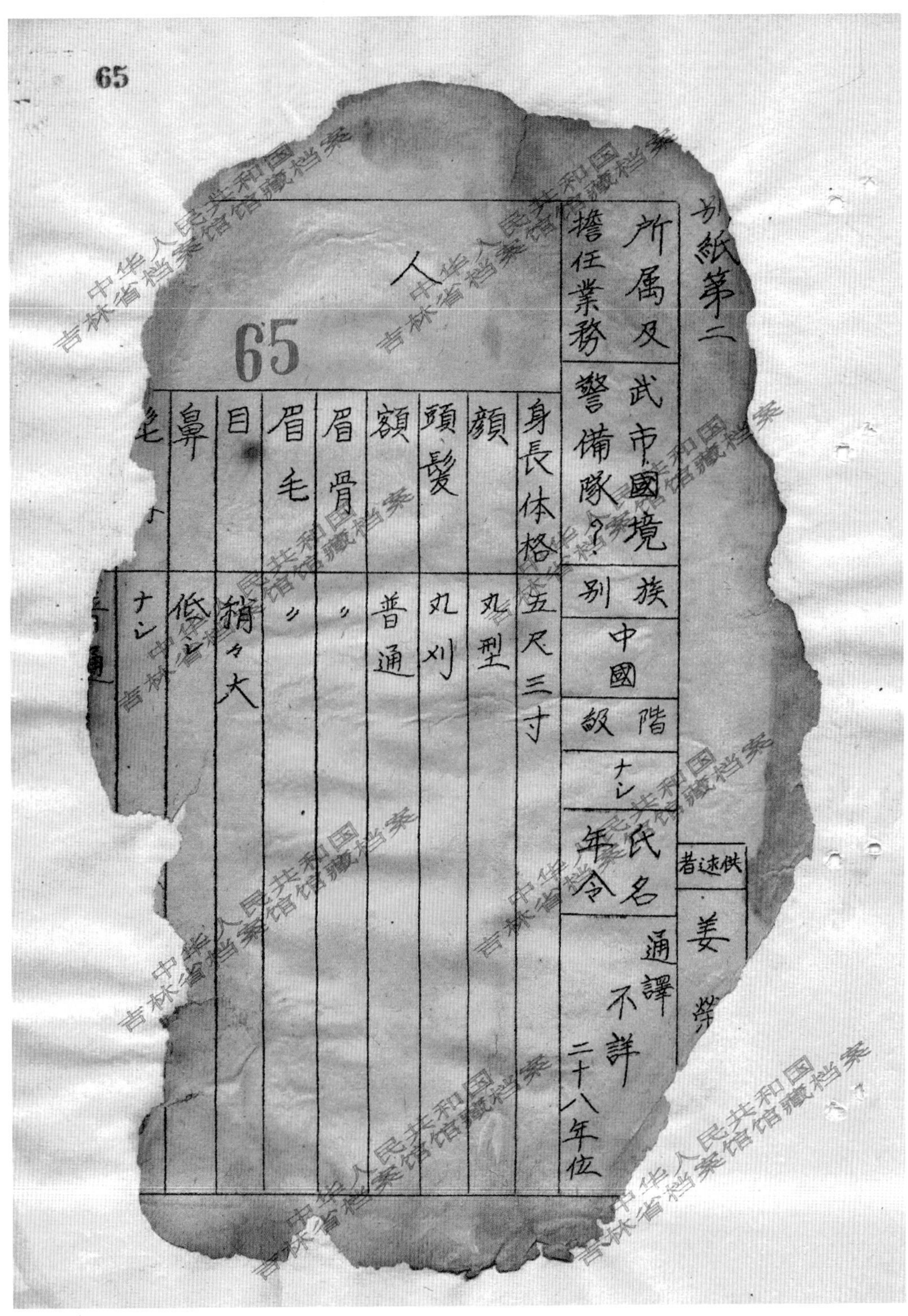
65

別紙第二

所屬及擔任業務	武市國境警備隊?
族別	中國
階級	ナシ
氏名年令	通譯不詳 二十八年位

供述者 姜榮

人

65

身長体格	五尺三寸
顔	丸型
頭髮	丸刈
額	普通
眉骨	〃
眉毛	〃
目	稍々大
鼻	低シ
毛	ナシ

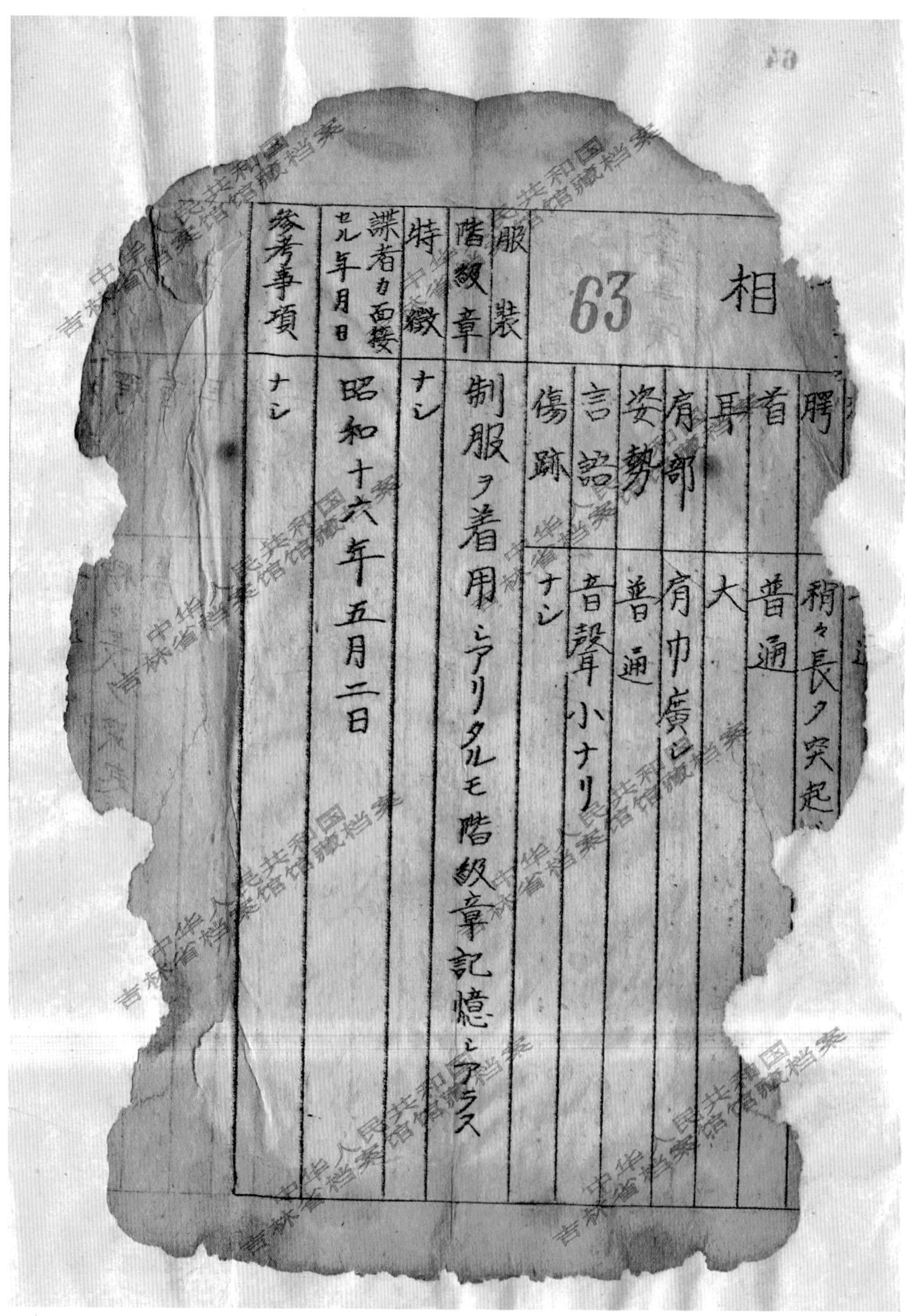

相

63

腭	稍々長ク突起シ
首	普通
耳	大
肩部	肩巾廣シ
姿勢	普通
言語	音聲小ナリ
傷跡	ナシ
服裝 階級章	制服ヲ着用シアリタルモ階級章記憶シアラズ
特徴	ナシ
諜者ガ面接セル年月日	昭和十六年五月二日
參考事項	ナシ

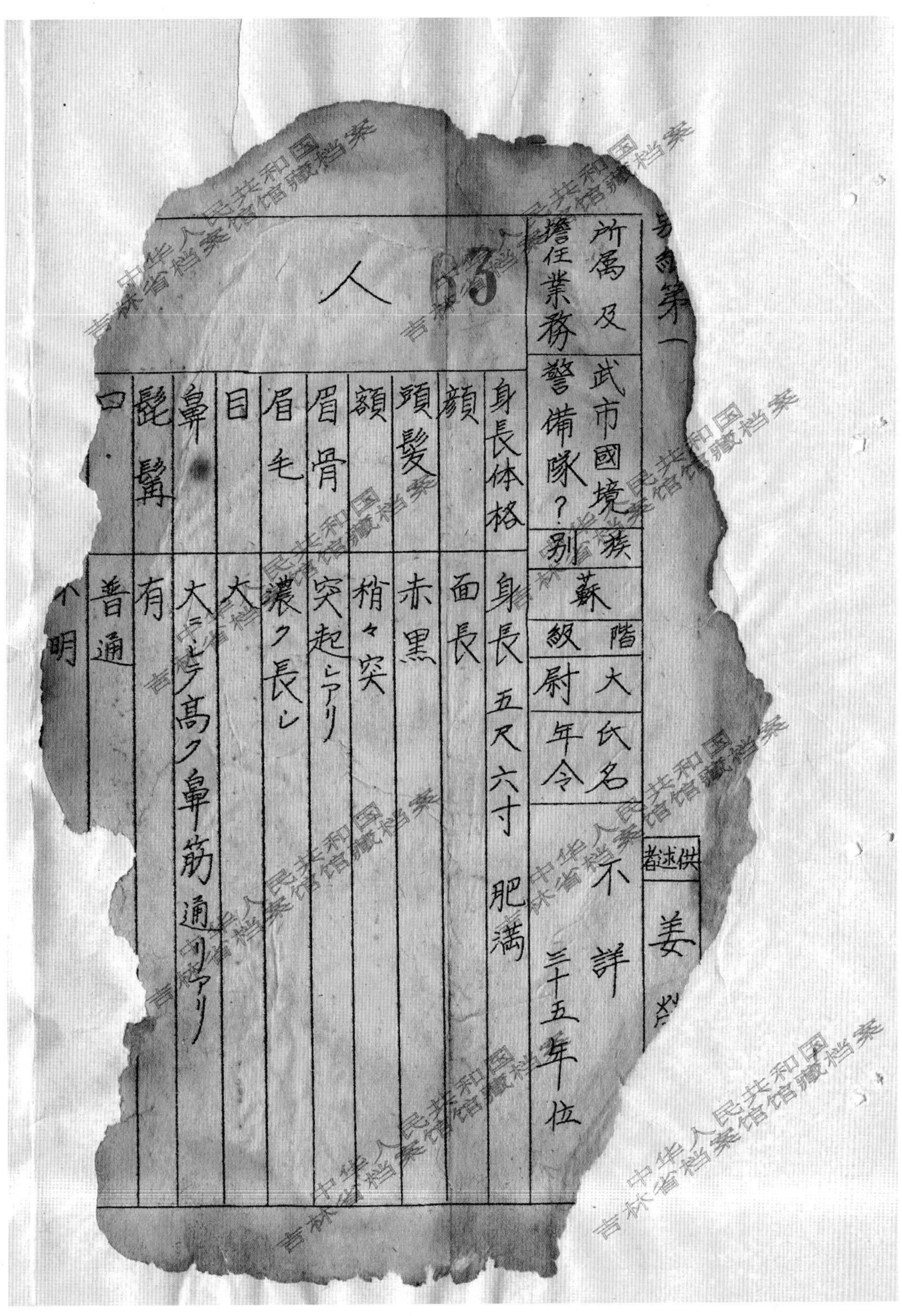

別紙第一

供述者 姜 烈

所属及担任業務	武市國境警備隊？
族別	蘇
階級	大尉
氏名	不詳
年令	三十五年位

人 63

身長体格	身長五尺六寸 肥満
顔	面長
頭髪	赤黒
額	稍々突
眉骨	突起シアリ
眉毛	濃ク長シ
目	大
鼻	大ニシテ高ク鼻筋通リアリ
髭鬚	有
口	普通
	不明

昭和十八年(1943년)十二月十五日　孫憲高第五六五號

보고 "통보부서"　關司, 44

발송부서 隊下丙

쑨우헌병대장

소련간첩 쟝릉첸을 체포한 건에 관하여(헌병처리)

11월 18일 허이허헌병분대에서 체포한 제목의 첩자를 취조한 상황은 별지에 부록.

연필부가: 소련식 생활을 동경하던 차 비법으로 소련에 입경, 첩자로 만주에 돌아와 잠복하였지만 신변의 위험을 느껴 비공개로 활동

스스로를 보호하고자 헌병대에 불량자를 밀고하다가 발각됨.

처리대: 허이허헌병분대

성명(별명, 공작명): 쟝릉첸

연령: 40세

원적지: 허이허성 어우푸(鷗浦)현성 치자(齊札)가

직업: 노동자

억류일시: 昭和十八年(1943년)十一月十八日

지점: 허이허성 허이허 류우도(六道)가 쐉성잔(雙盛棧)

억류동기: 11월 10일, (헌병대가) 상기인이 허이허 치도우(七道)가에 위치한 류잔룽의 집에서 헌병으로 사칭하여 아편 넉 냥을 몰수했다는 밀보를 접함. 이에 기초해 수사를 전개함. 11월 18일 용의자를 발견하고 구류하여 심사함. 그 진술이 모호하므로 의심나는 점을 추궁하던 중 자아보호책으로 위의 행위를 저질러 헌병의 신임을 얻고자 했던 것으로 판명 났음.

□□계통: 블라고베셴스크 국경경비대

본인행동개요:

과거:

一. 평소 소련에 대해 동경해 마지않다가 입소(入蘇)를 결심함. □□16년 8월 20일, 허이허□□에서 □□서의 뗏목 후미에 묶어두었던 쪽배를 훔쳐 □□.

二. 입소하자 즉시 소련병사에게 체포되어 블라고베셴스크 국경경비대에 압송됨. 신문 후 포섭되어 “소련간첩”으로 됨. 동년 9월 19일, 공작금 20원을 받고 허이허 부근의 비행장과 군경 상황을 조사해오라는 명령을 받음. 당일 만주로 들어옴.

현재:

一. 만주에 들어온 후 활동을 전개하려다가 일만군경의 감시하에 위험을 느끼고 산둥으로 돌아감. 한 달 뒤 만주로 다시 들어옴. 허이허에서 일용직 노동자로 일함. 하지만 범죄행위가 발각될 것이 두려워 싼선푸에서 노동만 함.

二. 昭和十八年五月, 싼선푸 화피미(樺皮密)에서 채벌에 종사함. 하지만 임금정산을 위해 11월 허이허에 왔다가 이곳에 체류함.

받은 보수: 20원

관계자상황: 패당이 없음.

처리소견: 비록 본인은 지령에 따라 첩자행위를 하여 타인에게 손해를 끼친 것을 승인하지 않지만 소련을 동경하는 사상이 있음으로 쉽게 소련에 책동될 우려가 있음. 국경지대를 정화하기 위해 특별이송처리를 하는 것이 가장 적당하다고 판단됨. 이에 특별히 신청함.

부록: 장룽첸(40세) 입소, 입만(入滿) 圖

昭和十六年八月二十日, 입소하여 블라고베셴스크 국경경비대 첩보부에 있었음.

昭和十六年九月十九日, 만주에 진입.

昭和十六年十一月, 산둥에 감.

昭和十六年十二月, 만주에 돌아와 허이허에 체류.

원적지　산둥성 둥핑현 링구촌

주소　허이허성 어우푸현 어우푸치자가

노동자　장룽첸 연령 40세

一. 첩자상황에 관하여

(一)경력

1. 원적지에서 출생하여 학교를 다니지 못하고 13세부터 농업에 종사.

2. 18세부터 25세까지 산둥성 지닝(濟寧)주에서 인력거부로 일함. 26세 때 원적지로 돌아가 농업에 종사, 일용직으로 일하□□

3. 昭和八年三月, 만주에 들어와 하얼빈에서 □□ 함. 하지만 그해 6월에 허이허성 어우푸현 푸라한(富拉罕)금광에서 채금노동자로 일함.

4. 昭和十年六月, 당지의 친화목재주식회사에 고용되어 뗏목공으로 일함. 여름에는 뗏목을 띄우고 겨울에는 마차부로 일하면서 목재채벌과 운반을 함.

5. 昭和十六年五月, 친화목재에서 해고당하고 허이허에 와서 쌍성여인숙에 투숙함. 거리에서 일용노동자로 일함. 8월에 소련에 가서 한 달 있다가 만주에 들어온 후 같은 해 11월에 산동으로 돌아감. 같은 해 12월에 만주에 다시 돌아와 허이허에 체류.

6. 昭和十八年五月, 柳澤組의 노동자로 모집되어 싼선푸 □□탄갱에서 자갈을 캐는 작업에 종사. 6월에 영림서(營林署)가 도급 맡은 당지 목재공장에서 일함. 임금을 받고자 11월 허이허에 옴.

(二)가정상황

본인은 미혼, 양친은 타계, 원적지에서 형님 장룽신(52)이 농업에 종사.

(三)첩자의 동기

1. 친화목재의 뗏목공으로 쇼허이허와 우도우훠룽(五道活龍) 부근에서 일했기에 쉽게 입소가 가능했음. 소련은 물자가 풍부하고 "□□"의 수확률도 높다는 동료들의 □□ 입소문을 자주 들음. 허이허에 온 이래 일용직인부로 일하면서 생활이 곤궁하였기에 소문에 미혹되어 입소를 결심함. 昭和十六年八月二十日, 우도우훠룽에서 쪽배를 타고 입소 후 즉시 소련병사에게 체포됨. 블라고베셴스크 국경경비대에 송치되었다가 감옥에 수감됨.

2. 수감 5일 후부터 블라고베셴스크 후방의 소련군병영에서 마부로 일함. 그 사이 소련군 장교로부터 2차의 지령을 받고 중국인통역관을 소개하여 입소시킴. 일본밀정 유무와 허이허 부근의 경비상황을 보고한 후 입소하여 노동하려는 의지를 밝힘. 대방의 "현재 소련의 금광에서

일하기는 힘들 것 같다. 하지만 소련을 위해 공작을 하면 미래의 생활을 보장할 뿐만 아니라 가정을 이루게 할 수도 있다."는 회유에 넘어가 "소련간첩"을 하기로 승낙함. 공작금 20원을 받음.

(四) 현재의 심경

소련에서 포섭된 후 간첩이 되어 활동을 하려고 했음. 하지만 만주에 들어온 후 첩자의 위험을 감지하고 점차 포기하려는 생각을 갖게 됨. 소련식 생활을 동경하던 사상을 포기하고 입소경력도 감추려고 했음. 고로 무증명자와 아편밀매꾼을 밀고하기 시작, 이로써 헌병의 신임을 얻으려 했음.

二. 조종기관의 상황

(一) 조종기관 지령자 교육자

블라고베셴스크 국경경비대 첩보부?

장교 소련인 대위 미상 30세 좌우

번역 중국인　미상 이십대

"주" 인상착의는 첨부 페이지와 같음.

(二)첩자교육

1. 昭和十六年八月二十日, 입소하여 2차에 걸쳐 지령자로부터 교육을 받음. 교육기간 "빵, 국, 고기" 등의 식사대우를 받음. 하지만 일체 실외 자유행동을 제한.

2. 교육내용

(1) 사상교육

소련이 물자가 풍부하므로 생활이 자유롭다는 것과 가정을 이루는 것을 걱정 말라는 것 외의 기타 특별한 교육은 받은 적 없음.

(2) 군사학교육

일본군 장교와 비행기를 판별하는 교육을 받았지만 제대로 기억하지 못했음.

(3) 첩보교육

A. 만주 출입요령

입소 필요 시 낮에 쇼우허이허 하류의 만주 측 강안 버들방천에서 소련 측을 향해 모자를 3차 흔들어 신호를 보냄. 동일 24시 좌우에 대안에서 쪽배를 파견하기를 기다리면 됨.

B. 신분은닉요령

예전의 직업을 가지고 조사를 진행하도록 지시 받음. 기타 특수교육은 받지 않음.

C. 정보수집요령

노동에 종사하면서 부근에서 조사를 진행하는 것 외에 산책하는 척하거나 멀리서 부대와 헌병대가 훈련을 할 때 병력을 확인하면 됨.

(4) 기타

관동군헌병에 체포될 때 입소 시의 증명서를 소지하고 있었기에 위험이 없다고 판단함. 하지만 "소련간첩"이라고 시인하면 죽임을 당할 수 있다고 여겨 자백하면 안된다고 판단.

(一) 시간: 昭和十六年九月二十日

(二) 장소: 블라고베셴스크 국경경비대 사무실

(三) 지령인: 소련인 장교 미상

(四) 지령내용:

1. 허이허 부근 비행장의 위치와 비행기 상황을 조사.

2. 허이허헌병대, 경찰대, 일만부대의 병력을 조사하여 한 달 후 다시 소련에 진입.

(五) 보수와 자금:

1. 수령 년 월 일: 昭和十六年八月二十日

2. 장소: 블라고베셴스크 국경경비대 사무실

3. 지급인: 소련인 대위 모씨

4. 금액: 20원 (십원권 지폐 두 장, 중고지폐)

"주": 이상 지폐는 허이허에서 식사비용으로 씀.

三. 첩보활동수법상황

(一) 재만요령

구분	일시, 장소	월경수단	연락암호	소련 측의 처리
입소	昭和十六年八月二十日, 허이허성 아이훠이(瑷琿) 현 우도우훠룽	영림서의 뗏목 후미에 비끄러매놓은 쪽배를 훔쳐 단독 입소.	없음	一.입소 후 구류 5일, 호밀빵과 국을 제공. 二.포섭기간에 단독행동을 금하고 영화 관람 등도 금함. 三.마부로 일하도록 시켰지만 감시자 한 명을 파견함.
입만	昭和十六年九月十九日, 허이허성 아이훠이현 쇼허이허	소련군의 모터보트를 타고 쇼허이허 부근에서 홀로 만주에 들어옴.		

주: 다음번 입소 시에 쇼허이허 하류□□에서 모자를 세 번 흔드는 것을 신호로 하도록 지시받음. □□없음.

(二) 신분 은닉요령

복장은 입소 시와 같음. 만주로 돌아온 후 예전의 노동자 모습으로 뗏목을 저으면서 동료들에게 부재기간의 상황을 탐문함.

(三) 정보첩지요령

1. 해당자는 昭和十六年八月 입소 시 소련인 군관으로부터 허이허 부근의 경비상황을 질문받음. 자신이 평소 보고 들었던 바를 다음과 같이 보고했음. (將: 소련장교, 姜: 본인)

장: 우도우훠룽의 조망루(주: 일본□□대)에 몇 사람 있었나?

강: 간 적 없었습니다만 꽤나 많은 것 같던데요.

장: 허이허 부근에 부대가 얼마나 되지?

강: 우도우훠룽과 창파툰(長髮屯)사이에 대여섯 곳 됩니다만, 병사들이 얼마 되는지는 몰라요.

장: 허이허 시내에 경찰관이 몇 명 있지?

강: 한 백 명쯤 되죠.

장: 일본헌병대는 어느 곳에 위치해 있지? 병력은 얼마고?

강: 난먼리(南門里)에 있습니다. 숫자는 모르겠어요.

장: 허이허 부근의 보초소가 몇 곳이야?

강: 따어니하(大額泥河)와 창파툰 사이에 대여섯 곳 있습니다.

2. 해당자는 만주에 돌아온 후 첩자생활이 몹시 위험하다고 느껴져 활동하지 않음.

(四) 보고 전달요령

다음 번 입소 시 조사내용을 직접 지령자에게 구두로 전달함. 이미 보고지시를 받았지만 전달하지 않았음.

五. 적발 시의 상황

11월 10일 14시 좌우, 쟝씨는 허이허 치도우가 류잔룽의 집에서 일본헌병대로 자처하면서 수사를 진행하고 구류□□, 만□□, 허이허분대에서 수사□□. (헌병대)는 시내의 만주인이 경영하는 쌍성여인숙에서 쟝씨를 발견, 신문 과정에 소화 16년 8월 입소한 것으로 판단함. 입소 후 블라고베셴스크 국경경비대의 지령을 받고 다시 만주로 돌아옴. 신변의 위험을 느껴 포기하려고 했지만 입소한 사실이 발각될까 두려워함. 헌병대의 신임을 얻고자 상술 행위를 자행.

六. 참고사항

(一) 해당자는 작년 여름 허이허에 들어와 허이허가의 만주인이 꾸린 쌍성여인숙에 투숙함. 여인숙 주인장에게서 술을 사 마심. 취한 김에 입소한 사실을 토설, 걱정□□(기타는 모르는 것 같음), 일본관헌을 몹시 두려워함.

(二) 해당자는 작년에 고향 산둥성에 돌아갔다가 팔로군이 만주로부터 귀향한 자들을 납치한다는 뜬소문을 듣게 됨. 입소한 사실을 감추고자 형님 집에서 1주일 묵고 다시 만주로 돌아옴.

(三) 해당자는 현재 허이허분대에 구류되어 있음.

七. 소견

해당자는 학력이 없고 지능이 낮음. 첫 입소 시에 소련 금광에서 일함. □□ 그더러 만주에 돌아가 지령에 따라□□, 동시에 소련은 그를 중시함. □□ 당시 마침 "관동군특별대연습"

기간이라 단지 궁금증에 의해 한 짓으로 판단됨. 하지만 소련을 동경하는 사상은 철저히 벗어버릴 것 같지 않음. 만약 교묘하게 유인하면 재차 입소할 가능성도 있음. 그러므로 이용가치가 없을 것으로 판단됨. 국경지대를 정화하기 위해 이자를 특별이송 하는 것이 가장 적당한 처분이라고 사료됨.

부록제1
공술인: 쟝룽첸(도표 생략)
소속과 담임업무:
족별: 소련 계급: 대위
성명: 미상 연령: 35세 좌우
인상〉
신장과 체격: 신장 오척 육촌 비만 얼굴: 긴 얼굴
이마: 약간 돌출 미골: 약간 돌출
눈썹: 진하고 김 눈: 큼
코: 크고 높은 콧등 수염: 있음
입: 보통 □□: 불명
턱: 조금 김, 돌출 목: 보통
귀: 큼 어깨: 넓었음
자세: 보통 언어: 목소리 낮음
상처: 없음
복장, 계급장: 제복을 입었지만 계급장은 없었음
특징: 무
첩자접견년월일: 昭和十六年五月二日
참고사항: 없음
부록제2
공술인: 쟝룽첸
소속 및 담임업무: 블라고베셴스크 국경경비대?
족별: 중국 계급: 없음

성명: 미상　연령: 28세 좌우

인상〉

신장과 체격: 오척 삼촌　얼굴: 둥근 얼굴

두발: 둥근 머리　　이마: 보통

미골: 보통　　　눈썹: 보통

눈: 좀 큼　　　코: 콧등이 낮음

수염: 없음　　　입: 보통

35

서류해독

쑨우헌병대의 『"특별이송"도중 "소련간첩"이 탈주한 사건에 관한 보고』

이 서류는 쑨우헌병대가 昭和十八年(1943년)十二月二十四日, 孫憲高第五六五號로 관동헌병대사령관에게 올린 『"특별이송" 도중 "소련간첩"이 탈주한 사건에 관한 보고』이다. 서류는 昭和十八年(1943년)十二月 쟝륭첸을 하얼빈헌병대본부로 "특별이송"하던 도중 쟝륭첸이 허이허분대의 사사키오장이 조는 틈을 타 탈주한 사건을 기록하고 있다. 일본군이 비록 수색에 나섰지만 결국 쟝륭첸을 다시 체포하지는 못하였다. 쟝륭첸은 서류기록이 남아있는 "특별이송" 대상자 중 731부대의 마수에서 벗어난 유일한 생존자이다.

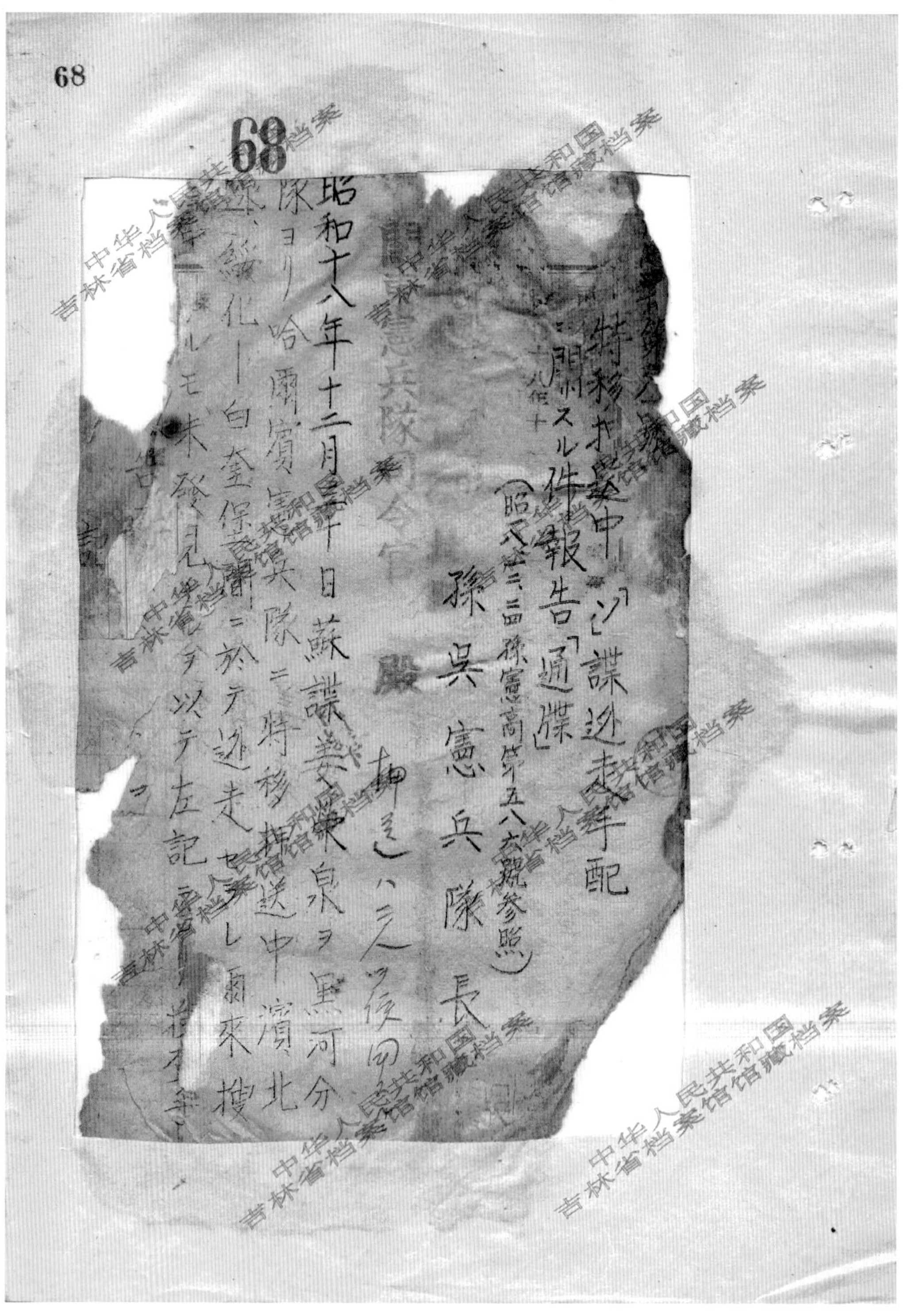

68

68

特移ヲ要中ノ諜逃走手配
ニ關スル件報告「通牒」
（昭一八、一二、二〇孫憲高第五八六號参照）

孫呉憲兵隊長

關東憲兵隊司令官 殿

押送ハ二人ヲ役…

昭和十八年十二月二十日蘇諜姜泉ヲ黒河分
隊ヨリ哈爾濱憲兵隊ニ特移押送中濱北
線綏化―白奎保間ニ於テ逃走セシメ爾來搜
査スルモ未發見ナルヲ以テ左記…

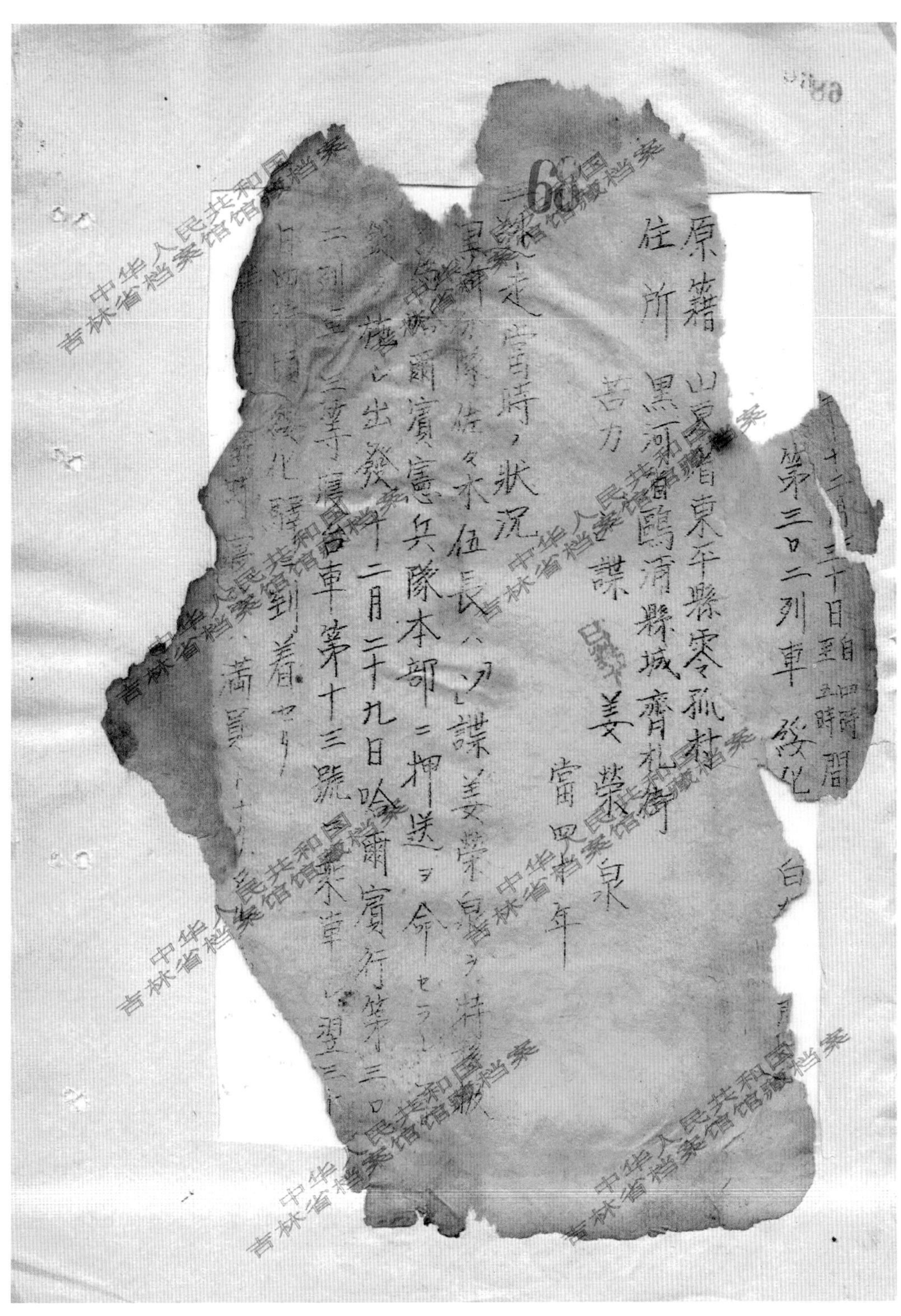

十二月三十日自五時間
第三○二列車發
原籍 山東省東平縣零孤村
住所 黑河省鷗浦縣城齊札街
苦力 諜 姜榮泉
當四十年
三、逮捕當時ノ狀況
哈爾濱憲兵隊本部ニ押送ヲ命セラレ
二列車三等寢台車第十三號
日哈爾濱驛到着セリ
満員

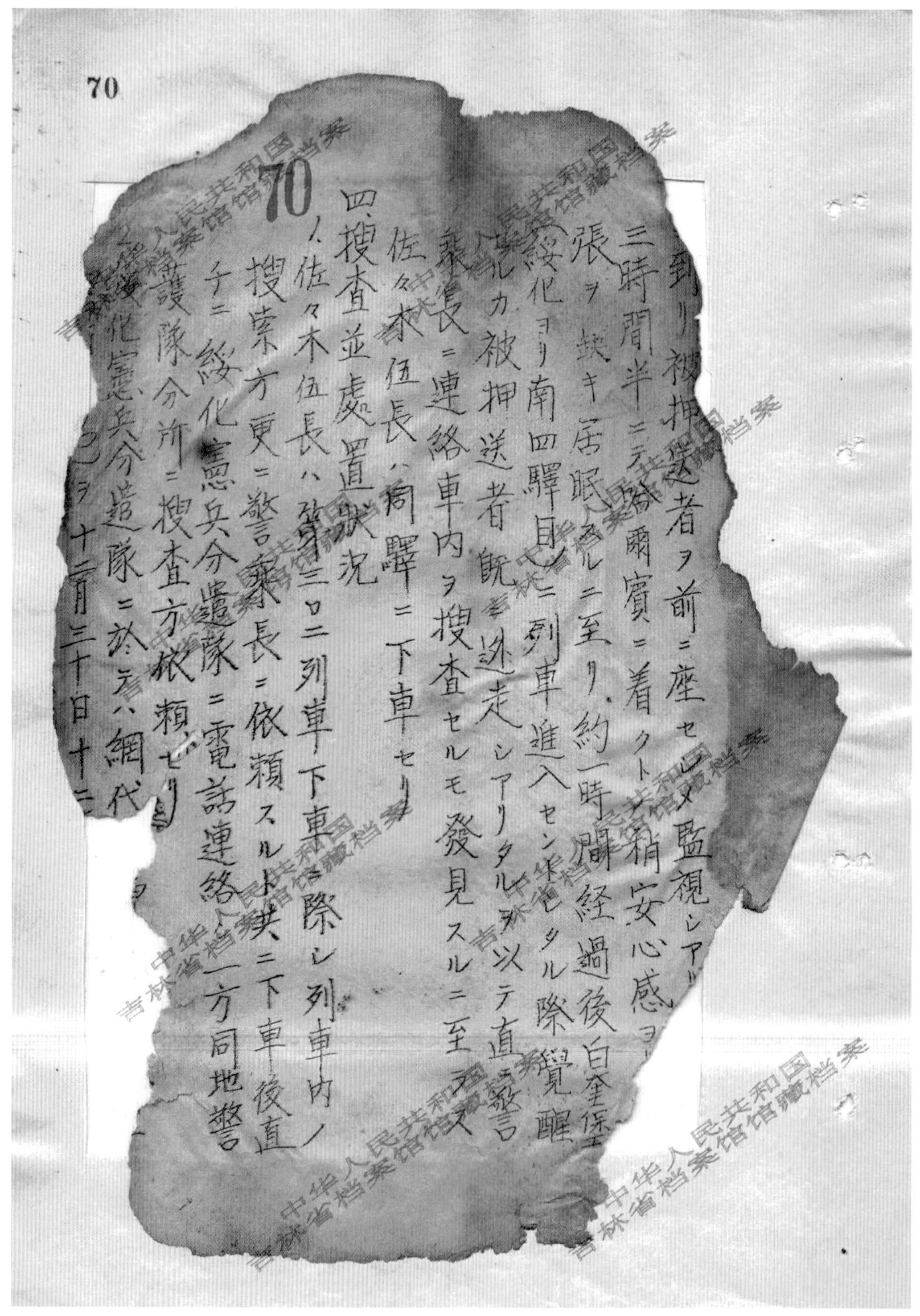

70

70

到リ被押送者ヲ前ニ座セシメ監視シアリ
三時間半ニシテ哈爾賓ニ着クト稍安心感ヲ
張ヲ缺キ居眠スルニ至リ約一時間経過後白奎堡
綏化ヨリ南四驛目ニ列車進入セントシタル際覚醒
スルカ被押送者既ニ逃走シアリタルヲ以テ直ニ警
乗長ニ連絡車内ヲ捜査セルモ發見スルニ至ラス
佐々木伍長ハ同驛ニ下車セリ
四、捜査並處置状況
ノ佐々木伍長ハ第三ロニ列車下車ノ際シ列車内ノ
捜索方更ニ警乗長ニ依頼スルト共ニ下車後直
チニ綏化憲兵分遣隊ニ電話連絡シ一方同地警
護隊分所ニ捜査方依頼セリ
[illegible]綏化憲兵分遣隊ニ於テハ網代
[illegible]ヲ十二月三十日十二

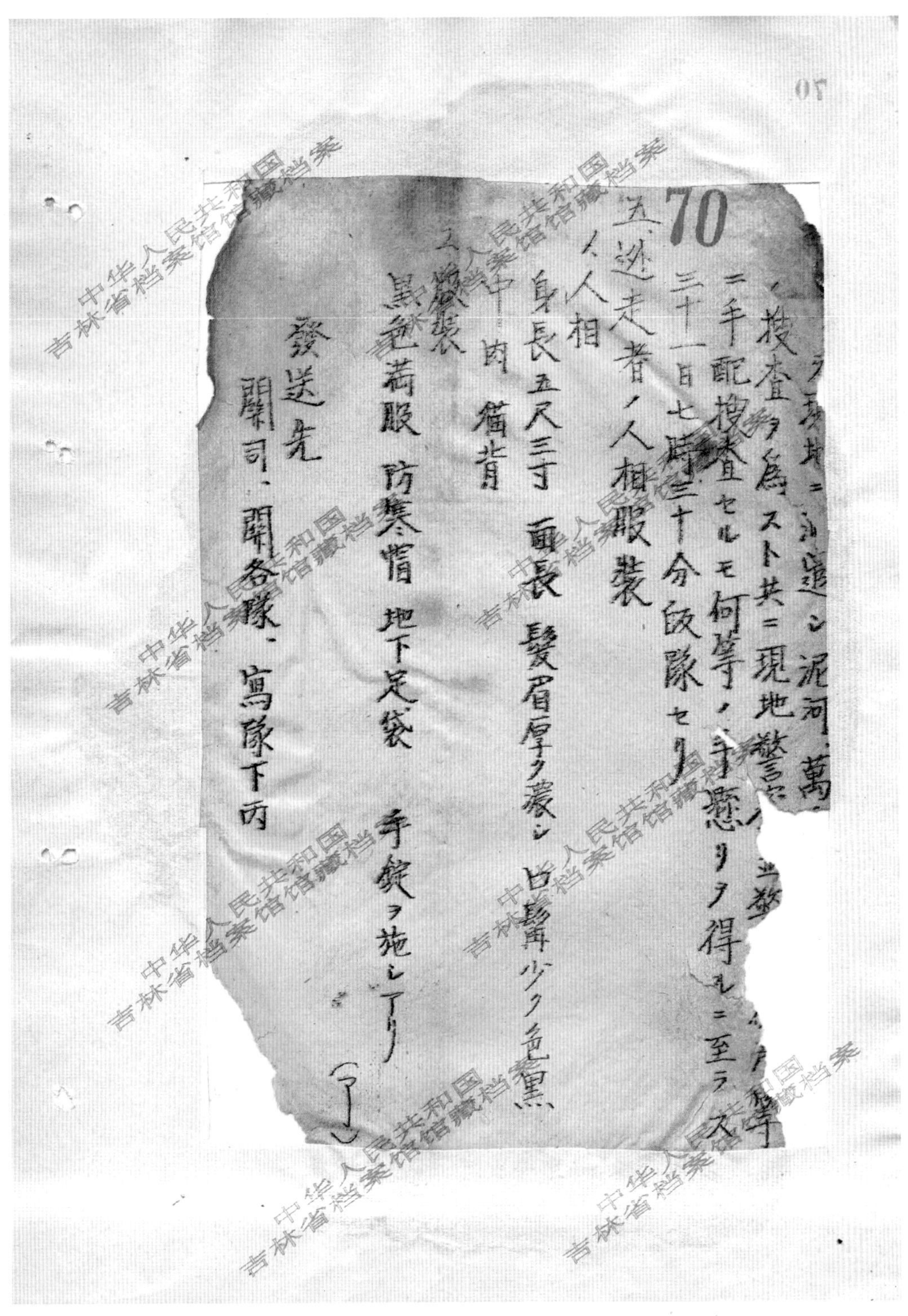

70

…某地ニ追シ泥河萬…
ノ捜査ヲ為スト共ニ現地警…ノ…並数…等
ニ手配捜査セルモ何等ノ手懸リヲ得ルニ至ラス
三十一日七時三十分歸隊セリ
五、逃走者ノ人相服装
イ、人相
身長五尺三寸 面長 髪眉厚ク濃シ 髭鬚少ク色黒
中肉 猫背
ロ、服装
黒色滿服 防寒帽 地下足袋 手錠ヲ施シアリ
（了）
發送先
關司、關各隊、寫隊下丙

"특별이송" 도중 도주한 "소련간첩"을 수배할 건에 관한 보고(통첩)

(昭和十八年十二月二十日, 孫憲高第五八六號를 참조)

쑨우헌병대장

관동군헌병대사령관 각하 압송후보 2명

一. 昭和十八年(1943년)十二月三十日, "소련간첩" 쟝룽췐을 허이허분대에서 하얼빈헌병대로 특별이송하던 도중, 빈북선(濱北線) 쉬이화—바이쿼이보(白奎堡) 사이에서 도주하였음. 그 후로 수사를 펼쳤지만 아직 발견하지 못했음. 아래의 수사를 포치함.

二. 十二月三十日 4시부터 5시 사이……제302열차 쉬이화—바이쿼이보 사이

원적지 산둥성 둥핑현 링구촌

주소 허이허성 어우푸현 어우푸치자가

노동자 쟝룽췐 연령 40세

三. 도주 시의 상황

허이허분대 사사키오장이 "소련간첩" 쟝룽췐을 하얼빈헌병대본부로 특별이송하고자 수갑을 채우고 출발함. 十二月 二十九日, 하얼빈으로 가는 제302열차의 제1호 삼등침대석에 탑승. 다음 날인 31일 4시쯤 쉬이화역에 도착, □□당시 침대석이 이미 만원이므로 □□에 도착하여 쟝씨를 앞좌석에 앉히고 감시함. 세 시간 반 정도 지나면 하얼빈역에 도착하므로 조금 방심하고 졸게 됨. 대략 한 시간이 지난 후 열차가 바이쿼이보역(쉬이화에서 남으로 네 번째 역)에 도착. 잠에서 깨어보니 피압송자가 이미 도주. 즉시 승무경찰장과 연락을 취하여 차내를 수색하였으나 발견하지 못함. 사사키오장은 바이쿼이보역에서 하차.

四. 수사 및 처리 상황

1. 사사키오장이 제302열차에서 하차 시 열차내의 수색인원과 승무경찰장에게 계속 수색을 의뢰함. 하차 후 인차 전화로 쉬이화헌병분견대에 연락을 취함. 그 밖에 당지 경호대분소에 수색을 의뢰.

2. 쉬이허헌병분견대가 그물수색을 펼쳐□□, 12월 30일 12시□□ 현지에 파견, 니허(泥河), 萬□□을 수색하는 동시에 당지 경찰과 경무인원을 포치하여 수색하였지만 아무런 단서도 잡지 못하고 삼십일일 7시 30분에 귀대.

五. 도주자의 인상착의

1. 외모: 키는 오척 삼촌, 긴 얼굴에 두발과 눈썹이 농밀함. 입가에 약간의 검은 수염, 중등몸매, 등이 구부정함.

2. 복장: 검은 만복(滿服), 방한모, 고무창을 댄 작업화, 수갑을 참.

(完)

발송부서: 관사, 관각대, 발송 隊下丙

제4부분

일본침략군의 인부강제징집 및 학대에 관한 서류

중국 동북지역이 함락된 시기 일본침략자들은 소련에 대한 전략적 침공과 방어의 목적으로 중국에서 인부를 강제징집하여 중소변경에 대량의 군사시설을 건설하였다. 그 과정에 백만 명이 넘는 중국인부들이 일본침략군의 노역에 시달렸다. 이번에 발굴한 일본침략군의 인부노역에 관한 서류는 14건으로 전부 일본관동헌병대의 기록군에서 발견한 것들이다. 주로 중국 동북지역이 함락된 중후기에 작성된 이 서류들은 일본침략군이 중국포로를 위주로 하는 "특수인부"들을 엄격히 관리하고 잔혹하게 박해한 사실과 인부들의 열악한 환경을 진실하게 기록하고 있다. 둥닝헌병대의 『특수인부상황보고』에만 둥닝요새에 "취로"한 특수인부 1935명을 기록하고 있다. 그들 중에는 장제스(蔣介石)의 직계부대 장병이 있는가 하면 팔로군전사도 포함되어 있다. 서류에는 이 특수인부들이 생활환경이 열악하여 사망하거나 탈주하는 현상이 빈번했다고 적고 있다. 도합 14건의 서류에 900여 명의 인부가 저항하거나 도주한 정보를 기록하고 있다. 헌병대는 도주한 인부를 다시 잡아들이면 지극히 혹독한 처벌을 가하였다. 하라거우군용도로 포장현장과 우누얼(烏奴耳)지역 병영건설현장에서 딩우차이(丁五才) 등 7,8명의 "특수인부"가 탈주를 꾀하다가 발각되었다. 일본침략군은 그들을 전염병환자라는 구실로 구금, 조사하고 나서 비밀리에 처형하였다.

이번에 공개한 인부노역서류는 1차적 사료로 일본이 중국을 침략할 당시 중국인부노역에 관한 연구에 있어 높은 실증적 가치를 지니게 될 것이다.

36

서류해독

쑨우헌병대의『군사시설에 취로한 인부가 단체도주한 사건에 관한 보고』

이 서류는 昭和十八年(1943년)六月三日, 쑨우헌병대가 버이안에 주둔한 제구오육부대의 군사시설현장에서 일하던 大同組의 91명 인부가 단체도주한 사건에 관한 기록이다. 서류의 기록에 따르면 昭和十八年五月 중순 이래 버이안, 치치하얼 등지에서 모집한 약 육백명의 인부가 버이안 제구오육부대에서 군사시설 시공에 참가하였다. 하지만 일본침략군 측에서 모집 당시의 선전과는 달리 식량과 옷가지들을 제대로 배급해주지 않아 인부들은 늘 배를 곯으면서 막중한 노동에 시달려야 했다. 드디어 5월 25일부터 5월 27일 사이에 세쩐화(謝振花) 등 91명 인부가 세 번에 나누어 도망쳤다.

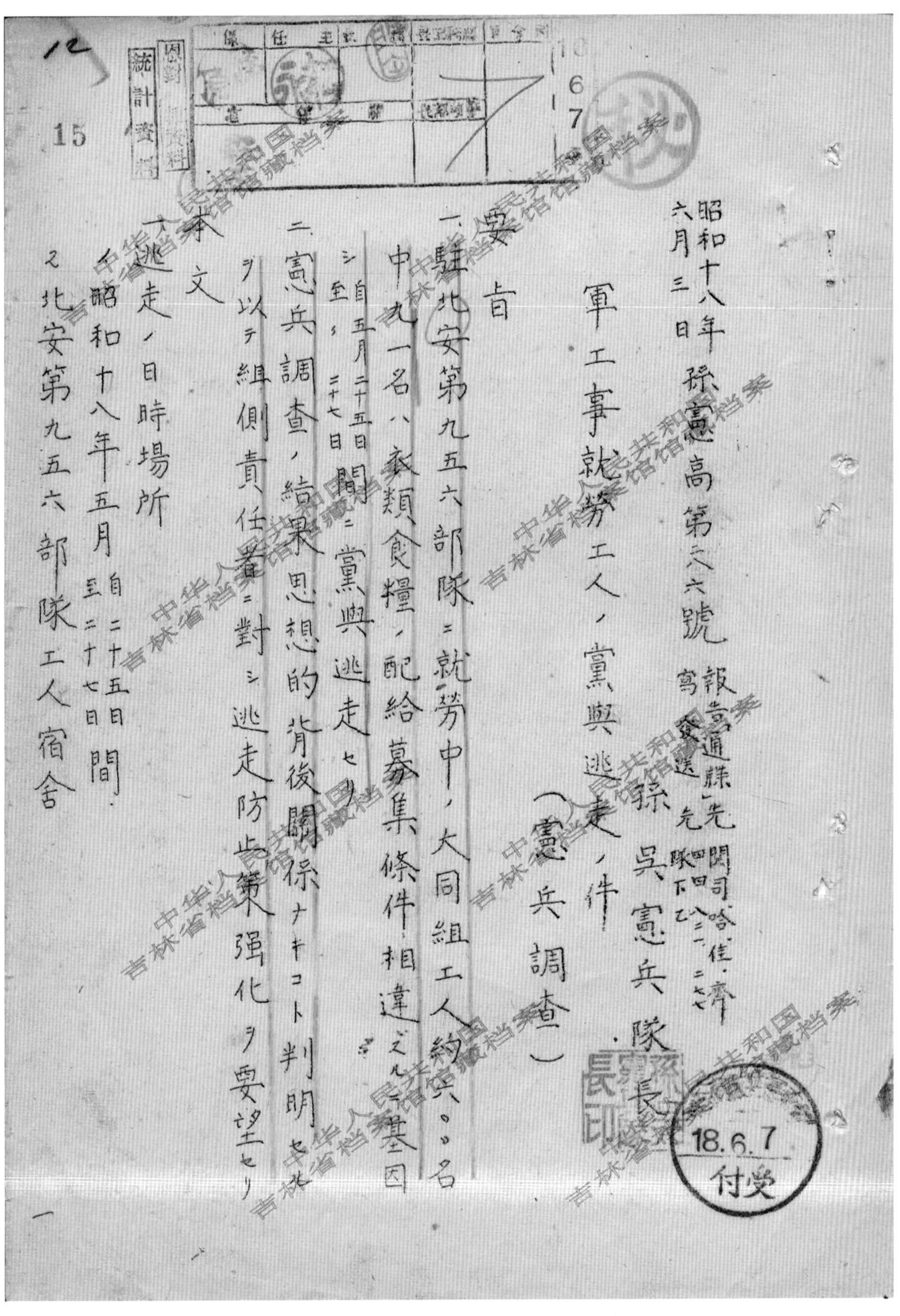

12

15

統計資料

昭和十八年六月三日　孫憲高第二八六號　報告通牒先　關司、哈、佳、齊　寫送先　隊下　四、四、二、二、七

孫呉憲兵隊長

軍工事就勞工人ノ黨與逃走ノ件（憲兵調査）

要旨

一、駐北安第九五六部隊ニ就勞中ノ大同組工人約六〇〇名中九一名ハ衣類食糧ノ配給募集條件相違スルニ基因シ自五月二十五日至ノ二十七日間ニ黨與逃走セリ

二、憲兵調査ノ結果思想的背後關係ナキコト判明セルヲ以テ組側責任者ニ對シ逃走防止策強化ヲ要望セリ

本文

一、逃走ノ日時場所

イ　昭和十八年五月自二十五日至二十七日間

ロ　北安第九五六部隊工人宿舍

孫呉憲兵隊長印

18.6.7 付受

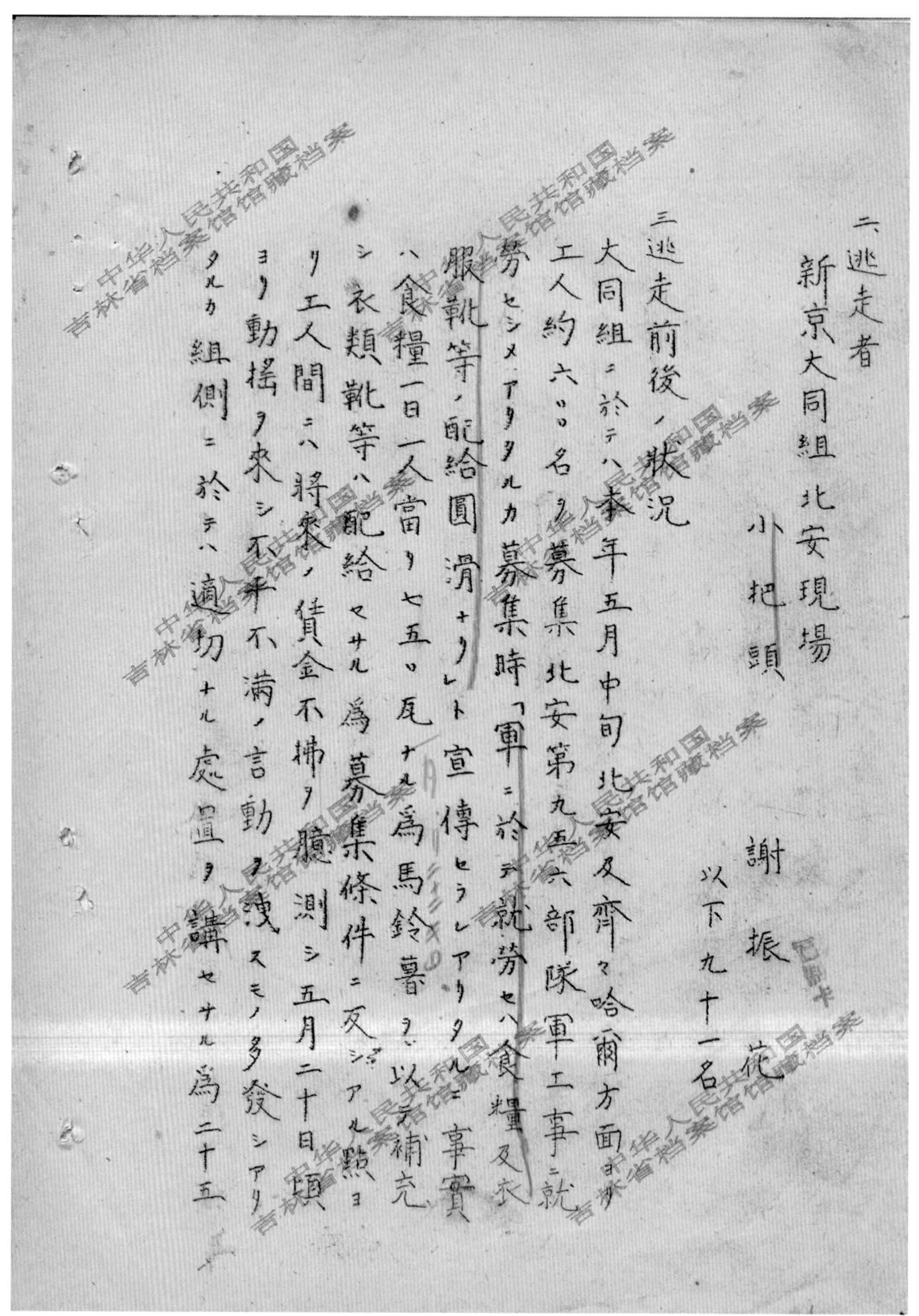

二、逃走者
新京大同組北安現場　小把頭　謝振花
以下九十一名
三、逃走前後ノ状況
大同組ニ於テハ本年五月中旬北安及齊々哈爾方面ヨリ
工人約六〇〇名ヲ募集北安第九五六部隊軍工事ニ就
労セシメアリタルカ募集時「軍ニ於テ就労セハ食糧及衣
服靴等ノ配給圓滑ナリ」ト宣傳セラレアリタルニ事實
ハ食糧一日一人當リ七五〇瓦ナル爲馬鈴薯ヲ以テ補充
シ衣類靴等ハ配給セサル爲募集條件ニ反シアル點ヨ
リ工人間ニハ将來ノ賃金不拂ヲ臆測シ五月二十日頃
ヨリ動揺ヲ来シ不平不満ノ言動ヲ洩スモノ多發シアリ
タルカ組側ニ於テハ適切ナル處置ヲ講セサル爲二十五

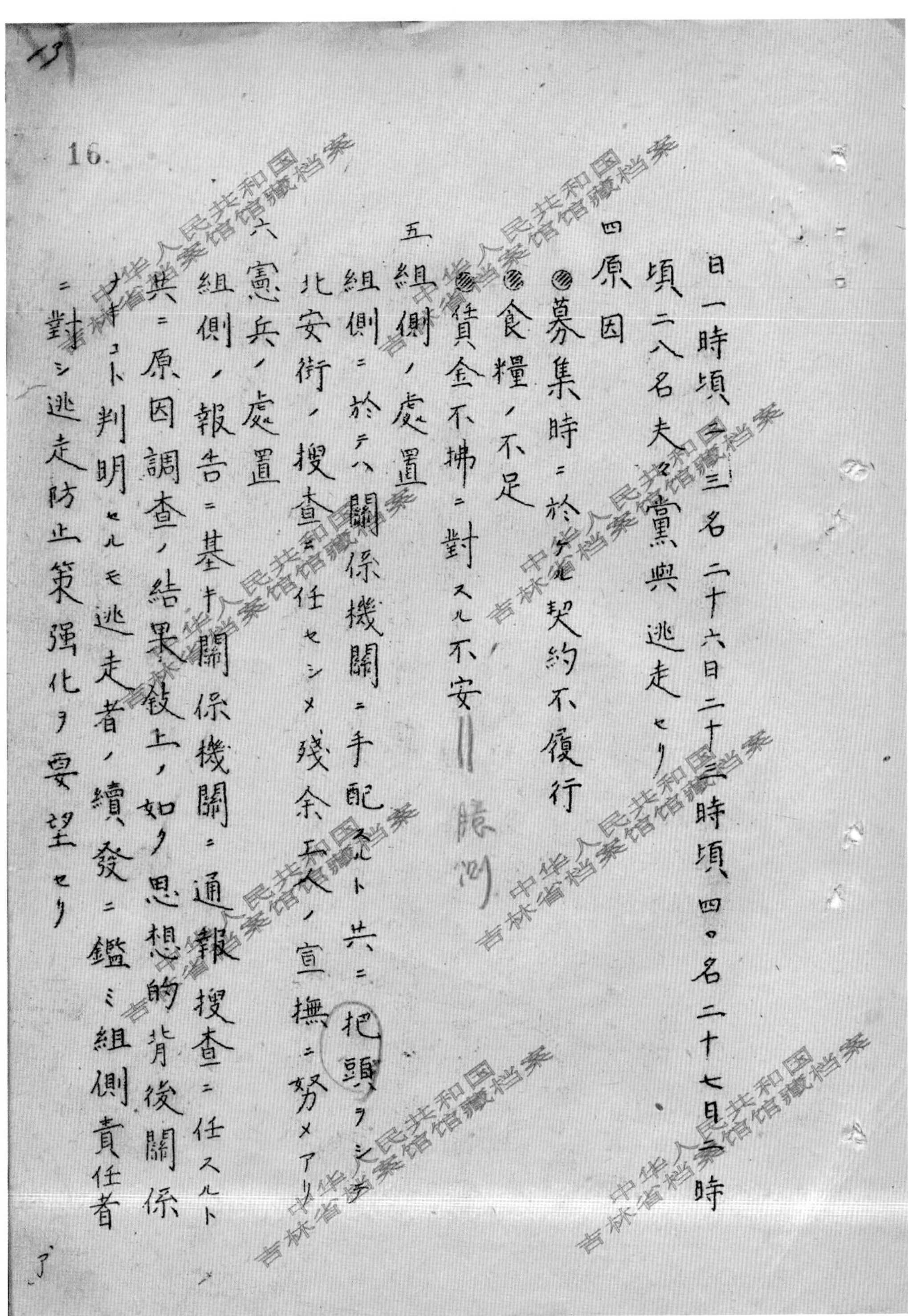
16.

日一時頃二三名二十六日二十三時頃四〇名二十七日二時
頃二八名夫々黨與逃走セリ

四 原因
●募集時ニ於ケル契約不履行
●食糧ノ不足
●賃金不拂ニ對スル不安

五 組側ノ處置
組側ニ於テハ關係機關ニ手配スルト共ニ把頭ヲシテ
北安街ノ捜査ニ任セシメ殘余工人ノ宣撫ニ努メアリ

六 憲兵ノ處置
組側ノ報告ニ基キ關係機關ニ通報捜査ニ任スルト
共ニ原因調査ノ結果發工ノ如ク思想的背後關係
ナキコト判明セルモ逃走者ノ續發ニ鑑ミ組側責任者
ニ對シ逃走防止策強化ヲ要望セリ

了

孫憲高第二八六號

보고(통첩)부서: 관동헌병대사령부, 하얼빈헌병대, 쟈무스헌병대, 치치할헌병대

발송부서: 44, 821, 277隊下乙

쑨우헌병대장

군사시공 중 인부가 단체도주한 사건에 관한 보고(헌병조사)

적요

一. 버이안 주둔 제구오육부대에서 노동하던 大同組 인부 약 600여 명 중 91명이 옷가지와 식량의 배급 및 징집조건 등 문제에 이견이 생겨 5월 25일부터 27일까지 단체로 도주함.

二. 헌병의 조사결과 이 사건 배후에는 사상문제가 존재하지 않음. 따라서 大同組 측의 책임자한테 인부도주를 방지할 대책을 강구할 것을 요청.

본문

一. 도주 시간과 지점

1. 昭和十八年五月25일부터 27일까지

2. 버이안 제구오육부대 인부숙소

二. 도주인원

신징 大同組 버이안 현장: 쇼우바터우(小把頭) 세쩐화와 그 수하 도합 91명

三. 도주전후의 상황

大同組 자체로 올해 5월 중순부터 버이안과 치치할 등지에서 약 600여 명의 인부를 모집, 버이안 제구오육부대에 와서 군사시설 시공현장에서 노동함. 모집선전에서 "군사노무에 참가하면 식량과 옷, 신발, 양말 등을 배급해준다"고 하였지만 식량을 매일 750瓦(약 750그램)밖에 공급하지 않음. 인부들은 감자 따위로 허기를 달래였음. 옷가지는 전혀 공급하지 않음. 모집 시 제시한 조건을 위배하였으므로 인부들 사이에는 앞으로 임금도 지불하지 않을 것이라는 소문이 돌았음. 5월 20일 전후부터 파동이 일면서 수차 불만의 언행이 보였지만 大同組는 적당한 조치를 취하지 않았음. 드디어 25일 1시 좌우에 23인, 26일 23시 좌우에 40인, 27일 2시 좌우에 28인이 무리를 지어 도주하였음.

四. 원인

모집계약을 준수하지 않음.

식량부족

(大同組가) 임금을 지불하지 않을 것을 우려(억측)

五. 大同組의 조치

大同組 측은 유관 기관에 통보하는 동시에 바터우를 위임하여 버이안가에서 수색, 남은 인부에 대한 선무에 진력.

六. 헌병의 처리

大同組 측의 보고에 근거하여 유관 기관에 통보하고 수사를 명함. 동시에 사건의 원인에 대한 조사를 진행. 결과는 상술한 바와 같음. 사건의 배후에는 사상적 배경이 존재하지 않음. 연속적으로 도주자가 발생하므로 大同組의 책임자에게 인부도주 방지를 위한 대책을 강구할 것을 요청.

37

서류해독

지닝임시헌병대의『특수인부 도주에 관한 보고』

이 서류는 昭和十八年(1943년)六月十一日, 지닝임시헌병대에서 작성한 둥안성 지닝현 "만주"제오팔육○부대의 두 명 특수인부가 도주한 사건에 관한 보고서이다. 서류에는 특수인부수용소의 경계망을 탈출한 사건이 기록되어 있다. 도주지점이 국경지대이므로 헌병대는 특수인부를 엄밀히 감시할 것을 요구하였다. 진전둥, 워이랜즈 두 사람은 원래 산둥성 핑왠(平原)민중자위대의 소속으로 그 탈주원인은 서류에 나타나 있지 않다.

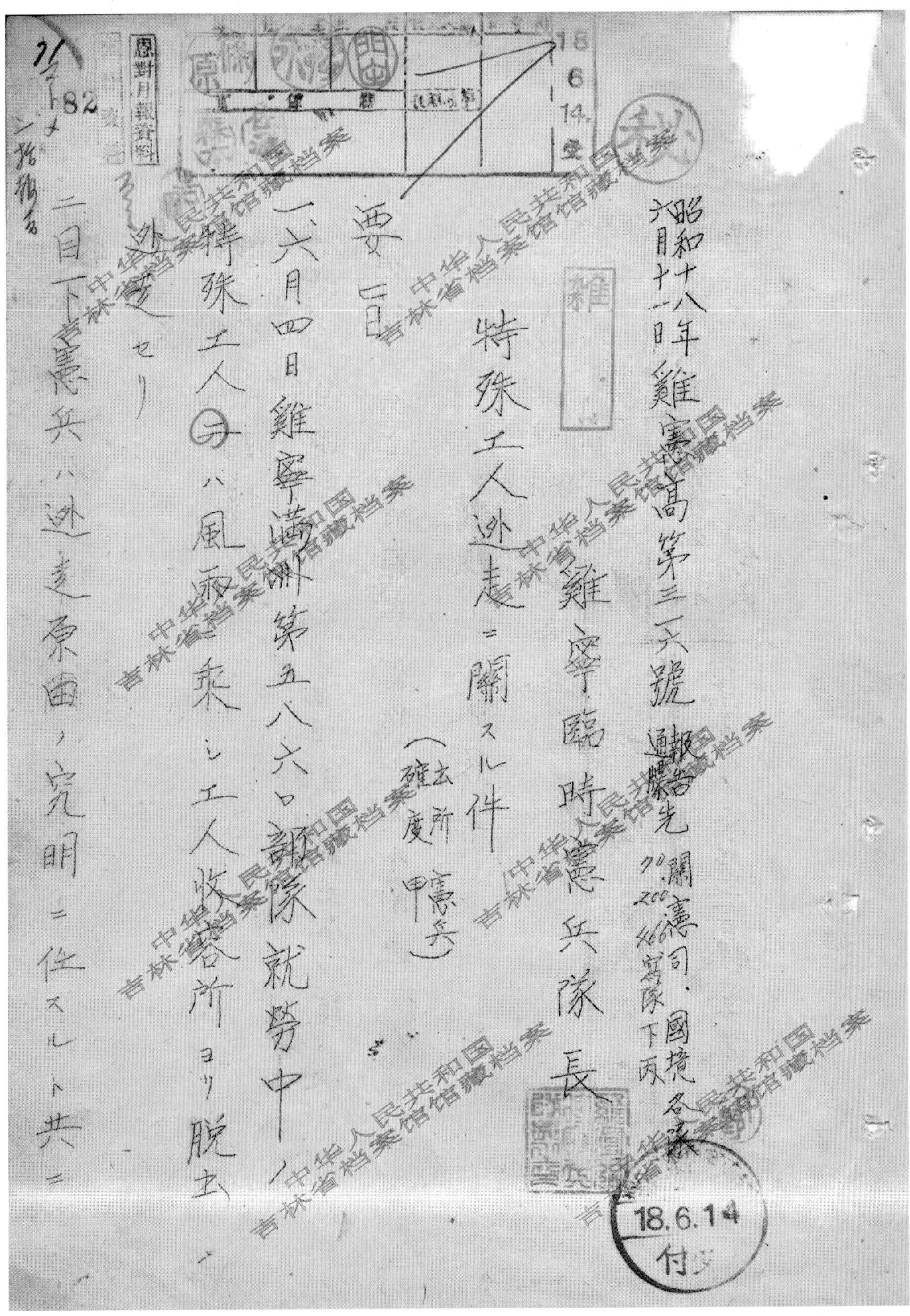

昭和十八年六月十一日 雞寧憲高第三一六號

雞寧臨時憲兵隊長

特殊工人逃走ニ關スル件

要旨

一、六月四日雞寧滿洲第五八六ロ部隊就勞中ノ特殊工人(二)ハ風雨ニ乘シ工人收容所ヨリ脱出逃走セリ

二、目下憲兵ハ逃走原因ノ究明ニ任スルト共ニ

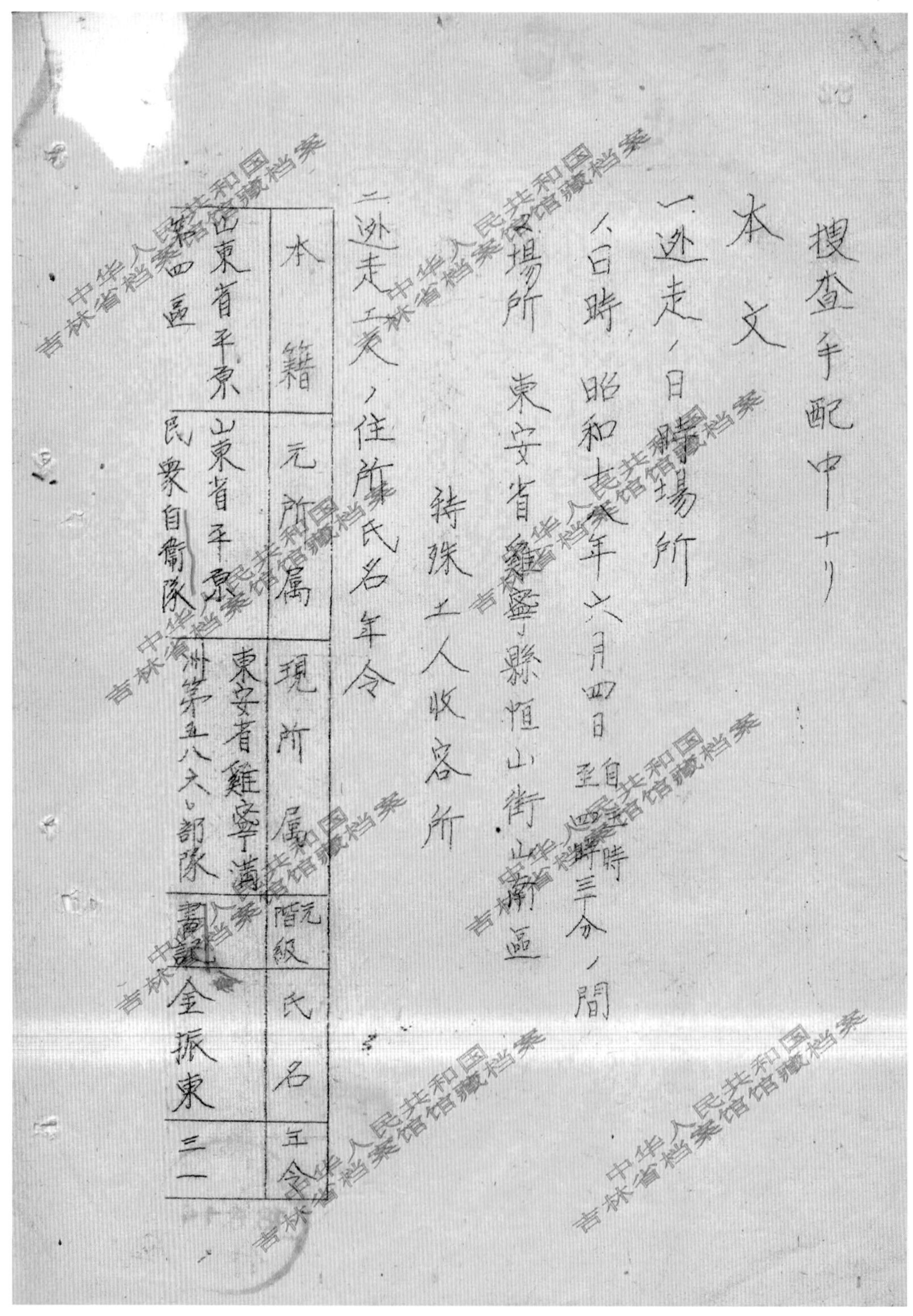
捜査手配中ナリ

本文

一、逃走ノ日時場所

イ、日時 昭和十六年六月四日 自四時 至四時三十分ノ間

ロ、場所 東安省鷄寧縣恒山街山前區 特殊工人收容所

二、逃走工人ノ住所氏名年令

本籍	元所属	現所属	元階級	氏名	年令
山東省平原第四區	山東省平原民衆自衛隊	東安省鷄寧滿洲第五八六七部隊	書記	金振東	三一

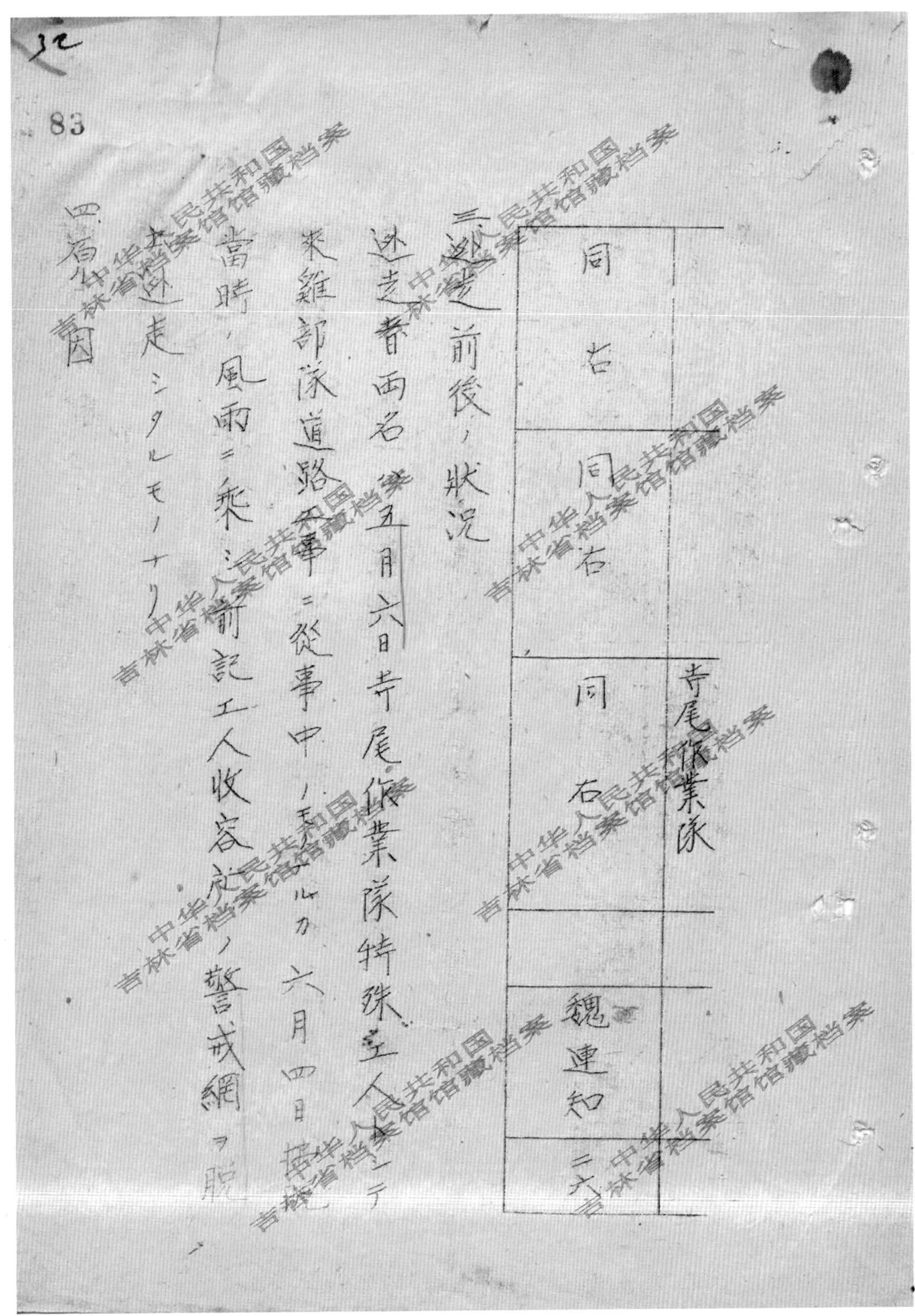

32

83

同右	
同右	
同右	寺尾作業隊
魏連和	二六

三、逃走前後ノ状況

逃走者両名ハ五月六日寺尾作業隊特殊工人トシテ来維部隊道路工事ニ従事中ノ者ナルカ六月四日夜

当時ノ風雨ニ乘シ前記工人收容所ノ警戒網ヲ脱

逃走シタルモノナリ

四、逃走原因

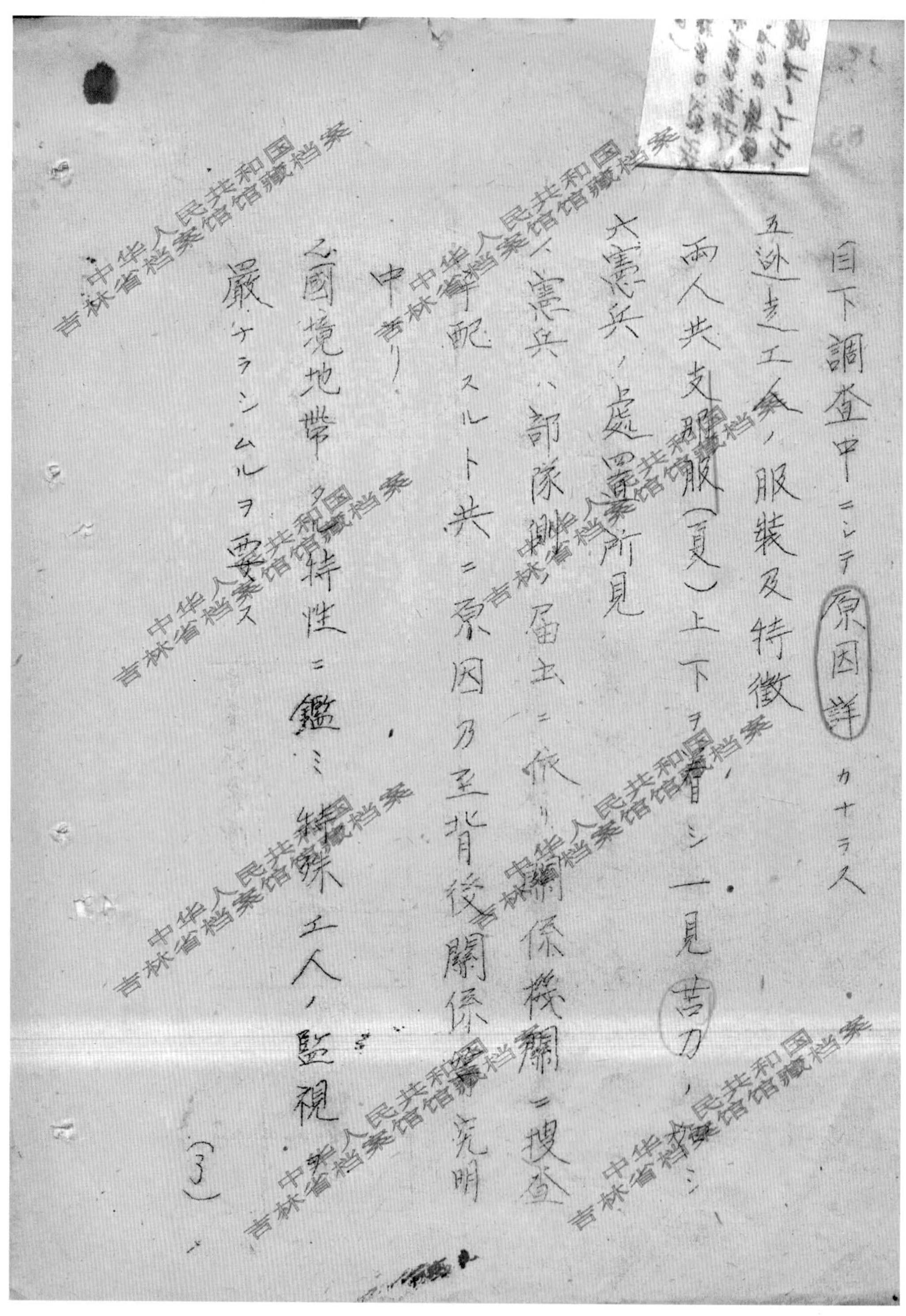
目下調査中ニシテ原因詳カナラス

五、逃走工人ノ服装及特徴

両人共支那服（夏）上下ヲ着シ一見苦力ノ如シ

六、憲兵ノ處置所見

一、憲兵ハ部隊側ノ届出ニ依リ關係機關ニ捜査手配スルト共ニ原因乃至背後關係ヲ究明中ナリ

二、國境地帯ノ特性ニ鑑ミ特殊工人ノ監視嚴ナランムルヲ要ス

(3)

鷄憲高第三一六號

보고, 통보부서: 관헌사, 국경 각대, 70, 200, 466

발송: 대하병

지닝임시헌병대장

특수인부가 도주한 사건의 보고(출소: 헌병 확도: 갑)

적요

一. 6월 4일, 지닝 만주제5860부대에서 일하던 특수인부 2명이 비바람을 무릅쓰고 인부수용소를 탈출.

二. 현재 헌병이 도주원인을 조사 중, 동시에 수사를 포치 중

본문

一. 도주한 시간과 지점

시간: 昭和十八年六月四日 3시부터 4시 30분 사이

지점: 지닝현 형산가 산난구 특수인부수용소

二. 도주인부의 주소, 성명, 연령

호적	원래 소속	현재 거주지	원 계급	성명	연령
산둥성 핑왠 제4구	산둥성핑왠민중자위대	둥안성지닝만주제5860부대	서기	진쩐둥 (金振東)	31
동상	동상	동상		워이랜즈 (魏連知)	26

三. 도주 전후의 상황

두 도주자는 寺尾작업대의 특수인부로 5월 6일 지닝에 와서 부대도로시공현장에서 노동. 6월 4일 새벽녘, 비바람을 무릅쓰고 인부수용소의 경계망을 탈출.

四. 원인

현재 구체적 원인은 조사 중에 있음. 아직 불명확함.

五. 도주인부의 복장과 특징

두 사람 모두 중식 복장(여름옷)을 입어 첫눈에 인부임을 알 수 있음.

六. 헌병의 처리소견

1. 헌병은 부대의 문서에 따라 상관 기관을 포치하여 조사 중. 배후 원인과 전후 관계를 밝히는 데 주력

2. 국경지대의 특점에 따라 특수인부를 엄밀히 감시할 필요가 있음.

38

서류해독

『군대공출인부가 감전사한 사건에 관한 보고(통첩)』

이 서류는 昭和十八年(1943년)六月十五日, 조양천(朝陽川) "만주"제261부대 小針대 공출인부 최길룡(崔吉龍)이 감전사한 사건에 대한 조사와 처리 상황에 관한 보고이다. 일본침략군 측에서는 인부의 도주를 방지하고자 숙소 주변의 울타리에 전선을 설치하였다. 서류의 기재에 따르면 인부 최길룡이 술에 취해 인부숙소 동쪽 울타리 내에서 구토하던 중 몸이 평형을 잃으면서 왼손이 바깥 울타리의 전선에 접촉, 즉시 감전사하였다. 최길룡의 감전사고가 기타 인부의 공포심리를 유발할 것이 우려된 일본침략군은 설비보강에 지출을 확대하여 재차 사고를 방지할 것을 요구하였다. 서류는 일본침략군이 겉으로는 인부를 위하는 척하였지만 그 실질은 인부에 대한 엄격한 관리를 위한 것임을 보여주고 있다.

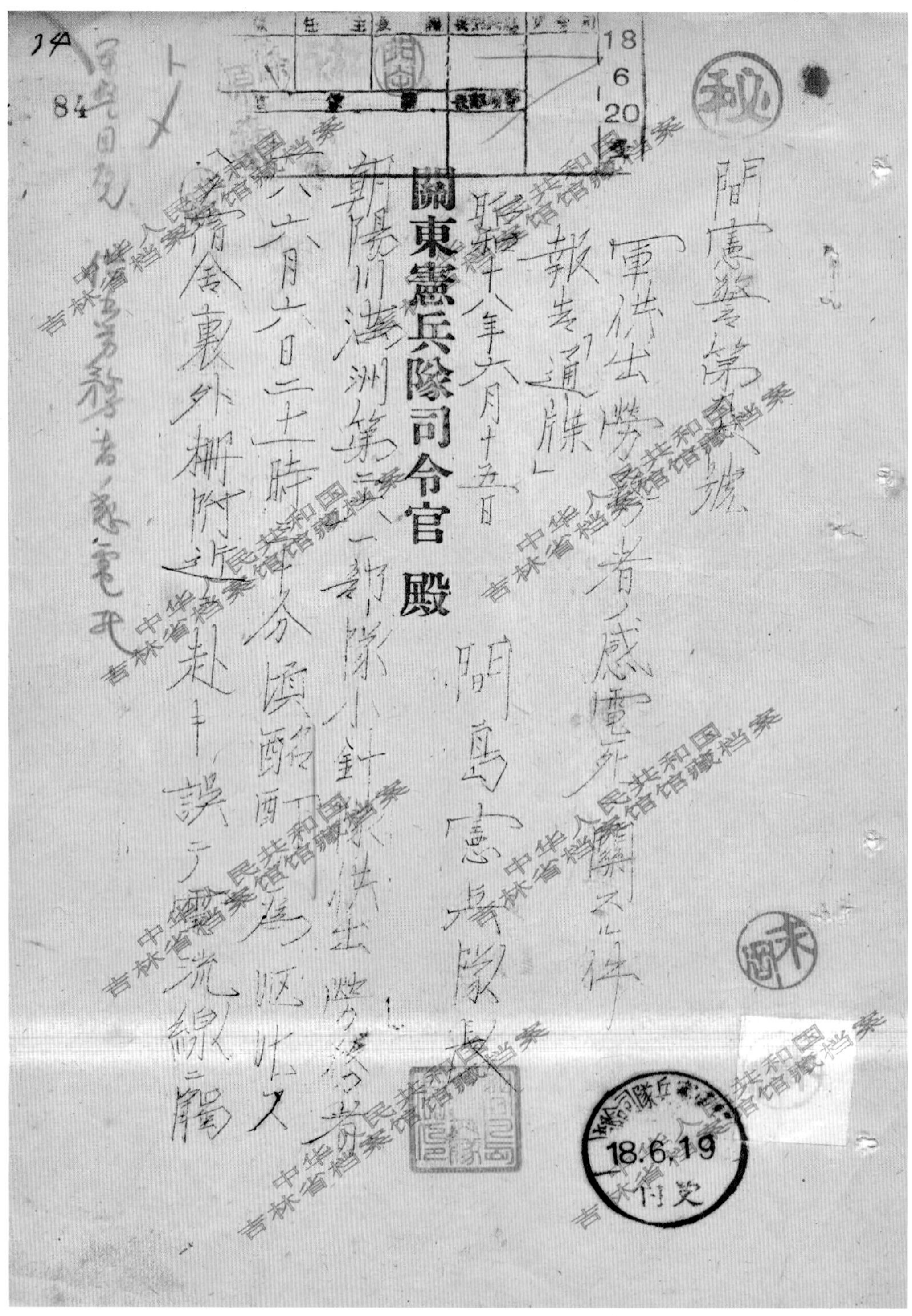

14

84

18
6
20

秘

間憲警第八號

軍供出勞務者ノ感電死ニ關スル件

報告（通牒）

昭和十八年六月十五日

間島憲兵隊長

關東憲兵隊司令官 殿

新陽滿洲第二一一部隊小針木供出勞務者

一、六月六日二十時十分頃酩酊ノ為眠ルモ入

宿舍裏外柵附近ニ赴キ誤テ電流線ニ觸

未

18.6.19
付受

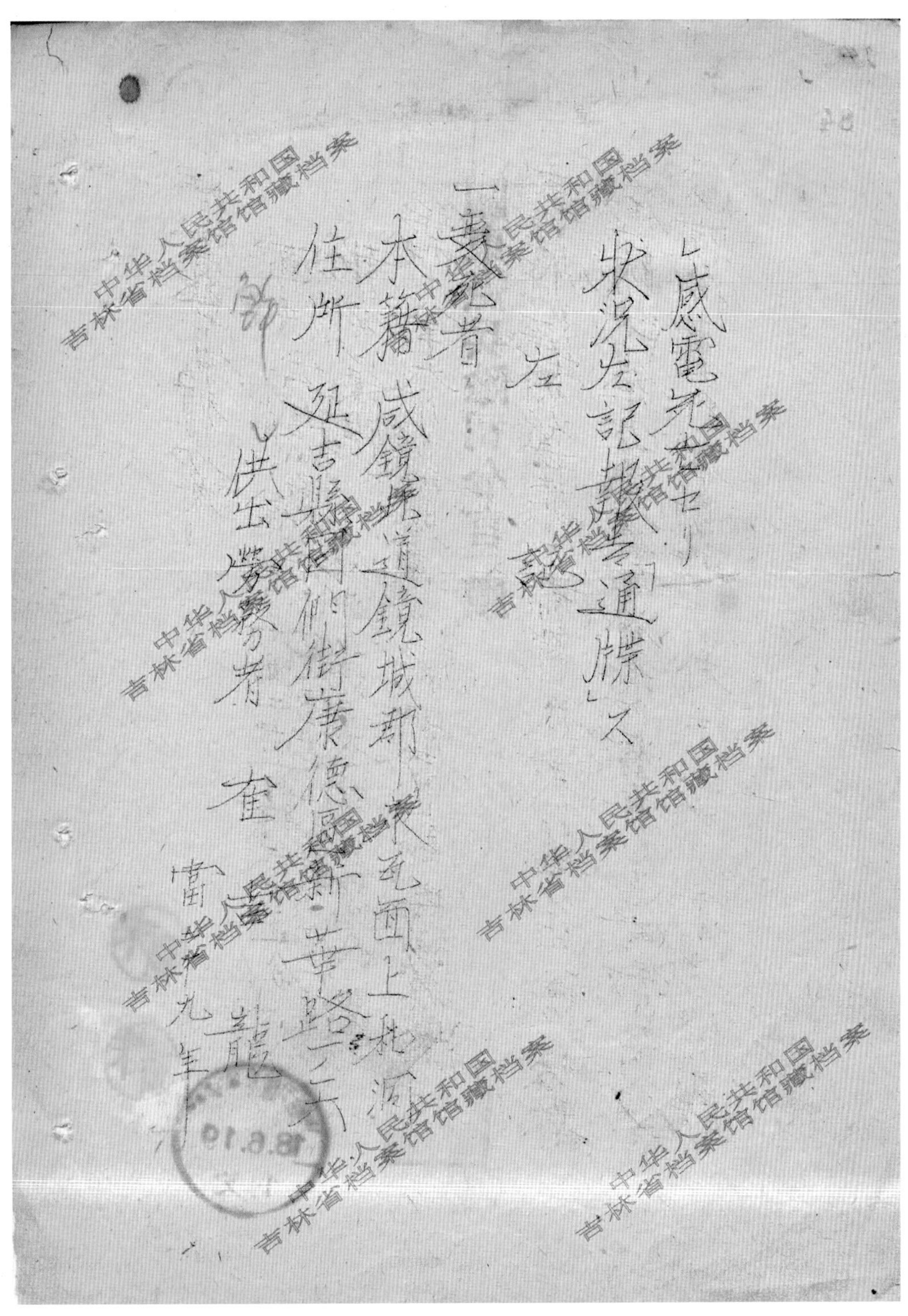
「感電死セリ」
状況左記報告通牒ス
左記
一、変死者
本籍 咸鏡北道鏡城郡朱乙面上札河
住所 延吉縣[illegible]街康德新[illegible]華路二六
「供出労務者」 崔[illegible]龍
[illegible]九年
18.6.10

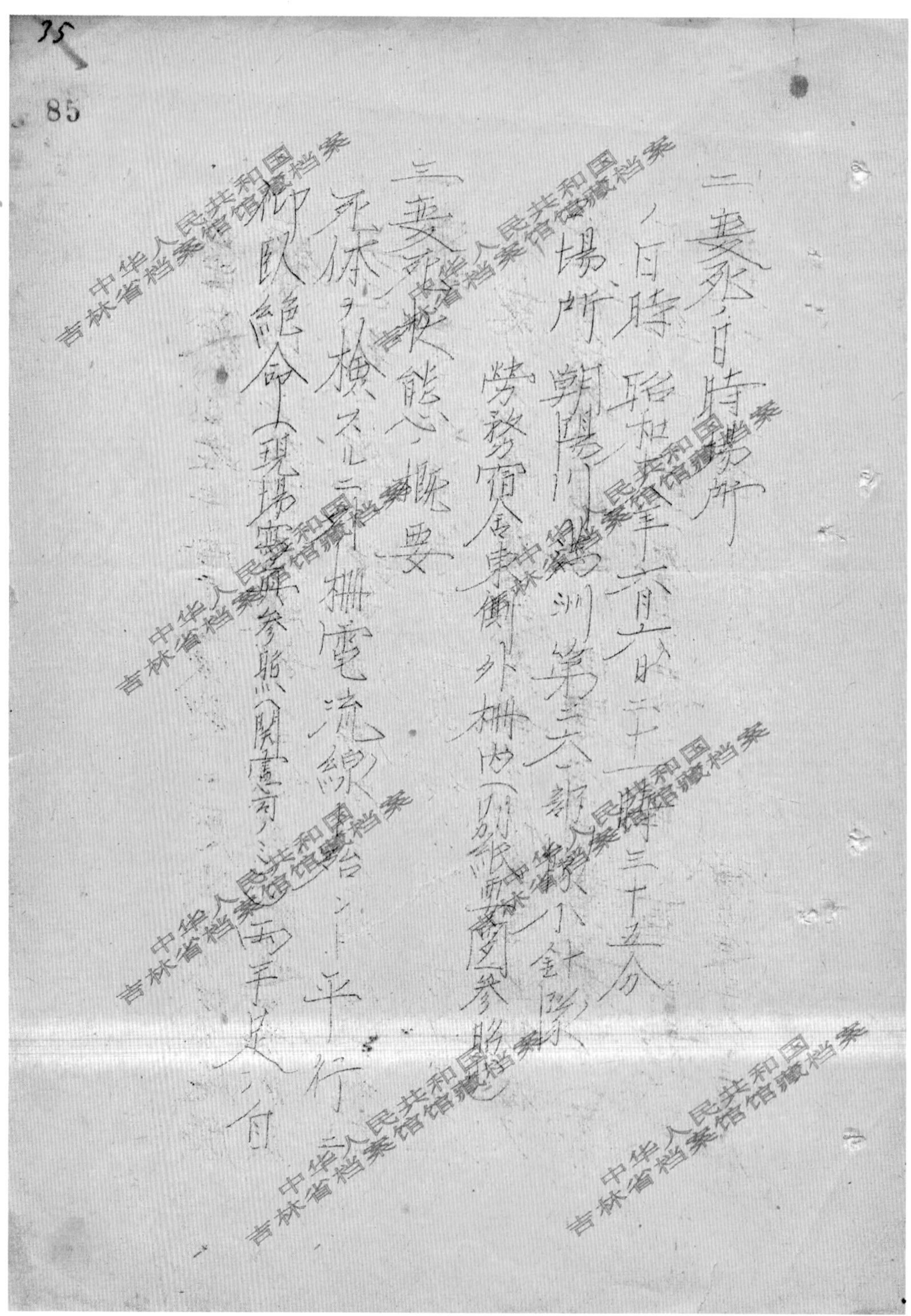
35

85

二、要求ノ日時場所

ノ日時 昭和十九年十一月十二日午后三時三十五分

場所 朔陽川満洲第三六一部隊小針隊

労務宿舎東側外柵内（別紙要図参照）

三、要求状態ノ概要

死体ヲ検スルニ外柵電流線ト略平行ニ

仰臥絶命（現場要図参照）シ（関係者ハ）両手足ハ自

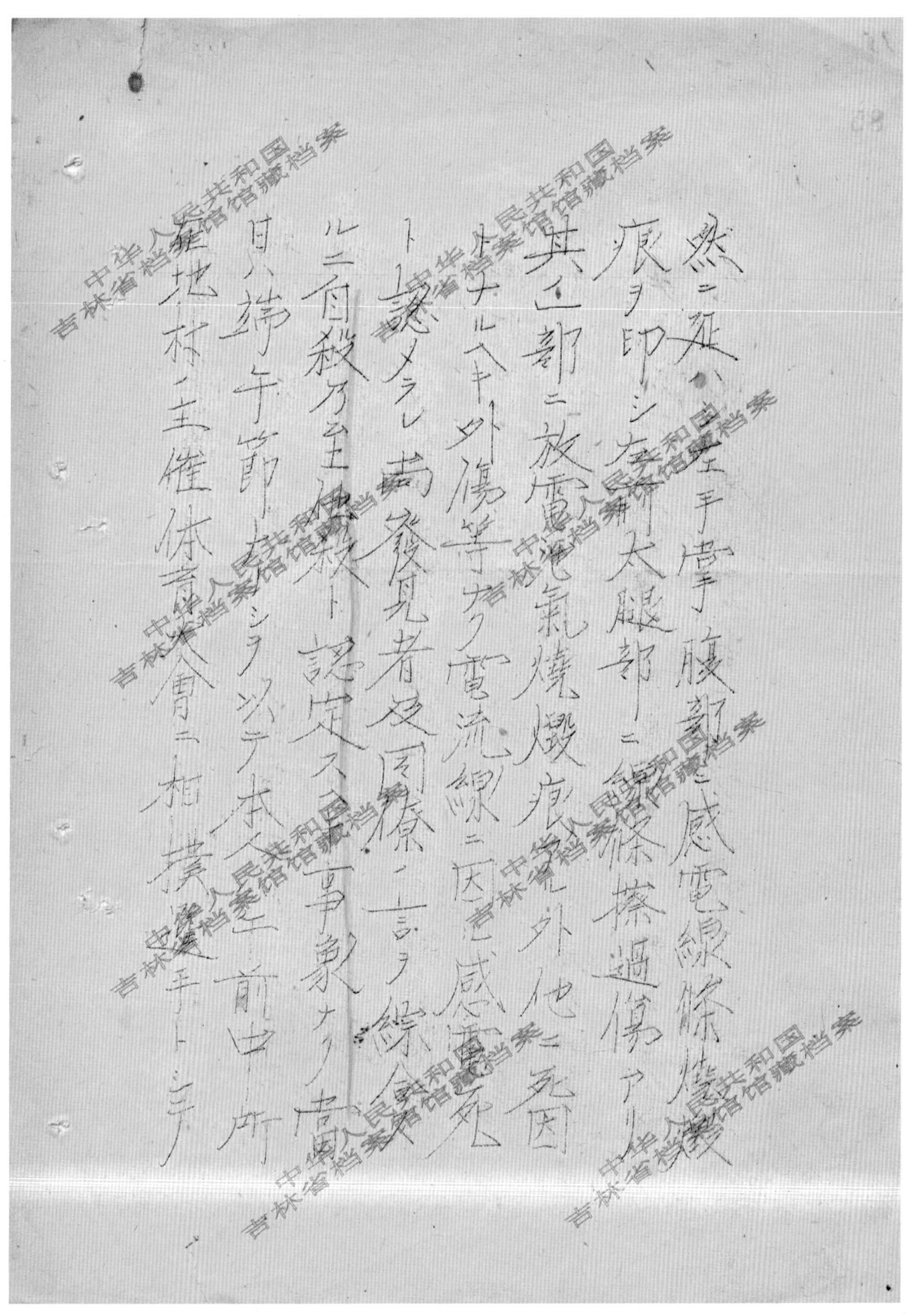

然ニ死ハ左手掌腹部ニ感電線條燒燬痕ヲ印シ左大腿部ニ線條擦過傷アリ其ノ他部ニ於電氣燒燬痕ノ外他ニ死因トナルヘキ外傷等ナク電流線ニ因ル感電死ト認メラレ尚發見者及同僚ニ言ヲ綜合スルニ自殺乃至他殺ト認定スヘキ事象ナク當日ハ端午節トシテ以テ本人ハ前出ノ所在地村ニ主催体育大會ニ相撲選手トシテ

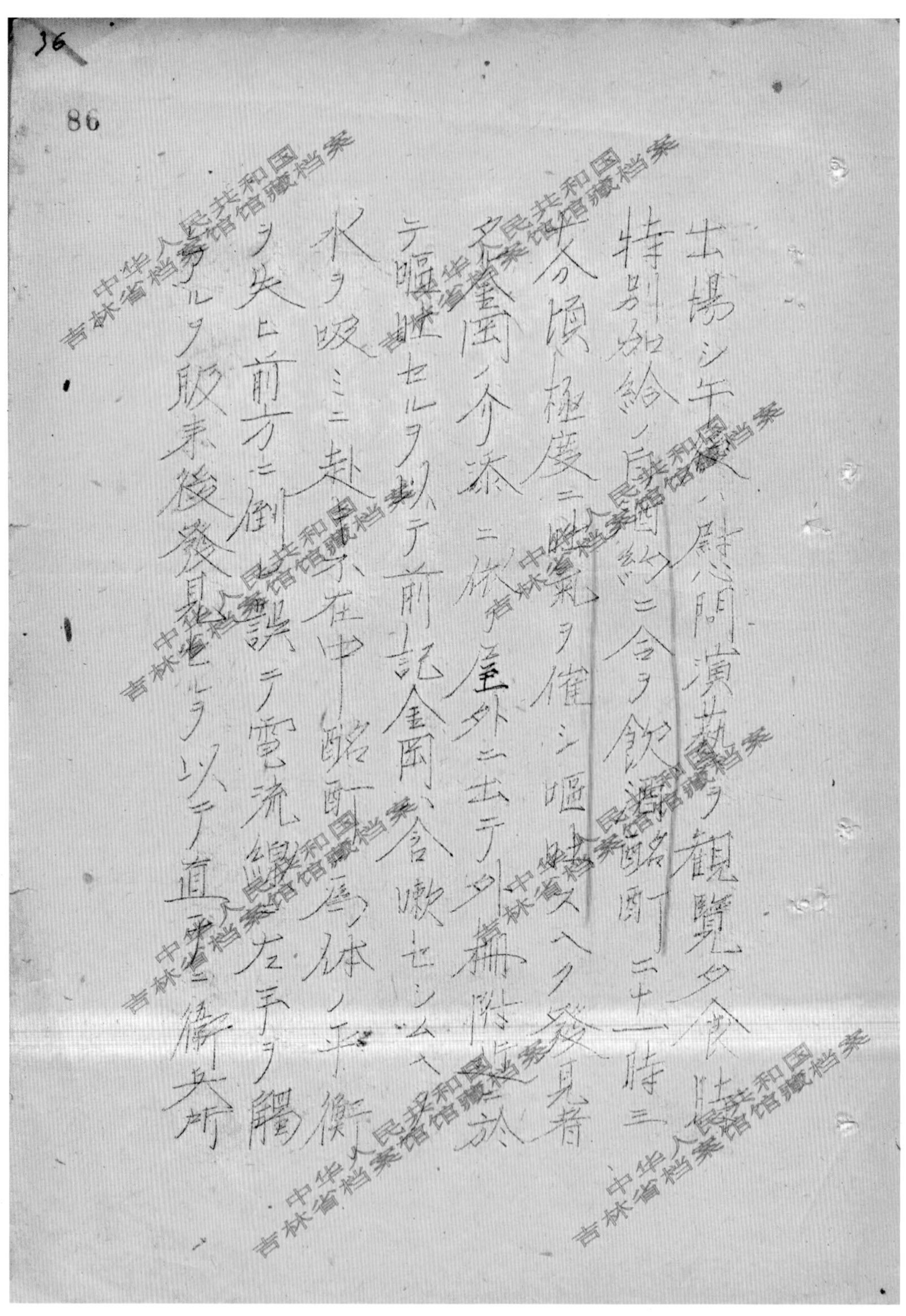
36

86

出場シ午後八時八間演藝ヲ観覧シ夕食時
特別加給ノ日本酒約二合ヲ飲酒酩酊ニテ十一時三
十分頃ノ極度ニ吐氣ヲ催シ嘔吐ヲ交ヘタ發見者
金岡ノ介添ニ依リ屋外ニ出テ引揚附近ニ於
テ嘔吐セルヲ以テ前記金岡ハ含嗽セシムヘク
水ヲ汲ミニ赴キ不在中ノ酩酊ノ為体ノ平衡
ヲ失ヒ前方ニ倒レ誤テ電流線ニ左手ヲ觸
レタルヲ服来後發見者セルヲ以テ直チニ衛兵所

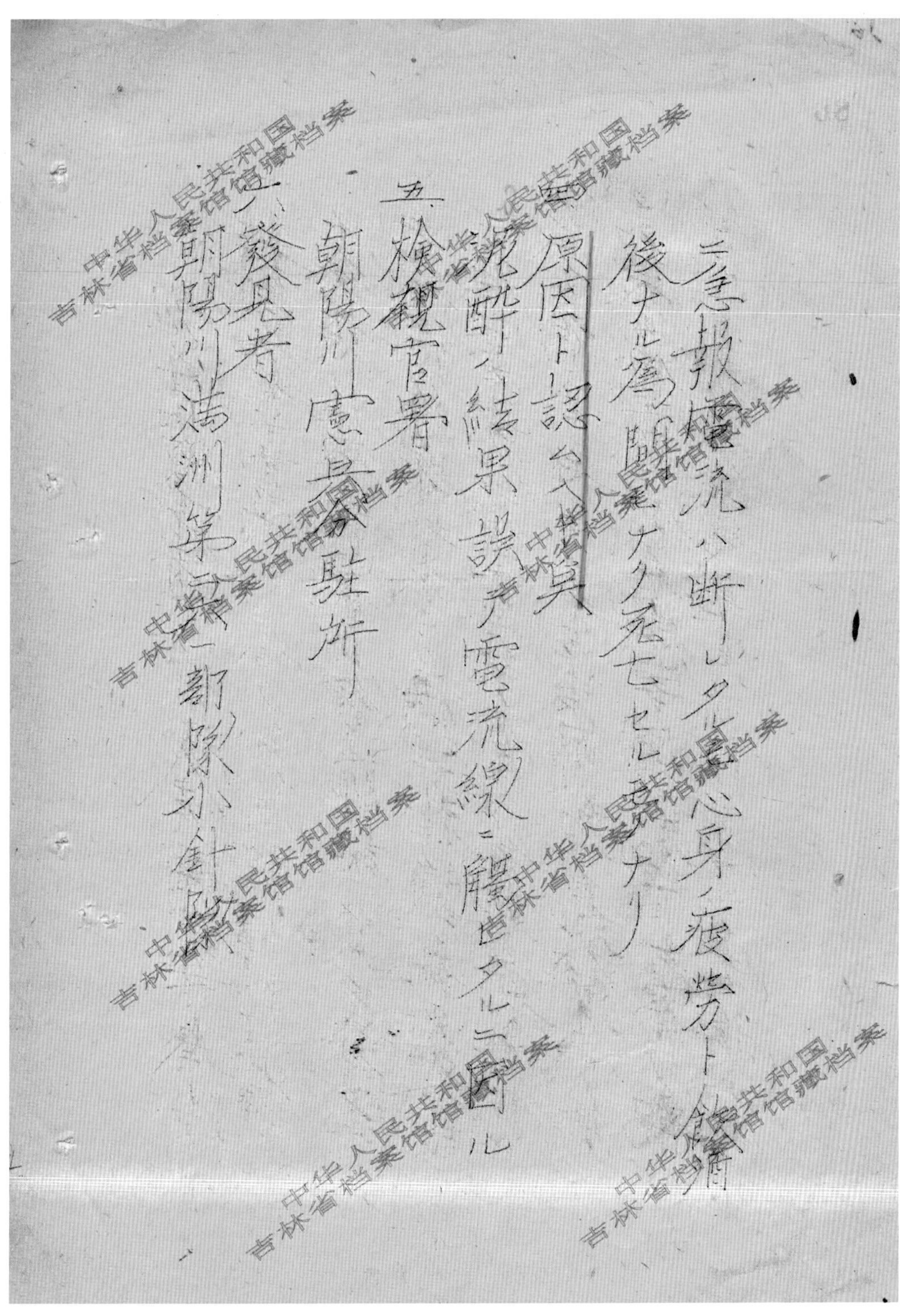

二、急報電流ハ断レタルモ心身ノ疲労ト酩酊後ナル為間モナク死亡セルモノナリ

四、原因ト認ムベキ事項

泥酔ノ結果誤ッテ電流線ニ觸レタルニ因ル

五、検視官署

朝陽川憲兵分駐所

六、發見者

朝陽川満洲第二○○部隊小針隊

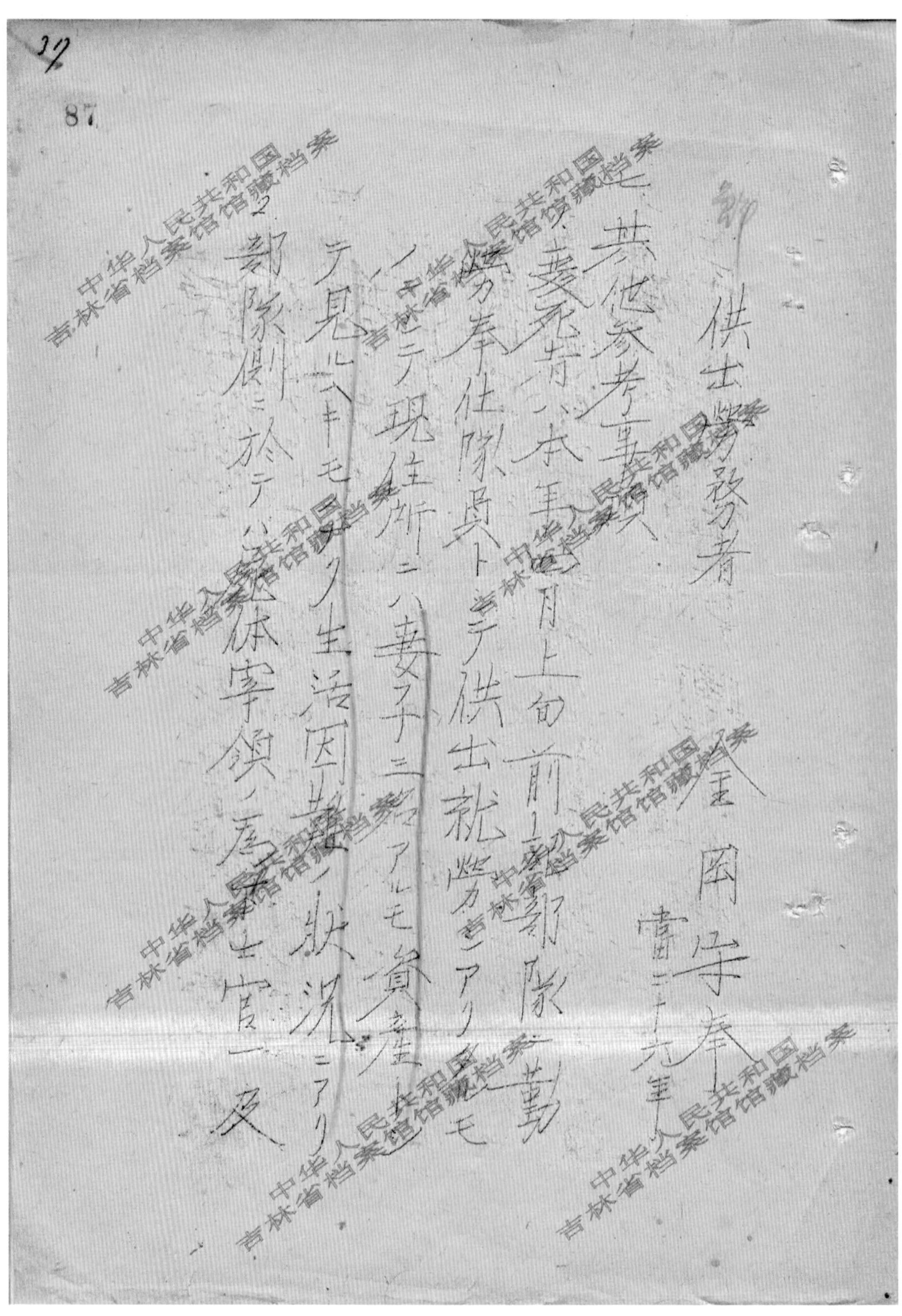

37

87

供出労務者　金岡守奉　當二十九年

一、其他参考事項

1. 変死者ハ本年四月上旬前記部隊ニ勤労奉仕隊員トシテ供出就労ニアリタルモノニシテ現住所ニハ妻子三名アルモ貧窮ニシテ見ルベキモノナク生活困難ノ状況ニアリ

2 部隊側ニ於テハ遺体等領ノ處置士官ニ交

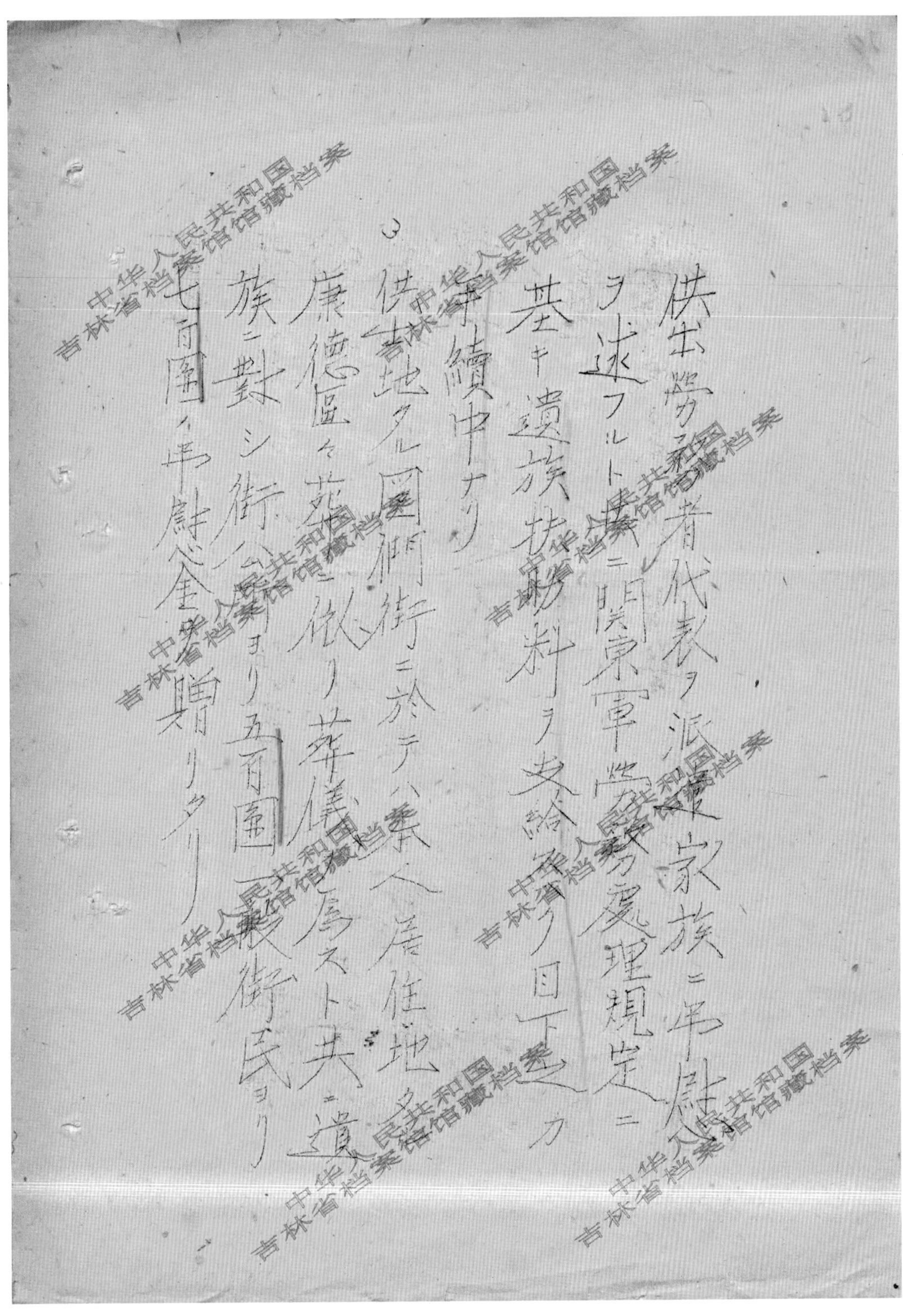
供出労務者代表ヲ派遣家族ニ弔慰
ヲ述フルト共ニ関東軍労務処理規定ニ
基キ遺族扶助料ヲ支給方目下進達方
手續中ナリ

3 供出地タル圖們街ニ於テハ本人ノ居住地タル
康徳區々葬ニ依リ葬儀ヲ為スト共ニ遺
族ニ對シ街公所ヨリ五百圓街民ヨリ
七百圓ノ弔慰金ヲ贈リタリ

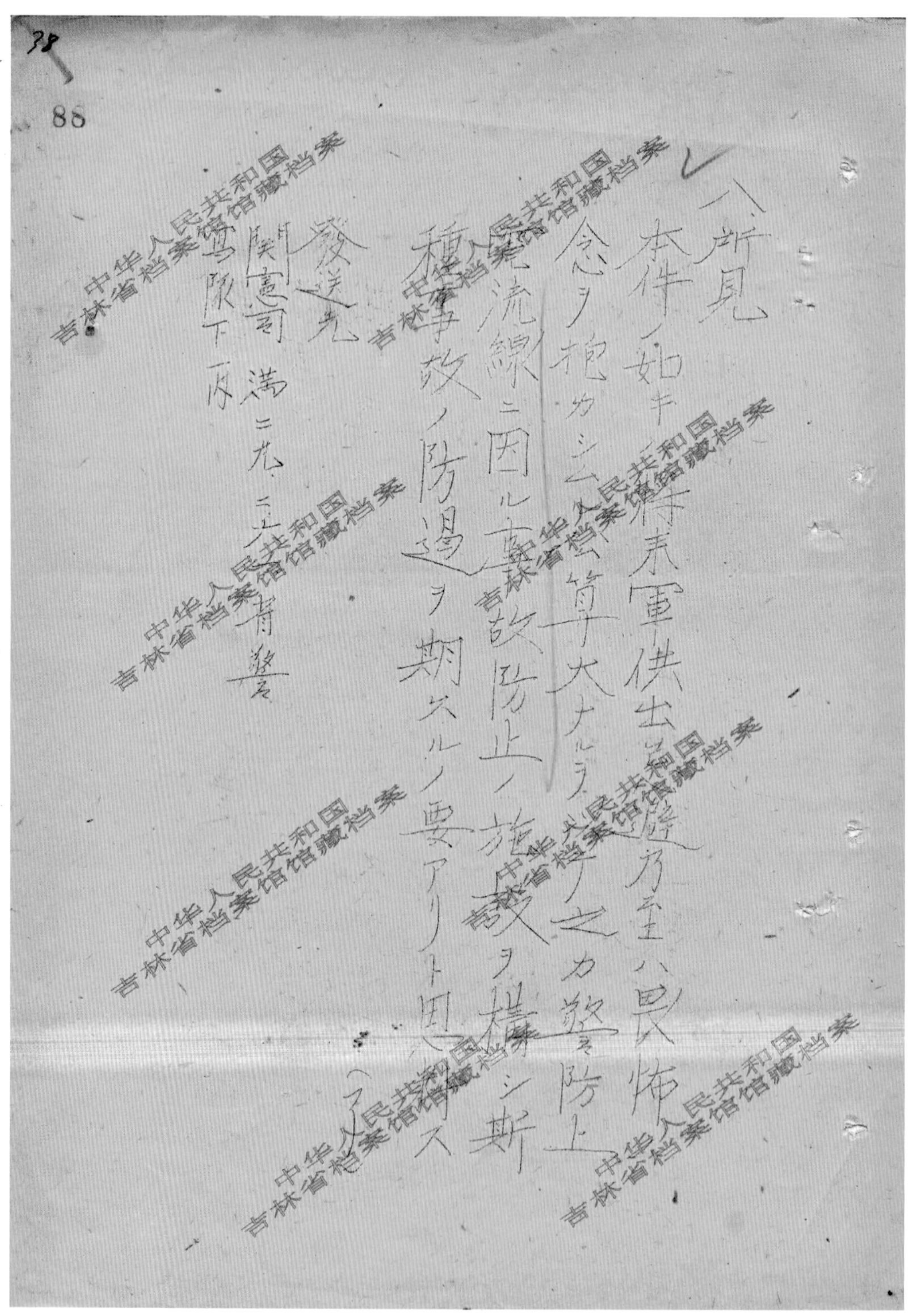

38

88

八、所見

本件ノ如キハ将来軍供出ノ促進乃至ハ民怖

念ヲ抱カシム公算大ナルヲ以テ之カ警防上

電流線ニ因ル事故防止ノ施設ヲ講シ斯

種事故ノ防遏ヲ期スルノ要アリト思料ス（了）

發送先

関憲司 満二九、三六 青警

管隊下一所

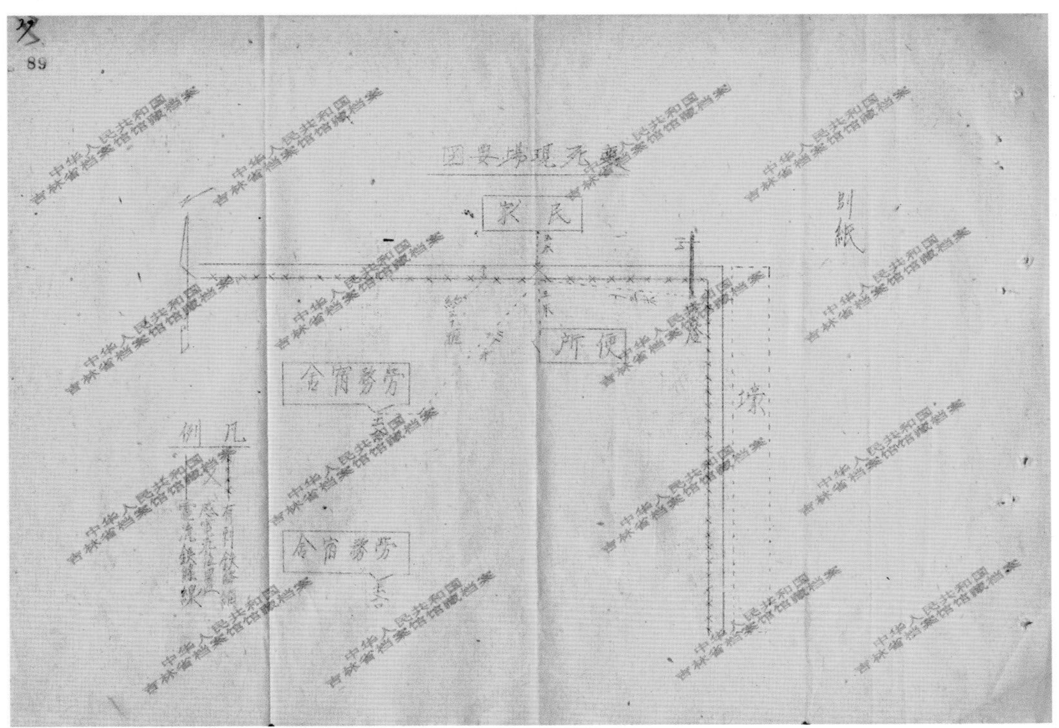
89
図要場現元東
家民
所便
舍宿務労
舍宿務労
凡例
別紙

60

90

現場寫眞
其一

勞務宿舍　民家　便所

部隊内側ヨリ

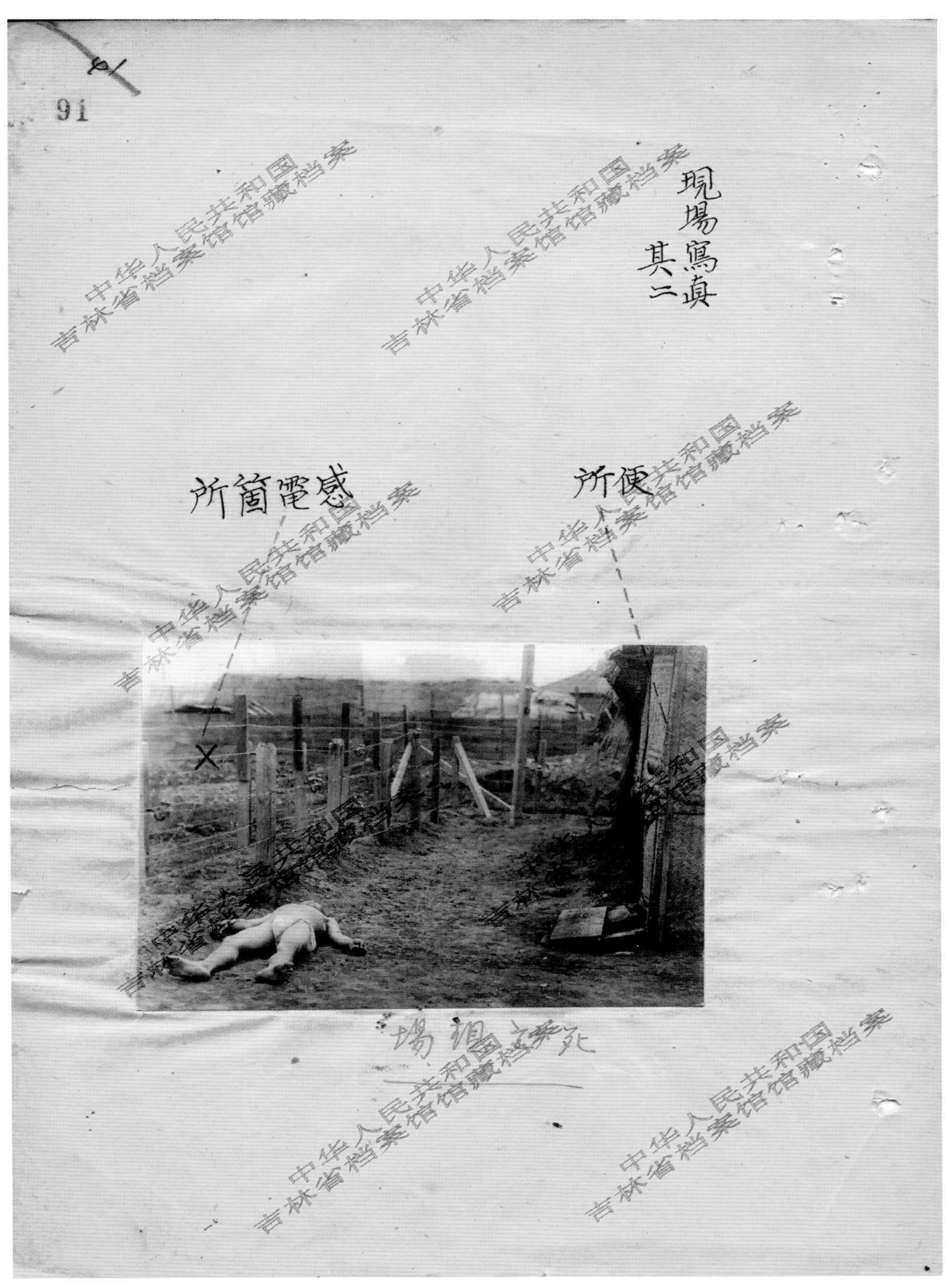
91
現場寫眞
其二
所箇電感
所便
場現亡死

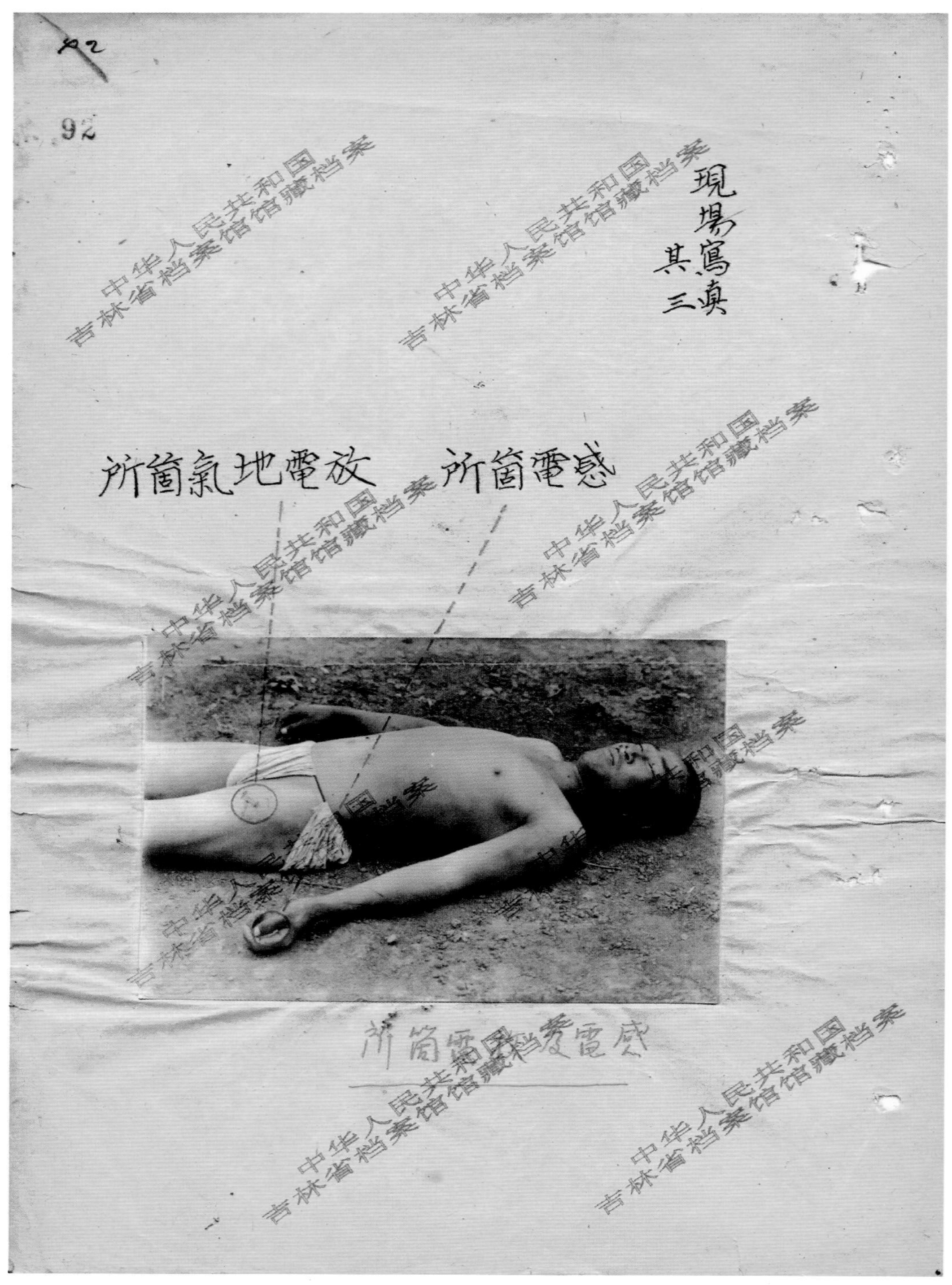
92
現場寫眞
其三
放電地氣箇所
感電箇所

間憲警第九六號

군대공출인부가 감전사한 사건에 관한 보고(통첩)

昭和十八年(1943년)六月十五日　간도헌병대장

관동헌병대사령관 각하:

조양천 만주제이육일부대 小針대가 공출한 인부가 6월 6일 21시 30분경 대취하여 숙소 외 울타리부근에서 구토하던 중 조심하지 않아 전선을 다치면서 감전사하였음.

아래와 같은 상황을 특히 보고, 통첩함:

一. 횡사자

호적: 함경북도 경성군 영와면 상화동

주소: 얜지현 투먼(圖們)가 강덕(康德)구 신화(新華)로 1-16

공출인부: 최길룡(당시 29세)

二. 횡사한 시간과 지점

시간: 昭和十八年六月六日21시35분

지점: 조양천 만주제이육일부대小針대 노무숙소 동쪽 바깥 울타리 내(부록의 약도를 참조 바람)

三. 횡사상태 개요

검사에 의하면 시체와 바깥울타리의 전선은 거의 평행을 이루고 있음. 반듯이 누워 사망(현장사진을 참조 바람〈관헌사에만 발송〉). 사지는 자연스럽게 펼쳐있고 왼손바닥과 복부에 전류가 소훼한 흔적이 있음. 왼쪽 대퇴부에 전선에 의한 찰과상이 보임. 일부 소훼흔적 외에는 사망에 이르게 할 만한 외상이 보이지 않음. 그러므로 감전사로 판명 가능. 발견자와 사망자 동료의 공술을 종합해 보면 자살이거나 타살의 단서를 찾을 수 없음. 사건발생 당일은 단오절로 사망자는 오전 소재지에서 주최한 운동회에 스모선수로 참가하였음. 오후에는 위문공연을 관람, 만찬 때 특별제공한 소주 4냥을 마시고 만취함. 21시 30분경, 구역질이 나자 발견자 김강(金岡)이 부축하여 옥외로 나가 바깥울타리 부근에서 구토함. 김강이 양치질을 시키고자 물 뜨러 가는 사이, 술에 취해 평형을 잃고 앞으로 꼬꾸라지면서 왼손이 전선에 접촉. 김강이 즉시 위병소에 급보하여 단전하였으나 피로와 음주의 원인으로 최길룡은 잠시 후 사망.

四. 사고원인으로 확인되는 점

만취로 전선을 잘못 접촉하여 사망

五. 검찰관서

조양천헌병분주소

六. 발견자

조양천 만주제이육일부대小針대 공출인부 金岡守奉(당시 26세)

七. 기타 참고사항

1. 횡사자는 올해 4월 상순, 상술부대에 근로봉사대원으로 공출취로 했음. 현재 주거지에 아내와 자녀 둘 있음. 자산은 없고 생활이 곤궁함.

2. 부대 측에서는 유체를 안치하고자 하사관 1명과 인부대표를 파견하여 유족을 조문. 관동군 노무처리규정에 기초하여 유족에 부조금을 지불함. 현재 각종 수속을 밟는 중

3. 사망자가 거주하는 투먼가 강덕구에 매장. 장례식 때 가공소(街公所)에서 유족에게 500원 전달, 기타 이웃들이 700원의 조의금 전달.

八. 소견

이 사건은 인부공출에 대한 두려움과 도피정서를 유발할 가능성이 있음. 더욱 많은 지출을 들여 감전과 같은 사고를 미연에 방지해야 함. 설비를 보강하여 유사사고가 재발하는 것을 방지해야 함.

발송부서: 관헌사, 滿二九, 二六一, 省警

발송: 대하병

39

서류해독

둥닝헌병대의『특수인부 단체도주에 관한 보고(통첩)』

이 서류는 昭和十八年(1943년)六月十四日, 둥닝헌병대에서 작성한 둥닝현 로허이산(老黑山) 허이잉타이링(黑鶯苔嶺)신호소 부근의 국방도로를 시공하던 7명 특수인부가 도주한 사건에 관한 보고서이다. 서류에 따르면 昭和十八年六月九日, 둥닝현 로허이산 허이잉타이신호소의 제2차작업대의 5명 인부와 제1차작업대의 2명 인부가 선후로 도주하였다. 부대와 헌병은 인부에 대해 적당히 안무하는 한편 엄밀한 감시를 실시하여 도주방비대책을 강화할 것을 요구하였다.

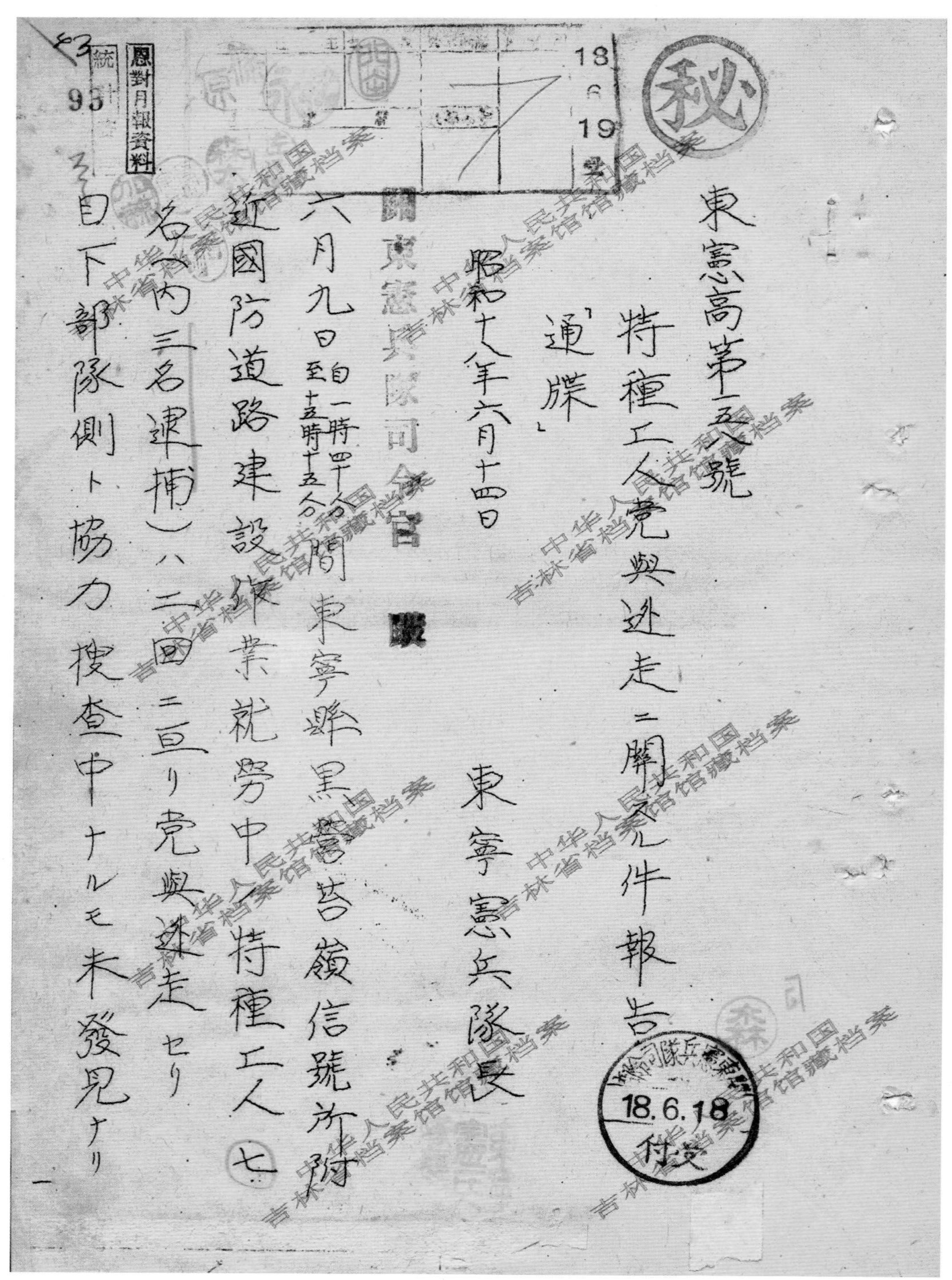

秘

恩對月報資料

東憲高第一五八號

特種工人党與逃走ニ關スル件報告

通牒

昭和十八年六月十四日　東寧憲兵隊長

關東憲兵隊司令官殿

六月九日自一時四十分至十五時十五分間東寧縣黒[illegible]苔嶺信號所附

近國防道路建設作業就勞中ノ特種工人（七

名）（内三名逮捕）ハ二回ニ亘リ党與逃走セリ

目下部隊側ト協力捜査中ナルモ未發見ナリ

18.6.18 付受

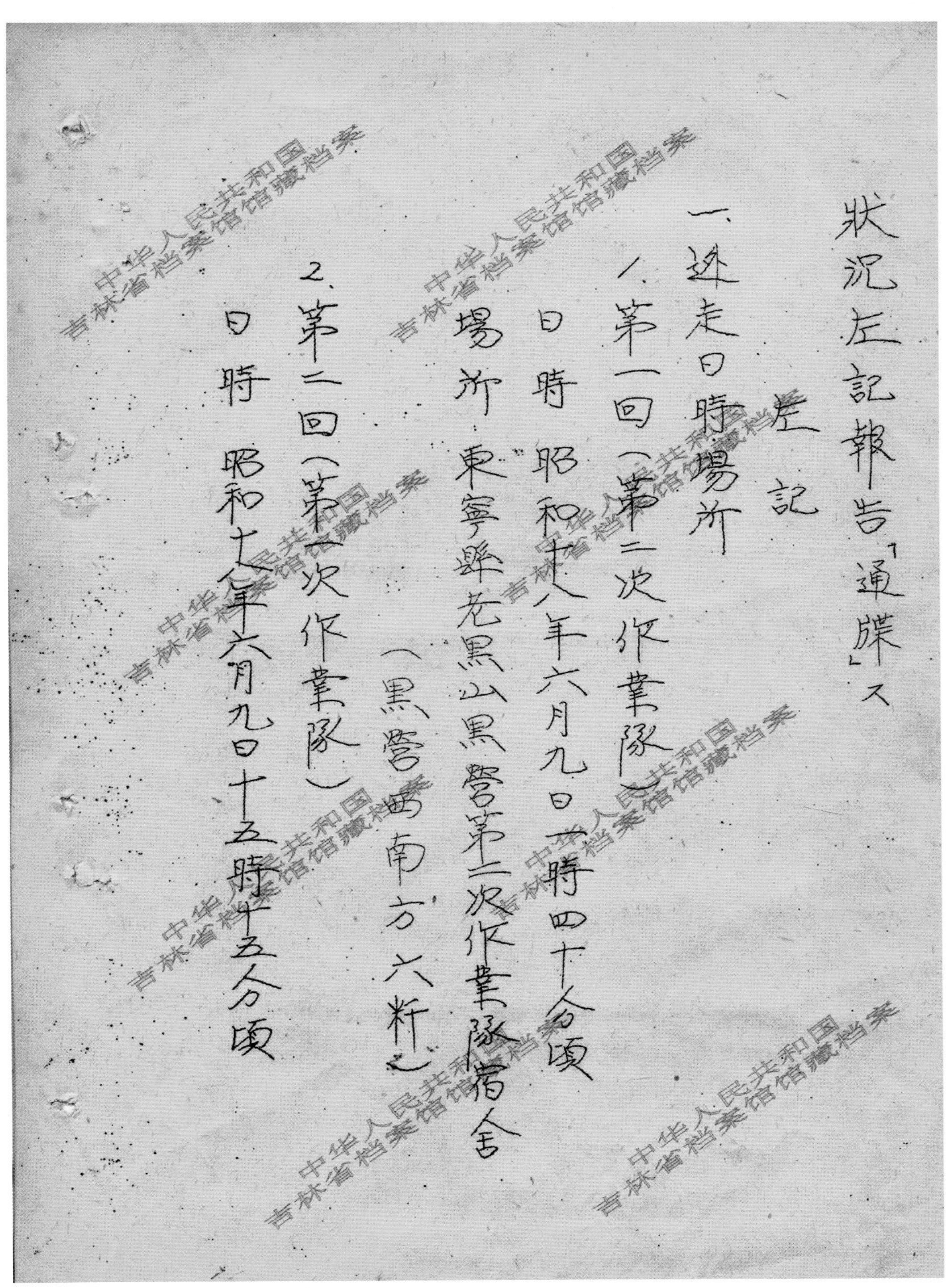
狀況左記報告「通牒」ス
左 記
一、逃走日時場所
1、第一回（第二次作業隊）
日時 昭和十八年六月九日一時四十分頃
場所 東寧縣老黑山黑營第二次作業隊宿舍（黑營西南方六粁）
2、第二回（第二次作業隊）
日時 昭和十八年六月九日十五時十五分頃

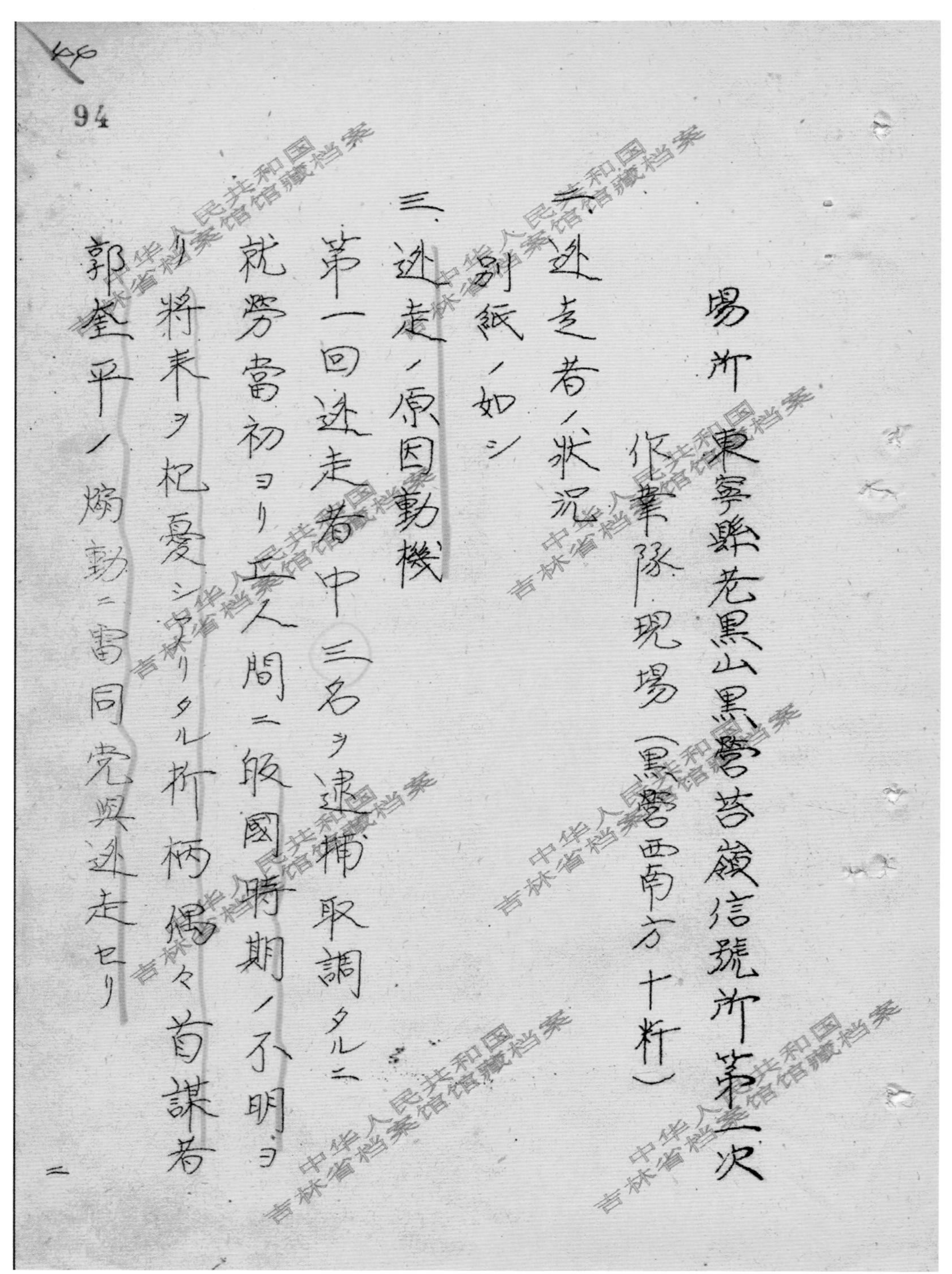

94

場所　東寧縣老黑山黑營苔嶺信號所第二次
作業隊現場（黑營西南方十粁）

二、逃走者ノ状況
別紙ノ如シ

三、逃走ノ原因動機
第一回逃走者中三名ヲ逮捕取調タルニ
就勞當初ヨリ工人間ニ般國時期ノ不明ヨ
リ將來ヲ杞憂シアリタル折柄偶々首謀者
郭奎平ノ煽動ニ雷同完與逃走セリ

二

尚第二回逃走者ノ原因モ同様ト認メラル

四、逃走前後ノ状況

1、第一回（第二次作業隊）

逃走者五名（内三名逮捕）ハ五月八日昼間作業ヲ終了シ十一時頃就寝セルカ翌九日一時四十分頃任錫武（工人）不寝番立哨中逃走者五名ハ夫々毛布一枚ヲ背負ヒ「俺達ハ用便ニ行クカ若シ大隊長ニ報告シタラ殺スゾ」ト威嚇東方ニ向ケ逃走任錫武ハ恐怖

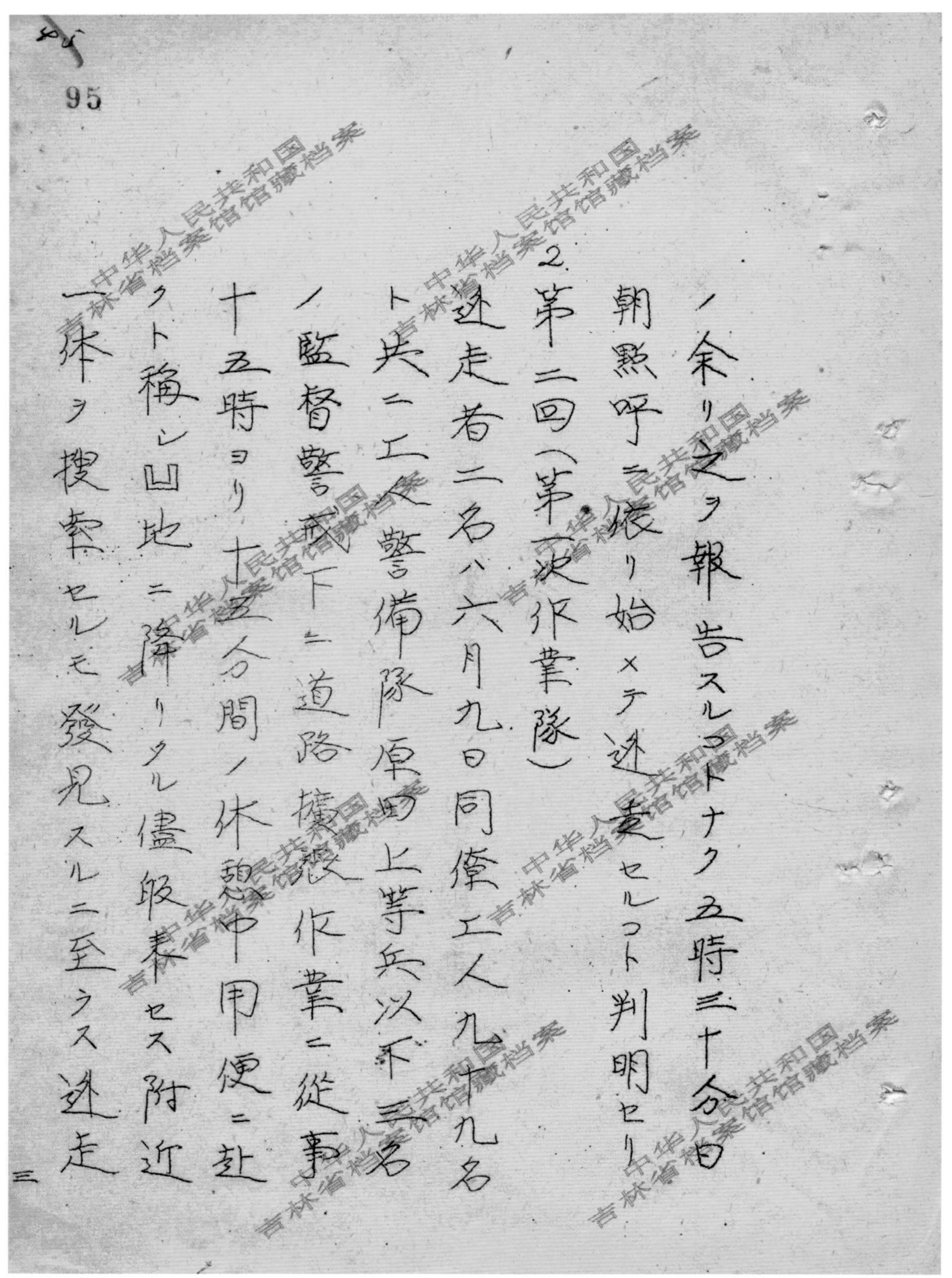

95

ノ余リ之ヲ報告スルコトナク五時三十分日
朝點呼ニ依リ始メテ逃走セルコト判明セリ
2. 第二回（第一次作業隊）
逃走者二名ハ六月九日同僚工人九十九名
ト共ニ工人警備隊原田上等兵以下三名
ノ監督警戒下ニ道路擴張作業ニ従事
十五時ヨリ十五分間ノ休憩中用便ニ赴
クト稱シ凹地ニ降リタル儘歸來セス附近
一体ヲ捜索セルモ發見スルニ至ラス逃走

三

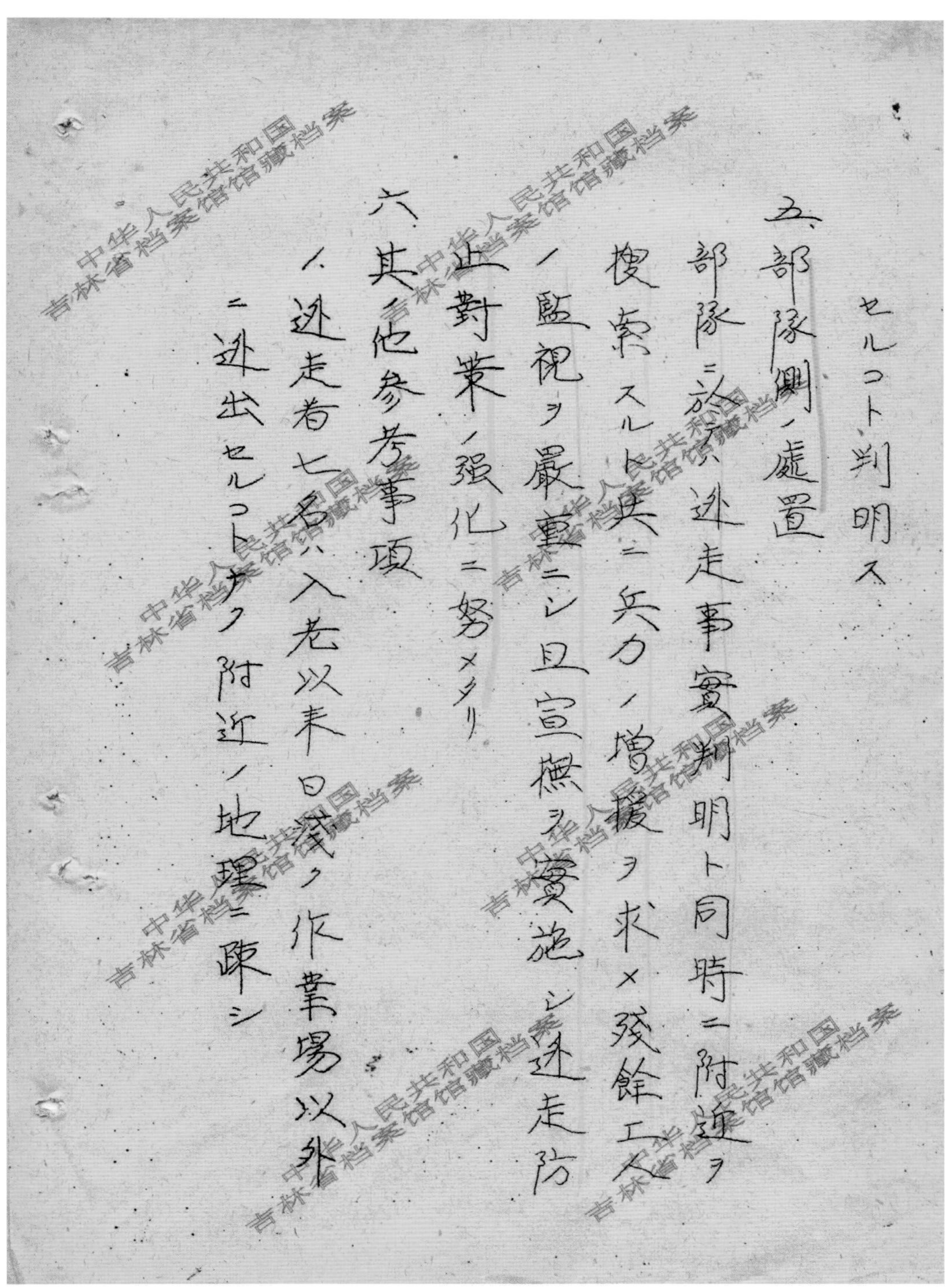

セルコト判明ス

五、部隊側ノ處置

部隊ニ於テハ逃走事實判明ト同時ニ附近ヲ搜索スルト共ニ兵力ノ増援ヲ求メ残餘工人ノ監視ヲ嚴重ニシ且宣撫ヲ實施シ逃走防止對策ノ強化ニ努メタリ

六、其他参考事項

一、逃走者七名ハ入老以来日淺ク作業場以外ニ逃出セルコトナク附近ノ地理ニ疎シ

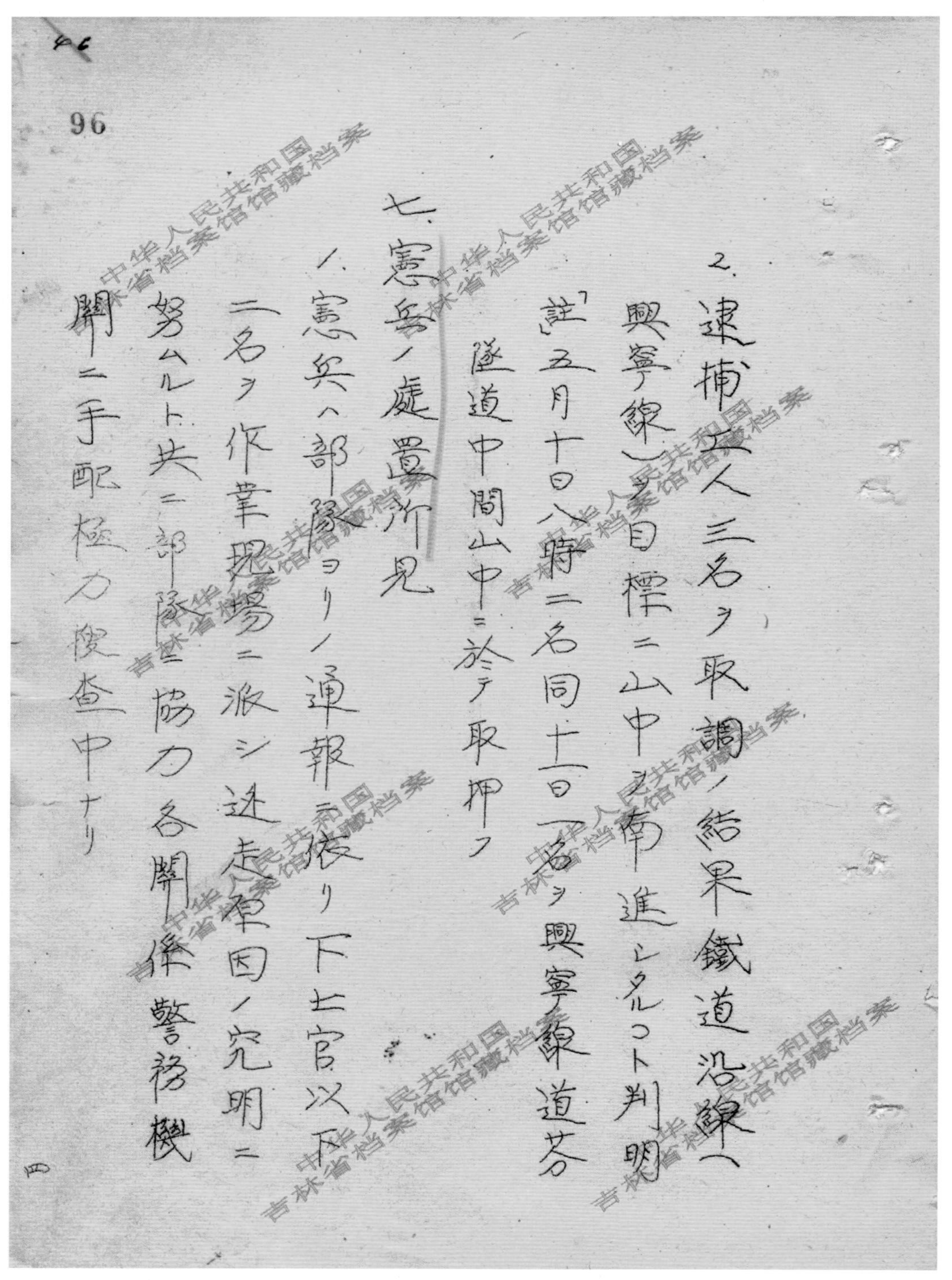

46

96

2. 逮捕工人三名ヲ取調ノ結果鐵道沿線（興寧線）ヲ目標ニ山中ヲ南進シタルコト判明

「註」五月十日八時ニ名同十一日一名ヲ興寧線道芬隧道中間山中ニ於テ取押フ

七、憲兵ノ處置所見

1、憲兵ハ部隊ヨリノ通報ニ依リ下士官以下二名ヲ作業現場ニ派シ逃走原因ノ究明ニ努ムルト共ニ部隊ニ協力各關係警務機關ニ手配極力捜査中ナリ

四

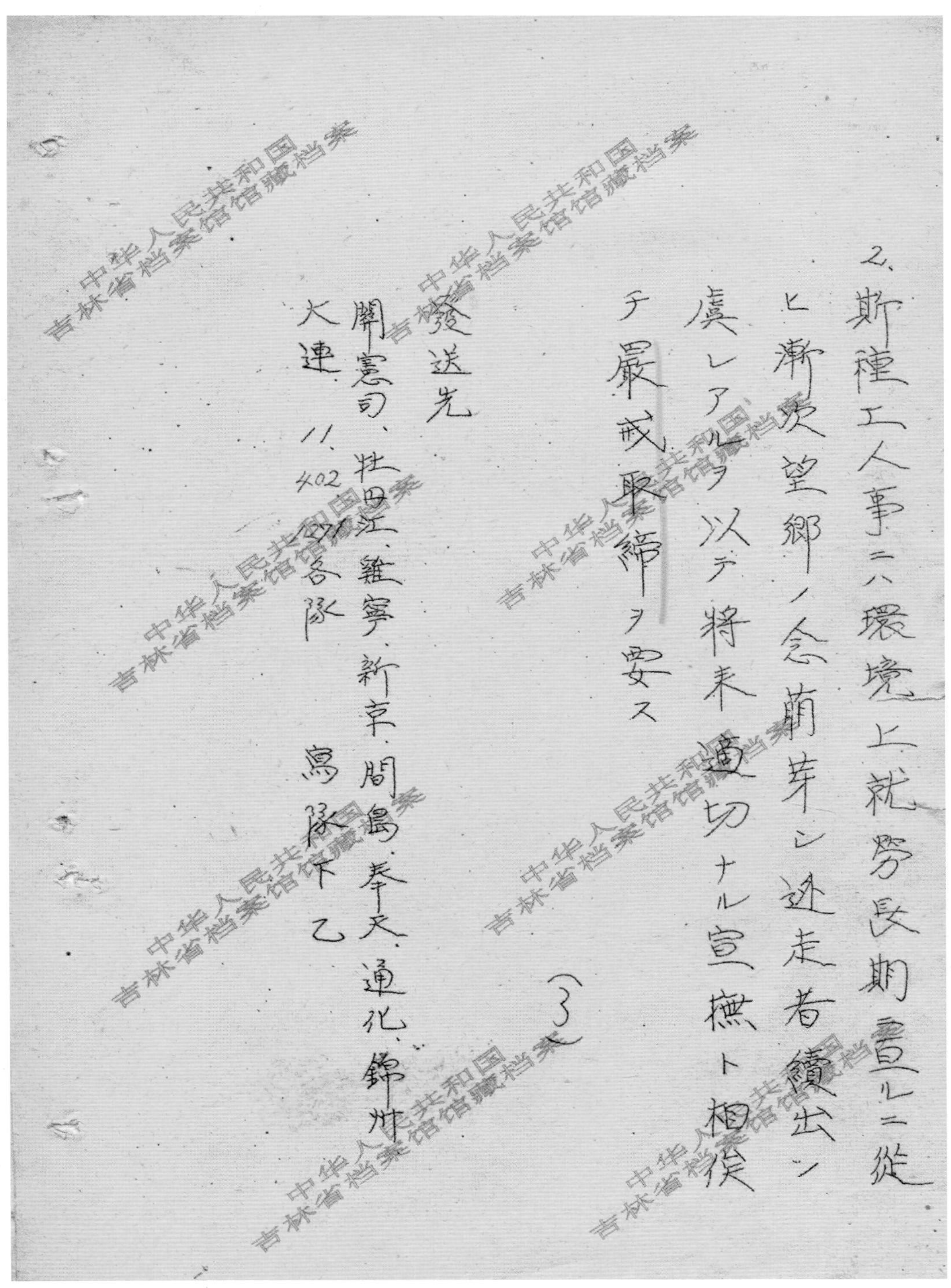
2、斯種工人事ニハ環境上就労長期ニ亘ルニ従ヒ漸次望郷ノ念萌芽シ逃走者續出シ虞レアルヲ以テ將來適切ナル宣撫ト相俟テ嚴戒取締ヲ要ス

（了）

發送先

關憲司、牡丹江、雞寧、新京、間島、奉天、通化、錦州

大連、11、402、[illegible]各隊　寫　隊下　乙

東憲高第一五八號

특수인부집단도주에 관한 보고(통첩)

昭和十八年(1943년)六月十四日　　둥닝헌병대장

6월 9일 1시 40분부터 15시 15분까지 둥닝현 허이잉타이링신호소 부근에서 국방도로 건설 작업 중이던 특수인부 7명(그중 3명은 체포)이 두 번에 걸쳐 도망침. 현재 부대 측과 연합하여 수색 중. 아직 도주인원을 발견하지 못했음. 구체적 상황은 다음과 같음.

一. 도주 시간과 지점

제1차 (제2차작업대)

시간: 昭和十八年(1943년)六月九日 1시 40분경

지점: 둥닝현 로허이산 허이잉제2차작업대 숙소(허이잉 서남 방향으로 6km되는 곳)

제2차 (제1차작업대)

시간: 昭和十八年(1943년)六月九日 15시 15분경

지점: 둥닝현 로허이산 허이잉타이신호소 제1차작업대 현장(허이잉 서남 방향 10km되는 곳)

二. 도주자 상황

부록에 제시한 바와 같음

三. 도주 원인과 동기

제1차도주자 중 3명이 체포됨, 수사결과 작업이 시작돼서부터 인부들 사이에 귀국시간에 대한 불명확함이 향후에 대한 걱정으로 확산. 주모자 귀쿼이핑(郭奎平)이 선동하여 인부들은 무리를 지어 단체도주함. 현재 제2차도주도 같은 원인으로 판명.

四. 도주 전후의 상황

1. 제1차(제2차작업대)

5명 도주자(3명 체포)는 5월 8일 작업이 끝난 후 21시쯤에 식사, 이튿날인 구일 1시 40분경에 인부 런시우(任錫武)가 당직보초를 서던 중 5명 도주자가 각자 담요를 메고 그를 다음과 같이 위협, "우리 변소로 간다. 너 대대장한테 알렸다간 죽을 줄 알아!" 그리고 동쪽으로 도망침. 런시우는 겁에 질려 보고하지 못함. 5시 30분, 아침점호 시 도주사실을 발견

2. 제2차(제1차작업대)

6월 9일, 두 도주자와 기타 동료를 포함한 도합 99명이 인부경비대 하라다상등병 및 수하 3명 병사의 감독하에 도로확장작업을 진행, 15시부터 약 15분가량의 휴식시간이 주어지자 변소로 간다고 둘러대고 요지(凹地)로 간 뒤로 다시 돌아오지 않음. 부근을 전부 수색하였지만 발견하지 못하였으므로 도망친 것으로 판명.

五. 부대의 처리

부대는 도주사실을 판단하고 부근을 수색함. 동시에 병력증원을 청구하여 나머지 인부에 대한 감시를 강화하고 안무를 실시, 도주방지대책을 강구함.

六. 기타 참고사항

1. 7명의 도주자는 취로시간이 짧아 작업현장 밖의 기타 곳에는 간 적 없음. 고로 부근의 지리에 익숙하지 못함.

2. 이미 체포한 3명 인부를 계속 조사. 결과 그들은 철도연선(興寧線)을 목표로 산발을 타고 남행하려고 했던 것으로 판명.

주: 5월 10일 8시에 2명, 5월 11일 싱닝현 도우펀(道芬)터널 중간의 산에서 1명이 체포됨.

七. 헌병의 처리소견

1. 헌병대는 부대의 통보에 근거하여 2명 하사관과 그 수하병사를 현장에 파견하여 도주 원인을 조사 중. 또 부대를 협조하여 각 경무기관에 임무를 배치, 수사에 진력

2. 이번 사건은 환경적으로 또 장기노동의 원인으로 인부들이 점차 향수에 젖어 빈발한 도주 현상. 따라서 앞으로는 적당한 안무와 함께 엄밀한 감시가 요청됨.

발송부서: 관헌사, 무단쟝, 지닝, 신징, 간도, 펑탠, 퉁화, 진저우, 따랜, 11, 402, 1071

발송: 대하을

40

서류해독

『롼스산(亂石山)군사시공현장에서 인부가 도망친 사건에 관한 보고(통첩)』

이 서류는 昭和十八年(1943년)六月二十一日 평탠헌병대가 작성한 롼스산군사시설 시공현장에서 飛島組의 48명 인부가 대우와 임금에 대한 불만으로 단체도주한 사건에 관한 보고서이다. 서류는 昭和十八年六月八日, 왕밍하이(王銘海)등 50명 인부가 경비대원이 소홀한 틈을 타 현장 내 동쪽지역의 전기철조망을 넘어 도주한 사실을 적고 있다. 이번 48명이 도주에 성공한 사건이 발생한 후 헌병대는 인부숙소 주변에 가시철조망을 두른 울타리를 세우고 조명등과 경보판을 설치하였다. 울타리 내에는 경비소를 설치하고 경비를 강화하였다. 이로서 엄밀한 경비태세를 갖추고 경비인원의 근무상태도 감독하는 조치를 취하였다. 도주인부 중 최고연장자 장샹산(張相山)은 54세이고 막내 주쇼바(朱小八)는 겨우 12살로 아동공이였다.

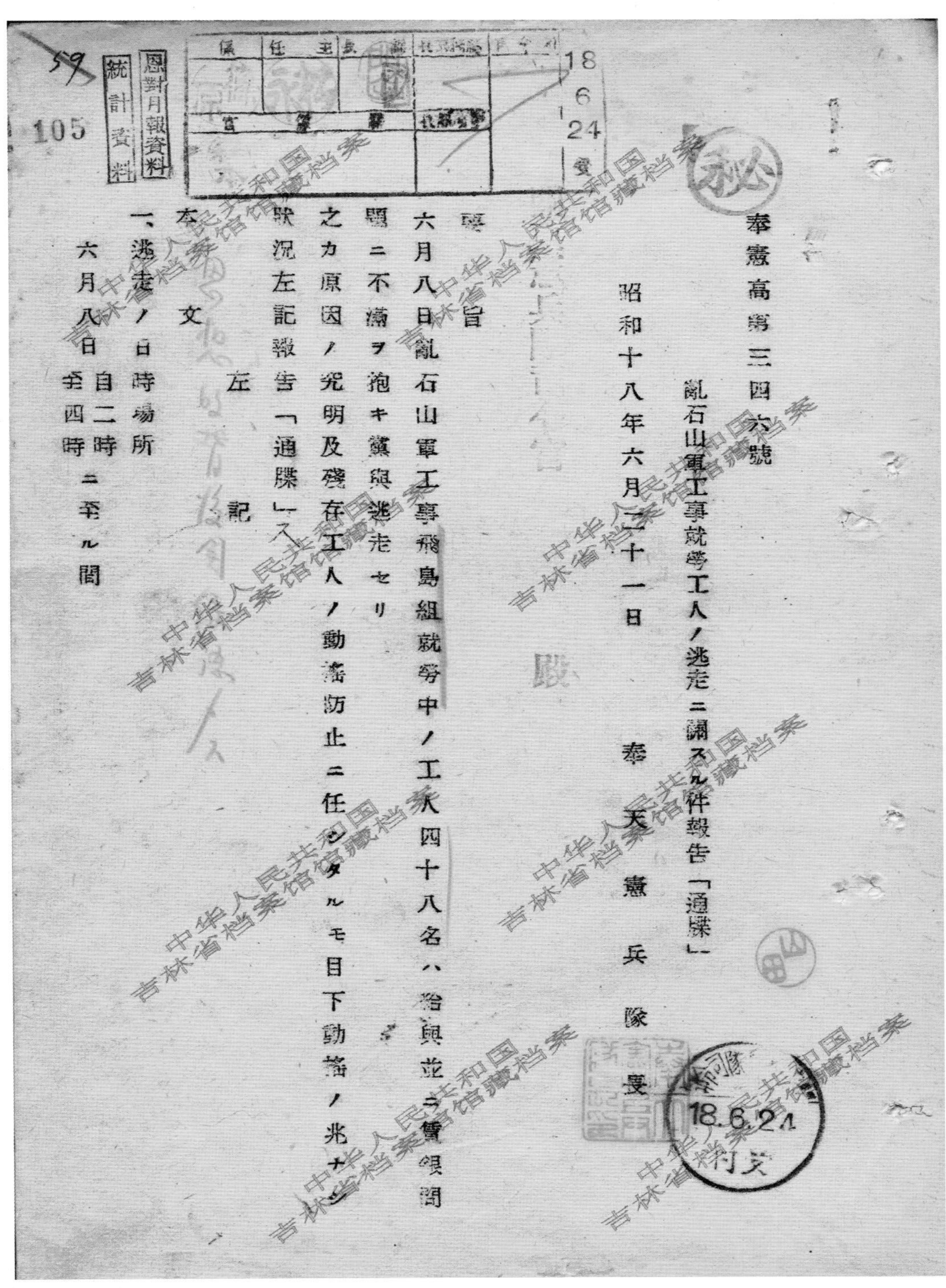

思對月報資料

統計資料

105

18.6.24

㊙

奉憲高第三四六號

亂石山軍工事就勞工人ノ逃走ニ關スル件報告「通牒」

昭和十八年六月二十一日　奉天憲兵隊長

殿

要旨

六月八日亂石山軍工事飛島組就勞中ノ工人四十八名ハ給與並ニ賃銀問題ニ不滿ヲ抱キ黨與逃走セリ

之カ原因ノ究明及殘存工人ノ動搖防止ニ任シタルモ目下動搖ノ兆ナシ

狀況左記報告「通牒」ス

本文

左記

一、逃走ノ日時場所

六月八日自二時至四時ニ至ル間

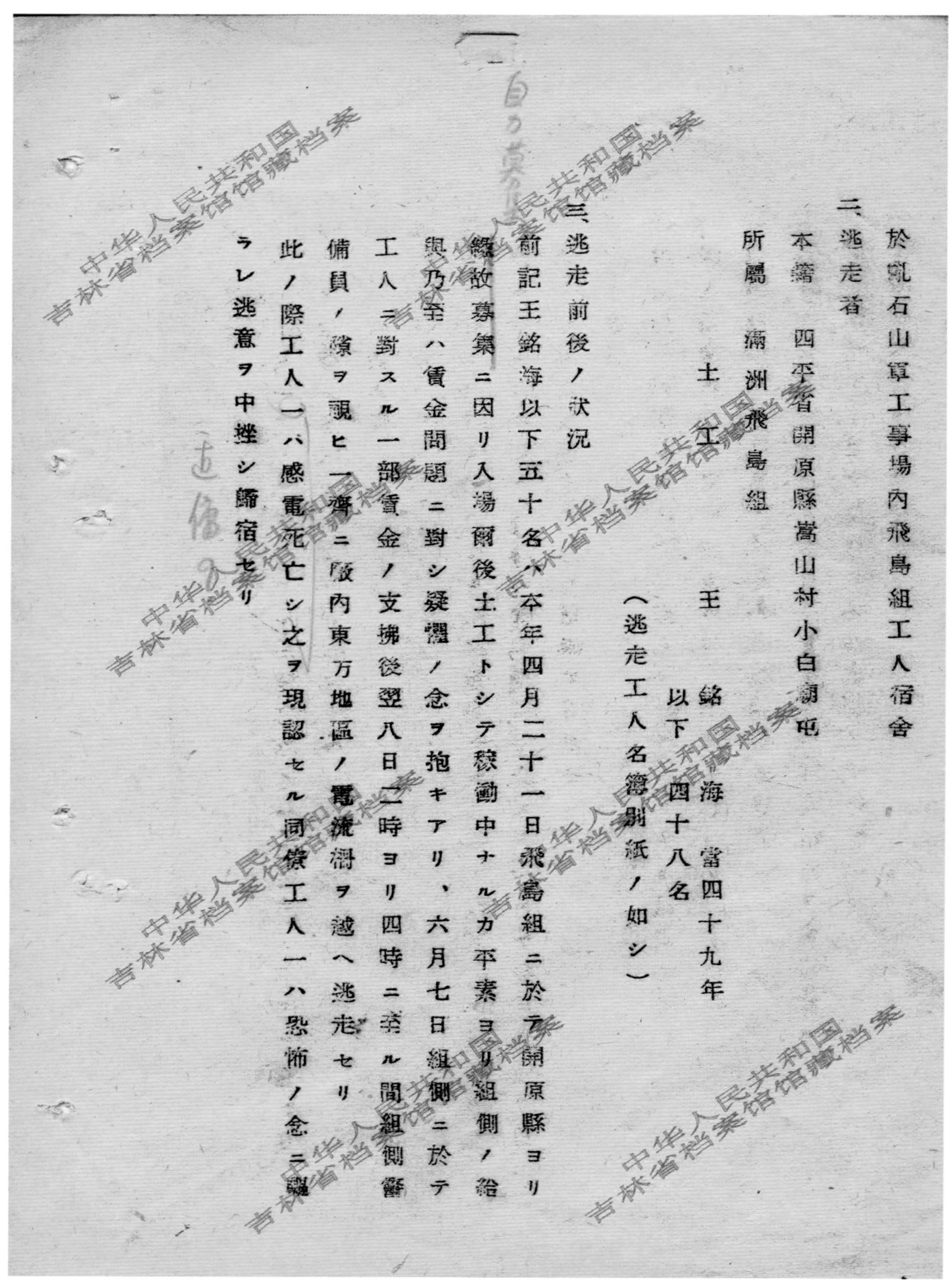
一

自力募集

於亂石山軍工事場內飛島組工人宿舍

二、逃走者

本籍　四平省開原縣嵩山村小白廟屯

土工　王　銘海　當四十九年

所屬　滿洲飛島組　以下四十八名

（逃走工人名簿別紙ノ如シ）

三、逃走前後ノ状況

前記王銘海以下五十名ハ本年四月二十一日飛島組ニ於テ開原縣ヨリ緣故募集ニ因リ入場爾後土工トシテ稼働中ナルカ平素ヨリ組側ノ給與乃至ハ賃金問題ニ對シ疑懼ノ念ヲ抱キアリ、六月七日組側ニ於テ工人ニ對スル一部賃金ノ支拂後翌八日二時ヨリ四時ニ至ル間組側警備員ノ隙ヲ覗ヒ一齊ニ廠內東方地區ノ電流網ヲ越ヘ逃走セリ

此ノ際工人一ハ感電死亡シ之ヲ現認セル同僚工人一八恐怖ノ念ニ驅ラレ逃意ヲ中止シ歸宿セリ

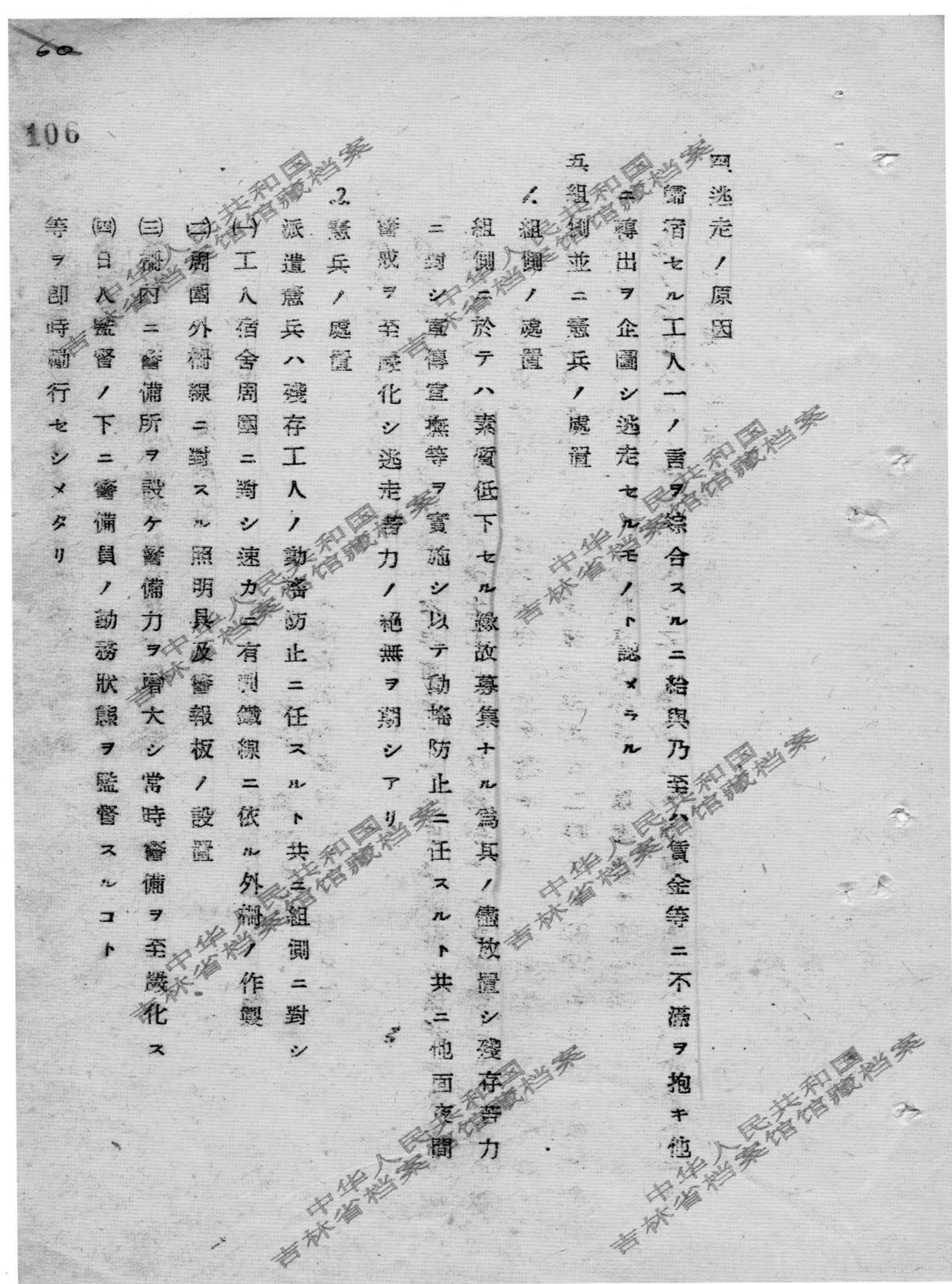

60

106

四、逃走ノ原因

歸宿セル工人一ノ言ヲ綜合スルニ給與乃至ハ賃金等ニ不滿ヲ抱キ他ニ轉出ヲ企圖シ逃走セルモノト認メラル

五、組側並ニ憲兵ノ處置

1、組側ノ處置

組側ニ於テハ素質低下セル緣故募集ナル爲其ノ儘放置シ殘存苦力ニ對シ宣傳宣撫等ヲ實施シ以テ動搖防止ニ任スルト共ニ他面夜間警戒ヲ至嚴化シ逃走苦力ノ絶無ヲ期シアリ

2、憲兵ノ處置

派遣憲兵ハ殘存工人ノ動搖防止ニ任スルト共ニ組側ニ對シ

(一)工人宿舍周圍ニ對シ速カニ有刺鐵線ニ依ル外柵ノ作製

(二)周圍外柵線ニ對スル照明具及警報板ノ設置

(三)柵内ニ警備所ヲ設ケ警備力ヲ増大シ常時警備ヲ至嚴化ス

(四)日人監督ノ下ニ警備員ノ勤務狀態ヲ監督スルコト

等ヲ即時勵行セシメタリ

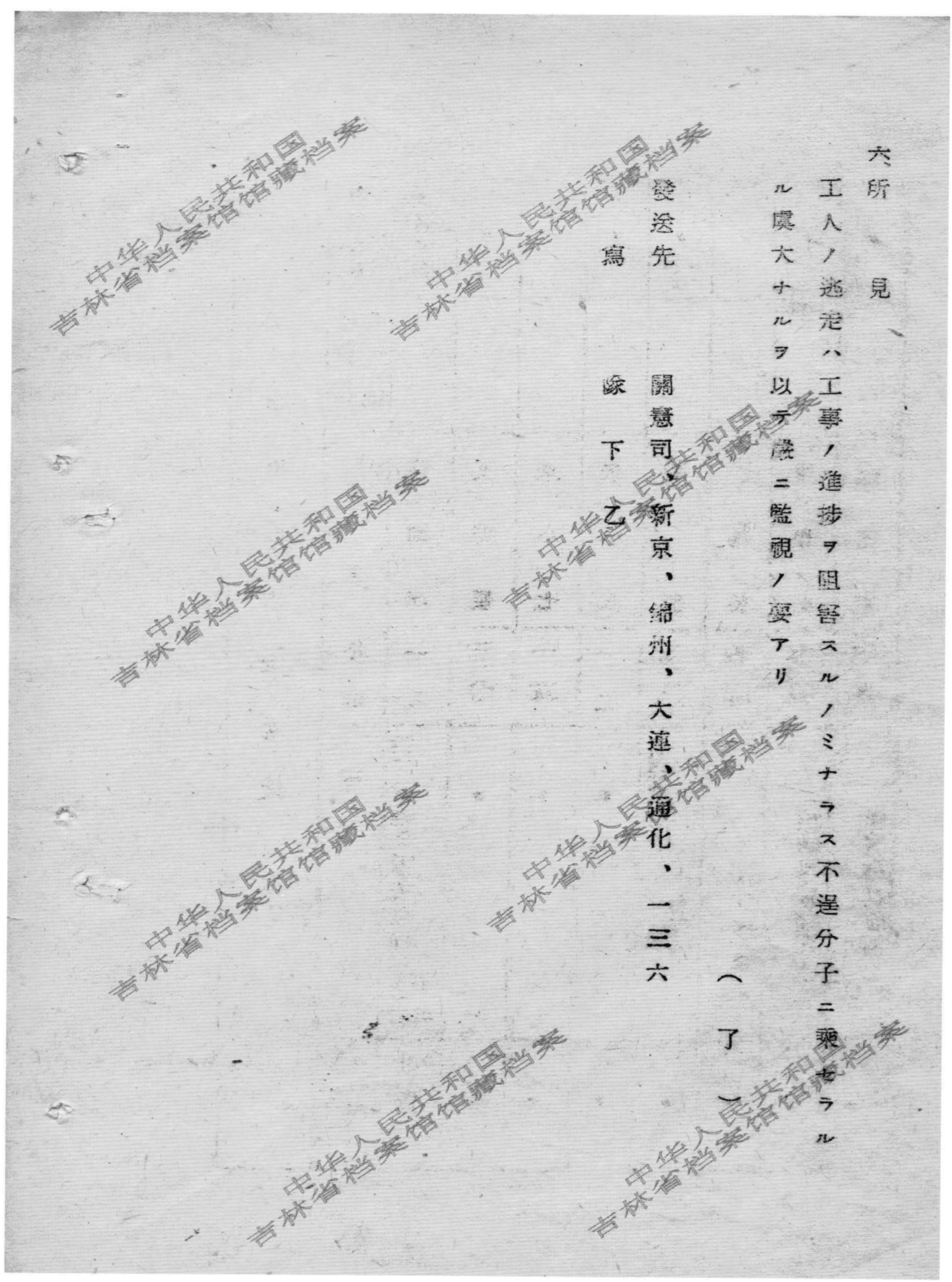

六、所　見

工人ノ逃走ハ工事ノ進捗ヲ阻碍スルノミナラス不逞分子ニ乘セラル
ル虞大ナルヲ以テ嚴ニ監視ノ要アリ

（了）

發送先　關憲司、新京、錦州、大連、通化、一三六

寫　縣下乙

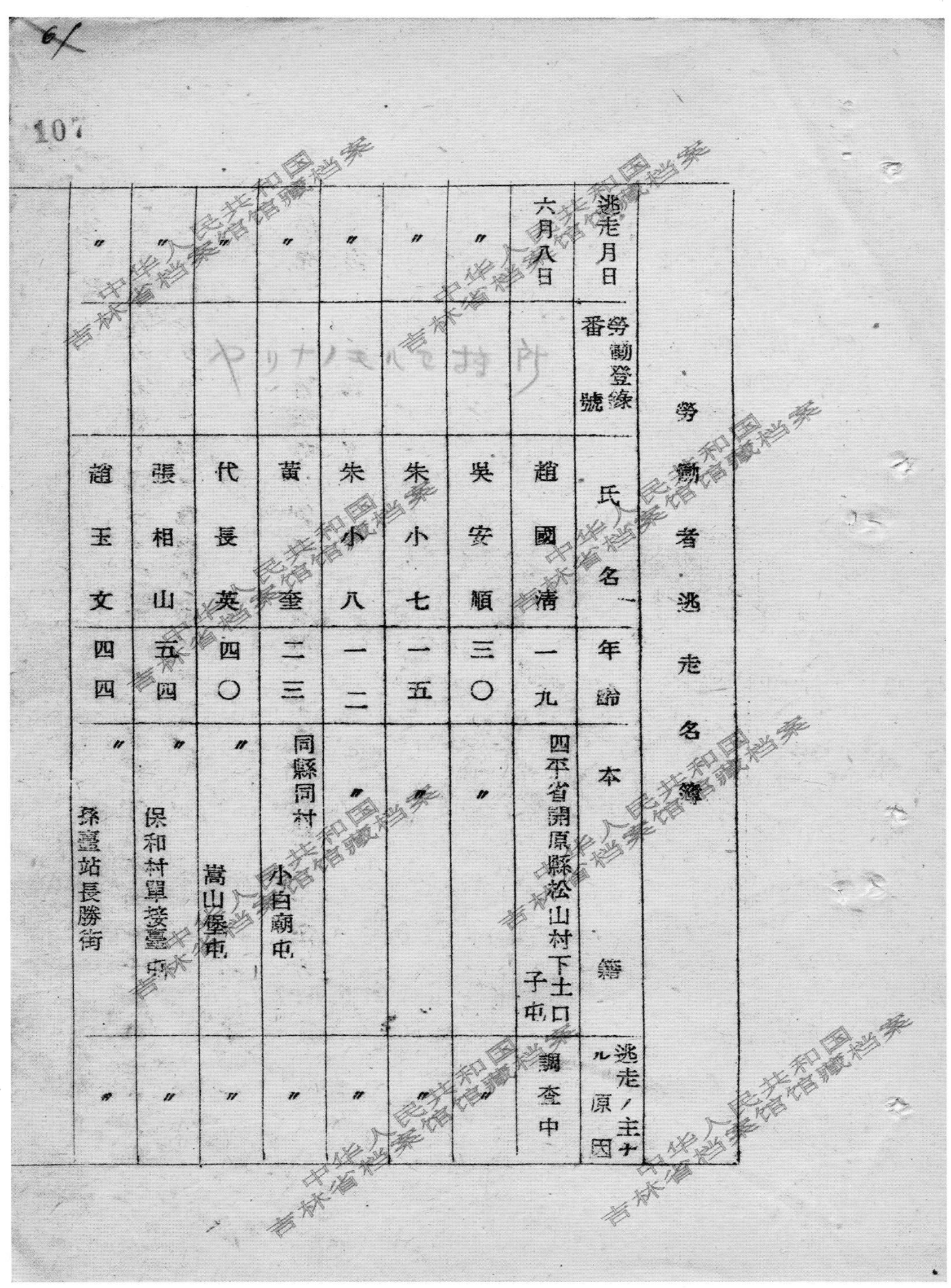

6/

107

勞働者逃走名簿

逃走月日	勞働登錄番號	氏名	年齡	本籍	逃走ノ主ナル原因
六月八日		趙國清	一九	四平省開原縣松山村下土口子屯	調査中
〃		吳安順	三〇	〃	〃
〃		朱小七	一五	〃	〃
〃		朱小八	一二	〃	〃
〃		黃奎	二三	同縣同村小白廟屯	〃
〃		代長英	四〇	〃 嵩山堡屯	〃
〃		張相山	五四	〃 保和村單接臺屯	〃
〃		趙玉文	四四	〃 孫臺站長勝街	〃

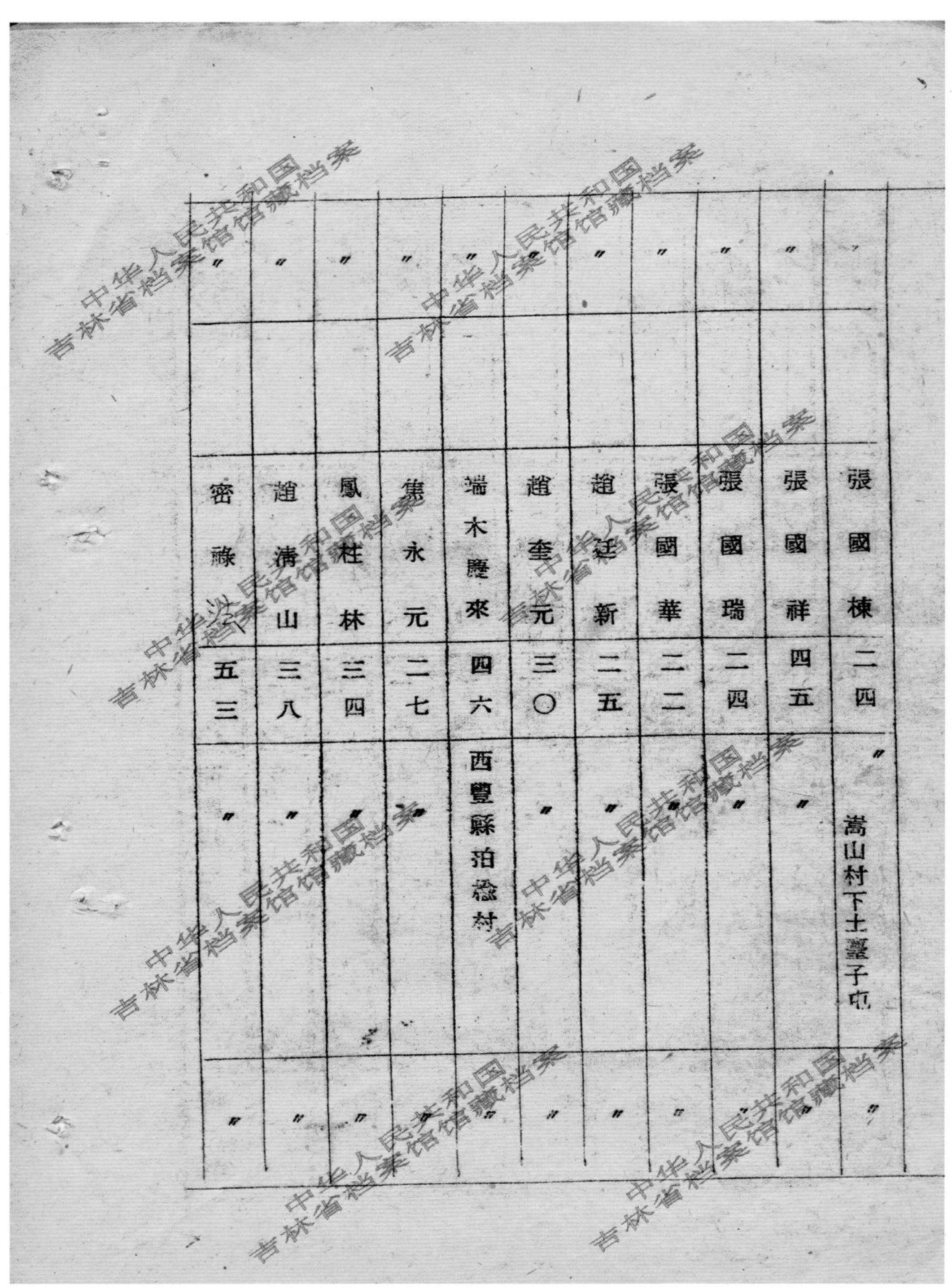

		姓名	年齡	住所	
〃		張國棟	二四	〃 嵩山村下土臺子屯	〃
〃		張國祥	四五	〃	〃
〃		張國瑞	二四	〃	〃
〃		張國華	二二	〃	〃
〃		趙廷新	二五	〃	〃
〃		趙奎元	三〇	〃	〃
〃		端木慶來	四六	西豐縣泊[illegible]村	〃
〃		焦永元	二七	〃	〃
〃		鳳柱林	三四	〃	〃
〃		趙清山	三八	〃	〃
〃		密祿洪	五三	〃	〃

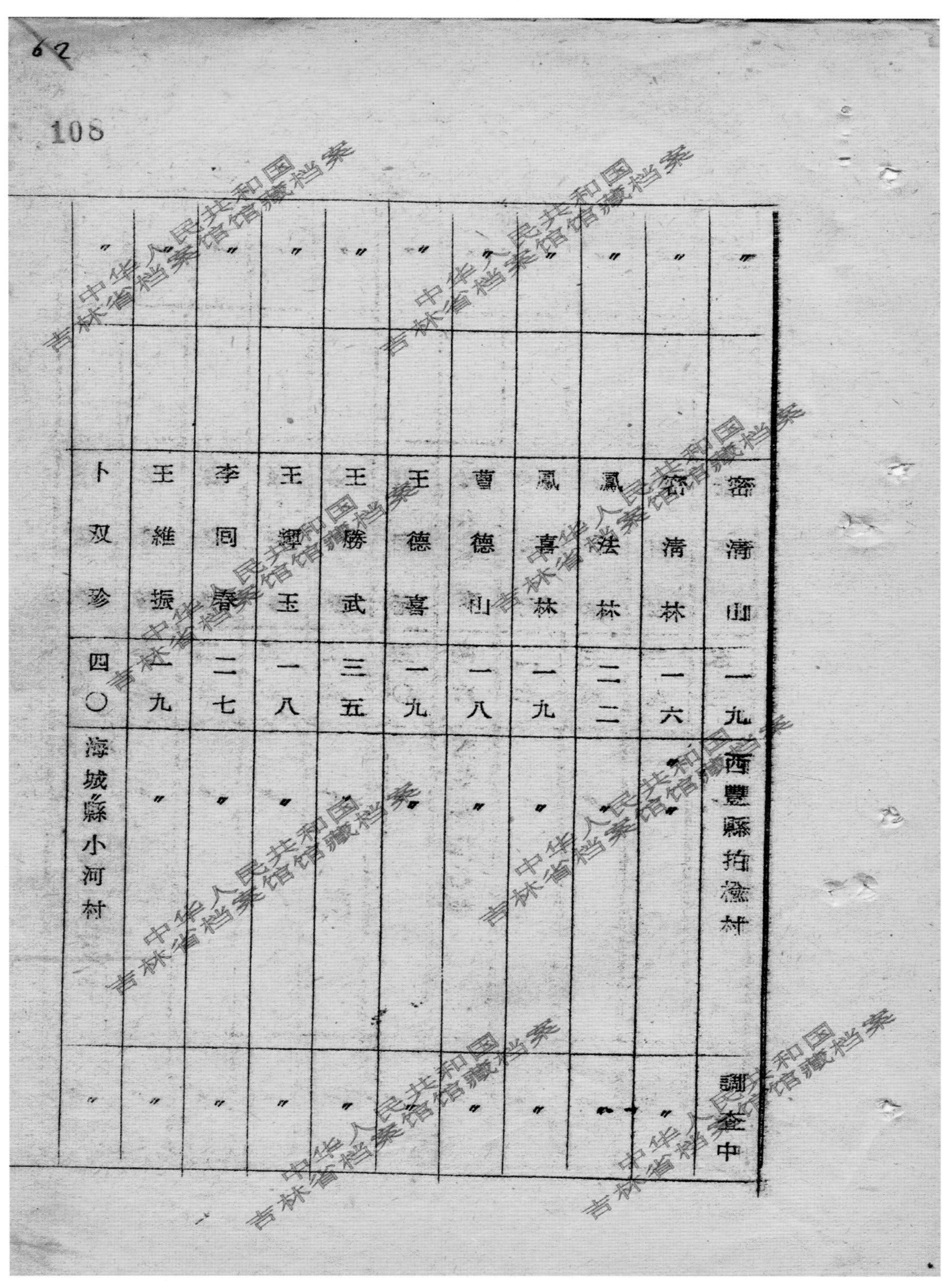

62

108

〃	竇濤山	一九	西豐縣拍撫村	調査中
〃	竇清林	一六	〃	〃
〃	鳳法林	二二	〃	〃
〃	鳳喜林	一九	〃	〃
〃	曹德利	一八	〃	〃
〃	王德喜	一九	〃	〃
〃	王勝武	三五	〃	〃
〃	王輝玉	一八	〃	〃
〃	李同春	二七	〃	〃
〃	王維振	二九	〃	〃
〃	卜双珍	四〇	海城縣小河村	〃

〃		卜占珍	二四	〃	〃
〃		那忠文	三六	西豊縣拍楡村	〃
〃		焦永清	二五	〃	〃
〃		石法	四五	梨樹縣石嶺村	〃
〃		石建	三五	西豊縣拍楡村	〃
〃		劉印法	四七	梨樹縣拍楡村	〃
〃		龐連擧	一八	西豊縣房甲村	〃
〃		龐孝明	三五	〃	〃
〃		隨化英	四七	〃	〃
〃		王惠民	四一	四平省開原縣嵩山村小白廟屯	〃
〃		王銘海	四九	〃 下土口子屯	〃

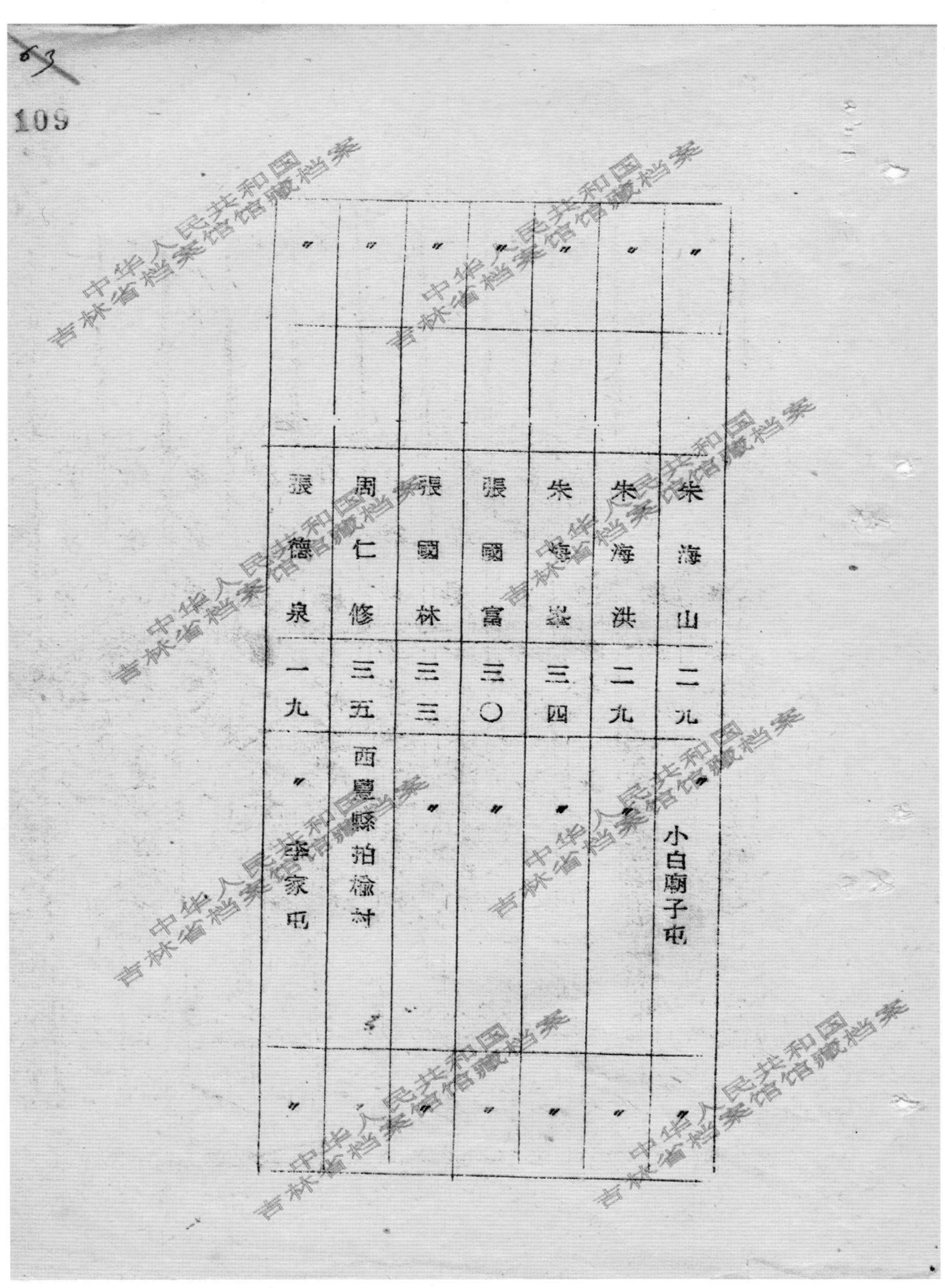

〃		朱海山	二九	〃 小白廟子屯	〃
〃		朱海洪	二九	〃	〃
〃		朱海[illegible]	三四	〃	〃
〃		張國富	三〇	〃	〃
〃		張國林	三三	〃	〃
〃		周仁修	三五	西豐縣柏榆村	〃
〃		張德泉	一九	〃 李家屯	〃

奉憲高第三四六號

롼스산군사시공현장의 인부가 도주한 사건에 관한 보고(통첩)

昭和十八年六月二十一日 펑탠헌병대장

적요

6월 8일, 롼스산군사시설시공현장의 飛島組인부 48명이 대우와 임금에 불만을 품고 단체 도주함.

이미 원인을 조사확인하고 기타 인부의 도주를 방지함. 하지만 현재까지 동요의 조짐이 보이지 않음. 이에 특히 보고함(통첩)

본문

一. 도주 시간과 지점

시간: 6월 8일 2시부터 4시까지

지점: 롼스산군사시설시공현장 飛島組 인부숙사

二. 도주인원

원적: 스핑(四平)성 카이왠(開原)현 숭산(嵩山)촌 쇼바이묘(小白廟)둔

소속단위: 만주飛島組

土工 왕밍하이(49세) 및 기타 도합 48명

(도주인부 명단은 부록을 참조)

三. 도주 전후의 상황

상술 왕밍하이 등 50인은 올해 4월 21일 飛島組가 카이왠현에서 비공개모집하여 시공현장에서 일함. 평소 토공으로 일하면서 飛島組 측의 물자배급과 임금지불에 회의적이던 중, 6월 7일 飛島組가 부분적인 임금을 지불한 이튿날인 6월 8일 2시부터 4시 사이에 경비원이 소홀한 틈을 타서 공지 동쪽 전기철조망을 넘어 도주함.

그 과정에 인부 한 명이 감전사, 이를 목격한 인부 한 명이 겁에 질려 도주를 포기하고 숙소로 돌아옴.

四. 도주한 원인

중도 포기한 인부의 공술을 종합해 볼 때 이번 도주의 원인은 물자배급과 임금지불 등에

불만정서를 품고 있던 중 타지로 전출하려던 의도가 있었기 때문임.

五. 飛島組 및 헌병의 처리조치

1. 飛島組의 처리

飛島組는 소질이 낮은 인원의 모집을 중지하고 동요를 방지하고자 나머지 인부에 대한 선전과 선무를 실시함. 동시에 야간경계를 강화하여 도주현상을 두절하고자 노력.

2. 헌병의 처리

헌병을 파견하여 나머지 인부들의 동요와 도주를 방지, 동시에 飛島組에 명하여 이하 행동을 취함.

(一) 조속히 인부숙소 주변에 가시철조망을 두른 울타리를 설치할 것.

(二) 울타리 주변에 조명등과 경고판을 설치할 것.

(三) 울타리 내에 경비소를 설치하여 경비를 강화, 엄밀한 경비태세를 갖출 것.

(四) 일본인의 감독하에 경비인원의 근무상황을 감독할 것.

六. 소견

인부의 도주는 시공진척을 늦추며 범법자들에게 기회를 제공할 수 있음. 우리 측이 엄밀히 감시할 필요가 있음.

발송부서: 관헌사, 신징, 진저우, 다랜, 통화, 一三六

발송: 대하을

부록

도주인부명단					
도주일시	노동등기번호	성명	연령	호적	도주 주요원인
6월 8일		조우궈칭	19	스핑성카이왠현숭산촌下土口子둔	조사 중
6월 8일		우안순	30	스핑성카이왠현숭산촌下土口子둔	조사 중
6월 8일		주쇼치	15	스핑성카이왠현숭산촌下土口子둔	조사 중
6월 8일		주쇼바	12	스핑성카이왠현숭산촌下土口子둔	조사 중
6월 8일		황궈이	23	동현동촌 쇼바이묘둔	조사 중
6월 8일		다이창잉	40	동현동촌 숭산보(嵩山堡)둔	조사 중
6월 8일		장샹산	54	동현동촌 보우허(保和)촌단제타이(單接臺)둔	조사 중
6월 8일		조우위원	44	동현동촌 순타이(孫臺)참 창성(長勝)가	조사 중
6월 8일		장궈둥	24	동현동촌 숭산촌 下土口子둔	조사 중
6월 8일		장궈샹	45	동현동촌 숭산촌 下土口子둔	조사 중
6월 8일		장궈뤄이	24	동현동촌 숭산촌 下土口子둔	조사 중
6월 8일		장궈화	22	동현동촌 숭산촌 下土口子둔	조사 중
6월 8일		조팅신	25	동현동촌 숭산촌 下土口子둔	조사 중
6월 8일		조궈이왠	30	동현동촌 숭산촌 下土口子둔	조사 중
6월 8일		똰무칭라이	46	시펑(西豊)현 파이위(拍榆)촌	조사 중
6월 8일		죠융왠	27	시펑(西豊)현 파이위(拍榆)촌	조사 중
6월 8일		펑주린	34	시펑(西豊)현 파이위(拍榆)촌	조사 중
6월 8일		조칭산	38	시펑(西豊)현 파이위(拍榆)촌	조사 중
6월 8일		미루파	53	시펑(西豊)현 파이위(拍榆)촌	조사 중
6월 8일		미칭산	19	시펑(西豊)현 파이위(拍榆)촌	조사 중
6월 8일		미칭린	16	시펑(西豊)현 파이위(拍榆)촌	조사 중
6월 8일		펑파린	22	시펑(西豊)현 파이위(拍榆)촌	조사 중
6월 8일		펑시린	19	시펑(西豊)현 파이위(拍榆)촌	조사 중
6월 8일		초우더산	18	시펑(西豊)현 파이위(拍榆)촌	조사 중
6월 8일		왕더시	19	시펑(西豊)현 파이위(拍榆)촌	조사 중
6월 8일		왕성우	35	시펑(西豊)현 파이위(拍榆)촌	조사 중
6월 8일		왕훠이위	18	시펑(西豊)현 파이위(拍榆)촌	조사 중
6월 8일		리훠이춘	27	시펑(西豊)현 파이위(拍榆)촌	조사 중
6월 8일		왕위이전	19	시펑(西豊)현 파이위(拍榆)촌	조사 중
6월 8일		푸쐉전	40	하이청(海城)현 쇼허(小河)촌	조사 중

도주인부명단					
도주일시	노동등기번호	성명	연령	호적	도주 주요원인
6월 8일		푸잔전	24	하이청(海城)현 쇼허(小河)촌	조사 중
6월 8일		나중원	36	시펑(西豊)현 파이위(拍楡)촌	조사 중
6월 8일		죠쉬이칭	25	시펑(西豊)현 파이위(拍楡)촌	조사 중
6월 8일		스파	45	리수(梨樹)현 스링(석령)촌	조사 중
6월 8일		스잰	35	시펑(西豊)현 파이위(拍楡)촌	조사 중
6월 8일		류인파	47	리수(梨樹)현 파이위(拍楡)촌	조사 중
6월 8일		룽랜쥐	18	시펑(西豊)현 팡쟈(房甲)촌	조사 중
6월 8일		룽쇼밍	35	시펑(西豊)현 팡쟈(房甲)촌	조사 중
6월 8일		쉬이화잉	47	시펑(西豊)현 팡쟈(房甲)촌	조사 중
6월 8일		왕훠이민	41	스핑성카이왠현숭산촌쇼바이묘둔	조사 중
6월 8일		왕밍하이	49	스핑성카이왠현숭산촌下土口子둔	조사 중
6월 8일		주하이산	29	스핑성카이왠현숭산촌쇼바이묘둔	조사 중
6월 8일		주하이홍	29	스핑성카이왠현숭산촌쇼바이묘둔	조사 중
6월 8일		주하이펑	34	스핑성카이왠현숭산촌쇼바이묘둔	조사 중
6월 8일		장궈푸	30	스핑성카이왠현숭산촌쇼바이묘둔	조사 중
6월 8일		장궈린	33	스핑성카이왠현숭산촌쇼바이묘둔	조사 중
6월 8일		저우런슈	35	시펑(西豊)현 파이위(拍楡)촌	조사 중
6월 8일		장더첸	19	시펑현 파이위촌 리쟈(李家)둔	조사 중

41

서류해독

둥닝헌병대『특수인부상황보고』

이 서류는 昭和十八年(1943년)七月五日, 둥닝헌병대가 작성한 관할 내 특수인부의 인적 상황, 관리상황, 사상동향 등에 관한 보고이다. 서류에 따르면 昭和十八年三月二十六日과 五月七日, 둥닝헌병대는 일본침략군 화북파견군이 인도한 특수인부 1935명을 2차에 나누어 받아들였다. 둥닝헌병대는 다시 인부들을 일본침략군 제1271부대, 제160부대, 제844부대, 제3611부대에 배속시켜 국방도로건설 등 군사시공현장에 투입하였다. 이 특수인부의 60%이상이 산둥성 부근의 장제스 직계부대였고 그 밖에 팔로군과 기타 잡군들이 있었다. 영양실조로 몸이 극히 허약하였고 각종 시설이 미비한 탓으로 昭和十八年 三月부터 七月 사이 163명이 병사하였는데 사망률이 8%에 달하였다. 그 밖에 연인수로 53명이 도주하는 8차의 도주사건이 발생하였다. 식량배급이 부족하고 작업이 끝나면 살해당할 가능성이 있음은 인부들이 도주한 주요한 원인이었다.

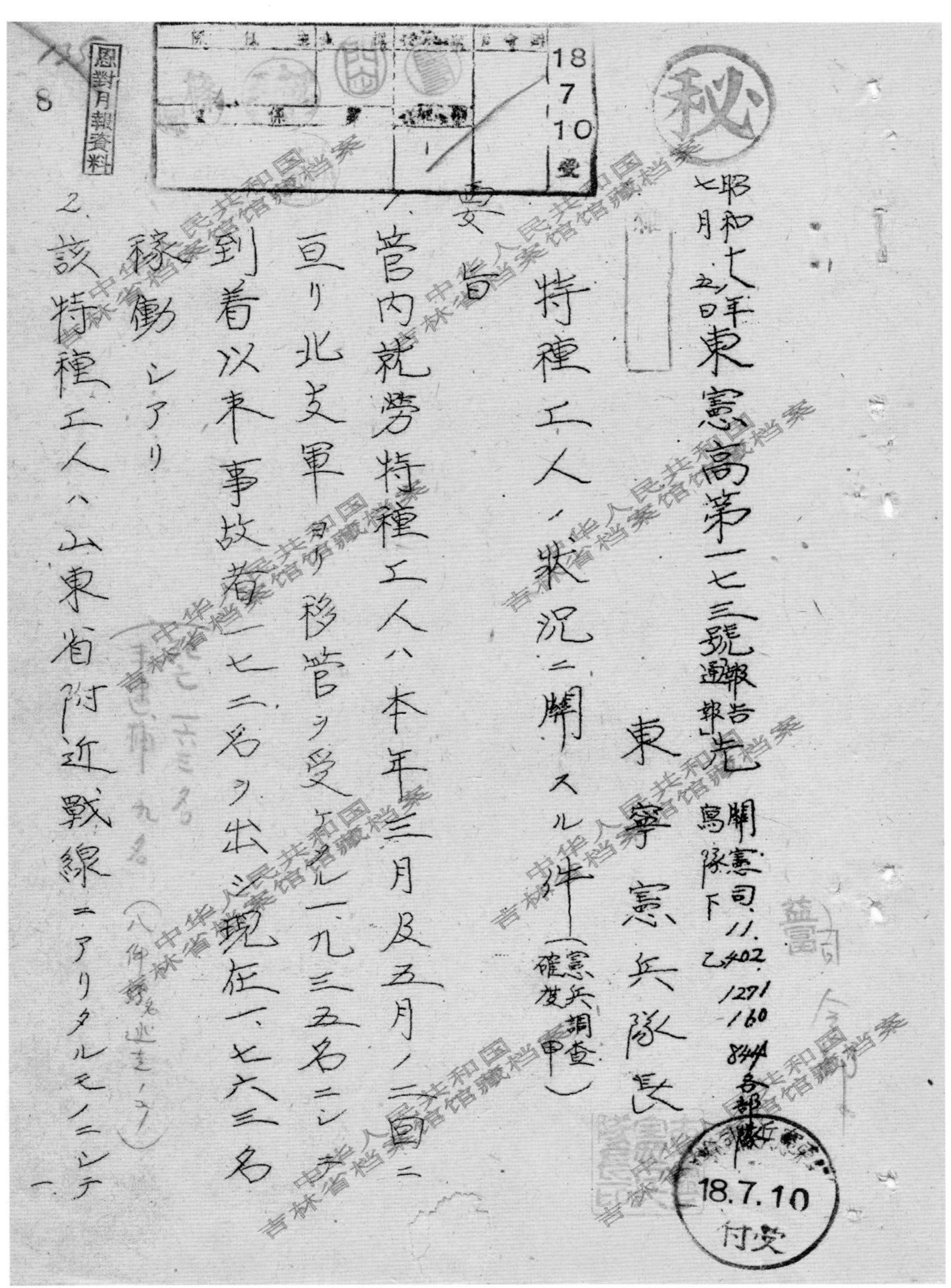

8

恩對月報資料

18
7
10
受

秘

昭和十八年七月五日 東憲高第一七三號 報告（通牒）先 關憲司、11.402、1271、160、844、各部隊

東寧憲兵隊長

特種工人ノ狀況ニ關スル件（憲兵調査確度甲）

要旨

一、管内就勞特種工人ハ本年三月及五月ノ二回ニ亘リ北支軍ヨリ移管ヲ受ケタル一、九三五名ニシテ到着以來事故者一七二名ヲ出シ現在一、七六三名稼動シアリ

逃走一六三名 死亡九名

2. 該特種工人ハ山東省附近戰線ニアリタルモノニシテ

18.7.10
受付

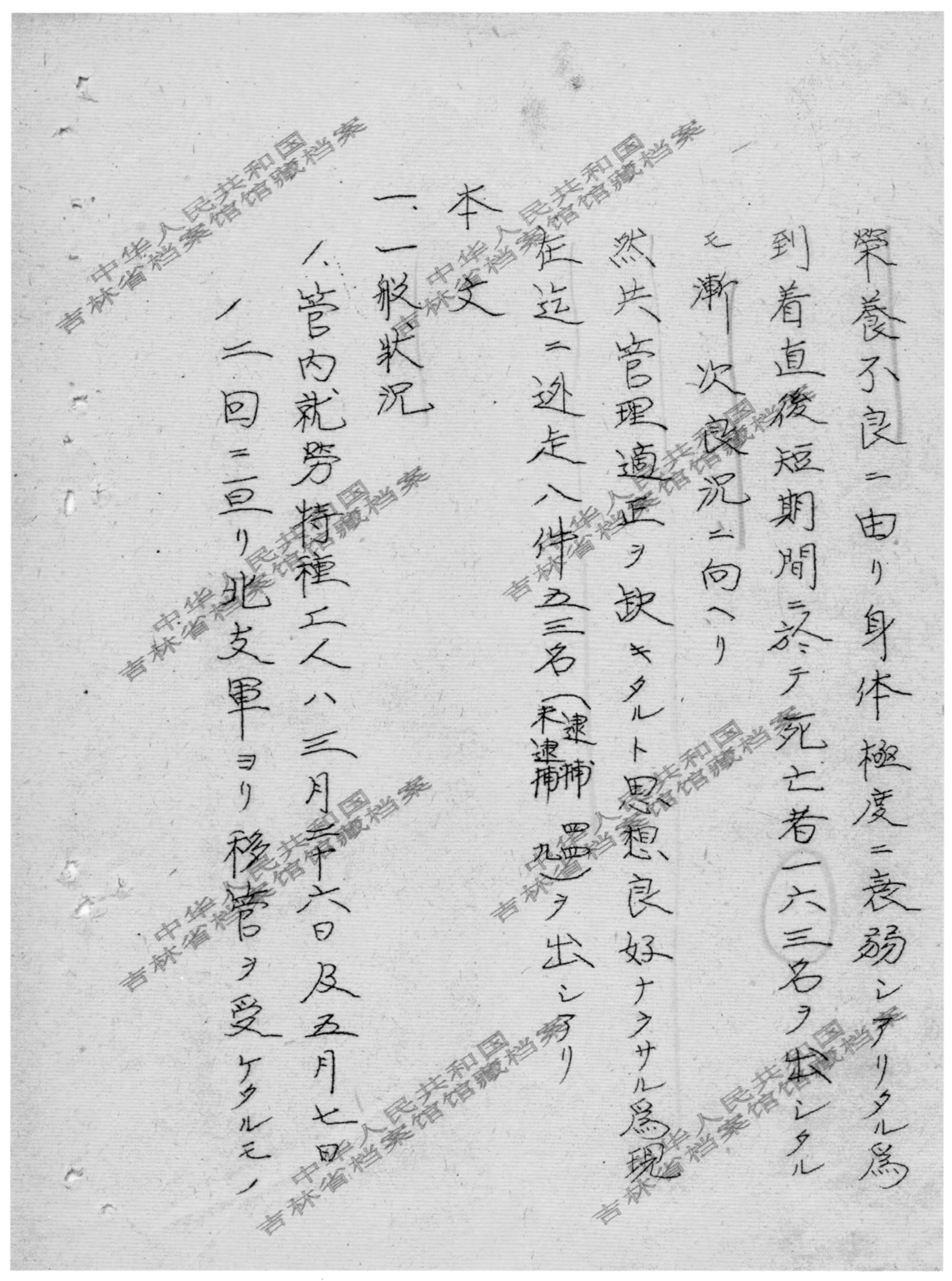

栄養不良ニ由リ身体極度ニ衰弱シアリタル為
到着直後短期間ニ於テ死亡者一六三名ヲ出シタル
モ漸次良況ニ向ヘリ
然共ハ管理適正ヲ欠キタルト思想良好ナラサル為現
在迄ニ逃走ハ件五三名（逮捕四四 未逮捕九）ヲ出シアリ

本文

一、一般状況
ハ管内就労特種工人ハ三月二十六日及五月七日
ノ二回ニ亘リ北支軍ヨリ移管ヲ受ケタルモノ

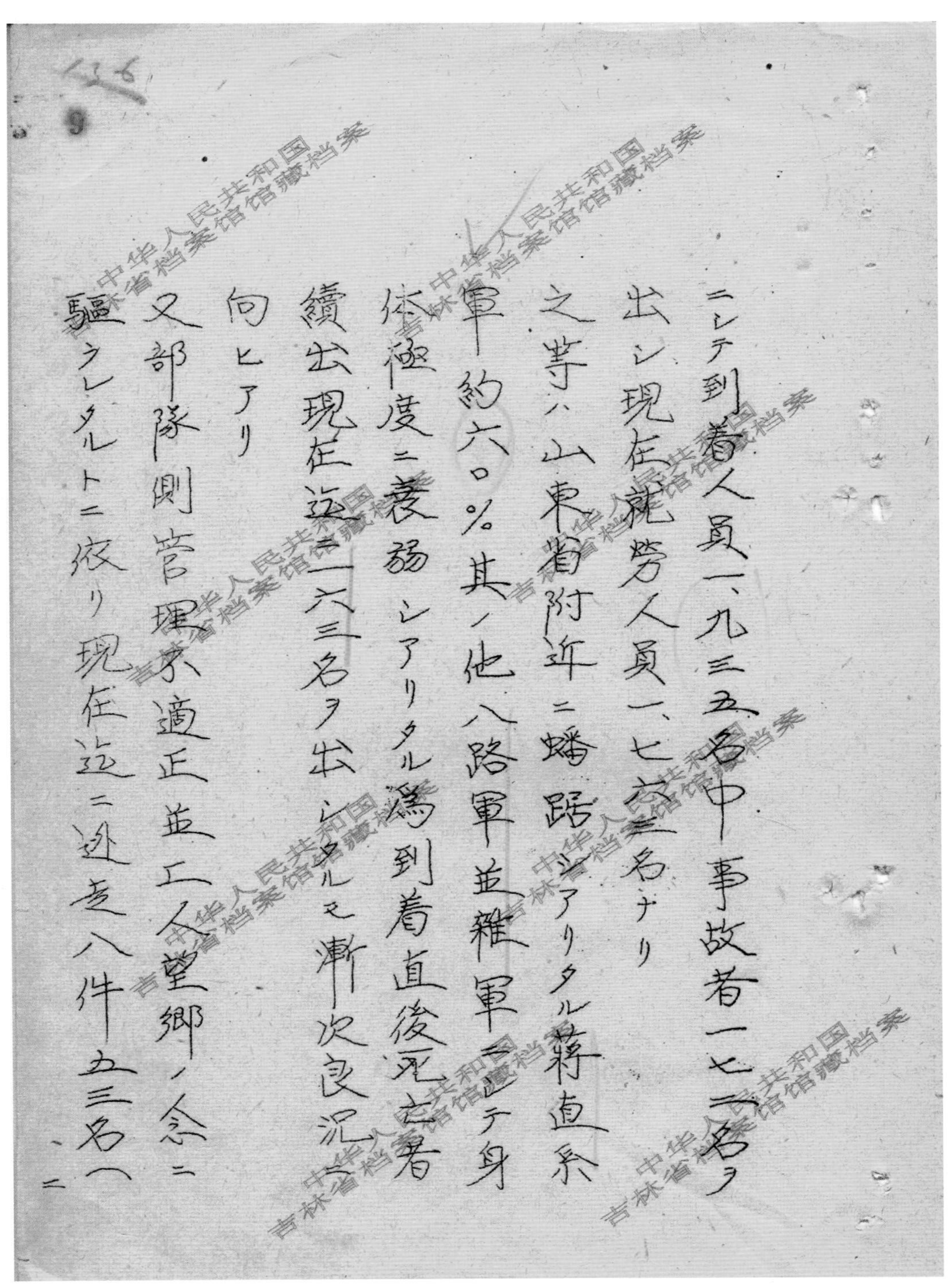

ニシテ到着人員一、九三五名中事故者一七二名ヲ
出シ現在就労人員一、七六三名ナリ
之等ハ山東省附近ニ蟠踞シアリタル蔣直系
軍約六〇%其ノ他八路軍並雑軍ニシテ身
体極度ニ衰弱シアリタル為到着直後死亡者
續出シ現在迄ニ一六三名ヲ出シタルモ漸次良況ニ
向ヒアリ
又部隊側管理不適正並工人望郷ノ念ニ
驅ラレタルトニ依リ現在迄ニ逃亡八件五三名(一
二

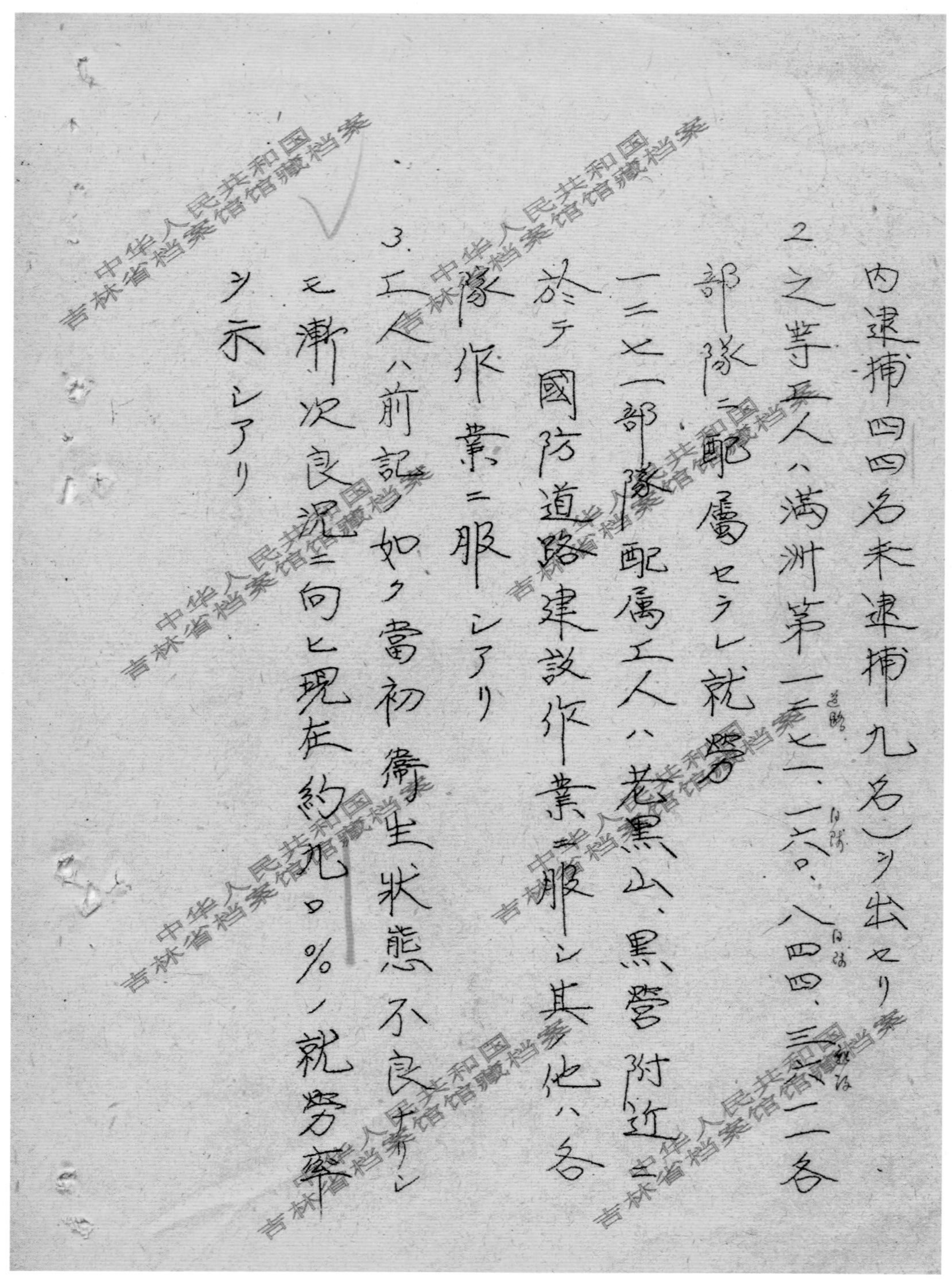

内逮捕四四名未逮捕九名）ヲ出セリ

2 之等工人ハ満洲第一三七一、一六〇、八四四、三〇二一各
部隊ニ配屬セラレ就勞
一三七一部隊ニ配屬工人ハ老黒山、黒營附近ニ
於テ國防道路建設作業ニ服シ其他ハ各
部隊作業ニ服シアリ

3. 工人ハ前記ノ如ク當初衛生狀態不良ナリシ
モ漸次良況ニ向ヒ現在約九〇%ノ就勞率
ヲ示シアリ

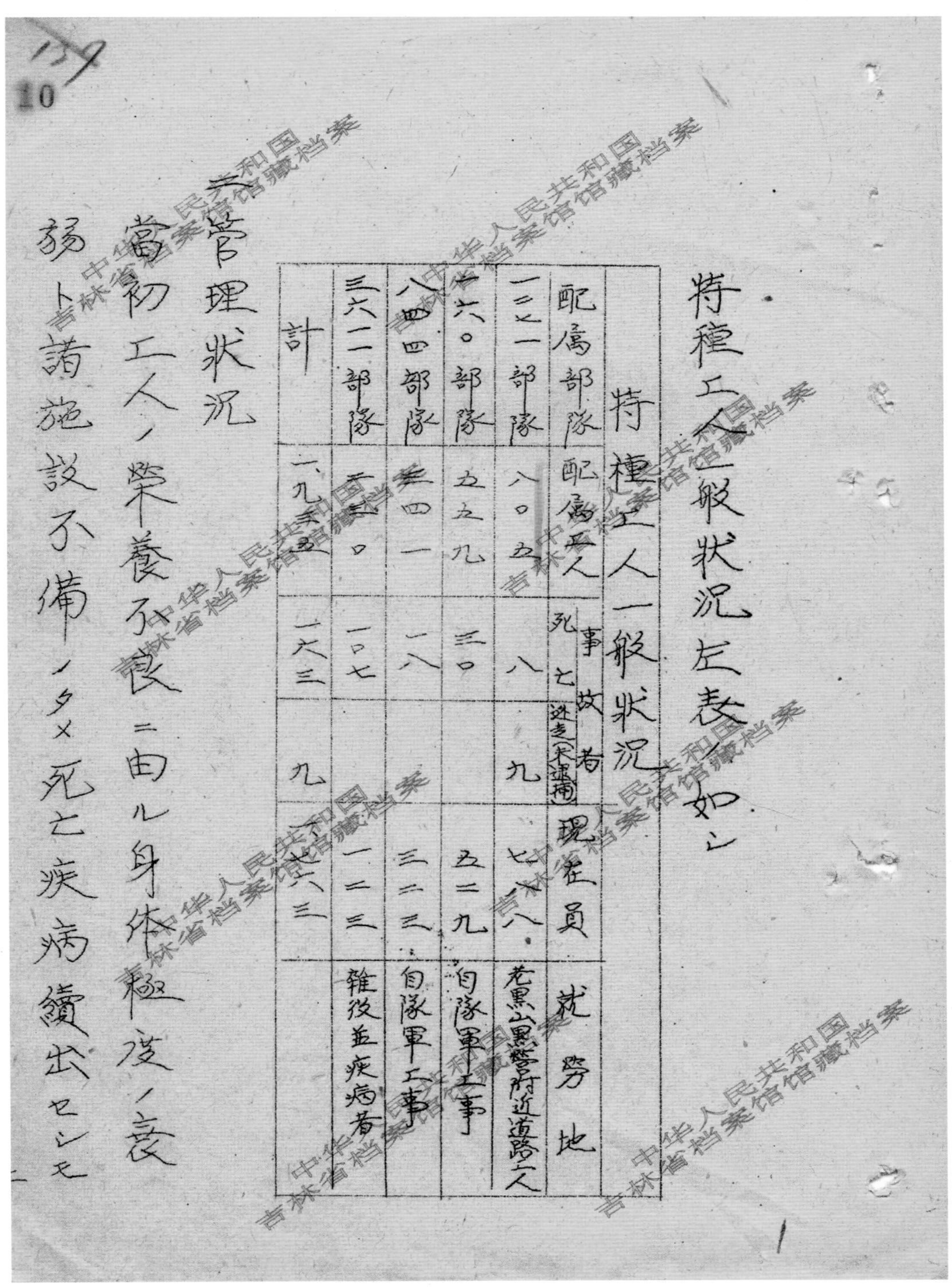

10

特種工人一般状況左表ノ如シ

配属部隊	特種工人 配属工人	事故者 死亡	事故者 逃走(未逮捕)	現在員	就労地
一三七一部隊	八〇五	八	九	七八八	老黒山黒營附近道路工事
一六〇部隊	五五九	三〇		五二九	自隊軍工事
八四四部隊	三四一	一八		三二三	自隊軍工事
三六二一部隊	二三〇	一〇七		一二三	雑役並疾病者
計	一、九三五	一六三	九	一、七六三	

二、管理状況

當初工人ノ榮養不良ニ由ル身体極度ノ衰弱ト諸施設不備ノタメ死亡疾病續出セシモ

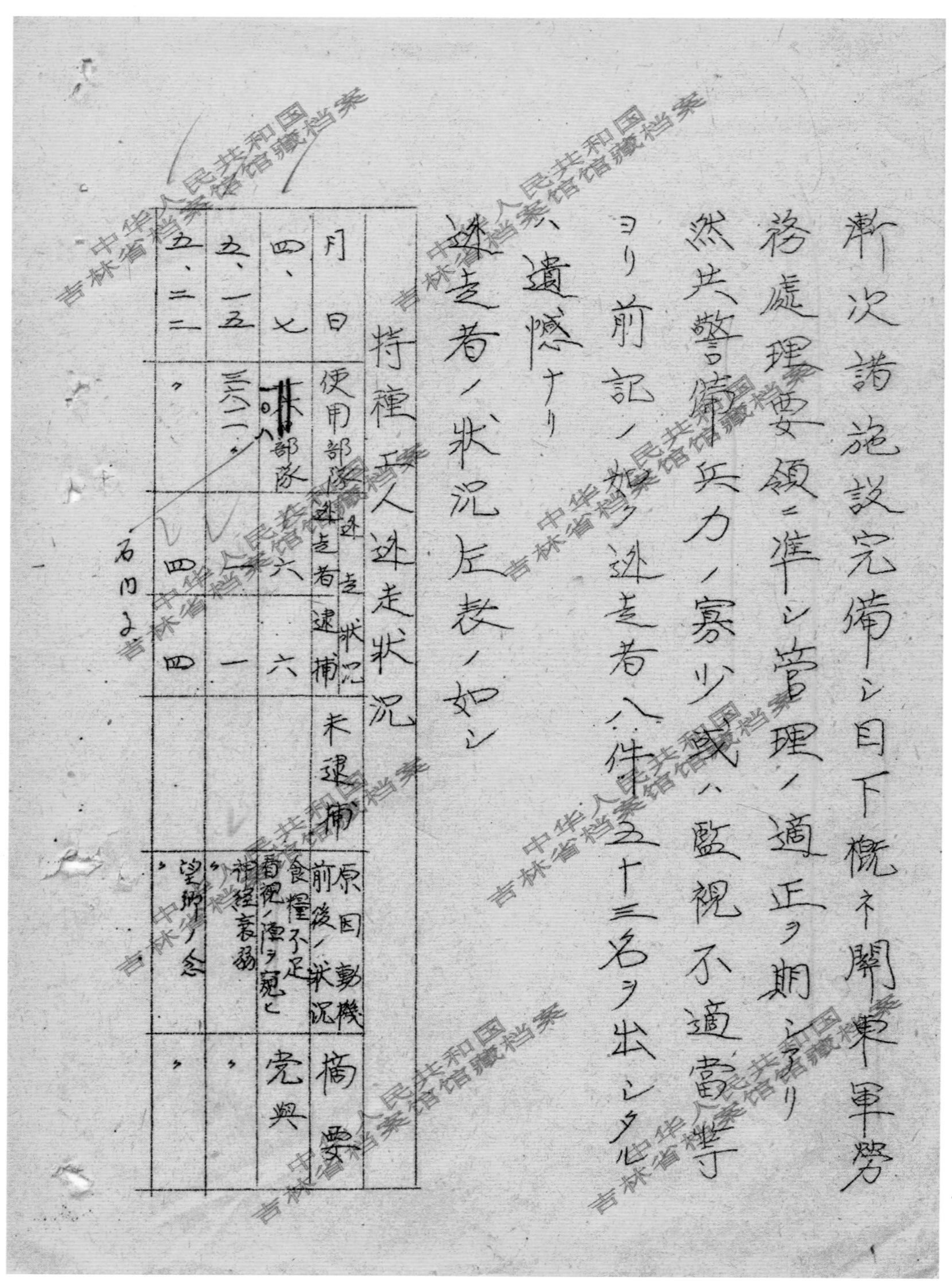

漸次諸施設完備シ目下概ネ關東軍勞務處理要領ニ準シ管理ノ適正ヲ期シアリ
然共警備兵力ノ寡少ハ監視不適當等ヨリ前記ノ如ク逃走者八件五十三名ヲ出シタルハ遺憾ナリ
逃走者ノ状況左表ノ如シ

特種工人逃走状況

月日	使用部隊	逃走状況 逃走者	逮捕	未逮捕	原因動機前後ノ状況	摘要
四、七	~~林~~三〇八部隊	六	六		食糧不足看視ノ隙ヲ窺ヒ	党興
五、一五	三〇八〃	一	一		神経衰弱	〃
五、二二	〃	四	四		望郷ノ念	〃

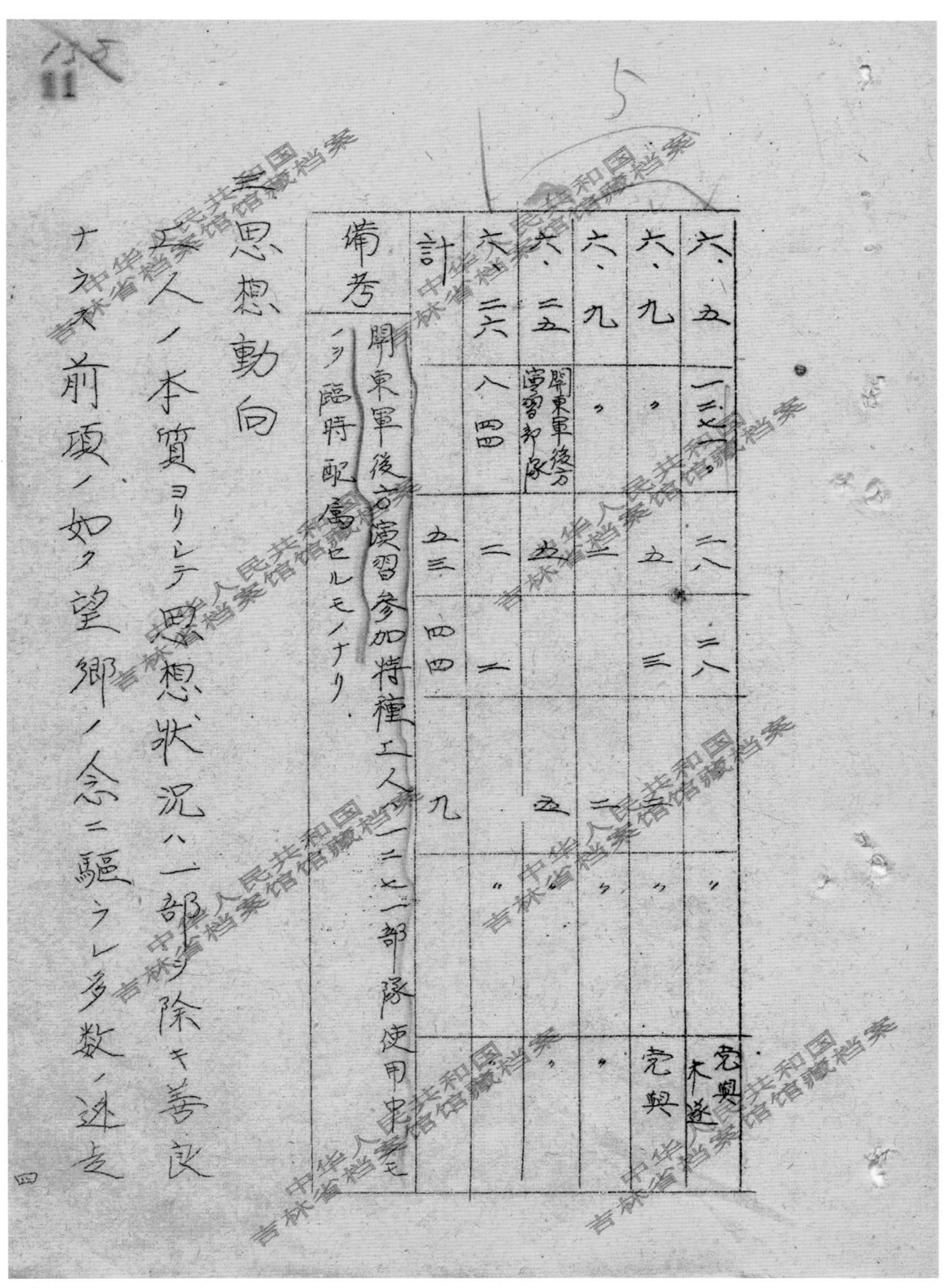

六、五	一二七一	二八	二八		〃	完與 未遂
六、九	〃	五	三	三	〃	完與
六、九	〃	三		二	〃	〃
六、二五	關東軍後方演習部隊	五		五	〃	〃
六、二六	八四	二	一		〃	〃
計		五三	四四	九		

備考　關東軍後方演習参加特種工人ハ一二七一部隊使用中ノモノヨリ臨時配屬セルモノナリ。

三、思想動向

工人ノ本質ヨリシテ思想状況ハ一部ヲ除キ善良ナルモ前項ノ如ク望郷ノ念ニ驅ラレ多数ノ逃走

四

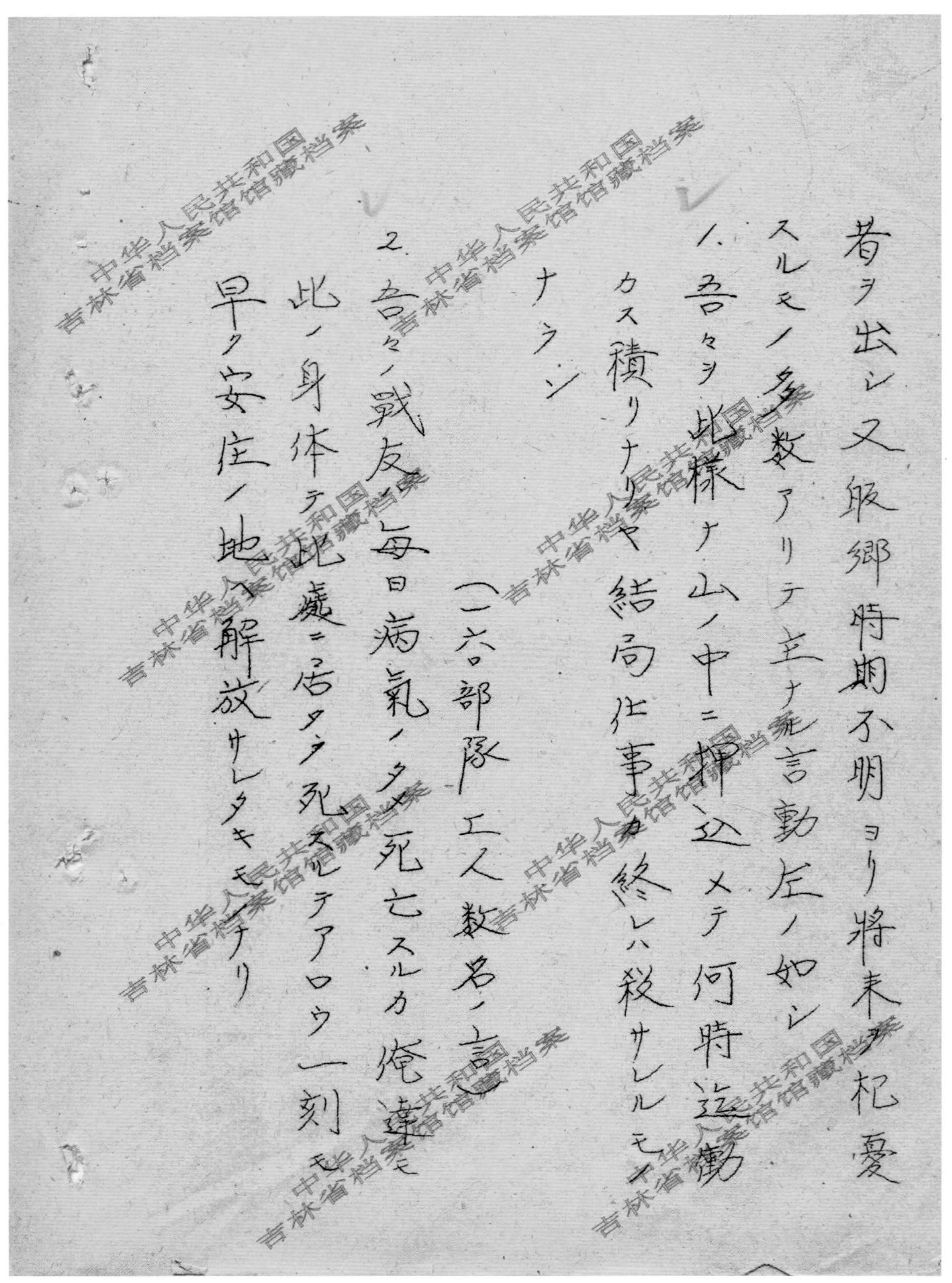
者ヲ出シ又皈郷時期不明ヨリ将来ヲ杞憂
スルモノ多数アリテ主ナル言動左ノ如シ
1. 吾々ヲ此様ナ山ノ中ニ押込メテ何時迄働
カス積リナリヤ 結局仕事ガ終レハ殺サレルモノ
ナラン
(一六部隊工人数名ノ言)
2. 吾々ノ戦友ガ毎日病氣ノ為メ死亡スルカ俺達モ
此ノ身体デ此處ニ居タラ死ヌテアロウ一刻モ
早ク安住ノ地ヘ解放サレタキモノナリ

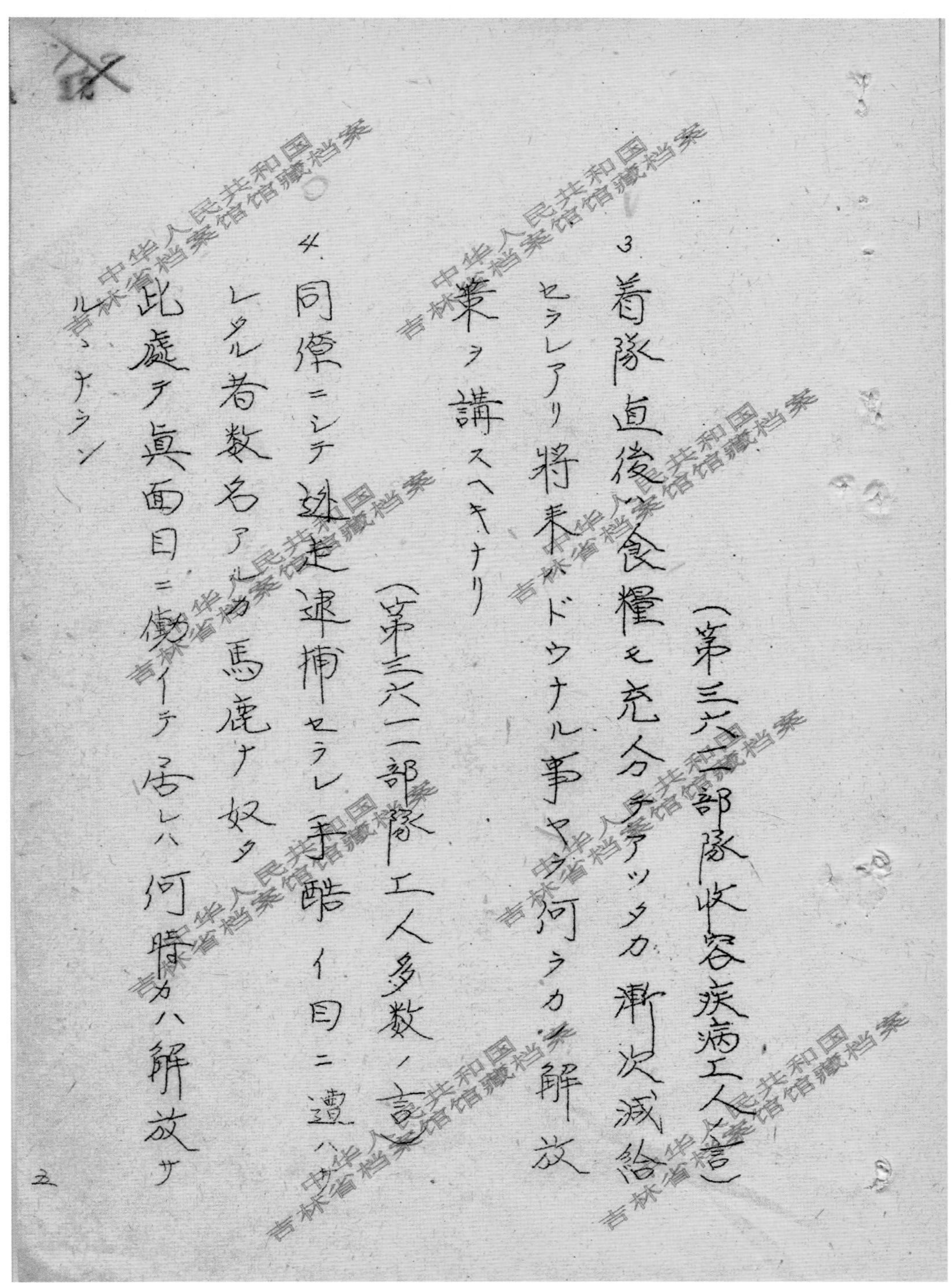
（第三六一一部隊収容疾病工人ノ言）
3．着隊直後ハ食糧モ充分デアッタカ漸次減給セラレアリ将来ドウナル事ヤラ何ラカ解放策ヲ講スヘキナリ
（第三六一一部隊工人多数ノ言）
4．同僚ニシテ逃走逮捕セラレ手酷イ目ニ遭ハサレタル者数名アルカ馬鹿ナ奴タ此處テ真面目ニ働イテ居レハ何時カハ解放サルヽナラン
五

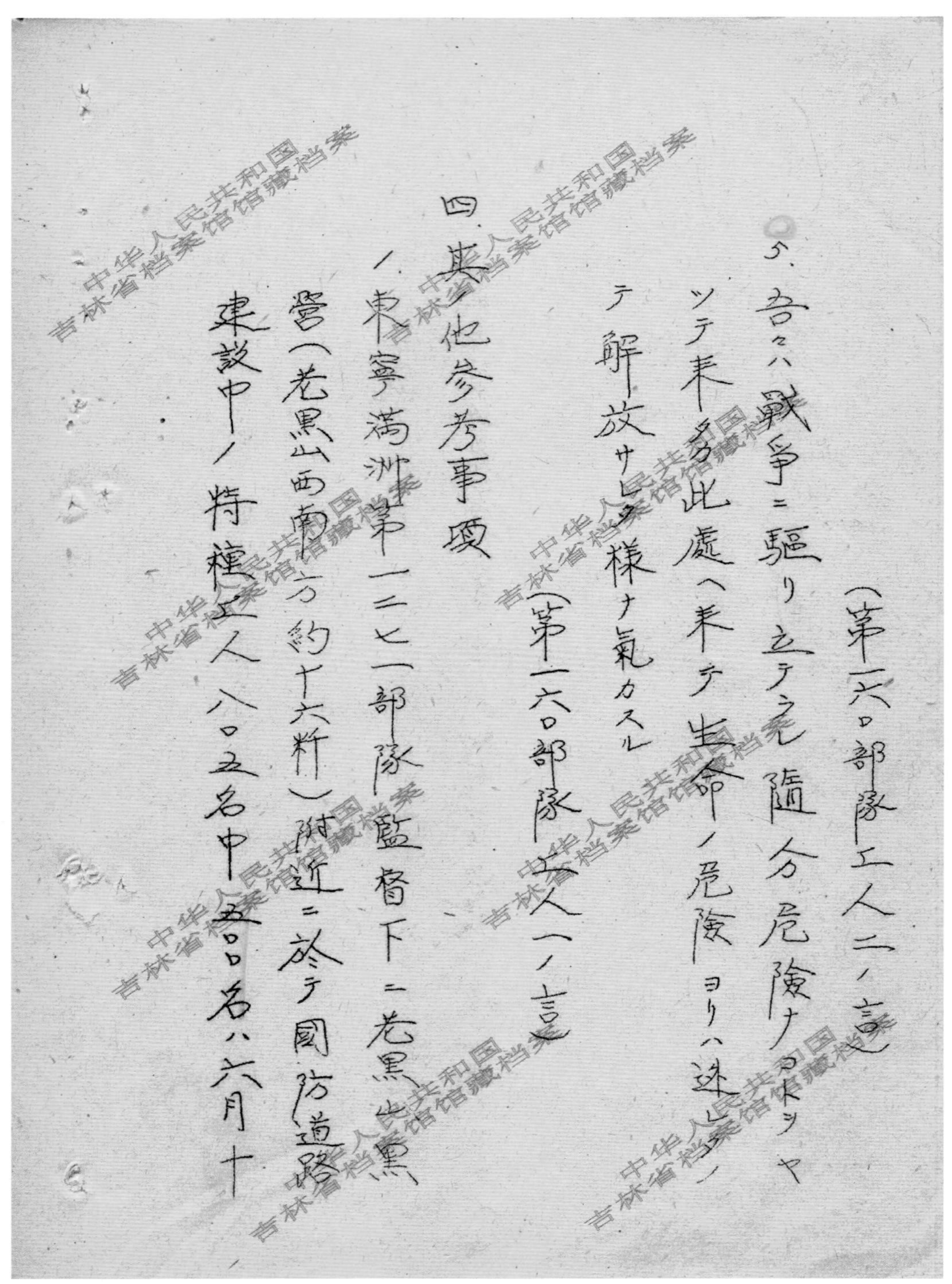

（第一六〇部隊工人二ノ言）

5. 吾々ハ戦争ニ驅リ立テラレ随分危険ナ事ヲヤツテ来タ此處ヘ来テ生命ノ危険ヨリハ逃レタノテ解放サレタ様ナ氣カスル（第一六〇部隊工人一ノ言）

四、其ノ他参考事項

1. 東寧満洲第一三七一部隊監督下ニ老黒山黒營（老黒山西南方約十六粁）附近ニ於テ國防道路建設中ノ特種工人八〇五名中五〇名ハ六月十

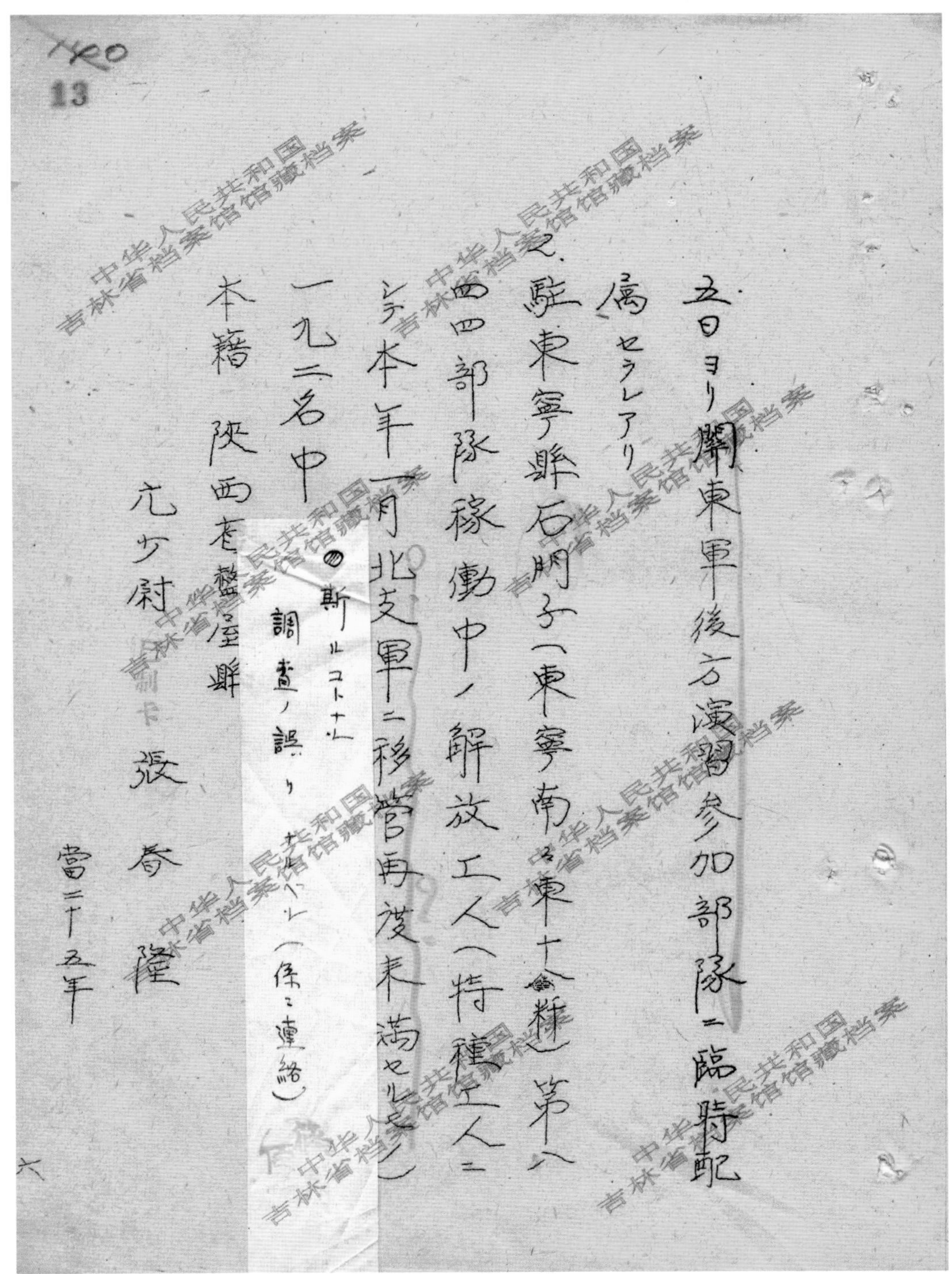

1420
13

五日ヨリ關東軍後方演習參加部隊ニ臨時配
屬セラレアリ
之駐東寧縣石門子（東寧南々東十[illegible]粁）第八
四四部隊稼働中ノ解放工人（特殊工人ニ
シテ本年一月北支軍ニ移管再度來滿セルモノ）
一九二名中〇斷ルコトナル
調書ノ誤リ [illegible]ベル（係ニ連絡）
本籍　陝西省盩厔縣
元少尉　張　春　隆
當二十五年

六

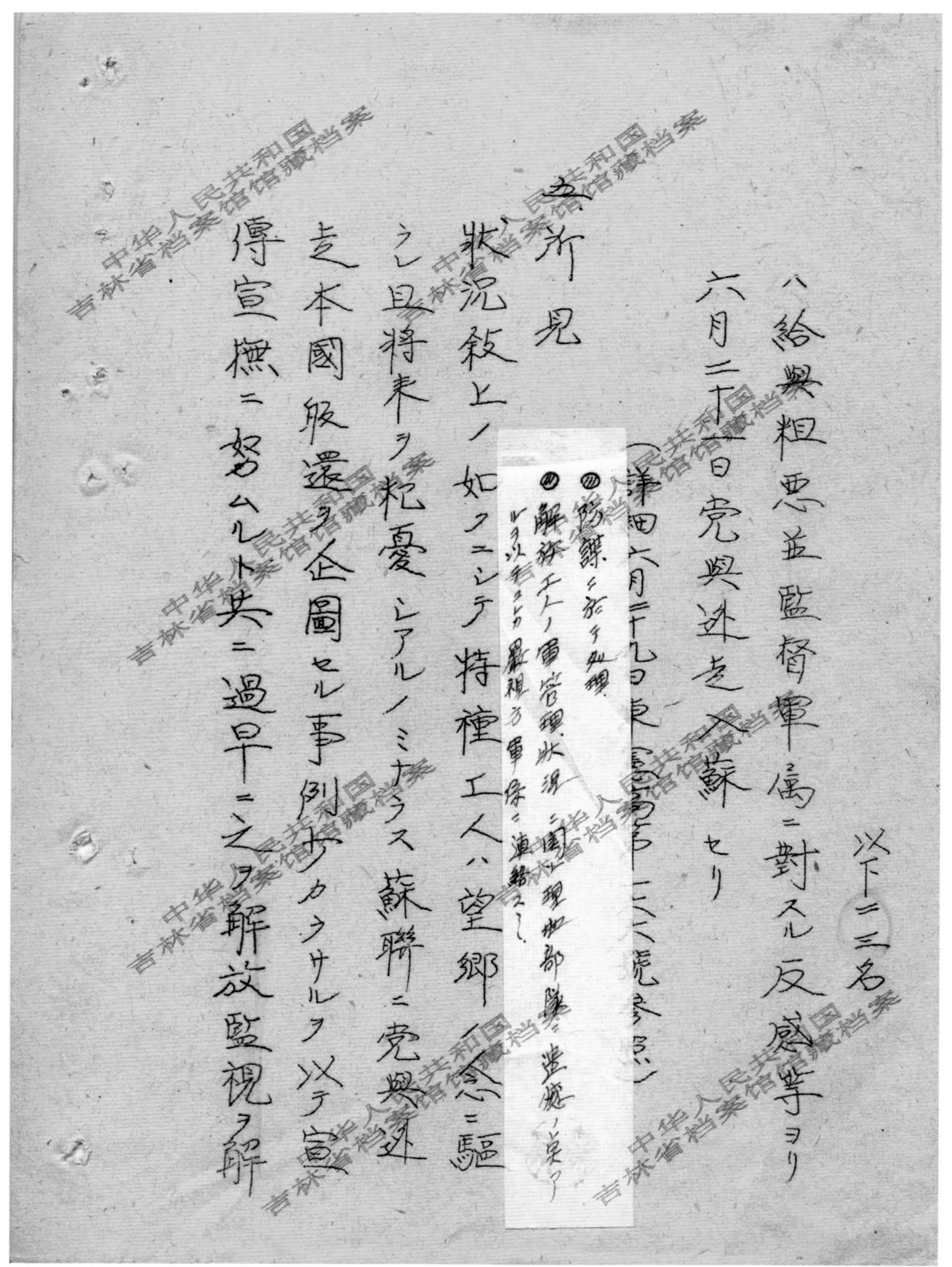
ハ給與粗悪並監督軍屬ニ對スル反感等ヨリ
以下二三名
六月二十五日党與逃走亡蘇セリ
（津田六月二十九日東憲高第一二八號參照）
◎防諜ニ於テ処理
◎解放工人ノ軍管理状況ニ関シ管理地部隊ニ遺憾ノ点アルヲ以テ右ニ関シ嚴視方軍係ニ連絡ス
五、所見
状況叙上ノ如クニシテ特種工人ハ望郷ノ念ニ驅
ラレ且將來ヲ杞憂シアルノミナラス蘇聯ニ党與逃
走本國服還ヲ企圖セル事例少カラサルヲ以テ宣
傳宣撫ニ努ムルト共ニ過早ニ之ヲ解放監視ヲ解

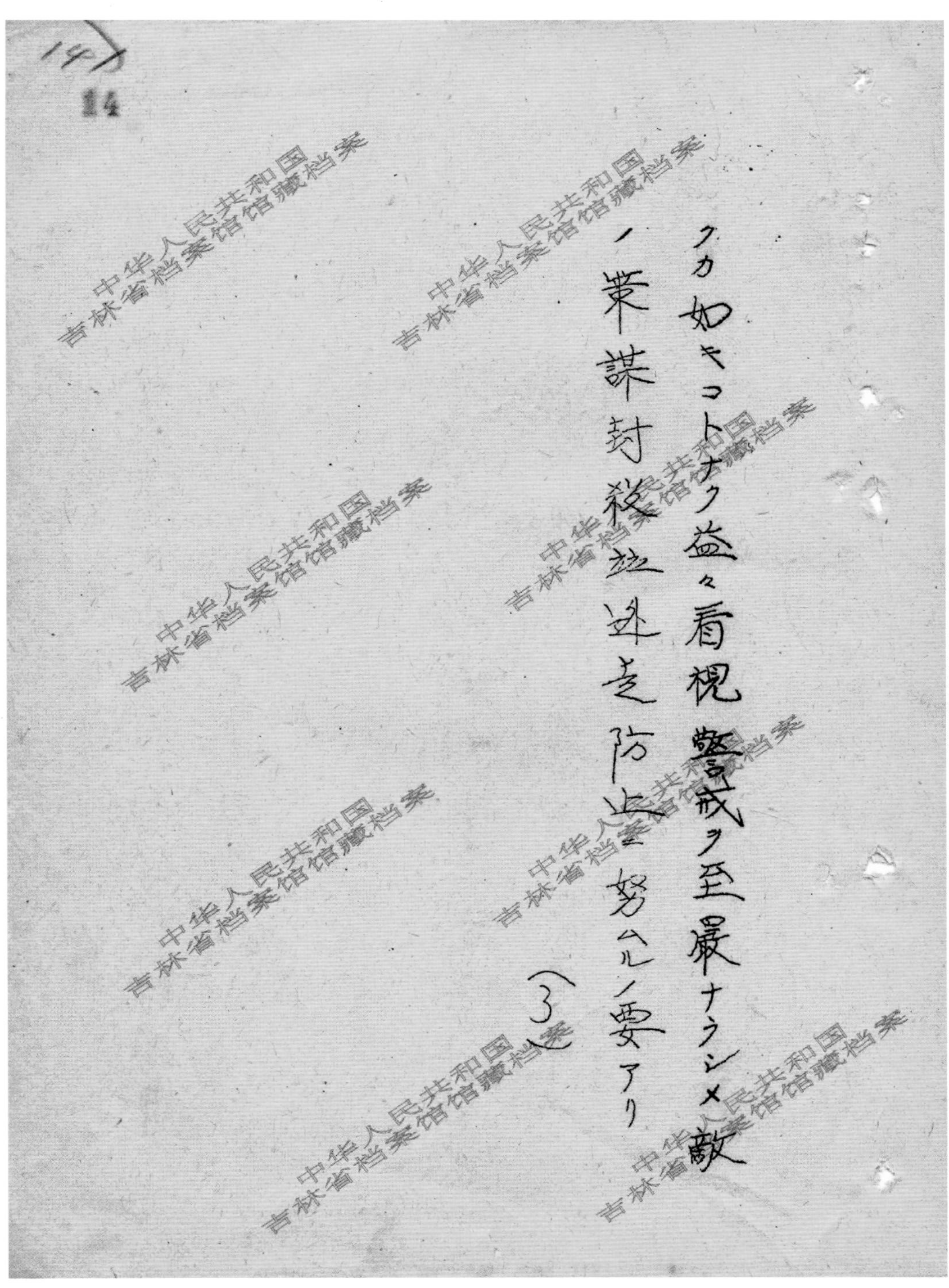

(14)

14

クカ如キコトナク益々看視警戒ヲ至厳ナラシメ敵

ノ策謀封殺並逃走防止ニ努ムルノ要アリ

(3)

東憲高第一七三號

보고(통고) 부서: 관헌사, 11, 402, 1271, 160, 844 각 부대

발송: 대하을

특수인부상황보고 (헌병조사 확도: 갑)

적요

1. 관할구역 내 취로한 특수인부는 올해 3월과 5월, 두 번에 나누어 화북군에서 인도한 1935명임. 인도 후 172명이 의외 발생. 현재 1763명이 노동 중.

2. 이 특수인부들은 산둥성 전선 부근에서 작업. 영양실조로 신체가 몹시 허약함. 도착 후 짧은 기간에 163명이 연이어 사망, 상황이 점차 호전되고 있음. 하지만 적당한 관리조치를 취하지 않으면 사상적으로 양호한 상태로 되기 어려움. 지금까지 8차의 도주사건이 발생, 53명이 도주하였음. (그중 44명 이미 체포, 9명 수배 중)

본문

一. 일반상황

관할구역 내 취로인부는 3월 26일과 5월 7일, 두 번에 나누어 화북군(일본 중국화북파견군)이 인도해온 것임. 모두 1935명, 의외사고 발생자 172명을 제외한 1763명이 작업 중. 그중 60%는 산둥성 부근의 장제스 직계부대 군인, 기타는 팔로군과 잡군임. 신체가 극히 허약하여 인도 후 이내 사망한 인원수는 지금까지 163명, 점차 호전되는 추세.

부대의 관리가 소홀하고 인부의 향수병이 극도에 달해 이미 53명이 8차에 나누어 도주함. 그중 44명을 체포, 9명은 수배 중.

이 인부들은 제1271부대, 제160부대, 제844부대, 제3611부대에 배속되어 작업 함. 1271부대의 인부들은 로허이산, 허이잉 부근에서 국방도로건설에 투입, 기타 인부들은 각 부대에서 작업 중.

인부들은 위에서 적었듯이 비록 초기에는 신체가 허약했으나 현재 점차 좋아지는 추세임. 현재의 통계수치로 미루어 보면 노동률이 90%에 달함.

특수인부의 일반상황은 다음 표와 같음.

특수인부 일반상황					
배속부대	배속인부	사고인원		현재인수	노동지점
		사망	도주 (수배 중)		
1271부대	805	8	9	788	로허이산, 허이잉 부근 도로 인부
160부대	559	30		529	자대군대공사
844부대	341	18		323	자대군대공사
3611부대	230	107		123	잡역 및 병약자
합계	1,935	163	9	1,763	

二. 관리상황

초기에는 인부들이 영양결핍으로 신체가 극히 허약하고 각종 시설이 미비하여 사망자와 환자가 속출함. 각종 시설이 점차 완비해지면서 관동군노무처리요령을 기초로 적당한 관리를 진행하기를 바라고 있음.

경비병력의 과소와 감시부당 등의 원인으로 위에서 언급한 바와 같이 도주사건 8건이 발생, 도합 53명이 도주.

도주자의 상황은 아래 표와 같음.

특수인부도주상황						
날짜	사용부대	도주상황		수배자	원인동기 및 전후 상황	적요
		도주인수	체포			
4월 7일	108부대	6	6		식량 부족, 간수가 방심한 틈을 타서 도주.	단체
5월 15일	3611부대	1	1		신경쇠약, 간수가 방심한 틈을 타서 도주.	단체
5월 22일	3611부대	4	4		향수병, 간수가 방심한 틈을 타서 도주.	단체
6월 5일	1271부대	28	28		향수병, 간수가 방심한 틈을 타서 도주.	단체, 미수
6월 9일	1271부대	5	3	2	향수병, 간수가 방심한 틈을	단체

특수인부도주상황						
날짜	사용부대	도주상황		수배자	원인동기 및 전후 상황	적요
		도주인수	체포			
					타서 도주.	
6월 9일	1271부대	2		2	향수병, 간수가 방심한 틈을 타서 도주.	단체
6월 25일	관동군 후방 연습부대	5		5	향수병, 간수가 방심한 틈을 타서 도주.	단체
6월 26일	844부대	2	2			단체
합계		53	44	9		
비고	관동군 후방연습부대에 참가한 인부는 현재 1271부대에서 노동, 임시배속.					

三. 사상동향

인부의 본질로 미루어 보아 그 사상은 일부를 제외하고는 모두 불량함. 앞에서 언급했듯이 향수병으로 수많은 도주자가 연이어 발생. 귀향시간에 대한 불명확함 등 원인으로 많은 사람들이 미래를 걱정함. 주요 언행은 다음과 같음.

1. 대체 언제까지 우리를 여기 산속에서 일을 시킬 생각이지? 결국 작업이 끝나면 우리를 다 죽일 거잖아? (제160부대의 몇몇 인부가 한 말)

2. 우리의 전우들이 매일 병으로 죽어가고 있다. 우리가 계속 여기에 있으면 죽음뿐이다. 제발 하루빨리 석방되어 안전한 곳으로 갔으면 좋겠다. (제3611부대가 수용한 인부가 한 말)

3. 금방 부대에 왔을 때는 식량이 충족했지만 점점 배급을 줄이고 있다. 앞으로는 어떻게 될 것인가? 우린 하루빨리 여기서 벗어날 대책을 마련해야 돼. (제3611부대의 다수 인부가 한 말)

4. 동료들은 도주할 때 체포되어 잔혹한 박해를 받았지. 그들은 참 멍텅구리야. 여기서 열심히 일하면 언제 해방되지? (제160부대의 2명 인부가 한 말)

5. 우리는 전쟁의 핍박에 의해 몹시 위험한 일을 했어. 여기 오니까 생명의 위험에서 벗어난 것이 해방된 느낌이야. (제160부대의 1명 인부가 한 말)

四. 기타 참고사항

1. 둥닝 만주 제1271부대의 감독하에 로허이산, 허이잉(로허이산 서남 방향으로 약 16km) 부근에서 국방도로건설을 진행하던 805명 특수인부 중 500명이 6월 5일 관동군후방연습부대에 임시 배속됨.

2. 둥닝현 스먼즈(石門子)〈둥닝에서 동남쪽으로 18km〉에 주둔한 제844부대에서 취로 중이던 해방인부(특수인부로 금년 1월 화북군이 인도하여 관리함. 다시 만주로 들어옴) 192명 중
［ 이는 조사 시의 오류로 판단됨. 소속 股와 연락 요망. 篠原 (章) ］

원적: 산시(陝西)성 □우(□屋)현 원 소위 장춘룽(25세) 및 이하 23인. 대우부당과 감독군속에 대한 반감 등 원인으로 6월 21일 단체로 도주하여 소련으로 들어감. (상세한 내용은 6월 29일 동헌고제일육육호 문건을 참조바람)

五. 소견

위에서 언급한 상황같이 특수인부들은 향수병 뿐 아니라 미래에 대한 걱정으로 인해 소련으로 단체로 도주했다가 다시 귀국하려 했음. 동일 사례가 적지 않음. 선무에 진력함과 아울러 조기석방 및 감시해제를 하지 말아야 하듯이 차후에는 감시를 강화해야 함. 적들의 불량한 책모를 방지하고 봉쇄하는 기초 위에서 집단도주를 미리 방지해야 함.

42

서류해독

『관동군특수인부관리규정』

이 서류는 관동군사령부가 일본침략군 화북파견대가 인도한 관동군의 포로와 투항병을 군사시설 현장에 운송, 사역, 관리, 감시하는 과정에 관한 규정과 경계, 회계, 보고 등 분야의 규정을 담고 있다. 7장 32조항으로 되어 있는데 昭和十八年(1943년)八月一日에 반포 실시되었다. 이 규정은 특수인부의 정의를 규명하고 있는바 화북파견군이 관동군에 인도한 포로와 투항병을 특수인부라 칭하고 있다. 이 규정 중의 많은 내용은 특수인부에 대한 우리의 상상을 초월하는 관동군의 엄격한 관리실태를 보여주고 있다.

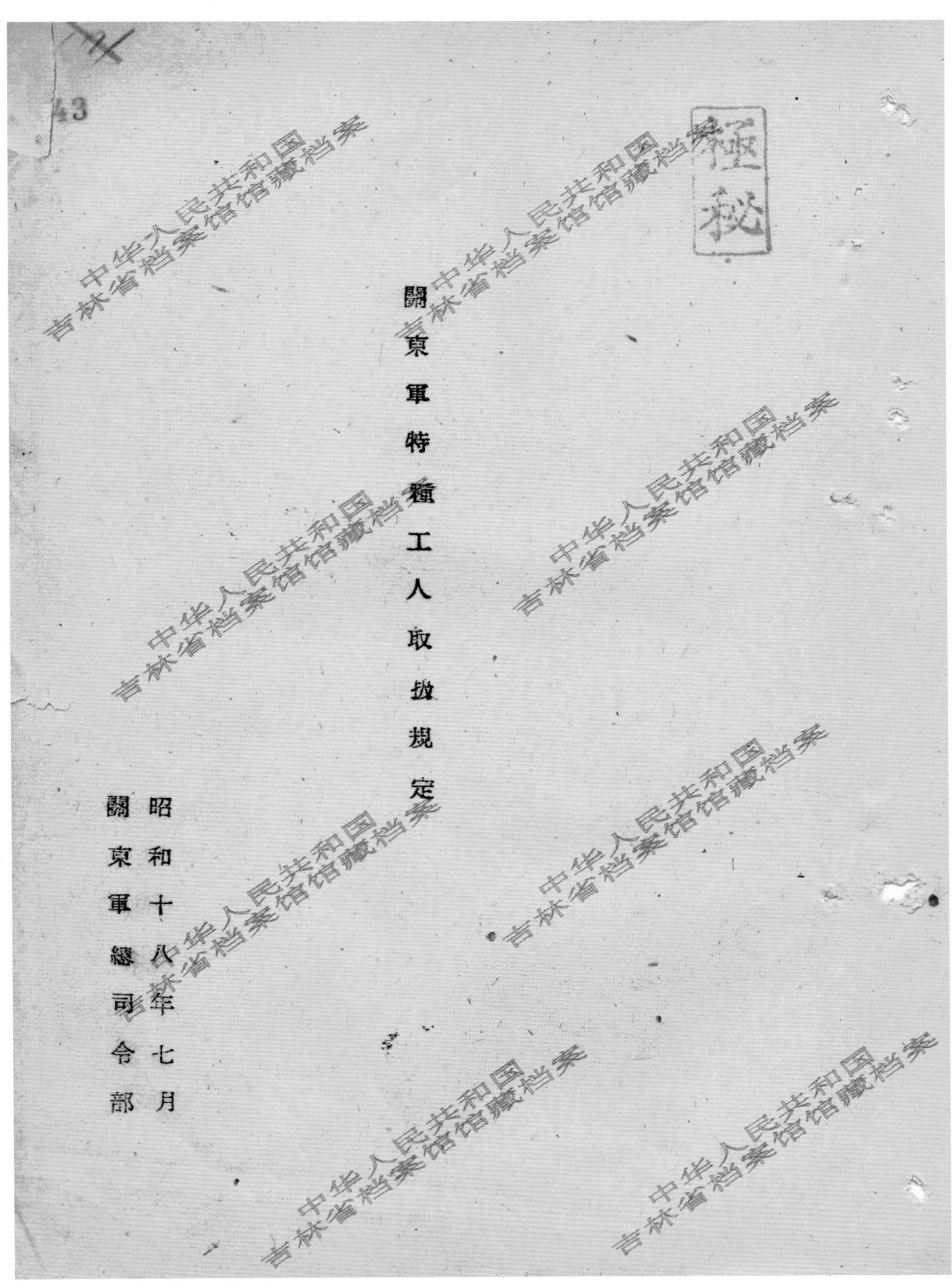
43

極秘

關東軍特種工人取扱規定

昭和十八年七月

關東軍總司令部

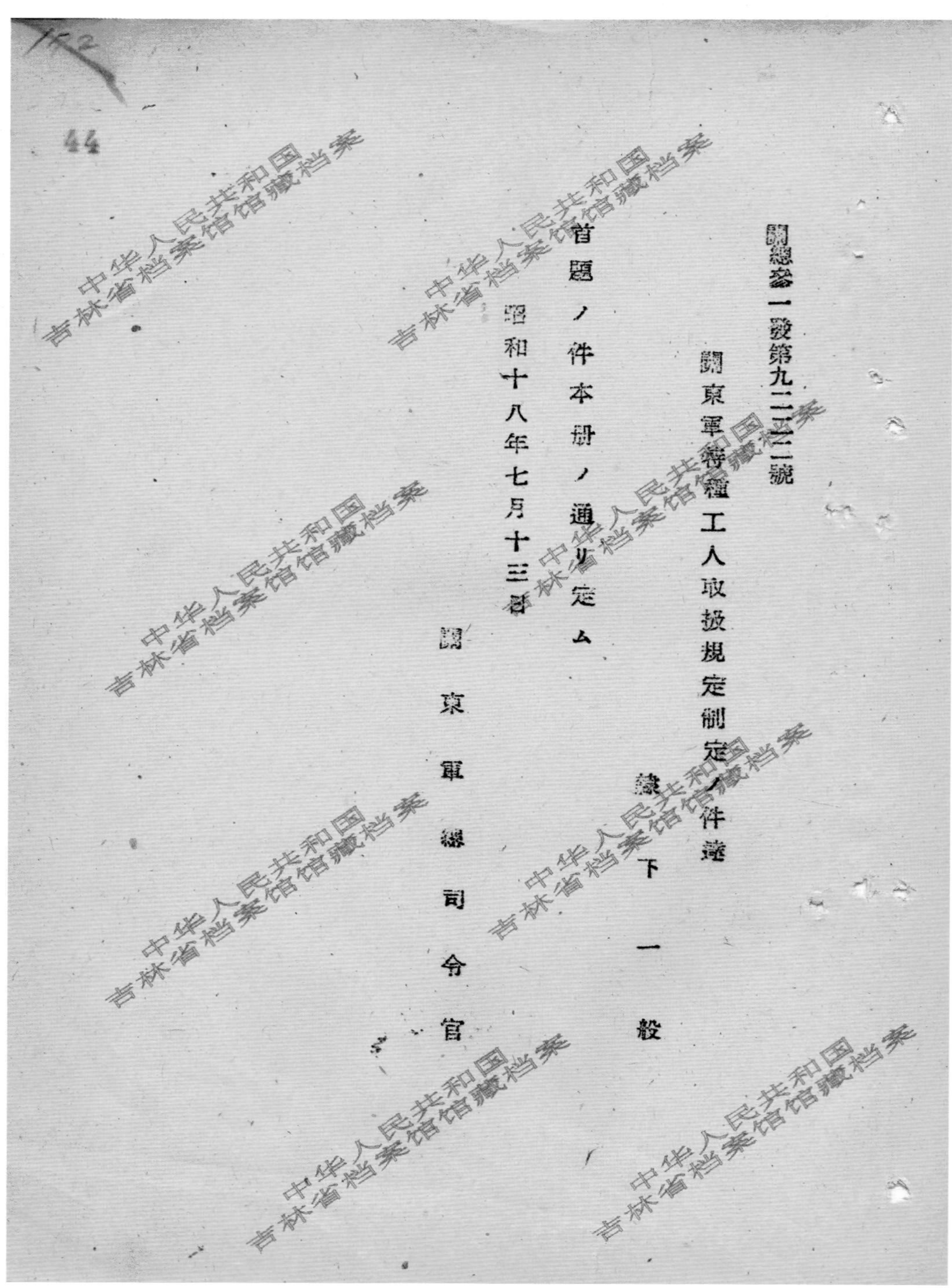
44

關總參一發第九二五二號

關東軍特種工人取扱規定制定ノ件達

隸下一般

首題ノ件本冊ノ通リ定ム

昭和十八年七月十三日

關東軍總司令官

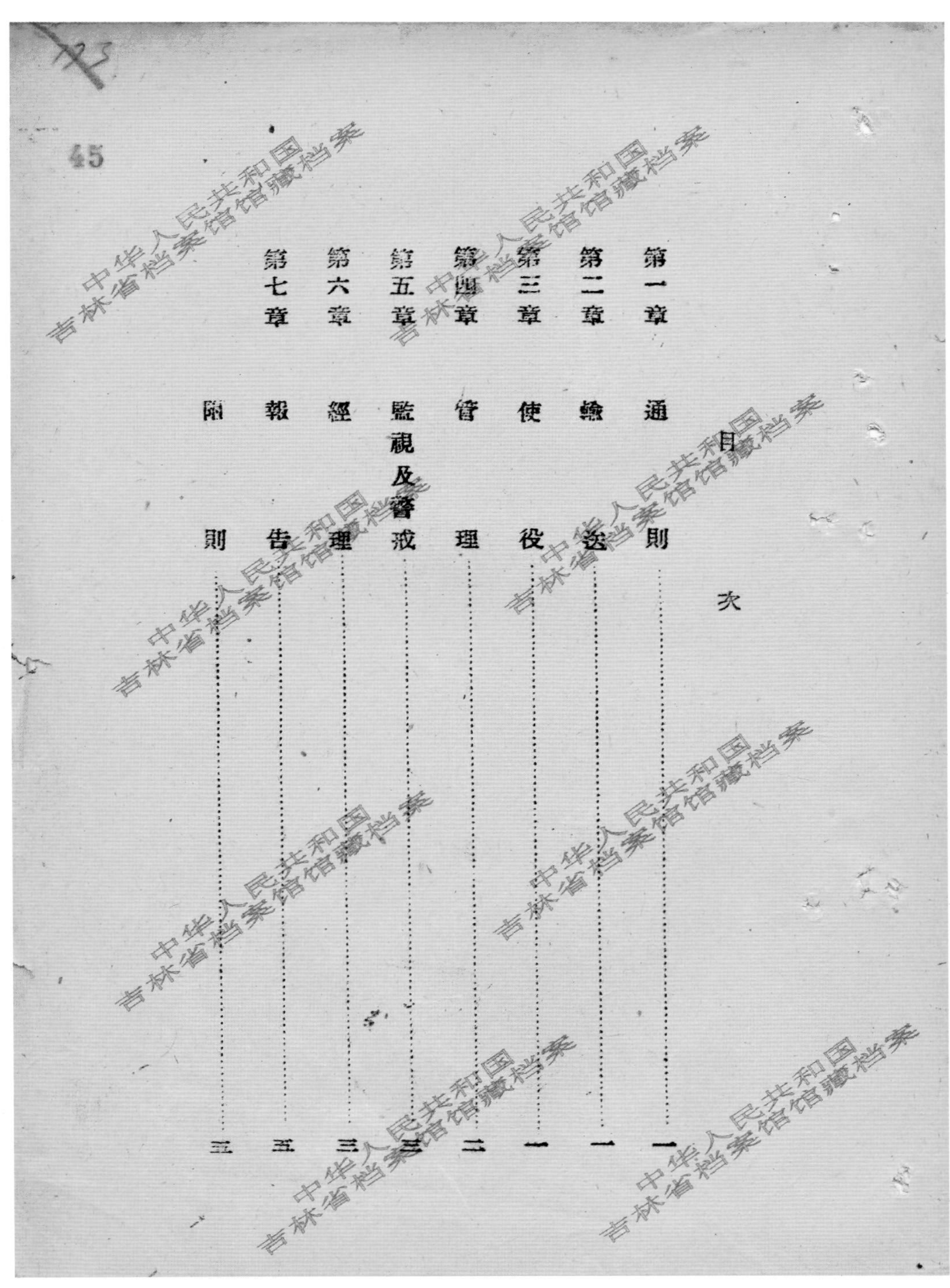
45

目次

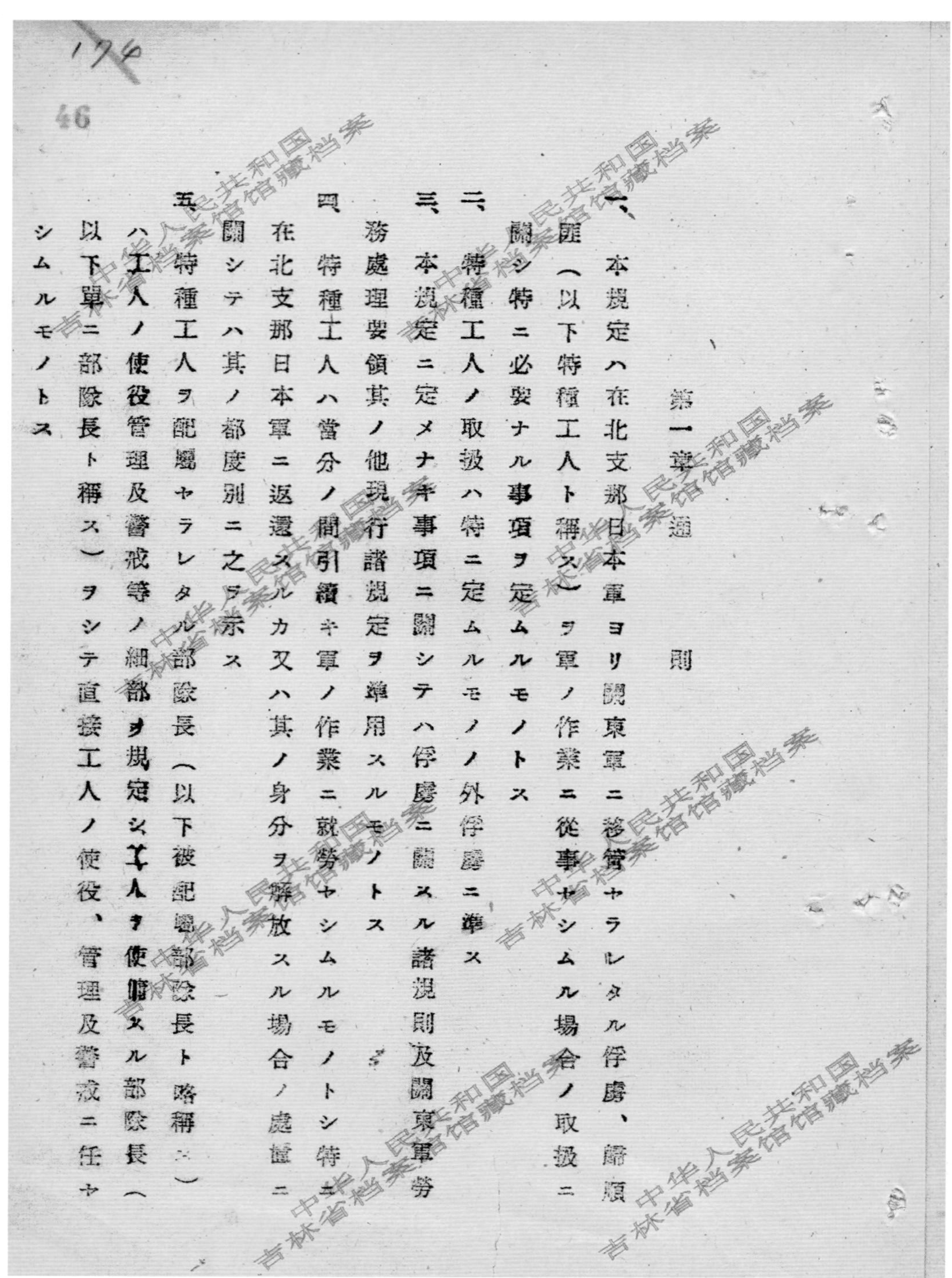

174

46

第一章　通則

一、本規定ハ在北支那日本軍ヨリ關東軍ニ移管セラレタル俘虜、歸順匪（以下特種工人ト稱ス）ヲ軍ノ作業ニ從事セシムル場合ノ取扱ニ關シ特ニ必要ナル事項ヲ定ムルモノトス

二、特種工人ノ取扱ハ特ニ定ムルモノノ外俘虜ニ準ス

三、本規定ニ定メナキ事項ニ關シテハ俘虜ニ關スル諸規則及關東軍勞務處理要領其ノ他現行諸規定ヲ準用スルモノトス

四、特種工人ハ當分ノ間引續キ軍ノ作業ニ就勞セシムルモノトシ特ニ在北支那日本軍ニ返還スルカ又ハ其ノ身分ヲ解放スル場合ノ處置ニ關シテハ其ノ都度別ニ之ヲ示ス

五、特種工人ヲ配屬セラレタル部隊長（以下被配屬部隊長ト略稱ス）ハ工人ノ使役管理及警戒等ノ細部ヲ規定シ工人ヲ使傭スル部隊長（以下單ニ部隊長ト稱ス）ヲシテ直接工人ノ使役、管理及警戒ニ任セシムルモノトス

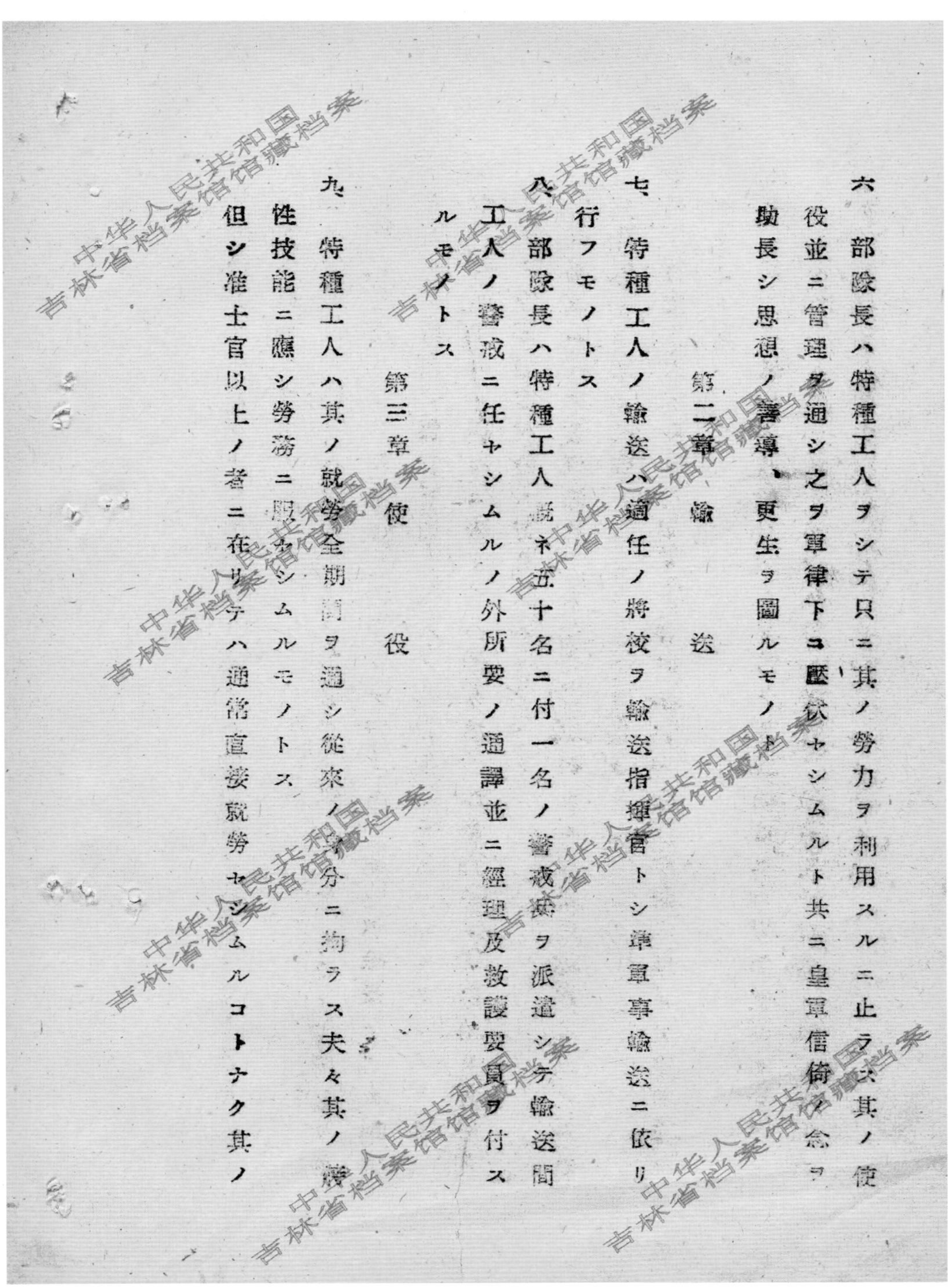

六、部隊長ハ特種工人ヲシテ只ニ其ノ勞力ヲ利用スルニ止ラス其ノ使役並ニ管理ヲ通シ之ヲ軍律下ニ壓伏セシムルト共ニ皇軍信倚ノ念ヲ助長シ思想ノ善導、更生ヲ圖ルモノトス

第二章　輸送

七、特種工人ノ輸送ハ適任ノ將校ヲ輸送指揮官トシ準軍事輸送ニ依リ行フモノトス

八、部隊長ハ特種工人概ネ五十名ニ付一名ノ警戒兵ヲ派遣シテ輸送間工人ノ警戒ニ任セシムルノ外所要ノ通譯並ニ經理及救護要員ヲ付スルモノトス

第三章　使役

九、特種工人ハ其ノ就勞全期間ヲ通シ從來ノ身分ニ拘ラス夫々其ノ體性技能ニ應シ勞務ニ服セシムルモノトス

但シ准士官以上ノ者ニ在リテハ通常直接就勞セシムルコトナク其ノ

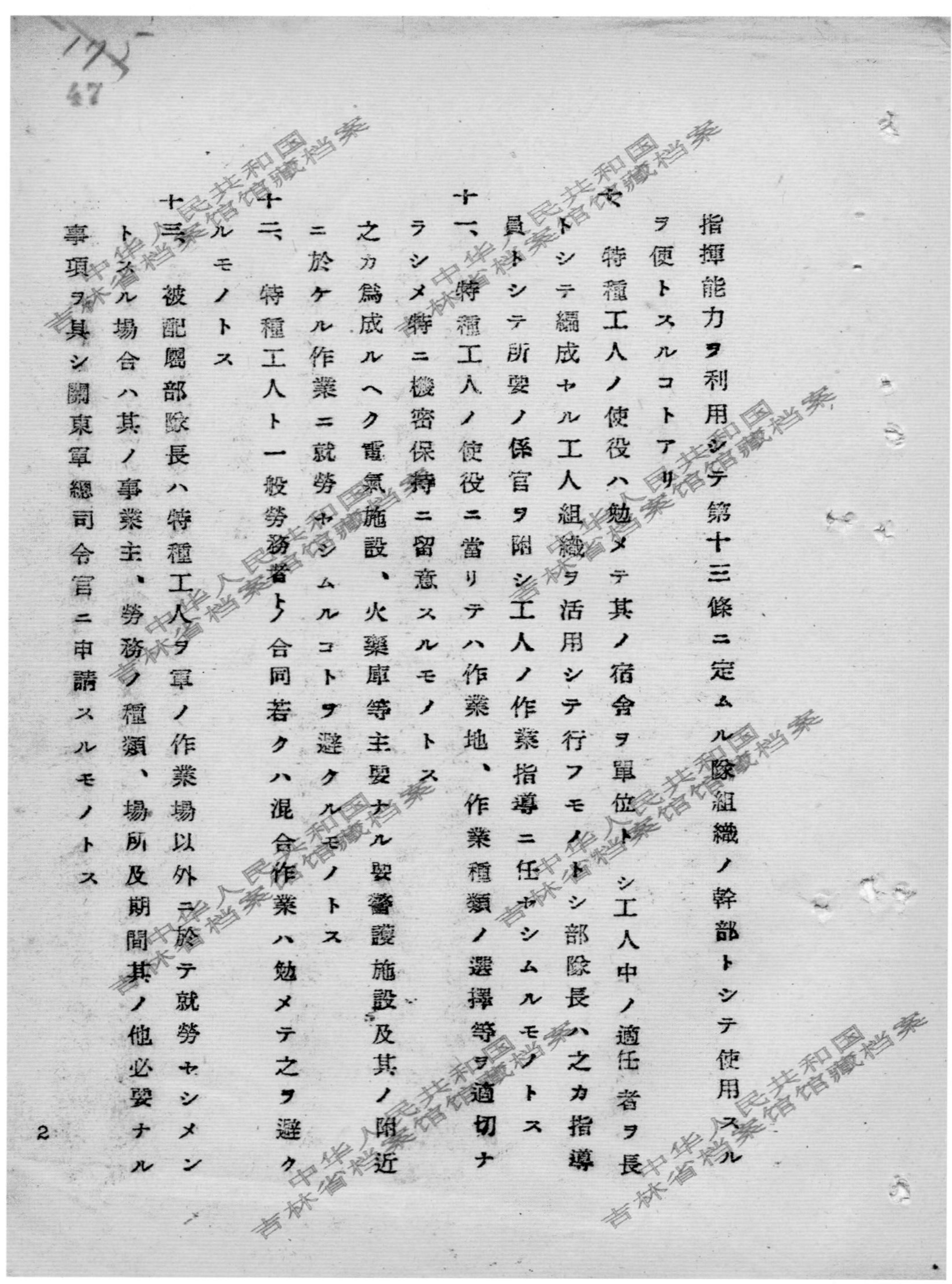

47

指揮能力ヲ利用シテ第十三條ニ定ムル隊組織ノ幹部トシテ使用スルヲ便トスルコトアリ

十、特種工人ノ使役ハ勉メテ其ノ宿舎ヲ單位トシ工人中ノ適任者ヲ長トシテ編成セル工人組織ヲ活用シテ行フモノトシ部隊長ハ之カ指導員トシテ所要ノ係官ヲ附シ工人ノ作業指導ニ任セシムルモノトス

十一、特種工人ノ使役ニ當リテハ作業地、作業種類ノ選擇等ヲ適切ナラシメ特ニ機密保持ニ留意スルモノトス

之カ為成ルヘク電氣施設、火藥庫等主要ナル要警護施設及其ノ附近ニ於ケル作業ニ就勞セシムルコトヲ避クルモノトス

十二、特種工人ト一般勞務者トノ合同若クハ混合作業ハ勉メテ之ヲ避クルモノトス

十三、被配屬部隊長ハ特種工人ヲ軍ノ作業場以外ニ於テ就勞セシメントスル場合ハ其ノ事業主、勞務ノ種類、場所及期間其ノ他必要ナル事項ヲ具シ關東軍總司令官ニ申請スルモノトス

2

十四　前條ニ關シ認可セラレタル被配屬部隊長ハ特種工人ノ使役管理及警戒ニ關シ事業主ヲシテ其ノ責ニ任セシムルト共ニ其ノ實施ヲ指導監督シ要スレハ所要ノ援助ヲ與フルモノトス

第四章　管理

十五　特種工人ノ管理ハ軍ノ紀律ニ依リ嚴トシテ苟モ假借セサルト共ニ特ニ思想ノ善導ヲ圖リ又直接ノ管理ハ第十條ノ隊組織ニ基ク自体管理ニ依ラシメ部隊長ハ所要ノ係官ヲ附シテ之カ指導監督ニ任セシムルモノトス

十六　被配屬部隊長ハ就勞地ニ於テ特種工人收容所ヲ設ケ之カ管理ニ任スルモノトス

收容施設（照明採暖共）ハ一般勞務者ト離隔シ又周圍ニ外濠（要スレハ鐵條網）等ヲ設ケテ保護管理竝ニ監視ニ便ナラシムルモノトス

十七　特種工人收容所ニハ特種工人名簿ヲ調製保管シ置クモノトス

本名簿ニハ工人ノ氏名、年齡、本籍地舊所屬部隊黨所屬ノ有無及

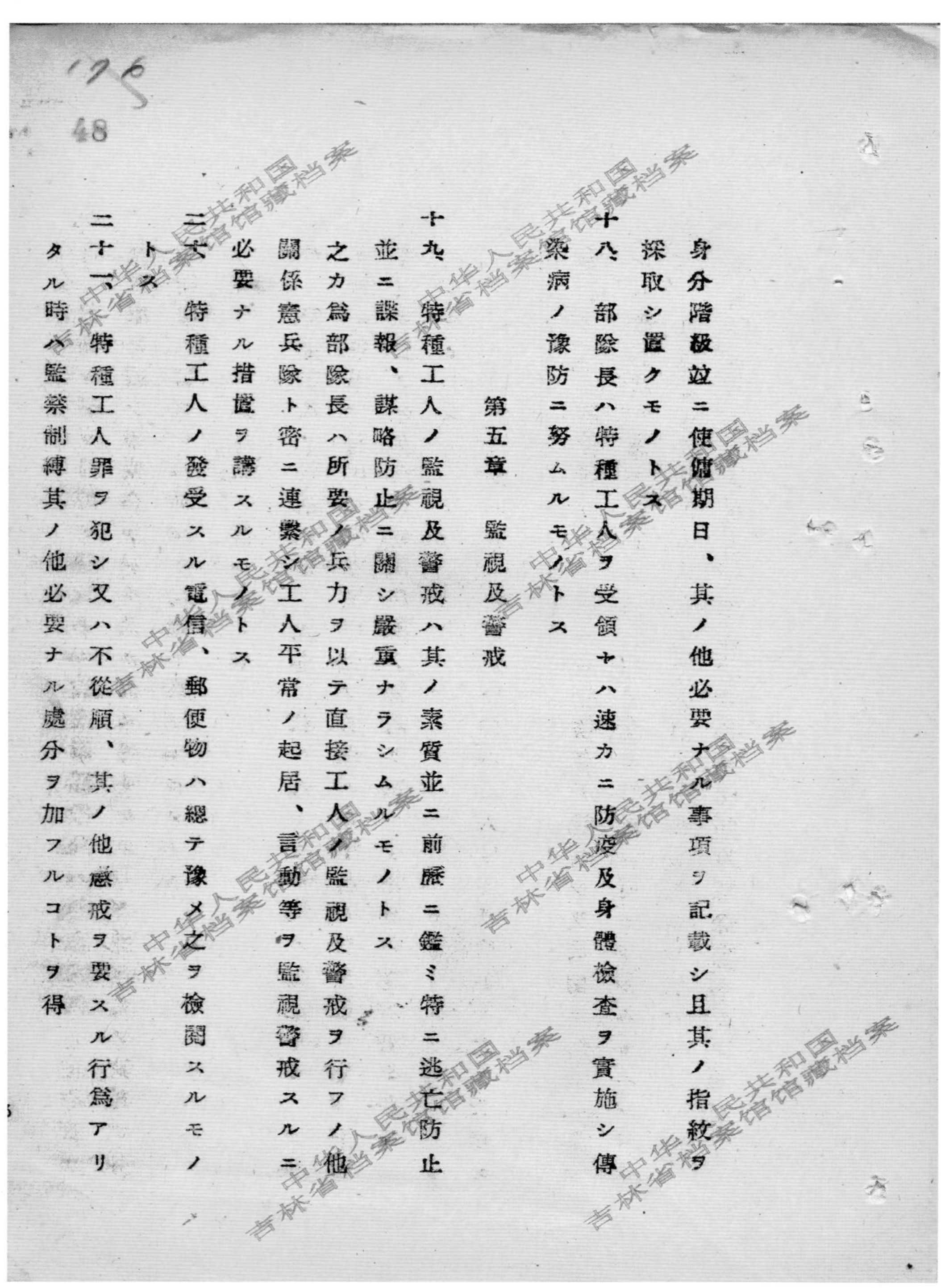

身分階級並ニ使傭期日、其ノ他必要ナル事項ヲ記載シ且其ノ指紋ヲ
採取シ置クモノトス

十八、部隊長ハ特種工人ヲ受領セハ速カニ防疫及身體檢査ヲ實施シ傳
染病ノ豫防ニ努ムルモノトス

第五章　監視及警戒

十九、特種工人ノ監視及警戒ハ其ノ素質並ニ前歷ニ鑑ミ特ニ逃亡防止
並ニ諜報、謀略防止ニ關シ嚴重ナラシムルモノトス
之カ爲部隊長ハ所要ノ兵力ヲ以テ直接工人ノ監視及警戒ヲ行フノ他
關係憲兵隊ト密ニ連繫シ工人平常ノ起居、言動等ヲ監視警戒スルニ
必要ナル措置ヲ講スルモノトス

二十、特種工人ノ發受スル電信、郵便物ハ總テ豫メ之ヲ檢閲スルモノ
トス

二十一、特種工人罪ヲ犯シ又ハ不從順、其ノ他懲戒ヲ要スル行爲アリ
タル時ハ監禁制縛其ノ他必要ナル處分ヲ加フルコトヲ得

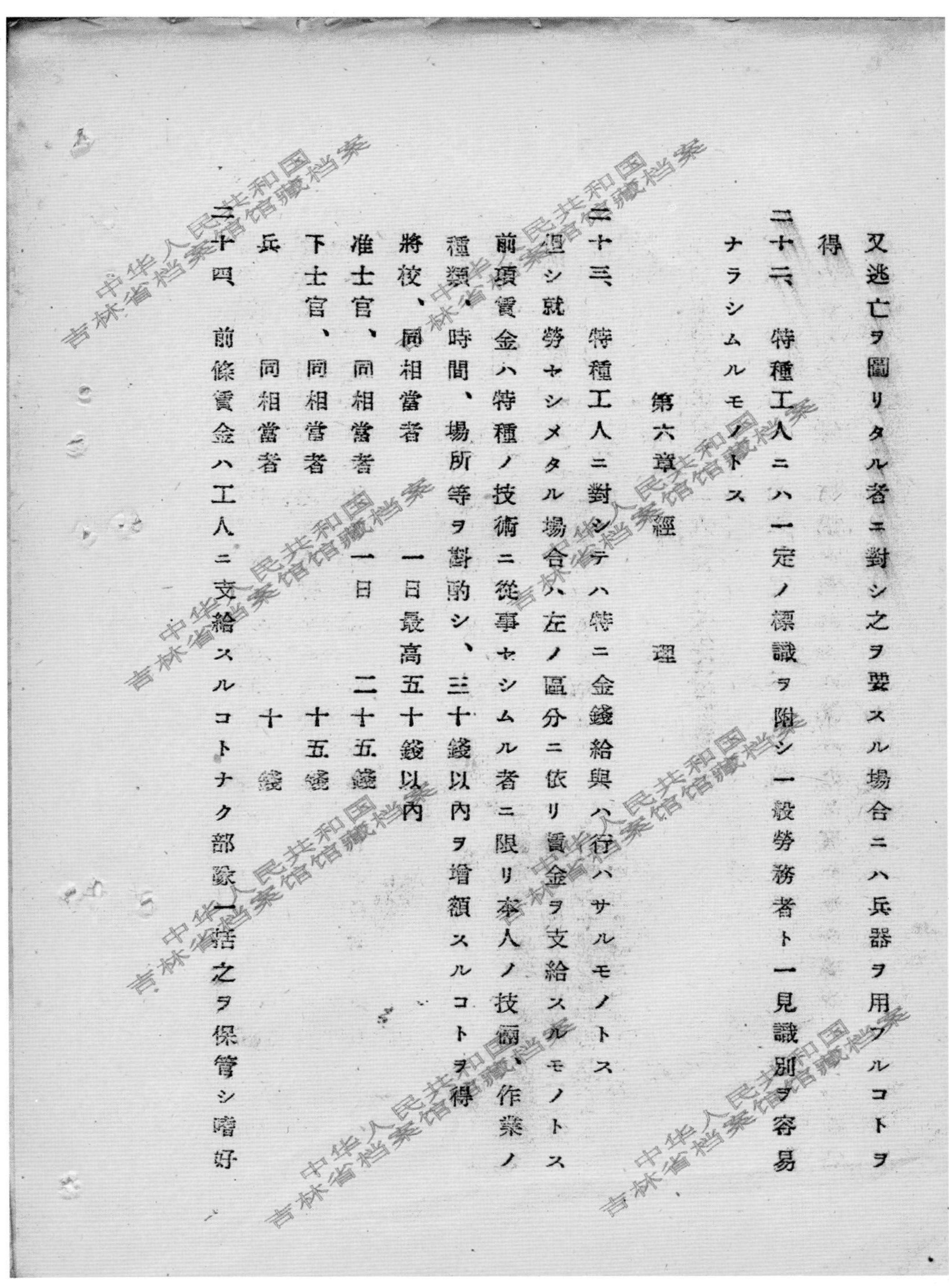

又逃亡ヲ圖リタル者ニ對シ之ヲ要スル場合ニハ兵器ヲ用フルコトヲ得

二十二 特種工人ニハ一定ノ標識ヲ附シ一般勞務者ト一見識別ヲ容易ナラシムルモノトス

第六章 經 理

二十三 特種工人ニ對シテハ特ニ金錢給與ハ行ハサルモノトス
但シ就勞セシメタル場合ハ左ノ區分ニ依リ賃金ヲ支給スルモノトス
前項賃金ハ特種ノ技術ニ從事セシムル者ニ限リ本人ノ技倆、作業ノ種類、時間、場所等ヲ斟酌シ、三十錢以内ヲ増額スルコトヲ得

將校、同相當者 一日最高五十錢以内
准士官、同相當者 一日 二十五錢
下士官、同相當者 十五錢
兵 同相當者 十錢

二十四 前條賃金ハ工人ニ支給スルコトナク部隊ニ一括之ヲ保管シ嗜好

197
49

品、其ノ他日用物品ヲ購入スル費用ニ充テ、尚餘剩アル時ハ本人ノ返還又ハ解放ノ際之ヲ交付スルモノトス

二十五　特種工人ノ給養ハ左記ニ依リ現品ヲ給シ自炊セシムルモノトス

區分	定量及定額	摘要
小麥粉	一般勞務者ニ準ス	病氣其他ノ事情ニ依リ上記定量(額)ニ依リ難キ場合ハ一人一日總額四十錢以內實費支辨ニヨリ代用食ヲ給スルコトヲ得
精雜穀(粉共)		
豆油		
食鹽		
其ノ他副食物燃料費	一人一日十八錢以內實費支辨	

二十六　特種工人ノ被服及寢具ハ本人著裝又ハ携行ノモノヲ使用セシムルモノトシ其ノ交換ヲ要スルカ又ハ之ヲ有セサル場合ニハ一般勞務者ニ準シ之ヲ取得シ貸與スルコトヲ得

4

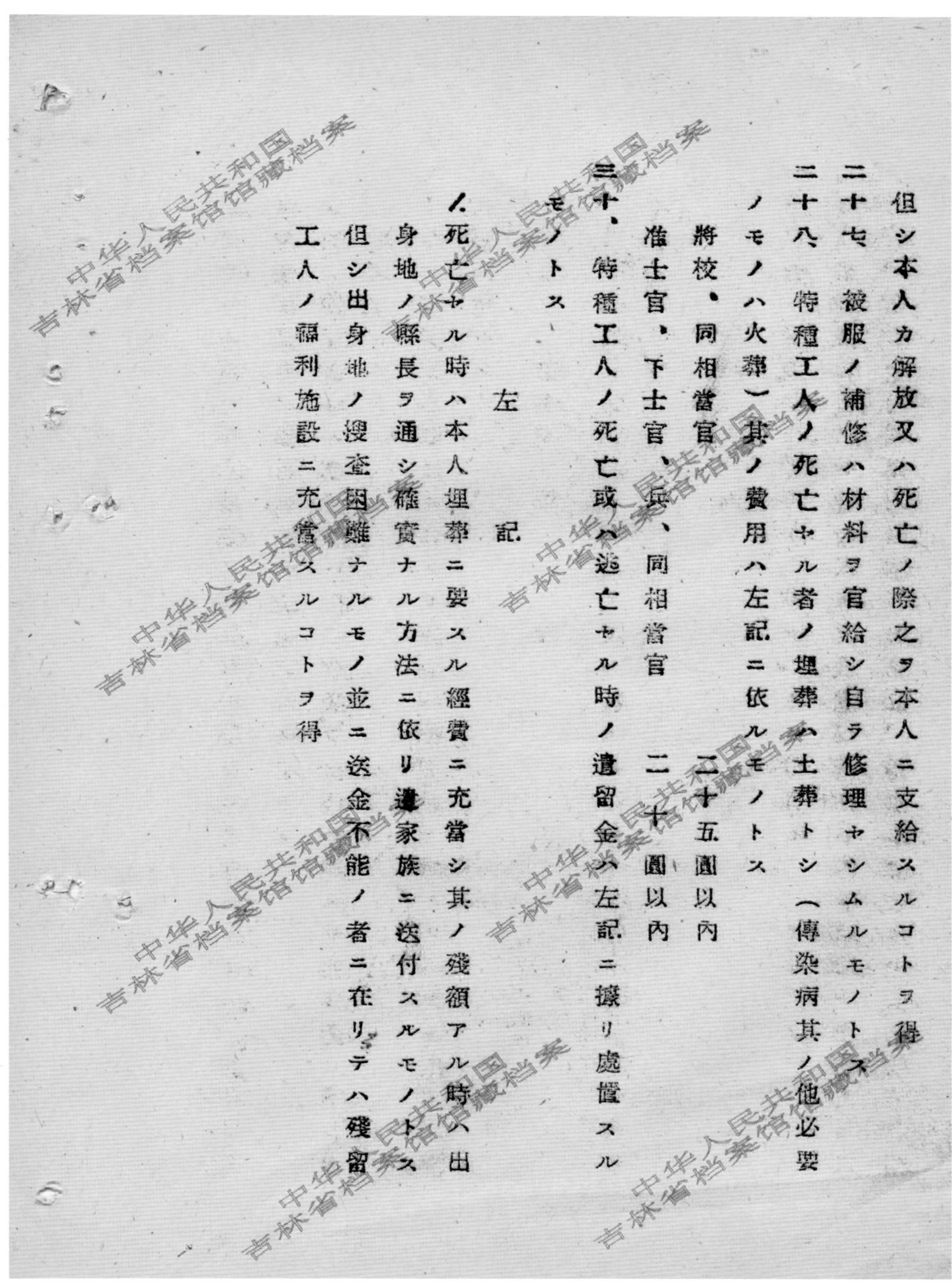

但シ本人カ解放又ハ死亡ノ際之ヲ本人ニ支給スルコトヲ得

二十七、被服ノ補修ハ材料ヲ官給シ自ラ修理セシムルモノトス

二十八、特種工人ノ死亡セル者ノ埋葬ハ土葬トシ（傳染病其ノ他必要ノモノハ火葬）其ノ費用ハ左記ニ依ルモノトス

將校・同相當官　二十五圓以內

准士官・下士官、兵、同相當官　二十圓以內

三十、特種工人ノ死亡或ハ逃亡セル時ノ遺留金ハ左記ニ據リ處置スルモノトス

左記

ノ、死亡セル時ハ本人埋葬ニ要スル經費ニ充當シ其ノ殘額アル時ハ出身地ノ縣長ヲ通シ確實ナル方法ニ依リ遺家族ニ送付スルモノトス

但シ出身地ノ捜査困難ナルモノ並ニ送金不能ノ者ニ在リテハ殘留工人ノ福利施設ニ充當スルコトヲ得

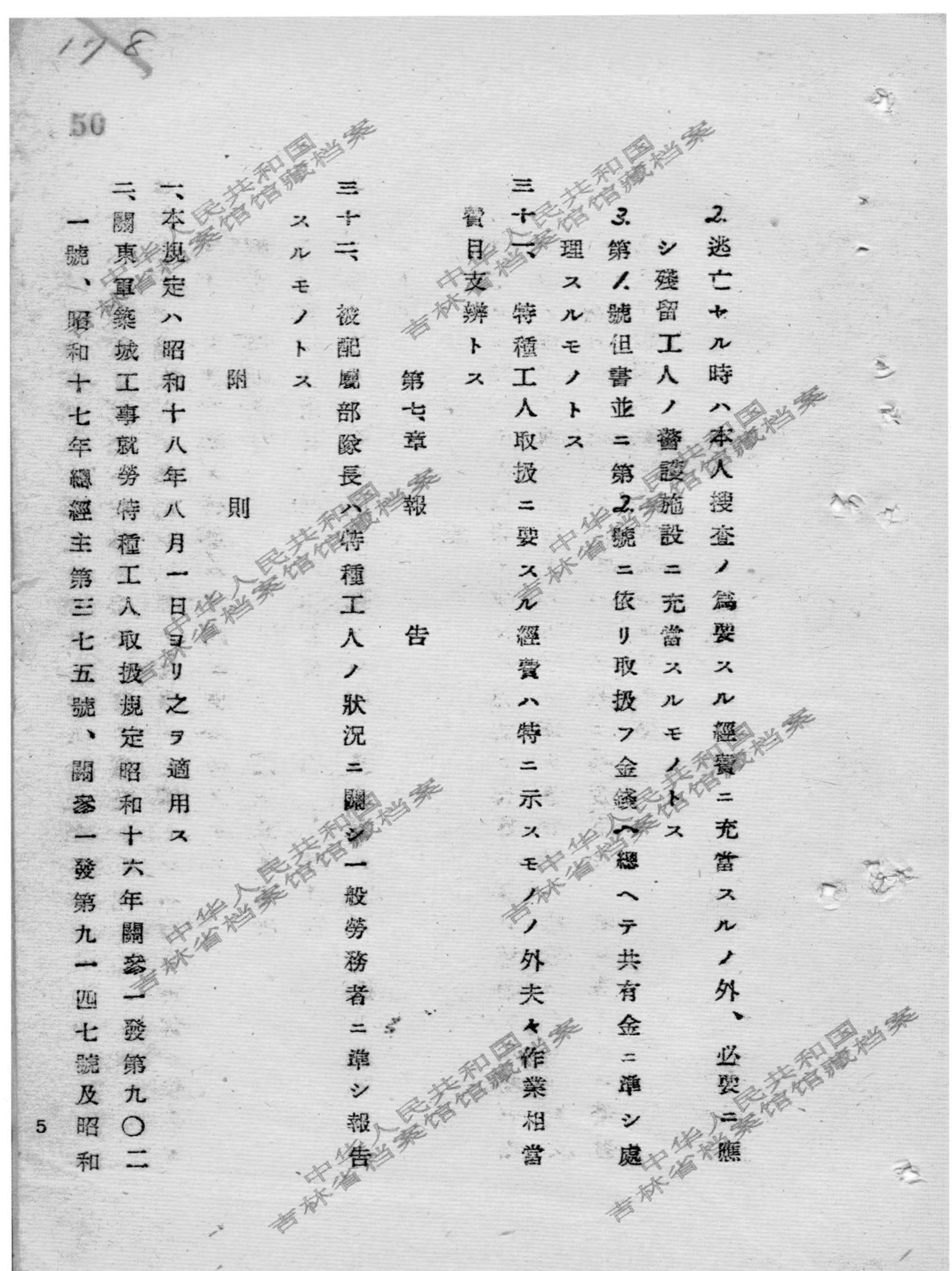

178

50

2.逃亡セル時ハ本人捜査ノ為要スル經費ニ充當スルノ外、必要ニ應シ殘留工人ノ警護施設ニ充當スルモノトス

3.第1號但書並ニ第2號ニ依リ取扱フ金錢ハ總ヘテ共有金ニ準シ處理スルモノトス

三十一、特種工人取扱ニ要スル經費ハ特ニ示スモノノ外夫々作業相當費目支辨トス

第七章　報　告

三十二、被配屬部隊長ハ特種工人ノ狀況ニ關シ一般勞務者ニ準シ報告スルモノトス

附　則

一、本規定ハ昭和十八年八月一日ヨリ之ヲ適用ス

二、關東軍築城工事就勞特種工人取扱規定昭和十六年關參一發第九〇二一號、昭和十七年總經主第三七五號、關參一發第九一四七號及昭和

5

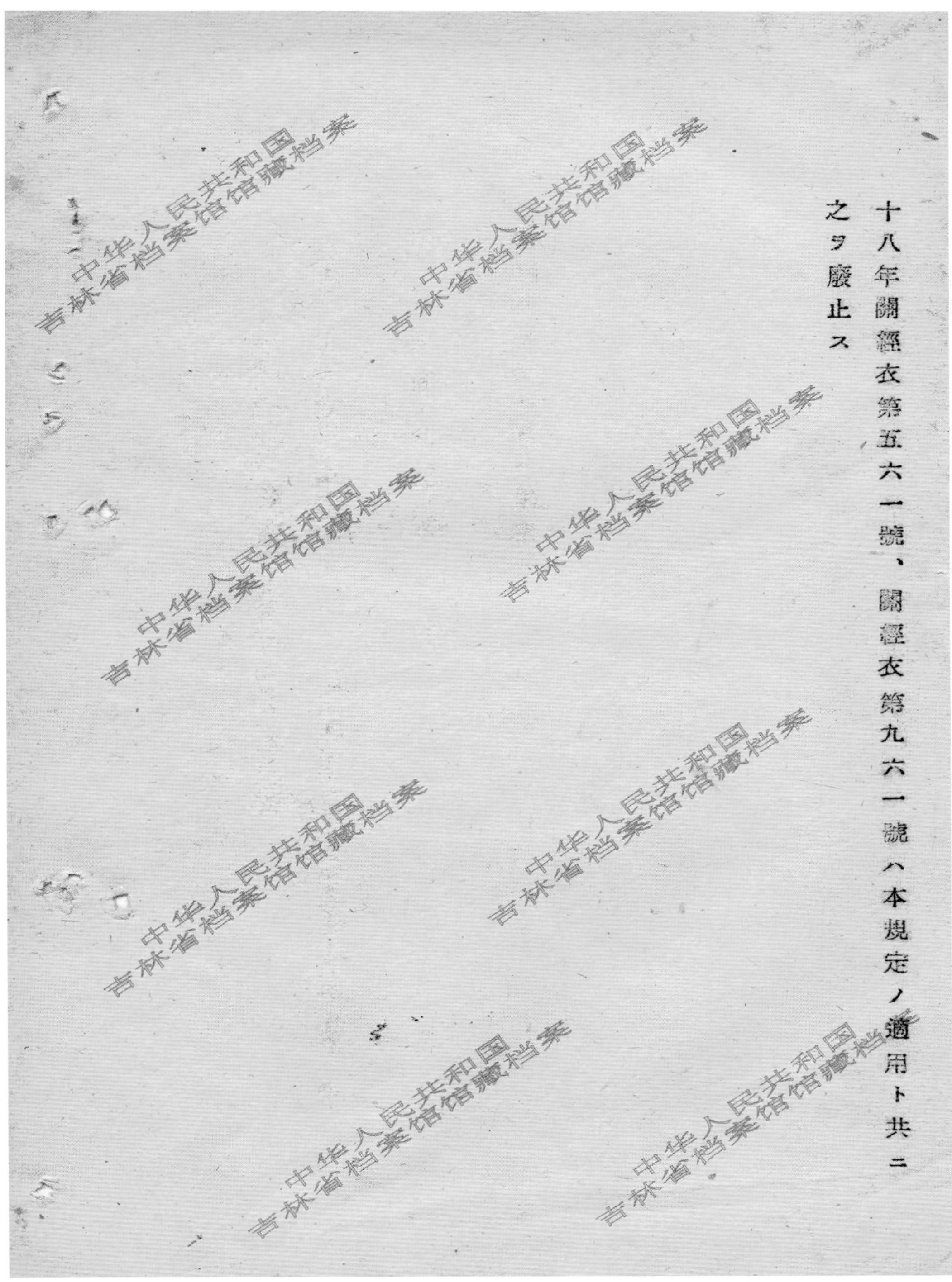
十八年關經衣第五六一號、關經衣第九六一號ハ本規定ノ適用ト共ニ
之ヲ廢止ス

극비

관동군특수인부관리규정

昭和十八年(1943년)七月　　　관동군총사령부

關總參一發第九二二二號

관동군특수인부관리규정의 제정에 관한 건

수하 일반 인원에게 전달

제목의 규정은 본 책의 규정과 동일함.

昭和十八年七月十三日

관동군총사령관

목록

제1장　통칙

一. 본 규정은 화북일본군이 관동군에 인도한 포로와 귀순비적(이하 특수인부라고 칭함)이 부대작업을 진행할 시 그들에 대한 관리에 필요한 필수사항이다.

二. 특수인부의 관리규정은 특수규정 외 포로관리규정을 참조한다.

三. 본 규정 중 미확정사항은 포로에 관한 각 규정 및 관동군 노무처관리요령의 기타 현행규정을 참조한다.

四. 특수인부는 현재까지 군수작업에 종사하고 있지만 화북일본군에 반환하거나 석방할 시 번마다 구체적 처리조치를 명시해야 한다.

五. 특수인부가 소속된 부대장(이하 피배속부대장으로 칭함)은 인부의 사용, 관리 및 경계세칙(細則)을 작성하며 인부를 사용하는 부대장(이하 부대장으로 칭함)은 직접 인부의 사용, 관리 및 경계를 책임진다.

六. 부대장은 특수인부의 인력을 사용하고 이 특수인부들의 사용과 관리를 통해 그들을 군율의 예속하에 두어야 하며 황군을 옹호하는 신념을 갖도록 도와주어 최종적으로 사상의 선도와 갱생을 도모하여야 한다.

제2장 운송

七. 특수인부의 운송은 자격이 부합되는 장교가 운송지휘관을 맡아 준군사운송을 진행한다.

八. 부대장은 약 50명의 특수인부당 1명의 경비병을 배치하여 운송과정 중의 경계를 책임진다. 동시에 번역과 회계 및 구급인원을 배치한다.

제3장 사역

九. 특수인부는 노동 기간에 과거의 신분지위를 막론하고 각자의 장기와 기술에 따라 작업에 임한다. 하지만 준사관 이상자는 직접 노동에 종사하지 않고 제13조항의 규정에 따라 그 지휘능력을 가늠하여 간부로 이용한다.

十. 특수인부는 숙소를 단위로 사역하되 최적임자를 선출하여 숙소장으로 임명, 인부조직을 편성하도록 한다. 부대장은 숙소장을 지도원으로 임명, 아울러 수요에 따라 관리자를 파견하여 인부의 작업을 지도하도록 한다.

十一. 특수인부를 사용 시 적당한 노무현장과 작업종류를 선택한다. 특히 기밀엄수에 주의요망. 따라서 가급적이면 특수인부가 전기시설, 화약고 등 중요한 경호시설 및 그 부근에서 취로하지 못하도록 한다.

十二. 가급적이면 특수인부와 일반 노무자가 함께 일하거나 혼합작업을 하지 않도록 한다.

十三. 피배속부대장은 특수인부를 군수작업 외의 기타 노무에 투입할 시 사전에 관동군총사령관에게 신청한다. 또한 업주, 노무종류, 장소 및 취로기한 등 필요사항을 상세하게 보고한다.

十四. 전 조항에서 노무신청을 인가 받으면 피배속부대장은 업주에게 특수인부 사역과 관리 및 경계를 위탁하여야 한다. 동시에 업주를 지도, 감독하며 필요한 원조를 주어야 한다.

제4장 관리

十五. 특수인부는 응당 군기에 따라 엄격히 관리하며 조금도 방심해서는 안 된다. 동시에 사상적 측면에서 선도를 해야 한다. 또한 직접 관리할 경우 제10조항 규정의 조직편성을 기초로 자체관리를 명하도록 한다. 부대장은 수요에 따라 관리자를 파견하여 지도와 감독을 진행한다.

十六. 피배속부대장은 응당 작업현지에 특수인부수용소를 설치하여 관리한다.

수용시설(조명과 난방을 구비해야 함)은 일반 노무자와 격리하되 주변에 울타리(필요시 철조망 설치)를 설치하여 보호와 관리 및 감시를 강화한다.

十七. 특수인부수용소는 특수인부의 명단을 제작, 보관하되 명단에 인부의 성명, 연령, 원적지, 원 소속부대, 소속당파, 신분과 계급, 사역날짜 및 기타 필요사항을 명시한다. 또 지문도 채취한다.

十八. 부대장은 특수인부를 받아들일 때 즉시 방역과 신체검사를 실시하여 전염병의 발생과 확산을 예방한다.

제5장 감시 및 경계

十九. 특수인부에 대한 감시와 경계는 그들의 자체소질과 경력에 견주어 진행한다. 특히 도망과 첩보활동을 엄격히 방지한다. 이를 위해 부대장은 필요한 병력을 동원하여 직접 인부를 감시하고 경계한다. 그 밖에 헌병대와 밀접히 연계하면서 필요한 조치를 취하여 인부의 일상과 언행을 감시하고 경계한다.

二十. 특수인부가 주고받는 모든 전신, 우편물은 사전에 검열을 진행한다.

二十一. 특수인부가 범죄를 저지르거나 순종하지 않거나 기타 징벌을 받을 행위를 저지를 경우 감금, 결박 및 기타 필요한 처분을 가한다. 그 밖에 도주를 꾀한 자에 대해서는 필요시 무기를 사용해도 좋다.

二十二. 특수인부는 일정한 징표를 부착하여 한눈에 일반노무자와 구별할 수 있도록 한다.

제6장 회계

二十三. 특수인부에게는 임금을 지불하지 않는다. 하지만 노동에 참가했을 시, 다음과 같이 구별하여 임금을 지불한다.

상술한 임금은 특종기술을 가진 자에게만 지불한다. 본인의 기술, 작업종류, 시간, 장소 등에 근거하여 별도로 30전 이내의 임금을 지불한다.

장교 및 그에 상당한 자: 하루 최고 50전 이내

준사관 및 그에 상당한 자: 하루 최고 25전

하사관 및 그에 상당한 자: 하루 최고 15전

병사 및 그에 상당한 자: 하루 최고 10전

二十四. 상술 임금은 인부에게 지불하지 않고 부대가 통괄적으로 보관하여 기호품이거나 생필품을 구매하는 데 사용한다. 잔액은 본인 혹은 자유를 얻을 때 돌려준다.

二十五. 특수인부의 급양은 아래 도표와 같이 분배하여 자취하도록 한다.

종류	정량 및 정액	적요
밀가루	일반 노무자 표준을 참조	질병이 있거나 기타 정황이 발생해서 상술 정량에 근거하기 어려울 때 일인당 하루에 총액 40전 이내의 현금을 발급하여 식료품을 구매토록 함.
정미잡곡 (가루와 함께)		
콩기름		
식염		
기타 부식과 연료비	일인당 하루에 18전 이내의 현금을 지불	

二十六. 특수인부의 피복과 이불은 인부 자신의 복장과 휴대품을 사용하는 것을 원칙으로 하되 없거나 바꿀 필요가 있을 시 일반 노무자의 표준으로 임대해 사용한다. 하지만 석방하거나 사망 시 본인에게 줄 수 있다.

二十七. 부대에서 피복을 수선할 재료를 제공하지만 본인 스스로 수선한다.

二十八. 특수인부 중 사망자의 매장은 토장(土葬)을 실시한다. (전염병이 있거나 기타 수요 발생 시 화장 가능) 그 비용은 다음과 같다.

장교 및 그에 상당한 자: 25원 이내

준사관, 하사관, 병사 및 그에 상당한 자: 20원 이내

三十. 특수인부가 사망 혹은 도주하였을 시 그 잔금은 다음과 같이 처리한다.

1. 사망 시 본인의 매장 비용으로 쓴다. 잔액은 고향의 현장을 통해 그 유가족에게 확실히 전달한다. 하지만 그 출생지가 불명확하거나 잔액 전달이 어려울 시 기타 인부의 복지시설 건설에 사용한다.

2. 도주 시 수색작업의 용도로 사용한다. 그 밖에는 경우에 따라 기타 인부의 경비건설비용으로 사용한다.

3. 제1호와 제2호 문건에 따라 관리금은 공유금의 표준에 근거하여 처리한다.

三十一. 특수인부의 관리비용은 특별수요를 명시한 것 외에 작업의 상응한 비용에 따라 지불한다.

제7장 보고

三十二. 피배속부대장은 일반 노무자의 표준으로 특수인부의 상황을 보고한다.

부칙

一. 본 규정은 昭和十八年(1943년)八月一日부터 실행한다.

二. 관동군 축성시공에 참가한 특수인부의 관리규정인 昭和十六年(1941년) 關參一發第九〇二一號, 昭和十七年(1942년) 總經主第三七五號, 關參一發第九一四七號 및 昭和十八年(1943년) 關經衣第五六一號, 關經衣第九六一號 문건은 본 규정을 실행함과 아울러 공동 폐지된다.

43

서류해독

치치할헌병대의 『도주인부를 수사, 수배할 건에 관한 보고(통첩)』

이 서류는 昭和十四年(1939년)七月十七日 치치할헌병대장 星實敏이 평제선(平齊線) 위수둔(楡樹屯) 滿田부대 군사시설현장에서 단체도주한 인부를 수배 및 수색하기 위해 제공한 상황보고이다. 서류에 따르면 昭和十四年七月七日 평탠에서 모집한 인부가 위수둔에 도착한 후 임금에 불만을 품고 7월 8일 이후 육속 24명이 도주하였다. 도주한 인부들은 왼손 손목에 大同組의 푸른 도장이 찍힌 흰 천을 매고 있었다.

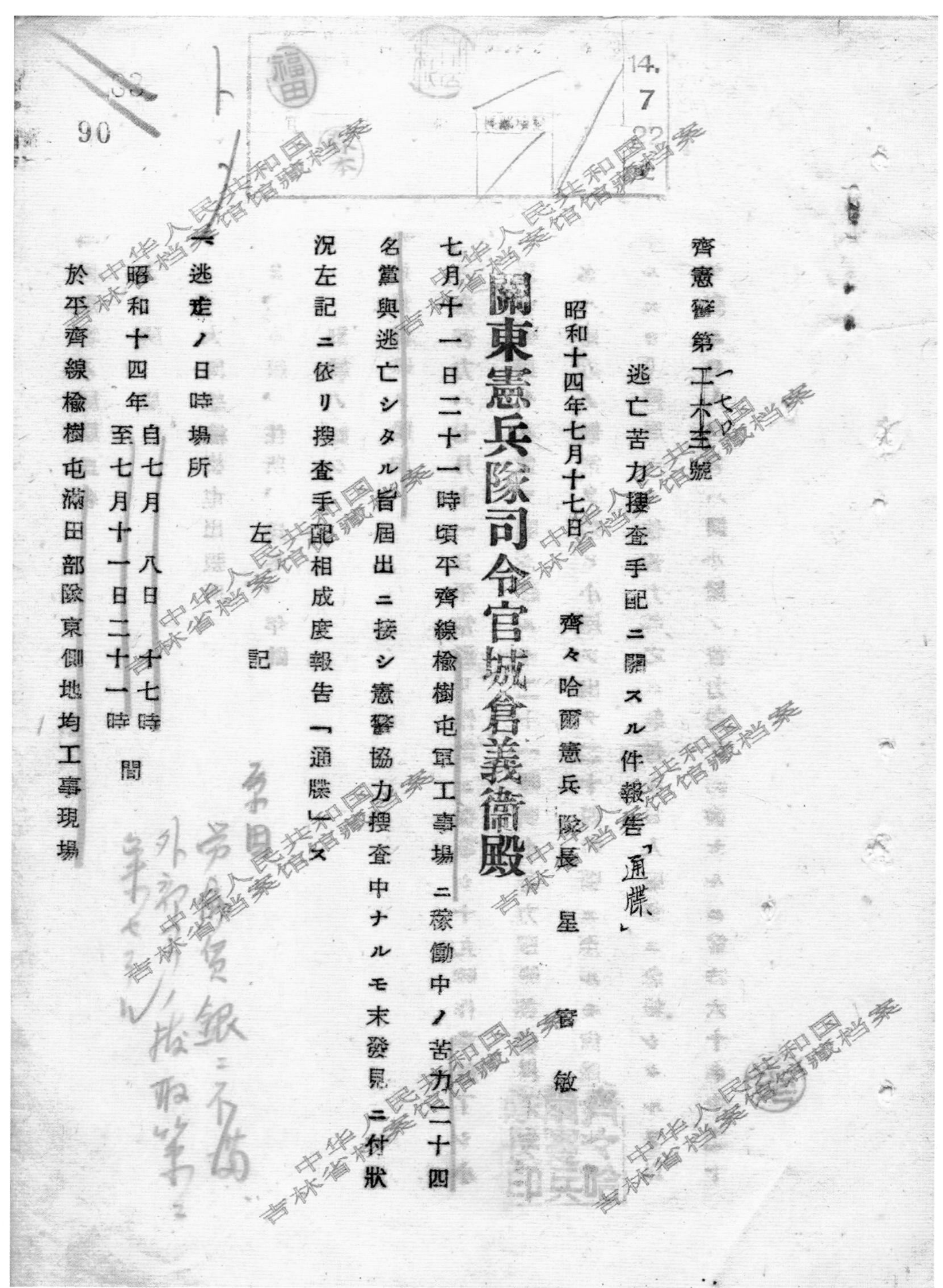

齊憲警第工六三號

逃亡苦力搜査手配ニ關スル件報告「通牒」

昭和十四年七月十七日 齊々哈爾憲兵隊長 星 實敏

關東憲兵隊司令官城倉義衛殿

七月十一日二十一時頃平齊線楡樹屯軍工事場ニ稼働中ノ苦力二十四名黨與逃亡シタル旨届出ニ接シ憲警協力搜査中ナルモ未發見ニ付狀況左記ニ依リ搜査手配相成度報告「通牒」ス

左記

一、逃走ノ日時場所

昭和十四年 自七月八日十七時 至七月十一日二十一時 間

於平齊線楡樹屯滿田部隊東側地均工事現場

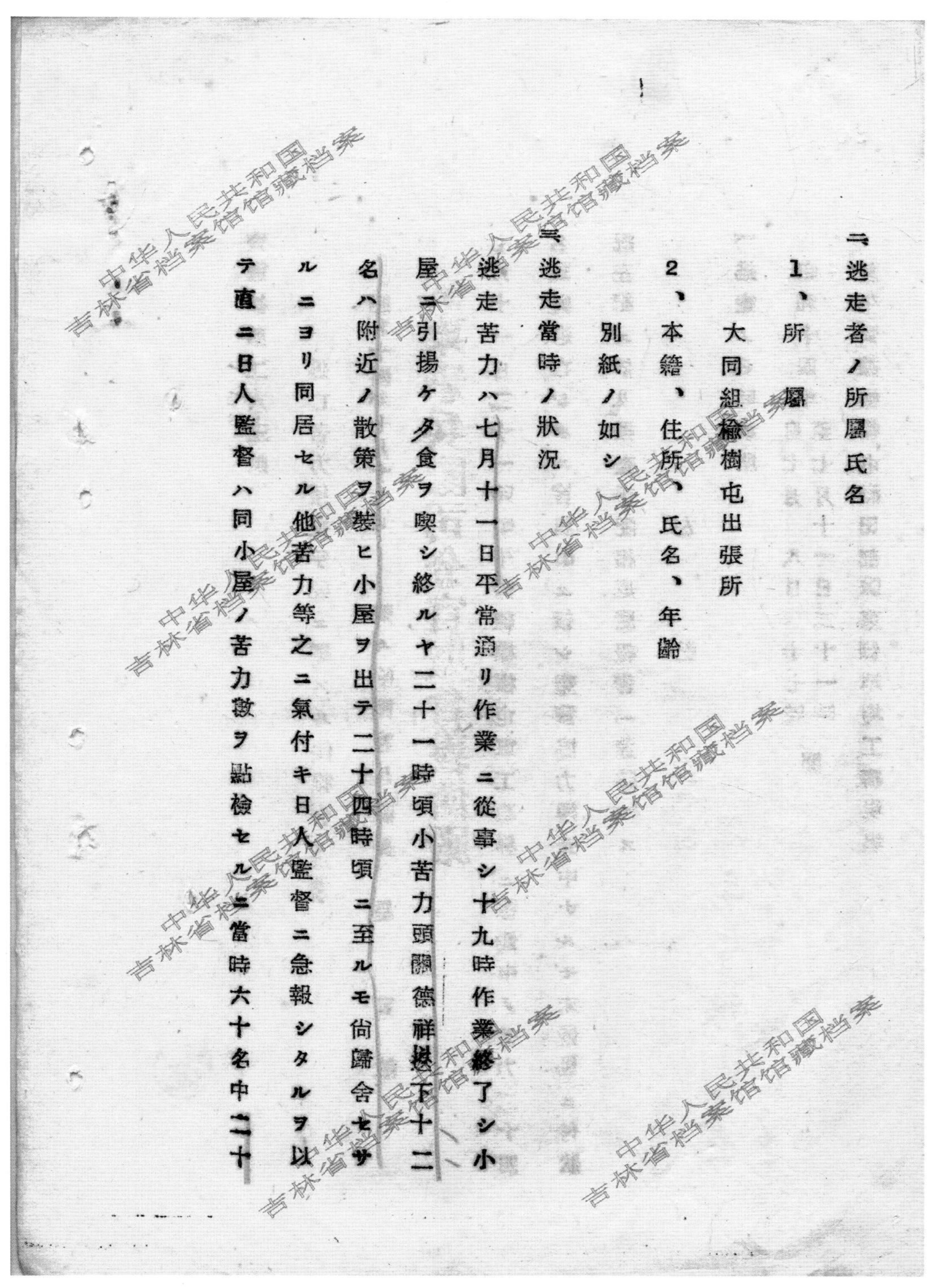

二、逃走者ノ所屬氏名

1、所屬

大同組楡樹屯出張所

2、本籍、住所、氏名、年齢

別紙ノ如シ

三、逃走當時ノ狀況

逃走苦力ハ七月十一日平常通リ作業ニ從事シ十九時作業終了シ小屋ニ引揚ケ夕食ヲ喫シ終ルヤ二十一時頃小苦力頭關德祥以下十二名ハ附近ノ散策ヲ裝ヒ小屋ヲ出テ二十四時頃ニ至ルモ尚歸舍セサルニヨリ同居セル他苦力等之ニ氣付キ日人監督ニ急報シタルヲ以テ直ニ日人監督ハ同小屋ノ苦力數ヲ點檢セルニ當時六十名中二十

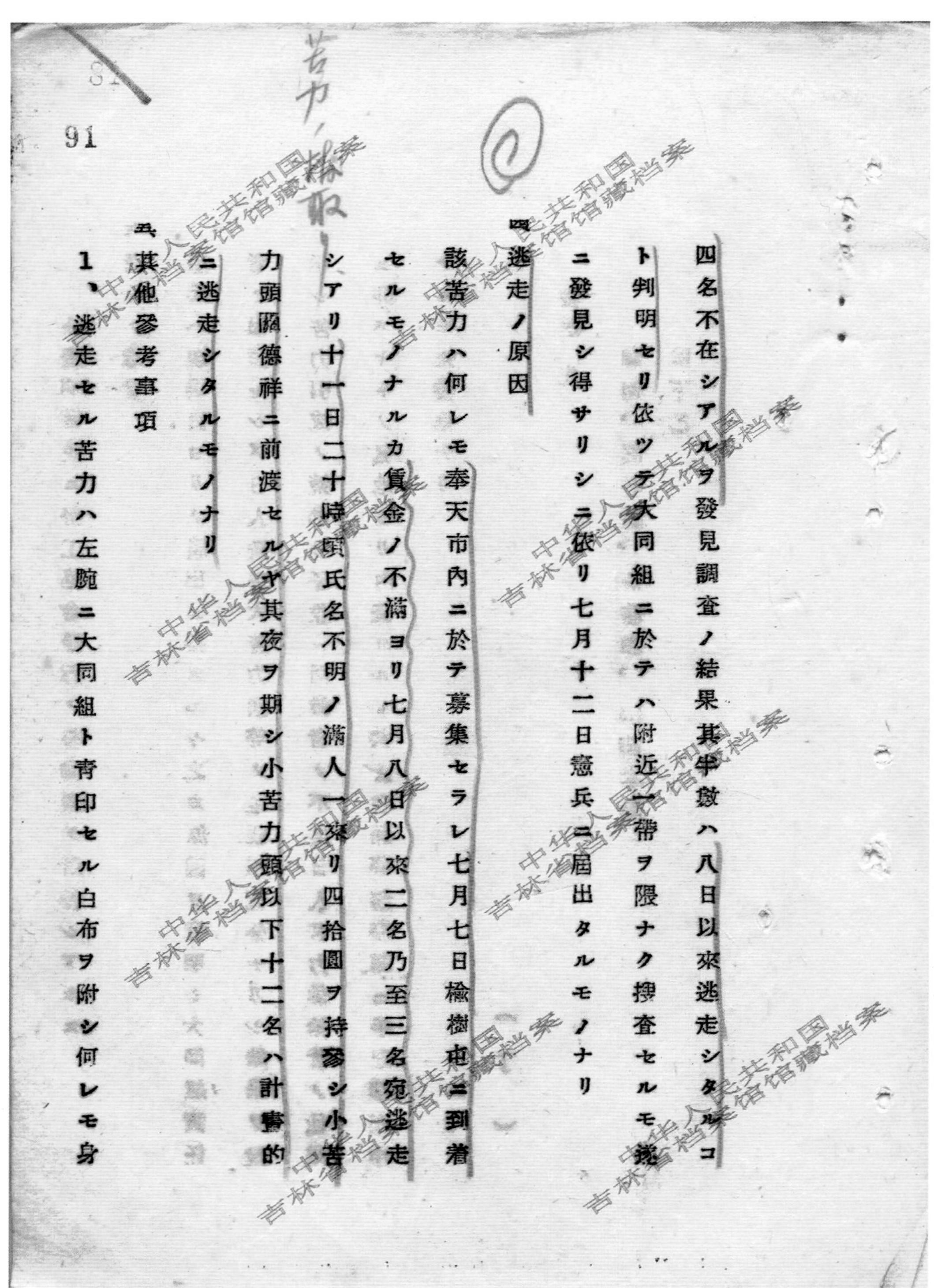
91

四名不在シアルヲ發見調査ノ結果其半數ハ八日以來逃走シタルコト判明セリ依ツテ大同組ニ於テハ附近一帶ヲ隈ナク搜査セルモ遂ニ發見シ得サリシニ依リ七月十二日憲兵ニ屆出タルモノナリ

四、逃走ノ原因

該苦力ハ何レモ奉天市内ニ於テ募集セラレ七月七日楡樹屯ニ到着セルモノナルカ賃金ノ不滿ヨリ七月八日以來二名乃至三名宛逃走シアリ十一日二十時頃氏名不明ノ滿人一來リ四拾圓ヲ持參シ小苦力頭閻德祥ニ前渡セルヤ其夜ヲ期シ小苦力頭以下十二名ハ計畫的ニ逃走シタルモノナリ

五、其他參考事項

1、逃走セル苦力ハ左腕ニ大同組ト青印セル白布ヲ附シ何レモ身

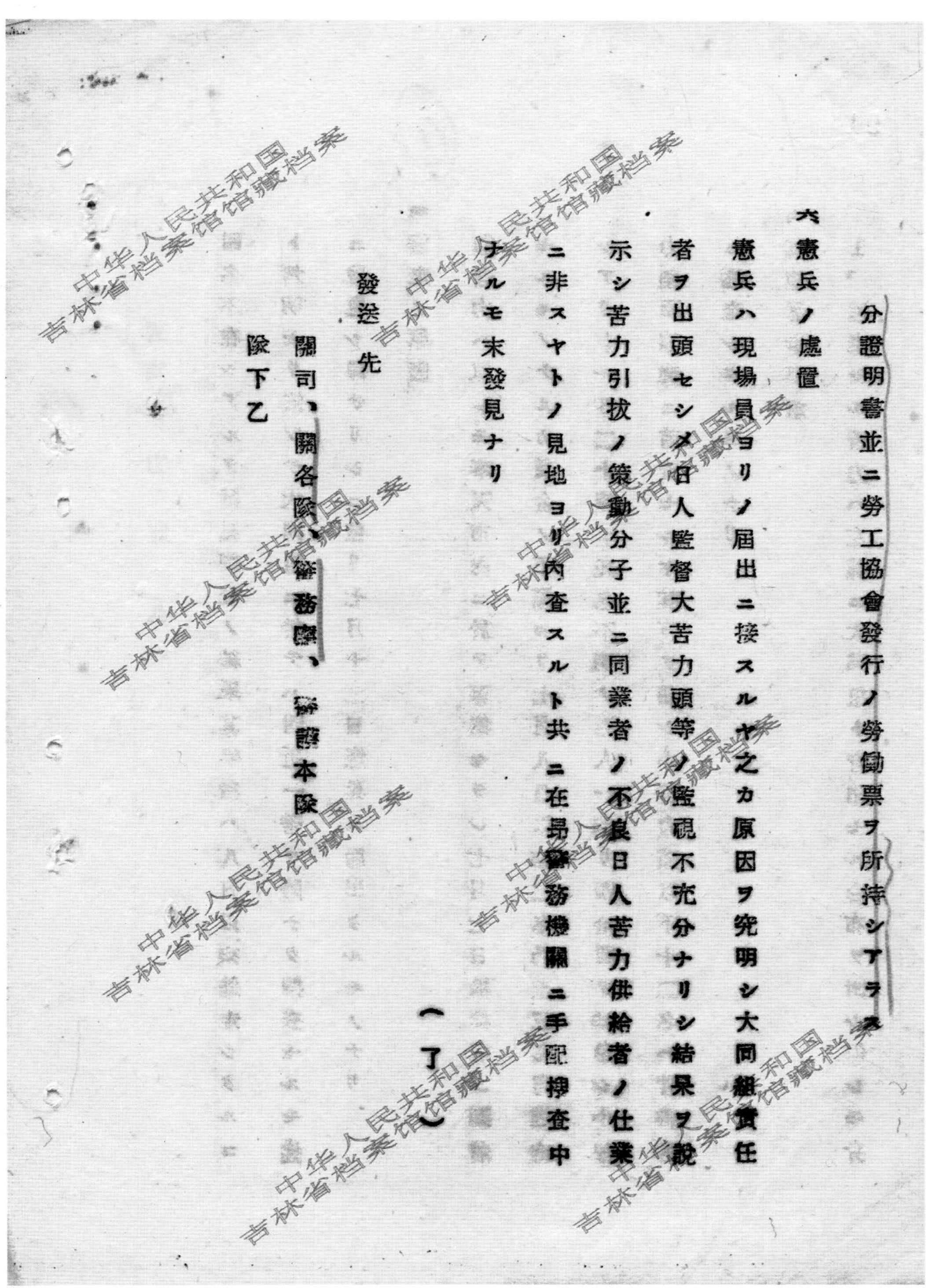

分證明書並ニ勞工協會發行ノ勞働票ヲ所持シアラス

六、憲兵ノ處置

憲兵ハ現場員ヨリノ屆出ニ接スルヤ之カ原因ヲ究明シ大同組責任者ヲ出頭セシメ日人監督大苦力頭等ノ監視不充分ナリシ結果ヲ說示シ苦力引拔ノ策動分子並ニ同業者ノ不良日人苦力供給者ノ仕業ニ非スヤトノ見地ヨリ內査スルト共ニ在昂警務機關ニ手配搜査中ナルモ未發見ナリ

（了）

發送先

關司、關各隊、警務廳、警護本隊

隊下乙

92

逃走苦力連名簿

氏名	年齢	原籍亦ハ住所
○關德祥	二八	奉天省遼陽縣黃堡
李潤書	二八	錦洲省錦西縣本市
吳鳳山	二五	河北省大成縣本國莊
王秀九	二三	蓋平縣二台子
武林華	二四	山西省開區縣保莊
品長清	二四	河北省欒縣品家屯
干良	二六	熱河省永德縣刘限子
徐王積	二六	河北省欒雷莊
夏德臣	三一	河北省青縣石各莊
李海喜	二六	奉天省本溪縣大胡台
龐樹生	二五	河北省東光縣泰村街
王恩陰	二五	奉天省蓋平縣追池
關安源	二八	山西省　縣五家莊

張餘良	二一	山東省萊洲縣東市莊
張冠榮	三一	河北青縣架記鎮
王玉棡	三一	河京縣市
莊守貴	三九	奉天省遼中縣莊泉窩棚
何國彥	五三	奉天省新民縣大民屯
吳古良	二八	河北省青縣燒鍋張
吳雲昌	三五	熱河省見昌縣黃張子
張散泉	二三	奉天省清陽縣本市
張峯昌	二四	山東省張清洲市
鈎穆易	二五	登洲府遼陽縣良莊
刘亞宜	一九	錦洲省義縣本街
備考	○印ハ小苦力頭ナリ	

제헌경제일칠○호

昭和十四年(1939년)七月十七日 치치할헌병대장 星實敏

관동헌병대사령관 城倉義衛 전하:

7월 11일 21시경, 평제선 위수둔 군사시설현장에서 노동 중이던 24명 인부가 집단도주하였음. 헌경의 협조하에 수사를 진행하였으나 아직 발견하지 못함. 다음과 같은 상황에 근거하여 상응한 수사상황을 보고, 통첩함.

一. 도주 시간과 지점

昭和十四年(1939년)七月八日 17시부터 7월 11일 21시 사이에 평제선 위수툰 滿田부대 동쪽 땅고르기 작업현장.

二. 도주자의 소속과 성명

1. 소속: 大同組위수툰 판사처
2. 원적, 주소, 성명, 연령: 부록에 표시

三. 도주 당시의 상황

7월 11일, 도주한 인부들은 평소와 다름없이 작업을 진행. 19시 작업이 끝난 후 숙소에 돌아와 식사. 21시경, 인부 소두목 관더샹(關德祥)과 기타 12명이 부근에 산책을 나가는 척하면서 외출한 것이 24시가 다 되도록 귀대하지 않음. 같은 숙소의 기타 인부들은 뒤늦게 낌새를 채고 일본인 감독에게 보고, 일본인 감독은 인차 숙소의 인부수를 점검. 60명 중 24명이 없음을 발견. 조사 결과 절반가량이 8일 이후에 이미 도주하였음을 확인. 大同組는 부근 일대를 수색하였지만 발견하지 못함. 7월 12일 헌병에 신고.

四. 도주한 원인

도주한 인부들은 펑탠 시내에서 모집하여 7월 7일 위수둔에 도착. 임금에 불만을 품고 7월 8일 이후부터 두세 명씩 동반도주함. 11일 20시경, 신원을 알 수 없는 만주인이 40원을 갖고 와서 관더샹에게 선불함. 그날 저녁 관더샹을 포함한 이하 12명이 계획적으로 도주.

五. 기타 참고사항

1. 도주한 인부들은 왼손 손목에 大同組의 푸른 도장이 찍힌 흰 천을 매고 있었음. 신분증명서와 인부협회가 발급한 노동표를 소지하지 않음.

六. 헌병의 처리와 대응

헌병은 현장인원의 보고를 접하고 원인을 규명코자 大同組의 책임자를 내세워 조사. 일본인 감독과 인부두목의 감독불충분이 낳은 결과로 판단. 인부가 뽑은 책동분자 혹은 동업자인 불량 일본인 인부공급자의 소행이 아닌지 내부조사 중에 있음. 동시에 在昂경무기관에 수사를 포치, 아직 발견하지 못함.

발송단위: 관사, 관 각대, 경무청, 경호본대, 대하을

도주인부연락명단		
성명	연령	원적지 혹은 주소
○관더샹	28	펑탠성 료우양현 황보우
리룬수	28	진저우성 진시현 번시
우펑산	25	허버이성 따청현 번궈장
왕슈쥬	25	까이핑현 얼타이즈
우린춰이	24	산시성 카이취현 보우장
핀창칭	24	허버이성 러현 핀쟈둔
깐량	26	러허성 융더현 류쌘즈
닝왕지	26	허버이성 러러이장
샤더천	31	허버이성 칭현 스거장
리하이시	26	펑탠성 번시현 따후타이
팡수성	25	허버이성 둥광현 타이춘가

도주인부연락명단		
성명	연령	원적지 혹은 주소
왕언인	25	펑탠성 까이핑현 쎄츠
관안푸	28	산시성 □현 우쟈장
장위량	21	산둥성 이저우현 둥스장
장관라이	31	허버이성 칭현 쟈지진
왕위구	31	허징현시
좡서우궈이	39	펑탠성 료중현 좡쵄와자
허궈이	53	펑탠성 신민현 다민둔
우구량	28	허버이성 칭룽현 소궈장
우원창	35	러허성 잰창현 황장즈
장징쵄	23	펑탠성 칭양현 번시
장춰이창	24	산둥성 쟝칭저우시
□무이	25	덩주어부 료우양현 량장
류야이	19	진저우성 이현 번가
비고	○은 인부 소두목을 가리킴	

44

서류해독

앤지헌병대의 『우쟈즈(五家子)군사시공현장 인부사용상황에 관한 보고(통첩)』

이 서류는 昭和十四年(1939년)七月十四日 앤지헌병대장 磯高麿가 작성한 훈춘현 징신촌 우쟈즈 군사시설시공을 위해 모집한 인부가 도착, 사망, 병환, 도주한 상황에 관한 보고이다. 서류의 기재에 따르면 昭和十四年 4월 15일부터 5월 31일까지 산둥 등지에서 모집한 1026명의 인부가 다랜(大連), 푸란댄(普蘭店) 등지에 집합한 후 9차에 걸쳐 훈춘(琿春)현 징신(敬信)촌 우쟈즈에 와서 군사시설 건설작업에 참가하였다. 인부들이 도착한 후 연이어 19명이 사망했고 78명이 병에 걸렸고 8명이 도주하였다. 조사에 의하면 사망과 발병원인은 주로 이상기후와 거주지의 습도가 높아서였다. 8명 도주자 중 7명이 도주 후 하루 혹은 이틀 사이에 체포되었다. 우쟈즈 군사시공현장은 중소 변경에 위치하였기에 일본침략군은 소련간첩을 몹시 경계하였다. 방첩에서 만전을 기하기 위하여 일본침략군은 인부의 운송, 관리, 치료 등에서 아주 신중한 조치를 취하였고 인부에 대해 엄격한 관리를 실시하였다.

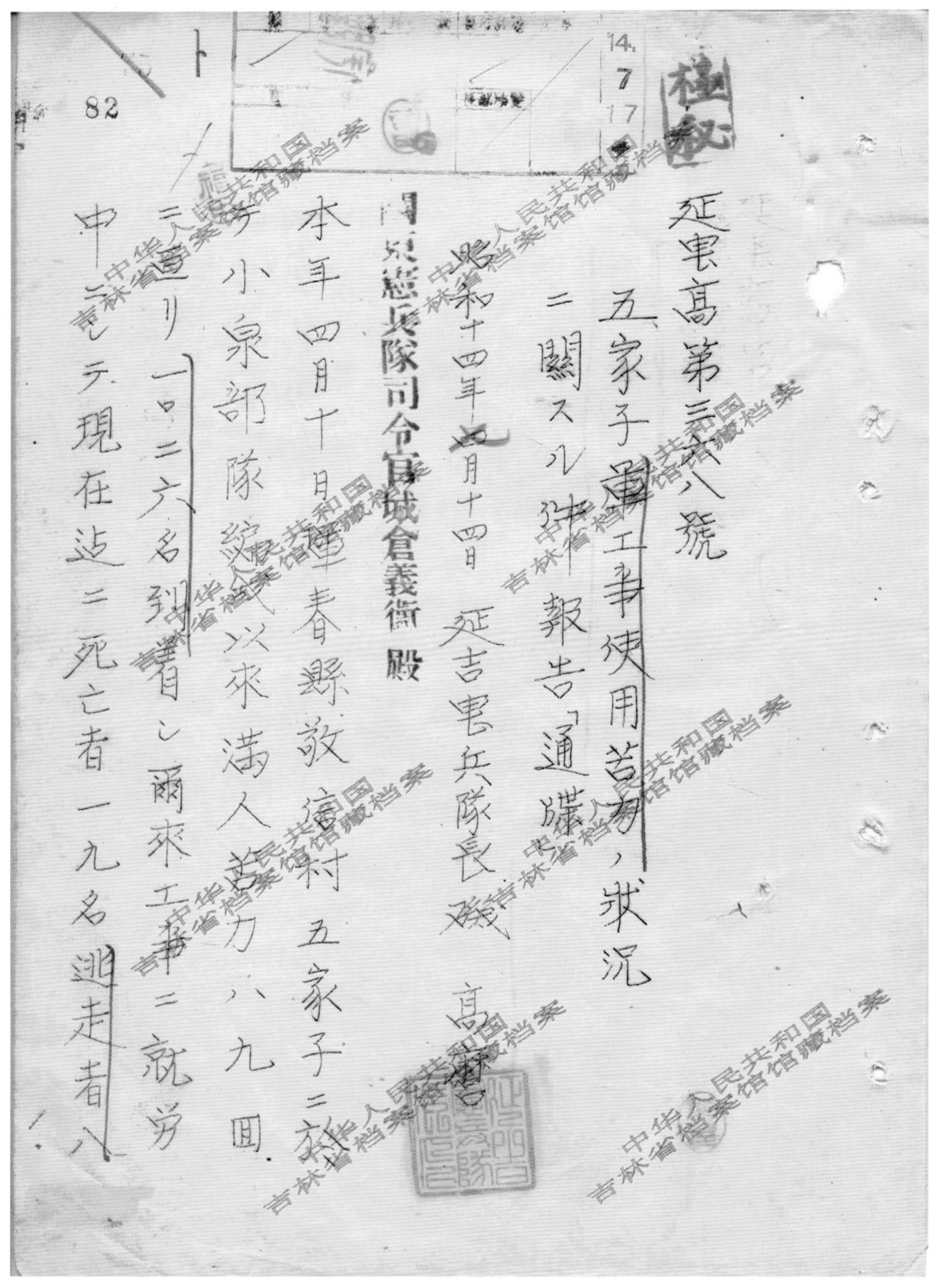

82

延憲高第三六八號

五家子軍工事使用苦力ノ状況ニ關スル件報告「通牒」

昭和十四年七月十四日 延吉憲兵隊長 高

關東憲兵隊司令官城倉義衛殿

本年四月十日頃琿春縣敬信村五家子ニ於テ小泉部隊[illegible]以來満人苦力八九〇名ニ達リ一〇二六名到着シ爾来工事ニ就労中ニシテ現在迄ニ死亡者一九名逃走者八

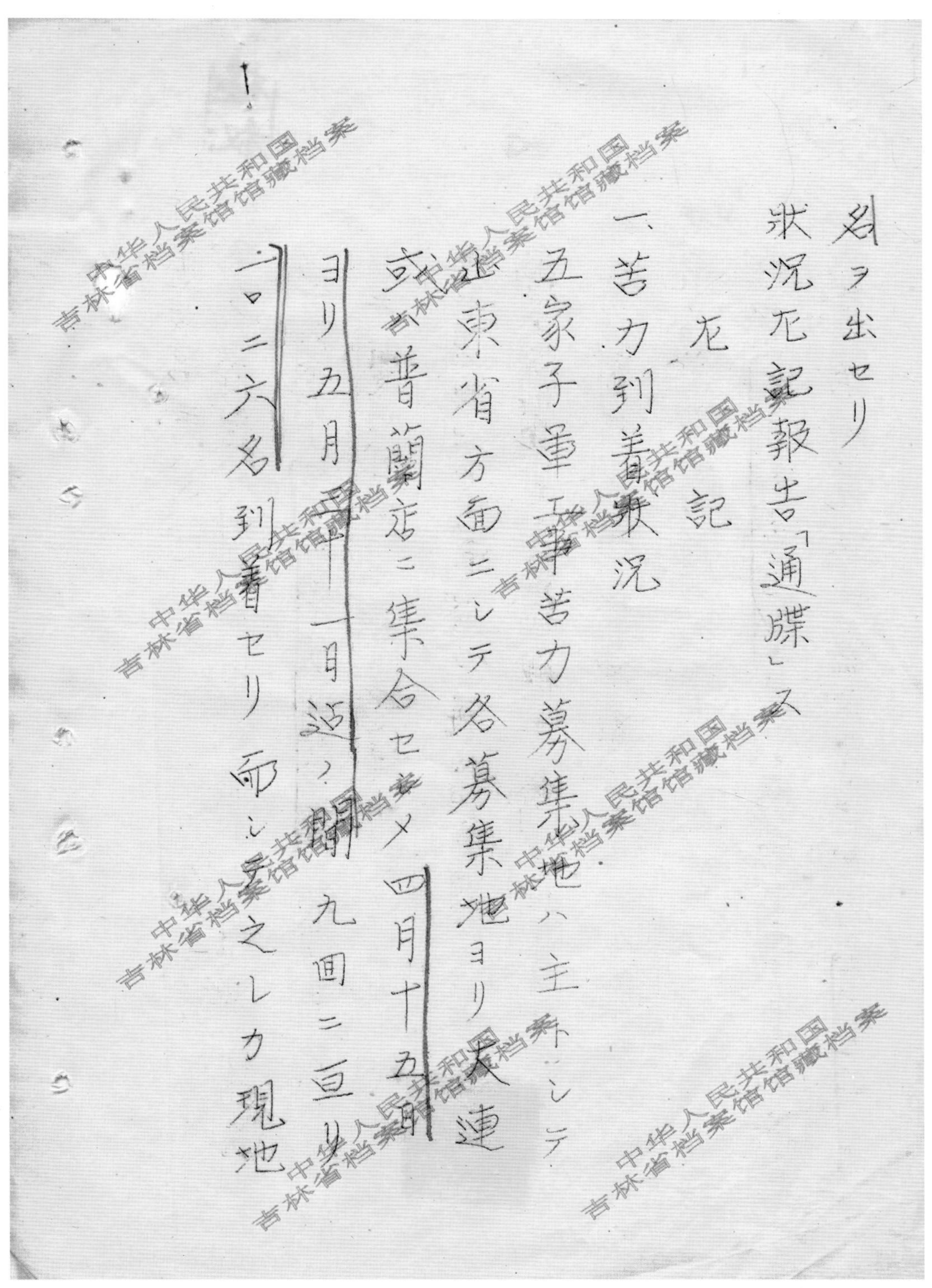
名ヲ出セリ
状況左記報告「通牒」ス
左　記
一、苦力到着状況
五家子軍工事苦力募集地ハ主トシテ
山東省方面ニシテ各募集地ヨリ大連
或ハ普蘭店ニ集合セシメ四月十五日
ヨリ五月三十一日迄ノ間九回ニ亘リ
一〇二六名到着セリ而シテ之レカ現地

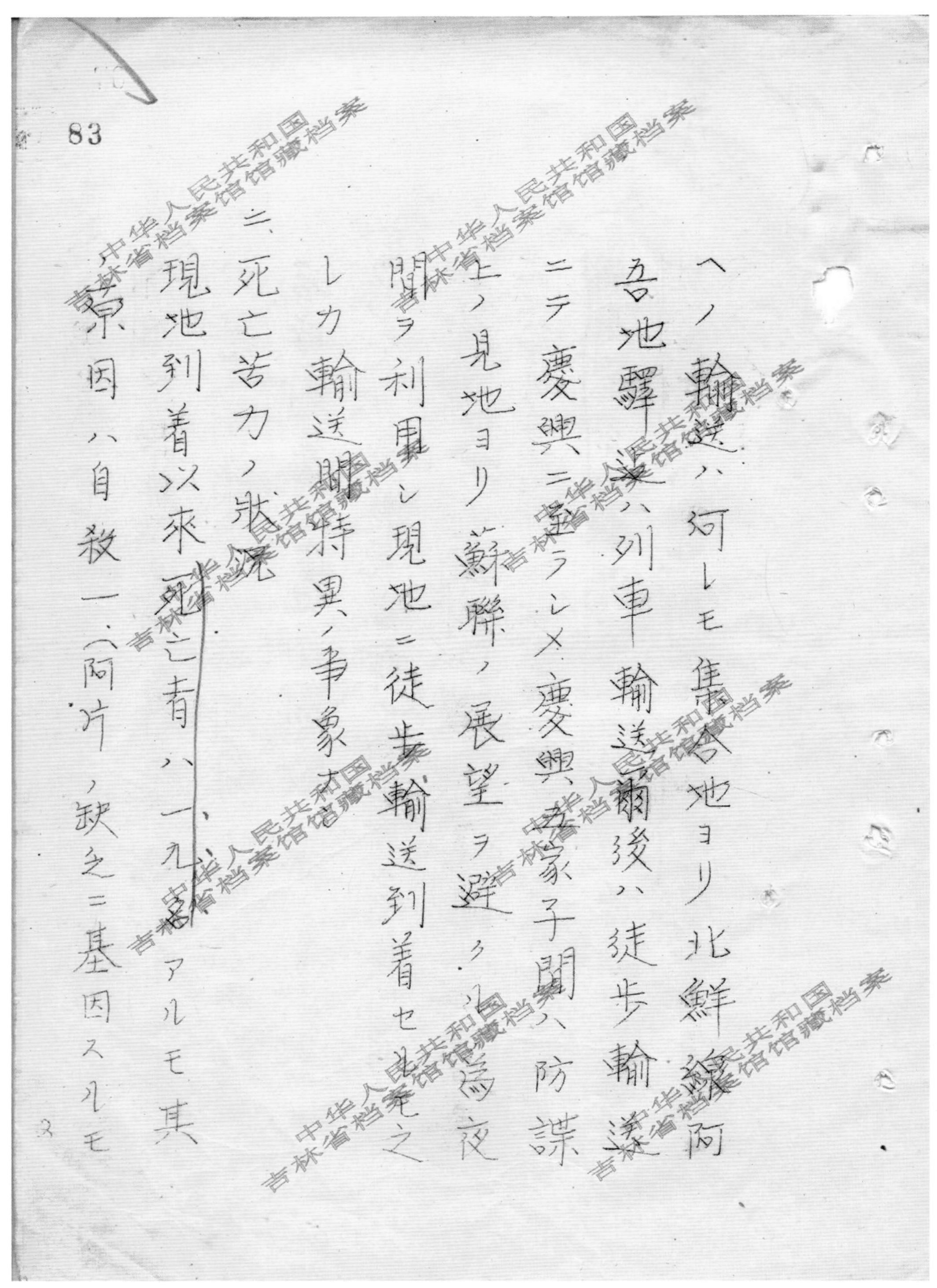

83

ヘノ輸送ハ何レモ集合地ヨリ北鮮線阿
吾地驛迄ハ列車輸送爾後ハ徒歩輸送
ニテ慶興ニ至ラシメ慶興、孟家子間ハ防諜
上ノ見地ヨリ蘇聯ノ展望ヲ避ケル爲夜
間ヲ利用シ現地ニ徒歩輸送到着セルモ之
レカ輸送間特異ノ事象ナシ
三、死亡苦力ノ状況
現地到着以来死亡者ハ一九名アルモ其
原因ハ自殺一、阿片ノ缺乏ニ基因スルモ

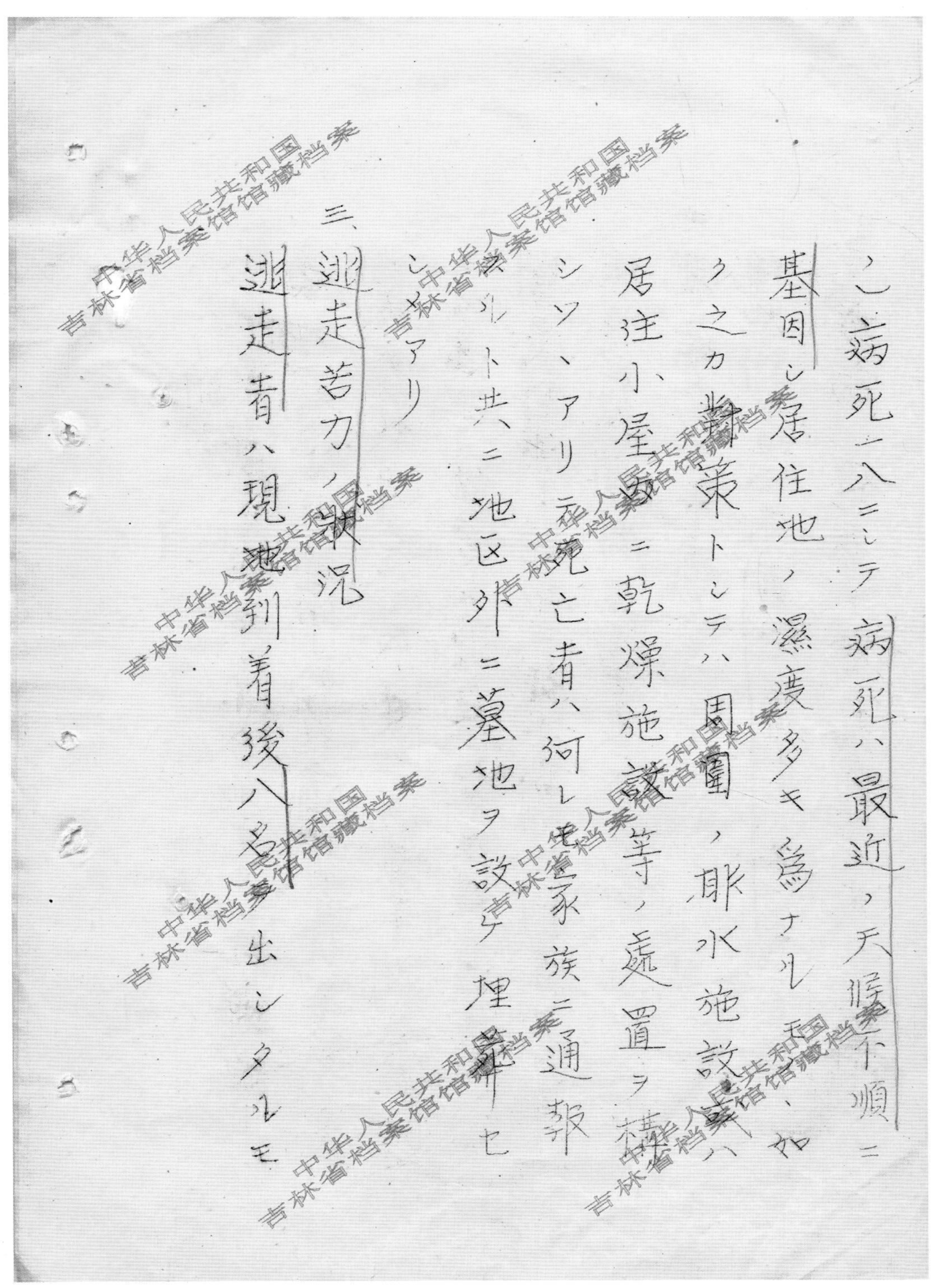

乙、病死一八二ニシテ病死ハ最近ノ天候不順ニ
基因シ居住地ノ濕度多キ為ナル點、加
ク之カ對策トシテハ周圍ノ排水施設或ハ
居住小屋内ニ乾燥施設等ノ處置ヲ構
シツヽアリ病死亡者ハ何レモ家族ニ通報
スルト共ニ地区外ニ墓地ヲ設ケ埋葬セ
シメアリ

三、逃走苦力ノ状況
逃走者ハ現地到着後ハ多出シタルモ

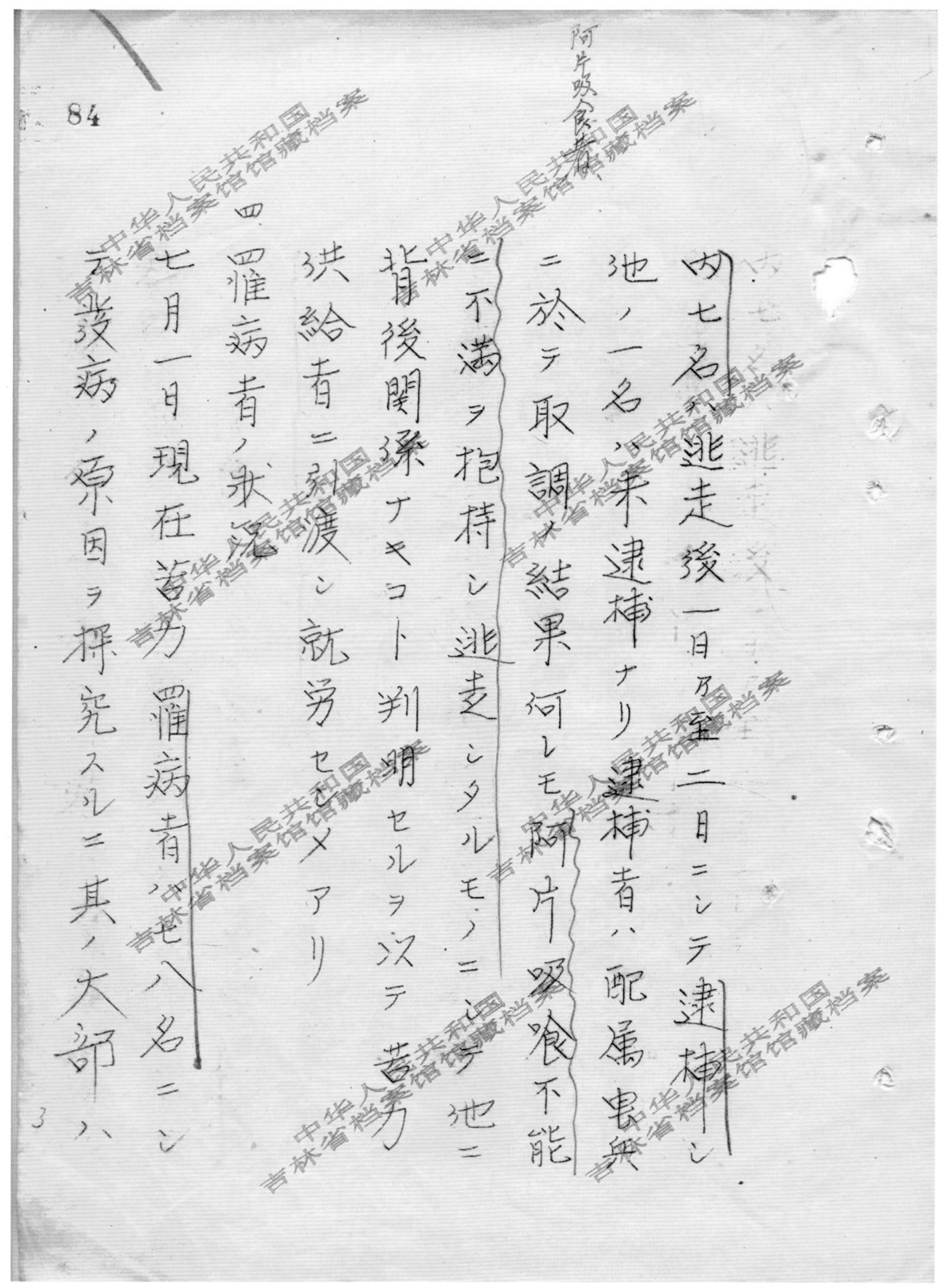
84

内七名ハ逃走後一日乃至二日ニシテ逮捕シ
他ノ一名ハ未逮捕ナリ逮捕者ハ配属憲兵
ニ於テ取調ノ結果何レモ阿片吸食不能（阿片吸食者）
ニ不満ヲ抱持シ逃走シタルモノニシテ他ニ
背後関係ナキコト判明セルヲ以テ苦力
供給者ニ引渡シ就労セシメアリ
四、罹病者ノ状況
七月一日現在苦力罹病者ハ七八名ニシ
テ発病ノ原因ヲ探究スルニ其ノ大部ハ

3

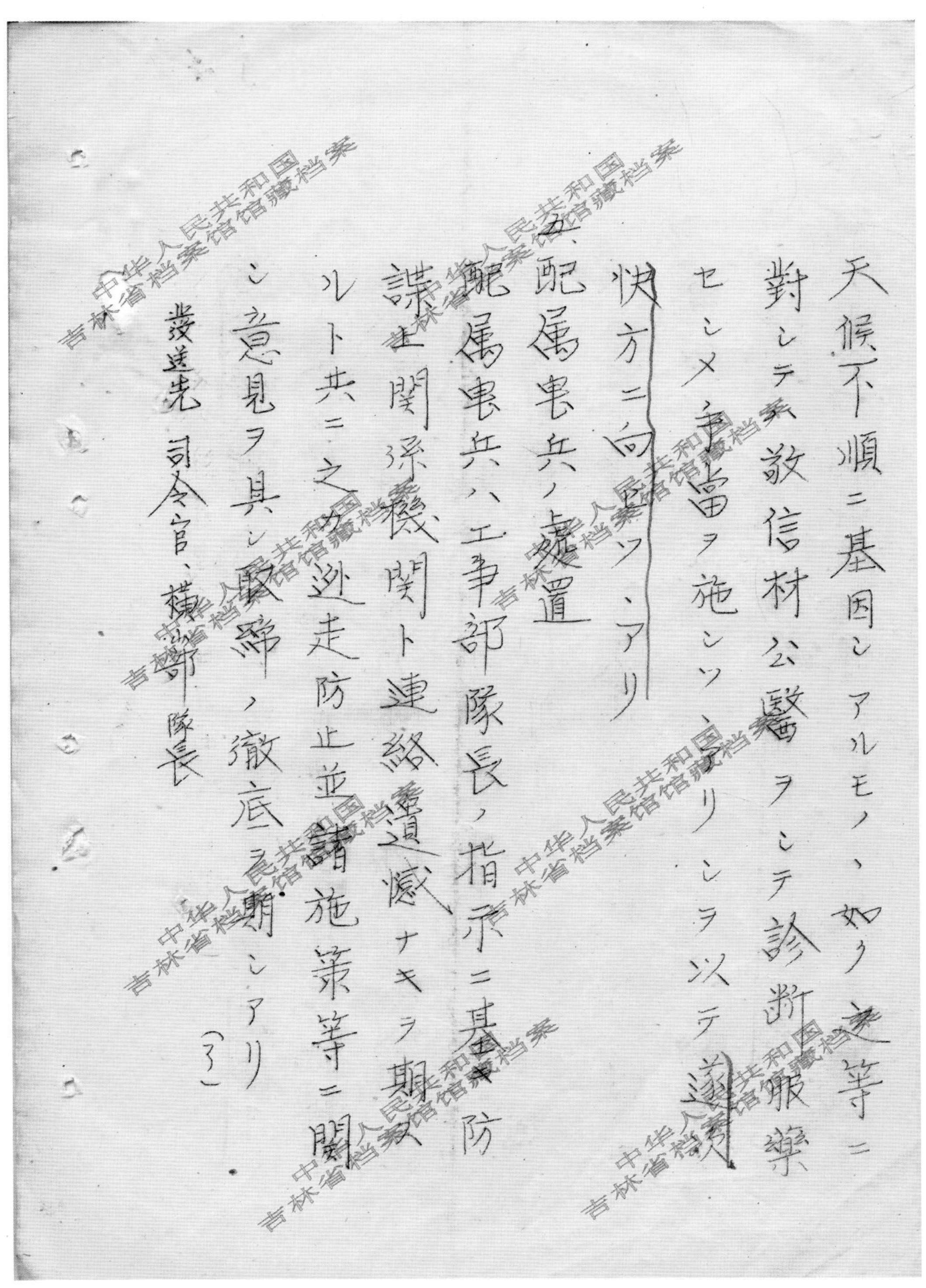

天候不順ニ基因シアルモノヽ如ク之等ニ
對シテハ敬信材公醫ヲシテ診斷服藥
セシメ手當ヲ施シツヽアリシヲ以テ遂次
快方ニ向ヒツヽアリ

五、配屬患兵ノ處置

配屬患兵ハ工事部隊長ノ指示ニ基キ防
諜上關係機關ト連絡遺憾ナキヲ期ス
ルト共ニ之ガ逃走防止並ニ諸施策等ニ關
シ意見ヲ具シ取締ノ徹底ヲ期シアリ

（了）

發送先 司令官、横部隊長

延憲高第三六八號

우쟈즈 군사시설현장의 인부사역상황에 관한 보고(통첩)

昭和十四年(1939년)七月十四日　앤지헌병대장 磯高麿

관동헌병대사령관 城倉義衛 전하:

올 4월 10일 훈춘현 징신촌 우쟈즈 지역에서 小泉부대가 성립된 이래 선후로 9차 나누어 1026명의 만주인 인부가 도착하여 군사시설 시공에 들어갔음. 현재 사망자 19명, 도주자 8명 발생.

구체적 상황은 아래와 같이 보고함.

一. 인부의 도착 상황

우쟈즈 군사시공인부는 주로 산둥성에서 모집, 각 모집지역에서 다랜과 푸란댄 등지에 집결하였음. 4월 15일부터 5월 30일까지 선후로 9차 나누어 1026명의 만주인 인부가 도착. 인부의 운송은 집결지에서 열차로 북선선(北鮮線) 아오지역에 내린 후 도보로 경흥에 도착. 경흥으로부터 우쟈즈 사이의 방첩수요로 말미암아 될수록 소련의 조망을 피하려고 했음. 때문에 야간에 걸어서 목적지로 도착함. 운송과정 중 특이사항 없음.

二. 사망인부의 상황

시공현장에 도착 후 연이어 19명이 사망. 그 사망 원인은 자살 1명(아편이 없으므로), 병사자 18명임. 병사 원인은 최근 기후가 이상하고 거주지의 습도가 높았기 때문임. 대응책은 주변에 배수시설을 설치하거나 거주 가옥 내에 건조시설을 설치하는 것임. 사망자 가족에 사망소식을 알리는 동시에 거주지 밖에 사망자를 매장함.

三. 도주인부의 상황

인부들이 시공현장에 도착 후 선후로 8명의 도주자가 발생. 그중 7명은 도주 후의 하루 이틀 사이에 체포함. 나머지 한 명은 아직 체포하지 못했음. 소속 헌병이 체포된 인부를 취조한 결과 도주 원인이 아편 흡입이 불가하여 불만정서가 생긴 것으로 판명, 배후 연관이 없는 것으로 판단. 따라서 인부공급자에게 체포인부를 인도하고 노동에 참가시킴.

四. 환자의 상황

7월 1일부터 현재까지 인부 중 발병자가 78명임. 발병 원인을 따져본 결과 이상기후로 기인된 것. 징신촌의 의사가 진단 후 약을 복용시킴. 일정한 조치를 취한 결과 점차 호전됨.

五. 배속헌병의 처리조치

배속헌병은 시공부대의 지시에 따라 방첩을 위하여 상관기관과 긴밀히 연락을 취하고 있음. 동시에 도주방지 및 각종 책략 실시에 관해 구체적 의견을 제시함으로써 인부에 대해 철저한 관리를 하도록 함.

발송부서: 사령관, 横山부대장

45

서류해독

관동헌병대의『군사시공 중 사역하던 특수인부가 일본군을 단체습격 후 도주한 사건에 관한 보고』

이 서류는 昭和十八年(1943년)九月二十二日 관동헌병대사령관이 둥닝현 일본침략군 제오칠○부대의 43명 특수인부가 인부숙소의 위병을 살상하고 무기와 탄약을 탈취하여 도주한 상황에 관한 보고이다. 서류 기재에 따르면 昭和十八年九月十一日 43명의 특수인부가 둥닝현 스먼즈 잰창거우 일본침략군 제오칠○부대 인부숙소의 위병과 위병소를 습격, 위병을 살상 후 무기와 탄약을 탈취하여 도주하였다. 이 사건이 발생한 후 일본침략군 유관 부대는 전부의 병력을 동원하여 국경지대를 봉쇄하고 수색을 벌였다. 부분적인 도주 인부는 소련으로 들어갔다. 이번 습격 및 도주 사건의 기획자는 공산당 부대의 포로였다. 인부들이 도주한 지점의 맞은편이 바로 소련이었다. 11일 20시부터 12일 4시 15분까지 적, 남, 백 삼색신호탄 15발을 발사한 점으로 미루어 보아 이번 도주는 소련측의 계획하에 실시된 것으로 판단된다.

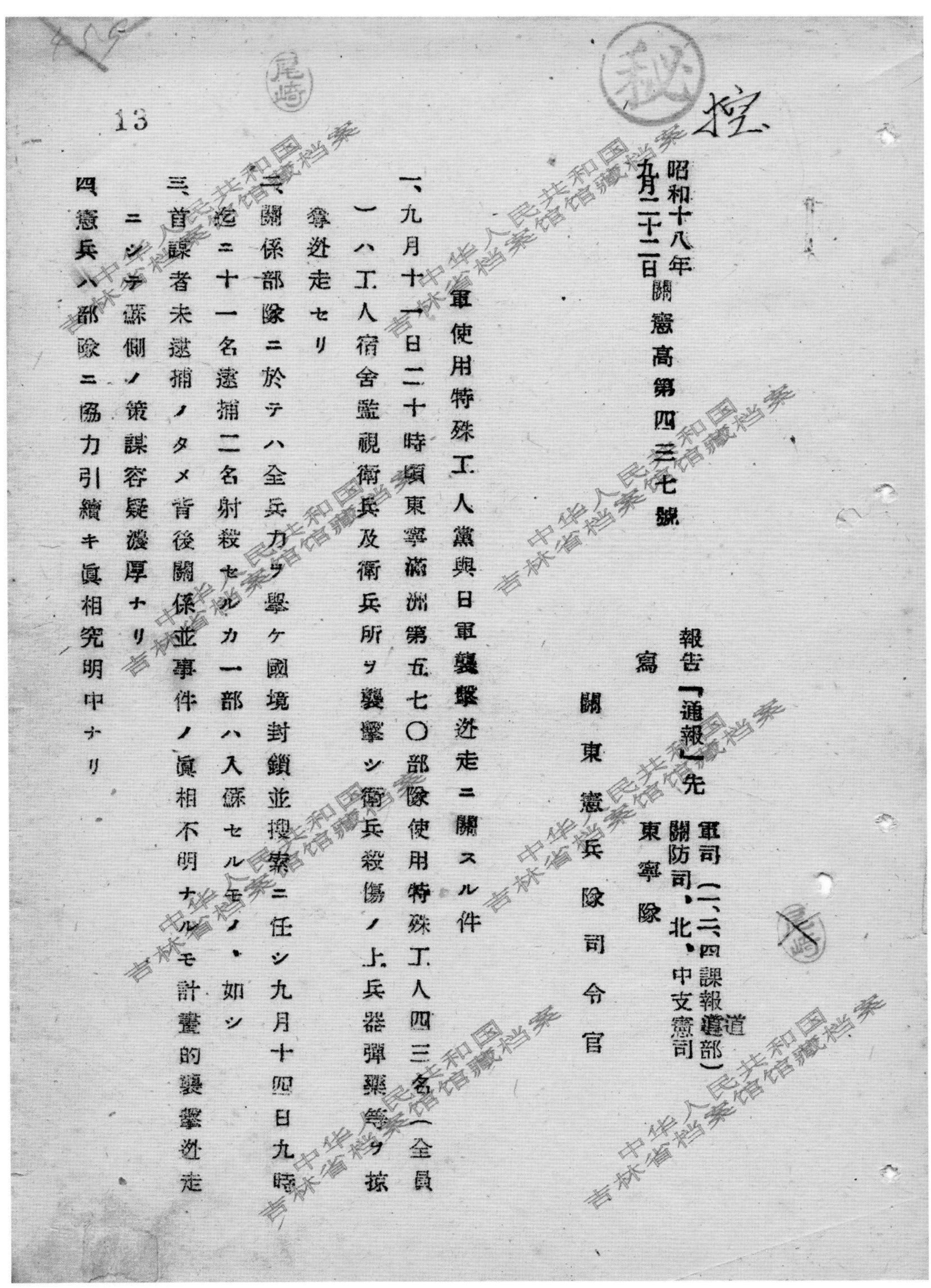

13

秘 控

昭和十八年九月二十二日 關憲高第四三七號

報告「通報」先 軍司（一、三、四課報道部） 關防司、北、中支憲司

寫 東寧隊

關東憲兵隊司令官

軍使用特殊工人黨與日軍襲擊逃走ニ關スル件

一、九月十一日二十時頃東寧滿洲第五七〇部隊使用特殊工人四三名ハ全員一ハ工人宿舍監視衛兵及衛兵所ヲ襲擊シ衛兵殺傷ノ上兵器彈藥等ヲ掠奪逃走セリ

二、關係部隊ニ於テハ全兵力ヲ擧ケ國境封鎖並搜索ニ任シ九月十四日九時迄ニ十一名逮捕二名射殺セルカ一部ハ入蘇セルモノヽ如シ

三、首謀者未逮捕ノタメ背後關係並事件ノ眞相不明ナルモ計畫的襲擊逃走ニシテ蘇側ノ諜謀容疑濃厚ナリ

四、憲兵ハ部隊ニ協力引續キ眞相究明中ナリ

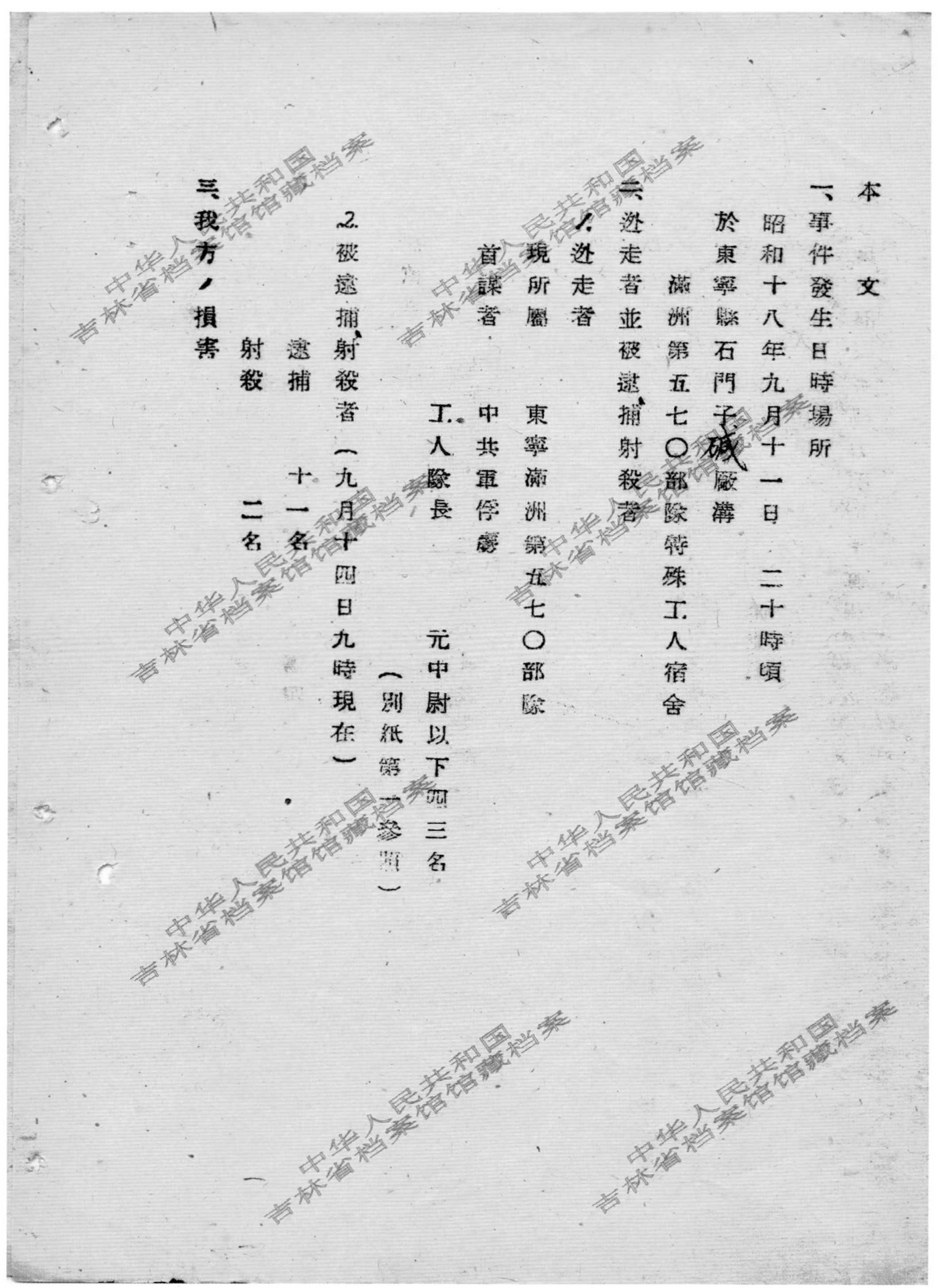

本文

一、事件發生日時場所

昭和十八年九月十一日　二十時頃

於東寧縣石門子碱廠溝

滿洲第五七〇部隊特殊工人宿舍

二、逃走者並被逮捕射殺者

1. 逃走者

現所屬　東寧滿洲第五七〇部隊

首謀者　中共軍俘虜

工人隊長　元中尉以下四三名

（別紙第一参照）

2. 被逮捕射殺者（九月十四日九時現在）

逮捕　十一名

射殺　二名

三、我方ノ損害

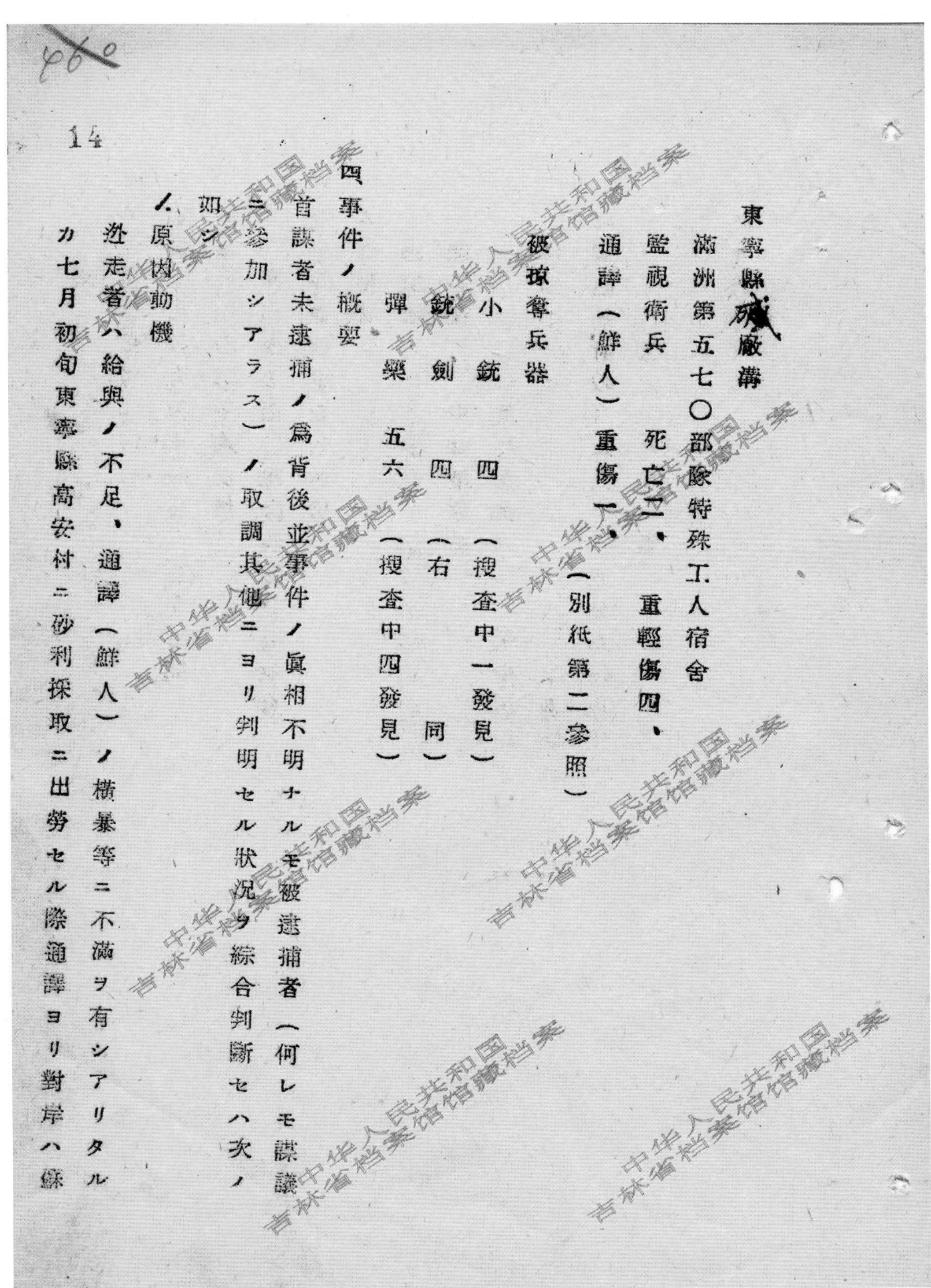

14

東寧縣碱廠溝

滿洲第五七〇部隊特殊工人宿舍

監視衛兵　死亡二、重輕傷四、

通譯（鮮人）重傷一、（別紙第二參照）

被掠奪兵器

小銃　四　（捜査中一發見）

銃劍　四　（右　同）

彈藥　五六　（捜査中四發見）

四、事件ノ概要

首謀者未逮捕ノ爲背後並事件ノ眞相不明ナルモ被逮捕者（何レモ謀議ニ參加シアラス）ノ取調其他ニヨリ判明セル狀況ヲ綜合判斷セハ次ノ如シ

1、原因動機

逃走者ハ給與ノ不足、通譯（鮮人）ノ横暴等ニ不滿ヲ有シアリタルカ七月初旬東寧縣高安村ニ砂利採取ニ出勞セル際通譯ヨリ對岸ハ蘇

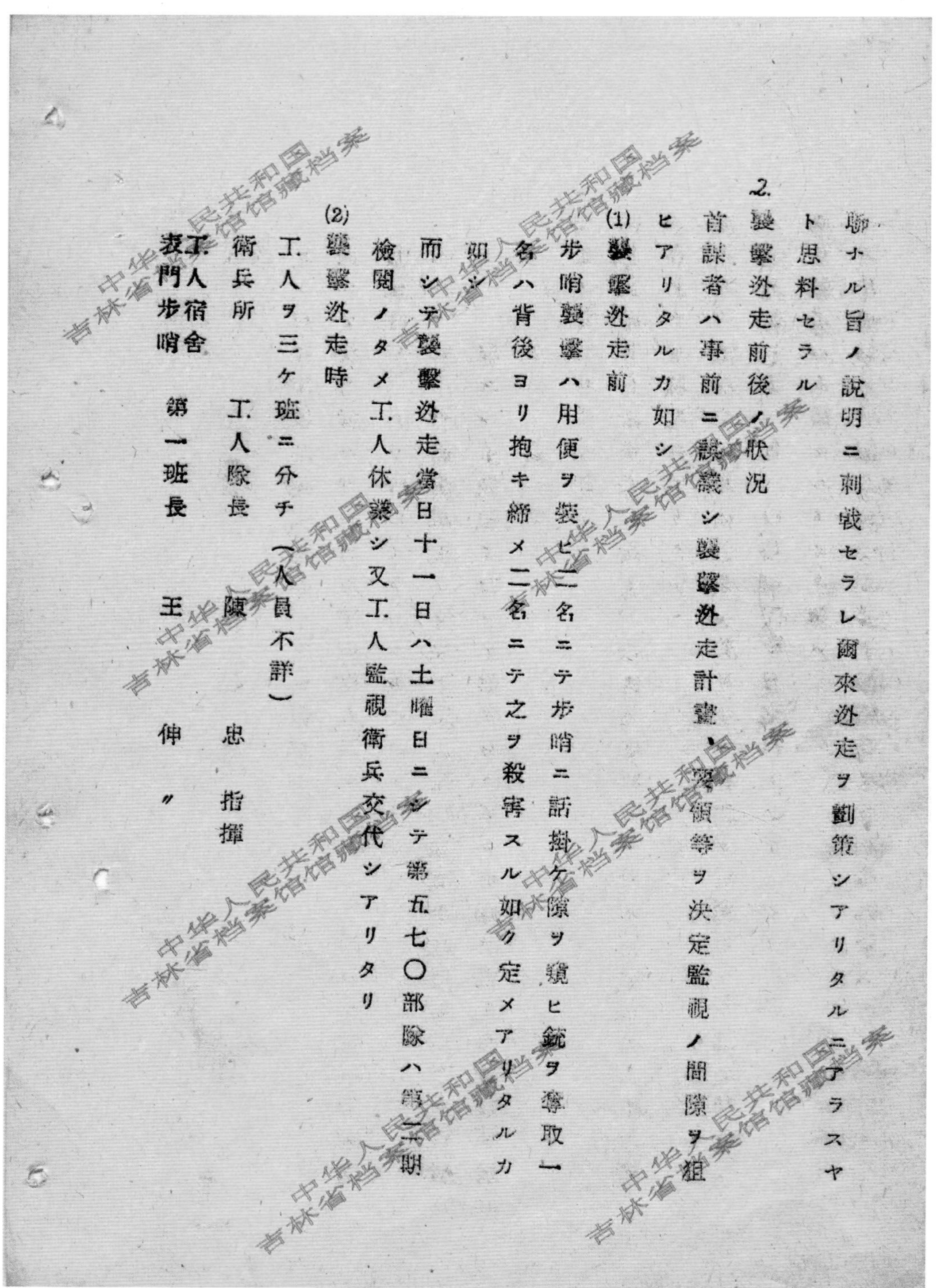

聯ナル旨ノ説明ニ刺戟セラレ爾來逃走ヲ劃策シアリタルニアラスヤト思料セラル

2. 襲撃逃走前後ノ状況

首謀者ハ事前ニ謀議シ襲撃逃走計畫、要領等ヲ決定監視ノ間隙ヲ狙ヒアリタルカ如シ

(1) 襲撃逃走前

歩哨襲撃ハ用便ヲ装ヒ二名ニテ歩哨ニ話掛ケ隙ヲ窺ヒ銃ヲ奪取一名ハ背後ヨリ抱キ締メ二名ニテ之ヲ殺害スル如ク定メアリタルカ如シ

而シテ襲撃逃走當日十一日ハ土曜日ニシテ第五七〇部隊ハ第二期檢閲ノタメ工人休業シ又工人監視衛兵交代シアリタリ

(2) 襲撃逃走時

工人ヲ三ケ班ニ分チ(人員不詳)

衛兵所 工人隊長 陳忠 指揮

工人宿舍
表門歩哨 第一班長 王伸 〃

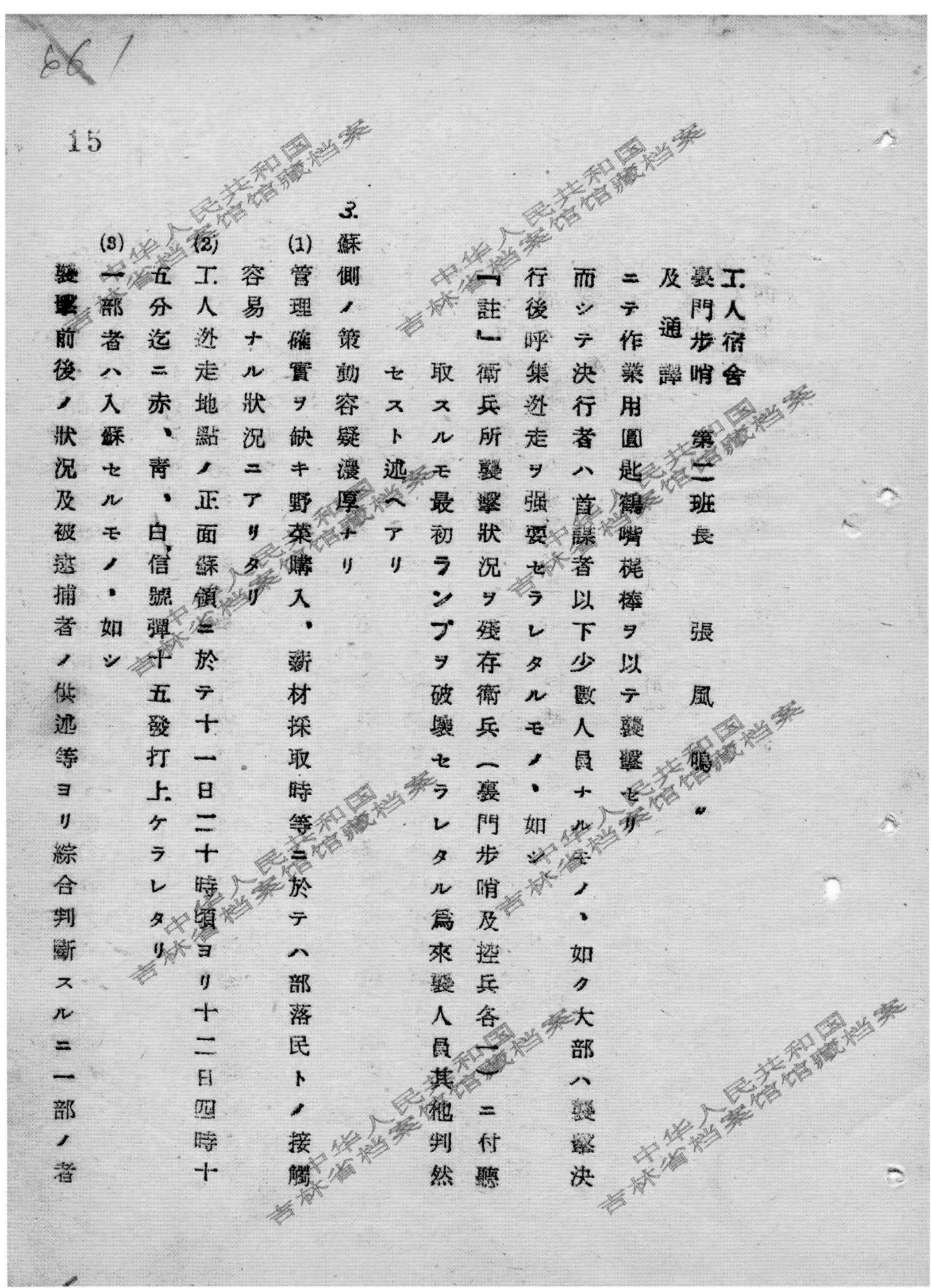

66/1

15

工人宿舍
裏門歩哨第二班長　張　風鳴〃
及通譯
ニテ作業用圓匙鶴嘴梶棒ヲ以テ襲撃セリ
而シテ決行者ハ首謀者以下少數人員ナルモノヽ如ク大部ハ襲撃決行後呼集逃走ヲ強要セラレタルモノヽ如シ
「註」衛兵所襲撃状況ヲ殘存衛兵（裏門歩哨及控兵各一）ニ付聽取スルモ最初ランプヲ破壞セラレタル爲來襲人員其他判然セスト述ヘアリ

3. 蘇側ノ策動容疑濃厚ナリ
(1) 管理確實ヲ缺キ野菜購入、薪材採取時等ニ於テハ部落民トノ接觸容易ナル状況ニアリタリ
(2) 工人逃走地點ノ正面蘇領ニ於テ十一日二十時頃ヨリ十二日四時十五分迄ニ赤、青、白信號彈十五發打上ケラレタリ
(3) 一部者ハ入蘇セルモノヽ如シ
襲撃前後ノ状況及被逮捕者ノ供述等ヨリ綜合判斷スルニ一部ノ者

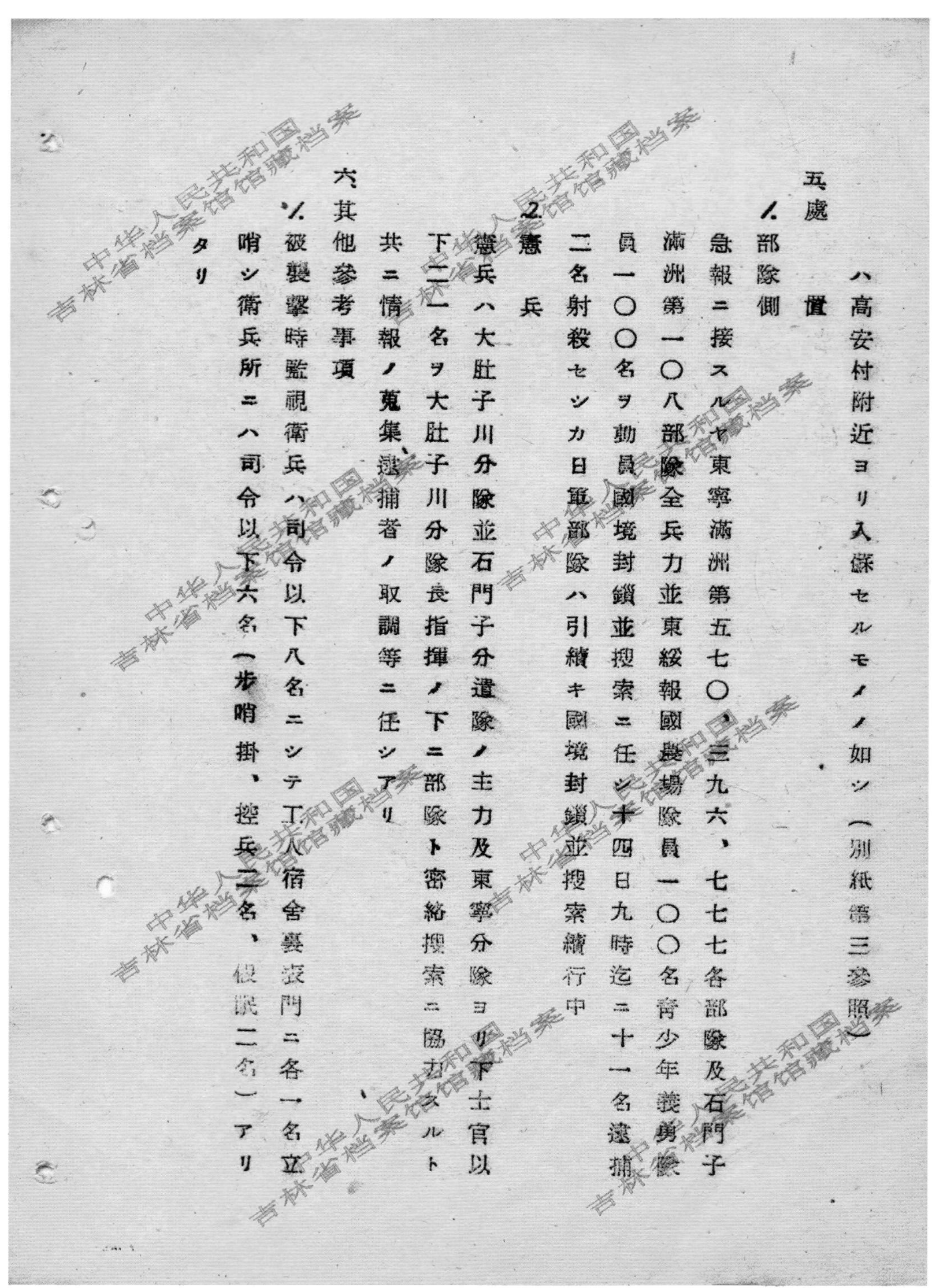
ハ高安村附近ヨリ入蘇セルモノノ如シ（別紙第三参照）

五、處　置

1、部隊側

急報ニ接スルヤ東寧滿洲第五七〇、三九六、七七七各部隊及石門子滿洲第一〇八部隊全兵力並東綏報國農場隊員一〇〇名青少年義勇隊員一〇〇名ヲ動員國境封鎖並搜索ニ任シ十四日九時迄ニ十一名逮捕二名射殺セシカ日軍部隊ハ引續キ國境封鎖並搜索續行中

2、憲　兵

憲兵ハ大肚子川分隊並石門子分遣隊ノ主力及東寧分隊ヨリ下士官以下二一名ヲ大肚子川分隊長指揮ノ下ニ部隊ト密絡搜索ニ協力スルト共ニ情報ノ蒐集、逮捕者ノ取調等ニ任シアリ

六、其他参考事項

1、被襲撃時監視衛兵ハ司令以下八名ニシテ工人宿舍裏表門ニ各一名立哨シ衛兵所ニハ司令以下六名（歩哨掛、控兵二名、仮眠二名）アリタリ

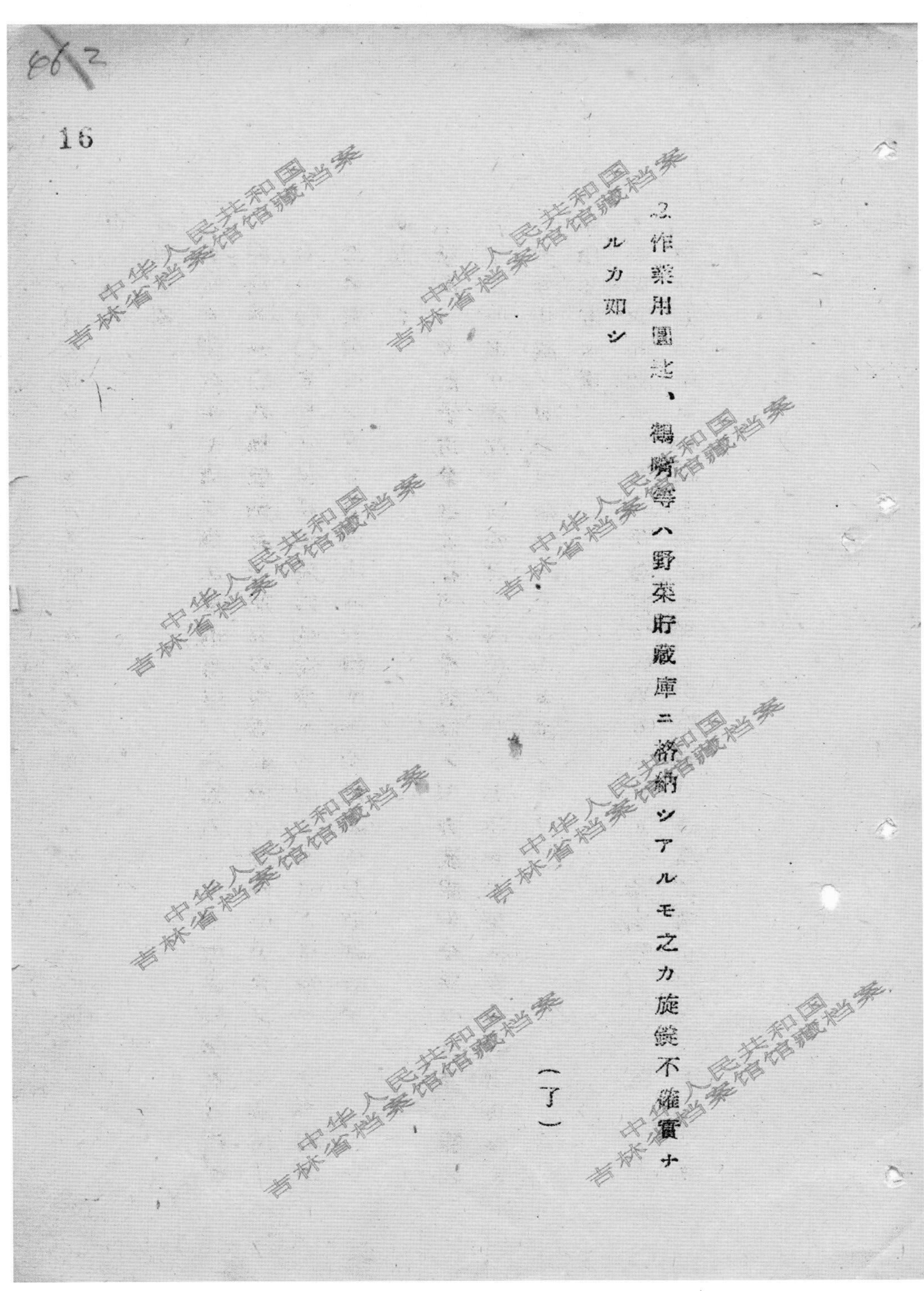

86 2

16

ニ作業用園芸、鶏豚等ハ野菜貯蔵庫ニ格納シアルモ之カ旋錠不確實ナルカ如シ

（了）

17

別紙第一

黨與逃走工人名簿

◎逮捕者

本籍	氏名	年齡	身分階級	職業	本人所屬部隊服役年數	學歷
灤縣 馬城鎮	陳恩	二九	中隊長 中尉	無	第十團三連 四年	小四
薊縣 天平莊	侯東山	二〇	二等兵	農	薊縣基幹隊 三ヶ月	無
獻縣 黃之鋪	王伸	三一	助理員	同	獻縣四區分所 四年	小四
曲州 午村	張文柱	二五	二等兵	同	濟南六分區十九團七連 八年	小二
河北省 辛河縣 訓宅	張世文	二二	同	同	十團第四連 四ヶ月	無
冀南縣 王家平興	李久龍	二〇	同	大工	冀南縣政府 二ヶ月	小二
迎縣 十四城莊	李雲林	二四	同	農		小四
阜平縣 遞甲溝	鄭子義	二四	二等兵	同	三分區騎兵團第四連 一年	無
唐縣 下莊	趙金科	二五	偵察員 一等兵	同	唐縣政府 二年	同
阜城縣 乾村	姚德勝	二八	二等兵	農	第十團第四連 三ヶ月	小一
冀縣 楊村	王來面	一九	同	靴工	阜北遊擊隊	同
棗強縣 省莊	馮慶治	二一	同	農	棗強縣井備隊 一ヶ月	小三
棗強縣 強莊	王維田	二八	同	商	棗強縣民運科 四ヶ月	小八
東光縣 双廟楊莊	張鳳鳴	二八	村長	同	良民	小四
任邱縣 陳王北	李保玉	三九		農	同	小一
任邱縣 陳王北	李久林	三二		同	同	小三
任邱縣 尺王莊	李硯由	三三		同	同	無
任邱縣 天王城	王宗洲	四四		同	同	小一
任邱縣 陳王莊	李海璋	二六		同	同	小三
棗強村 莊	薛風海	三九	二等兵	同	八路軍遊擊隊 五ヶ月	小五

18

住址	姓名	年齡	階級	職業	經歷	學歷
冀洲小芦家台	李海同	二一	二等兵	農	冀洲井衛隊	無
山東夏山縣四屯	夏星恩	二四	同	同	六分區井隊	商
河北省宛縣下守莊	馮國华	二一	同	同	騎兵團第三連	同
寧津縣[illegible]村	正秀正	一七	二等通信兵	同	寧津三區分所 二年	小二
南宮縣好家屯	李文之	一八	二等兵	同	第二十一團第五連 三ケ月	無
深大縣屯	楊東剛	一八	同	同	棗縣遊擊隊 一ケ月	小二
棗陳縣李村	陳彥額	一七	同	同	棗縣遊擊隊 一年	無
河大明縣桃	萬文變	一六	同	同	河明縣大桃遊擊隊	小一
冀小洲豆村	張文明	二〇	同	同	第十團新兵連 一ケ月	無
棗黃施鹿莊	鄭連城	二五	同	同	河北省強備隊 三ケ月	小一
迎西縣牛	房振海	二五	同	商	北中分區井元備隊 一ケ年	小一
温大縣莫關	對點炎		二等兵	農	温基干隊 三年	無
河間縣小心莊	陳及永	一九	同	商	八路軍遊擊隊 五ケ月	同
獻諸縣莊	劉長發	三七	同	農	獻縣三區遊擊隊 一ケ月	同
棗強縣思察鎮	孫明武	二三	同	商	棗強縣[illegible] 八ケ月	同
河城間內	劉春海	二五	同	農	河間遊擊隊 一年	小二
河間縣區村	馮立東	二三	同	商	河間遊擊隊 一年	同
清遠縣王利莊	劉志興	二〇	同	農	八分區第四區隊 一年	小一
阜平領口村	陳國人	二四	同	商	温縣[illegible]隊	無
衡水縣周西管	李錫衡	二三	同	農	支[illegible]隊 早北[illegible]隊 大[illegible] 五ケ月	無
河南省章德村	馬鳳田	二一	同	同	六分區特務連 二年	同
曲吳洲莊	吳春傑	二四		同	良民	同
深河縣坊村	吳奇俊	二六	二等兵	同	棗遊擊隊 一年	小一

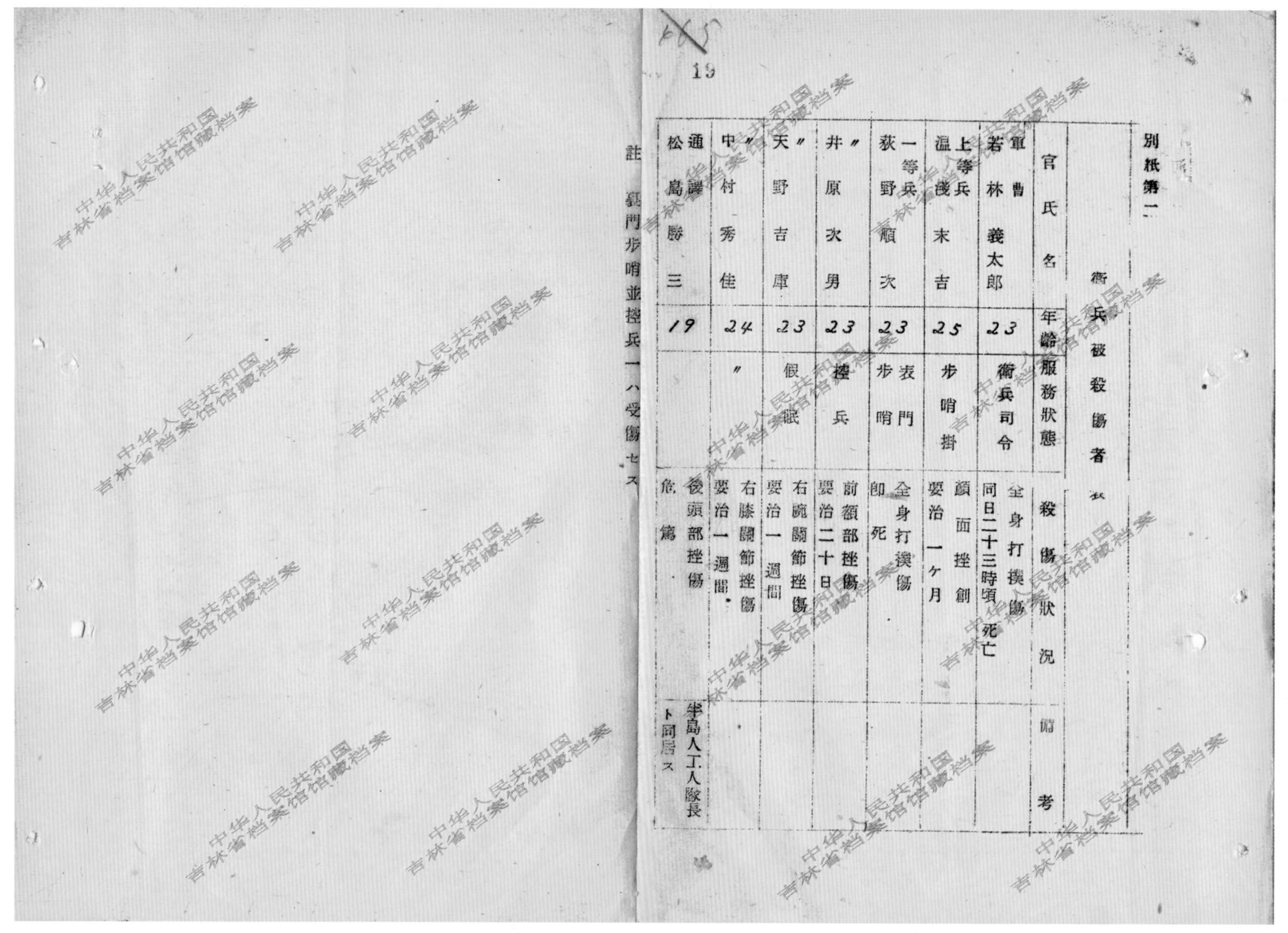

19

別紙第二

衛兵被殺傷者表

官氏名	年齢	服務狀態	殺傷狀況	備考
軍曹 若林義太郎	23	衛兵司令	全身打撲傷 同日二十三時頃死亡	
上等兵 温淺末吉	25	歩哨掛	顔面挫創 要治一ヶ月	
一等兵 荻野順次	23	表門歩哨	全身打撲傷 即死	
〃 井原次男	23	控兵	前額部挫傷 要治二十日	
〃 天野吉庫	23	假眠	右腕關節挫傷 要治一週間	
〃 中村秀佳	24	〃	右膝關節挫傷 要治一週間	
通譯 松島勝三	19		後頭部挫傷 危篤	半島人工人隊長ト同居ス

註 表門歩哨並控兵一ハ受傷セス

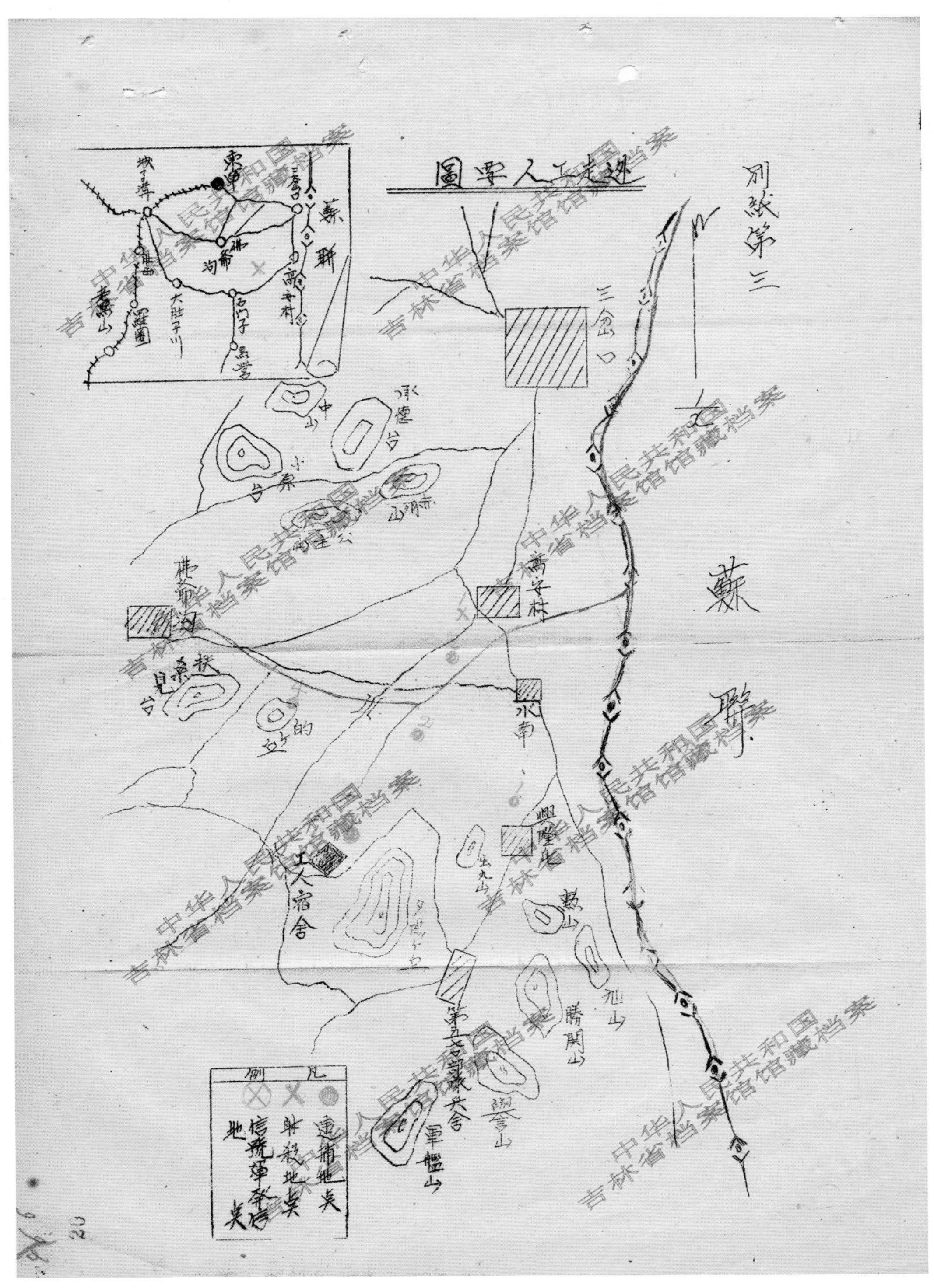
別紙第三
逃亡工人要圖
蘇聯
三岔口
承德台
工人宿舍
凡例
逮捕地点
射殺地点

昭和十八年(1943년)九月二十二日

관헌고제사삼칠호

보고(통보)부서: 군사(1과, 2과, 4과 보도부), 관방사, 화북헌사, 화중헌사

발송: 둥닝대

관동헌병대사령관

군사시설현장에서 사역하던 특수인부가 일본군을 단체습격하고 도주한 사건에 관한 보고

적요

一. 9월 11일 20시 좌우, 둥닝 만주제오칠○부대에서 사역하던 특수인부 43명(전체)이 인부숙소의 위병 및 위병소를 습격, 위병을 살상 후 무기와 탄약을 탈취하여 도주.

二. 상관부대는 전부의 병력을 동원하여 국경지대를 봉쇄, 수색을 벌임. 9월 14일 9시까지 11명 용의자를 체포, 2명 용의자를 사살. 일부 용의자는 소련 경내로 진입.

三. 주모자를 체포하지 못하여 사건의 배후와 진상을 규명키 어려움. 하지만 계획적인 습격과 도주로 미루어 보아 소련 쪽의 책모일 가능성이 큼.

四. 헌병과 부대가 연합하여 계속 진상규명에 진력 중.

본문

一. 사건이 발생한 시간과 지점

昭和十八年(1943년)九月十一日 20시 좌우

둥닝현 스먼즈 잰창거우 만주제오칠○부대 특수인부숙소

二. 도주자 및 체포, 사살된 자

1. 도주자:

현 거주지: 둥닝 만주제오칠○부대

주모자: 중공군 포로 인부대장 원 중위 및 기타 도합 43명(부록 참조)

2. 체포, 사살된 자(9월 14일 9시까지)

체포: 11명

사살: 2명

三. 우리 측의 손실

둥닝현 잰창거우 만주제오칠○부대 특수인부숙소

감시위병: 사망 2명, 중상 4명

통역(조선인): 중상 1명(부록 참조)

피탈취무기: 소총 4자루(수색 중 한 자루 발견)

총검 4자루(동상)

탄환 56발(수색 중 4발 발견)

四. 사건의 개요

주모자를 아직 체포하지 못했으므로 사건의 배후와 그 진상을 규명키 어려움. 체포된 자(밀모에 참가하지 않은 자)의 진술에 따라 다음과 같은 상황을 종합해서 판단할 수 있음.

1. 원인동기

도주자들은 노동보수가 적은 데다 통역(조선인)의 횡포에 불만을 품고 있었음. 7월 초 둥닝현 고안촌에서 모래채취 작업을 할 때 통역이 강 맞은편이 소련이라고 말해주자 자극을 받음. 그 후 도주를 획책함.

2. 습격, 도주 전후의 상황

주모자는 사전에 모의를 하여 습격과 도주 계획, 주의사항 등을 결정하였으며 감시가 소홀한 틈을 타 행동을 개시하였음.

(1) 습격 및 도주 전

보초병을 습격 할 시 소변을 보는 척하면서 두 명이 보초병과 말을 걸고 상대가 방심하는 틈을 타 총을 빼앗음. 한 사람이 뒤에서 보초병을 끌어안고 나중에 둘이서 힘을 합쳐 살해.

습격 및 도주한 당일, 즉 11일은 마침 토요일로 제오칠○부대는 제2기 검열을 위해 인부들에게 단체휴가를 주었고 감시하는 보초병도 교대근무였음.

(2) 습격 및 도주 시

인부를 세 개 반(인수 미상)으로 나누어 작업용 국자와 괭이자루로 습격.

위병소: 인부대장 천중(陳忠)이 지휘

인부숙소대문보초병: 제1반 반장 왕선(王伸)이 지휘

인부숙소 작은 문 보초병 및 통역: 제2반 반장 장펑밍(張風鳴)이 지휘

주모자는 소수를 이끌고 습격을 감행하였고 대부분 인부는 습격 후 강제탈출.

[주] 남아 있는 위병(작은 문을 지키던 초병과 제어병사 각 1명)에게 습격 받을 당시의 상황을 물어 본 결과 습격을 시작하기 전 조명등부터 부수었기에 습격인수와 기타 상황을 판단할 수 없었다고 함.

3. 소련 측의 책동혐의가 비교적 큼

(1) 관리가 소홀하여 채소를 구매하거나 땔감을 주울 때 특수인부들이 부락민들과 쉽게 접촉할 수 있는 상황이었음.

(2) 인부들이 도주한 지점의 맞은편이 바로 소련이었음. 11일 20시부터 12일 4시 15분까지 적, 남, 백 삼색신호탄 15발을 발사.

(3) 일부가 소련에 도주. 습격 전후의 상황 및 체포한 도주자의 공술을 종합해 볼 때 일부 도주자들이 고안촌 부근에서 소련에 진입한 것임.

五. 처리

1. 부대

급보를 받고 즉시 둥닝 만주제오칠○, 삼구육, 칠칠칠 각 부대, 스먼즈 만주제일○팔부대의 전체 병력, 둥쉬이보국농장대원 100명, 청소년의용대 대원 100명을 동원하여 국경지대를 봉쇄하고 수색작업을 펼침. 14일 9시까지 도합 11명을 체포, 2명을 사살함. 일본군부대는 계속 국경을 봉쇄하고 수색 중.

2. 헌병

헌병은 다두즈촨(大肚子川)분대, 스먼즈분견대의 주요 병력 및 둥닝분대 등 세 분대의 하

사관 이하 21명이 다두즈촨분대장의 지휘하에 군부대와 밀접히 연락하여 합동수색을 벌임과 동시에 정보수집과 체포인원의 조사 등 작업에 진력.

六. 기타 참고사항

1. 습격 받을 당시 감시위병은 사령 이하의 8명으로 인부숙소의 대문과 작은 문에 각각 1명씩 배치하였음. 초병소에는 사령 이하의 6명(보초, 제어병사 2명, 졸음에 빠진 2명)

2. 작업용 국자와 괭이자루 등은 채소저장고에 두었지만 자물쇠를 잠그지 않아 무기로 사용됨.

부록1

단체도주 체포자 인부명단						
원적지	성명	연령	신분 계급	직업	본국소속부대 복무시간	학력
란현 마청진	천언	29	중대장 중위	무	제십단 삼연 4년	소학교 4년
지현 탠핑장	허우둥산	20	이등병	농민	지빈 삼기간대 6개월	무
샌현 황즈포	왕선	31	조리원	농민	샌현 사구분소 4년	소학교 4년
취주 뉴촌	장원주	25	이등병	농민	지난 육분구 십구단칠연 8년	소학교 2년
허버이성 신허현 쉰자이	장스원	22	이등병	농민	십단 제사연 4개월	무
조우난현 왕쟈핑싱	리쥬룽	20	이등병	목수	조우난현정부 2개월	소학교 2년
잉현 스쓰청사이	리원린	24	이등병	농민		소학교 4년
푸핑현 랜쟈구	정즈이	24	이등병	농민	삼분구 기병단 제사연 1년	무
탕현 사장	조진커	25	정찰원, 일등병	농민	탕현정부 2년	무
조우청현 간촌	요우더성	28	이등병	농민	제십단 제사연 3개월	소학교 1년
지현 양촌	왕라이맨	19	이등병	갖바치	조우버이 유격대	소학교 1년
조우창현 성장	펑칭즈	21	이등병	농민	조우창현 정비대 1개월	소학교 3년
조우창현 챵장	왕워이탠	28	이등병	상인	조우챵현 민운과 4개월	소학교 8년
둥광현 쐉제양장	장펑밍	28	촌장	상인	양민	소학교 4년
런츄현 천왕버이	리보우위	39		농민	양민	소학교 1년

단체도주 체포자 인부명단						
원적지	성명	연령	신분 계급	직업	본국소속부대 복무시간	학력
런츄현 천왕버이	리쥬린	32		농민	양민	소학교 3년
런츄현 츠왕장	리앤유	33		농민	양민	무
런츄현 탠왕청	위중저우	44		농민	양민	소학교 1년
런츄현 천왕	리하이장	26		농민	양민	소학교 3년
조우창현 춰이장	춰펑하이	39	이등병	농민	팔로군 유격대 5개월	소학교 5년
지저우쇼루쟈타이	리하이퉁	21	이등병	농민	지저우정위대	무
산둥 샤산현 사둔	샤청언	24	이등병	농민	육분구 정대	무
허버이성 완현 샤서우장	펑궈화	21	이등병	농민	기병단 제삼연	무
닝진현 수촌	정슈정	17	통신병, 이등병	농민	닝진삼구분소 2년	소학교 2년
난궁현 호우쟈둔	리원즈	18	이등병	농민	제이십일단 제오연 3개월	무
선현 대둔	양수강	18	이등병	농민	조우현 유격대 1개월	소학교 2년
조우현 천리촌	천앤어	17	이등병	농민	조우현 유격대 1년	무
허밍현 다토우	완원즈	26	이등병	농민	허밍현 다토우유격대	소학교 1년
지저우 쇼더우촌	장원밍	20	이등병	농민	제십단 신병연 1개월	무
조우스 황루장	정랜청	25	이등병	농민	허버이 조우챵 경비대 3개월	소학교 1년
잉현 시반	팡진하이	25	이등병	상인	북중원군분구 정비대 1년	소학교 1년
원현 다머관	둬이댄댄		이등병	농민	원현 기간대 3년	무
허잰현 쇼신장	추지융	19	이등병	상인	팔로군유격대 5개월	무
샌현 주장	류창파	37	이등병	농민	샌현 삼구유격대 1개월	무
조우창현 스차진	수밍우	23	이등병	상인	조우창현 항일연군 8개월	무
허잰 성내	류춘하이	25	이등병	농민	허잰현 유격대 1년	소학교 2년
허잰현 취촌	펑리둥	23	이등병	상인	허잰현 유격대 1년	소학교 2년
칭왠현 왕리장	류즈싱	20	이등병	농민	팔분구 제사구대 1년	소학교 1년
푸핑 링커우촌	천궈런	24	이등병	상인	원현지대	무
헝숴이현 저우시관	리시헝	23	이등병	농민	조우버이대 대대 5개월	무
허난성 장더촌	마펑탠	31	이등병	농민	육분구 특무련 2년	무
취저우 우장	우춘제	24		농민	양민	무
선현 허팡촌	우치진	26	이등병	농민	유격대 1년	소학교 1년

부록2

위병피살상자표				
관명, 성명	연령	복무상태	살상 상황	비고
군조 若林義太郎	23	위병사령	전신타박상, 당일 23시 좌우에 사망	
상등병 滔淺末吉	25	초병 당직	안면타박상, 1개월 치료	
일등병 荻野順次	23	대문 초병	전신타박상, 현장 즉사	
일등병 井原次男	23	제어병사	앞이마 타박상, 20일 치료	
일등병 天野吉庫	23	졸음	오른쪽 손목관절 타박상, 한주일 치료	
일등병 中村秀佳	24	졸음	왼쪽 무릎관절 타박상, 한주일 치료	
통역 松島勝三	19		뒤통수 타박상, 생명이 위급	반도인 인부대장과 한 침실 거주

주: 작은 문 초병과 제어병사는 부상을 입지 않았음.

부록3(그림은 생략)

46

서류해독

관동헌병대사령부, 중앙검열부의 『통신검열월보(6월)』

이 서류는 昭和十五年(1940년) 둥닝"만철"자동차구 安藤保가 일본 愛知縣 安藤松一에게 보낸 편지의 초록이다. 편지에는 발신자가 광장에서 산책하면서 보았던 정경을 적고 있다. 당시 많은 인부의 시체가 사방에 쌓여 있어 극히 처참했었는데 들개들이 시체를 먹잇감처럼 마구 물어뜯고 있었다고 한다. 이러한 정경은 일본 국내에서는 전혀 볼 수 없지만 이곳에서는 대수롭잖은 정경이라 적고 있다.

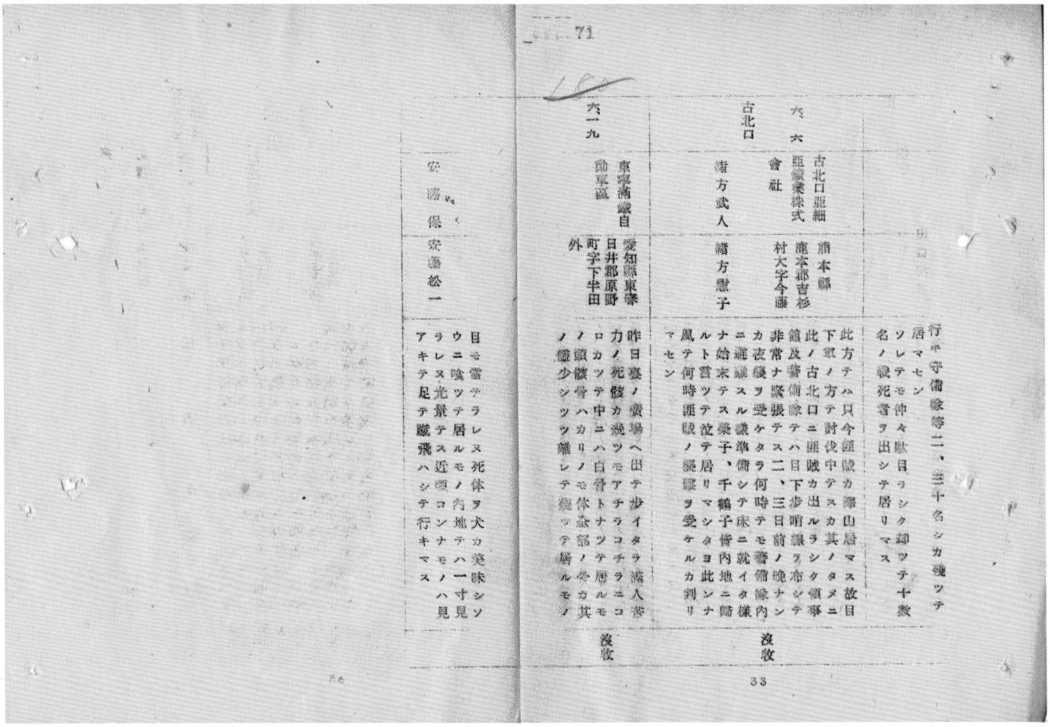

月日	發信者	受信者	通信内容	處置
			行キ守備隊等二、三十名シカ殘ツテ居マセン ソレテモ仲々駄目ラシク却ツテ十數名ノ戰死者ヲ出シテ居リマス	
六、六 古北口	古北口亞細亞鑛業株式會社 緒方武人	熊本縣鹿本郡吉杉村大字今藤 緒方慰子	此方テハ只今匪賊カ澤山居マス故目下軍ノ方テ討伐中テスカ其ノタメニ此ノ古北口ニ匪賊カ出ルラシク領事館及警備隊テハ目下歩哨線ヲ布シテ非常ナ緊張テス二、三日前ノ晩ナンカ夜襲ヲ受ケタラ何時テモ警備隊内ニ避難スル様準備シテ床ニ就イタ様ナ始末テス桑子、千鶴子皆内地ニ歸ルト言ツテ泣テ居リマシタヨ此ンナ風テ何時匪賊ノ襲撃ヲ受ケルカ判リマセン	沒收
六、一九	東寧滿鐵自動車區 安藤保	愛知縣東春日井郡原野町字下半田外 安藤松一	昨日裏ノ廣場ヘ出テ歩イタラ滿人苦力ノ死骸カ幾ツモアチラコチラニコロカツテ中ニハ白骨トナツテ居ルモノ頭骸骨ハカリノモ体全部ノ骨カ其ノ僅少シツツ離レテ殘ツテ居ルモノ目モ當テラレヌ死体ヲ犬カ美味シソウニ喰ツテ居ルモノ內地テハ一寸見ラレヌ光景テス近頃コンナモノハ見アキテ足テ蹴飛ハシテ行キマス	沒收

참고역문

발신자: 둥닝만철자동차구 安藤保

수신자: 愛知縣東春日井郡原野町字下半田外 安藤松一

내용: 어제 뒤편 광장에서 산책하다가 수많은 만주인 인부의 시체가 사방에 쌓여있는 것을 목도하였다. 그중 일부 시체는 이미 백골이 되어 두개골만 남고 몸 전체의 뼈들은 거의 분해되어 있었다. 잔류 부분도 극히 처참했다. 그 시체들은 들개들이 먹잇감으로 여겨 뜯어먹고 있었다. 이러한 정경은 국내에서 전혀 볼 수 없었다. 요즘 들어 역증이 나서 발로 마구 차버리고 있다.

처리: 몰수

47

서류해독

아얼산(阿尔山)독립헌병대의『군사시공에 "취로"한 "근로보국대원"이 단체도주한 사건에 관한 보고』

이 서류는 昭和十八年(1943년)五月二十九日 아얼산 독립헌병분대가 싱안난(興安南)성 우차거우(五叉溝) 일본침략군 제구오육부대에서 건설하는 활주로 시공 현장에서 인부 25명이 단체도주한 상황에 관한 보고이다. 서류에 따르면 싱안난성 우차거우 일본침략군 제구오육부대의 활주로 시공 현장에서 일하던 伊賀原組 인부는 룽장(龍江)성 룽장현에서 공급한 근로보국대원으로 도합 450명이였다. 식량이 떨어져 25명의 인부가 단체로 도주하였다.

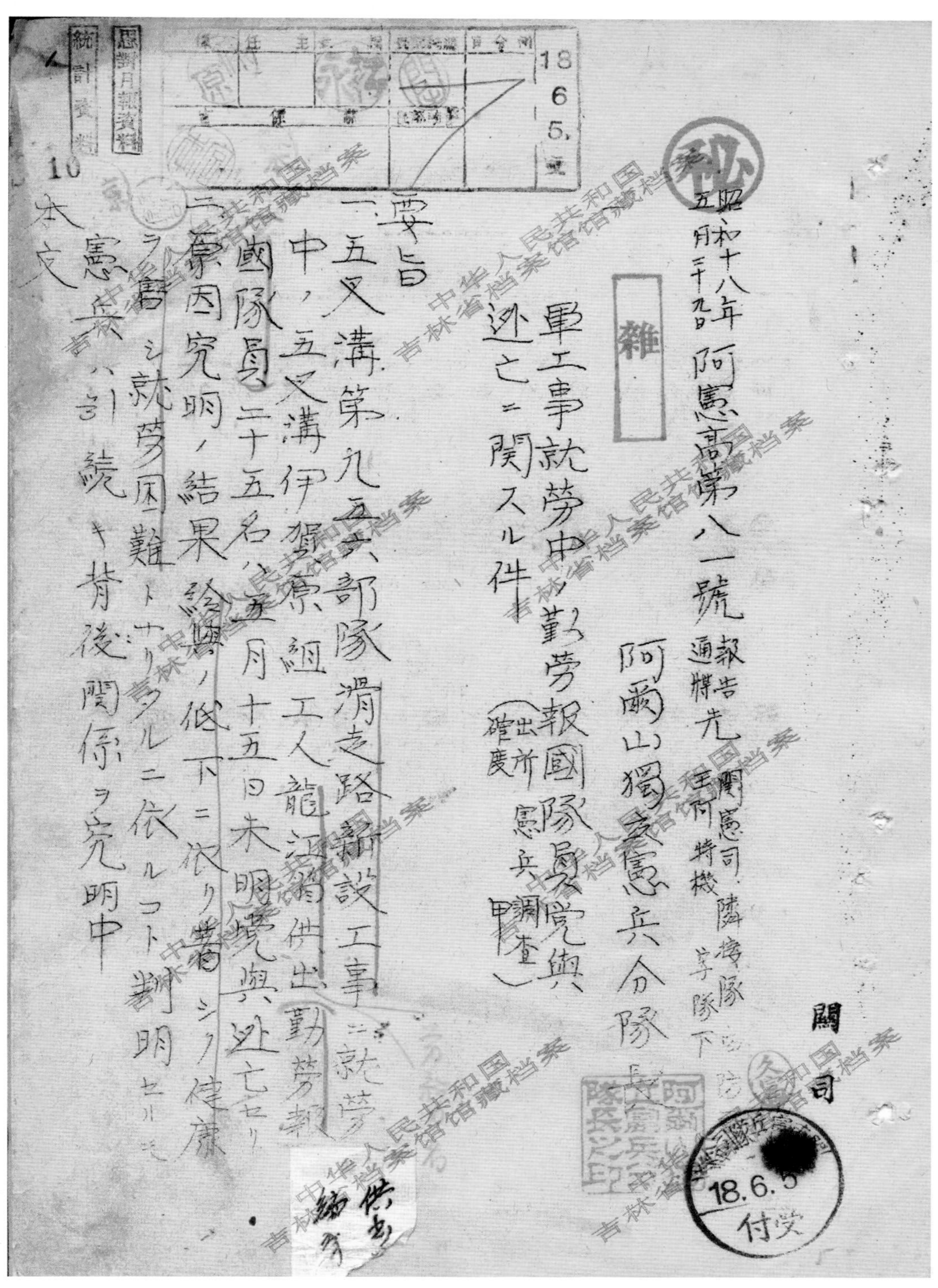
18 6 5

憲對月報資料

統計資料

秘

昭和十八年五月二十九日 阿憲高第八一號

報告 関憲司、隣接隊、防
通牒先 王府特機 写 隊下

阿爾山獨立憲兵分隊長

関司

雑

軍工事就勞中ノ勤勞報國隊員ノ逃亡ニ関スル件（出所 憲兵調査 確度 甲）

要旨

一、五叉溝第九五五部隊滑走路新設工事中ノ五叉溝伊爾施組工人龍江省供出勤勞報國隊員二十五名ハ五月十五日未明逃亡セリ

二、原因究明ノ結果給與ノ低下ニ依リ著シク健康ヲ害シ就勞困難トナリタルニ依ルコト判明セルモ憲兵ハ引續キ背後關係ヲ究明中

10 本文

18.6.5 付受

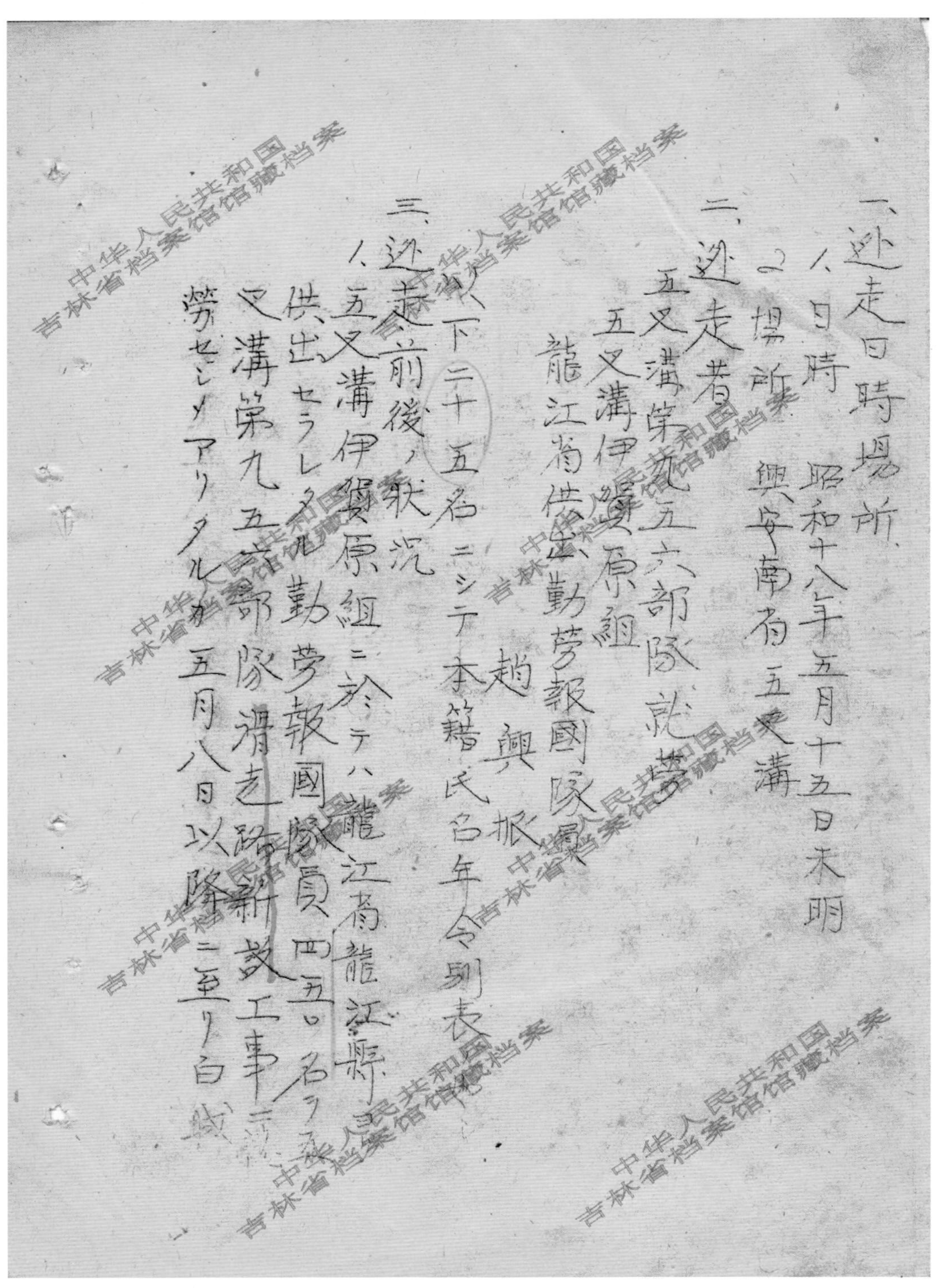

一、逃走日時場所
1、日時 昭和十八年五月十五日未明
2、場所 興安南省五叉溝
二、逃走者
五叉溝第五六部隊就労
五叉溝伊賀原組
龍江省供出勤労報国隊員
趙 興 振
以下二十五名ニシテ本籍氏名年令別表ノ通
三、逃走前後ノ状況
1、五叉溝伊賀原組ニ於テハ龍江省龍江縣ヨリ
供出セラレタル勤労報国隊員四五〇名ヲ五
叉溝第五六部隊滑走路新設工事ニ就
労セシメアリタルカ五月八日以降ニ至リ白城

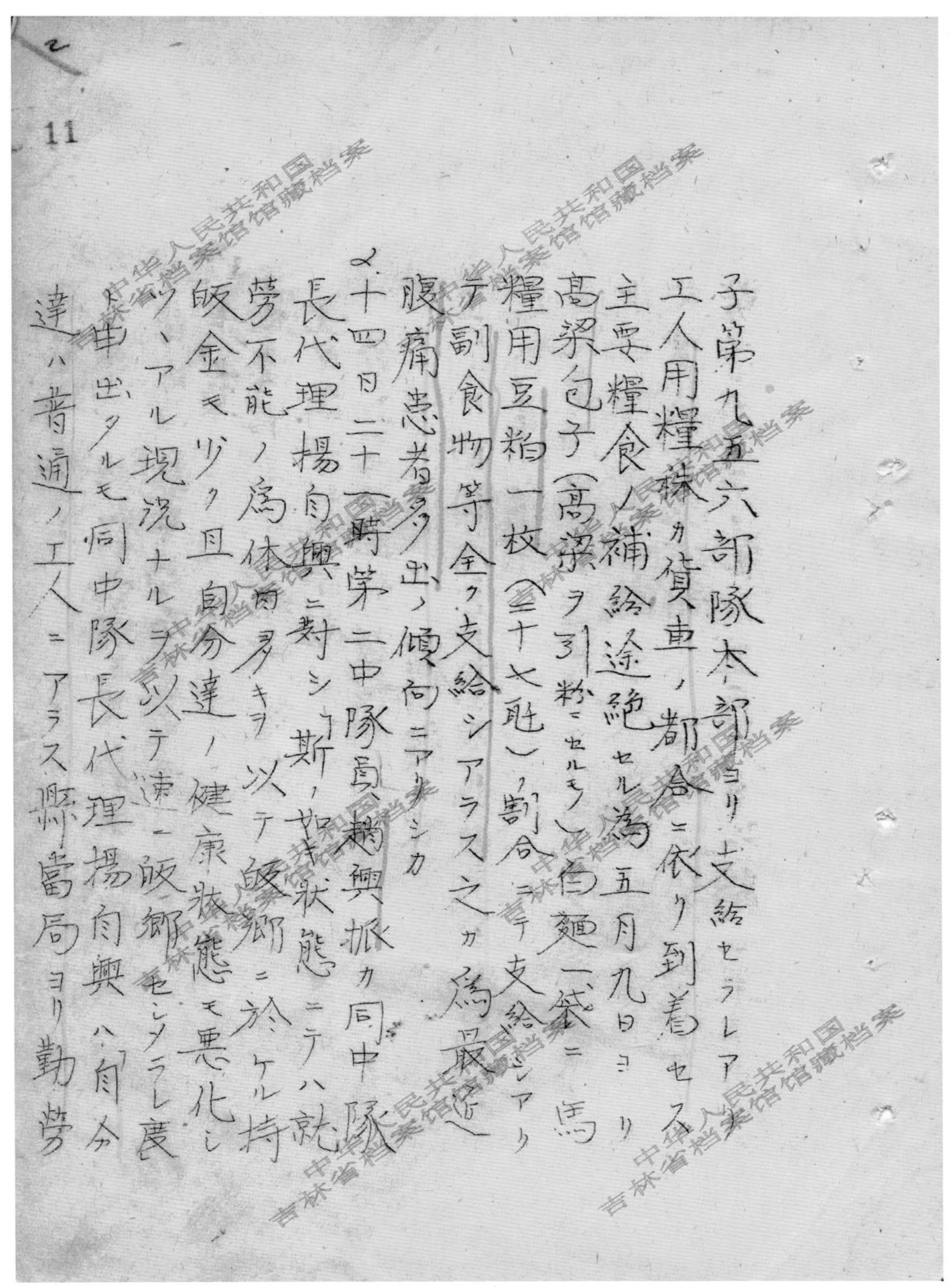

2

11

子第九五六部隊本部ヨリ支給セラレアリシ
工人用糧秣ガ貨車ノ都合ニ依リ到着セズ為
主要糧食ノ補給途絶セル為五月九日ヨリ
高粱包子（高粱ヲ引粉ニセルモノ）白麺一袋ニ馬
糧用豆粕一枚（二十七瓩）ノ割合ニテ支給シアリ
テ副食物等全ク支給シアラス之ガ為最近
腹痛患者多ク出ノ傾向ニアリシカ
又十四日二十一時第二中隊ヨリ興振ガ同中隊
長代理揚自興ニ対シ斯ノ如キ状態ニテハ就
労不能ノ為休暇ヲ以テ飯郷ニ於ケル持
飯金モ少ク且自分達ノ健康状態モ悪化シ
ツヽアル現況ナルヲ以テ速ニ飯郷セシメラレ度
申出タルモ同中隊長代理揚自興ハ自分
達ハ普通ノ工人ニアラス県当局ヨリ勤労

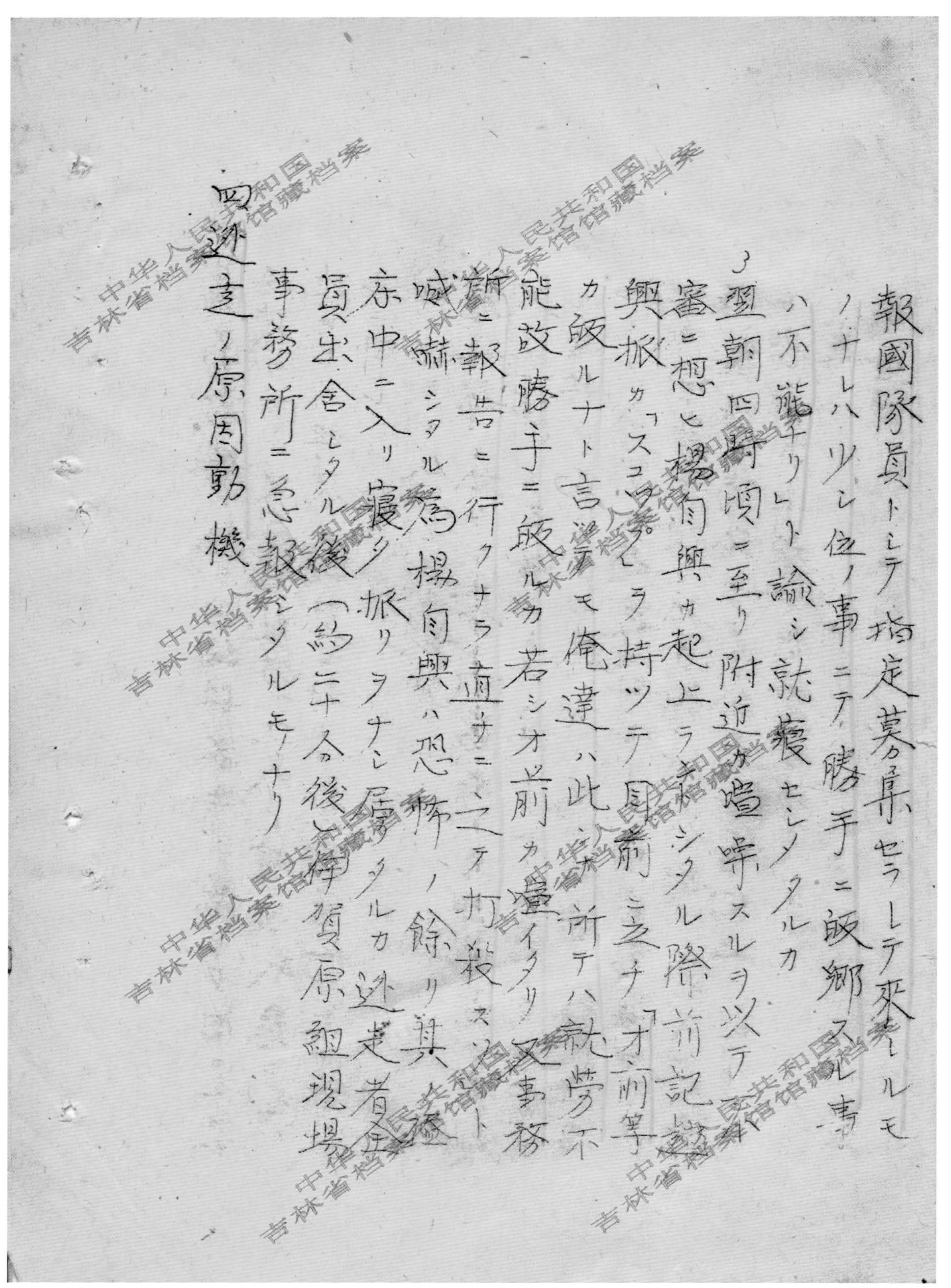

報國隊員トシテ指定募集セラレテ來タルモノナルハツレ位ノ事ニテ勝手ニ皈鄕スル事ハ不能キリシト諭シ就寢セシメタルカ

3 翌朝四時頃ニ至リ附近ガ喧噪スルヲ以テ目覺ニ想ヒ楊自興カ起上ラシタル際前記楊興振カ「スコップ」ヲ持ツテ貴前ニ之ナ「オ前等カ皈ルナト言ツテモ俺達ハ此ノ所テハ就勞不能故勝手ニ皈ルカ若シオ前カ邪魔イタリ又事務所ニ報告ニ行クナラ直サニ之ニテ打殺スゾト威嚇シタル爲楊自興ハ恐怖ノ餘リ其ノ儘寮中ニ入リ寢タフリヲナシ居タルカ逃走者五員出舍シタル後（約二十分後）得賀原組現場事務所ニ急報シタルモノナリ

四 逃走ノ原因動機

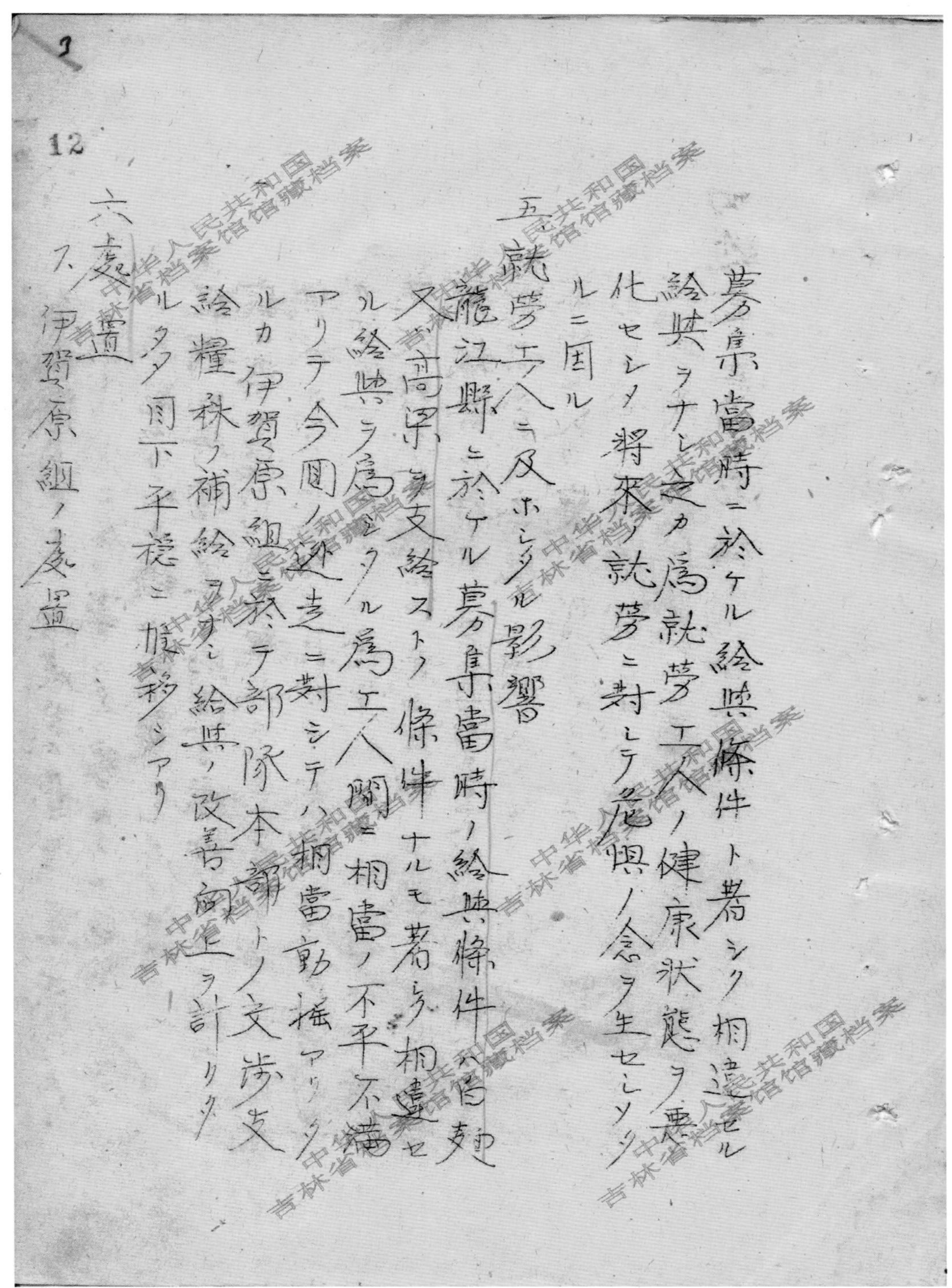
1

12

募集當時ニ於ケル給與條件ト著シク相違セル給與ヲナシ之カ爲就勞工人ノ健康状態ヲ悪化セシメ將來ノ就勞ニ對シテ危惧ノ念ヲ生セシメタルニ因ル

五、就勞工人ニ及ホシタル影響

龍江縣ニ於ケル募集當時ノ給與條件ト實施又高粱ヲ支給ストノ條件ナルモ著シク相違セル給與ヲ爲シタル爲工人間ニ相當ノ不平不滿アリテ今囘ノ逃走ニ對シテハ相當動搖アリタルカ伊賀原組ニ於テ部隊本部トノ交渉ヲ給糧秣ノ補給ヲナシ給與ノ改善向上ヲ計リタルタメ目下平穏ニ推移シアリ

六、處置

1、伊賀原組ノ處置

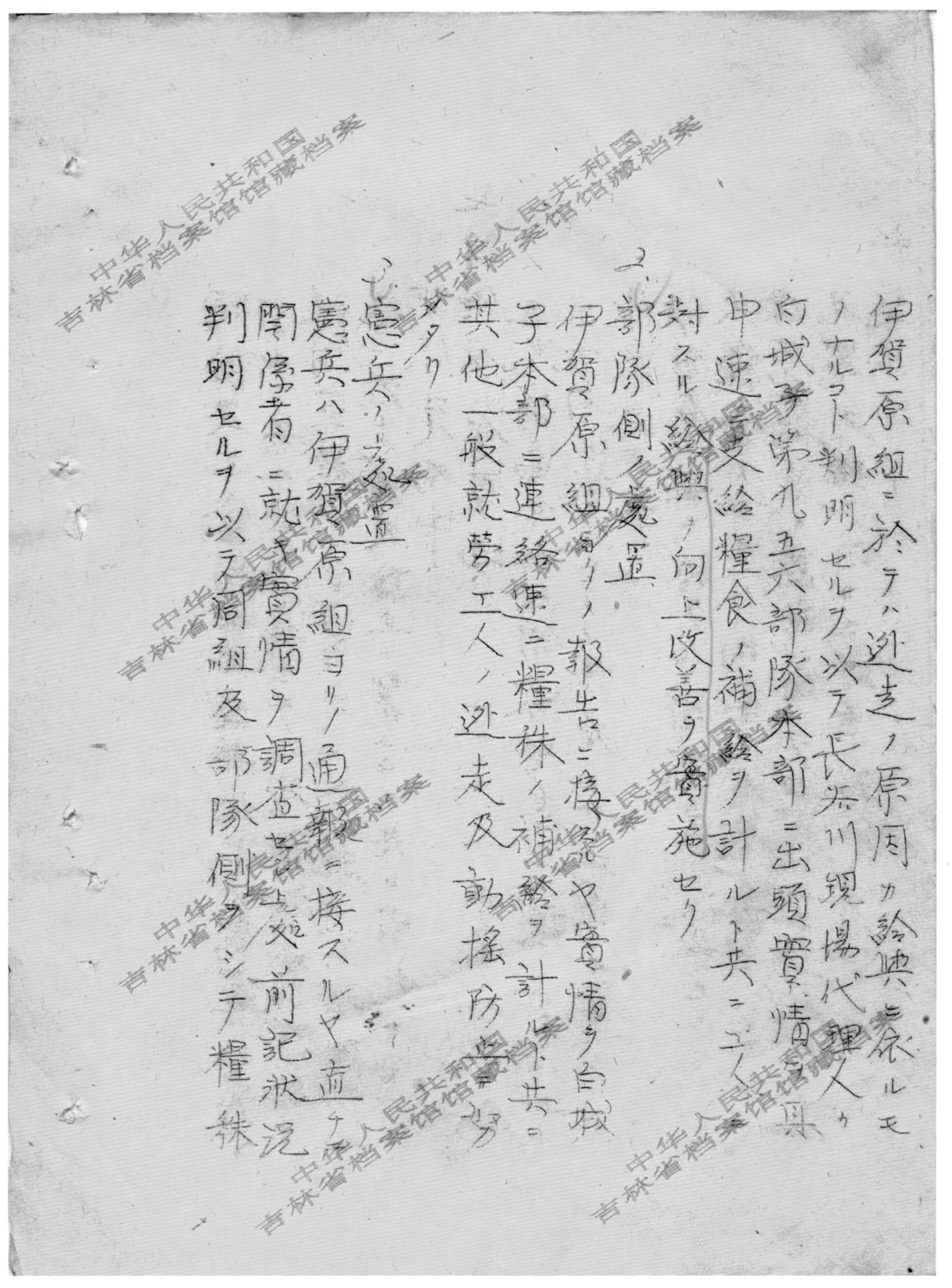
伊賀原組ニ於テハ逃走ノ原因カ給與ニ依ルモノナルコト判明セルヲ以テ長谷川現場代理人カ白城子第九五六部隊本部ニ出頭實情ヲ具申速ニ給糧食ノ補給ヲ計ルト共ニ工人ニ対スル給與ノ向上改善ヲ實施セリ

二、部隊側處置

伊賀原組ヨリノ報告ニ接シ實情ヲ白城子本部ニ連絡速ニ糧秣ノ補給ヲ計ルト共ニ其他一般就勞工人ノ逃走及動搖防止ニ努メタリ

三、憲兵ノ處置

憲兵ハ伊賀原組ヨリノ通報ニ接スルヤ直チニ關係者ニ就キ實情ヲ調査セシニ前記狀況判明セルヲ以テ同組及部隊側ヲシテ糧秣

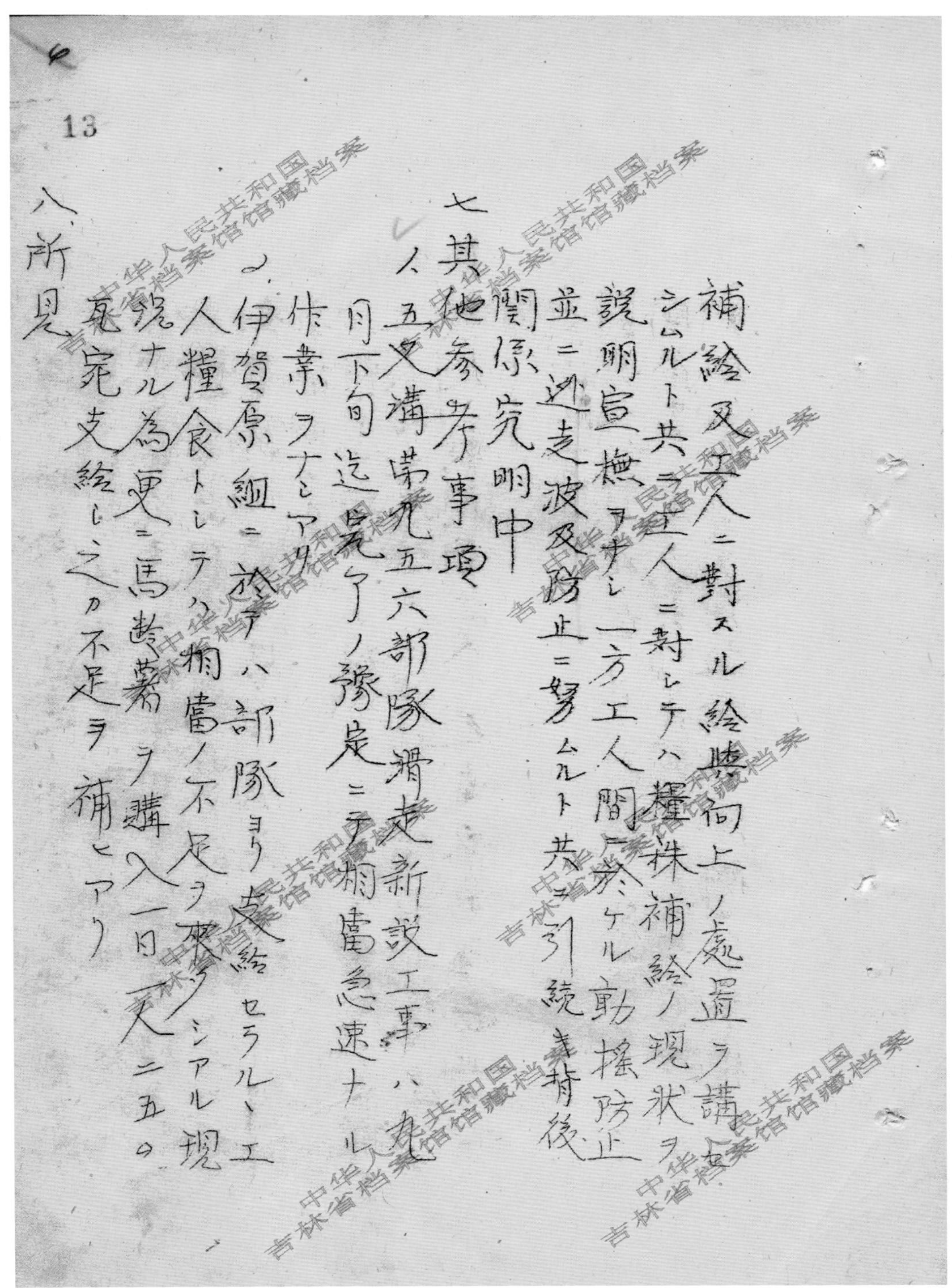

13

補給及工人ニ對スル給與向上ノ處置ヲ講
シムルト共ニ工人ニ對シテハ糧秣補給ノ現狀ヲ
説明宣撫ヲナシ一方工人間ニ於ケル動搖防止
並ニ逃走波及防止ニ努ムルト共ニ引續キ背後
関係究明中

七、其他参考事項

1、五文溝第九五六部隊滑走新設工事ハ本
月下旬迄完了ノ豫定ニテ相當急速ナル
作業ヲナシアリ

2、伊賀原組ニ於テハ部隊ヨリ支給セラルヽ工
人糧食トシテハ相當ノ不足ヲ來シアル現
況ナル為更ニ馬鈴薯ヲ購入一日一人二五〇
瓦宛支給シ之カ不足ヲ補ヒアリ

八、所見

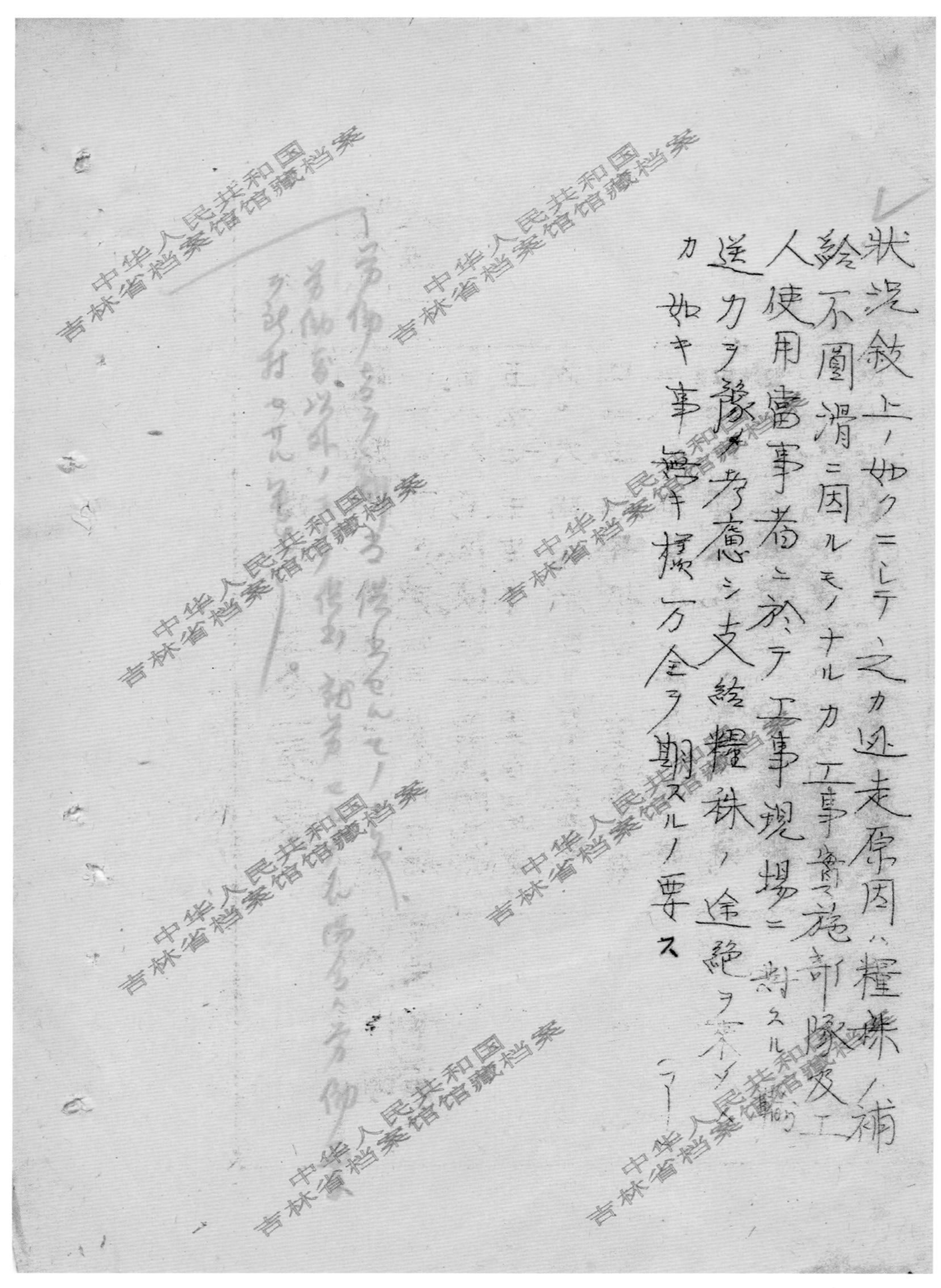
状況叙上ノ如クニシテ之カ逃走原因ハ糧秣ノ補
給不圓滑ニ因ルモノナルカ工事實施部隊及工
人使用當事者ニ於テ工事現場ニ對スル輸
送力ヲ豫メ考慮シ支給糧秣ノ途絶ヲ來サシメサル
カ如キ事無キ様万全ヲ期スルノ要ス

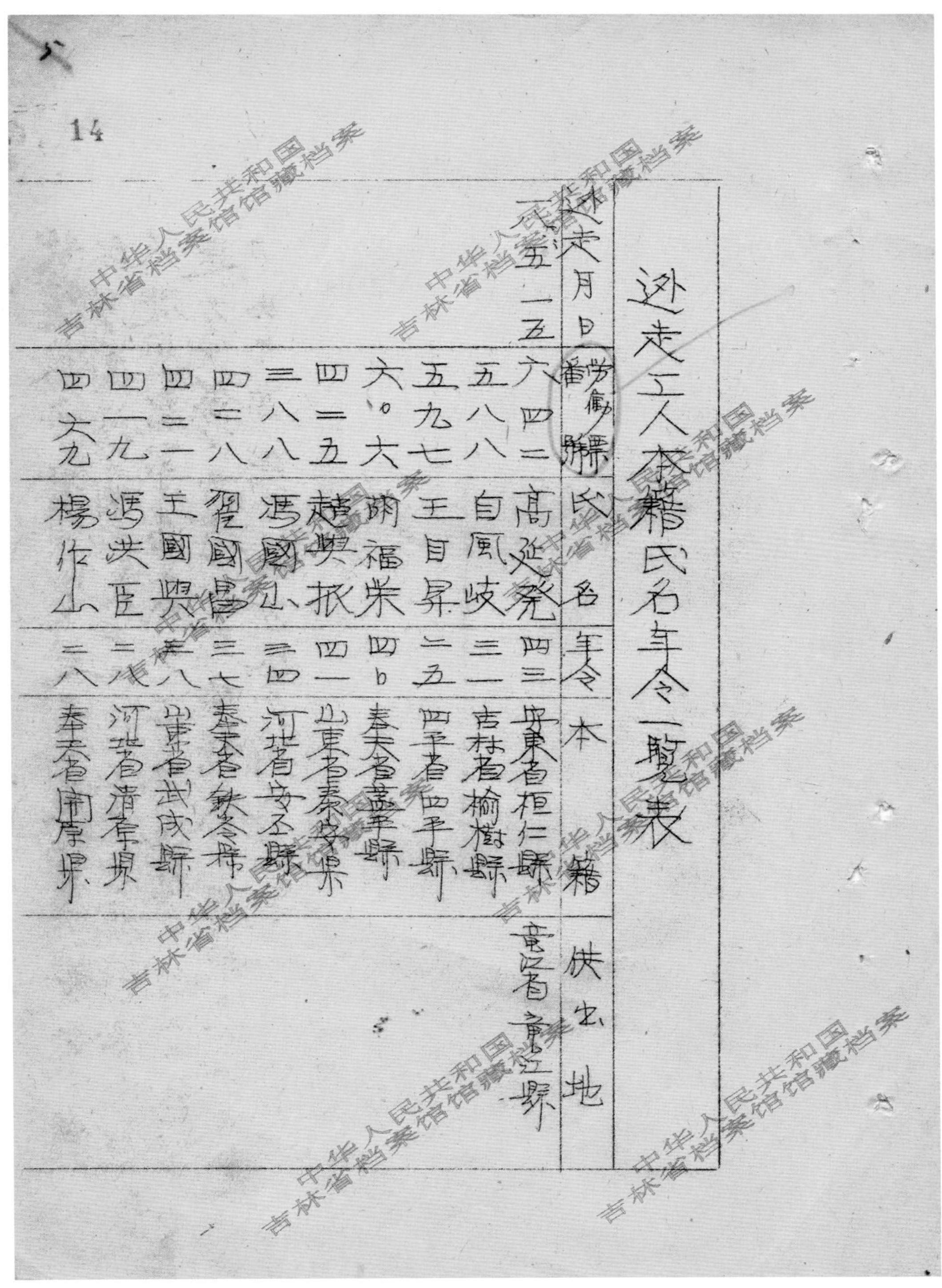

14

逃走工人本籍氏名年令一覧表

逃走月日	労働票號	氏名	年令	本籍	逃出地
一五一五	六四二	高延発	四三	安東省桓仁縣	竜江省竜江縣
	五八八	白鳳岐	三一	吉林省楡樹縣	
	五九七	王日昇	二五	四平省四平縣	
	六〇六	胡福棠	四〇	奉天省蓋平縣	
	四二五	趙興振	四一	山東省泰安県	
	三八八	馮國山	三四	河北省安丕縣	
	四二八	翟國昌	三七	奉天省鉄嶺縣	
	四二一	王國興	三八	山東省武成縣	
	四一九	馮洪臣	二八	河北省清苑県	
	四六九	楊作山	二八	奉天省開原県	

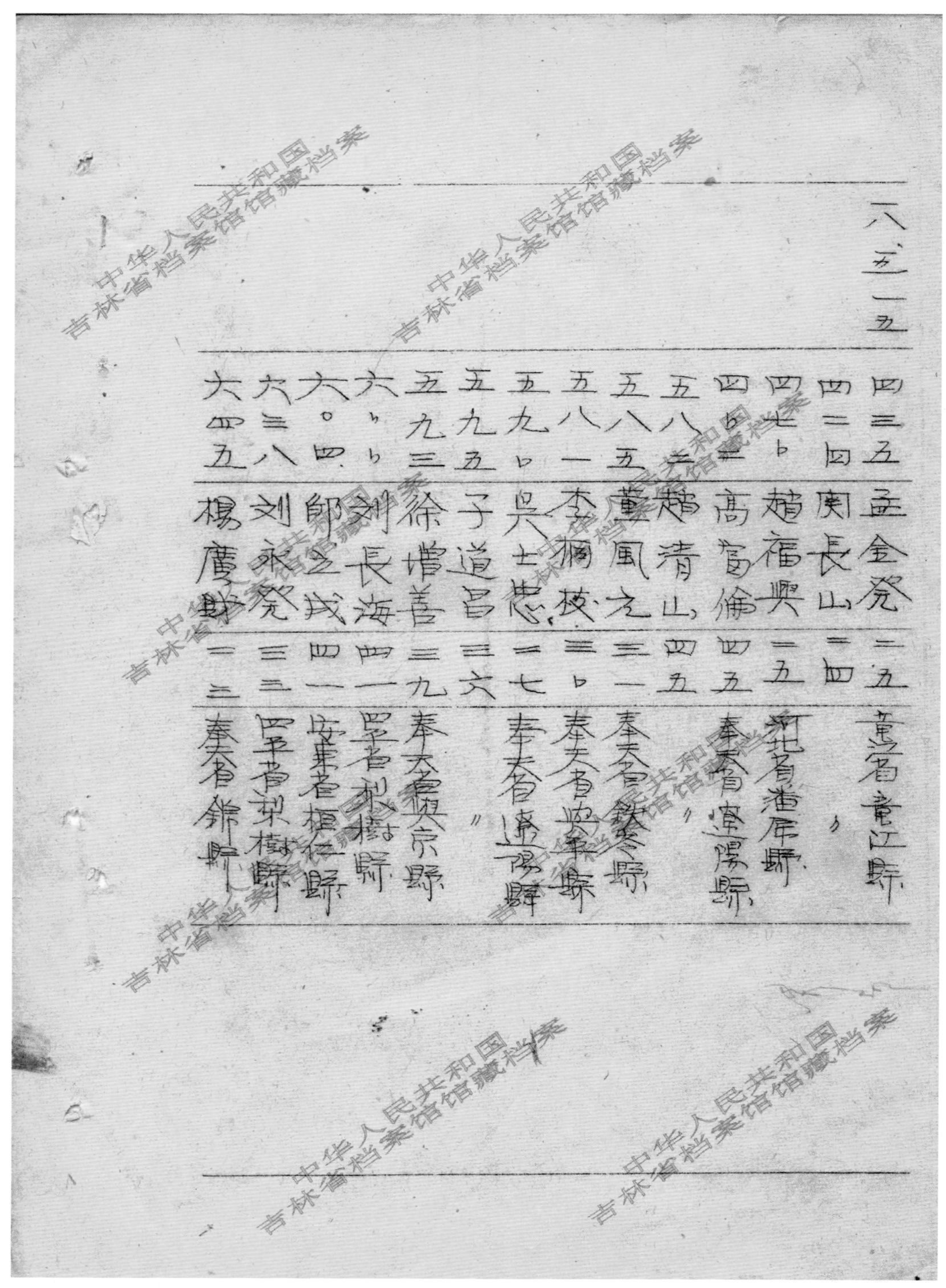

一八五一五

番號	姓名	年齡	籍貫
四三五	孟金発	二五	龍江省龍江縣
四二四	関長山	二四	〃
四七ヽ	趙福興	二五	河北省灤平縣
四ヽ二	高富倫	四五	奉天省遼陽縣
五八二	趙清山	四五	〃
五八五	董風之	三一	奉天省鐵嶺縣
五八一	李桐枝	三ヽ	奉天省安平縣
五九ヽ	呉士忠	二七	奉天省遼陽縣
五九五	于道昌	三六	〃
五九三	徐增善	三九	奉天省興京縣
六ヽヽ	劉長海	四一	吉林省樺樹縣
六〇四	郎之成	四一	安東省桓仁縣
六三八	刘永発	三三	吉林省梨樹縣
六四五	楊慶財	二二	奉天省錦縣

昭和十八年(1943년)五月二十九日

아헌고제팔일호

보고(통보)부서: 관헌사, 隣接隊, 王阿特機, 字隊下

아얼산독립헌병분대장

『군사시공에 "취로"한 "근로보국대원"이 단체도주한 사건에 관한 보고』

(출처: 헌병조사 확도: 갑)

적요

一. 우차거우 제구오육부대의 활주로공사에서 노동 중이던 우차거우 伊賀原組인부는 룽장(龍江)성 룽장현에서 공급한 근로보국대원으로 25명이 5월 15일 새벽에 단체도주함.

二. 조사결과 임금이 너무 낮고 건강에 불리하며 일이 힘든 것이 도주의 원인. 현재 헌병이 계속 배후관계를 조사 중.

본문

一. 도주한 시간과 지점

1. 시간 昭和十八年(1943년)五月十五日

2. 지점 싱안난성 우차거우

二. 도주자

우차거우 제구오육부대에서 작업 중이던 룽장성에서 공급한 근로보국대원 조우싱전 등 25명 伊賀原組인부가 도주. 그 원적지, 성명, 나이는 다음 부록의 표와 같음.

三. 도주전후의 상황

1. 우차거우 伊賀原組에서 일하던 인부는 룽장(龍江)성 룽장현에서 공급한 근로보국대원으로 도합 450명. 그들은 우차거우 제구오육부대의 활주로 신축공사에 참가함. 5월 8일 이후 바이청즈(白城子) 제구오육부대 본부에서 공급을 책임짐. 인부가 사용하는 물자, 주로 식량이 화물차의 문제로 공급이 단절됨. 따라서 5월 9일부터 수수만두(수수를 주원료로 함), 밀가루 한 봉지 그리고 말에게 먹이는 두병 한 덩이(약 27킬로그램)의 표준으로 공급함. 부식품은 전혀 없음. 고로 최근 들어 복통을 호소하는 자가 증가.

2. 십사일 21시, 제이중대대원 조우싱전이 동일 중대 대리대장 양즈싱에게 "더는 못해먹겠

어. 이대로 나가다간 우리가 집에 돌아갈 때 돈도 없고 몸도 망가지게 될 거야. 우릴 일찍 돌려보내는 편이 나을걸."라고 말함. 양즈싱은 "자네들은 일반 노동자가 아닐세. 당국이 선발한 근로보국대원 아닌가. 지정모집한 사람들이니 제멋대로 돌아갈 수 없을거야."라고 말하고는 잠자러 감.

3. 이튿날 아침 4시 좌우, 주변이 시끄러워지자 양즈싱은 미심쩍어 침대에서 일어나려고 함. 그때 조우싱전이 작은 삽을 들고 앞에 나타나 위협함. "당신이 우릴 붙잡아 두어도 우린 더 이상 일할 수 없소. 우린 집에 가야겠어. 만약 큰소리로 떠들어 사무소에 알리는 날엔 내 손에 죽을 줄 아시오." 양즈싱은 겁에 질려 침대에 다시 누워 자는 척함. 도주자들이 숙소에서 나가자(약 20분 후) 양즈싱은 인차 伊賀原組의 당지 사무소에 보고함.

四. 도주 원인과 동기

모집조건과 현실이 너무 차이가 컸기 때문임. 임금체불에 건강악화까지 겹치자 앞으로의 노동에 공포를 느낌.

五. 인부에 대한 영향

룽장현에서 모집할 때 제시한 대우조건은 밀가루와 수수였으나 실제는 이와 달랐음. 이는 인부사이에서 불만을 야기하였으며 마음이 흔들려 도주하려는 생각을 품음. 伊賀原組의 부대본부와 교섭하여 물자를 보충 공급하고 임금을 인상하려는 계획을 작성 중. 현재 점차 평온한 상태로 나가고 있음.

六. 처리

1. 伊賀原組의 처리

伊賀原組 측에서는 도주원인이 공급부족인 것을 알고 長谷川 현지대리인이 바이청즈 제956부대 본부에 실상을 보고함. 현재 조속한 식량공급을 적극적으로 계획 중. 동시에 인부의 임금을 인상하기 시작.

2. 부대의 처리

伊賀原組의 보고를 받고 실정을 바이청즈 본부에 전달함. 신속하게 물자보급을 계획함과 아울러 일반 인부가 도주하거나 인심이 동요하는 것을 방지하기 위해 진력.

3. 헌병의 처리

헌병은 伊賀原組의 통보를 받고 인차 상관인원으로부터 실정을 요해, 상술 상황을 판단하고 인부조와 부대 측에 물자보급 및 임금인상 계획안 작성을 명령함. 동시에 인부들에게 물자보급의 사정을 설명하여 안무함. 다른 한편으로 인부 사이에 퍼지는 동요를 방지하고 이번 도주가 더욱 큰 악영향을 미치지 않도록 진력. 계속 도주사건의 배후에 깔린 각종 관계를 조사 중.

七. 기타참고사항

1. 우차거우 제956부대 신축 활주로 공사는 9월 하순에 완공 예정. 시급한 공사임.

2. 伊賀原組 측은 부대로부터 공급을 취득함. 현재 인부식량공급은 아주 딸리는 상황. 그러므로 감자를 더 구입하여 매일매일 250그램씩 공급함으로써 식량부족을 보충.

八. 소견

상술한 바와 같이 식량의 공급부족이 도주의 주된 원인. 시공의 순리로운 진전을 위해 시공부대와 인부사역 당사자들은 건설현장의 수송력을 고려하여 식량부족을 초래하지 않도록 해야 함.

도주인부의 호적, 성명, 연령 일람표					
도주시간	노동표번호	성명	연령	호적	공급지
昭和十八年 五月十五日	642	고앤파	43	안둥성 환런현	룽쟝성 룽쟝현
	588	즈펑치	31	지린성 위수현	
	597	왕무성	25	스핑성 스핑현	
	606	후푸룽	40	펑탠성 가이핑현	
	425	조우싱전	41	산둥성 타이안현	
	388	펑궈산	34	허버이성 안피현	
	428	자이궈창	37	펑탠성 테링현	
	421	왕궈싱	38	산둥성 우청현	
	419	펑훙천	28	허버이성 칭왠현	
	469	양춰산	28	펑탠성 카이왠현	
	435	멍진파	25	룽쟝성 룽쟝현	
	424	관창산	24	룽쟝성 룽쟝현	
	470	조푸싱	25	허버이성 판왠현	
	402	고우푸룬	45	펑탠성 료우양현	
	582	조우칭산	45	펑탠성 료우양현	
	585	둥펑왠	31	펑탠성 테링현	
	581	리퉁즈	30	펑탠성 싱핑현	
	590	우스중	27	펑탠성 료우양현	
	595	위도우창	36	펑탠성 료우양현	
	593	쉬정산	39	펑탠성 싱징현	
	600	류창하이	41	스핑성 리수현	
	604	저우리청	41	안둥성 환런현	
	638	류융파	33	스핑성 리수현	
	645	양광차이	23	펑탠성 진현	

48

서류해독

평택헌병대의 『평택 테시구 제칠보급공장의 공출인부실정에 관한 보고(통첩)』

이 서류는 昭和十九年(1944년)十一月八日 평택헌병대가 보급공장이 昭和十九年(1944년)상반기(四月부터 十月)에 공출한 인부실상 조사결과에 관한 보고이다. 서류에는 공출인부개황 조사표, 공출인부도주원인 조사표, 환자상황 조사표, 공출인부대체인원상황 조사표, 무단결근원인 조사표 등이 포함된다. 서류에는 공출인부가 도주 및 무단결근하는 원인은 주로 저렴한 임금, 고된 작업, 외출제한, 구타와 욕설 등이라고 기재하고 있다. 인부를 공출하는 과정에서 일부 사람들은 건강문제와 부대노동에 대한 공포감 등 원인으로 거액을 들여 대체자를 고용하기도 하였다. 공출인부 중 15.6%가 대체자였다.

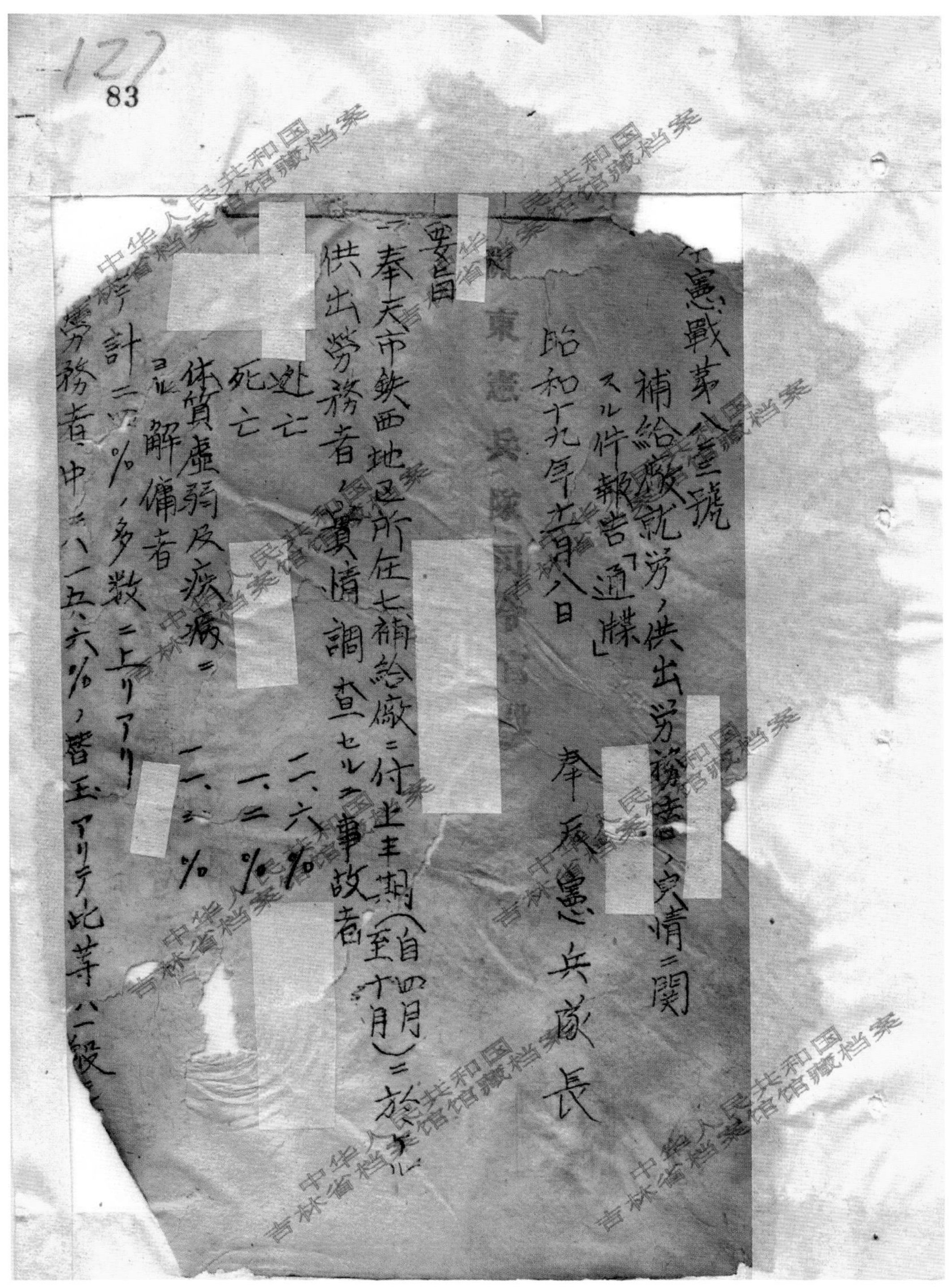
83

(憲)戰第八〇號
補給廠就労ノ供出労務者ノ実情ニ関スル件報告「通牒」
昭和十九年六月八日
奉天憲兵隊長
関東憲兵隊司令官殿
要旨
一、奉天市鉄西地区所在ㄴ補給廠ニ付此ノ期(自四月至六月)ニ於ケル供出労務者ノ実情調査セル事故者
逃亡　二、六%
死亡　一、二%
体質虚弱及疾病ニ因ル解傭者　一、一%
合計二四%ノ多数ニ上リアリ
労務者中ニハ一五、六%ノ替玉アリテ此等ハ一般

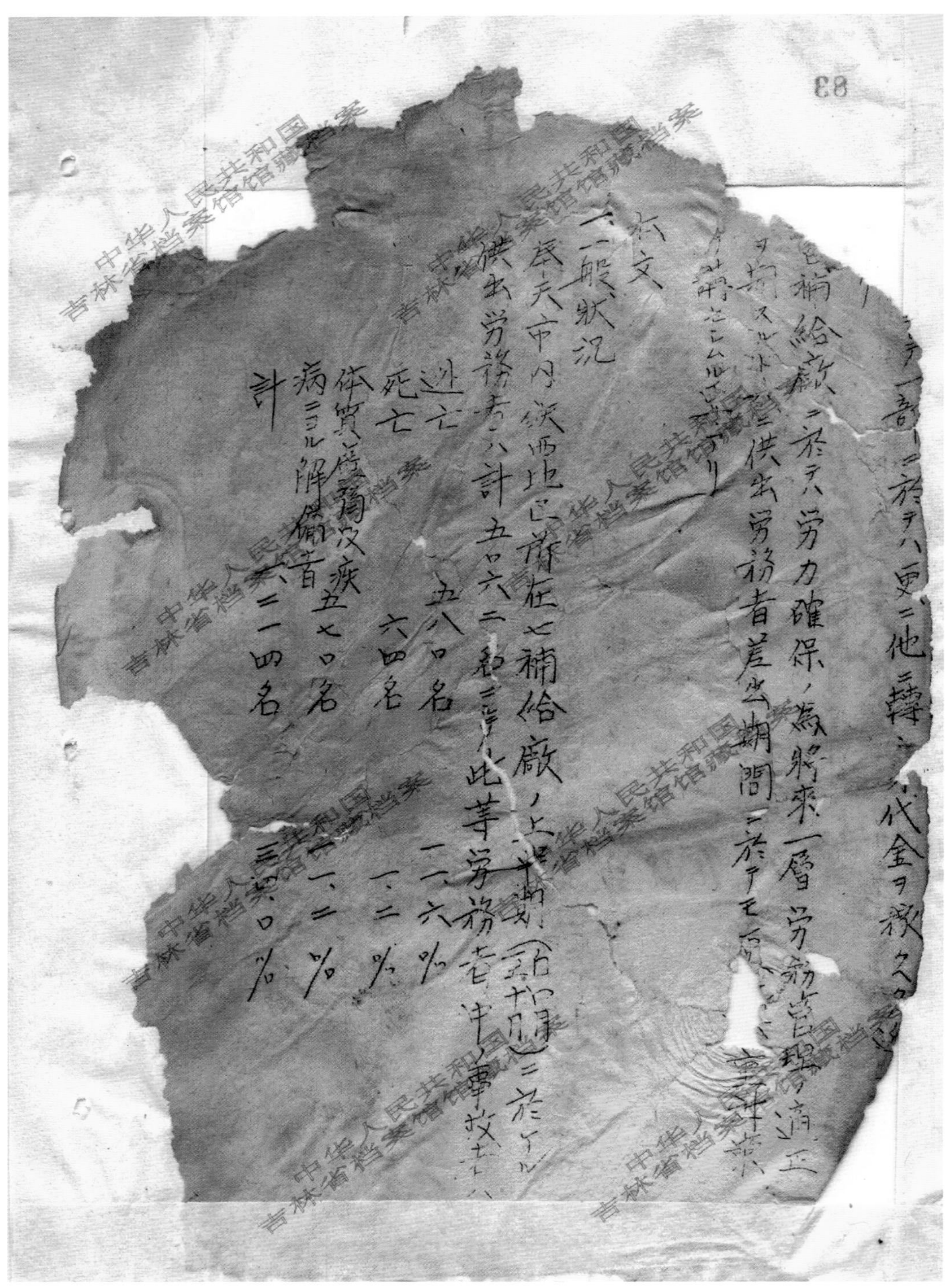

83

…テ一部ニ於テハ更ニ他ニ轉…代金ヲ稼グ…
…補給廠ニ於テハ労力確保ノ為将来一層労務管理ノ適正
ヲ期スルト共ニ供出労務者差出期間ニ於テモ…
…ヲ講セシムルヲ要スルモノアリ

附文

一、一般状況

奉天市内鉄西地区所在ヒ補給廠ノ上半期(自一月至六月)ニ於ケル
供出労務者ハ計五〇六二名ニシテ此等労務者中事故者ハ

逃亡　五八〇名　一一、六%
死亡　六四名　一、二%
体質虚弱為ノ疾病ニヨル解傭者　五七〇名　一一、二%
計　一二一四名　二三、〇%

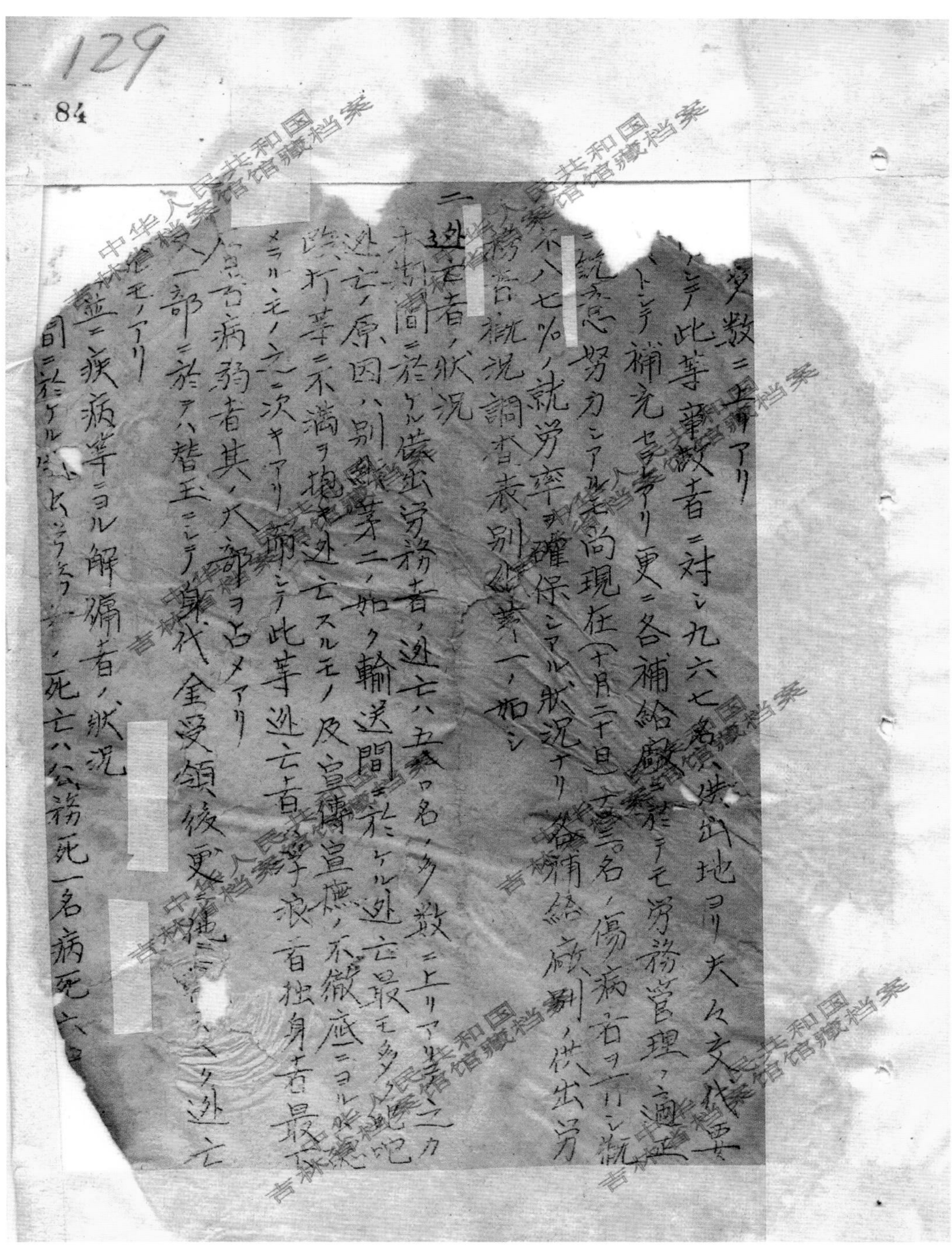

129

84

多数ニ上リアリ
シテ此等離散者ニ対シ九六七名ヲ供出地ヨリ夫々交代要員
トシテ補充セラレアリ更ニ各補給廠ニ於テモ労務管理ノ適正
ニ統一シ恵努力シアルモ尚現在（十月二十日）六〇三名ノ傷病者ヲ出シ概
ネ八七％ノ就労率ヲ確保シアル状況ナリ　各補給廠別ノ供出労
務者概況調査表別紙第一ノ如シ
二　逃亡者ノ状況
本期間ニ於ケル供出労務者ノ逃亡ハ五〇名ノ多数ニ上リアリ之ニカ
逃亡ノ原因ハ別紙第二ノ如ク輸送間ニ於ケル逃亡最モ多ク之ハ把
監督等ニ不満ヲ抱キ逃亡スルモノ及宣傳宣撫ノ不徹底ニヨル
メラルモノ之ニ次キアリ而シテ此等逃亡者ハ浮浪者独身者最モ多ク
人員ハ病弱者共ハ大部ヲ占メアリ
一部ニ於テハ替玉ニシテ身代金受領後更ニ[illegible]ク逃亡
ノモノアリ
三　疾病等ニヨル解傭者ノ状況
同ニ於ケル[illegible]死亡ハ公務死一名病死六名

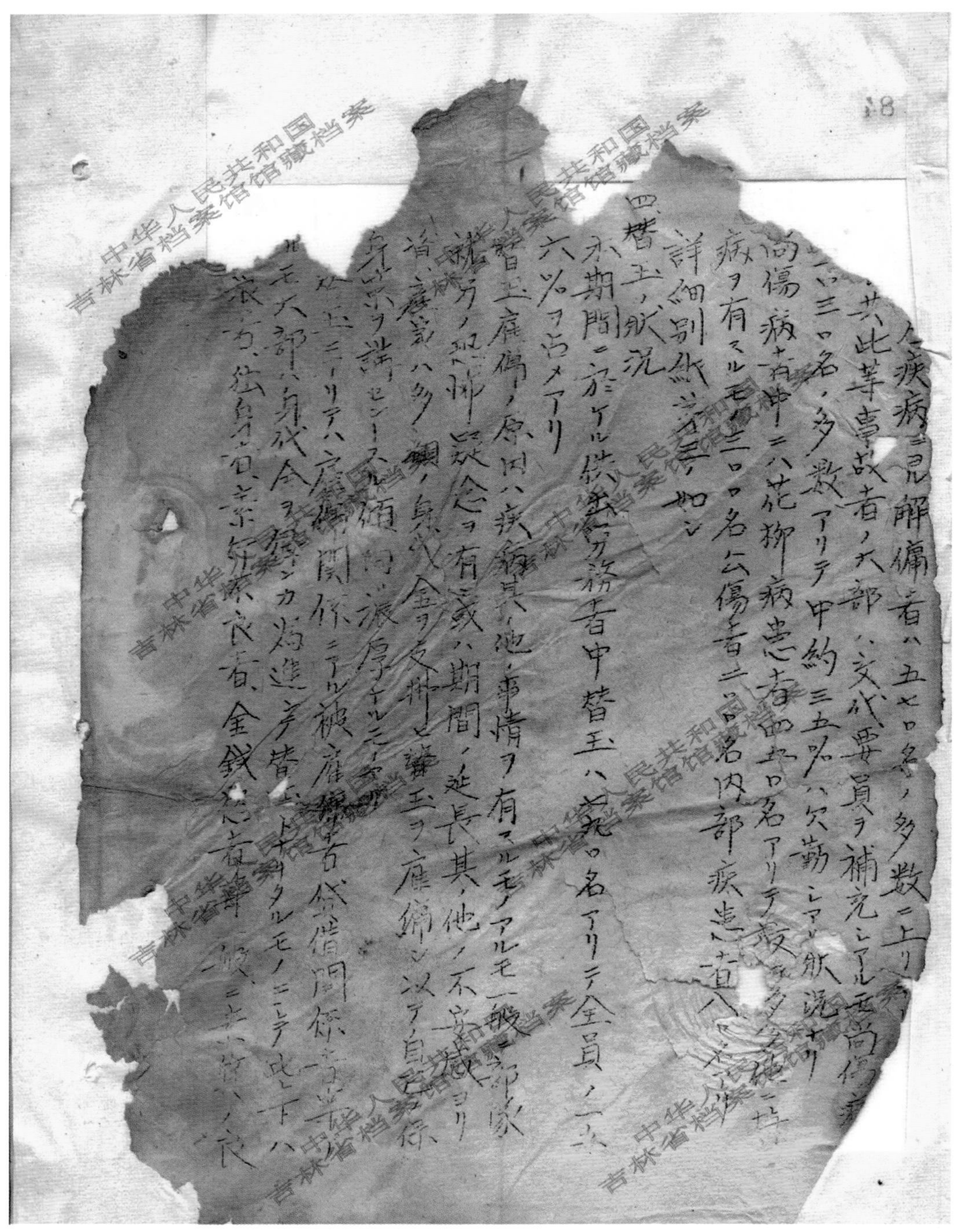

18

[illegible]疾病ニ見解偏者ハ五七〇名ノ多数ニ上リ[illegible]
共此等事故者ノ大部ハ交代要員ヲ補充シアルモ尚傷病[illegible]
[illegible]一〇三〇名ノ多数アリテ中約三五％ハ欠勤シアル状況ナリ
尚傷病者中ニハ花柳病患者四五〇名アリテ[illegible]多数ニ[illegible]
病ヲ有スルモノ三〇〇名公傷者二〇〇名内部疾患ハ[illegible]
詳細別紙[illegible]ノ如シ

四、替玉ノ状況

本期間ニ於ケル供出労務者中替玉ハ一六〇名アリテ全員ノ一六
六％ヲ占メアリ
替玉雇傭ノ原因ハ疾病其ノ他ノ事情ヲ有スルモノアルモ一般ニ部家
族ガ[illegible]ノ恐怖ト疑念ヲ有シ或ハ期間ノ延長其ノ他ノ不安ナル点ヨリ
者ハ雇傭ハ多ク[illegible]ノ身代金ヲ支拂ヒ替玉ヲ雇傭シ以テ自己[illegible]係ハ
身代ハ[illegible]ヲ講セシメス[illegible]ノ派厚ナルモノ[illegible]
然レドモ[illegible]ニアリテハ雇傭関係ニアル被雇傭者ガ借問係ナ[illegible]
ルモ大部ハ身代金ヲ獲得センガ為進ンデ替玉ト[illegible]タルモノニシテ之下ハ
[illegible]自己ノ[illegible]者ニ金銭[illegible]ノ衣

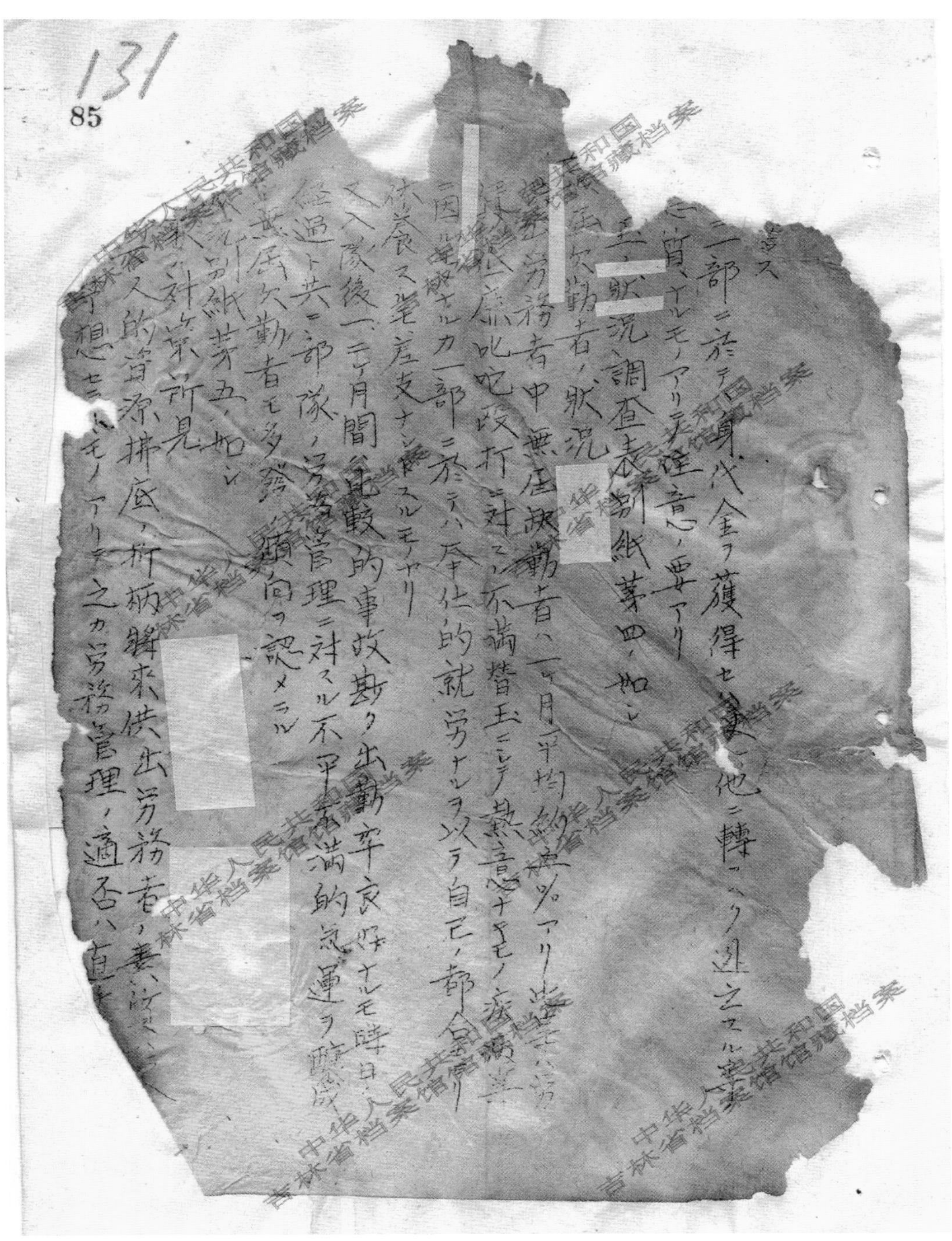

131

85

ヲ爲ス

ニ一部ニ於テ身代金ヲ獲得セン爲ニ他ニ轉ハク逃亡スル實[illegible]

ニ質ナルモノアリテ注意ノ要アリ

三、欠勤ノ状況調査表別紙第四ノ如シ

[illegible]欠勤者ノ状況

[illegible]労務者中無届欠勤者ハ一ヶ月平均約[illegible]%アリ尚[illegible]

況[illegible]叱咤殴打ニ対スル不満皆王ニシテ熱意ナキモノ[illegible]

ニ因ルカ一部ニ於テハ奉仕的就労ナルヲ以テ自己ノ都合ニ依リ

休養ス[illegible]支ナシト爲スモノアリ

又入隊後一、二ヶ月間ハ比較的事故少ク出勤率良好ナルモ時日ノ

経過ト共ニ部隊ノ労務管理ニ対スル不平不満的気運ヲ醸成

[illegible]無届欠勤者モ多發ノ傾向ヲ認メラル

[illegible]別紙第五ノ如シ

[illegible]ニ対策所見

[illegible]人的資源枯渇ノ折柄将来供出労務者ノ素質ハ[illegible]

予想セラルルモノアリ之カ労務管理ノ適否ハ直チ[illegible]

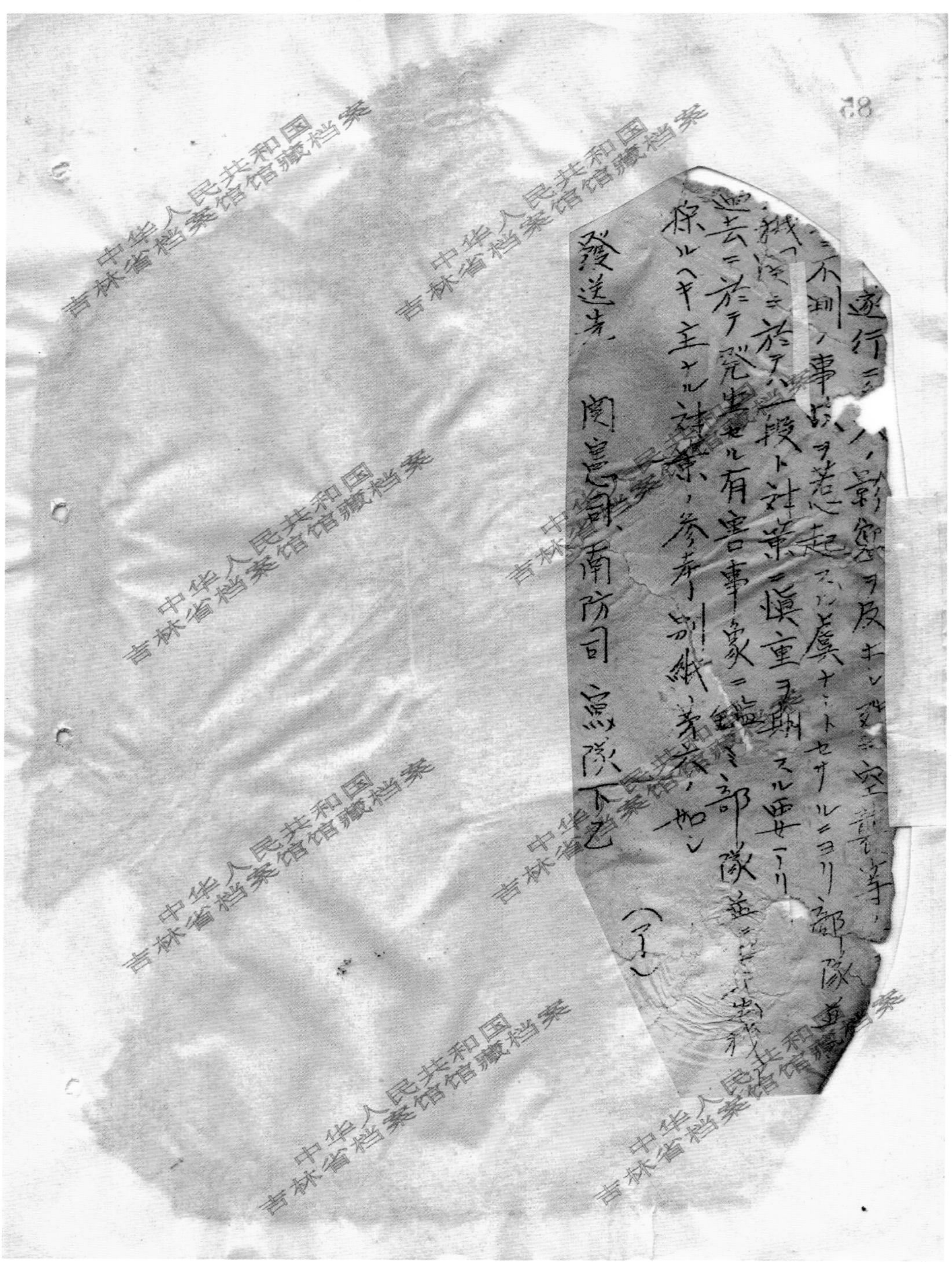

78

遂行ニ……ハ影響ヲ及ホシ延テハ空前ノ……
ニ不測ノ事故ヲ惹起スルノ虞ナシトセサルニヨリ部隊並ニ……
幾ハ於テハ一段ト対策ニ慎重ヲ期スル要アリ
過去ニ於テ発生セル有害事象ニ鑑ミ部隊並ニ……
採ルヘキ主ナル対策ノ参考ハ別紙第一ノ如シ

發送先 関憲司、南防司 憲隊下乙

(了)

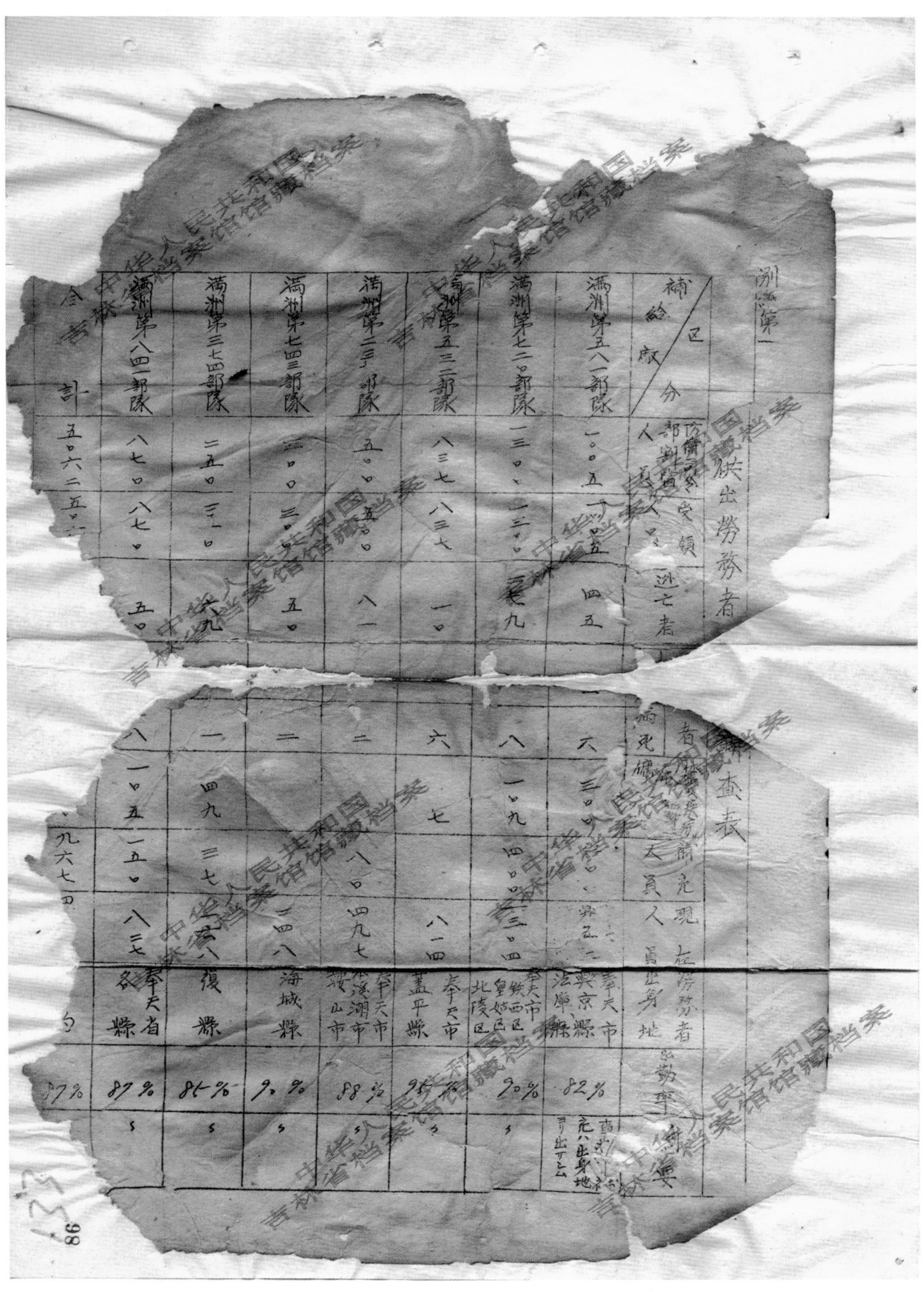

満洲第一[illegible]

[illegible]出労務者[illegible]査表

区分 / 補給廠	防衛部隊ヨリ受領人員		逃亡者	病死傷者	現在人員			現在労務者出身地	出勤率	備考
満洲第五八一部隊	一〇〇五	一〇〇五	四五	六	三〇四		[illegible]五二	奉天市 興京縣 法庫縣	82%	[illegible]右ハ出身地ヨリ出ナルモ
満洲第七二〇部隊	一三〇〇	一三〇〇	三七九	八	一〇九	四〇〇	一三〇四	奉天市 鉄西区 皇姑区 北陵区	90%	〃
満洲第五三二部隊	八三七	八三七	一〇	六	七		八一四	奉天市 蓋平縣	95%	〃
満洲第二三〇部隊	五〇〇	五〇〇	八一	二		八〇〇	四九七	奉天市 本渓湖市 鞍山市	88%	〃
満洲第七四三部隊	三〇〇	三〇〇	五〇	二			二四八	海城縣	90%	〃
満洲第三七四部隊	二五〇	三一〇	六九	一	四九	三七	[illegible]八	復縣	85%	〃
満洲第八四一部隊	八七〇	八七〇	五〇	八	一〇五	一五〇	八二七	奉天省各縣	87%	〃
合計	五〇六二	五〇六[illegible]			、	九六七四		[illegible]	87%	

1333

98

87

第二

補給廠[illegible]労務者ノ逃亡原因[illegible]

逃亡原因	逃亡数	[illegible]	摘要
一、[illegible]社的勤労ナルニ拘ラズ叱咤殴打サレツツ使役セラルヽニ不満ヲ抱キ逃亡スルモノ	一〇〇	[illegible]	一、善良ナル労務者ニ於テモ[illegible]労賃ノ[illegible]、外出ノ制限、慰安施設ノ皆無、労務ノ過重、殴打不当取扱等ニヨリ不平不満ヲ誘発シ逃亡ノ素因ヲ[illegible]
二、宣傳宣撫工作ノ不徹底ニヨルト認メラルヽモノ	八〇	[illegible]	
三、労賃ノ[illegible]廉ニ不満ヲ抱キ逃亡スルモノ	七〇	[illegible]	
[illegible]	[illegible]〇	[illegible]	

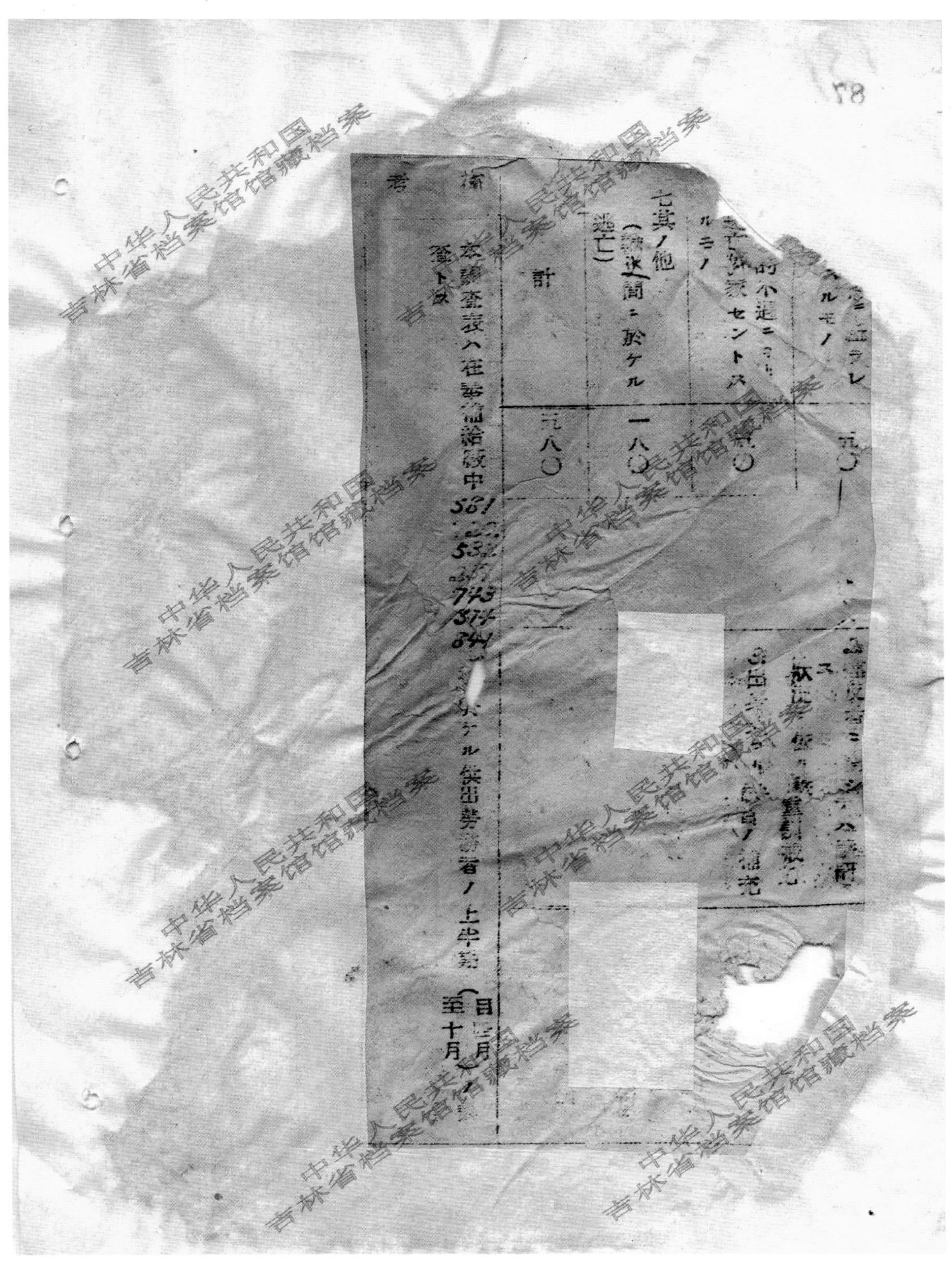

87

…ニ…ラレ…ルモノ　五〇

…ルモノ …的不適ニヨリ…セントス…　[illegible]〇

七其ノ他（…間ニ於ケル逃亡）　一八〇

計　[illegible]八〇

備考　本調査表ハ在籍補給廠中 581 … 532 … 743 874 844 …ケル供出労務者ノ上半期（自四月至十月）ノ…

査ト…

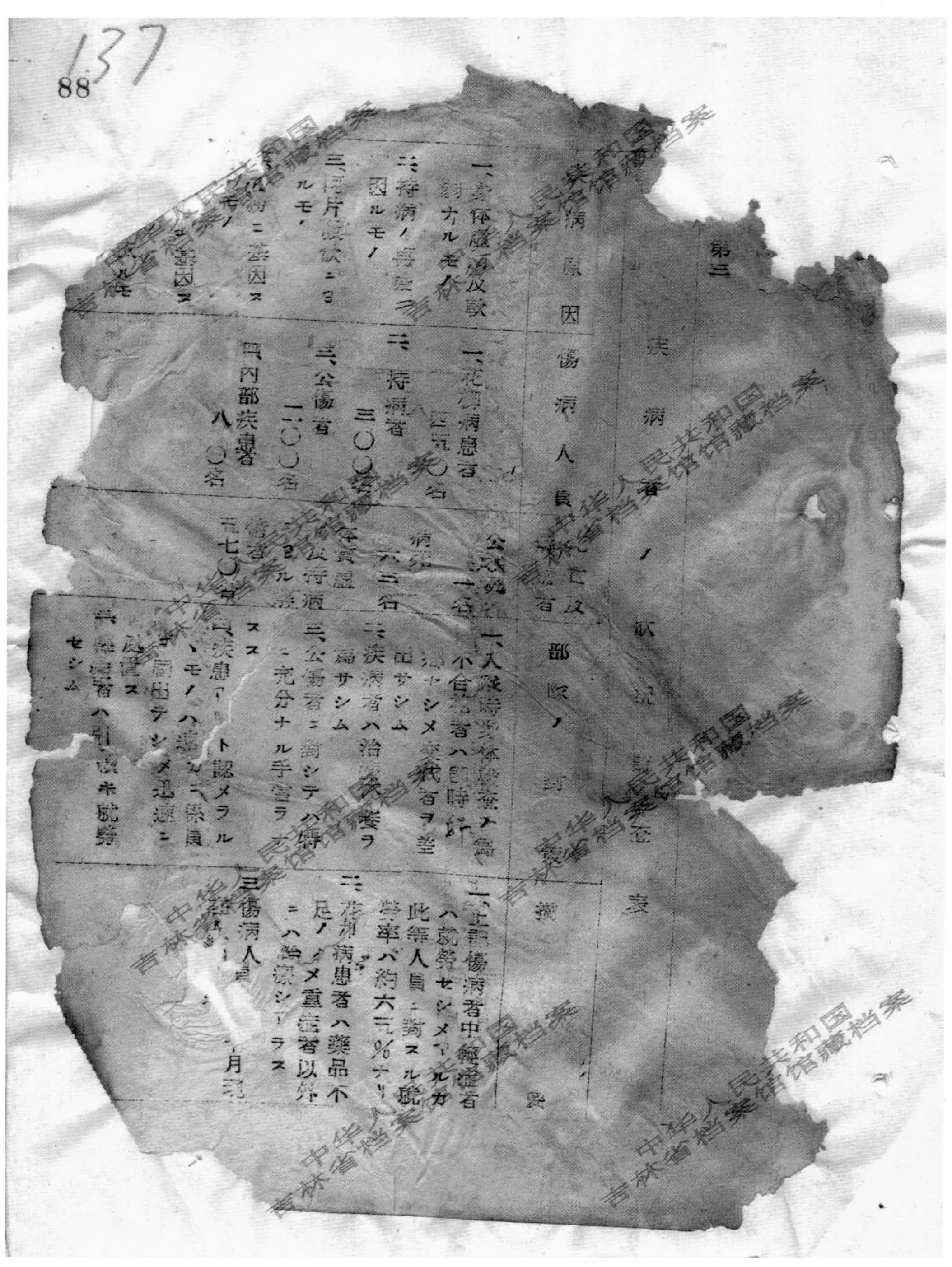

88

第三 疾病者ノ状況報告表

病原因	傷病人員	[illegible]	部隊ノ処置	摘要
一、身体虚弱及[illegible]ナルモノ 二、持病ノ再発ニ因ルモノ 三、阿片吸飲ニヨルモノ 四、[illegible]ニ基因スルモノ 五、[illegible]ニ基因スルモノ	一、花柳病患者 四五〇名 二、持病者 三〇〇名 三、公傷者 一〇〇名 四、内部疾患者 八〇名	公[illegible] 一名 病弱 六三名 [illegible]体質虚弱及持病[illegible]ル者 二七〇名	一、入隊時身体検査ナ[illegible]為不合格者ハ即時帰郷セシメ交代者ヲ差出サシム 二、疾病者ハ治療[illegible]養ヲ為サシム 三、公傷者ニ対シテハ特ニ充分ナル手当ヲ為ス 四、疾患アリト認メラルルモノハ係員ニ届出テシメ迅速ニ処置ス 五、[illegible]症者ハ引[illegible]就労セシム	一、上記傷病者中軽症者ハ就労セシメツツアルカ此等人員ニ対スル就労率ハ約六〇%ナリ 二、花柳病患者ハ薬品不足ノ為メ重症者以外ニハ治療シアラス 三、傷病人員ハ[illegible]月現[illegible]

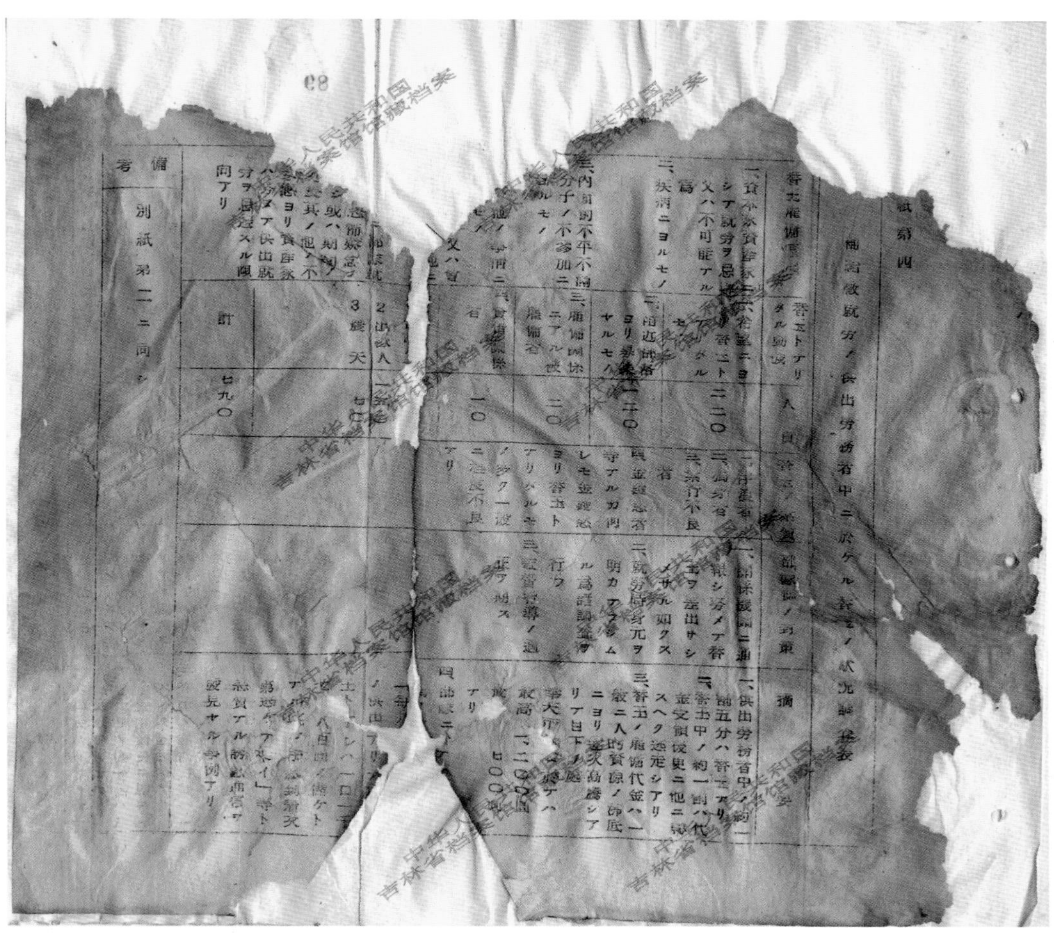

[illegible]紙第四

[illegible]勤就労ノ供出労務者中ニ於ケル[illegible]ノ状況[illegible]表

替玉雇傭[illegible]

一、貧[illegible]家[illegible]ニシテ就労ヲ忌[illegible]又ハ不可能ナル[illegible]

二、疾病ニヨルモノ

三、内部的不平不満分子ノ不参加ニ[illegible]ルモノ

[illegible]地ノ事情ニ[illegible]又ハ[illegible]

替玉トナリタル動機

一、[illegible]替玉トナリタル[illegible]

二、附近部落ヨリ募集[illegible]ヤルモノ

三、雇傭関係ニアル被雇傭者

[illegible]者

人員 二二〇、一二〇、二〇、一〇

替玉ノ[illegible]ノ弊害

一、[illegible]者

二、[illegible]労者ニ素行不良者

[illegible]金遊惰者等アルカ内レモ金銭ヨリ替玉トナリタルモノ多ク一般ニ性質不良ナリ

[illegible]部落側ノ対策

一、[illegible]ニ[illegible]替玉[illegible]金ヲ差出サシメサル如クス

二、就労時身元ヲ明カナラシムル為話[illegible]行フ

[illegible]ヲ[illegible]

摘要

一、供出労務者中ノ約二割五分ハ替玉ナリ

二、替玉中ノ約一割ハ代金受領後更ニ他ニ替[illegible]スヘク逃走シアリ

三、替玉ノ雇傭代金ハ一般ニ人的資源ノ払底ニヨリ逐次高騰シアリテ目下ノ[illegible]等大[illegible]ハ最高[illegible]二〇〇円[illegible]七〇〇円ナリ

四[illegible]

[illegible]2[illegible]人一[illegible]

3 拔天 [illegible]

計 七九〇

[illegible]或ハ期間[illegible]其ノ他ノ不[illegible]ヨリ貧[illegible]ハ[illegible]メテ供出就労ヲ[illegible]スル[illegible]向アリ

[illegible]ノ供出[illegible]ニ[illegible]一[illegible]ナル[illegible]「[illegible]」等ト[illegible]ナル[illegible]アル[illegible]ナル事例アリ

備考

別紙第二ニ同シ

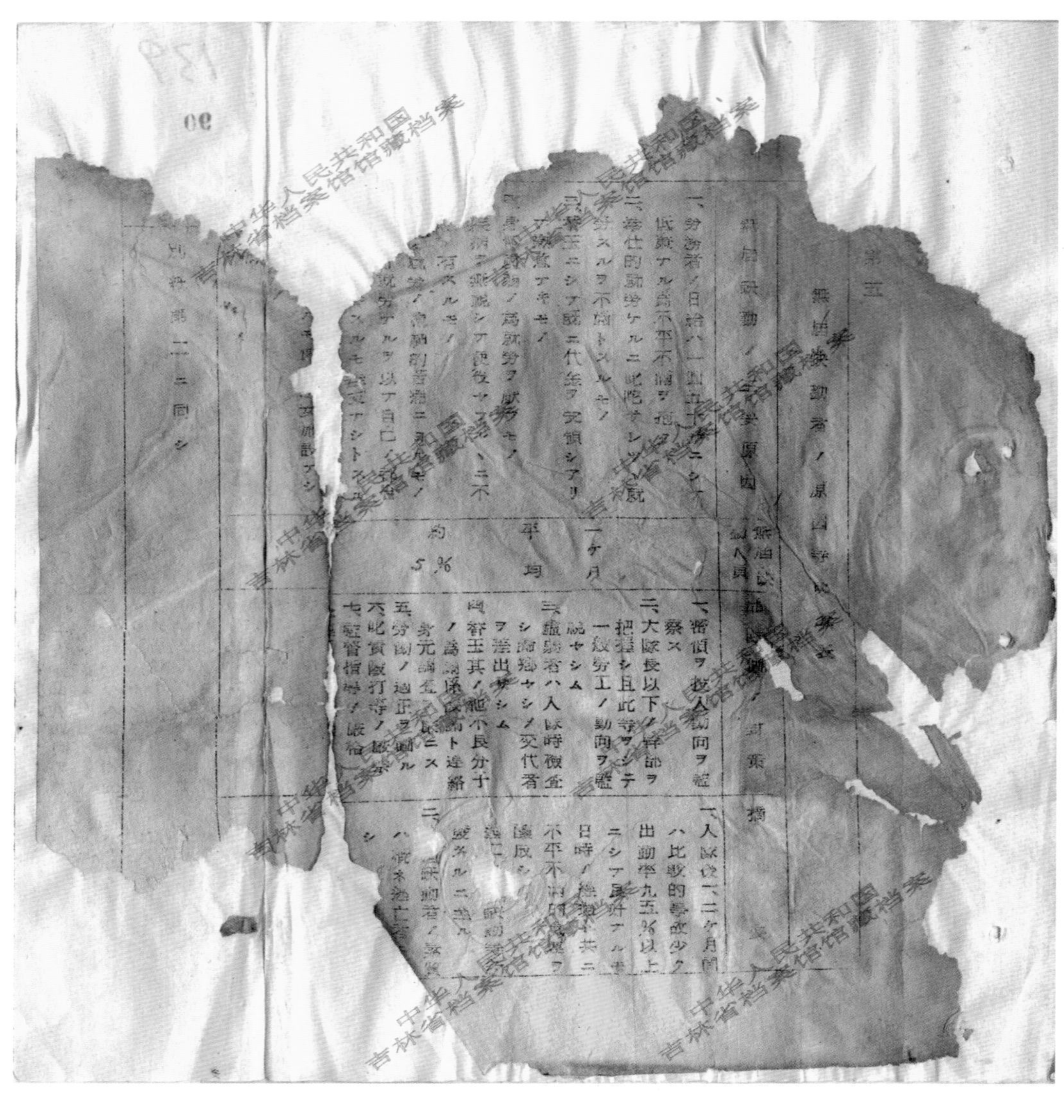

第五 無断欠勤者ノ原因等[illegible]

無断欠勤ノ主要原因	一、労務者ノ日給ハ一円五十銭ニシテ低額ナル為不平不満ヲ抱キ[illegible] 二、奉仕的勤労ケルニ比シ[illegible]就労スルヲ不利トスルモノ [illegible] [illegible]ヲ有スルモノ [illegible]
無断欠勤人員	一ケ月平均約5%
対策	一、密偵ヲ投入動向ヲ視察ス 二、大隊長以下ノ幹部ヲ把握シ且此等ヲシテ一般労工ノ動向ヲ監視セシム 三、[illegible]者ハ入隊時複査シ[illegible]ノ交代者ヲ差出サシム 四、[illegible]其ノ他不良分子ノ為[illegible]ト連絡 五、労元調査[illegible]ニス 六、比賃殴打等ノ厳禁 七、監督指導ノ厳格
摘要	一、入隊後一二ケ月間ハ比較的事故少ク出勤率九五%以上ニシテ良好ナルモ日時ノ経過ト共ニ不平不満[illegible]ヲ醸成シ逃亡[illegible] 二、[illegible]欠勤者ノ[illegible]ハ[illegible]シ

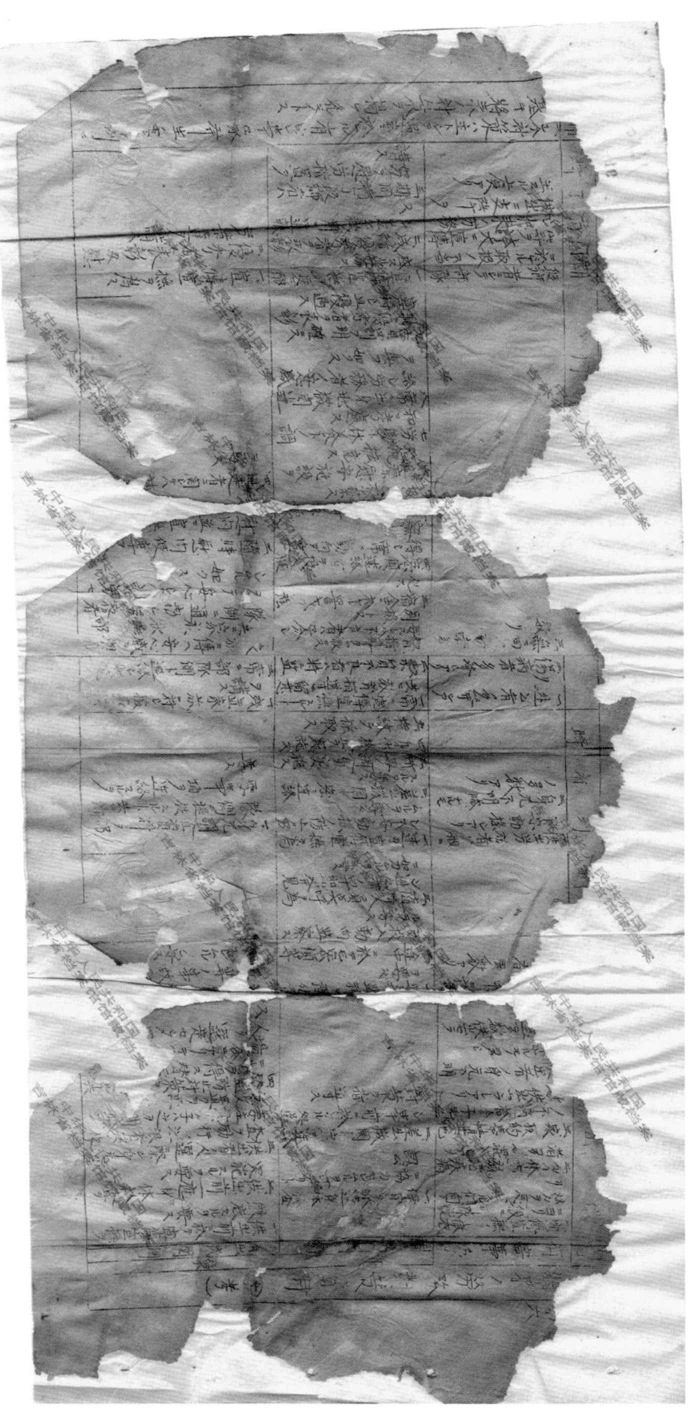

봉헌전제팔일삼호

평탠 테시구 제칠보급공장의 공출인부실정에 관한 보고(통첩)

昭和十九年(1944년)十一月八日 평탠헌병대장

관동헌병대사령관 전하:

적요

평탠시 테시구 제칠보급공장 상반기(四月—十月) 공출인부실정에 관한 조사결과:

도주: 11.6%

사망: 1.2%

체질이 허약하거나 질병에 걸려 해고된 자: 11.2%

도합 34% 이상

인부 중15.6%는 대체자로서 이들 중 일부가 고용금을 받은 후 타처로 옮겨가거나 도주하였음. 보급공장은 인력을 확보하기 위해 앞으로 노무관리의 합리성에 주의를 돌려야 할 것임. 인부공출 기간에 대책을 강구해야 할 필요가 있음.

본문

一. 일반상황

평탠시 테시구의 보급공장 상반기(四月—十月) 공출인부는 총 5062명이며 이들 중 사고가 발생한 인원이 다음과 같음.

도주: 580명 11.6%

사망: 64명 1.2%

체질이 허약하거나 질병에 걸려 해고된 자: 570명 11.2%

도합 1214명 24% (역자 주: 34%를 원문이 오기함)

이러한 사고자 속출에 대응하여 976명을 공급지에서 보충하여 교대함. 또 노무관리의 합리화에 진력, 현재(10월 20일)까지 1030명이 부상을 입음. 확보할 수 있는 작업률이 대략 87%임. 각 보급공장의 공출인부개황 조사표는 부록1과 같음.

二. 도주자의 상황

본 기간에 공출인부 중 도주자가 580여명에 달함. 도주원인은 부록2에 표시함. 그중 운수도중에 도주한 자가 특별히 많음. 그다음으로 구타와 욕설에 불만을 품거나 선전과 안무가 부족한 것이 원인. 도주자 중 부랑자거나 외톨이가 적고 대부분 병약자임. 그중 일부는 대체자로 고용금을 탄 뒤 도주.

三. 체질이 허약하거나 질병에 걸려 해고당한 인원의 상황

본 기간에 공무로 사망한 자가 1명, 병사자가 64명 있음. 질병으로 해고된 자가 570여 명이나 됨. 대부분 사고인원은 교대인부로 보충 완료. 그 밖에 상병자가 1030명이나 되며 그중 35%가 결근함. 상병자 중 화류병 환자가 제일 많은바 450명이 되며 기타 질병이 300명, 공상이 200명, 내부질환이 84명임. 상세한 상황은 부록3에 명시된 바와 같음.

四. 대체자 상황

본 기간에 공출인부 중790명이 대체인부로 전체의 15.6% 차지함. 대체자를 고용하는 원인은 질병이거나 기타 원인 때문임. 하지만 대체적으로 군대 노동에 공포감을 갖거나 시공기일이 연장될까 걱정하거나 기타 불안감 때문에 거액의 돈으로 대체자를 고용하여 자신을 보전코자 한 것이 주된 원인. 대체인원은 주로 고용관계가 있는 피고용자거나 금전거래가 있는 사람으로 그들 중 대부분은 부랑자, 외톨이, 소행불량자 혹은 돈에 눈이 먼 자들임.

일부 대체자는 고용금을 취득한 후 도주함. 이에 특히 주의 요망.

대체자 상황은 조사표 부록4에 밝힌 바와 같음.

五. 무고 결근 인원의 상황

공출인부 중 한 달 동안 무고 결근한 자가 평균 5% 차지함. 이자들은 임금이 낮고 구타와 욕설이 심하다고 불만이 팽배함. 대체자들도 같은 원인으로 열정이 식음. 일부는 질병에 걸림.

그들은 염가노동이라는 이유로 제멋대로 휴양함.

입대 한두 달 내에 사고는 비교적 적게 발생, 출근율도 비교적 높은 편임. 시간이 흐름에 따라 점차 부대관리에 불평과 불만이 나타남. 고로 무고 결근이 속출. 상세한 상황은 부록5에 제시한 바와 같음.

六. 대책과 소견

노동력 자원이 결핍할 때 향후 공출인부의 소질□□□, 노무관리의 적당여부는 □□의 진행에 직접적으로 영향을 줌. 특히 공습이 있을 때 의외의 사고로 번질 가능성이 높음. 부대 및 기관의 신중한 대책이 절실히 요구됨.

과거에 발생한 유해사항에 견주어 부대 및 기관에서 참고할 주요대책은 부록6에 밝힌 바와 같음.

발송부서: 관헌사, 남방사

발송: 대하을

부록1: 공출인부개황조사표

보급공장 / 획분	만주 第581부대	만주 第720부대	만주 第532부대	만주 第235부대	만주 第743부대	만주 第374부대	만주 第841부대	합계
방위사령부 분배인원	1,005	1,300	837	500	300	250	870	5,062
접수인원	1,005	1,300	837	500	300	250	870	5,062
도주인원	45	279	10	81	50	69	50	584
병사	6	8	6	2	2	1	18	43
□□□□	1						□□	□□□
체질허약과 질병으로 해고된 자	300	109	7			49	105	570
보충인원	300	400		80		37	150	967
현재인원	953	1,304	814	497	248	168	827	4,811

보급공장 / 획분	만주 제581부대	만주 제720부대	만주 제532부대	만주 제235부대	만주 제743부대	만주 제374부대	만주 제841부대	합계
인부호적	평탠시 싱징현 파쿠현	평탠시 테시구 황구구 버이링구	평탠시 가이핑현	평탠시 번시호시 안산시	하이청현	푸현	평탠성 각 현	
출근율	82%	90%	95%	88%	90%	85%	87%	87%
적요	보충인원은 호적지에서 공출함							

부록2: 보급공장에 취로한 공출인부의 도주원인 조사표

도주원인	도주 인수	도주인원소질	부대 및 기타 대책	적요
一. 염가노동에 구타와 욕설이 존재, 노역에 시달림을 받아 불만정서가 산생.	100	一. 부랑자 二. 외톨이 三. 사회최하층 四. 병약자 五. 불손분자 六. 가족에 유고 七. 대체자 도주	一. 사전대책 1. 한 달에 고향에 1차 혹은 여러 차 통신 2. 연락원을 통해 그 동향을 감시 3. 호적지와 밀접히 연계 4. 대대장, 중대장, 소대장의 직위를 설치하여 감독을 강화 5. 구타행위 감독 二. 도주 시의 대책 1. 호적지와 연락 2. 경계를 강화 3. 호적지에서 인원보충	一. 소질이 높은 인부에 있어 1. 낮은 임금 2. 외출제한 3. 오락시설 전무 4. 과중한 사역 5. 구타와 욕설로 불만 산생 이러한 것은 모두 도주의 원인이 됨.
二. 선전선무공작이 철저하지 못함.	80			
三. 저렴한 임금이 불만정서 산생.	70			
四. 대체자들이 고용금을 취득 후 도주.	50			
五. □□	50			
六. □□불우하여 도주	50			
七. 기타 (수송기간 도주)	180			
합계	580			
비고	본 조사표는 평탠 보급공장의 581, 720, 532, 235, 743, 374, 841부대가 공출한 인부의 상반기(4월~10월) 조사상황임.			

부록3: 질병상황조사표

질병원인	상병자	사망 및 해고 인원	부대의 대책	적요
一.신체가 허약하거나 연약한 자 二.숙병이 발작한 자 三.아편 흡입자 四.공무로 질병에 걸린 자 五.□□에 의해 생긴 질병	一.화류병환자가 450명 二.숙병환자 300명 三.공상환자 200명 四.내부질병환자 80명	공상, 사망인원: 1명 병사: 63명 체질이 허약하거나 숙병으로 해고된 자: 570명	一.밀정을 투입하여 동향을 감찰 二.대대장 및 그 이하의 간부들을 파악하여 인부의 동향을 감시 三.허약자에 대한 검사는 입대 시 실시. 불합격자를 발견 즉시 고향으로 송환. 동시에 대체인원을 차출 四.대체자 및 기타 불량분자의 상관기관과 연락을 취하여 그들의 신분을 조사 五.인부관리의 합리적인 방법을 모색 六.구타와 욕설을 엄금 七.감독과 지도를 엄격히 함.	一.입대 후 1~2개월 사이 사고가 상대적으로 적음. 출근율도 95%에 달하여 양호한 편. 시간이 흘러 불만 정서가 온양되면서 도주사건 빈발. 二.결근자와 도주자의 소질은 기본적으로 같음.
비고	부록2와 같음.			

부록6: 향후의 노무대책자료(참고)

일시	유해사항	보급공장 측	파견기관 측
공출 전	一.선전과 선무가 철저하지 못하여 부대취로를 회피하는 경향이 나타남. 二.신체허약자와 질병환자가 혼입. 三.가정과 기타 원인 때문에 공출에 적합하지 않은 자가 많음. 四.공출자의 신분이 불명확. 五.대체자가 아주 많음.	一.사람을 파견하여 신체검사를 협조. 二.파견기관과 밀접히 연계하여 사전 처리대책을 지도.	一.공출 전 선전선무를 철저히 할 것. 二.공출 전 전부 신체검사를 진행할 것. 三.공출인부를 선택하기 전, 그 신분을 철저히 조사할 것. 부랑자와 요주의 인물들도 그 신분을 명료화 할 것. 四.대체자를 방지할 대책을 제정, 부득이 사용할 경우 □□사람을 선정할 것.
공출 시	□□자 중 다수는 □□사람	一.경계와 감시를 강화. 二.공출 도중에도 밀정을 투입하여 동향을 감시. 三.도주자를 일찍 발견하기 위해 수시로 점호.	□□□도망 등 사고대책이 필요.
도착 시	一.공출자는 불안과 동요의 상태에 처함. 二.신분이 불명확한 자가 존재.	一.선전선무를 조속히 진행하여 불안과 동요를 무마. 二.파견기관과 밀접히 연계. 三.필요한 조사 진행. 四.신체검사 실시. 五.지문 채취	一.신분조사자료를 부대에 제공함과 아울러 부대와 연계하여 수요사항을 취득.
작업 시	一.도주사고 빈발. 二.상병자 다발. 三.무고 결근자 다발.	一.선전과 선무를 자주 진행함과 아울러 교육과 지도에 주의. 二.소질불량자에 대해 엄격히 감독하고 지도함. 필요시에는 불량자에 대해 구별을 둠. 三.숙소의 경계를 강화. 四.밀정, 정보원을 투입하여 수시로 동향을 감찰. 五.□□□를 엄금.	一.집에 두고 온 가족을 원조함. 二.자주 부대와 연계하여 자신의 상황을 가족에 알리도록 함. 동시에 가족의 상황도 부대에 통보함. 가족과 인부 모두 안심할 수 있도록 함. 三.수시로 위문과 선무를 진행함. 四.도주자에 대해 □□□□ 수요.

일시	유해사항	보급공장 측	파견기관 측
		六. 의료시설과 오락시설을 확충. 七. 노동과 휴식을 조율. 八. 원적지와 자주 연락하여 노무자의 마음을 안정시킴. 九. 상벌을 분명히 함. 특별히 우수한 자를 표창, 선전하며 후한 대우 제공.	
만기시	귀향자가 부대의 부당함을 과대선전하면 향후의 노무공출에 차질을 빚을 것임.	一. 더욱 철저하게 선전과 선무를 진행. 二. 우수한 자를 표창하며 파견기관에 통보함. 三. 만기한 귀향자에게 위무조치를 취함.	一. 선전선무를 진행 二. 우수한 자를 표창하고 위무를 제공.
비고	본 대책은 주로 과거에 발생했던 유해사항에 근거하여 향후대비를 위한 것임.		

49

서류해독

하이라얼헌병대의 『도주를 시도한 특수인부를 처리할 건에 관한 보고』

이 서류는 昭和十六年(1941년)七月十二日 하이라얼허병대장 谷家春雄이 작성한 우누얼지역 군사시설현장에서 특수인부 딩우차이가 도주를 시도한 사건의 처리에 관한 보고이다. 서류에 기재된바에 의하면 산시성 농민 딩우차이는 昭和十四年(1939년)十一月 산시성 닝우현에 주둔한 산시기병제일대대에 징집되었다가 昭和十六年(1941년)二月二十日 일본침략군과의 교전 중 포로로 잡혔다. 포로가 된 후 특수인부로 하라거우 군용 도로포장 및 우누얼 지역 숙소건설현장에 취로하였다. 딩우차이가 특수인부들에게 포로는 공사가 끝나면 모두 죽임을 당한다, 도주만이 상책이라는 소문을 퍼트리자 헌병이 이를 눈치채게 되었다. 하이라얼헌병대는 딩우차이가 전염병환자이기에 격리해야 한다는 구실로 비밀리에 처형하였다. "당우차이 사건" 이후 하이라얼헌병대는 특수인부들 속에 만연한 공황심리와 도주언론에 몹시 민감하면서 선무선전을 심화하고 감독과 경계를 강화할 것을 제기하였다.

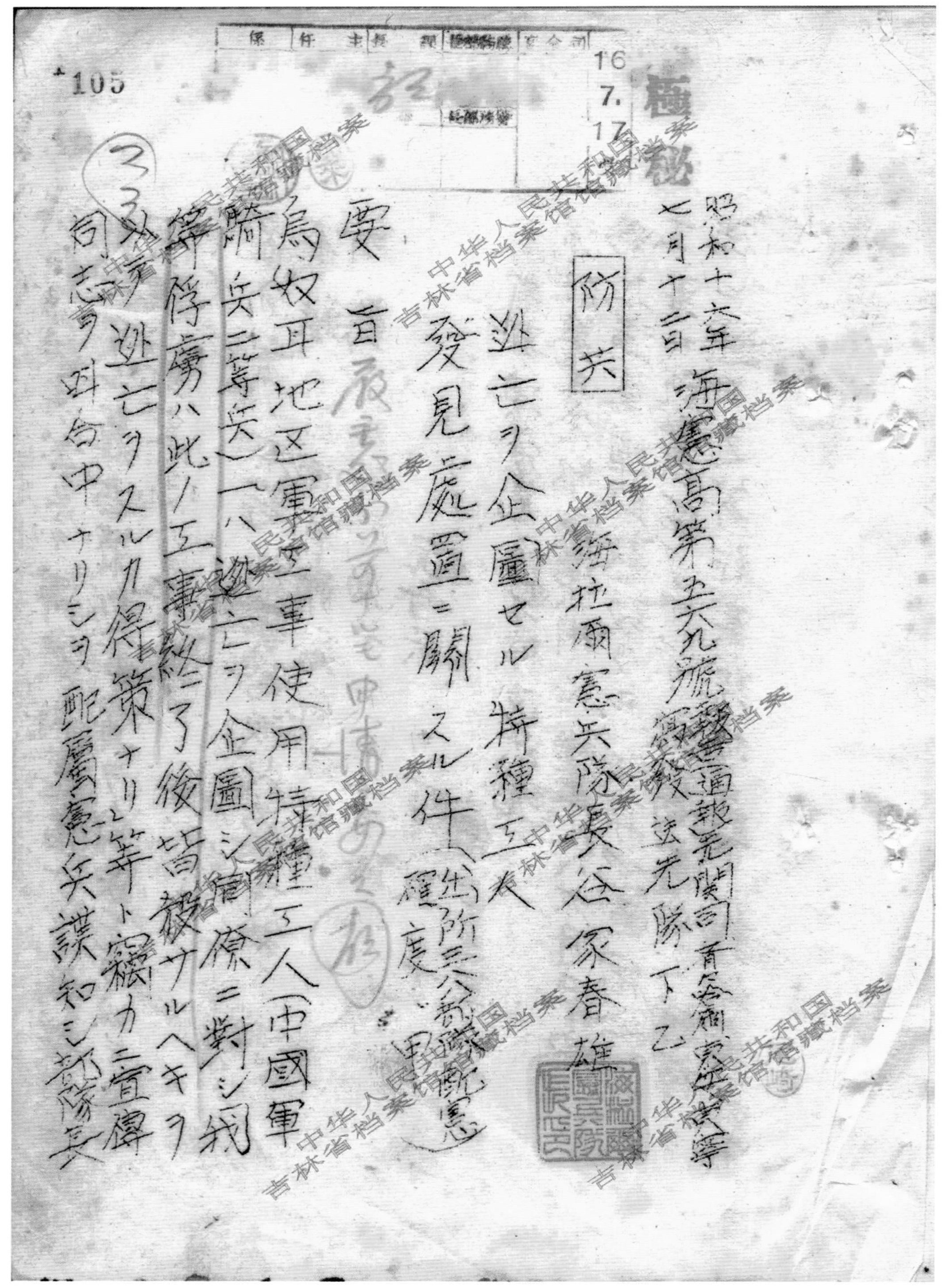

105

16 7. 17

極秘

昭和十六年七月十一日 海憲高第五六九號

海拉爾憲兵隊長 谷家春雄

防共

逃亡ヲ企圖セル特種工人發見處置ニ關スル件

要旨

烏奴耳地区軍工事使用特種工人（中國軍騎兵二等兵）一八（逃亡ヲ企圖シ同僚ニ對シ我俘虜ハ此ノ工事終了後皆殺サルヘキヲ以テ逃亡ヲスルカ得策ナリ等ト竊カニ宣傳シ同志ヲ糾合中ナリシヲ配屬憲兵諜知シ部隊長

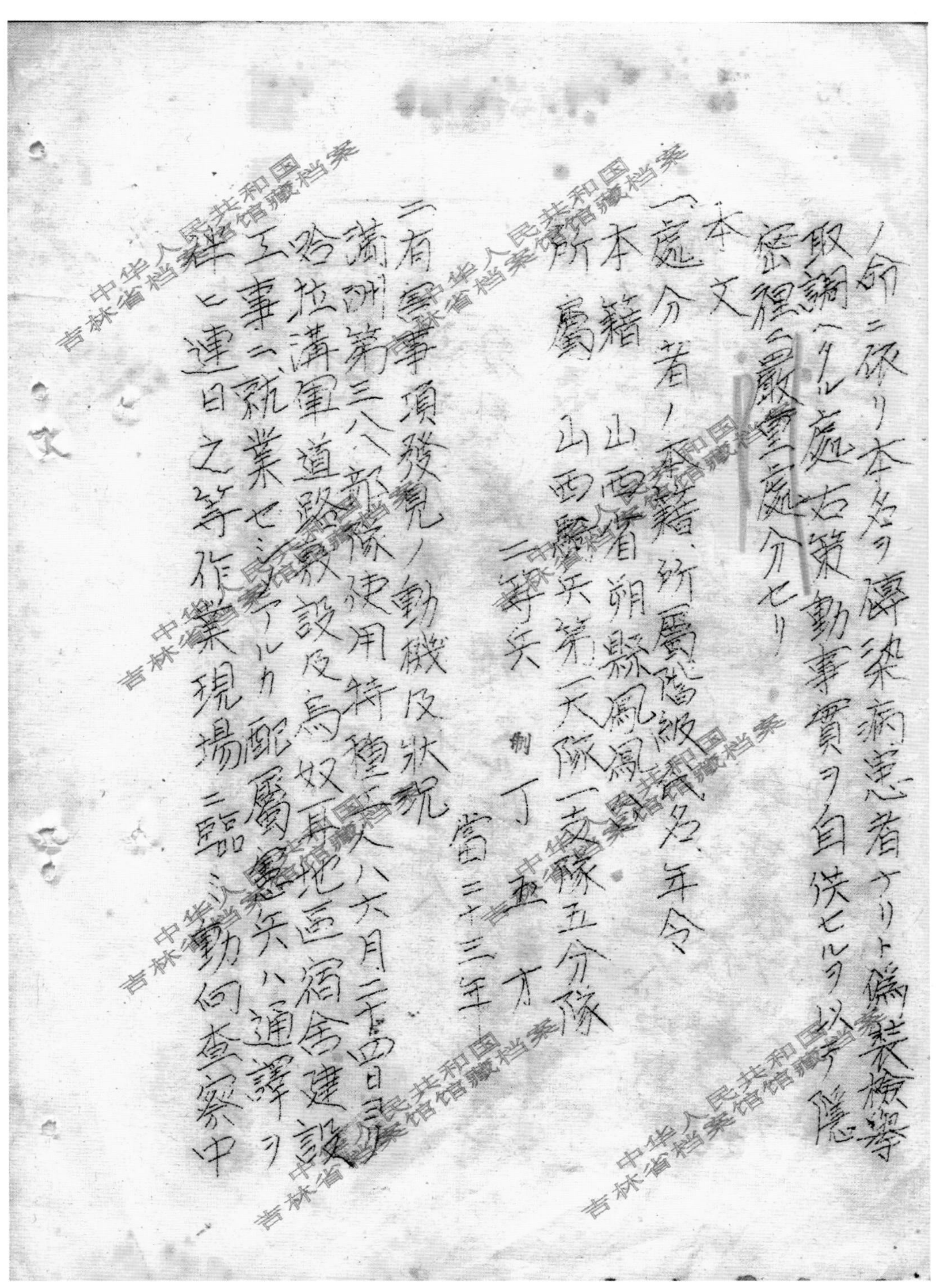
ノ命ニ依リ本名ヲ傳染病患者ナリト偽装検挙
取調ハタル處右策動事實ヲ自供セルヲ以テ隠
密裡ニ嚴重ニ處分セリ
本　文
一、處分者ノ本籍、所屬階級氏名、年令
本籍　山西省朔縣鳳凰[illegible]
所屬　山西軍歩兵第一大隊一中隊五分隊
二等兵　制　丁五才
當二十三年
二、有害事項發覺ノ動機及状況
満洲第三八〇部隊使用特種工人ハ六月二十四日ヨリ
哈拉溝軍道路敷設及烏奴耳地區宿舎建設
工事ニ就業セシメアルカ配屬憲兵ハ通譯ヲ
伴ヒ連日之等作業現場ニ臨ミ動向査察中

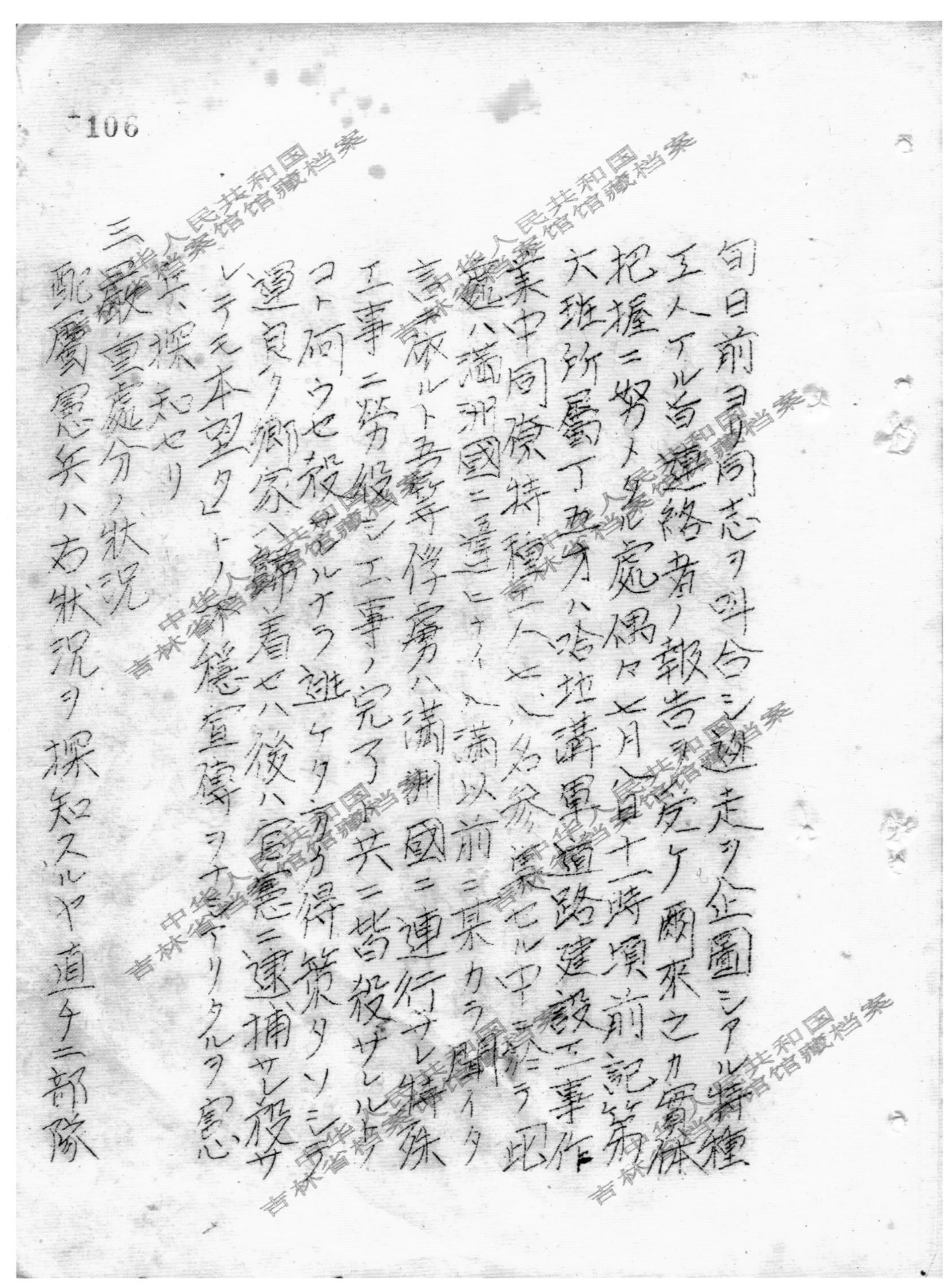

106

旬日前ヨリ同志ヲ呼合シ逃走ヲ企圖シアル特種
工人アル旨連絡者ノ報告ヲ受ケ爾來之カ實体
把握ニ努メタル處偶々七月八日十一時頃前記第
六班所屬丁五才ハ哈拉講軍道路建設工事作
業中同僚特種工人一人ト共ニ名ヲ参集セル中ニ於テ此
逃ハ滿洲國ニ逆ヒナイ入滿以前ニ某カラ聞イタ
言ニ依ルト吾等俘虜ハ滿洲國ニ連行サレ特殊
工事ニ労役シ工事ノ完了ト共ニ皆殺サレルナ
コト何ウセ殺サルナラ逃ケタ方ガ得策タソシテ
運良ク郷家ニ歸着セハ後ハ憲兵ニ逮捕サレ殺サ
レテモ本望タヒトノ不穩言辭等ヲナシアリタルヲ憲
兵ニ探知セリ

三、嚴重處分ノ状況

配屬憲兵ハ右状況ヲ探知スルヤ直チニ部隊

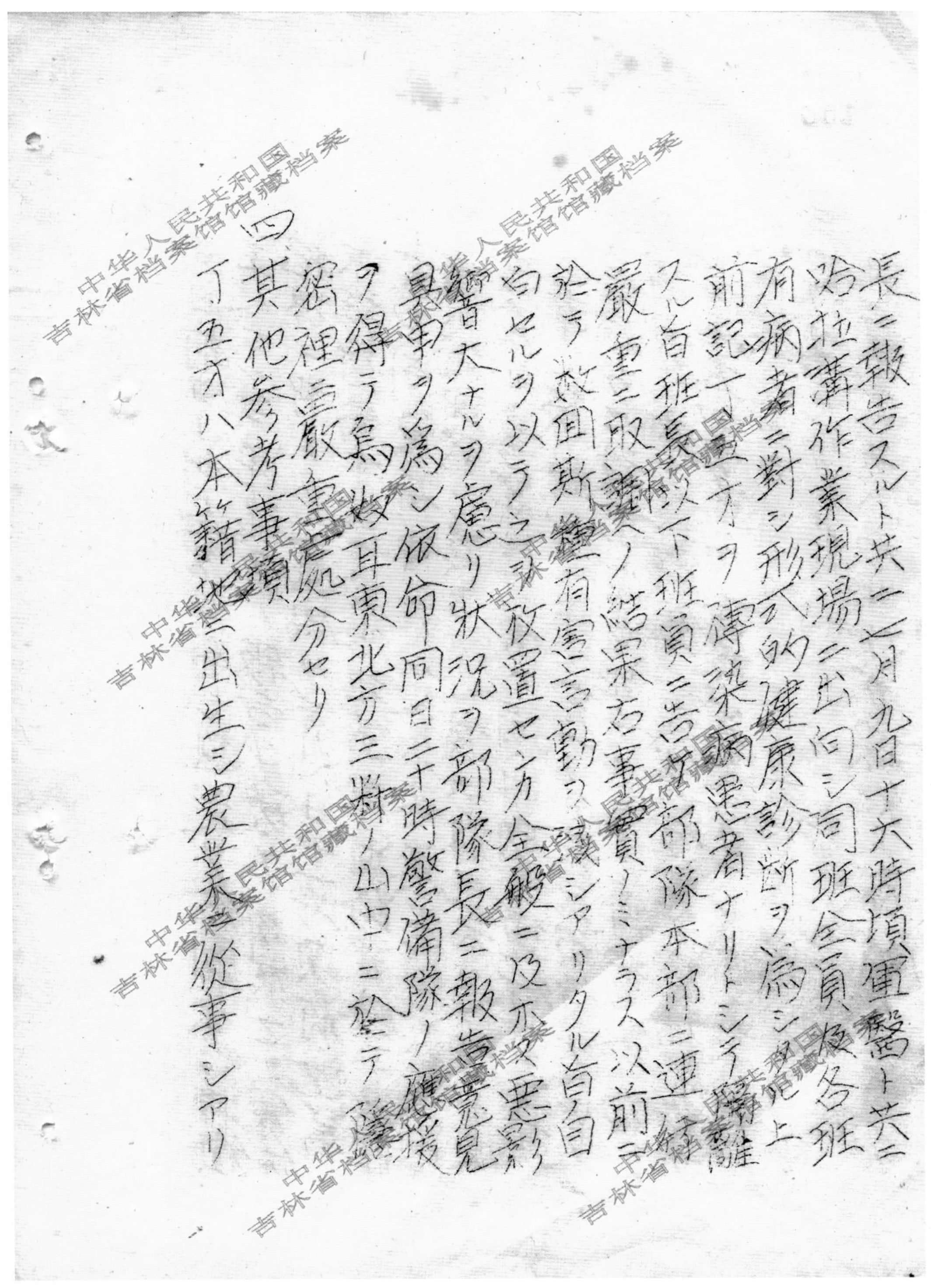

長ニ報告スルト共ニ七月九日十六時頃軍醫ト共ニ
哈拉溝作業現場ニ出向シ同班全員及各班
有病者ニ對シ形式的健康診斷ヲ爲シ[illegible]上
前記丁五才ヲ傳染病患者ナリトシテ隔離
スル旨班長以下班員ニ告ゲ部隊本部ニ連行シ
嚴重ニ取調ベノ結果右事實ノミナラス以前ニ
於テ數回斯種有害言動ヲ爲シアリタル旨自
白セルヲ以テ之ヲ放置センカ全般ニ及ホス悪影
響大ナルヲ慮リ狀況ヲ部隊長ニ報告意見
具申ヲ爲シ依命同日二十時警備隊ノ應援
ヲ得テ烏奴耳東北方三粁ノ山中ニ於テ秘
密裡ニ嚴重處分セリ
四、其他參考事項
丁五才ハ本籍地ニ出生シ農業ニ從事シアリ

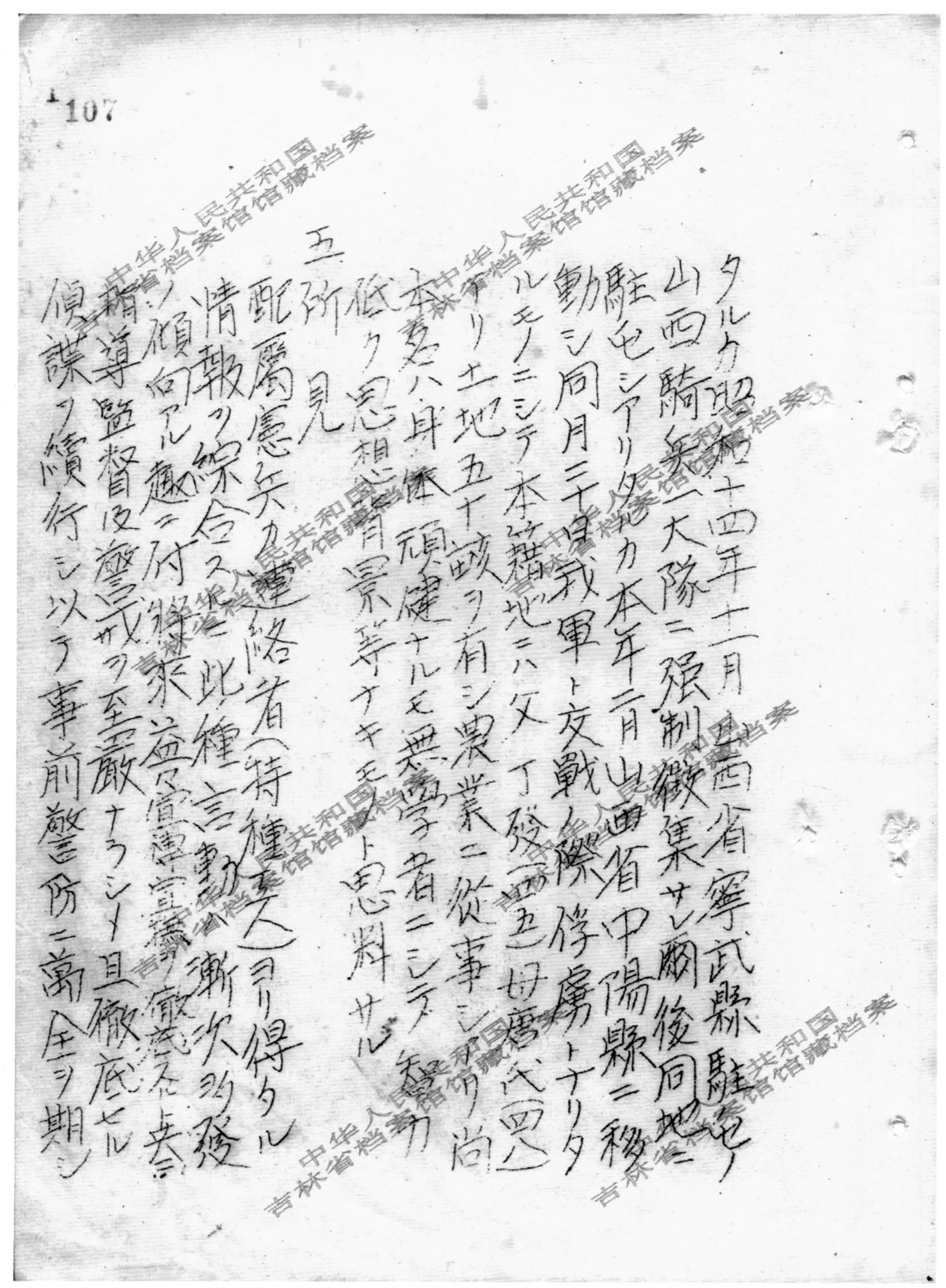

107

タルカ昭和十四年十一月山西省寧武縣駐屯ノ山西騎兵大隊ニ強制徴集サレ爾後同地ニ駐屯シアリタルカ本年二月山西省中陽縣ニ移動シ同月二十日我軍ト交戦ノ際俘虜トナリタルモノニシテ本籍地ニハ父丁發(五五)母唐氏(四八)アリ土地五十畝ヲ有シ農業ニ従事シ居リ尚本名ハ身体頑健ナルモ無学者ニシテ智力低ク思想的背景等ナキモノト思料サル

五　所見

配属憲兵ノ連絡者（特種支人）ヨリ得タル情報ヲ綜合スルニ此種言動ハ漸次多発ノ傾向アル趣ニ付将来益々宣傳宣撫ヲ徹底スルト共ニ指導監督及警戒ヲ至嚴ナラシメ且徹底セル防諜ヲ續行シ以テ事前警防ニ萬全ヲ期シ

有害分子ニ對シテハ臨機彈壓ヲ加フルノ
要アリ
(了)

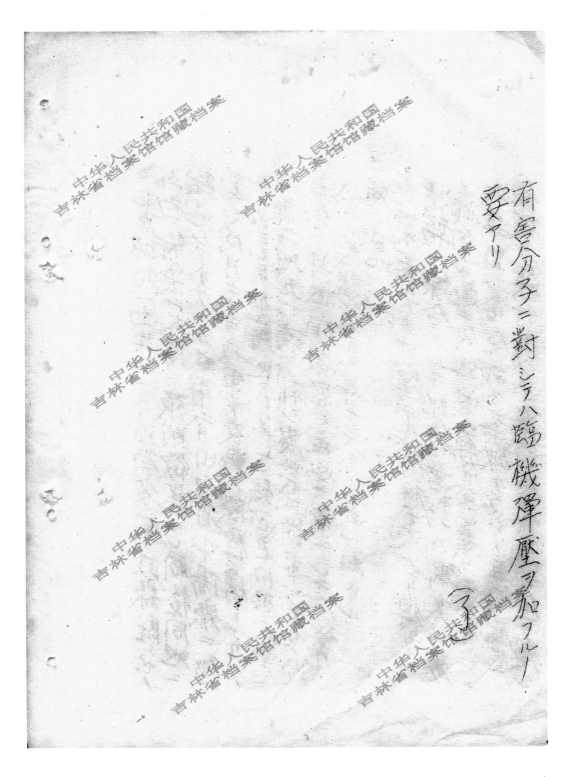

昭和十六年(1941년)七月十二日 극비

海憲高第五六九號

하이라얼헌병대장 谷家春雄

『도주를 시도한 특수인부를 처리할 건에 관한 보고』

적요

우누얼지역 군사시공 현장에서 사역하던 특수인부(중국군 기병, 이등병)가 도주를 시도하면서 동료일동에게 "우리 포로들은 공사가 끝나면 모두 죽임을 당한다. 도주만이 상책이다"라는 비밀선전을 진행, 공모자를 물색함. 배속 헌병의 정보원이 이를 알게 된 후 부대장의 명령에 의해 해당인부를 전염병 환자라는 구실로 체포 및 조사함. 해당인은 상술 책동행위가 사실임을 시인. 은밀한 엄중처분을 주었음.

본문

一. 처분자 원적지, 소속계급, 성명, 연령

원적지: 산시성 숴현 펑황타이

소속: 산시기병제일대대일지대오분대 이등병 딩우차이

연령: 23세

二. 유해사항을 발견한 동기와 상황

만주제삼팔팔부대에서 사역하는 특수인부들이 6월 24일부터 하라거우 군용 도로포장 및 우누얼지역 숙소건설현장에서 취로함. 배속 헌병 및 수행통역이 며칠째 공사현장에서 직접 동향을 감찰. 중순께 동지를 규합하여 도주하려는 특수인부가 있다는 정보를 접하고 구체적 사실을 파악하는 데 진력. 7월 8일 오전 11시경, 헌병은 상술 소속 제6반의 딩우차이가 하라거우 군용 도로 건설현장에서 일고여덟 명의 특수인부를 규합하여 다음과 같이 밀모하였음을 탐지함. "여기는 분명 만주국이야. 만주로 들어오기 전 어데서 들었는데 우리 포로들은 만주국에서 특수시공에 참가시키고 시공이 끝나면 전부 죽인대. 아무래도 죽을 바에야 여기서 도망쳐 나가 고향에 가서 관헌에 잡혀 죽는 편이 훨씬 낫겠어."

三. 엄중처분상황

배속 헌병은 상술 정보를 탐지한 후 직접 부대장에게 보고, 9일 16시 좌우에 군의관을 파견하여 하라거우 작업현장에서 상술 반원 전체와 각 반의 병자에게 형식적인 진단을 진행. 전염병을 구실로 딩우차이를 격리 후 반장과 반원들에게 고지. 그 후 딩우차이를 부대 본부에 데려가 치밀한 조사를 벌임. 결과 상술한 사실에 부합. 해당인은 자아공술에서 이전에 수차 유해언론을 확산했음을 시인, 방치해두면 필히 악영향을 끼칠 것으로 사료됨. 이 상황을 부대장에게 보고하고 소견을 밝힘. 그 후 명령에 의해 당일 20시에 경비대의 지원하에 우누얼 동북방향 3000미터 되는 산속 수풀에서 비밀리에 처형.

四. 기타 참고사항.

딩우차이는 본적지에서 출생하여 농업에 종사. 昭和十四年(1939년)十一月, 산시성 닝우현에 주둔한 산시기병제일대대에 강제 징집됨. 그 후 당지에 주둔. 올해 2월 산시성 중양현에 전입, 동월 20일에 아군과 교전 중에 포로가 됨. 본적지에서 부친 딩파(45세)와 모친 탕씨(48세)가 토지 50무를 소유, 농업에 종사. 딩우차이 본인은 신체가 건강하고 무식하며 지력이 낮음. 사상 배경은 없는 것으로 판단.

五. 소견

배속 헌병대 정보원으로부터 얻은 정보를 종합해 보면 이런 언론행위는 점차 다발적 추세로 나가고 있음. 고로 향후 선전과 선무에 주력하여 철저한 지도와 감독 및 경계를 진행해야 할 것임. 또 철저한 첩보를 실행하여 사건 발생을 미연에 방지하는 조치를 확보해야 함. 유해분자들에 대해 임기응변의 총칼압제는 몹시 필요한 것으로 판단됨.

제5부분

일본침략군의 폭행에 관한 서류

중국 동북지역이 함락된 후 일본침략군은 "방첩을 강화"한다는 명분으로 우정검열 제도를 실시하였다. 즉 점령지의 중외인사들, 만주국 주재 각국 공사관 임원 및 전체 재중일본침략군과 가족의 서한, 전보, 전화에 비밀검사를 실시하였다. 일단 군사기밀이 누설되었거나 일본침략군에 불리한 언론, 예하면 일본침략군의 방화, 살육, 강탈 등 죄행에 관한 서한과 전보 등이 발견되면 즉시 삭제, 몰수, 압류, 소각의 조치를 취하였다. 각지 헌병대는 문제의 서한과 통신을 간추려 작성한 『우정검열월보』를 매월 관동헌병대사령부에 보고하였고 관동헌병대사령부는 각지의 『우정검열월보』에 기초하여 관동군사령관에게 보고하였다. 동시에 관동헌병대와 파견군헌병대사령부 사이에 서로 통보하였다. 통신자유는 인권보호의 기본적인 요구의 하나이다. 일본침략군은 우정검열제도를 실시하여 서한을 제멋대로 몰수, 압류, 삭제하였는데 이는 일본군국주의의 횡포와 야만을 보여주는 것이라 하겠다.

『우정검열월보』는 일본군의 침략역사를 연구하는 데 아주 소중한 사료이다. 처리된 수많은 편지들은 일본침략군이 평민과 아동을 살해하고 부녀자를 강간하는 등 죄행을 기재하였다. 또 일본침략군 점령구역과 위만주국의 민생실태 및 부분적 일본침략군 군인의 전쟁혐오 심리와 향수의 정서를 보여주기도 한다. 다시 말해 일본침략군의 시점에서 침략자의 폭행을 보여준 사례라고 할 수 있다.

이번에 수록된 23건의 서류 중 22건은 『우정검열월보』등 각종 우검월보와 우검순보에서 적록(摘錄)하였고 1건은 관동헌병대의 『군사경찰요보』에서 적록하였다. 다시 그중 15건은 일본인 사이의 통신으로 일본침략군 군인이 직접 쓴 것인데 일본침략군이 자행한 잔혹한 죄행의 진실한 묘사이며 침략행위의 직접적인 기록이다.

50

서류해독

『군사우정검열월보(8월)』

이 서류는 昭和十六年(1941년) 화북파견대 長野부대 藏重부대 古泉正一이 新潟縣 中蒲原郡 亀田町 吉田常松에게 보낸 편지의 초록으로 일본침략군 군인과 국내 친지사이의 통신이다. 서류는 古泉正一 자신이 총검으로 중국인을 두부 베듯 하는 정경을 적고 있다. 또 사람을 죽이면서 느꼈던 공포심리도 묘사하고 있다. 이 편지는 삭제처분을 받았다.

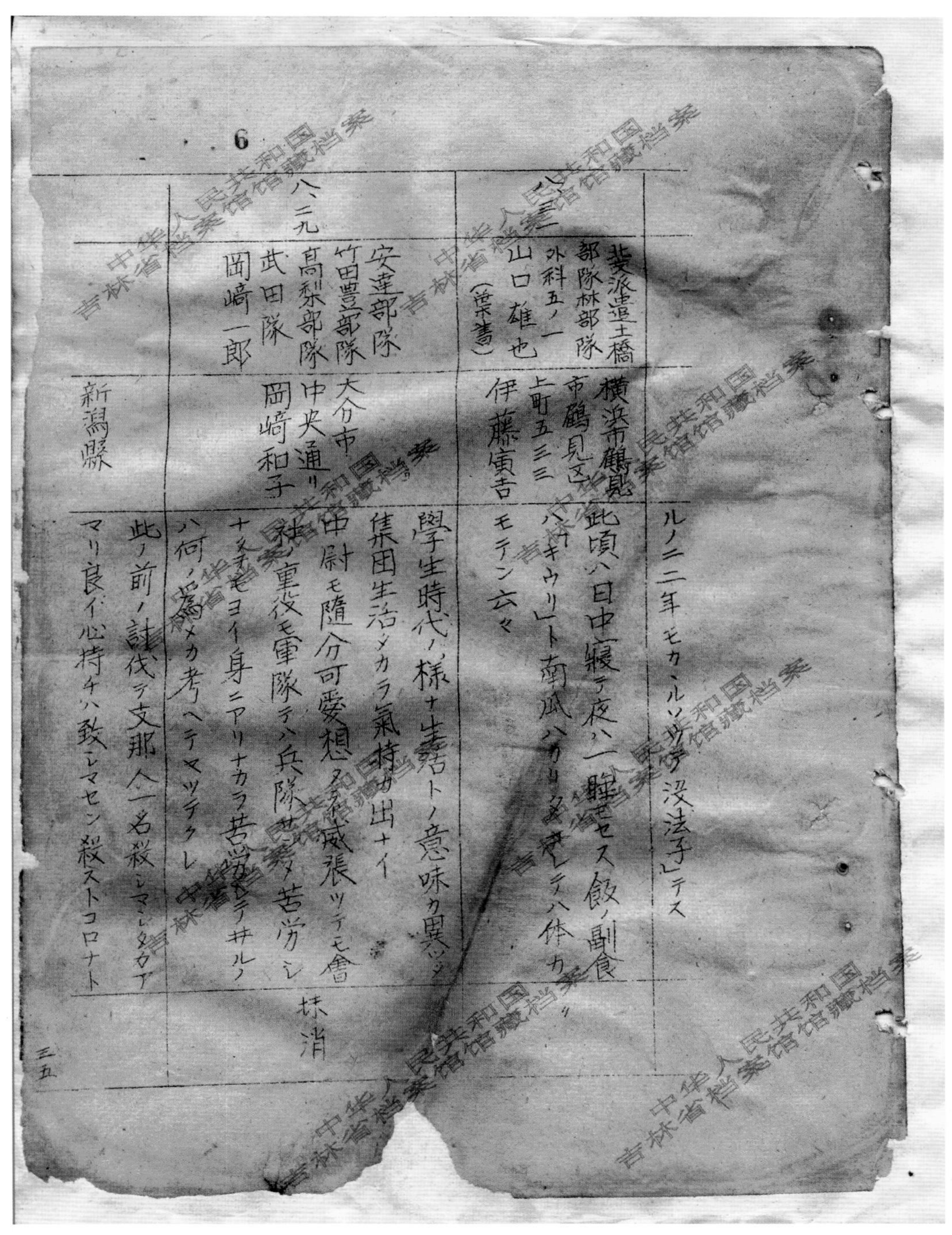

6

			ルノニ二年モカヽルソウデ「没法子」デス	
八、三	北支派遣土橋部隊林部隊外科五ノ一 山口雄也（葉書）	横浜市鶴見区市場上町五三三 伊藤寅吉	此頃ハ日中寝テ夜ハ一睡モセス飯ノ副食ハキウリト南瓜ハカリ多食シテハ体カモテン云々	
八、二九	安達部隊竹田豊部隊高梨部隊武田隊 岡崎一郎	大分市中央通リ 岡崎和子	學生時代ノ様ナ生活トノ意味カ異ツタ集団生活ナカラ氣持カ出ナイ中尉モ随分可愛想ナ程威張ツテモ會社ノ重役モ軍隊デハ兵隊ナノデ苦労シナクテモヨイ身ニアリナカラ苦労シテヰルノハ何ノ為メカ考ヘテヤツテクレ	抹消
		新潟縣	此ノ前ノ討伐デ支那人ヲ一名殺シマシタカアマリ良イ心持チハ致シマセン殺ストコロナト	

三五

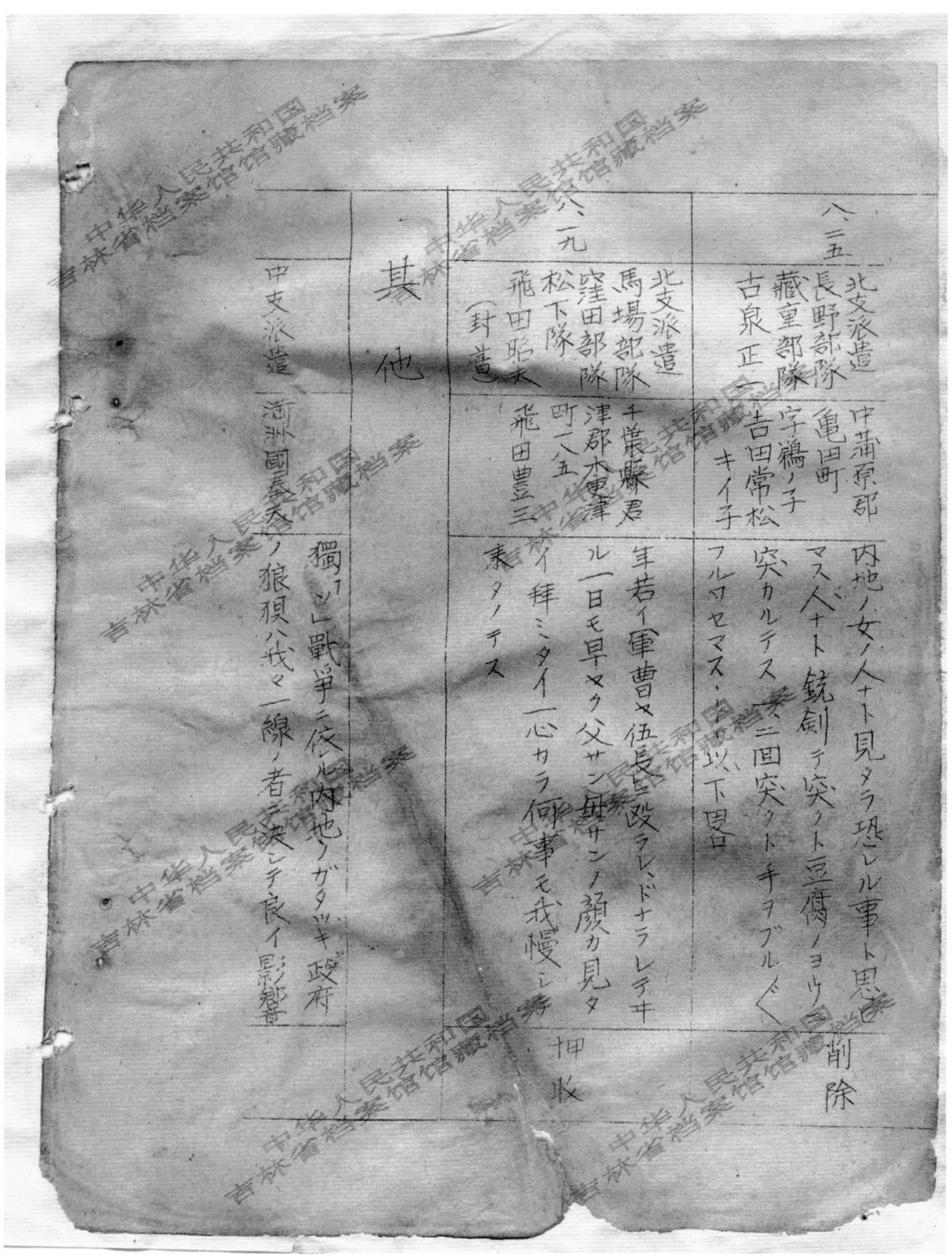

八、二五 北支派遣 長野部隊 藏重部隊 古泉正一	中蒲原郡 亀田町 字鵜ノ子 吉田常松 キイ子	内地ノ女ノ人ナト見タラ恐レル事ト思ヒマス人ナト銃剣デ突クト豆腐ノヨウニ突カルテス（一）二回突クト手ヲブルブルフルワセマス・内地以下略	削除
八、一九 北支派遣 馬場部隊 窪田部隊 松下隊 飛田昭夫 （封書）	千葉縣君津郡木更津町一八五 飛田豊三	年若イ軍曹ヤ伍長殿ニ殴ラレドナラレテヰル一日モ早ク父サン母サンノ顔カ見タイ拝ミタイ一心カラ何事モ我慢シテ来タノテス	押収
其他			
中支派遣	滿洲國奉天	獨ソノ戰爭ニ依ル内地ノガタツキ政府ノ狼狽ハ我々一線ノ者ニ決シテ良イ影響	

발신자: 화북파견대 長野부대 藏重부대 古泉正一

수신자: 新潟縣 中蒲原郡 亀田町 吉田常松

내용: 일전의 토벌에서 중국인 한 명을 죽였다. 심정이 개운하지 못하다. 그러한 살인 장면을 국내의 여인들이 보았으면 분명 겁에 질릴 것이다. 총검으로 사람을 찌르는 것이 꼭 두부를 베는 것 같다. 한두 번 찌르면 손은 무기력하게 떨린다.

처리: 삭제

51

서류해독

『우정검열월보(2월)』

이 서류는 화북파견을집단 增渕부대 사사키(佐佐木)대의 西坪小文이 조선 경남 울산군 언양의 淨田薰子에게 보낸 편지의 초록인데 일본침략군 군인과 조선에 거주하는 친지 사이에 주고받은 통신이다. 서류는 西坪小文이 목도한 야전창고의 인부 3명이 참살되는 장면과 인부를 관리한다는 명분으로 중국인 인부를 마구 살해한 죄행을 기록하고 있다.

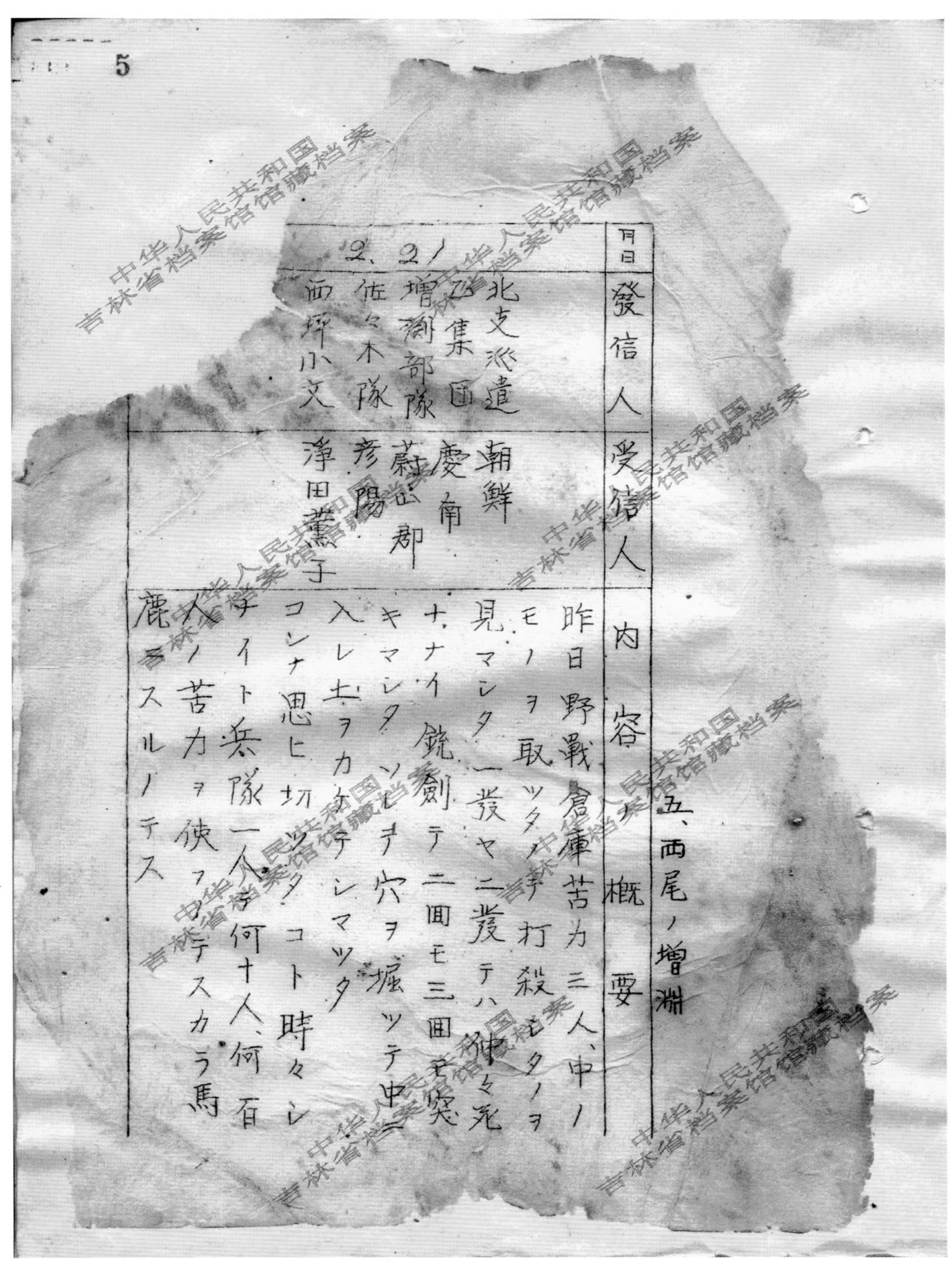

5

月日	2.21
發信人	北支派遣 乙集団 増渕部隊 佐々木隊 西坪小文
受信人	朝鮮 慶南 蔚山郡 彦陽 淨田薫子
内容ノ概要	昨日野戰倉庫苦力三人、中ノモノヲ取ッタノデ打殺シタノヲ見マシタ一發ヤ二發テハ仲々死ナナイ銃劍テ二回モ三回モ突キマシタソレヲ穴ヲ掘ッテ中ニ入レ土ヲカケテシマッタコンナ思ヒ切ッタコト時々シテイト兵隊一人デ何十人、何百人ノ苦力ヲ使ッテスカラ馬鹿ニスルノテス

五、西尾ノ増渕

발신자: 화북파견을 집단 增渕부대 사사키(佐佐木)대 西坪小文

수신자: 조선 경남 울산군 언양 淨田薫子

내용: 어제 나는 야전창고의 3명 인부가 창고의 물건을 훔친 죄로 살해되는 장면을 목격하였다. 총 두 방에 죽지 않으니 총검으로 두세 번 더 찔렀다. 그리고는 구덩이를 파서 그들을 묻었다. 만약 독한 마음을 먹고 이렇게 하지 않으면 군인으로서 몇 십 명 내지는 몇 백 명의 인부를 관리하기 힘들다. 그래서 이런 우둔한 짓을 저질렀다.

52

서류해독

『우정검열월보(2월)』

이 서류는 화북 파견 加納부대 細谷부대 竹田대의 □田國秋가 郡馬縣 高崎市 新田町 田多井植市에게 보낸 편지의 초록이다. 역시 일본침략군 군인과 국내의 친지 사이에 주고받은 통신이다. 서류는 일본침략군이 한 마을을 소탕할 때 모든 남자들은 다 죽이고 아동을 불더미에 던져 넣는 등 도합 150명을 죽인 사실을 기록하고 있다. 이 서류의 글줄에서 알 수 있듯이 일본침략군 병사들은 "대동아성전"의 세뇌로 그 상대가 설사 무고한 아이일지라도 전쟁에서 사람을 죽이는 것은 군인의 직책이라고 여기고 있었다.

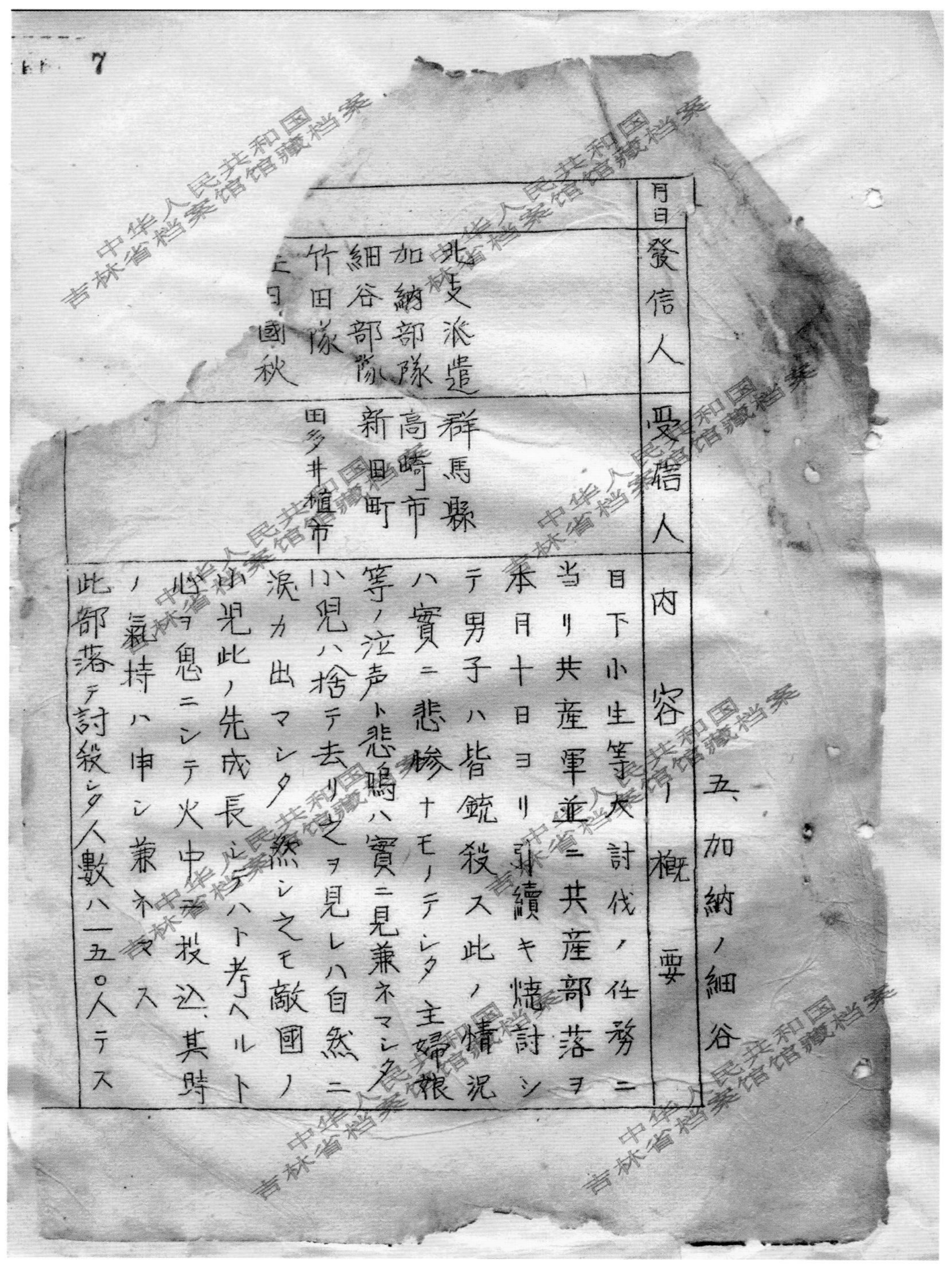

五、加納ノ細谷

月日	發信人	受信人	内容概要
	北支派遣 加納部隊 細谷部隊 竹田隊 [illegible]田國秋	群馬縣 高崎市 新田町 田多井植市	目下小生等ハ討伐ノ任務ニ当リ共産軍並ニ共産部落ヲ本月十日ヨリ引續キ燒討シテ男子ハ皆銃殺ス此ノ情況ハ實ニ悲惨ナモノテシタ主婦娘等ノ泣声ト悲鳴ハ實ニ見兼ネマシタノ小児ハ捨テ去リ之ヲ見レハ自然ニ涙カ出マシタ然シ之モ敵國ノ小児此ノ先成長シテハト考ヘルト心ヲ鬼ニシテ火中ニ投込ミ其時ノ氣持ハ申シ兼ネマス此部落テ討殺シタ人數ハ一五〇人テス

발신자: 화북파견 加納부대 細谷부대 竹田대의 □田國秋

수신자: 郡馬현 高崎시 新田町 田多井植市

내용: 목하 우리는 대소탕 임무를 수행 중이다. 이번 달 10일부터 공산군과 공산마을을 토벌하는 작전을 계속하고 있다. 남자들은 전부 총살하였다. 그 정경은 실로 비참하였다. 부녀자와 여자아이들의 울음소리가 가슴을 저미고 있었다. 아이들이 마구 던져지는 등 비참한 상황에 어느새 눈물이 흘렀다. 하지만 그들이 적국의 아이들이요 장차 커서 골칫거리가 될 것을 생각하면 독한 마음을 먹고 불더미에 던져버렸다. 그때의 심정은 말로 표현하기 힘들다. 그 마을에서 죽인 자가 도합 150여 명이다.

53

서류해독

일본침략군 화북파견헌병대『통신검열월보(6월)』

이 서류는 昭和十七年(1942년) 六月 산시성 위츠청(榆次城) 밖 위츠청년대숙소의 鈴木義雄이 東京市牛込區矢來町 日本通運株式會社 牛込寮 高柳芳雄에게 보낸 편지의 초록이다. 서류는 鈴木義雄이 중국인 한 명을 얼굴과 입가에 피가 흐르게 구타한 후 옷을 벗겨 우물에 처넣고 다시 벌거벗은 채로 피를 흘리며 귀가하게 한 사건을 기록하고 있다. 그리고 일남일녀의 항문에 나무작대기를 밀어 넣으며 즐거워한 사실도 적고 있다. 이 편지는 압류처리를 받았다.

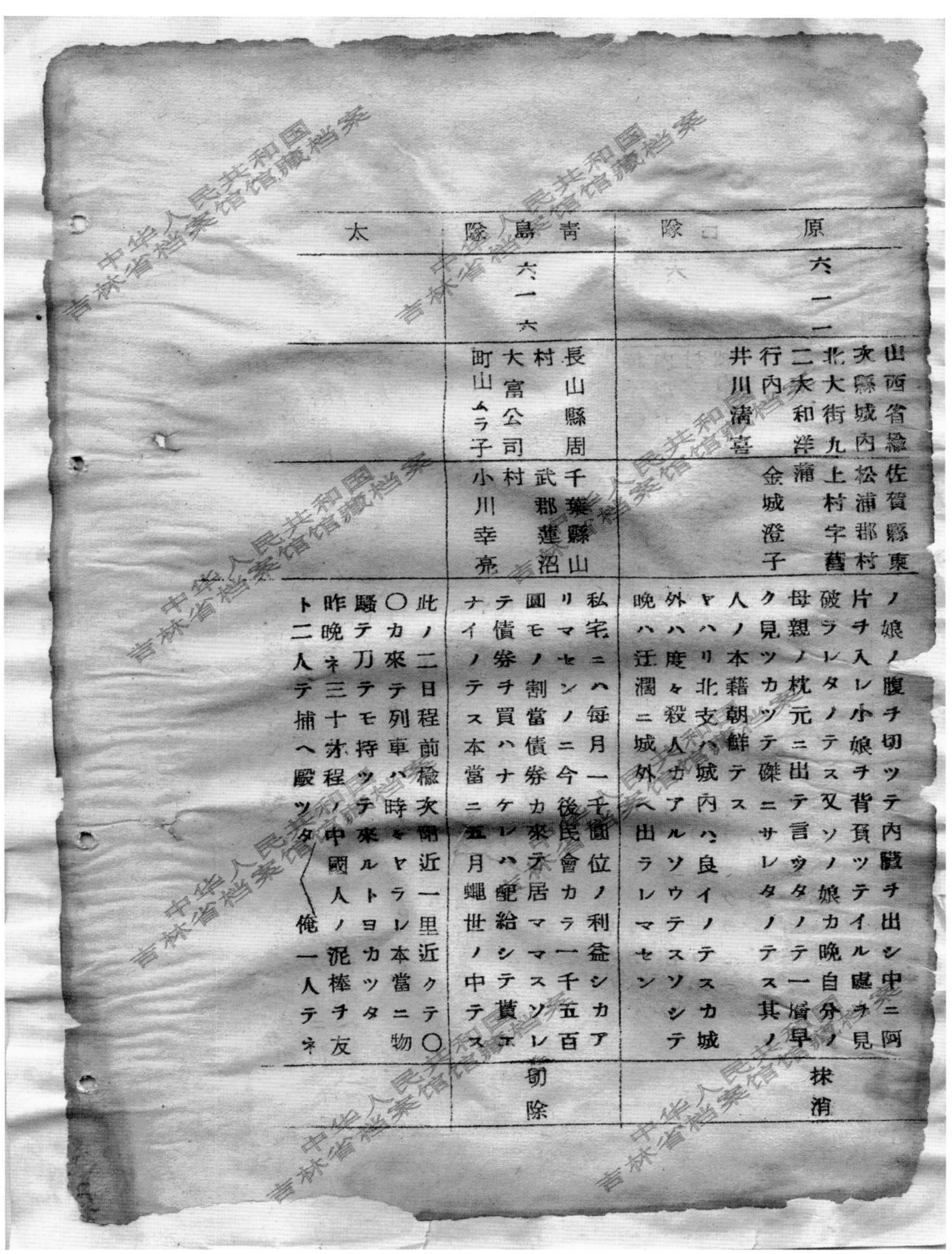

原□隊	青島隊	太
六一一	六一六	
山西省楡次縣城内北大街九二大和洋行内 井川清喜	長山縣周村大富公司 町山ムラ子	
佐賀縣東松浦郡村上村字舊蒲 金城澄子	千葉縣山武郡蓮沼村 小川幸亮	
ノ娘ノ腹ヲ切ツテ内臓ヲ出シ中ニ阿片ヲ入レ小娘ヲ背負ツテイル處ヲ見破ラレタノテス又ソノ娘カ晩自分ノ母親ノ枕元ニ出テ言ツタノテ一層早ク見ツカツテ礫ニサレタノテス其ノ人ノ本籍朝鮮テスヤハリ北支ハ城内ハ良イノテスカ城外ハ度々殺人カアルソウテスソシテ晩ハ迂濶ニ城外ヘ出ラレマセン	私宅ニハ毎月一千圓位ノ利益シカアリマセンノニ今後民會カラ一千五百圓モノ割當債券カ來テ居マスソレテ債券ヲ買ハナケレハ配給シテ貰ヘナイノテス本當ニ五月蠅世ノ中テス	此ノ二日程前楡次附近一里近クテ○○カ來テ列車ハ時々ヤラレ本當ニ物騒テ刀ヲ持ツテ來ルトヨカツタ昨晩ネ三十才程ノ中國人ノ泥棒ヲ友ト二人テ捕ヘ殴ツタ 俺一人テネ
抹消	削除	

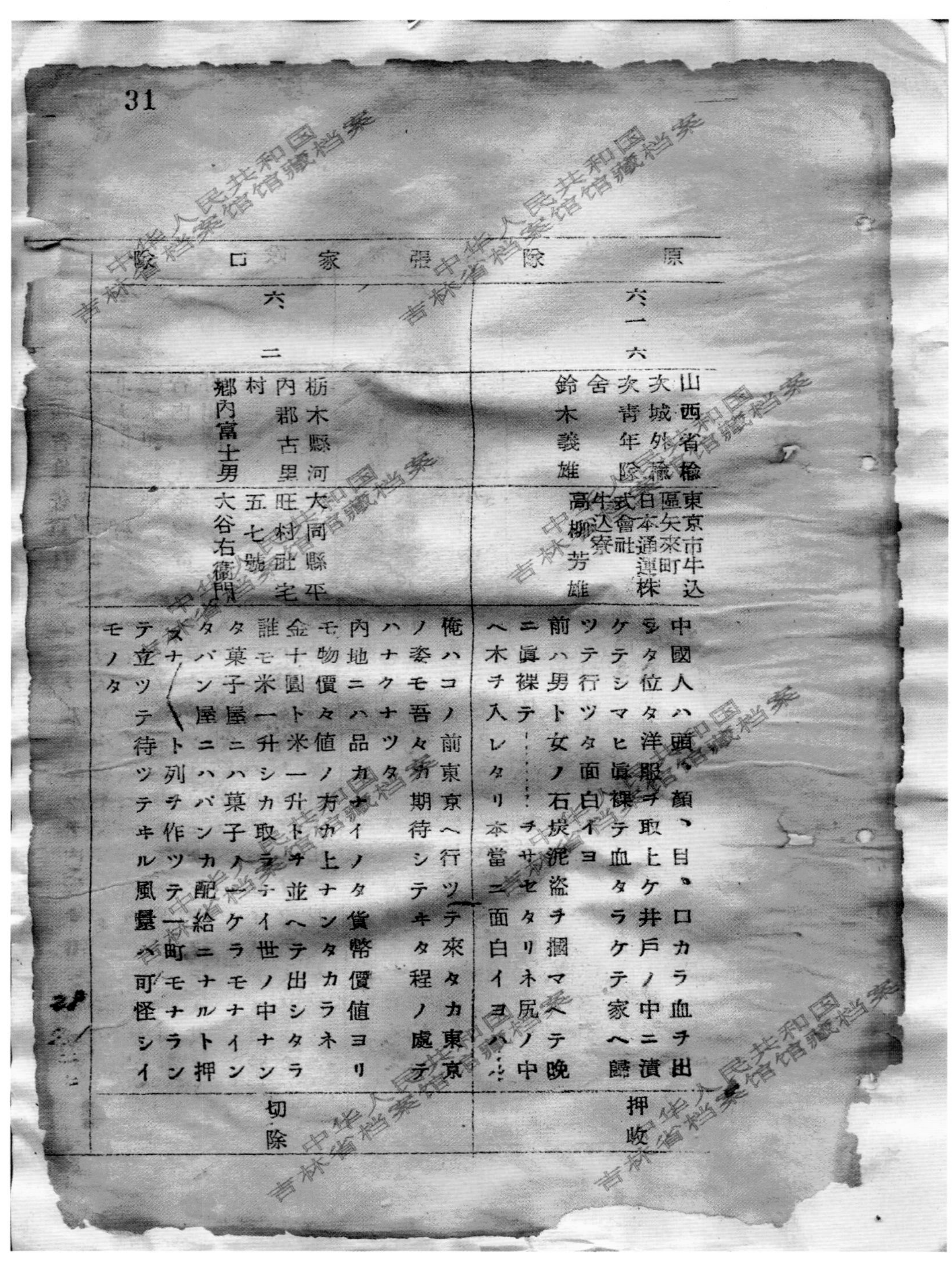

31

原	除
六一六	六二
山西省楡次城外楡次青年隊舎 鈴木義雄	栃木縣河内郡古里村 郷内富士男
東京市牛込區矢來町日本通運株式會社牛込寮 高柳芳雄	大同縣平旺村社宅五七號 大谷右衛門
中國人ハ頭、顔、目、口カラ血ヲ出シタ位ハ洋服ヲ取上ゲ井戸ノ中ニ漬ケテシマヒ眞裸テ血タラケテ家ヘ歸ツテ行ツタ面白イヨ 前ハ男ト女ノ石炭泥盗ヲ捆マヘテ晩ニ眞裸テ……ヲサセタリネ尻ノ中ヘ木ヲ入レタリ本當ニ面白イヨハ……	俺ハコノ前東京ヘ行ツテ來タカ東京ノ姿モ吾々ガ期待シテキタ程ノ處テハナクナツタ 内地ニハ品カナイノタ貨幣價値ヨリモ物價々値ノ方ガ上ナンタカラネ金十圓ト米一升トヲ並ヘテ出シタラ誰モ米一升シカ取ラナイ世ノ中ナンタ菓子屋ニハ菓子ノ一ケラモナインタバン屋ニハバンカ配給ニナルト押スナ〳〵ト列ヲ作ツテ一町モナランテ立ツテ待ツテヰル風景ハ可怪シイモノタ
押收	切除

발신자: 산시성 위츠청(楡次城) 외 위츠청년대 숙소 鈴木義雄

수신자: 東京市牛込區矢來町 日本通運株式會社 牛込寮 高柳芳雄

내용: 이틀 전 위츠 부근 1리 지점에 ○○이 왔다. 기차가 쩍하면 습격을 당하고 형세가 몹시 불안해졌다. 내가 칼을 차고 왔더라면 좋았을걸. 어젯밤 친구와 함께 서른 살 좌우의 중국인 좀도둑을 붙잡았다. 그 녀석을 흠씬 두들겨 패주었다. 나 혼자서 그 중국인의 머리, 얼굴, 눈, 입가에 피가 흐르도록 패주었다. 나는 그의 옷을 벗긴 뒤 우물에 던져 넣어 물에 잠갔다. 그 녀석은 발가벗은 채 온몸이 피범벅이 되어 집으로 돌아갔다. 참 웃기는 일이야.

예전에 석탄을 훔치는 일남일녀를 잡았다. 밤에 그들을 발가벗기고 항문에 나무작대기를 밀어 넣었다. 참 재미있었다.

처리: 압류

54

일본침략군 화북파견헌병대『통신검열월보(6월)』

이 서류는 昭和十七年(1942년) 六月 다퉁(大同)탄광 바이둥(白洞)채탄소 寶藏坑 社宅의 小林明一이 北海道北見國紋前郡紋別町우편국 小林俊子, 北海道札幌市北四條西五町目의 芝原勢津子에게 보낸 편지의 초록이다. 일본침략군 군인과 국내의 친지 사이에 주고받은 통신이다. 서류는 일본침략군이 중국인의 목을 베고 시체를 산속에 버려 들개와 늑대가 뜯어먹게 한 사실을 적고 있다. 편지에서는 이러한 일이 흔한 일이라고 부언하고 있다. 일본침략군은 폭행에 이미 습관이 되어 있었다. 대수롭잖은 듯이 하는 말에 우리는 더욱 경악할 수밖에 없었다. 이 편지는 말소처리되었다.

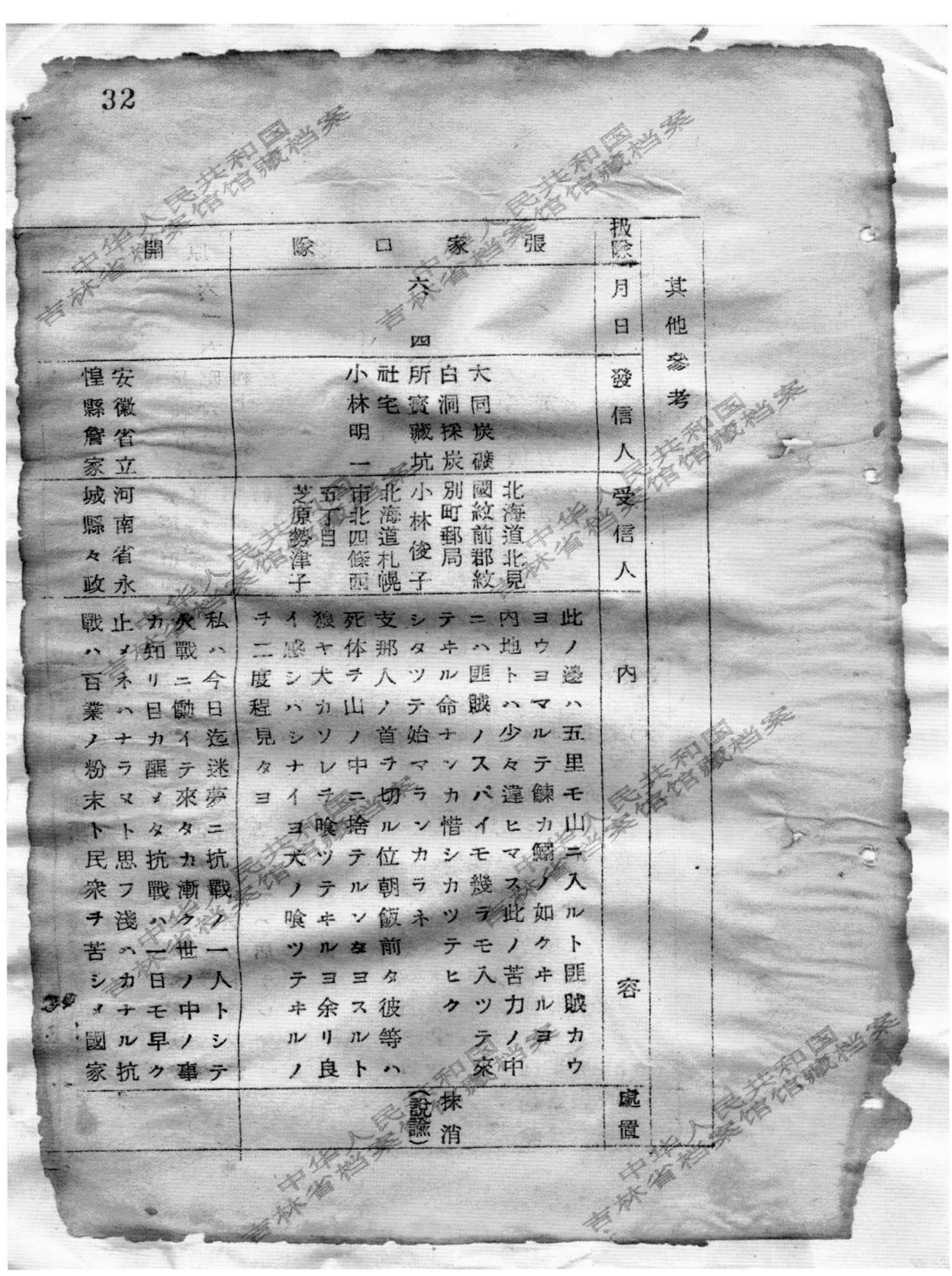

32

	張家口隊	關
扱除月日	六、四	
發信人	大同炭礦白洞採炭所實藏坑社宅 小林明一	安徽省立惶縣會家
受信人	北海道北見國紋前郡紋別町郵局 小林俊子 北海道札幌市北四條西五丁目 芝原勢津子	河南省永城縣々政
內容	此ノ邊ハ五里モ山ニ入ルト匪賊カウヨウヨマルテ餘カ蠅ノ如クキルヨ内地トハ少々違ヒマス此ノ苦力ノ中ニハ匪賊ノスパイモ幾ラモ入ツテ來テキル命ナンカ惜シカツテヒクシタツテ始マランカラネ支那人ノ首ヲ切ル位朝飯前ダ彼等ハ死体ヲ山ノ中ニ捨テルンダヨスルト狼ヤ犬カソレヲ喰ツテキルヨ余リ良イ感シハシナイヨ大ノ喰ツテキルノヲ二度程見タヨ	私ハ今日迄迷夢ニ抗戰ノ一人トシテ火戰ニ働イテ來タカ漸ク世ノ中ノ事カ知リ目カ醒メタ抗戰ハ一日モ早ク止メネハナラヌト思フ淺ハカナル抗戰ハ百業ノ粉末ト民衆ヲ苦シメ國家
處置	抹消（說諭）	
其他參考		

발신자: 다퉁탄광 바이둥채탄소 寶藏坑 社宅 小林明一

수신자: 北海道 北見國紋前郡紋別町우편국 小林俊子

北海道札幌市北四條西五町目 芝原勢津子

내용: 이곳에서 5리쯤 되는 산속에 비적들이 출몰하고 있다. 이는 국내와 좀 다른 상황이다. 인부 중에도 비적의 끄나풀이 혼입해 있다. 목숨 따위는 개의치 않은 듯싶다. 중국인의 목을 베는 일은 비일비재이다. 그들의 시체를 산속에 버리면 늑대와 들개들이 와서 뜯어먹는다. 구역질이 나는 일이다. 이러한 정경을 나는 몇 번 보았었다.

처리: 말소(설복교육)

55

서류해독

관동헌병대사령부, 중앙검열부『통신검열월보(7월)』

이 서류는 昭和十五年(1940년)七月 광둥(廣東)성의 천즈쟈가 잉커우(營口)타이핑캉리(太平康里) 태백술집을 통해 천조우쟈에게 보낸 편지의 초록이다. 서류는 당지의 집집마다 반수 이상의 사망자가 발생하고 산 사람도 뼈만 앙상하게 남은 정경을 적고 있다. 일본이 발동한 침략전쟁이 어떻게 중국의 평민을 유린했는지를 잘 보여주는 묘사이다. 이 편지는 압류처리를 받았다.

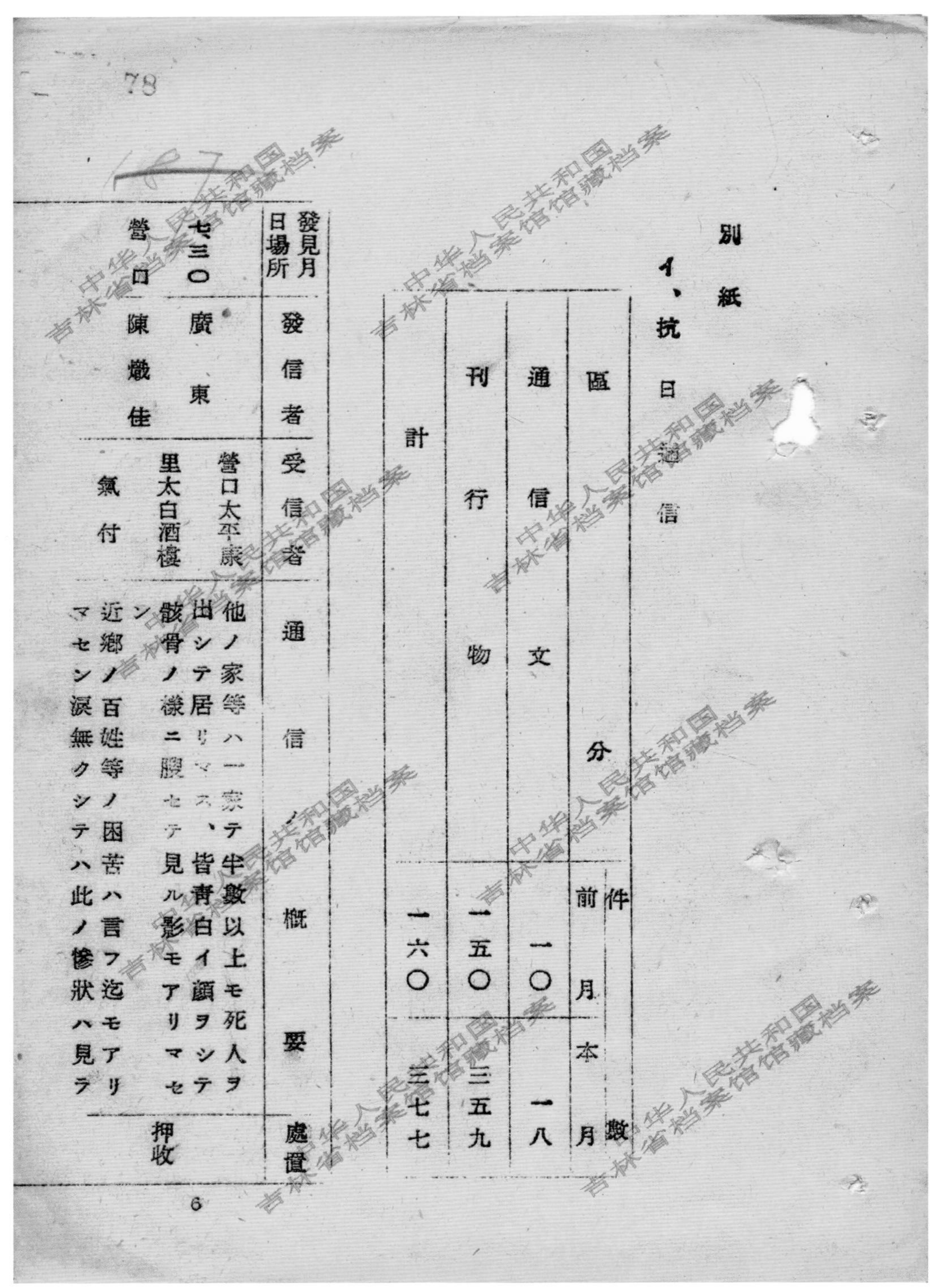

78

別紙

イ、抗日通信

區分	件數 前月	件數 本月
通信文	一〇	一八
刊行物	一五〇	三五九
計	一六〇	三七七

發見月日場所	發信者	受信者	通信ノ概要	處置
七、三〇 營口	廣東 陳熾佳	營口太平康 里太白酒樓 氣付	他ノ家等ハ一家テ半數以上モ死人ヲ出シテ居リマス、皆青白イ顔ヲシテ骸骨ノ樣ニ腹セテ見ル影モアリマセン近郷ノ百姓等ノ困苦ハ言フ迄モアリマセン涙無クシテハ此ノ慘狀ハ見ラ	押收

6

		陳朝佳	レナイテセウ廣東軍ノミナラス日軍ノ暴戻ハ想像ニモ及ハナイテセウ	
七二一 奉天	上海四川路三十三號八樓 費功甫	奉天大西關陶然里一七 蓬帆	世界ノ大局ヲ察スルニ列強ノ我カ東亞ニ於ケル勢力ハ今次大戰後ニハ一大變更ヲ來タステアラウ之即チ我カ中國ノ失地ヲ回復シ又外交ヲ改革スルノ一大好機ナリ 新聞ノ報スル處ニ依レハ上海ノ敵情ハ恐慌ヲ呈シ英佛ノ株券ハ大暴落シ香港ノ外人ハ相次イテ亂ヲ避ケ紙幣ハ暴落シ人心極メテ不安ヲ呈シアリ	發送 偵諜中
七二〇 奉天	閩沙縣府東路 成發	奉天法庫縣西園山子 蔣翁子	故鄉ノ生活狀態ハ非常ニ困難テス我國ノミナラス全世界亦皆非常時テス凡有節約勤儉及困苦ヲ忍ヒ抗戰セサルヘカラサル時テス云々	押收

7

발신자: 광둥 천즈자

수신자: 잉커우(營口)타이핑캉리(太平康里) 태백술집, 전조우자에게 전달

내용: 기타 가정에도 집집마다 반수 이상의 사망자가 발생했다. 산 사람도 대부분 얼굴이 창백하고 뼈만 앙상하여 꼴이 말이 아니다.

이웃들의 곤란은 말로 형용할 수가 없다. 이 참경(慘景)은 보는 이로 하여금 구슬프게 하는구나.

광둥군 뿐만 아니라 일본군의 폭행도 상상을 초월한다.

처리: 압류

56

서류해독

관동헌병대사령부, 중앙검열부『통신검열월보(7월)』

이 서류는 昭和十五年(1940년)七月 저장(浙江)성 탕저우(湯州) 칭탠(靑田)현 쉬시쥔(徐錫俊)이 펑탠시 弥生町 八萬國여인숙을 통해 싱선(興森)양행에 전달한 편지의 초록이다. 서류는 발신자가 일본침략군의 공습에 많은 경제손실을 입고 생업을 도모하기 힘든 상황을 기록하고 있다. 일본침략군의 무차별폭격은 중국평민들에게 심중한 재난을 들씌웠다. 이 편지는 압류처리를 받았다.

79

七二〇 奉天	浙江省湯州青田縣 徐錫俊	奉天市彌生町八爲國旅社氣付 興森洋行	昨年虎州府ニ理髮店ヲ開業シタルモ日本軍飛行機ノ爆撃ヲ蒙リ損害八百餘圓ニ達シマシタソレ故家ニ歸リ再ビ青田ニ小店ヲ開業シマシタカ再ヒ日飛ノ爆撃ニ遇ヒ損害三百元ニ達シマシタ現在敵國ノ盲爆ニ依リ我々良民ハ安住スル事カ出來マセン 〃
七二〇 奉天	重慶基督青年會 井某	奉天昌圖縣西天街 潤相文	此處重慶ハ常ニ敵機ノ空襲アリ敵機ノ爆撃毎ニ多數ノ死傷者ヲ出シ民衆ハ戰々兢々トシテ居リマス何時迄此ノ抗戰カ續クカ解リマセンカ我國ノ最後ノ勝利ハ目前ニ迫リツツアルモノト思ヒマス 〃
七二五 奉天	四川省自流井 田名遠	奉天開原城內南街 田學文	現下ノ我カ國難ニ際シ我々ハ認識ヲ深メ強固ナル意志ヲ以テ奮鬪シ精神ノ動搖ヲ防キ自ラ身ヲ修メ國難ニ當タレハ現下ノ逆境ヲ必ス克服シ將來必ス戰勝ヲ得ルモノナリ我々ハ凡ユル迫害ニ耐ヘ憎ムヘキ敵日本ヲ驅逐セサルヘカラス此偉大ナル前途ニ邁 〃

8

발신자: 저장(浙江)성 탕저우(湯州) 칭탠(靑田)현 쉬시쥔

수신자: 펑탠시 弥生町 八萬國여인숙을 통해 싱선(興森)양행에 전달

내용: 작년 후저우(虎州)부 내에 이발소를 차렸다. 일본군의 공습으로 800여 원을 손실 입었다. 별수 없어 칭탠에 돌아와 작은 가게 하나를 차렸다. 하지만 재차 공습을 받아 또 300원 손실 보았다. 적국의 무차별 폭격으로 우리 양민들은 삶을 도모하기 힘들다.

처리: 압류

57

서류해독

관동헌병대사령부, 중앙검열부『통신검열월보(7월)』

이 서류는 昭和十五年(1940년)七月 충칭상하이간장공장의 장장위(張章毓)가 평탠 다버이(大北) 관먼리(關門里) 신딩평보(新鼎豊寶)의 장민슈(張敏秀)에게 보낸 편지의 초록이다. 서류는 일본침략군의 공습으로 많은 가옥이 파손되고 평민들의 생활이 극도로 어려운 상황을 기록하고 있다. 이 편지는 압류처리되었다.

進スヘキナリ

番號・地名	發信者	受信者	內容
七二五 奉天	重慶上海醬油 張章號	奉天大北關門裏新鼎豐寶 張敏秀	當地ハ此二三日ヲ除ク外敵機ノ爆擊ヲ受ケサルハナク既ニ市內家屋ノ十中ノ七、八ハ爆擊セラレタリ小生弟二分店モ亦先日一彈ノ爆擊ヲ蒙リ損害六千圓以上ニ達セリ幸ヒ家內、店員等ハ防空壕ニ避難シ安全ヲ得タルモ最近ニ於テハ防空壕モ時々爆擊ヲ受ケ人民ノ苦シミ筆舌ニ盡セマセン重慶ノ情勢日々ニ險悪ヲ加ヘツツアリ一刻モ早ク日本ヲ倒シ平和ノ至ランコトヲ望ム
七二九 奉天	上海徐家滙土山灣 聖心報館	四平街天主堂 外四件	聖心報（要旨） 現下帝國主義覇道横行シ道德ヲ辨ヘス正義ヲ顧ミス唯々武力ヲ以テ侵略ノミ事トシアリ茲ニ最モ忌ムヘキ毒素ハ帝國主義ノ侵略ナリ此ノ侵略主義コソ尙武强權ヲ「モツトー」トシ戰爭ヲ惹起シ國家人民ヲ蠶食シアリ

9

발신자: 충칭상하이간장공장 장장위

수신자: 평탠 다버이 관먼리 신딩평빈 장민슈

내용: 현지는 요즘 사흘을 제외하고는 매일 적들의 공습을 받고 있다. 시내의 가옥은 이미 7~8할이 폭탄에 맞았다. 내 동생의 제2분점도 며칠 전 폭탄을 맞아 6000원 이상의 손실을 입었다. 다행이 아내와 점원들이 방공호에 피난 갔기에 안전하다. 최근 방공호도 가끔 폭탄을 맞는다. 현재 인민들의 생활은 붓으로 표현하기 힘들다. 충칭의 형세도 날로 험악해지고 있다. 모두들 하루빨리 일본을 때려 엎고 평화를 되찾기를 희망하고 있다.

처리: 압류

58

서류해독

화북일대『우정검열월보』

이 서류는 시간과 발신자 주소가 미상인 파손서류이다. 수신자 주소는 長野縣 諏訪郡이다. 서류는 일본병사가 중국여인을 때리기도 하고 머리채를 잡아당기기도 하면서 장난감처럼 다룬 장면을 기록하고 있다. 몇 마디 묘사 속에서 일본병사가 중국여인을 어떻게 못살게 굴었느냐를 느낄 수 있다.

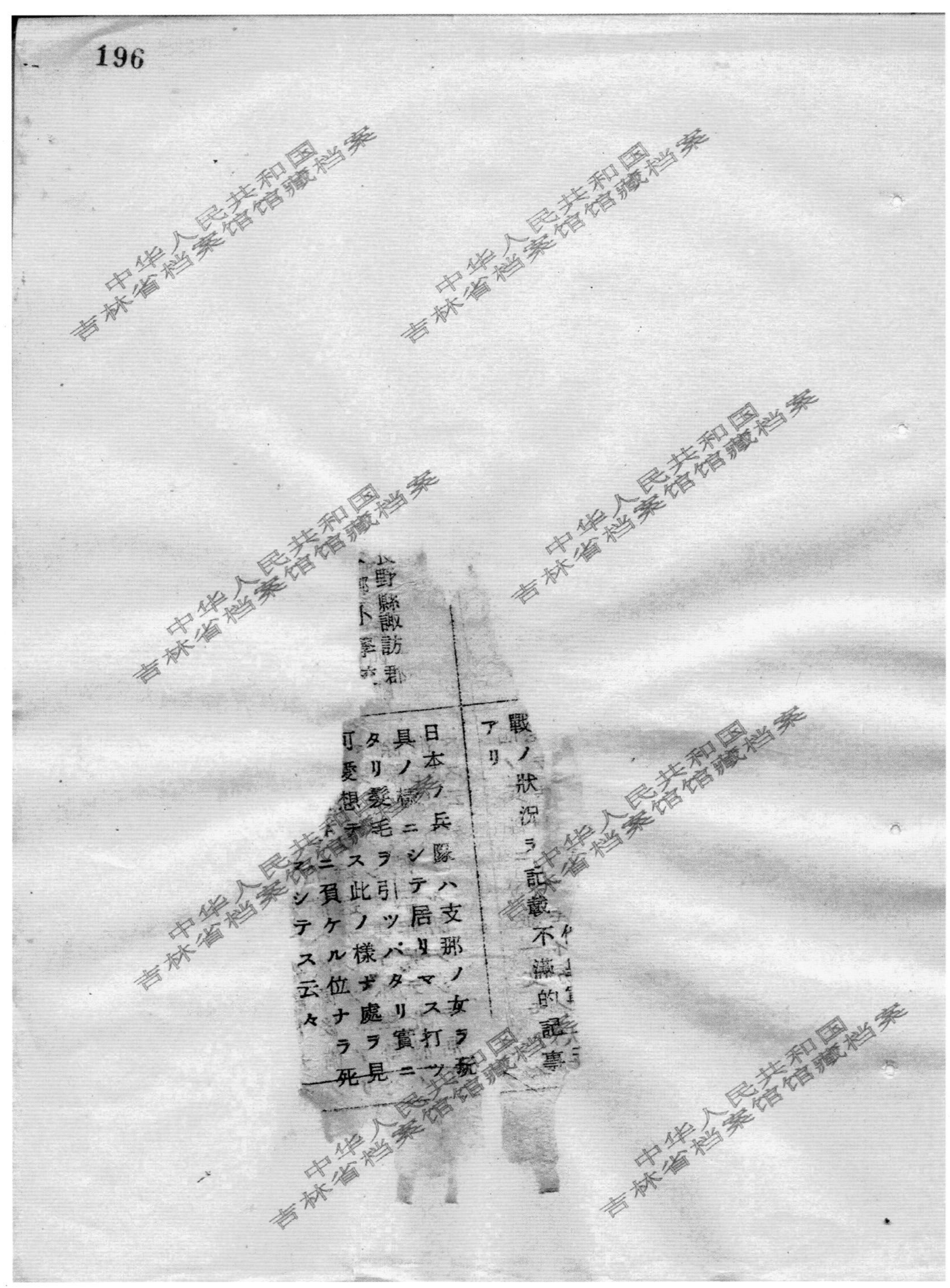
196

野縣諏訪郡

戰ノ狀況ヲ記載不滿的記事
アリ

日本ノ兵隊ハ支那ノ女ヲ玩具ノ樣ニシテ居リマス打ツタリ髮毛ヲ引ッパタリ實ニ可愛想デス此ノ樣ナ處ヲ見[illegible]ニ負ケル位ナラ死[illegible]シテスル云々

참고역문

발신자: 파손

수신자: □□長野縣 諏訪郡 □□□□소학교

내용: 일본병사가 중국여인을 때리기도 하고 머리채를 잡아당기기도 하면서 장난감처럼 다루고 있었다. 여인의 그 모습이 참 불쌍하였다.

59

서류해독

구베이커우(古北口)헌병대의 『통신검열월보』

이 서류는 허베이성 미윈(密雲)현의 치푸루(齊福祿)가 허베이성 미윈현 구베이커우 스허이(四合義)본점의 웨이옌민(魏炎民)에게 보낸 편지 초록이다. 서류는 일본침략군이 각 마을을 소탕하면서 가옥을 부지기수로 불사르고 사망자가 속출한 사실을 적고 있다. 중국 평민의 생활은 지옥에 빠진 것이나 다름없었다. 이 편지는 발송정지처분을 받았다.

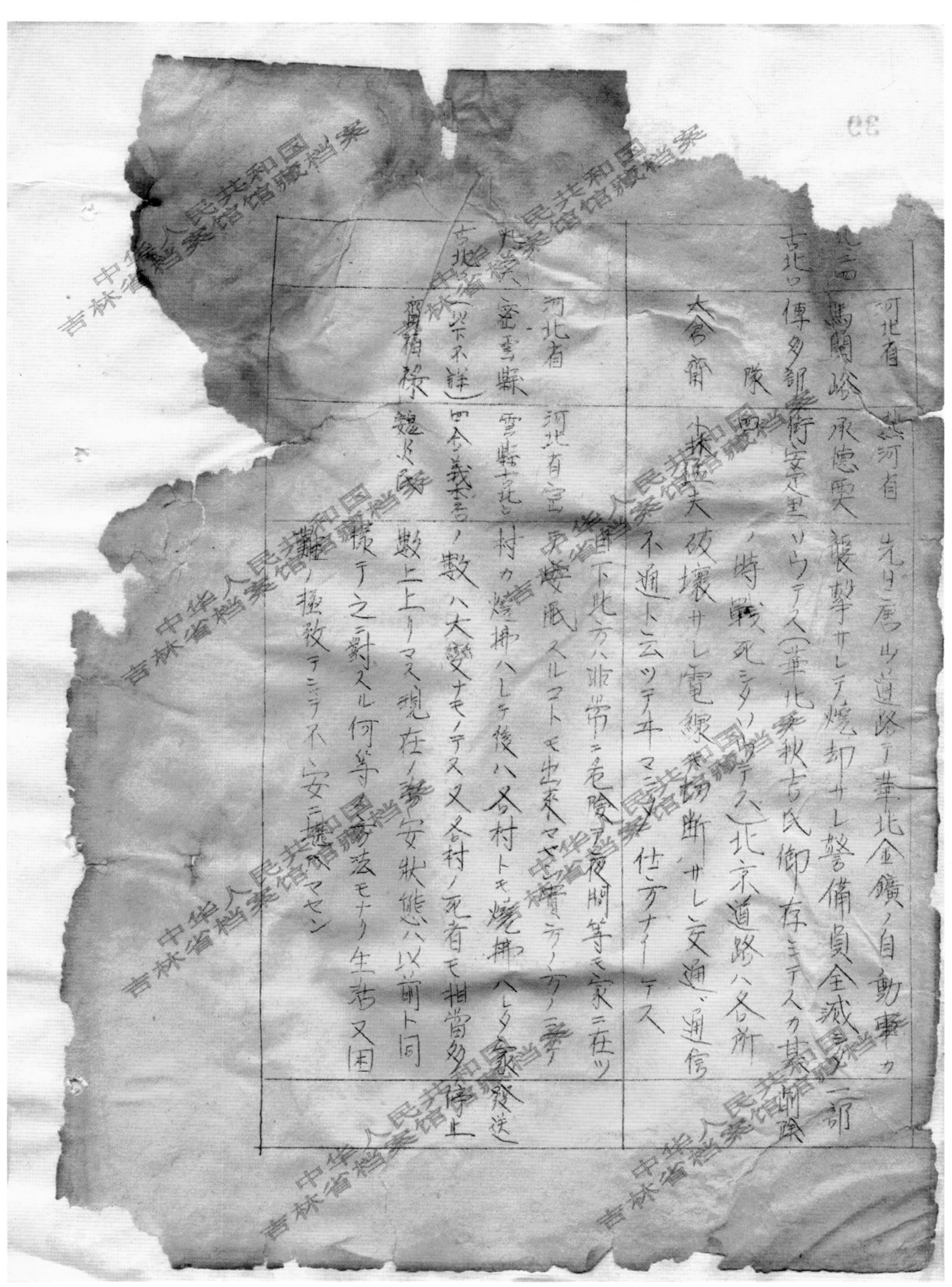
39

河北省 熱河省 先日唐山道路デ華北金鑛ノ自動車ガ
九.二四 馬蘭峪 承德要人 襲擊サレテ燒却サレ警備員全滅シ一部
古北口 傳多部 隊 街安定里ソウデス（華北秋吉氏御存ミデスカ某師隊
隊 ノ時戰死シタソウデス）北京道路ハ各所
大倉齋 小林大夫 破壞サレ電線ハ切斷サレ交通、通信
不通ト云ツテ居マス 仕方ナイーデス

九.八 河北省 河北省宮 目下北方ハ非常ニ危險デ夜間等モ家ニ在ツ
古北口 密雲縣 安眠スルコトモ出來マセン實ニ方ノ方ノ事デ
古北口（以下不詳）雲縣古北口村ヲ燒却ハシテ後ハ各村トモ燒却ハレタ家殘迄
四合義某 ノ數ハ大變ナモノデス又各村ノ死者モ相當多ク停止
齋藤積極隊 數上上リマス現在ノ不安狀態ハ以前ト同
樣デ之ニ對スル何等ノ方法モナク生活又困
難ノ極致デニテ不安ニ堪ヘマセン

발신자: 허버이성 미원(密雲)현(이하 미상) 치푸루(齊福祿)

수신자: 허버이성 미원현 구버이커우 스허이(四合義)본곡 워이앤민

내용: 현재 이곳은 몹시 위험하다. 밤에 집에서조차 발편잠을 잘 수가 없다. 너의 집 부근의 세 개 마을이 불에 탔다. 나중에는 모든 마을을 불사르기 시작하였다. 불에 탄 가옥이 부지기수이다. 마을마다 죽은 사람이 아주 많고 그 수가 아직도 상승하고 있다. 현재의 치안상황은 옛날과 같다. 뾰족한 수가 없다. 생활이 극도로 불안하여 고생이 말이 아니다.

처리: 발송정지

60

서류해독

일본침략군 중국주둔헌병대의『통신검열월보(2월)』

이 서류는 昭和十六年(1941년)二月 허난성 서(涉)현 츠안(赤岸)촌 一二九師의 스화이솬(石懷栓)이 허난성 칭화(淸化)현 허우잔(候占)촌 스청차이(石成才)에게 보낸 편지의 초록이다. 서류는 일본침략군이 방화, 살인, 강간을 닥치는 대로 자행하는 인간성 상실의 행각을 적고 있다. 편지에서 중국군민의 강렬한 적개심과 분노를 느낄 수가 있다. 이 편지는 "도청"처리를 받았다. 일이구사는 팔로군의 3대 주력의 하나로 1937년에 편성되었다. 사장은 류버청(劉伯承)이다. 일본침략군 헌병대는 "도청"처리를 하여 팔로군의 정보를 염탐하려 시도하였다.

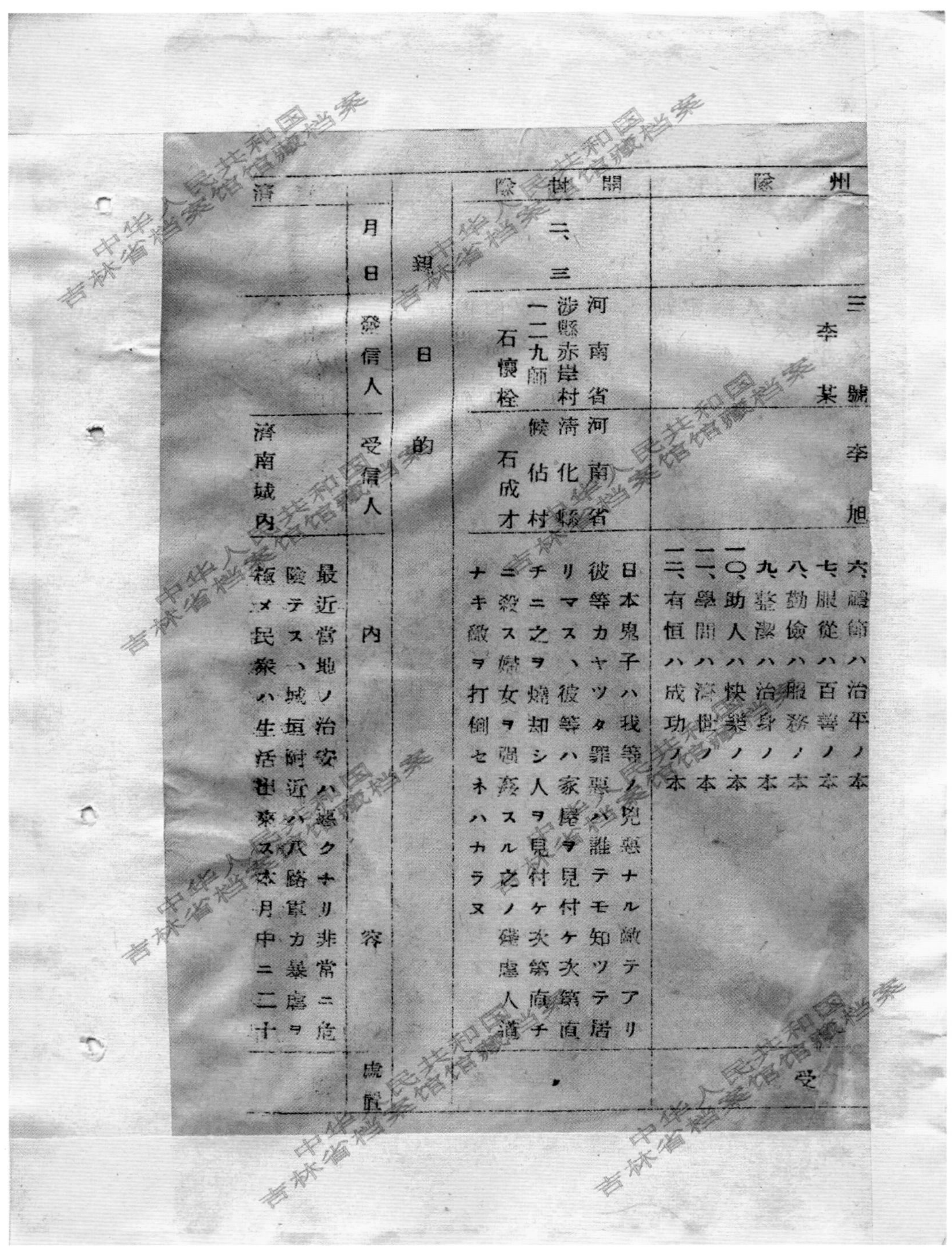

州　　險

三號　李某

李旭

六、禮節ハ治平ノ本
七、服從ハ百善ノ本
八、勤儉ハ服務ノ本
九、整潔ハ治身ノ本
一〇、助人ハ快樂ノ本
一一、學問ハ濟世ノ本
一二、有恒ハ成功ノ本

受

開封　險

二、三

河南省
涉縣赤岸村
一二九師
石懷栓

河南省
淸化縣
候佔村
石成才

日本鬼子ハ我等ノ兇惡ナル敵テアリ
彼等カヤツタ罪惡ハ誰テモ知ツテ居
リマス、彼等ハ家屋ヲ見付ケ次第直
チニ之ヲ燒却シ人ヲ見付ケ次第商
ニ殺ス婦女ヲ强姦スル之ノ殘虐人道
ナキ敵ヲ打倒セネハナラヌ

親日的

濟

月日

發信人

受信人

濟南城內

內容

最近當地ノ治安ハ惡クナリ非常ニ危
險テス、城垣附近ハ八路軍カ暴虐ヲ
極メ民衆ハ生活出來ス本月中ニ二十

處置

발신자: 허난성 서(涉)현 츠안(赤岸)촌 一二九師 스화이솬(石懷栓)

수신자: 허난성 칭화(淸化)현 허우잔(候占)촌 스청차이(石成才)

내용: 왜구는 우리의 흉악한 적이다. 놈들이 저지른 죄행은 천하가 다 안다. 놈들은 가옥을 불사르고 사람을 죽이고 부녀자를 강간하고 있다. 반드시 이 잔혹한 적들을 무찔러야 한다.

처리: 도청

61

서류해독

일본침략군 화남파견* 헌병대본부의 『군사우정검열월보(6월)』

이 서류는 昭和十六年(1941년)六月 高嶋부대 山口부대 武智대 小林一郎이 東京市赤坂區新町 삼일삼○의 小林勝에게 보낸 편지의 초록이다. 일본침략군 군인과 국내의 친지 사이에 주고받은 통신에 속한다. 서류는 일본침략군이 중국인의 목을 벨 때 들리는 중국인의 처참한 비명과 폭행을 저지르는 일본침략군이 자신들은 치외법권을 누리기에 당지의 관할을 받지 않는다는 득의양양한 심리를 묘사하고 있다. 이 편지는 삭제발송 처분을 받았다.

---

* 일본은 화남을 "남지" 혹은 "남지나"라고 칭한다. 이하 같음.

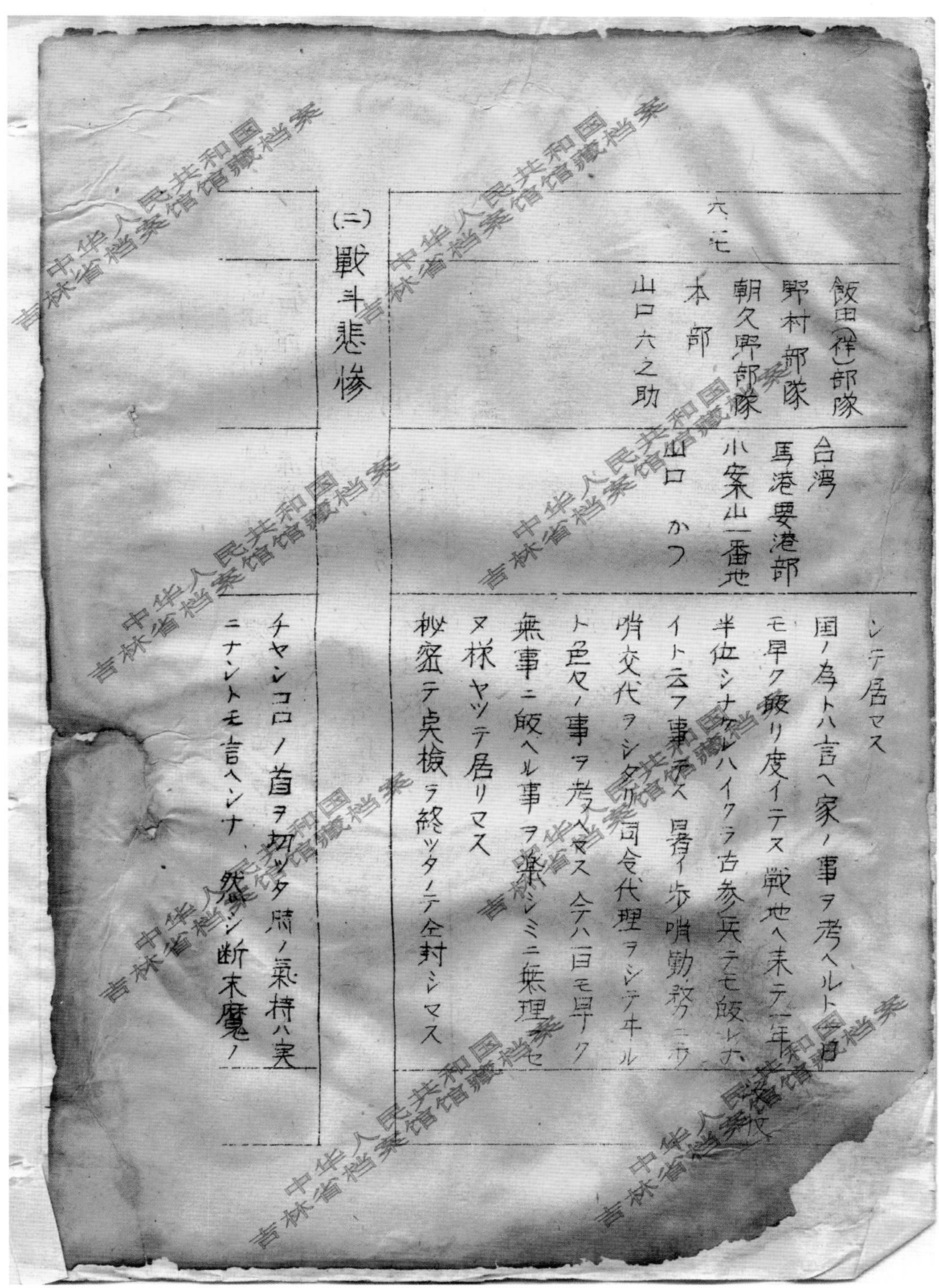

六.七
飯田(往)部隊
野村部隊
朝久野部隊
本部
山口六之助

台湾
馬港要港部
小案山一番地
山口 かつ

シテ居マス
国ノ為トハ言ヘ家ノ事ヲ考ヘルト一日
モ早ク皈リ度イデス戦地ヘ来テ一年
半位シカナルハイクラ古参兵デモ皈レナ
イト云フ事デス 暑イ歩哨勤務ニ歩
哨交代ヲシタリ司令代理ヲシテ居ル
ト色々ノ事ヲ考ヘマス 今ハ一日モ早ク
無事ニ皈ヘル事ヲ楽シミニ無理ヲセ
ヌ様ヤッテ居リマス
秘密テ点検ヲ終ッタノデ全封シマス

(二) 戰斗悲惨
チヤンコロノ首ヲ切ッタ時ノ氣持ハ実
ニナントモ言ヘンナ、然シ断末魔ノ

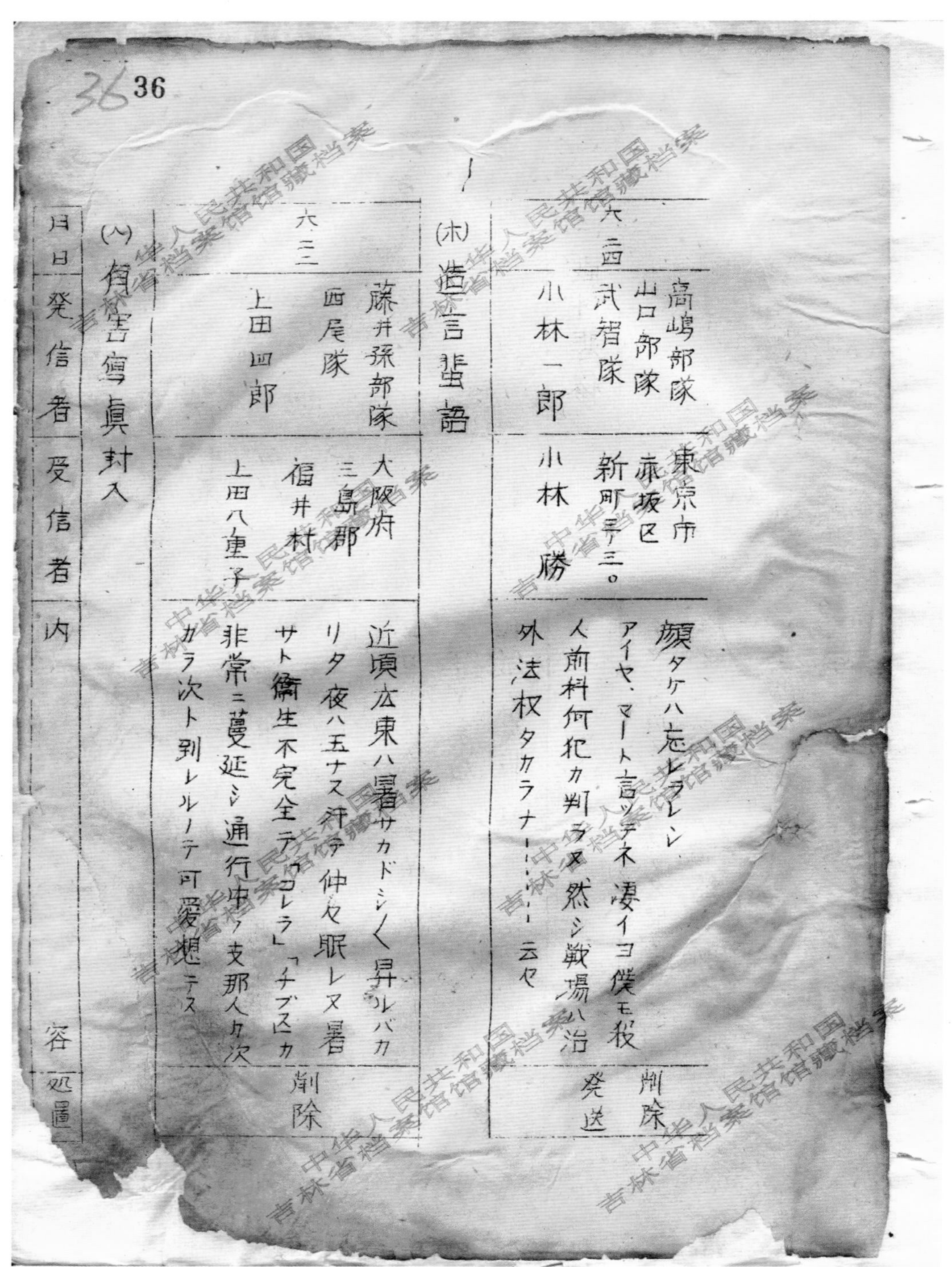

36

(ホ) 造言蜚語

月日	発信者	受信者	内容	処置
六 二四	高嶋部隊 山口部隊 武智隊 小林一郎	東京市 赤坂区 新町三ノ三。 小林 勝	頼タケハ忘レラレン アイヤ、マート言ッテネ 凄イヨ僕モ殺人前科何犯カ判ラヌ然シ戦場ハ治外法権タカラナ……云々	削除 発送

月日	発信者	受信者	内容	処置
六 二三	藤井孫部隊 西尾隊 上田四郎	大阪府 三島郡 福井村 上田八重子	近頃広東ハ暑サカドシ〳〵昇レバカリ夕夜ハ五ナス汗デ仲々眠レヌ暑サト衛生不完全デ「コレラ」「チブス」カ非常ニ蔓延シ通行中ノ支那人カ次カラ次ト倒レルノテ可愛想デス	削除

(ヘ) 有害写真封入

발신자: 高嶋부대 山口부대 武智대 小林一郎

수신자: 東京市赤坂區新町 삼일삼○ 小林勝

내용: 중국인의 머리를 벨 때의 느낌은 뭐라고 말로 표현할 수 없다. 하지만 죽기 전에 그들이 지은 고통스런 표정은 잊을 수가 없다.

"아이구..."하고 처참하게 비명을 지르고 있었다. 나는 자신이 몇 명을 죽였는지 기억이 나지 않는다. 하지만 나는 싸움터에서 치외법권을 향수하기에 당지의 관할을 받지 않는다.

처리: 삭제발송

62

서류해독

일본침략군 화남파견헌병대본부의 『중국 측 우정검열월보(5월)』

이 서류는 昭和十六年(1941년)五月 二十五日, 企石洪非씨가 南洋 麦信平에게 보내는 편지 절록이다. 서류는 일본침략군이 스룽(石龍)으로부터 훼이저우(惠州)까지 공격하는 연도에 거리낌 없이 부녀자를 강간하고 양민을 학살하는 등 비인간적인 악행을 저지른 사실을 적고 있다. 훼이저우 가옥은 전부 불타버렸고 부근의 촌락들도 큰 소실을 입었다. 우리는 이 편지를 보고 일본침략군이 가는 곳마다 저지른 살인, 방화, 약탈, 강간 등 죄행과 중국인민이 일본침략군의 폭행에 대한 분개를 느낄 수 있다.

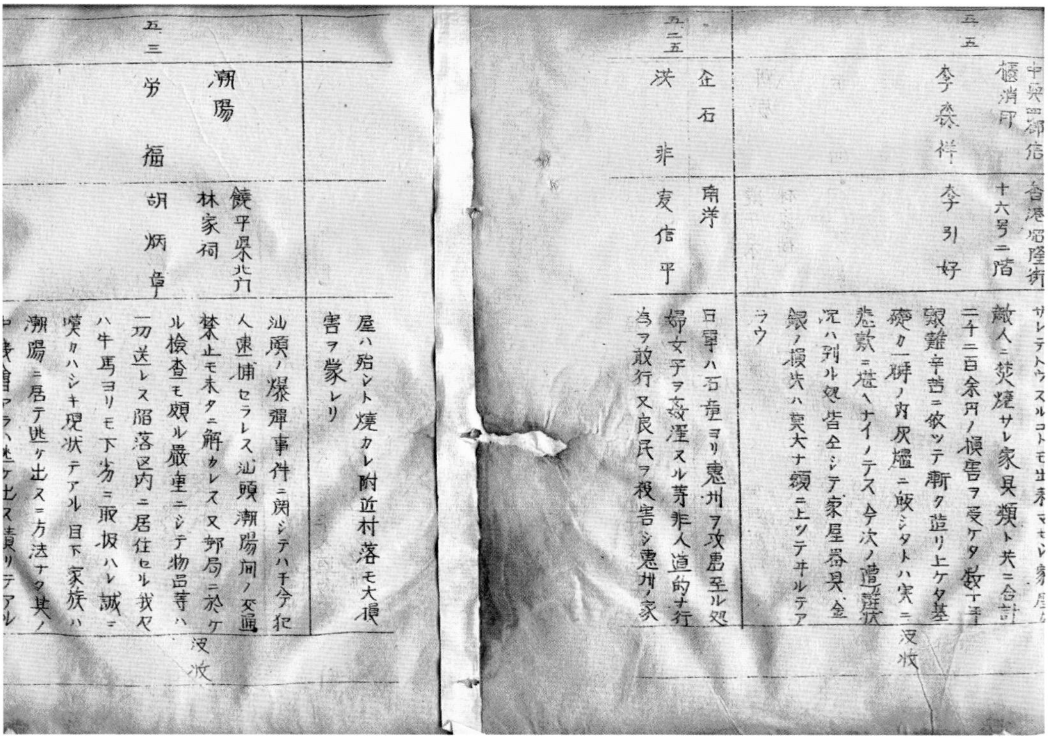

五五 中央四郵信櫃消印 李森祥 香港□□十六号二階 李引好

サレテトウスルコトモ出来マセン家屋ガ敵人ニ焚焼サレ家具類ト共ニ合計二千二百余円ノ損害ヲ受ケタ数十年艱難辛苦ニ依ッテ漸ク造リ上ケタ基礎ガ一瞬ノ内灰燼ニ帰シタトハ実ニ悲歎ニ堪ヘナイノデス今次ノ遭難状況ハ列ル処皆全シテ家屋器具金銀ノ損失ハ莫大ナ額ニ上ッテヰルデアラウ

五二五 企石 洪非 南洋 麦信平

日軍ハ石龍ヨリ恵州ヲ攻略至ル処婦女子ヲ姦淫スル等非人道的ナ行為ヲ敢行又良民ヲ殺害シ恵州ノ家屋ハ殆ント焼カレ附近村落モ大損害ヲ蒙レリ

五三 潮陽 労福 饒平県北門 林家祠 胡炳章

汕頭ノ爆弾事件ニ関シテハ于今犯人逮捕セラレス汕頭潮陽間ノ交通禁止モ未タ解カレス又郵局ニ於ケル検査モ頗ル厳重ニシテ物品等ハ一切送レス留落区内ニ居住セル我々ハ牛馬ヨリモ下等ニ取扱ハレ誠ニ嘆カハシキ現状デアル目下家族ハ潮陽ニ居テ逃ケ出ス方法ナク其ノ中義會ヲハ逃ケ出ス責リテアル

참고역문

발신자: 企石洪非

수신자: 남양 麥信平

내용: 일본군은 스룽으로부터 훼이저우를 공격하면서 가는 곳마다 부녀자를 강간하고 양민을 학살하는 등 악행을 저지르고 있다. 훼이저우 가옥은 전부 불타버렸고 부근의 촌락들도 큰 소실을 입었다.

63

서류해독

일본침략군 중국주둔헌병대의『군사우정검열월보』

이 서류는 昭和十三年(1939년)四月 竹内부대 俁田대의 鈴木倉壽가 東京市京橋區港町에 사는 어머니에게 보낸 편지의 초록이다. 서류는 린펀(臨汾) 시내에 중국인의 시체가 즐비하게 널렸고 대부분이 들개에게 뜯긴 정경을 기록하고 있다. 몇 글자밖에 안되지만 일본침략전쟁이 중국인들에게 가져온 심중한 재난을 생생하게 묘사하고 있다.

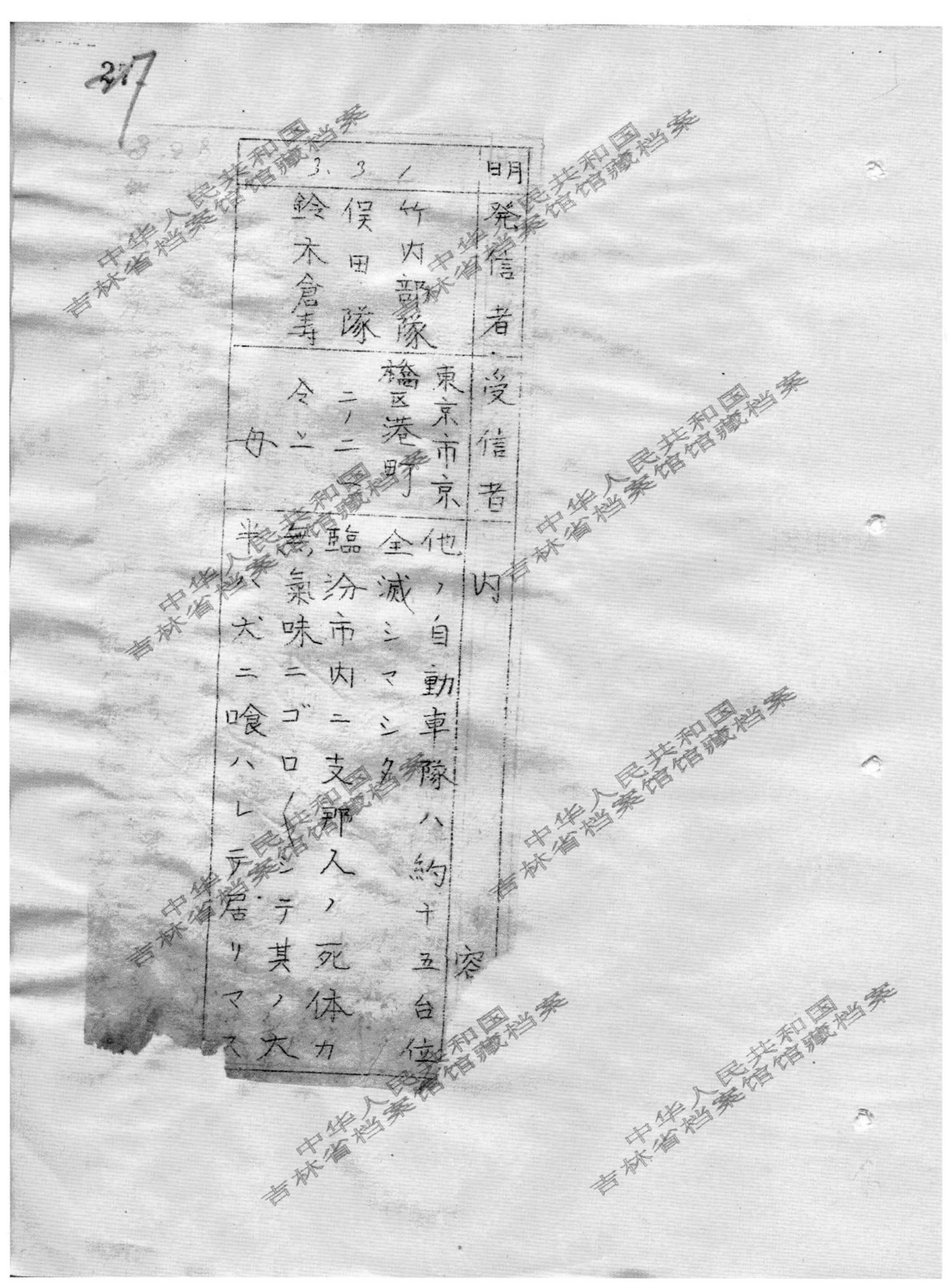
217

明	
発信者	竹内部隊 俣田隊 鈴木倉寿
受信者	東京市京橋区港町二ノ二 令二 母
内容	他ノ自動車隊ハ約十五台位全滅シマシタ 臨汾市内ニ支那人ノ死体カ無気味ニゴロゴロシテ其ノ大半ハ犬ニ喰ハレテ居リマス

3.3.1

발신자: 竹內부대 俁田대 鈴木倉壽

수신자: 東京市京橋區港町二一二一 鈴木倉壽의 모친

내용: 기타 자동차부대를 15대가량 섬멸하였다.

린펀(臨汾) 시내에 중국인의 시체가 즐비하게 널려 몹시 무섭습니다. 그중 대부분이 들개에게 뜯겼더군요.

64

서류해독

일본침략군 화북파견헌병대『통신검열월보(7월)』

이 서류는 昭和十六年(1941년)七月 충칭의 천모씨가 탠진 프랑스조계지 교회당 십팔호로 더인(德陰)리 사호 정멍윈(曾夢雲)에게 보낸 편지의 초록이다. 서류는 1941년 6월 5일 충칭이 일본침략군의 공습을 받을 때 발생한 참변을 기록하고 있다. 4만여 명이 방공호 안으로 피란하였는데 통풍시설이 파괴되어 1.5만 명이 질식하였다. 이 편지는 일부분삭제 처분을 받았다.

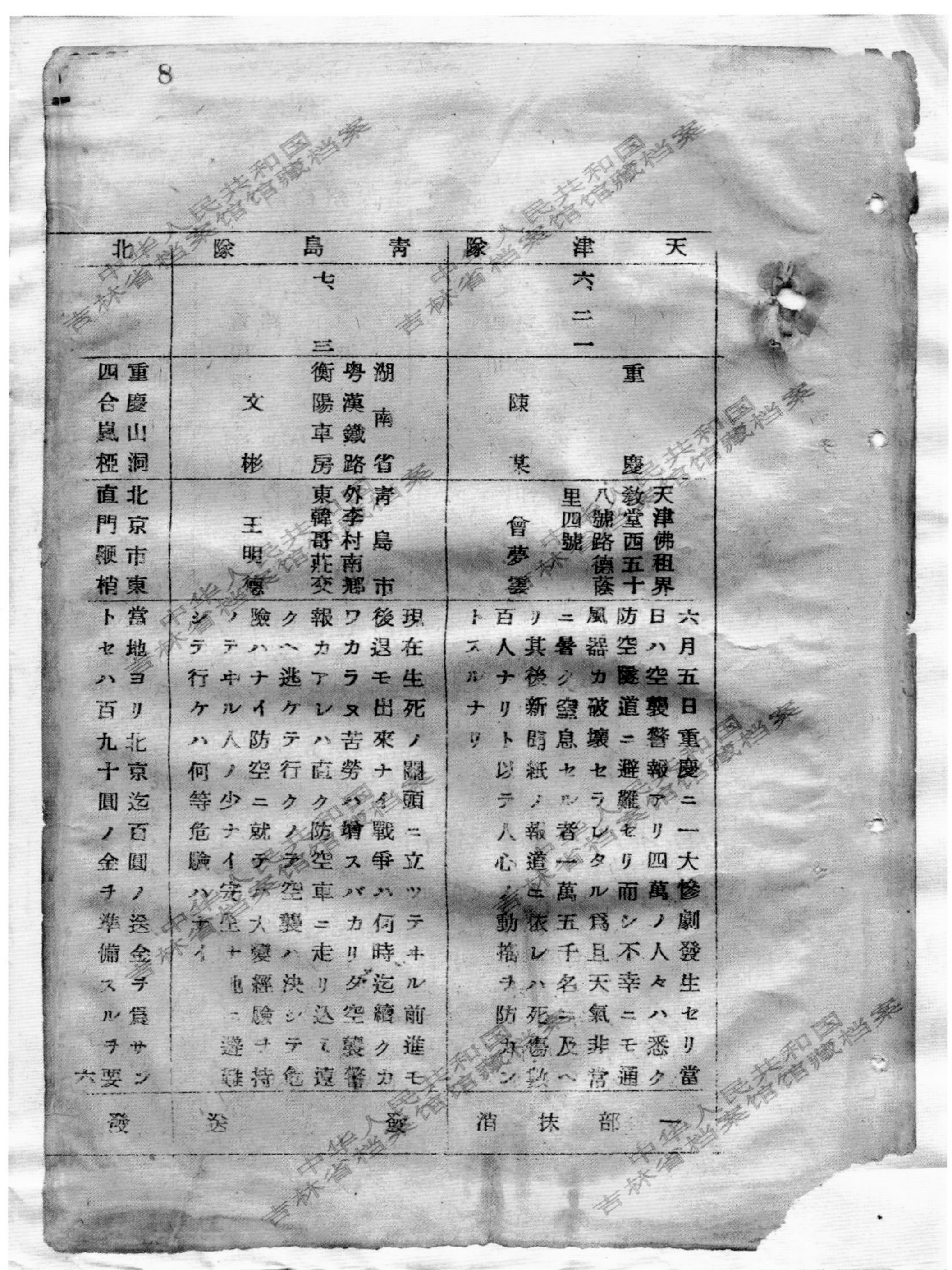

8

天津隊	青島隊	北
六、二一	七、三	
重慶 陳某	湖南省粵漢鐵路衡陽車房 文彬	重慶山洞四合嵐椏
天津佛租界教堂西五十八號路德蔭里四號 曾夢雲	青島市外李村南鄉東韓哥莊交 王明德	北京市東直門驅栯
六月五日重慶ニ一大慘劇發生セリ當日ハ空襲警報アリ四萬ノ人々ハ悉ク防空隧道ニ避難セリ而シ不幸ニモ通風器カ破壞セラレタル爲且天氣非常ニ暑ク窒息セル者一萬五千名ニ及ヘリ其後新聞紙ノ報道ニ依レハ死傷數百人ナリト以テ人心ノ動搖ヲ防カントスルナリ	現在生死ノ關頭ニ立ツテヰル前進モ後退モ出來ナイ戰爭ハ何時迄續クカワカラヌ苦勞ハ增スバカリダ空襲警報カアレハ直ク防空車ニ走リ込ミ遠クヘ逃ケテ行クノヲ空襲ハ決シテ危險ハナイ防空ニ就テハ大變經驗ヲ持ッテヰル人ノ少ナイ安全ナ地ニ避難シテ行ケハ何等危險ハナイ	當地ヨリ北京迄百圓ノ送金ヲ爲サントセハ百九十圓ノ金ヲ準備スルヲ要六
一部消抹	發送	發

발신자: 충칭 천모씨

수신자: 텐진 프랑스조계지 교회당 십팔호로 더인(德陰)리 4호

내용: 6월 5일, 충칭에 대참변이 발생했다. 당일 공습경보가 울려 4만 명이 방공호 안으로 피란에 들어갔다. 하지만 불행하게도 통풍기가 고장이 생기고 날씨가 너무 더워 15,000여 명이 질식하였다. 사후의 신문기사는 사상자가 수백 명이 된다고 하나 이는 인심의 동요를 막기 위해 축소한 것이다.

처리: 일부분삭제

65

서류해독

일본침략군 중국주둔헌병대 『통신검열월보(2월)』

이 서류는 일본침략군 화북파견군 土屋부대 齊藤대 橫山信南이 新潟縣南魚沼郡六日町 仲町 長喜一에게 보낸 편지로 일본침략군 군인과 국내의 친지 사이에 주고받은 통신이다. 서류의 기록에 따르면 편지봉투 안에 금지품인 외설사진 1장, 학대사진 1장이 들어 있어 압류되었다. 일본침략군 헌병대는 편지내용과 봉투 내의 물품을 모두 상세히 검사하였다.

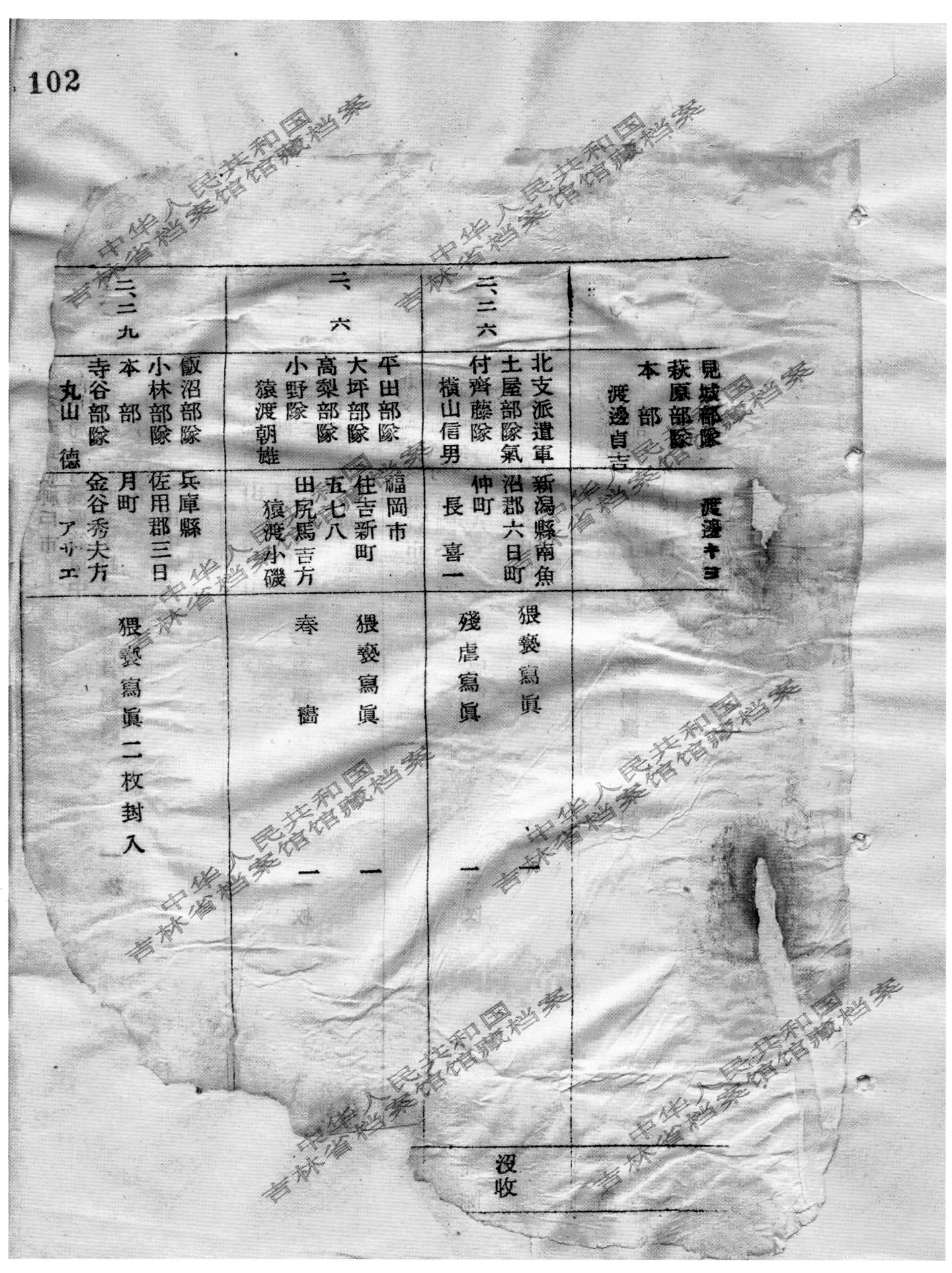

102

::	晃城部隊 荻原部隊 本部 渡邊貞吉	渡邊キヨ			
三、二六	北支派遣軍 土屋部隊氣付 齊藤隊 横山信男	新潟縣南魚沼郡六日町 仲町 長喜一	猥褻寫眞 殘虐寫眞	一 一	没收
三、 六	平田部隊 大坪部隊 高梨部隊 小野隊 猿渡朝雄	福岡市住吉新町五七八 田尻馬吉方 猿渡小磯	猥褻寫眞 春畫	一 一	
三、二九	飯沼部隊 小林部隊 本部 寺谷部隊 丸山德	兵庫縣佐用郡三日月町 金谷秀夫方 アサエ	猥褻寫眞二枚封入		

발신자: 화중파견군 土屋부대 齊藤대 横山信南

수신자: 新潟縣南魚沼郡六日町 仲町 長喜一

내용: 외설사진 1장, 학대사진 1장

처리: 압류

66

서류해독

관동헌병대사령부의 『군사경찰요보 제13호』

이 서류는 관동군헌병대사령부 『군사경찰요보 제십삼호』(관헌경제일이사호)에서 적록한 일본침략군 폭행에 관한 내용이다. 서류는 昭和十九年(1944년) 모 병기공장의 소위가 화중 쟝난성에서 소대장으로 치안경비를 담당하는 기간에 대리중대장 모씨와 공모하거나 단독으로 16세 되는 중국소녀를 감금하고 강간한 사실과 또 다른 중국여인을 잡아와 강간하고 목 졸라 죽인 뒤 시체를 수풀 속에 매장한 죄행을 기록하고 있다.

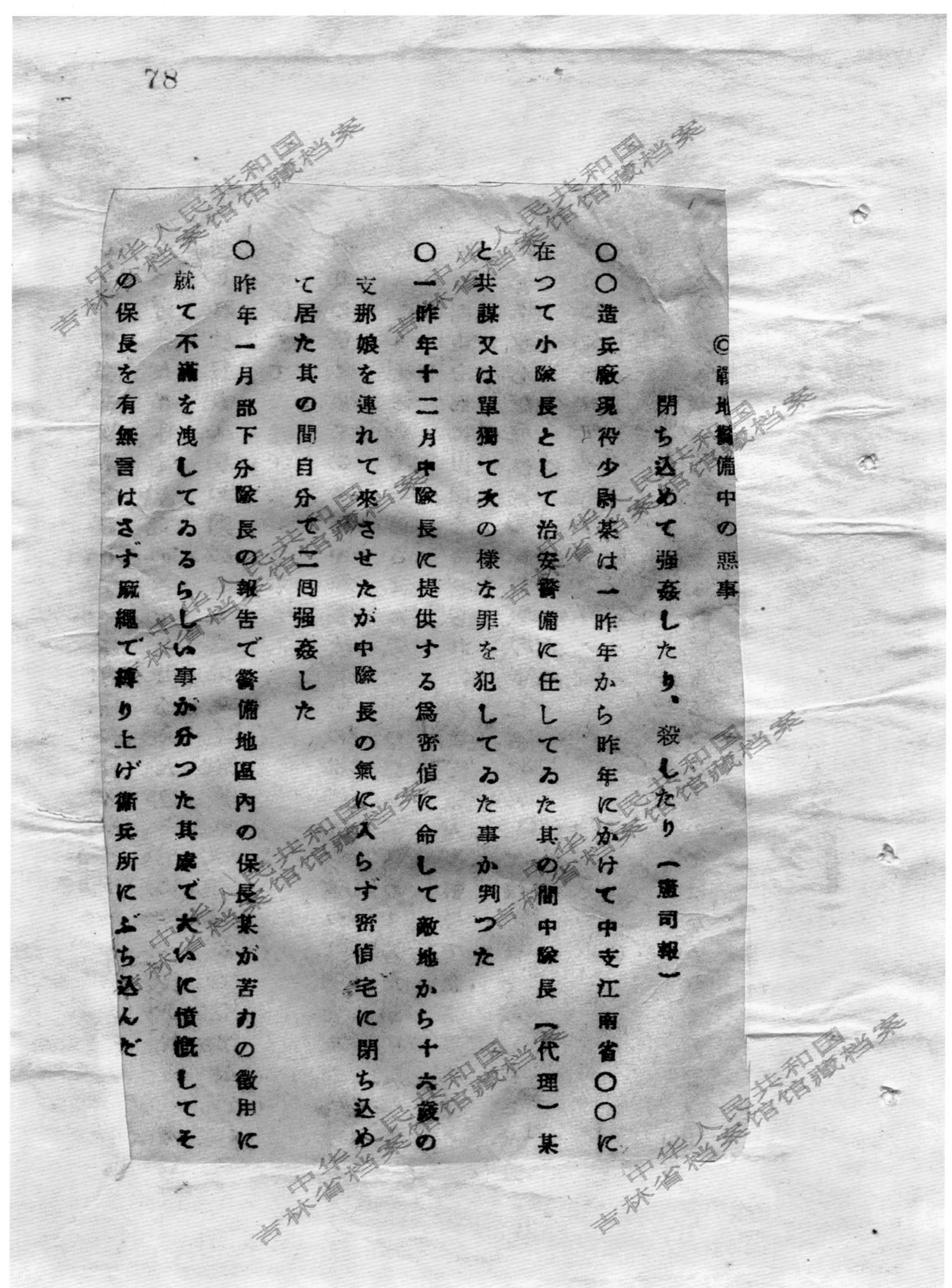

78

◎戦地警備中の悪事

閉ち込めて强姦したり、殺したり（憲司報）

○○造兵廠現役少尉某は一昨年から昨年にかけて中支江南省○○に在つて小隊長として治安警備に任してゐた其の間中隊長（代理）某と共謀又は單獨て次の様な罪を犯してゐた事か判つた

○一昨年十二月中隊長に提供する爲密偵に命して敵地から十六歳の支那娘を連れて來させたが中隊長の氣に入らず密偵宅に閉ち込めて居た其の間自分で二回强姦した

○昨年一月部下分隊長の報告で警備地區内の保長某が苦力の徵用に就て不滿を洩してゐるらしい事が分つた其處で大いに憤慨してその保長を有無言はさず麻繩で縛り上げ衛兵所にぶち込んだ

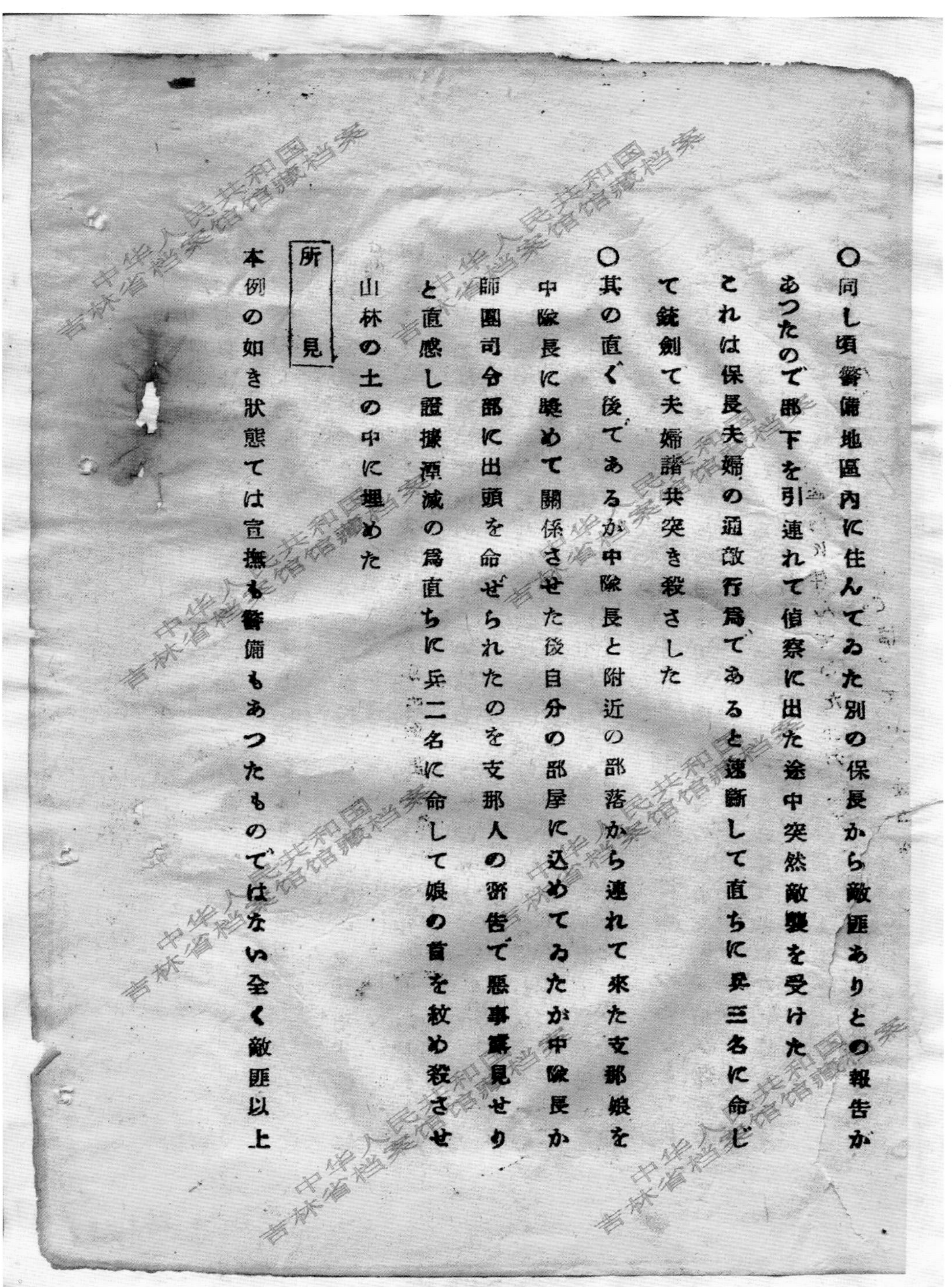

○同し頃警備地區内に住んてゐた別の保長から敵匪ありとの報告かあつたので部下を引連れて偵察に出た途中突然敵襲を受けたこれは保長夫婦の通敵行爲てあると速断して直ちに兵三名に命じて銃劍て夫婦諸共突き殺さした

○其の直ぐ後てあるか中隊長と附近の部落から連れて來た支那娘を中隊長に曉めて關係させた後自分の部屋に込めてゐたか中隊長か師團司令部に出頭を命ぜられたのを支那人の密告で惡事露見せりと直感し證據湮滅の爲直ちに兵二名に命して娘の首を絞め殺させ山林の土の中に埋めた

所見

本例の如き狀態ては宣撫も警備もあつたものではない全く敵匪以上

관동헌병대사령부『군사경찰요보제13호』

관헌경제일이사호 昭和十九年六月二十九日

전지경비중의 악행

감금하고 강간, 살해(헌사보)

병기공장의 현역소위 모모씨는 재작년부터 작년까지 줄곧 중국 장난성 모모지에서 소대장을 맡으면서 치안경비를 담당. 그 기간에 대리중대장 모모씨와 공모하거나 단독으로 다음과 같은 죄행을 저질렀음.

재작년 12월, 중대장에게 아첨하기 위해 밀정에게 명하여 적지에서 16살 되는 소녀를 잡아옴. 중대장이 눈에 차지 않아 하자 밀정은 그녀를 자기 저택에 가두고 두 번 강간함.

작년 1월, 부하 분대장이 경비지역 내의 모 보장(保長)이 인부징용에 관해 불만을 품었다고 보고하자 분노하여 무작정 그 보장을 포박하여 위병소에 가두었음.

아울러 경비구역 내의 다른 한 보장으로부터 비적이 출몰했다는 보고를 받고 부하들과 함께 정찰을 나갔으나 도중에 습격을 받음. 이를 보장부부가 적과 내통한 소치로 여기고 즉시 3명의 병사를 시켜 총검으로 그들을 살해.

이후 중대장이 그에게 포상한 부근 촌락에서 데려온 중국여인과 관계한 후 그녀를 자기 방에 가둠. 그 후 중대장이 사단사령부의 명령을 받자 중국인이 밀고한 것이라 여김. 악행이 발각될까 두려운 나머지 증거를 소멸하기 위해 병사 2명을 시켜 여자를 목 졸라 죽임. 시체는 산속의 수풀에 매장.

67

서류해독

관동헌병대『우정검열월보』

이 서류는 昭和十五年(1940년) 九月 角부대 田中대 太田藤太郎이 北海道上川郡愛別村 太田己之助에게 보낸 편지의 초록이다. 역시 친지와 일본침략군 군인 사이의 통신이다. 서류는 편지와 함께 "군도로 척살"이라는 문자까지 적힌 참살 장면 사진 7장이 첨부되어 있기에 처리하였다고 적고 있다.

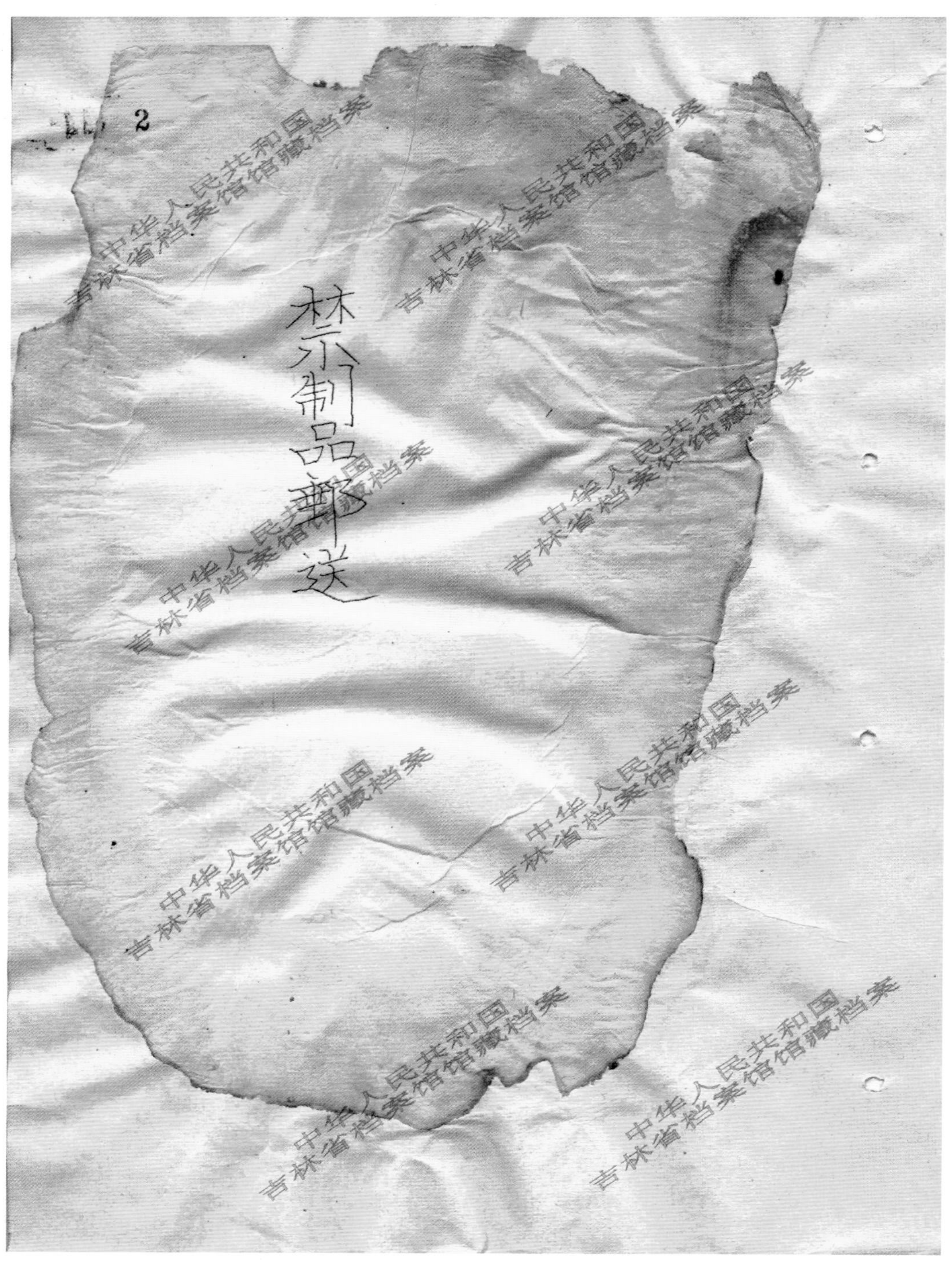
2
禁制品郵送

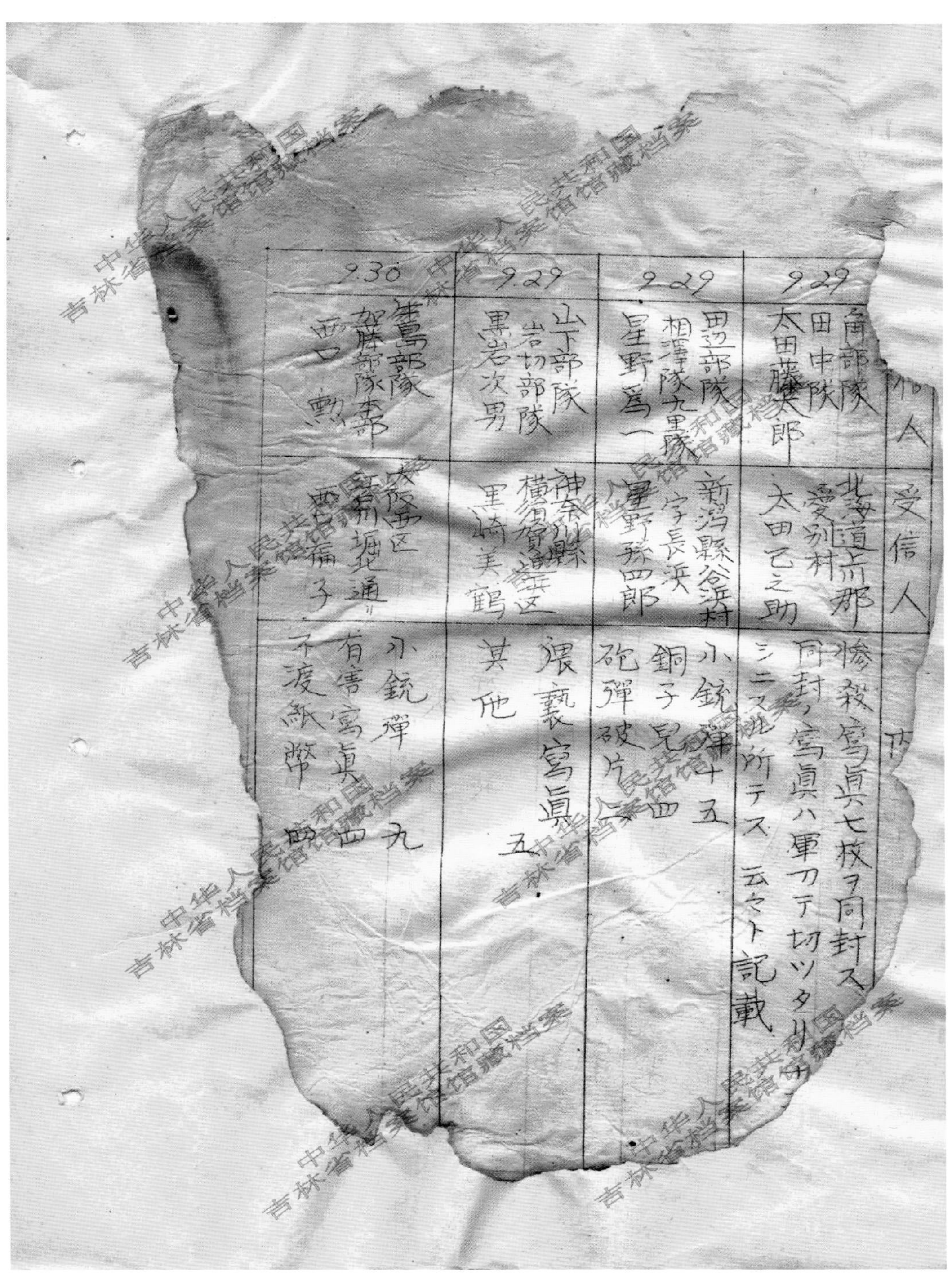

	差出人	受信人	内容
9.29	角部隊 田中隊 太田藤太郎	北海道上川郡 愛別村 太田乙之助	惨殺写真七枚ヲ同封ス 同封ノ写真ハ軍刀テ切ツタリ侍シニスル所テス 云々ト記載
9.29	田辺部隊 相澤隊九里隊 星野冨一	新潟縣谷浜村 字長浜 星野孫四郎	小銃弾 十五 銅子兒 [illegible] 四 砲弾破片 一
9.29	山下部隊 岩切部隊 黒岩次男	神奈川縣 横須賀逸見 [illegible] 黒崎美鶴	猥褻写真 五 其他
9.30	佐藤部隊 加藤部隊本部 西口勲	大阪西区 [illegible]川堀北通 西口福子	小銃弾 九 有害写真 四 不渡紙幣 四

발신자: 角부대 田中대 太田藤太郎

수신자: 北海道上川郡愛別村 太田已之助

내용: 편지와 함께 참살 장면이 담긴 사진 7장을 동봉함. 사진에는 군도로 척살이라는 문자도 씌어 있음.

68

서류해독

관동헌병대 『통신검열월보(2월)』

이 서류는 허버이성 준화(遵化)현 버이모쟈창(北毛家廠) 보병제삼십삼단제육련 리링성(李陵生)이 러허성 카서우미(喀嗽泌)* 우기(右旗) 거우먼즈(溝門子)촌공소 리모씨에게 보낸 편지의 초록이다. 서류는 일본침략군이 임의로 죄명을 들씌워 중국평민을 살해한 죄행을 기록하고 있다. 일본침략군은 장성 안팎 십리 이내의 통행자를 체포하여 팔로군 밀정이라는 죄명으로 살해하였다.

* 원 서류의 카서우미(喀嗽泌)는 카서우친(喀嗽沁)의 오기인 것으로 판단 됨.

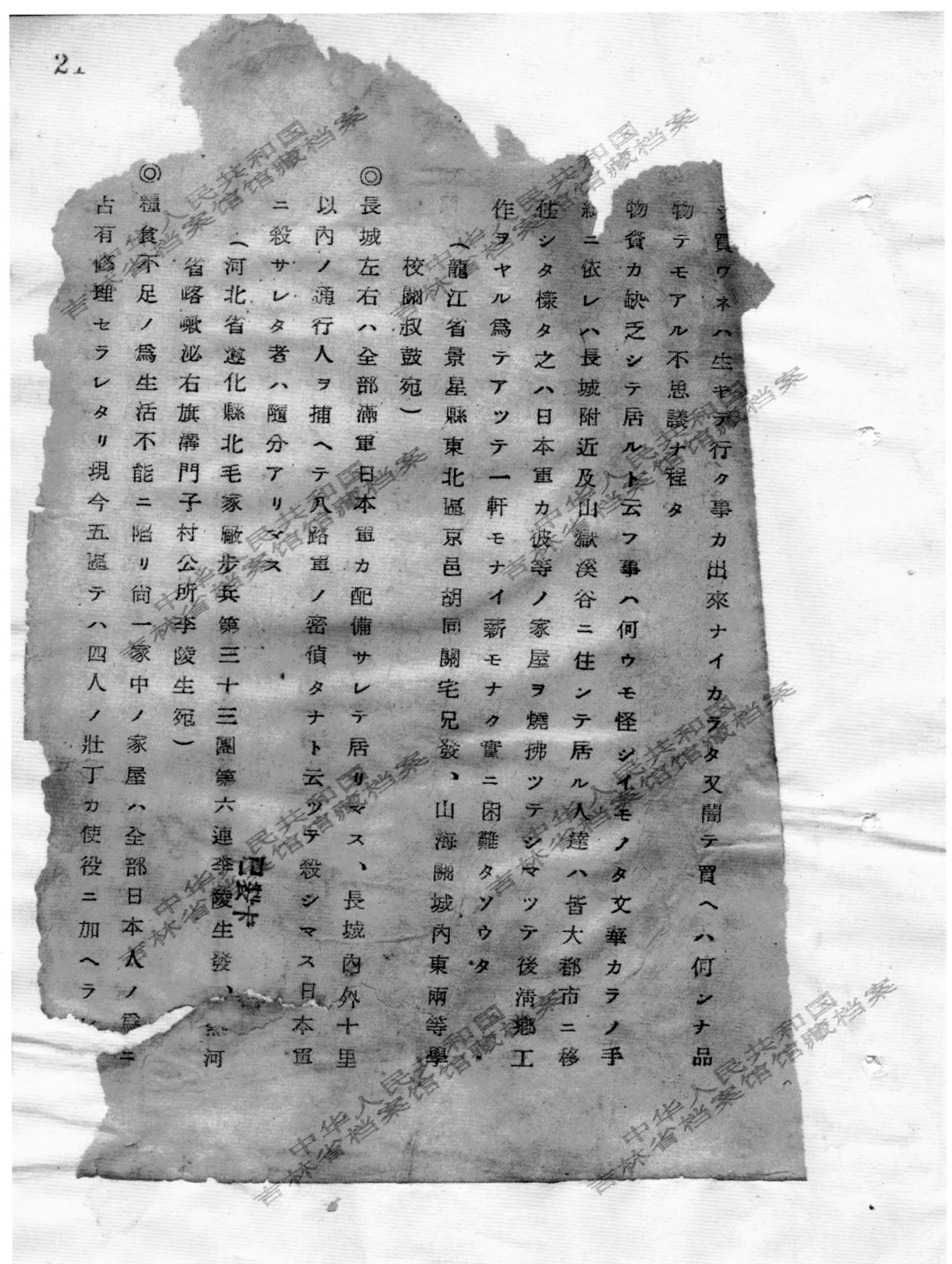

2

シ買ウネハ生キテ行ク事カ出來ナイカラタ又聞テ買ヘハ何ンナ品
物テモアル不思議ナ程タ
物資カ缺乏シテ居ルト云フ事ハ何ウモ怪シイモノタ文華カラノ手
紙ニ依レハ長城附近及山嶽溪谷ニ住ンテ居ル人達ハ皆大都市ニ移
住シタ様タ之ハ日本軍カ彼等ノ家屋ヲ焼拂ツテシマツテ後満洲工
作ヲヤル為テアツテ一軒モナイ薪モナク實ニ困難タソウタ
（龍江省景星縣東北區京邑胡同關宅兄發、山海關城内東兩等學
校關淑鼓宛）
◎長城左右ハ全部満軍日本軍カ配備サレテ居リマス、長城内外十里
以内ノ通行人ヲ捕ヘテ八路軍ノ密偵タナト云ツテ殺シマス日本軍
ニ殺サレタ者ハ随分アリマス
（河北省遵化縣北毛家廠歩兵第三十三團第六連李陵生發、熱河
省略嗽泌右旗濤門子村公所李陵生宛）
◎糧食不足ノ為生活不能ニ陥リ尚一家中ノ家屋ハ全部日本人ノ為ニ
占有修理セラレタリ現今五區テハ四人ノ壯丁カ使役ニ加ヘラ

발신자: 허베이성 준화현 버이모쟈창 보병제삼십삼단제육련 리링성

수신자: 러허성 카서우미(喀嗽泌)* 우기(右旗) 거우먼즈(溝門子)촌공소 리모씨

내용: 장성 안팎에 만주군과 일본군이 주둔해 있다. 그들은 장성 안팎 십리 이내의 행인을 전부 체포하여 팔로군 밀정이라는 죄명으로 살해하였다. 그렇게 일본군에 죽임을 당한 사람이 상당히 많다.

* 원 서류의 카서우미(喀嗽泌)는 카서우친(喀嗽沁)의 오기인 것으로 판단 됨.

69

서류해독

일본침략군 화북파견헌병대『통신검열월보(4월)』

이 서류는 발송시간, 수신자, 발신자주소가 모두 불명확한 파손 서류이다. 편지 초록에는 산골짜기에 사람의 시신이 도처에 널린 정경(情景)과 인부 한 명이 죽은 내용을 적고 있다. 이 편지는 압류 및 소환 처분을 받았다.

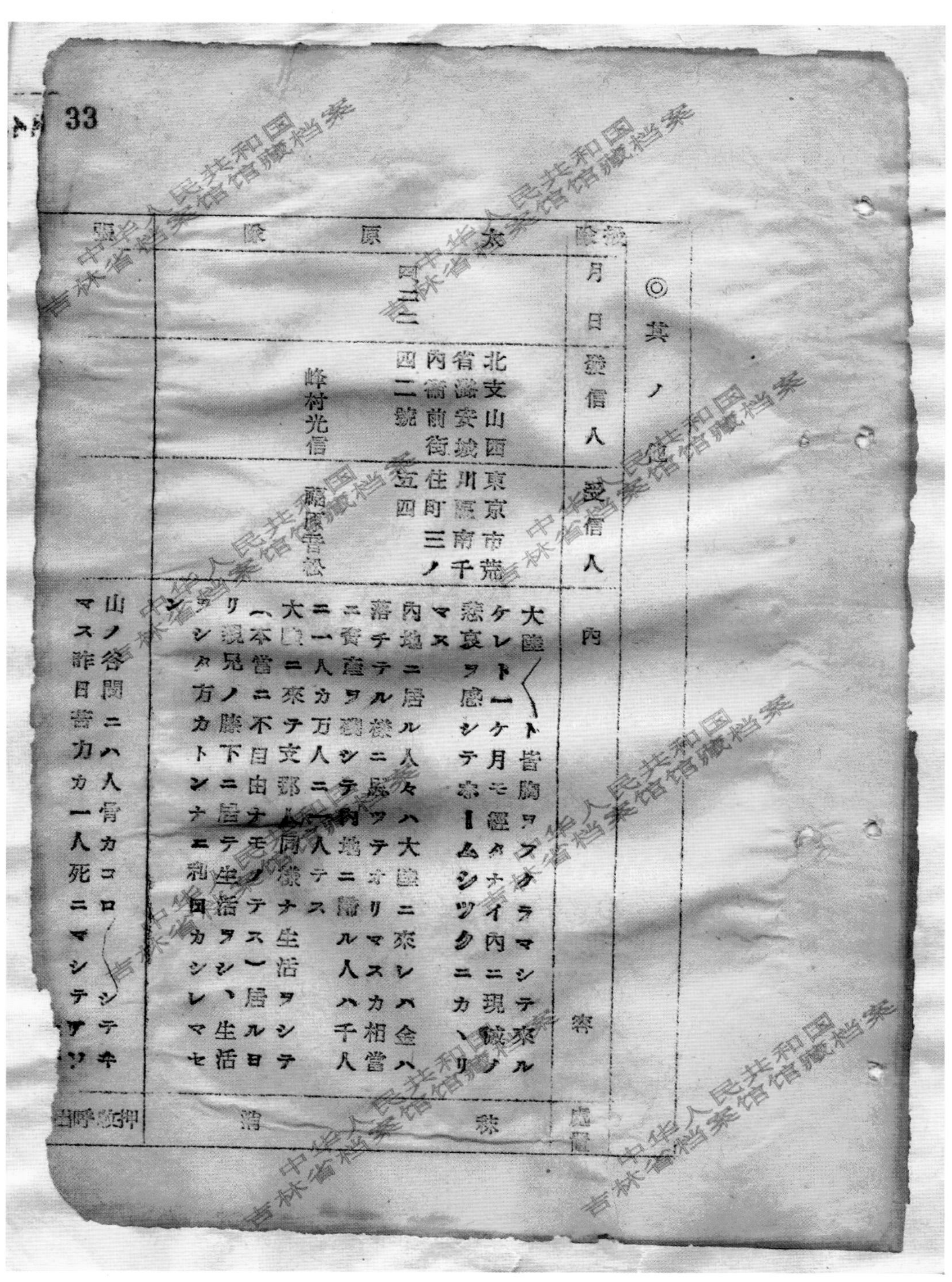

33

◎其ノ他

檢閲	太原隊
月日	四、二二
發信人	北支山西省潞安城內衛前街四二號 峰村光信
受信人	東京市荒川區南千住町三ノ五四 藤原菅松
内容	大陸〈ト皆胸ヲフクラマシテ來ルケレト一ケ月モ經タナイ內ニ現職ノ慈哀ヲ感シテホームシツクニカヽリマス 內地ニ居ル人々ハ大陸ニ來レハ金ハ落チテル樣ニ思ツテオリマスカ相當ニ資產ヲ費シテ內地ニ歸ル人ハ千人ニ一人カ万人ニ一人テス 大陸ニ來テ支那人同樣ナ生活ヲシテ「本當ニ不自由ナモノテス」居ルヨリ現況ノ膝下ニ居テ生活ヲシヽ生活ヲシタ方カドンナニ利口カシレマセン
處置	抹消

摘要	押收呼出
山ノ谷間ニハ人骨カコロ〈シテヰマス昨日苦力カ一人死ニマシテアリ	

시간: 4월 1일

발신자: 무

수신자: 무

내용: 산골짜기 도처에 사람의 시체다. 어제 쿨리 한 명이 죽었다.

처리: 압류, 소환

70

서류해독

일본침략군 화북파견헌병대『통신검열월보(9월)』

이 서류는 昭和十六年(1941년)九月 東京市 澱橋區 西大久保三—五五 和田方松永隆이 다퉁탄광 르둥(日洞)채탄소의 齊藤顯에게 보낸 편지의 초록이다. 일본 국내의 친지와 중국에 있는 일본인 사이에 주고받은 통신이다. 서류에는 “육군대신의 눈에 비친 너의 몸은 살인주식회사(군대)에 들어가기 전에는 결코 너의 몸이 아니다”라는 내용이 있다. 편지에서 알 수 있다시피 일본인 자신도 일본침략군을 “살인주식회사”라고 칭하고 있다. 이 편지는 삭제처분을 받았다.

18

（邦人）

部隊	日付	発信者	受信者	内容	処置
天津隊		塘沽新港 堀 正幸 清子	岡山縣倉敷市南四 堀九八 小野金一	内地ノ兵隊サント現地ノ兵隊サンノ様子ヲ見テ銃後〳〵ト許リ呼ンテ居タ私ハ實ニ情ナクナリマシタ「カフエー」テ醉テ大聲テ街ノ中ヲブラ〳〵シテイタリ異國ニ來テ何ノ樂シミモ無イ兵隊サントハ思ヒマスカ内地テ想像シタ兵隊サンハ違ヒマスコンナ様子ヲ他國テ晒スノハ恥タト思ヒマス	削除
張家口隊	九、二一	東京市淀橋區西大久保三ノ五五 和田方 松永隆	大同炭礦日洞採炭所 齋藤顯	陸軍大臣ノオ眼ニトマッタオ前ノ体タ殺人株式會社（軍隊）ニ入ル迄ハオ前ノ体ニ非スタ	〃
張家口	九、一	都城市 本山兼行	厚和市南街三號 三原村慶次	先月十二日小生ニモ徴用トイフ殘念ナモノカ來マシタ十五日徴用檢査カアリ家事ノ事情モ十分話シ逃レ様トシマシタカドウシテモ逃レルコトカ出來ス殘	〃

一六

시간: 9월 21일

발신자: 東京市 澱橋區 西大久保三一五五 和田方松永隆

수신자: 다퉁탄광 르둥(日洞)채탄소 齊藤顯

내용: 육군 대신의 눈에 비친 너의 몸은 살인주식회사(군대)에 들어가기 전에는 결코 너의 몸이 아니다.

처리: 삭제

71

서류해독

하이라얼지방검열부 『통신검열월보』

이 서류는 昭和十六年(1941년) 치치할시 룽화(龍華)로 창쥬(長久)가 철도건설사무소의 기계원인 荒井芳夫가 富山縣 富山市 不二越町 上杉선생을 통해 武田良光에게 전달한 편지의 초록이다. 중국에 있는 일본인과 일본 국내의 친지 사이에 주고받은 통신이다. 서류는 일본침략군이 군사시설을 수축하기 위해 대량의 중국 인부를 잔혹하게 노역한 사실을 적고 있다. 도주한 인부는 잡히면 머리만 내놓고 땅에 묻기, 물 먹이기, 구타 등 혹독한 방식으로 괴롭힘을 당했다. 이 편지는 몰수되었다.

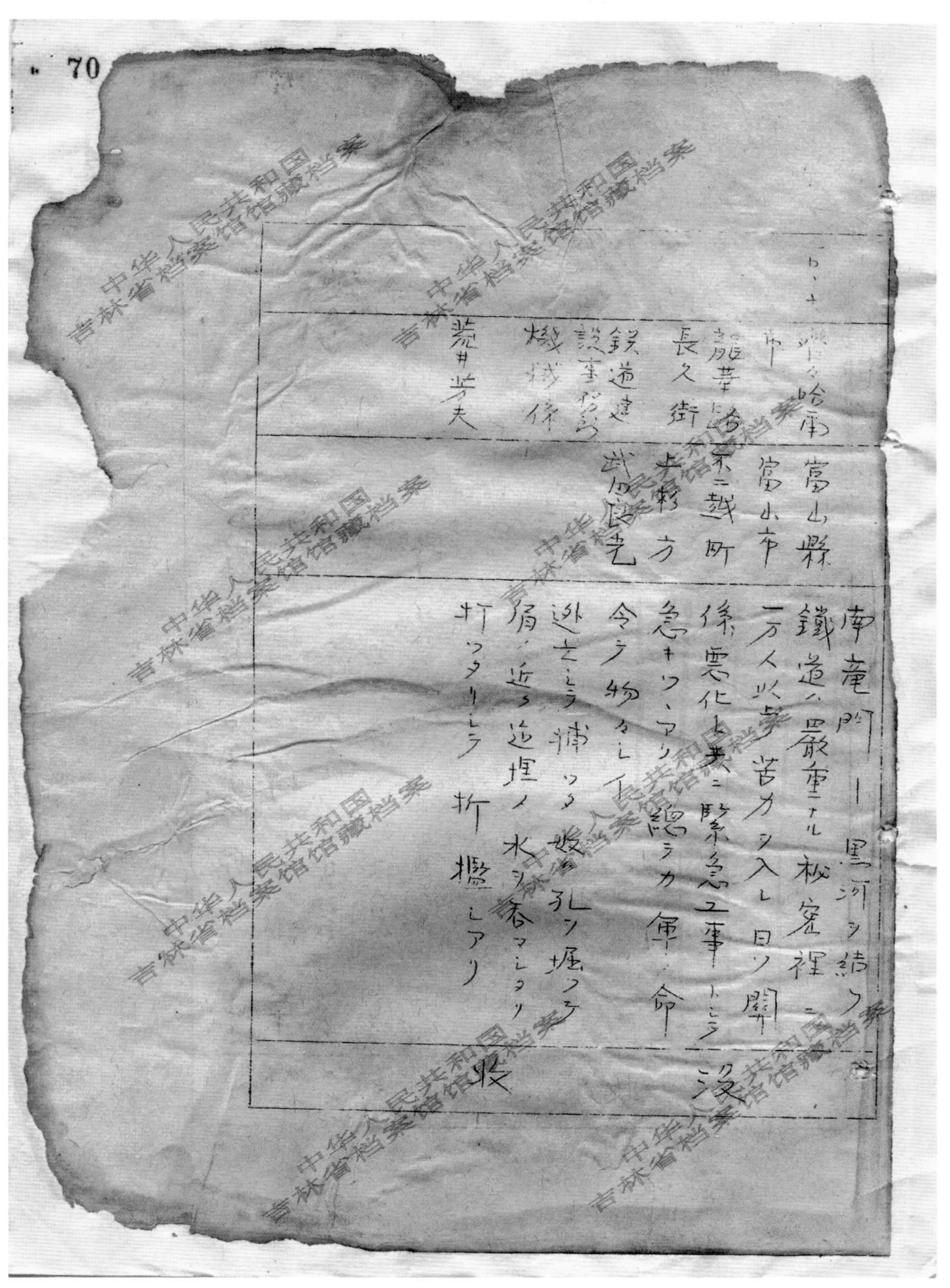
70

一〇、十

濱江省哈爾濱市
龍華路
長久街
鉄道建
設事務所
機械係
荒井芳夫

富山縣
富山市
[illegible]越所
上彩方
武田良[illegible]

南崗門 ― 黒河ヲ結ブ
鐵道ハ嚴重ナル秘密裡ニ
一万人以上ヲ苦力トシ入レ日ソ關
係悪化ト共ニ緊急工事トシテ
急キツヽアリ總テカ軍ノ命
令ヲ物々シク[illegible]
逃亡シタヲ補ヘタ數名ノ孔ヲ堀ラセ
肩ノ近ク迄埋メ水ヲ呑マシタリ
打ツタリシテ折檻シアリ

没
[illegible]

발신자: 치치할시 룽화(龍華)로 창쥬(長久)가 철도건설사무소의 기계원인 荒井芳夫

수신자: 富山縣 富山市 不二越町 上杉선생 轉 武田良光

내용: 난룽(南龍)문과 허이허를 잇는 철도건설 현장에 극비리에 만여 명의 인부를 투입하였다. 일소관계의 악화와 더불어 긴급시공으로 공기를 다그치고 있다. 군대의 명령은 극히 살벌하다. 도주하다가 잡혀오면 구덩이를 파서 어깨까지 흙에 묻거나 물을 잔뜩 먹이거나 아니면 흠씬 두들겨 팼다. 동시에 무섭게 꾸짖었다.

처리: 몰수

72

서류해독

일본침략군 화중파견대의 『□□□□시월보』

이 서류는 昭和十八年(1943년)七月 幸제삼칠○이부대의 佐藤三郎이 名古屋市中川區八熊町苗田二一九九 佐藤敏郎에게 보낸 편지의 초록으로 일본침략군 군인과 일본 국내의 친지 사이에 주고받은 통신이다. 서류는 강안에서 "적"의 밀정을 베어죽인 일을 거론하고 있다. 또 일본침략군이 전우의 시체를 태우면서 감자를 구워먹던 일도 적고 있다. 편지에는 보병이 작전 시에 매일 같이 방화, 약탈, 살인을 저지르고 있다고 쓰고 있다. 편지의 글줄에서 우리는 일본침략군 병사가 이미 전쟁의 참혹함과 자신의 폭행에 둔감해져 있다는 사실을 느낄 수 있다. 일본침략군은 전쟁의 참혹한 현실이 일본 국내에 전달되어 악영향을 끼칠까 몹시 걱정하였다. 그래서 이 편지를 압류하였다.

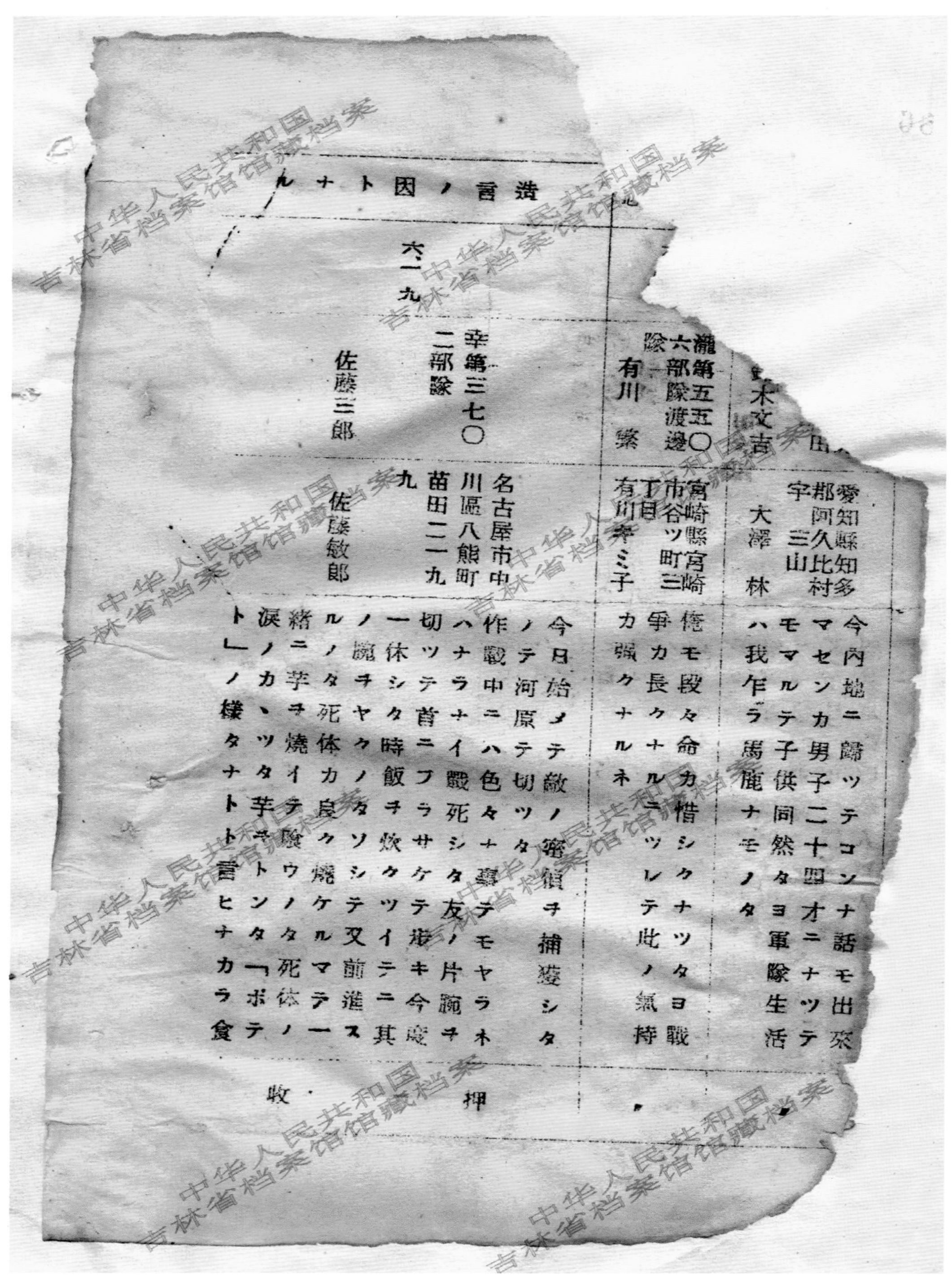

遺書ノ因トナル		
六一九		
辛第三七〇二部隊 佐藤三郎	瀧第五五〇六部隊渡邊隊 有川繁	……木文吉 田……
名古屋市中川區八熊町苗田二一九九 佐藤敏郎	宮崎縣宮崎市谷ツ町三丁目 有川[illegible]ミ子	愛知縣知多郡阿久比村字三山 大澤林
今日始メテ敵ノ密偵ヲ捕獲シタノテ河原テ切ッタ作戰中ニハ色々ナ事テモヤラネハナラナイ戰死シタ友ノ片腕ヲ切ッテ首ニフラサケテ歩キ今度一休シタ時飯ヲ炊クツイテニ其ノ腕ヲヤクノタソシテ又前進スルノタ死体カ良ク焼ケルマテ一緒ニ芋ヲ焼イテ食ウノタ死体ノ涙ノカ、ツタ芋ヲトンタ「ボテト」ノ様タナトト言ヒナカラ食	俺モ段々命カ惜シクナッタヨ戰争カ長クナルニツレテ此ノ氣持カ强クナルネ	今内地ニ歸ッテコンナ話モ出来マセンカ男子二十四才ニナッテモマルテ子供同然タヨ軍隊生活ハ我乍ラ馬鹿ナモノタ
押・收		

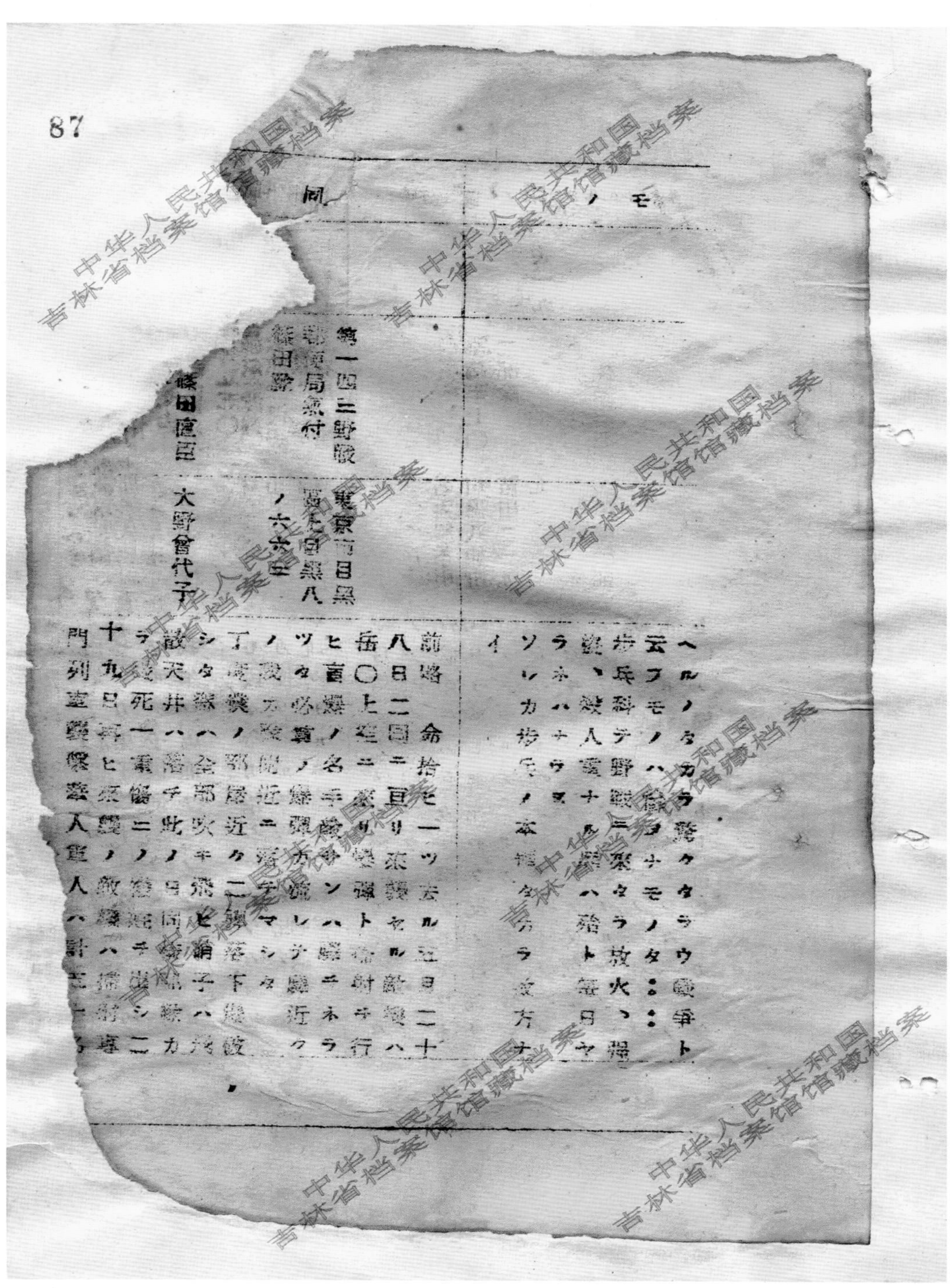

87

同 ... モノ

第一四三野戰
郵便局氣付
篠田殿

東京市目黒區上目黒八ノ六六五
篠田直臣
大野會代子

ヘルノタカラ驚クタラウ戰爭ト
云フモノハ斯ナモノタ……
步兵科デ野戰ニ來タラ放火ヽ得
然ヽ敵人[illegible]十ル時ハ殆ト每日マ
ラネハナラヌ
ソレカ步兵ノ本領タカラ仕方ナ
イ

前略 命拾ヒ一ツ去ル[illegible]日二十
八日二回ニ亘リ來襲セル敵機ハ
岳〇上空ニ來リ爆彈ト[illegible]射ヲ行
ヒ盲爆ノ名手[illegible]ンハ[illegible]ネラ
ツタ必實ノ爆彈[illegible]レタ[illegible]近ク
ノ我カ陣附近ニ落チマシタ
丁度我ノ部屋近ク二彈落下爆發
シタ爆ハ全部吹キ飛ビ硝子ハ飛散
敵天井ハ落チ此ノ日同僚[illegible]數カ
テ戰死一重傷二ノ犧牲ヲ出シニ
十九日再ヒ來襲ノ敵機ハ掃射専
門列車襲擊[illegible]人負人ハ射三十名

발신자: 幸제삼칠○이부대 佐藤三郎

수신자: 名古屋市中川區八熊町苗田二一九九 佐藤敏郎

내용: 오늘 처음으로 적군의 밀정을 잡았어. 강안에서 그를 죽였지.

작전 중에는 반드시 여러 가지 일을 해야 해. 전사한 전우의 한쪽 팔을 베어 내어 목에 걸고 행군하지. 휴식시간에 밥을 지으면서 그 팔을 태워버린 후 계속 전진하거든. 시체를 태울 때에는 감자를 함께 구워서 먹어. 내가 먹는 것이 시체의 눈물에 젖은 "특별감자"라면 넌 깜짝 놀랄걸. 전쟁은 참 잔혹해. 보병과는 야전 시 거의 매일 같이 방화, 약탈, 살인을 저지르고 있어.

하지만 이것은 보병의 특색이니까 별 수 없어.

처리: 압류

제6부분

중국 동북부에 대한 일본의 식민침략에 관한 서류

“9・18사변” 이후 일본은 이민을 통해 영원히 중국 동북부를 통치할 목적으로 중국 동북부에 대한 이민침략정책의 기획과 제정에 박차를 가하였다. 1932년 1월, 관동군은 이른바 “만몽 법제 및 경제 정책자문회의”를 소집하였다. 회의에서는 정식으로 동북에 이민을 보내자는 주장을 제기하였다. 그 후 몇 달 사이에 일본은 육속 회의를 소집하여 위만주국에 이민을 보낼 구체적 방안을 검토하였다. 1932년 8월 22일, 관동군 특무부 제3위원회는 『만주국농업개발 및 이민요강』을 제정하고 위만주국 농업을 개발한다는 미명하에 본격적으로 이민침략을 실행하였다. 1932년 10월 미룽(弥榮)촌개척단이 쟈무스에 들어온 것을 시작으로 그 후 몇 년 사이에 일본은 일련의 이민실시요강과 개척정책을 제정하였다. 1936년에는 “백만호이민계획”을 제출하기에 이른다. 대량의 개척단이 동북에 침입하였고 수많은 동북농민들은 억압과 노역에 시달렸다.

이번에 수록한 일본의 중국동북부에 대한 이민침략서류는 지린성서류관이 소장한 일본관동헌병대서류에서 발굴해낸 것이다. 도합 10건의 서류 중 6건은 일본이민이 동북농민의 토지를 빼앗아 차지하고 동북농민을 억압한 사실에 대한 기록이며 2건은 일본관동헌병대의 보고와 조사, 그리고 2건은 도표의 형식으로 일본이민확장규모 등 상황을 기록한 것이다.

일본의 중국동북부에 대한 이민침략서류는 일본침략자가 동북의 토지를 함부로 침탈한 사실에 대한 진실한 기록이다. 이는 일본군국주의가 주장하는 이른바 “개척”이란 첫째로 영원히 우리나라의 동북영토를 빼앗아 차지하여 동북을 중국 내지는 아시아 각국을 침략하는 후방기지로 만들려는 것이며 둘째로 이로써 중국 동북의 인구구조를 개변시켜 동북 지구를 점차 일본화하려는 것임을 까발렸다. 이 서류들은 일본군국주의의 이민침략의 본질을 폭로하는 데 아주 높은 사료적 가치를 가진다.

73

서류해독

지닝헌병대『사상대책월보(5월)』

이 서류는 昭和十八年(1943년)六月四日 지닝헌병대가 작성한『사상대책월보(5월)』이다. 보고에는 "개척단"이 벌리현에서 "개척"용지와 군대용지를 사들인 후 당지 농민들의 불만언론을 기록하고 있다. 일본"개척단"이 경작지를 강점하는 과정에 고농, 소작농, 자작농이 토지를 침점(侵占) 당하였고 천여 상(垧)(역자 주: 1상은 15무가량)의 토지를 소유하고 있던 대지주들도 하루아침에 땅을 잃는 비운을 면치 못하였다.

62

	穆棱縣下城子 大楠組工人（一一名）	[illegible]系工人一〇名並鮮系工人三〇名ハ民族的感情ヨリ闘争一日罷業ス

二、用地買收ニ伴フ動向

區分	月日場所人員	概況
開拓用地買收ニ伴フ不滿	自四月至五月 勃利縣羅圈河村羅泉子 原住滿人 七七〇名	本年度開拓團ノ入植ニ伴ヒ上記內耕作地一二〇垧中二〇七垧ノ買收ヲ實施セルニ對シ苦勞シテ耕作シ荒地ヲ引上[illegible] 増産〱ト言フモ無茶ナ事[illegible] 我々滿人ハ何時ニ[illegible]

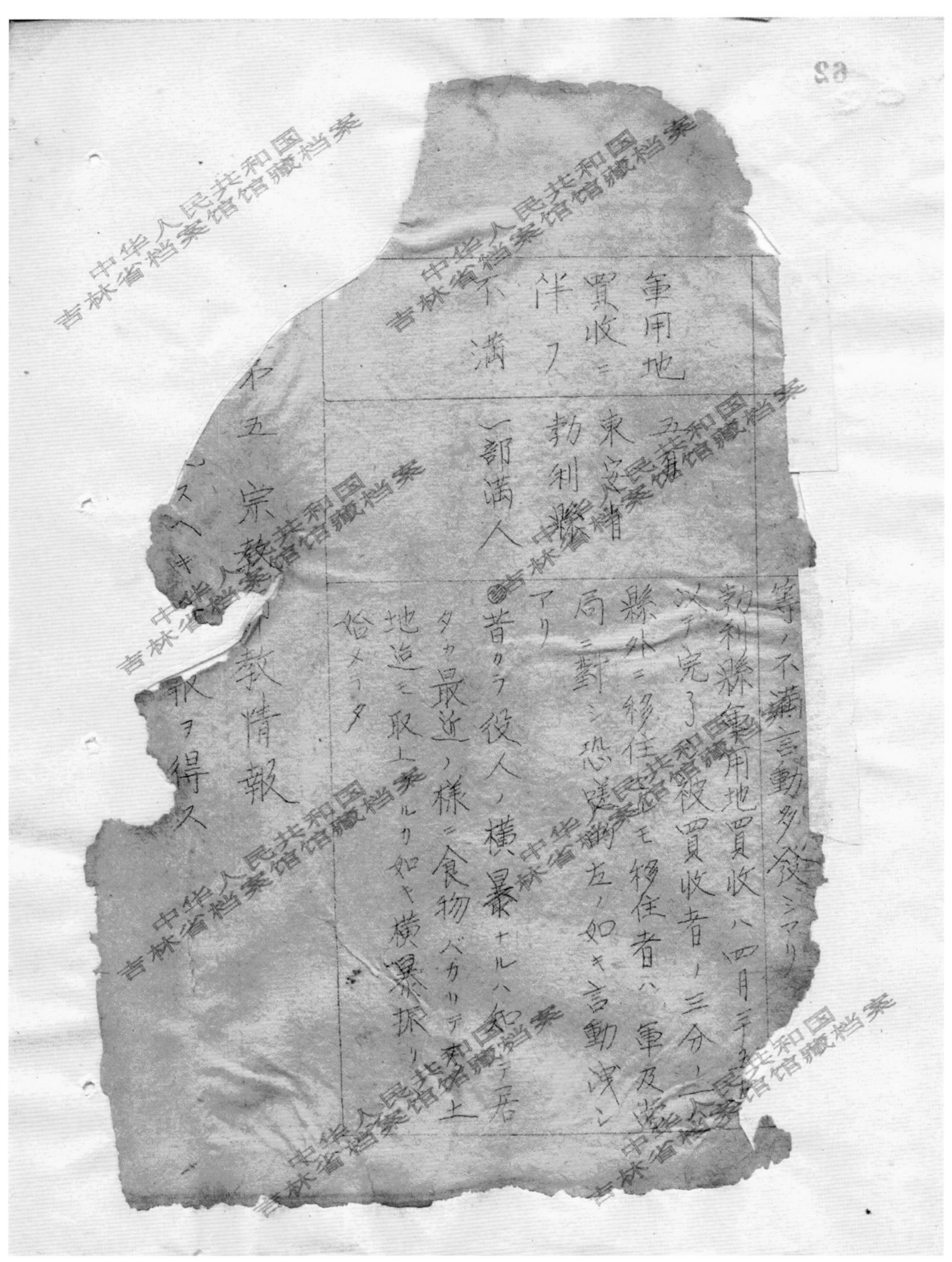

62

軍用地買收ニ伴フ不滿	五月 東安省 勃利縣 一部滿人	等ノ不滿言動多發シアリ 勃利縣軍用地買收ハ四月二十?日ヲ以テ完了シ被買收者ノ三分ノ二ハ縣外ニ移住シ?モ移住者ハ軍及??局ニ對シ恐嗟ノ左ノ如キ言動ヲ洩シアリ 昔カラ役人ノ横暴ナルハ知ッテ居タカ最近ノ様ニ食物バカリテナク土地迄モ取上ケルカ如キ横暴振リハ始メテタ

五 宗教情報

不

…スヘキ…報ヲ得ス

토지를 수매한 후의 동향:

획 분	개척용지의 수매가 야기한 불만	군대용지의 수매가 야기한 불만
연월일	4월부터 5월까지	5월
장 소	벌리현 라첸허촌 라첸즈	안둥성 벌리현
인 원	만주 원주민771명	부분적 만주인
개 황	본 연도에 개척단의 천입에 따라 상술 둔 내의 1107상 경작지 중의 207상을 수매함. 이 행위에 대한 불만언론은 다음과 같음. "내가 고생스레 일군 황지를 수매하면 증산한들 불합리한 것이야." "우리 만주인들은 언제면 천하의 □□□ 될까"	벌리현 군대용지의 수매는 4월 25일까지 끝남. 삼분의 일의 피수매자가 외지로 이주해감. 그들은 군대와 당국의 행위에 다음과 같은 불만을 토로. "옛날부터 관아의 횡포와 억지는 많이 들어왔어. 하지만 지금처럼 양곡도 빼앗고 그것도 부족해서 강압적으로 땅도 수매하는 짓은 처음 본다."

74

서류해독

통화헌병대의 『사상대책월보(2월)』

이 서류는 통화헌병대가 昭和十八年(1943년)三月三日 보고해 올린 『사상대책월보(2월)』이다. 서류는 昭和十八年 제이차오개년“개척”계획에 근거하여 “만주개척공사”가 제13차집단“개척”을 실행하면서 휘이난현에서 200호의 용지를 헐값에 수매, 땅값조차 전액 지불하지 않은 상황을 기록하고 있다. 이는 일본의 이른바 토지수매는 중국농민의 토지에 대한 변상적인 약탈과 빼앗아 차지한 사실을 보여주고 있다.

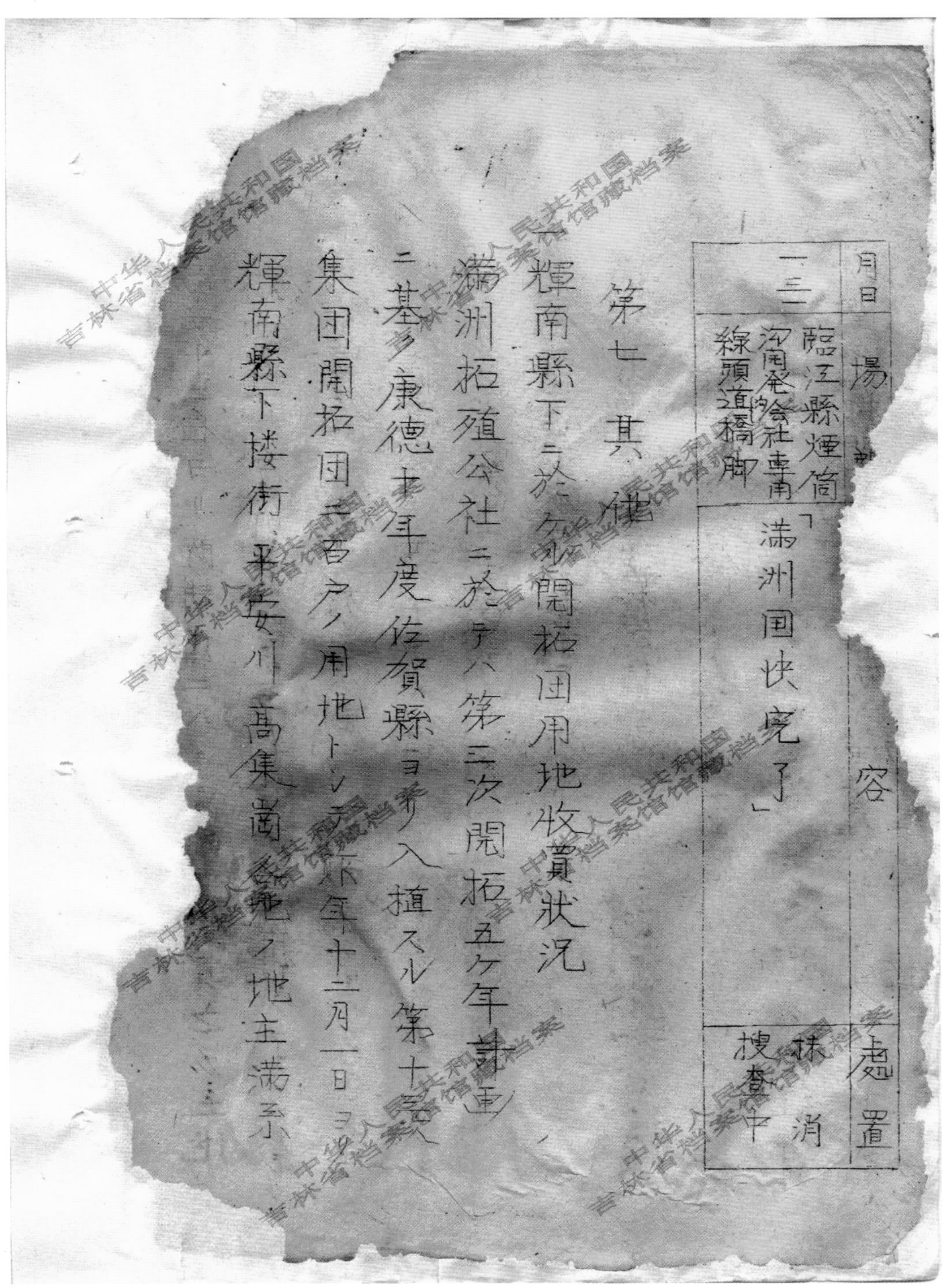

月日	場 內 容	處置
一三	臨江縣煙筒溝鉄道会社専用線頭道橋脚「満洲国快完了」	抹消 捜査中

第七 其ノ他

一、輝南縣下ニ於ケル開拓団用地收買狀況

満洲拓殖公社ニ於テハ第三次開拓五ケ年計画ニ基ク康徳十年度佐賀縣ヨリ入植スル第十次集団開拓団二百戸ノ用地トシテ本年十二月一日ヨリ輝南縣下楼街 平安川 高集尚屯地ノ地主満系

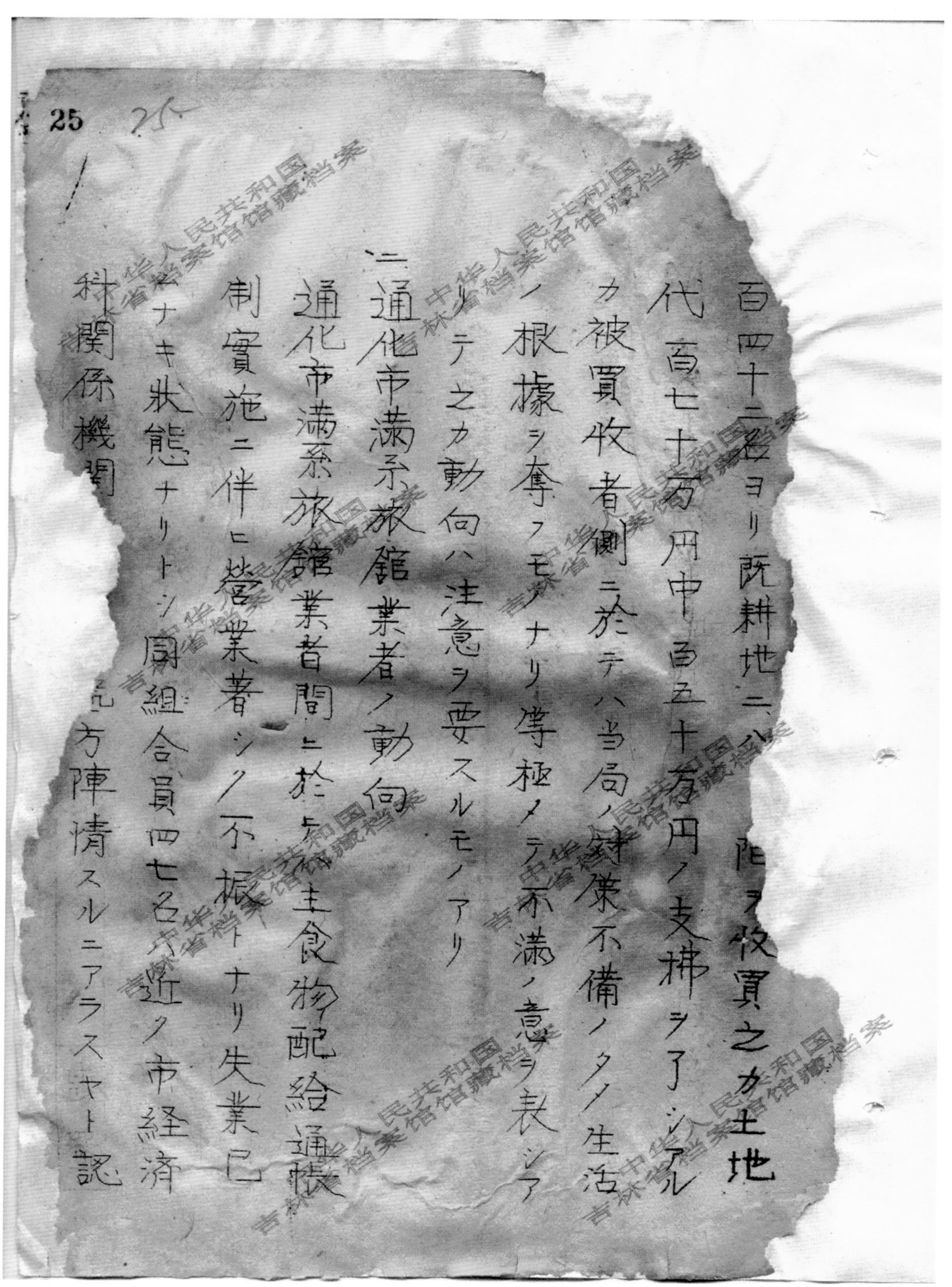
25

百四十二名ヨリ既耕地ニ、八阡ヲ收買之カ土地
代百七十万円中百五十万円ノ支拂ヲ了シアル
カ被買收者側ニ於テハ当局ノ対策不備ノタメ生活
ノ根據ヲ奪フモノナリ等極メテ不満ノ意ヲ表シア
リテ之カ動向ハ注意ヲ要スルモノアリ
二、通化市満系旅館業者ノ動向
通化市満系旅館業者間ニ於ケル主食物配給通帳
制實施ニ伴ヒ營業著シク不振トナリ失業已
ムナキ状態ナリトシ同組合員四七名ハ近ク市経済
科関係機関ニ[illegible]方陳情スルニアラスヤト認

제2차5개년개척계획에 따라 강덕십년(1943)년 만주개척공사는 제13차집단개척을 실행. 이를 위해 좌하현에서 200호의 개척단을 훠이난현에 이주시킴. 작년 12월 1일부터 개척단은 훠이난현 샤러우(下樓)가 안촨(安川), 고지강(高集崗) 등지의 142명 만계지주의 손에서 28□□두렁(陌)의 기존 경작지를 사들여 이 200호의 용지로 함. 170만 엔의 토지수매비용에서 150만 엔만 지불. 당국의 수매정책이 미비하여 피수매자들의 생활원천이 없어졌고 이에 대한 매각자들의 불만이 강렬함. 그들의 동향에 대해 주의 요망.

75

서류해독

치치할헌병대의 『사상대책반년보』

이 서류는 치치할헌병대가 작성한 『사상대책반년보』이다. 서류는 헌병대가 수집한 昭和十五年(1940년)12월부터 昭和十六年(1941년)5月까지 당지 중국 민중들이 일본 "개척단"의 토지수매와 양곡수매를 반대하는 선전문들이다.

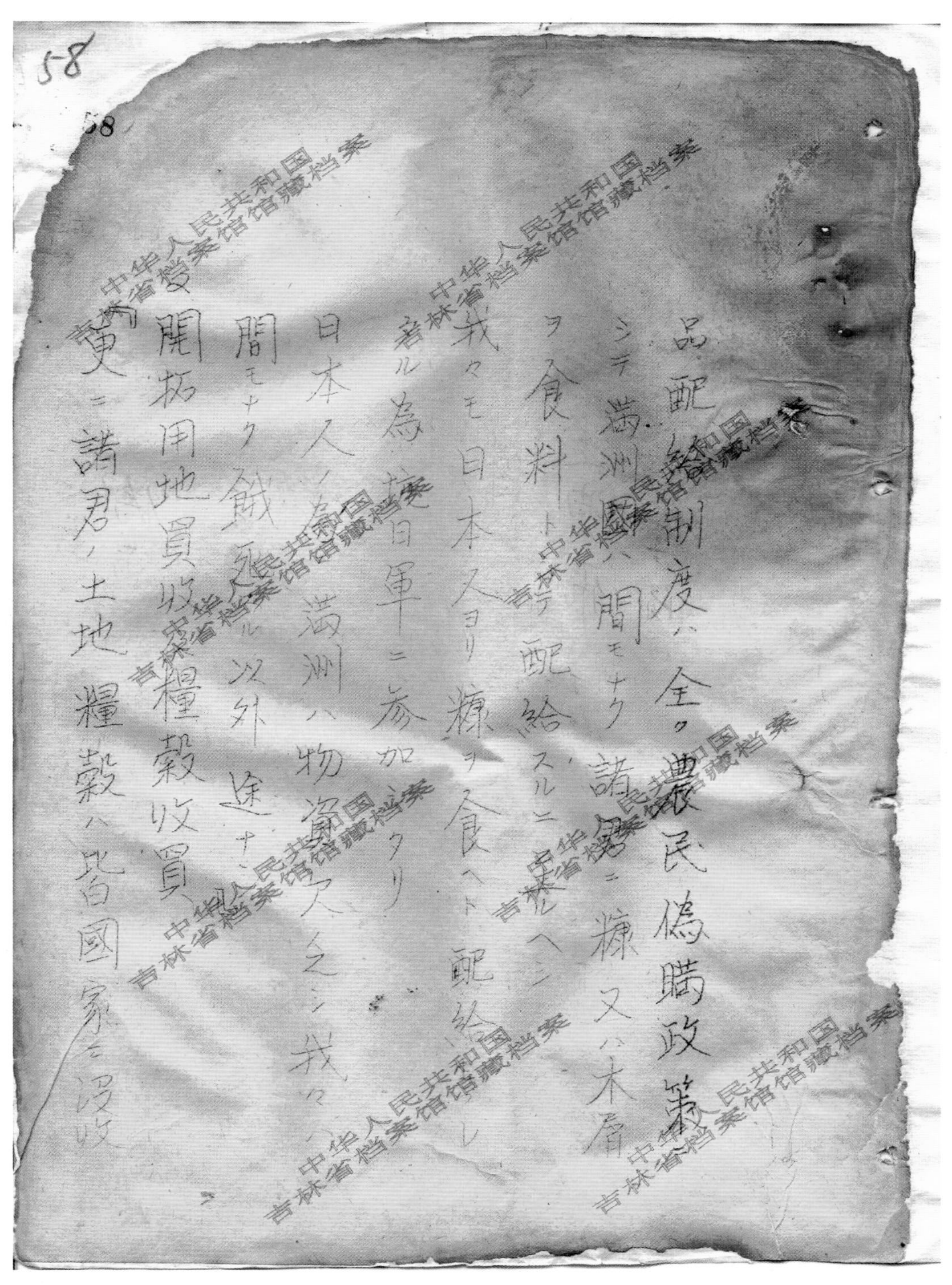
58

品配給制度ハ全ク農民偽瞞政策
シテ滿洲國人間モナク諸君ニ糠又ハ木屑
ヲ食料トシテ配給スルニ至ルヘシ
我々モ日本人ヨリ糠ヲ食ヘト配給レ
居ル為抗日軍ニ参加クリ
日本人ノ為ニ滿洲ハ物資欠乏シ我々ハ
間モナク餓死スル以外途ナシ
開拓用地買收糧穀收買ハ
更ニ諸君ノ土地糧穀ハ皆國家ニ沒收

セラル、ニ、ヨツク諸君ノ農民ノ生命ニシ
テ唯一ノ財産タル土地モ本年ノ不
リ得ル糧穀ハ遂ニ諸君ノ手ニ
リ奪ニタ土地ハ日本ノ移民ノ為ニ米
穀ハ日本外國ヨリ借金ノ為ニ諸君
犠牲トシ借金ノ返済ニ充シカ為ナリ」
「國兵法施行
今カラノ青年ハ皆日本ノ軍隊ニ徴発
セラレ生活益々困窮シ老人子女ヨ養

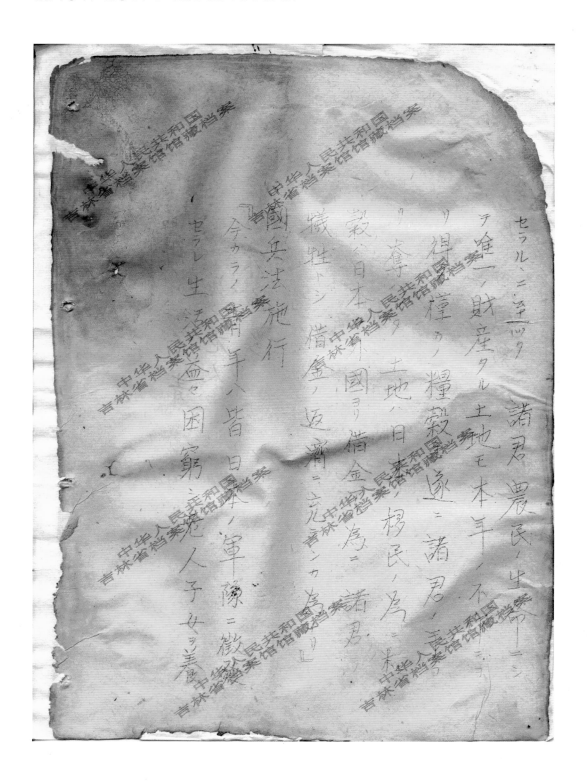

개척용지수매 및 양곡수매에 관한 선전:

"당신들의 토지와 양식은 전부 국가에서 몰수하였다. 국가는 농민의 손에서 토지를 빼앗았다. 토지는 당신들의 생명이요 유일한 재산이다. 올해 수확이 그다지 좋지 않아서 양곡을 조금밖에 거두지 못했는데 그것마저 국가가 빼앗아 갔다. 토지는 일본이민에게 돌아갔고 양곡은 일본이 외국의 빚을 갚는데 사용된다. 그들은 당신들을 희생시켜 저들의 빚을 갚으려고 한다."

76

서류해독

일본침략군 군자바헌병대본부 『헌병월보(1월)』

관동헌병대사령부의『토지수매가 중국인 지주의 반대에 부딪친 상황에 관한 통첩』 이 서류는 관동헌병대사령부가 작성한 것으로 궁주링 산루향에서 집합"개척단"이 약 3,000 정보(町步)의 토지를 수매하는 방안을 실시하는 과정에 중국인 지주의 강렬한 반대에 부딪혀 잠시 중단한 상황을 적고 있다. 서류에 따르면 상관 지주 700여 명 중 154명이 토지수매정책은 일본이민침략자들이 당지 농민을 쫓아내는 수작이라 여기고 있었다. 일본과 위만주국 당국이 추진하는 이민확장정책은 동북농민들의 이익을 크게 해쳤기에 일본이민침략자와 당지 농민사이의 충돌은 하루도 그칠 새가 없었다. 당지 농민들은 각종 방식의 반항과 투쟁을 계속하고 있었다.

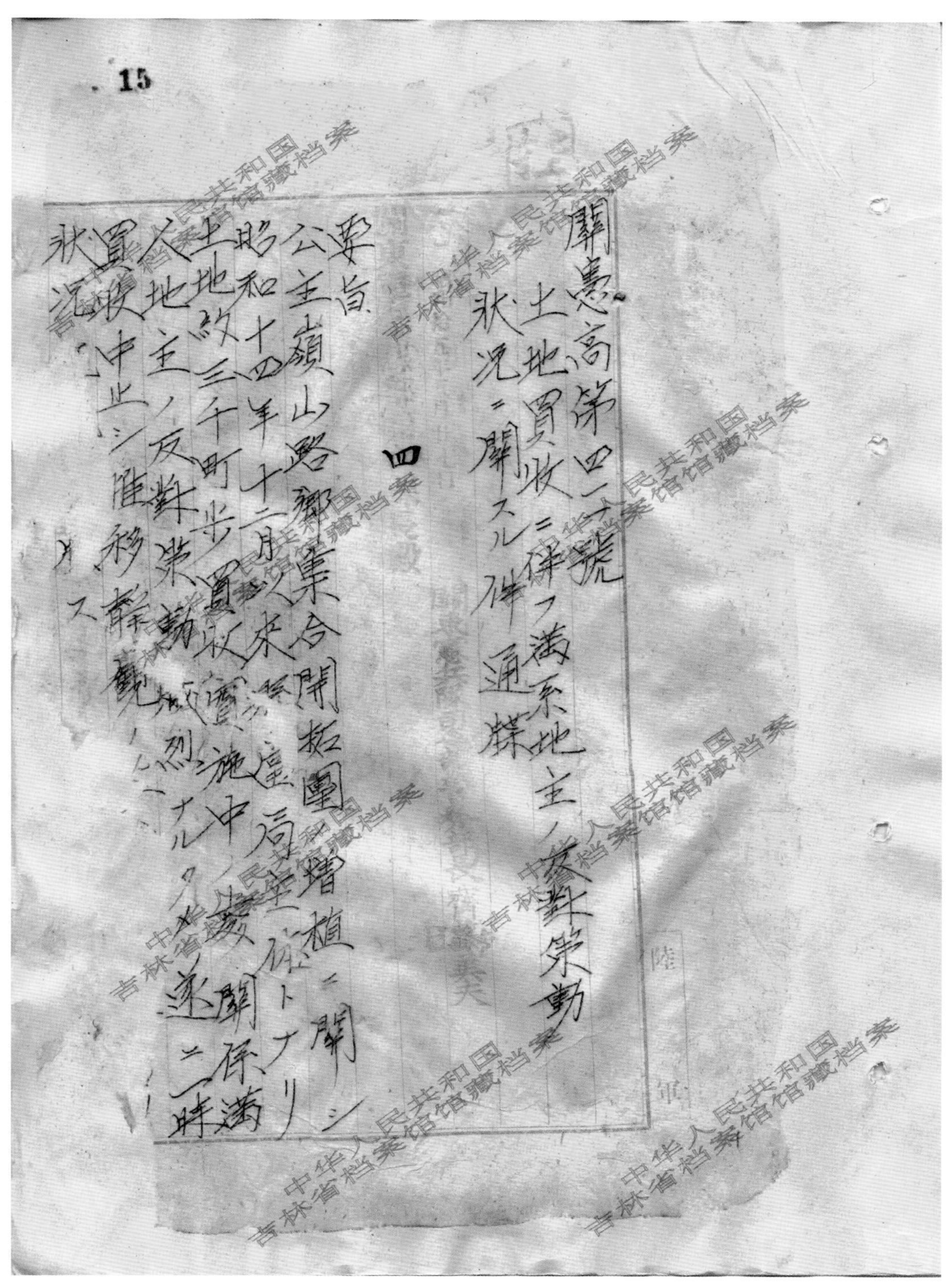

15

關憲高第四一八號

土地買收ニ伴フ満系地主ノ反對策動

状況ニ關スル件通牒

四

要旨

公主嶺山路郷集合開拓團増植ニ關シ

昭和十四年十二月以來係[illegible]トナリ

土地約三千町歩買收實施中ノ處關係満

人地主ノ反對策動熾烈ナルタメ遂ニ一時

買收ヲ中止シ推移靜觀[illegible]

状況[illegible]

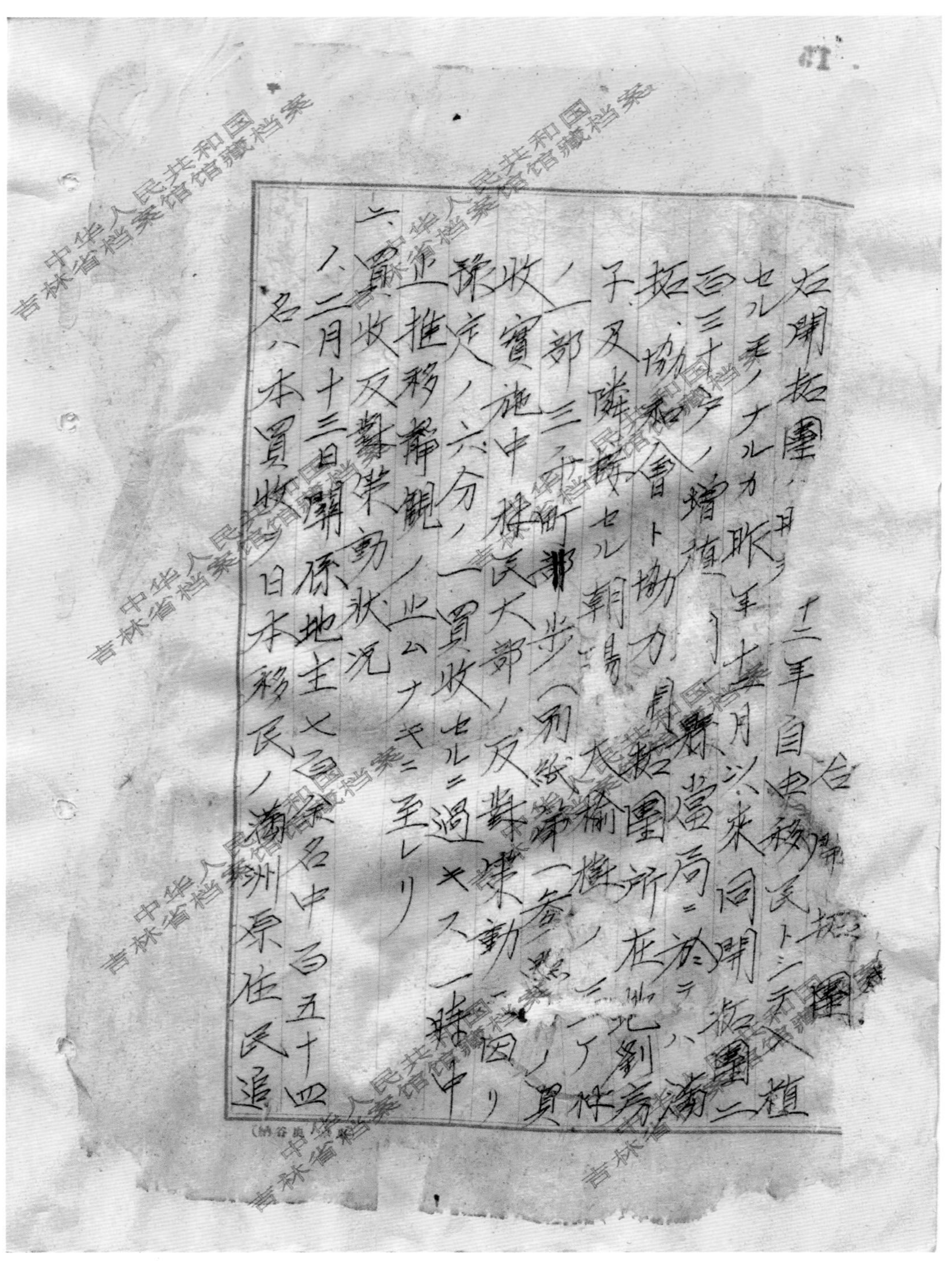

右開拓團ハ昭和十二年自由移民トシテ入植セルモノナルカ昨年十一月以来同開拓團ニ百三十戸ノ増植アリ県當局ニ於テハ満拓協和會ト協力シ開拓團所在地劉房子及隣接セル朝陽村楡樹ノ二ケ村ノ一部三千町歩(別紙第一参照)ノ買収實施中ナルモ住民大部ノ反對策動ニ因リ豫定ノ六分ノ一買収セルニ過ギス一時中止ノ推移靜觀ノ止ムナキニ至レリ

二、買収反對策動状況

ハ二月十三日関係地主七百余名中百五十四名ハ本買収ハ日本移民ノ満洲原住民追

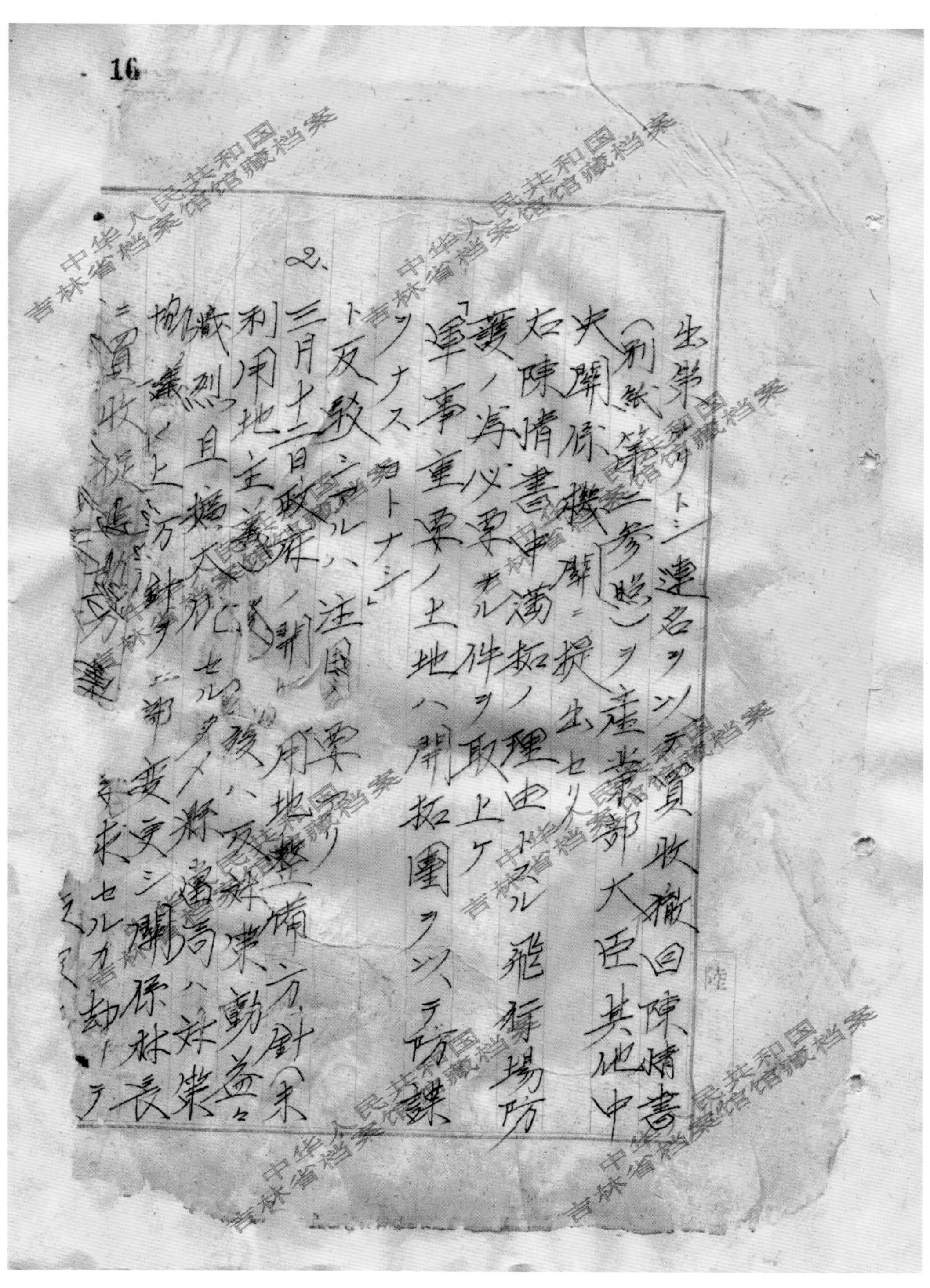

16

出第ヲトシ連名ヲ以テ買収撤回陳情書
(別紙第三参照)ヲ産業部大臣其他中
央関係機関ニ提出セリ
右陳情書中満拓ノ理由トスル飛行場防
護ノ為必要ナル件ヲ取上ケ
「軍事重要ノ土地ハ開拓団ヲ以テ防諜
ヲナスコトナシ」
ト反駁シアルハ注目ヲ要ス

2、
三月十二日政府ノ開拓用地整備方針(未
利用地主義)発表セラルルヤ後ハ交渉愈々
熾烈且ツ拡大化セルタメ満拓当局ハ対策
協議ノ上方針ヲ一部変更シ関係林長
ニ買収[illegible]要求セルカ如ク[illegible]

陸

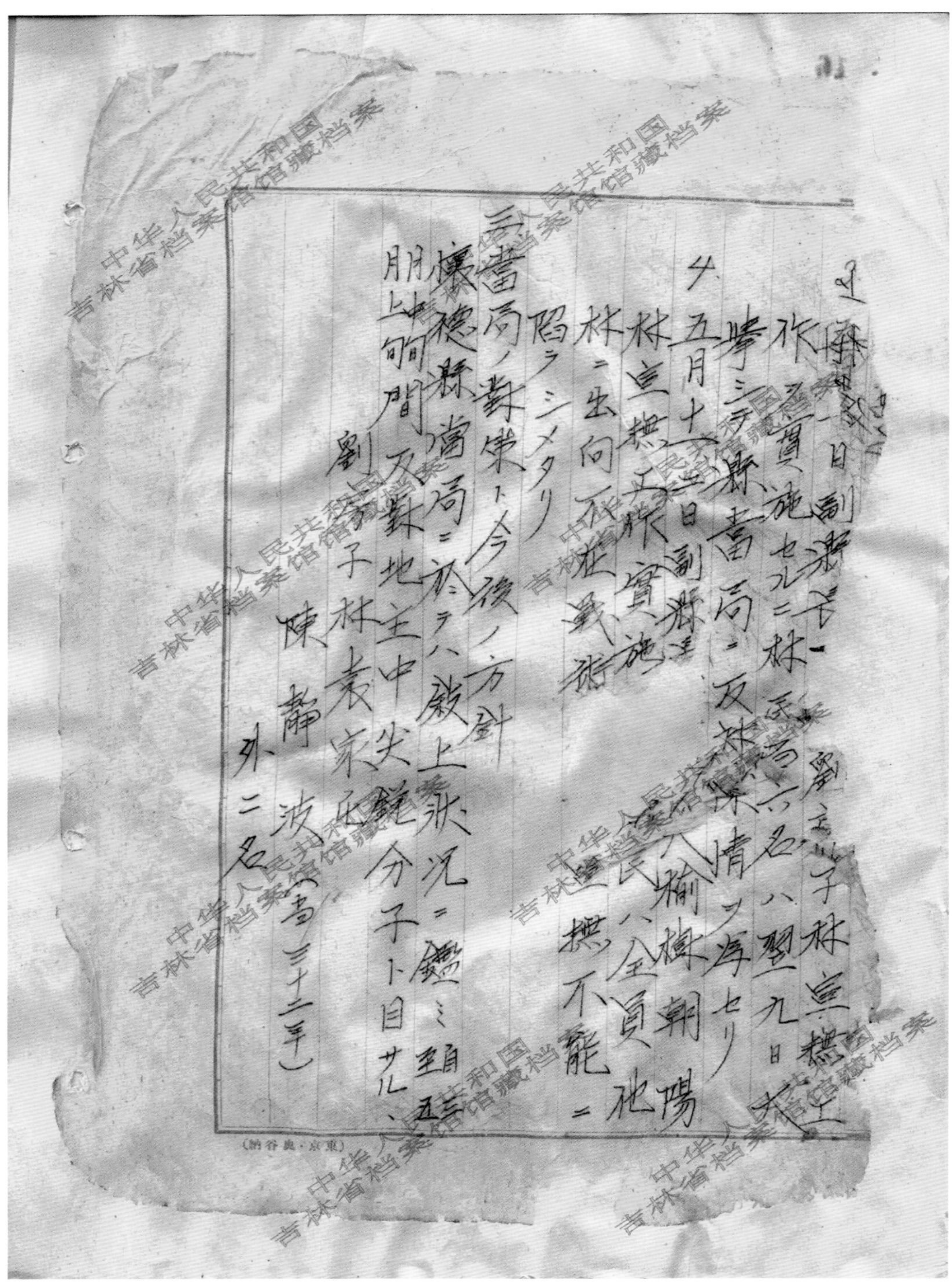
3 縣十日副縣長ト劉宝山子林宣撫工
作ヲ實施セルニ林民等六名ハ翌九日
導ニテ縣當局ニ反林探情ヲ寫セリ
4 五月十六日副縣長八榆樹朝陽
林宣撫工作實施民ハ全員逃
林ニ出向シ在戰術宣撫不能ニ
陷ラシメタリ
三、當局ノ對策ト今後ノ方針
懷德縣當局ニ於テハ般上狀況ニ鑑ミ自五
月上旬間反對地主中尖鋭分子ト目サル、
劉子林 袁家正
陳壽波(當三十二年)
外二名
(東京・奥谷納)

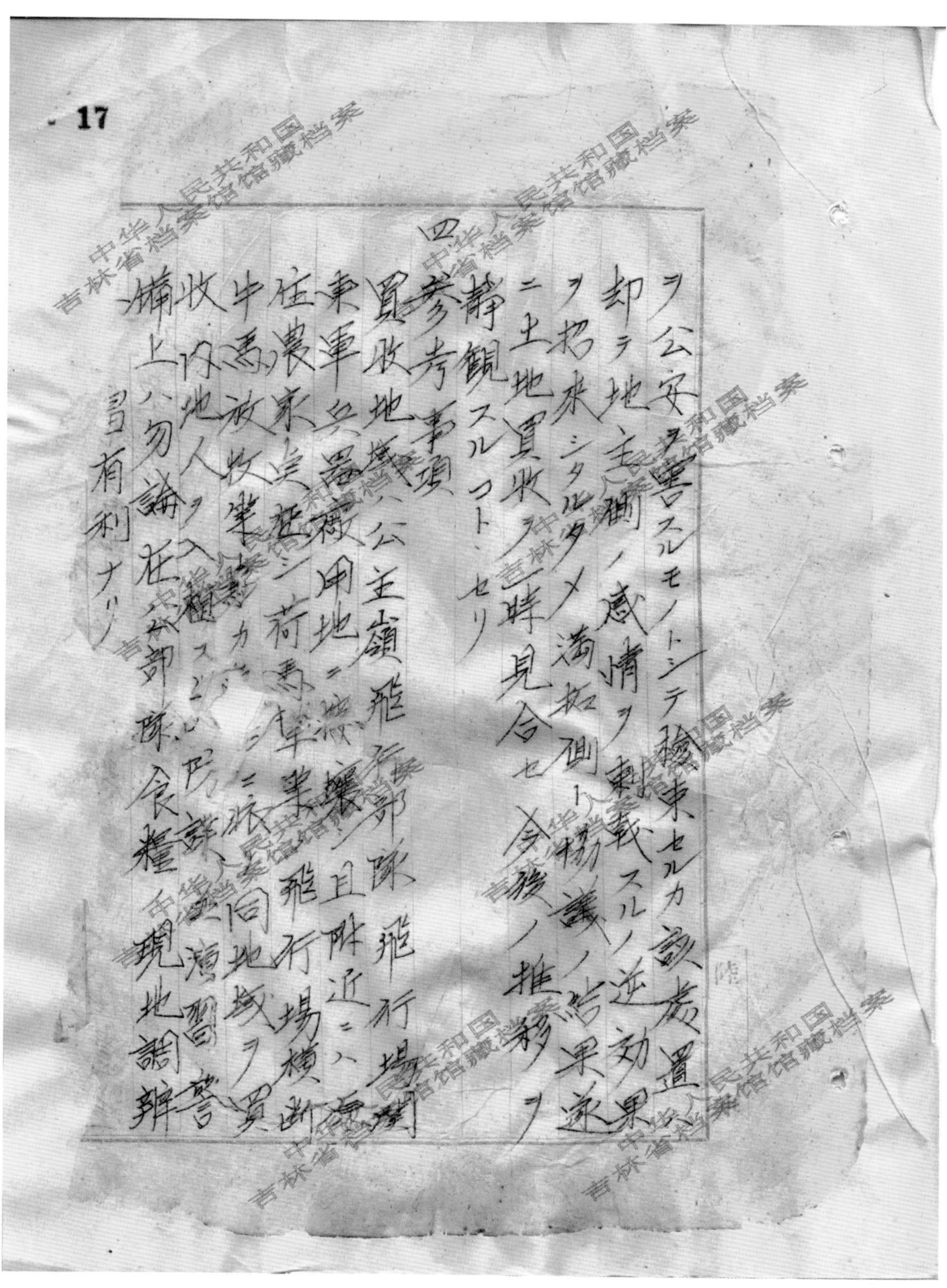

17

ヲ公安ヲ害スルモノトシテ拘束セルカ或ハ處置ヲ
却テ地主側ノ感情ヲ刺戟スルノ逆効果ヲ
ヲ招来シタルタメ満拓側ト協議ノ結果遂
ニ土地買収ヲ一時見合セ今後ノ推移ヲ
静観スルコトヽセリ

四 参考事項

買収地域ハ公主嶺飛行部隊飛行場[illegible]
東軍兵器廠用地ニ接續シ且附近ニハ
住農家点在シ荷馬車業者飛行場横断
牛馬放牧業者多キカ故ニ[illegible]地域ヲ買
收シ内地人ヲ入植セシムルコトハ防諜警
備上ハ勿論在公部隊食糧現地調辨
[illegible]有利ナリ

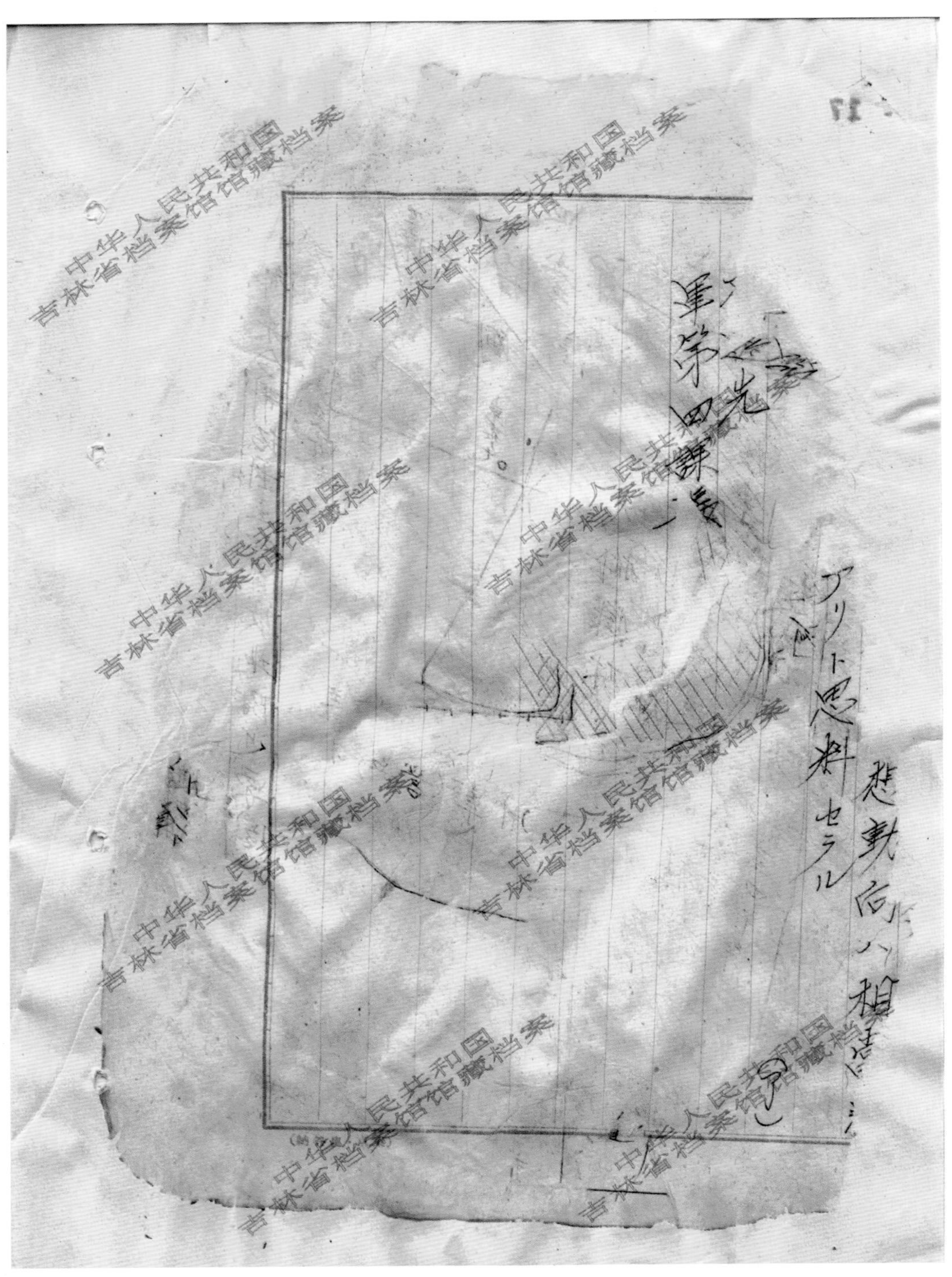
軍第四課長
悲勤〔惨?〕ナルモノアリト思料セラル
中华人民共和国
吉林省档案馆藏档案

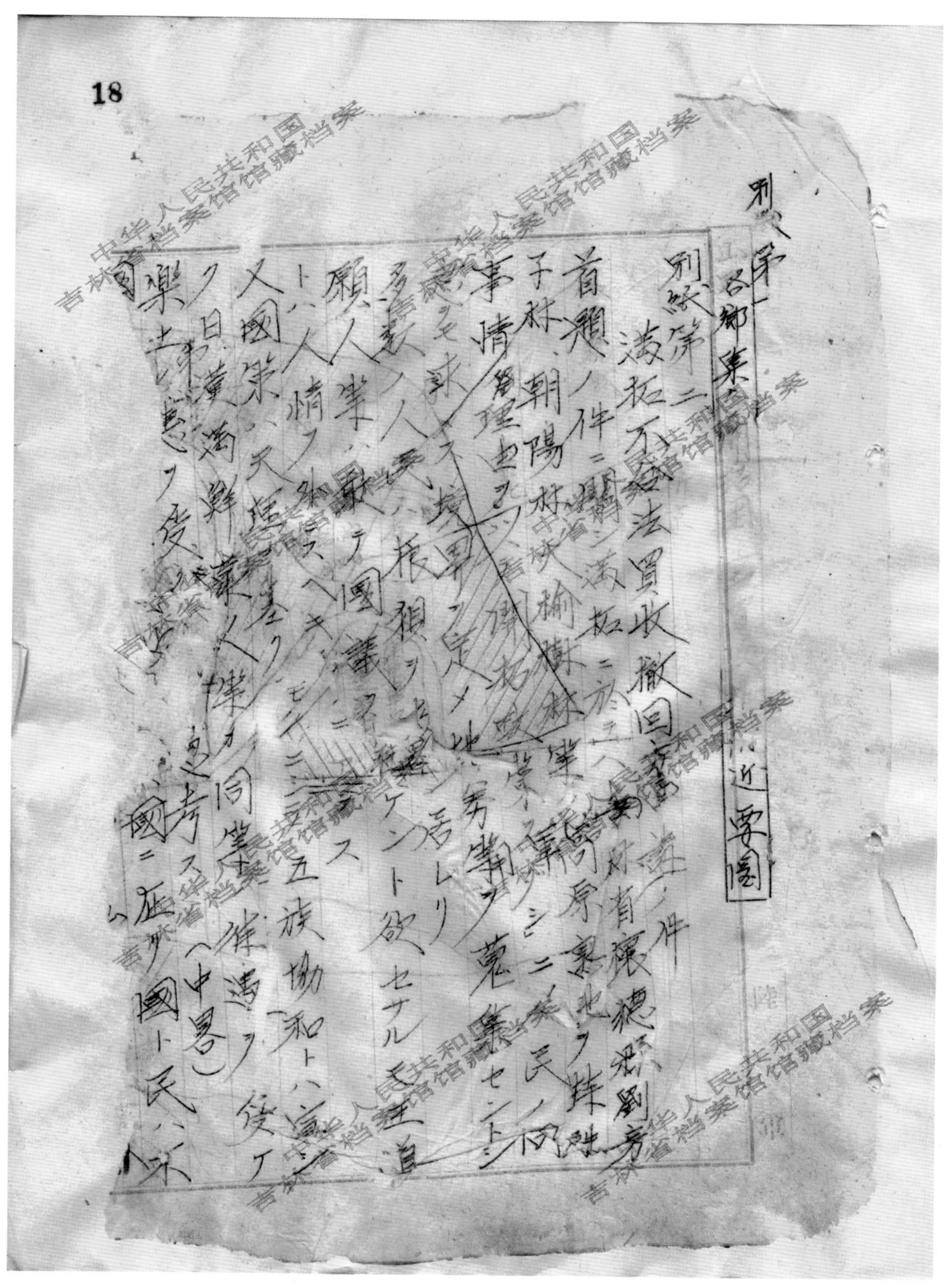

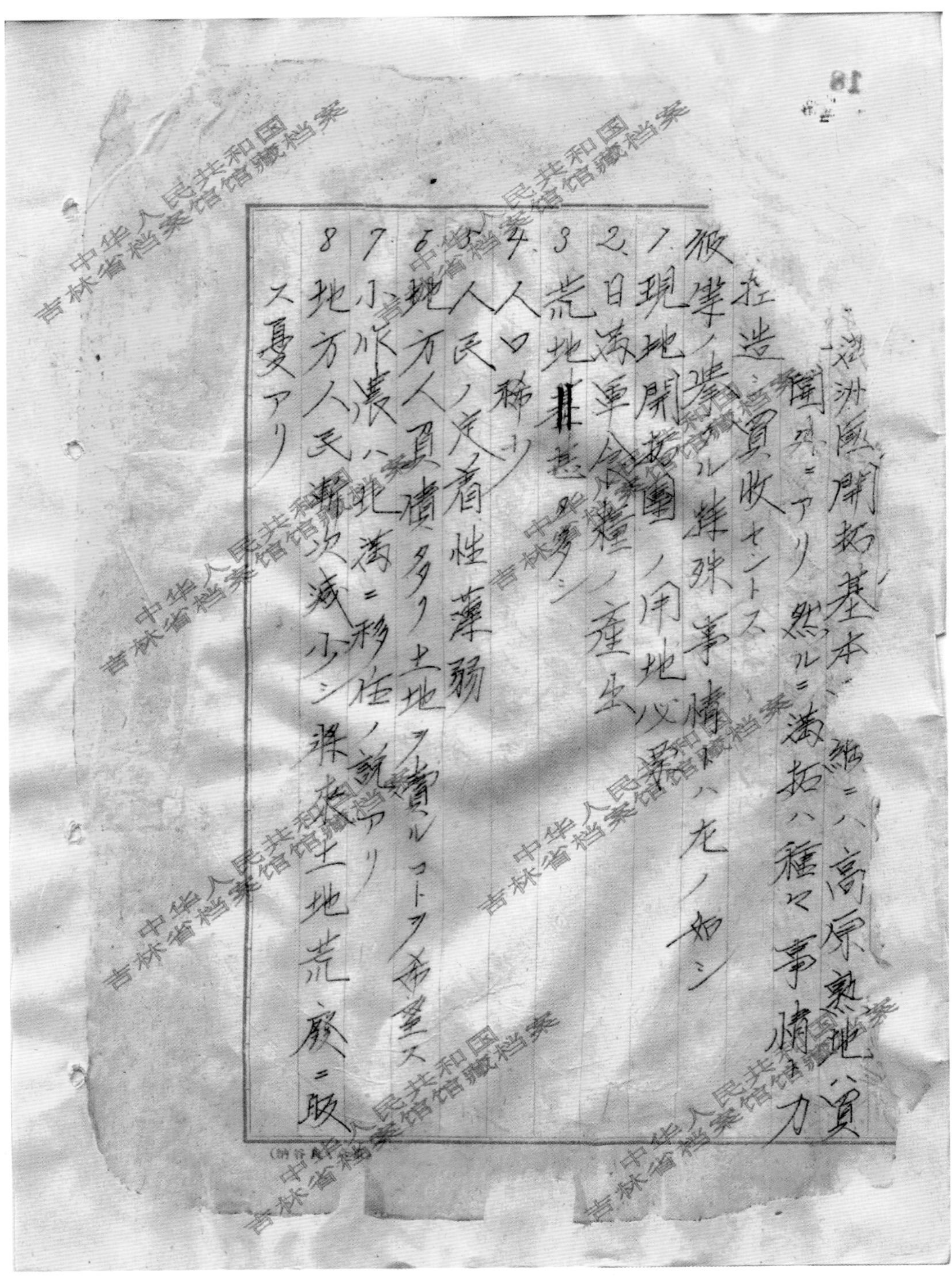
一、満洲國開拓基本ハ絶ニハ高原熟地ハ買
國外ニアリ然ルニ満拓ハ種々事情ニ力
在造ニ買收セントス
彼等ノ業タル特殊事情ハ左ノ如シ
1 現地開拓團ノ用地ハ不足
2 日満軍ノ食糧ノ産生
3 荒地甚ダ多シ
4 人口稀少
5 人民ノ定着性薄弱
6 地方人負債多ク土地ヲ賣ルコトヲ希望ス
7 小作農ハ北満ニ移住ノ説アリ
8 地方人民漸次減少シ将来土地荒廢ニ瞅ス虞アリ

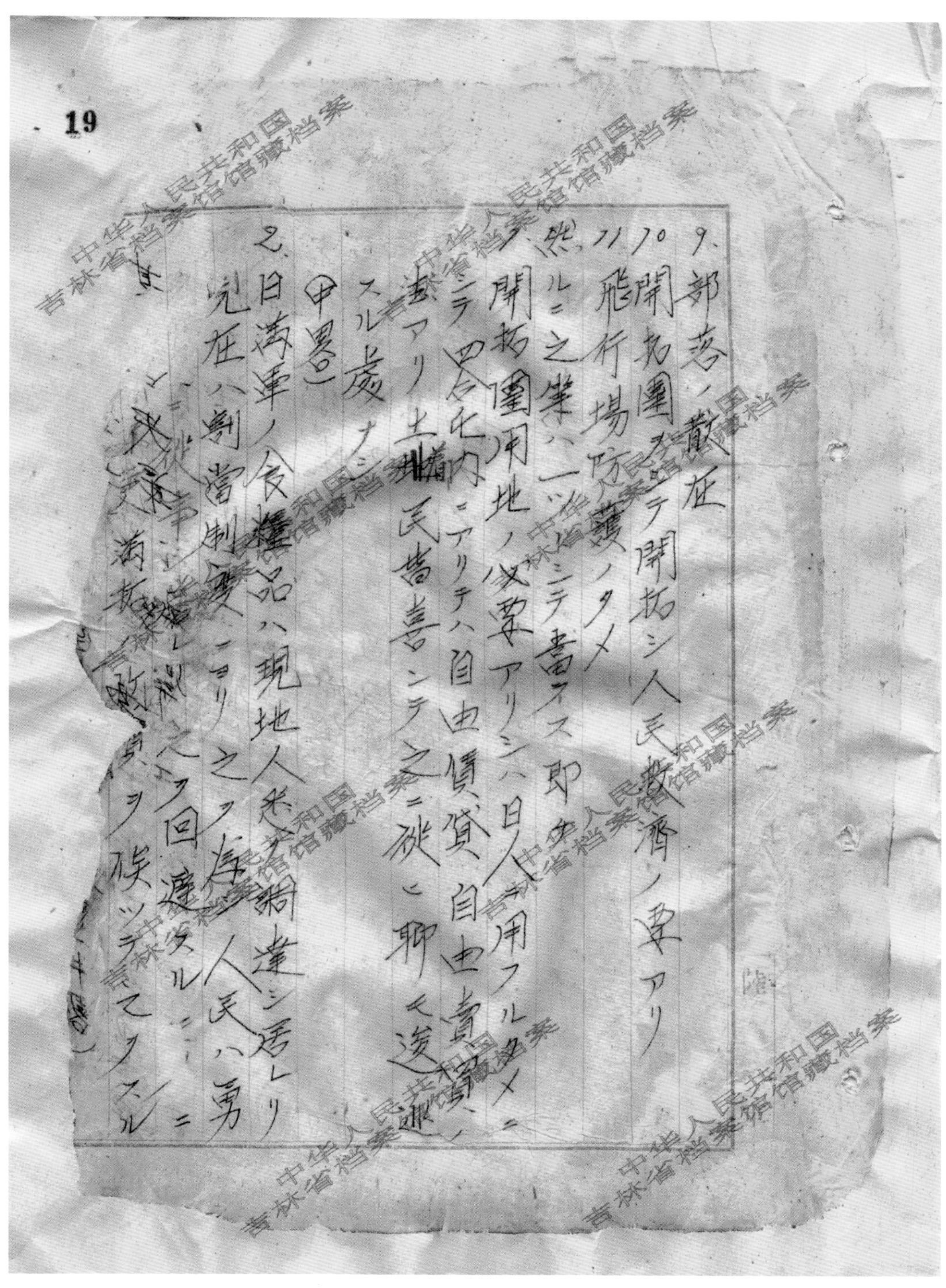

19

9. 部落ノ散在
10. 開拓團ニシテ開拓シ人民救済ノ要アリ
11. 飛行場防護ノタメ
然ルニ之等ハ一ツニシテ害ヲ為ス 即チ
開拓團用地ノ必要アリシハ日人ノ用フル為メニ
シテ四合屯内ニアリテハ自由賃貸、自由売買ノ
土地アリ土着民喜喜トシテ之ニ従ヒ聊モ逡巡
スル處ナシ
(中略)
2. 日満軍ノ食糧品ハ現地人民ヨリ調達シ居レリ
現在ハ割当制度ニヨリ之ヲ実施シ人民ハ勇
[illegible]之ヲ回避スルモノ[illegible]
其[illegible]民族ハ満拓ニ敢然[illegible]ヲ喫ツテ[illegible]スル
(中略)

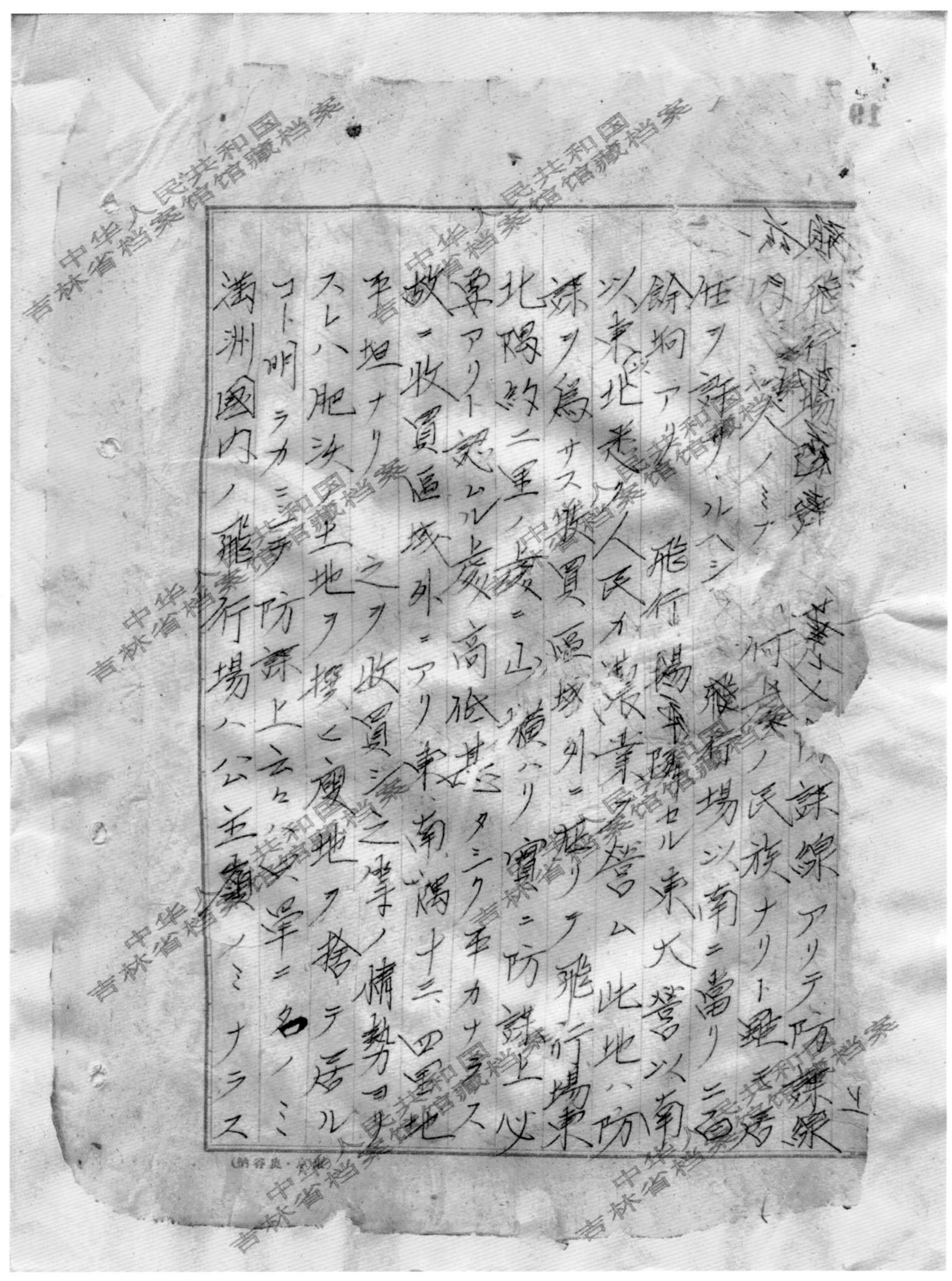
10

飛行場西[illegible]諜線アリテ防諜線
内[illegible]ノミナラス何等ノ民族ナリト雖モ
住ヲ許サルヘシ飛行場以南ニ當リ二百
餘狗アリ若シ飛行場ニ隣セル東大營以南
以東地帯人民カ農業ヲ營ム此地ハ防
諜ヲ為サス收買區域外ニ在リテ飛行場東
北隅約二里ノ處ニ山ノ横ハリ實ニ防諜上必
要アリト認ムル處ハ高低甚シク平カナラス
故ニ收買區域外ニアリ東南隅十二、四畝地
平坦ナリ之ヲ收買シ之等ノ情勢ヨリ見
スレハ肥沃ナル土地ヲ搜ヒ、農地ヲ捨テ居ル
コト明ラカニシテ防諜上云々ハ單ニ名ノミ
滿洲國内ノ飛行場ハ公主嶺ノミナラス

20

其他ノ飛行場ヲ見ルヘク開拓團ヲシテ防諜ノ關
ナセシモノニ及ヒス且又重要ノ土地ハ開
拓團ヲシテ防諜ヲナスコトナシ
日滿議定書ニ滿洲國ノ國防ハ日滿共同
防衛ニシテ防衛ハ防諜ニ關シテモ我人民
ノ責任寛大ナラス
（中略）
願クハ右事情ヲ御汲ミノ上滿拓ノ收買ヲ
停止セシメ我三林六七ノ人民ヲ救ヒ協和民族
ノ列ニ加ヘシメ王道[illegible]平等樂土ノ恵ヲ
享ケシメ老幼男女ヲシテ緒セシメラレ度
右ニシテ陳情ス
トヲ

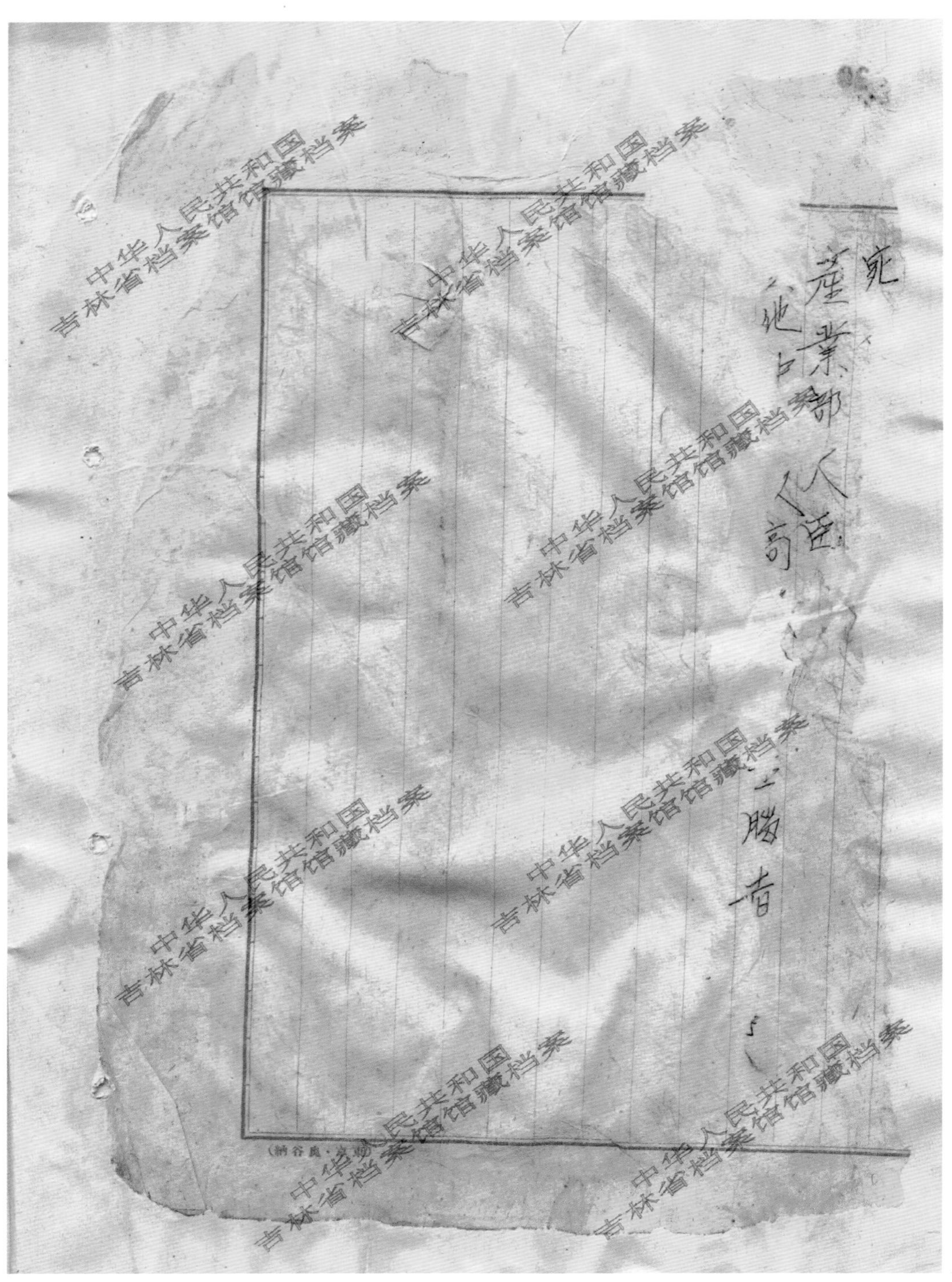

적요

궁주링 산루향 집합"개척단"이 개발을 확대하면서 昭和十四年(1939년)十二月 이후 현 당국을 주체로 약 3,000정보의 토지를 수매할 방안을 실시함. 수매를 실시하는 과정에 유관 만주인 지주들이 강력하게 반대하므로 잠시 중단하고 사태의 추이를 관망.

본문

一. 산루향 집합개척단은 昭和十二年(1937년) 자유이민으로 천입함. 작년 12월 이래 산루향 집합개척단이 130호를 증가한데 견주어 현 당국은 만척협화회와 합작하여 개척단의 소재지인 류팡즈(劉房子) 및 인접지역인 초우양, 다위수 세 곳에서 3,000정보의 토지를 수매하는 계획을 실시함. (별지부록1을 참조) 실시 과정에 대부분 임민(林民)의 반대에 부딪쳐 계획 수매량의 육분의 일만 수매하고 잠시 중단, 사태의 추이를 관망.

二. 수매반대운동의 상황

1. 2월 13일, 700여 명의 유관 지주 중의 154인이 이번 수매가 일본이민이 만주 원주민을 축출하는 조치라 여겨 산업부대신 및 기타 중앙 상관기관에 수매철회진정서를 올림.(별지부록2를 참조)

수매철회진정서는 만척이 내놓은 비행장방첩을 위한 필요사항을 열거하고 다음과 같이 반박. "군사적으로 중요한 토지는 개척단이 방첩할 필요가 없다." 이에 주의 요망.

2. 3월 12일 정부의 개척용지정비방침(未利用地主義)가 발표된 후 개척반대운동이 더욱 격렬해지고 확대되고 있음. 이에 현 당국은 대책을 상론한 후 방침을 바꾸어 상관 림장(林長)이 토지를 구매하도록 함.

3. □□□부현장 류□즈가 안무공작을 진행함. 이튿날인 9일 106명의 임민이 현 당국에 반대 진정서를 제출함.

4. 5월 11일, 부현장은 □□다위수와 초우양에서 안무를 실시. 하지만 전체 임민은 다른 삼림 지구로 떠나 부재전술을 씀. 따라서 안무가 진행되지 못함.

三. 당국의 대책과 금후의 방침

화이더현 당국은 상술 상황에 비추어 3월 중순부터 5월 상순 사이의 반대지주 중 첨예분자로 지목된 류팡즈 린왠쟈둔의 천징버(32세) 및 기타 2명을 공공안전방해죄로 체포함. 이 조치는 오히려 지주들의 정서를 격화시키면서 역효과가 나타남. 결국 화이더현과 만주개척단은 협의 끝에 토지수매를 잠시 중단하고 사태의 추이를 관망하기로 함.

四. 참고사항

수매한 지역과 궁주링 비행부대의 비행장 및 관동군 병기공장은 인접해 있음. 그런데 부근에 원주민이 거주하면서 마차로 짐을 끌고 비행장을 꿰질러 지나가거나 우마를 방목하기도 함. 고로 개척단은 해당 지역을 수매하여 내지인을 천입시키고자 함. 이는 방첩, 연습 및 경비에 유리하고 주둔부대의 군량미조달에 유리함.

부록1

산루향 집합개척단 토지수매지 부근 약도

부록2

만척비법수매 철회진정서

제목에 밝힌 바와 같이 만척은 지린성 화이더현 류팡즈임지, 초우양임지, 다위수임지 등 고원숙지를 특수지대라는 이유로 개척정책을 실시하였다. 만척은 인민의 동의를 얻지 않은 상황에서 지경을 긋고 땅문서를 수집하는 등 다수 인민이 낭패와 곤경에 빠지게 하였다.

우리는 國義를 사치하게 바라지 않는다. 하지만 왕도는 인정을 떠나지 말아야 한다.

국책은 천리를 따라야 할 것이다. 오족협화는 일, 한, 만, 선, 몽 각 민족이 동등한 대우를 받으며 낙토의 은혜를 입는다고 하였다. (역자 주: 중략) □□□

만주국개척기본강령에는 고원숙지는 개척의 범위 밖에 있다고 하였다. 하지만 만척은 각종 사항을 만들어 수매를 시도하고 있다.

그들이 열거한 특수사항은 다음과 같다.

1. 당지 개척단의 용지 수요
2. 일본군과 만주군의 군량미 생산
3. 황지가 너무 많다.
4. 인구가 희소하다.
5. 인민들이 거주의 안정성이 부족하다.
6. 당지 백성들이 빚이 많아 토지를 팔아 빚 갚기를 원하고 있다.
7. 소문에 소작농은 북만주로 이주하고 있다.
8. 당지 인구가 점점 줄어들어 향후 토지를 묵일까 걱정이다.

9. 부락이 분산돼 있다.

10. 개척단이 개척하려면 인민의 구제가 필요하다.

11. 비행장의 보호수요

하지만 이상 사항들은 전혀 맞지 않는 말들이다. 즉:

1. 개척단용지는 일본인이 사용하기 위함이다. 스허(四合)둔 내에는 임의로 임대하거나 거래할 수 있다는 법률이 있다. 주민들은 이 법률에 근거하여 자유롭게 땅을 임대하거나 사고팔 수 있다.(역자 주: 중략)

2. 예전에는 군량미를 모두 당지에서 준비하였다. 하지만 현재는 제도에 의해 준비한다. 인민은 과감하게 □□종사□□회피할 수 있다. □□□

방첩선 내에는 만주족이 있을 뿐만 아니라 다른 민족도 있다. 하지만 그들을 방첩선 내에서 살지 못하도록 하고 있다. 비행장 이남에는 200여 상의 토지가 있다. 비행장은 동대영과 인접해 있는데 그 남쪽과 동북 방향은 민간인들이 경영하는 토지이다. 이 두 곳은 모두 방첩수매구역 이외에 속한다. 비행장 동북쪽의 2리 되는 곳은 높은 산인데 그곳이야말로 방첩을 진행해야 할 곳이다. 하지만 산세가 불균형하여 수매구역 밖으로 밀려나 있다. 동남쪽 13리 되는 곳은 아주 평탄한데 오히려 그곳은 수매하려 하고 있다. 이상 형세로 미루어보아 그들은 비옥한 땅을 선택하고 척박한 땅은 무시하고 있다. 이른바 방첩의 수요라는 말은 그냥 구실일 뿐이다. 만주국 내의 비행장은 궁주링 외에도 다른 비행장이 많다. 하지만 개척단은 기타 비행장을 위해 방첩용지를 수매하지 않고 있다. 또한 군사적으로 중요한 땅은 굳이 개척단이 방첩할 이유는 없다.

일만협정서에는 만주국의 국방은 일본과 만주국이 공동방위한다고 명시해 있다. 설사 방첩을 위한 것이라 할지라도 인민이 져야 할 책임은 결코 그리 크지 않다.

이상 사정을 재고하여 수매를 정지하며 우리 삼림육칠(三林六七)의 인민들을 구해주길 바란다. 우리도 협화민족의 일원으로 남녀노소 할 것 없이 왕도국가에서 응당 누려야 할 평등한 대우를 함께 누리도록 해야 한다.

발송지: 산업부 대신□□□

77

서류해독

『사상대책월보(제2호)』

이 서류는 昭和十八年(1943년)三月四日 『사상대책월보(제2호)』이다. 서류는 일본"개척단"의 내홍(內訌)을 적고 있다. 昭和十八年, 화댄(華甸)현 궁지(公吉)촌 묘우링(廟嶺)"개척단원"과 술에 취한 간부 사이에 싸움이 일었는데 "개척단원" 열 명이 두 간부를 구타해 숨진 사건이다.

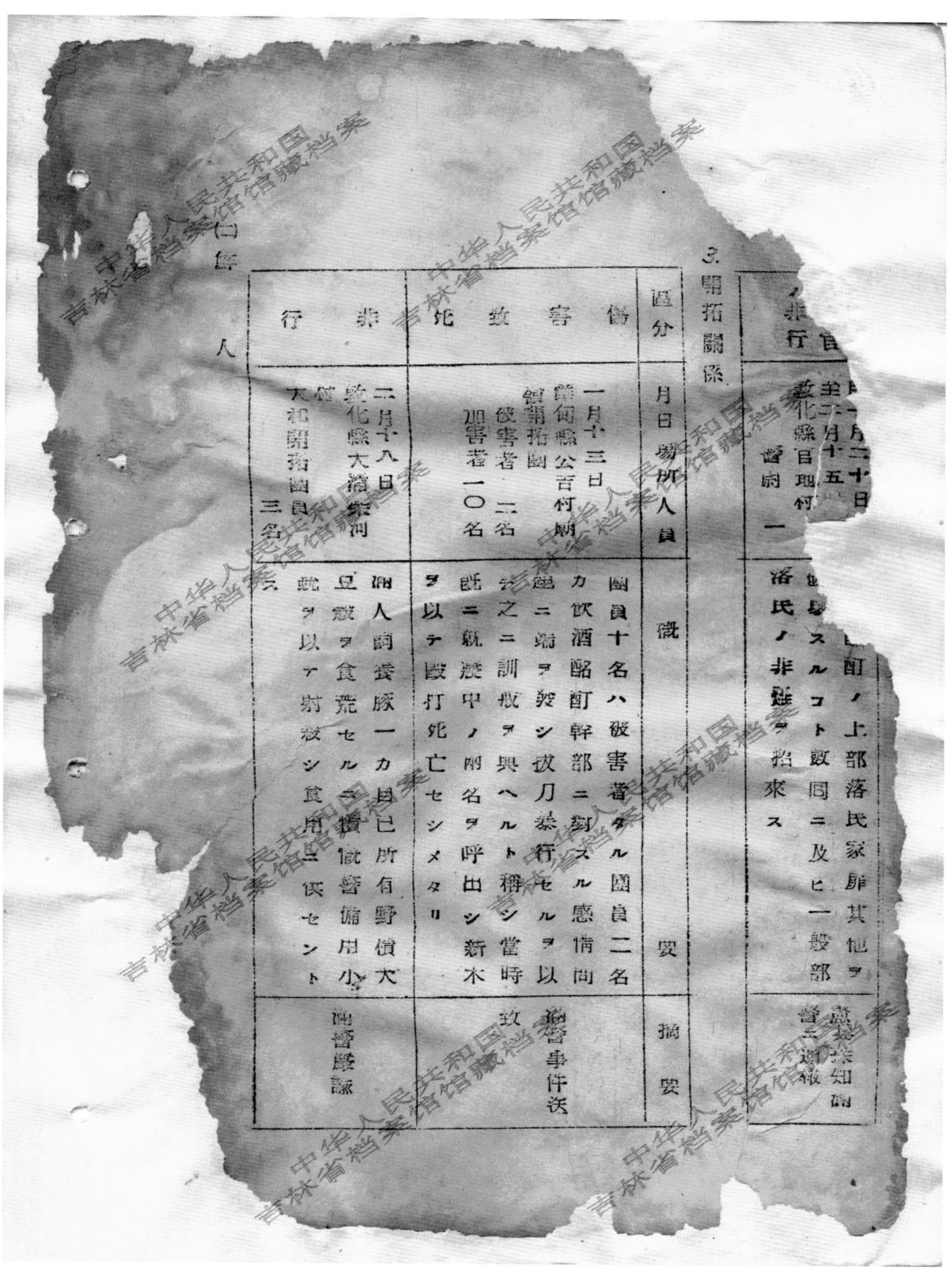

區分	月日場所人員	概要	摘要
官[illegible]ノ非行	[illegible]一月二十日至二月十五日 敦化縣官地村 警尉 一	[illegible]酊ノ上部落民家扉其他ヲ破壊スルコト數回ニ及ヒ一般部落民ノ非難ヲ招來ス	憲兵探知[illegible] 警ニ通報

3. 開拓關係

區分	月日場所人員	概要	摘要
傷害致死	一月十三日 饒河縣公吉村朝鮮開拓團 被害者 二名 加害者 一〇名	團員十名ハ被害者タル團員二名カ飲酒酩酊幹部ニ對スル感情問題ニ端ヲ發シ抜刀暴行セルヲ以テ之ニ訓戒ヲ與ヘルト稱シ當時既ニ就寢中ノ兩名ヲ呼出シ薪木ヲ以テ毆打死亡セシメタリ	檢察事件送致
非行	二月十八日 敦化縣大蒲柴河 付大和開拓團員 三名	滿人飼養豚一カ自己所有野大豆畑ヲ食荒セルニ憤慨警備用小銃ヲ以テ射殺シ食用ニ供セントス	檢察嚴諭

(ロ)鮮人

구분	월일, 지점, 인원	개요	적요
상해치사	1월 13일 화댄현 궁지촌 묘령 개척단 피해자: 2명 가해자: 10명	2명의 피해단원과 술에 만취한 간부는 악감정이 일어 칼을 뽑아 들고 대치함. 그 후 10명의 단원이 간부들을 훈계하려고 이미 잠에 든 두 명 피해자를 불러냄. 그리고는 장작개비로 때려 숨지게 함.	만경 사건송치
불량행위	2월 18일 둔화(敦化)현 다푸차이허(大蒲柴河)촌 대화개척단원 3명	만주인이 사양하는 돼지 한 마리가 개척단원이 야외에 쌓아 둔 콩깍지를 다 먹어버림. 3명의 개척단원이 분개하여 경비용 소총으로 돼지를 쏘아죽임. 그리고 식용하려고 시도	만경 엄정훈계

78

서류해독

하얼빈헌병대 『사상대책월보(제3호)』

이 서류는 昭和十八年(1943년)三月三日 하얼빈헌병대가 보고한 『사상대책월보(제3호)』이다. 서류는 일본 개척단원이 개척단원증을 제시하며 부당한 허가비를 징수하고 경찰관을 위협하는 등 행각과 중국인에게 양곡을 밀매하는 등 약탈행위를 기록하고 있다.

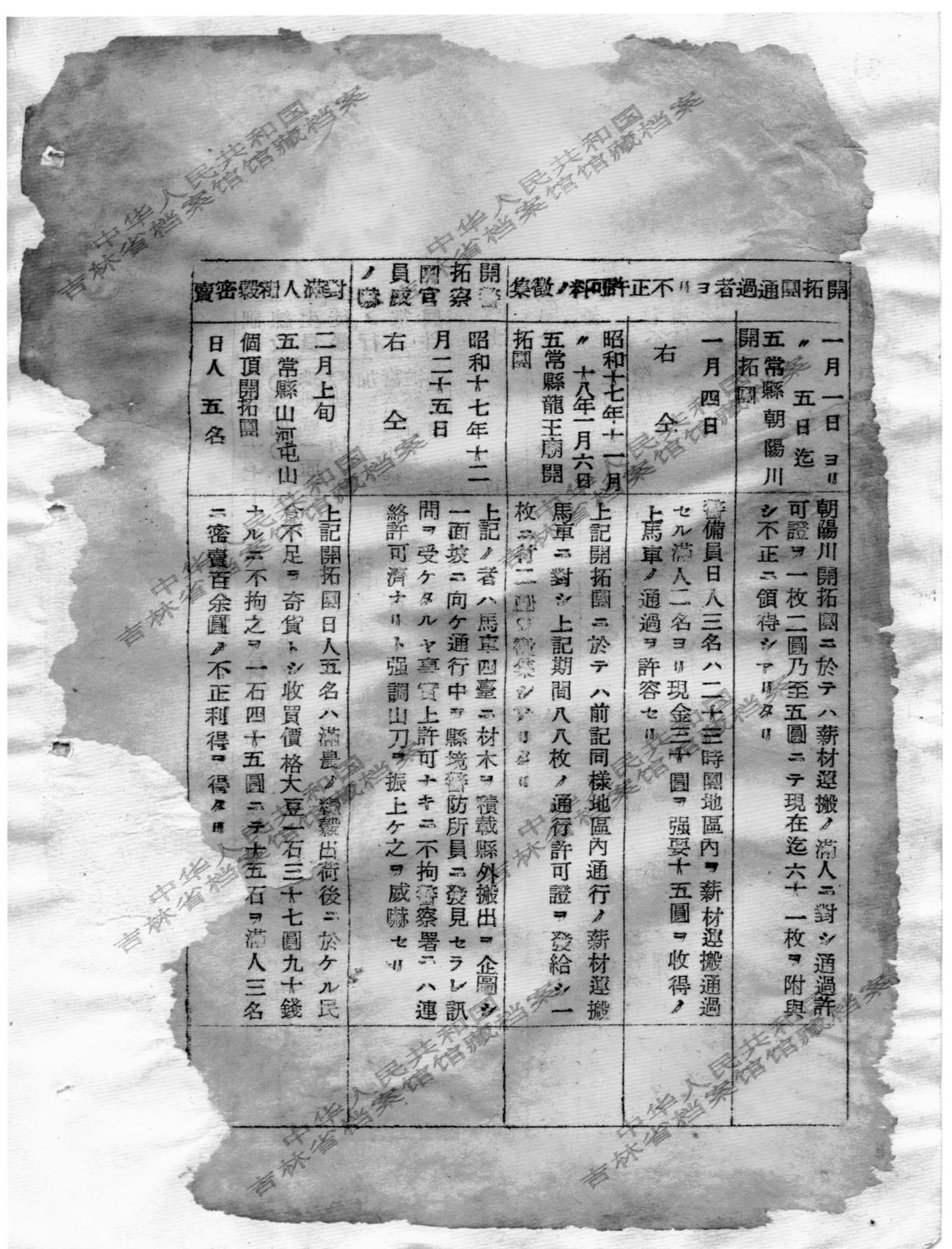

開拓團通過者ヨリ不正許可料ノ徴集	一月一日ヨリ 〃五日迄 五常縣朝陽川開拓團	朝陽川開拓團ニ於テハ薪材運搬ノ滿人ニ對シ通過許可證ヲ一枚二圓乃至五圓ニテ現在迄六十一枚ヲ附與シ不正ニ領得シアリタリ
	一月四日 右仝	警備員日人三名ハ二十三時團地區內ヲ薪材運搬通過セル滿人二名ヨリ現金三十圓ヲ強要十五圓ヲ收得ノ上馬車ノ通過ヲ許容セリ
	昭和十七年十一月 〃十八年一月六日 五常縣龍王廟開拓團	上記開拓團ニ於テハ前記同樣地區內通行ノ薪材運搬馬車ニ對シ上記期間八八枚ノ通行許可證ヲ發給シ一枚ニ付二圓ヲ徴集シアリタリ
開拓團員ノ警察官威嚇	昭和十七年十二月二十五日 右仝	上記ノ者ハ馬車四臺ニ材木ヲ積載縣外搬出ヲ企圖シ一面坡ニ向ケ通行中ヲ縣境警防所員ニ發見セラレ訊問ヲ受ケタルヤ事實上許可ナキニ不拘警察署ニハ連絡許可濟ナリト強調山刀ヲ振上ケ之ヲ威嚇セリ
對滿人租穀密賣	二月上旬 五常縣山河屯山個頂開拓團 日人五名	上記開拓團日人五名ハ滿農ノ糧穀出荷後ニ於ケル民食不足ヲ奇貨トシ收買價格大豆一石三十七圓九十錢ナルニ不拘之ヲ一石四十五圓ニテ十五石ヲ滿人三名ニ密賣百余圓ノ不正利得ヲ得タリ

구분	월일, 지점, 인원	개요
개척단통과자로부터 부당한 비용을 징수	1월 1일~5일까지 우창(五常)현 초우양촨(朝陽川) 개척단	초우양촨개척단이 목재를 운반하는 만주인에게 통과허가증을 발급하며 한 장 당 2원 내지 5원을 징수함. 현재까지 이미 61장의 통과허가증을 발급하여 부당이익을 챙김.
	1월 4일 동상	당일 23시에 3명의 일본경비원이 단지 내를 통과하는 만주인 목재운반공 2명의 현금 30원을 갈취, 15원을 받고 마차를 통과 시킴.
	昭和十七年(1942년) 11월부터 昭和十八年(1943년)一月六日까지 우창현 룽왕묘(龍王廟)개척단	우창현 룽왕묘개척단은 상술행위처럼 앞의 시간대에 단지 내를 통행하는 목재운반마차에게 88장의 통행증을 발급함. 통행증마다 통행허가비 2원을 받음.
개척단 단원이 경찰관을 위협	昭和十七年(1942년) 12월 25일 동상	우창현 룽왕묘개척단 단원이 마차 4대에 목재를 나누어 싣고 현성 밖으로 운반하려 함. 이맨퍼(一面坡)로 향하던 도중 현 변경경비소원에게 발각되어 신문을 받음. 통행증이 없음에도 불구하고 "이미 경찰서에 연락하여 허락을 받았다"고 강조, 동시에 큰 칼을 휘두르며 경방소원을 위협함.
만주인에게 양곡을 밀매	2월 상순 우창현 산허(山河)툰 산거딩(山个頂)개척단원 5명 일본인	상기 개척단의 5명 일본인은 만주농민이 식량을 판매한 후 먹을 쌀이 부족한 기회를 틈타 수매가격이 한 섬 당 37원 90전이던 콩을 45원의 가격으로 3명의 만주인에게 밀매함. 이로써 백 여 원의 부당이윤을 챙김.

79

서류해독

『사상대책월보』

이 서류는 무단장헌병대가 보고한 『사상대책월보』로 무단장 무링(穆棱)현 량즈허(亮子河)개척단 단원들이 내홍이 일고 당지 농민의 땔감을 약탈하는 등 불량행위를 기록하고 있다.

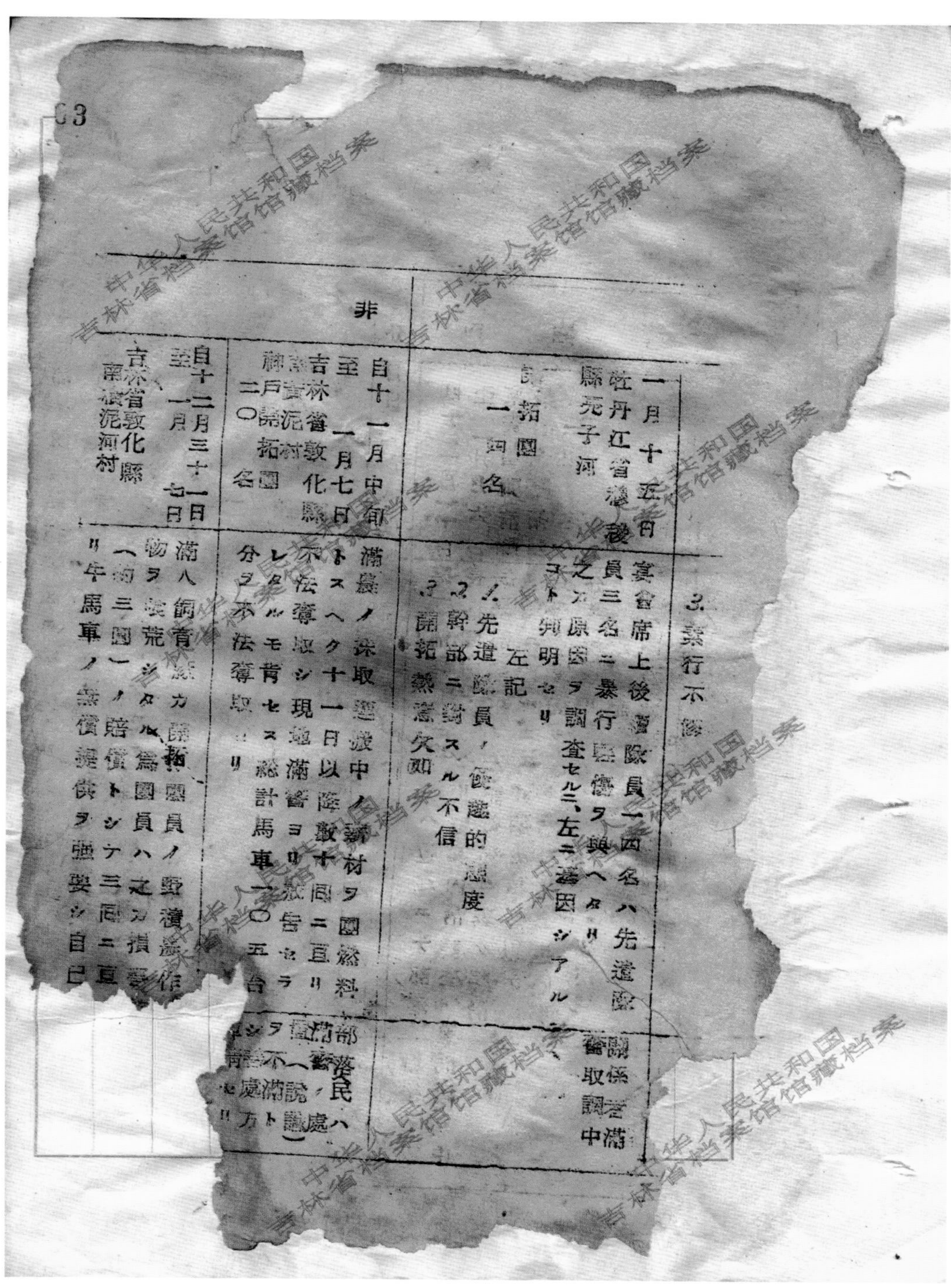

63

3. 素行不良

一月十五日 牡丹江省穆稜縣兎子河 開拓團 一四名	宴會席上後續隊員ニ四名ハ先遣隊員三名ニ暴行脅迫ヲ與ヘタリ之ガ原因ヲ調査セルニ左ニ基因シアルコト判明セリ 左記 1.先遣隊員ノ優越的態度 2.幹部ニ對スル不信 3.開拓熱意欠如	關係者取調中滿

非

自十一月中旬 至十一月七日 吉林省敦化縣黄泥村 開拓團 二〇戸	滿農ノ採取選擇中ノ薪材ヲ團燃料トスヘク十一月以降數十回ニ亘リ不法奪取シ現地滿警ヨリ報告セラレタルモ肯セス總計馬車一〇五台分ヲ不法奪取セリ	部落民ハ滿警ニ訴ヘ
自十二月三十一日 至一月七日 吉林省敦化縣 南黄泥河村	滿人飼育ノ家畜カ開拓團員ノ野積蔬菜作物ヲ喰荒シタル爲團員ハ之カ損害賠償トシテ三回ニ亘リ一頭三圓ノ賠償 〃牛馬車ノ無償提供ヲ強要シ自己	

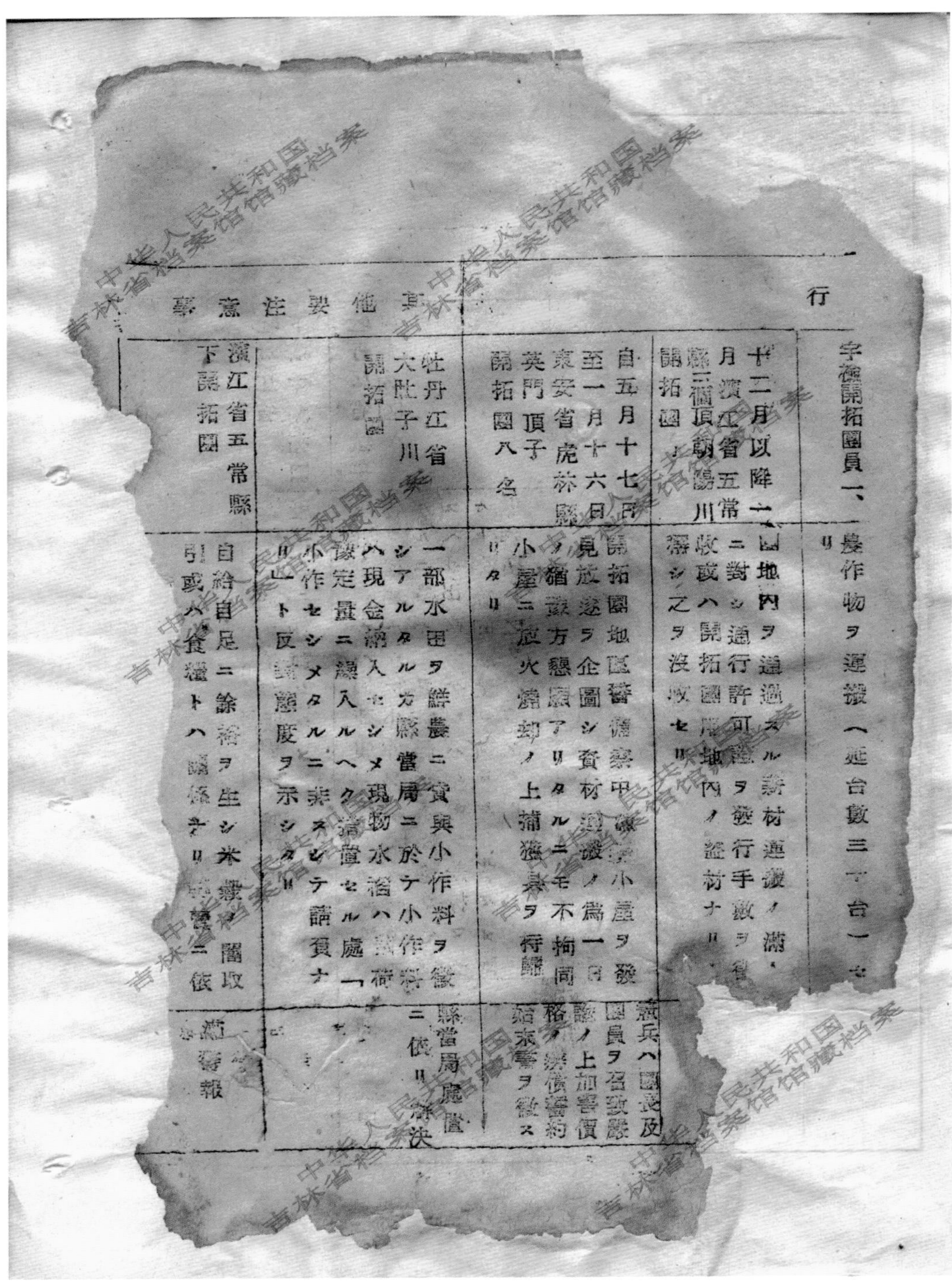

行

字裲開拓團員一、一農作物ヲ運搬（延台數三〒台）セリ

其他要注意事

十二月以降濱江省五常縣二福頂朝陽川開拓團ノ	二団地内ヲ通過スル薪材運搬ノ滿人ニ對シ通行許可證ヲ發行手數料ヲ徴收或ハ開拓團所有地内ノ盗材ナリト稱シ之ヲ沒收セリ	
自五月十七日至一月十六日東安省虎林縣英門頂子開拓團八名	開拓團地區警備察中滿人小屋ヲ發見放逐ヲ企圖シ資材運搬ノ爲一日ノ猶豫方懇願アリタルニモ不拘同小屋ニ放火燒却ノ上補償要求ヲ拒絶シタリ	憲兵ハ團長及團員ヲ召致縣ノ上加害價格ノ辨償誓約始末書ヲ徴ス
牡丹江省大肚子川開拓團	一部水田ヲ鮮農ニ貸與小作料ヲ徴シアルタルガ縣當局ニ於テ小作料ハ現金納入セシメ現物水稻ハ出荷規定量ニ繰入ルヘク指導セル處一部小作セシメタルニ非ズシテ請負ナリト反對態度ヲ示シタリ	縣當局處置ニ依リ解決
濱江省五常縣下開拓團	自給自足ニ餘裕ヲ生シ米穀ノ闇取引或ハ食糧トハ[illegible]ニ依	調査報

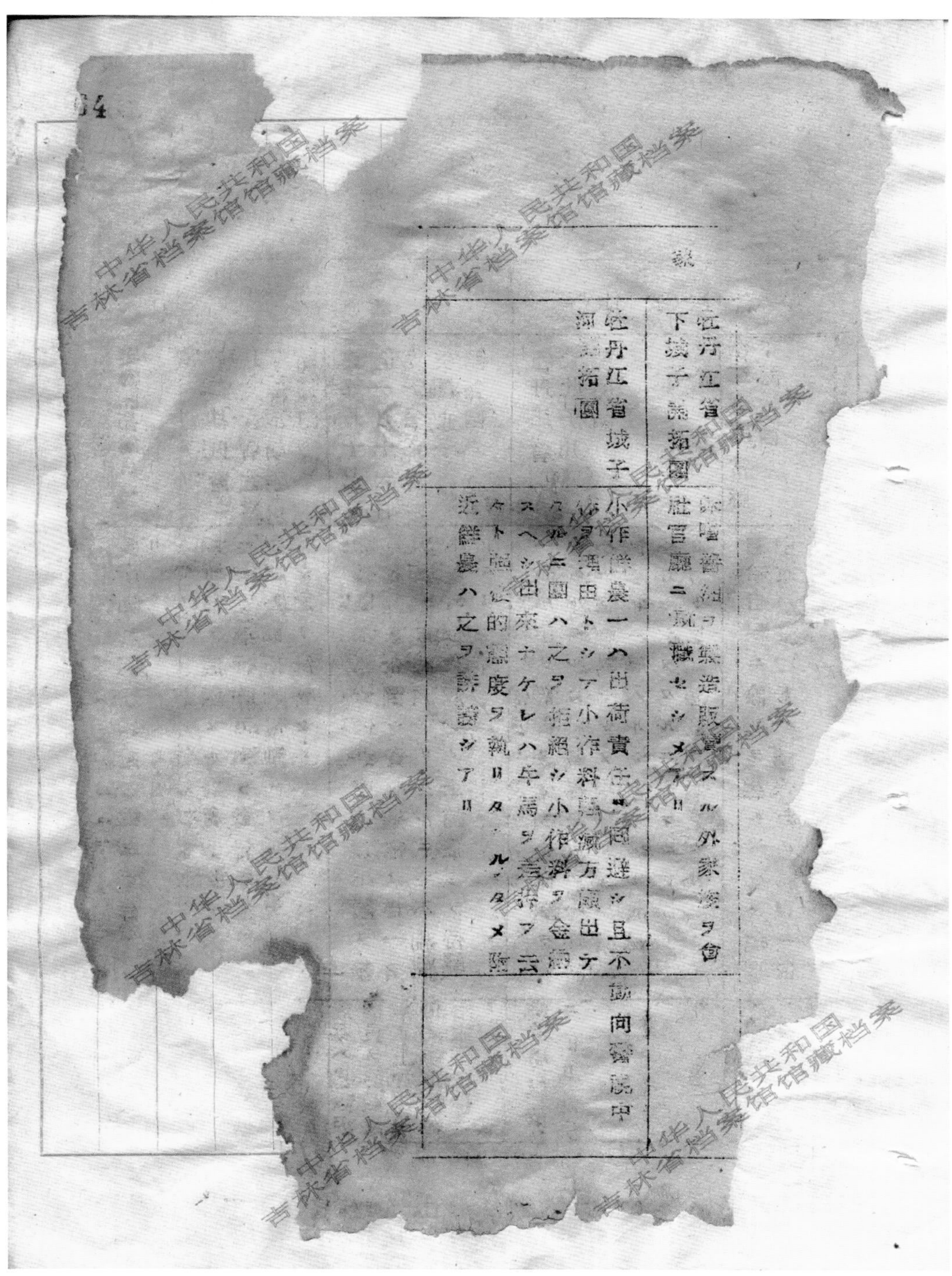
64

縣

牡丹江省下城子縣拓團	副團長ハ私ニ鰊製造販賣スル外家畜ヲ飼社ハ官廳ニ就職セシメアリ
牡丹江省城子河拓團	小作僚農一八出荷責任ヲ回避シ且不協向醫院中見満田トシテ小作料ヲ徴方廳出テタ為ニ團ハ之ヲ拒絶シ小作料ヲ金納スヘシ出來ナケレハ牛馬ヲ差押フ云々ト脅迫的態度ヲ執リタルタメ附近鮮農ハ之ヲ評議シアリ

구분	월일, 지점, 인원	개요	적요
	1월 15일 무단쟝성 무링현 량즈허개척단 14인	연회석에서 14명의 후속대원이 3명의 선견대원에게 폭력을 행사, 경상을 입힘. 그 원인을 조사하니 다음과 같음: 선견대원의 오만한 태도 간부에 대한 불신 개척열정의 부족	유관 만경이 신문 중
	11월 중순~1월 7일 지린성 둔화현 난황니(南黃泥)村 神戶개척단 20명	神戶개척단이 만주농민이 채벌운반하는 목재를 빼앗아 개척단의 연료로 사용. 11일 이후부터 수십 차 강탈. 당지의 만경으로부터 경고를 받았지만 수렴하지 않고 선후로 도합 105대의 마차에 실은 목재를 빼앗음.	부락민은 만경의 처리(훈계)에 불만□□□
	12월 31일~1월 7일 지린성 둔화현 난황니(南黃泥)村 宇檢개척단원 1명	만주인이 사육하는 돼지가 개척단원이 야외에 쌓아둔 농작물을 먹음. 그 손해(약 3원)배상으로 개척단원은 세 번이나 만주인을 강박하여 우마차를 무상으로 제공받음. 자신의 농작물을 운반.(도합 30대)	□□□
불량행위	12월~1월 빈쟝(濱江)성 우창현 산거딩 초우양촨 개척단	목재운반을 위해 초우양촨 개척단지를 지나는 만주인에게 통행증을 발급, 이를 통해 금품 갈취. 혹은 개척단지 내의 목재를 몰래 베었다는 감투를 씌워 목재를 몰수.	□□□
	5월 17일~1월 16일 둥안성 후린(虎林)현 잉먼딩즈(英門頂子)개척단 8명	잉먼딩즈개척단은 지역 내에서 순찰하던 도중 어부의 오두막을 발견하고 그들을 축출하려 함. 대방이 목재를 운반코자 하루만 더 시간을 달라고 극구 간청했지만 끝내 오두막에 방화. 어로도구도 빼앗아감.	헌병이 단장과 단원을 소집하여 엄정한 훈계를 내리고 배상금을 징수. 그리고 반성문을 쓰도록 함.
기타 요주사항	무단쟝성 다두즈촨개척단	다두즈촨개척단은 일부 논을 조선농민에게 임대해 주어 경작, 소작료를 징수. 현 당국은 농민이 현금으로 소작료를 납부하고 예정량으로 벼를 납부하는 조치를 취함. 이에 다두즈촨개척단이 "농민이 임대하는 것이 아니	현 당국에 맡겨 처리, 해결

구분	월일, 지점, 인원	개요	적요
		라 도거리 하는 것이야"라고 반박함.	
	빈쟝성 우창현 내 개척단	현재 자급자족의 여유가 생겨 양곡의 암거래 혹은 식량과 유관한□□□ 가능	만경에 보고
	무단쟝성 샤청즈 개척단	양념간장을 양조하여 밀매. 이 밖에 가족을 회사와 관청에 출근시킴.	
	무단쟝성 청즈허 개척단	1명의 조선인 소작농이 납부임무를 회피하고자 흉작을 빌미로 소작료 감면을 신청. 개척단은 신청을 거절하며 "소작료를 내지 않으면 자네 우마를 몰수할 거야."라고 겁박함. 이 일로 부근의 조선농민들로부터 비방을 받음.	동향을 감시 중

80

서류해독

“제5차이민단용지약도”, “초우양둔 이민단부락배치도”

이 서류는 두 장의 지도로 초우양둔 “이민단”부락구분과 배치 상황을 직관적으로 보여주고 있다. 1932년부터 1937년까지 일본은 선후로 여섯 번이나 무장이민을 조직하여 중국 동북에 이주시켰다.

서류에서 언급한 제5차 이민은 1936년 일본 척무성이 정식으로 “집단이민계획”을 실행한 사실을 가리킨다. 그 후 일본열도에서 1000여 호 이민이 위만주국 동부의 무단장성 미산현에 침입하였다. 이 “초우양둔 이민단부락배치도”에서 동그라미로 표시한 부분은 일본이민침략자가 침점한 가옥과 토지이다.

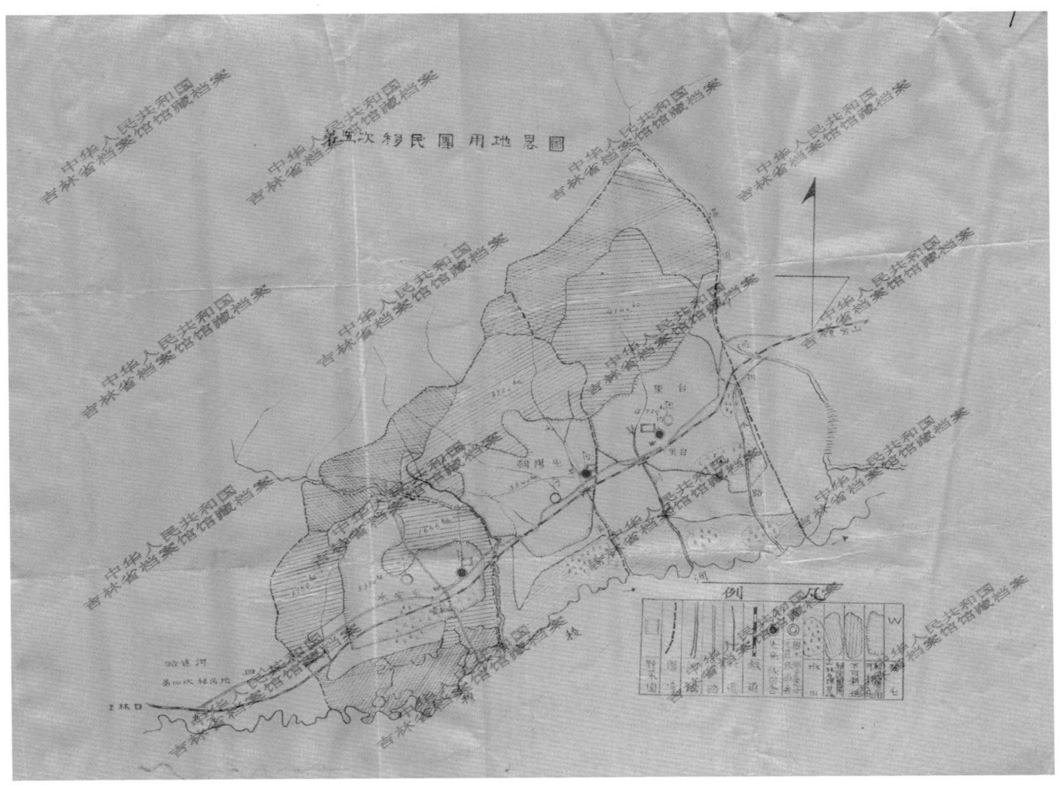

(지도1) 제5차 이민단용지약도

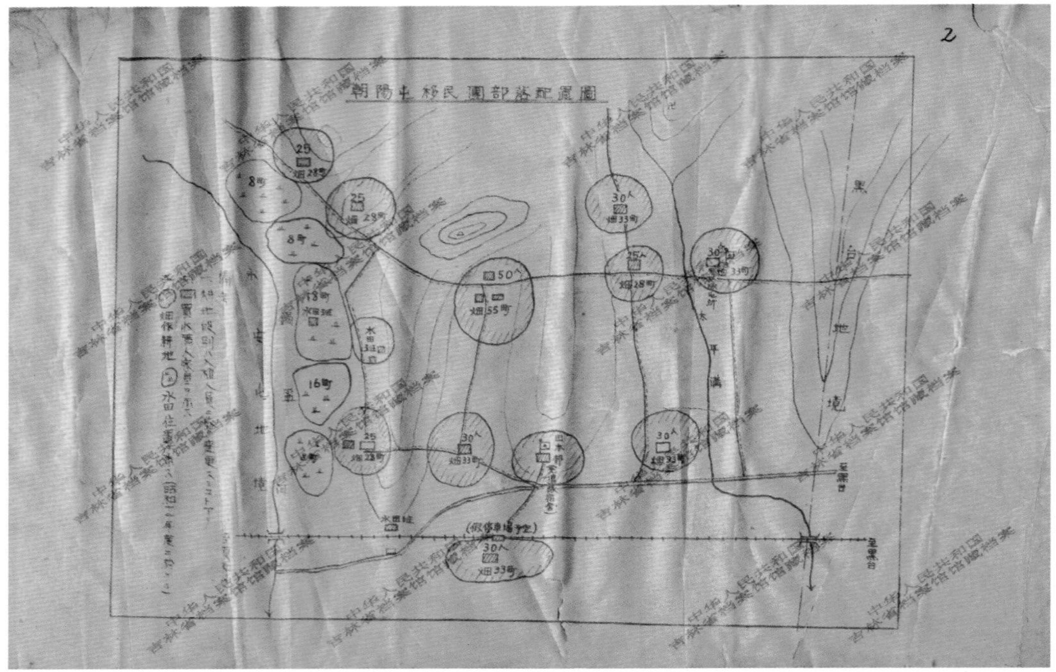

(지도2) 초우양둔 이민단부락배치도

81

서류해독

집단이민현황일람표

이 서류는 3장의 도표이다. 일본이 실행한 1932년 10월의 제1차 무장이민으로부터 선후로 6차의 "집단"이민에 관한 상황을 담고 있다. 그중 한 장은 제1차부터 제6차에 이르는 "집단이민"의 분포, 수량 등 상황의 일람표이며 한 장은 각 이주지의 농작물 면적, 인구, 소출, 가축의 증가에 관한 도표이다. 또 한 장은 "룽좌이민단"이 昭和十三年(1938년) 소재지 이름과 농작물 정황 일람표이다.

集團移民現況一覽表 康德四年七月現在

移民團別 / 區分		第一次 圖佳線	第二次 圖佳線	第三次 濱北線	第四次 虎林線		第五次 虎林線				計
		彌榮村	千振鄉	綏稜開拓組合	城子河	哈達河	永安屯	朝陽屯	黑台	信濃村	
地理的關係	緯度	北緯46°4'	北緯46°20'	北緯47°15'	北緯45°30'	仝上	北緯45°40'	仝上	仝上	仝上	
	地形	陵波狀丘陵地帶	平坦住高原地	平坦並高原地	緩傾斜丘陵地	仝上	仝上	仝上	仝上	仝上	
	土質	腐植質埴土	黑土地腐植質壤土	腐植質壤土	砂質壤土	仝上	仝上	仝上	仝上	仝上	
指導員關係	團長	山崎芳雄	宗光彥	林恭平	佐藤修	貝沼洋二	木村直雄	矢口道愛	安東壽市	青木虎右	9名
	農事指導員	[illegible]	矢口健三 大島良大	[illegible]	鳥飼元	山崎定一	森寅文	永田重郎	田中三郎	藤島右左	13
	畜産指導員	堀北進	寺塚為三	松井勇	吉田傳治	野寺稱吉	高村要、鈴木專一	佐藤四郎	井野光輝	大滝彌助	9
	警備指員	[illegible]	吉良文乙	[illegible]	[illegible]	[illegible]	長岡亀三郎	佐藤明滿	加藤熊治	三沢與門	8
入植關係	入植年月	昭和7年10月	昭和8年7月	昭和9年10月	昭和10年6月	昭和10年6月	昭和11年6月	仝上	仝上	仝上	四五次ハ何レモ先遣隊ノ入植月日ヲ示シ本隊ハ本年三月入植
	入植地	三江省樺川縣永豐鎮	三江省依蘭縣湖南營	濱江省綏稜縣大八浪	濱江省密山縣城子河	濱江省密山縣哈達河	濱江省密山縣永安屯	濱江省密山縣朝陽屯	仝上	仝上	
	入植戶數	493	494	298	310	190	298	[illegible]	[illegible]	212	2985
戶口數異動	團員異動 / 家族數 (康德四年六月末現在)	[illegible]	[illegible]	[illegible]	[illegible]	[illegible]	[illegible]	[illegible]	[illegible]	[illegible]	[illegible]
	計	[illegible]	[illegible]	561	[illegible]	309	[illegible]	[illegible]	208	212	4124
營農關係	作付面積、收穫高 (康德四年度)	[illegible]	[illegible]	[illegible]	[illegible]	[illegible]	[illegible]	[illegible]	[illegible]	[illegible]	[illegible]
	家畜 (康德四年六月末)	[illegible]	[illegible]	[illegible]	[illegible]	[illegible]	[illegible]	[illegible]	[illegible]	[illegible]	[illegible]
農産加工	施設	精米 製粉 搾油 清酒 醬油 味噌 大豆 製造	精米 製粉 搾油 清酒 醬油 味噌 燒酒 醸造	精米 製粉 搾油 精麦 味噌 醬油 清酒	精米 製粉 搾油 精麦 味噌 醬油	精米 製粉 精麦 味噌 醬油	建設中	仝上	仝上	仝上	
教育關係	校舍數	7室	5	9	7	4					
	職員	3名	2	2	1	1					
	生徒	[illegible]人	30	45	13	19					
衛生關係	病院 / 醫師	藤倉新藏	江藤參造	森田高壽	早川壽郎	梅池靖	原晃	細川秀三	[illegible]泰雄	增田三壽	9名
交通通信關係	交通關係	圖佳線[illegible]驛附近	圖佳線千振驛ヨリ5K	濱北線克音河驛ヨリ4K	虎林線鷄西驛ヨリ16K	虎林線[illegible]驛ヨリ15K	虎林線[illegible]驛ヨリ[illegible]	虎林線黑台驛ヨリ4K	仝上驛ヨリ1K	仝上驛ヨリ3K	
	郵便宛先	仝 驛附	仝 驛附	[illegible]	仝 驛附	仝 驛附	仝 驛附	仝 驛附	仝 驛附	仝 驛附	
	電報宛先	仝上	仝上	仝上	仝上	仝 鷄西驛附	仝上	仝上	仝上	仝上	
	電話施設	團本部及各部落ニ在	右仝	右仝	團本部ニアリ	右仝	團本部及各部落ニアリ	團本部ニアリ	團本部ニアリ	仝上	

移民團別 / 區分		第六次 虎林線							松花江下流地方 (湯原縣)							濱北線				計
		黑咀子	東[illegible]	西二道崗	六人班	北五道崗 山形村	南五道崗 信濃村	龍爪	熊本村	宮城村	福島村	茨城村	靜岡村	東北村	東海村	黑馬劉	海倫	通北 [illegible]	通北 [illegible]	
地理的關係	緯度	45°50'	〃		〃	〃	〃	45°50'	47°10'	〃	〃	〃	〃			47°20'	47°40'	48°	〃	
	地形	波狀地帶	緩傾斜地	仝上	緩傾斜 高原地帶	陵丘地帶	仝上	緩傾斜 高原地帶	緩傾斜 丘陵地帶	仝上	仝上	仝上	仝上	仝上	仝上	仝上	仝上	仝上	仝上	
	土質	壤質壤土	仝上	仝上	砂質壤土	腐植質壤土	仝上	砂質壤土	仝上	仝上	仝上	仝上	仝上	仝上	仝上	[illegible]	仝上	仝上	仝上	
指導員關係	團長	北川政雄	内藤誠	田中常雄	藤本俊[illegible]	熊谷任[illegible]郎	平澤十秋	和田章藏	中村[illegible]		佐藤[illegible]郎	石川勝藏	得能勝三	佐藤昇	高部[illegible]郎	平田秀彦	石田伊[illegible]	堀忠雄	出井[illegible]太郎	
	農事指導員	古谷[illegible]雄	森武治	松永[illegible]	末田正義	[illegible]	勝谷[illegible]	加藤久[illegible]		多田[illegible]	遠藤清	鈴木[illegible]	堀田[illegible]	前田[illegible]郎	大橋虎光	高野善一	[illegible]光三	小野[illegible]吉	岡野[illegible]	17
	畜産指導員	宮本[illegible]次	前迫[illegible]	前迫[illegible]	管田正[illegible]	武井勇	早川友光	田中[illegible]二			岸田寅						小池[illegible]藏	佐[illegible]	仝上	19
	警備指導員	田中[illegible]	中村[illegible]	神園[illegible]	國安一三		佐々木二男	原田正夫	有馬竹松	[illegible]	松田一英		[illegible]	鈴木[illegible]	岡本留吉	江野巖	岡野[illegible]	[illegible]	赤石清	9
入植關係	入植年月	康德四年[illegible]	仝上	仝上	仝上	仝上	仝上	仝上	仝上	仝上	仝上	仝上	仝上	仝上		仝上	仝上	仝上	仝上	16
	入植地	虎林線黑咀子	密山縣[illegible]	仝 西二道崗	仝 六人班	仝 北五道崗	仝 南五道崗	[illegible]	湯原縣[illegible]	仝上	仝上	仝上	仝上	仝上		綏稜縣[illegible]	海倫縣[illegible]	通北縣[illegible]	仝 [illegible]	四次入植者ハ先遣隊ニシテ本隊ハ明年入植
	入植戶數	57戶	43	56	41	59	67	70	56	60	49	48	41	41	57	36	43	40	41	708
營農關係	耕作面積	5町	7	8	8	8	75	[illegible]	35	4	4	35	4	4	[illegible]	45	5	45	45	97
	馬	6頭	11	9	1	8	12	5	9	9	9	8	8	[illegible]	9	9	10	10	10	171
	其他家畜	豚25	0	山羊3	0	0	0	0	0	0	0	0	0	0	0	0	0	0	0	
衛生關係	醫師			松永[illegible]			長田亮		榮[illegible]一			中村[illegible]郎			て森[illegible]		郡岡[illegible]二		井[illegible]	28
交通通信關係	交通關係	黑咀驛ヨリ10K	上林驛ヨリ15K	上林驛ヨリ3K	[illegible]驛ヨリ6K	[illegible]驛ヨリ11K	宝山驛ヨリ80K	龍爪驛ヨリ1K	[illegible]	[illegible] 集結	仝上	[illegible]	入植準備中			[illegible]驛ヨリ3K	海北驛ヨリ12K	通北驛ヨリ8K	通北驛ヨリ12K	7
	郵便宛名	宝山縣[illegible]	仝上	仝上	仝上	仝上	仝上	[illegible]	[illegible]	仝上	仝上	仝上	[illegible]	[illegible]	仝上	[illegible]	仝上	仝上	仝上	
	電話施設	十	仝上	仝上	仝上	仝上	仝上	仝上	仝上	仝上	仝上	仝上	仝上	仝上	仝上	仝上	仝上	仝上	仝上	
	電報宛名	川崎[illegible]	仝上	仝上	仝上	仝上	仝上	[illegible]	[illegible]	仝上	仝上	仝上	[illegible]	仝上	仝上	[illegible]	仝上	仝上	仝上	

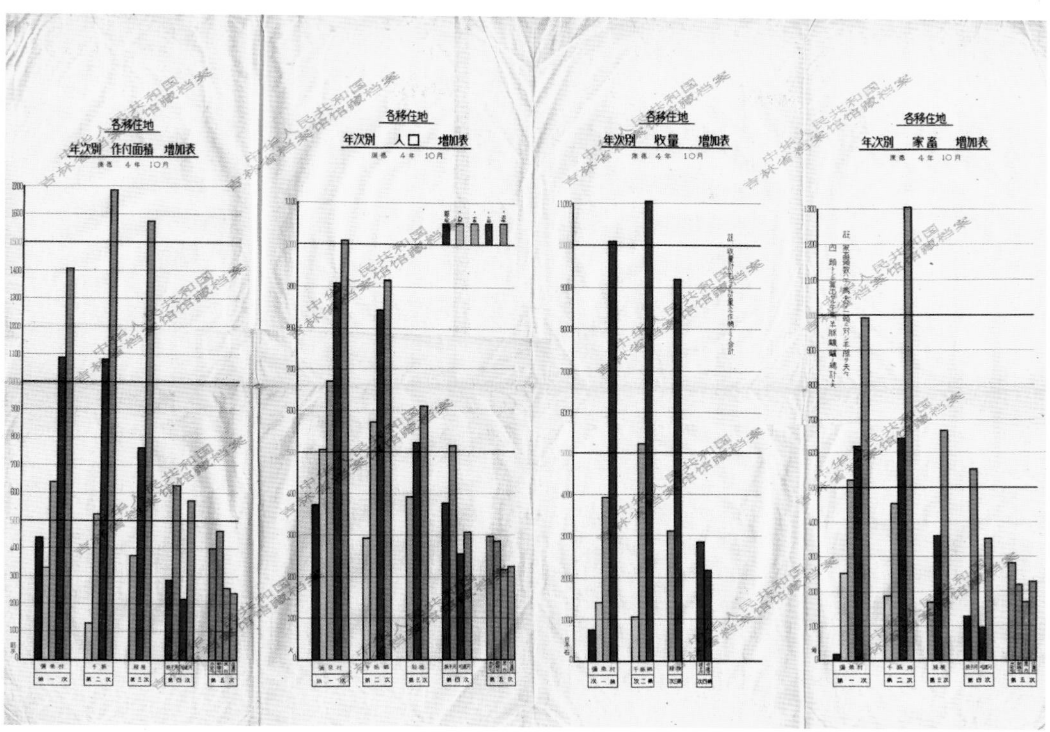
各移住地
年次別 作付面積 増加表
康徳 4年 10月
各移住地
年次別 人口 増加表
康徳 4年 10月
各移住地
年次別 收量 増加表
康徳 4年 10月
各移住地
年次別 家畜 増加表
康徳 4年 10月

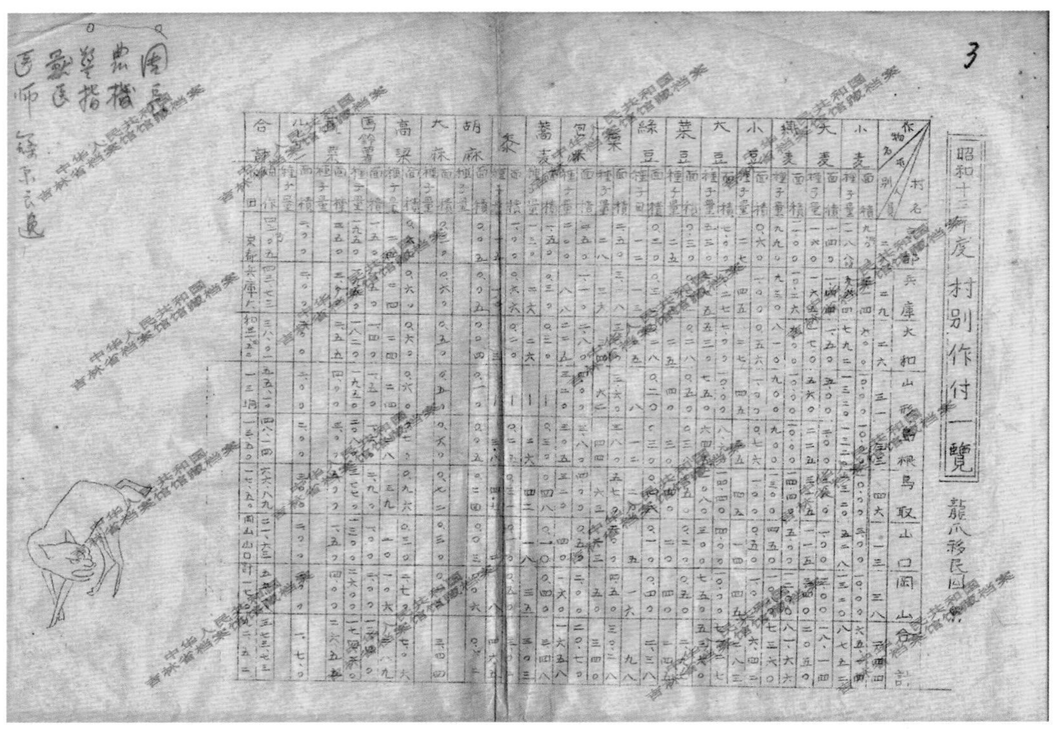

3

昭和十二年度村別作付一覧

龍爪移民団

村名	戸数	小麦 面積	小麦 種子量	大麦 面積	大麦 種子量	裸麦 面積	裸麦 種子量	小豆 面積	小豆 種子量	大豆 面積	大豆 種子量	菜豆 面積	菜豆 種子量	緑豆 面積	緑豆 種子量	包米 面積	包米 種子量	蕎麦 面積	蕎麦 種子量	黍 面積	黍 種子量	胡麻 面積	胡麻 種子量	大麻 面積	大麻 種子量	高粱 面積	高粱 種子量	馬鈴薯 面積	馬鈴薯 種子量	粟 面積	粟 種子量	小米 面積	小米 種子量	合計
本部	[illegible]	[illegible]	[illegible]	[illegible]	[illegible]	[illegible]	[illegible]	[illegible]	[illegible]	[illegible]	[illegible]	[illegible]	[illegible]	[illegible]	[illegible]	[illegible]	[illegible]	[illegible]	[illegible]	[illegible]	[illegible]	[illegible]	[illegible]	[illegible]	[illegible]	[illegible]	[illegible]	[illegible]	[illegible]	[illegible]	[illegible]	[illegible]	[illegible]	[illegible]
兵庫	二九	[illegible]	[illegible]	[illegible]	[illegible]	[illegible]	[illegible]	[illegible]	[illegible]	[illegible]	[illegible]	[illegible]	[illegible]	[illegible]	[illegible]	[illegible]	[illegible]	[illegible]	[illegible]	[illegible]	[illegible]	[illegible]	[illegible]	[illegible]	[illegible]	[illegible]	[illegible]	[illegible]	[illegible]	[illegible]	[illegible]	[illegible]	[illegible]	[illegible]
大和	二六	[illegible]	[illegible]	[illegible]	[illegible]	[illegible]	[illegible]	[illegible]	[illegible]	[illegible]	[illegible]	[illegible]	[illegible]	[illegible]	[illegible]	[illegible]	[illegible]	[illegible]	[illegible]	[illegible]	[illegible]	[illegible]	[illegible]	[illegible]	[illegible]	[illegible]	[illegible]	[illegible]	[illegible]	[illegible]	[illegible]	[illegible]	[illegible]	[illegible]
山形	三一	[illegible]	[illegible]	[illegible]	[illegible]	[illegible]	[illegible]	[illegible]	[illegible]	[illegible]	[illegible]	[illegible]	[illegible]	[illegible]	[illegible]	[illegible]	[illegible]	[illegible]	[illegible]	[illegible]	[illegible]	[illegible]	[illegible]	[illegible]	[illegible]	[illegible]	[illegible]	[illegible]	[illegible]	[illegible]	[illegible]	[illegible]	[illegible]	[illegible]
福島	[illegible]	[illegible]	[illegible]	[illegible]	[illegible]	[illegible]	[illegible]	[illegible]	[illegible]	[illegible]	[illegible]	[illegible]	[illegible]	[illegible]	[illegible]	[illegible]	[illegible]	[illegible]	[illegible]	[illegible]	[illegible]	[illegible]	[illegible]	[illegible]	[illegible]	[illegible]	[illegible]	[illegible]	[illegible]	[illegible]	[illegible]	[illegible]	[illegible]	[illegible]
鳥取	四六	[illegible]	[illegible]	[illegible]	[illegible]	[illegible]	[illegible]	[illegible]	[illegible]	[illegible]	[illegible]	[illegible]	[illegible]	[illegible]	[illegible]	[illegible]	[illegible]	[illegible]	[illegible]	[illegible]	[illegible]	[illegible]	[illegible]	[illegible]	[illegible]	[illegible]	[illegible]	[illegible]	[illegible]	[illegible]	[illegible]	[illegible]	[illegible]	[illegible]
山口	一三	[illegible]	[illegible]	[illegible]	[illegible]	[illegible]	[illegible]	[illegible]	[illegible]	[illegible]	[illegible]	[illegible]	[illegible]	[illegible]	[illegible]	[illegible]	[illegible]	[illegible]	[illegible]	[illegible]	[illegible]	[illegible]	[illegible]	[illegible]	[illegible]	[illegible]	[illegible]	[illegible]	[illegible]	[illegible]	[illegible]	[illegible]	[illegible]	[illegible]
岡山	三八	[illegible]	[illegible]	[illegible]	[illegible]	[illegible]	[illegible]	[illegible]	[illegible]	[illegible]	[illegible]	[illegible]	[illegible]	[illegible]	[illegible]	[illegible]	[illegible]	[illegible]	[illegible]	[illegible]	[illegible]	[illegible]	[illegible]	[illegible]	[illegible]	[illegible]	[illegible]	[illegible]	[illegible]	[illegible]	[illegible]	[illegible]	[illegible]	[illegible]
合計	[illegible]	[illegible]	[illegible]	[illegible]	[illegible]	[illegible]	[illegible]	[illegible]	[illegible]	[illegible]	[illegible]	[illegible]	[illegible]	[illegible]	[illegible]	[illegible]	[illegible]	[illegible]	[illegible]	[illegible]	[illegible]	[illegible]	[illegible]	[illegible]	[illegible]	[illegible]	[illegible]	[illegible]	[illegible]	[illegible]	[illegible]	[illegible]	[illegible]	[illegible]

82

서류해독

관동헌병대의『만주국 내 일만 민족모순 등에 관한 민정조사』

이 서류는 관동헌병대가 작성한『만주국 내 일만 민족모순 등에 관한 민정조사』이다. 서류의 제5항에는 개척민과 중국 동북민중 사이의 모순을 보여주고 있다. "투룽(土龍)산사건"은 일본인 "개척민"이 중국 동북민중의 생활권을 위협하면서 발생한 것이라고 적고 있다. 또 일본이민침략자가 동북 주민을 멸시하면서 구타 내지는 살인까지 저지르고 있다고 말하고 있다. 중국 동북민중은 "개척민"과 감정적으로 첨예하게 대립하고 있으며 점차 반일정서로 전환하고 있었다.

투룽산사건은 1932년 제1차 무장"이민단"이 동경을 떠나 중국 동북에 이주하는 과정에 자무스에서 하선하기도 전에 동북항일민중의 습격을 받은 사건이다. 그들은 이튿날에야 겨우 배에서 내려 시 구역 내에 들어섰다. 투룽산 인민들은 보장 세원둥(謝文東)의 인솔하에 무장농민 2,000여 명이 합류하여 봉기하였으며 飯冢대좌 등 일본침략군을 격살하였다.

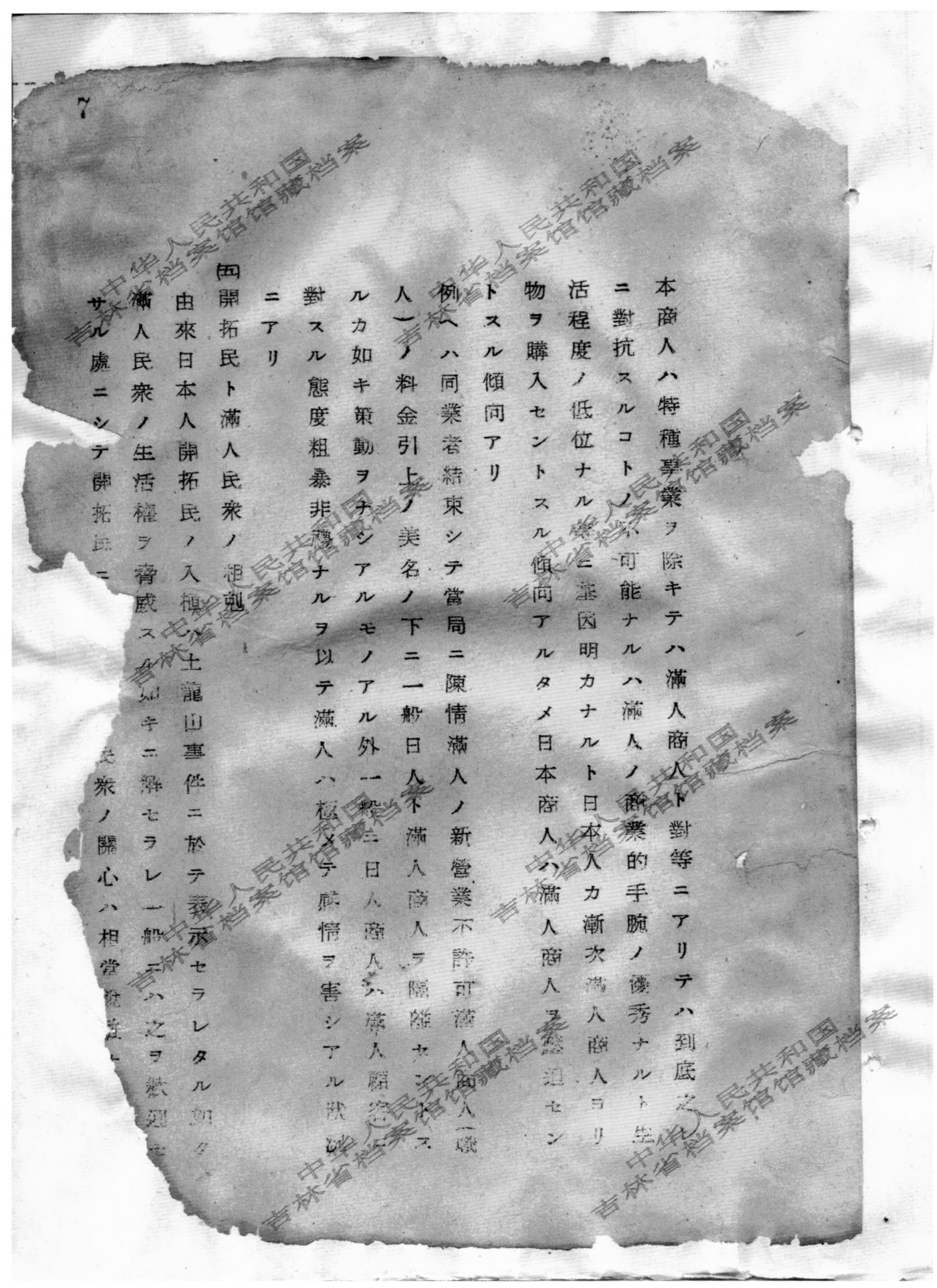

7

本商人ハ特種事業ヲ除キテハ滿人商人ト對等ニアリテハ到底之ニ對抗スルコトノ不可能ナルハ滿人ノ商業的手腕ノ優秀ナルト生活程度ノ低位ナルニ基因明カナルト日本人カ漸次滿人商人ヨリ物ヲ購入セントスル傾向アルタメ日本商人ハ滿人商人ヲ壓迫セントスル傾向アリ

例ヘハ同業者結束シテ當局ニ陳情滿人ノ新營業不許可滿人商人（一様人）ノ料金引上ノ美名ノ下ニ一般日人ト滿人商人ヲ隔離セシメントスルカ如キ策動ヲナシアルモノアル外一般ニ日人商人ハ滿人顧客ニ對スル態度粗暴非禮ナルヲ以テ滿人ハ極メテ感情ヲ害シアル状況ニアリ

(五)開拓民ト滿人民衆ノ相剋

由來日本人開拓民ノ入植ハ土龍山事件ニ於テ表示セラレタル如ク一般滿人民衆ノ生活權ヲ脅威スルカ如キニ解セラレ一般ニハ之ヲ歡迎セサル處ニシテ開拓民ニ[illegible]衆ノ關心ハ相當[illegible]

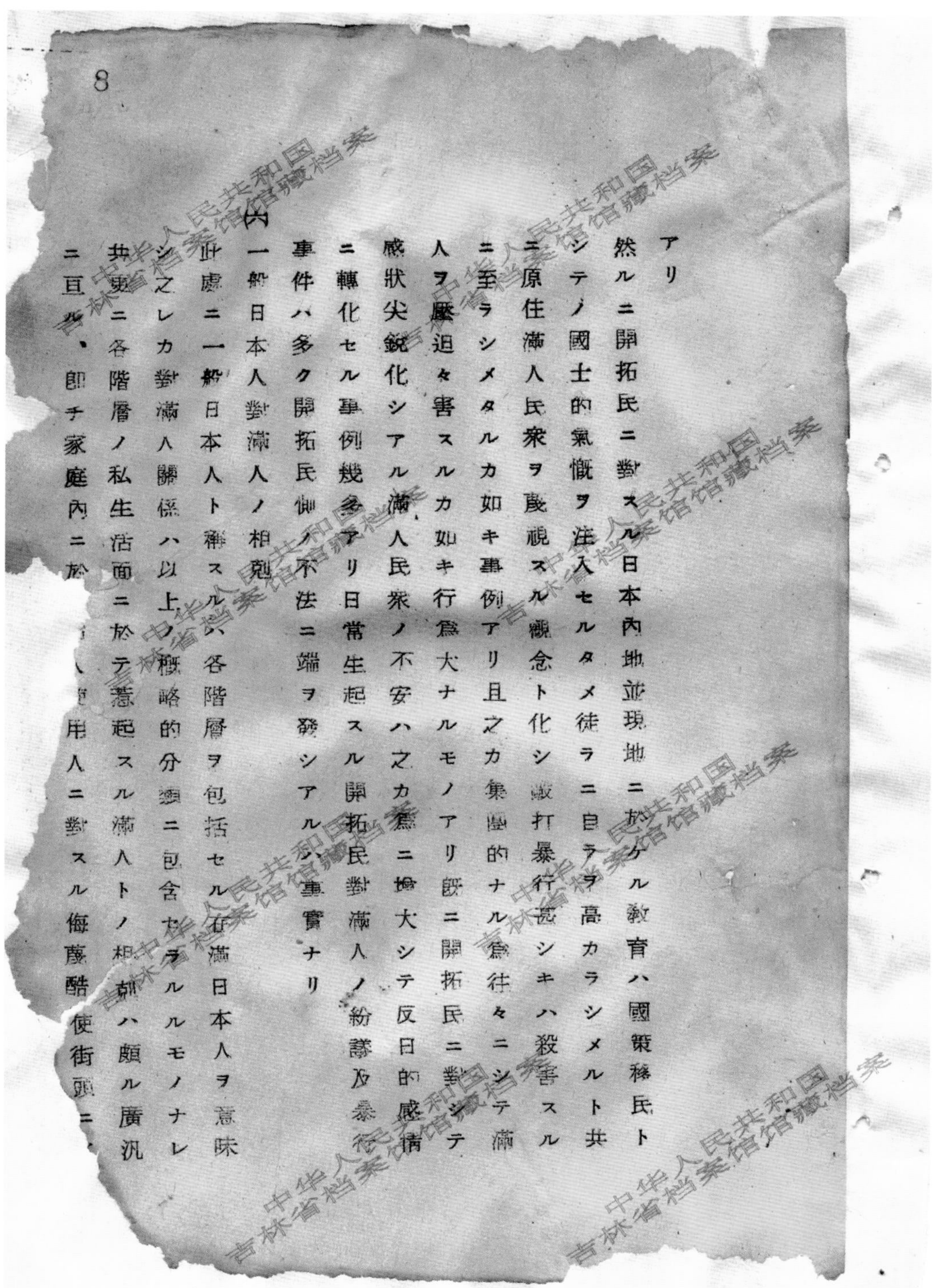

アリ
然ルニ開拓民ニ對スル日本內地並現地ニ於ケル教育ハ國策移民ト共シテノ國士的氣慨ヲ注入セルタメ徒ラニ自ラヲ高カラシメルト共ニ原住滿人民衆ヲ蔑視スル觀念ト化シ毆打暴行甚シキハ殺害スルニ至ラシメタルカ如キ事例アリ且之カ集團的ナル爲往々ニシテ滿人ヲ壓迫々害スルカ如キ行爲大ナルモノアリ既ニ開拓民ニ對シテ感狀尖銳化シアル滿人民衆ノ不安ハ之カ爲ニ擴大シテ反日的感情ニ轉化セル事例幾多アリ日常生起スル開拓民對滿人ノ紛諍及暴行事件ハ多ク開拓民側ノ不法ニ端ヲ發シアルハ事實ナリ

(六) 一般日本人對滿人ノ相剋

此處ニ一般日本人ト稱スルハ各階層ヲ包括セル在滿日本人ヲ意味シ之レカ對滿人關係ハ以上ノ概略的分類ニ包含セラルルモノナレ共更ニ各階層ノ私生活面ニ於テ惹起スル滿人トノ相剋ハ頗ル廣汎ニ亘ル、即チ家庭內ニ於ケル使用人ニ對スル侮蔑酷使街頭ニ

일본상인과 만주상인은 특수사업 이외에 모두 평등하다. 그런데 일본상인이 만주상인의 경쟁적수가 안 되는 원인을 따져보면 하나는 만주인의 상업수완이 뛰어나고 생활수준이 낮은 탓이요, 다른 하나는 일본인들이 점차 만주상인으로부터 물건을 사려는 경향이 있기 때문이다. 때문에 일본상인이 만주상인을 압박하려는 경향이 나타났다.

가령 일본상인이 동업자들을 규합하여 만주인이 새로 경영하는 업종은 불허하도록 당국에 청원하고 만주상인(수공업자)의 비용을 제고한다는 미명하에 일본상인과 만주상인을 갈라놓는 등이다. 이런 술책 이외에 만주상인에 대한 일본상인의 태도가 오만무례하기 때문에 만주인의 불만을 야기하고 있다.

(五) 개척민과 만주민중 사이의 모순

투룽산사건과 같이 일본개척민의 천입이 만주인의 생활권을 위협한다는 인식이 팽배하고 있다. 그래서 일반민중은 일본개척단의 난입을 반기지 않고 있다. 또한 만주인이 개척민에 대한 관심□□

개척민은 일본 내지와 이주지에서 국책이민으로서의 국사(國士)기개를 교육받았기에 맹목적인 우월감과 함께 원주민을 멸시하는 관념을 가지고 있다. 그래서 만주인을 구타하거나 심지어 살해하는 현상도 발생하고 있다. 그들은 단체로 움직이기에 만주민중에 대한 압박과 박해가 극대화 되고 있다. 따라서 만주민중이 개척민에 대한 대립감정도 첨예하게 드러나고 있으며 불안정서도 배가되어 반일감정으로 진화하고 있다. 이러한 사례는 퍽 많다. 일상생활에서 발생하는 개척민과 만주인의 분규 및 폭행사건의 대부분이 개척민 측의 불법행위로 기인된 것이다.

제7부분

중국 동북항일연군에 대한 진압에 관한 서류

"9·18사변"으로 일본이 중국 동북을 빼앗아 차지한 후 부분적인 동북군, 중국공산당의 항일 유격대, 농민폭동무장, 의용군 등 무장역량은 중국 동북항일연군을 결성하였다. 그들은 중국공산당의 영도하에 일본침략자와 장장 14년이라는 시간의 피어린 투쟁을 거듭하면서 전국적인 항일전쟁과 세계반파시즘전쟁을 유력하게 지원하였다. 이 책에는 일본침략군이 중국 동북항일연군을 진압하면서 작성한 서류가 4건 들어있는데 일본관동헌병대의 서류에서 정리, 발굴한 것이다. 이 서류들은 『사상대책월보』, 『철도연선치안주보』, 『특주보』등에서 절록한 것으로 일본침략군이 항일명장 양징위, 워이정민, 천한장, 조우상즈 등을 살해한 상황이 적혀있다. 양징위, 조우상즈, 천한장이 희생된 후 일본침략군은 그들의 수급을 잘랐고 이들 머리와 몸은 해방 후에야 우여곡절 끝에 다시 합장되었다.

이번에 수록한 일본침략군이 중국 동북항일연군을 진압한 사실에 관한 서류는 침략자의 시각에서 동북항일연군의 활동상황을 말하고 있다. 이는 동북항일연군의 군사연구에 있어 가장 진실한 1차적 사료이다.

83

서류해독

관동헌병대의 『사상대책월보』

이 서류는 관동헌병대가 작성한 『사상대책월보』중 중국 동북항일연군에 관한 기록이다. 서류는 당시 통화성의 초우야판(曺亞范), 한런허(韓仁和), 황하이펑(黃海峰), 핑르쥔(平日軍) 등이 이끈 항일부대의 지점, 인수를 기재하고 있으며 특히 동북항일연군 제1로군 총지휘 양징위에 대해 언급하고 있다.

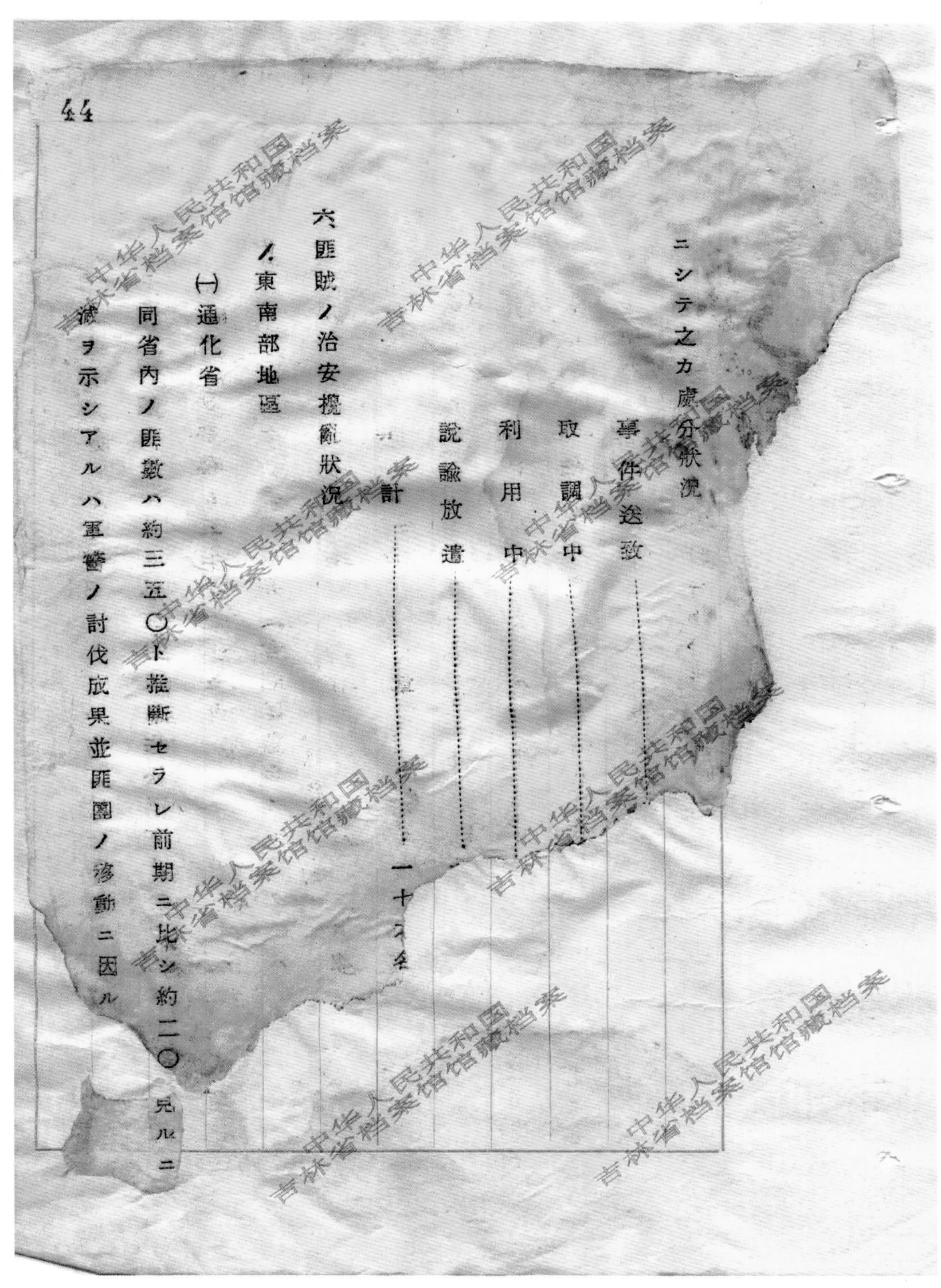
44

ニシテ之カ處分狀況

事件送致

取調中

利用中

説諭放遣

計 一十[illegible]名

六 匪賊ノ治安攪亂狀況

ノ東南部地區

㈠通化省

同省内ノ匪數ハ約三五〇ト推斷セラレ前期ニ比シ約二〇〇見ルニ

減ヲ示シアルハ軍警ノ討伐成果並匪團ノ移動ニ因ル

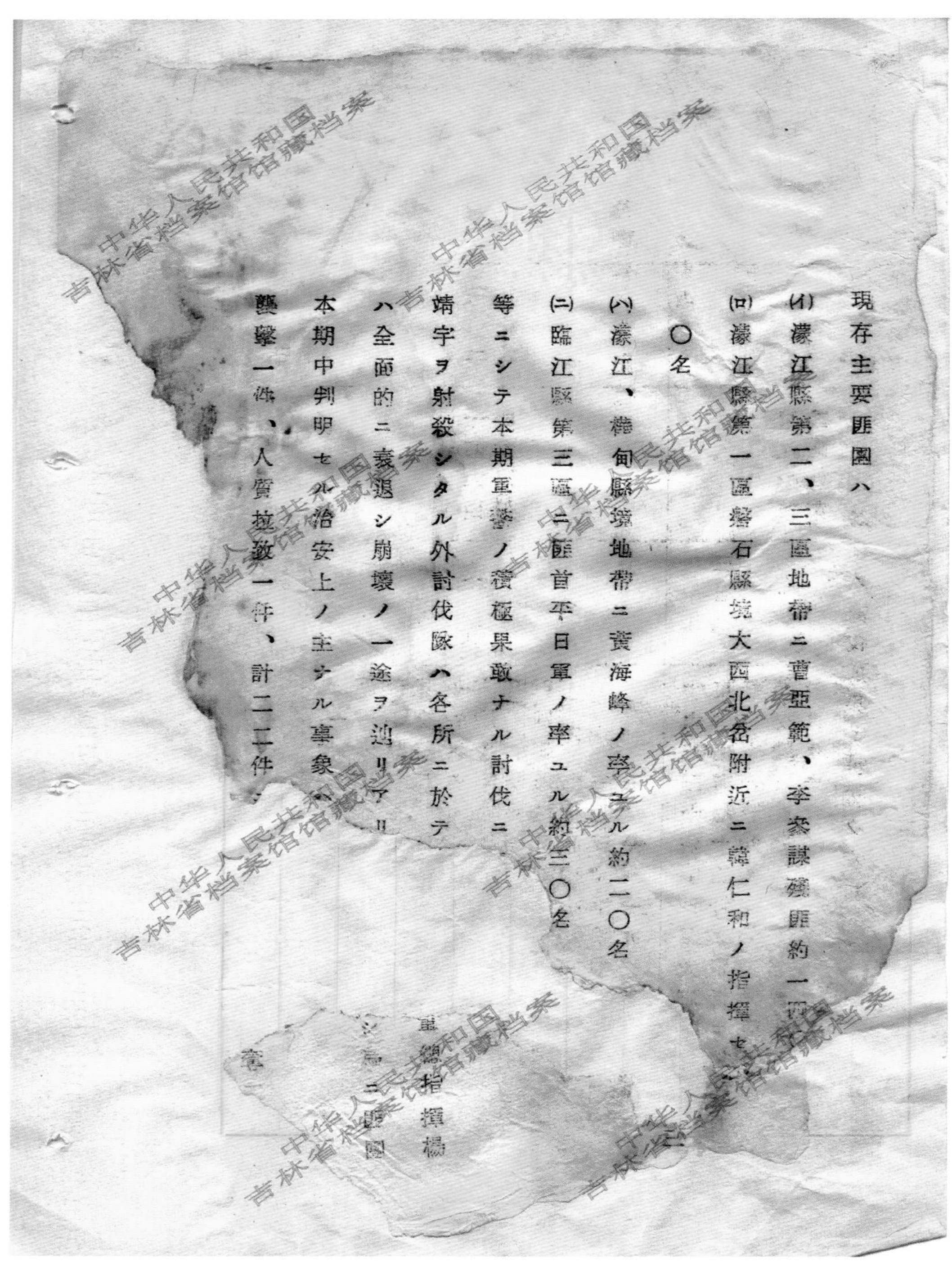

現存主要匪團ハ

(イ)濛江縣第二、三區地帶ニ曹亞範、李參謀殘匪約一四〇

(ロ)濛江縣第一區盤石縣境大西北岔附近ニ韓仁和ノ指揮セ[illegible]二

〇名

(ハ)濛江、樺甸縣境地帶ニ黃海峰ノ率ユル約二〇名

(ニ)臨江縣第三區ニ匪首平日軍ノ率ユル約三〇名

等ニシテ本期軍警ノ積極果敢ナル討伐ニ　軍總指揮楊

靖宇ヲ射殺シタル外討伐隊ハ各所ニ於テ　為ニ匪團

ハ全面的ニ衰退シ崩壞ノ一途ヲ辿リアリ

本期中判明セル治安上ノ主ナル事象ハ

襲擊一件、人質拉致一件、計二二件　奪

비적의 치안교란 상황

1. 동남부 지역

(一) 통화성

성내의 비적 수는 350여 명으로 추정됨. 전기에 비해 20명 감소. 주로 군경의 토벌과 비적단(匪賊團)의 이동에 의한 감소임.

현존하는 주요 비적

(1) 멍장(濛江)현 제2구, 제3구 지대의 초우야판, 리참모의 잔적 약 140명

(2) 멍장현 제1구 판스(磐石)현 경내 다시버이차 부근의 한런허가 지휘하는 30여 명

(3) 멍장, 화댄 등 경내에서 황하이펑이 인솔하는 약 20명

(4) 린장현 제3구의 비적 수괴 핑르쥔이 이끄는 약 30명

본 기에 군경의 과단성 있는 토벌로 □□군총 지휘 양징위를 사살하였음. 토벌대는 각지에 분포되어 있고 비적단은 전반적으로 쇠퇴, 붕괴 직전에 이름.

본 기에 판명한 주요치안사항: 약탈 □□건, 습격 1건, 인질납치 1건, 합계 22건.

84

서류해독

관동헌병대의 웨이정민 희생지점에 관한 기록

이 서류는 관동헌병대사령부가 작성한 『내지 조선민족형세조사보고』의 웨이정민의 희생지점에 관한 기록이다. 항일연군 제1로군 부총지휘 웨이정민이 11명의 항연전사를 이끌고 지린성 화댄현 제7구 쟈피거우 북부 스도우거우 부근의 산채에 잠복하고 있을 때 일본군 長島헌병공작대의 기습을 받았다. 약 한 시간 반 정도의 교전을 거쳐 위증민과 7명의 전사가 희생되었다. 위증민이 희생된 지점은 지린성 화댄현 제7구 쟈피거우 북부 8,000미터 되는 스도우거우 891고지이다.

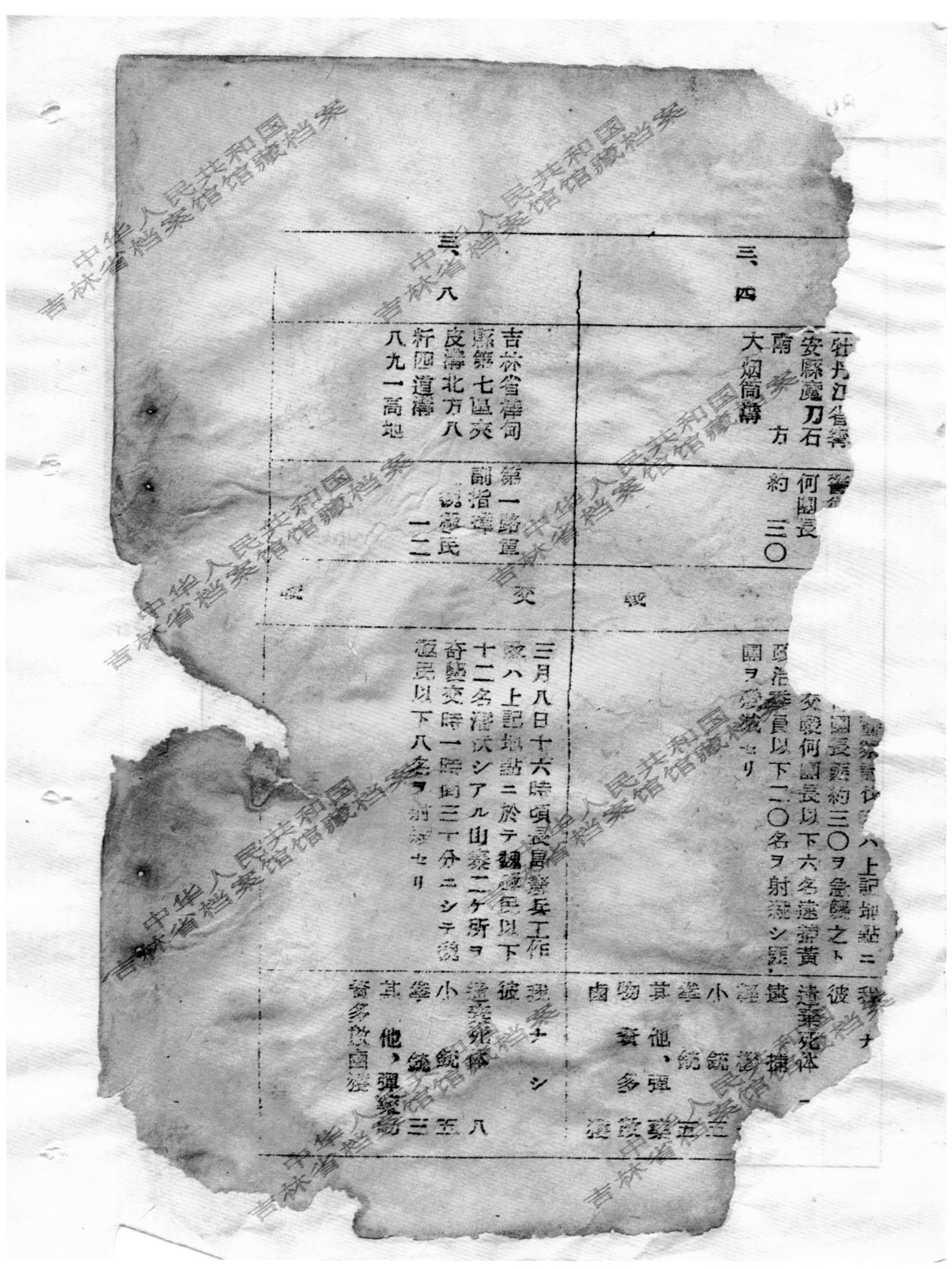

三、四	牡丹江省寧安縣魔刀石南方大烟筒溝	[illegible]何團長 約三〇	戦	[illegible]隊ハ上記地點ニ於テ[illegible]團長所約三〇ヲ急襲之ト交戦何團長以下六名逮捕黄政治委員以下二〇名ヲ射殺シ賊團ヲ殲滅セリ	我ナ[illegible] 彼 遺棄死体 一 逮捕 鹵獲 小銃 三 拳銃 五 其他、彈藥 物資多數 鹵獲
三、八	吉林省樺甸縣第七區夾皮溝北方八粁四道溝八九一高地	第一路軍副指揮魏拯民 一二	交戦	三月八日十六時頃長島警長工作隊ハ上記地點ニ於テ魏拯民以下十二名潜伏シアル山寨二ケ所ヲ奇襲交戦一時間三十分ニシテ魏拯民以下八名ヲ射殺セリ	我ナシ 彼 遺棄死体 八 小銃 五 拳銃 三 其他、彈藥物資多數鹵獲

월 일	3월 8일
장소	지린성 화댄현 제7구 쟈피거우 북부 8,000미터 되는 스도우거우 891고지
계통비적두목, 비적	제1로군 부총지휘 워이정민 등 12인
개황	3월 8일 16시 좌우, 長島헌병공작대는 상기 지점에서 워이정민 이하 12명이 잠복한 산채 두 곳을 기습함. 한 시간 반가량의 교전 끝에 위증민을 포함한 8명을 사살.
종별	교전
적아손실	아군 손실 없음 적군: 시체 8구, 소총 5자루, 권총 3자루 이외 탄약과 물자 다수.

85

서류해독

일본침략군 철도경호총대 총감부 경비과의『철도연선치안주보(제48호)』

이 서류는 강덕 7년(1940) 12월 17일 일본침략군 철도경호총대 총감부 경비과가 작성한『철도연선치안주보(제48호)』이다. 보고의 제1항에 따르면 昭和十五年(1940년) 12월 8일 천한장부대의 15,6명이 도가선(圖佳線) 루도우(鹿道)역(닝안현 경내) 부근에서 경찰토벌대에 발각되어 교전을 벌였다. 교전 중 천한장 및 그 수하 전사 4명이 희생되었고 5명이 체포되었다. 일본침략군은 체포된 전사와 토벌대의 검사결과에 근거하여 희생자 속에 천한장이 포함되어 있음을 확인하였다.

그 밖에 이 서류는 일본침략군 및 경찰토벌대가 중국 동북항일연군 쉬저민(徐澤民)부대와 교전한 상황과 박주임(박길송(朴吉松)), 위탠팡(于天放), 장광디(張光迪), 왕밍궈이(王銘貴) 등 철도연선 항일연군부대의 활동 상황도 적고 있다.

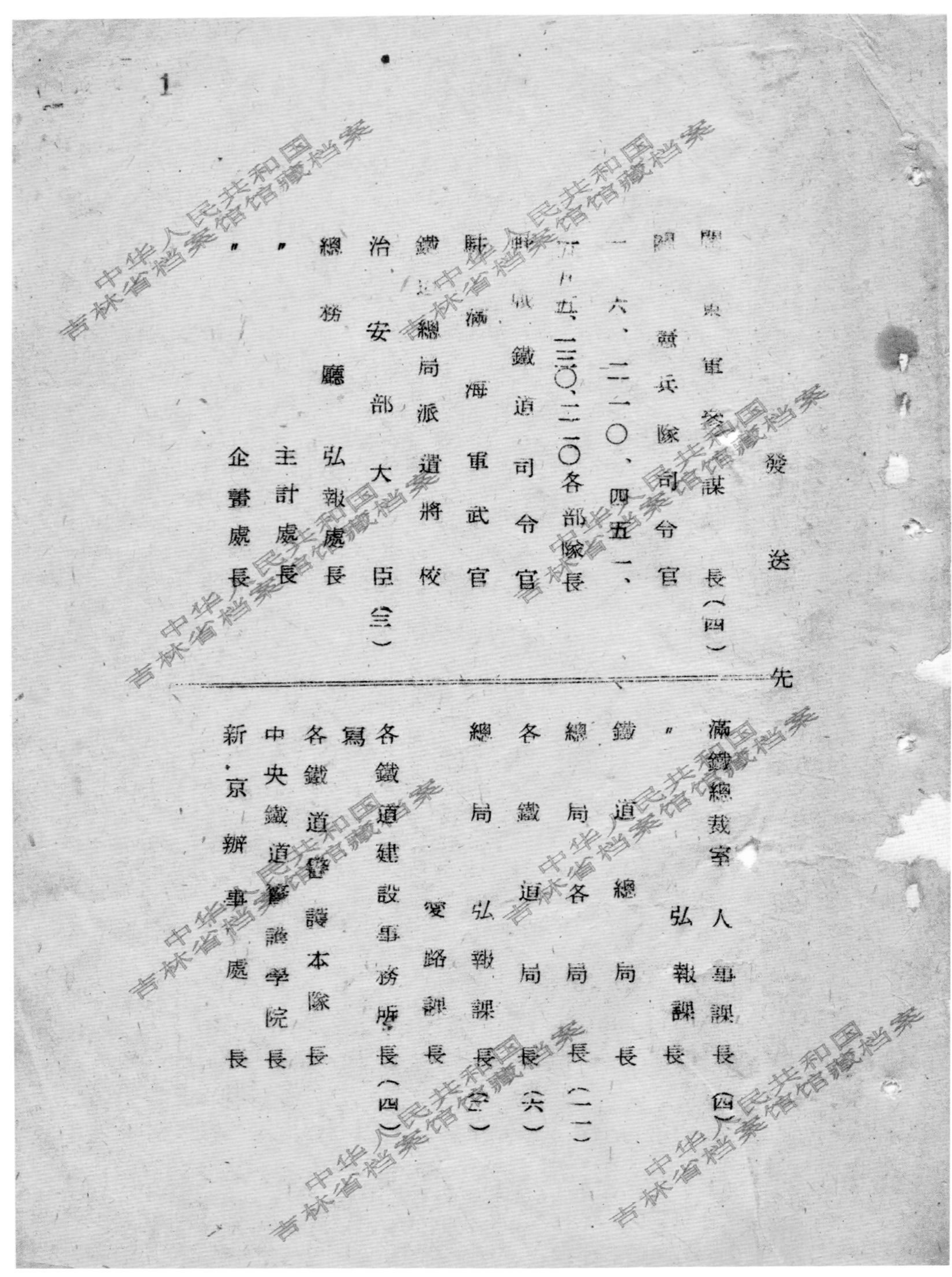

1

發送先

關東軍參謀長(四)
關東憲兵隊司令官
一六、二二〇、四五一、
五八五、二三〇、二二〇各部隊長
駐滿鐵道司令官
駐滿海軍武官
鐵道總局派遣將校
治安部大臣(三)
總務廳弘報處長
〃 主計處長
〃 企畫處長

滿鐵總裁室人事課長(四)
〃 弘報課長
鐵道總局總局長
總局各局長(一一)
各鐵道局長(六)
總局弘報課長(三)
愛路課長
各鐵道建設事務所長(四)
寫
各鐵道警護本隊長
中央鐵道警護學院長
新京辦事處長

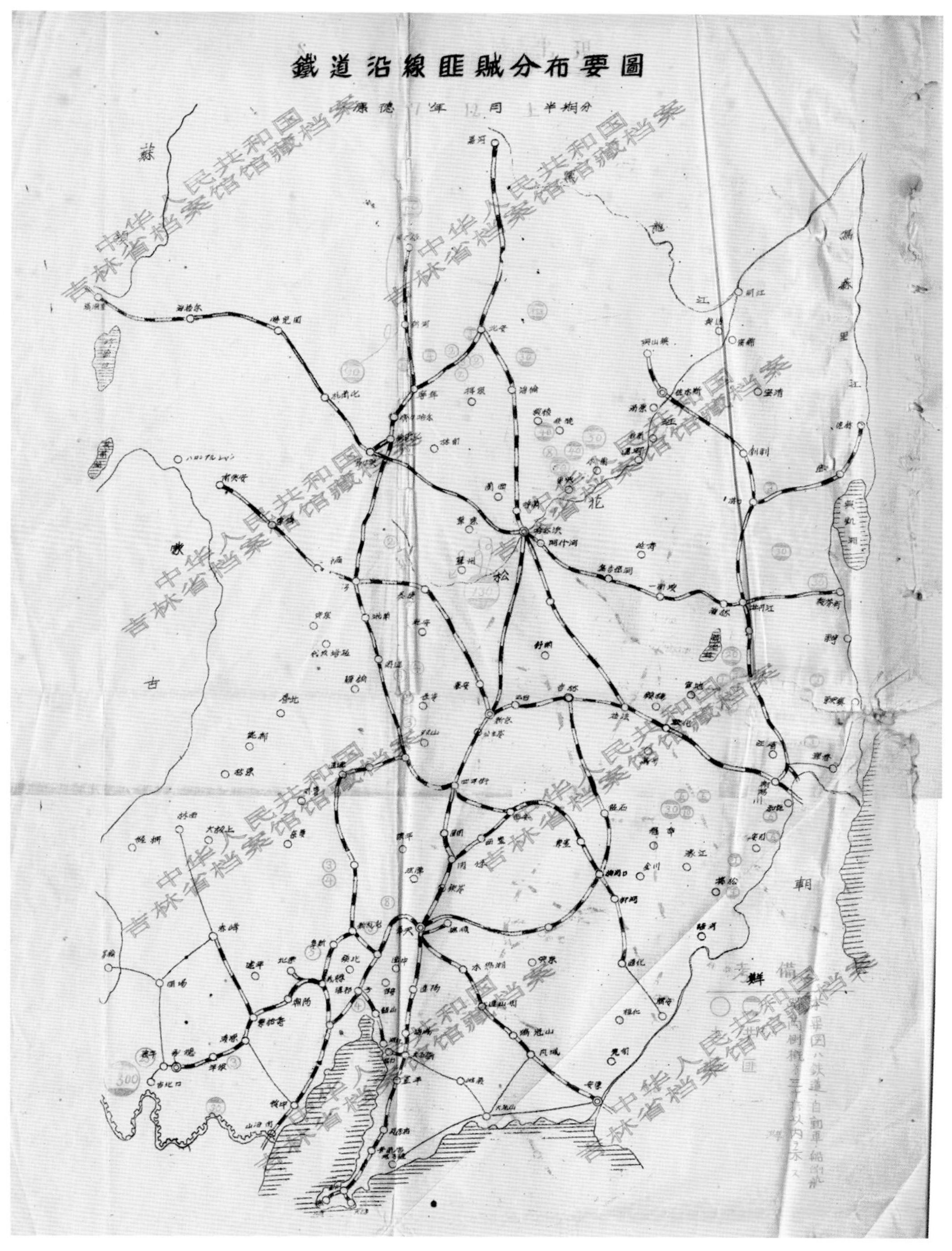
鐵道沿線匪賊分布要圖
康德7年12月上半期分

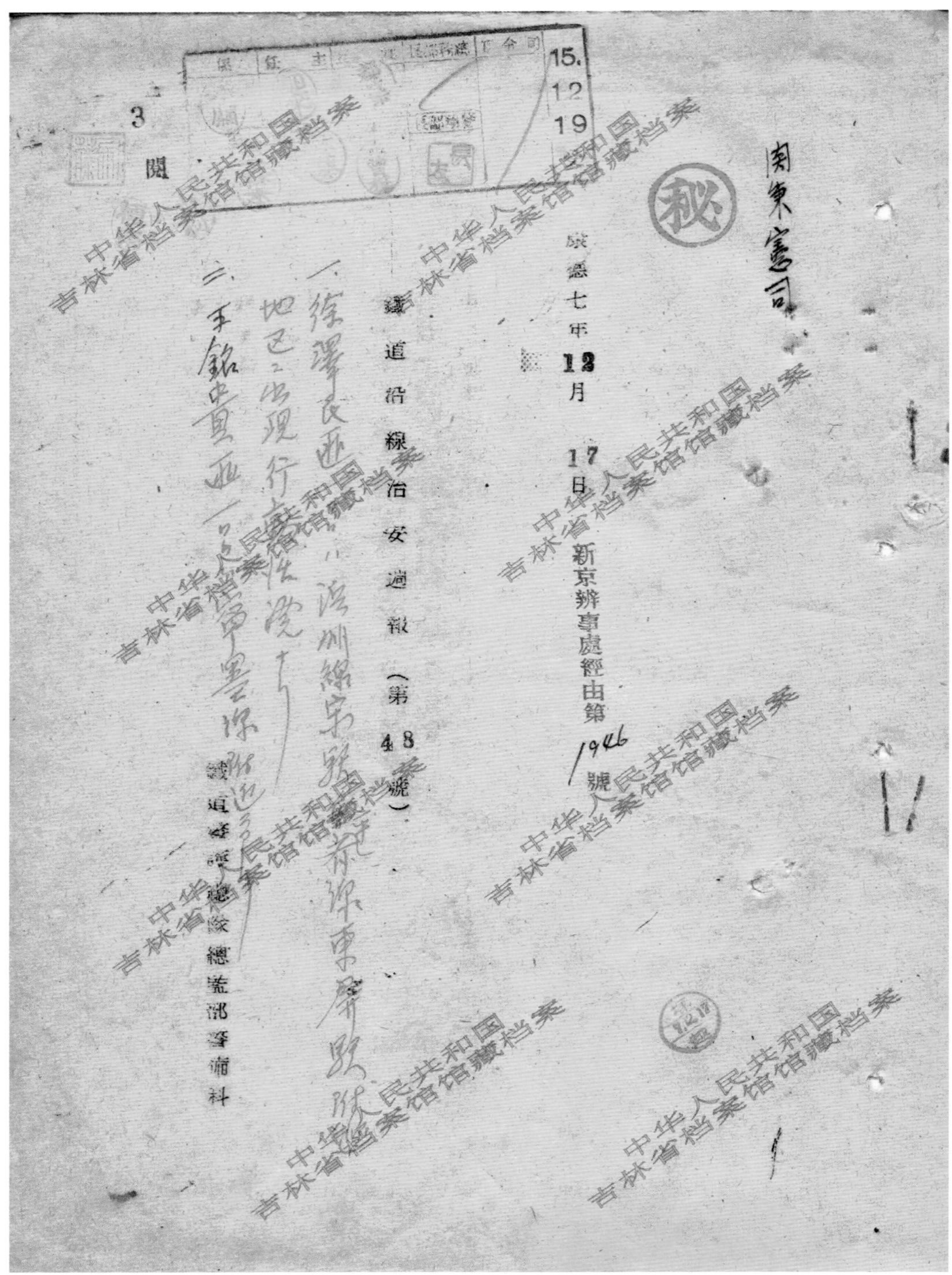
秘

関東憲司

康德七年12月17日

新京辨事處經由第1946號

鐵道沿線治安週報（第48號）

一、

二、

鐵道警護總隊總監部警備科

3

閲

15.
12
19

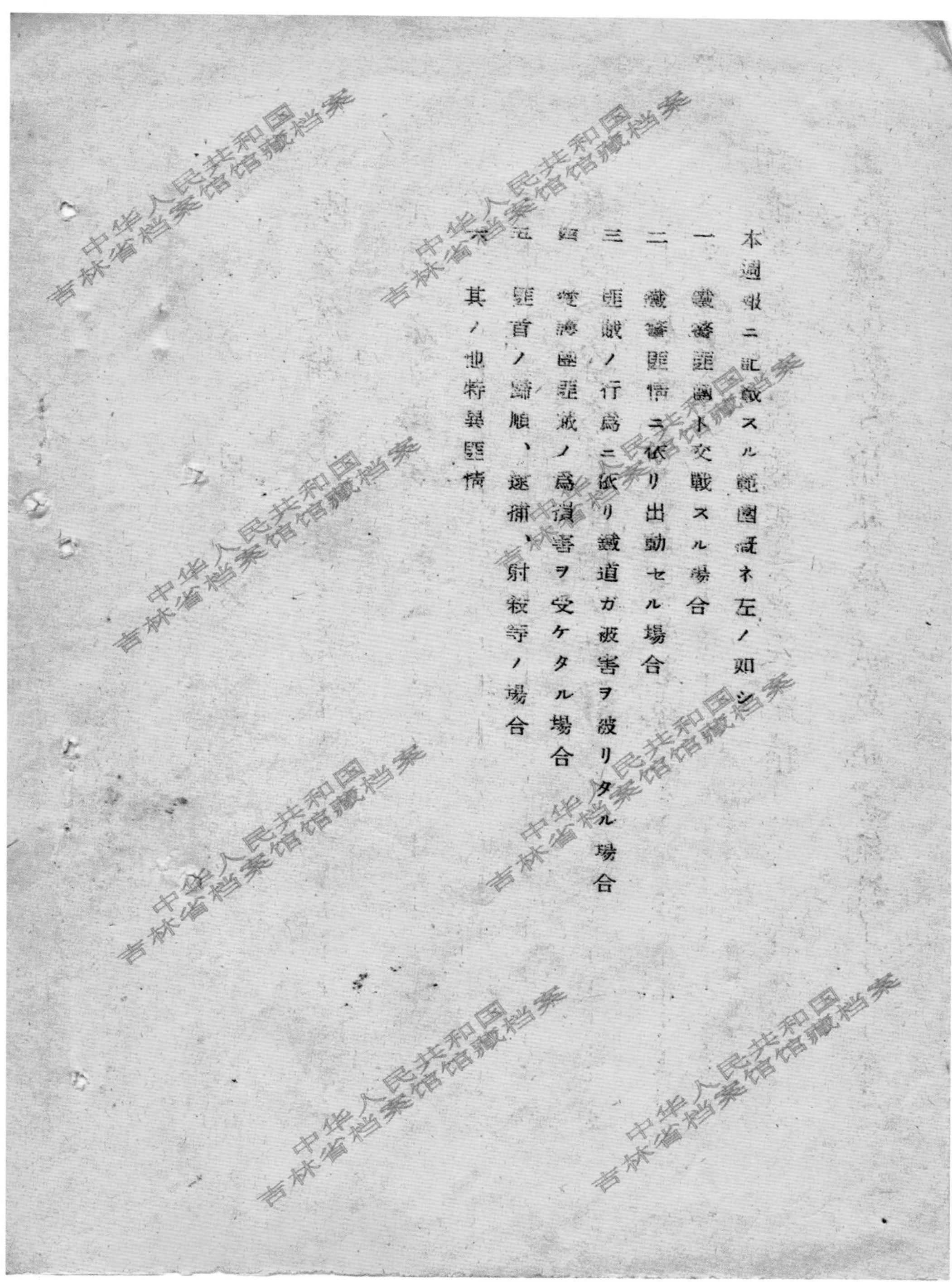

本週報ニ記載スル範圍ハ概ネ左ノ如シ

一 鐵警匪團ト交戰スル場合

二 鐵警匪情ニ依リ出動セル場合

三 匪賊ノ行爲ニ依リ鐵道ガ被害ヲ被リタル場合

四 愛護區匪賊ノ爲損害ヲ受ケタル場合

五 匪首ノ歸順、逮捕、射殺等ノ場合

六 其ノ他特異匪情

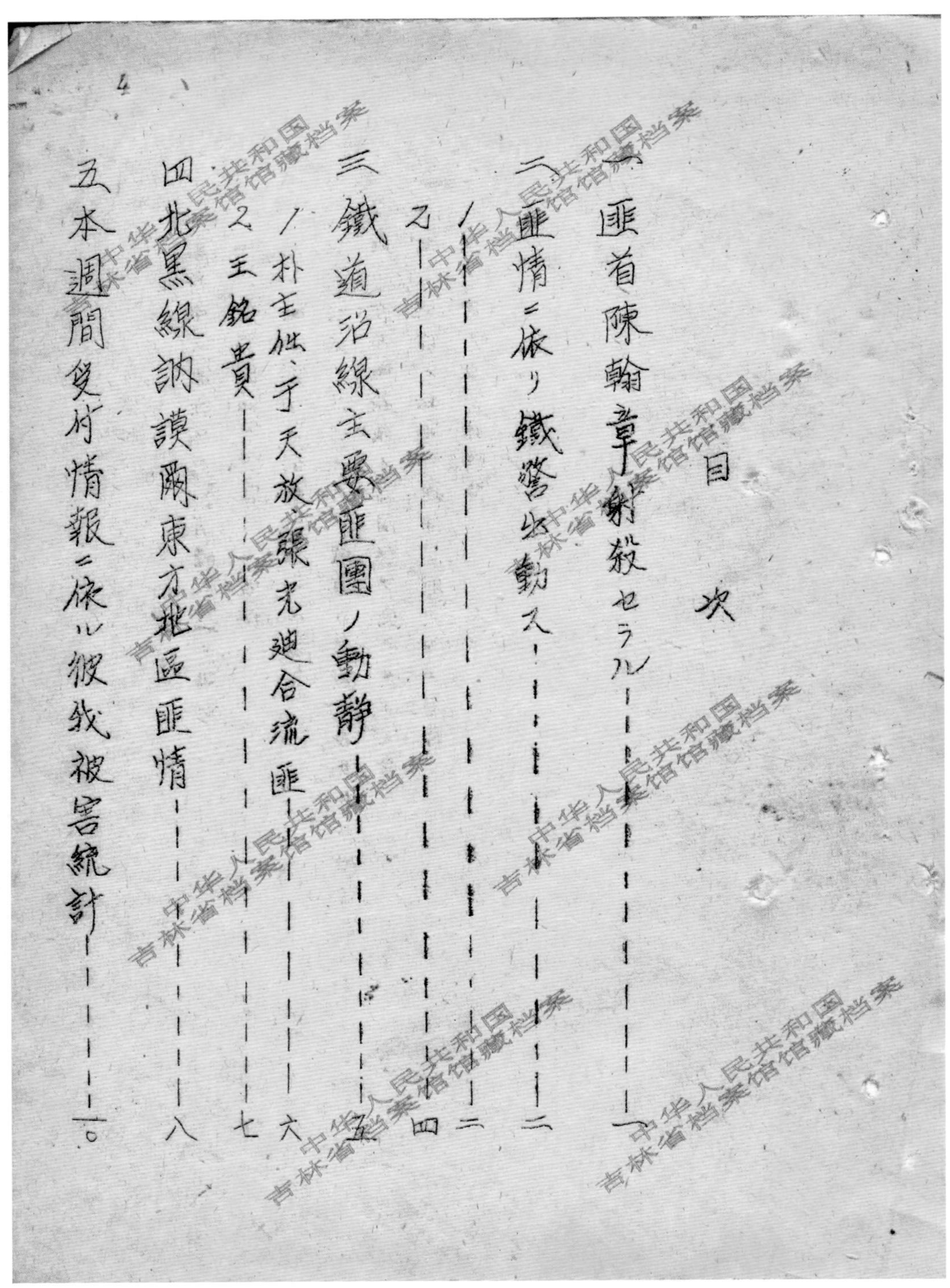
4

目次

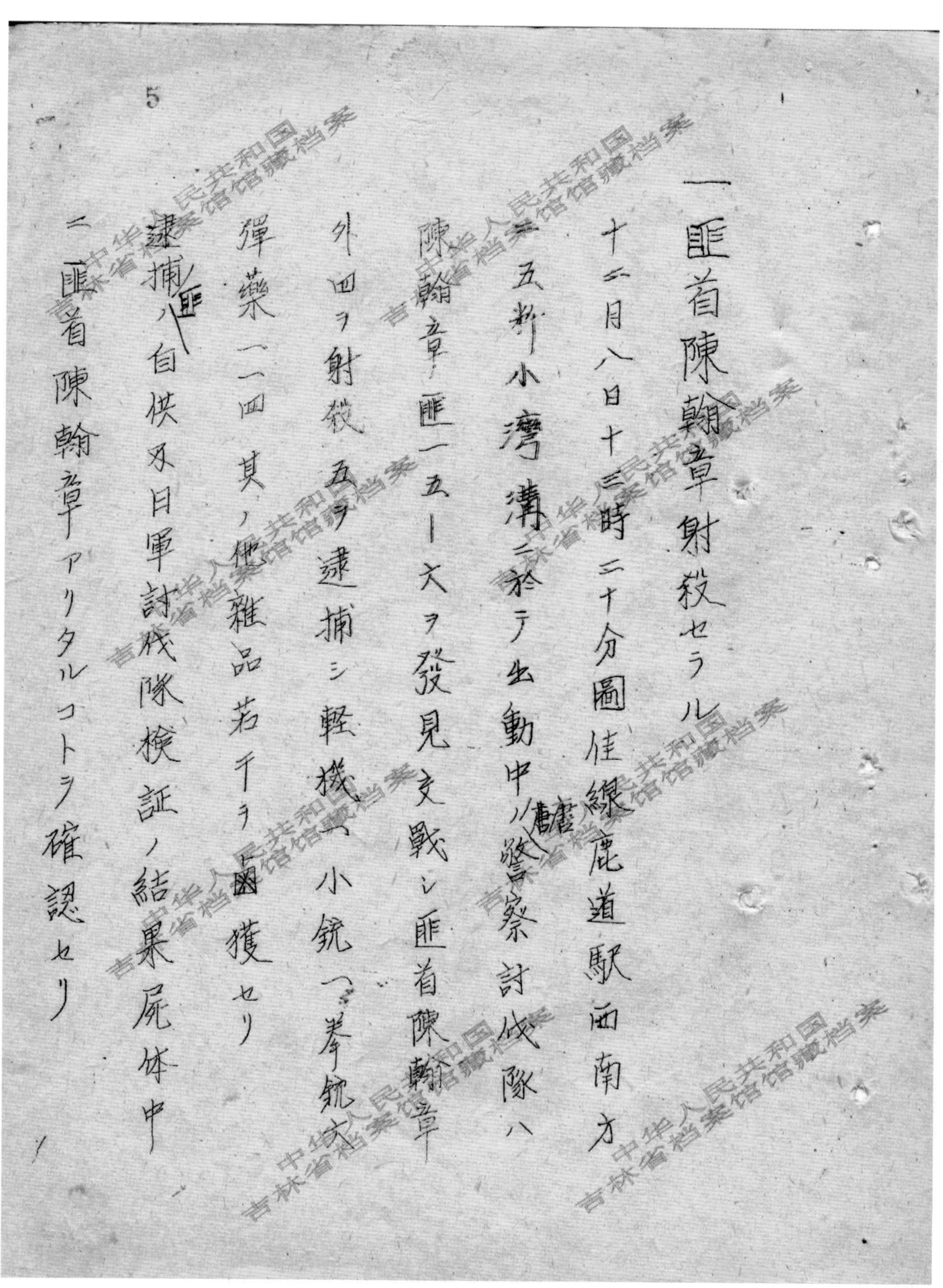

5

一、匪首陳翰章射殺セラル

十二月八日十三時二十分圖佳線鹿道駅西南方二五粁小湾溝ニ於テ出動中ノ[illegible]警察討伐隊ハ陳翰章ノ匪一五－六ヲ發見交戰シ匪首陳翰章外四ヲ射殺五ヲ逮捕シ軽機一、小銃一〇、拳銃六彈藥一一四其ノ他雜品若干ヲ鹵獲セリ

逮捕ノ匪ハ自供及日軍討伐隊検証ノ結果屍体中ニ匪首陳翰章アリタルコトヲ確認セリ

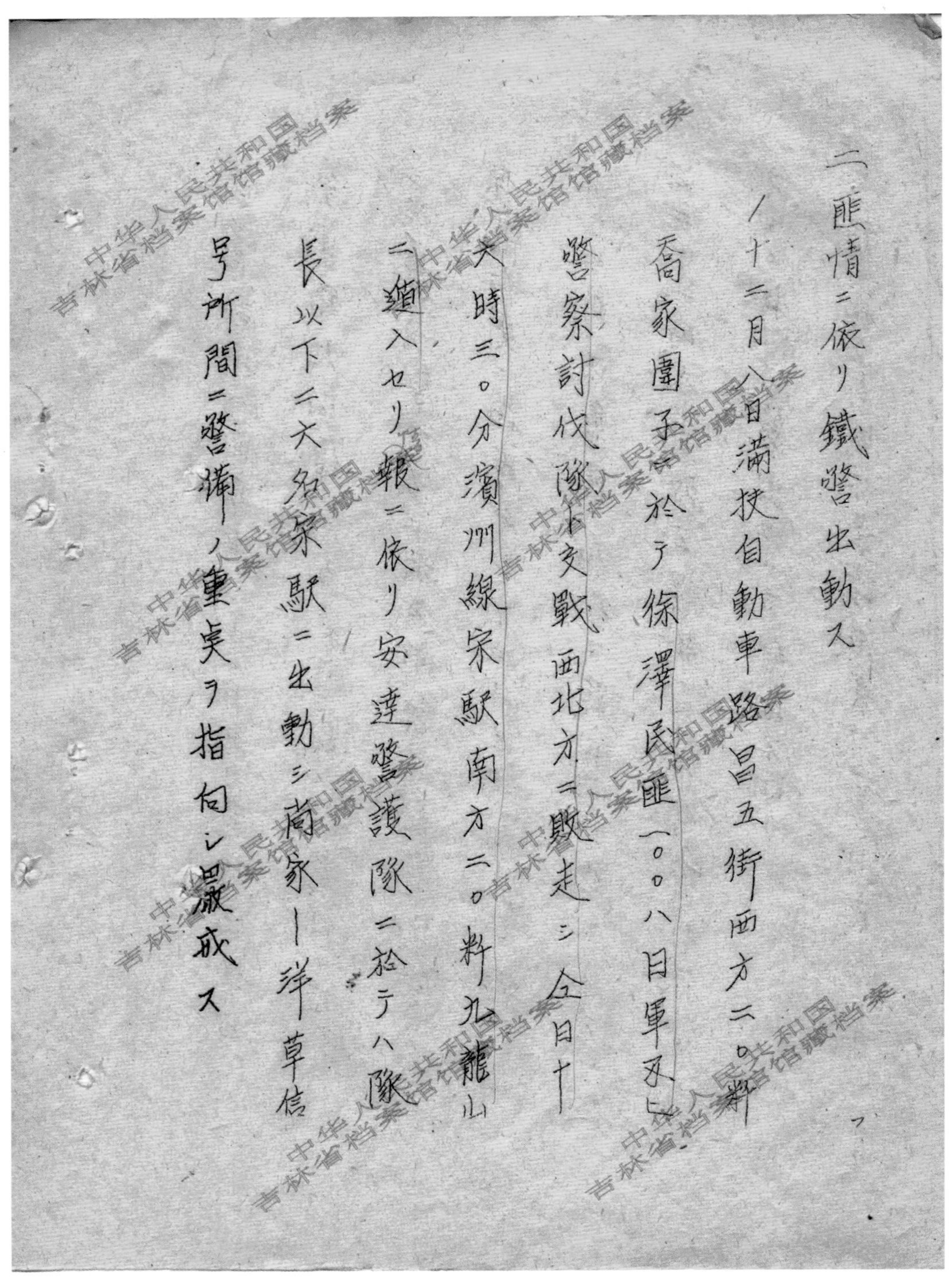

二、匪情ニ依リ鐵警出動ス

一、十二月八日満扶自動車路昌五街西方二〇粁喬家園子ニ於テ徐澤民匪一〇〇ハ日軍及ヒ警察討伐隊ト交戰西北方ニ敗走シ仝日十六時三〇分濱洲線宋駅南方二〇粁九龍山ニ進入セリ報ニ依リ安達警護隊ニ於テハ隊長以下二大名宋駅ニ出動シ尚家－洋草信号所間ニ警備ノ重点ヲ指向シ嚴戒ス

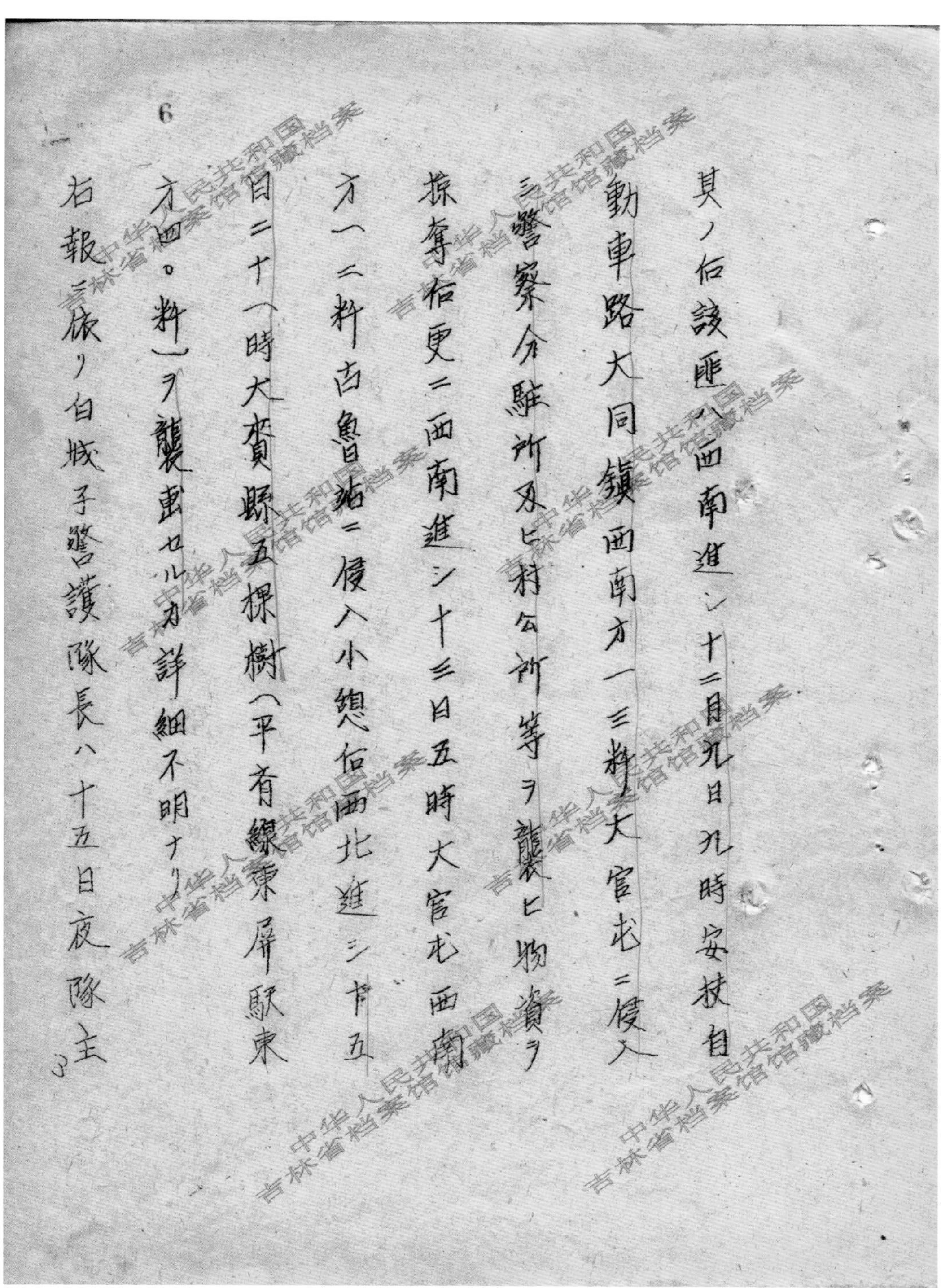

6

其ノ后該匪ハ西南進シ十二月九日九時安扶自動車路大同鎮西南方一三粁ノ大官屯ニ侵入シ警察分駐所及ヒ村公所等ヲ襲ヒ物資ヲ掠奪后更ニ西南進シ十三日五時大官屯西南方一二粁古魯站ニ侵入小憩后西北進シ十五日二十一時大賚縣五棵樹（平斉線東屏駅東方四〇粁）ヲ襲撃セルカ詳細不明ナリ

右報ニ依リ白城子警護隊長ハ十五日夜隊主

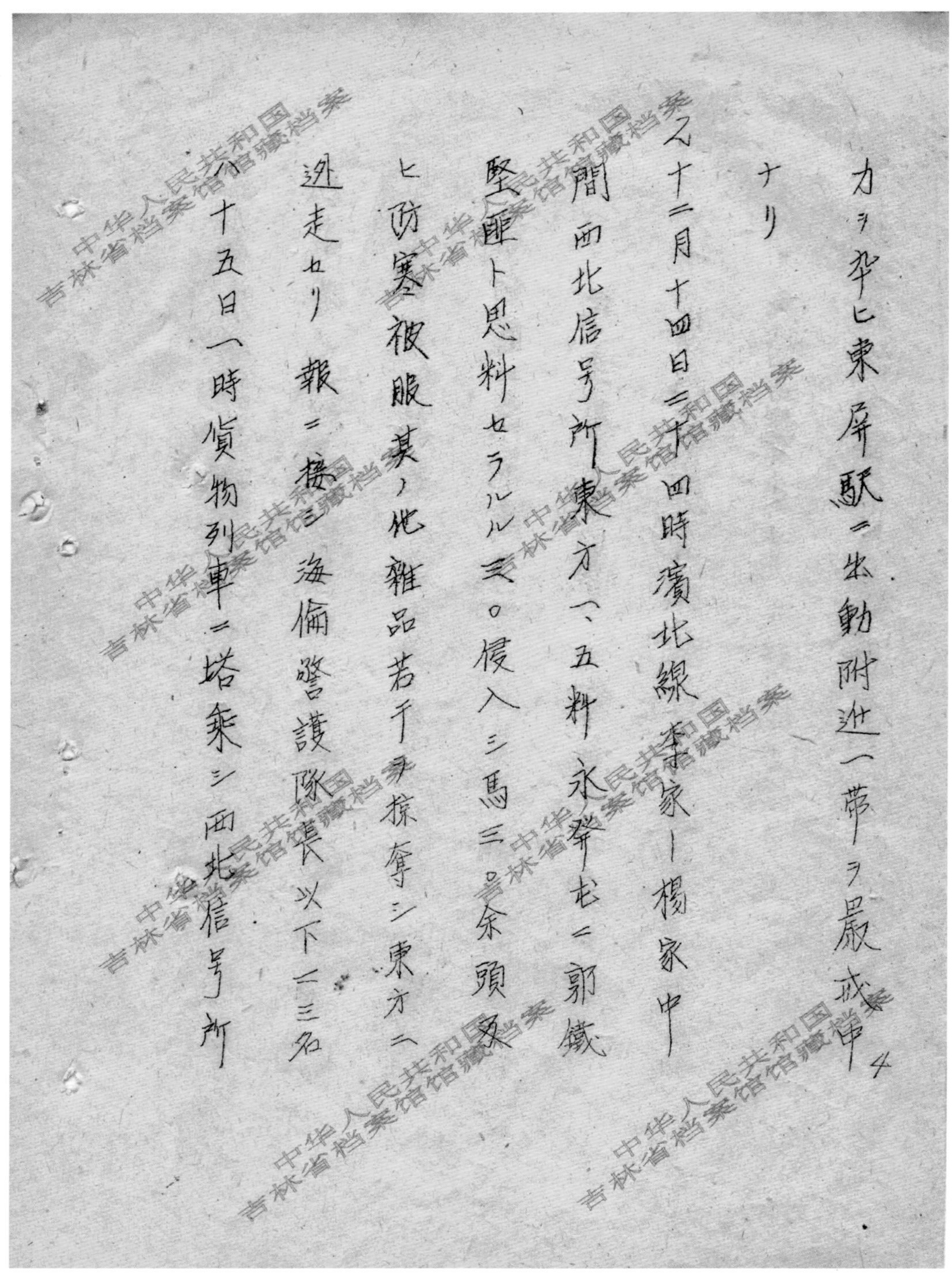
カヲ率ヒ東寧駅ニ出動附近一帯ヲ嚴戒中 4
ナリ
乙 十二月十四日二十四時濱北線李家ト楊家中
間西北信号所ノ東方一、五粁永発屯ニ郭鐵
堅匪ト思料セラルル三〇侵入シ馬三〇余頭及
ヒ防寒被服其ノ他雑品若干ヲ掠奪シ東方ニ
逃走セリ 報ニ接シ海倫警護隊長以下一二三名
ハ十五日一時貨物列車ニ搭乗シ西北信号所

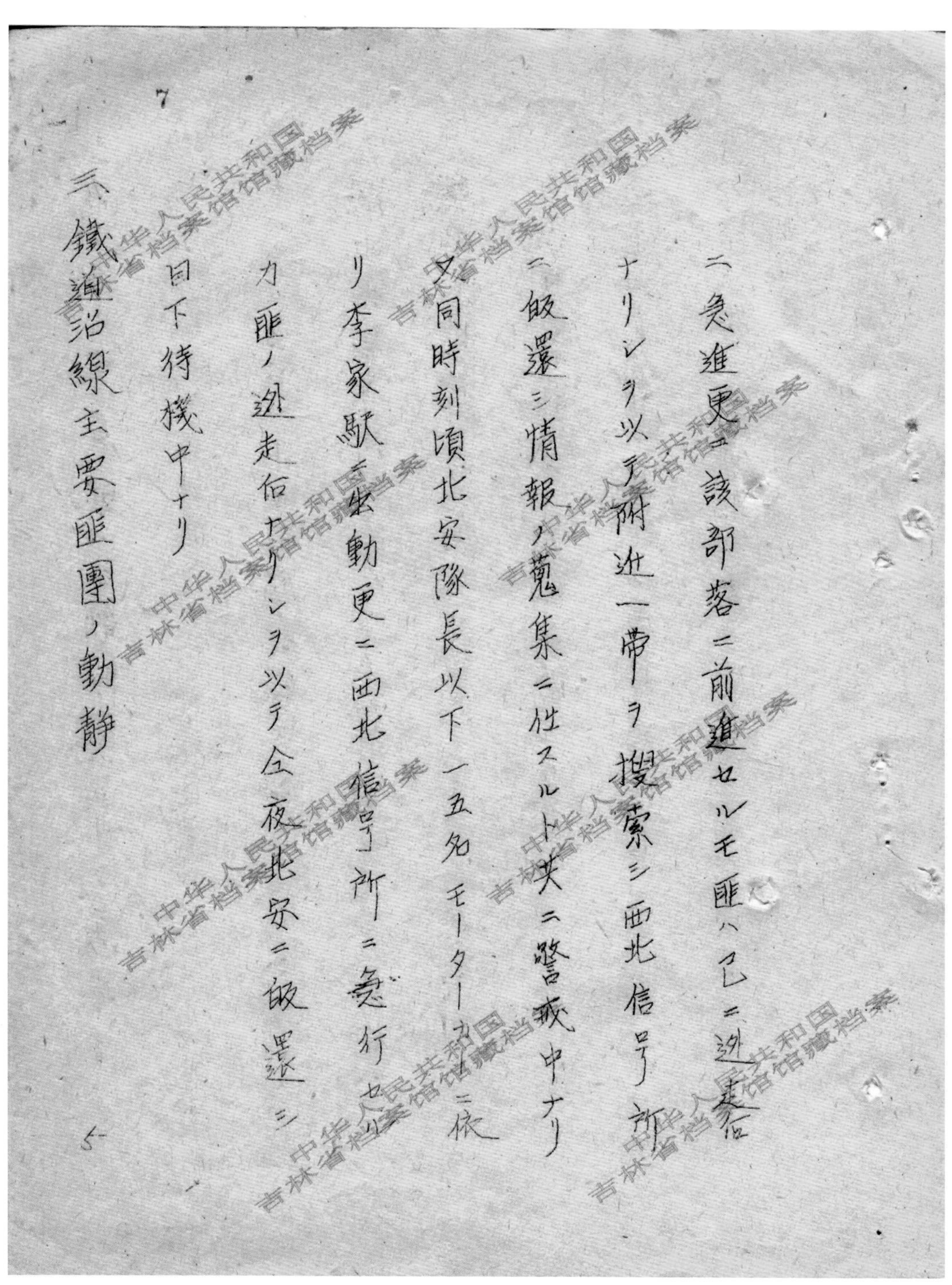

7

ニ急進更ニ該部落ニ前進セルモ匪ハ已ニ逃走后ナリシヲ以テ附近一帯ヲ捜索シ西北信号所ニ歸還シ情報ノ蒐集ニ任スルト共ニ警戒中ナリ

又同時刻頃北安隊長以下一五名モーターカーニ依リ李家駅ヨリ出動更ニ西北信号所ニ急行セシカ匪ノ逃走后ナリシヲ以テ今夜北安ニ歸還シ目下待機中ナリ

三、鐵道沿線主要匪團ノ動静

5

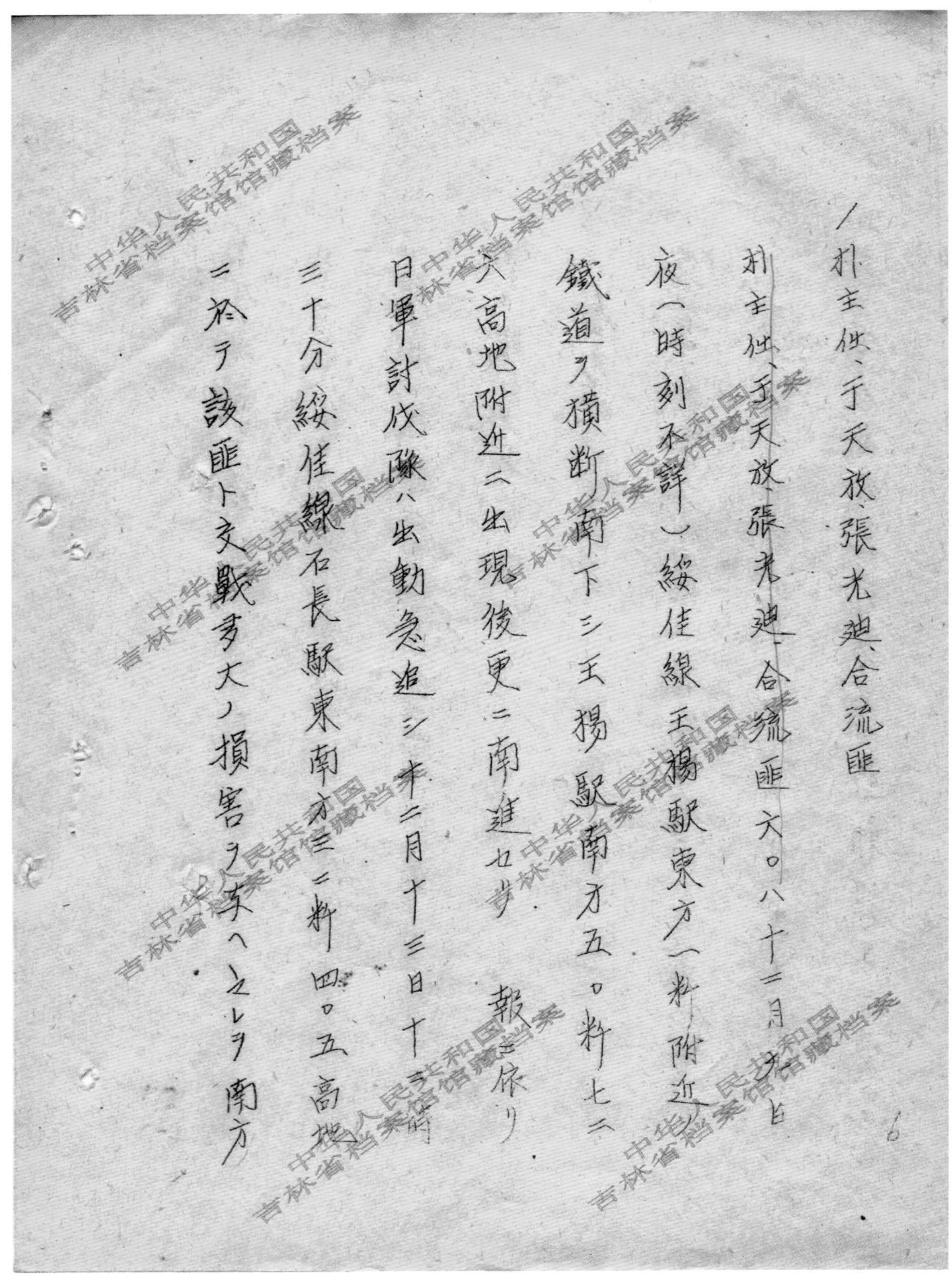

／扎主任、于天放、張光廸、合流匪
扎主任、于天放、張光廸、合流匪六〇八十二月十七日
夜（時刻不詳）綏佳線王楊駅東方一粁附近
鐵道ヲ横断シ南下シ王楊駅南方五〇粁七二
六高地附近ニ出現後更ニ南進セリ　報ニ依リ
日軍討伐隊ハ出動急追シ十二月十三日十時
三十分綏佳線石長駅東南方三粁四〇五高地
ニ於テ該匪ト交戦多大ノ損害ヲ与ヘ之レヲ南方　6

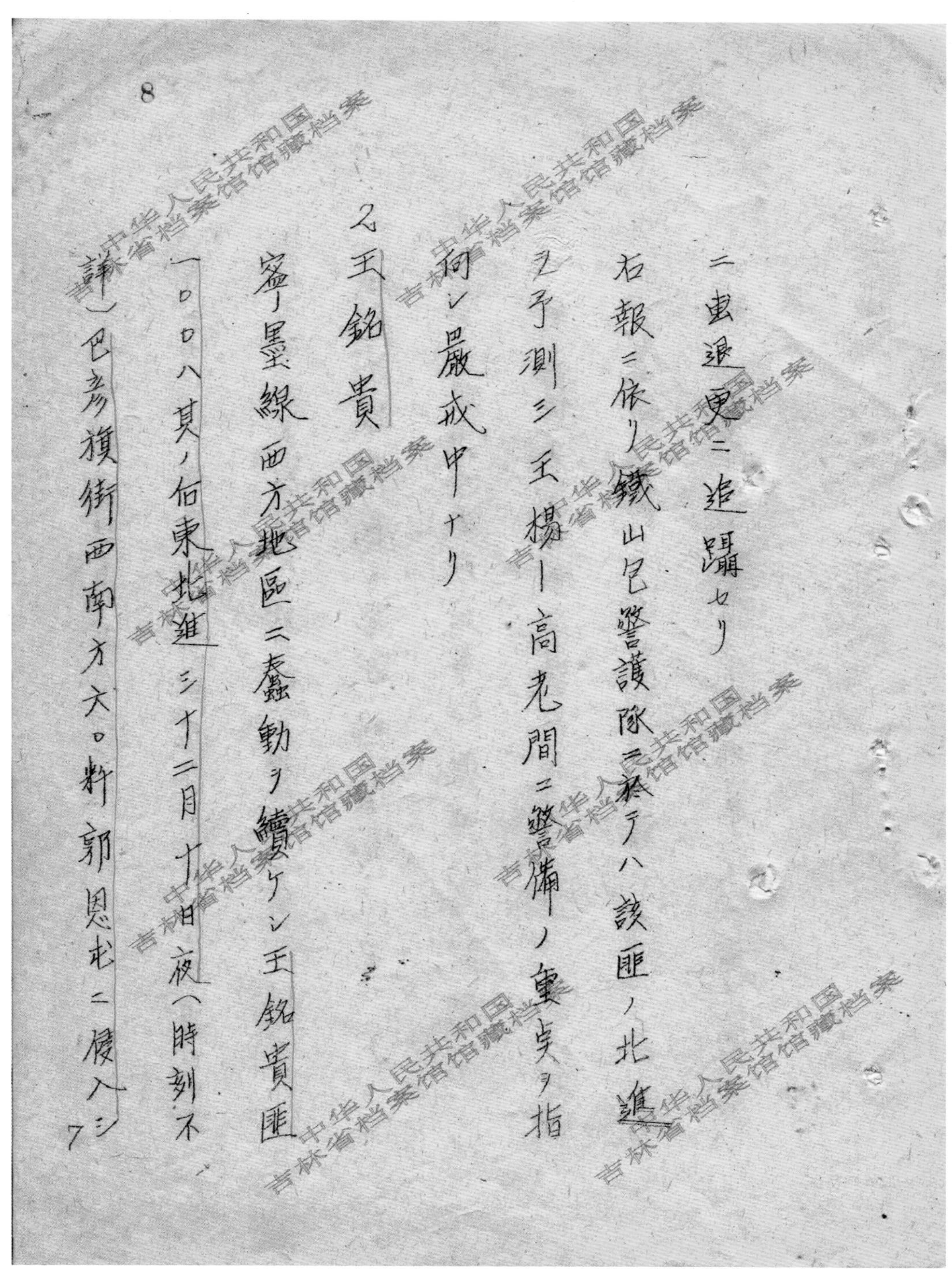

8

ニ東退更ニ追躡セリ

右報ニ依リ鐵山包警護隊ニ於テハ該匪ノ北進

ヲ予測シ王楊ノ高老間ニ警備ノ重点ヲ指

向シ嚴戒中ナリ

乙 王銘貴

寧ノ墨線西方地區ニ蠢動シ續ケシ王銘貴匪

（一〇〇八）其ノ佰東北進シ十二月十日夜（時刻不

詳）巴彦旗街西南方六〇粁郭恩杉ニ侵入シ

7

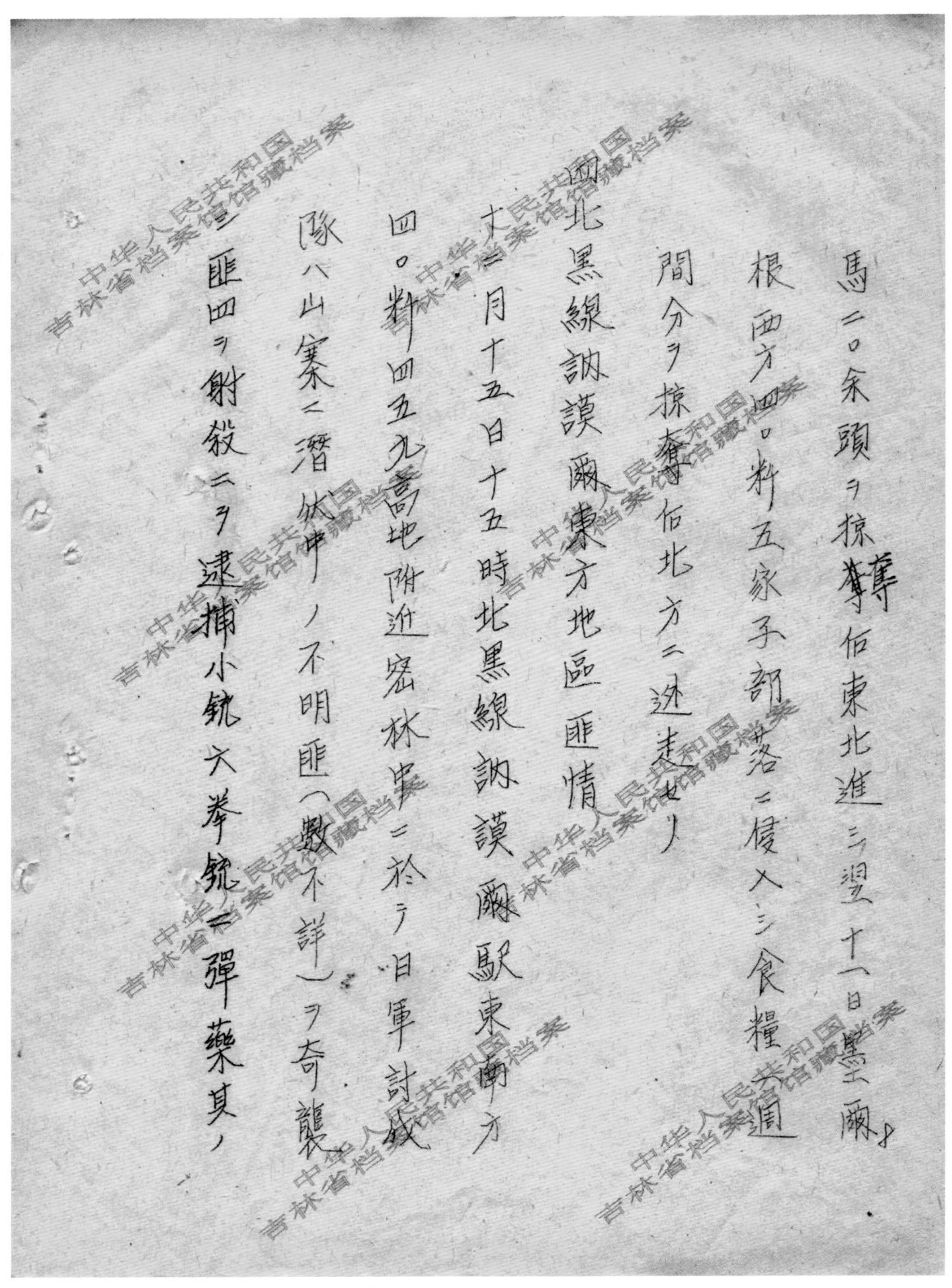
馬二〇余頭ヲ掠奪后東北進シ翌十一日墨爾
根西方四〇粁五家子部落ニ侵入シ食糧一週
間分ヲ掠奪后北方ニ逃走セリ
爾北黒線訥謨爾東方地區匪情
一、二月十五日十五時北黒線訥謨爾駅東南方
四〇粁四五九高地附近密林内ニ於テ日軍討伐
隊ハ山寨ニ潜伏中ノ不明匪（數不詳）ヲ奇襲
シ匪四ヲ射殺二ヲ逮捕小銃六拳銃一彈藥其ノ

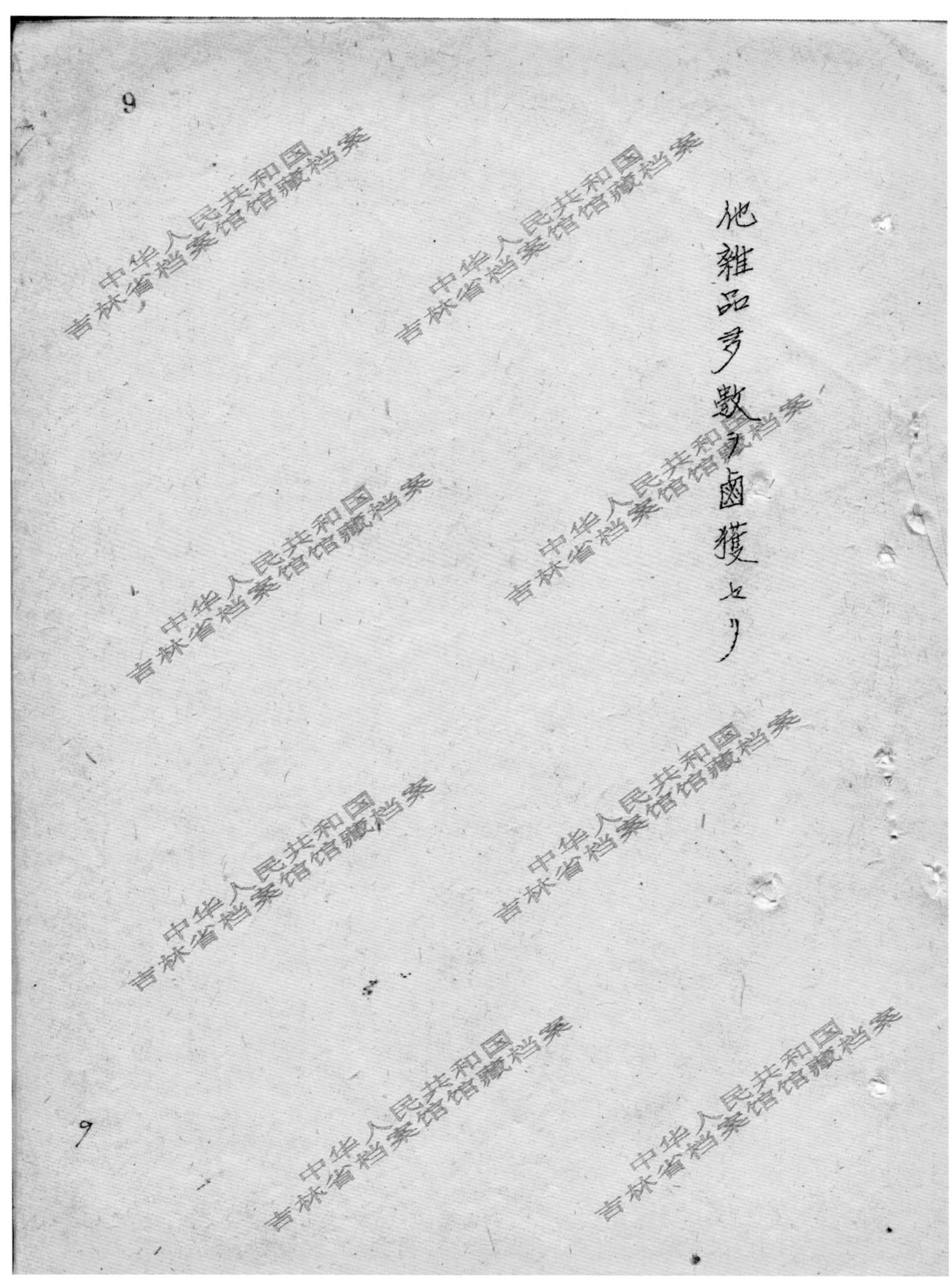

9

他雑品多數ヲ鹵獲セリ

9

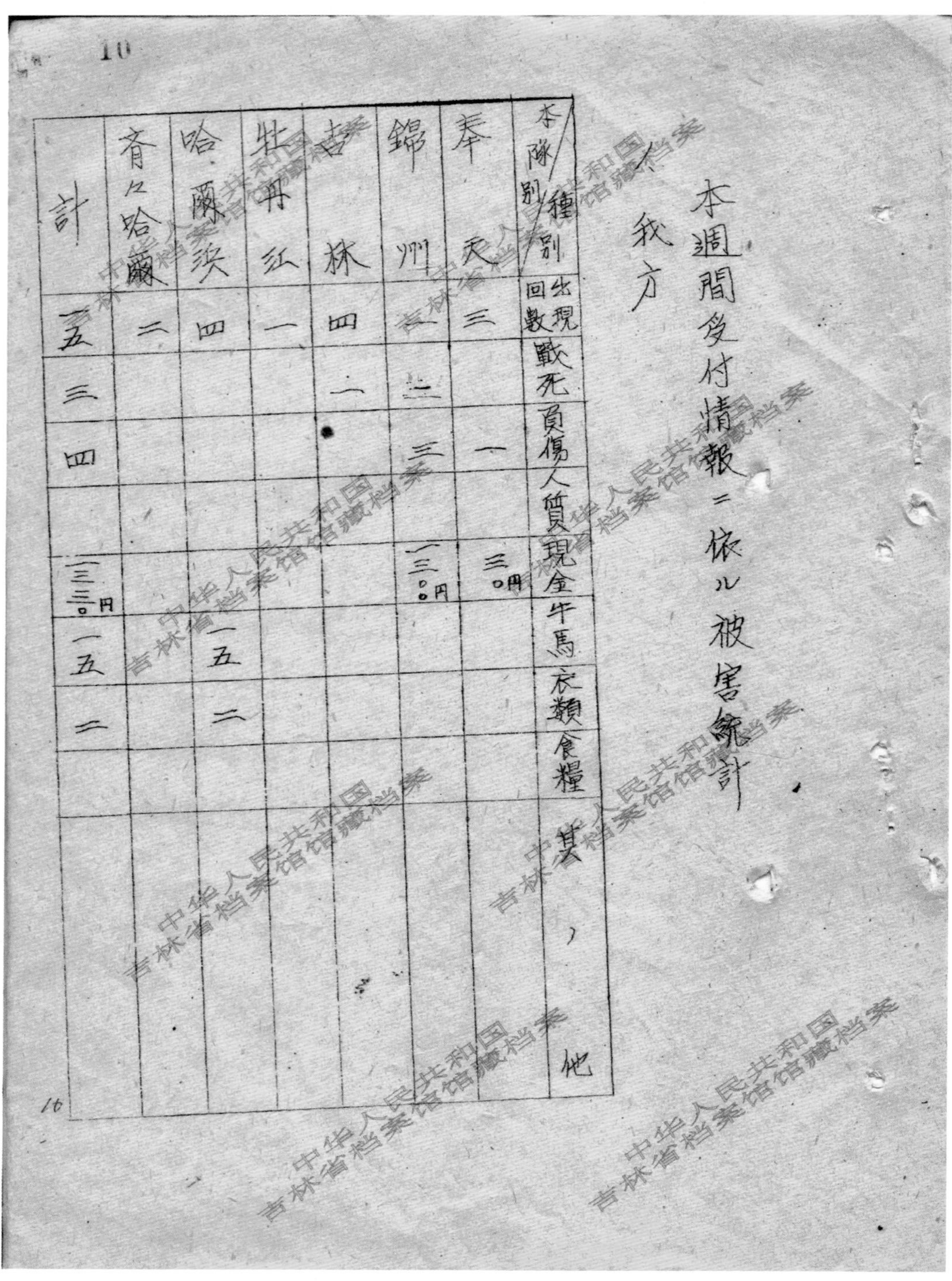

10

本週間受付情報ニ依ル被害統計

イ、我方

本隊別＼種別	出現回数	戦死	負傷	人質	現金	牛馬	衣類	食糧	其ノ他
奉天	三		一		三〇円				
錦州	一	二	三		一三〇〇円				
吉林	四	一							
牡丹江	一								
哈爾浜	四					一五	二		
斉々哈爾	二								
計	一五	三	四		一三三〇円	一五	二		

10

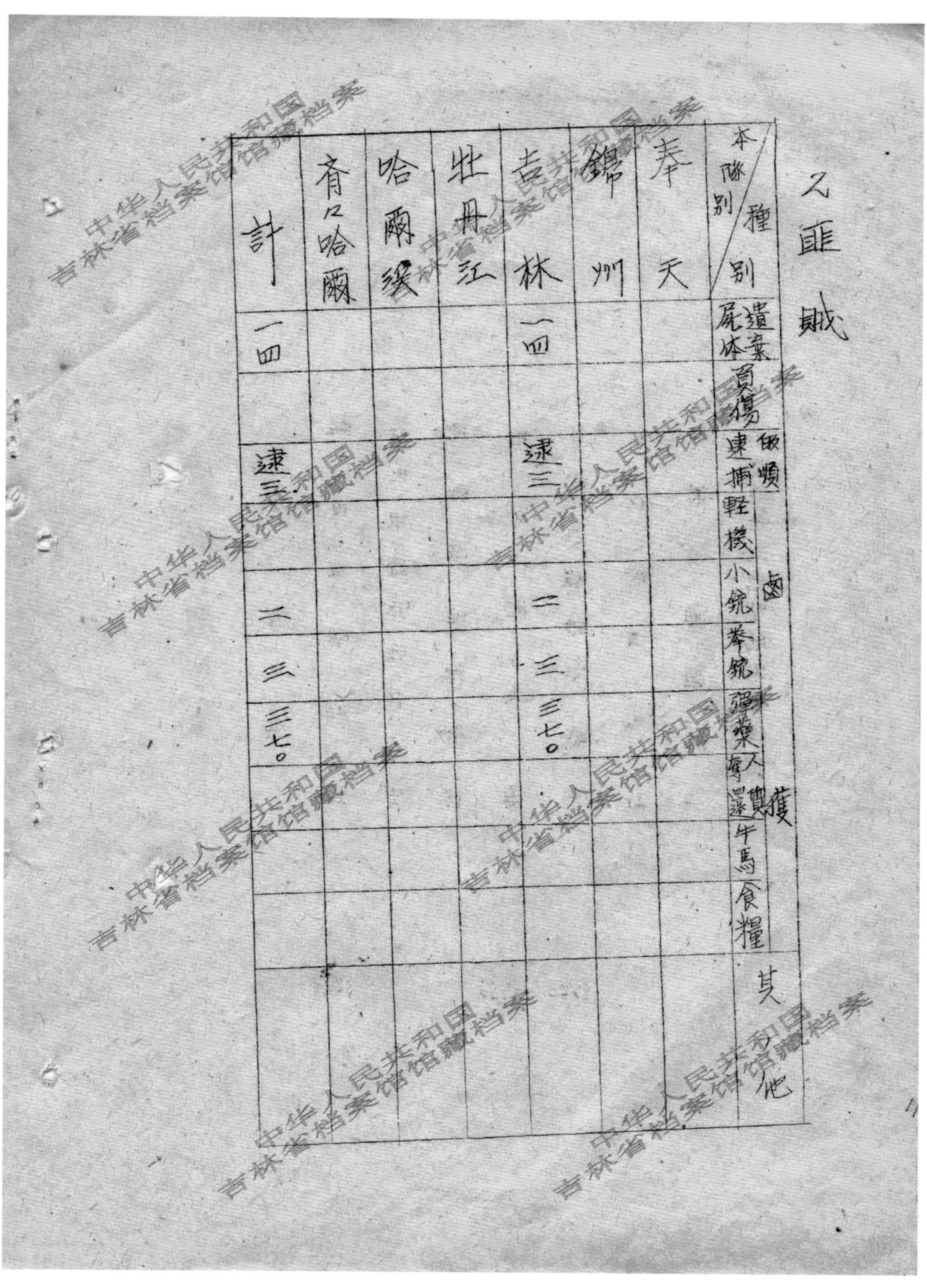

乙匪賊

本隊別 \ 種別	遺棄屍体	負傷	俘虜 逮捕	鹵獲 輕機	鹵獲 小銃	鹵獲 拳銃	鹵獲 彈薬	鹵獲 奪還人質	鹵獲 牛馬	鹵獲 食糧	其他
奉天											
錦州											
吉林	一四		逮三		二	三	三七〇				
牡丹江											
哈爾濱											
齊齊哈爾											
計	一四		逮三		二	三	三七〇				

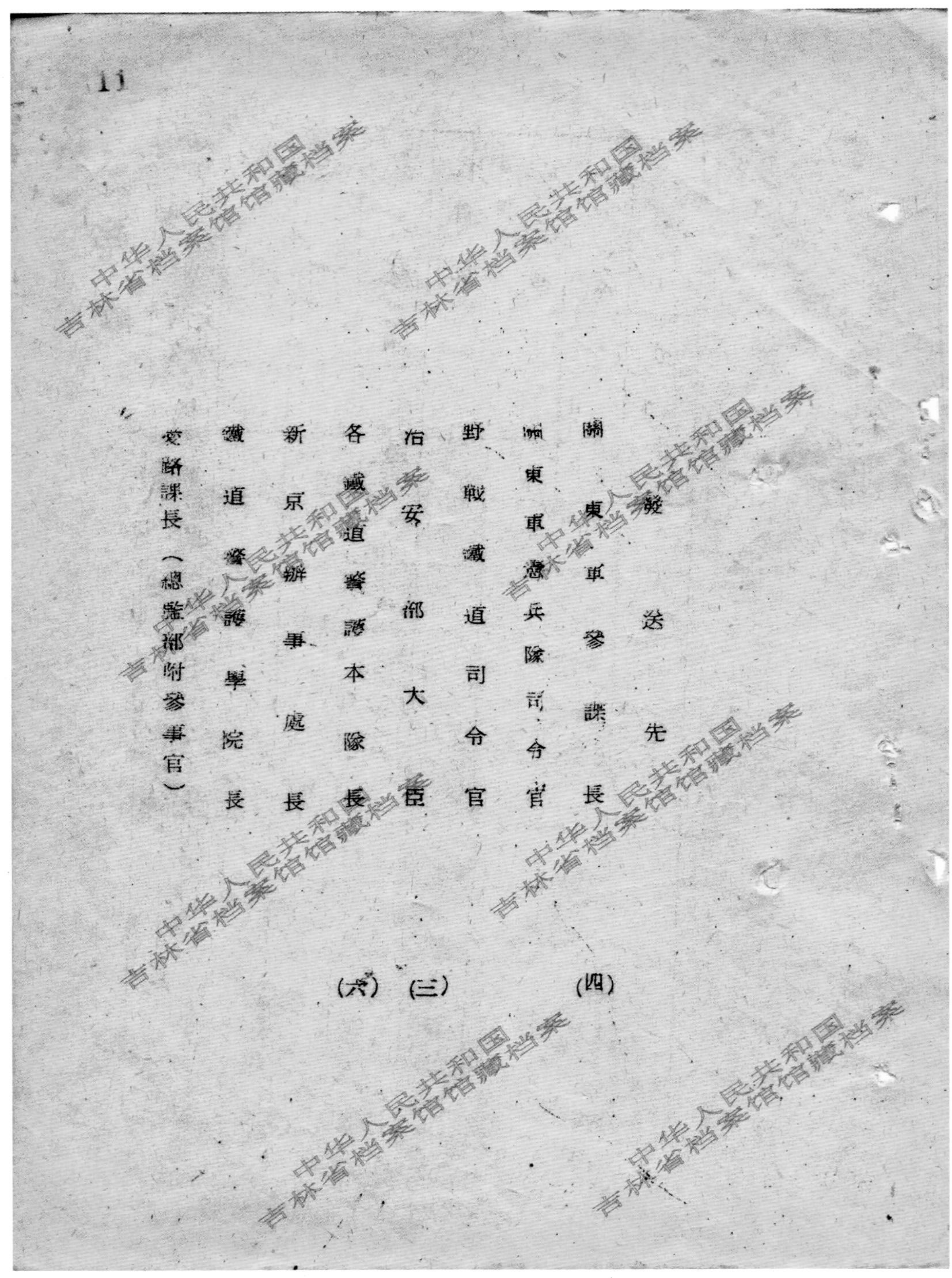

11

發送先

關東軍參謀長 (四)

關東軍憲兵隊司令官

野戰鐵道司令官

治安部大臣 (三)

各鐵道警護本隊長 (六)

新京辦事處長

鐵道警護學院長

愛路課長（總監部附參事官）

발송부서: 관동군참모장(四), 관동헌병대사령관

一六, 二一〇, 四五一, 五五五, 一三〇, 二一〇 각 부대장

야전철도사령관

주만해군무관

철도총국파견장교

치안부대신(三)

총무청 홍보처장

총무청 주계처장

총무청 기획처장

만철총재실 인사과장(四)

만철총재실 홍보과장

철도총국장

총국 각 국장(二)

각 철도국장(六)

총국 홍보과장(二)

총국 애로과장

각 철도건설사무소장(四)

발송: 각 철도경호본대장

중앙철도경호학원장

신징판사처장

강덕 7년 12월 17일 신징판사처 경유 제1946호

『철도연선치안주보』(제48호)

철도경호총대 총감부 경비과

본 주보의 기재내용은 대체로 아래와 같음.

一. 철도경찰과 비적단의 교전상황

二. 적정에 의해 철경이 출동한 상황

三. 비적행위에 의해 철로가 손실 입은 상황

四. 애호단이 비적으로부터 입은 손실 상황

五. 비적 수괴의 귀순, 체포, 사살 등 상황

六. 기타 특별 적정

목록

一. 비적 수괴 천한장을 사살

12월 8일 13시 20분경에 도가선 루도우역 서남 방향 25킬로미터 소만구에 출동한 경찰토벌대는 천한장비적단 15,6명을 발견, 즉시 교전. 비적 괴수 천한장 및 기타 4명의 비적을 사살하고 5명을 체포함. 경기관총 1정, 소총 1자루, 권총 6자루, 탄약 114발 및 기타 물품 약간을 노획함.

체포한 비적의 공술 및 일본군토벌대의 검증결과에 따르면 사살된 시체 중 비적 수괴 천한장이 포함되어 있음.

二. 적정에 의해 출동한 철도경찰

1. 12월 8일, 쉬저민의 100여 명 비적단이 滿扶 자동차로 창우(昌五)가 서쪽 20킬로미터 되는 쵸쟈워이즈(喬家圍子)에서 일본군 및 경찰토벌대와 교전, 그 후 서북 방으로 도주. 동일 16시 30분, 빈저우현 숭잔 남쪽으로 20킬로 되는 쥬룽산(九龍山)으로 도둔. 정보에 근거하여 안다(安達)경호대 대장 및 26명 대원이 숭잔으로 출동하여 상쟈—양초신호소 일대를 중점적으로 경계. 그 후 해당 비적단은 서남 방향으로 도주하여 12월 9일 9시에 安扶 자동차로 다퉁진

서남 방향 12킬로 되는 곳의 다관둔에 침입, 경찰분주소와 촌공소 등을 습격하고 물자를 약탈한 후 다시 서남 방향으로 도주. 13일 5시에 다관둔 서남 방향 12킬로 되는 구루역에서 잠시 휴식을 취한 후 서북 방향으로 도주. 15일 21시에 다라이(大賚)현 우커수(핑지현 둥핑역 동쪽으로 40킬로)를 습격, 상세한 정황은 불명. 상술 상황에 근거하여 바이청즈 경호대장은 십오일 밤 부대주력을 둥핑 부근에 집결시켜 경계를 강화.

2. 12월 14일 24시, 궈테잰(郭鐵堅)의 30명 비적단이 빈북선 리쟈—양쟈 사이 서북신호소 동쪽 15킬로미터 되는 융파둔을 침입. 말 30필, 방한복 및 기타 물품을 약탈한 후 동쪽을 행해 도주. 정보를 입수한 하이룬경비대장 이하 23명 대원은 15일 1시에 화물열차를 타고 서북신호소에 긴급출동. 부락에 들어서니 비적무리는 이미 도주. 부근에서 수색을 펼치고 나서 서북신호소에 귀환. 정보를 수집하는 한편 경계를 강화. 동시에 버이안 대장과 15명 대원은 자동차를 타고 리쟈역에 도착 즉시 서북신호소로 향발, 비적들이 도주했음을 알고 그날 밤 버이안에 귀환. 현재 명령대기 중.

三. 철도연선의 주요비적단 동정

1. 박주임, 위탠팡, 장광디 합류비적

박주임, 위챈팡, 장광디 합류비적 60명은 12월 9일 밤(시간 미상) 수가선 왕양역 동쪽 1킬로 부근의 철도를 꿰질러 남하. 왕양역 남쪽으로 50킬로 되는 일이육고지 부근에 도착 후 다시 남쪽으로 전진. 정보에 따라 일본군토벌대가 급히 출동, 12월 13일 12시 30분경, 수가선 스창역 동남 방향 32킬로 되는 사공오고지에서 해당 비적단과 교전. 비적들은 큰 타격을 입고 남쪽으로 철수. 토벌대는 기세를 몰아 추격. 이상 정보에 근거하여 테산보경호대는 해당 비적단이 북진한 것으로 예측, 왕양—고로 사이 경비를 강화, 중점적으로 방비

2. 왕밍궈이

줄곧 녕묵선 서부지역에서 준동하던 왕밍궈이의 비적단 100명이 동북 방향으로 진발(進發). 12월 10일 밤(시간 미상) 파옌기가 서남 방향 60킬로 되는 궈언둔에 침입, 말 20여 필을 약탈 후 동북 방향으로 전진. 이튿날 머얼건 서쪽 40킬로 되는 우쟈즈부락에 침입하여 1주일 식용할 식량을 약탈 후 북쪽으로 도주.

四. 북흑선 너머얼 동쪽 지역 적정

12월 15일 15시, 북흑선 너머얼 역 동남쪽 40킬로 되는 곳의 459고지 부근의 수풀에서 일본군토벌대가 산채에 잠복해 있는 불명비적(인수 미상)을 기습, 4명 비적을 사살하고 2명을 체

포. 소총 6자루, 권총 2자루 및 탄약과 기타 물자 약간을 노획

五. 본 주의 정보입수에 근거하여 정리한 피해상황 통계

1. 아군

지역	평탄	진저우	지린	무단장	하얼빈	치치할	합계
출몰차수	3	1	4	1	4	2	15
전사		2	1				3
부상	1	3					4
인질							
현금	30엔	1,300엔					1,330엔
우마					15		15
의복					2		2
식량							
기타							

2. 비적

지역	평탄	진저우	지린	무단장	하얼빈	치치할	합계
유기시체			14				14
부상							
귀순 체포			3 체포				3 체포
	경기관총						
	소총			2			
	권총			3			
노획	탄약			370			
	인질구출						
	우마						
	식량						
기타							

발송부서:

관동군참모장(四)

관동헌병대사령관

야전철도사령관

치안부대신(三)

각 철도경호본대장(六)

신징판사처장

철도경호학원장

애로과장(총감부 부참사관)

86

서류해독

쟈무스헌병대의 『특주보(제5호)』

이 서류는 쟈무스헌병대장 出口元明이 작성한 昭和十七年(1942년)二月五日 자 『특주보(제5호)』이다. 서류는 피해자의 몸에서 조우상즈, 왕융쇼(王永孝)의 인감이 발견되었다고 기재하고 있다. 시체는 싱산진경찰서에 보관되었다. 일본헌병대의 추측에 따르면 조우상즈는 "소련" 입경 도중에 일본과 위만경찰과 교전하다가 희생되었다고 한다.

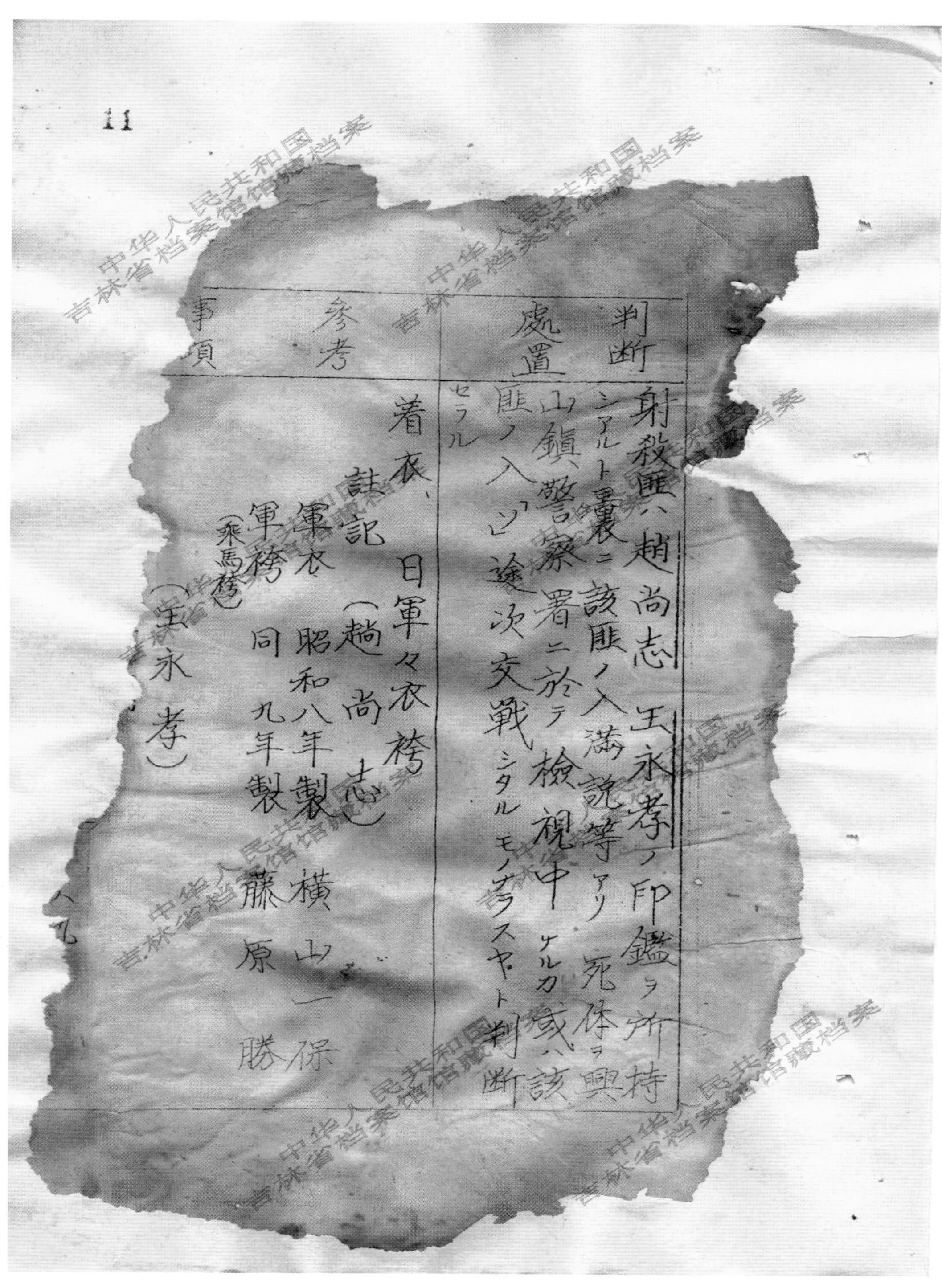

11

判断處置	射殺匪ハ趙尚志王永孝ノ印鑑ヲ所持シアルト[illegible]裏ニ該匪ノ入滿說等アリ死体ヲ興山鎮警察署ニ於テ檢視中ナルカ賊ハ該匪ノ入「ソ」途次交戦シタルモノナラスヤト判断セラル
参考事項	着衣ハ日軍々衣袴 註記（趙尚志） 軍衣　昭和八年製　横山一保 軍袴（乘馬袴）　同　九年製　藤原勝 （王永孝）

八九

판단처리	사살된 비적은 조우상즈, 왕융쇼의 인감을 소지. 꾸러미 속에는 해당 비적의 입만 설명 등이 들어 있음. 시체는 싱산진경찰서에 보관, 부검 중. 해당 비적은 "입소" 도중 교전으로 사살된 것으로 추정.
참고사항	의복 일본군복장 주: (조우상즈) 군복 昭和八年 제 橫山一保 군복바지 昭和九年 제 藤原勝 (기마병 바지) (왕융쇼) □□□□□□□

제8부분

영미포로에 대한 신문 및 학대에 관한 서류

제2차 세계대전 기간에 일본침략군은 태평양전장에서 생포한 미국, 영국 등 연합군 전쟁포로를 전문적으로 수감하는 펑탠포로수용소를 지금의 선양에 세웠다. 이 수용소는 일본침략군이 중국 동북 지구에 설립한 중심포로수용소이다. 1942년 11월 11일부터 1945년 8월 15일 투항하기까지 펑탠포로수용소는 미국, 영국, 호주, 네덜란드, 뉴질랜드, 싱가폴 등 여섯 개 나라의 포로를 수용하였다. 최다 수용자는 2,000명에 달하였고 일반적으로 1,500명 좌우였다. 그중 대부분은 미군포로였다. 수감된 몇 해 동안 이 포로들은 펑탠의 "만주공작기계주식회사", "만주범포주식회사" 등 기업에서 일하면서 비인간적인 학대를 받았다. 불완전한 통계에 따르면 약 240명의 포로가 각종 원인으로 수용소에서 죽어갔다.

이번에 수록한 영미포로의 서류는 모두 3건으로 일본관동헌병대 서류에서 발굴, 정리한 것이다. 주로 1944년 일본침략군이 격추한 미군B29폭격기의 부분적인 포로명단, 취조기록 및 영미포로관리에 관한 기록 등이다.

포로를 학대한 죄행을 덮어 감추고자 일본은 패망할 당시 펑탠포로수용소의 영미포로와 유관한 서류들을 기밀문건으로 분류하여 즉시 소각하였다. 현재 당시의 포로 상황과 수용소 관리제도를 기록한 서류들은 극히 희소하다. 그러므로 이 3건의 서류는 몹시 소중한 것으로 태평양전쟁 기간 영미포로의 상황을 연구하는 데 중요한 시료가치를 가진다.

87

서류해독

안산헌병대의 『적 항공기 탑승자 체포 건에 관한 보고(통첩)』

이 서류는 안산헌병대가 작성한 『적 항공기 탑승자 체포 건에 관한 보고(통첩)』이다. 1944년 일본침략군은 안산 부근에서 미B29폭격기를 격추하고 기장을 포함한 11명을 체포하였다. 서류는 이 11명의 포로명단을 기재하고 있으며 그들의 연령, 계급도 상세히 적고 있다. 안산헌병대는 미군포로를 취조하면서 40여 페이지의 신문기록을 남기고 있다.

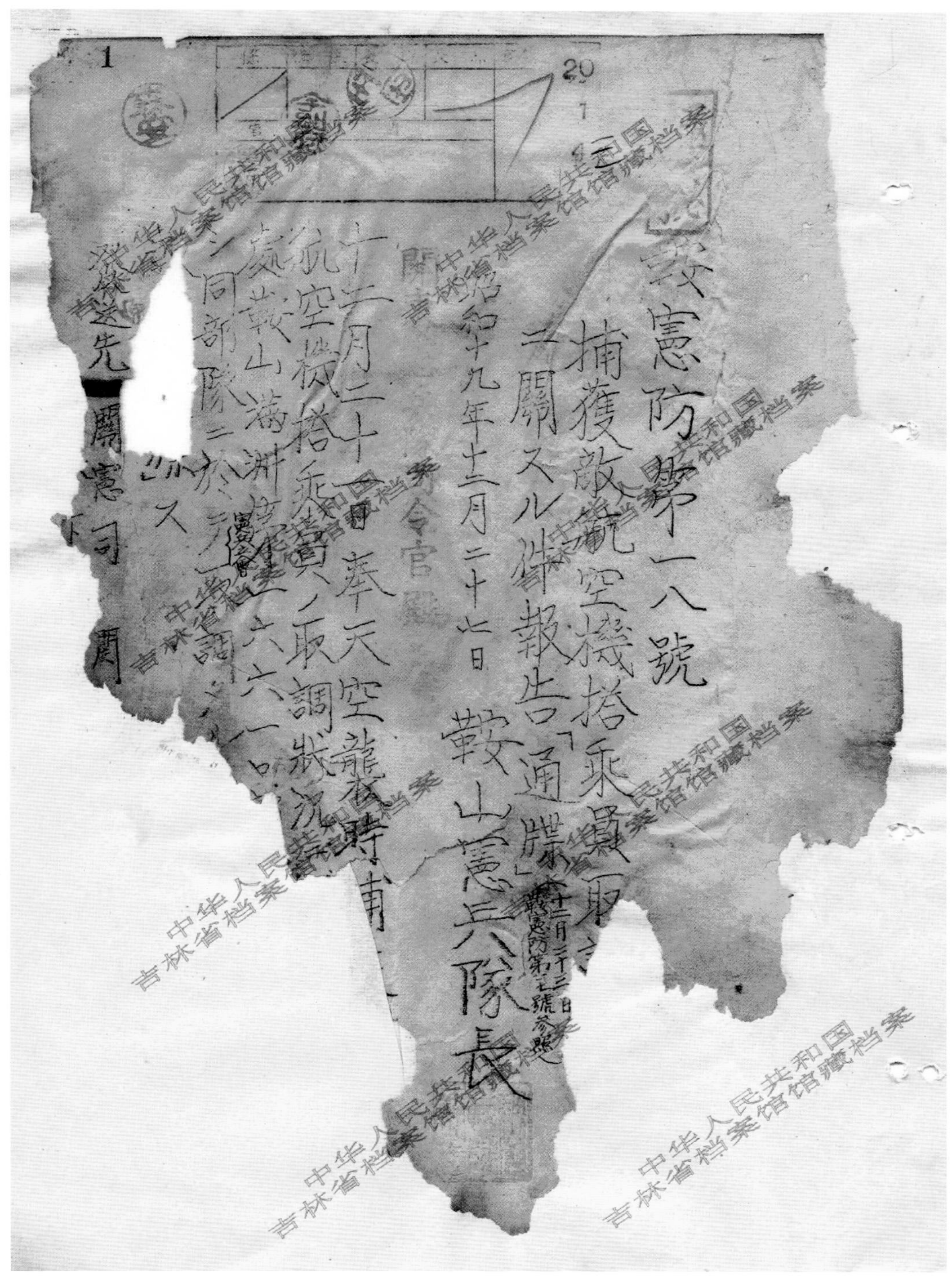

1

20
1

鞍憲防第一八號

捕獲敵航空機搭乘員取扱ニ關スル件報告「通牒」（十二月二十三日鞍憲防第一七號參照）

昭和十九年十二月二十七日　鞍山憲兵隊長

關東憲兵隊司令官殿

十二月二十一日奉天空襲時南……航空機搭乘員ノ取調狀況……處鞍山滿洲第……六六一……部隊ニ於テ取調……シ同部隊ニ於テ……ス

發送先　關憲司　周

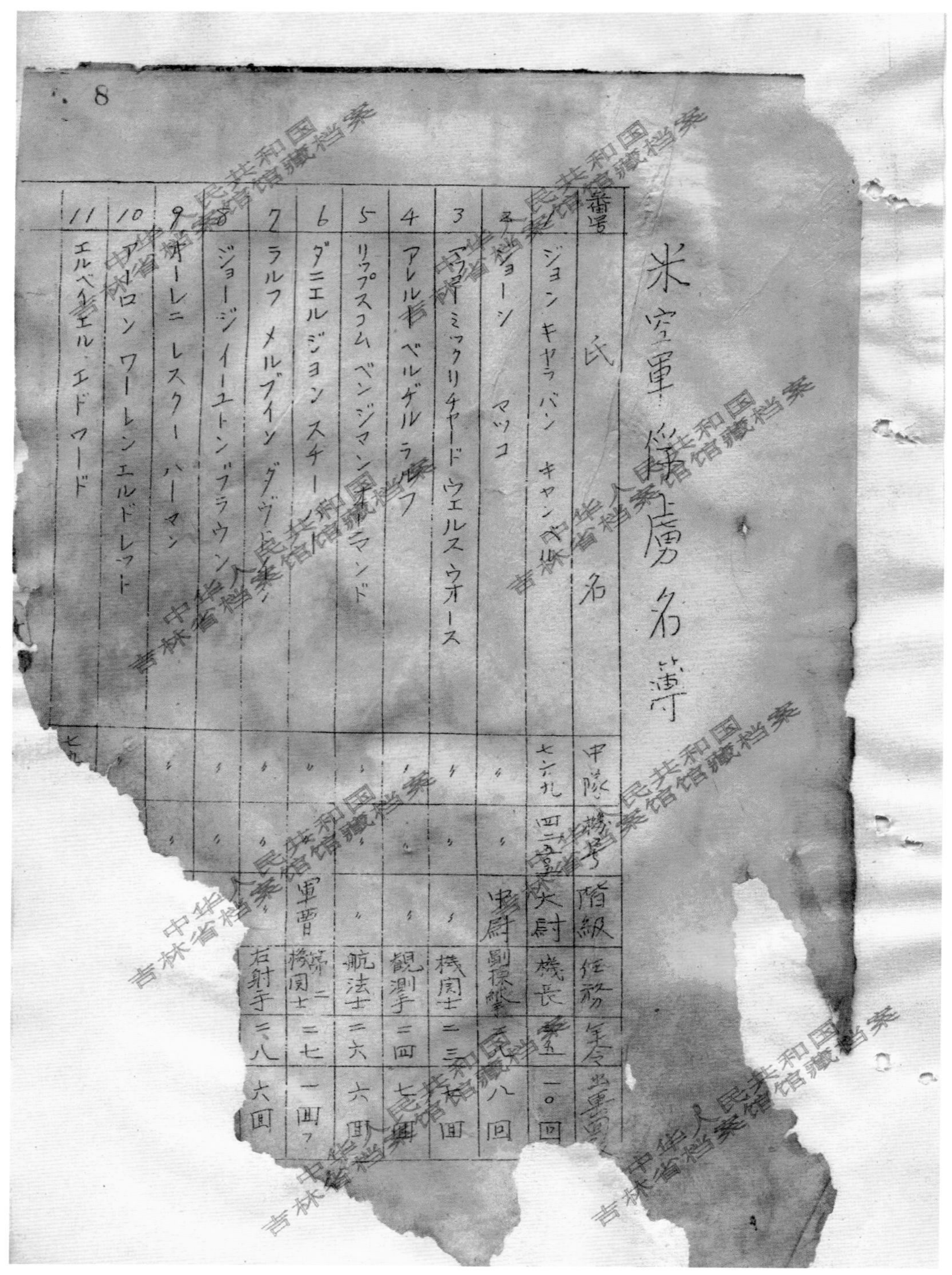

8

米空軍俘虜名簿

番号	氏名	中隊	機号	階級	任務	年令	出撃回数
1	ジョン キャラバン キャンベル	七六九	四二五[illegible]	大尉	機長	二五	一〇回
2	ジョージ マッコ	〃	〃	中尉	副操縦士	二八	八回
3	アーサー ミックリチャード ウェルス ウオース	〃	〃	〃	機関士	二三	七回
4	アレルト ベルナルラルフ	〃	〃	〃	観測手	二四	七回
5	リップスコム ベンジマン エドマンド	〃	〃	〃	航法士	二六	六回
6	ダニエル ジョン スチーブ	〃	〃	軍曹	機関士二	二七	一回
7	ラルフ メルブイン グヴィー	〃	〃	〃	右射手	二八	六回
8	ジョージ イートン ブラウン	〃	〃				
9	オーレニ レスクー ハーマン	〃	〃				
10	アーロン ワーレン エルドレット	〃	〃				
11	エルベイ エル エドワード	七六					

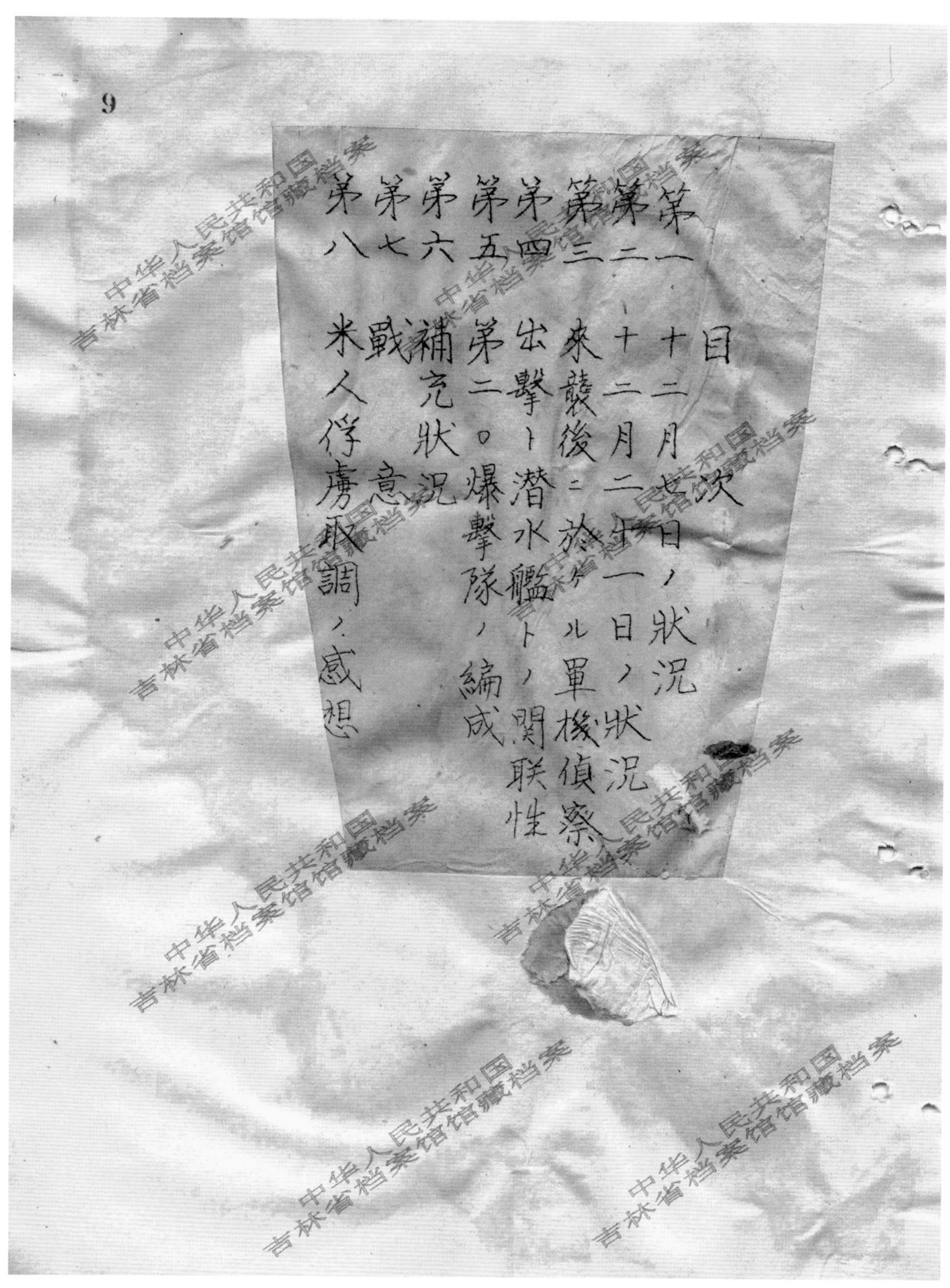

9

目次

第一 十二月八日ノ状況
第二 十二月二十一日ノ状況
第三 來襲後ニ於ケル單機偵察
第四 出撃ト潜水艦トノ関联性
第五 第二ロ爆撃隊ノ編成
第六 補充状況
第七 戰意
第八 米人俘虜取調ノ感想

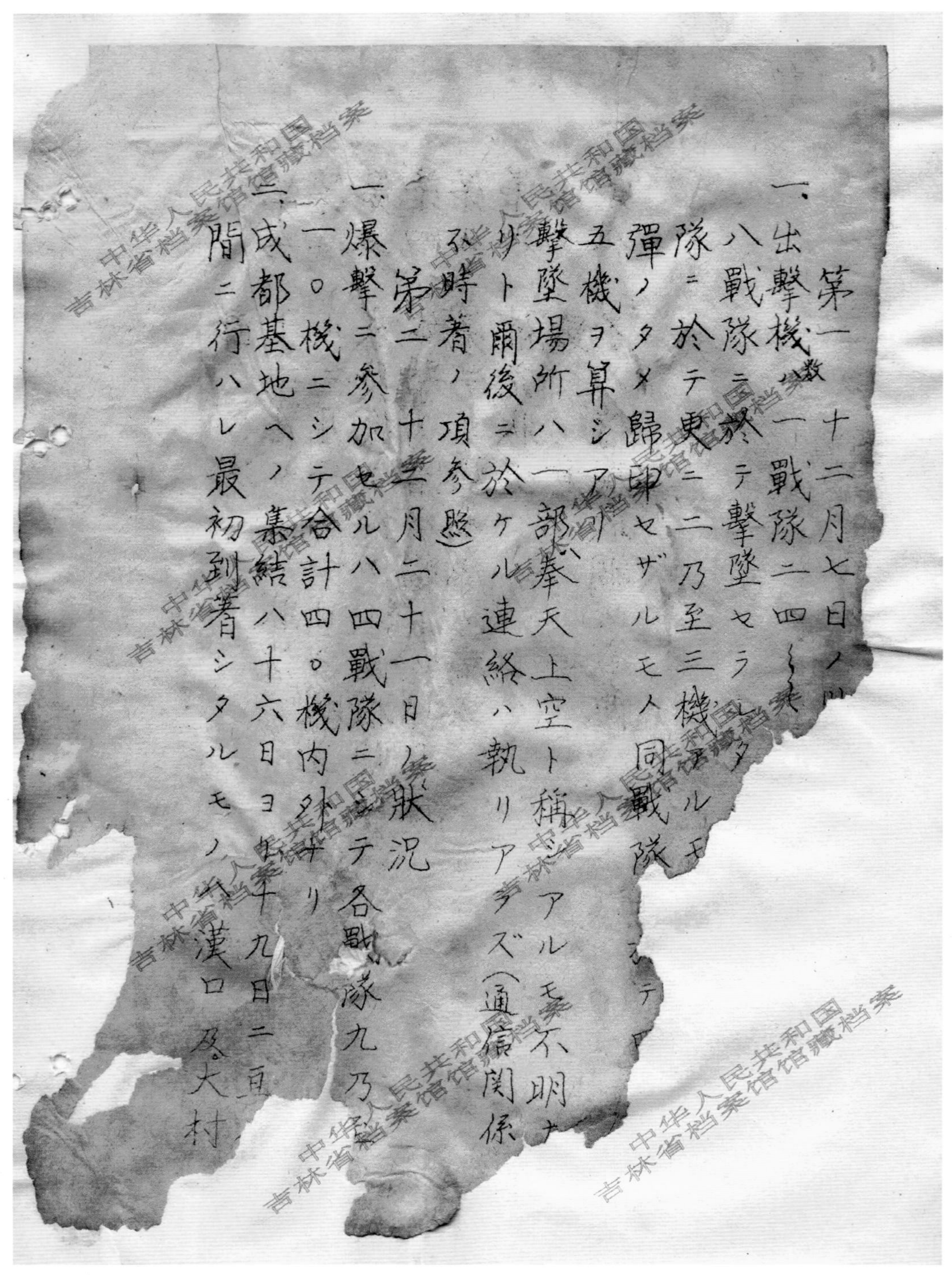

一、第一 十二月七日ノ出
出撃機数ハ一戦隊二四～六
八戦隊ニ於テ撃墜セラレタ
隊ニ於テ更ニ二乃至三機アルモ
弾ノタメ帰還セザルモノ同戦隊ニテ
五機ヲ算シアリ
撃墜場所ハ一部ハ奉天上空ト称シアルモ不明ナ
リト爾後ニ於ケル連絡ハ執リアラズ（通信関係
ノ時着ノ項参照）
第二 十二月二十一日ノ状況
一、爆撃ニ参加セルハ四戦隊ニシテ各戦隊九乃至
一〇機ニシテ合計四〇機内外ナリ
二、成都基地ヘノ集結ハ十六日ヨリ十九日ニ亘
間ニ行ハレ最初到着シタルモノハ漢口及大村

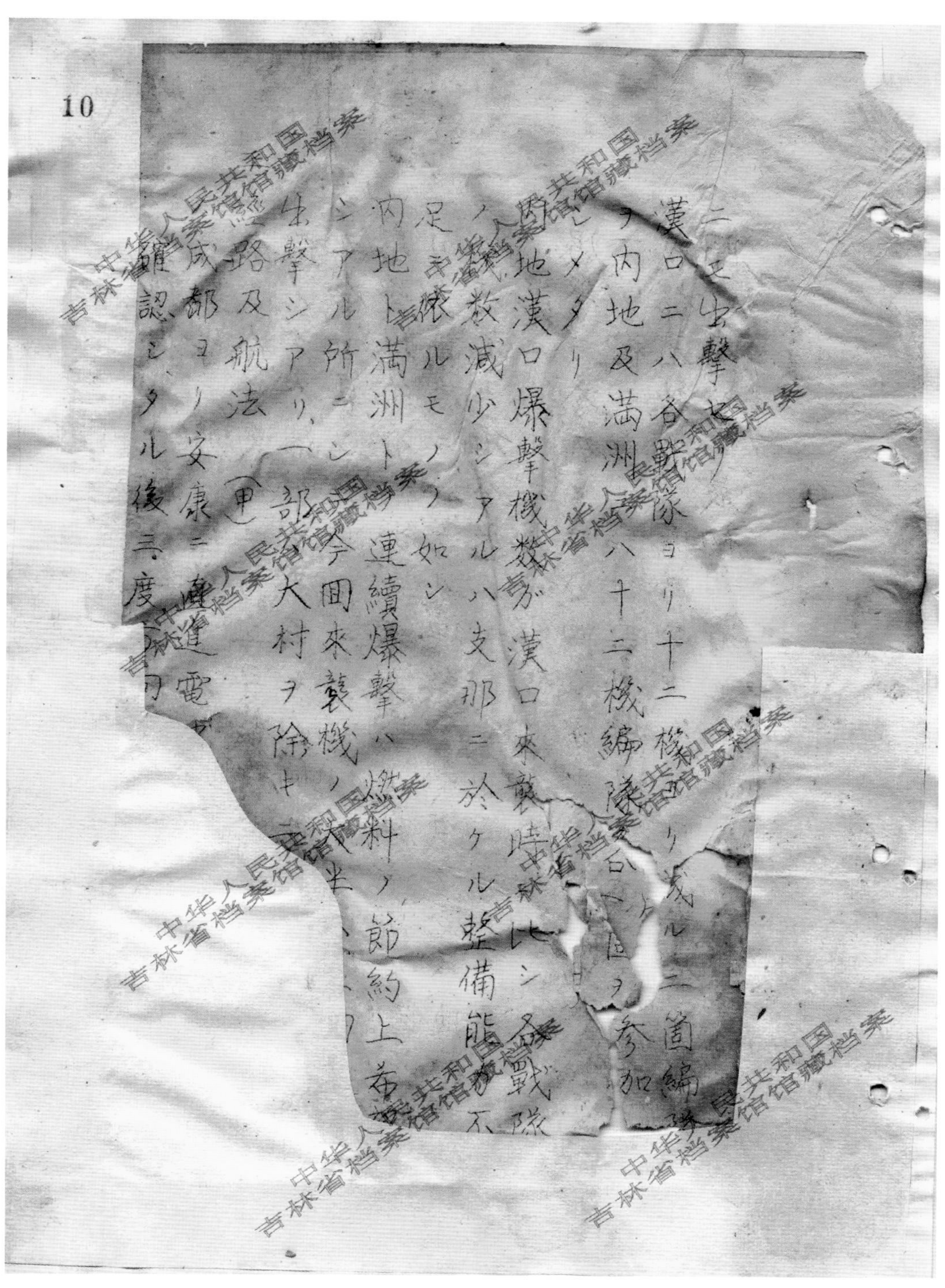

10

二モ出撃セリ
漢口ニハ各戦隊ヨリ十二機ヨリ成ル二箇編隊
ヲ内地及満洲ハ十二機編隊[illegible]ヲ参加
セシメタリ
内地漢口爆撃機数ガ漢口来襲時ニ比シ各戦隊
ハ数減少シアルハ支那ニ於ケル整備能不
足ニ依ルモノノ如シ
内地ト満洲トノ連続爆撃ハ燃料ノ節約上[illegible]
シアル所ニシテ今回来襲機ノ大半[illegible]
出撃シアリ、一部ハ大村ヲ除キ[illegible]
経路及航法（甲）
成都ヨリ安康ニ[illegible]電ガ
確認シタル後三度[illegible]

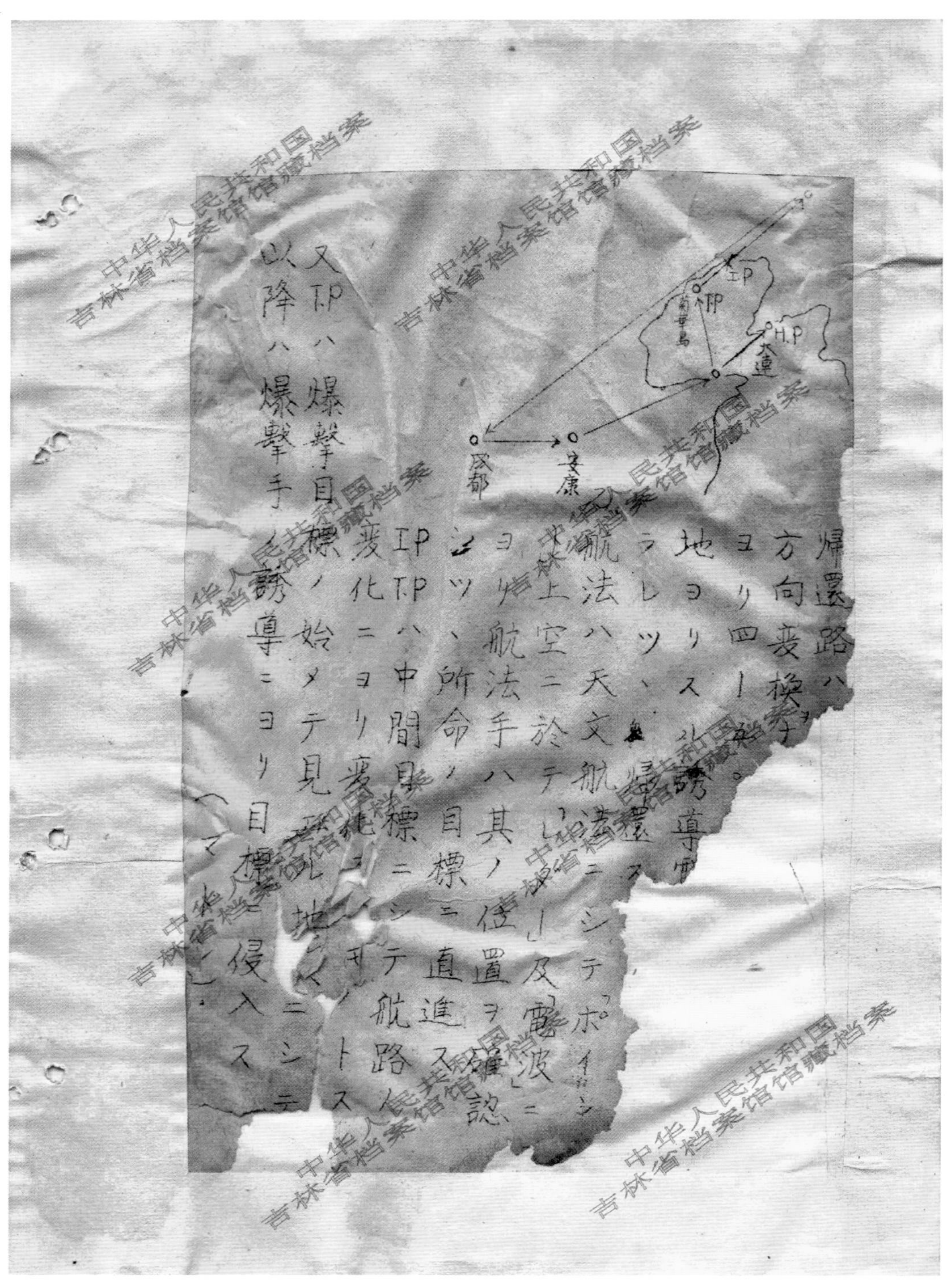

帰還路ハ
方向変換ナ[illegible]
ヨリ四ノ[illegible]。
地ヨリス[illegible]誘導[illegible]
ラレツ、[illegible]還ス
航法ハ天文航法ニシテ「ポイント」
上空ニ於テハ「ル」及「電波」ニ
ヨリ航法手ハ其ノ位置ヲ確認
シツ、所命ノ目標ニ直進ス
IP TPハ中間目標ニシテ航路ノ
変化ニヨリ[illegible]ヲ可トス
又TPハ爆撃目標ノ始メテ見[illegible]地[illegible]ニシテ
以降ハ爆撃手ノ誘導ニヨリ目標ニ侵入ス

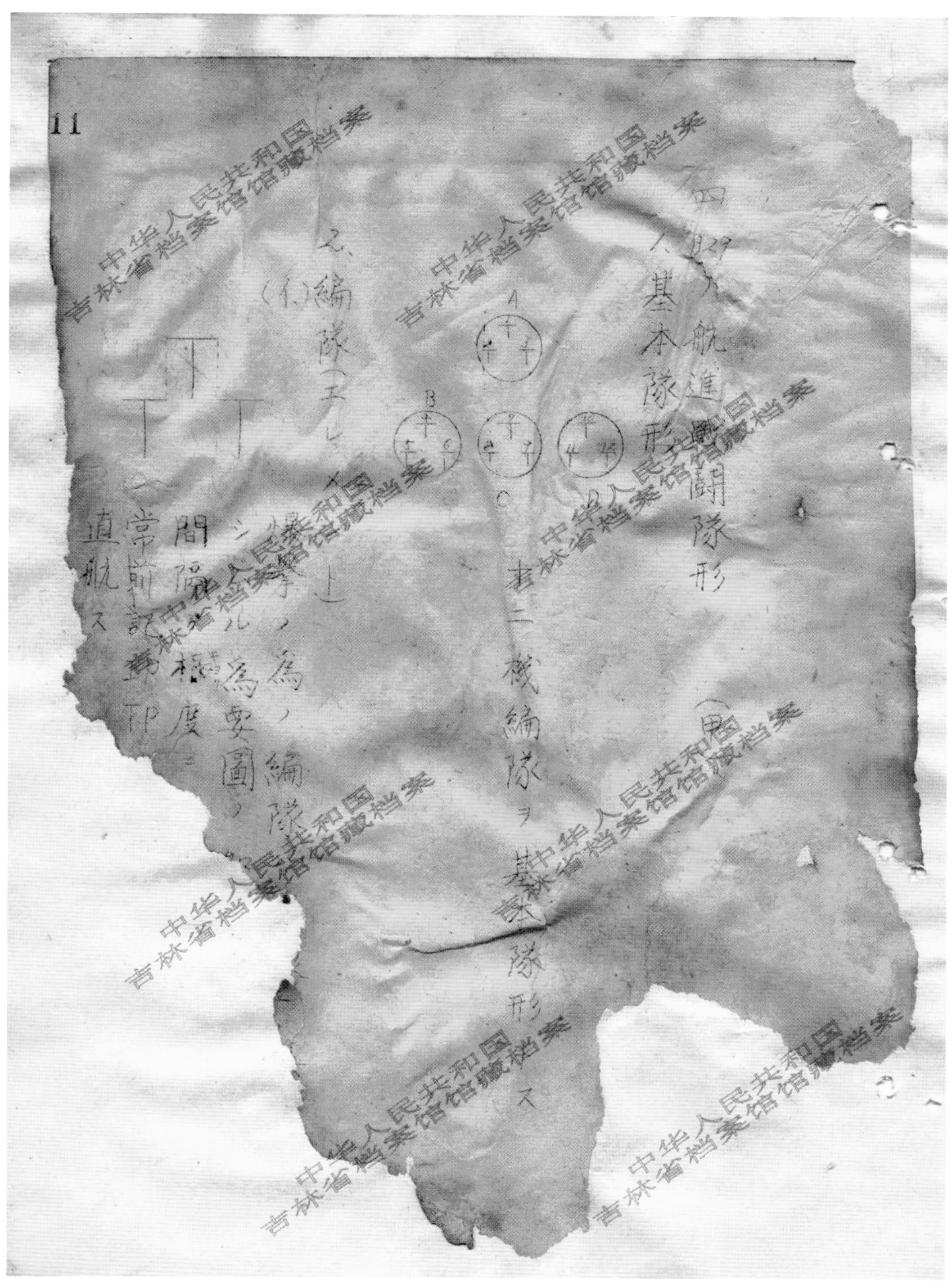

11

四、航進戰闘隊形

イ、基本隊形（甲）

番ニ機編隊ヲ基本隊形トス

乙、編隊（エレメント）

（イ）爆撃ノ爲ノ編隊

ニ入ル爲要圖ノ

間隔ハ機度ニ

常ニ前記高度TP

直航ス

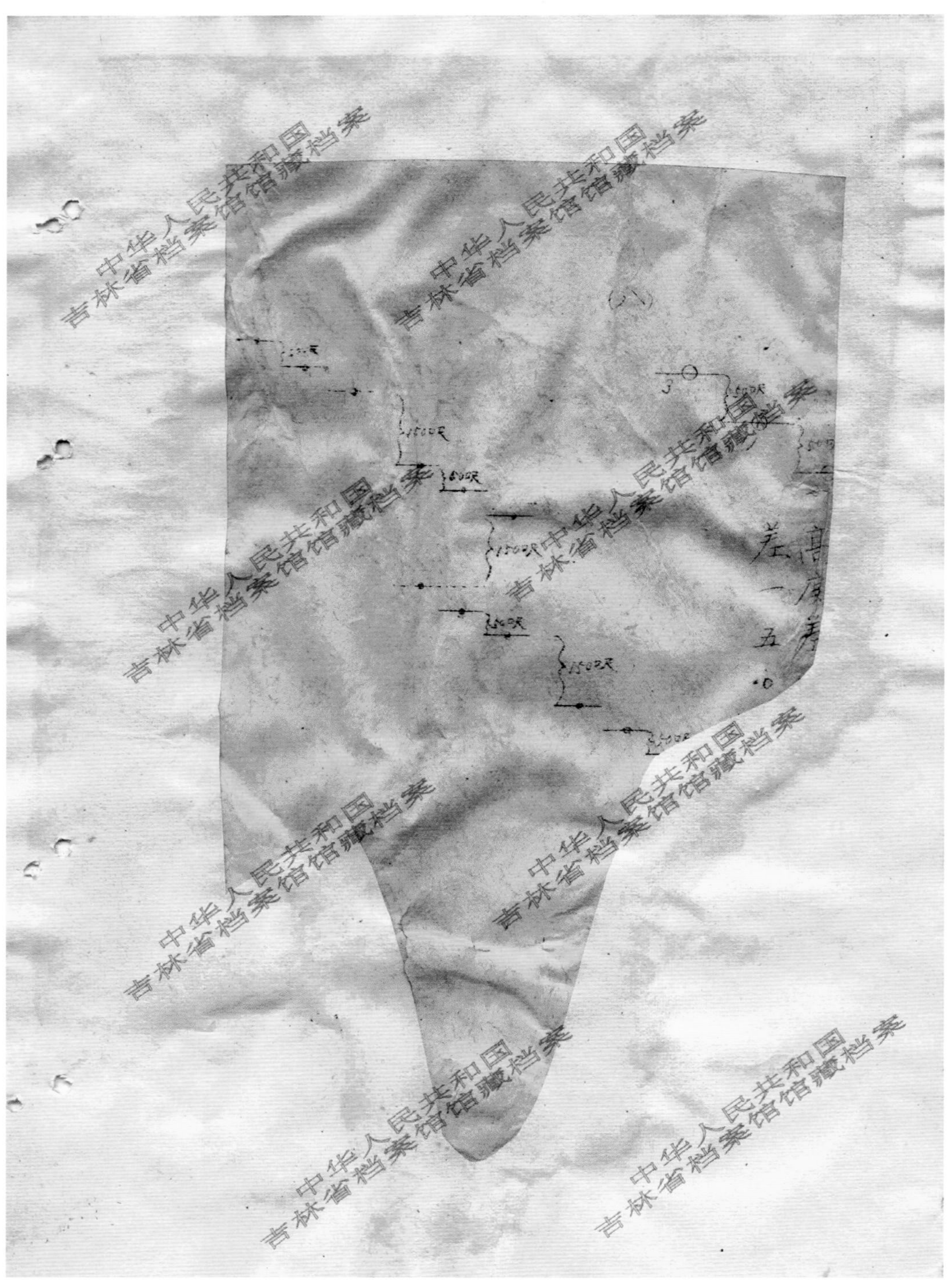

12

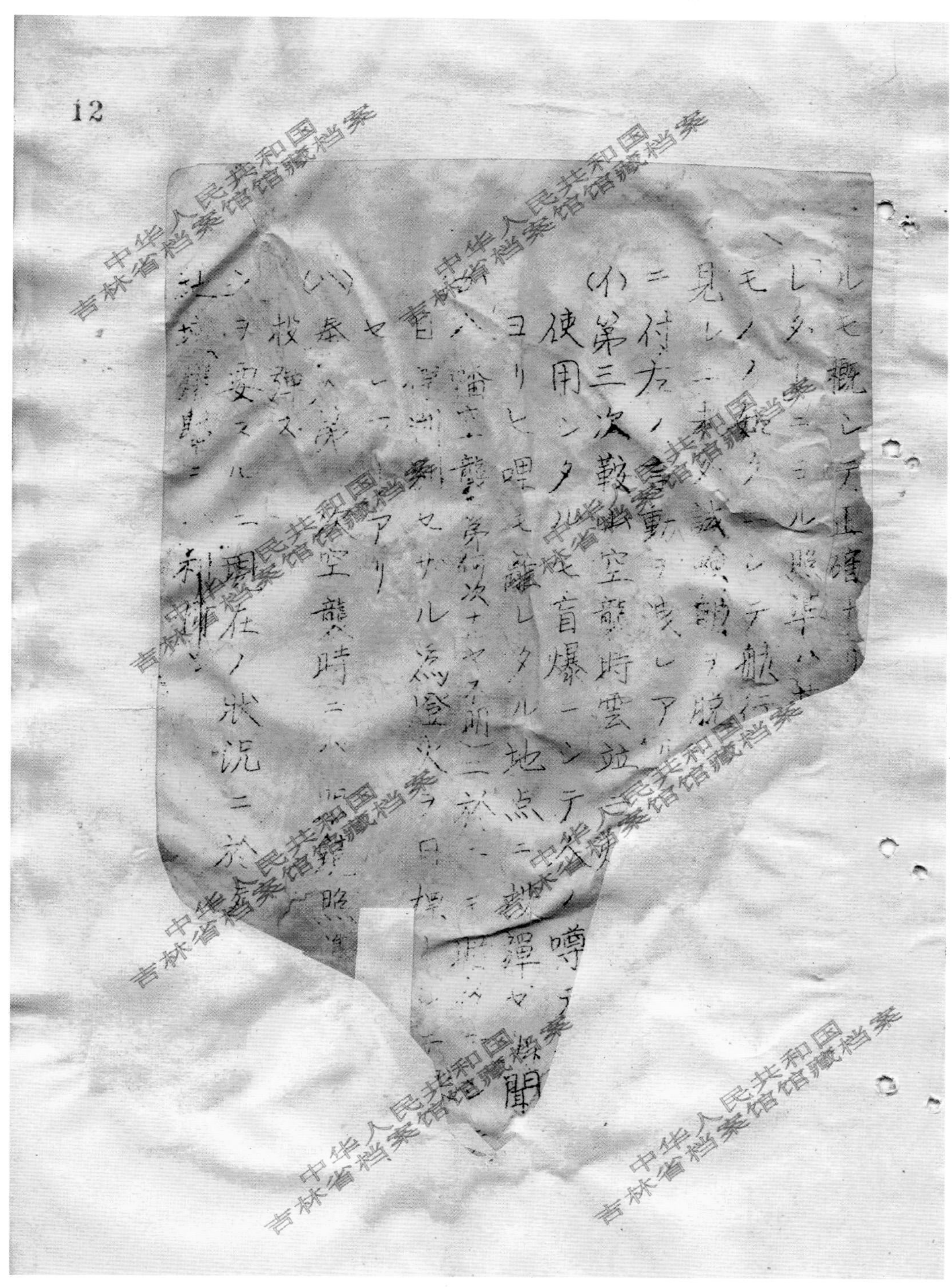
ルモ概シテ正確ナリ
レタルニヨル照準ハ[illegible]
ヘモノニシテ航行
見レニ[illegible]誠ニ[illegible]ヲ脱
ニ付右ノ[illegible]動ヲ[illegible]シア[illegible]
(イ)第三次敵機空襲時雲並テ[illegible]
使用シタル[illegible]盲爆ニシテ[illegible]ノ噂テ[illegible]間
ヨリ七哩モ離レタル地点ニ[illegible]弾セ
ハ[illegible]襲ハ第何次ナヤ不明ニ於テ[illegible]
目[illegible]判明セサル為燈火ヲ目標[illegible]
セシモノアリ
(ハ)各空襲時ニハ照明[illegible]
投弾ス
ヲ要スル二現在ノ状況ニ於
[illegible]ニ利用[illegible]

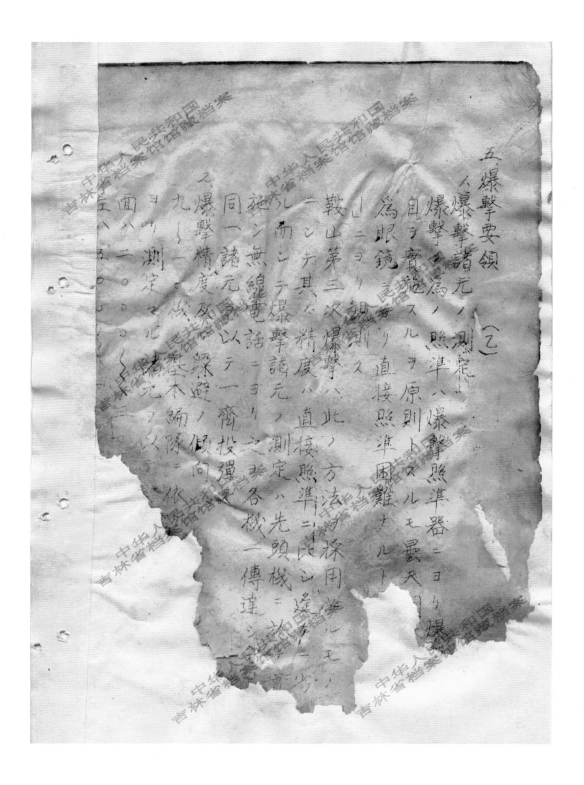

五、爆撃要領（乙）

1、爆撃諸元ノ測定

爆撃ノ為ノ照準ハ爆撃照準器ニヨリ爆
自ラ實施スルヲ原則トスルモ曇天ノ
為眼鏡ニヨリ直接照準困難ナルト
山ニヨリ観測ス
鞍山第三次爆撃ハ此ノ方法ヲ採用セルモノ
ニシテ其ノ精度ハ直接照準ニ比シ遜色
ル而シテ爆撃諸元ノ測定ハ先頭機ニ
施シ無線電話ニヨリ之ヲ各機ニ傳達シ
同一諸元ヲ以テ一齊投彈ス

2、爆撃精度及縣避ノ傾向

九一一機ノ基本編隊ニ依
ヨリ測定セル諸元ヲ以テ
面ハ二〇〇〇

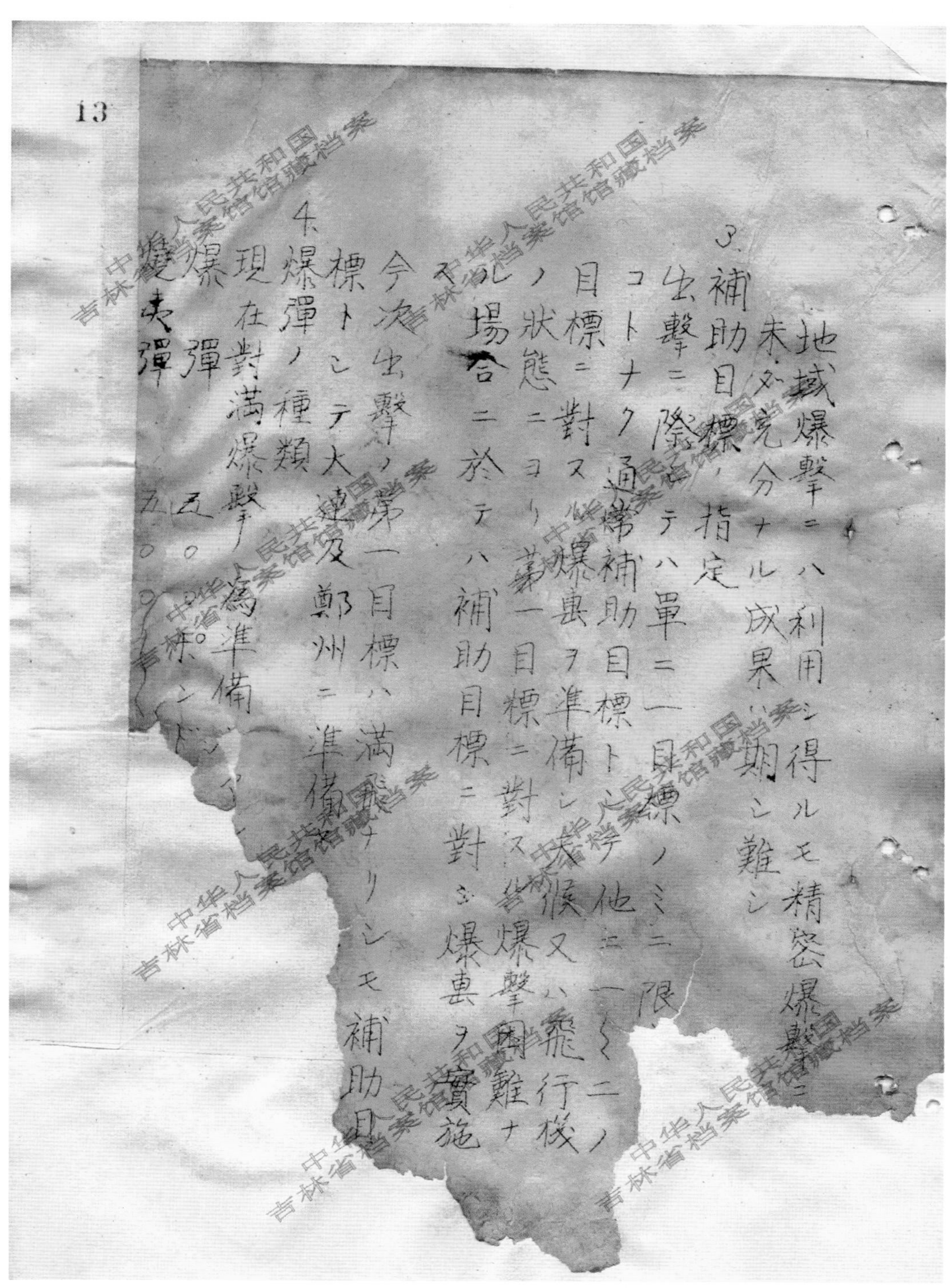

13

地域爆擊ニハ利用シ得ルモ精密爆擊ニ
未ダ充分ナル成果ハ期シ難シ

3. 補助目標ノ指定
出擊ニ際シテハ單ニ一目標ノミニ限ル
コトナク通常補助目標ト他ニ一ヶ二ノ
目標ニ對スル爆彈ヲ準備シ天候又ハ飛行機
ノ狀態ニヨリ第一目標ニ對スル爆擊困難ナ
ル場合ニ於テハ補助目標ニ對シ爆彈ヲ實施
今次出擊ノ第一目標ハ滿州ナリシモ補助目
標トシテ大連及鄭州ニ準備[illegible]

4. 爆彈ノ種類
現在對滿爆擊ノ爲準備シ[illegible]
爆彈　五〇〇ポンド
燒夷彈　五〇〇ポンド

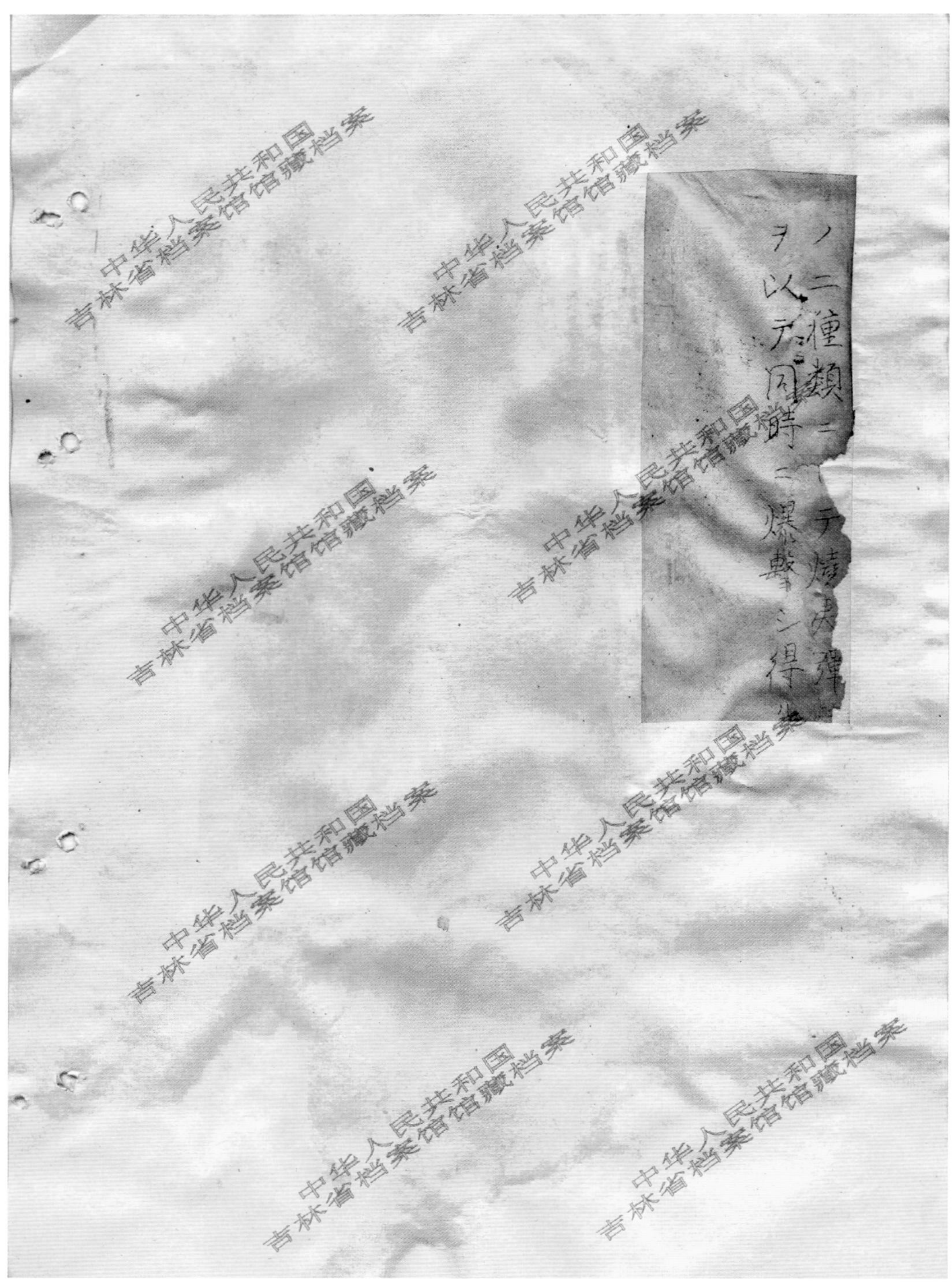
ノ二種類ニテ焼夷弾
ヲ以テ同時ニ爆撃シ得ル

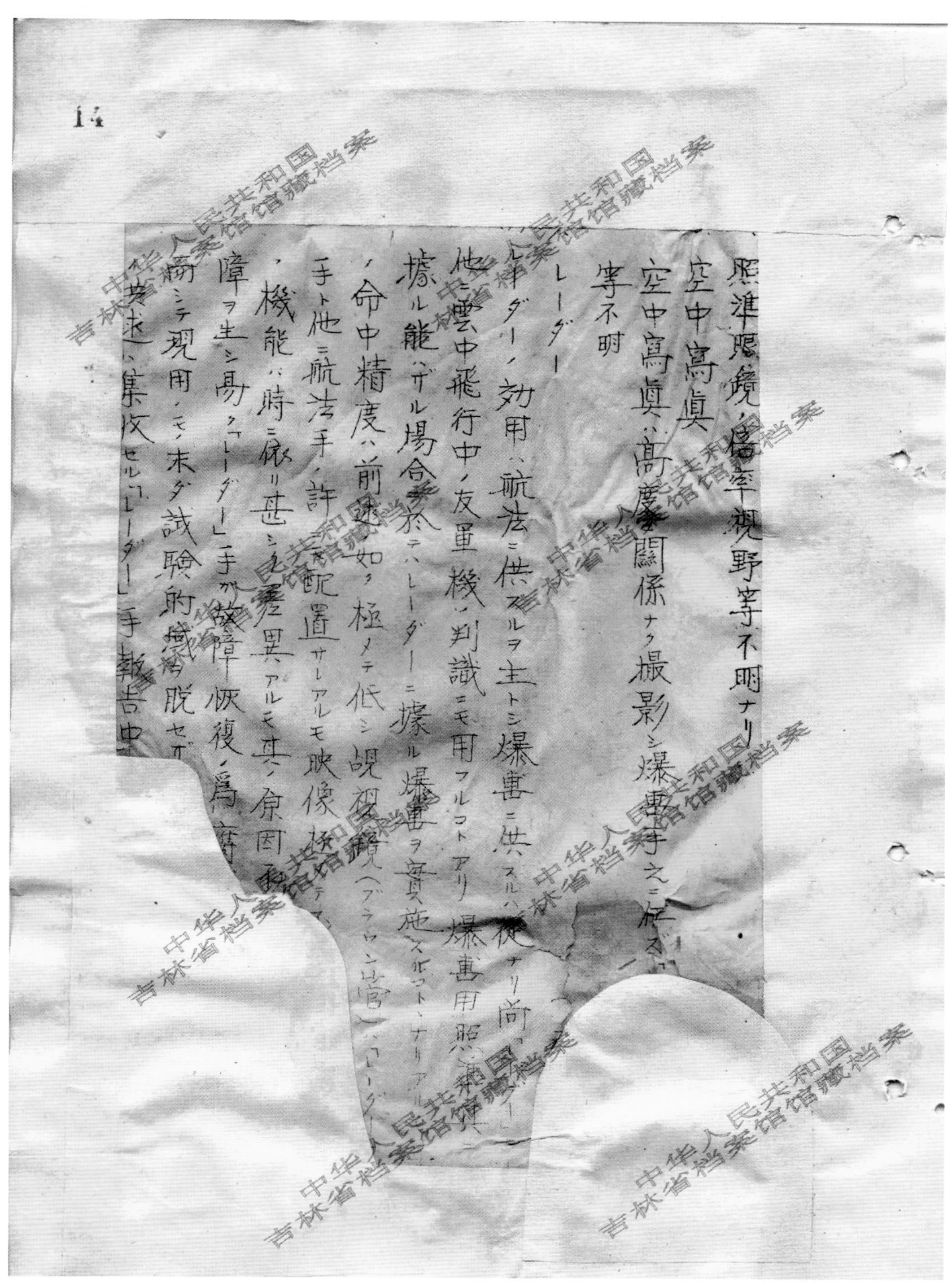
14

照準眼鏡ノ倍率視野等不明ナリ

空中寫眞

空中寫眞ハ高度ニ關係ナク撮影シ爆撃手之ニ任ズ

等不明

レーダー

「レーダー」ノ効用ハ航法ニ供スルヲ主トシ爆撃ニ供スルハ從ナリ尚「レーダー」

他ニ雲中飛行中ノ友軍機ノ判識ニモ用フルコトアリ爆撃用照準ハ[illegible]

據ル能ハザル場合ニ於テハ「レーダー」ニ據ル爆撃ヲ實施スルコトトナリアル

ノ命中精度ハ前述ノ如ク極メテ低シ覗視鏡（ブラウン管）ハ「レーダー」

手ト他ニ航法手ノ許ニ配置サレアルモ映像ハ[illegible]

ノ機能ハ時ニ依リ甚シク差異アルモ其ノ原因ハ[illegible]

障ヲ生ジ易ク「レーダー」手ガ故障恢復ノ為努[illegible]

[illegible]ニシテ現用ノモノ未ダ試験的域ヲ脱セズ

上述ハ集收セル「レーダー」手報告中

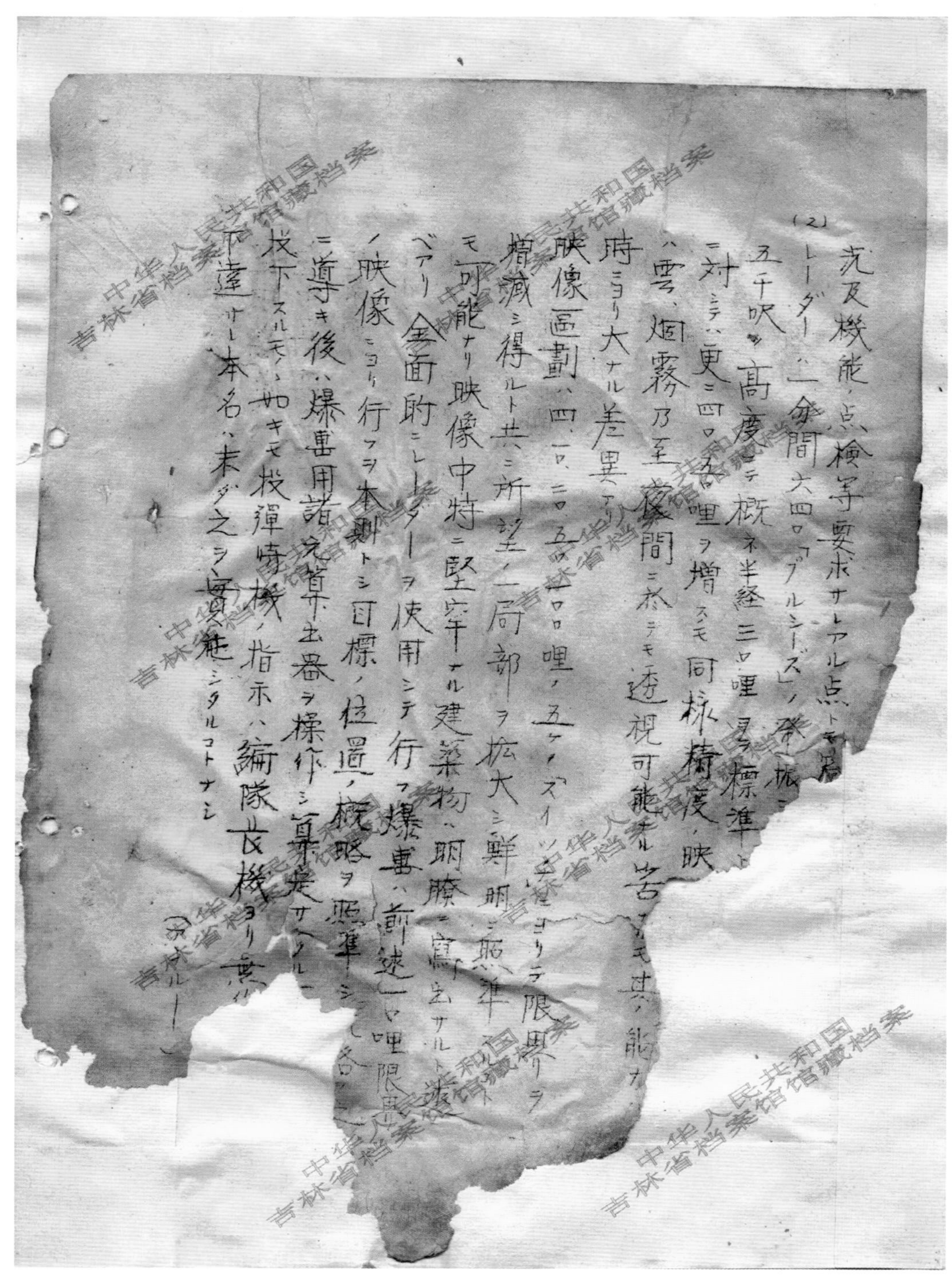
(2)
究及機能ノ点、検写要求サレアル点ト云ヘル
レーダーハ一分間六四〇「プルシーズ」ノ発振ニ
五千呎ノ高度ニテ概ネ半径三〇哩ヲ標準ト
ニ対シテハ更ニ四〇乃至五〇哩ヲ増スモ同様精度ノ映
ハ雲、烟霧乃至夜間ニ於テモ透視可能ナル若ナルモ其ノ能カ
府ニヨリ大ナル差異アリ
映像区劃ハ四〇、一〇、二〇、五〇、一〇〇哩ノ五ケノスイッチ操作ニヨリテ限界リヲ
増減シ得ルト共ニ所望ノ一局部ヲ拡大シ鮮明ニ照準スルト
モ可能ナリ映像中特ニ堅牢ナル建築物ハ明瞭ニ写出サルト述
ベアリ全面的ニレーダーヲ使用シテ行フ爆撃ハ前述一〇哩限界
ノ映像ニヨリ行フヲ本則トシ目標ノ位置ノ概略ヲ照準シ各
ニ導キ後ハ爆撃用諸元算出器ヲ操作シ算定サレタル
投下スルモノハ如キモ投弾時機ノ指示ハ編隊長機ヨリ無線
下達サレ本名ハ未ダ之ヲ実施シタルコトナシ
([illegible])

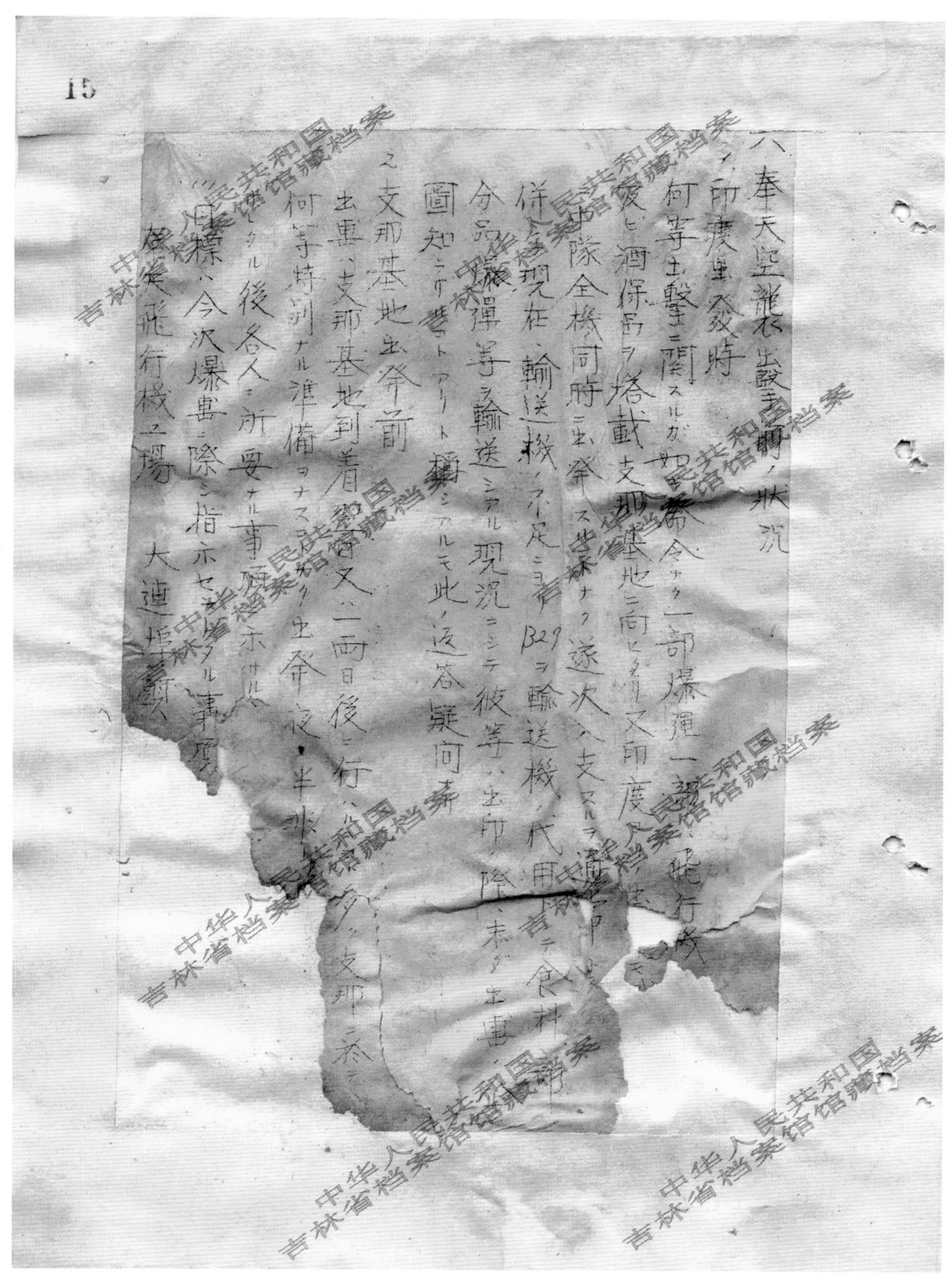
15

六、奉天空襲ニ出撃準備ノ状況
ノ印度出發時
何等出撃ニ關スルガ如キ命令ナク一部爆彈一部ハ飛行機
及ビ酒保品ヲ搭載支那基地ニ向ヒタリ又印度ニ[illegible]
本隊全機同時ニ出發スルコトナク逐次ニ支那ヲ[illegible]
併シ現在ハ輸送機ノ不足ニヨリB29ヲ輸送機ノ代用トシテ食料等
命令爆彈等ヲ輸送シアル現況ニシテ彼等ハ出印ノ際ハ未ダ出撃ノ
圖知ニナリタルコトアリト稱シアルモ此ノ返答疑問ナリ
之ハ支那基地出發前
出撃ハ支那基地到着後又ハ一両日後ニ行ハルコトモ多ク支那ニ於テ
何等特別ナル準備ヲナスコトナク出發後半[illegible]
ヲ告ゲタル後各人ニ所要ナル事項ヲ示サル
目標ハ今次爆撃ニ際シ指示セラレタル事項
昭和飛行機工場　大連埠頭ハ

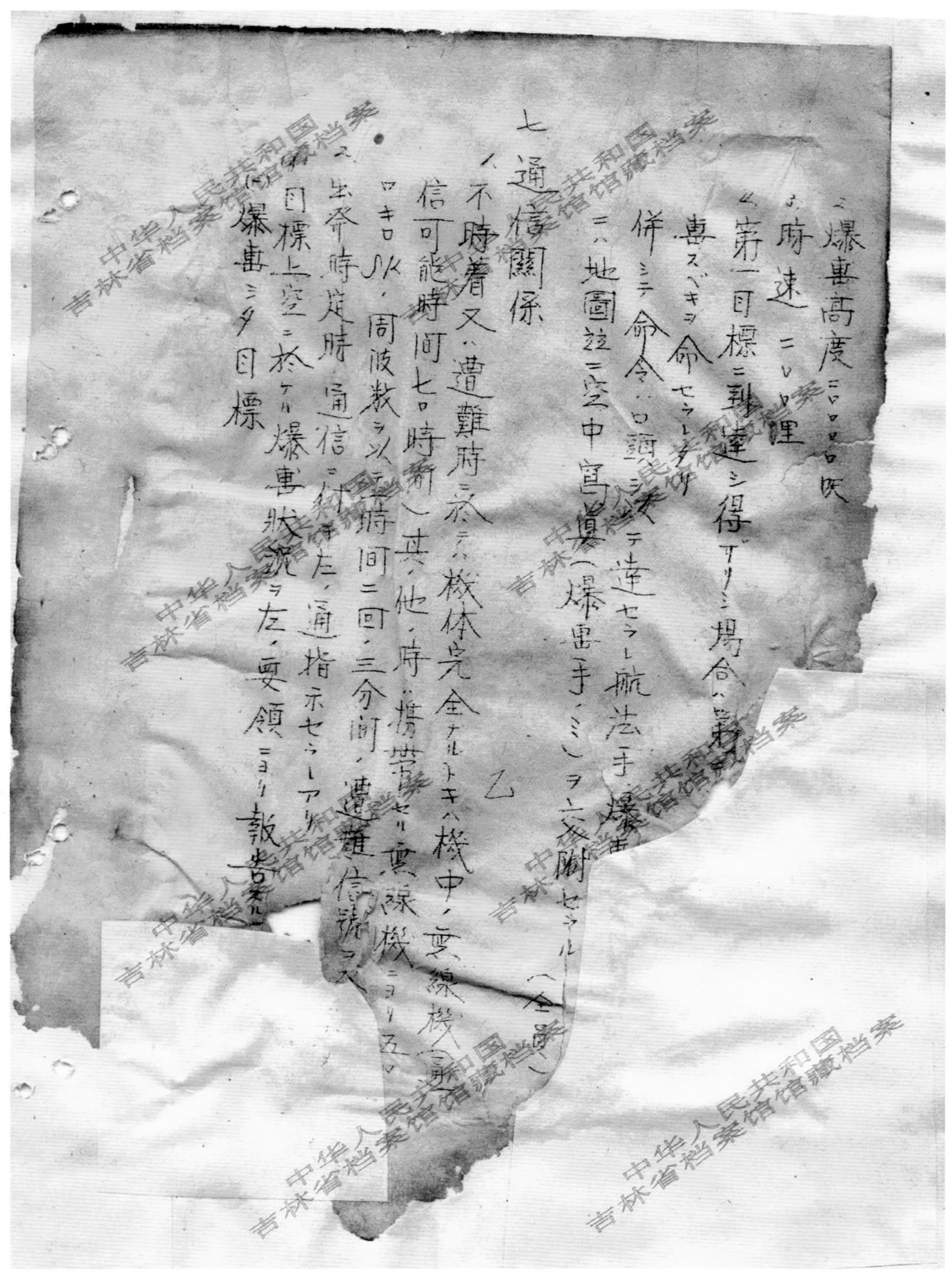

ニ、爆撃高度ニロロロロ米
ホ、航速ニレ理
ヘ、第一目標ニ到達シ得ザリシ場合ハ第二目標
爆撃スベキヲ命セラレタリ
ト、併シテ命令ハ口頭ヲ以テ達セラレ航法手、爆撃手
ニハ地圖竝ニ空中寫眞（爆撃手ノミ）ヲ交付セラル　（全員）

七、通信關係
イ、不時着又ハ遭難時ニ於テハ機体完全ナルトキハ機中ノ無線機（通
信可能時間七日時間）其ノ他ノ時ハ携帶セル無線機ニヨリ五
ロキロ以ノ周波数ヲ以テ時間ニ回ノ三分間ノ遭難信號ヲ
ハ、出発時定時通信ニ付テハ左ノ通指示セラレアリ
（イ）目標上空ニ於ケル爆撃状況ヲ左ノ要領ニヨリ報告ス
（ロ）爆撃シタ目標
乙

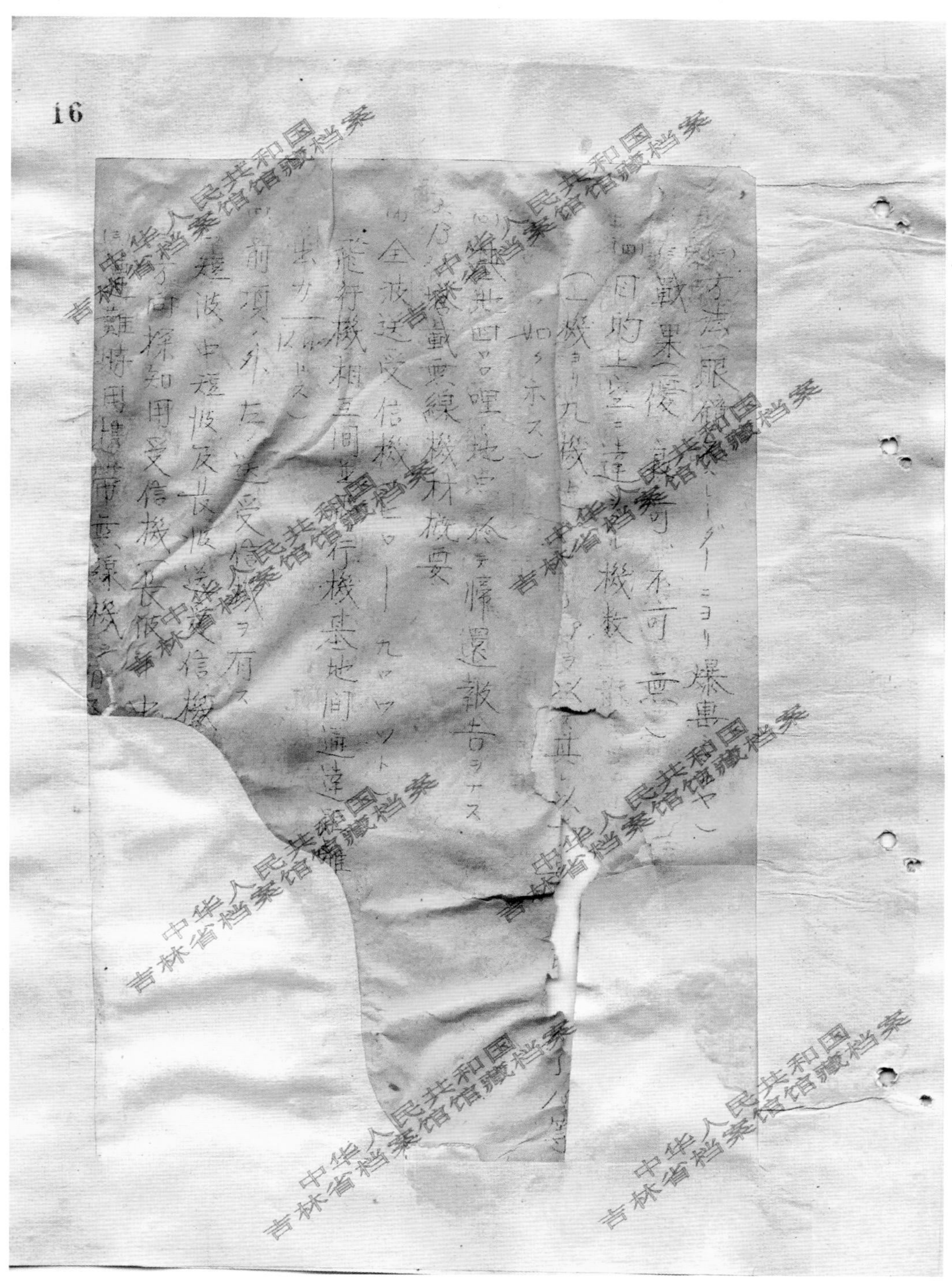

16

(一) 方法ハ眼鏡(レーダー)ニヨリ爆撃(ヤ)
(三) 戰果ハ優[illegible]可、不可、無)
(四) 目的上空ニ達スル機數
(二)機ヨリ九機[illegible]以上
[illegible]如クホス)
(ロ) [illegible]共四名ハ[illegible]地点ニ於テ帰還報告ヲナス
(ハ) 13、機載無線機材概要
(イ) 全波送受信機[illegible]ロ一九ロワット
飛行機相互間並ニ飛行機基地間通達距離
出力一[illegible]以上
前項ノ外左ノ送受信機ヲ有ス
短波中短波及長波送受信機
方向探知用受信機(長波[illegible])
(三) 離時用携帯無線機ニ[illegible]

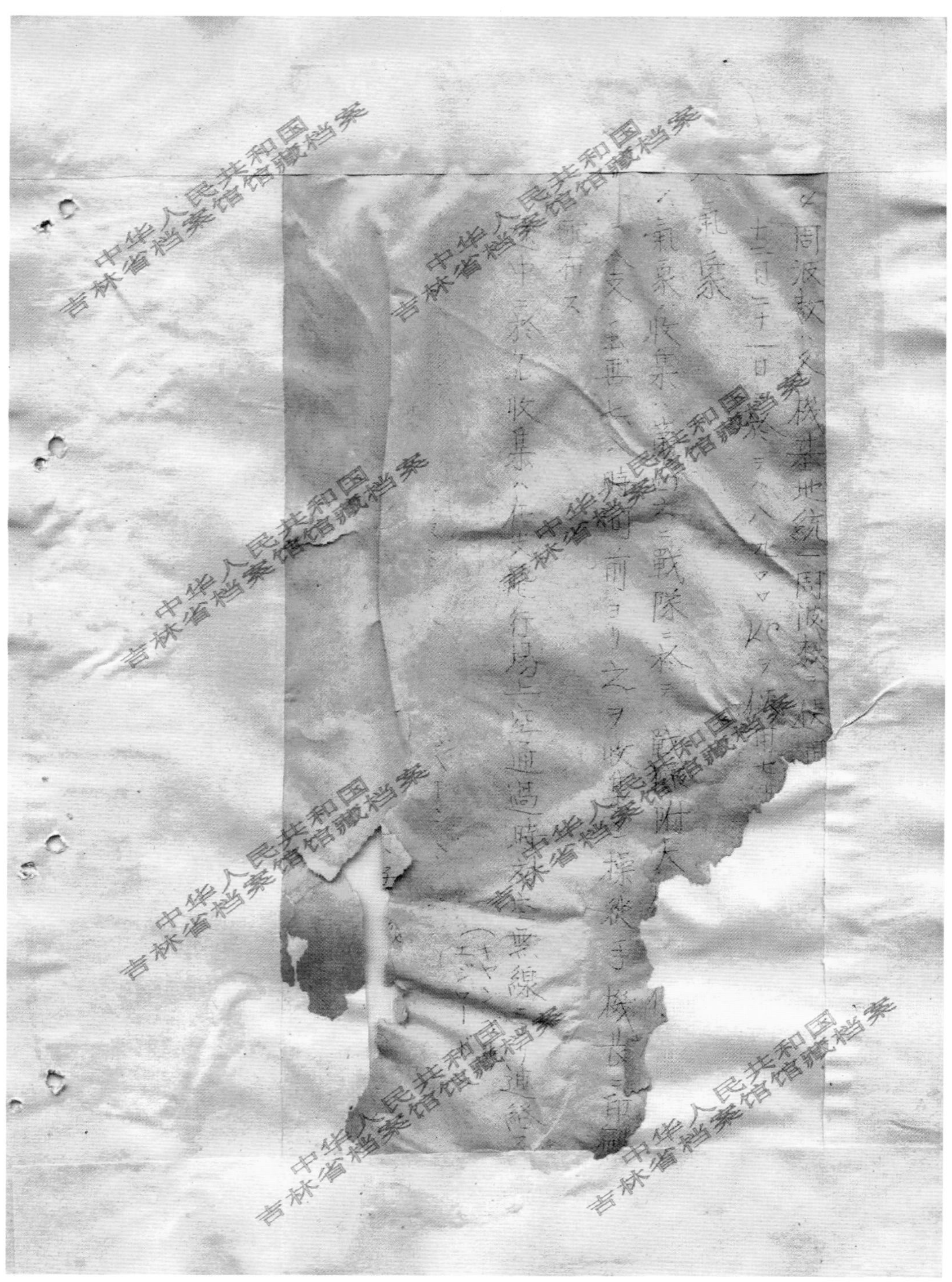

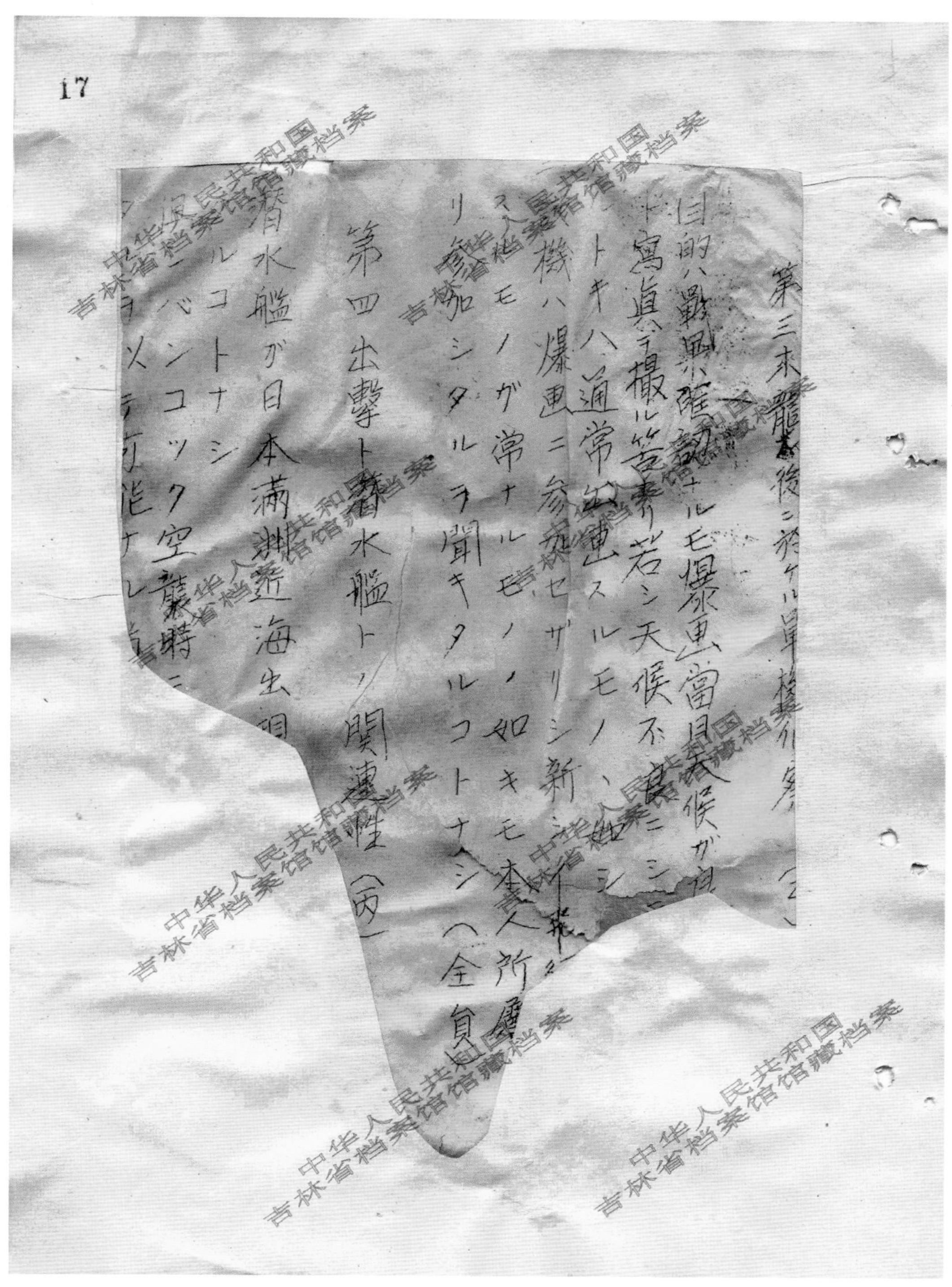

17

第三 未龍艦後ニ於ケル單模作案（乙）

目的ハ戰鬪爆撃ヲ監視スルモ爆撃當日天候ガ良
ト寫眞ヲ撮ル筈デアリ若シ天候不良ニシテ
トキハ通常出動スルモノ、如シ
機ハ爆撃ニ参加セザリシ新
スルモノガ常ナルモノ、如キモ本人所屬
リ参加シタルヲ聞キタルコトナシ（全負

第四 出撃ト潜水艦トノ關連性（丙）

潜水艦ガ日本満洲近海出現
ルコトナシ
ニバンコック空襲時ニ
ヲ以テ可能ナル

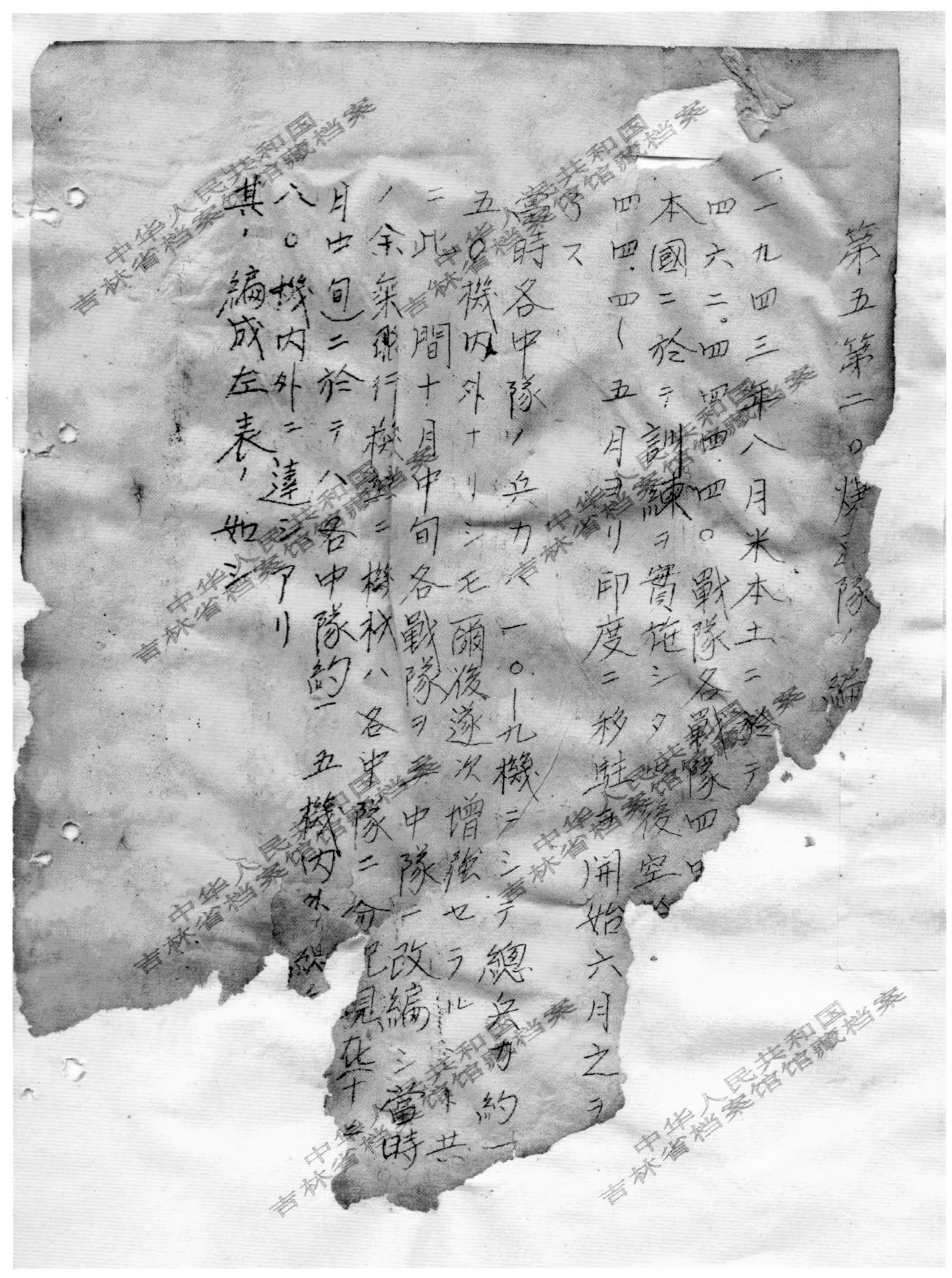

第五第二〇煉成隊ノ編[illegible]

一、一九四三年八月米本土ニ於テ

四六二。四四四。四四〇戦隊各戦隊四[illegible]

本國ニ於テ訓練ヲ實施シタル後空[illegible]

四四、四～五月ヨリ印度ニ移駐ヲ開始六月之ヲ

了ス

當時各中隊ノ兵力ハ一〇～一九機ニシテ總兵力約一

五〇機内外ナリシモ爾後逐次増強セラル[illegible]

ニ此ノ間十月中旬各戦隊ヲ一中隊ニ改編シ當時共

ノ余剰飛行機ハ二機ハ各中隊ニ分配[illegible]

月中旬ニ於テハ各中隊約三五機内[illegible]

八〇機内外ニ達シアリ

其ノ編成左表ノ如シ

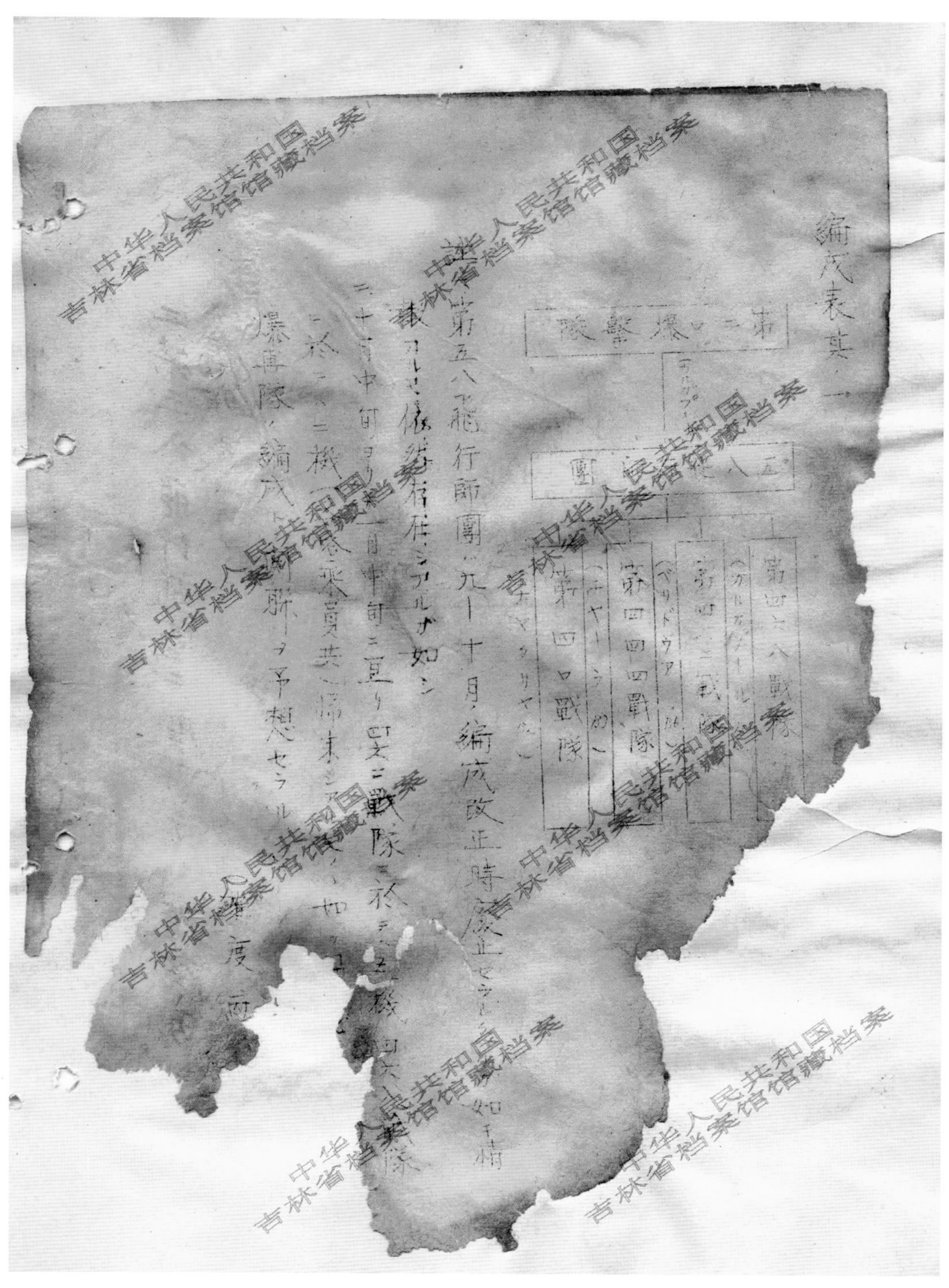

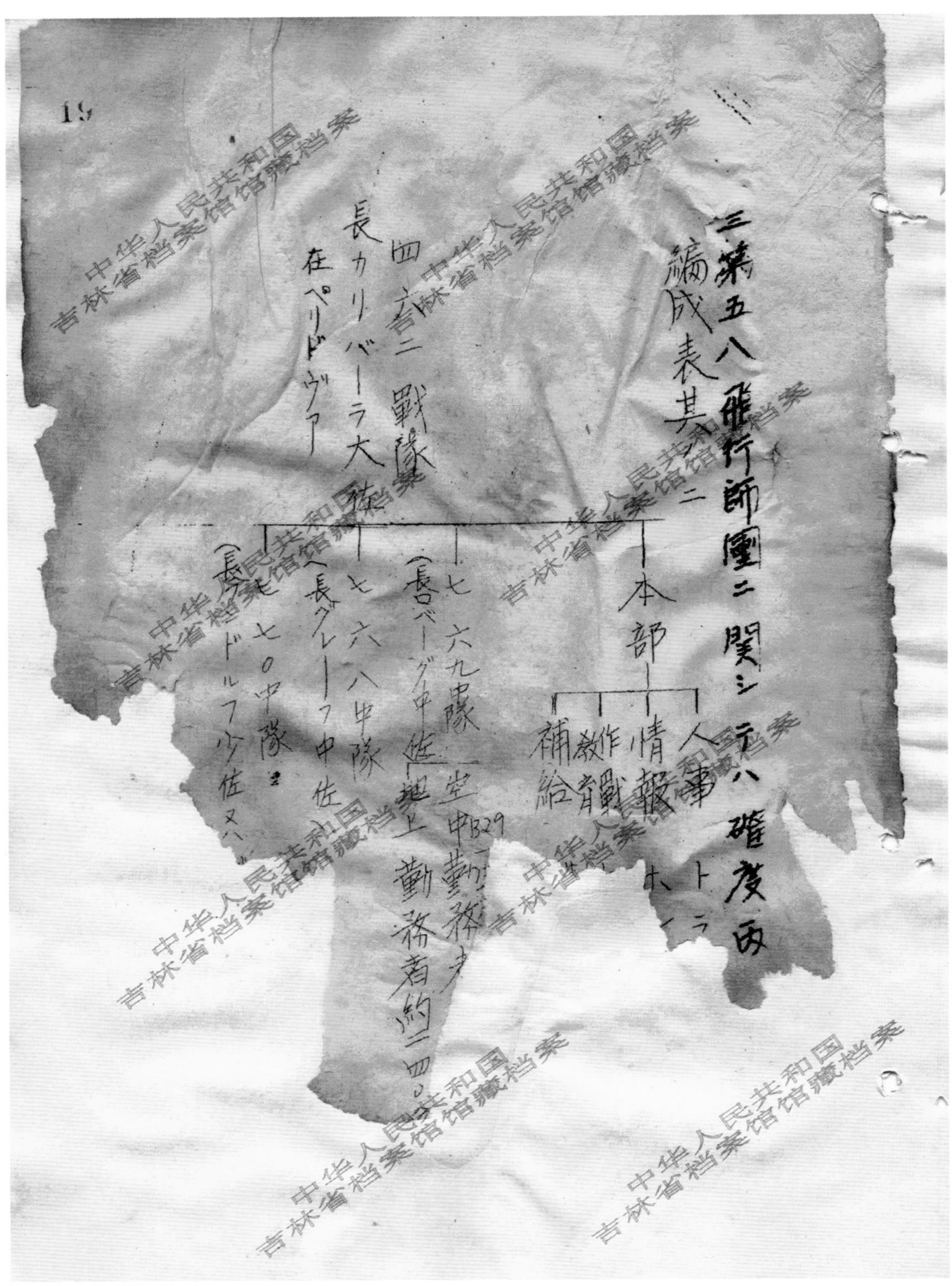

19

三 第五八飛行師團ニ関シテハ確度丙

編成表其ノ二

四六二戰隊

長カリバーラ大佐

在ペリドヴァア

本部

人事

情報

作戰教育

補給

七六九中隊

（長バーグ中佐

空中B29勤務者

地上勤務者約二四〇）

七六八中隊

（長グレーフ中佐

七七〇中隊

（長ドルフ少佐又ハ

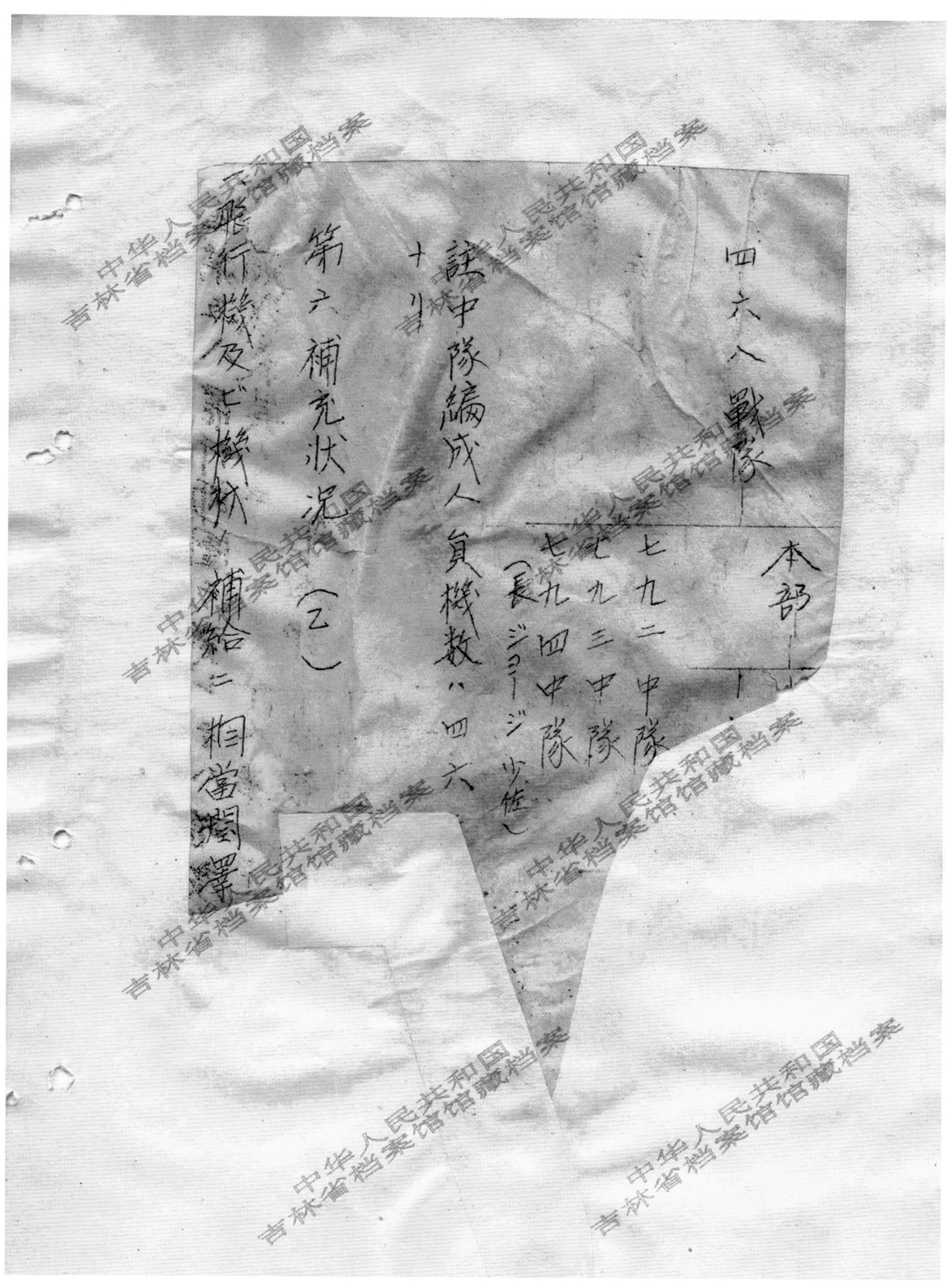

四六人戰隊
本部
七九二中隊
七九三中隊
七九四中隊
（長ジョージ少佐）

該中隊編成人員機数ハ四六
ナリ

第六補充状況（乙）

飛行機及ビ機材ノ補給ニ相當困難

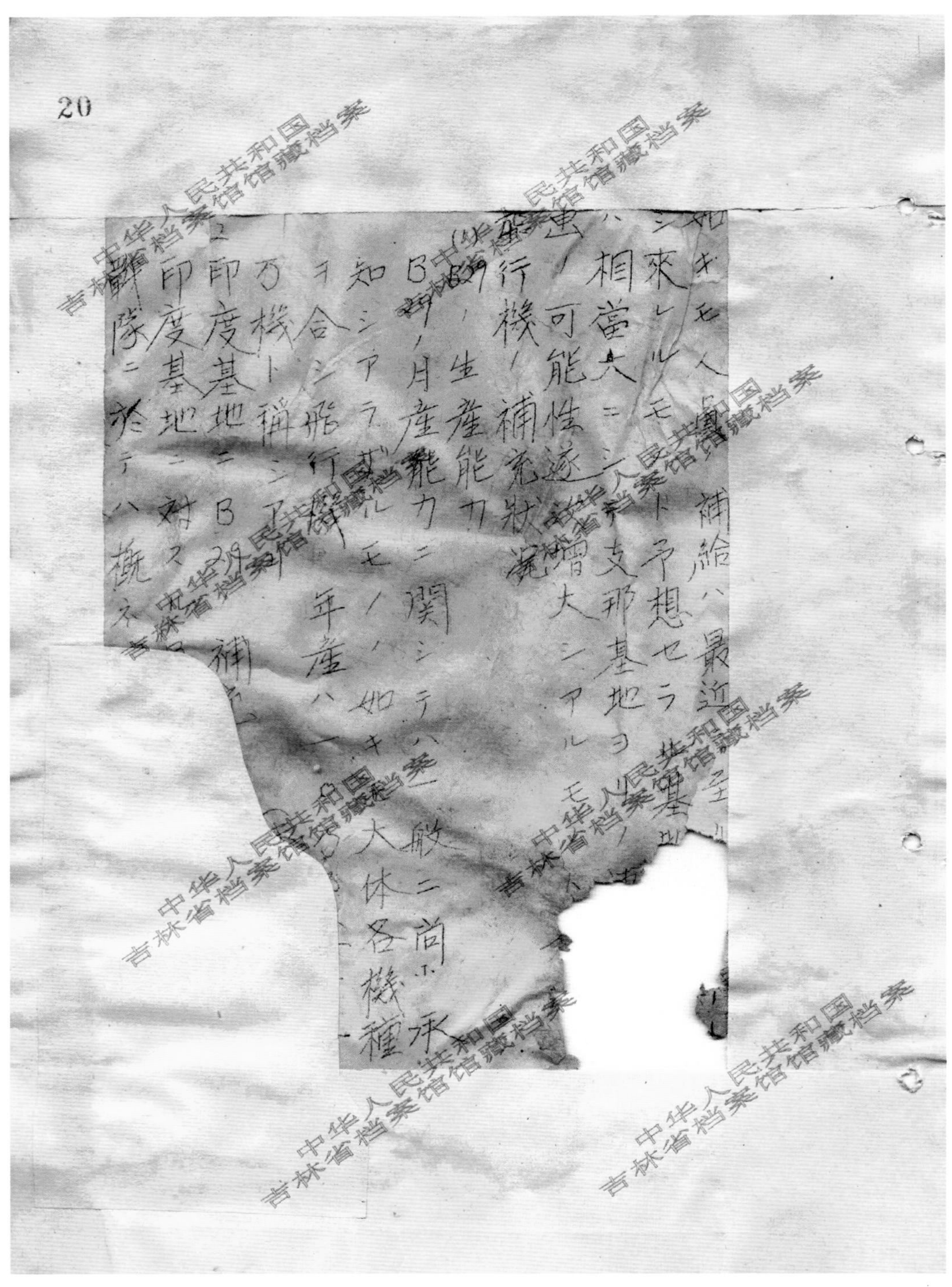
20

如キモ人員[illegible] 補給ハ最近
シ來レルモノト予想セラ
ハ相當大ニシテ支那基地ヨ基
速ノ可能性遂ニ増大シアルモ
行機ノ補充状況
(4)B29ノ生産能力
B29ノ月産能力ニ關シテハ一般ニ尚承
知シアラザルモノハ如キ大体各機種
ヲ合シ飛行機ノ年産ハ一
万機ト稱シアリ
上印度基地ニB29 補
印度基地ニ対スル
部隊ニ於テハ概ネ

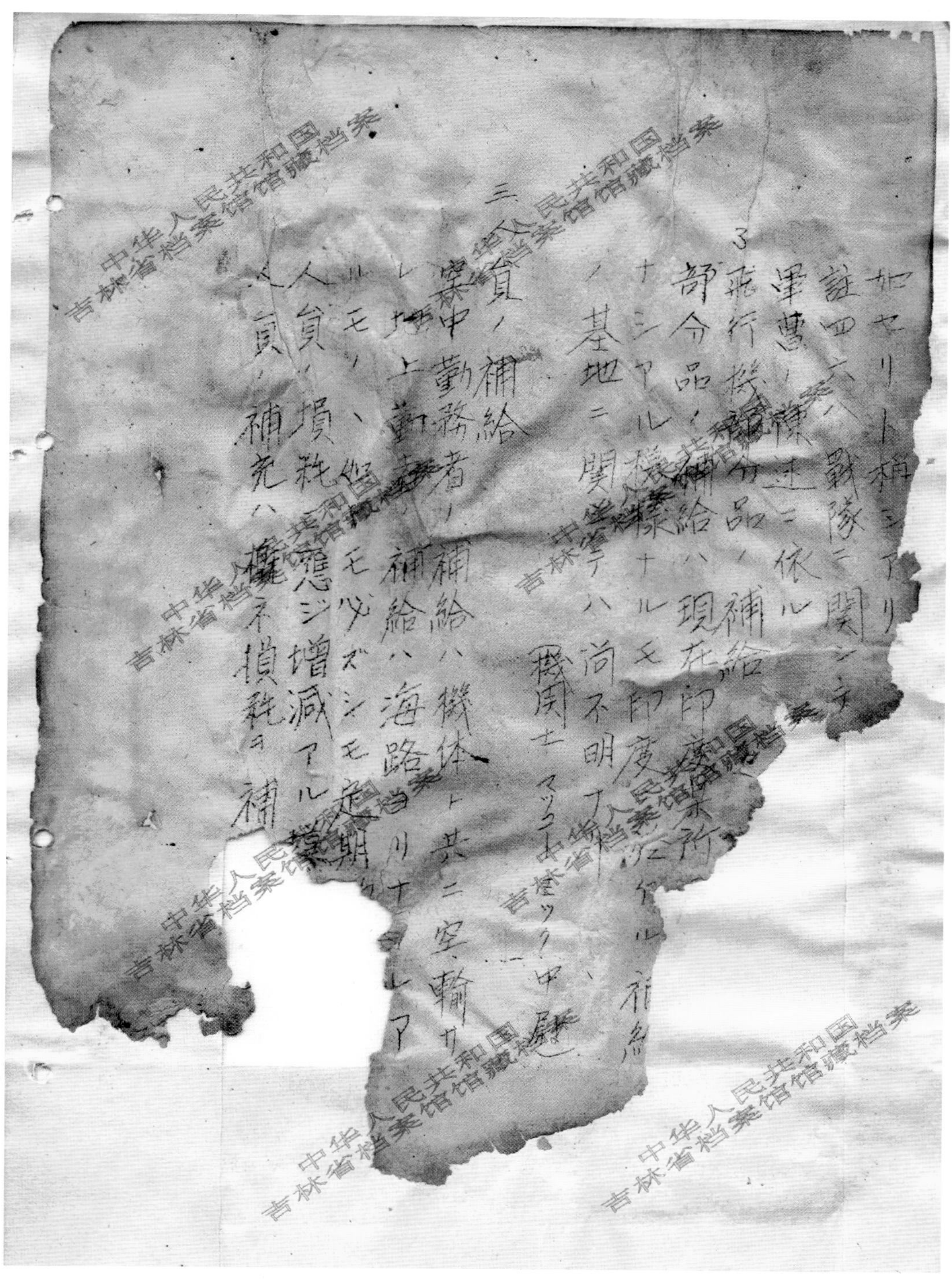

加セリト称シアリ
註 四六八戦隊ニ関シテ
軍需ノ陳述ニ依ル

3 飛行機部品ノ補給
部品ノ補給ハ現在印度廠所
ナシヤル機様ナルモ印度ノ
ノ基地ニ関シテハ尚不明ナリ
(機関士 マッコーカー中尉)

三 人員ノ補給
乗中勤務者ノ補給ハ機体ト共ニ空輸カ
レ地上勤務者ノ補給ハ海路ニ依リナサレア
ルモノ、如ク必ズシモ定期的
人員ノ損耗ニ応ジ増減アル様
人員ノ補充ハ損耗ヲ補

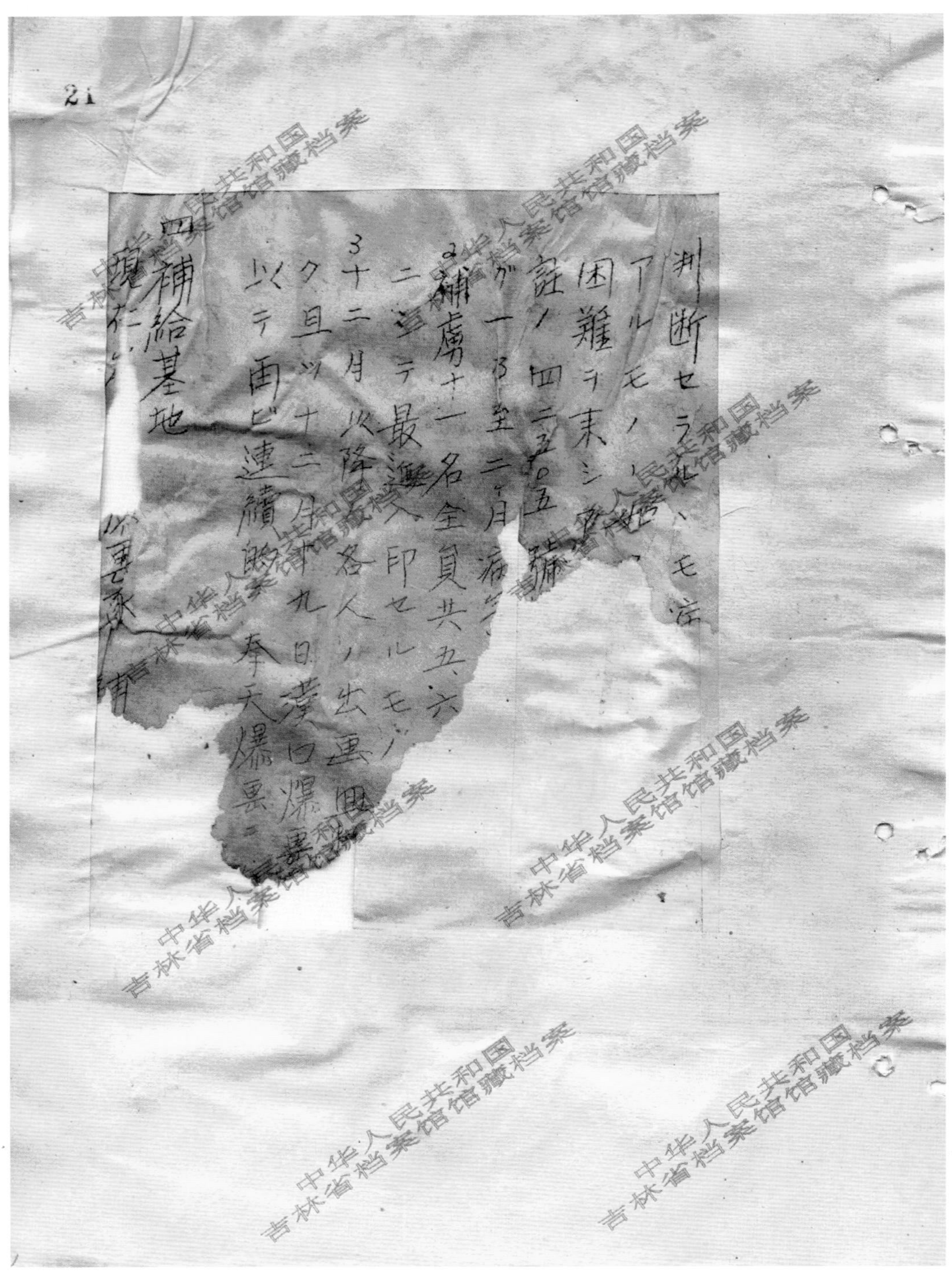

21

判断セラル、モ[illegible]

アルモノ、如シ

困難ニテ未ダ[illegible]

註ノ四二五、五[illegible]

ガ一月至二月[illegible]

2 補虜十一名全員共五、六

ニ至テ最近入印セルモノ

3 十二月以降各人ノ出撃回[illegible]

ク且ツ十二月二十九日漢口爆撃

以テ両ビ連續的奉天爆撃ニ

四 補給基地

現在[illegible]以東[illegible]

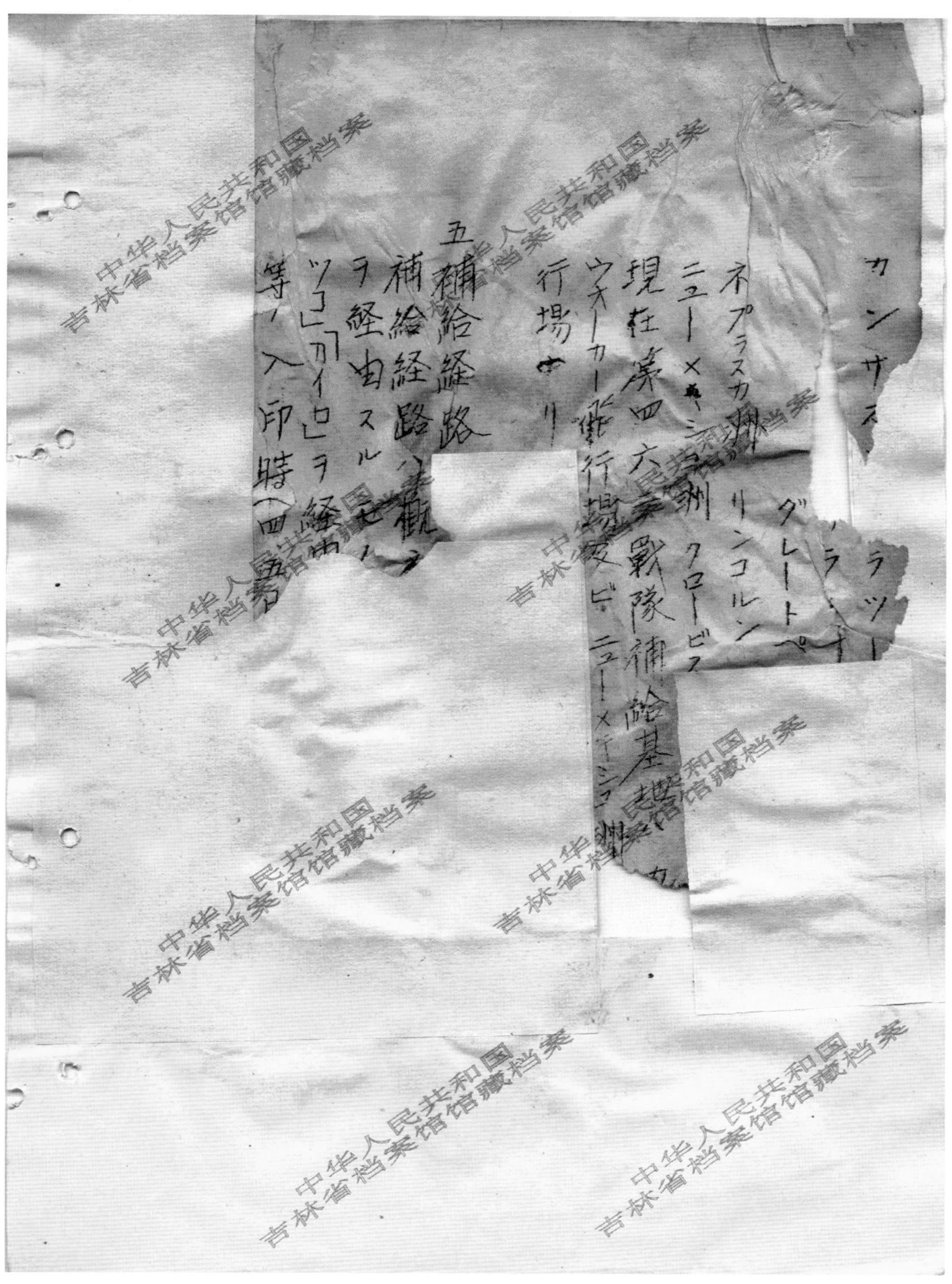

カンサス[illegible]ラツ[illegible]
[illegible]ラ[illegible]ナ[illegible]
グレートベ[illegible]
ネブラスカ州リンコルン
ニューメキシコ州クロービス
現在第四六[illegible]戦隊補給基地
ウオーカー飛行場及ビニューメキシコ州カ[illegible]
行場ヨリ

五 補給経路

補給経路ハ[illegible]
ヲ経由スル[illegible]
「ツヨヒ」「カイロ」ヲ経由[illegible]
等ハ入印時（四五日）[illegible]

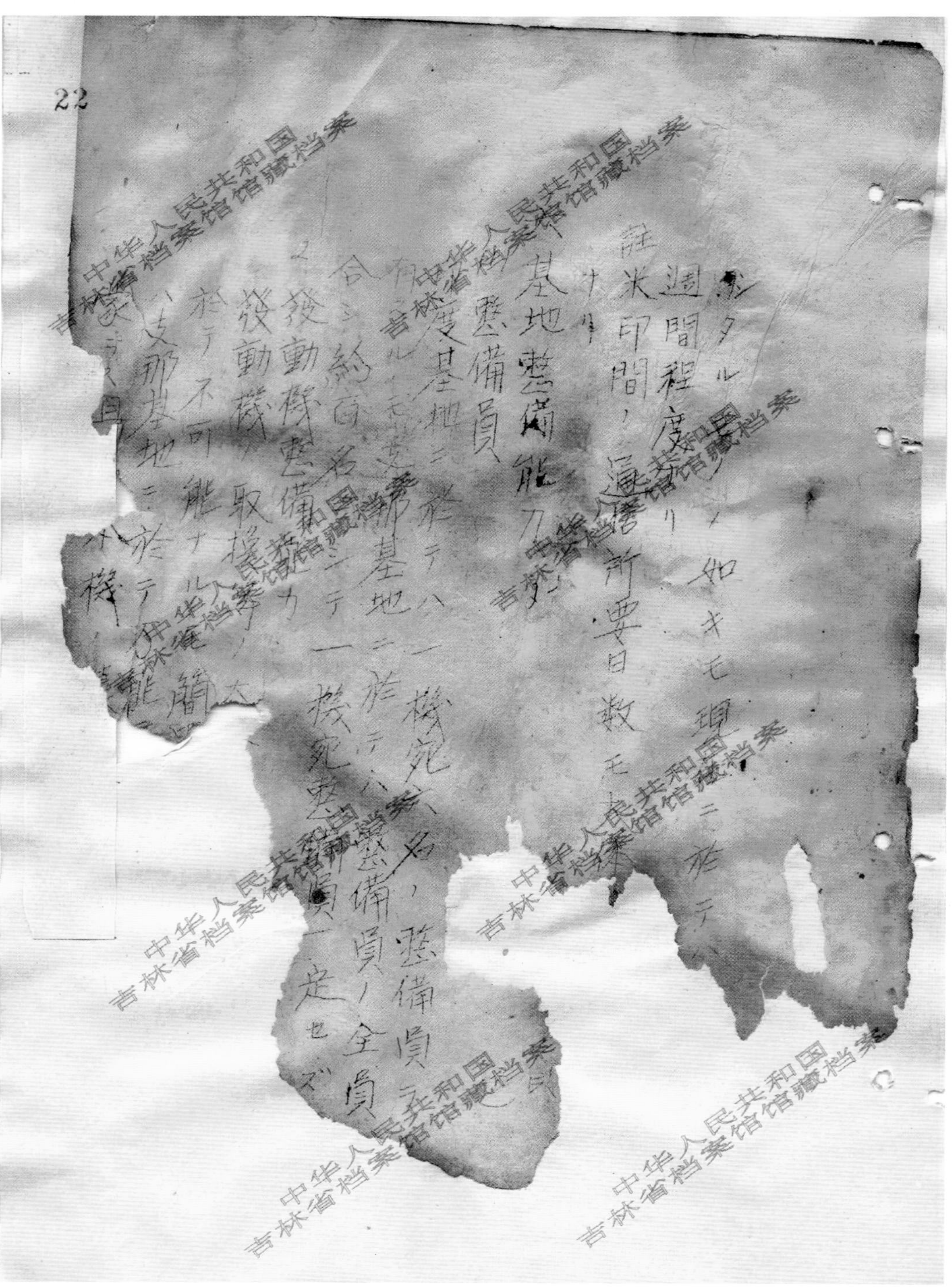

22

[illegible]タル[illegible]ノ如キモ現ニ於テハ
週間程度ナリ
註 米印間ノ通信所要日数モ大体[illegible]
ナリ
基地整備能力
整備員
[illegible]度基地ニ於テハ一機宛八名ノ整備員ニ[illegible]
有シ[illegible]支那基地ニ於テハ整備員ノ全員
合シ約百名ニシテ一機宛整備員一定セズ
発動機整備力
発動機ノ取換等ノ大
於テ不可能ナル簡
ハ支那基地ニ於テ

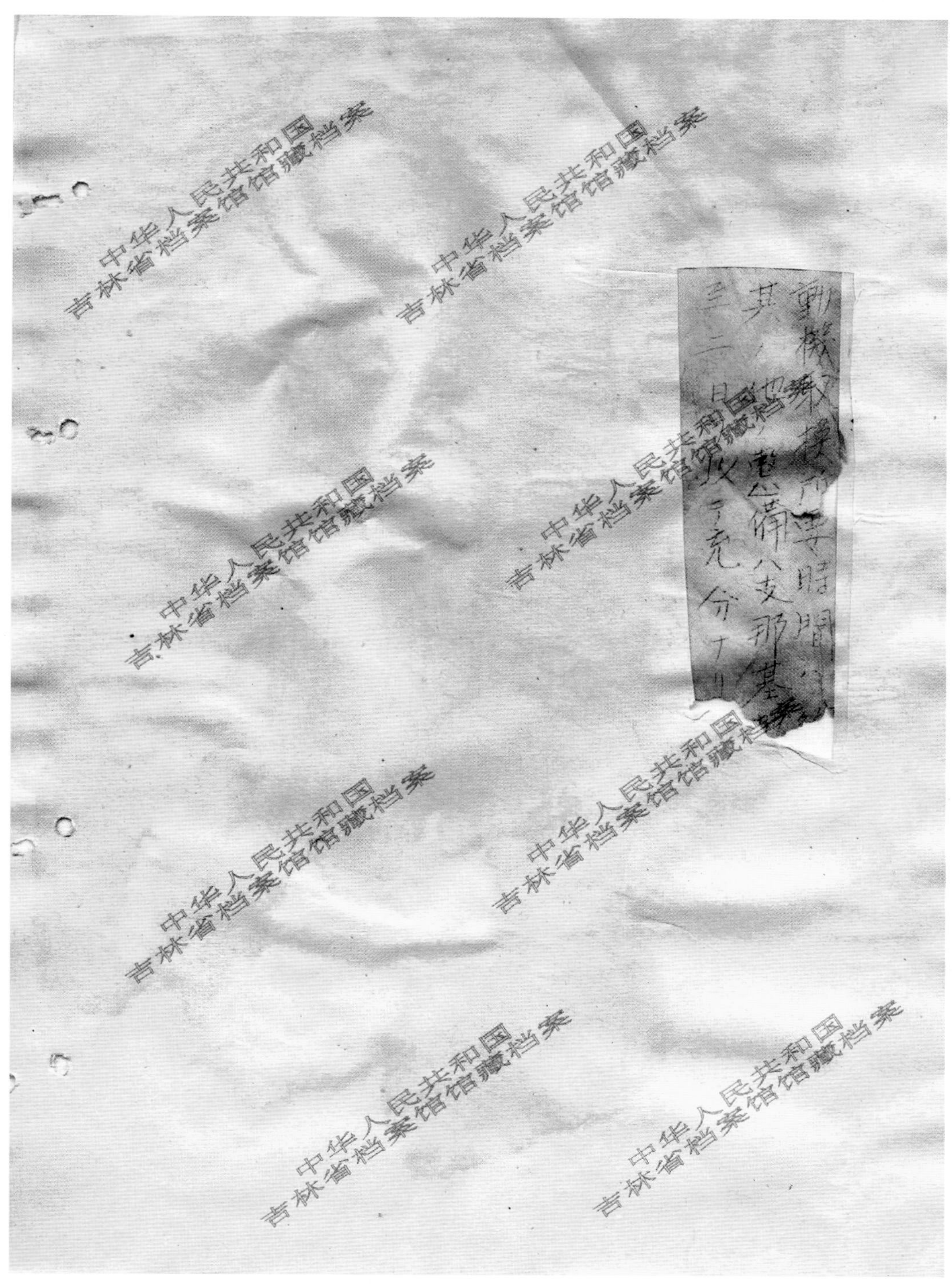
動機及救援所要時間ハ
其ノ他ノ設備ハ支那基
三二日ヲ以テ充分ナリ

23

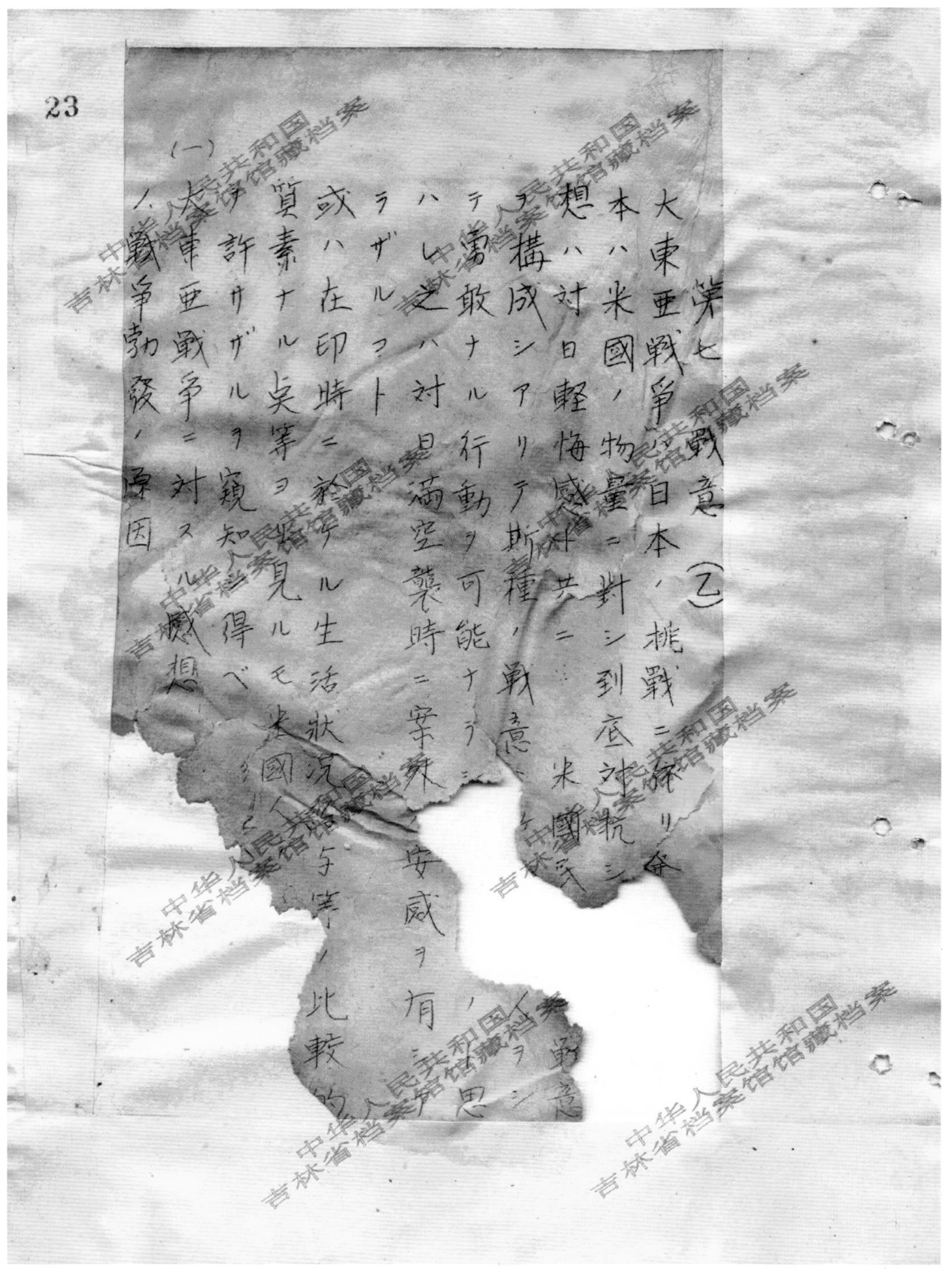
第七 戦意（乙）
大東亜戦争ハ日本ノ挑戦ニ依リ発
本ハ米國ノ物量ニ對シ到底対抗シ
想ハ対日軽侮感ト共ニ米國民
ヲ構成シアリテ斯種ノ戦意
テ勇敢ナル行動ヲ可能ナラシ
ハ之ハ対日満空襲時ニ安感ヲ有シ
ラザルコト
或ハ在印時ニ於ケル生活状況等ノ比較的
質素ナル点等ヲ見ルモ米國人
ヲ許サザルヲ窺知シ得ベ
（一）大東亜戦争ニ対スル感想
ハ戦争勃発ノ原因

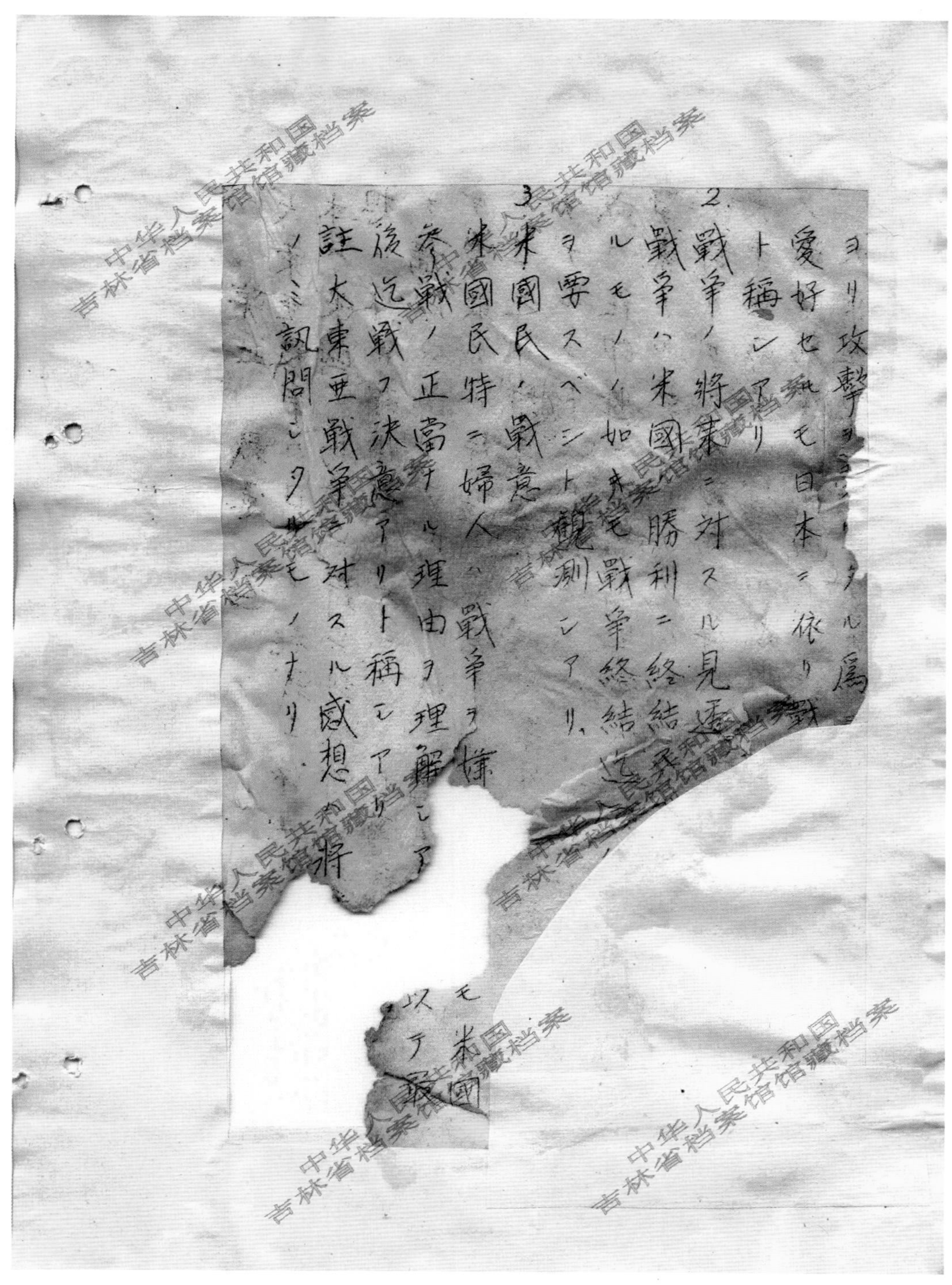

ヨリ攻撃ヲ[illegible]タル爲
愛好セルモ日本ニ依リ戰
ト稱シアリ
2 戰爭ノ將来ニ対スル見透
戰爭ハ米國ノ勝利ニ終結
ルモノ、如ク夫モ戰爭終結迄
ヲ要スベシト觀測シアリ、
3 米國民ノ戰意
米國民特ニ婦人ハ戰爭ヲ嫌
參戰ノ正當ナル理由ヲ理解シア
後迄戰フ決意アリト稱シアリ
註 大東亜戰爭ニ対スル感想ハ將
ノミ訊問シタルモノナリ

モ 米國
以テ 我

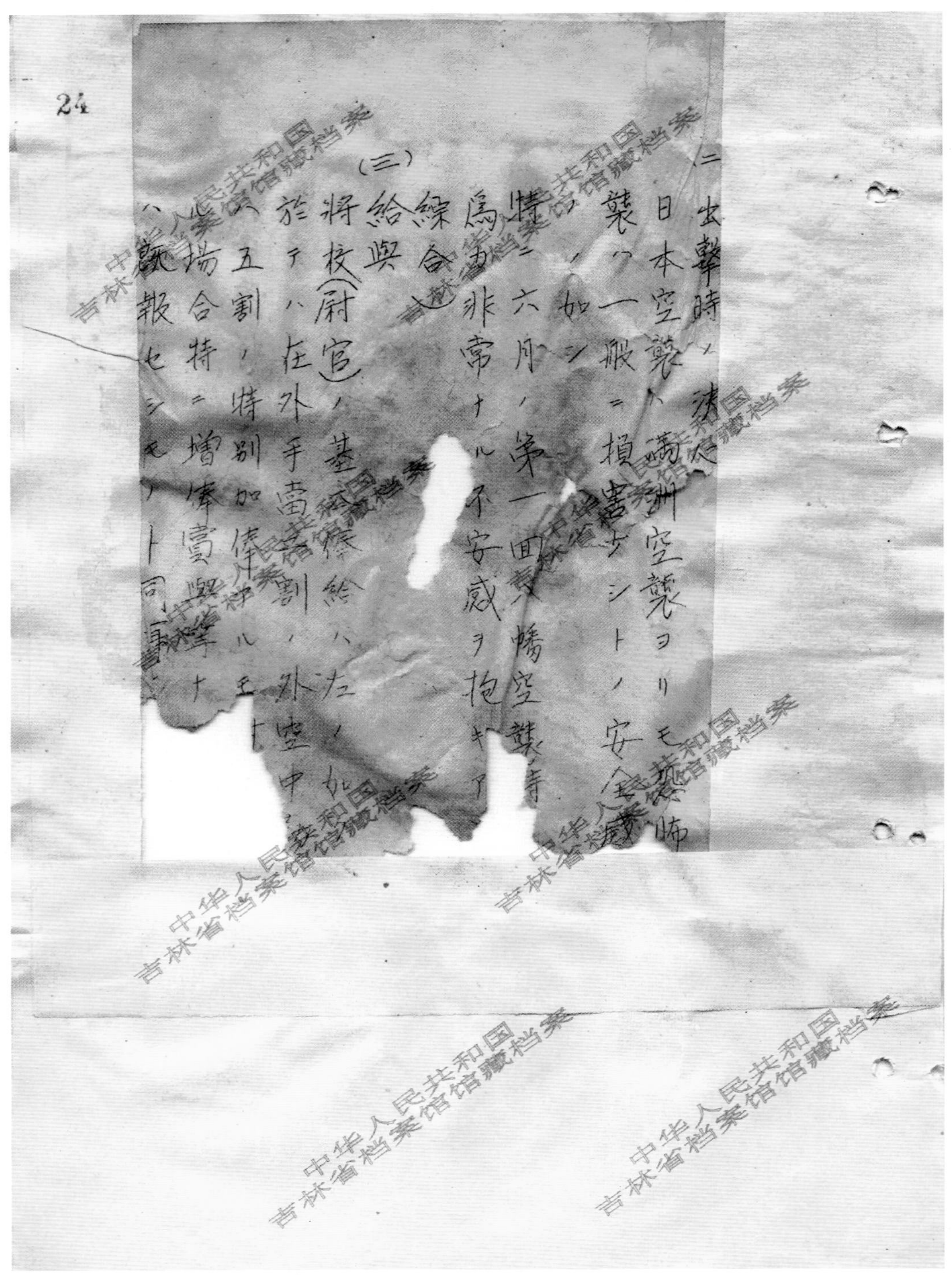

24

ニ出撃時ノ状況

日本空襲ハ満洲空襲ヨリモ恐怖

襲ハ一般ニ損害少シトノ安全感

ノ如シ

特ニ六月ノ第一回ノ八幡空襲等

為メ非常ナル不安感ヲ抱キア

（三）

綜合

給與

将校（尉官）ノ基本俸給ハ左ノ如

於テハ在外手当[illegible]割ハ外空中[illegible]

ハ五割ノ特別加俸アルモナ

場合特ニ増俸賞與等ナ

ハ既報セシモノト同事[illegible]

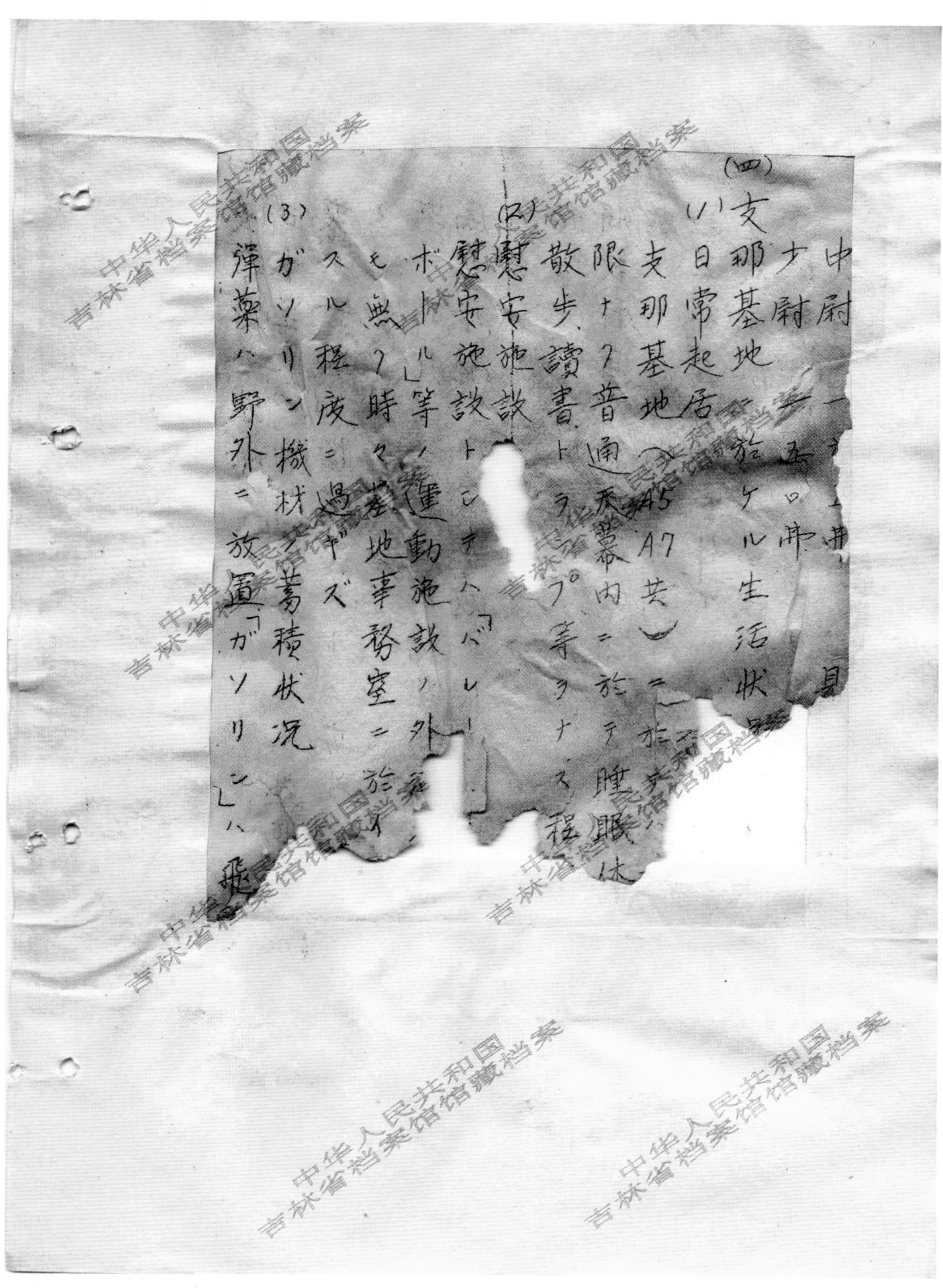

中尉 一六三冊 具

少尉 一五口冊

(四)支那基地ニ於ケル生活状況

(1)日常起居

支那基地(45 47共)ニ於テ兵

限ナク普通天幕内ニ於テ睡眠休

散歩、読書、トランプ等ヲナス程

(2)慰安施設

慰安施設トシテハ「バレー

ボール」等ノ運動施設ノ外

モ無ク時々基地事務室ニ於イ

スル程度ニ過ギズ

(3)ガソリン機材ノ蓄積状況

弾薬ハ野外ニ放置「ガソリン」ハ飛

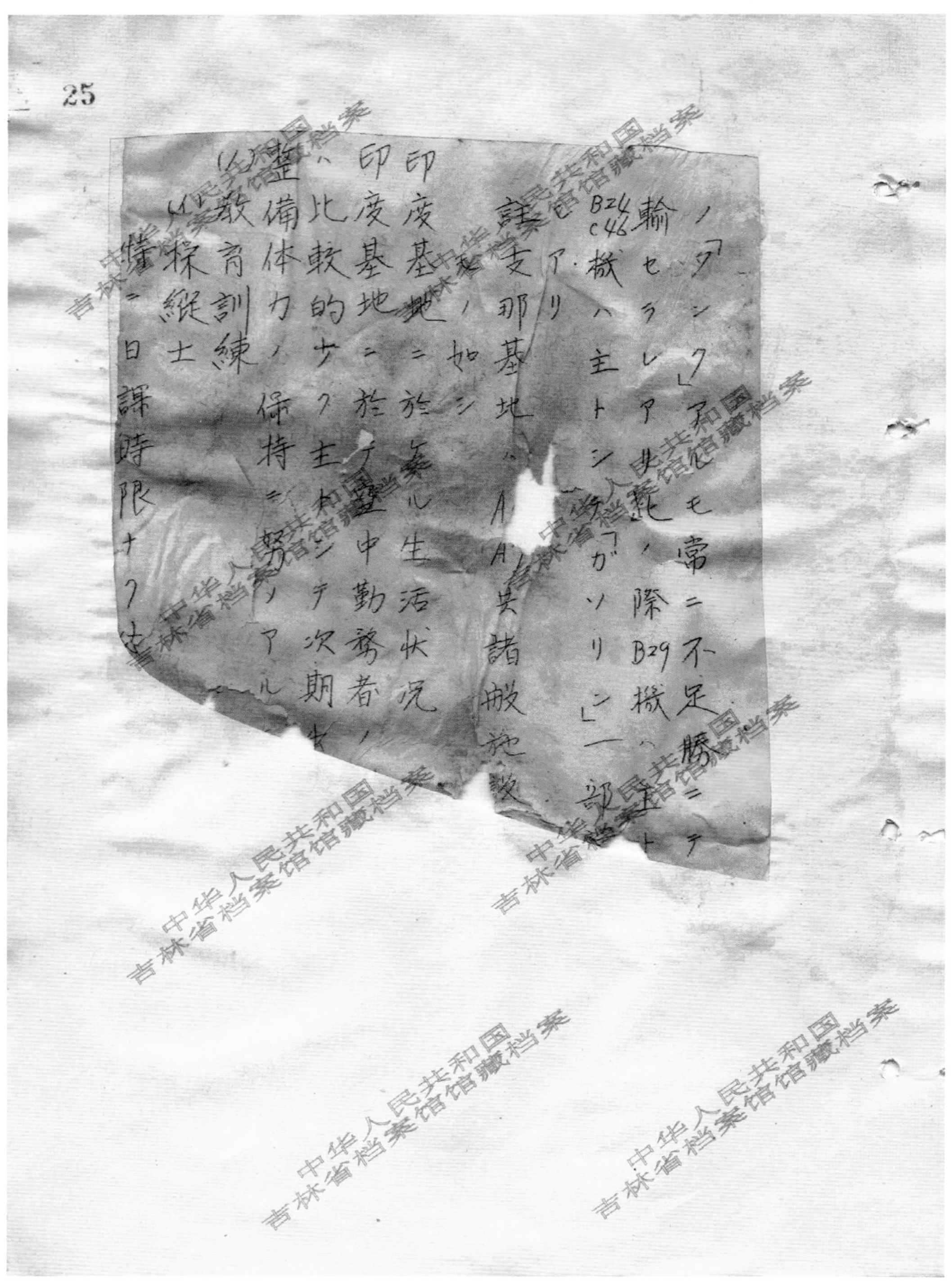

25

ノ「タンク」アルモ常ニ不足勝ニテ
輸セラレアリ此ノ際B29機ハ主ト
B24 C46機ハ主トシテ「ガソリン」一部
モアリ
註 支那基地ハAA共諸般施設
ノ如シ
印度基地ニ於ケル生活状況
印度基地ニ於テ基地中勤務者ノ
ハ比較的少ク主トシテ次期セ
整備体力ノ保持ニ努メアル
(5)教育訓練
(1)操縦士
情ニ日課時限ナク作

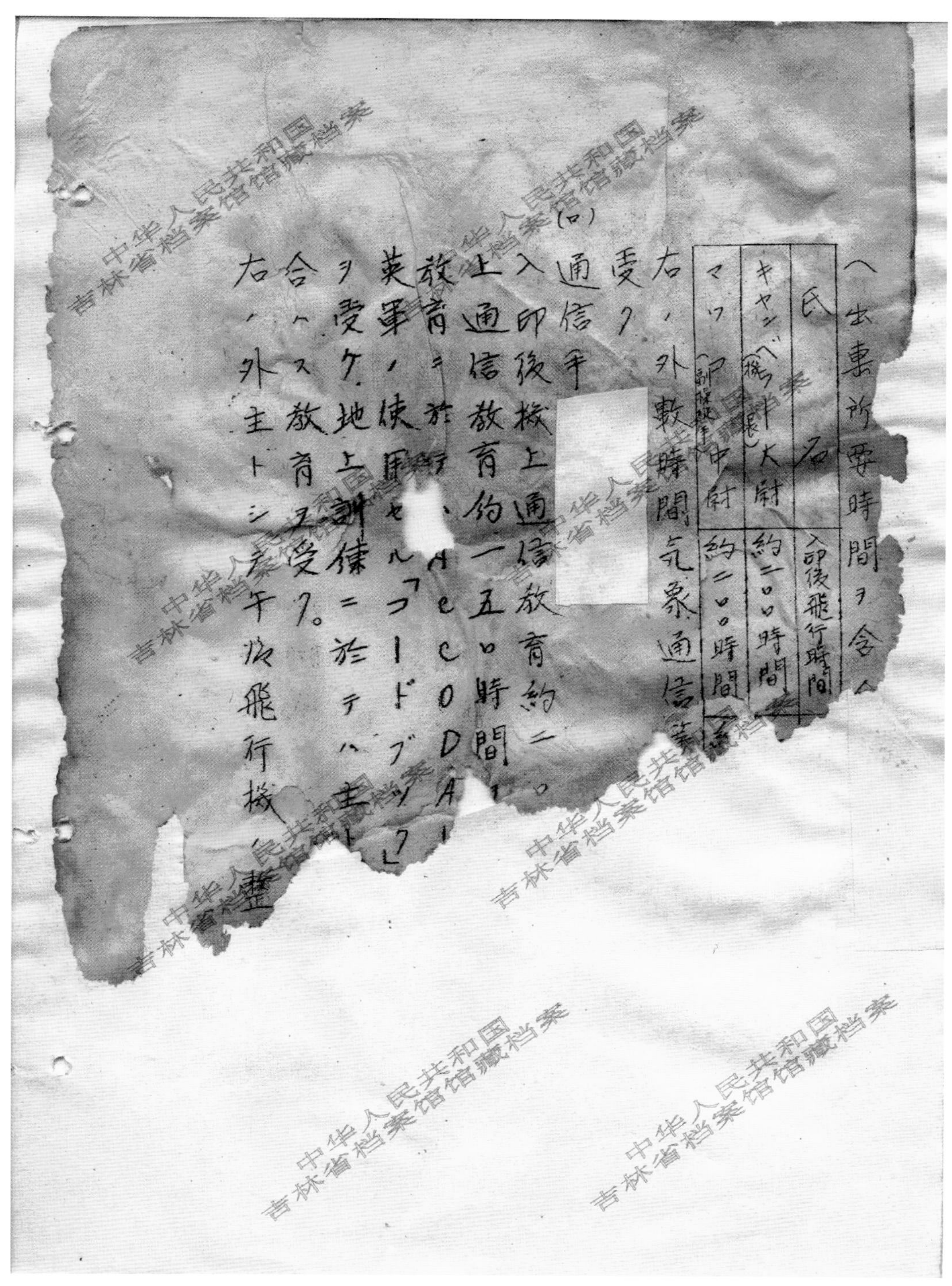
（出裏所要時間ヲ含ム

氏名	入印後飛行時間
キャンベル（機長）大尉	約二〇〇時間
マック（副操縦手）中尉	約二〇〇時間

右ノ外數時間氣象通信[illegible]

受ク

（ロ）

通信手 [illegible]

入印後機上通信教育約二〇

上通信教育約一五〇時間

教育ニ於テ[illegible]、AecoDA

英軍ノ使用セル「コードブック」

ヲ受ケ、地上訓練ニ於テハ主ト

合ハス教育ヲ受ク。

右ノ外主トシテ午後飛行機ノ整

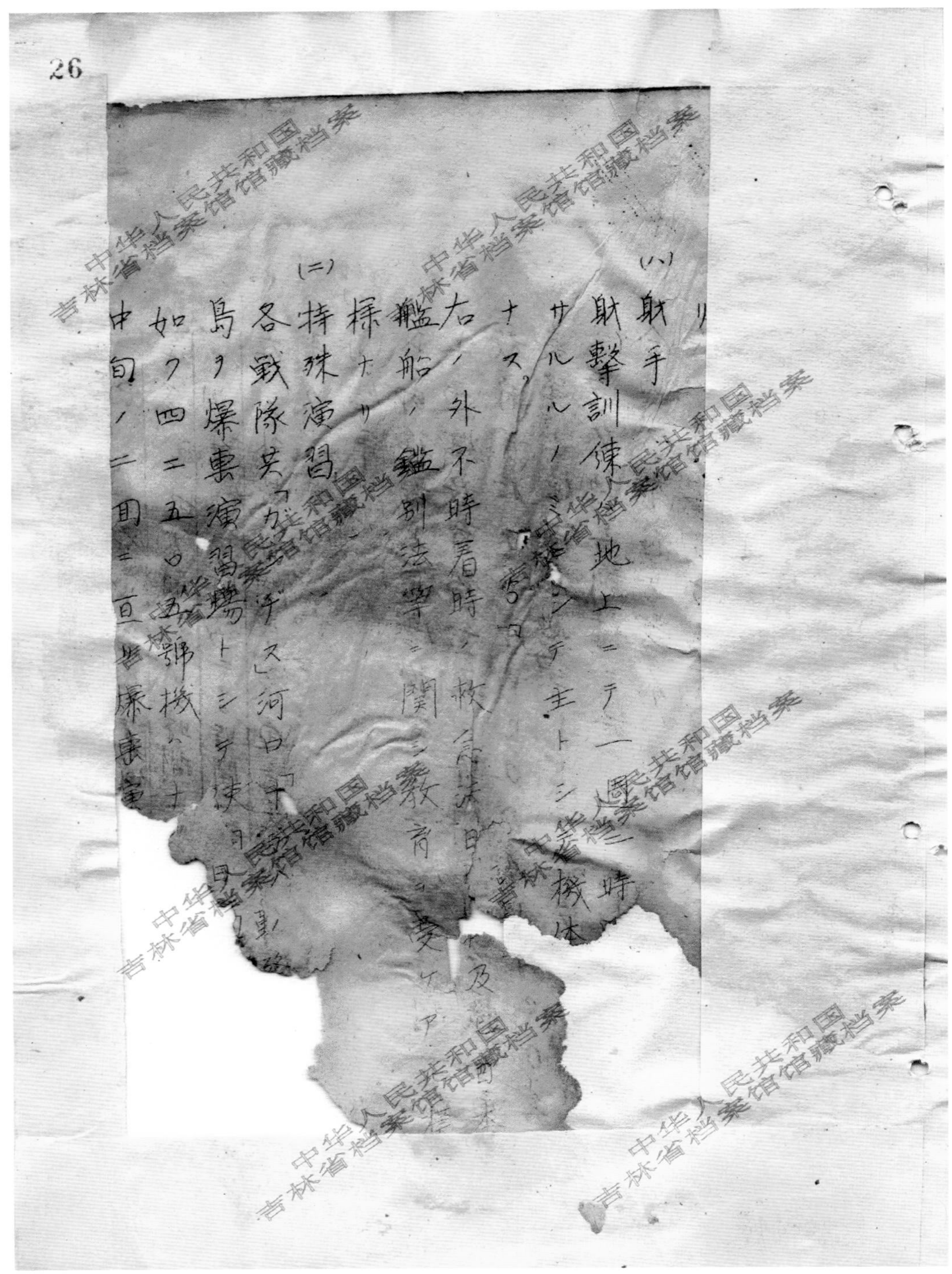

26

リ

(ハ) 射手

射撃訓練ハ地上ニテ一回三時[illegible]

サルノミニシテ主トシテ機体[illegible]

ナス。[illegible]

右ノ外不時着時ノ救命法[illegible]及[illegible]

艦船ノ鑑別法等ニ関シ教育ヲ受ケア[illegible]

(ニ) 操縦ナリ

特殊演習

各戦隊共ニ[illegible]河口[illegible]

島ヲ爆撃演習場トシテ使用[illegible]

如ク四、五日[illegible]機ハ[illegible]

中旬ノ二回ニ亘リ爆撃[illegible]

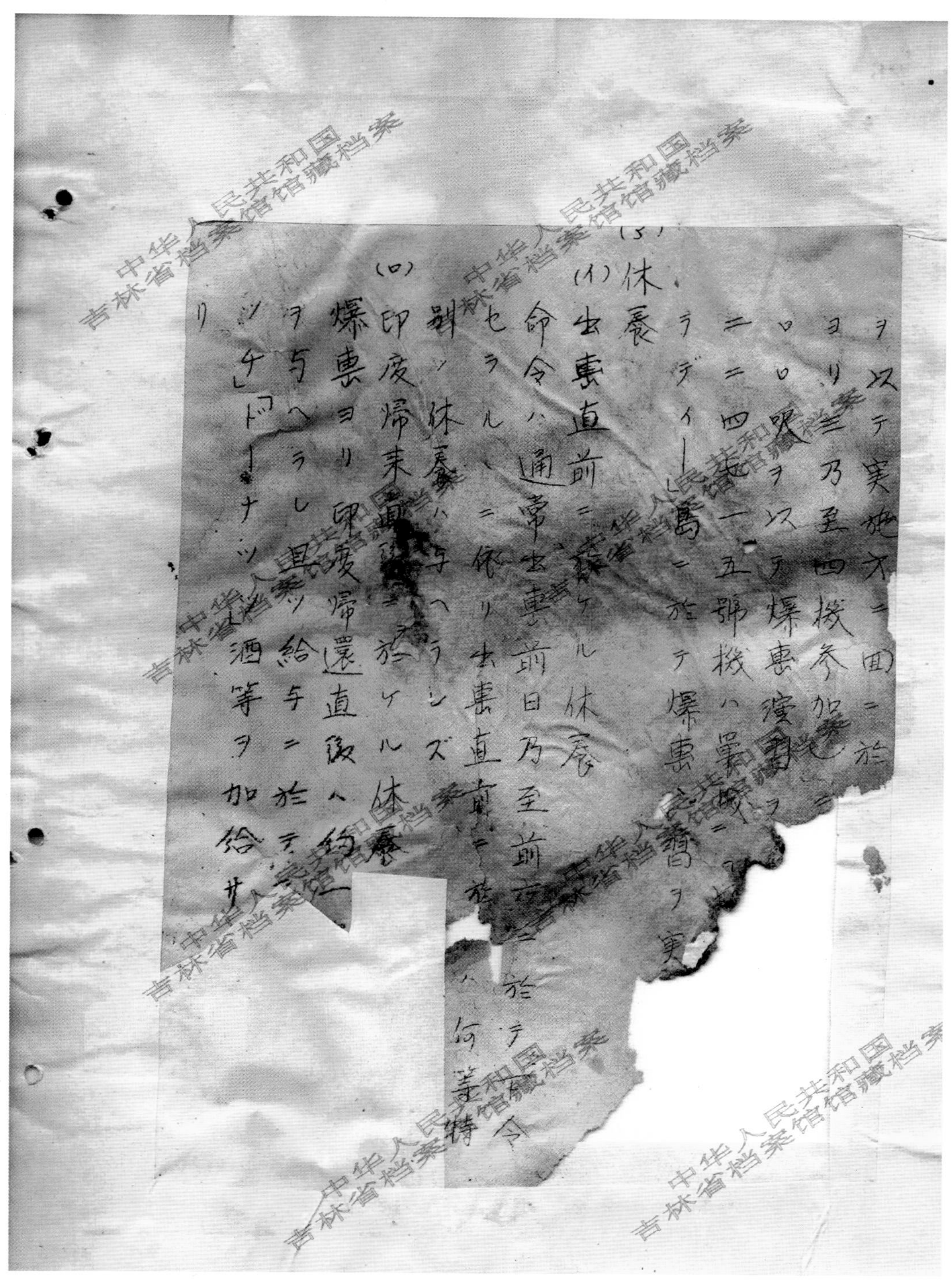

ヲ以テ実施ス二(田)ニ於
ヨリ三乃至四機参加[illegible]ニ
ロロ[illegible]ヲ以テ爆撃演習ヲ
ニニ四[illegible]一五編機ハ單機ニ
ラディー島ニ於テ爆撃演習ヲ実

(3) 休養

(イ) 出撃直前ニ於ケル休養
命令ハ通常出撃前日乃至前夜ニ於テ
セラル、ニ依リ出撃直前ニ於テハ何等特令
別ツ休養ハ与ヘラレズ

(ロ) 印度帰来直前ニ於ケル休養
爆撃ヨリ印度帰還直後ハ約
ヲ与ヘラレ且ツ給与ニ於テ
シテ[illegible]ドーナツ、酒等ヲ加給サ
リ

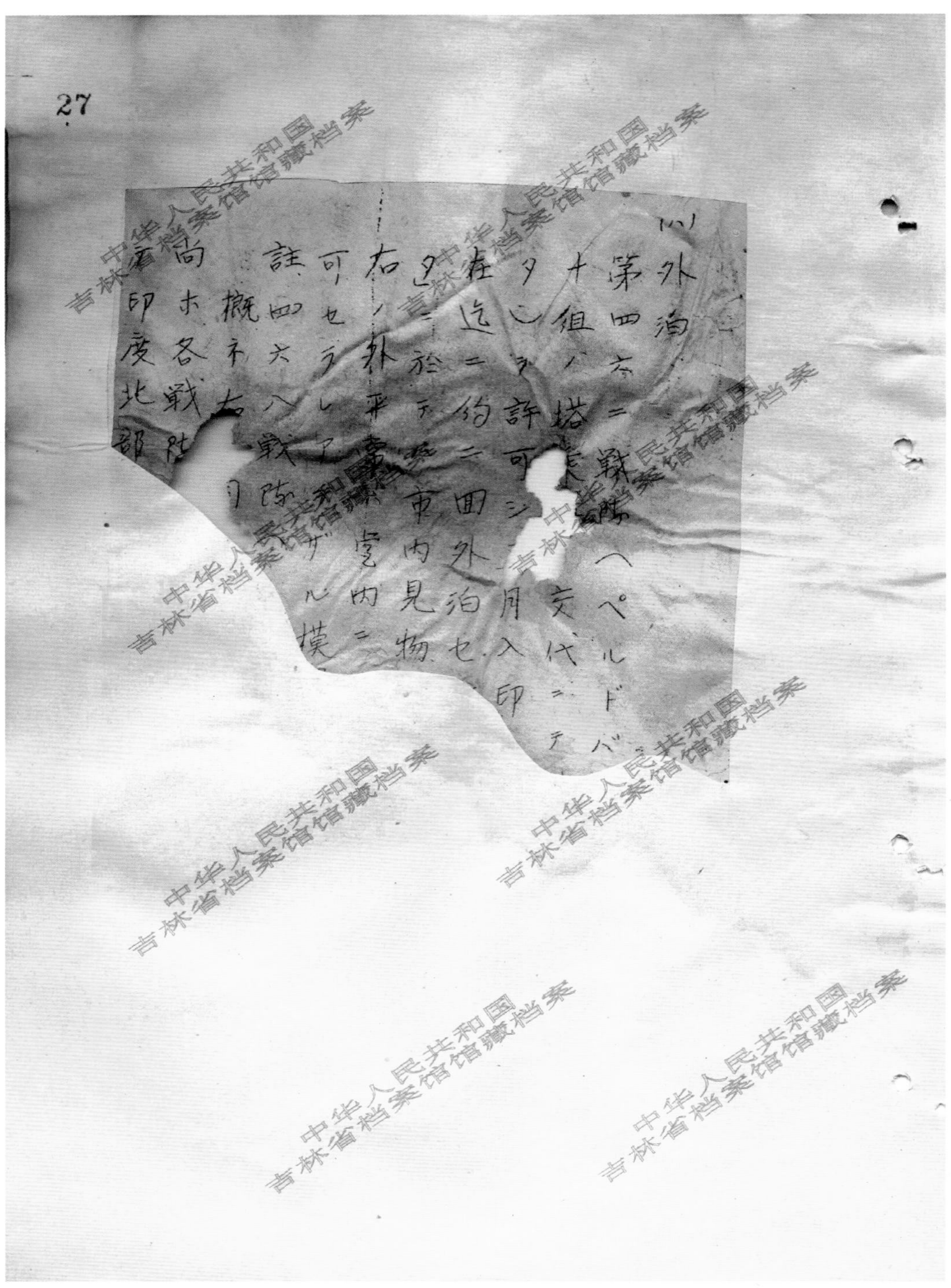

27

(ハ) 外泊
第四[illegible]二戦隊ヘペルドバ
十組ハ搭乗交代ニテ
夕[illegible]ヨ許可シ[illegible]月入印
在迄ニ約二回外泊セ
旦ニ於テ[illegible]市内見物
右ノ外平[illegible]堂内ニ
可セラレア[illegible]ザル模
註、四六八戦隊
概ネ右[illegible]月
尚ホ各戦隊
省印度北部

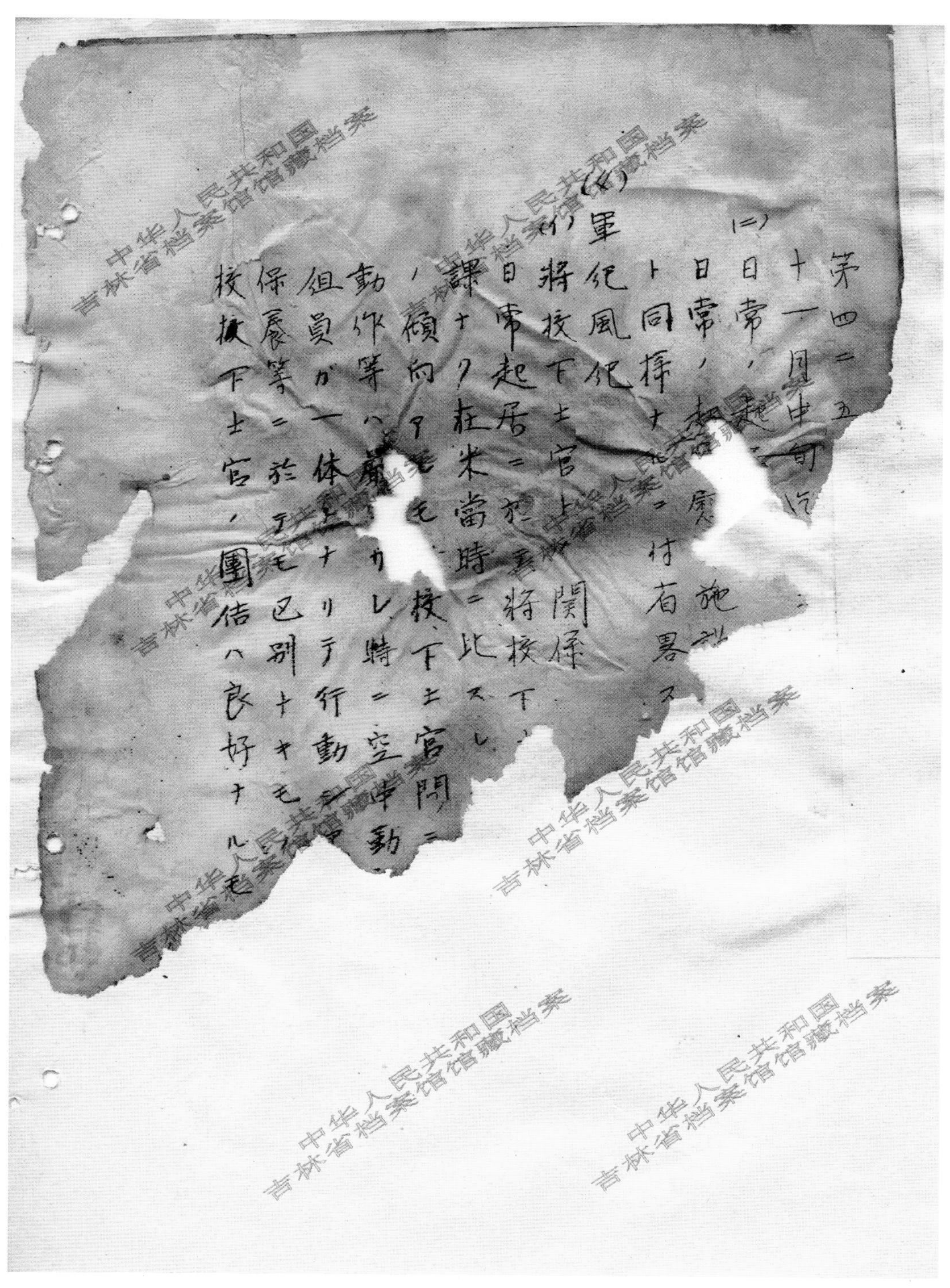

第四二五

十一月中旬[illegible]

(二) 日常ノ[illegible]

日常ノ教[illegible]實施[illegible]

ト同様ナルニ付省略ス

(ハ) 軍紀風紀

(イ) 将校下士官上[illegible]閑係

日常起居ニ於[illegible]将校下[illegible]

課ナク在米當時ニ比スレ

ノ傾向ア[illegible]モ[illegible]校、下士官間ニ

動作等ハ[illegible]カレ特ニ空中勤[illegible]

組員ガ一体トナリテ行動[illegible]

保養等ニ於テモ区別ナキモ[illegible]

校校下士官ノ團結ハ良好ナルモ

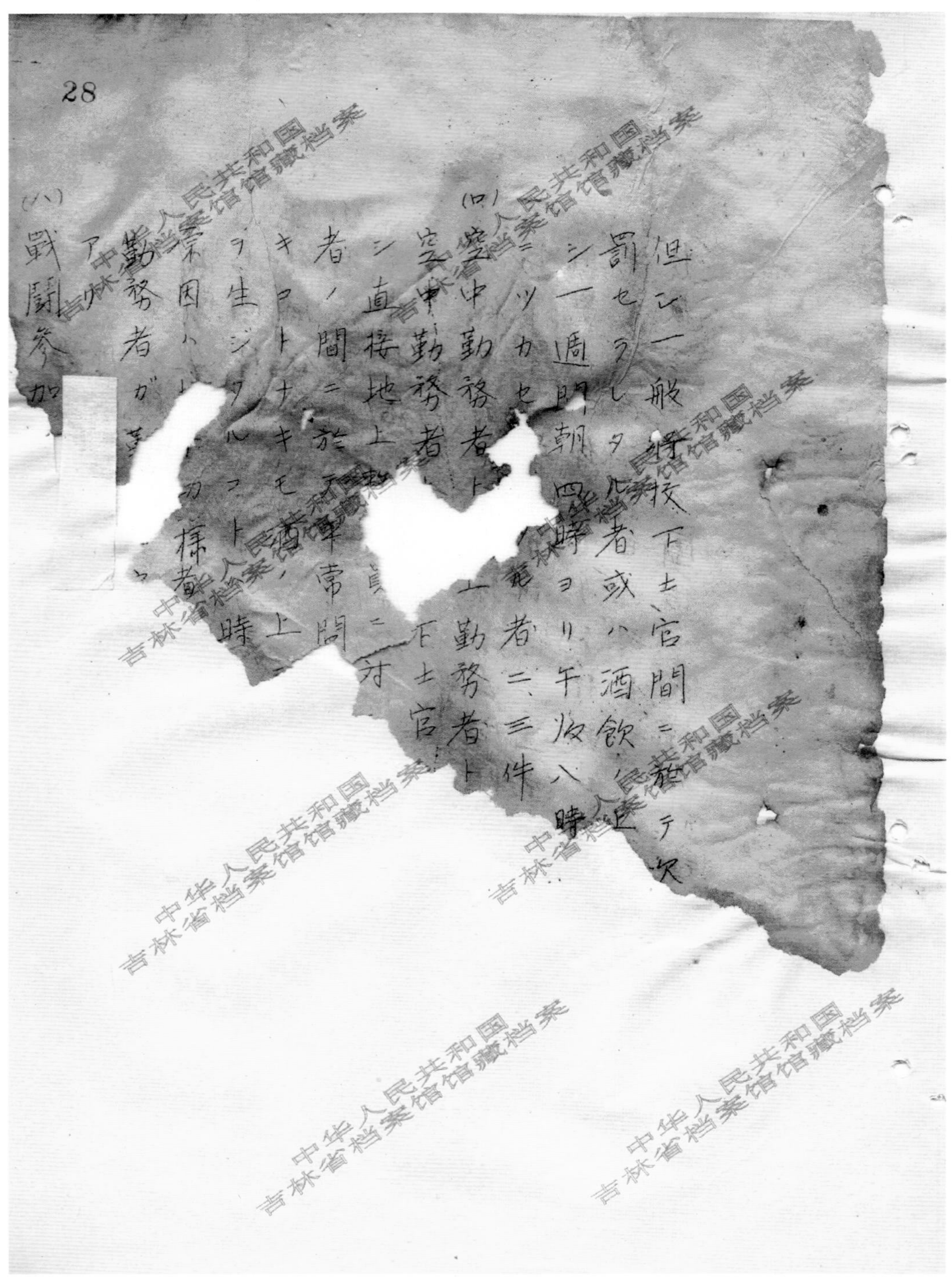

28

但シ一般將校下士官間ニ於テ次
罰セラレタル者或ハ酒飲ノ上
シ一週間朝四時ヨリ午後八時
ニツカセ[illegible]者ニ、三件
(ロ) 空中勤務者ト[illegible]上勤務者ト
空中勤務者[illegible]下士官
シ直接地上[illegible]ニ対
者ノ間ニ於テ[illegible]常問
キコトナキモ酒ノ上
ヲ生ジタルコト[illegible]時
[illegible]因ハ[illegible]
勤務者ガ[illegible]様者
ア[illegible]
(ハ) 戦闘参加

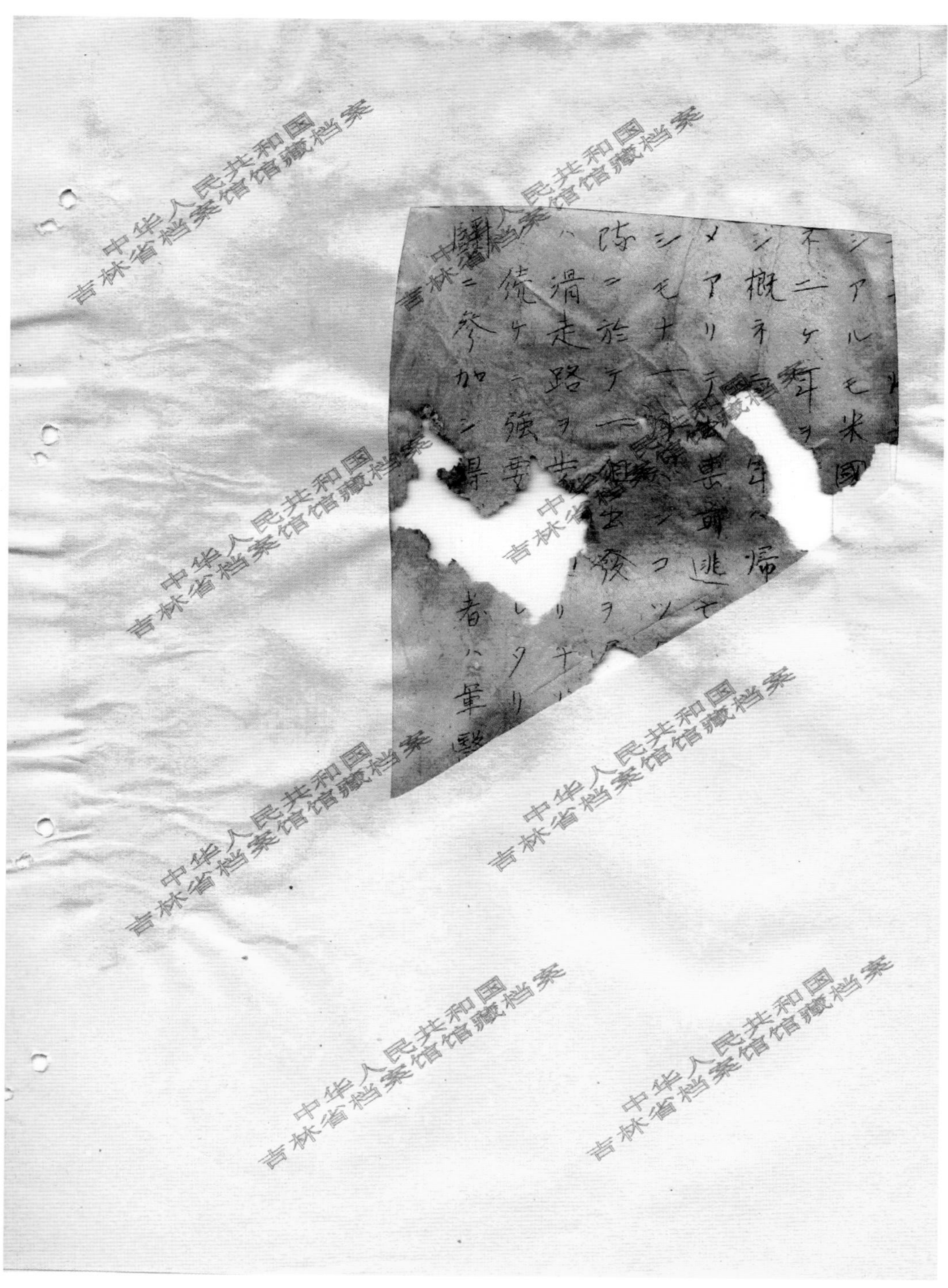

シアルモ米國
不ニシテ再ヲ年[illegible]
シ概ネ[illegible]ハ帰
メアリテ[illegible]要前逃モ
シモナ一[illegible]ノ二コツ
除ニ於テ一組[illegible]出發ヲ[illegible]
ハ滑走路ヲ占[illegible]リナ[illegible]
従ケニ強要[illegible]レタリ
闘ニ参加シ得[illegible]者ハ軍隊

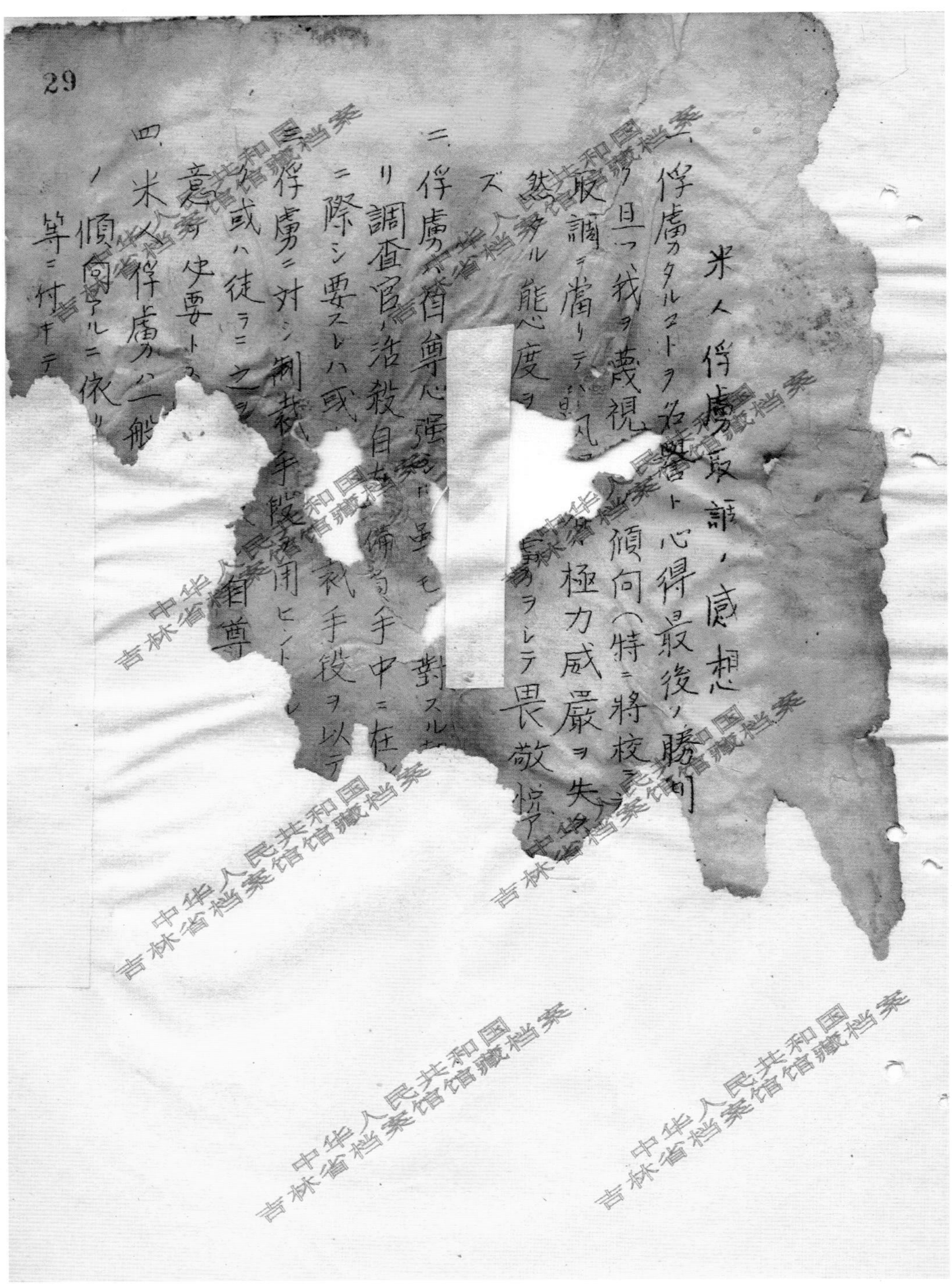

29

米人俘虜取調ノ感想

一、俘虜カタルコトヲ名誉ト心得最後ノ勝利

ヲ且ツ我ヲ蔑視シ … 傾向ハ特ニ将校ニ …

取調ニ當リテハ … 極力威厳ヲ失ハ …

然タル態度ヲ … ヲシテ畏敬 …

ズ

二、俘虜ハ自尊心強烈ト雖モ … 對スル …

リ調査官ハ活殺自在ノ … 手中ニ在 …

ニ際シ要スレハ或 … 手段ヲ以テ

三、俘虜ニ対シ制裁手段ヲ … 用ヒントシ …

或ハ徒ラニ之ヲ … 自尊

意 … 必要トス

四、米人俘虜ハ一般

ノ傾向アルニ依リ

等ニ付キテ

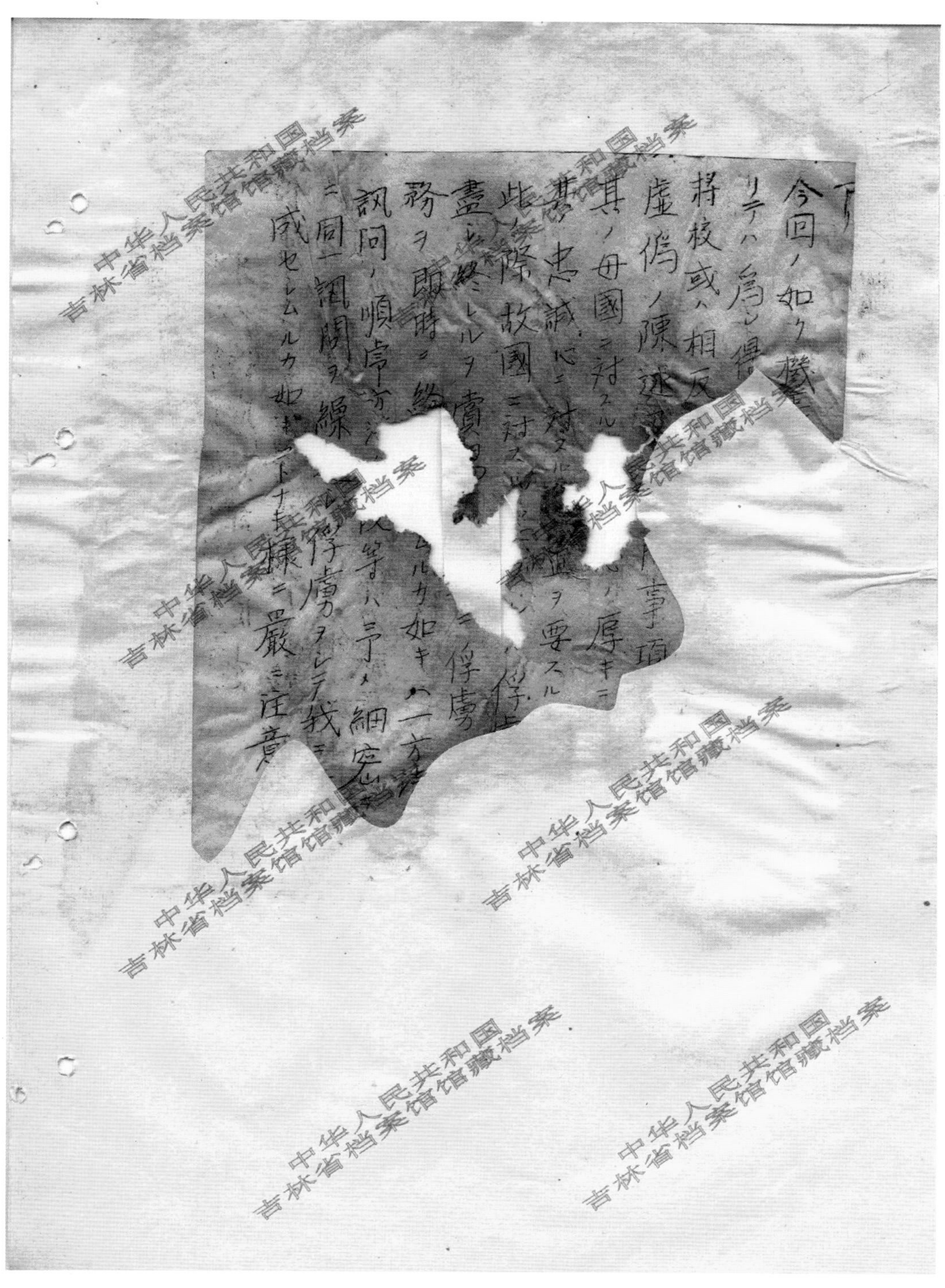

今回ノ如ク機会
リテハ爲シ得
将校或ハ相反
虚偽ノ陳述ス[illegible]事項
其ノ母國ニ対スル[illegible]ハ厚キニ
其ノ忠誠心ニ対スル[illegible]ヲ要スル
此ノ際故國ニ対スル[illegible]俘虜
盡シ終ミレルヲ責ヨリ[illegible]ムルカ如キハ一方法
務ヲ顧時ニ於[illegible]ニ俘虜
訊問ノ順序方[illegible]我等ハ予メ細密
ニ回訊問ヲ繰[illegible]俘虜ヲシテ我ニ
成セシムルカ如キコトナキ様ニ嚴ニ注意

30
ハ今回ノ如キ知識程度高キ俘虜ニ対シテハ…
シムル為…問題ヲ与ヘテ筆記…
トスル場合アリ…
的ニ提示スル…
ニテ筆記ナシ得…

순서	성명(역자주:음역)	중대	비행기번호	계급	임무	연령	출격차수
1	죤 카레본・캠벨	七六九	四二五〇五	대위	기장	25	10차
2	죤・마크	七六九	四二五〇五	중위	부조종사	28	8차
3	마크미크・리차드 워즈워스	七六九	四二五〇五	중위	기관사	23	7차
4	아르베르・치르랄프	七六九	四二五〇五	중위	관측사	24	7차
5	립스켐・본제민오만드	七六九	四二五〇五	중위	항법사	26	6차
6	다니엘・죤스키바	七六九	四二五〇五	군조	제2기관사	27	1차?
7	랄프・메르빈다우도인	七六九	四二五〇五	중사	우측사격수	28	6차
8	죠지・유톤부라운	七六九	四二五〇五	□□	□□	□□	□□
9	올니레스・쿠하만	七六九	四二五〇五	□□	□□	□□	□□
10	아론와렌・엘도레트	七六九	□□	□□	□□	□□	□□
11	엘베이・에드와드	七□九	□□	□□	□□	□□	□□

목록

제일　12월 7일의 상황

제이　12월 21일의 상황

제삼　출격 이후 진행한 독립정찰

제사　출격과 잠수정과의 관련성

제오　제이〇포격대의 편성

제육　보충상황

제칠　투지

제팔　미군포로를 취조한 소감

제1　12월 7일의 상황

一. 출격한 전투기의 수량은 한 개 전대 이십사□□□ 팔전대에 의해 추락 □□□ 그 밖에 두 대 내지 석 대의 비행기가 있음. 폭탄이□□□ 므로 돌아오지 못하□□전대와 함께 □□□ 도합 □□5대.

격추 지점에 관하여 평탠 상공이었다고 주장하는 사람도 있지만 구체적으로 불분명. 그 후

연락이 없음. (통신관계 및 강제착륙의 항목 참조)

제2 12월 21일의 상황

一. 폭격에 4개 전대가 참가, 매 전대마다 9,10대의 비행기가 있음. 도합 40대.

二. 청두(成都)기지에서 집결한 시간은 16일부터 19일 사이. 제일 먼저 도착한 비행기는 한커우와 다촌에 출격.

한커우에서 각 전대에서 비행기를 뽑아 12대로 편성된 전대 2개를 조직. 내지 및 만주 지역에 각각 12대로 편성된 분대가 하나씩 있음.

내지 한커우의 폭격기 수량은 한커우를 습격한 때와 비하면 각 전대의 비행기수가 감소. 중국의 장비능력 부족이 원인.

내지와 만주를 연이어 폭격하기 때문에 연료를 절약코자 이번 습격전투기 중 대부분 □□□출격, 일부분이 다촌을 제외하고 □□□

三. 경로 및 항법(갑)

1. 청두에서 직접 안캉으로 직진□□□전파신호 확인 후 3도 방향 □□□ 회항노선□□□방향을 전환□□□四一五. □□□가 □□지에서 전파신호를 유도□□ 회항 □□□

2. 항법은 천문항법. 중점위치 상공에서 비행사는 레이더와 전파로 끊임없이 위치를 확인하면서 목표위치로 직진. IP, TP는 중간목표, 항로변경을 통해 □□변화진행. 그 밖에 TP는 제일 먼저 발견한 폭격목표의 지점. 그 후 폭격수에 의해 목표지점에 침입. (마턴, 음역)

四. B29의 비행전투 대형(갑)

1. 기본대형

약도 생략. 12대의 비행기 편대를 기본 대형으로 함.

2. 편대

(A) 약도 생략. 폭격을 실시하고자 □□□약도와 같이 □□간격의 극도 □□앞에 표기한 IP, TP□□□직선항행

고도차150□□□

(B) 약도 생략

□□□기본 정확. 레이더를 통해 □□□조준하여 항행□□□현재까지는 시험단계 □□□다음과 같은 언론이 출현

(A) 안산 제3차 공습 시 雲□□□ □□□을 사용. 하지만 맹목적인 폭격임. 소문에 따르

면 □□에서 칠킬로 되는 곳에서 폭탄 투하

(B) 야와타(八幡) 공습 시 (몇 번째 공습인지는 불명) 심야이므로 목표판별이 어려움. 고로 불빛을 공격목표로□□□

(C)평탠 제□차 공습 시 망원경으로 □□을 비추어 폭탄 투하.

총적으로 현재의 상황으로는 해당 지역의 폭격□□□이용

五. 폭격요령(乙)

1. 각 폭격목표의 측정

원칙적으로 조준기로 목표를 조준 후 자동폭격. 하지만 흐린 날씨 □□등 직접조준이 어려울 시 □□로 관측

안산의 제3차 폭격은 이 방법을 채용. 그 정확도는 직접조준과 비하면 현저히 떨어짐. 폭격목표에 대한 조준은 선두비행기가 진행. 다시 무선전화로 각 비행기에 전달. 그리고 전체 비행기가 동일 목표에 폭탄 투하

2. 폭격정확도 및 회피의 경향

9대 내지 10대의 비행기가 한 개 편대를 □□□ 목표를 측정 후 □□□면 2000—3000□□□오차는 500—1□□□

지역에 대한 폭격도 가능. 하지만 □□정밀폭격이 예기한 효과를 거두지 못함.

3. 보조목표의 지정

출격 시 하나의 목표만 있는 것이 아니라 하나 혹은 두 개의 보조목표를 선택하여 폭격함. 날씨 혹은 폭격기 자체의 상태로 말미암아 제1목표가 폭격이 어려워질 때 보조목표를 폭격.

이번에 출격한 제일목표는 만비(滿飛)였으나 보조목표로 다랜과 정저우(鄭州)를 준비.

4. 폭탄의 종류

현재 만주를 폭격하고자 준비□□□

폭탄 500매

연소탄 500매

두 종류의 폭탄□□□동시에 폭발□□□

5. 조준경의 분별 배율과 시야가 불명

6. 공중촬영

공중촬영은 고도와 무관함. 폭격수에게 맡겨□□등 불명

7. 레이더

(1)레이더의 주요역할은 항법을 제공하는 것, 동시에 폭격에서 역할 발휘. 그 밖에 공중 비행 시 레이더가 우군의 비행기를 식별함. 폭격용 조준기가 실효 시 레이더를 이용하여 조준할 수 있지만 앞에서 서술한 것처럼 명중률이 대폭 축소. 레이더기사와 기타 항법사에게 첨시경(覘視鏡)(갈색관)을 배치할 수 있지만 영상이 극히 □□□ 기능이 오차가 아주 큼. 그 원인은 □□□쉽게 고장이 생기기 때문. 레이더기사는 고장해제를 위해 고심, □□□또한 현재 사용하는 것은 시험단계에서 벗어나지 못함. □□□의 공술을 수집, 레이더기사의 보고 중 □□□상황 및 요구에 따라 하나씩 기능을 검사 □□□

(2) 레이더는 일분에 640차 진동, □□□5000피트 되는 고도에서 표준은 대략 30킬로 반경의 범위 내 □□□, 그 밖에 40, 50킬로까지 증가해도 똑같은 정확도 □□□는 구름 속 심지어는 야간에도 투시가 가능, 하지만 그 기능은 □□ 부동한 시간대에 차이가 큼.

영상범위는 4, 10, 20, 50, 100킬로 등 5개 유형으로 나뉘며 스위치로 구역을 획분. 동시에 일부분 구역을 확대하여 더욱 똑똑히 목표를 조준 가능. 특히 영상에서 견고한 건축물을 뚜렷이 현시함. 전면적으로 레이더를 사용할 경우 10리 이내의 영상만 촬영 가능. 원칙적으로 목표위치의 대체적인 상황만 촬영 가능, 그 후 도구를 사용하여 폭격목표를 계산해내고 목표를 확정한 후 폭탄 투하. 투하 시 비행기의 지시는 편대장의 비행기에서 무전으로 하달. 본인은 실시한 적 없음.(안루, 음역)

六. 펑탠 공습 전의 상황

1. 인도에서 출발할 때

출격에 관한 그 어떤 명령도 없었음. 폭탄 일부와 비행기 일부□□□술과 물품을 싣고서 중국 기지로 비행. 인도에서 출발한 □□중대의 모든 비행기는 동시에 출발한 것이 아님. 보통 순서적으로 중국에 진입.

현재 운수기가 부족하므로 B29로 운수기를 대체, 식품, 부품, 폭탄 등을 운송. 비록 그들이 인도에서 출발 할 때 출격시도를 몰랐다고는 하나 그에 대해 의심을 보류.

2. 중국기지를 출발 전

출격은 중국기지에 도착해서 이튿날 혹은 하루 이틀 후가 관행임. 중국에서는 별도의 준비는 하지 않고 출격하는 날 밤□□□ 이후 각각 중요사항을 지시.

(1) 목표는 이번 폭격 시 하달한 지시사항 □□□펑탠비행장, 다랜항구, □□□

(2) 폭격고도는 20000피트

(3) 시속은 200리

(4) 만약 제1목표에 도달하지 못하였을 경우 제2□□목표에 출격하도록 명령받음.

명령은 구두전달, 항법사, 폭격□□□지도 및 공중촬영은 폭격수에게만 맡김.(모든 사람)

七. 통신관계

1. 불시착 혹은 조난 시 비행기 기체가 손상이 없으면 비행기의 무전(통신시간은 70시간)을 이용함. 기타 상황 시에는 휴대용 무전을 사용하여 500킬로미터 SK의 주파수로 한 시간에 두 번, 3분간의 조난신호□□□

2. 출발 시 정시통신에 관해 다음과 같은 지시를 함.

(A) 다음과 같은 요령으로 목표상공의 폭격상황을 보고

(一) 폭격목표

(二) 방법(망원경 혹은 레이더로 폭격)

(三) 전과(우, 량, 급격, 불급격, 무)

(四) 목표상공에 도착한 비행기 수(한 대로부터 아홉 대는 01—09로 하고 기타□□□)

(B) 기지에서 400리 떨어진 지점에서 회항을 보고

3. B29가 탑재한 무선기계재료의 개요

(A) 올밴드 송수신전보기 (70—90와트)

비행기 사이, 비행기와 기지 사이의 통신거리□□□

(B)앞의 사항 외에 다음과 같은 수신기가 있음

(一)단파, 중단파 및 장파 수신기□□□

(二) 방향탐지용 수신설비 (장파, 주파)

(三) 조난 시 휴대하는 무선전보기□□

4. 각 비행기는 기지의 통일주파수를 사용□□□12월 21일 8900KS□□를 사용

八. 기상

1. 기상정보의 수집은 제사육이전대가 담당, 전대는 대□□를 따라 중국에 진입. 출격 전 7, 8시간 전에 기상정보를 수집, 인쇄 후 비행기 조종사와 기장에게 배부. 연도에 수집한 정보는 중국 비행장 상공을 통과할 때 대공무전전파를 통해 연락(캠벨 음역. 애드와드, 음역)

제3 공습 후 진행하는 독립정찰

一. 목적은 전과에 대한 확인이지만 폭격당일 날씨가 좋으면 □□사진을 촬영. 날씨가 나쁘면 □□ 통상적으로 의연히 출격.

二. 독립정찰기는 폭격에 참가하지 않음. 보통 새 비행기를 사용. 본인 소속부대에서는 새 비행기를 폭격에 참가시키는 경우를 듣지도 못했음. (전체 포로)

제4 출격과 잠수정 사이의 관련성(丙)

一. 잠수정은 일본과 만주의 근해 □□□, □□□않음. 하지만 방콕을 공습할 때 □□□ 가능하게 □□□

제5 제이○폭격대의 편성

一. 1943년 8월, 미국본토 □□□사육이, 사사사, 사○전대, 각 전대 사□□□□는 본국에서 훈련을 실시 후 □□□사사, 4,5월부터 인도에 진주, 6월에 결속.

당시 각 중대의 병력은 10—19대 비행기로 총병력은 150대 좌우. 하지만 나중에 병력이 점차 증강. 같은 기간인 10월 중순부터 각 전대를 세 개 중대로 개편함. 당시 우리의 비행기와 각종 기계는 각 중대에 분배함. 현재(12월 중순) 각 중대에는 대략 15대 좌우의 비행기가 있음. □□비행기는 80대 좌우 있음.

그 편성은 다음 표와 같음.

편성표1

제2○폭격대

↓(칼카프루, 음역)

58비행사단

↓

제468전대(카얼카푸루, 음역)

제462전대(베리더우아, 음역)

제444전대(차라, 음역)

제4○전대(차쿠리아, 음역)

주1: 비록 제58비행사단이 9—10월의 개편 과정에 폐지되었지만 정보는 의연히 존재함.

주2: 10월 중순부터 11월 중순 사이 462전대의 비행기 5대와 468전대의 비행기 두 대(탑승인원이 함께)가 돌아□□ 이는 폭격대의 편성과 유관됨을 추측할 수 있음. (준확도 丙)

주3: 제58비행사단에 관해서는 준확도 丙

편성표2

462전대의 대장 카리바라(음역)대좌는 베리더우아(음역)에 있음.

↓

본부: 인사부 정보부 작전교육부 보급

769중대(대장 로바구중좌, 음역): B29□□□, 공중 근무자□□, 지상 근무자 월240명

768중대 (대장 쿠레이브중좌, 음역)

770중대 (대장 완돌프소좌, 음역□□)

468전대

↓

본부□□□

792중대

793중대

794중대(대장 죠지소좌, 음역)

주: 중대편성인원 비행기 대수 46□□□

제6　보충상황(乙)

一. 비행기 및 기자재의 보급은 상당히 충족□□□ 인원보충도 최근 점차□□기지정비□□ 상당히 큼. 중국기지□□에서 출격할 가능성이 증가됨.

1. 비행기의 보충상황

(1)B29의 생산능력

B29의 월 생산능력은 아직 모름. 각 기종의 비행기를 합쳐 연 생산량이 십만 대 □□□만대.

2. 인도기지 B29의 보충

인도기지 □□□전대는 기본상 □□□□□□

주: 468전대□□□에 관하여 중사의 진술□□□에 근거함.

3. 비행기 부품의 보급

부품의 보급은 현재 인도 모처□□□ 인도보급기지의 상세한 정보는 알 수 없음.

(조종사 마크미크, 음역)

三. 인원보급

공중근무자의 보급은 비행기와 함께 공수해 옴. 지상근무자의 보급은 해로를 통해 운송해

옴. 하지만 정기적으로 □□□아니라 인원의 손실에 따라 증감함. □□인원의 보충은 기본상 손실을 미봉. □□□의 판단에 근거하여 □□□어려움

주1: 사이오○오호□□□한 달 내지 두 달 병□□□

주2: 포로 11명, 모든 사람 도합 5,6□□□최근 인도에 갔음.

주3: 12월 이후의 매인당 출격차수□□□ 12월 19일 한커우폭격□□ 다시 평탠을 연속 폭격□□□

四. 보급기지

현재 폭격대□□□의 보급□□□

캔자스(지명 음역) □□□네브래스카주(지명 음역), 뉴멕시코주 그레토페(지명 음역) 그로피프(지명 음역) □□□

현재 제462전대의 보급기지□□□월카(음역)비행장 및 뉴멕시코비행장

五. 보급경로

보급노선은 기본적으로 □□□경유□□□카이로□□□ 등을 경유하여 인도 시(4, 5일□□□)

현재 □□주 정도의 시간.

주: 미국과 인도 사이의 통신이 걸리는 시간은 대체적으로 □□□

六. 기지의 배치능력

1. 배치인원

인도에서 비행기 한 대에 배치하는 인원은 6명. 중국기지의 전부 배치인원은 100명, 비행기 한 대에 배치하는 인원은 고정되지 않음.

2. 발동기의 정비능력

발동기의 교체 등 □□□비록 불가능 하지만 간단한 □□□ 중국기지 만능□□□발동기의 교체에 소요되는 시간은 □□□기타 배치는 중국기지에서 □□□내지 이틀로 비교적 충분함.

제7 투지(을)

대동아전쟁은 일본이 발동한 것이므로 □□일본과 미국은 철저한 물량전을 전개.

□□은 일본을 경시하는 동시에 미국 국민□□□을 구성, 이러한 전투의식을 형성함. □□□그들은 용감하게 행동을 취하여□□일만에 공습할 때 생각 밖으로 불안감을 느끼지 못함.

인도의 생활환경과 급여 등으로 볼 때 비교적 소박했음. 하지만 미국인□□□용서하지 않음.

(一) 대동아전쟁에 대한 느낌

1. 전쟁폭발의 원인

□□□이 □□을 공격하는 원인에 관해 □□□은 □□를 사랑하지만 일본이 전쟁을 도발하였으므로 □□□

2. 전쟁의 장래에 대한 견해

그들은 미국이 전쟁의 최종승리를 □□□ 전쟁이 끝날 때까지 □□□, □□□수요 된다고 추측.

3. 미국 국민의 전투의식

미국 국민, 특히는 여성들은 전쟁을 혐오□□□, 하지만 미국이 참전하는 정당한 이유를 이해. 최후의 승리를 위해 싸울 결심이 돼어 있다고 선언.

주: 대동아전쟁에 대한 감상은 □□□ 단지 □□□물었음.

(二) 출격 시의 결심

일본을 공습하는 것은 만주를 공습하는 것보다 더 공포적□□□습격은 일반적으로 손실이 적은 편이며 안전감□□□

특히 6월의 제1차 야와타 공습□□□불안한 심정으로□□□(종합□□)

(三) 급여

군관(위관)의 기본급여는 아래 표시□□□재외 시 2할의 수당이 있고 공중근무자는 □□□ 5할의 특별급여가 지급됨. □□상황에는 특별급여와 상금 등 □□□이미 보고한 □□

중위 165달러　소위 150달러

(四) 중국기지에서의 생활상황

(1) 일상생활

중국기지(A5, A7)에서 □□모두 구분 없이 일반적인 텐트에서 잠을 잠. □□산보, 독서, 포커 등□□

(2) 오락시설

오락시설은 배구 등 운동시설 외 □□□가끔 기지 사무실□□ 정도에 그침.

(3) 가솔린, 기재의 축적상황

탄약은 야외에 비축, 가솔린은 비□□□ 비록 오일탱크가 있지만 늘 부족□□□운수로□□□ 이때 B29비행기는 주로□□□B24, C46을 위주로 함. 가솔린과 일부 탄약□□□

注: 중국기지 A5/A7에는 이러한 시설□□

(五) 인도기지의 생활상황

인도기지의 공중근무자는 □□□비교적 적음. 주로 다음 출□□□을 위해 장비와 체력을 유지□□.

(1)교육훈련

(A) 비행기조종사

매일의 과목시간은 고정되지 않□□□

(출격에 필요한 시간을 포함)

성명	캬베라(음역) 대위 기장	마크(음역) 중위 (부조종사)
인도에 온 후의 비행시간	약 200시간	약 200시간

오른쪽 기록 외에 기상, 통신 등□□□시간

(B) 통신원

인도에 온 후 공중 통신에 관한 교육을 약 이○□□통신교육 약 150시간□□교육AECODA □□□영국군이 사용하는 "코드북"□□□ 지상인원의 훈련은 주로□□ □□교육을 받음.

위에서 기술한 주요한□□비행기의 장비□□□

(C) 사격수

사격훈련은 지상에서 1주일에 2시간□□ 주로 비행기에서 □□□

위에서 기술한 외에 비행기가 불시착할 때의 긴급구조□□ 및 일본군함의 감별방법 등 분야의 교육을 받음.

(D) 특수연습

각 전대는 갠지스 강 하구□□ □□근무□□□섬을 폭격연습현장으로 함. □□□사이오○호 비행기□□중순의 두 번에 걸친 폭격연습□□□, 실시□□(□□3대 내지 4대의 비행기가 참가) □□□피트의 고도에서 실행하는 폭격연습□□□ 224715호 비행기는 단독□□ □□란디(음역)섬에서 폭격연습 진행.

(3) 휴양

(A) 출격전의 휴양

일반적으로 출격 전 하루 혹은 전날 밤에 명령이 하달. 출격 전에 특별한 휴양시간을 주지는 않음.

(B) 인도에 복귀한 후의 휴양

폭격이 끝난 후 인도에 돌아가면 즉시 1□□□, 또 급여 외에 □□□ 도넛츠(음역)술을 부상으로 내림.

(C) 외박

제462전대 벨데바(음역)□□□탑승□□교체□□, 허가□□, □월에 인도에 도착. □□까지 약 두 차 외박□□, 시내를 유람□□□, 상술 외 평소에는 관할구역 내□□□ 불허.

주: 468전대□□□ 그 외 각 전대□□□인도북부□□□제425□□□11월 중순까지□□□

(D)일상생활

일상생활과 오락시설은 □□□와 □□같음. 생략.

(4) 군기와 규율

(A) 장교와 하급 사관 사이의 관계

일상생활에서 장교와 하급사관□□□ 미국 당시 상황과 비하면 □□□의 경향이 있음. 장교와 하급사관 사이□□□ 동작 등은 아주 엄격함. 특히 공중임무를 수행하는 과정 중 □□□ 모든 팀원들은 일사불란하게 행동□□ 보양 등 면에서 구별을 두지 않음 □□□장교와 하급사관 사이의 단결이 양호□□□

하지만 보통장교와 하급사관 사이□□□징계를 받는 자 혹은 음주에서□□□일주일 내 아침 4시부터 저녁 8시까지 □□□두 가지 혹은 세 가지 일 □□□

(B) 공중근무자와 지상근무자□□

공중근무자□□하급사관□□직접 지상에서 보조책임을 지는 자□□□평시□□□ □□□ 없음. 하지만 음주 시 □□ 가끔 발생. 원인은 □□근무자□□

(C) 전투 참가□□

□□□미국□□□기본상 □년에 돌아□□□출격 전 도망□□□, 11월 반크즈(음역)□□□ 일단 출발 □□□ 활주로□□□강요□□전투에 참가 못하는 자, 군의관□□□

미군포로를 취조한 소감

一. 포로로서 그 명예와 심득(心得)은 최후의 승리□□□, 또 아군을 멸시하는 경향이 있음(특히 장교□□□취조 시 □□□위엄을 잃고 □□이런 태도□□포로□□경외□□

二. 포로들은 자존심이 강하지만 □□□조사관이 그들의 생사여부를 손에 쥐고 있다는 사실에 대하여 □□□ 필요시 제재수단□□□

三. 포로에 대한 제재수단□□ 혹은 단지 □□그들의 자존심□□ □□□필요가 있음.

四. 미군 포로는 일반적으로 □□하는 경향□□□

五. 이번 기장처럼 □□□장교 혹은 상반되는 □□□

六. 허위진술 및 □□사항□□□그들의 깊은 조국애 □□□충성심에 대하여 □□□이때 고향에 대한 □□□ 포로□□□ 하사□□□근무가 인차 끝나□□하나의 방법□□□

七. 신문의 순서와 방법□□등에 관해 치밀한□□□ 같은 신문을 반복적으로 진행□□□ 특히 주의가 필요.

八. 이번에 지식수준이 높은 포로□□□문제, □□□시간을 주는 등, 기록□□등 상황에서 질문할 때 신문사항□□□제시를 하고 □□를 주는 등, □□□는 펜으로 기록 가능

88

서류해독

평탠헌병대의 『포로장교가 방첩에 불리한 수기를 적은 사실을 발견 및 처리한 사건에 관한 보고』

이 서류는 평탠헌병대가 작성한 『포로장교가 방첩에 불리한 수기를 적은 사실을 발견 및 처리한 사건에 관한 보고』이다. 서류는 昭和十九年(1944년) 영국군 포로 포르네르·로버트대위가 "만주공작기계주식회사"에서 노동하는 기간에 평탠포로수용소에 있는 영미포로의 상황을 작시의 방식으로 기록, 미국 육군군조 윌리엄·웰터가 그것을 타자한 사실을 적고 있다. 시에는 당시 수용소 내의 포로인수와 포로가 수감되고 강제노동에 종사하며 학대를 받는 실상을 담고 있다. "세 가지 색상의 명패가 우리를 구분하고 있어. 보다시피 홍, 황, 남 삼색이지. 붉은 것은 식충이, 노란 것은 불량소년, 푸른 것은 나와 같은 무지렁이." "만약 평화가 뒤늦게 찾아와 이 문밖을 걸어 나갈 때, 우리가 오늘의 삶을 분개하며 나간다고 하기보다는 쇠약한 몸을 이끌고 나간다는 편이 낫겠지." 이 시들은 간수에게 발각되었고 수용소를 통해 평탠헌병대에 보고되었다. 결국 만주공작기계주식회사의 책임자와 관련자가 경고를 받았고 두 포로는 징벌을 받았다.

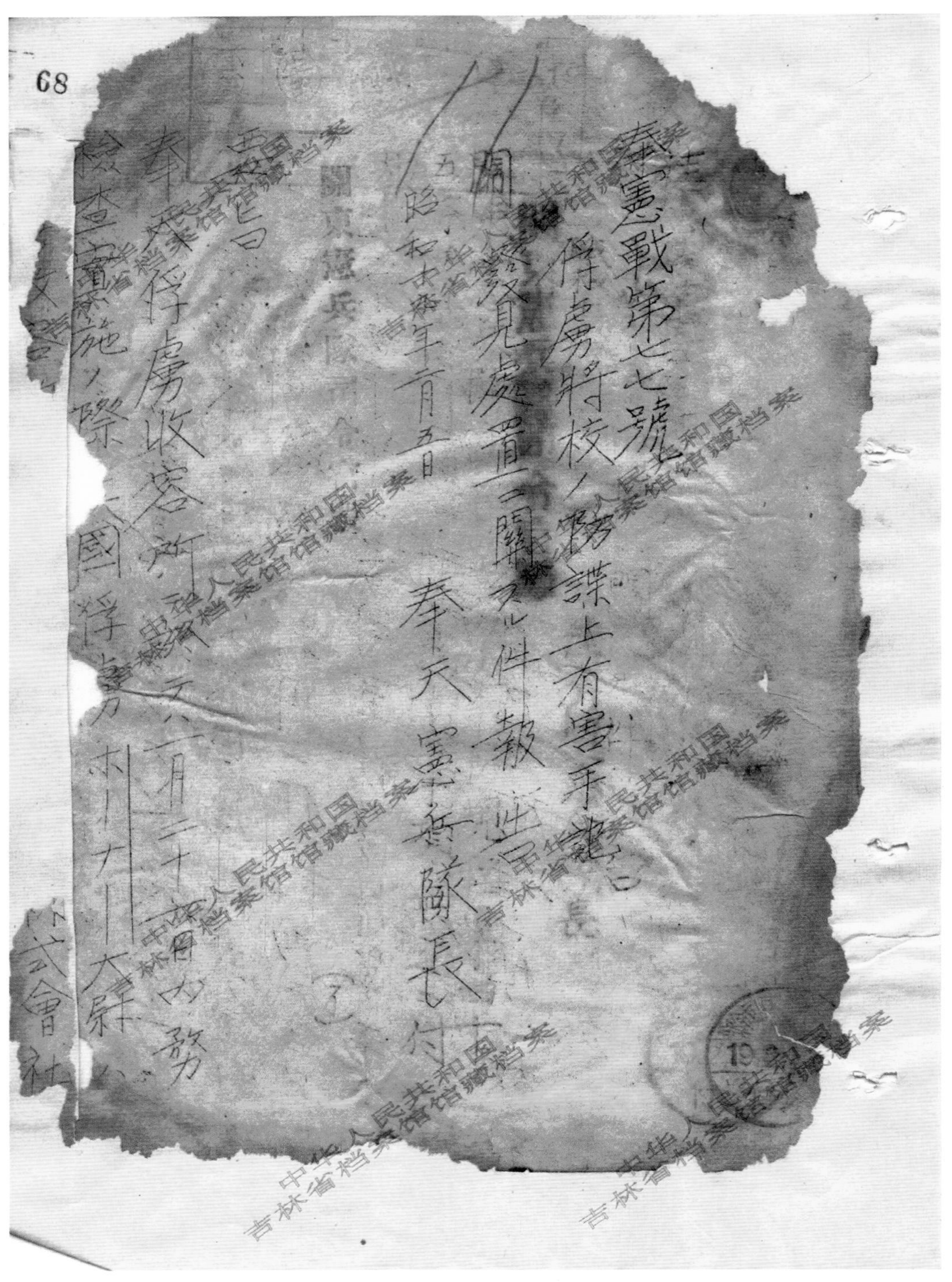

68

奉憲戰第七七號

俘虜將校ノ防諜上有害手記ニ

發見處置ニ關スル件報告

奉天憲兵隊長

昭和十九年十一月五日

關東憲兵隊司令官

要旨

奉天俘虜收容所ニ於テ十一月二十四日勞務

檢査實施ノ際米國俘虜将校一大尉ハ

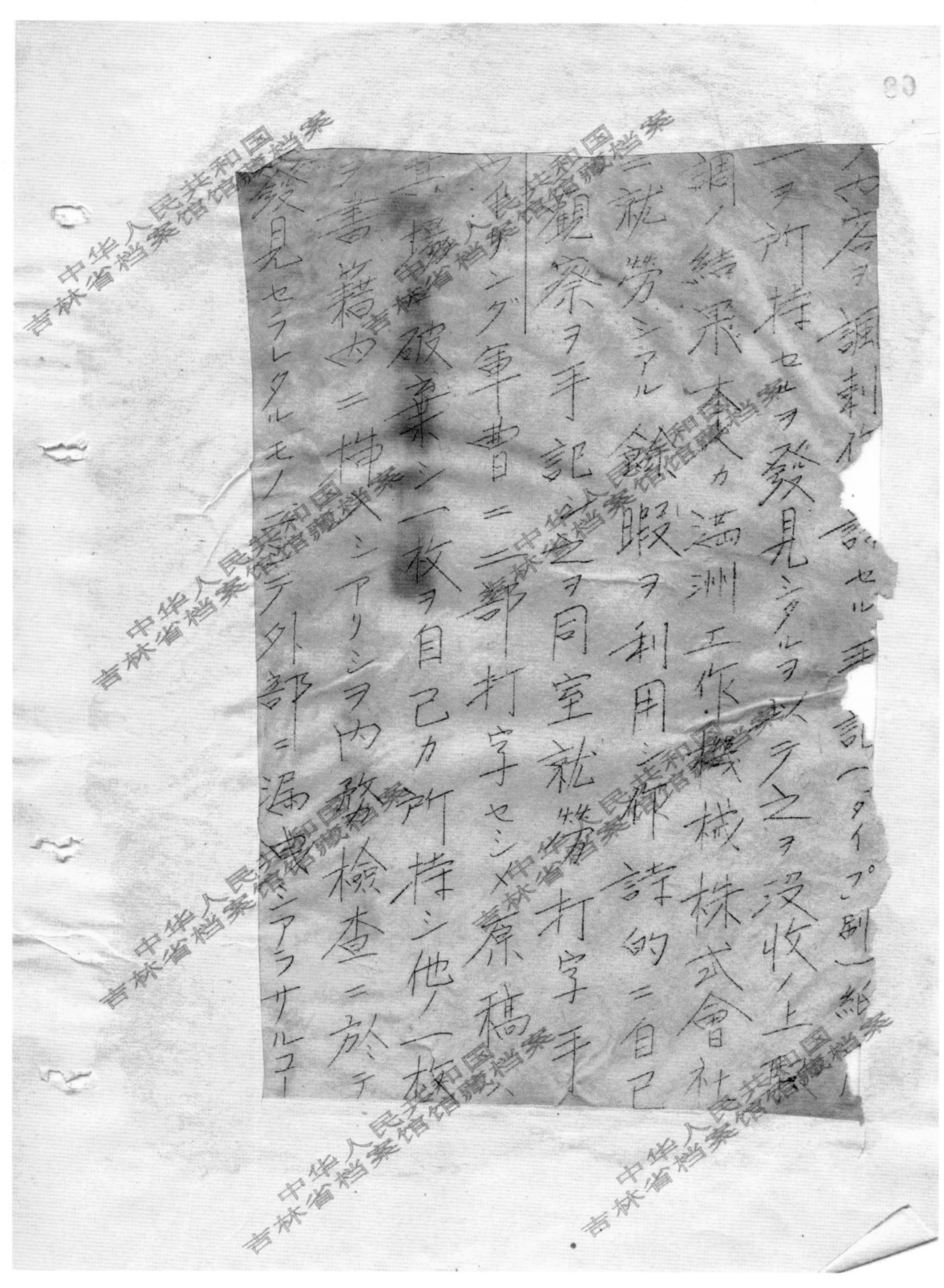
80

ノセ右ヲ諷刺的言說セル手記（タイプ刷）紙ノ
一ヲ所持セルヲ發見シタルヲ以テ之ヲ没收ノ上取
調ノ結果本人カ滿洲工作機械株式會社
ニ就勞シアル餘暇ヲ利用シ詐欺的ニ自己
觀察ヲ手記シ之ヲ同室就勞者打字手ノ
ワイチング軍曹ニ二部打字セシメ原稿ハ
其ノ場ニテ破棄シ一枚ヲ自己カ所持シ他ノ一枚
ヲ書籍内ニ挿入シアリシヲ内務檢査ニ於テ
發見セラレタルモノニテ外部ニ漏洩シアラサルコト

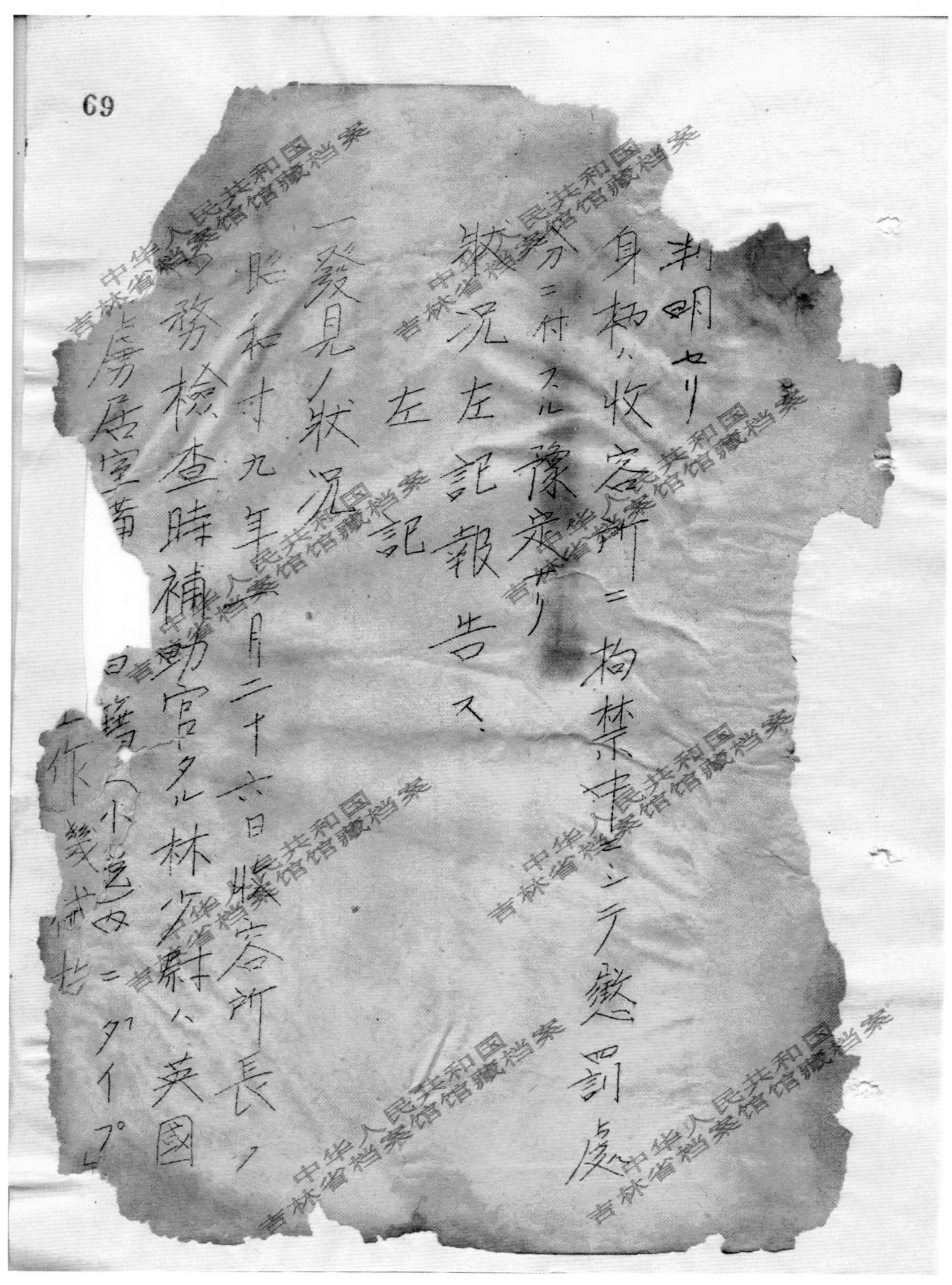
69

判明セリ
身柄ハ收容所ニ拘禁束ニテ懲罰處
分ニ付スル豫定ナリ
狀況左記報告ス
左記
一、發見ノ狀況
昭和十九年一月二十六日收容所長ノ
勤務檢査時補助官タル林[illegible]尉ハ英國
人房居室第[illegible]號[illegible]ニタイプ
[illegible]

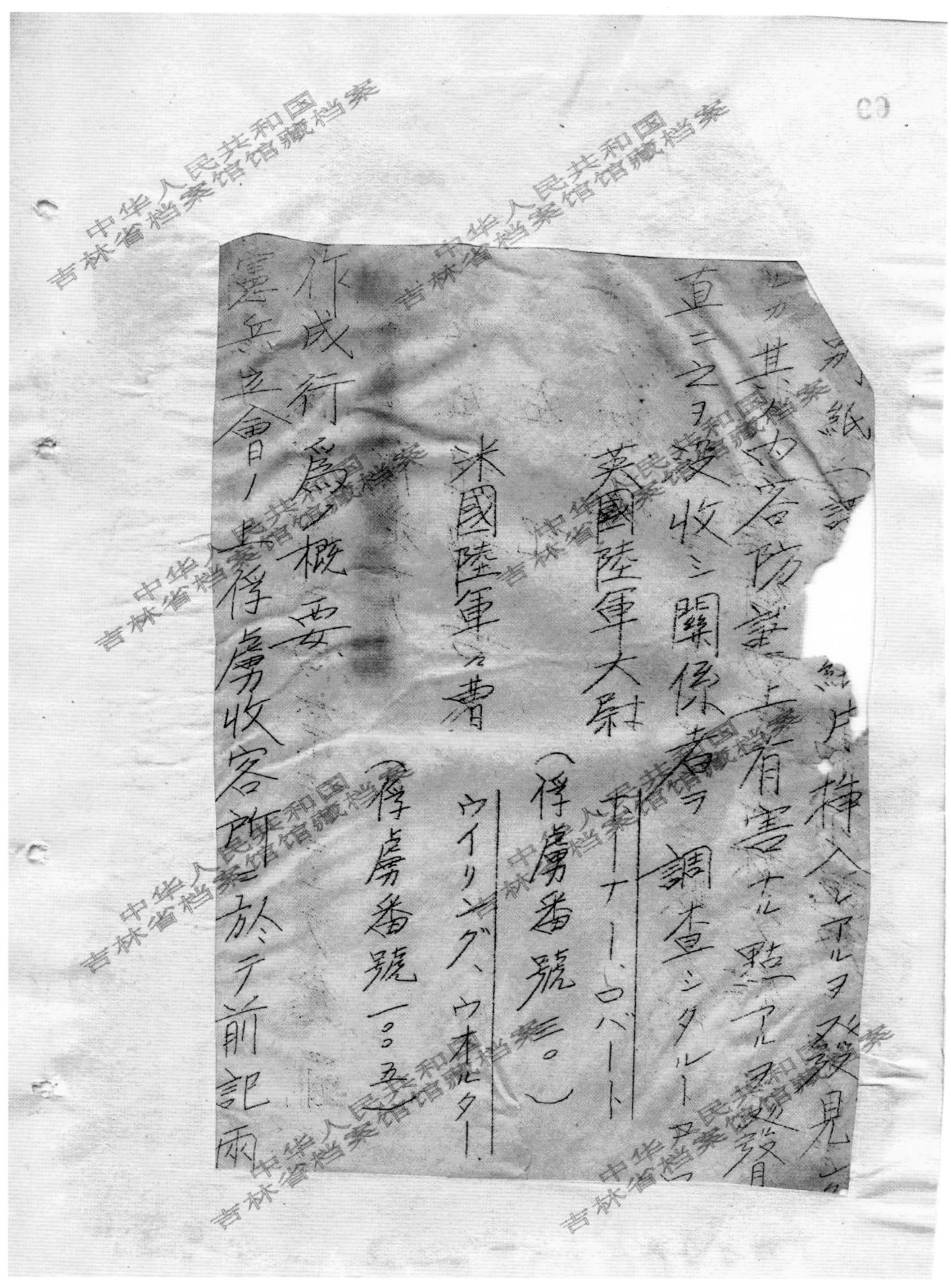

别紙ノ[illegible]紙片ヲ持入レアルヲ發見シ

ニカ其内容防諜上有害ナル點アルヲ發見

直ニ之ヲ没收シ關係者ヲ調査シタルトアリ

英國陸軍大尉 ギーナー、ロバート

（俘虜番號三〇）

米國陸軍上等 ウイリング、ウオールター

（俘虜番號一〇五）

作成行爲概要

憲兵立會ノ上俘虜收容所ニ於テ前記兩

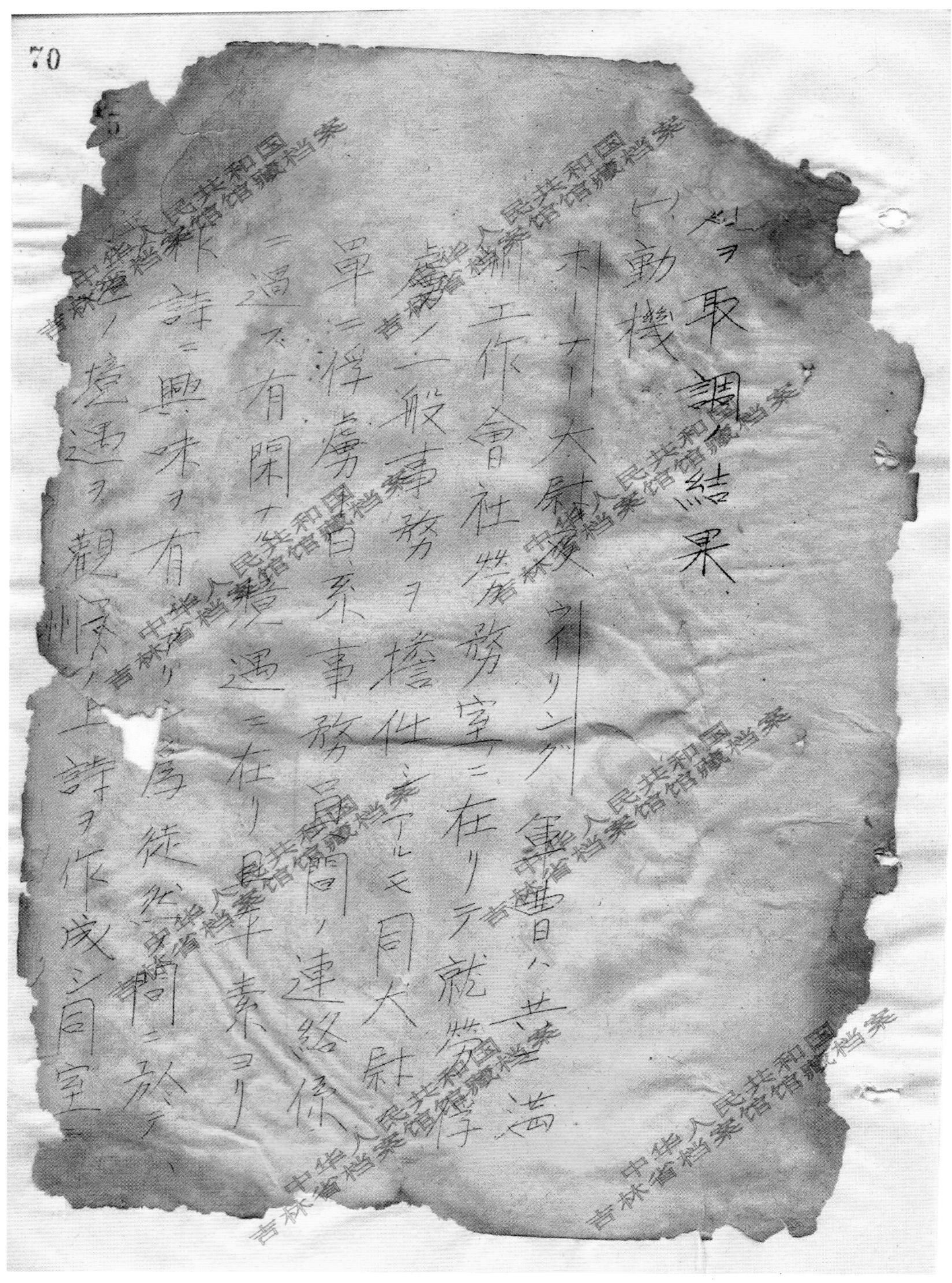
70

ヲ取調結果

(一) 動機

ホーナー大尉ウイリング軍曹ハ北満
洲工作會社勞務室ニ在リテ就勞俘
虜ノ一般事務ヲ擔任シテアルモ同大尉
單ニ俘虜[illegible]系事務員間ノ連絡係
ニ過ギズ有閑ナル境遇ニ在リ且平素ヨリ
詩ニ興味ヲ有リシ虜徒然ノ間ニ於テ、
其ノ境遇ヲ觀察ノ上詩ヲ作成シ同室ニ

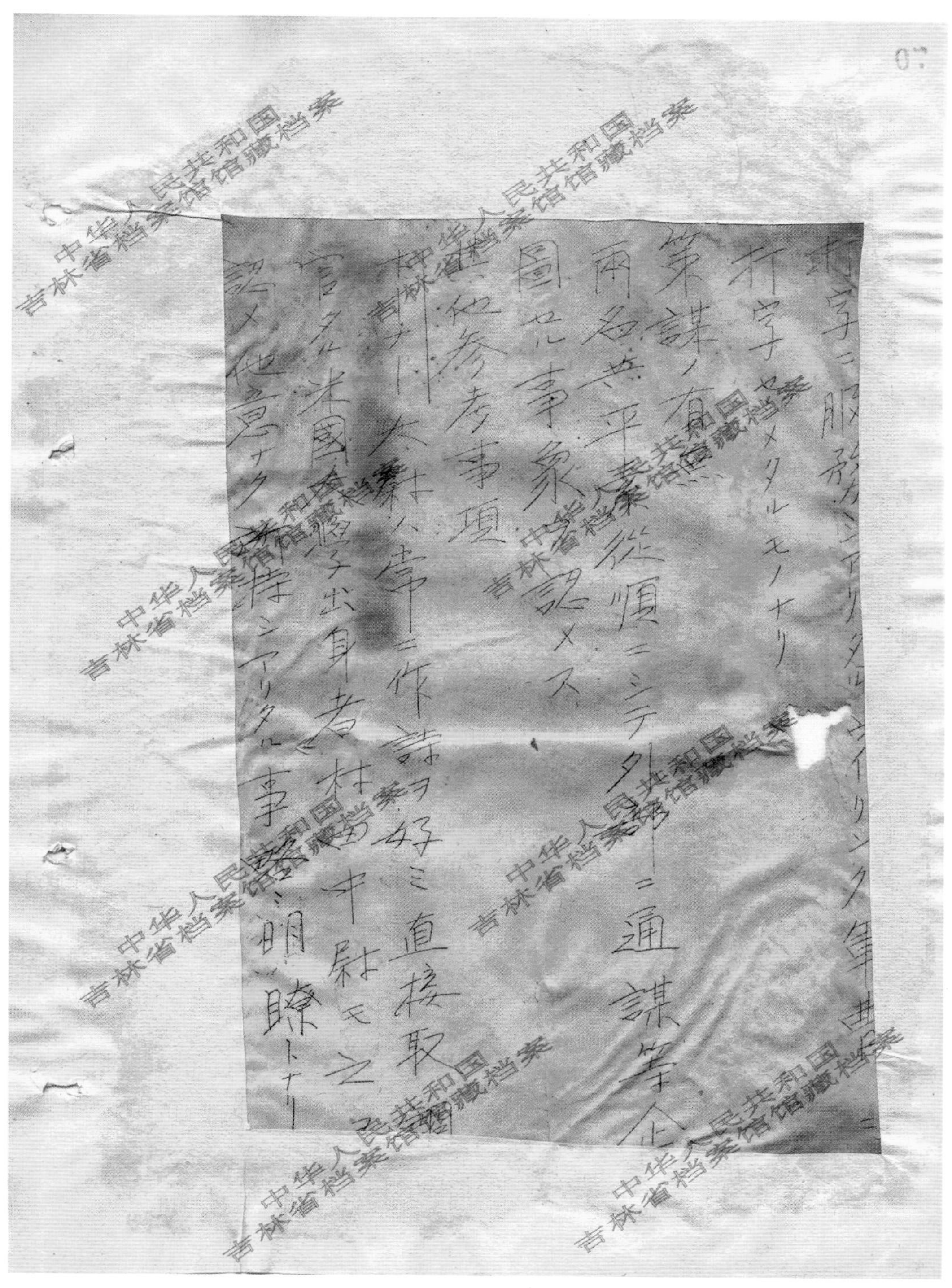

0?

赤字ニ服務シアリタルナイリシク[illegible]ニ
赤字ナセシメタルモノナリ
策謀ノ有無
兩名共平素従順ニシテ外部ニ通謀等企
圖セル事象認メス
其他参考事項
柳大尉ハ常ニ作詩ヲ好ミ直接取調
官ノ米國陸軍出身者杉[illegible]中尉モ之
認メ他意ナク詩作シアリタル事明瞭トナリ

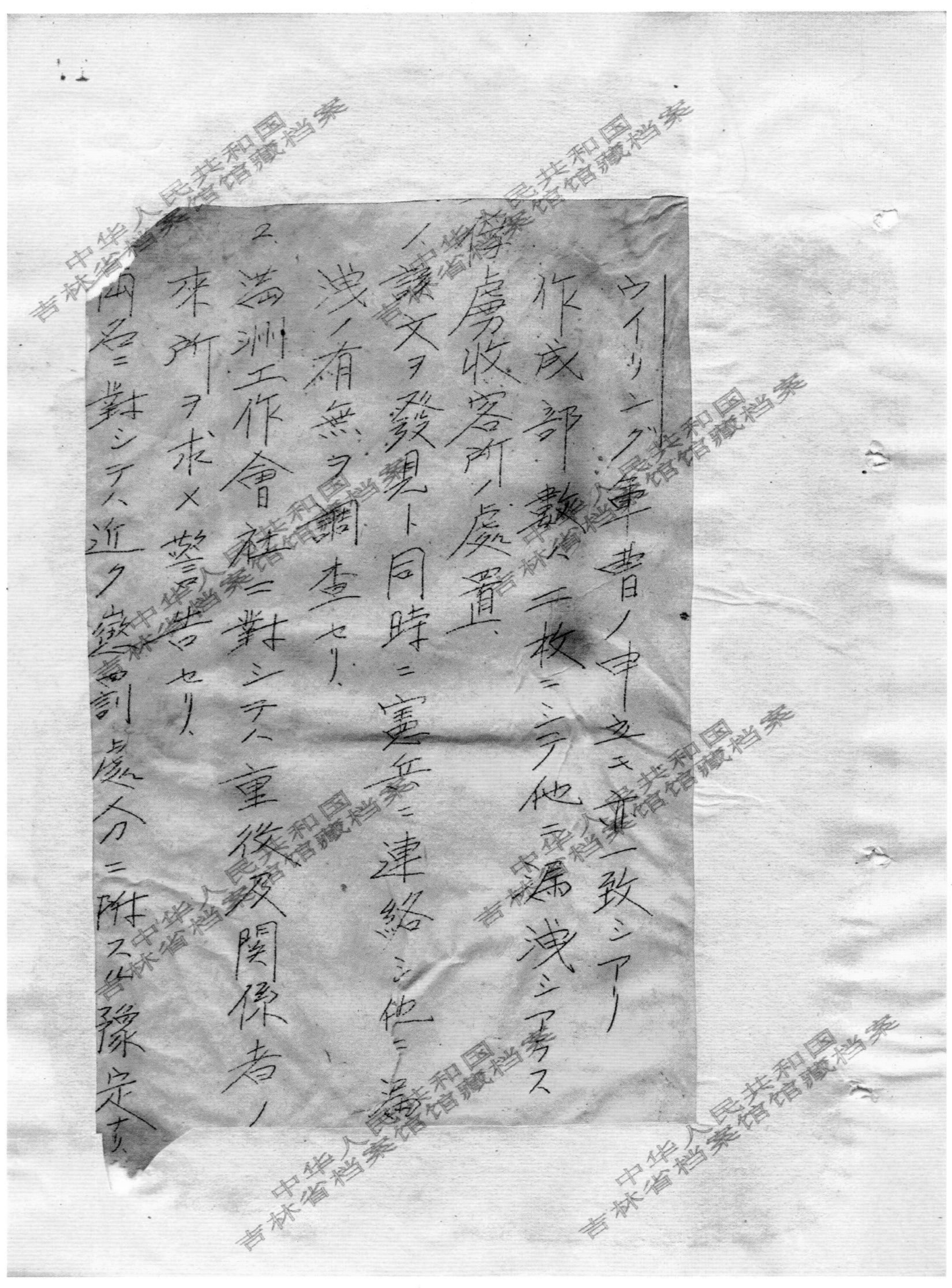

ウイリング筆書ノ中文ニ一致シアリ
作成部數ハ二枚ニシテ他ニ漏洩シアラス
俘虜收容所ノ處置
1、謀文ヲ發見ト同時ニ憲兵ニ連絡シ他ニ漏
洩ノ有無ヲ調査セリ、
2、滿洲工作會社ニ對シテハ直後及關係者ノ
來所ヲ求メ警告セリ、
同名ニ對シテハ近ク懲罰處分ニ附スル豫定ナリ、

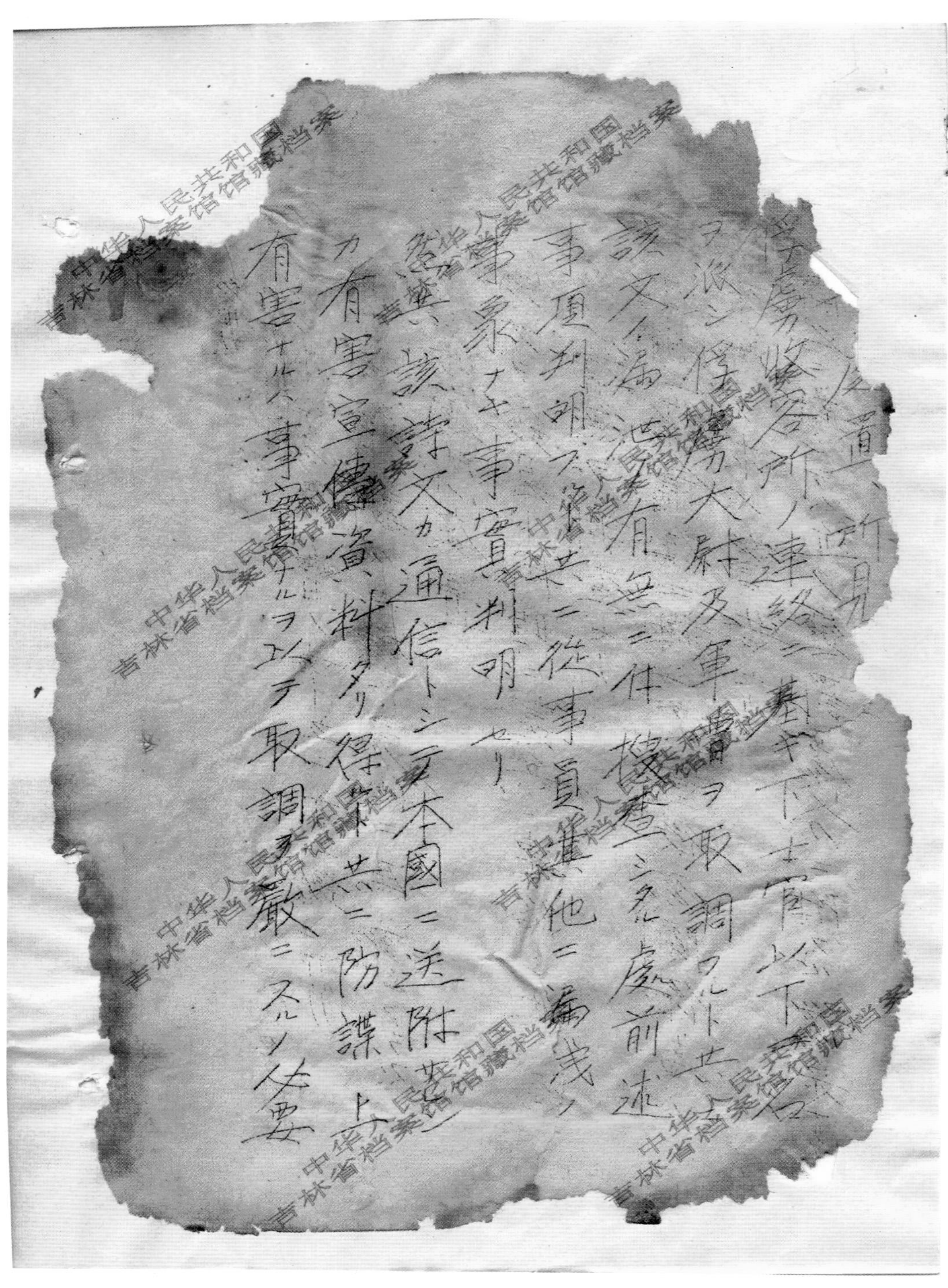

[illegible]位置、所見
俘虜収容所ハ連絡ニ基キ下士官以下[illegible]
ヲ派シ俘虜大尉及軍曹ヲ取調ヘルト共ニ
該文ノ漏洩ノ有無ニ付捜査シタル處前述
事項判明スルト共ニ従事員其他ニ漏洩ノ
事象ナキ事實判明セリ
然共該詩文カ通信トシテ本國ニ送附若シ
カ有害宣傳資料タリ得ルト共ニ防諜上
有害ナル事實ナルヲ以テ取調ヲ嚴ニスルノ必要

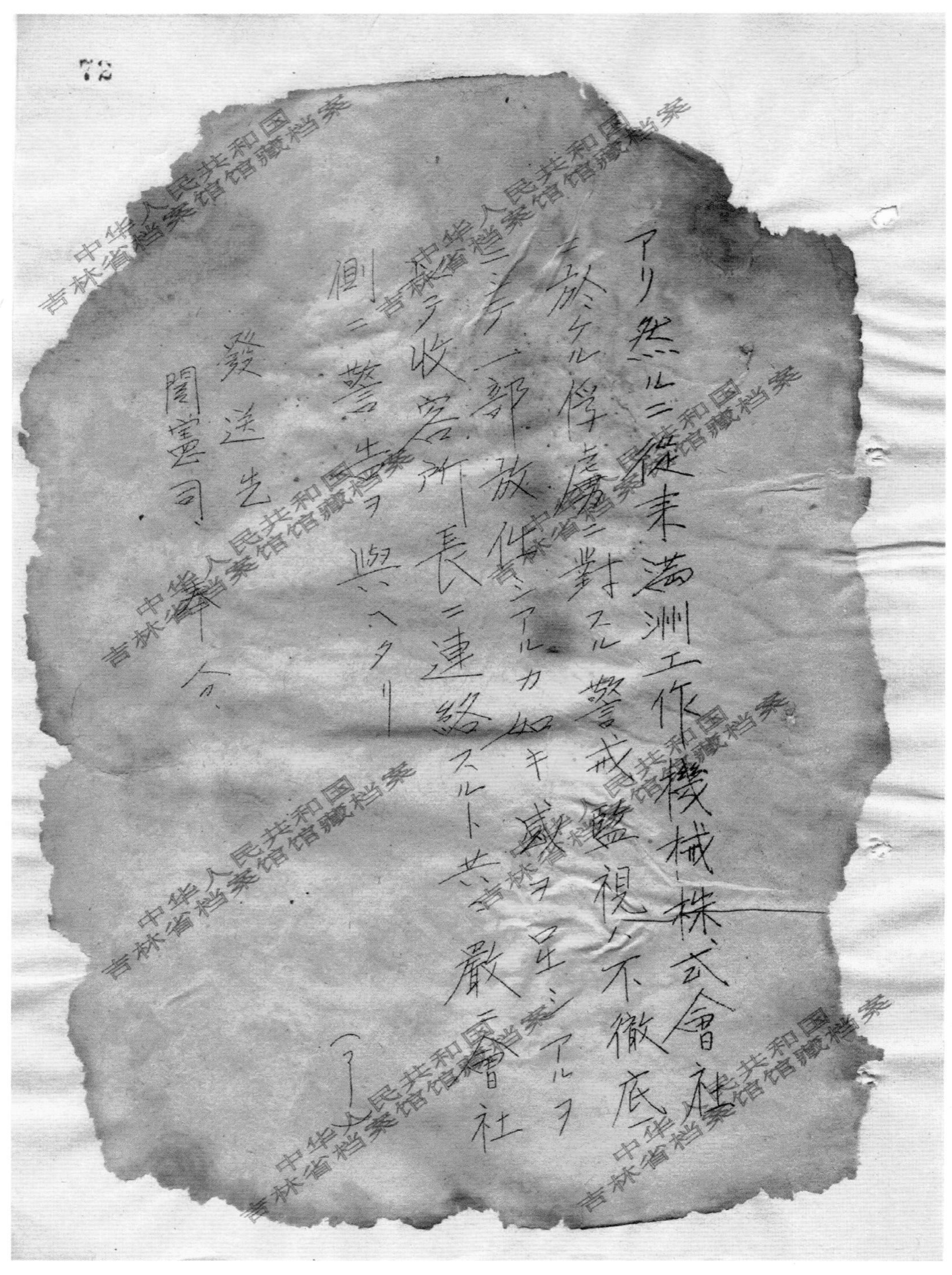

72

アリ然ルニ従来満洲工作機械株式會社
ニ於ケル俘虜ニ對スル警戒監視ハ不徹底ニ
過ギ一部放任シアルカ如キ感ヲ呈シアルヲ
以テ收容所長ニ連絡スルト共ニ嚴ニ會社
側ニ警告ヲ與ヘタリ
（了）

發送先　本令
関憲司

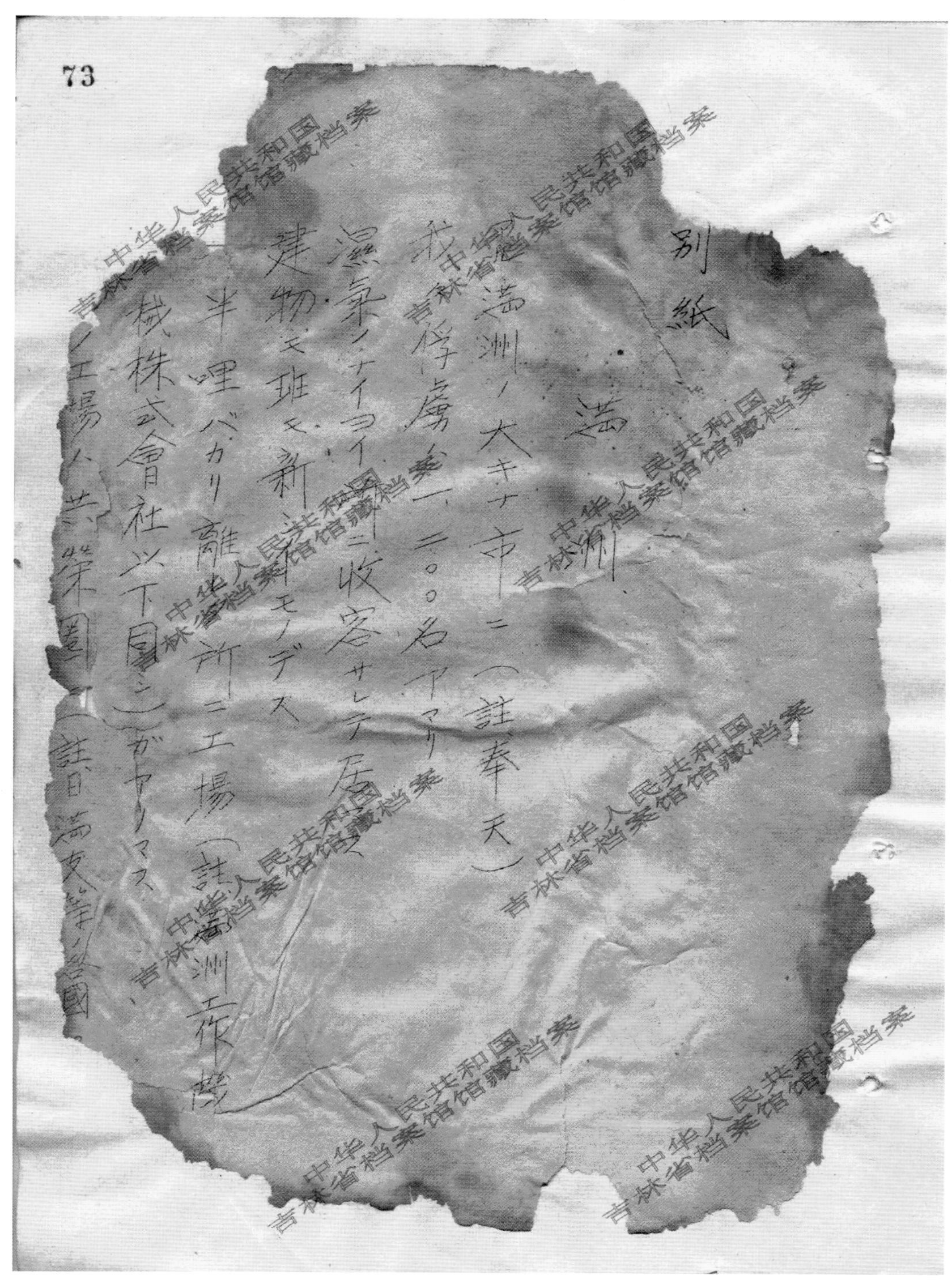

73

別紙

満洲

満洲ノ大キナ市ニ（註 奉天）
我ガ俘虜ガ一、二〇〇名アマリ
濕氣ノナイヨイ所ニ收容サレテ居マス
建物モ班モ新シイモノデス
半哩バカリ離レタ所ニ工場（註 満洲工作機
械株式會社以下同シ）ガアリマス
ノ工場ハ共榮圏（註 日満支等ノ各國

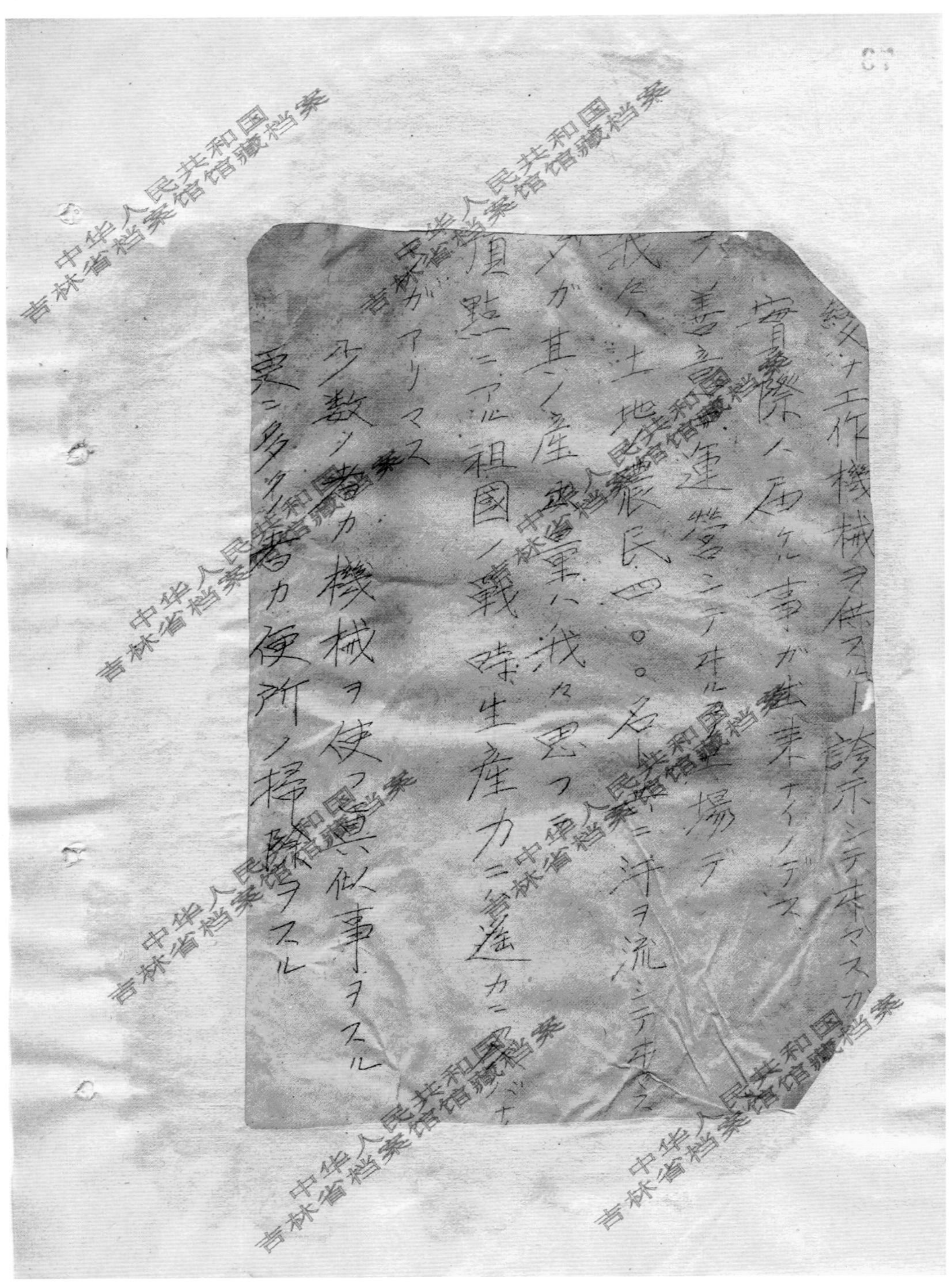
CT

純ナ工作機械ヲ供スルト誇示シテ来マスガ、
實際ハ届ケル事ガ出来ナイノデス
大善ニ運営シテ居ル農場デ
我々ハ土地ト農民四〇〇名ト共ニ汗ヲ流シテ居ル
ソレガ其ノ産業ハ我々ノ思フ…
原點ニアル祖國ノ戰時生産力ニ貢献カニ…
ガアリマス
少数ノ者ガ機械ヲ使フ真似事ヲスル
更ニ多クノ者ガ便所ノ掃除ヲスル

74

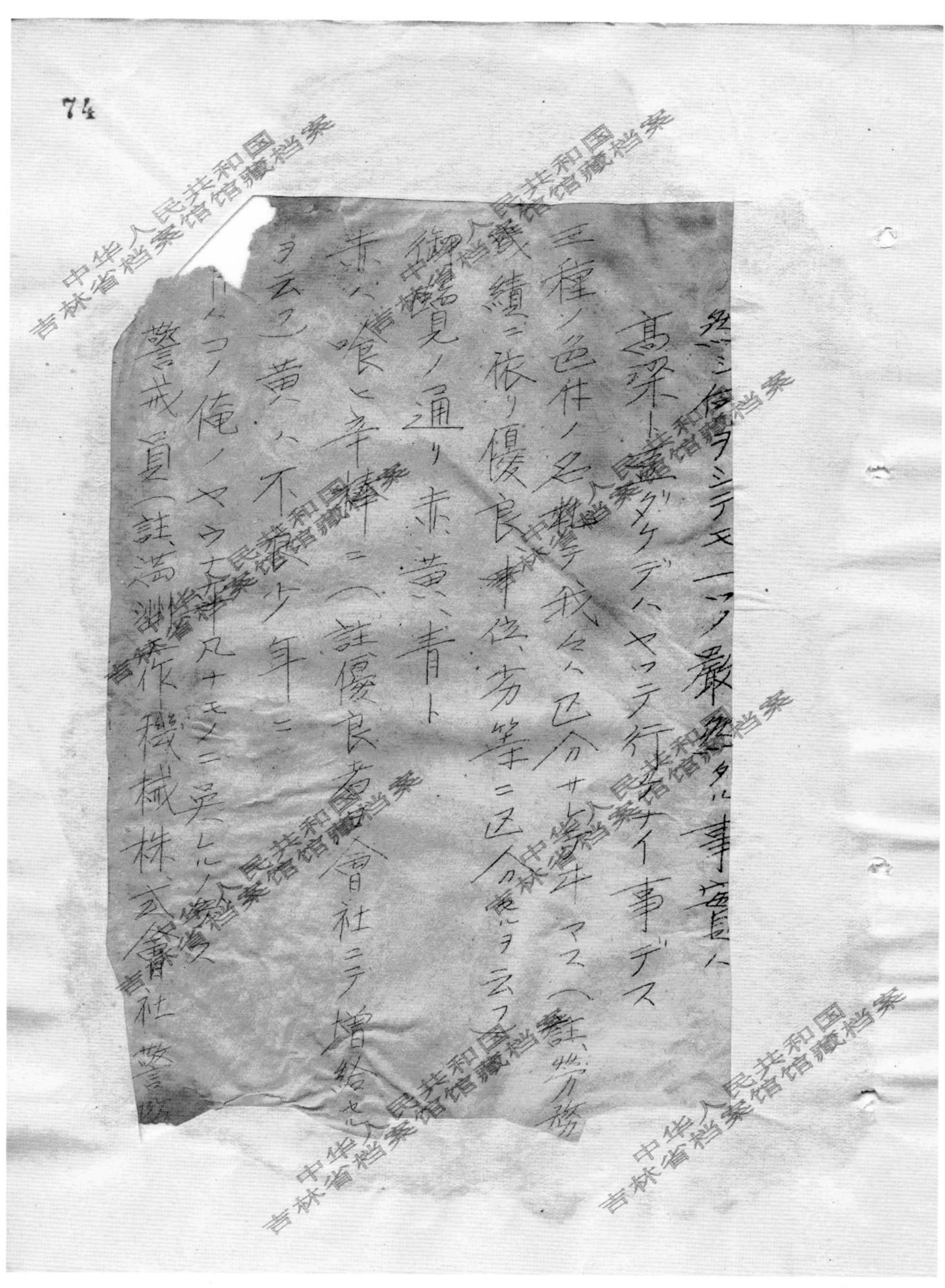

然シ俺ラシテモ一ツノ最[illegible]タル事實ハ
高粱ト[illegible]グリメケデハヤッテ行ケナイ事デス
三種ノ色付ノ名簿デ我々ハ区分サレテ居リマス（註、勞力務
成績ニ依リ優良、中位、劣等ニ区分サレルヲ云フ）
御覧ノ通リ赤、黄、青ト
赤ハ喰ヒ辛棒ニ（註優良者ハ會社ニテ増給セル
ヲ云フ）黄ハ不良少年ニ
ナルコノ俺ノヤウナ奴凡ナモノニ与ヘルノ[illegible]
警戒員（註、満洲作機械株式會社警備

中ニハ友達（註、普通友人ヨリハ密接ナル[illegible]
ニアル学子ヲ使用ス）ニナッテキル者ガ澤山キマ[illegible]
事件ガ起キルト先生ニ[illegible]モ駈ケテ来ルガ
元来、[illegible]ランプ賭博ノ方ハ上手ナノデス
此所ニハ凡ユル仕事ガアリ
ン焼カラ工場ノ後部ニアル鋳物工場マ
夏ハ暑クテ冬ハ暑クナイノデ我々ハ
一年中仕事ニ[illegible]ヘタガルノデス
ソレカラ眼鏡（註、満洲工作機械株式

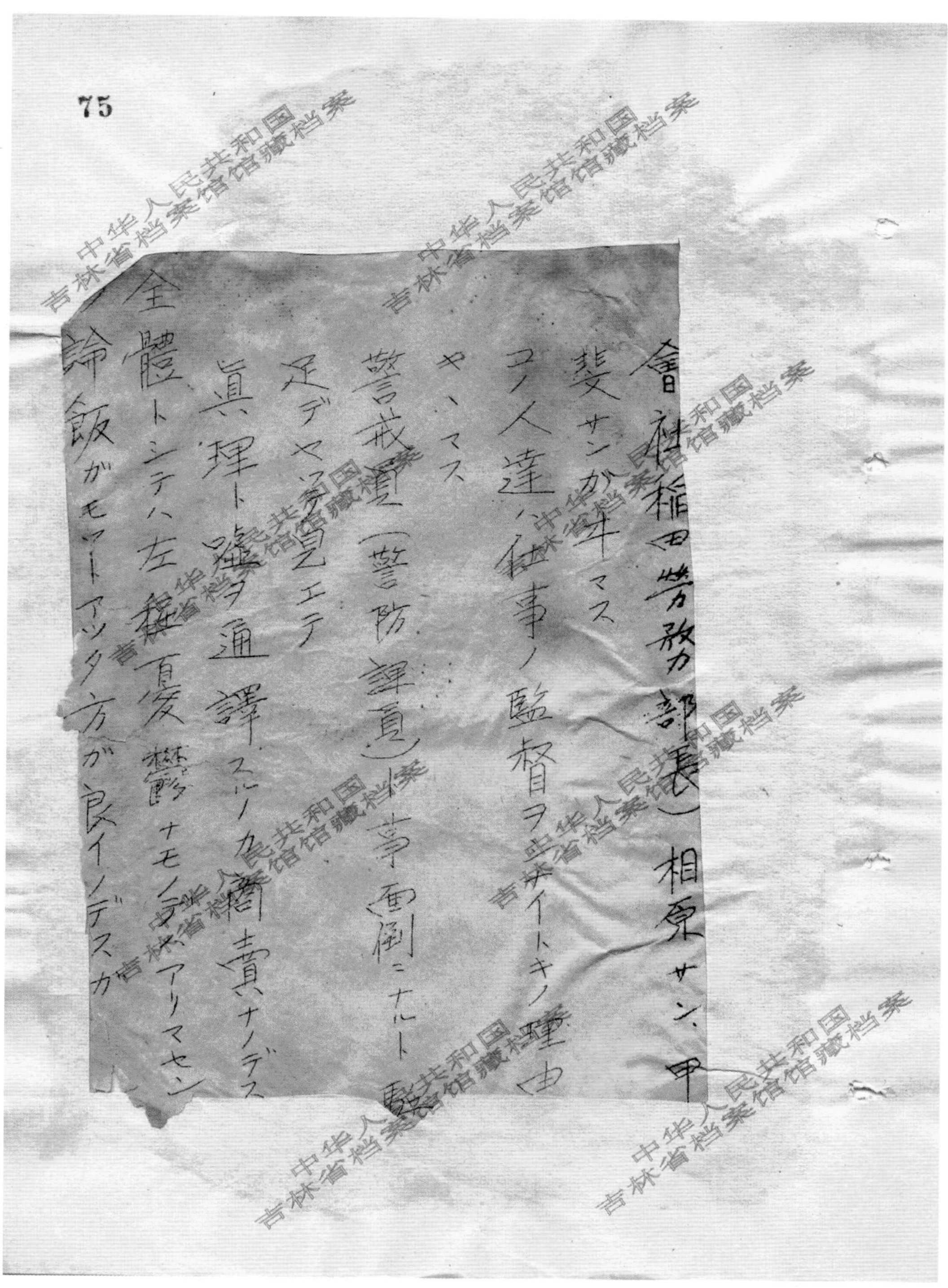

75

會社稲田勞務部長）相原サン、甲
斐サンガ来マス
ヲノ人達ハ仕事ノ監督ヲ[illegible]イトキノ理由
ヤヽマス
警戒員（警防課員）ハ事面倒ニナルト騒
足デヤッテ見エテ
眞理ト違ッテ通譯スルノカ商賣ナノデス
全體トシテハ左程直爱鬱ナモノデハアリマセン
論飯ガモットアッタ方ガ良イノデスカ

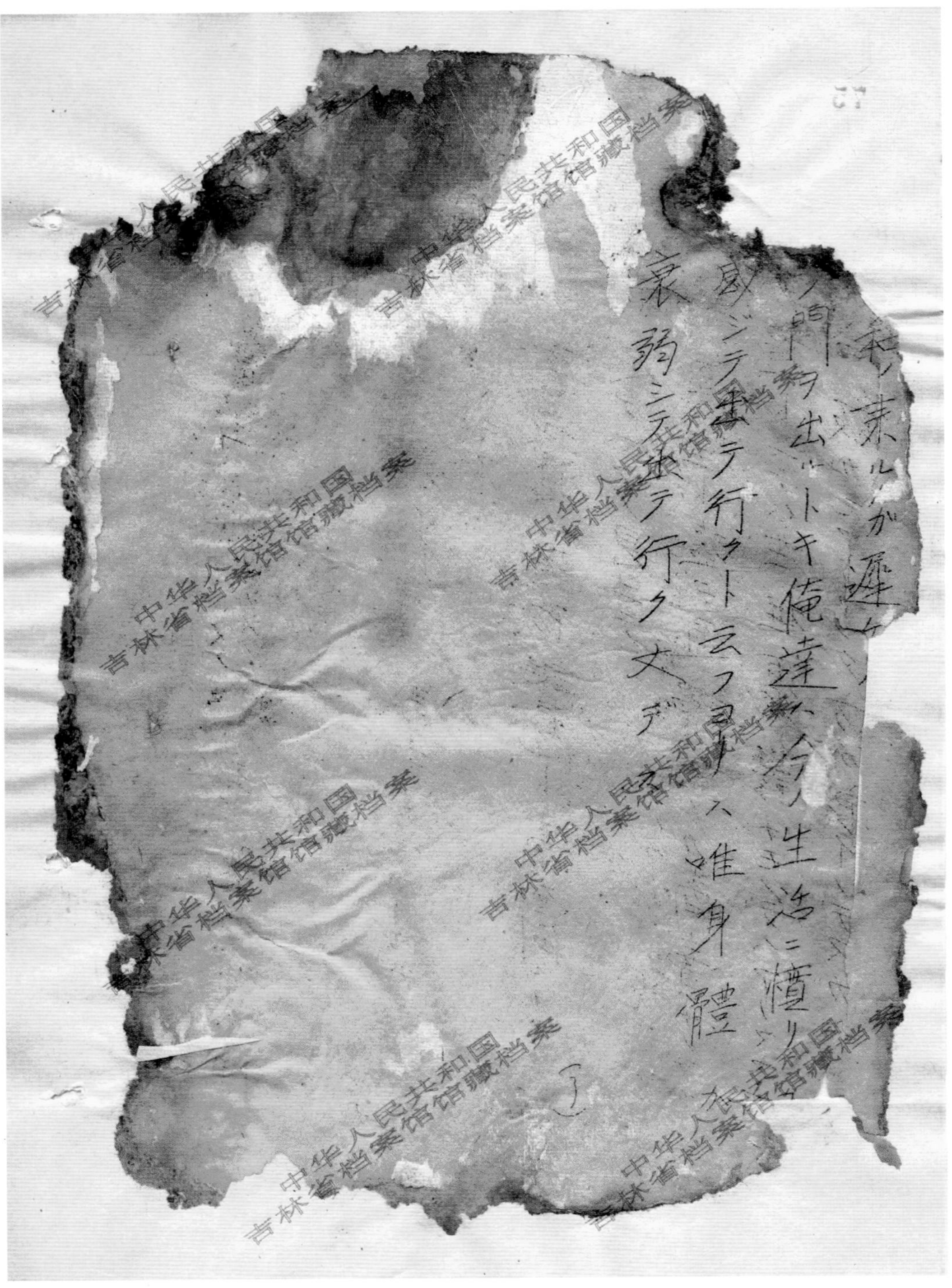

私ノ来ルノガ遅
ノ門ヲ出ルトキ俺達ハ今ノ生活ニ憤リヲ
感ジテ来テ行クト云フヨリハ唯身體
衰弱シテ来テ行ク丈デ
了

1월 26일, 평탠포로수용소에서 내무검사를 실시할 때 영국포로 포르네르·로버트(Forner·Robor, 포로번호 30) 대위가 쓴 만주공작기계주식회사를 풍자하는 수기(타자기 인쇄품)를 발견, 몰수 후 당사자를 조사함. 포르네르 대위는 만주공작기계주식회사에서 일하는 동안 여유시간을 이용하여 작시의 방식으로 자신의 듣고 본 바를 기록. 같은 침실의 타자원 윌리엄·웰터(Wheeling·Welter, 미국육군 중사, 포로번호 1005)에게 2부 타자하도록 지시. 원고는 당장에서 버림. 2부 중 한 부는 자신이 보관하고 다른 한부는 책갈피에 끼워 넣음. 내무검사를 실시할 때 책 속의 한 부가 발각됨. 이 시고가 외부에 유출되지 않았음을 판명 가능.

수용소에 구금하고 있을 때 당사자에 대한 판결과 처벌을 계획.

구체적상황은 다음과 같음:

一. 발견

昭和十九年(1944년)一月二十六日, 수용소장이 내무검사를 실시할 때 보조관원 林소위가 영국포로의 침실 내에서 책(소설)속에 끼워 넣은 타자기인쇄품을 발견. 해당 수기가 방첩에 불리한 내용을 적고 있음을 눈치채고 몰수, 당사자를 신문.

영국육군 대위 포르네르·로버트(포로번호 30)

미국육군 중사 윌리엄·웰터(포로번호 1005)

제작행위 개요:

헌병입회가 열린 후 포로수용소 내의 상기 두 명 포로를 신문함. 결과는 다음과 같음:

포르네르 대위와 윌리엄 중사는 만주공작기계주식회사 노무실 내에서 일하면서 포로의 일반사무를 책임짐. 포르네르 대위는 단지 포로와 일본계사무원을 연락하는 연락원구실을 함. 일이 쉽고 평소에 시에 관심이 많던 차 그는 여가시간에 자신의 주위환경을 관찰하고 그것을 시로 적음. 그리고 같은 침실의 타자원 윌리엄 중사더러 자신이 쓴 시를 타자하도록 지시.

책모의 유무:

두 해당인은 평소에 몹시 순종하는 편임. 외부와 연락하려는 시도를 발견하지 못했음.

기타 참고사항:

포르네르 대위는 평소 시 쓰기를 즐김. 직접 신문을 책임진 미국대학 출신의 村田 중위도 이에 공감, 또 포르네르 대위가 기타 의도는 없었음을 확인.

윌리엄 중사의 진술도 일치함.

제작 수량은 2부, 외부유출이 없었음.

포로수용소의 처리: 1. 수기를 발견하는 동시에 헌병대와 연락, 외부유출의 유무를 조사. 2. 만주공작기계주식회사의 책임자 및 관련자를 불러 경고. 3. 상기 두 포로를 처벌, 현재 수용소 내 감금

처리소견:

포로수용소의 연락을 받고 하급사관 2명을 파견하여 대위와 중사를 신문하는 동시에 수기의 외부유출 유무를 수사. 조사 결과 상술 상황과 일치. 또한 수기는 기타 수용소 내부인원에게 유출되지 않음.

하지만 해당 시문은 편지와 함께 본국으로 발송 예정, 유해한 선전물이자 방첩에 불리한 사실에 비추어 호된 추궁을 받아야 함.

이번 사건을 계기로 만주공작기계주식회사가 포로에 대한 경계와 감시가 소홀했고 철저하지 못했음을 절감. 고로 이 상황을 수용소장에게 보고하고 회사에 엄중경고를 주어야 함.

발송지:

관헌사, 봉분

부록:

만주의 대도시에서(주: 펑탠)

우리 천이백 명 포로들은

그다지 습기가 없는 좋은 곳에 수용되었다.

건물과 부서는 모두 새것이다.

반 킬로 밖에는 공장이 있고(주: 만주공작기계주식회사, 이하 같음)

공장은 공영권이라 허풍치고 있다.(일본, 만주, 중국 각국의 공동번영)

괴상야릇한 공작기계를 주면서

실제로는 아무것도 만들어내지 못하고 있다.

이 선의로 넘친 공장에서

우리와 사백여 명의 당지 농민은 함께 땀 흘린다.
하지만 생산량은 이미 정점에 이른 우리나라 전시생산력보다
너무나도 보잘것없다.
일부는 기계를 작동하면서 으스대고
많은 사람은 변소청소를 하고 있다.
하지만 무엇을 하든
준엄한 현실은 수수와 콩밖에 없다는 것
세 가지 색상의 명패가 우리를 나누지(주: 노동성과를 우수, 중등, 열등으로 구분)
바로 홍, 황, 남
붉은색은 식충이(주: 우수한 자는 회사에서 급여를 올려줌)
노란색은 불량소년
파란색은 나와 같은 무지렁이
경비원(주: 회사 경비원) 중에는 친구가 많아(주: 일반적인 친구보다 더 친밀감을 나타내는 단어를 사용)
문제가 생기면 급급히 달려오지
그들은 모두 포커도박의 고수
지금은 여기서 평범한 일을 하고 있다.
빵 굽기부터 공장 뒤의 주조물공장까지
여름은 무덥고 겨울은 혹한
우리는 매일 직업을 바꾸길 바라고
그때면 안경 선생(주: 만주공작기계주식회사 稻田노동부장) 相原 선생 甲斐 선생이 달려오고
그들은 노동을 감독하지 않는 이유를 묻고
경비원과 마찰이 빚어지면
헐레벌떡 달려와 사태를 파악한다.
진리와 거짓말을 번역하면 일종의 상품거래
우리는 결코 우울하지 않다.
물론 급식을 좀 더 주면 좋지

만약 평화가 뒤늦게 찾아와
이 문밖을 걸어 나갈 때
우리가 오늘의 삶을 분개하며 나간다고 하기보다는
쇠약한 몸을 이끌고 나간다는 편이 낫겠지.

89

서류해독

『평탠 지구의 노무동태관찰』

이 서류는 昭和十九年(1944년)『평탠 지구의 노무동태관찰』이다. 서류의 작성자는 미상이다. 서류는 영미포로, 일본인, 중국인의 노동효율을 비교하면서 만주공작기계주식회사의 영미포로 500명은 노동효율이 낮아 일본인과 비교가 되지 않는다고 특별히 지적하고 있다.

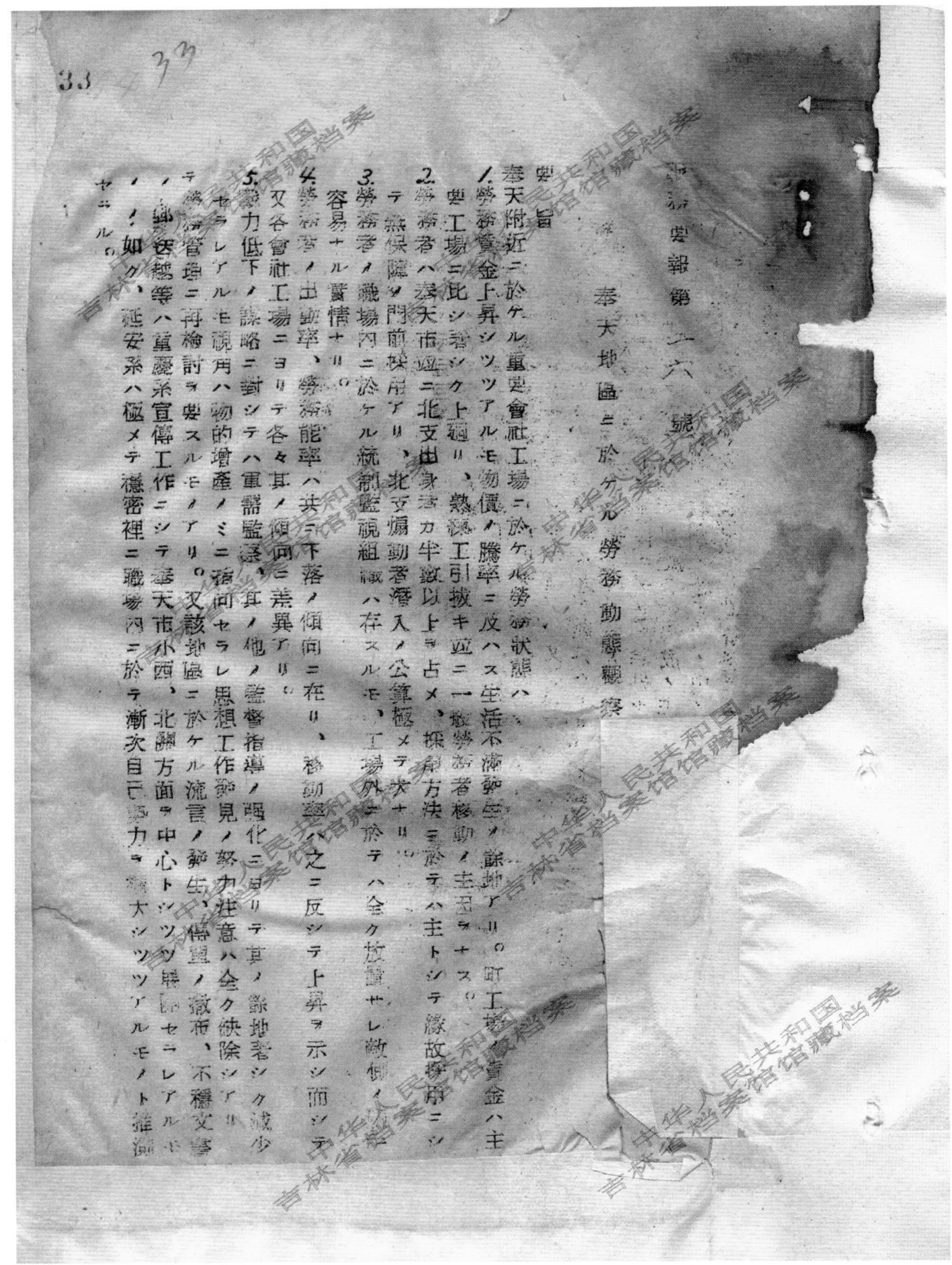
33

[illegible]要報第二一六號

奉天地區ニ於ケル勞務動靜觀察

要旨

奉天附近ニ於ケル重要會社工場ニ於ケル勞務狀態ハ、

1.勞務賃金上昇シツツアルモ物價ノ騰率ニ及ハス生活不滿發生ノ餘地アリ。町工場ノ賃金ハ主要工場ニ比シ著シク上廻リ、熟練工引拔キ並ニ一般勞務者移動ノ主因ヲナス。

2.勞務者ハ奉天市並ニ北支出身者カ半數以上ヲ占メ、採用方法ニ於テハ主トシテ緣故採用ニシテ無保障ノ門前採用アリ、北支煽動者潛入ノ公算極メテ大ナリ。

3.勞務者ノ職場內ニ於ケル統制監視組織ハ存スルモ、工場外ニ於テハ全ク放置サレ敵側ノ[illegible]容易ナル實情ナリ。

4.勞務者ノ出勤率、勞務能率ハ共ニ下落ノ傾向ニ在リ、移動率ハ之ニ反シテ上昇ヲ示シ而シテ又各會社工場ニヨリテ各々其ノ傾向ニ差異アリ。

5.勞力低下ノ謀略ニ對シテハ軍需監督、其ノ他ノ監督指導ノ強化ニヨリテ其ノ餘地著シク減少セラレアルモ現角ハ物的增產ノミニ指向セラレ思想工作發見ノ努力注意ハ全ク缺除シアリテ勞務管理ニ再檢討ヲ要スルモノアリ。又該地區ニ於ケル流言ノ發生、傳單ノ撒布、不穩文書ノ郵送等ハ重慶系宣傳工作ニシテ奉天市小西、北關方面ヲ中心トシツツ[illegible]セラレアルモノノ如ク、延安系ハ極メテ隱密裡ニ職場內ニ於テ漸次自己勢力ヲ擴大シツツアルモノト推測セラル。

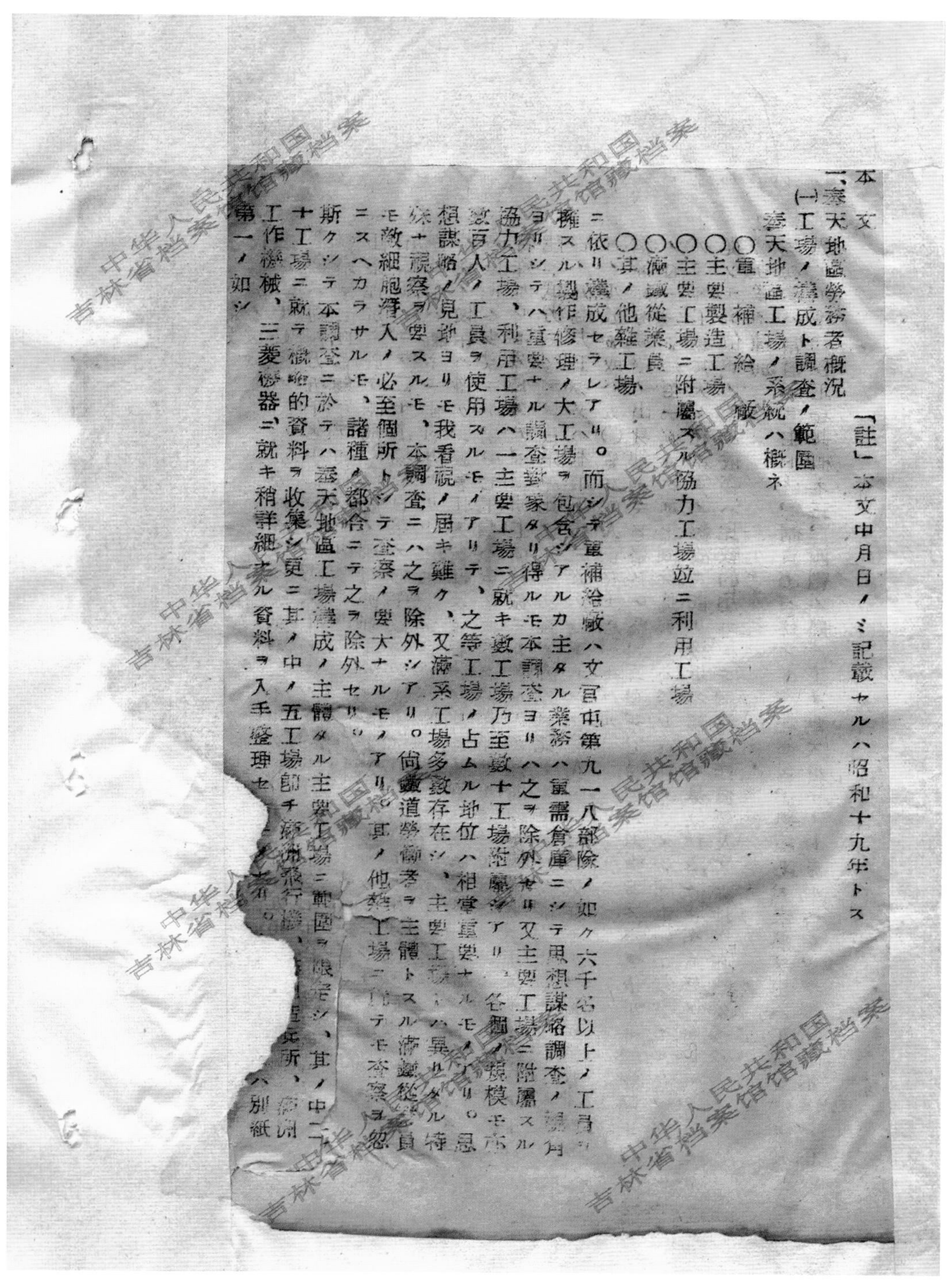

本文

一、奉天地區勞務者概況　「註」本文中月日ノミ記載セルハ昭和十九年トス

(一)工場ノ構成ト調査ノ範圍

奉天地區工場ノ系統ハ概ネ

○軍補給廠
○主要製造工場
○主要工場ニ附屬スル協力工場竝ニ利用工場
○滿鐵從業員
○其ノ他雜工場

ニ依リ構成セラレアリ。而シテ軍補給廠ハ文官軍屬第九一八部隊ノ如ク六千名以上ノ工員ヲ擁スル製作修理ノ大工場ヲ包含シアルカ主タル業務ハ軍需倉庫ニシテ思想謀略調査ノ對象ヨリシテハ重要ナル調査對象タリ得ルモ本調査ヨリハ之ヲ除外セリ又主要工場ニ附屬スル協力工場、利用工場ハ一主要工場ニ就キ數工場乃至數十工場從屬シアリ、各個ノ規模モ亦數百人ノ工員ヲ使用スルモノアリテ、之等工場ノ占ムル地位ハ相當重要ナルモノアリ。思想謀略ノ見地ヨリモ我看視ノ屆キ難ク、又滿系工場多數存在シ、主要工場トハ異リタル特殊ナル視察ヲ要スルモ、本調査ニハ之ヲ除外シアリ。尚鐵道勞働者ヲ主體トスル滿鐵從業員モ敵細胞潜入ノ必至個所トシテ査察ノ要大ナルモノアリ。其ノ他雜工場ニ於テモ査察ヲ忽ニスヘカラサルモ、諸種ノ都合ニテ之ヲ除外セリ。

斯クシテ本調査ニ於テハ奉天地區工場構成ノ主體タル主要工場ニ範圍ヲ限定シ、其ノ中二十工場ニ就テ概略的資料ヲ收集シ更ニ其ノ中ノ五工場卽チ滿洲飛行機、[illegible]造兵所、滿洲工作機械、三菱機器ニ就キ稍詳細ナル資料ヲ入手整理セ[illegible]ナリ。[illegible]ハ別紙第一ノ如シ

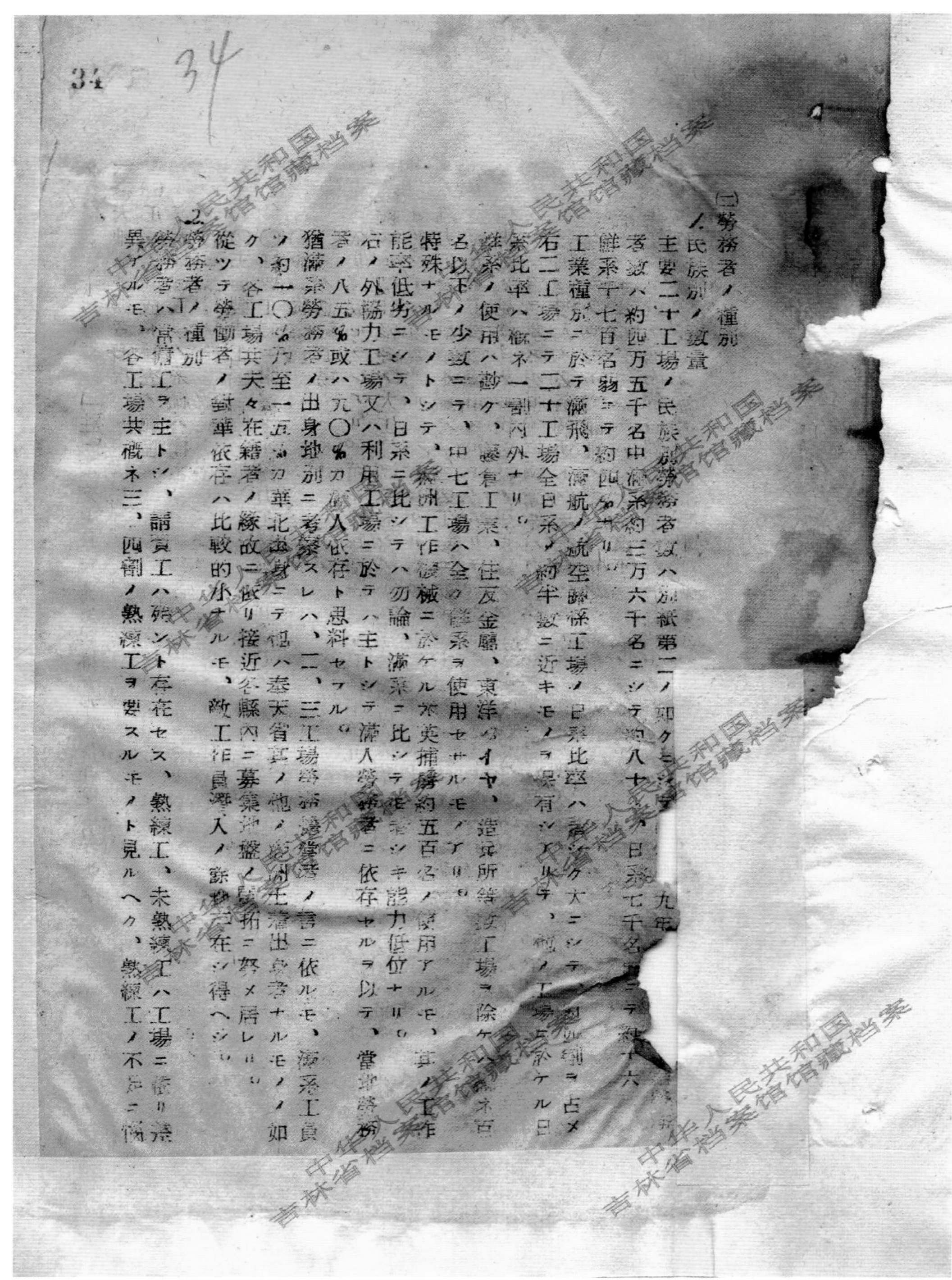

34

(二)勞務者ノ種別

1. 民族別ノ数量

主要二十工場ノ民族別勞務者数ハ別紙第二ノ如ク[illegible]九年[illegible]者数ハ約四万五千名中満系約三万六千名ニシテ約八十[illegible]、日系七千名ニシテ約十六[illegible]鮮系千七百名弱ニテ約四%ナリ。

工業種別ニ於テ満飛、満航ノ航空関係工場ノ日系比率ハ稍々大ニシテ約[illegible]割ヲ占メ右二工場ニテ二十工場全日系ノ約半数ニ近キモノヲ保有シ居ル等、他ノ工場ニ於ケル日系比率ハ概ネ一割内外ナリ。

鮮系ノ使用ハ尠ク、満倉工業、住友金属、東洋タイヤ、造兵所等数工場ヲ除ケバ概ネ百名以下ノ少数ニテ、中七工場ハ全ク鮮系ヲ使用セザルモノアリ。

特殊ナルモノトシテ、満洲工作機械ニ於ケル米英捕虜約五百名ノ使用アルモ、其ノ工作能率低劣ニシテ、日系ニ比シテハ勿論、満系ニ比シテモ著シキ能力低位ナリ。

右ノ外協力工場又ハ利用工場ニ於テハ主トシテ満人勞務者ニ依存セルヲ以テ、當該勞務者ノ八五%或ハ九〇%ガ満人依存ト思料セラル。

猶満系勞務者ノ出身地別ニ考察スレバ、二、三工場勞務者ノ證言ニ依ルモ、満系工員ノ約一〇%乃至一五%ガ華北出身ニテ他ハ奉天省其ノ他ノ満洲土着出身者ナルモノノ如ク、各工場共夫々在籍者ノ縁故ニ依リ接近各縣内ニ募集地盤ノ開拓ニ努メ居レリ。

従ツテ勞働者ノ對華依存ハ比較的少ナルモ、敵工作員潜入ノ餘地ハ存在シ得ベシ。

2. 勞務者ノ種別

勞務者ハ常傭工ヲ主トシ、請負工ハ殆ンド存在セズ、熟練工、未熟練工ハ工場ニ依リ差異アルモ、各工場共概ネ三、四割ノ熟練工ヲ要スルモノト見ルベク、熟練工ノ不足ニ悩

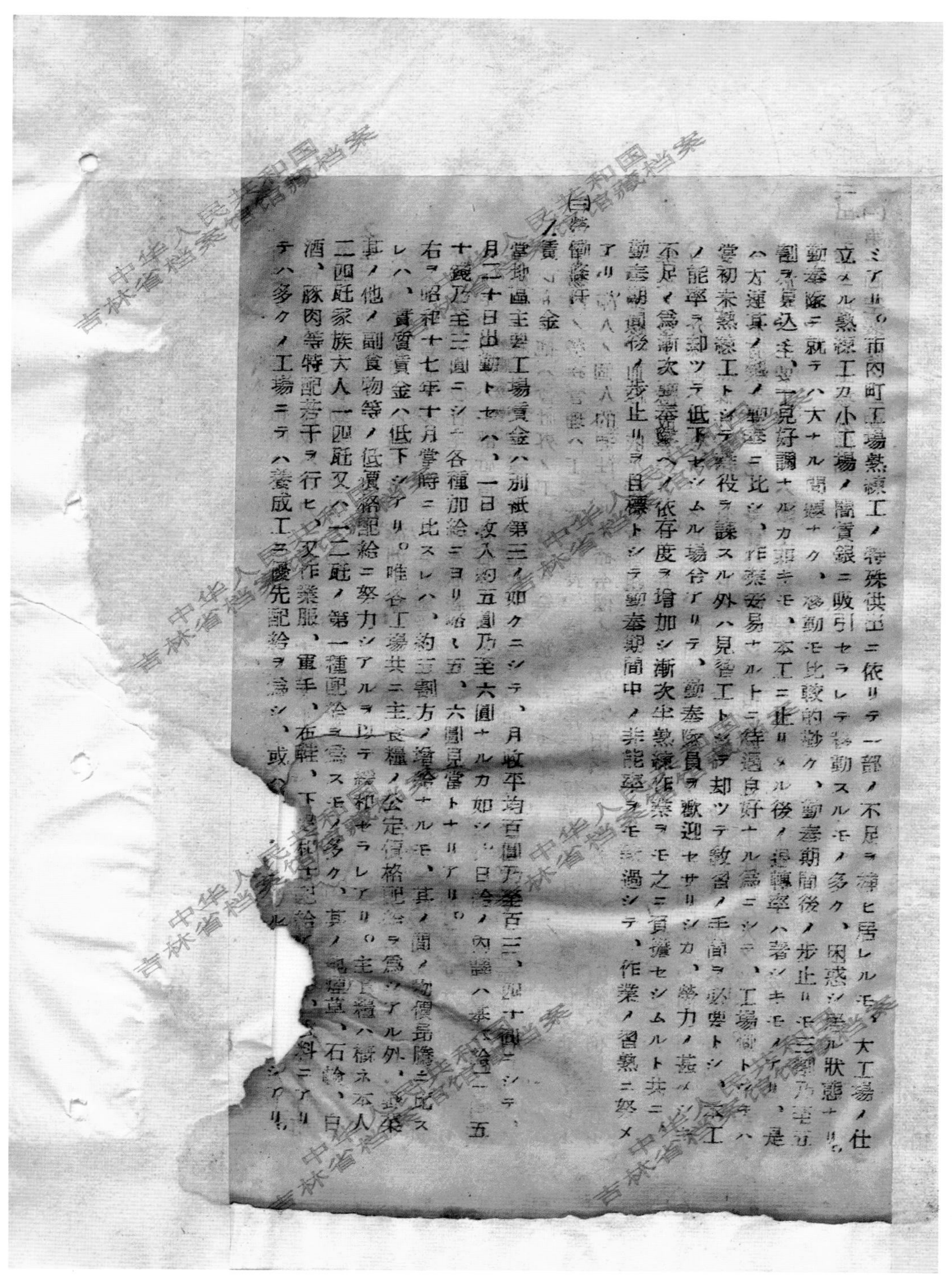

(ロ)殊ニ市内町工場熟練工ノ特殊供出ニ依リテ一部ノ不足ヲ補ヒ居レルモ、大工場ノ仕立メル熟練工及小工場ノ闇賃銀ニ吸引セラレテ轉勤スルモノ多ク、困惑シ居ル状態ナリ。勤奉隊ニ就テハ大ナル期待ナク、勤勞モ比較的渺ク、勤奉期間後ノ歩止リモ三割乃至五割ヲ見込ミ主トシテ見好調ナルカ期キモ、本工ニ止リタル後ノ退轉率ハ著シキモノアリ、是ハ大運算ノ製造ニ比シ、作業容易ナルト二待遇良好ナル爲ニシテ、工場側トシテハ當初未熟練工トシテ雜役ヲ課スル外ハ見習工トシテ却ツテ教習ノ手間ヲ必要トシ、原工ノ能率ヲ却ツテ低下セシムル場合アリテ、勤奉隊員ヲ歡迎セサリシカ、勞力ノ甚メシキ不足ノ爲漸次勤奉隊ヘノ依存度ヲ增加シ漸次半熟練作業ヲモ之ニ負擔セシムルト共ニ勤奉期間後ノ歩止リヲ目標トシテ勤奉期間中ノ非能率ヲモ看過シテ、作業ノ習熟ニ努メアリ [illegible]

(三)勞働條件 [illegible]

1.賃金

當地區主要工場賃金ハ別紙第三ノ如クニシテ、月收平均百圓乃至百三、四十圓ニシテ、月二十日出勤トセハ、一日收入約五圓乃至六圓ナルカ如シ。日給ノ内譯ハ基本給二、五十錢乃至三圓ニシテ各種加給ニヨリ給ヘ五、六圓見當トナリアリ。

右ヲ昭和十七年十月當時ニ比スレハ、約三割方ノ增給ナルモ、其ノ間ノ物價昂騰ニ比スレハ、實質賃金ハ低下シアリ。唯各工場共ニ主食糧ノ公定價格配給ヲ爲シアル外、野菜其ノ他ノ副食物等ノ低價格配給ニ努力シアルヲ以テ緩和セラレアリ。主食糧ハ概ネ本人二瓩、家族大人一瓩又ハ一、二瓩ノ第一種配給ヲ爲スモノ多ク、其ノ他煙草、石鹸、白酒、豚肉等特配若干ヲ行ヒ、又作業服、軍手、布鞋、下[illegible]配給[illegible]料ニアリテハ多クノ工場ニテハ養成工ニ優先配給ヲ爲シ、或ハ[illegible]シアリ。

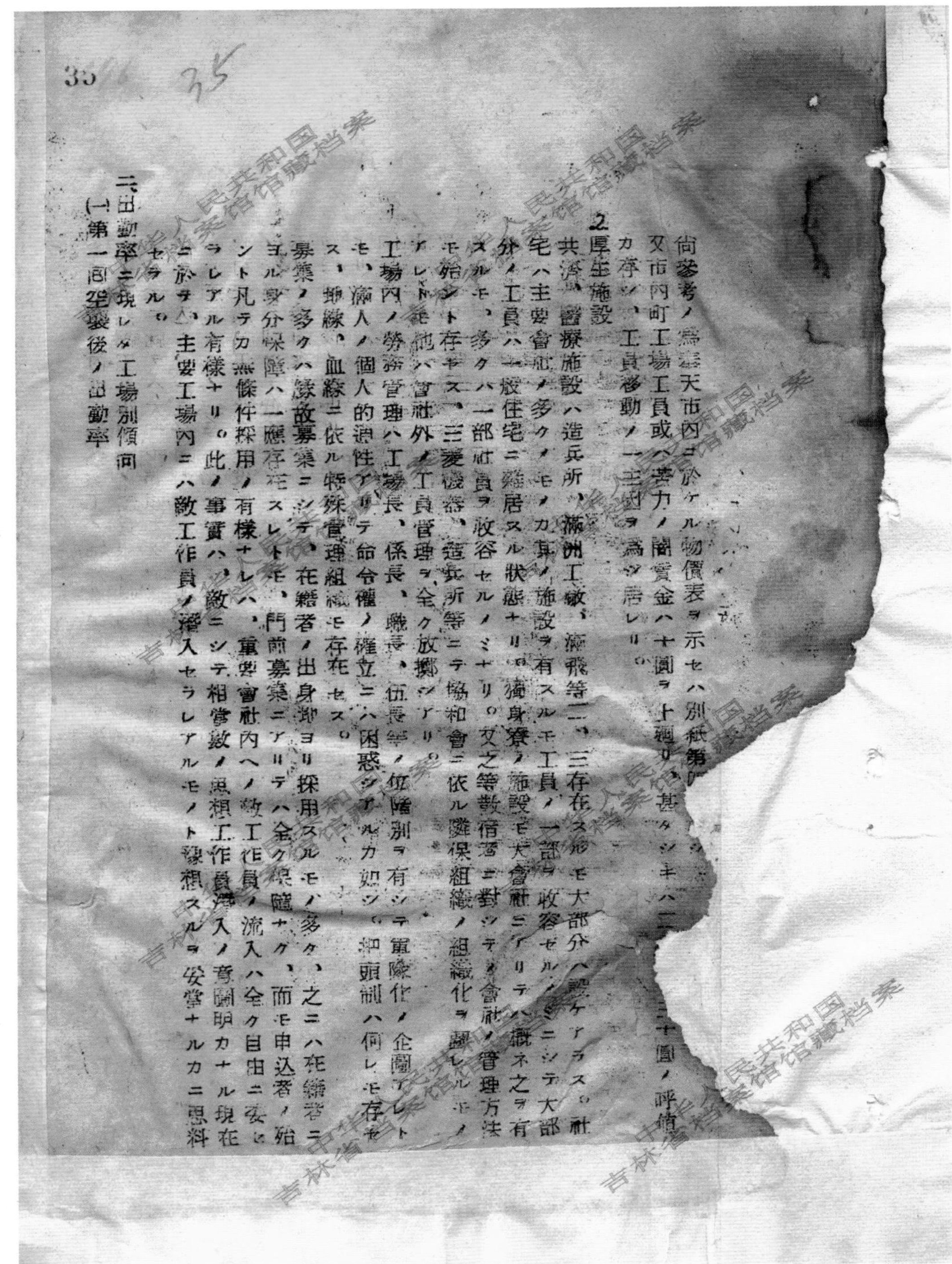

35

尚參考ノ爲奉天市內ニ於ケル物價表ヲ示セハ別紙第

又市內町工場工員或ハ苦力ノ闇賃金ハ十圓ヲ上廻リ甚タシキハ二十圓ノ評價カ存シ、工員移動ノ一主因ヲ爲シ居レリ。

2 厚生施設

共濟、醫療施設ハ造兵所、滿洲工廠、滿飛等二、三存在スルモ大部分ハ設ケアラス。社宅ハ主要會社ノ多クノモノカ其ノ施設ヲ有スルモ工員ハ一部ヲ收容セルノミニシテ大部分ノ工員ハ一般住宅ニ雜居スル狀態ナリ。獨身寮ノ施設モ大會社ニアリテハ概ネ之ヲ有スルモ、多クハ一部社員ヲ收容セルノミナリ。又之等散宿者ニ對シテ會社ノ管理方法モ殆ント存セス、三菱機器、造兵所等ニテ協和會ニ依ル隣保組織ノ組織化ヲ圖レルモノアレトモ他ハ會社外ノ工員管理ヲ全ク放擲シアリ。

工場內ノ勞務管理ハ工場長、係長、職長、伍長等ノ伍隊別ヲ有シテ軍隊化ノ企圖アレトモ、滿人ノ個人的通性アリテ命令權ノ確立ニハ困惑シアルカ如シ。把頭制ハ何レモ存セス、地緣、血緣ニ依ル特殊管理組織モ存在セス。

募集ノ多クハ緣故募集ニシテ、在籍者ノ出身地ヨリ採用スルモノ多ク、之ニハ在籍者ニヨル身分保障ハ一應存在スレトモ、門前募集ニアリテハ全ク保證ナク、而モ申込者ノ殆ント凡テカ無條件採用ノ有樣ナレハ、重要會社內ヘノ敵工作員ノ流入ハ全ク自由ニ委セラレアル有樣ナリ。此ノ事實ハ、敵ニシテ相當數ノ思想工作員潛入ノ意圖明カナル現在ニ於テ△主要工場內ニハ敵工作員ノ潛入セラレアルモノト豫想スルヲ妥當ナルカニ思料セラル。

三 出勤率ニ現レタ工場別傾向

(一) 第一回空襲後ノ出勤率

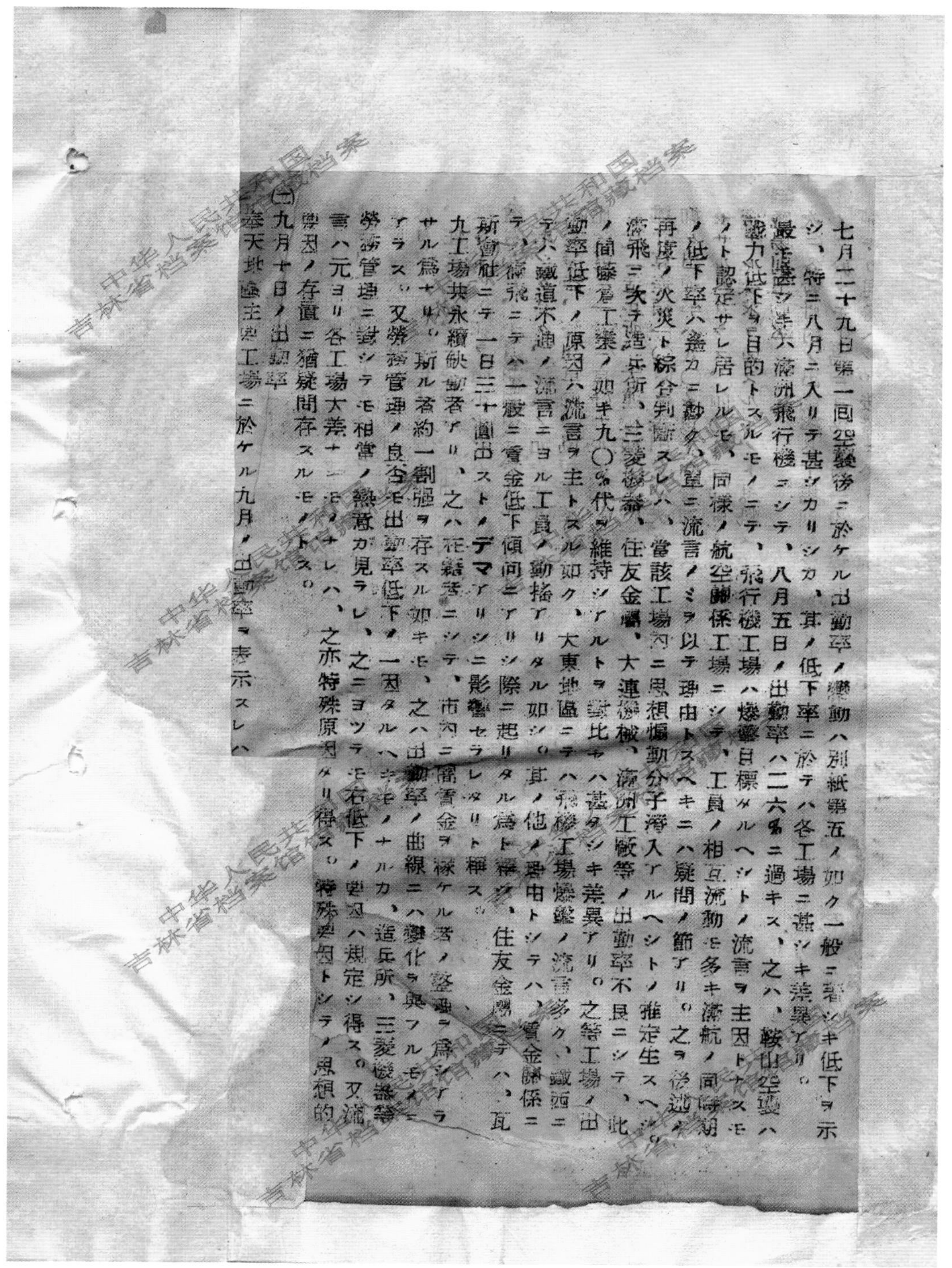

七月二十九日第一回空襲後ニ於ケル出勤率ノ變動ハ別紙第五ノ如ク一般ニ著シキ低下ヲ示シ、特ニ八月ニ入リテ甚シカリシカ、其ノ低下率ニ於テハ各工場ニ甚シキ差異アリ。最モ顯著ナルハ滿洲飛行機ニシテ、八月五日ノ出勤率ハ二六%ニ過キス、之ハ、鞍山空襲ハ戰力低下ヲ目的トスルモノニテ、飛行機工場ハ爆擊目標タルヘシトノ流言ヲ主因トナスモノト認定サレ居レルモ、同様ノ航空關係工場ニシテ、工員ノ相互流動モ多キ滿航ノ同時期ノ低下率ハ僅カニ渺ク、單ニ流言ノミヲ以テ理由トスヘキニハ疑問ノ節アリ。之ヲ後述ノ再度ノ火災ト綜合判斷スレハ、當該工場内ニ思想煽動分子潜入アルヘシトノ推定生スヘシ。

滿飛ニ次テ造兵所、三菱機器、住友金屬、大連機械、滿洲工廠等ノ出勤率不良ニシテ、此ノ間藤倉工業ノ如キ九〇%代ヲ維持シアルトヲ對比セハ甚タシキ差異アリ。之等工場ノ出勤率低下ノ原因ハ流言ヲ主トスル如ク、大東地區ニテハ飛機工場爆擊ノ流言多ク、鐵西ニテハ鐵道不通ノ流言ニヨル工員ノ動搖アリタル如シ。其ノ他ノ理由トシテハ、賃金關係ニテ、滿飛ニテハ一般ニ賃金低下傾向ニアリシ際ニ起リタル爲ト稱ス、住友金屬ニテハ、瓦斯會社ニテ一日三十圓出ストノデマアリシニ影響セラレタリト稱ス。

九工場共永續缺勤者アリ、之ハ在籍者ニシテ、市内ニ闇賃金ヲ稼ケル者ノ整理ヲ爲シアラサル爲ナリ、斯ル者約一割強ヲ存スル如キモ、之ハ出勤率ノ曲線ニハ變化ヲ與フルモノニアラス、又勞務管理ノ良否モ出勤率低下ノ一因タルヘキモノナルカ、造兵所、三菱機器等勞務管理ニ對シテモ相當ノ熱意カ見ラレ、之ニヨツテモ右低下ノ要因ハ規定シ得ス。又流言ハ元ヨリ各工場大差ナキモノナレハ、之亦特殊原因タリ得ス。特殊要因トシテノ思想的要因ノ存在ニ猶疑問存スルモノトス。

(二) 九月十日ノ出勤率

奉天地區主要工場ニ於ケル九月ノ出勤率ヲ表示スレハ

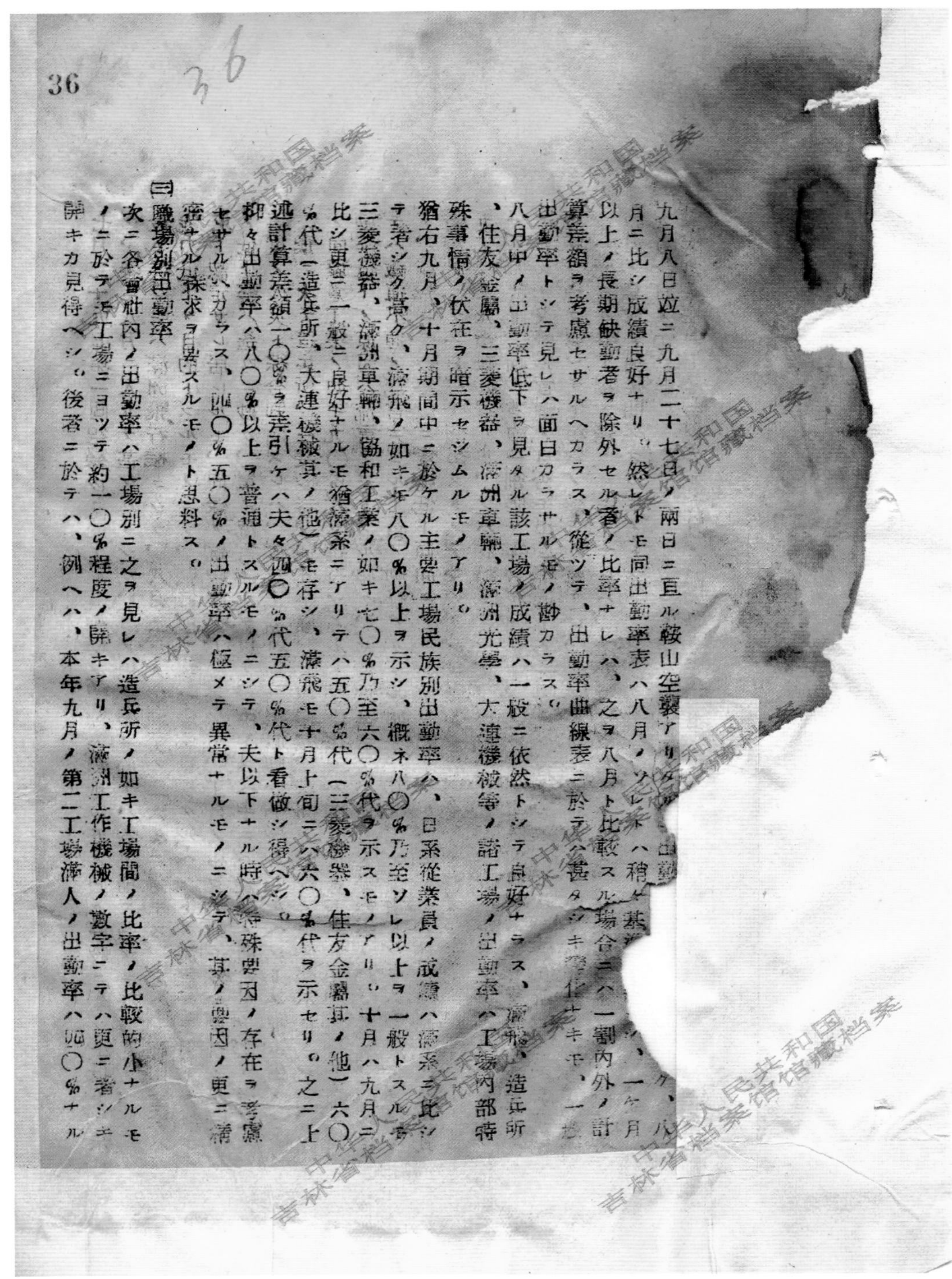
36

九月八日迄ニ九月二十七日ノ兩日ニ亘ル鞍山空襲アリタ[illegible]ケ、八月ニ比シ成績良好ナリ。然レトモ同出勤率表ハ八月ノソレトハ稍々基準ヲ[illegible]、一ケ月以上ノ長期缺勤者ヲ除外セル者ノ比率ナレハ、之ヲ八月ト比較スル場合ニハ一割内外ノ計算差額ヲ考慮セサルヘカラス。從ツテ、出勤率曲線表ニ於テ公表[illegible]キ率[illegible]ナキモ、一般出勤率トシテ見レハ面白カラサルモノ尠カラス。八月中ノ出勤率低下ヲ見タル該工場ノ成績ハ一般ニ依然トシテ良好ナラス、滿飛、造兵所、住友金屬、三菱機器、滿洲車輛、滿洲光學、大連機械等ノ諸工場ノ出勤率ハ工場内部特殊事情ノ伏在ヲ暗示セシムルモノアリ。

猶右九月、十月期間中ニ於ケル主要工場民族別出勤率ハ、日系從業員ノ成績ハ滿系ニ比シテ著シク良ク、滿飛ノ如キモ八〇%以上ヲ示シ、概ネ八〇%乃至ソレ以上ヲ一般トスル者三菱機器、滿洲車輛、協和工業ノ如キ七〇%乃至六〇%代ヲ示スモノアリ。十月ハ九月ニ比シ更ニ一般ニ良好ナルモ猶滿系ニアリテハ五〇%代（三菱機器、住友金屬其ノ他）六〇%代（造兵所、大連機械其ノ他）モ存シ、滿飛モ十月上旬ニ六〇%代ヲ示セリ。之ニ上述計算差額一〇%ヲ差引ケハ夫々四〇%代五〇%代ト看做シ得ヘシ。

抑々出勤率ハ八〇%以上ヲ普通トスルモノニシテ、夫以下ナル時ハ特殊要因ノ存在ヲ考慮セサルヘカラス、四〇%五〇%ノ出勤率ハ極メテ異常ナルモノニシテ、其ノ要因ノ更ニ精密ナル探求ヲ[illegible]要スルモノト思料ス。

(三) 職場別出勤率

次ニ各會社内ノ出勤率ハ工場別ニ之ヲ見レハ造兵所ノ如キ工場間ノ比率ノ比較的小ナルモノニ於テモ工場ニヨツテ約一〇%程度ノ開キアリ、滿洲工作機械ノ數字ニテハ更ニ著シキ開キカ見得ヘシ。後者ニ於テハ、例ヘハ、本年九月ノ第二工場滿人ノ出勤率ハ四〇%ナル

カハ同月同所技術係滿人ノ出勤率ハ八三%ニトリアリ。同第三工場ニテハ七二%、第四工場ニテハ六九%トナリアリ。勞務條件ニ於テ一應大差ナキモノト認メラルル同一會社內ニ於ケル斯ル甚ダシキ差異ハ、其ノ特殊要因檢討ノ要切ナルモノアリ。之ヲ三菱機器ノ數字ニ於テ見ルモ造機工場ノ出勤率特ニ惡ク、十月十日ー二十日、二十一日ー三十一日ノ鍛治工場、工具工場滿人出勤率カ夫々九四%、九九%、[illegible]八一%ナルニ對シテ、造機工場[illegible]兵器工場ノ同期間ノ出勤率ハ三六%、六三%並ニ[illegible]%、四三%ニシテ著シク低率ナリ[illegible]右兵器工場ノ出勤率ハ本年度ニ入ツテ特ニ惡ク常ニ四〇%代ヲ持續セリ。之等ノ低率工場ニ就テハ其ノ要因ノ檢討ト共ニ、注意深キ內查ヲ要スルヤニ思料セラル。

三、移動率ニ現レタル勤態變化

主要二十工場ニ就キ移動狀態ニ關スル資料ヲ表示セルモノ別紙第七ノ如クニシテ同表ノ移動率ノ算定ハ不明ナルモ、略々四〇%乃至五〇%ナルモノノ如ク、滿洲紡織、滿洲自動車、三菱機器、東洋タイヤノ如クニ一〇〇%ヲ越ユル如キモノモ存ス、年次的ニハ增加ノ傾向ニ在リ三菱機器ノ如キハ本年度上半期ノ解雇者數ハ在籍者ノ略々七割ニ當リ、年度經歷率ハ一四〇%ニ上ルヘシ。

移動ノ理由トシテ各社ノ擧ケル所ハ概ネ同一ニシテ、[illegible]町工場ノ高賃金ニヨル移動ヲ主トスルモノノ如ク、其ノ他ハ疾病、家事ヲ理由トスルモノノ如シ。之ニ對シテ採用理由トシテ主ナルヲ占ムルモノハ食糧安定ニシテ、技術修得カ之ニ次キアリ。大會社ニテ技術ヲ修得セルモノカ町工場ニ流レ、又其ノ一部カ食糧ヲ求メテ大工場ヘ回流スルモノアルカ如シ。

續同表ニテ注目サルルハ、九月ニ比シテ十月在籍者カ殆ント凡テ[illegible]減少セルコトニシテ、特ニ滿飛ニテハ約三千七百名ヲ減少シ、滿洲光[illegible]之ハ主トシテ長期缺勤者ノ整理ニヨルモノナルヘキモ著シキ[illegible]

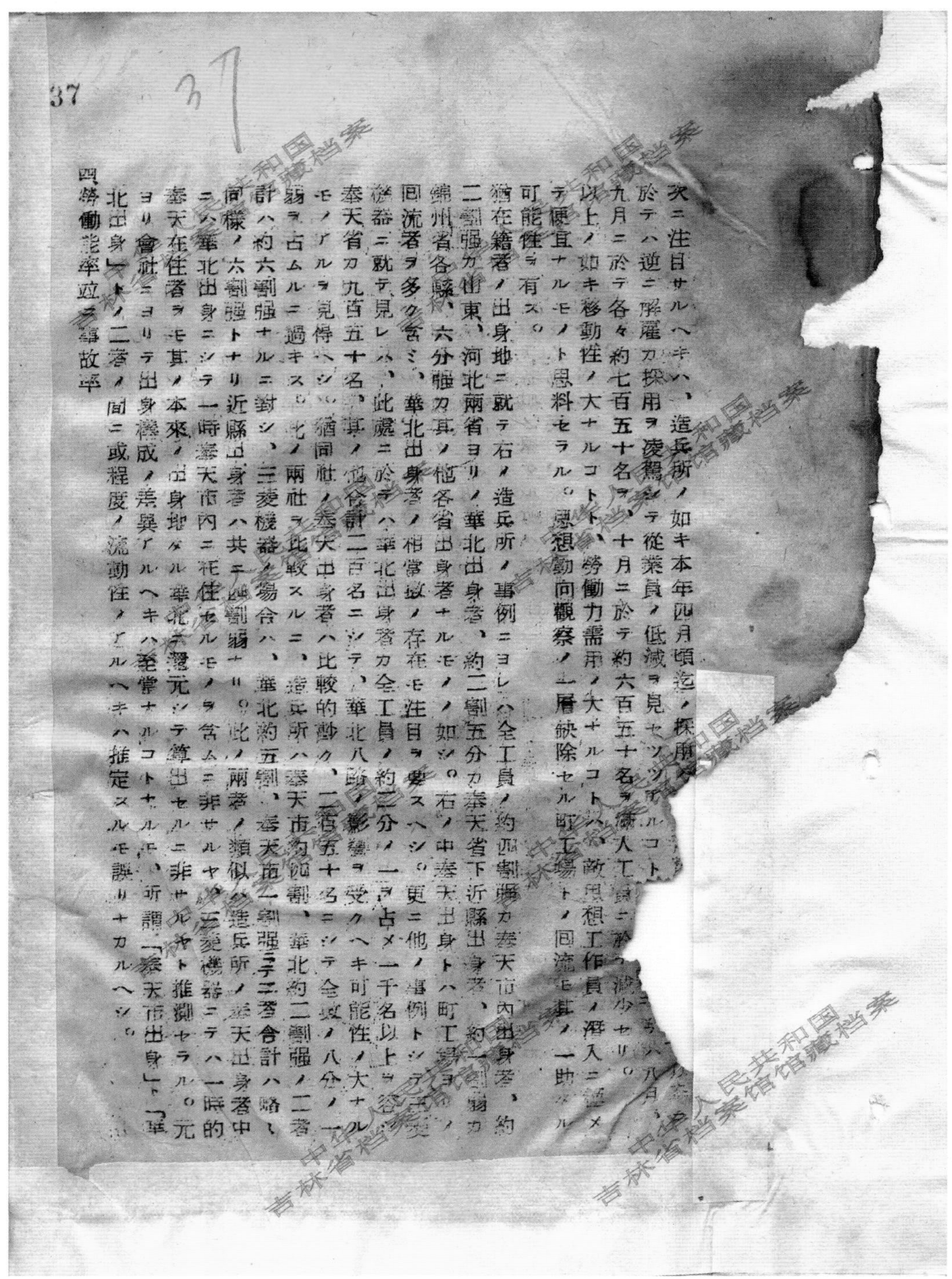

次ニ注目サルヘキハ、造兵所ノ如キ本年四月頃迄ノ採用ニ[illegible]ルコト[illegible]
於テハ逆ニ解雇カ採用ヲ凌駕シテ従業員ノ低減ヲ見セツツアルコト[illegible]八月[illegible]
九月ニ於テ各々約七百五十名ヲ、十月ニ於テ約六百五十名ヲ傭入工員ニ於テ減少セリ。
以上ノ如キ移動性ノ大ナルコトト、勞働力需用ノ大ナルコトハ、敵側思想工作員ノ潜入ニ適メ
テ便宜ナルモノト思料セラル。思想動向観察ノ一層缺除セル町工場トノ回流モ其ノ一助タル
可能性ヲ有ス。
猶在籍者ノ出身地ニ就テ右ノ造兵所ノ事例ニヨレハ全工員ノ約四割強カ奉天市内出身者、約
二割強カ山東、河北兩省ヨリノ華北出身者、約二割五分カ奉天省下近縣出身者、約一割弱カ
錦州省各縣、六分強カ其ノ他各省出身者ナルモノノ如シ。右ノ中奉天出身トハ町工場ヨリノ
回流者ヲ多ク含ミ、華北出身者ノ相當数ノ存在モ注目ヲ要スヘシ。更ニ他ノ事例トシテ三菱
機器ニ就テ見レハ、此處ニ於テハ華北出身者カ全工員ノ約三分ノ一ヲ占メ一千名以上ヲ容レ
奉天省カ九百五十名、其ノ他合計二百名ニシテ、華北八路ノ影響ヲ受クヘキ可能性ノ大ナル
モノアルヲ見得ヘシ。猶同社ノ奉天出身者ハ比較的尠ク、二百五十名ニシテ全数ノ八分ノ一
弱ヲ占ムルニ過キス。華北ノ兩社ヲ比較スルニ、造兵所ハ奉天市約四割、華北約二割強ノ二者
計ハ約六割強ナルニ對シ、三菱機器ノ場合ハ、華北約五割、奉天市一割強ニテ二者合計ハ略く
同様ノ六割強トナリ近縣出身者ハ共ニ一割弱ナリ。此ノ兩者ノ類似ハ造兵所ノ奉天出身者中
ニハ華北出身ニシテ一時奉天市内ニ在住セルモノヲ含ムニ非サルヤ三菱機器ニテハ一時的
奉天在住者ヲモ其ノ本來ノ出身地タル華北ニ還元シテ算出セルニ非サルヤト推測セラル。元
ヨリ會社ニヨリテ出身構成ノ差異アルヘキハ無論ナルコトナルモ、所謂「奉天市出身」ト「華
北出身」トノ二者ノ間ニ或程度ノ流動性ノアルヘキハ推定スルモ誤リナカルヘシ。

四、勞働能率低下ノ原因

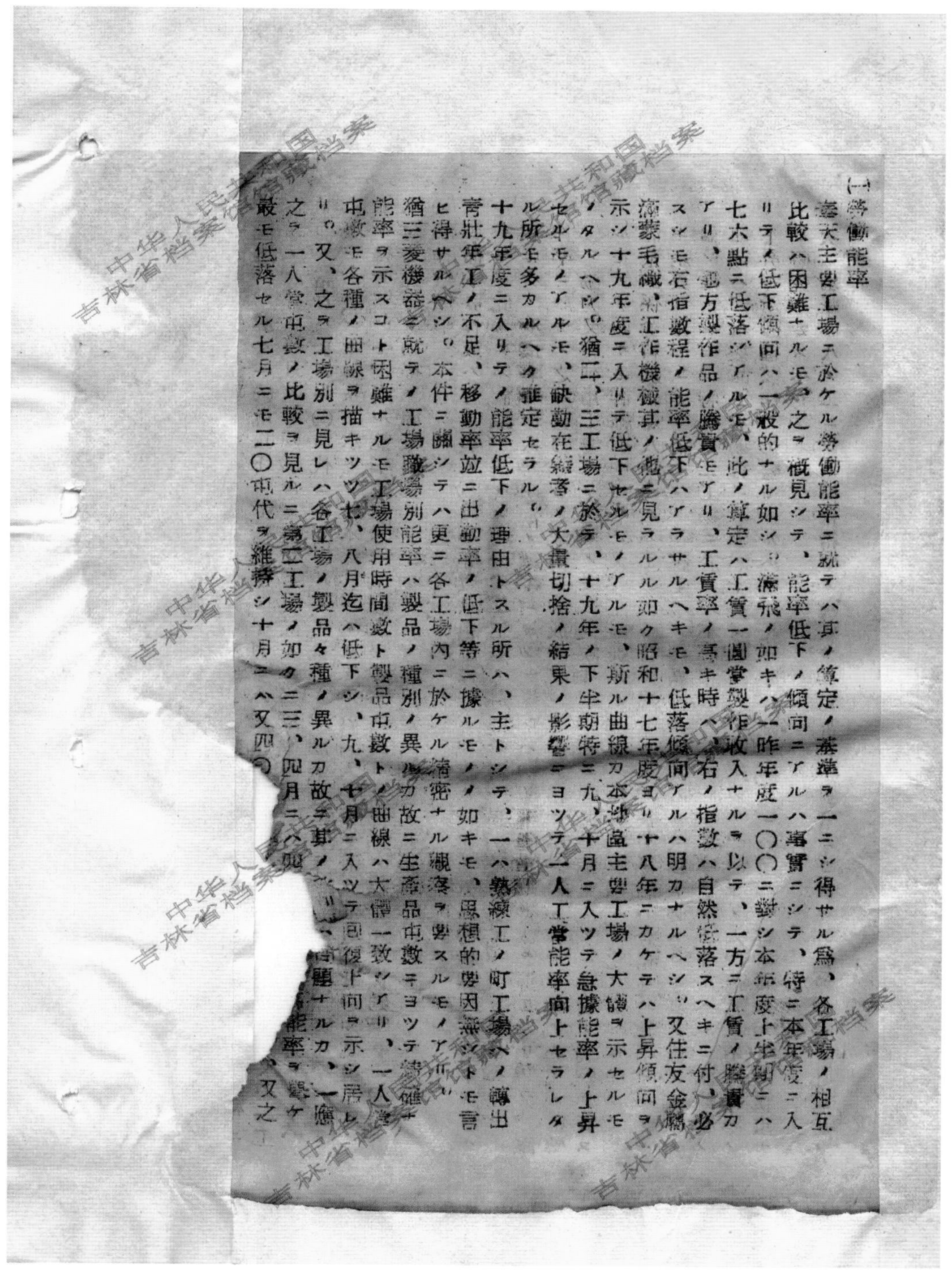

(一)勞働能率

奉天主要工場ニ於ケル勞働能率ニ就テハ其ノ算定ノ基準ヲ一ニシ得サル爲、各工場ノ相互比較ハ困難ナルモ之ヲ概見シテ、能率低下ノ傾向ニアルハ事實ニシテ、特ニ本年度ニ入リテノ低下傾向ハ一般的ナルカ如シ。滿飛ノ如キハ一昨年度一〇〇ニ對シ本年度上半期ニハ七六點ニ低落シアルモ、此ノ算定ハ工賃一圓當製作收入ナルヲ以テ、一方ニ工賃ノ騰貴カアリ、一方製作品ノ騰貴モアリ、工賃率ノ高キ時ハ、右ノ指數ハ自然低落スヘキニ付、必スシモ右指數程ノ能率低下ハアラサルヘキモ、低落傾向アルハ明カナルヘシ。又住友金屬滿蒙毛織、滿洲工作機械其ノ他ニ見ラルル如ク昭和十七年度ヨリ十八年ニカケテハ上昇傾向ヲ示シ十九年度ニ入リテ低下セルモノアルモ、斯ル曲線カ本邦當主要工場ノ大體ヲ示セルモノタルハ否ヤ。猶二、三工場ニ於テ、十九年ノ下半期特ニ九、十月ニ入ッテ急據能率ノ上昇セルモノアルモ、缺勤在籍者ノ大量切捨ノ結果ノ影響ニヨッテ一人工當能率向上セラレタル所モ多カルヘク推定セラル。

十九年度ニ入リテノ能率低下ノ理由トスル所ハ、主トシテ、一ハ熟練工ノ町工場ヘノ轉出青壯年工ノ不足、移動率竝ニ出勤率ノ低下等ニ據ルモノノ如キモ、思想的要因無シトモ言ヒ得サルヘシ。本件ニ關シテハ更ニ各工場内ニ於ケル精密ナル觀察ヲ要スルモノアリ。

猶三菱機器ニ就テノ工場職場別能率ハ製品ノ種別ノ異ルカ故ニ生産品由數ニヨッテ[illegible]能率ヲ示スコト困難ナルモ工場使用時間數ト製品由數トノ曲線ハ大體一致シアリ、一人當由數モ各種ノ曲線ヲ描キツツモ、八月迄ハ低下シ、九、十月ニ入ッテ回復上向ヲ示シ居レリ。又、之ヲ工場別ニ見レハ各工場ノ製品々種ノ異ルカ故ニ其ノ[illegible]リ、[illegible]問題ナルカ、一應之ヲ一人當由數ノ比較ヲ見ルニ第四工場ノ如ク二三、四月ニハ[illegible]能率ヲ懸ケ最モ低落セル七月ニモ二〇由代ヲ維持シ十月ニハ又四〇[illegible]、又之

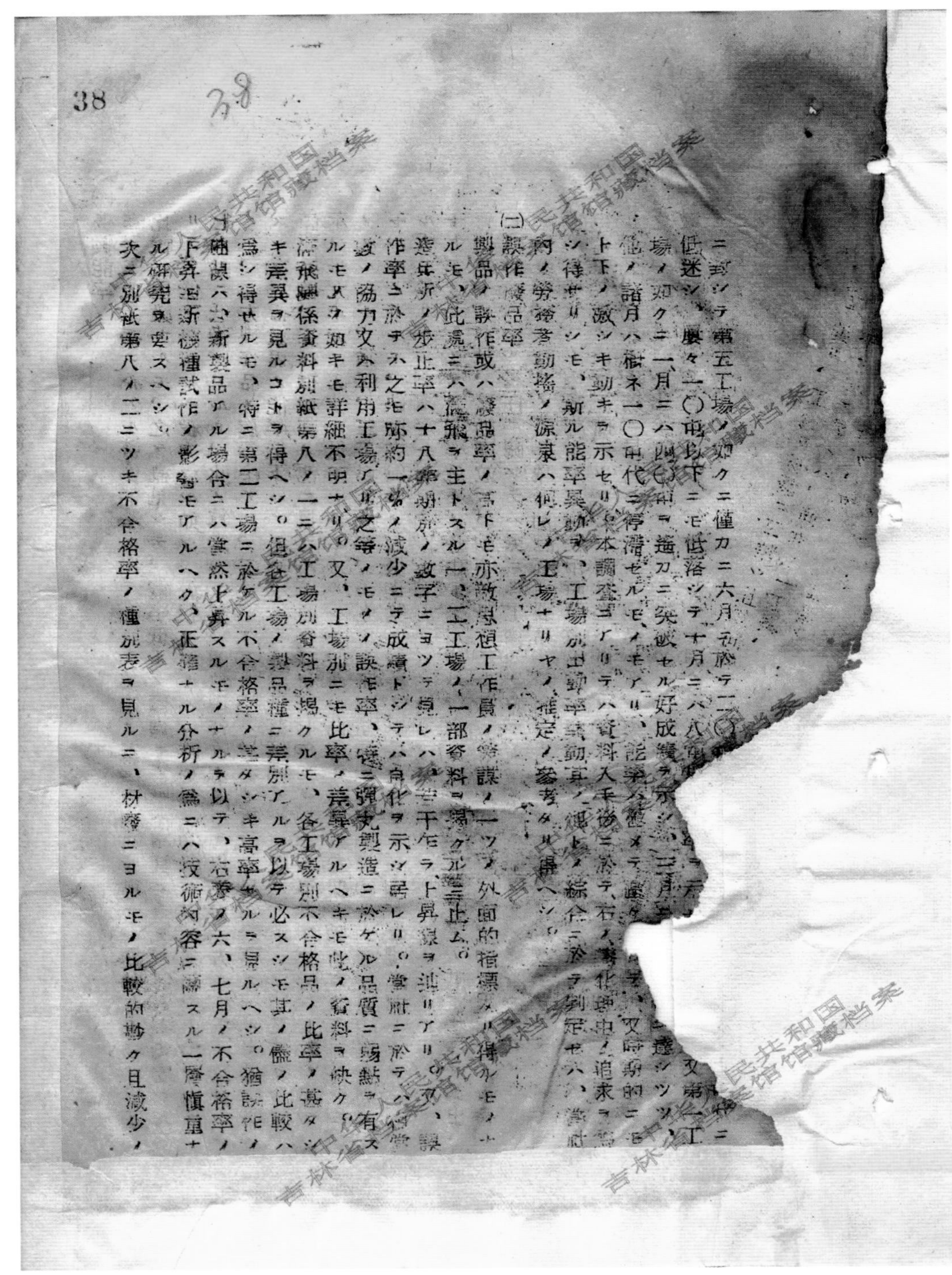

38

ニ於シテ第五工場ノ如クニ僅カニ六月ニ於テ二〇[illegible]又第一工
低迷シ、屢々一〇位以下ニモ低落シテ十月ニ八八[illegible]ヲ示シ[illegible]二月ニ[illegible]ニ遠シツツ
場ノ如クニ一月ニ八四〇ヨリ遂カニ突破セル好成績ヲ示シ[illegible]
位ノ諸月ハ概ネ一〇〇代ニ停滞セルモノモアリ、能率ハ極メテ區々[illegible]テ、又時期的ニモ
上下ノ激シキ動キヲ示セリ。本調査ニアリテハ資料入手後ニ於テ、右ノ變化理由ノ追求ヲ為
シ得ザリシモ、斯ル能率ノ異動ハ、工場別出勤率兼勤率ノ如キモノト綜合ニ於テ判定セバ、労働
内ノ労務者勤務ノ源泉ハ何レノ工場ナリヤノ推定ノ参考タリ得ヘシ。

(二) 製作廢品率

製品ノ製作或ハ廢品率ノ高下モ亦散感(?)ノ工作員ノ怠業(?)ノ一ツノ外面的指標タリ得ルモノナ
ルモ、此處ニハ[illegible]ヲ主トスル一、二工場ノ一部資料ヲ掲グルニ止ム。
遼兵所ノ歩止率ハ十八年期末ノ数字ニヨツテ見レハ若干ナラ上昇線ヲ辿リアリ。又、製
作率ニ於テハ之ヲ前約一割ノ減少ニテ成績トシテハ退化ヲ示シ居レリ。當厰ニ於テハ特
殊ノ協力又ハ利用工場アリ之等ノモノノ誤作率、殊ニ弾丸製造ニ於ケル品質ニ弱點ヲ有ス
ルモノヽ如キモ詳細不明ナリ。又、工場別ニモ比率ノ差異アルヘキモ此ノ資料ヲ缺ク。
添附關係資料別紙第八ノ一ニハ工場別資料ヲ掲グルモ、各工場別不合格品ノ比率ノ甚ダシ
キ差異ヲ見ルコトヲ得ヘシ。但各工場ノ製品種ニ差別アルヲ以テ必スシモ其ノ儘ノ比較ハ
為シ得ザルモ、特ニ第二工場ニ於ケル不合格率ノ甚ダシキ高率ナルヲ見ルヘシ。猶誤作ノ
[illegible]ハ新製品アル場合ニハ當然上昇スルモノナルヲ以テ、右表ノ六、七月ノ不合格率ノ
上昇ニ新機種試作ノ影響モアルヘク、正確ナル分析ノ為ニハ技術内容ニ關スル一層慎重ナ
ル研究ヲ要スヘシ。
次ニ別紙第八ノ二ニツキ不合格率ノ種別表ヲ見ルニ、材料ニヨルモノ比較的尠ク且減少ノ

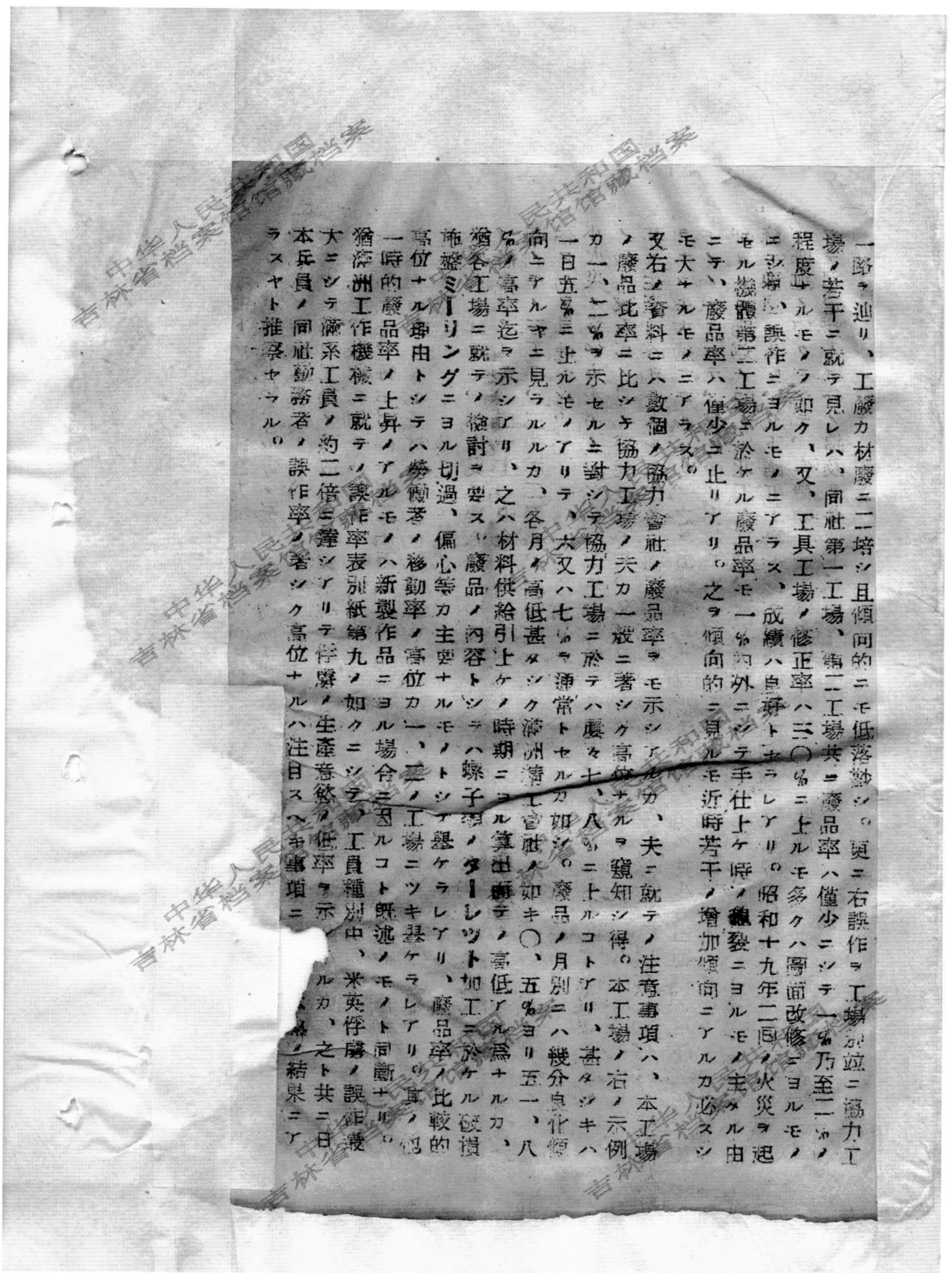

一路ヲ辿リ、工廠カ材廠ニ二培シ且傾向的ニモ低落勢シ。更ニ右誤作ヲ工場別並ニ協力工場ノ若干ニ就テ見レハ、同社第一工場、第二工場共ニ廢品率ハ僅少ニシテ一%乃至二%ノ程度ナルモノヽ如ク、又、工具工場ノ修正率ハ三〇%ニ上ルモ多クハ圖面改修ニヨルモノニシテ誤作ニヨルモノニアラス、成績ハ良好トセラレアリ。昭和十九年二回ノ火災ヲ廻セル機體第二工場ニ於ケル廢品率モ一%内外ニシテ手仕上ケ時ノ龜裂ニヨルモノ主タル由ニテ、廢品率ハ僅少ニ止リアリ。之ヲ傾向的ニ見ルモ近時若干ノ増加傾向ニアルカ必スシモ大ナルモノニアラス。

又右資料ニハ數個ノ協力會社ノ廢品率ヲモ示シアルカ、夫ニ就テノ注意事項ハ、本工場ノ廢品比率ニ比シテ協力工場ノ夫カ一般ニ著シク高位ナルヲ窺知シ得。本工場ノ右ノ示例カ一%、二%ヲ示セルニ對シテ協力工場ニ於テハ屡々十、八%ニ上ルコトアリ、甚タシキハ一日五%ニ上ルモノアリテ、六又ハ七%ヲ通常トセルカ如シ。廢品ノ月別ニハ幾分良化傾向ニアルヤニ見ラルルカ、各月ノ高低甚タシク滿洲津上會社ノ如キ〇、五%ヨリ五一、八%ノ高率迄ヲ示シアリ、之ハ材料供給引上ケノ時期ニヨル算出期間ノ高低アル爲ナルカ、猶各工場ニ就テノ検討ヲ要ス。廢品ノ内容トシテハ螺子類ノターレツト加工ニ於ケル破損、施盤ミーリングニヨル切過、偏心等カ主要ナルモノトシテ擧ケラレアリ、廢品率ノ比較的高位ナル理由トシテハ勞働者ノ移動率ノ高位カ一、二ノ工場ニツキ擧ケラレアリ、[illegible]一時的廢品率ノ上昇ノアルモノハ新製作品ニヨル場合ニ因ルコト既述ノモノト同斷ナリ。

猶滿洲工作機械ニ就テノ誤作率表別紙第九ノ如クニシテ、工員種別中、米英俘虜ノ誤作最大ニシテ滿系工員ノ約二倍ニ達シアリテ俘虜ノ生産意欲ノ低率ヲ示ス[illegible]ルカ、之ト共ニ日本兵員ノ同社勤務者ノ誤作率モ著シク高位ナルハ注目スヘキ事項ニ[illegible]ノ結果ニアラスヤト推察セラル。

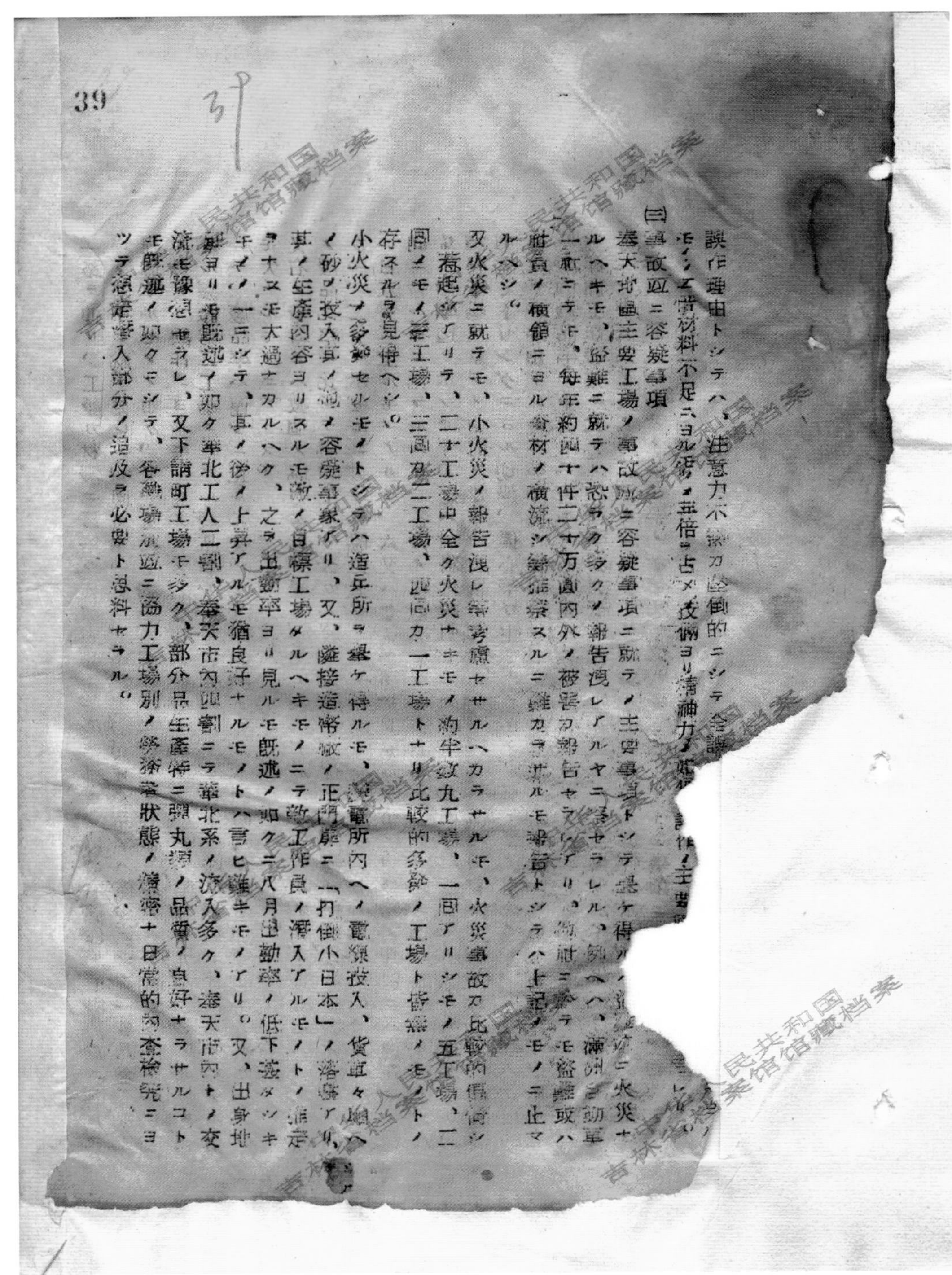
39

誤作理由トシテハ、注意力不足ノ圧倒的ニシテ全…作ノ主要…
モノニシテ材料不足ニヨル誤作ノ二倍ヲ占メ技術ヨリ精神力ノ如何…

(三)事故並ニ容疑事項

奉天市地区主要工場ノ事故並ニ容疑事項ニ就テノ主要事項トシテ挙ケ得ルモノハ、…ニ火災ナ
ルヘキモ、盗難ニ就テハ恐ラク多クノ報告洩レアルヤニ察セラレル。例ヘハ、満洲自動車
一社ニテモ、毎年約四十件二十万円内外ノ被害ヲ報告セラレアリ、同社ニ於テモ盗難或ハ
従業員ノ横領ニヨル資材ノ横流シ続発スルニ鑑カミ、斯ルモノ報告トシテハ上記ノモノニ止マ
ルヘシ。

又火災ニ就テモ、小火災ノ報告洩レ等考慮セサルヘカラサルモ、火災事故ヲ比較的偏倚シ
蔓延シアリテ、二十工場中全ク火災ナキモノ約半数九工場、一回アリシモノ五工場、二
回ノモノ二工場、三回及二工場、四回カ一工場トナリ比較的多発ノ工場ト皆無ノモノトノ
存スルヲ見得ヘシ。

小火災ノ多発セルモノトシテハ造兵所ヲ挙ケ得ルモノ、発電所内ヘノ電線投入、貨車々輌ヘ
ノ砂ノ投入其ノ他ノ容疑事象アリ、又、隣接道路ノ正門扉ニ「打倒小日本」ノ落書アリ、
其ノ生産内容ヨリスルモ敵ノ目標工場タルヘキモノニテ敵工作員ノ潜入アルモノトノ推定
ヲナスモ太過ナカルヘク、之ヲ出勤率ヨリ見ルモ既述ノ如ク二八月出勤率ノ低下甚ダシキ
モノノ一品ニシテ、其ノ後ノ上昇アルモ猶良好ナルモノトハ言ヒ難キモノアリ。又、出身地
別ヨリ見ルモ既述ノ如ク華北工人二割、奉天市内四割ニテ華北系ノ流入多ク、奉天市内トノ交
流モ像想セラレ、又下請町工場モ多ク、一部分品生産等ニ弾丸類ノ品質ノ良好ナラサルコト
モ既述ノ如クニシテ、各職場並ニ協力工場別ノ労務等状態ノ精密ナル日常的内査検究ニヨ
ッテ容疑者入部分ノ追及ヲ必要ト思料セラル。

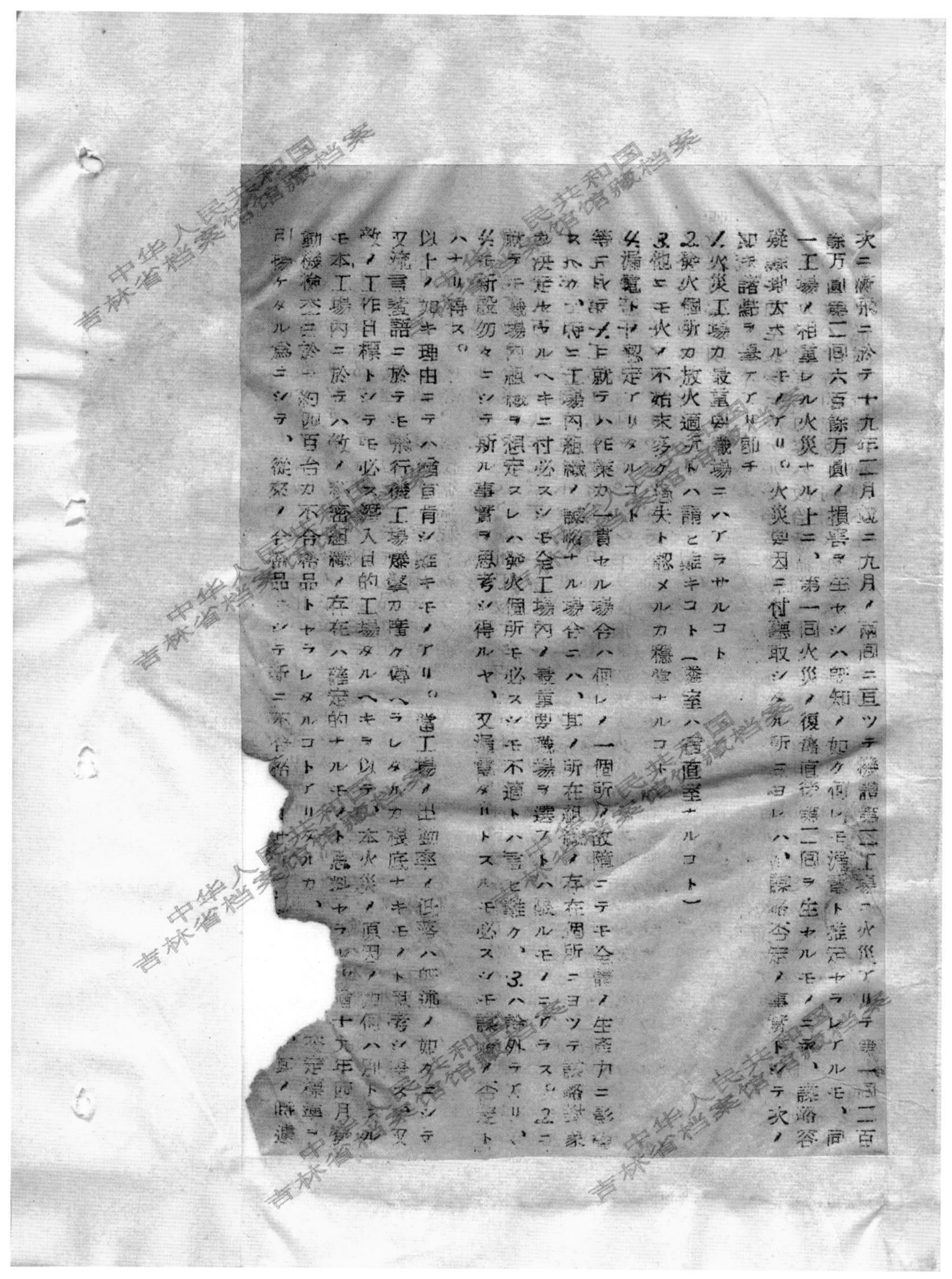

次ニ滿州ニ於テ十九年二月及ニ九月ノ兩回ニ亘ツテ機體第一工場ニ火災アリテ第一回二百餘万圓第二回六百餘万圓ノ損害ヲ生セシハ既知ノ如ク何レモ漏電ト推定セラレアルモ、同一工場ノ相重レル火災ナル上ニ、第一回火災ノ復舊直後第二回ヲ生セルモノニシテ、謀略容疑濃厚ナルモノアリ。火災原因ニ付聽取シタル所ニヨレハ、謀略容疑ノ事實トシテ次ノ如キ諸點ヲ擧ケアリ即チ

1.火災工場カ最重要職場ニハアラサルコト

2.發火個所カ放火適所ナトハ謂ヒ難キコト（發室ハ宿直室ナルコト）

3.他ニモ火ノ不始末多ク燒失ト認メルカ穩當ナルコト

4.漏電ト推定アリタルコト

等ト[illegible]スルモ1.ニ就テハ作業カ一貫セル場合ハ何レノ一個所ノ故障ニテモ全體ノ生産力ニ影響スルカ如ク工場内組織ノ緊密ナル場合ニハ、其ノ所在組織ノ存在個所ニヨツテ謀略家ノ決定セラルヘキニ付必スシモ全工場内ノ最重要職場ヲ選フトハ限ルモノニアラス。2.ニ就テハ職場内組織ヲ想定スレハ發火個所ハ必スシモ不適トハ言ヒ難ク、3.ハ論外ラナリ、4.ハ新設匆々ニシテ斯ル事實ヲ思考シ得ルヤ、又漏電ナリトスルモ必スシモ謀略ノ否定トハナリ得ス。

以上ノ如キ理由ニテハ適宜肯シ難キモノアリ。當工場ノ出勤率ノ低率ハ無流ノ如クニシテ又流言蜚語ニ於テモ飛行機工場爆撃カ屡々傳ヘラレタルカ徹底ナキモノト思考シ得ヘク又敵ノ工作目標トシテモ必ス潛入目的工場タルヘキヲ以テ、本火災ノ原因ノ如何ハ別トスルモ本工場内ニ於テハ敵ノ謀略組織ノ存在ハ確定的ナルモノト思料セラレ[illegible]十九年四月[illegible]動機檢査自發ニ約四百台カ不合格品トセラレタルコトアリタルカ、[illegible]定標準ニ引揚ケタル爲ニシテ、從來ノ合格品ニシテ新ニ不合格[illegible]ノ[illegible]ノ斷遺

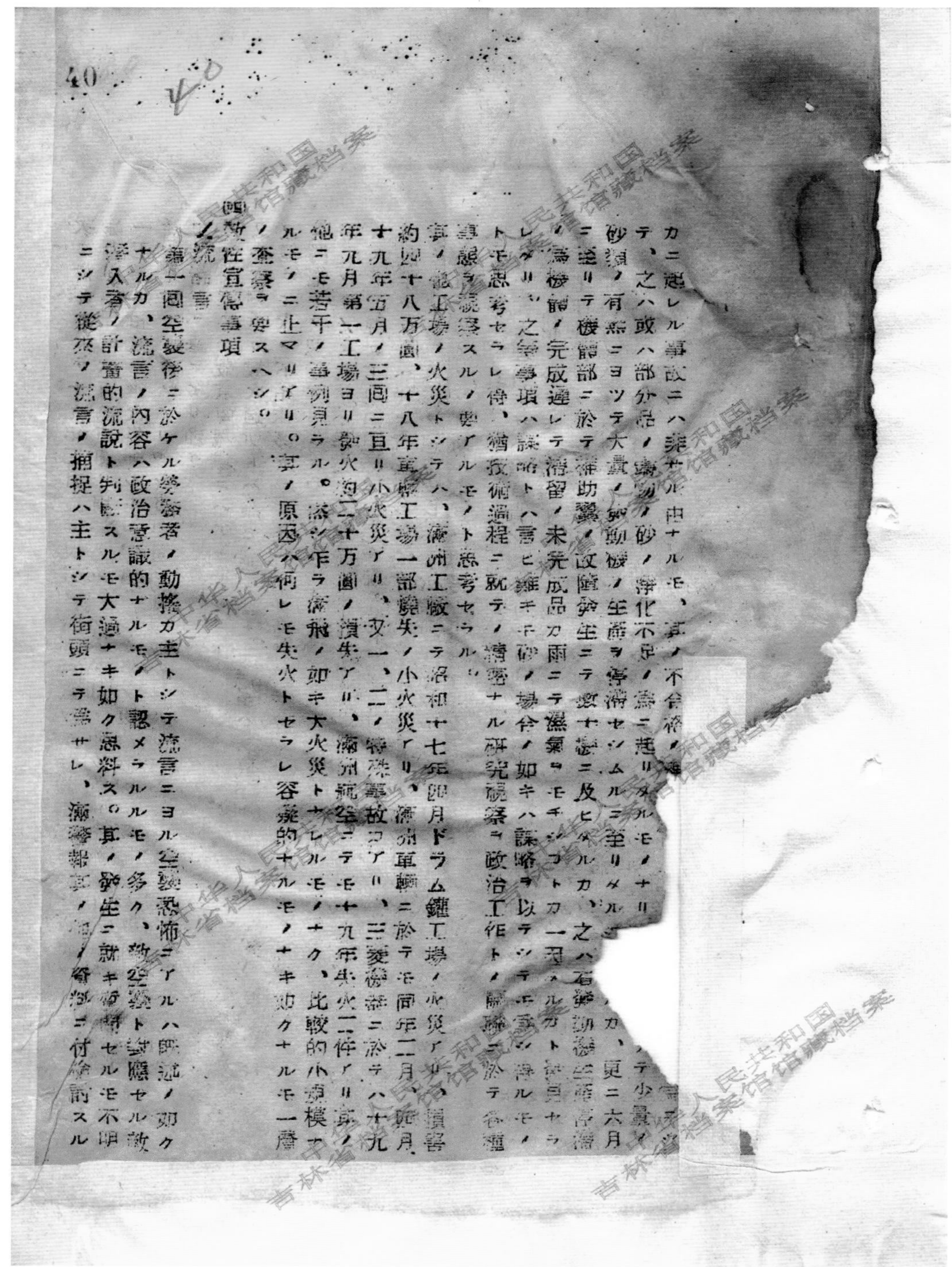

40

カニ起レル事故ニハ非ナル由ナルモ、其ノ不合格ノ為[illegible]
テ、之ハ或ハ部分品ノ製動ノ砂ノ浄化不足ノ為ニ起リタルモノナリ[illegible]テ少量ノ
砂濾ノ有無ニヨツテ大量ノ発動機ノ生産ヲ停滞セシムルニ至リメル[illegible]カ、更ニ六月
ニ至リテ機體部ニ於テ補助翼ノ故障発生ニテ数十機ニ及ヒタルカ、之ハ石鉄動機生産停滞
ノ為機體ノ完成遅レテ滞留ノ未完成品カ雨ニテ濕気ヲモチタルコトカ一因メルカト被見セラ
レタリ。之等事項ハ謀略トハ言ヒ難キモ砂ノ場合ノ如キハ謀略ヲ以テシテモ為シ得ルモノ
トモ思考セラレ得、猶技術過程ニ就テノ精密ナル研究観察ヲ政治工作トノ関聯ニ於テ各種
事態ヲ観察スルノ要アルモノト思考セラル。
其ノ他工場ノ火災トシテハ、満洲工廠ニテ昭和十七年四月ドラム鑵工場ノ火災アリ、損害
約四十八万圓、十八年末満洲工場一部焼失ノ小火災アリ、満洲軍輸ニ於テモ同年二月、九月、
十九年五月ノ三回ニ亘リ小火災アリ、其ノ一、二ノ特殊事故アリ、三菱機器ニ於テハ十九
年九月第一工場ヨリ発火約二十万圓ノ損失アリ、満洲航空ニテモ十九年失火二件アリ其ノ
他ニモ若干ノ事例見ラル。満ノ作ラ満飛ノ如キ大火災トナレルモノナク、比較的小規模ナ
ルモノニ止マリアリ。其ノ原因ハ何レモ失火トセラレ容疑的ナルモノナキ如クナルモ一層
ノ査察ヲ要スヘシ。

(四)敵性宣傳事項

1.流言

第一回空襲後ニ於ケル労務者ノ動揺カ主トシテ流言ニヨル空襲恐怖ニアルハ既述ノ如ク
ナルカ、流言ノ内容ハ政治意識的ナルモノト認メラルルモノ多ク、敵空襲ト呼應セル敵
浮入者ノ計畫的流説ト判断スルモ大過ナキ如ク思料ス。其ノ發生ニ就キ確得セルモノ不明
ニシテ從來ノ流言ノ捕捉ハ主トシテ街頭ニテ為サレ、満警報其ノ他ノ資料ニ付検討スル

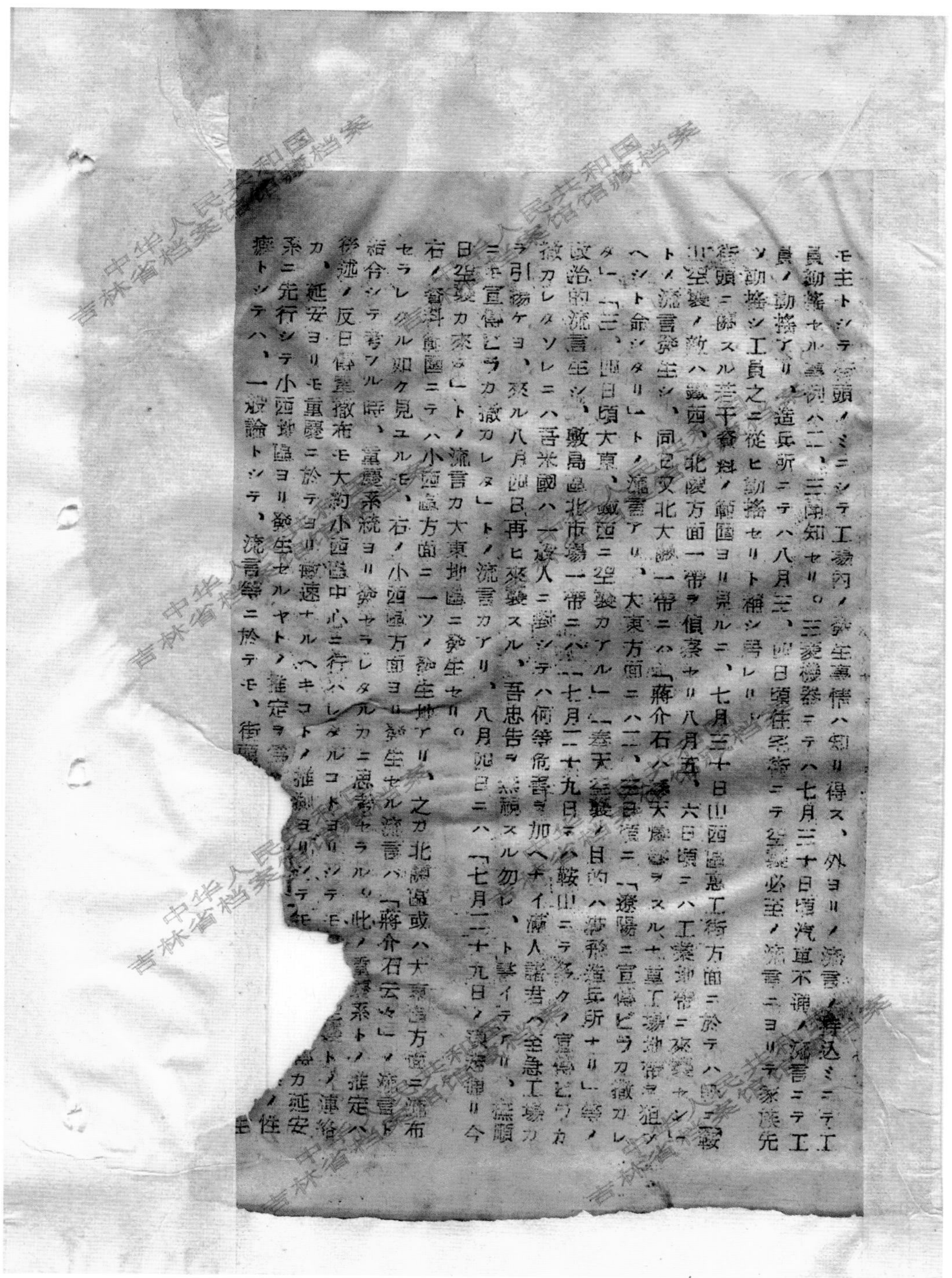

モ主トシテ街頭ノミニシテ工場內ノ發生事情ハ知リ得ス、外ヨリノ流言ノ持込ミニテ工員勤務セル其例ハ二、三周知セリ。三菱機器ニテハ七月二十日頃汽車不通ノ流言ニテ工員ノ勤務アリ、造兵所ニテハ八月三、四日頃住宅街ニテ空襲必至ノ流言ニヨリテ家族先ソ勤務シ工員之ニ從ヒ勤務セリト雜シ得レリ。

街頭ニ關スル若干資料ノ範圍ヨリ見ルニ、七月三十日山西區惠工街方面ニ於テハ暗殺[illegible]「空襲ノ敵ハ鐵西、北陵方面一帶ヲ偵察セリ、八月五、六日頃ニハ工業地帶ニ來襲セン」トノ流言發生シ、同日又北大營一帶ニハ「蔣介石ハ奉天爆撃ヲ[illegible]スル、十萬工場地帶ヲ狙ヘシト命ゼタリ」トノ流言アリ、大東方面ニハ二、三日頃「瀋陽ニ宣傳ビラカ撒カレタ」「三、四日頃大東、鐵西ニ空襲カアル」「奉天空襲ノ目的ハ造兵所ナリ」等ノ政治的流言生ジ、敷島區北市場一帶ニハ「七月二十九日ニハ鞍山ニテ多クノ宣傳ビラカ撒カレタ、ソレニハ吾米國ハ一般人ニ對シテハ何等危害ヲ加ヘナイ、滿人諸君ハ至急工場カラ引揚ケヨ、來ル八月四日再ヒ來襲スル、吾忠告ヲ無視スル勿レ、ト書イテアリ」、[illegible]ニモ宣傳ビラカ撒カレタ」トノ流言カアリ、八月四日ニハ「七月二十九日ノ遼陽爆撃ハ今日空襲カ來ル」トノ流言カ大東地區ニ發生セリ。

右ノ資料範圍ニテハ小西區方面ニ一ツノ發生地アリ、之カ北陵區或ハ大東區方面ニ流布セラレタルカ如ク見ユルモ、右ノ小西區方面ヨリ發生セル流言ハ「蔣介石云々」ノ流言ト結合シテ考フル時、重慶系統ヨリ發セラレタルカニ思ハセラル。此ノ重慶系トノ推定ハ從來ノ反日傳單撒布モ大約小西區中心ニ行ハレタルコトヨリシテモ、[illegible]トノ連絡カ、延安ヨリモ重慶ニ於テヨリ[illegible]ナルヘキコトノ推測ヨリ[illegible]カ延安系ニ先行シテ小西地區ヨリ發生セルヤトノ推定ヲ[illegible]ノ性癖トシテハ、一般論トシテ、流言等ニ於テモ、街頭[illegible]生

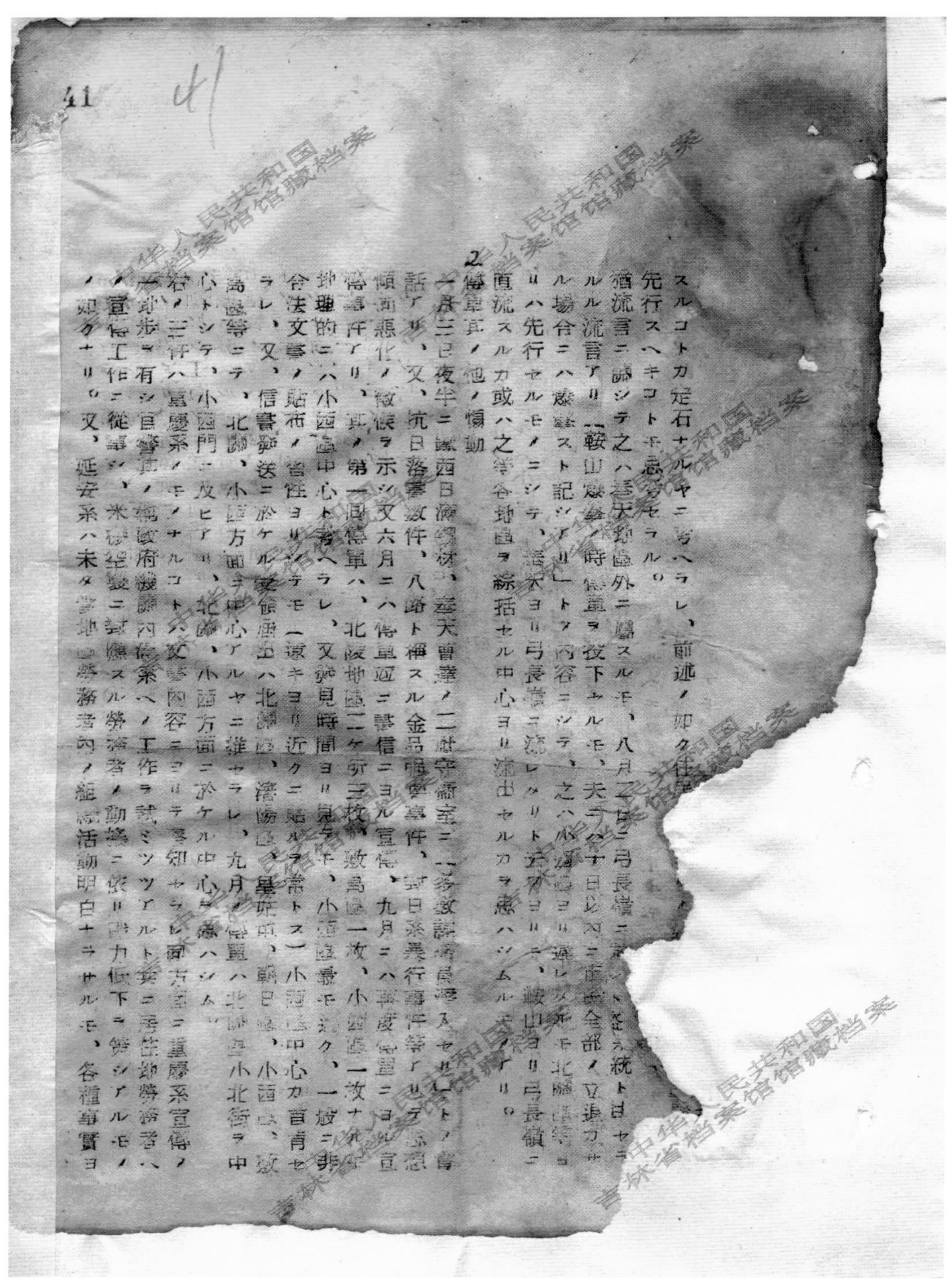

41

スルコトカ定石ナルヤニ考ヘラレ、前述ノ如ク往々
先行スヘキコトモ感覚セラル。
猶流言ニ關シテ之ハ奉天地區外ニ屬スルモ、八月二十日ニ弓長嶺ニ[illegible]統ト目セラ
ルル流言アリ「鞍山爆撃ノ時僞單ヲ投下セルモ、夫ニ八十日以内ニ南滿全部ノ立退カサ
ル場合ニハ爆撃スト記シアリ」トノ内容ニシテ、之ハ[illegible]區ヨリ離レタルモ北滿[illegible]ヨ
リハ先行セルモノニシテ、遼天ヨリ弓長嶺ニ流レタリトモ云ハルモ、鞍山ヨリ弓長嶺ニ
直流スルカ或ハ之等各地區ヲ綜括セル中心ヨリ流出セルカヲ感ハシムルモノアリ。

2 僞單其ノ他ノ策動

一月三日夜半ニ鐵西日滿鋼材、奉天曹達ノ二個守衛室ニ[illegible]多数謀略[illegible]濠入セルコトノ曾
話アリ、又、抗日落書數件、八路ト稱スル金品强奪事件、對日系暴行事件等アリテ思想
傾向悪化ノ徴候ヲ示シ、又六月ニハ僞單返ニ警信ニヨル宣傳、九月ニハ平度僞單ニヨル宣
傳事件アリ、其ノ第一回僞單ハ、北陵地區二ヶ所ニ三枚[illegible]致シ爲區一枚、小西區一枚ナルモ
地理的ニハ小西區中心ト考ヘラレ、又發見時間ヨリ見テモ、小西區最モ近ク、一般ニ非
合法文書ノ貼布ノ省任ヨリ見テモ一遠キヨリ近クニ貼ルヲ常トス）小西區中心カ首肯セ
ラレ、又、信書郵送ニ於ケル發信局ハ北滿區、瀋陽區、皇姑屯、鐵西區、小西區、[illegible]
爲區等ニテ、北滿、小西方面ヲ中心アルヤニ推セラレ、九月ノ僞單ハ北滿區小北街ヲ中
心トシテ、小西門ニ及ヒアリ、北滿、小西方面ニ於ケル中心ト感ハシム。
右ノ三件ハ重慶系ノモノナルコトハ文書内容ニヨリテ察知セラレ、而方面ニ重慶系宣傳ノ
一歩歩ヲ有シ官警其ノ他政府機關內在系ヘノ工作ヲ試ミツツアルト共ニ居住勞務者ハ
宣傳工作ニ從事シ、米ソ經濟ニ對應スル勞務者ノ動搖ニ依リ能力低下ヲ策シアルモノ
ノ如クナリ。又、延安系ハ未タ當地區勞務者内ノ組織活動明白ナラサルモ、各種事實ヨ

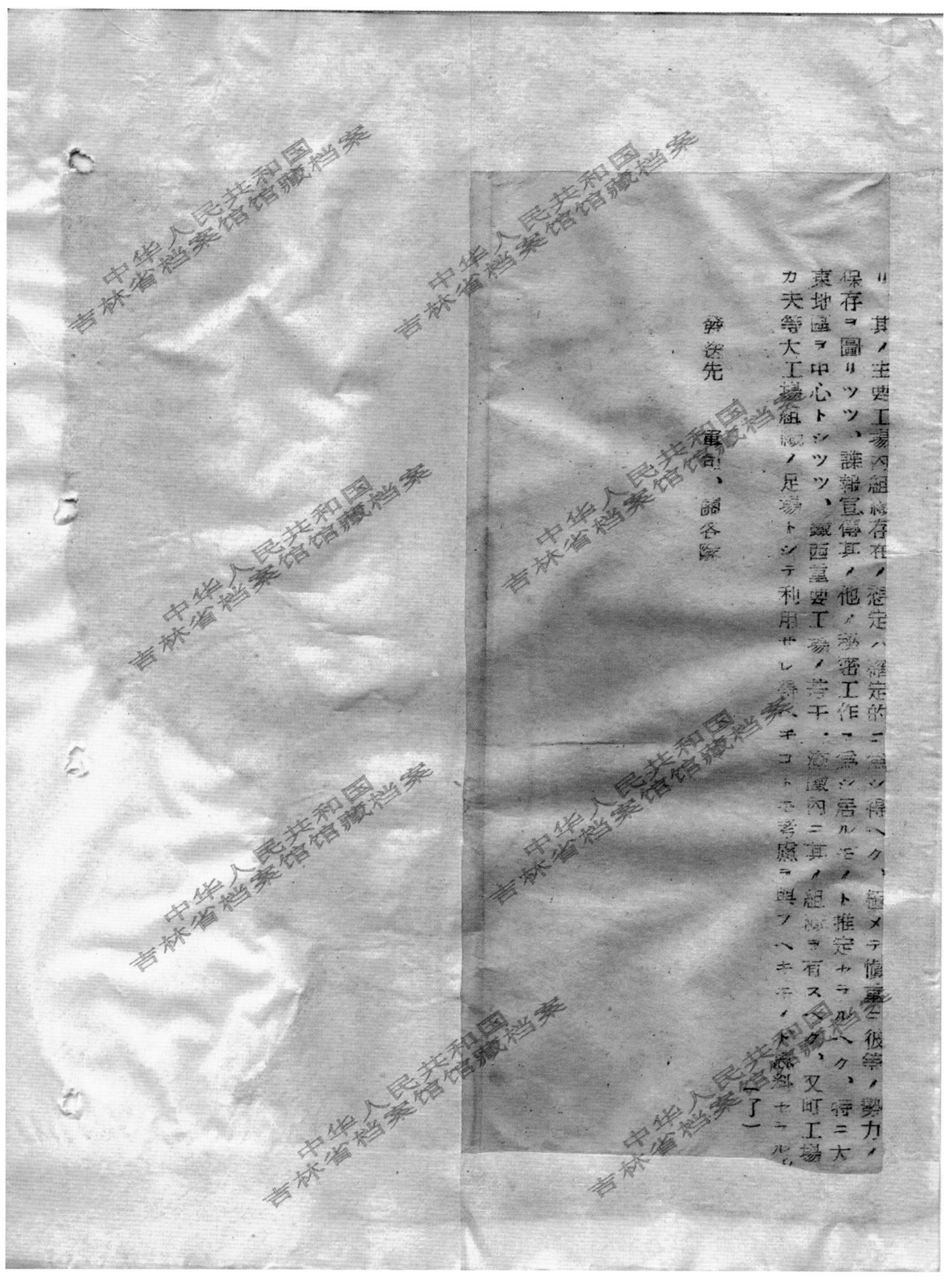

リ

其ノ主要工場内組織存在ノ想定ハ確定的ニ看做シ得ヘク、極メテ慎重ニ彼等ノ勢力ノ保存ヲ圖リツツ、諜報宣傳其ノ他ノ秘密工作ニ任シ居ルモノト推定セラルヘク、特ニ大東地區ヲ中心トシツツ、鐵西重要工場ノ若干・滿鐵内ニ其ノ組織ヲ有スヘク、又町工場カ夫等大工場組織ノ足場トシテ利用セレ得ヘキコトモ考慮ヲ與フヘキモノト認メラル

（了）

發送先　軍司、師各隊

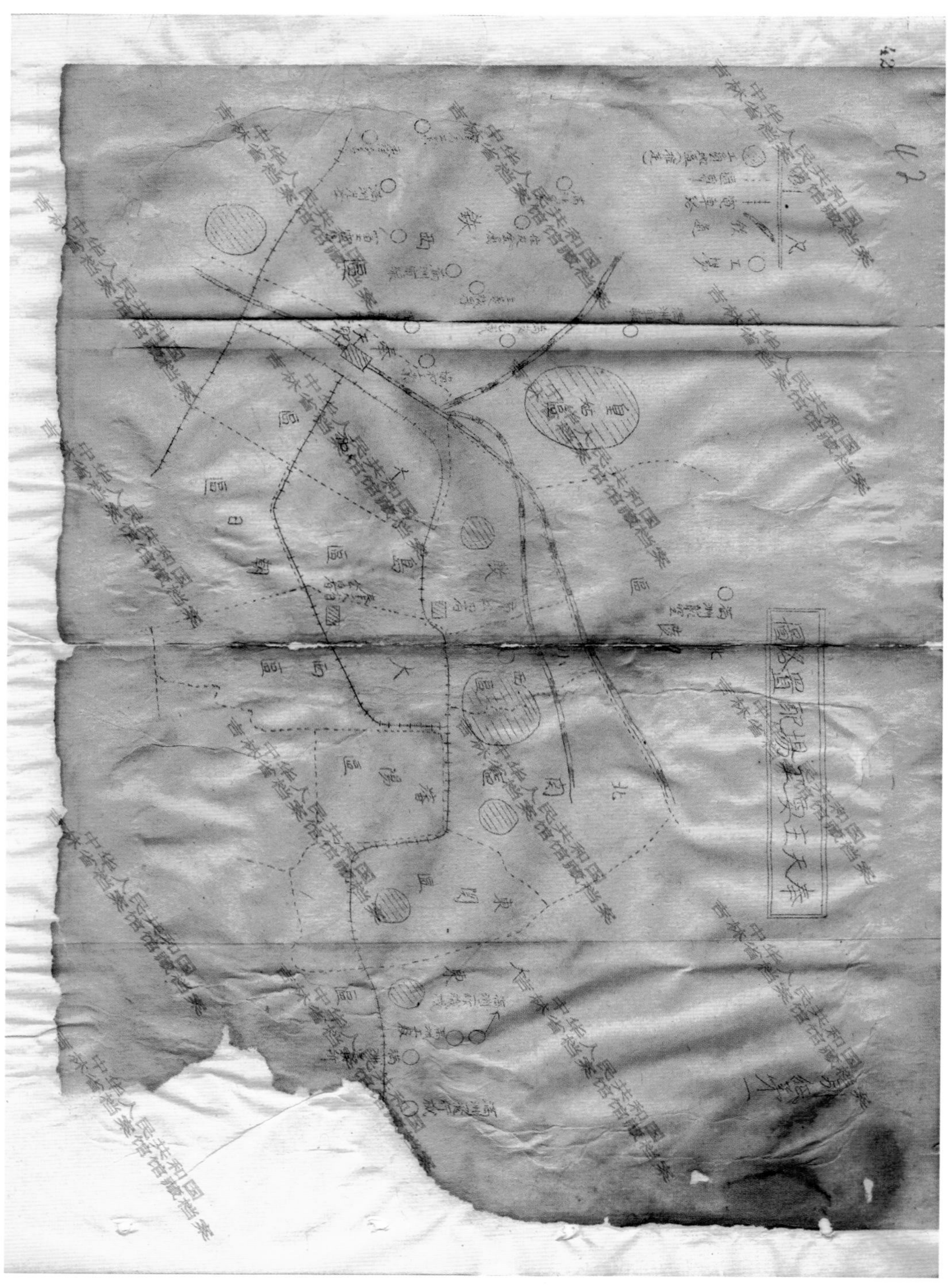

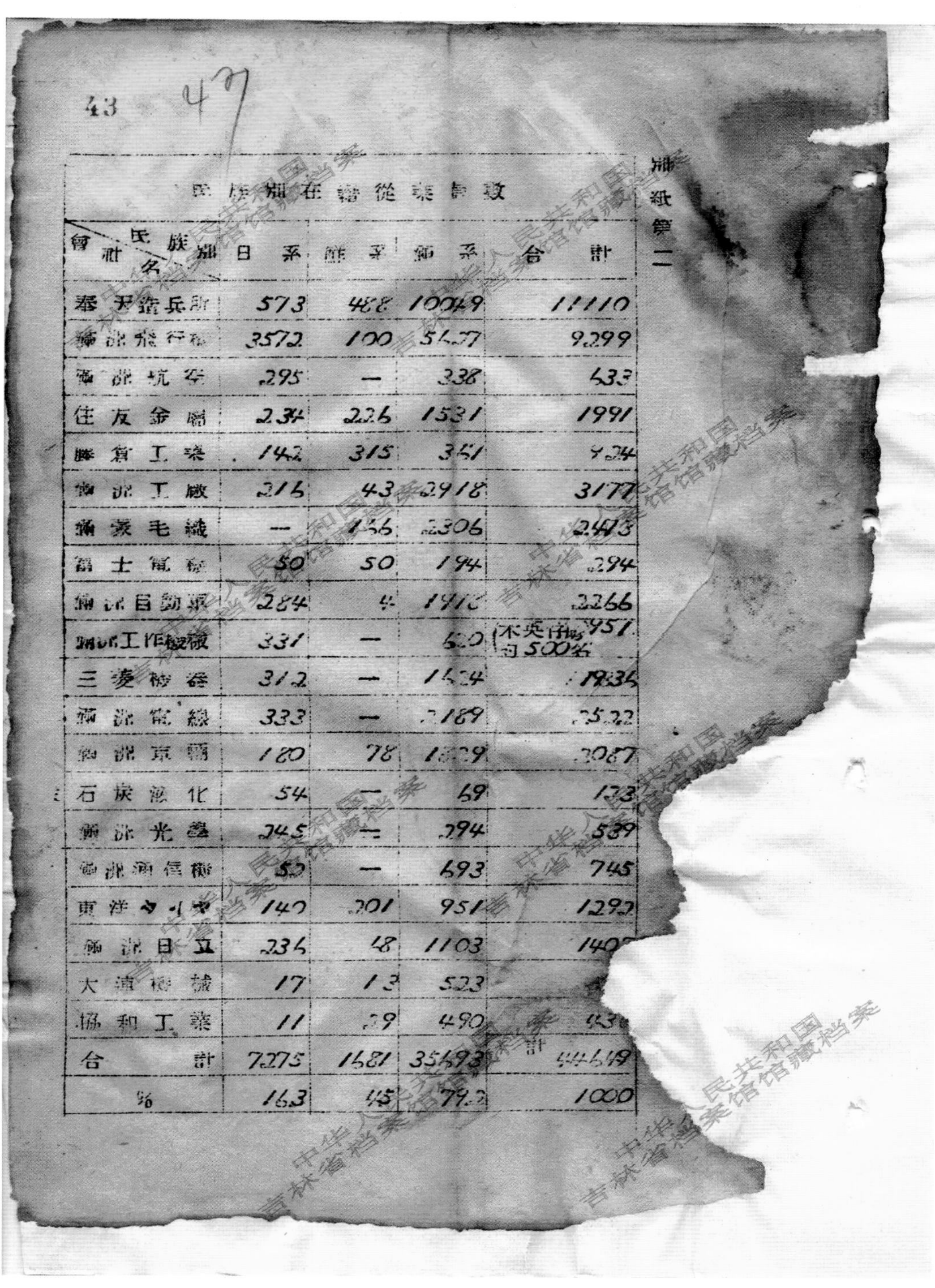

43 47

別紙第二

民族別在籍從業員數

會社名＼民族別	日系	鮮系	滿系	合計
奉天造兵所	573	488	10049	11110
滿洲飛行機	3572	100	5627	9299
滿洲坑木	295	—	338	633
住友金屬	234	226	1531	1991
[illegible]倉工業	142	315	351	[illegible]
滿洲工廠	216	43	2918	3177
滿蒙毛織	—	[illegible]	2306	2473
富士電機	50	50	194	294
滿洲自動車	284	4	1978	2266
滿洲工作機械	331	—	620	(米英俘虜約500名) 951
三菱機器	312	—	1524	1836
滿洲電線	333	—	2189	2522
滿洲京[illegible]	180	78	1829	2087
石炭液化	54	—	69	123
滿洲光學	245	—	294	539
滿洲通信機	52	—	693	745
東洋タイヤ	140	201	951	1292
滿洲日立	236	48	1103	140[illegible]
大連機械	17	13	523	[illegible]
協和工業	11	29	490	53[illegible]
合計	7275	1681	35693	44649
%	16.3	[illegible]	79.9	100.0

別紙第三

奉天主要工場個人賃銀表

會社名 \ 年月次		昭和年月 19 10	昭和年月 16 10	昭和年月 19 5	同年7月	同年8月	同年9月	同年10月
		圓錢	圓錢	圓錢	圓錢	圓錢	圓錢	圓錢
奉天造兵所	月收	78.98	78.58	80.18	89.75	91.12	100.37	103.19
滿洲飛行機	〃	86.00	98.00	126.00	104.00	102.00	116.00	124.00
滿洲航空	〃	(17年平均) 56.00	(16年平均) 60.00	(19年10月迄平均) 138.00				
住友金屬	〃	83.33	113.78	136.80	145.86	137.10	145.32	
藤倉工業	日給	2.36	2.57	2.79	2.78	2.79	2.80	
滿洲工廠	〃	1.76	2.24	2.21	2.29	2.26	2.65	
滿蒙毛織	月收	66.82	92.96	123.29	115.79	126.51	111.87	118.38
富士電[illegible]	日給	3.38	3.90	4.97	4.76	5.00	5.02	6.50
[illegible]自動車	[illegible]	[illegible]	[illegible]	[illegible]	[illegible]	[illegible]	76.3	
		圓錢	圓錢	圓錢	圓錢	圓錢	圓錢	
滿洲工作機械	月收	123.60	158.90	143.36	125.18	111.60	141.96	
三菱機器	日給	3.94	4.32	5.71	5.70	5.61	5.67	5.72
滿洲電線	月收	75.60	106.11	115.56	115.83	116.39	114.12	111.38
滿洲車輛	日給	1.82	2.11	2.30	2.46	[illegible]	2.43	[illegible]46
石炭液化	月收			66.49	[illegible]	74.36	71.03	93.08
滿洲光學	〃							146.00
滿洲通信機	〃	57.18	60.44	(10月平均) 45.9				
東洋タイヤ	日給	1.81	2.05		3.58	3.60	3.20	3.87
協和工業	〃	4.50	4.80	6.00	6.10	7.30	7.20	7.50
滿洲日立	〃	4.75	4.44	5.65	5.37	5.64	6.22	6.63
大連機械	〃	2.72	3.05	2.88	2.88	3.16	3.16	

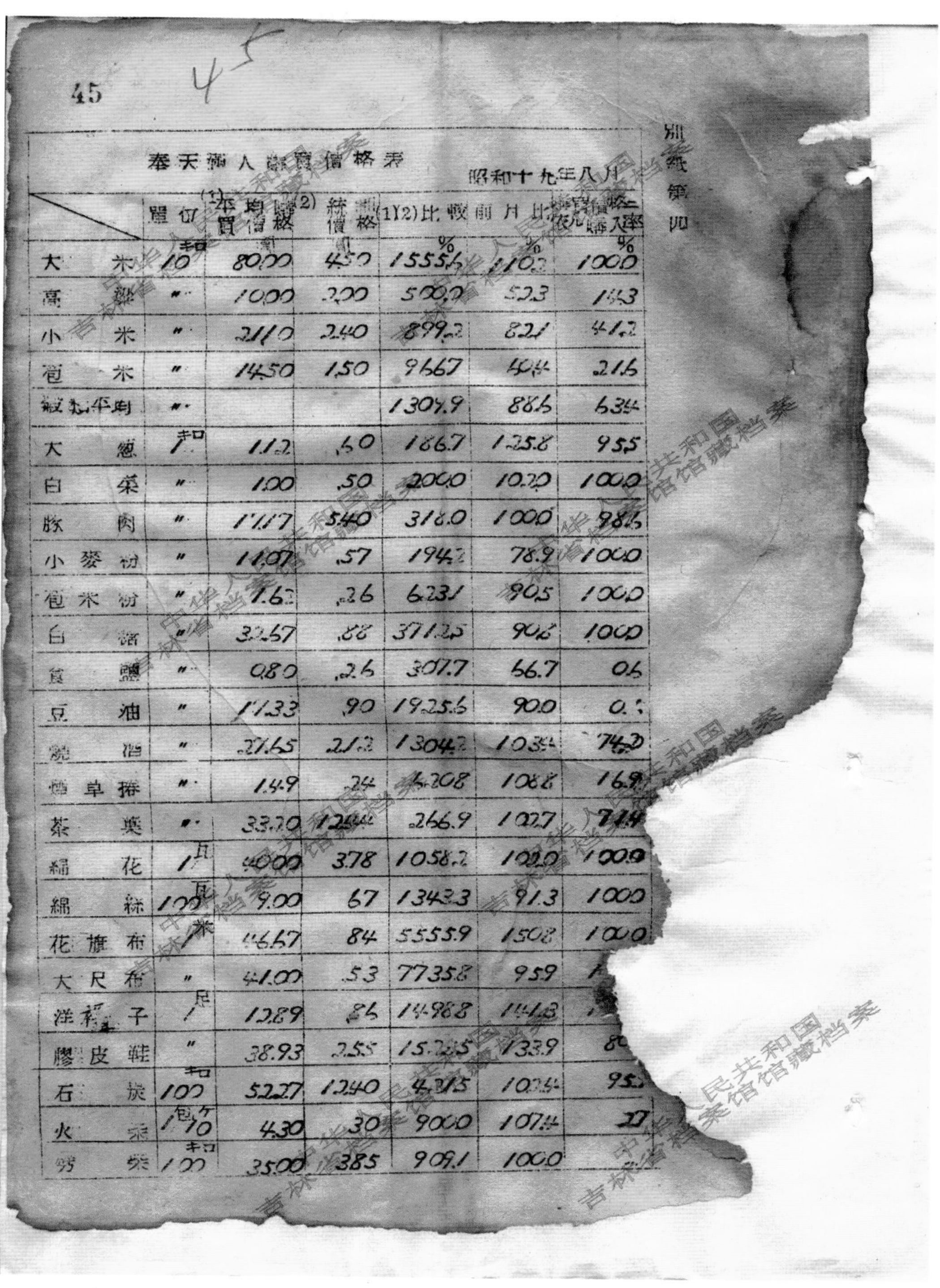

45 45

別紙第四

奉天滿人購買價格表

昭和十九年八月

	單位	(1)平均購買價格	(2)統制價格	(1)(2)比較	前月比	價格公定品購入率
		圓	圓	%	%	%
大米	10キロ	80.00	4.50	1555.6	110.2	100.0
高粱	〃	10.00	2.00	500.0	52.3	14.3
小米	〃	21.10	2.40	899.2	82.1	41.2
苞米	〃	14.50	1.50	966.7	40.4	21.6
穀類平均	〃			1304.9	88.6	63.4
大葱	1キロ	1.12	.60	186.7	125.8	95.5
白菜	〃	1.00	.50	200.0	102.0	100.0
豚肉	〃	17.17	5.40	318.0	100.0	98.6
小麥粉	〃	11.07	.57	1942	78.9	100.0
苞米粉	〃	1.62	.26	623.1	90.5	100.0
白糖	〃	32.67	.88	3712.5	90.6	100.0
食鹽	〃	0.80	.26	307.7	66.7	0.6
豆油	〃	17.33	.90	1925.6	90.0	0.[illegible]
燒酒	〃	27.65	2.12	1304.2	103.4	74.0
煙草捲	〃	1.49	.24	620.8	108.8	16.9
茶葉	〃	33.70	12.64	266.9	102.7	71.4
綿花	1瓩	40.00	3.78	1058.2	102.0	100.0
綿絲	100瓦	9.00	.67	1343.3	91.3	100.0
花旗布	1米	46.67	.84	5555.9	150.8	100.0
大尺布	〃	41.00	.53	7735.8	95.9	[illegible]
洋襪子	1尺	12.89	.86	1498.8	144.8	[illegible]
膠皮鞋	〃	38.93	2.55	1526.5	133.9	80[illegible]
石炭	100キロ	52.27	12.40	421.5	103.4	95.[illegible]
火柴	1包10ケ	4.30	.30	900.0	107.4	22
劈柴	100キロ	35.00	3.85	909.1	100.0	

奉天主要工場八月空襲時出勤率調

月日 / 會社名	6月平均	7月29日	〃30日	〃31日	8月1日	〃2日	〃3日	〃4日	〃5日	〃7日	〃8日	〃9日
滿洲飛行機	70%	63%	62%	64%	53%	46%	38%	39%	26%	30%	37%	40%
滿洲航空	95	89	89		82	84	82	73	66	65	62	65
住友金屬	71	72	69	73	61	63	55	53	42	58	66	71
[illegible]工業	90	84	93	92	93	93	92	93	93	92.5	93	92
滿洲工廠	73	73	71	73	70	69	65	62	56	56	64	60
滿洲日立	79	68	78	73	休	63	59	58	56	56	58	77
滿蒙毛織	69	75	休	85	85	77	77	74	76	62	95	70
富士電線	79	77	74	66	休	66	66	65	[illegible]	66	64	66
滿洲自動車	79	76	休	70	81	81	81	81	81	64	69	74
大[illegible]	72	63	休	64	82	62	55	[illegible]	[illegible]	[illegible]	55	61
滿洲工作機械	78	74	73	76	71	71	70	69	63	56	54	57
奉天製作所	77	67	62	62	62	60	60	60	54	49	57	57
金屬精錬所	90								70			[illegible]
三菱機器	58	75	69	67	66	63	65	58	61	50	50	50
日滿[illegible]	69	62	65	68	72	71	68	71	73	66	66	63
滿洲電線	70	63	休	61	61	64	62	64	58	64	63	60
滿洲[illegible]	54	74	73	61	67	62	67	63	58	60	57	60
奉天造兵所	72		71	68	休	59	58	58	50	48	58	57

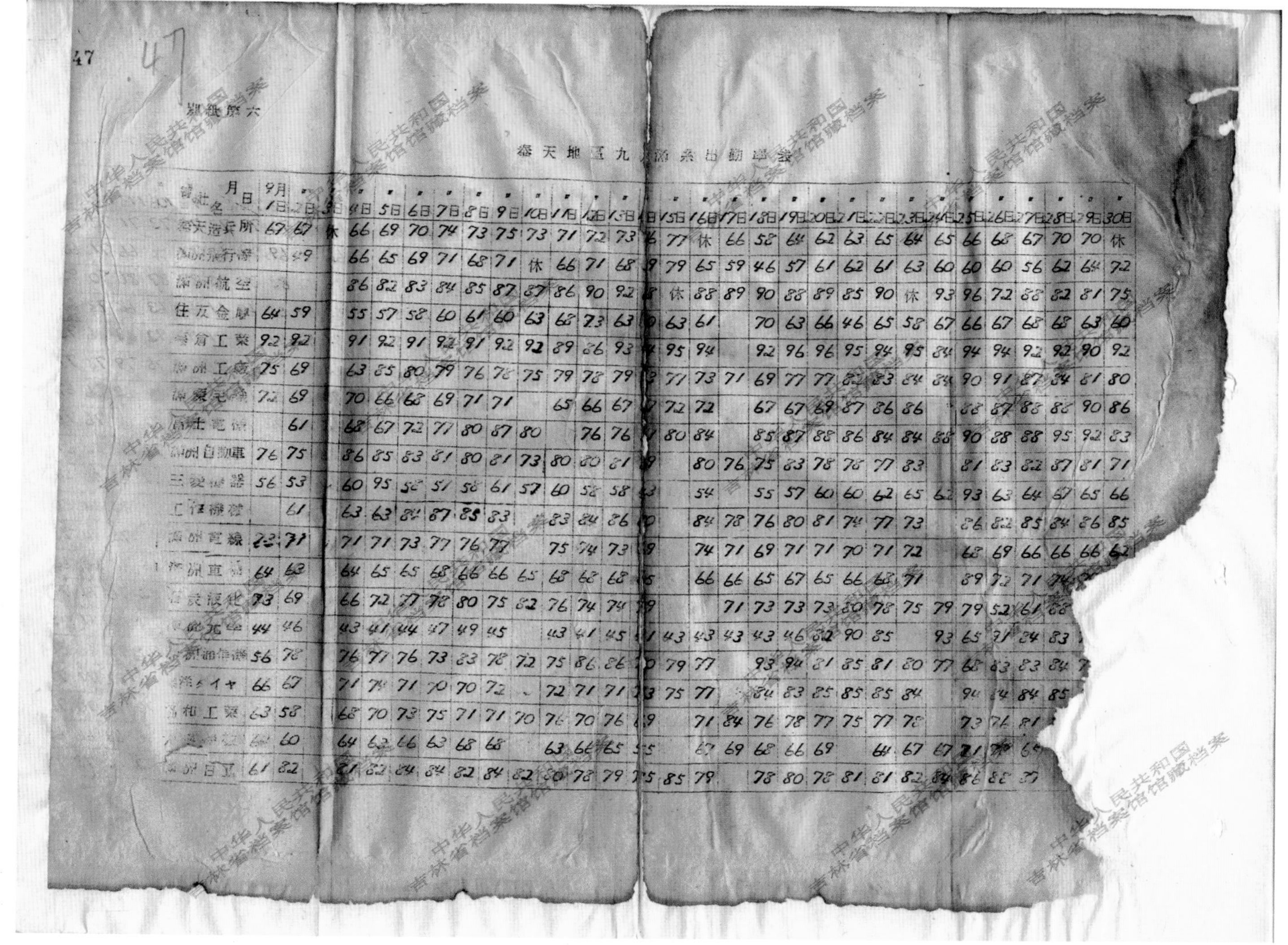

47

47

第六號

奉天地区九月[illegible]出勤率表

會社名 \ 月日	9月1日	2日	3日	4日	5日	6日	7日	8日	9日	10日	11日	12日	13日	14日	15日	16日	17日	18日	19日	20日	21日	22日	23日	24日	25日	26日	27日	28日	29日	30日
奉天造兵所	67	67	休	66	69	70	74	73	75	73	71	72	73	[illegible]	77	休	66	58	64	62	63	65	64	65	66	68	67	70	70	休
滿洲飛行機	[illegible]	59		66	65	69	71	68	71	休	66	71	68	[illegible]	79	65	59	46	57	61	62	61	63	60	60	60	56	62	64	72
滿洲航空				86	82	83	84	85	87	87	86	90	92	[illegible]	休	88	89	90	88	89	85	90	休	93	96	72	88	82	81	75
住友金屬	64	59		55	57	58	60	61	60	63	68	73	63	[illegible]	63	61		70	63	66	46	65	58	67	66	67	68	68	63	60
[illegible]倉工業	92	92		91	92	91	92	91	92	92	89	86	93	[illegible]	95	94		92	96	96	95	94	95	84	94	94	92	92	90	92
滿洲工廠	75	69		63	85	80	79	76	78	75	79	78	79	[illegible]	77	73	71	69	77	77	82	83	84	84	90	91	87	84	81	80
滿[illegible]	72	69		70	66	68	69	71	71		65	66	67	[illegible]	72	72		67	67	69	87	86	86		88	87	88	88	90	86
[illegible]土電[illegible]		61		68	67	72	77	80	87	80		76	76	[illegible]	80	84		85	87	88	86	84	84	88	90	88	88	95	92	83
滿洲自動車	76	75		86	85	83	81	80	81	73	80	80	81	[illegible]		80	76	75	83	78	78	77	83		81	83	82	87	81	71
三菱機器	56	53		60	95	58	51	58	61	57	60	58	58	[illegible]		54		55	57	60	60	62	65	62	93	63	64	67	65	66
工作機械		61		63	63	84	87	85	83		83	84	86	[illegible]		84	78	76	80	81	74	77	73		86	82	85	84	86	85
滿洲電線	72	71		71	71	73	77	76	77		75	74	73	[illegible]		74	71	69	71	71	70	71	72		68	69	66	66	66	62
滿洲直[illegible]	64	63		64	65	65	68	66	66	65	68	68	68	[illegible]		66	66	65	67	65	66	68	71		89	72	71	74	[illegible]	[illegible]
石炭液化	73	69		66	72	77	78	80	75	82	76	74	74	[illegible]			71	73	73	73	80	78	75	79	79	52	61	68	[illegible]	[illegible]
[illegible]	44	46		43	41	44	47	49	45		43	41	45	[illegible]	43	43	43	43	46	82	90	85		93	65	71	84	83	[illegible]	[illegible]
[illegible]	56	78		76	77	76	73	83	78	72	75	86	86	[illegible]	79	77		93	94	81	85	81	80	77	68	63	83	84	[illegible]	[illegible]
[illegible]タイヤ	66	67		71	74	71	70	70	72		72	71	71	[illegible]	75	77		84	83	85	85	85	84		94	84	84	85	[illegible]	[illegible]
[illegible]和工業	63	58		68	70	73	75	71	71	70	76	70	76	[illegible]		71	84	76	78	77	75	77	78		73	76	81	[illegible]	[illegible]	[illegible]
[illegible]	[illegible]	60		64	62	66	63	68	68		63	66	65	[illegible]		67	69	68	66	69		64	67	67	71	[illegible]	65	[illegible]	[illegible]	[illegible]
滿洲日立	61	82		81	82	84	84	82	84	82	80	78	79	[illegible]	85	79		78	80	78	81	81	82	84	86	88	87	[illegible]	[illegible]	[illegible]

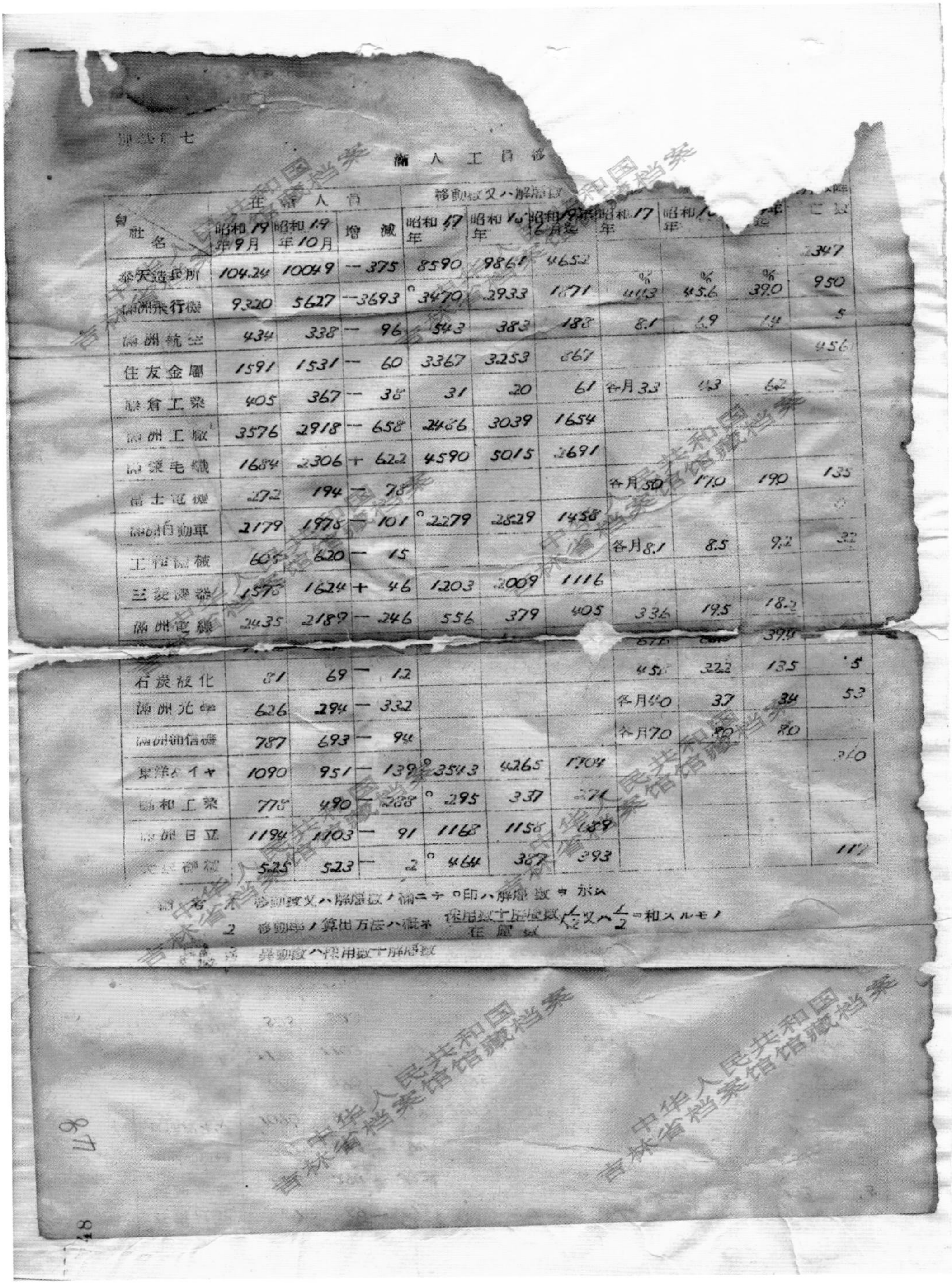

七

滿人工員移

會社名	在籍人員 昭和19年9月	昭和19年10月	增減	移動数又ハ解雇数 昭和17年	昭和18年	昭和19年6月迄	昭和17年	昭和18年	年 迄	亡数
奉天造兵所	10424	10049	－375	8590	9861	4652				2347
滿洲飛行機	9320	5627	－3693	○3470	2933	1871	% 41.3	% 45.6	% 39.0	950
滿洲航空	434	338	－ 96	543	383	188	8.1	6.9	1.4	5
住友金屬	1591	1531	－ 60	3367	3253	867				456
藤倉工業	405	367	－ 38	31	20	61	各月3.3	1.3	6.2	
滿洲工廠	3576	2918	－ 658	2486	3039	1654				
滿蒙毛織	1684	2306	＋ 622	4590	5015	2691				
富士電機	272	194	－ 78				各月5.0	17.0	19.0	135
滿洲自動車	2179	1978	－ 101	○2279	2829	1458				
工作機械	605	620	－ 15				各月8.1	8.5	9.2	32
三菱機器	1578	1624	＋ 46	1203	2009	1116				
滿洲電線	2435	2189	－ 246	556	379	405	33.6	19.5	18.2	
[illegible]							67.6	[illegible]	39.9	
石炭液化	81	69	－ 12				45.6	32.2	13.5	5
滿洲光學	626	294	－ 332				各月4.0	3.7	3.4	53
滿洲通信機	787	693	－ 94				各月7.0	8.0	8.0	
東洋タイヤ	1090	951	－ 139	○3543	4265	1704				310
協和工業	778	490	－ 288	○295	337	271				
滿洲日立	1194	1103	－ 91	1168	1158	489				
[illegible]	525	523	－ 2	○464	387	393				117

備考 1 移動数又ハ解雇数ノ欄ニテ○印ハ解雇数ヲ示ス

2 移動率ノ算出方法ハ概ネ 採用数十解雇数 / 在籍数 × 1/2 又ハ 1/2 ヲ和スルモノ

3 異動数ハ採用数十解雇数

87

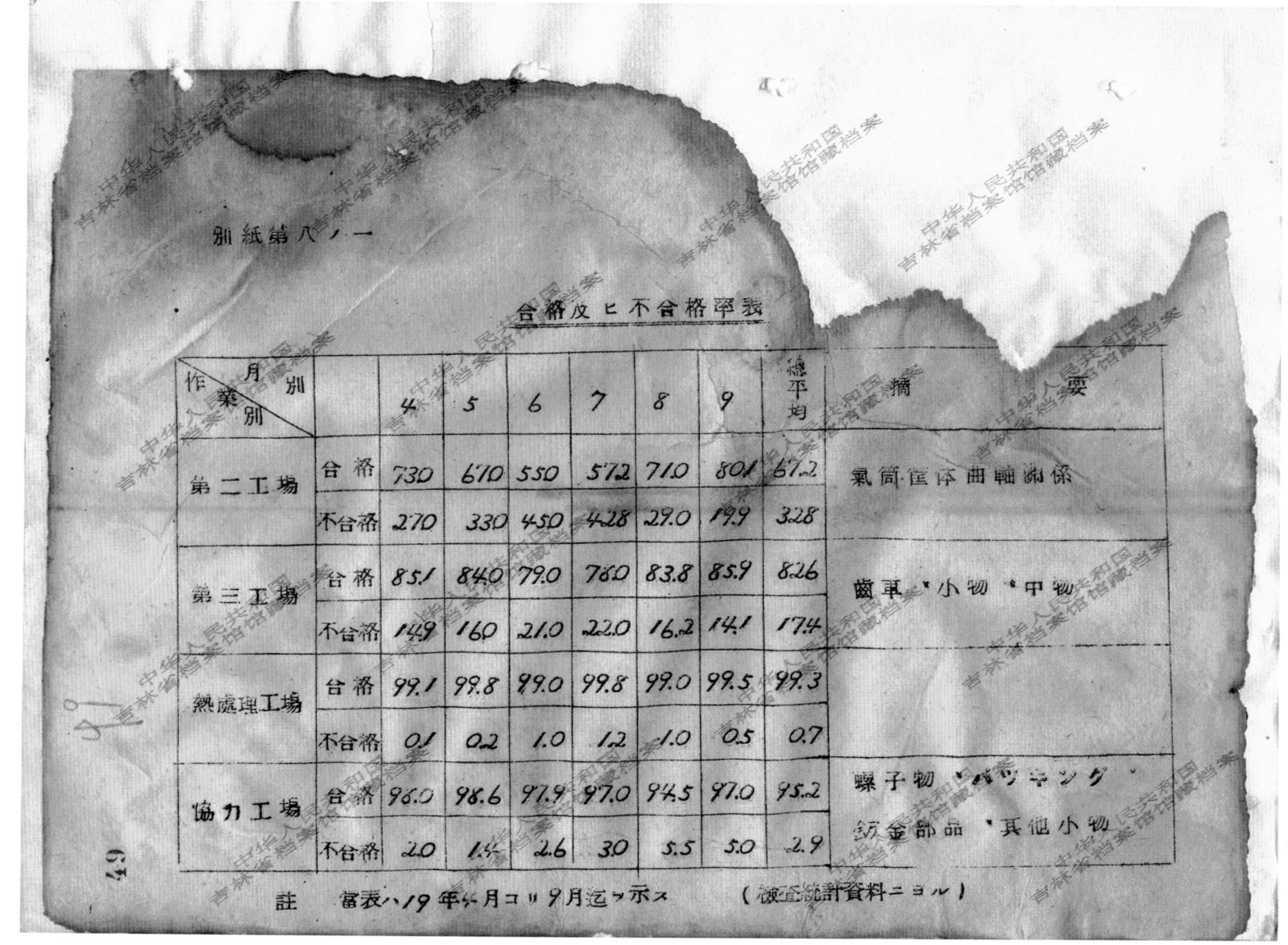

49

別紙第八ノ一

合格及ビ不合格率表

作業別 \ 月別		4	5	6	7	8	9	總平均	摘要
第二工場	合格	73.0	67.0	55.0	57.2	71.0	80.1	67.2	氣筒·筐体曲軸關係
	不合格	27.0	33.0	45.0	42.8	29.0	19.9	32.8	
第三工場	合格	85.1	84.0	79.0	78.0	83.8	85.9	82.6	歯車・小物・中物
	不合格	14.9	16.0	21.0	22.0	16.2	14.1	17.4	
熱處理工場	合格	99.1	99.8	99.0	99.8	99.0	99.5	99.3	
	不合格	0.1	0.2	1.0	1.2	1.0	0.5	0.7	
協力工場	合格	96.0	98.6	97.9	97.0	94.5	97.0	95.2	螺子物・パッキング・鈑金部品・其他小物
	不合格	2.0	1.4	2.6	3.0	5.5	5.0	2.9	

註 當表ハ19年4月ヨリ9月迄ヲ示ス （検査統計資料ニヨル）

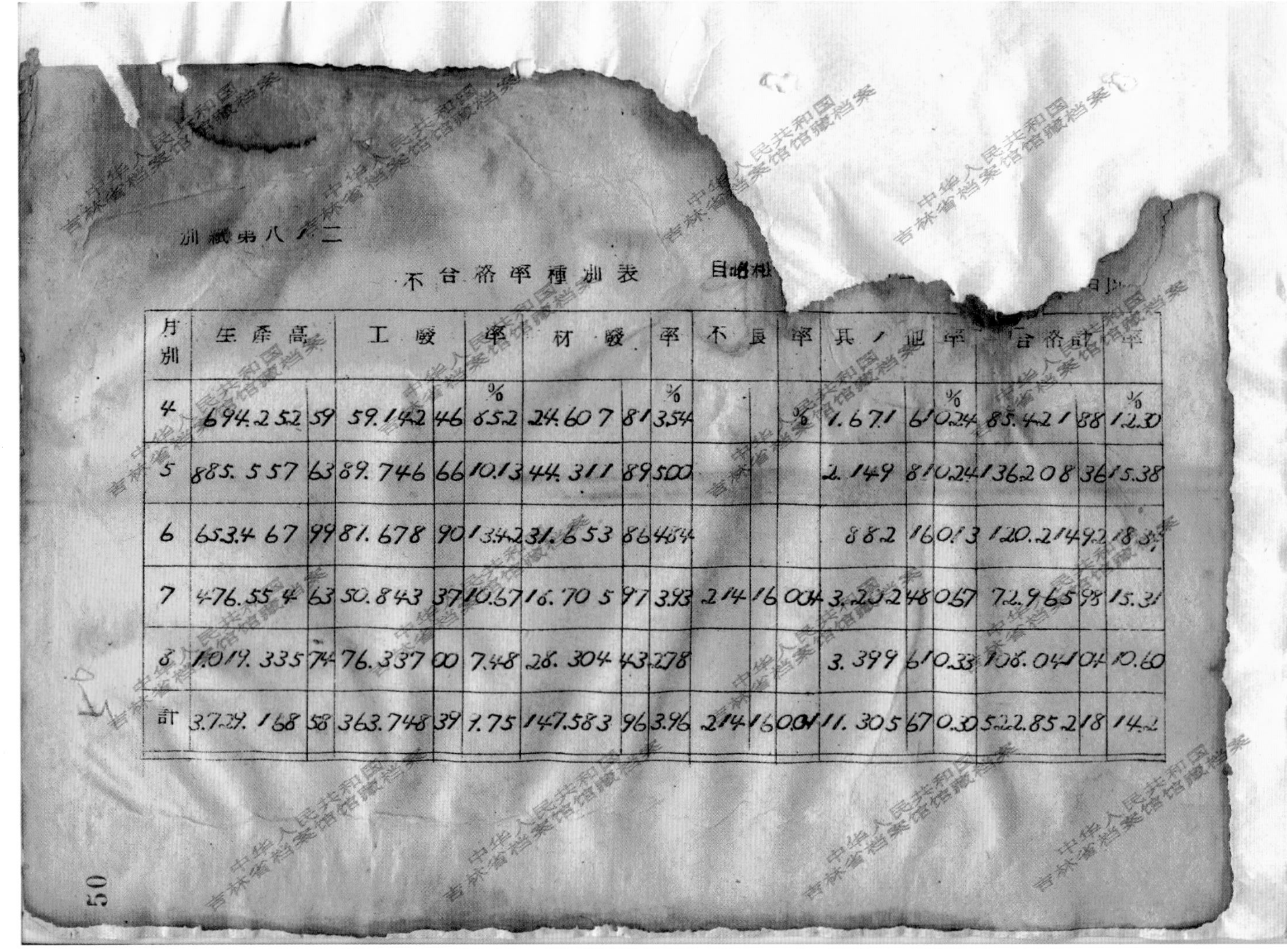

50

川纖第八ノ二

不合格率種別表　自昭和 … 日

月別	生産高		工廠		率	材廠		率	不良		率	兵ノ廻		率	合格計		率
4	694.252	59	59.142	46	% 8.52	24.607	81	% 3.54			%	1.671	61	% 0.24	85.421	88	% 12.30
5	885.557	63	89.746	66	10.13	44.311	89	5.00				2.149	81	0.24	136.208	36	15.38
6	653.467	99	81.678	90	13.42	31.653	86	4.84				882	16	0.13	120.214	92	18.3[illegible]
7	476.554	63	50.843	37	10.67	16.705	97	3.93	214	16	0.04	3.202	48	0.67	72.965	98	15.31
8	1.019.335	74	76.337	00	7.48	28.304	43	2.78				3.399	61	0.33	108.041	04	10.60
計	3.729.168	58	363.748	39	9.75	147.583	96	3.96	214	16	0.01	11.305	67	0.30	522.852	18	14.2

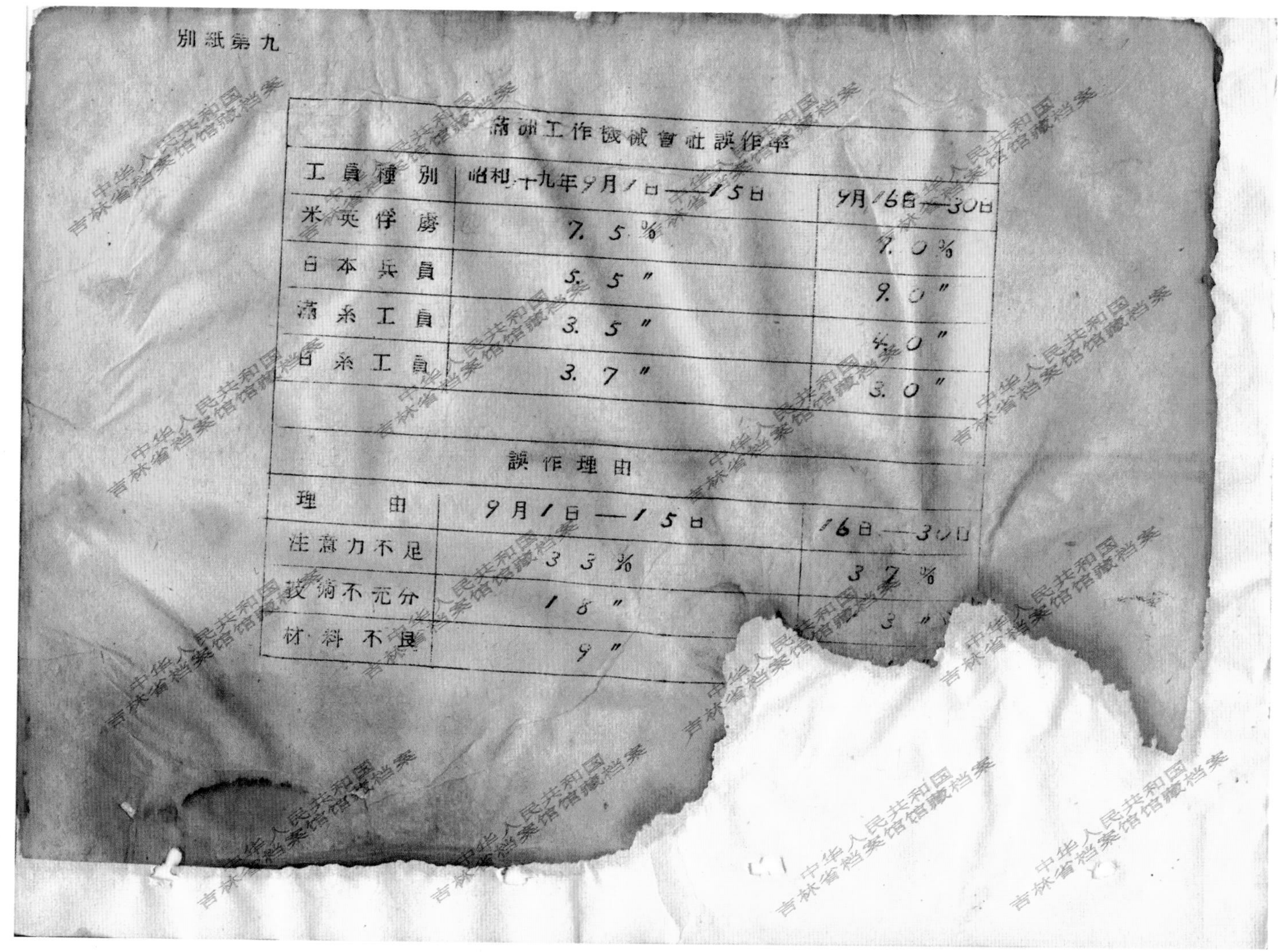

別紙第九

滿洲工作機械會社誤作率		
工員種別	昭和十九年9月1日—15日	9月16日—30日
米英俘虜	7.5%	7.0%
日本兵員	5.5"	9.0"
滿系工員	3.5"	4.0"
日系工員	3.7"	3.0"

誤作理由		
理由	9月1日—15日	16日—30日
注意力不足	33%	37%
技術不充分	18"	3"
材料不良	9"	

戰務要報第一六號

평탠 지구의 노무동태관찰

적요

평탠부근 중요한 회사와 공장들의 노동상태는 다음과 같음:

1. 노무임금이 계속 오르고 있지만 물가의 폭등을 따라가지 못하여 생활에서 불만이 발생할 여지를 남겨두고 있음. 시교공장의 임금은 주요공장에 비해 뚜렷이 증가하고 있어 숙련공이 스카우트되거나 일반노동자가 이동하는 주요원인으로 됨.

2. 노무자 중에는 평탠시 및 화북 지구에서 온 사람이 총 인수의 절반 이상을 차지. 채용방식은 주로 친지채용의 방식을 취하지만 담보 없는 임의채용도 존재함. 이런 방법은 화북의 선동자들이 잠입할 가능성이 아주 큼.

3. 노동자들의 작업장에는 통일관리와 감시를 하는 조직이 있지만 공장 밖에서는 누구도 관리하지 않음. 실제상황으로 볼 때 이는 적들이 노동자들을 공작목표로 하는 데 유리함.

4. 노동자의 출근율, 노동효율 등이 저락하는 추세. 이동비율은 오히려 상승세. 각 회사와 공장에 모두 이러한 경향성이 존재함.

5. 전투력을 떨어트리려는 음모는 군수감찰 및 기타 감독지도를 강화하여 기회를 주지 말아야 함. 하지만 물질의 증산에만 주력하고 사상에서 발견한 문제점에 대한 노력과 주의가 부족함. 때문에 노무관리에서는 지속적인 검토가 필요함. 또한 평탠 지구에서 요언을 날조하고 삐라를 살포하며 불온서한을 우송하는 등 충칭 방면의 선전공작은 모두 평탠시의 쇼시, 버이관 지역을 중심으로 전개되고 있음. 추측에 의하면 연안 방면에서도 극히 은밀하게 노동현장에서 자신의 세력을 확장하고 있음.

注: 본문에는 달수와 날짜만 기재하였음. 모두 昭和十九年(1944년)에 발생한 상황임.

본문

一. 평탠 지구의 노동자 개황

(一) 공장의 구조와 조사범위

평탠 지구 공장조직계통은 주로 다음과 같은 분야로 구성되었음.

○군보급공장

○주요제조공장

○주요제조공장 부속의 배합공장 및 이용공장

○만철종업원

○기타 잡공장

군보급공장 예하면 원관둔 제918부대와 같은 경우 6,000명 이상의 노동자를 갖고 있음. 제작수리를 하는 큰 공장을 포함하여 주요업무는 군수창고에 관한 일임. 사상모략에 대한 조사의 일환으로 중요한 대상으로 삼고 조사하였지만 이번에는 배제. 그 밖에 주요한 공장에 부속된 배합공장, 이용공장 등이 있음. 하나의 주요공장에 몇 개 내지 몇십 개의 부속공장이 있고 매 공장마다 수백 명의 노동자를 고용하고 있음. 이러한 공장의 위치는 상당히 중요함. 사상모략의 시각에서 보면 우리 측의 감시는 몹시 어려움. 뿐더러 만계공장이 많은데 주요공장과의 다른 점을 특별관찰 해야 할 필요가 있음. 이번 조사에서는 배제함. 그 밖에 철도노동자를 위주로, 특히는 만철종업원은 적들이 침입할 주요목표이므로 더욱 엄격히 검사를 진행해야 함. 기타 공장에 대한 검사 또한 홀시할 수는 없지만 각종 상황으로 미루어보아 배제함.

이번 조사는 범위를 펑탠 지구의 공장조직구성의 주체인 주요공장으로 한정했음. 그중 □□□개 공장에서 대략적인 자료를 수집. 그중의 다섯 개 공장, 즉 만주비행장, □□조병소, 만주공작기계, 미쓰비시기계 등에서 더욱 상세한 자료를 수집하고 정리하였음. □□는 별지 제1 내용에 제시

(二) 노동자의 유형

1. 각 민족의 인수(人數)

주요한 20개 공장의 민족에 따른 노동자 수는 별지 제2에 제시한 바와 같음. □□□9년 □□노동자 인수는 약 4.5만 명, 그중 만주인이 대략 3.6만 명으로 약 80%를 점함. 일본인은 7,000명으로 약 16%이고 조선인은 1,700명이 채 안된 4%임.

공업유형을 보면 만비, 만항 등 항공 관련공장의 일본인의 비례가 뚜렷이 큼. 대략 4할을 차지함. 상술 두 개 공장 중의 일본인 인수는 스무 개 공장의 전부 일본인 인수의 절반을 차지, 기타 공장의 일본인 비례는 대략 1할 정도

조선인의 고용에 있어 인수는 비교적 적음. 후지쿠라공업, 스미토모금속, 동양타이어, 조병소 등 몇 개 공장 외에 기본상 100명 이내. 그중 7개 공장은 아예 조선인을 고용하지 않았음.

특수상황으로는 만주공작기계주식회사에서 영미포로 약 500명을 고용하였음. 그 작업효

율이 낮아 일본인과는 비교가 아니 됨. 설사 만주인과 비교해도 능력부족이 뚜렷이 보임.

상술 외의 배합공장과 이용공장은 만주인 노동자에 의존하기에 당지 노동자의 85%~90%는 만주인인 것으로 인식됨.

그리고 만주노동자의 출신지역에 따라 고찰해보면 다음과 같은 상황. 두 세 개 공장의 노무책임자들의 말에 따르면 만주노동자의 10%~15%가 화북 지구의 사람, 기타는 평탠성 및 만주당지의 원주민임. 각 공장마다 재적노동자의 연고에 따라 부근의 현에서 노동자모집의 지반 넓히기에 열중.

비록 노동자모집에서 중국에 대한 의뢰도가 낮지만 그래도 적의 첩자가 잠입할 가능성이 존재.

2. 노동자의 종류

노동자는 장기고용 인원이기에 임시노동자가 거의 존재하지 않음. 비록 숙련공과 미숙공은 부동한 공장에서 차이는 보이고 있지만 매 공장마다 기본상 3할 내지 4할의 숙련공이 수요됨. 따라서 숙련공이 부족한 고민이 존재. 시내 공장이 숙련공을 수출하기에 일부 부족을 미봉하기는 하나 큰 공장이 축적한 숙련공이 작은 공장의 임금에 끌려 유동하는 현상이 많아 곤혹스런 상황임. 근로봉사대 쪽에는 큰 문제가 없고 유동이 비교적 적지만 근로봉사기간이 끝난 후 수율은 3할 내지 5할임. 겉보기에는 양호한 상태 같지만 공사가 끝난 후 발생하는 퇴전율이 현저할 것으로 전망. 이는 다랜의 모□의 근로봉사를 보면 알 수 있음. 작업이 간단하고 대우가 높기에 공장 측은 미숙한 임시노동자에게 잡역을 시키는 것 외 견습공의 학습에도 심혈을 기울일 필요가 있었음. 근로봉사대원의 작업효율이 낮아 그들을 작업시키는 것을 반기지 않는 눈치. 하지만 노동력의 부족으로 점차 근로봉사대에 대한 의존도가 증가하면서 그들에게 반숙련의 조작을 책임지게 함. 아울러 근로봉사기간이 끝난 후의 수율을 목표로 근로봉사기간의 무효율□□, 작업에 익숙하기 위해 노력

(三) 노동조건

1. 임금

해당 지역의 주요공장 임금(별지 제3에 제시)은 월 평균 100원 내지 130~140원. 만약 매달 출근 날짜를 20일로 계산하면 하루의 수입은 대략 5원 내지 6원, 일급을 지불하는 내부통역의 기본급여는 이원 오십전 내지 삼원. 그 밖에 각종 부가급여를 계산하면 기본적으로 5,6원임.

상술한 금액을 昭和十七年(1942년)十月과 비교하면 대략 5할이 증가된 셈. 그사이 폭등한

물가에 비하면 사실 임금은 아주 낮은 편임. 각 공장은 모두 공정가격으로 주요식량을 배급함. 그 밖에 될수록 저렴한 가격으로 채소 및 기타 부식품을 공급해야 국면을 완화할 수 있음. 주요식량은 본인이 24킬로그램, 가족의 성인이 14킬로그램 혹은 12킬로그램인 제1배급방법이 보편적임. 그 밖에 담배, 비누, 소주, 돼지고기 등은 특별배급을 해야 함. 작업복, 장갑, 신발, 내의의 배급□□□, 옷감은 대부분의 공장들에서는 우선 훈련노동자에게 발급, 혹은 □□□. 아래에 참조로 평탠 시내의 가격표를 별지 제4에 기록함. □□뿐더러 시내공장의 노동자와 쿨리의 개인임금은 10원 인상함. 심지어 2□□3십원 좌우의 임금을 요구하는 경우도 있음. 이는 노동자의 유동을 유발한 하나의 요인.

2. 후생시설

호조, 의료시설은 조병소, 만주공장, 만비 등 두 개 내지 세 개 곳에 있고 나머지 공장에는 설치하지 않고 있음. 종업원 숙소는 회사마다 거의 있는 시설이지만 부분적인 종업원만 수용할 수 있지 대부분은 일반가택에 잡거하고 있음. 독신숙소도 큰 회사에만 있는 시설로 거의 있다고 봐야겠지만 역시 일부분 종업원만 수용. 또 이러한 분산숙소에 대해여 회사 측에서도 거의 관리수단을 취하지 않고 있음. 미쓰비시기계, 조병소 등은 협화회를 통해 이웃조직을 결성, 기타 회사 외의 종업원 관리는 방치상태.

공장 내의 노무관리는 공장장, 계장, 직장장, 오장 등 계급으로 나뉨. 비록 군사화관리를 실시하려고 했으나 만주인의 개인화 경향 때문에 명령권의 확립에 저애가 큼. 바터우(把頭)제도는 존재하지 않고 있으며 지연, 혈연 등을 통한 특수관리조직도 없음. 모집한 다수인은 연고를 통해 모집, 재적자의 출생지에서 채용하는 경우가 많음. 이러한 재적자는 신분보증이 구전하지만 문전(門前) 모집방식은 신분보증이 어려움. 게다가 응모자는 거의 무조건 채용하기 때문에 적의 스파이가 중요한 회사 내부에 잠입하여 자유자재로 업무를 맡게 될 가능성을 열어두고 있음. 이 사실은 우리 측에 잠입한 적의 사상공작원이 상당히 많음을 표명함. 주요한 공장 내에 이미 적의 공작원이 잠복하고 있다는 사실을 예측 가능.

二. 출근율에 관한 각 공장의 부동한 경향

(一) 제1차공습 이후의 출근율

7월 29일 제1차공습이 끝난 후 출근율의 변동은 별지 제5에 밝힌바와 같음. 일반적으로 뚜렷이 저하되었으며 특히 8월에 들어선 이래 더 심각함. 저하된 정도가 공장마다 차이가 있음.

가장 심각한 곳은 만주비행기로서 8월 5일의 출근율은 26% 미만임. 이는 안산공습을 위해 전투력을 떨어트리고자 비행기공장을 폭격목표로 한다는 낭설 때문인 것으로 인정됨. 항공에 유관된 기타 공장 내에서도 종업원의 상호 유동이 많음. 하지만 만항은 같은 시기 감소율이 작음. 단지 소문을 감소 이유로 삼는 것도 의심스러운 점. 이 일과 뒤에서 언급할 화재가 재차 발생한 사건과 종합해서 판단하면 해당 공장 내부에 사상선동분자가 잠입하였다는 판단을 할 수 있음. 만주비행기를 뒤잇는 곳은 조병소, 미쓰비시기계, 스미토모금속, 다랜기계, 만주공장 등의 출근율 저하임. 이는 같은 기간에 90%의 출근율을 기록하고 있는 후지쿠라공업과 비할 때 큰 차이를 보임. 상술 공장의 출근율이 저하된 원인은 주로 뜬소문에 의한 것임. 다퉁 지구에는 비행기공장이 폭격당했다는 소문이 파다했고 테시구에서는 철도가 불통한다는 요언 때문에 종업원이 동요된 바 있음. 기타 이유로는 급여 때문임. 만비는 급여가 비교적 낮으면서도 시국 때문이라고 구실을 만들었고 또 스미토모금속, 가스공사 등에서는 매일 일급이 30원을 넘는다는 소문의 충격을 받았기 때문임.

아홉 개 공장이 결근자가 속출. 이는 재적자 중 암시장에서 노무를 제공하는 자들을 정리, 삭감하지 않았기 때문임. 그자들은 총인수의 1할을 초과함. 하지만 이는 출근율의 그래프에 변화를 일으키지는 못할 것으로 사료됨. 노무관리의 우열 또한 출근율저하의 원인이 되기 때문임. 조병소, 미쓰비시 등은 노무관리에서 특별한 열정을 보이지 않았기에 출근율이 저하한 필연적 결과의 요인으로 작용. 황차 요언은 애초에 여러 공장에서 특별한 차이를 보이지 않았기에 특수원인으로 치부하기는 어려움. 특수원인을 사상문제에서 찾는 것에는 질의가 존재.

(二) 9월 10일의 출근율

평탠 지구의 주요한 공장의 출근율을 보면 □□9월 8일 및 9월 27일 이틀에 안산에서 공습이 발생하여 출근율□□, 8월과 비교하면 양호한 편임. 하지만 해당 출근율 도표와 8월 출근율을 비교하면 조금□□기준□□. 만약 결근이 한 달 이상인 장기결근자를 배제하고 8월의 수치와 비교하면 반드시 1할 좌우의 계산 오차를 고려해야 함. 때문에 출근율 그래프에서는 큰 변화가 일어나지 않음. 일반적인 출근율로 볼 때 비교적 만족스러운 편.

출근율이 저하되어 해당공장의 성적은 그다지 좋지 않음. 만비, 조병소, 스미토모금속, 미쓰비시기계, 만주차량, 다랜기계 등 여러 공장의 출근율도 내부에 잠재하는 각종 특수상황을 간접적으로 보여주고 있음.

상술 9월, 10월 기간에 주요공장의 민족별 출근율을 보면 일본인 종업원의 출근율이 만주인에 비해 뚜렷이 높음. 예하면 만비의 출근율은 80%에 달하고 기타 기본수치는 모두 80%를 웃도는 상황임. 미쓰비시기계, 만주차량, 협화공업 등의 출근율도 60% 내지 70% 사이. 9월과 10월에 비하면 좋은 편이지만 만주노동자의 출근율은 의연히 50%, 60%의 수치를 기록. 만비의 10월 상순 만주인 출근율도 겨우 60% 수준임. 거기에 10%의 계산오차를 덜어내면 고작 40%와 50% 정도.

원래 출근율이 80% 이상 되는 것은 일반상태이지만 이보다 낮은 수치가 나올 때 반드시 내부에 특수원인이 존재함을 고려해야 함. 40%, 50%는 극히 이상한 현상으로 주요원인을 면밀히 조사, 검토할 필요가 있음.

(三) 각 작업지점의 분류에 따라 출근율 통계

다음은 각 회사 내의 출근율을 부동한 공장에 따라 통계한 수치임. 조병소 내 공장사이의 비율은 비교적 낮아 각 공장 사이는 대략 10% 좌우의 차이를 보임. 만주공작기계소의 수치에서는 그 차이를 뚜렷이 볼 수 있음. 후자의 경우 올 9월 제2공장의 만주인 출근율은 40%에 그쳤고 같은 달 같은 공장 기술과 만주인의 출근율은 83%였음. 그리고 제1공장은 72%, 제4공장은 49%임. 노동환경이 차이가 별로 없는 같은 회사 내의 차이가 이렇듯 뚜렷한 것은 특수원인을 캐볼 필요가 있음. 미쓰비시기계의 수치를 보면 기계제조공장의 출근율이 특히 낮음. 10월 10일~20일까지, 21일~31일까지 주물공장, 공구공장은 각각 94%, 99% 및 81%의 만주인출근율을 기록하고 있으나 기계제조공장 및 무기공장의 동기 출근율은 겨우 36%와 63% 및 42%의 만주인 출근율을 보임. 이는 비교적 낮은 비율임.

올해 상술 병기공장의 출근율이 특별히 악화되어 늘 40%정도에 그침. 이러한 공장에 관해서는 그 출근율의 주요원인을 검토하는 동시에 심각한 내부조사가 필요함.

三. 유동율에서 보이는 동태변화

20개 주요공장의 유동상태는 별지 부록 제7에서 제시한 바와 같음. 비록 해당 도표가 유동율의 계산에 있어 확실치는 않으나 대략 40% 내지 50% 좌우임. 만몽모직, 만주자동차, 미쓰비시기계, 동양타이어 등 공장은 이미 10%를 넘어섰고 해마다 증가추세를 보임. 가령 미쓰비시의 경우 본년도 상반기 해고자 인수는 재적인수의 7할 정도이며 연도 해고자 비례가 140%에 달함.

각 회사의 유동이유는 기본상 같음. 교외공장의 높은 급여가 노동자 이동의 주요원인이며 질병, 가정 등 요소의 원인도 있음. 이에 상대하여 채용 이유를 보면 안정된 식량배급이 우선이고 기술학습이 다음임. 큰 회사에서 기술을 배운 사람들이 교외공장으로 자리를 옮겼다가 다시 식량 때문에 큰 회사에 돌아오는 경우가 있음.

그리고 해당 표에서 주의할 것은 9월에 비하여 10월의 재적인수가 모든 공장□□에 비해 감소된 점. 특히 만비는 약 3,700명이 감소하였고 만주광□□. 이에 대해서는 우리가 장기결근 인원들을 삭감하거나 정리할 필요가 있음. □□그다음 주의해야 할 점은 조병소처럼 4월까지 채용□□ 해고가 채용보다 훨씬 많다는 사실임. 그러므로 종업원이 점점 줄어 □□8월, 9월은 각각 750명이지만 10월에는 만주인 종업원이 650명으로 감소함.

상술한 바와 같이 노동자 유동성의 증대와 노동력 수요의 증가와 더불어 적의 사상공작원이 잠복하기 훨씬 쉬워졌음. 사상 동향의 관찰은 차치하더라도 노동자가 시내와 시교의 공장 사이에서 회류하는 것도 도움이 될 것임.

그리고 재적자의 출생지에 관해 상술 조병소의 사례를 보더라도 모든 종업원의 4할 이상이 펑탠 시내 출생자이고 2할 이상이 산둥, 허버이 두 성의 화북 지구 출생자임. 그리고 2할 반의 노동자가 펑탠성 인근 지역의 사람임. 1할이 채 안되는 노동자가 진저우성의 각 현에서 왔고 6% 정도의 노동자가 기타 각 성 출생자임. 펑탠성 출생자 가운데 도시공장에서 회류한 노동자가 많음. 화북 지역 출생자들이 특히 많은 것은 주목할 점이라고 사료됨. 기타 사례, 예하면 미쓰비시 같은 경우 화북 지역의 노동자가 전체 종업원 수의 절반을 차지, 1,000명 이상으로 집계됨. 펑탠성에서 출생한 노동자는 950명, 기타 지역 출신들이 200명임. 이로부터 미루어 보아 화북출신들은 화북팔로군의 영향을 받은 것으로 짐작됨. 미쓰비시 소속의 다른 공장의 펑탠 지역 출생자들도 비교적 적어 대략 250명 정도로 총인수의 1/8도 안됨. 조병소의 펑탠시 출신들이 4할을 차지하고 화북 출신들이 2할을 차지하여 도합 6할을 차지하는 수치와 비할 대 미쓰비시의 공장 내에는 화북 출신들이 대략 절반을 차지하고 펑탠시 출신이 1할을 차지하여 역시 도합 6할을 점함. 물론 조병소의 펑탠 출생자들 가운데는 화북에서 출생하고 잠시 펑탠 시내에 이주하여 사는 자들을 포함시켰고 미쓰비시는 잠시 펑탠에 거주하는 자들을 원적지로 환원하여 계산한 것인지는 불명확함. 예전부터 매 회사마다 노동자 출생지의 계산법이 다르기에 소위 "봉천출생자"와 "화북출생자" 사이에 모종의 유동성이 존재하는 것으로 판단 가능.

四. 노동효율 및 사고율

(一) 노동효율

펑탠의 주요공장의 노동효율을 볼 때 각자의 계산 기준이 다르기에 상호비교는 어려울 듯. 그러나 대체적으로 보면 효율 저하의 경향이 나타나고 있는 것도 사실임. 특히 본 년도에 들어선 이래 효율 저하가 보편적인 문제로 대두됨. 예하면 만비의 경우 전년도 100에 비하여 올해

상반년에는 76점으로 떨어짐. 이러한 계산법은 1원을 노동보수로 삼을 경우를 말함. 그리고 임금의 폭등으로 기타 상품의 가격도 올라 가공비가 높을 때 상술 지수도 필연적으로 하락하게 됨. 비록 상술 지수에 따라 효율이 저하된다고 꼭 집어 말할 수는 없지만 아무튼 노동효율이 저하되는 추세는 분명함. 스미토모금속, 만몽모직, 공작기계 등 기타 공장의 상황을 보면 昭和十七年(1942년)부터 十八年(1943년) 사이에 상승세가 있었음. 하지만 十九年(1944년)에 이르러 다시 하락세를 보임. 이러한 그래프는 기본적으로 해당 지역 주요공장의 상황을 체현한다고 판단됨. 그리고 2, 3공장을 보면 昭和十九年(1944년) 하반기, 특히 9월과 10월에 이르러 생산효율이 급격히 상승, 결근자를 대량 정리한 영향으로 노동자의 능률이 어느 정도 상승한 것으로 보임.

昭和十九年 이래 효율이 낮은 원인은 숙련공이 도시공장으로 전출하고 청장년 노동자가 부족하여 유동율과 출근율이 낮아진 원인으로 보임. 하지만 그중 사상적 요인이 작용하지 않았다고 단언할 수 없음. 이에 관해서는 각 공장 내부에서 면밀한 관찰이 요청됨.

그리고 미쓰비시기계의 공장에서 서로 다른 작업장의 능률도 생산품의 종류에 따라 다름. 그러므로 생산품의 용적톤수로 효율을 정확히 계산해 내기는 어려움. 공장사용시간과 용적톤수 사이의 그래프는 대체적으로 일치함. 일인당 용적톤수도 각종 그래프로 묘사하면 8월까지는 비교적 낮은 편이었지만 9월, 10월 후부터는 상승세를 회복함. 또한 서로 다른 공장의 생산품의 종류가 부동함에 따라 그 비교가 어려움. 일인당 출품톤수로 비교할 때 제2공장의 3,4월□□효율이 좀 높은 편이고 가장 낮은 7월에도 20톤의 수준을 유지하고 있음. 10월에 또 □□□40톤□□□. 제5공장은 6월에만□□□20□□□저락하여 번번이 10톤 이하 출품, 10월에는 8톤□□□하지만 제1공장처럼 1월에 40톤이라는 과거 수준을 훨씬 초과하는 좋은 성적이 나타남. 3월에는 □□□에 달함. 기타 달에는 기본적으로 10톤 수준에 머물러 있었고 효율은 □□, 또 시기적인 상하격변이 있었음. 이번 조사를 통해 수집한 자료를 통해서는 상술 변화의 원인을 알 수 없음. 하지만 효율의 이상 변화와 각 공장의 출근율의 이상 변화 및 기타 종합적인 요소로 판단할 때 해당 회사 내무 노동자의 동요 원인은 공장자체에 있다고 판단됨. 이 결론은 단지 참고로 제공.

(二) 오작 퇴짜비율

생산품의 오작 생산율과 퇴짜 비율도 적의 사상공작원이 책모를 부린 외향성 지표로 삼을 수 있음. 이에 관해서는 만비를 위주로 한두 개 공장의 부분적 자료로 검토하기로 함.

조병소의 완성품 비율은 昭和十八年(1943년) 기간의 수치로 볼 때 상승 그래프를 그리고 있음. 그리고 오작품 생산율을 볼 때 해당 공장은 1% 감소하는 양호한 변화를 보이고 있음. 조병소에는 일정 수량의 배합공장과 이용공장이 있는데 이 공장들의 오작품 생산율, 특히는 탄환제작에서의 질량결함은 구체적으로 알 수 없음. 또한 공장마다 비율의 차이가 있으나 이에 관한 자료도 부족함.

만비의 유관자료, 즉 별지 8-1에 기록된 각 공장의 자료가 보여주듯 불합격률의 차이가 아주 큼. 하지만 각 공장 생산품의 종류가 다르기 때문에 단지 이를 근거로 비교를 진행할 수는 없음. 특히 제2공장의 경우 오작품률이 아주 높게 나오고 있음. 오작품 생산 그래프도 신품 생산에서는 당연히 상승하기 마련, 상술 6, 7월의 오작품률이 상승한 원인도 새 기계의 시험 사용이 영향 준 것. 정확한 분석을 위해서는 기술내용을 근거로 신중한 연구가 필요함.

다음 별지 제8-2는 오작품률을 그 종류에 따라 종합한 것으로 재료 폐기가 비교적 적을뿐더러 점차 감소하는 추세를 보임. 하지만 오작이 재료 폐기의 두 배에 달하며 뚜렷한 하락세도 보이지 않음. 위의 공장에 따른 오작률과 일부 보조공장으로 볼 때 만비 회사의 제1공장과 제2공장의 퇴짜비율이 아주 적어 대략 1% 내지 2%선에 그침. 공구공장의 개정률은 30%에 달하나 대부분은 도면을 수정한 것으로 오조작의 결과는 아님. 따라서 성적이 양호한 편. 昭和十九年(1944년)에 화재가 두 번 발생하였지만 기체 제2공장의 퇴짜비율도 1% 이하로 공제함. 수작업으로 말미암은 균열이 주요한 원인이나 퇴짜비율은 낮은 편임. 이러한 현상은 최근 증가추세를 보이고 있으나 아주 높은 비율까지 올라가지는 않을 것으로 보임.

이상 자료에서 여러 개 배합회사의 퇴짜비율을 공표하였음. 이에 관한 주의사항을 보면 본공장의 퇴짜비율에 비하여 배합공장이 비교적 높은 퇴짜율을 보임. 본공장은 상기 사례에서 퇴짜율이 1% 내지 2%에 그쳤으나 배합공장은 늘 7%, 8%를 웃돌고 있음. 심지어 하루에 5%, 6% 내지는 7%를 초과한 경우도 허다함. 비록 불량품에서 매달 초에는 얼마나 호전추세를 보이고 있는지는 알 수 없지만 달마다 차이가 아주 큼. 예하면 만주정공회사의 경우 0.5%로부터 51.8%까지의 수치가 보이는데 이는 재료공급가격이 상승할 때의 수치로 고저변화가 있기 마련. 그러므로 각 공장에 대해서는 진일보하여 검토할 필요가 있음. 나사의 타렛토(turret truck タ-レット) 가공에 있어 폐품이 생기는 것은 파손된 시반(施盤)밀링머신의 과도절단, 편심 등이 주된 원인임. 퇴짜비율이 높은 원인 중의 하나로 꼽히는 노동자 이동은 한두 개 공장 내에는 존재하지만 기타 잠시적인 퇴짜비율 상승은 신상품 제작이 원인이 됨. 이는 앞에서 이미 서술

했던 바와 같음. 만주공작기계의 오작품 생산율은 별지 제9와 같음. 노동자의 분류로 볼 때 영미포로의 오작 생산율이 제일 높아 만주노동자의 2배에 달함. 이는 포로의 생산의욕이 낮기 때문인 것으로 판단됨. 아울러 일본군인이 해당 회사에 근무할 때의 오작품 생산율도 뚜렷이 높음. 이 또한 주의가 필요한 부분임. 이는 □□의 결과가 아닌지 추측됨. 오작품 생산의 원인을 따져보면 주의력이 떨어진 것이 압도적인 비례□□원료부족의 원인이 3배에 달함. 각종 수단을 통해 어떻게 □□□정신력□□□주요□□□

(三) 사고 및 의심사항

평탠 지구의 주요공장에서 일어난 사고 및 의심 사항에서 열거할 필요가 있는 것은 절도와 화재임. 절도에 관해서는 보고를 누락한 사건이 많음. 예하면 만주자동차회사의 모 공장에서 매년 40여 건의 절도가 발생하여 20만 원가량의 경제손실을 입었지만 보고하지 않음. 기타 회사에서도 이처럼 절도거나 직원의 탐오로 기자재를 손실 입은 경우가 있을 것으로 추측.

화재에 있어 작은 화재는 보고하지 않으므로 차치하더라도 화재사고가 비교적 빈번하게 발생하고 있는 실정임. 20개 공장에서 9개 공장이 화재가 발생하지 않아 총수의 절반이 됨. 5개 공장에서 1차의 화재 발생, 3개 공장에서는 2차씩 발생, 2개 공장에서 3차씩 발생, 1개 공장에서 4차의 화재 발생함. 이로부터 알 수 있다시피 20개 공장에서 화재가 다발한 공장과 한 번도 발생하지 않은 공장이 모두 존재함.

작은 화재가 자주 발생하는 곳으로는 조병소가 있음. 이곳에서 의심스런 흔적이 많이 발견됨. 예하면 변전소 내에 전깃줄을 투입한다든지 화물차의 굴대에 모래를 넣는다든지 하는 현상이 바로 그것임. 인접한 조폐공장의 정문에는 누가 "쪽바리를 타도하자(打倒小日本)"고 써 놓았음. 그 공장의 제품으로 미루어 보아 적들의 목표로 된 것이 분명함. 적의 공작원이 이미 공장에 침투하였을 것으로 추정가능. 출근율로 볼 때 위에서 언급하다시피 8월의 출근율이 몹시 낮음. 비록 나중에 상승하기는 하였으나 의연히 양호한 편은 아님. 출신 지역으로 보면 20%는 화북출신 노동자, 40%는 평탠 시내 출신임. 추측컨대 대량의 화북 출신들이 유입되어 평탠 출신들과 섞이게 될 것임. 앞에서 언급하였지만 하청업체가 워낙 많다보니 부속품 특히는 포탄의 질이 차한 편임. 각 직장 및 배급공장의 노동자 상태에 대하여 일상적인 면밀한 검사와 연구를 진행함으로써 적의 잠복을 추궁하여야 함.

주지하다시피 昭和十九年(1944년) 2월과 9월에 만비에서 두 차의 화재가 발생. 첫 화재에서는 200만 원 남짓 손실을 입었고 두 번째 화재로 600만 원 남짓 손실을 입었음. 조사 결과

이 두 화재는 모두 누전으로 인한 것임. 동일 공장에서 잇달아 화재가 발생, 또 첫 화재 이후 얼마 지나지 않아 인차 2차 화재가 발생했다는 점은 적들의 모략을 충분히 의심케 함. 화재의 원인을 청취해 보면 모략에 의해 발생한 화재가 아니라는 점을 다음과 같이 열거할 수 있음.

1. 화재공장은 중요한 직장이 아니다.
2. 화재장소가 방화 지점이라고 말하기 어렵다.(바로 옆이 숙직실)
3. 대부분 소홀함으로 인기된 과실이다.
4. 누전으로 인정된다.

1의 경우, 작업의 일관성 때문에 임의의 절차에서 문제가 생겨도 옹근 생산에 영향 주게 됨. 공장 내의 임의 조직을 모략한다면 그 개별적 장소를 대상으로 삼아야지 옹근 공장에서 제일 중요한 위치를 선택할 필요는 없음. 2의 경우, 직장 내 조직을 대상으로 상정한다고 해도 합당한 발화점을 지적하기 어려움. 3의 경우, 토론 범위가 아님. 4의 경우, 급히 신설한 사실로 미루어 보아 누전이 모략일 가능성을 배제하지 못함.

상술 이유 외에 납득하기 어려운 점들이 존재함. 해당 공장의 출근율이 하락된 점이라든지 비행장을 폭격한다는 소문도 전혀 근거 없는 것이 아님. 이 밖에 적들의 공작대상인 이상 필시 공작원의 잠복 목표가 될 수 있음. 그러므로 이번 화재의 원인을 제치더라도 해당공장에 적의 비밀조직이 존재한다고 확신할 수 있음. 昭和十九年(1944년) 4월의 발동기 점검에서 400대의 불합격품이 나왔음. 점검표준을 철회하고 예전의 합격품으로 다시□□불합격품□□□발생은 연유가 없음. 하지만 그 불합격□□□ 이는 부품을 주조하는 거푸집의 모래를 깨끗이 청소하지 못하여 생긴 사고일 가능성도 있음. 소량의 불순물질이 혼입하여 옹근 발동기가 생산을 정지함. 6월에는 기체 부위의 보조익이 수 십차 고장이 발생하였고 우측 발동기의 생산이 정지하여 기체의 완성이 연기되는 바람에 미완성품이 비에 젖어 누기가 들었음. 이는 이번 사건의 원인으로 보임. 이상 사실이 사전에 꾸민 것이라고 하기는 어려움. 모래 같은 경우 사전에 계획했더라도 얻기 힘든 물건임. 이러한 현상은 기술과정의 정밀연구와 정치공작을 연계시켜 검토할 필요가 있음.

이 밖에 공장의 화재를 보면 昭和十七年(1942년) 4월, 만주공장의 탱크공장에 화재가 발생, 약 48원을 손실. 昭和十八年(1943년), 차량공장에 화재가 발생하여 부분적인 공장건물을 소훼. 같은 해 2월, 4월 및 昭和十九年(1944년) 5월 만주차량에 3차의 작은 화재가 발생, 또 한두 차의 특수사건도 발생함. 昭和十九年 9월 미쓰비시기계의 제1공장에 화재가 발생하여 약 20만원을 손실. 昭和十九年, 만주항공에 2차의 화재 발생, 기타 사건도 발생함. 하지만 만주비행기처럼 큰 화재는 아니고 모두 소규모의 화재. 원인은 모두 소홀로 인한 화재이지 의심스런 부분은 없음. 하지만 조사를 강화할 필요는 있음.

(四) 적대성선전 사항

1. 유언비어

제1차 공습 이후 노동자들이 동요함. 뜬소문이 공황의 원인. 이에 관해서는 앞에서 이미 서술한 바 있음. 뜬소문의 내용은 대부분 정치의식에 관한 것으로 적의 공습에 맞춰 잠복해 있던 공작원이 저지른 계획적인 소행이 분명함. 비록 이에 대한 질의가 존재하나 상황은 불명확함. 예전에는 거리에서 뜬소문을 수집하고 만경보 내지 기타 자료에서 검토하였지만 공장 내의 일은 알 수 없음. 2,3차 외부에서 유입된 뜬소문에 종업원들이 동요한 사건은 있었다고 함. 7월 30일 좌우, 미쓰비시에서 기차가 불통하여 종업원이 동요한 사건이 있었음. 8월 3일, 4일에는 조병소 내에 주택구역에 공습을 발동할 것이라는 뜬소문이 돌아 가족이 동요한 바 있음. 종업원도 그에 따라 동요되기 시작했음.

거리에서 수집한 일부 자료를 보면 7월 30일 산시구 훠이궁가에 이러한 소문이 돌았다고 함. "안산공습을 한 적들이 테시구와 버이링구 일대를 정찰하고 8월 5일 내지 6일쯤에 공업구역을 공습한대." 같은 날 버이다관 일대에 다음과 같은 소문이 돌았다고 함. "장제스가 펑탠을 공격하지 말고 중공업지대를 공격하라는 명령을 내렸대." 2일, 3일에는 다둥에서 몇몇 정치성 유언비어가 돌았다고 함. "료우양에 선전삐라를 뿌렸다", "3일, 4일쯤에 다둥과 테시를 공습한다더라", "펑탠공습의 목표는 만비조병소라나" 등. 푸도우구 북시장 일대에는 이런 소문이 돌았음. "7월 29일 안산에 대량의 선전삐라를 뿌렸다고 한다. 삐라에는 '미국은 일반인에게 아무런 위협도 가하지 않을 것이다. 만주인은 즉시 공장을 떠나라. 8월 4일 다시 공습할 것이다. 우리의 충고를 무시하지 말라' 이런 글이 적혀있었대. 푸순에도 삐라를 살포 했다더군". 8월 4일, 다둥구에서 다음과 같은 소문이 돌았음. "7월 29일의 계획대로 오늘 공습이 발생"

이상 소문의 범위를 보면 쇼시구에 발생지가 있고 주로 버이관구와 다둥구에서 전파되고 있었음. "장제스가..." 등 유언비어와 결합해 보면 쇼시구 방면의 소문은 충칭의 정보 계통에서 퍼트린 것임. 이렇게 추정한 근거는 반일삐라가 주로 쇼시구를 중심으로 퍼졌기 때문임. 앤안(延安)과 비해 볼 때 충칭과 공습의 연관성이 더 신속함. 때문에 우리는 □□□가 앤안보다 먼저 쇼시구에서 □□□로 보는 것이 타당함. 유언비어 등에 관해 □□□는 최적의 방법으로 상술□□□는 먼저 집행된 것으로 보임.

뜬소문은 펑톈 지구 밖에서 유전되지만 8월 2일 꿍창링(弓長嶺)에서 다음과 같은 소문이 파다했다고 함. "안산을 공습할 때 삐라를 살포하였는데 전체시민들이 열흘 내에 철수하지 않으면 폭격하겠다나". 이 소문은 쇼시구보다 늦게, 버이관보다 일찍 돌았음. 펑톈에서 유전됐다기보다는 안산에서 직접 유전됐다고 보는 편이 타당함. 혹은 각 지역의 소문을 종합해서 유출된 것이라고 보는 것이 타당함.

2. 삐라와 기타 선동

1월 3일 야밤, 테시구에 위치한 일만강재, 펑톈조달 두 회사의 경비실에서 "대량의 첩자가 잠입했다"는 담화가 오갔음. 항일낙서사건, 팔로군이라 자처하며 금품을 강탈한 사건, 일계에 대한 폭행사건 등으로 보아 사상경향이 점차 악화되고 있음. 6월에 삐라 및 편지를 통한 선전사건이 있었고 9월에 재차 삐라를 이용한 선전사건 발생. 그중 제1차 살포한 삐라는 버이링구 두곳에서 3장 발견, 푸도우구에서 1장 발견, 쇼시구에서 1장 발견함. 지리적 위치로 보아 선전은 쇼시구를 중심지대로 진행되고 있음. 발견한 시간으로 보아 쇼시구가 제일 많음. 비법문서를 붙인 습관(대부분 먼 곳으로부터 가까운 곳으로 붙임)으로 볼 때 쇼시구도 중심위치에 속함. 서신의 접수등기는 버이관구, 선양구, 황구둔, 조우르구, 쇼시구, 푸도우구 등지임. 버이관과 쇼시 쪽이 서신 발송의 중심지임. 9월의 삐라는 버이관구 쇼버이가를 중심으로 쇼시먼까지 살포됨. 버이관과 쇼시가 중심이 아닌지 의심될 지경.

문서의 내용을 보면 모두 충칭에서 온 것으로 추정됨. 충칭계 선전 거점이 존재함. 그들은 경찰과 기타 정부기관 내의 "만계"인원을 공작대상으로 삼음. 동시에 거주지역의 노동자들을 상대로 선전공작을 펼침. 미군폭격기의 공습에 맞추어 노동자들을 동요함으로써 전투력을 떨어트릴 목적. 비록 옌안 쪽에는 해당 지역 노무자들을 상대로 조직활동을 펼치고 있는지는 모르지만 각종 사태로부터 추정컨대 공장 내에 조직을 심어 세를 키우고 있는 중. 동시에 첩보선전 및 기타 비밀공작을 전개하고 있음. 특히는 다둥구를 중심으로 테시구의 중요공장과 만철 내에 그러한 조직을 세우려고 함. 그리고 시교의 공장을 이용하여 큰 공장 조직의 발판으로 삼으려 하고 있음.

발송지: 군사, 각 관대

별지 제1

〈평탠주요공장배치도〉

별지 제2

각 민족 재직종업원수				
민족 / 회사명	일계	선계	만계	합계
평탠조병소	573	488	10,049	11,110
만주비행기	3,572	100	5,627	9,299
만주항공	295	–	338	633
스미토모금속	234	226	1,531	1,991
후지쿠라공업	142	315	367	924
만주공장	216	43	2,918	3,177
만몽모직	–	166	2,306	2,473
후지전동기	50	50	194	294
만주자동차	284	4	1,918	2,266
만주공작기계	331	–	620	951(□□포로 약 500명)
미쓰비시기계	312	–	1,624	1,936
만주전선	333	–	2,189	2,522
만주차량	180	78	1,829	2,087
석탄액화	54	–	69	123
만주광학	245	–	294	539
만주통신기	52	–	693	745
동양타이어	140	201	951	1,292
만주히타치	236	68	1,103	1,407
다랜기계	17	13	523	□□
협화공업	11	29	490	430
합계	7,275	1,681	35,693	44,649
%	16.3	4.5	79.2	100

별지 제3

평탄 주요공장 만주인 임금표								
년 월 / 회사명		昭和 19年10月	昭和 16年10月	昭和 19年6月	동년 7월	동년 8월	동년 9월	동년 10월
평탠조병소	월수	78원98전	78원58전	90원18전	89원75전	91원12전	100원37전	103원19전
만주비행기	월수	86	98	126	104	102	116	124
만주항공	월수	(1942년 평균) 56	(1943년 평균) 80	(1944년 10월까지 평균)128				
스미토모금속	월수	83.33	113.78	136.8	145.86	137.1	145.32	
후지쿠라공업	일급	2.36	2.57	2.79	2.78	2.79	2.8	
만주공장	일급	1.76	2.24	2.21	2.29	2.26	2.65	
만몽모직	월수	66.82	92.96	123.29	115.79	126.51	111.87	118.38
후지전동기	일급	3.38	3.9	4.97	4.76	5	5.02	6.5
만주자동차	시급	□□	25전	23전	26.3전	26.3전	26.3전	
만주공작기계	월수	123.6	158.9	143.36	125.18	111.6	141.96	
미쓰비시기계	일급	3.94	4.32	5.71	5.7	5.61	5.67	5.72
만주전선	월수	75.6	106.11	115.56	115.83	116.39	119.12	117.38
만주차량	일급	1.92	2.11	2.3	2.48	2.35	2.43	2.46
석탄액화	월수			66.49	121.48	74.36	79.03	93.08
만주광학	월수							146
만주통신기	월수	57.18	60.48	(10h평균) 64.49				
동양타이어	일급	1.81	2.06		3.58	3.4	3.8	3.87
협화공업	일급	4.5	4.8	6	6.1	7.3	7.2	7.5
만주히타치	일급	4.75	4.64	5.65	5.37	5.64	6.22	6.63
다랜기계	일급	2.72	2.75	2.88	2.88	3.16	3.16	

별지 제4

평텐 만주인 구매가격표 소화 19년 8월						
	단위	평균 구매가격	통치가격	(1) (2) 비교	전월 대비	구매가격이 산생한 구매율
입쌀	10KG	80	4.5	1555.6(%)	110.2(%)	100(%)
수수	10KG	10	2	500	52.3	14.3
좁쌀	10KG	21	2.4	899.2	82.1	41.2
옥수수	10KG	14.5	1.5	9667	60.4	21.6
곡물류 평균	10KG			1309.9	88.6	63.4
파	1KG	1.12	0.6	186.7	125.8	95.5
배추	1KG	1.00	0.5	200	102	100
돼지고기	1KG	17.17	5.4	318	100	98.6
밀가루	1KG	11.07	0.57	194.2	78.9	100
옥수수가루	1KG	1.62	0.26	623.1	90.5	100
설탕	1KG	32.67	0.88	3712.5	90.8	100
식염	1KG	0.8	0.26	307.7	66.7	0.6
콩기름	1KG	11.33	0.9	1925.6	90	0.6
소주	1KG	27.65	2.12	1304.2	103.4	74.2
권연	1KG	1.49	24	620.8	108.8	16.9
엽차	1KG	33.2	124.4	266.9	102.7	71.4
면화	1G	40	3.78	1058.2	102	100
무명실	100G	9	67	1343.3	91.3	100
花旗布	1M	46.67	84	5555.9	150.8	100
大尺布	1M	41	0.53	7735.8	95.9	□□
洋□子	1켤레	12.89	0.86	1498.8	141.3	□□
고무신	1켤레	38.93	25.5	1523.5	133.9	80
석탄	100KG	52.27	12.40	4215	102.4	95.2
성냥	1봉지10개비	4.3	30	900	107.4	27
장작	100KG	35	38.5	909.1	100	□□

별지 제5

회사명 \ 일월	6월 평균	7월 29일	7월 30일	7월31 일	8월 1일	8월 2일	8월 3일	8월 4일	8월 5일	8월 7일	8월 8일	8월 9일
평탠주요공장 8월분 공습 시의 출근율표6												
만주비행기	70%	63%	62%	64%	53%	46%	38%	39%	26%	30%	37%	40%
만주항공	95	89	89		82	84	82	73	66	65	62	65
스미토모금속	71	72	69	73	61	63	55	53	42	56	68	71
후지쿠라공업	90	94	93	92	93	93	92	93	93	92.5	93	92
만주공장	73	73	71	73	70	69	65	62	56	56	64	60
만주히타치	79	68	78	73	휴식	63	59	58	56	56	58	77
만몽모직	69	75	휴식	85	85	77	77	74	76	62	95	70
후지전동기	79	77	74	66	휴식	66	66	65	62	66	64	66
만주자동차	79	76	휴식	70	81	81	81	81	81	64	69	74
다□기계	72	63	휴식	61	62	62	55	55	54	53	55	61
만주공작기계	78	74	73	76	71	71	70	69	63	56	54	51
평탠제작소	77	67	62	62	62	60	60	60	54	49	57	57
금광야련소	90								70			75
미쓰비시기계	58	75	69	67	66	63	65	58	61	50	50	53
일만강재	69	68	65	68	72	71	68	71	73	66	66	63
만주전선	70	63	휴식	61	61	61	62	64	58	64	63	60
만주차량	54	74	73	61	67	62	67	63	58	60	37	60
평탠제병소	72		71	68	휴식	59	58	58	50	48	58	57

별지 제6

평탠 지구 9월 "만계"출근율표

일월 / 회사명	평탠조병소	만주비행기	만주항공	스미토모금속	후지쿠라공업	만주공장	만몽모직	후시전동기	만주자동차
9월 1일	67			64	92	75	72		76
9월 2일	67	49		59	92	69	69	61	75
9월 3일	휴식								
9월 4일	66	66	86	55	91	63	70	68	86
9월 5일	69	65	82	57	92	85	66	67	85
9월 6일	70	69	83	58	91	80	68	72	83
9월 7일	74	71	84	60	92	79	69	77	81
9월 8일	73	68	85	61	91	76	71	80	80
9월 9일	75	71	87	60	92	78	71	87	81
9월 10일	73	휴식	87	63	92	75		80	73
9월 11일	71	66	86	68	89	79	65		80
9월 12일	72	71	90	73	86	78	66	76	80
9월 13일	73	68	92	63	93	79	67	76	81
9월 14일	66	□□	□□	□□	□□	□□	□□	□□	□□
9월 15일	77	79	휴식	63	95	77	72	80	
9월 16일	휴식	65	88	61	94	73	72	84	80
9월 17일	66	59	89			71			76
9월 18일	58	46	90	70	92	69	67	85	75
9월 19일	64	57	88	63	96	77	67	87	83
9월 20일	62	61	89	66	96	77	69	88	78
9월 21일	63	62	85	46	95	82	87	86	78
9월 22일	65	61	90	65	94	83	86	84	77
9월 23일	64	63	휴식	58	95	84	86	84	77
9월 24일	65	60	93	67	84	84		88	
9월 25일	66	60	96	66	94	90	88	90	81
9월 26일	68	60	72	67	94	91	87	88	83
9월 27일	67	56	88	68	92	87	88	88	82
9월 28일	70	62	82	68	92	84	88	95	87
9월 29일	70	64	81	63	90	81	90	92	81
9월 30일	휴식	72	75	60	92	80	86	83	71

일월 / 회사명	평탄조병소	만주비행기	만주항공	스미토모금속	후지쿠라공업	만주공장	만몽모직	후시전동기	만주자동차
9월 1일	67			64	92	75	72		76
9월 2일	67	49		59	92	69	69	61	75
9월 3일	휴식								
9월 4일	66	66	86	55	91	63	70	68	86
9월 5일	69	65	82	57	92	85	66	67	85
9월 6일	70	69	83	58	91	80	68	72	83
9월 7일	74	71	84	60	92	79	69	77	81
9월 8일	73	68	85	61	91	76	71	80	80
9월 9일	75	71	87	60	92	78	71	87	81
9월 10일	73	휴식	87	63	92	75		80	73
9월 11일	71	66	86	68	89	79	65		80
9월 12일	72	71	90	73	86	78	66	76	80
9월 13일	73	68	92	63	93	79	67	76	81
9월 14일	66	□□	□□	□□	□□	□□	□□	□□	□□
9월 15일	77	79	휴식	63	95	77	72	80	
9월 16일	휴식	65	88	61	94	73	72	84	80
9월 17일	66	59	89			71			76
9월 18일	58	46	90	70	92	69	67	85	75
9월 19일	64	57	88	63	96	77	67	87	83
9월 20일	62	61	89	66	96	77	69	88	78
9월 21일	63	62	85	46	95	82	87	86	78
9월 22일	65	61	90	65	94	83	86	84	77
9월 23일	64	63	휴식	58	95	84	86	84	77
9월 24일	65	60	93	67	84	84		88	
9월 25일	66	60	96	66	94	90	88	90	81
9월 26일	68	60	72	67	94	91	87	88	83
9월 27일	67	56	88	68	92	87	88	88	82
9월 28일	70	62	82	68	92	84	88	95	87
9월 29일	70	64	81	63	90	81	90	92	81
9월 30일	휴식	72	75	60	92	80	86	83	71

미쓰비시기계	공작기계	만주전선	만주차량	석탄액화	만주광학	만주통신기	동양타이어	협화공업	다랜기계	만주히타치
56		□□	64	73	44	56	66	63	64	61
53	61	71	63	69	46	78	67	58	60	82
60	63	71	64	66	43	76	71	68	64	81
95	63	71	65	72	41	77	74	70	63	82
58	84	73	65	77	44	76	71	73	66	84
51	87	77	68	78	47	73	70	75	63	84
58	85	76	66	80	49	83	70	71	68	82
61	83	77	66	75	45	78	72	71	68	84
57			65	82		72	□□	70		82
60	83	75	68	76	43	75	72	76	63	80
58	84	74	68	74	41	86	71	70	66	78
58	86	73	68	74	45	86	71	76	65	79
□□	80	69	65	79	41	70	73	69	55	75
					43	79	75			85
54	84	74	66		43	77	77	71	67	79
	78	71	66	71	43			84	69	
55	76	69	65	73	43	93	84	76	68	78
57	80	71	67	73	46	94	83	78	66	80
60	81	71	65	73	82	81	85	77	69	78
60	74	70	66	80	90	85	85	75		81
62	77	71	68	78	85	81	85	77	64	81
65	73	72	71	75		80	84	78	67	82
62				79	93	77			67	84
93	86	68	89	52	65	68	94	73	71	86
63	82	69	72	61	91	83	84	76	73	88
64	85	66	71	88	84	83	84	81	65	87
67	84	66	74	□□	83	84	85	□□	□□	□□
65	86	66	□□	□□	□□	□□	□□	□□	□□	□□
66	85	62	□□	□□	□□	□□	□□	□□	□□	□□

별지 제7

만주노동자이□□

일월 / 회사명	재적인원			이동수 혹은 해고수		
	昭和19年9月	昭和19年10月	증감	昭和17年	昭和18年	昭和19年6月
평탠조병소	10,424	10,049	-375	8,590	9,861	4,652
만주비행기	9,320	5,627	-3,693	°3,470	2,933	1,871
만주항공	434	338	-96	543	383	188
스미토모금속	1,591	1,531	-60	3,367	3,253	867
후지쿠라공업	405	367	-38	31	20	61
만주공장	3,576	2,918	-658	2,486	3,039	1,654
만몽모직	1,684	2,306	626	4,590	5,015	2,691
후지전동기	27.2	194	-78			
만주자동차	2,179	1,978	-101	°2,279	2,829	1,458
공작기계	605	620	-15			
미쓰비시기계	1,578	1,624	46	1,203	2,006	1,116
만주전선	2,435	2,189	-246	556	379	405
□□	□□	□□	□□	□□	□□	□□
탄광액화	81	69	-12			
만주광학	626	294	-332			
만주통신기	787	693	-94			
동양타이어	1,090	951	-139	°3,543	4,265	1,704
협화공업	778	490	-288	°295	337	271
만주히타치	1,194	1,103	-91	1,168	1,158	689
다랜기계	525	523	-2	°464	387	393

□□			□□전사자
昭和17年	昭和18年	昭和19年	
			6월 4일
44.30%	45.60%	39%	950%
8.1	6.9	1.4	5
			456
매달 3.3	4.3	6.2	
매달 5.0	17	19	135
			4
매달 8.1	8.5	9.2	32
33.1	19.5	18.2	
67.6	65	39.4	
45.8	32.2	13.5	5
매달 4.0	3.7	3.4	23
매달 7.0	8	8	
			360
			117

비고: 1. 이동수 혹은 해고수에 "○"기호가 있는 것은 해고수이다.

2. 이동률의 계산공식은 [(채용수+해고수)/재적수] □1/2 혹은 □□

3. 이동수는 채용수+해고수

별지 제8-1

합격 및 불합격 비례표

월 작업		4	5	6	7	8	9	총평균	적요
제2	합격	73	67	55	57.2	71	80.1	67.2	펌프,케이스의 크
공장	불합격	27	33	45	42.8	29	19.9	32.8	랭크 축이 문제
제3	합격	85.1	84	79	78	83.8	85.9	82.6	치륜, 소부품, 中物
공장	불합격	14.9	16	21	22	16.2	14.1	17.4	
열처리	합격	99.1	99.8	99	99.8	99	99.5	99.3	
공장	불합격	0.1	0.2	1	1.2	1	0.5	0.7	
합작	합격	98	98.6	97.9	97	94.5	97	95.2	볼트, 나사받이, □
공장	불합격	2	1.4	2.6	3	5.5	5	2.9	금부품, 기타 부품

주: 이 표는 昭和十九年(1944년) 4월~9월까지의 수치이다.
(조사통계자료의 근거함)

별지 8-2

불합격률 종류표

월	산량		工廢		율%		材廢		율%		불량
4	694.252	59	59.142	46	8.52	24.607	81	3.54			
5	885.557	63	89.746	66	10.13	44.311	89	5			
6	653.467	99	81.678	90	13.42	31.653	86	4.84			
7	476.554	63	50.843	37	10.67	16.705	97	3.93	214	16	0.04
8	1,019.335	74	716.337	0	7.48	28.304	43	2.78			
합계	3,729.168	58	363.748	39	9.75	147.583	96	3.96	214	16	0.04

기타		율%	□합격통계		율%
1,671	61	0.24	85,421	88	12.3
2,149	81	0.24	136,208	36	15.38
882	16	0.13	120,214	92	18.39
3,202	48	0.67	72,965	98	15.31
3,399	61	0.33	108,041	4	10.6
11,305	67	0.3	522,852	18	14.2

별지 제9

만주공작기계회사 오조작률		
종업원분류	昭和十九年九月一日一十五日	九月十六日一三十日
미영포로	7.50%	7.00%
일본병사	5.50%	9.00%
만계종업원	4.50%	4.00%
일계종업원	3.70%	3.00%

오조작이유		
이유	九月一日一十五日	九月十六日一三十日
주의력부족	33%	37%
기술불충분	18%	13%
재료불량	9%	□□

맺는말

지린성에서는『불멸의 증거-지린성에서 새로 발굴한 일본의 침략서류 연구』의 출판을 몹시 중시하고 있다. 국가사회과학기금 특별위탁프로젝트『지린성서류관이 소장한 일본의 침략서류 정리연구』(14@ZH002)의 책임자인 좡앤선생이 프로젝트의 연구와 본서의 편찬을 주최하였다. 이 책의 편찬과정에 중국사회과학원 쟝리펑(蔣立峰) 연구원, 부핑(步平) 연구원, 취이스광(崔世光) 연구원, 상하이사범대학교 수즈량(蘇智良) 교수, 난카이대학교 양둥량(楊棟梁) 교수, 외교부 전 대사 왕타이핑(王泰平) 선생, 지린대학교 당위상무부서기 겸 부교장 왕성진(王勝今) 교수가 지도를 아끼지 않았다. 지린성서류관의 연구원들도 서류의 발굴과 정리에 모든 심혈을 기울였다. 또 지린출판그룹의 임원들도 이 책의 발간을 위해 지지와 협력을 주었다. 이에 함께 감사의 인사를 드린다.

현재 지린성서류관에 소장된 일본의 중국침략서류는 10만권(건)가량 된다. 우리는 이 책에 수록된 서류를 기초로 발굴과 정리 및 연구를 심화할 것이다. 그리하여 더욱 많은 서류가 다시 빛을 보아 역사의 진실이 세인 앞에 펼쳐지도록 노력할 것이다.

시간이 촉박하고 편자의 수준이 제한됨으로 말미암아 책에 미흡한 점이 많으리라 생각한다. 독자 제씨들의 질정을 부탁드린다.

편찬자

2014년 4월 19일

불멸의 증거 鐵證如山

초판 인쇄 2015년 2월 15일
초판 발행 2015년 2월 28일

주 필 | 좡옌庄严
번 역 | 이범수李范洙
부 주 필 | 인화이尹懷 · 양창훙楊長虹 · 무짠이穆占一
편집위원 | 좡옌庄严 · 인화이尹懷 · 양창훙楊長虹 · 무짠이穆占一 · 왕팡王放 · 조우위제趙玉潔
펴 낸 이 | 하운근河雲根
펴 낸 곳 | 學古房

주 소 | 首尔市 恩平區 大棗洞 213-5 郵便番號 122-030
전 화 | 82-02-353-9907 編輯部 82-02-353-9908
팩 스 | (02)386-8308
홈페이지 | http://hakgobang.co.kr/
전자우편 | hakgobang@naver.com, hakgobang@chol.com
등록번호 | 제311-1994-000001호

ISBN 978-89-6071-439-7 93910

정가 : 90,000원

이 도서의 국립중앙도서관 출판시도서목록(CIP)은 서지정보유통지원시스템 홈페이지(http://seoji.nl.go.kr)와 국가자료공동목록시스템(http://www.nl.go.kr/kolisnet)에서 이용하실 수 있습니다.(CIP제어번호: CIP2014027434)